Krause/Krause

Die Prüfung der Personalfachkaufleute

Sie finden uns im Internet unter: www.kiehl.de

Sie erreichen die Autoren im Internet unter: www.pruefungsbuecher.net

www.kiehl.de

Prüfungsbücher für Fachwirte und Fachkaufleute

Die Prüfung der Personalfachkaufleute

10., aktualisierte Auflage

Von
Dipl.-Sozialwirt Günter Krause und
Dipl.-Soziologin Bärbel Krause

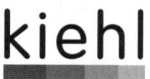

ISBN 978-3-470-**45330**-9 · 10., aktualisierte Auflage 2014

© NWB Verlag GmbH & Co. KG, Herne 1992

Kiehl ist eine Marke des NWB Verlags

Satz: Ruhrstadt-Medien AG, Castrop-Rauxel
Druck: Hubert & Co., Göttingen

Vorwort zur 10. Auflage

Die Vorauflage wurde sorgfältig durchgesehen und aktualisiert. Die Aktualisierung betrifft insbesondere folgende Abschnitte/Kapitel:

- Infomationstechnologie
- Datenschutz
- Personalarbeit auf der Grundlage rechtlicher Bestimmungen
- Konjunktur und Beschäftigung
- Exkurs 2: Ermittlung der Nettoentgelte.

Für Anregungen und konstruktive Kritik erreichen Sie uns über den Verlag oder direkt über das Internet.

Neustrelitz, im März 2014

Diplom-Sozialwirt Günter Krause
Diplom-Soziologin Bärbel Krause

Vorwort

Dieses Buch enthält Lehr- und Lernmaterialien zur Vorbereitung auf die IHK-Prüfung „Geprüfter Personalfachkaufmann/Geprüfte Personalfachkauffrau". Gliederung und Inhalt des Buches orientieren sich eng an der neuen Rechtsverordnung des Bundes vom 11. Februar 2002 und dem DIHK-Rahmenplan vom März 2002. Die neue Weiterbildungsprüfung der Personalfachkaufleute ist handlungsorientiert gegliedert: Zu vermitteln sind komplexe Aufgabenstellungen und Lösungskonzepte in folgenden Handlungsbereichen:

1. Handlungsbereich: *Personalarbeit organisieren und durchführen;*
2. Handlungsbereich: *Personalarbeit auf Grundlage rechtlicher Bestimmungen durchführen;*
3. Handlungsbereich: *Personalplanung, -marketing und -controlling gestalten und umsetzen;*
4. Handlungsbereich: *Personal- und Organisationsentwicklung steuern.*

Zentraler Schwerpunkt ist außerdem die Vorbereitung auf das „Situationsbezogene Fachgespräch", indem das Berufswissen der Teilnehmer in betriebstypischen Situationen anzuwenden ist.

- Im *ersten Teil* des Buches, gedruckt auf weißem Papier, wird der Lernstoff in bewährter Frage-Antwort-Form komprimiert wiederholt. Übersichten, Schaubilder, Aufzählungen und Struktogramme erleichtern das Lernen und machen Zusammenhänge deutlich. Insbesondere wurde jedem Handlungsbereich eine Strukturübersicht vorangestellt, die dem Leser die Orientierung erleichtert.

- Im *zweiten Teil* (auf blauem Papier gedruckt) wird der Lernstoff anhand klausurtypischer Fragestellungen vertieft und angewendet, um so eine fundierte Vorbereitung auf die Prüfung zu gewährleisten. *Dies betrifft auch das Situationsbezogene Fachgespräch: Das Buch enthält eine ausführliche Anleitung zur Vorbereitung auf das Fachgespräch einschließlich der Bearbeitung einer typischen Ausgangslage und deren Lösung.*

• Im *dritten Teil* (auf blauem Papier gedruckt) hat der Leser die Möglichkeit durch die Bearbeitung der *„Musterklausuren"*, die sich exakt an den neuen Prüfungsanforderungen ausrichten, die Situation in der Prüfung zu simulieren und seine Kenntnisse unter „Echtbedingungen" zu kontrollieren; für jede „Musterklausur" sind am Schluss des Buches ausführliche *Lösungen* dargestellt.

Auf das Grundlagenfach „Arbeitsmethodik" wurde bewusst verzichtet, da es nicht Bestandteil der Prüfung ist. Außerdem sind lt. Rahmenplan wesentliche Inhalte im Handlungsbereich 4 zu bearbeiten. Das umfangreiche *Stichwortverzeichnis* erlaubt dem Leser, sich selektiv auf Einzelthemen zu konzentrieren oder sich im Ganzen auf die Prüfung vorzubereiten. Daneben bietet sich die Möglichkeit, den Text als Nachschlagewerk in der zukünftigen Betriebspraxis einzusetzen. *Neu aufgenommen wurde ein Verzeichnis der Gesetze des Arbeits- und Sozialrechts*: Dem Leser wird empfohlen, insbesondere beim Handlungsbereich 2, parallel zum Buch die aufgeführten Rechtsquellen und Paragrafen im Originaltext zu lesen.

Noch ein Wort an die Leserinnen dieses Buches: Wenn im Text von „dem Personalfachkaufmann, dem Personalreferenten gesprochen wird, so umfasst diese maskuline Bezeichnung auch immer die angehende Personalfachkauffrau. Die vereinfachte Bezeichnung soll lediglich den sprachlichen Ausdruck entkrampfen.

Wir wünschen allen Leserinnen und Lesern eine erfolgreiche Prüfung und die Realisierung der persönlichen Berufsziele in der Praxis des betrieblichen Personalmanagements. Anregungen und konstruktive Kritik sind gewünscht und erreichen uns über das Internet oder direkt an den Verlag.

Neustrelitz und Bad Kissingen, im November 2003

Diplom-Sozialwirt Günter Krause
Diplom-Volkswirt Dr. Rolf Schreiber

Inhaltsverzeichnis

Abkürzungsverzeichnis

A

AC	Assessmentcenter
AEntG	Arbeitnehmer-Entsendegesetz
AEVO	Ausbildereignungsverordnung
AFBG	Aufstiegsfortbildungsgesetz (sog. Meister-Bafög)
AG	Arbeitgeber
AGB	Allgemeine Geschäftsbedingungen
AGG	Allgemeines Gleichbehandlungsgesetz
AltEinkG	Alterseinkünftegesetz
AltTzG	Altersteilzeitgesetz
AN	Arbeitnehmer
AO	Abgabenordnung
ArbGG	Arbeitsgerichtsgesetz
ArbnErfG	Arbeitnehmererfindungsgesetz
ArbPlSchG	Arbeitsplatzschutzgesetz
ArbSchG	Arbeitsschutzgesetz
ArbStättV	Arbeitsstättenverordnung
ArbZG	Arbeitszeitgesetz
ASiG	Arbeitssicherheitsgesetz
AT-Angestellter	Außertariflicher Angestellter
AÜG	Arbeitnehmerüberlassungsgesetz
AufenthG	Aufenthaltsgesetz
AV	Arbeitslosenversicherung
AWbG	Arbeitnehmerweiterbildungsgesetz

B

BA	Bundesagentur für Arbeit
BaföG	Bundesausbildungsförderungsgesetz
BAG	Bundesarbeitsgericht
BBiG	Berufsbildungsgesetz
BDSG	Bundesdatenschutzgesetz
BEEG	Bundeselterngeld- und Elternzeitgesetz
BeschSchG	Beschäftigtenschutzgesetz
BetrAVG	Betriebsrentengesetz
BetrVG	Betriebsverfassungsgesetz
BG	Berufsgenossenschaft
BErzGG	Bundeserziehungsgeldgesetz (bis Dezember 2006)
BGB	Bürgerliches Gesetzbuch
BR	Betriebsrat
BUrlG	Bundesurlaubsgesetz
BVW	Betriebliches Vorschlagswesen

C

CBT   Computer Based Training

D

DGFP   Deutsche Gesellschaft für Personalführung
DrittelbG   Drittelbeteiligungsgesetz

E

EFZG   Entgeltfortzahlungsgesetz
EGV   Vertrag zur Gründung der Europäischen Gemeinschaft (EG-Vertrag)
EStDV   Einkommensteuer-Durchführungsverordnung
EStG   Einkommensteuergesetz
EU   Europäische Union
EuGH   Europäischer Gerichtshof

G

GewO   Gewerbeordnung
GG   Grundgesetz
GKV-WSG   Gesetzliche Krankenversicherung-Wettbewerbsstärkungsgesetz
GleichbehRL   Gleichbehandlungs-Richtlinie

H

HAG   Heimarbeitsgesetz
HGB   Handelsgesetzbuch
HWO   Handwerksordnung

I

InsO   Insolvenzordnung
IT-ArGV   Verordnung über die Arbeitsgenehmigung für hoch qualifizierte ausländische
                           Fachkräfte der Informations- und Kommunikationstechnologie

J

JArbSchG   Jugendarbeitsschutzgesetz
JAV   Jugend- und Auszubildendenvertretung

K

KAPOVAZ   Kapazitätsorientierte variable Arbeitszeit
KorrekturG   Korrektur- und Sicherungsgesetz
KSchG   Kündigungsschutzgesetz
KiSt   Kirchensteuer
KV   Krankenversicherung
KVP   Kontinuierlicher Verbesserungsprozess

L

LadSchlG	Ladenschlussgesetz
LE	Leistungseinheiten
LStDV	Lohnsteuer-Durchführungsverordnung

M

MA	Mitarbeiter
MBR	Mitbestimmungsrechte
MitbestErgG	Mitbestimmungsergänzungsgesetz
MitbestG 1976	Mitbestimmungsgesetz 1976
MontanMitbestG	Montan-Mitbestimmungsgesetz
MTM	Methods-Time-Measurement
MuSchG	Mutterschutzgesetz
MuSchV	Verordnung zum Schutze der Mütter am Arbeitsplatz
MWR	Mitwirkungsrechte

N

NachwG	Nachweisgesetz

O

OE	Organisationsentwicklung

P

PE	Personalentwicklung
PerVG	Personalvertretungsgesetz
PIS	Personalinformationssystem
PSA	Personalserviceagentur
PSVaG	Pensionssicherungsverein auf Gegenseitigkeit
PV	Pflegeversicherung

R

RV	Rentenversicherung
RVO	Reichsversicherungsordnung

S

SachBezV	Sachbezugsverordnung
SchwarzArbG	Schwarzarbeitsgesetz
SGB III	Sozialgesetzbuch Drittes Buch – Arbeitsförderung
SGB IX	Sozialgesetzbuch Neuntes Buch – Rehabilitation und Teilhabe behinderter Menschen
SolZ	Solidaritätszuschlag
SprAuG	Sprecherausschussgesetz
SV	Sozialversicherung

T

Teilzeit-RL	Teilzeitrichtlinie
TVG	Tarifvertragsgesetz
TzBfG	Teilzeit- und Befristungsgesetz

U

UmwG	Umwandlungsgesetz
UV	Unfallversicherung
UWG	Gesetz gegen den unlauteren Wettbewerb

V

VermBG	Vermögensbildungsgesetz

W

WF	Work Factor

Z

ZPO	Zivilprozessordnung

1. Personalarbeit organisieren und durchführen

Prüfungsanforderungen

Der Teilnehmer soll nachweisen, dass er die Personalarbeit eines Unternehmens unter den Aspekten Wirtschaftlichkeit, Qualität und Kundenorientierung organisatorisch gestalten und in diesem Rahmen mit seinen Partnern innerhalb und außerhalb der Organisation zielgerichtet kommunizieren und kooperieren kann.

Qualifikationsschwerpunkte (Überblick)
1.1   Personalbereich in die Gesamtorganisation einbinden
1.2   Personalwirtschaftliches Dienstleistungsangebot gestalten
1.3   Prozesse im Personalwesen gestalten
1.4   Projekte planen und durchführen
1.5   Informationstechnologie im Personalwesen nutzen
1.6   Beraten und Fachgespräche führen
1.7   Präsentations- und Moderationstechniken einsetzen
1.8   Arbeitstechniken und Zeitmanagement anwenden

1.1 Personalbereich in die Gesamtorganisation des Unternehmens einbinden

1.1.1 Begriff und Wesen der Unternehmensorganisation

01. Welche Aufgabe erfüllt die Organisation?

Die Organisation legt (längerfristig oder vorübergehend) fest, wie die Faktoren Arbeitskräfte, Arbeitsmittel und Arbeitsstoffe so miteinander kombiniert werden, dass das Unternehmensziel ökonomisch und effizient erreicht werden kann.

02. Welche mehrfache Bedeutung hat der Begriff „Organisation" in der Betriebswirtschaftslehre?

- Ein Unternehmen *ist* eine Organisation.
- Ein Unternehmen *hat* eine (bestimmte) Organisation (*Zustand*).
- Organisation ist eine zielgerichtete *Tätigkeit* (3. Phase im Management-Regelkreis: Ziele setzen → planen → organisieren → realisieren → kontrollieren).
- Organisation ist das Ergebnis einer zielgerichteten Tätigkeit (*Ergebnis*).

Darstellung des Management-Regelkreises:

Auf jeder Stufe des Management-Regelkreises sind die Alternativen zu kommunizieren, zu analysieren, zu bewerten und zu entscheiden.

03. Wie lassen sich Organisation, Disposition und Improvisation voneinander abgrenzen?

- *Organisation*
  = Festlegen von Regelungen (generell oder fallweise).

- *Disposition*
  = im Rahmen der fallweisen Regelung kann der Mitarbeiter/der Unternehmensbereich innerhalb vorgegebener Grenzen entscheiden – er kann disponieren.

- *Improvisation*
  = mitunter müssen Entscheidungen „aus dem Stand heraus" getroffen werden. Man spricht in diesem Fall von Improvisation.

	Organisation	Disposition	Improvisation
Inhalt:	feste Regelungen	Rahmenregelungen mit Entscheidungsspielraum	keine Regelungen
Anwendung:	gleichartige, wiederholbare Vorgänge	ungleichartige, unregelmäßig auftretende Fälle	nicht planbare, unvorhergesehene Ereignisse

04. An welchen Prinzipien hat sich die Organisation zu orientieren?

Die (ideale) Organisation

- hat sich *am Unternehmensziel* zu orientieren.
- hat *einfach* (in Sprache und Bild), klar und transparent zu sein.
- hat *wirtschaftlich* zu sein. Ihr Aufwand muss durch ihren Nutzen gerechtfertigt werden.
- muss sicherstellen, dass keine Arbeit ohne *Kontrolle* bleibt.
- soll *dynamisch* und *flexibel* sein, sodass sie sich kurzfristig geänderten Zielen oder Marktbedingungen anpassen kann.
- soll *Kontinuität* und *Stabilität* des Unternehmens sichern; bewährte Grundsätze der Unternehmenspolitik kommen konsequent zur Geltung.
- soll sich am *Delegationsprinzip* orientieren (Motivation, Initiative, Eigenverantwortung der Mitarbeiter) und weniger wichtige Entscheidungen auf nachgelagerte Führungsebenen übertragen.
- soll Arbeitsvorgänge so koordinieren, dass Reibung und *Leerlauf vermieden* werden.
- soll *menschlich* sein und von den Menschen im Unternehmen mitgetragen werden.

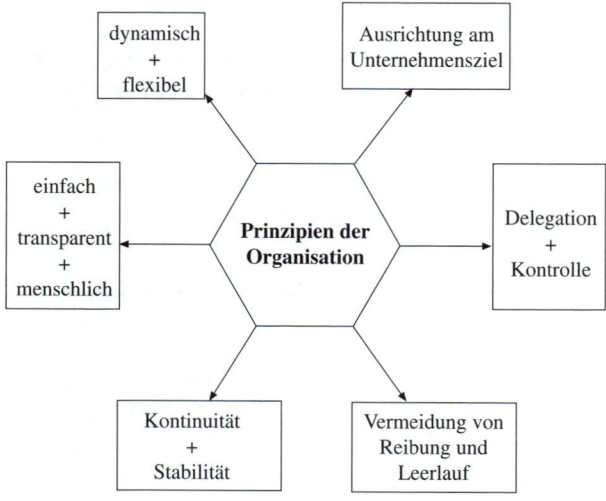

05. Warum gibt es keine „auf Dauer angelegte, ideale" Organisation?

Bezogen auf ein bestimmtes Unternehmen gilt: Die ideale Organisation gibt es nicht. Organisieren ist eine ständige Gratwanderung zwischen Aufwand und Nutzen, zwischen Betriebserfordernissen und den Wünschen bzw. Erwartungen der Mitarbeiter, zwischen Aufbau- und Ablauforientierung, zwischen Zentralisation und Dezentralisation, zwischen generellen und fallweisen Regelungen – um nur einige Aspekte hervorzuheben. Veränderungen der Betriebsgröße, der Produktpalette, der Vertriebsstrategie, der Technologie, der gesetzlichen Rahmenbedingungen usw. führen *immer wieder zu der Notwendigkeit, die bestehende Organisation zu überprüfen.*

06. Welche Elemente hat das System „Unternehmensorganisation"?

Systemelemente:	*Beispiele:*
→ Aufgaben	Sachaufgaben, Führungsaufgaben
→ Menschen	Mitarbeiter, Führungskräfte
→ Sachmittel	Büroausstattung, Maschinen
→ Informationen	Nachrichten, Rechnungen, EDV-Ausdruck

07. Welche Beziehungen können im System „Unternehmensorganisation" vorliegen?

- *Externe Beziehungen* zwischen dem System und der Umwelt.

  Beispiele: - Die Vertriebsorganisation muss der Veränderung der Märkte angepasst werden (z. B. Übergang von der Linienorganisation zur Matrix- oder Tensororganisation).

  - Bei der Auftragsbearbeitung erfolgt ein Übergang von der Funktionsorientierung zur Prozessorientierung, die den Kunden in den Mittelpunkt der Betrachtungen stellt.

- *Interne Beziehungen* zwischen den einzelnen Systemelementen.

  Beispiele: - Die Buchhaltung verarbeitet die monatlichen Lohn- und Gehaltszahlungen in der Gewinn- und Verlustrechnung.

  - Der Personalreferent (Auftragnehmer/Output) erstellt ein Konzept zur Datensicherung innerhalb der Lohn- und Gehaltsabrechnung aufgrund der Auftragsvorgaben der Personalleitung (Auftraggeber/Input).

08. Welchem Wandel unterliegen sozio-technische Systeme?

- *Sozio-technische Systeme:*

  = Systeme, in denen Menschen und Maschinen gemeinsam Leistungen erbringen.

- *Elemente* derartiger Systeme sind:

  - Menschen   - Bedingungen
  - Maschinen   - organisatorische Regelungen

- Beispiele für permanenten Wandel:

  - *Menschen*:
    Veränderung der Wertvorstellungen, der Leistungsbereitschaft und -fähigkeit

- *Maschinen*:
  Verschleiß, Innovation, technische Entwicklung, Auslastungsgrad
- *Bedingungen*:
  · *interne* Bedingungen wie z. B. Finanzstruktur, Gestaltung der Arbeitsplätze,
  · *externe* Bedingungen wie z. B. Absatz- und Einkaufsmärkte, Umwelteinflüsse.
- *organisatorische Regelungen*:
  Festlegungen der Aufbau- und Ablauforganisation, Informationsbeziehungen.

09. Welchen Abhängigkeiten unterliegt ein sozio-technisches System?

Ein Unternehmen als sozio-technisches System ist nicht autark, sondern in vielfältiger Weise von anderen Systemen abhängig und mit ihnen verbunden (vgl. dazu Frage 07. „Externe Beziehungen"), z. B.:

- Beziehungen zu anderen Unternehmen,
- ökonomische und ökologische Umweltbedingungen,
- Marktverhältnisse,
- politische, rechtliche, soziale, kulturelle und technische Bedingungen.

Die „Kunst der Unternehmensführung" besteht nun darin, die Anpassungsfähigkeit der Organisation an veränderte Umweltbedingungen in hohem Maße zu gewährleisten ohne dabei Stabilität und Kontinuität der Strukturen zu gefährden. Im Gegensatz zu früher *haben dabei Komplexität und Dynamik der Veränderungsprozesse zugenommen* und sind entsprechend schwieriger zu adaptieren.

1.1.2 Aufbauorganisation

01. Wie lassen sich Aufbau- und Ablauforganisation unterscheiden?

- *Aufbauorganisation = Regelungen für den Betriebsaufbau:* legt Orga-Einheiten (d. h. Stellen), Zuständigkeiten, Ebenen usw. fest.
- *Ablauforganisation = Regelungen für den Betriebsablauf* regelt den Ablauf nach den Kriterien Ort, Zeit oder Funktion zwischen Orga-Einheiten, Bereichen usw.

02. Was versteht man unter der Aufgabenanalyse?

Die Gesamtaufgabe des Unternehmens (z. B. Herstellung und Vertrieb von Elektrogeräten) wird in

- *Hauptaufgaben*, z. B.   → Montage, Marketing ⏎, Verwaltung, Einkauf
- *Teilaufgaben 1. Ordnung*   → Vertrieb, Verkauf, Versand ⏎ usw.
- *Teilaufgaben 2. Ordnung*   → Versandvorbereitung, Lager ⏎
- *Teilaufgaben 3. Ordnung*   → Einlagerung, Kommissionierung
  usw.

zerlegt.

Gliederungsbreite und Gliederungstiefe der Aufgaben sind folglich abhängig von der Gesamtaufgabe, der Größe des Betriebes, dem Wirtschaftszweig usw. und haben sich am Prinzip der Wirtschaftlichkeit zu orientieren. In einem Industriebetrieb wird z. B. die Aufgabe „Produktion", in einem Handelsbetrieb die Aufgabe „Einkauf/Verkauf" im Vordergrund stehen.

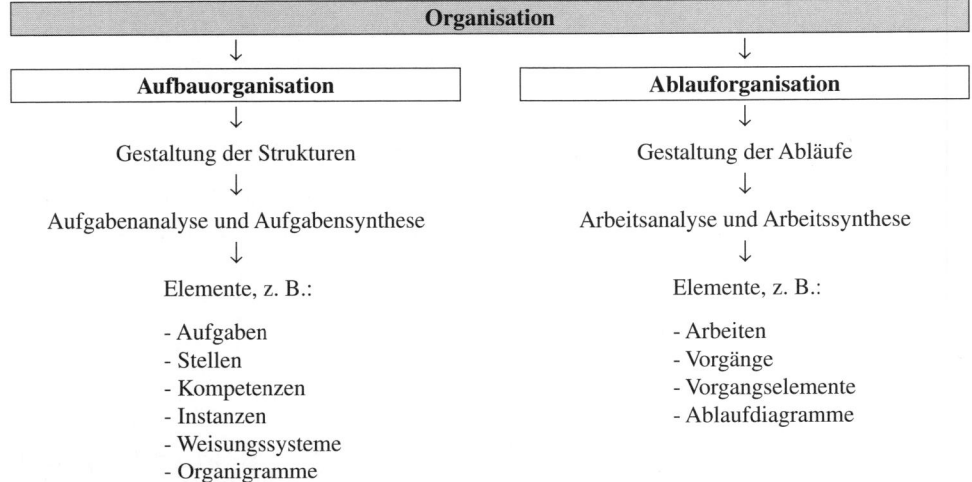

03. Welche Gliederungskriterien gibt es?

Die Aufgabenanalyse (und die spätere Einrichtung von Stellen) kann nach folgenden *Gliederungskriterien* vorgenommen werden:

1. *nach der Verrichtung* (Funktion):
   Die Aufgabe wird in „Teilfunktionen zerlegt", die zur Erfüllung dieser Aufgabe notwendig sind, z. B. Personalbeschaffung: Personalplanung, -beschaffung (i.e.S.), Vertragsgestaltung usw.

2. *nach dem Objekt:*
   Objekte der Gliederung können z. B. sein:
   - Produkte (Maschine Typ A, Maschine Typ B),
   - Regionen (Nord, Süd; Nielsen-Gebiet 1, 2, 3 usw.; Hinweis: Nielsen Regionalstrukturen sind Handelspanel, die von der A. C. Nielsen Company erstmals in den USA entwickelt wurden),
   - Personen (Arbeiter, Angestellte; → vgl. Referentensystem, Seite 45) sowie
   - Begriffe (z. B. Steuerarten beim Finanzamt).

3. *nach der Zweckbeziehung:*
   Man geht bei diesem Gliederungskriterium davon aus, dass es zur Erfüllung der Gesamtaufgabe (z. B. „Produktion") Teilaufgaben gibt, die *unmittelbar dem Betriebszweck dienen* (z. B. Fertigung, Montage) und solche, die nur mittelbar mit dem Betriebszweck zusammenhängen (z. B. Personalwesen, Rechnungswesen, DV/IT).

4. *nach der Phase*:
   Jede betriebliche Tätigkeit kann den Phasen „Planung, Durchführung und Kontrolle" zugeordnet werden. Bei dieser Gliederungsform zerlegt man also die Aufgabe in Teilaufgaben, die sich

an den o. g. Phasen orientieren (z. B. Personalwesen: Personalplanung, Personalbeschaffung, Personaleinsatz, Personalentwicklung, Personalfreisetzung).

5. *nach dem Rang:*

Teilaufgaben einer Hauptaufgabe können einen unterschiedlichen Rang haben. Eine Teilaufgabe kann einen ausführenden, entscheidenden oder leitenden Charakter haben. Als Beispiel sei hier die Hauptaufgabe „Investitionen" angeführt. Sie kann z. B. in Investitions*planung* sowie Investitions*entscheidung* gegliedert werden.

6. *Mischformen*:

In der Praxis ist eine bestehende Aufbauorganisation meist das Ergebnis einer Aufgabenanalyse, in der verschiedene Gliederungskriterien verwendet werden.

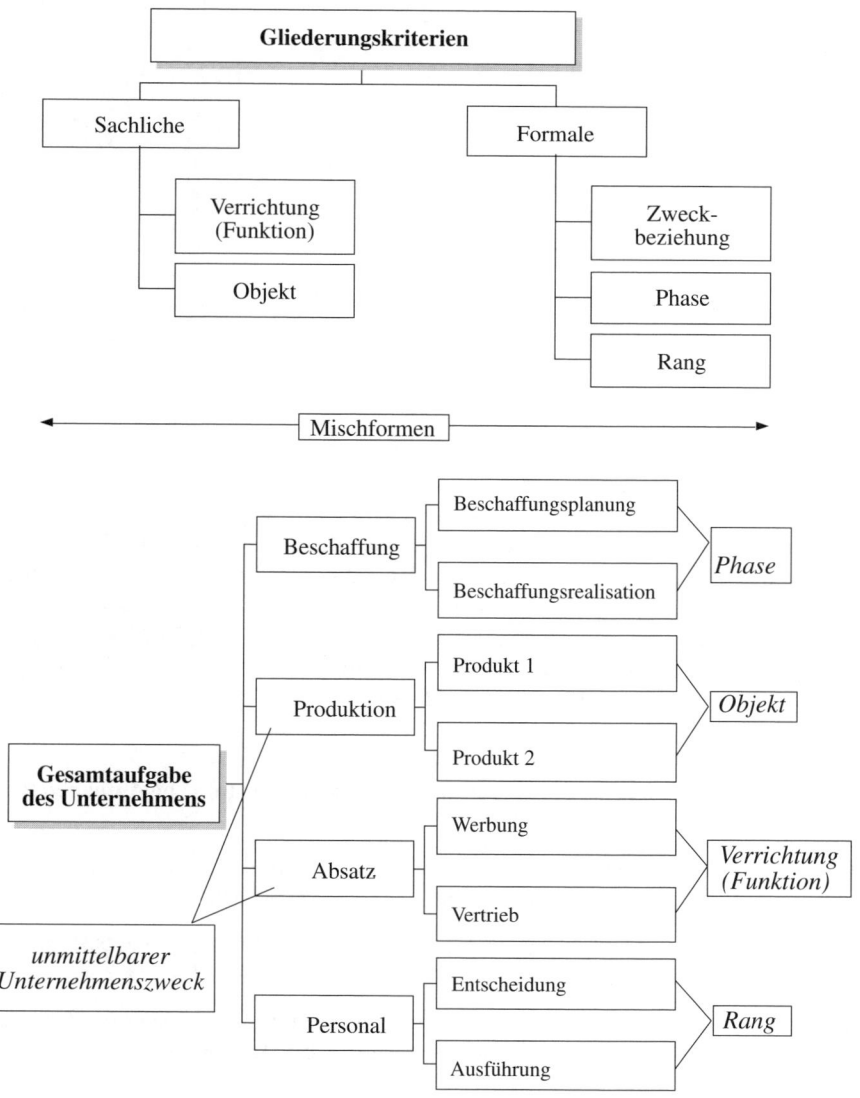

04. Was versteht man unter der Aufgabensynthese?

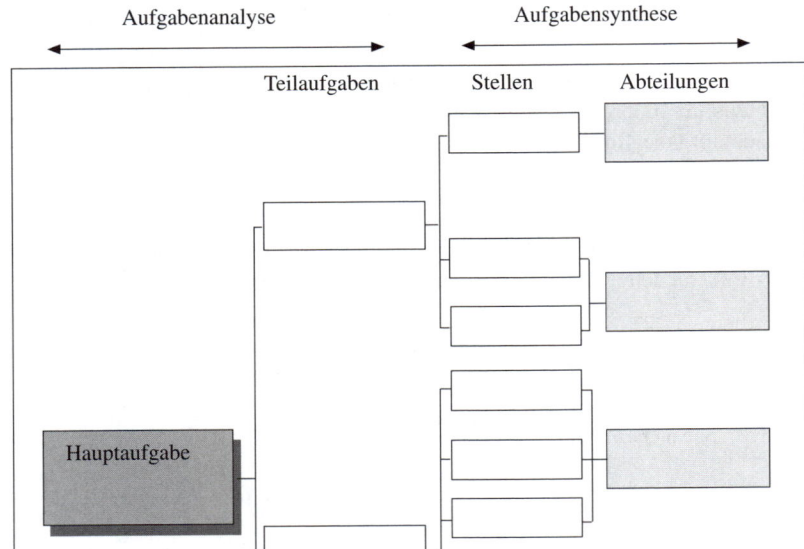

Im Rahmen der *Aufgabenanalyse* wurde die Gesamtaufgabe nach unterschiedlichen Gliederungs-kriterien in Teilaufgaben zerlegt (vgl. Frage 02. f.). Diese Teilaufgaben werden nun in geeigneter Form in sog. organisatorische Einheiten zusammengefasst (z. B. Hauptabteilung, Abteilung, Gruppe, Stelle). Diesen Vorgang der Zusammenfassung von Teilaufgaben zu Orga-Einheiten bezeichnet man als *Aufgabensynthese*. Den Orga-Einheiten werden dann *Aufgabenträger* (Ein-zelperson, Personengruppe, Kombination Mensch/Maschine) zugeordnet.

05. Was bezeichnet man als Dezentralisierung (Zentralisierung) von Aufgaben im Rahmen der Aufgabensynthese?

Mit *Dezentralisierung* bezeichnet man die Verteilung von Teilaufgaben nicht auf eine (zentrale) Stelle sondern auf verschiedene. Diese Verteilung kann dabei z. B.

- nach dem Objekt (= *Objekt-Dezentralisierung*; z. B.: Jede Niederlassung eines Konzerns ver-treibt alle Produkte.) oder

- nach der Verrichtung (= *Verrichtungs-Dezentralisierung*; z. B.: In jeder Niederlassung eines Konzerns sind alle wesentlichen, kaufmännischen Grundfunktionen vorhanden.) vorgenom-men werden.

In der Praxis hat sich bei Großunternehmen aufgrund der positiven Erfahrung eine zunehmende Tendenz zur Dezentralisierung herausgebildet.

06. Wie erfolgt die Stellenbildung?

Eine *Stelle ist die kleinste betriebliche Orga-Einheit.* Die Anzahl der Teilaufgaben muss nicht notwendigerweise identisch mit der Anzahl der Stellen sein (vgl. Abb. S. 24 → Aufgabensynthese). Je nach Größe des Betriebes kann eine Teilaufgabe die Bildung mehrerer Stellen erfordern, oder mehrere Teilaufgaben werden in einer Stelle zusammengefasst.

Man unterscheidet u. a. zwischen

- *Leitungsstellen* (= Anordnungsrechte und -pflichten) und
- *Ausführungsstellen* (= keine Leitungsbefugnis).

07. Welchen Inhalt hat eine Stellenbeschreibung? Welchen Zweck verfolgt sie?

Die Stellenbeschreibung (auch Aufgaben- oder Funktionsbeschreibung genannt) enthält die Hauptaufgaben der Stelle, die Eingliederung in das Unternehmen und i. d. R. die Befugnisse der Stelle. In der Praxis hat sich keine eindeutige Festlegung der inhaltlichen Punkte einer Stellenbeschreibung herausgebildet.

Wichtig ist, dass die Stellenbeschreibung *sachbezogen, also vom Stelleninhaber unabhängig ist,* und darauf geachtet wird, dass sie wirklich nur die „wichtigsten Zuständigkeiten" nennt (Problem: Pflegeaufwand, Aktualisierung).

Häufig enthält die Stellenbeschreibung zusätzlich das Anforderungsprofil.

Stellenbeschreibung	
I.	**Beschreibung der Aufgaben:**
	1. Stellenbezeichnung
	2. Unterstellung
	An wen berichtet der Stelleninhaber?
	3. Überstellung
	Welche Personalverantwortung hat der Stelleninhaber?
	4. Stellvertretung
	- Wer vertritt den Stelleninhaber?
	- Wen muss der Stelleninhaber vertreten?
	5. Ziel der Stelle
	6. Hauptaufgaben und Kompetenzen
	7. Einzelaufträge
	8. Besondere Befugnisse
II.	**Anforderungsprofil:**
	Fachliche Anforderungen:
	- Ausbildung, Weiterbildung
	- Berufspraxis
	- Besondere Kenntnisse
	Persönliche Anforderungen:
	- Kommunikationsfähigkeit
	- Führungsfähigkeit
	- Analysefähigkeit

Stellenbeschreibungen werden als Instrument der Organisation sowie als personalpolitisches Instrument für vielfältige Zwecke eingesetzt, z. B.:

- Kompetenzabgrenzung,
- Personalauswahl,
- Personalentwicklung,
- Organisationsentwicklung,
- Stellenbewertung,
- Lohnpolitik/Gehaltsfindung,
- Mitarbeiterbeurteilung,
- Feststellung des Leitenden-Status,
- interne und externe Stellenausschreibung.

Beispiel einer Stellenbeschreibung:

Stellenbeschreibung	
Stellenbezeichnung:	*Gruppenleiter Lohn und Gehalt*
Unterstellung:	*Abteilungsleiter Personalbereich 3*
Überstellung:	*Sachbearbeiter Lohn und Gehalt*
Stellvertretung:	*Vertritt:* *unterstellte Sachbearbeiter in Krankheitsfällen* *Wird vertreten:* *vom Abteilungsleiter Personalbereich 3*
Ziel der Stelle:	*Effektive und termingerechte Durchführung der Lohn- und Gehaltsbearbeitung sowie ordnungsgemäße Führung der Personalakten des Personalbereichs 3.*
Hauptaufgaben:	*- Überwachung der Terminvorgaben* *- Stichprobenkontrollen der erstellten Lohn- und Gehaltsabrechnungen* *- Überwachung der Führung der Personalakten* *- Aktualisierung der Abrechnungs-Software in Abstimmung der EDV* *- laufende Schulung der Mitarbeiter* *- laufende Beachtung steuer- und sozialversicherungsrechtlicher Rahmenbe-dingungen* *- Harmonisierung der Abrechnungsergebnisse mit dem Rechnungswesen* *- ...*
Kompetenzen:	*- Einsicht in alle Personal- und Abrechnungsdaten des Personalbereichs 3* *- Zugang zu allen Personalkostendaten des Personalbereichs 3* *- Vertretung des Personalbereichs 3 im ERFA-Kreis* *- Zugang zu allen Personalakten im Personalbereich 3 (mit Ausnahme der Leitenden Angestellten des oberen Führungskreises)*

08. Wie erfolgt die Bildung von Gruppen und Abteilungen?

Die in einem Betrieb gebildeten Stellen werden z. B. reichen zusammengefasst. In der Praxis ist die Zusammenfassung zu *Gruppen, Abteilungen, Hauptabteilungen, Ressorts* usw. üblich.

09. Was versteht man unter folgenden Begriffen: Instanz, Hierarchie, Leitungsspanne, Instanzentiefe/-breite?

- *Instanz*
  = eine Stelle mit Leitungsbefugnissen; Instanzen können verschiedenen Leitungsebenen (= Managementebenen) zugeordnet sein.

- *Leitungsspanne*
  = die Zahl der direkt weisungsgebundenen Stellen. Je höher die Ausbildung der Mitarbeiter und je anspruchsvoller ihr Aufgabengebiet ist, desto kleiner sollte die Leitungsspanne sein. Eine zu große Leitungsspanne hat zur Folge, dass die notwendigen Führungsaufgaben nicht angemessen wahrgenommen werden können.

- *Instanzentiefe*
  = die Anzahl der verschiedenen Rangebenen.

- *Instanzenbreite*
  = die Anzahl der (gleichrangigen) Leitungsstellen pro Ebene.

- *Hierarchie*
  = Struktur der Leitungsebenen. Eine starke Hierarchie mit vielen Instanzen kann zu schwerfälligen Informations- und Entscheidungsprozessen führen. Eine zu geringe Hierarchie – insbesondere bei großer Leitungsspanne – überlastet die Führungskräfte (Problem beim Ansatz „Lean Management"). Im Wesentlichen unterscheidet man drei Leitungsebenen (*Hierarchien*):

  - *Top-Management* (oberste Leitungsebene), z.B.: Vorstand, Geschäftsleitung, Unternehmensinhaber.
  - *Middle-Management* (mittlere Leitungsebene), z.B.: Bereichsleiter, Ressortleiter, Abteilungsleiter.
  - *Lower-Management* (untere Leitungsebene), z.B.: Gruppenleiter, Meister.

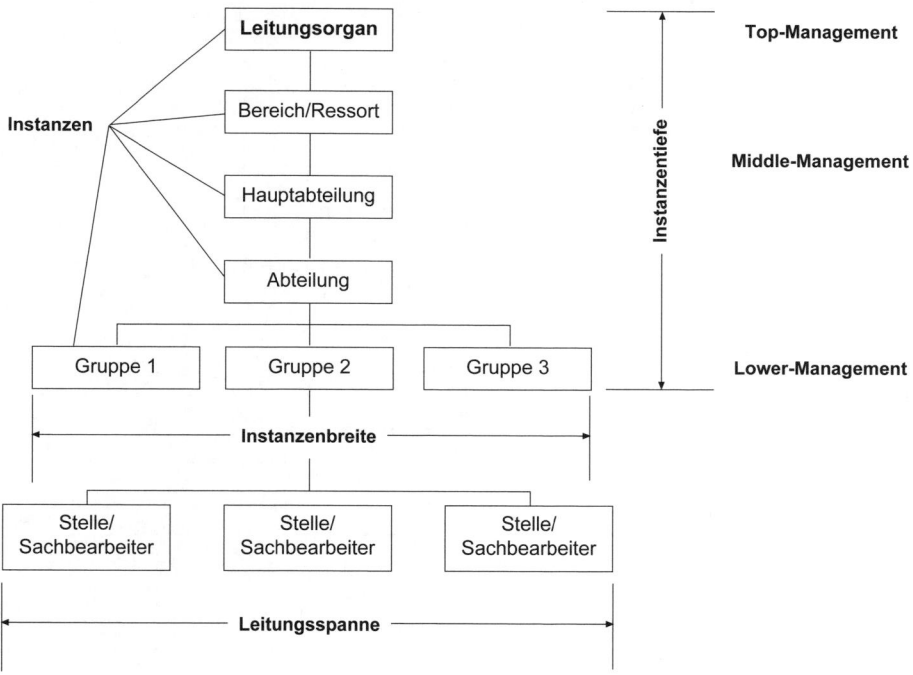

10. Was ist ein Organigramm und welche Darstellungsformen gibt es?

Die in einem Betrieb vorhandenen Stellen, ihre Beziehung untereinander und ihre Zusammenfassung z.B. reichen wird bildlich in Form eines *Organisationsdiagramms* (kurz: Organigramm) dargestellt.

- In der Praxis ist die sog. *vertikale Darstellung* am häufigsten anzutreffen („von oben nach unten"); hier stehen gleichrangige Stellen nebeneinander.

- Daneben kennt man die *horizontale Darstellung* („von links nach rechts"; gleichrangige Stellen stehen untereinander).

- Weiterhin gibt es Mischformen aus beiden Darstellungsarten.

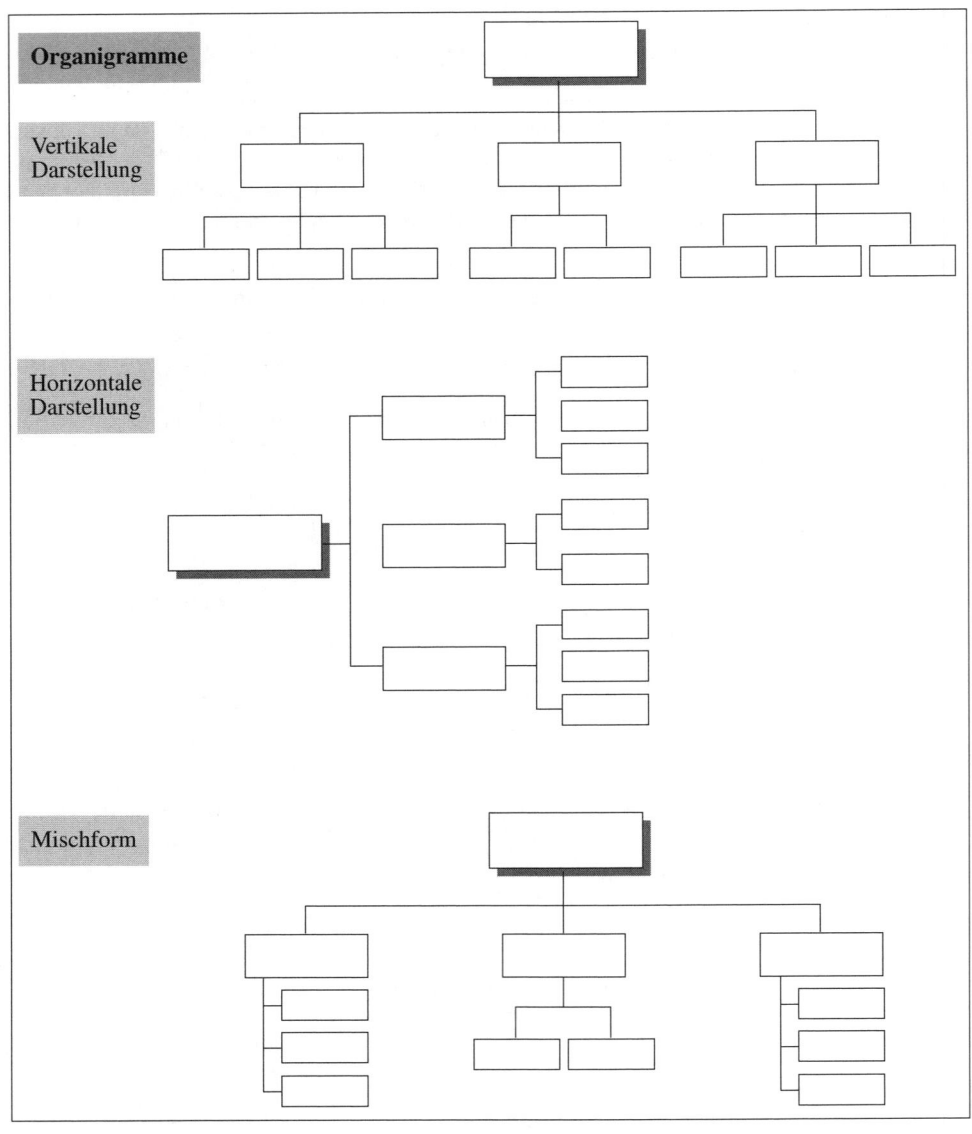

11. Welche Organisationsformen gibt es?

Leitungssysteme (auch: Weisungssysteme, Organisationssysteme/-formen) sind dadurch gekennzeichnet, in welcher Form Weisungen von „oben nach unten" erfolgen und nach welchen Prinzipien die Aufbaustruktur gegliedert ist (im Wesentlichen: Funktions- und Objektprinzip oder Mischsystem):

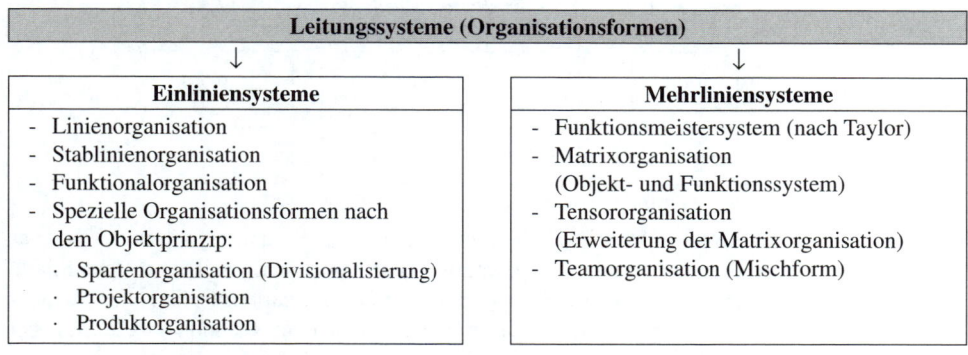

Leitungssysteme (Organisationsformen)	
↓	↓
Einliniensysteme	**Mehrliniensysteme**

- Linienorganisation
- Stablinienorganisation
- Funktionalorganisation
- Spezielle Organisationsformen nach dem Objektprinzip:
  · Spartenorganisation (Divisionalisierung)
  · Projektorganisation
  · Produktorganisation
	- Funktionsmeistersystem (nach Taylor)
	- Matrixorganisation
	  (Objekt- und Funktionssystem)
	- Tensororganisation
	  (Erweiterung der Matrixorganisation)
	- Teamorganisation (Mischform)

- *Bei der Einlinienorganisation* hat jeder Mitarbeiter nur einen Vorgesetzten; es führt nur „eine Linie von der obersten Instanz bis hinunter zum Mitarbeiter und umgekehrt". Vom Prinzip her sind damit gleichrangige Instanzen gehalten, bei Sachfragen über ihre gemeinsame, übergeordnete Instanz zu kommunizieren.

Beispiel:

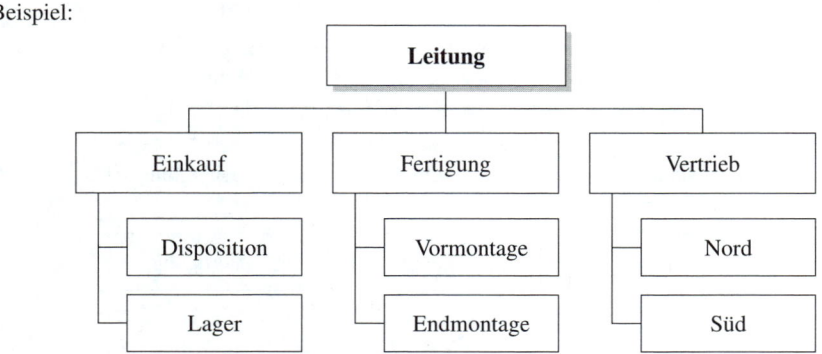

- *Die Stablinienorganisation* ist eine Variante des Einliniensystems. Bestimmten Linienstellen werden Stabsstellen ergänzend zugeordnet. → *Stabsstellen sind Stellen ohne eigene fachliche und disziplinarische Weisungsbefugnis.* Sie haben die Aufgabe, als „Spezialisten" die Linienstellen zu unterstützen. Meist sind Stabsstellen den oberen Instanzen zugeordnet. Stabsstellen sind in der Praxis im Bereich Recht, Patentwesen, Unternehmensbeteiligungen, Unternehmensplanung und Personalgrundsatzfragen zu finden.

Beispiel:

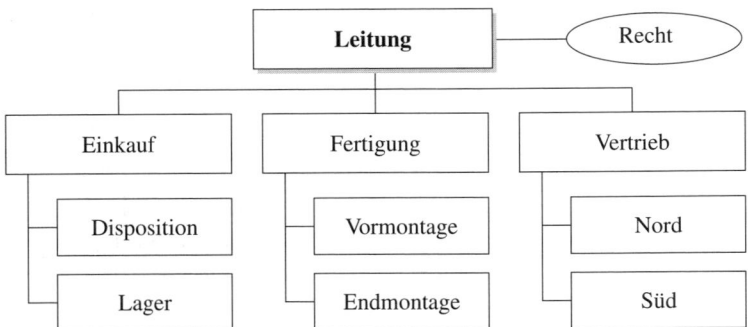

- *Bei der Spartenorganisation* (Divisionalisierung; → siehe auch: Produktorganisation) wird das Unternehmen nach Produktbereichen (sog. Sparten oder Divisionen) gegliedert. Jede Sparte wird als eigenständige Unternehmenseinheit geführt. Die für das Spartengeschäft „nur" indirekt zuständigen Dienstleistungsbereiche wie z. B. Recht, Personal oder Rechnungswesen sind bei der Spartenorganisation oft als *verrichtungsorientierte Zentralbereiche* vertreten.

Beispiel:

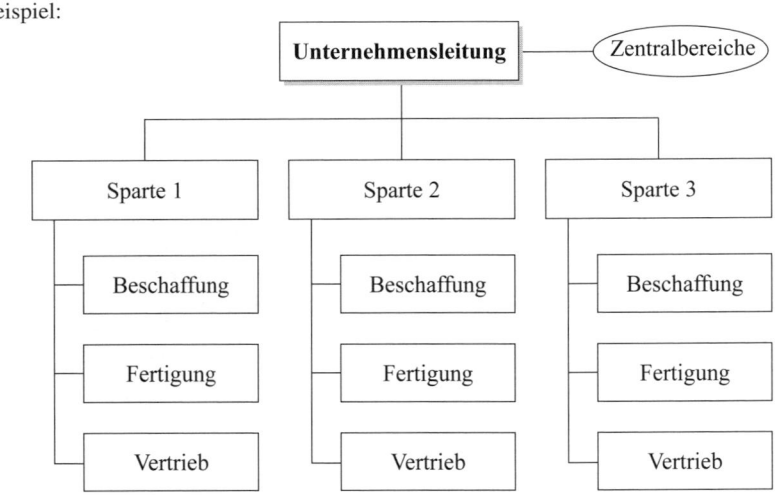

- *Die Produktorganisation ist eine Variante der Spartenorganisation* bzw. der Projektorganisation; sie kann als Einliniensystem oder – bei Vollkompetenz der Produktmanager – als Matrixorganisation ausgestaltet sein.

- *Die Projektorganisation ist eine Variante der Spartenorganisation.* Das Unternehmen oder Teilbereiche des Unternehmens ist/sind nach Projekten gegliedert. Diese Organisationsform ist häufig im Großanlagenbau (Kraftwerke, Staudämme, Wasseraufbereitungsanlagen, Straßenbau, Industriegroßbauten) anzutreffen. Die Projektorganisation ist abzugrenzen von der → „Organisation von Projektmanagement" (Einzelheiten dazu vgl. S. 68).

- *Das Mehrliniensystem* basiert auf dem Funktionsmeistersystem des Amerikaners Taylor (1911). Der Mitarbeiter hat zwei oder mehrere Fachvorgesetzte, von denen er *fachliche* Weisungen erhält. Die *Disziplinarfunktion ist nur einem Vorgesetzten vorbehalten.* Der Rollenkonflikt beim Mitarbeiter, der „zwei oder mehreren Herren dient", ist vorprogrammiert, da jeder Vorgesetzte „ein Verhalten des Mitarbeiters in seinem Sinne" erwartet.

Beispiel: Ein großes Maschienenbauunternehmen hat mehrere Zweigwerke. Im Hauptwerk ist ein Leiter Personal- und Sozialwesen. In den Zweigwerken gibt es regionale Personalleiter, die der Werkleitung disziplinarisch unterstellt sind. Die regionalen Personalleiter erhalten fachliche Weisungen vom Werkleiter (→ z. B. Tagesgeschäft), aber auch vom Leiter Personal- und Sozialwesen (→ z. B. Grundsatzangelegenheiten).

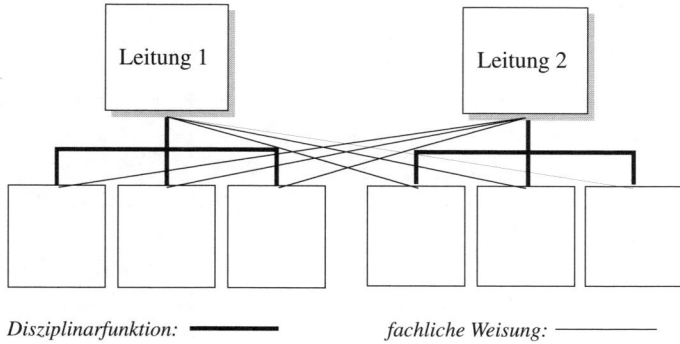

Disziplinarfunktion: ━━━━━   *fachliche Weisung:* ──────

- *Die Matrixorganisation*
  ist eine Weiterentwicklung der Spartenorganisation und gehört zur Kategorie „Mehrliniensystem". Das Unternehmen wird in *„Objekte"* und *„Funktionen"* gegliedert. Kennzeichnend ist: Für die Spartenleiter und die Leiter der Funktionsbereiche (auch: Zentralbereiche) besteht bei Entscheidungen *Einigungszwang.* Beide sind gleichberechtigt. Damit soll einem *Objekt- oder Funktionsegoismus* vorgebeugt werden. Für die nachgeordneten Stellen kann dies u. U. bedeuten, dass sie zwei unterschiedliche Anweisungen erhalten (Problem des Mehrliniensystems). Die Abbildung zeigt ausschnittsweise die Sparten-Matrix-Organisation eines großen Handelsunternehmens mit drei Sparten und den Zentralbereichen Rechnungswesen, Personal- und Sozialwesen, Werbung, Einkauf, Vertrieb und EDV/IT.

Beispiel:

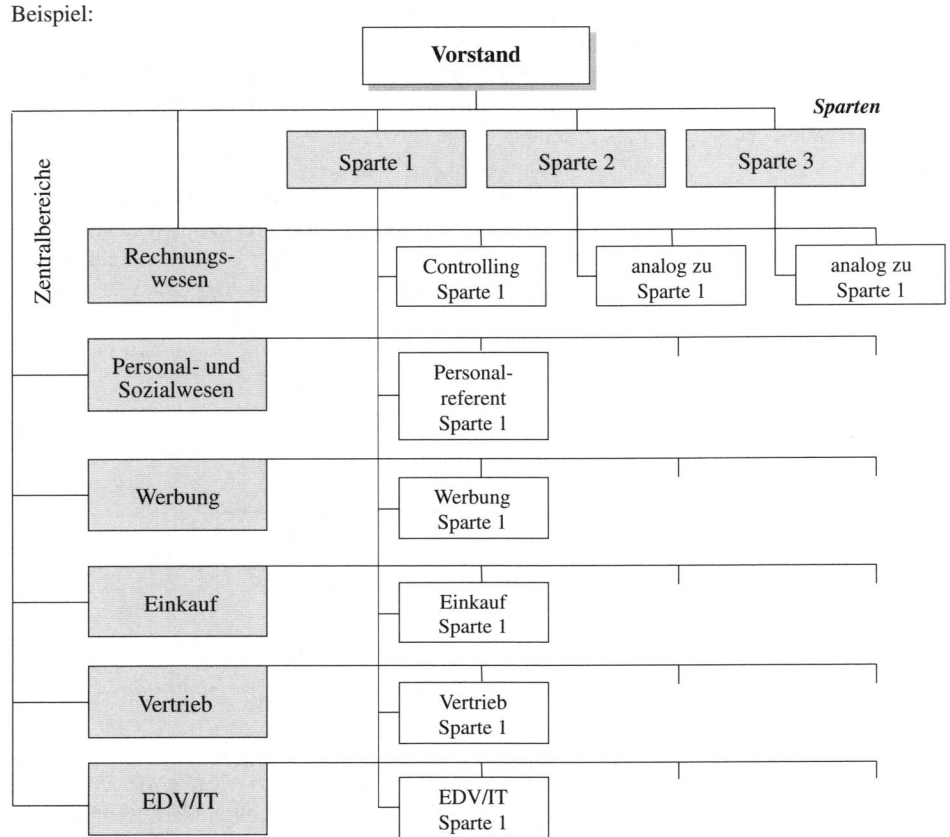

- *Teamorganisation:*
  Hier liegt die disziplinarische Verantwortung für die Mitarbeiter bei dem jeweiligen Linienvorgesetzten (→ vgl. Linienorganisation). Um eine verbesserte Objektorientierung (oder Verrichtungsorientierung) zu erreichen, werden überschneidende Teams gebildet.

Die fachliche Weisungsbefugnis für das Team liegt bei dem betreffenden Teamleiter.

Beispiel (verkürzt): Ein Unternehmen der Informationstechnologie hat die drei Funktionsbereiche Hardware, Software und Dokumentation. Um eine bessere Marktorientierung und Ausrichtung auf bestimmte Großkunden (oder Regionen) zu realisieren, werden z. B. zwei Teams gebildet: Team 1: „Region NRW" und Team 2: „Region Süd". Die Zusammensetzung und zeitliche Dauer der Teams kann flexibel sein.

Beispiel:

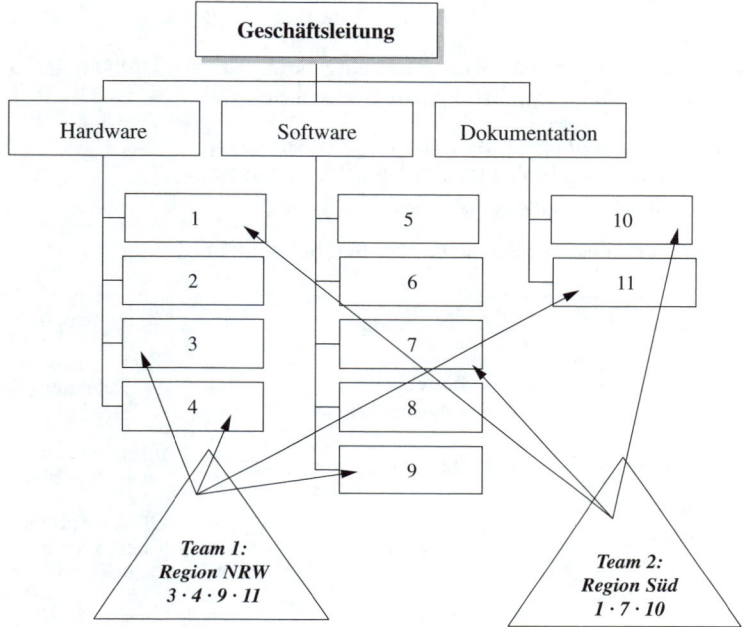

1.1.3 Ablauforganisation

01. Welche Aufgaben und Ziele verfolgt die Ablauforganisation?

Die *Ablauforganisation (*auch: Prozessorganisation) regelt die Abläufe zwischen den Orga-
Einheiten nach den Kriterien

- Ort,   - Zeit,
- Kosten,   - Funktion,
- Prozess,   - Ergonomie.

Sie ist der *dynamische und integrierende Teil der Organisation.* Nach REFA versteht man unter
*Ablauforganisation „das zeitliche und örtliche Hinter- und Nebeneinander der zur Erreichung
eines bestimmten Arbeitsergebnisses auszuführenden Arbeiten".*

02. An welchen Leitsätzen (Zielen) orientiert sich die Ablauforganisation?

Die Ablauforganisation hat folgende *Zielsetzungen*:

- Arbeiten mit dem geringsten Aufwand zu erledigen (*Wirtschaftlichkeitsprinzip*),
- Bearbeitungs- und Durchlauf*kosten* zu *minimieren*,
- Bearbeitungs*zeiten* und *-fehler* zu *minimieren*,
- *Termine einzuhalten*,
- *Kapazitäten/Ressourcen* optimal zu *nutzen*,
- Arbeitsplätze human zu gestalten.

03. Wie erfolgt die Arbeitsanalyse und -synthese?

- *Arbeitsanalyse*:
  Die Ablauforganisation untersucht die Einzelaufgabe „niedrigster Ordnung" (z. B. Bearbeiten einer Eingangsrechnung). Bei dieser Analyse lassen sich

  - die einzelnen *Verrichtungen* („Bearbeiten", „Prüfen" usw.),
  - die beteiligten *Stellen* („Einkauf", „Poststelle" usw.) sowie
  - der *Fluss* des Bearbeitungsgegenstandes („Rechnung")

  erkennen und sachlogisch strukturieren (Ist- und Sollstruktur):

Arbeitsgang	Gangstufe	Gangelement
Kundenbestellung bearbeiten bis zur Auftragsbestätigung	Bestellung entgegennehmen	Brief öffnen / Eingangsstempel / weiterleiten
	Bestellung prüfen	formal prüfen / sachlich prüfen
	Bonität prüfen	OP-Liste prüfen / Kredit prüfen / Belieferung entscheiden
		...usw.

- Im Rahmen der sog. *Arbeitssynthese*
  werden die gewonnenen Gangstufen und Gangelemente so miteinander kombiniert, dass sie zeitlich, räumlich, kostenmäßig, funktionell und ergonomisch sinnvoll sind – im Sinne der oben beschriebenen Ziele/Leitsätze.

- *Erfassen der Arbeitsabläufe:*
  Im Rahmen der Arbeitsanalyse und der Arbeitssynthese ist es für den Organisator erforderlich, folgende Fragen zu beantworten:

Fragestellung;	*Aspekt:*
• Wann? Wie lange?	→ Zeit
• Wo? Woher? Wohin?	→ Raum
• Wie viel?	→ Menge
• Entweder - oder/sowohl - als auch	→ logische Beziehung

04. Welche Verfahren zur Erhebung des Istzustandes kennt man?

- Befragung (schriftlich, mündlich),
- Beobachtung (Dauerbeobachtung, Multimomentaufnahme),
- Arbeitsablaufstudien,
- Arbeitszeitstudien,
- Kommunikationsanalyse.

05. Welche Gliederungsprinzipien gelten in der Ablauforganisation?

- *sachliche Prinzipien*: Verrichtung/Funktion, Objekt/Prozess, Raum, Zeit,
- *formale Prinzipien*: Rang, Phase, Zweckbeziehung.

Dabei bezeichnet man

- die Zusammenfassung gleichartiger Teilaufgaben als *Zentralisation*,
- die Trennung gleichartiger Teilaufgaben als *Dezentralisation*.

Aufgrund dieser Gestaltungsprinzipien haben sich in Theorie und Praxis verschiedene Organisationsformen der Ablauforganisation herausgebildet, z. B.:

- Zentralisation nach dem Prinzip „Verrichtung" → Werkstattprinzip,
- Zentralisation nach dem Prinzip „Objekt" → Bandprinzip, Fließfertigung,
- Zentralisierung/Dezentralisierung nach dem Prinzip „Raum",
- Zentralisierung/Dezentralisierung nach dem Prinzip „Zeit".

06. Wie können Arbeitsabläufe dargestellt werden?

Hinweis: Da im Rahmenplan unter Ziffer 1.1.1.3 die Taxonomie „Arbeitsabläufe und ihre Darstellung kennen" ausgewiesen ist, wird die praktische Anwendung der o. g. Darstellungstechniken hier nicht behandelt.

1.1.4 Entwicklung von der tayloristischen Organisation zur Lean Organisation

01. Welche charakteristischen Merkmale weist der Taylorismus auf?

Als Taylorismus bezeichnet man die Art der wissenschaftlichen Betriebsführung, die nach Frederick W. Taylor (1856 - 1915) benannt wurde. Ziel war die Steigerung der Arbeitsproduktivität mit den Merkmalen: → extreme Arbeitsteilung, → repetetive Teilarbeit, → Normierung von Arbeitsvorgängen und -abläufen, → fast ausschließlich monetäre Anreize.

Ergebnisse/Folgen:
Hohe Produktivitätszuwächse und Rationalisierungserfolge; negative Begleiterscheinungen: einseitige Belastung der Mitarbeiter, Monotonie, hohe Fremdbestimmung, Verlust der Ganzheitlichkeit der Arbeit → Fehlzeiten, Erkrankungen, Unzufriedenheit usw.

Die *Gegenbewegung* zum Taylorismus war die *Humanisierung der Arbeit* (Human-Relation-Bewegung; Anfang des 19. Jh.), die eine Aufhebung der negativen Auswirkungen versuchte.

Als weitere gegenläufige Bewegung sind die neueren *Konzepte der ganzheitlichen Unternehmensführung* (aus den USA und Japan) zu verstehen, die u. a. mit Begriffen wie → Lean Management (LP), → Kontinuierlicher Verbesserungsprozess (KVP), → Kaizen, → Total Quality Management (TQM) und → Zertifizierung verbunden sind.

02. Welche zentralen Prinzipien enthält der Lean-Ansatz?

Der „Lean-Ansatz" (Lean Management, Lean Organisation, Lean Production) verfolgt den Gedanken, sich „schlank machen" und sich dabei auf die zentralen Wertschöfungsprozesse zu konzentrieren (→„Wofür ist der Kunde bereit zu zahlen?"). Im Mittelpunkt stehen folgende *Arbeitsprinzipien:*

- Wertschöpfung ist zentrales Ziel
- Teambildung; interdisziplinäre Lösungen
- Eigenverantwortung und Feedback der Mitarbeiter ist notwendig
- kontinuierliche Verbesserung in kleinen Schritten, sofort.

- *Philosophie des TQM:* → Total Quality Management
  Der Philosophie des TQM liegt ein umfassender Qualitätsbegriff zu Grunde, der über die eigentliche Produktqualität weit hinaus geht. Hierbei wird die ständige und schrittweise Verbesserung aller Prozesse und des Verhaltens der Mitarbeiter im Leistungsprozess angestrebt. TQM ist also keine zeitlich begrenzte Aktion, sondern auf Dauer angelegt mit dem Ziel der vollkommenen Kundenzufriedenheit. Von vielen Firmen wird heute ein eingeführtes TQM als Grundvoraussetzung für eine problemlose Qualifikation nach ISO 9000 : 2005 angesehen.

- *Kundenorientierung im Rahmen von TQM und Lean Management:*
  Bei der Kundenorientierung im Sinne von TQM und Lean Management muss sich jedes Handeln an den Anforderungen des einzelnen Kunden orientieren. Dies gilt nicht nur für den externen Kunden. Auch die Belange der internen Kunden, das heißt die der Mitarbeiter der jeweils nachfolgenden Stufe im betrieblichen Leistungserstellungsprozess, sind immer zu berücksichtigen.

- *Kaizen, KVP:*
  Kaizen ist ein Managementbegriff aus Japan. Er beinhaltet die Forderung, ständig auf der Suche nach Verbesserungsmöglichkeiten zu sein. In Deutschland wird meist vom „kontinuierlichen Verbesserungsprozess (KVP)" gesprochen. Bei Kaizen wird versucht, das Wissenspotenzial der einzelnen Mitarbeiter, die aufgrund ihrer Nähe zum Geschehen, Probleme oft besser einschätzen und somit lösen können als ihre Vorgesetzten, für Verbesserungen zu nutzen.

03. Wie arbeiten marktorientierte Unternehmen nach dem Lean Production-Prinzip?

Sie

- konzentrieren sich auf das Gesamtsystem und die zentrale Leistungskette,
- haben einen kontinuierlichen Arbeitsablauf und Arbeitsfluss,
- ändern das Vorgehen im vorgelagerten Bereich, um das nachgelagerte Problem zu lösen,
- investieren, um den Zeitverbrauch zu reduzieren.

Im Hinblick auf Prozesse, die Organisation und das Management treten folgende Veränderungen ein:

- *Prozesse*: flussorientierte Ablauforganisation, qualifiziertes, flexibel einsetzbares Personal, unterstützende Technikkonzepte.

- *Organisation*: flache Aufbauorganisation, mitarbeiterorientiertes Managementsystem, zielorientierte Personalentwicklung.

- *Management*: konsensorientierte Unternehmenskultur, gruppenorientierte Arbeitsorganisation, Kooperationsbeziehungen zu Kunden und Lieferanten.

04. Was sind die Auswirkungen des Lean Production-Prinzips?

- Reduzierung der Qualitätsprobleme beim Kunden gegen Null,
- Reduzierung der im Produktionsprozess auftretenden Fehler gegen Null,
- Halbierung der Entwicklungszeiten für neue Produkte,
- Reduzierung der Auftragsdurchlaufzeiten um die Hälfte und mehr,
- Reduzierung der Bestände um die Hälfte und mehr,
- Produktion kleinerer Stückzahlen bei höherer Variantenvielfalt und gleichbleibenden Kosten,
- Reduzierung des Investitionsbedarfs in Betriebseinrichtungen, Werkzeuge, Vorrichtungen,
- Reduzierung des Personaleinsatzes in der gesamten Prozesskette.

1.1.5 Die Personalabteilung in die Gesamtorganisation des Unternehmens einordnen

01. Welche Fragestellungen sind bei der Organisation des Personalwesens grundsätzlich zu klären?

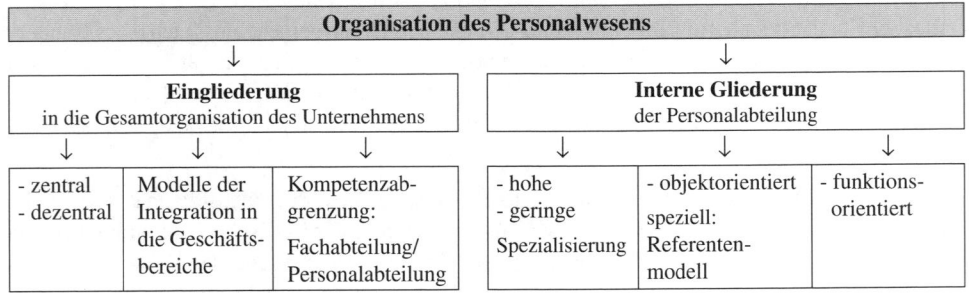

02. Wie kann die Personalabteilung in die Gesamtorganisation des Unternehmens eingegliedert/eingeordnet sein?

A. Zentrale/Dezentrale Organisation:

In großen Unternehmen mit zahlreichen Tochtergesellschaften und/oder Niederlassungen stellt sich regelmäßig die Frage, welche Personaldienstleistungen zentral oder dezentral erbracht werden sollen. Aus organisatorischer Sicht sind mit der Zentralisation bzw. Dezentralisation grundsätzlich eine Reihe von Vorteilen bzw. Risiken verbunden:

Zentralisation[1]	
Vorteile	**Nachteile**
- einheitliche Regelung - einheitliche Entscheidung - gebündeltes Fachwissen an einem Ort - gebündelte Sachmittel an einem Ort - bessere Nutzung der Ressourcen	- langsame Entscheidungen - ggf. Überlastung der Zentrale - ggf. Überorganisation - kein Freiraum für Entscheidungen vor Ort - mangelnde Flexibilität - Gefahr der Entscheidung vom „grünen Tisch" - keine Berücksichtigung regionaler Ziele

Zentral sollten alle Personalfragen organisiert werden, die einheitlich zu bearbeiten und zu lösen sind, z. B. Vertragswesen für Leitende, betriebliche Altersversorgung und Aufhebungsverträge.

B. *Integration in die Geschäftsbereiche*; folgende *Modelle* sind in der Praxis vorherrschend:

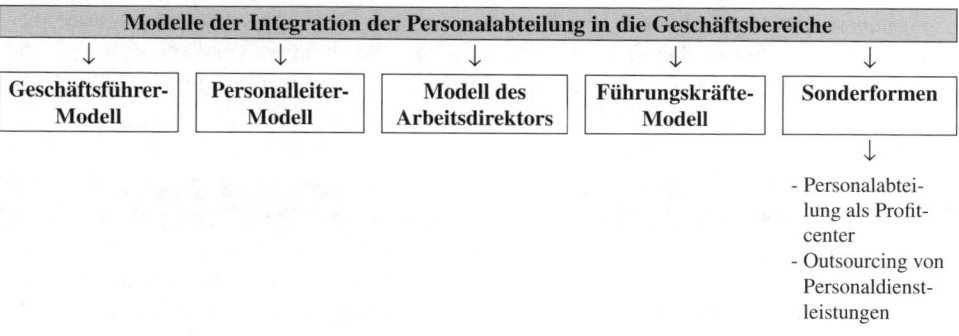

- *Geschäftsführer-Modell (Inhaber-Modell)*

  Etwas spöttisch, aber durchaus zutreffend formuliert, wurde früher die reine Personalverwaltung vom „Hauptbuchhalter des Unternehmens quasi miterledigt". Er verstand etwas von Zahlen, also konnte er die Lohnabrechnung mit betreuen. Die übrige Personalarbeit lief „nebenher mit". Die gestalterischen Entscheidungen (z. B. die Personalauswahl) traf der Unternehmensleiter. Meist trifft dies auch heute noch für viele Kleinbetriebe zu – mitunter sogar noch für Mittelbetriebe. Die Nachteile dieser Eingliederung sind leicht erkennbar: Der Stellenwert der Personalarbeit ist gebunden an die Einstellung des Inhabers/des Geschäftsführers sowie an seine Kompetenz in Personalfragen. Die Gefahr der Unprofessionalität ist hoch; ebenso die Tendenz zu Ad-hoc-Entscheidungen, wenn kurzfristig Personalüberhänge oder -defizite auftreten. Langfristig orientierte, strategisch ausgerichtete Personalarbeit ist in Klein- und Mittelbetrieben in Deutschland nur selten anzutreffen. Vielleicht ist folgende Bemerkung charakteristisch, die der Betriebsleiter eines größeren Maschinenbauunternehmens gab: „Aber ich bitte Sie, Personalarbeit muss man doch nicht studieren oder lernen; das kann man oder man kann es nicht!"

---

[1] Die Vorteile/Nachteile der Zentralisation sind die Nachteile/Vorteile der Dezentralisation (vice versa).

- *Personalleiter-Modell*:

  In Mittel- und Großbetrieben ist mittlerweile eine Personalabteilung mit mehr oder weniger starker Aufgabendifferenzierung anzutreffen. Der Personalleiter ist mehr oder weniger komplett für alle Personalfragen zuständig. Mitunter ist er sogar Mitglied der erweiterten Geschäftsleitung.

  In Großbetrieben, z. B. Aktiengesellschaften, finden wir diese Position noch stärker vertreten: Ein Vorstandsmitglied ist verantwortlich für die Personalarbeit im gesamten Unternehmen. Häufig hat der Vorstandsvorsitzende diese Kompetenz auf sich vereinigt. Leider zeigte die Entwicklung dieses Modells in der Vergangenheit auch negative Züge: Die Tendenz zum Zentralismus nahm überhand: Der Personalleiter entwickelte sich zum „Gaufürsten, der geheimsumwittert vertrauliche Personalakten jonglierte" und oft eine Personalarbeit an den verantwortlichen Führungskräften vorbei praktizierte. Akzeptanzprobleme und Reibungsverluste waren vorprogrammiert.

  Nach dieser Entwicklungsphase der „Konzentration von Aufgaben in der Personalabteilung" ist heute (zum Glück) wieder eine *Tendenz „hin zum Fachvorgesetzten"* zu verzeichnen. Eine Reihe von Personalaufgaben werden wieder dorthin verlagert, wo sie hingehören – zum Fachvorgesetzten (→ vgl. dazu unten: Modell der Kompetenzabgrenzung).

- *Modell des Arbeitsdirektors*:

  Der Arbeitsdirektor ist das gesetzlich vorgeschriebene, gleichberechtigte Mitglied des Vorstandes als Organ der Mitbestimmung der Arbeitnehmer auf Unternehmensebene. Die Bestellung dieses Vorstandsmitgliedes, das dann auf oberster Ebene für alle Fragen des Personal- und Sozialwesens – im Einvernehmen mit seinen Vorstandskollegen – verantwortlich zeichnet, ist unterschiedlich geregelt (→ vgl.: Montanmitbestimmungsgesetz, Mitbestimmungsergänzungsgesetz, Mitbestimmungsgesetz, Drittelbeteiligungsgesetz; → vgl. Handlungsbereich 2, Ziffer 2.1.8).

- *Führungskräfte-Modell*:

  Das Personalleiter-Modell kann sich in negativer Weise verselbstständigen („vom Personalleiter zum Personalleiterfürsten") und hat starke zentralistische Züge. Die Gegenwart zeigt eine allmähliche Abkehr von diesem Modell: Den Führungskräften der jeweiligen Fachbereiche werden wieder in starkem Maße Verantwortlichkeiten für Personalfragen der ihnen unterstellten Mitarbeiter übertragen: Der Fachvorgesetzte entscheidet bei Fragen der Personalauswahl, der Personalentwicklung und der Personalorganisation; die Personalabteilung unterstützt ihn dabei administrativ und steht beratend zur Seite. Auch in Fragen der Personalplanung erfolgt eine zunehmend stärkere Einbindung der Fachvorgesetzten. Der Personalbereich gewährleistet die einwandfreie Abwicklung der Administration, übernimmt die Rolle des Beraters, des Koordinators für bereichsübergreifende Lösungen, vertritt das Unternehmen in Personalfragen nach außen und wächst tendenziell in die *Rolle des Coachs für notwendige Veränderungsprozesse* (→ Organisationsentwicklung). Derzeit ist in Mittel- und Großbetrieben eine klare *Tendenz zum Führungskräfte-Modell* zu verzeichnen.

- *Sonderformen, Center-Organisation*:

Die beiden nachfolgenden Modelle kann man als Sonderformen der Eingliederung bezeichnen. Genau genommen sind hiermit nicht nur Fragen der Eingliederung verbunden, sondern es müssen auch andere organisatorische Entscheidungen getroffen werden, z. B. Fragen der Gliederung, der Zentralisation/Dezentralisation. Beide Sonderformen sind noch relativ jung in der deutschen Unternehmenslandschaft, die Erfahrungen dazu uneinheitlich und noch nicht gefestigt.

- *Personalbereich als Profitcenter:* Der Personalbereich oder Teile davon können nach dem Profitcenter-Prinzip organisiert werden; Beispiel „Aus- und Fortbildung als Profitcenter": Die Abteilung A+F bietet ihren Katalog von Leistungen sowohl intern als auch extern zu festgelegten Verrechnungssätzen/Preisen an; Qualität und Maß der Wertschöpfung werden gemessen an der Größe „Gewinn" (Profit).

- *Outsourcing* von Personaldienstleistungen heißt, Teile der Personalarbeit auslagern und von externen Anbietern gegen Honorar durchführen zu lassen; Beispiele dafür sind: Kantine, Personalbeschaffung, Konzeptarbeiten für z. B. Entgeltsysteme, Personalabrechnung. *Shared-Service-Unternehmen* sind Unternehmen, die von einem oder mehreren Unternehmen ausgelagert wurden und derartige Aufgaben extern übernehmen.

Die *Vorteile* können z. B. sein:
- · Reduktion der Kosten
  (Kosten für Fremdbezug < Kosten der Eigen„fertigung")
- · flexible Anpassung an Kapazitätserfordernisse
- · hohe Spezialisierung des Lieferanten (Qualität der Leistung)

Nachteile können sich aus folgenden Aspekten ergeben, z. B.:
- · Abhängigkeit vom Lieferanten (Termine, Qualität)
- · Verlust von Know-how im Unternehmen

Nicht ausgelagert werden sollten strategische und geschäftskritische Aufgaben sowie Kernkompetenzen.

C. *Kompetenzabgrenzung zwischen Personalabteilung und Fachabteilung:*

Die Phase der übermäßigen Konzentration von Aufgaben in der Personalabteilung gehört heute zum Glück der Vergangenheit an.

Personalmanager von heute sind unternehmerisch agierende Berater und Dienstleister im Betrieb. Sie sind weiterhin Vermittler zwischen Arbeitgeber- und Arbeitnehmerinteressen und Moderator innerbetrieblicher Veränderungsprozesse (Stichwort „Change Agent").

Heute ist in den meisten Mittel- und Großbetrieben eine Aufgabenteilung zwischen Personal- und Fachabteilung vorherrschend, die modellhaft etwa folgende Struktur aufweist:

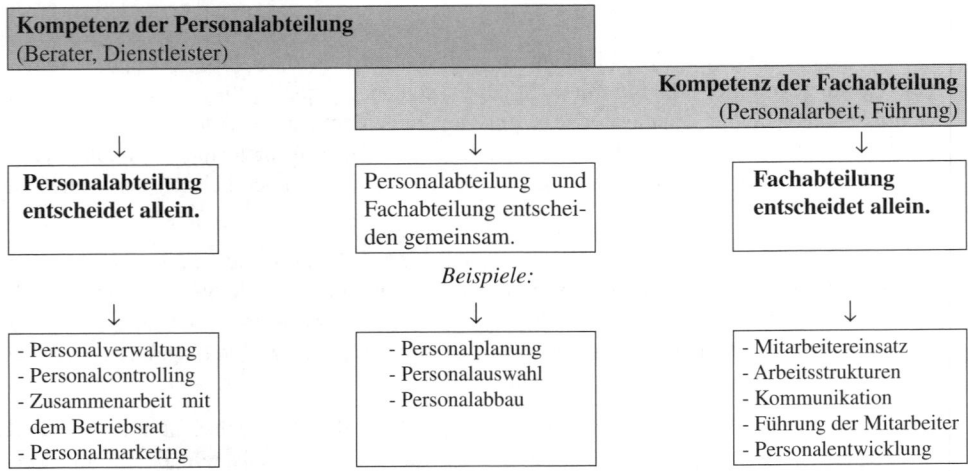

1.1.6 Die Aufgaben und die Organisation der Personalabteilung

01. Welche Aufgaben hat die Personalabteilung?

A. Unter Berücksichtigung der oben dargestellten Kompetenzabgrenzung (Personal-/Fachabteilung) unterscheidet man:

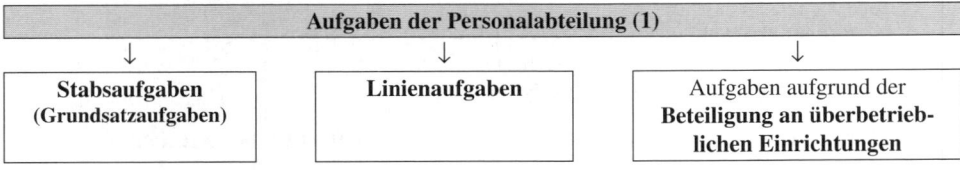

- Von *Stabsaufgaben* spricht man, wenn das Personalwesen (lediglich) eine beratende Funktion hat. Die Fachabteilung entscheidet hier allein. Typische Themenfelder sind z. B.

  - Auswahl interner Nachfolgekandidaten,
  - spezielle Prämiensysteme,
  - Beratung bei Einzelmaßnahmen der Entlohnung,
  - Fragen der Personal- und Organisationsentwicklung.

  Die Personalabteilung wird sich hier dem Fachbereich als Berater anbieten. Inwieweit sie damit in der Praxis Erfolg hat, wird sehr wesentlich von Faktoren wie Fachkompetenz, Überzeugungsfähigkeit, Informationspolitik aber auch der Chemie zwischen Personalwesen und Fachbereich abhängen. Gute Arbeit der Personalleiter und Referenten muss sich auch gerade hier, in der Stabsfunktion, bewähren. Dies geht nur im Wege langfristig angelegter, solider, überzeugender und fachkompetenter Arbeit auch im Detail.

- *Grundsatzaufgaben* sind vom Personalwesen dann zu leisten, wenn die Notwendigkeit besteht, generelle personelle Regelungen und Rahmenbedingungen inhaltlich aufzubereiten und sie der Unternehmensleitung zur Genehmigung vorzulegen (z. B. Versorgungswerk,

Dienstwagenregelung, Vermögensbeteiligungsmodelle). Auch hier hat die Personalabteilung in der Regel nur eine beratende Funktion.

- *Aufgaben in Linienfunktion:*
Bei Linienaufgaben liegt die alleinige Entscheidungskompetenz beim Aufgabenträger, in diesem Fall also beim Personalwesen. Die Linienfunktion der Personalabteilung wird vor allem in den speziellen Fachaufgaben wie Entgeltabrechnung, Berichtswesen und Sozialverwaltung wahrgenommen. In der Praxis werden diese unterschiedlichen Aufgaben, ihre konkrete Ausgestaltung sowie die Kompetenzverteilung zwischen Personalabteilung und Fachbereich oft in Form eines Personalhandbuchs dokumentiert. Mitunter werden diese Darstellungen ergänzt durch Organigramm-Teile und durch wichtige Regelungen aus dem Arbeitsrecht i.V.m. der Erläuterung bestehender Betriebsvereinbarungen. Auf diese Weise existiert für die Führungskräfte ein aktuelles Nachschlagewerk in Sachen Personalarbeit.

- *Aufgaben aufgrund der Beteiligung an überbetrieblichen Tätigkeiten/Einrichtungen:*
Personalmanagement ist eine Ressort übergreifende Disziplin, die internen aber auch externen Einflussgrößen unterliegt. Von daher ergibt sich die Notwendigkeit, dass Vertreter des Personalmanagements in überbetrieblichen Gremien und Aktivitäten tätig sind, um dort ihren Informationsbedarf zu decken und um Einfluss auf gesetzliche und politische Veränderungen und Gesetzesvorhaben zu nehmen. Beispiele dafür sind:

- Mitgliedschaft und ggf. Wahrnehmung von Aufgaben im *Arbeitgeberverband*
- Tätigkeit in überbetrieblichen, regionalen oder überregionalen *Erfahrungsaustauschgruppen* (so führt z.B. die Deutsche Gesellschaft für Personalführung e.V., dgfp, Düsseldorf, regelmäßige Erfa-Treffen für Personalvorstände, Personalleiter sowie spezifische Funktionsträger: Leiter Kantine, Leiter Auslandsentsendung usw.).
- *Vertretung in Projekten der Aus- und Weiterbildung*, z.B. in Gremien des Deutschen Industrie- und Handelskammertages (*DIHK*, Berlin), des Bundesinstitutes für Berufsbildung (*BiBB*, Berlin), der Industrie- und Handelskammern (IHKn; z.B. Berufsbildungsausschüsse, Prüfungsausschüsse)
- Tätigkeit von Personalleitern z.B.
  · als ehrenamtliche Richter an Arbeitsgerichten
  · in Tarifkommissionen

B. Eine andere Unterteilung der Aufgaben der Personalwirtschaft ist die Gliederung in Rahmenaufgaben und Kernaufgaben:

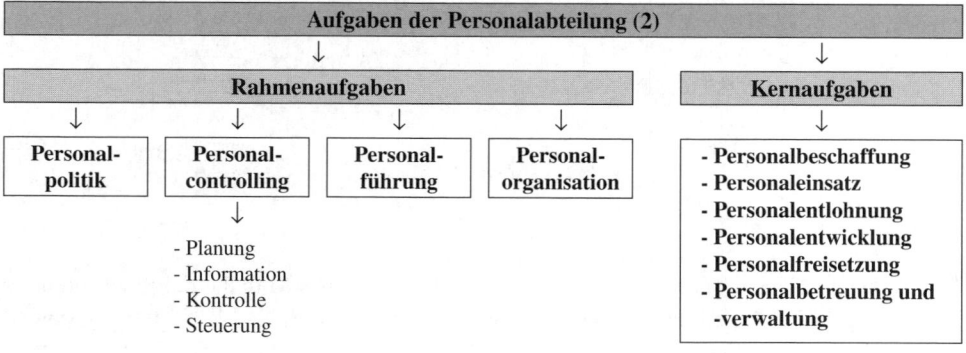

02. Nach welchen Prinzipien kann die Gliederung des Personalwesens erfolgen?

Die interne Gliederung des Personalwesens ist vorwiegend abhängig von der Größe und dem Zweck des Unternehmens. Vom Prinzip her gilt: Je größer das Unternehmen, desto stärker ist die Personalfunktion gegliedert *(Grad der Spezialisierung)*. Bei Konzernen spielen außerdem Überlegungen der Zentralisierung bzw. Dezentralisierung eine wichtige Rolle. Unabhängig davon sind heute drei Grundtypen der Gliederung des Personalwesens anzutreffen, die hier anhand von drei Beispielen schematisch dargestellt sind:

(1) Gliederung nach Funktionen:

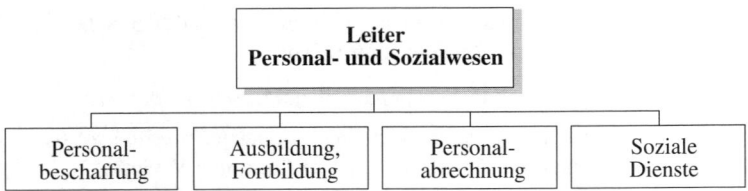

Das Beispiel (1) zeigt die funktionale Gliederung des Personalwesens eines Mittelbetriebes mit geringer Gliederungsbreite.

(2) Gliederung nach Objekten sowie nach Funktionen:

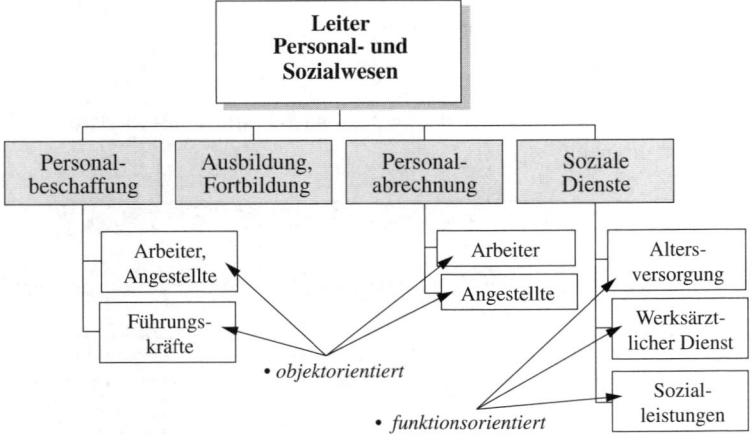

Das Beispiel (2) zeigt die Gliederung des Personalwesens eines Mittelbetriebes mit geringer Gliederungsbreite und mittlerer Gliederungstiefe. Die 3. Ebene ist als Mischform von objekt- und funktionsorientierter Gliederung strukturiert.

(3) Referentenmodell:

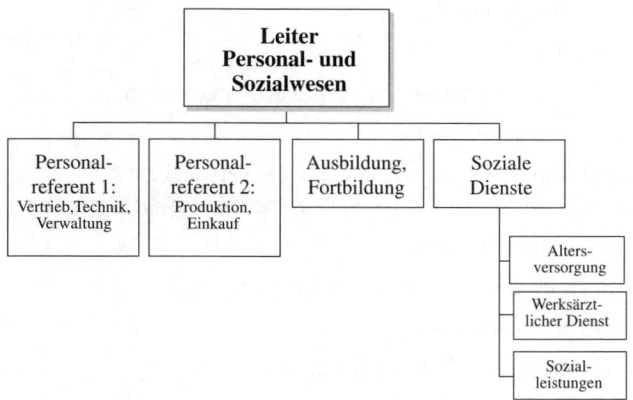

Das Beispiel (3) zeigt den Auszug aus der Gliederung des Personalwesens eines Mittelbetriebes nach der Umgestaltung von Beispiel (2) in ein *Referentensystem*. Die Abteilungen „Soziale Dienste" sowie „Aus- und Fortbildung" sind weiterhin funktionsorientiert gestaltet – sie übernehmen Servicefunktionen für die beiden Abteilungen „Personalreferent 1 und 2".

Das Referentenmodell ist eine neuere Form der Strukturierung; dahinter steht das Organisationsprinzip der *Objektorientierung*. Der Personalreferent als der „Personalleiter im Kleinen" betreut eigenständig einen bestimmten Mitarbeiterbereich (z. B. *alle Mitarbeiter* des Geschäftsbereichs Vertrieb, Technik und Verwaltung) *in allen Fragen der Personalarbeit*. Er wird dabei von Spezialisten unterstützt (hier: Soziale Dienste, Aus- und Fortbildung, Altersversorgung, Abrechnung). Der Leiter Personal- und Sozialwesen trifft die grundsätzlichen, übergeordneten Entscheidungen und „bildet die Klammer" der gemeinsamen Arbeit.

Vorteile:
Der jeweilige Geschäftsbereich hat nur einen Ansprechpartner in allen Personalfragen (Kundenorientierung).

Risiken:
Der Grad der Spezialisierung bei den Referenten ist geringer; es besteht die Gefahr falsch verstandener Konkurrenz unter den Referenten und der unterschiedlichen Behandlung gleicher Sachverhalte (Beispiel: Fortbildungszuschüsse im Geschäftsbereich Technik bzw. Produktion).

03. Durch welche Merkmale war die Organisation des Personalwesens in der Vergangenheit überwiegend gekennzeichnet? Welche Zukunftstendenzen sind erkennbar?

• *Früher* (tendenziell/überwiegend):

   - hierarchisch niedrige Einbindung (z. B. Leiter Verwaltung, Leiter Rechnungswesen)

   - als Linien-/Stablinienorganisation

   - Schwerpunkte: Personalabrechnung, Arbeitsrecht

   - Hang zur Zentralisierung und Spezialisierung („weg vom Fachvorgesetzten")

- *Heute* (Ansätze):
  - hierarchisch höhere Einbindung
  - stärker „objektorientiert"
  - mehr Freiraum für Fachvorgesetzte („hin zum Fachvorgesetzten")
  - mehr dezentral/Personalarbeit vor Ort
  - Funktionswandel/Wandel im Selbstverständnis der Personalleute:
    = Moderator/Initiator wirtschaftlicher/sozialer/organisatorischer Prozesse
  - Personalfachmann = Unternehmer
  - Überlegungen im Hinblick auf Outsourcing von Leistungen
  - Verstärkung des Personalcontrolling
  - Besinnung auf das Kerngeschäft (Lean-Gedanke)
  - Arbeit in interdisziplinären Teams
  - Personalarbeit hat den Nachweis der Wertschöpfung zu erbringen
  - Gestaltung der Personalarbeit oder Teilen davon nach dem Profitcenter-Konzept
  - Verbesserung der Gesprächskultur zwischen Personalleuten und den Fachvorgesetzten („Vermeidung von falsch verstandener Konkurrenz")

1.2 Personalwirtschaftliches Dienstleistungsangebot gestalten

1.2.1 Entwicklung von der Funktions- zur Kundenorientierung

01. Wie haben sich die Rahmenbedingungen für das Management deutscher Unternehmen in den letzten Jahren verändert und welche Ursachen lassen sich nennen?

1. *Entwicklung der Lohnkosten:*
   In 2001 bis 2010 lag das Wachstum der Arbeitskosten in der deutschen Privatwirtschaft unterhalb des EU-Durchschnitts. In den Jahren 2011 und 2012 kehrte sich diese langfristige Entwicklung um: Die Arbeitskosten in Deutschland erhöhten sich stärker als in der EU.

   Arbeitgeber in Deutschland bezahlten im Jahr 2012 durchschnittlich *31,00 €* für eine geleistete Arbeitsstunde. Damit lag das deutsche *Arbeitskostenniveau* innerhalb der EU auf *Rang acht.* Arbeitgeber in der deutschen Privatwirtschaft zahlten 32 % mehr für eine Stunde Arbeit als im Durchschnitt der EU.

   Im ersten Quartal des Jahres 2013 stiegen die Reallöhne in Deutschland um 1,6 %. Die Verbraucherpreise aber zogen um 1,5 % an.

2. *Rechtliche Rahmenbedingungen:*
   Die rechtlichen Rahmenbedingungen werden permanent schwieriger; die Fülle der Gesetzesänderungen und der behördlichen Auflagen für die betriebliche Personalarbeit wächst.

3. *Arbeits- und Bildungsmarkt sowie Bevölkerungsentwicklung:*
   Die Situation am Arbeitsmarkt ist uneinheitlich: Strukturelle Arbeitslosigkeit, fehlende Fachkräfte in bestimmten Berufssparten, Abwanderung von Ost nach West usw. sind gepaart mit einem Beklagen der Bildungsmisere. „Das Exportland Deutschland als Schlusslicht der PISA-Studie!" Das Verhältnis von Erwerbstätigen zu Rentenbeziehern wird sich in den nächsten 20 Jahren dramatisch verschlechtern zu Lasten der Erwerbstätigen aufgrund der bekannten Vergreisung der deutschen Bevölkerung.

4. *Wertewandel:*
   Der Hang zur Individualität hat insbesondere in der Stadtbevölkerung zugenommen. Mitarbeiter stellen höhere Ansprüche an die Führungsfähigkeit der Vorgesetzten und sind nur noch bedingt durch rein materielle Anreize motivierbar.

5. *Globalisierung, technologische Entwicklung:*
   Fortschreitende Informationstechnologie, Erweiterung der Europäischen Union, der Wegfall von Handelsschranken (Schengener Abkommen), die kaum noch kalkulierbaren Verwerfungen auf den internationalen Aktienmärkten sowie eine bisher nie dagewesene Konzentration der Konzerne führt zu einer weltweiten Verflechtung der Einkaufs- und Absatzmärkte. Hinzu kommt ein sich ständig beschleunigender Produktwechsel in vielen Branchen mit einer damit verbundenen Zunahme der Flexibilität des Einsatzes und der Qualifizierung von Mitarbeitern.

6. *Prozessgeschwindigkeit:*
   Der interne und externe Kunde erwartet auch beim Personalwesen eine hohe Reaktionsgeschwindigkeit (entsprechende Software, E-Administration).

7. *Fachkräftemangel:*
   Aufgrund der demografischen Entwicklung ist in Deutschland ein zunehmender Fachkräftemangel erkennbar (Überalterung der Gesellschaft).

02. Welcher Wandel hat sich im Selbstverständnis der Personalmanager vollzogen bzw. muss sich vollziehen?

Entsprechend dem Qualitätsverständnis der 60er-Jahre (vgl. dazu Ziffer 4.4) stand *früher* die *Qualität des Produkts* im Vordergrund (nach innen gekehrter Betrachtungsansatz) – gepaart mit einem vorherrschenden Funktionsdenken (Funktionsegoismus). Total Quality Management – auch im Personalwesen – verlangt heute eine nach außen gekehrte Betrachtungsweise:

→ *Maßstab für die Qualität der Arbeit ist der Kunde – sowohl der externe Kunde als auch der interne Kunde.*

→ *Mit internem Kunden sind alle Kollegen, Mitarbeiter und Vorgesetzte entlang des Wertschöpfungsprozesses gemeint.*

→ *Der Kunde ist heute Partner.*

Der Personalleiter/-fachmann von heute ist managender Analytiker, Berater und Empfehler (Coach), Unterstützer, (Mit)entscheider und Realisierer (Change Manager).

Er ist kein Alleingänger und auch kein Alleinentscheider, sondern arbeitet immer mit den Verantwortlichen der anderen Fachbereiche und der Unternehmensleitung zusammen – als unternehmerisch Denkender.

→ *Eine funktionierende Personalabteilung ist für alle da!*

→ *Ihre Kunden sind primär alle Mitarbeiter des Unternehmens – gleich welcher Verantwortung.*

**03. Welche internen Maßnahmen sind geeignet, um das Image der „Personalabteilung"
im Unternehmen zu fördern?**

Beispiele:

- gezielte Kommunikation mit den internen Kunden über geeignete Medien, z. B. Intranet
  (Richtlinien, Betriebsvereinbarungen, Beratungen, Organigramme/Zuständigkeiten, Beschwer-
  demanagement, interne Stellenbörse), Printmedien (Geschäftsbericht, Mitarbeiterzeitschrift,
  Imagebroschüren),

- freundlicher Kontakt und „Servicementalität" der Mitarbeiter der Personalabteilung (Sprache,
  Umgangsformen, Höflichkeit, Kleidung, Respekt vor der Meinung anderer usw.),

- „Ruf" der Personalabteilung (Termintreue, Zusagen einhalten, schnelle Reaktionszeit u. Ä.),

- äußeres Erscheinungsbild der Personalabteilung, z. B. zentrale Lage im Unternehmen, Prinzip
  der „Offenen Tür" (Erreichbarkeit), Empfang interner Besucher usw.

1.2.2 Strategieentwicklung für Dienstleister

01. Welche generelle Zielsetzung verfolgt das Personalmanagement?

Wie jede andere Disziplin, so muss auch das Personalmanagement über einen Maßstab verfügen, an dem es sich in seinen Aktivitäten orientiert. Diesen Zweck verfolgen *Ziele*: Sie geben
die Richtung an und *bilden die Orientierung für zukünftiges Handeln.* Ebenso wie in anderen
Disziplinen der Betriebswirtschaftslehre haben wir es beim Personalmanagement nicht nur mit
einem einzigen Ziel zu tun, sondern in der Praxis liegt meist ein *Bündel von Zielen* vor, die
in unterschiedlichem Verhältnis zueinander stehen können. Daneben können die vorliegenden
Ziele nach unterschiedlichen Merkmalen gegliedert werden. Die Ziele des Personalmanagements lassen sich in folgende Zielkategorien gliedern:

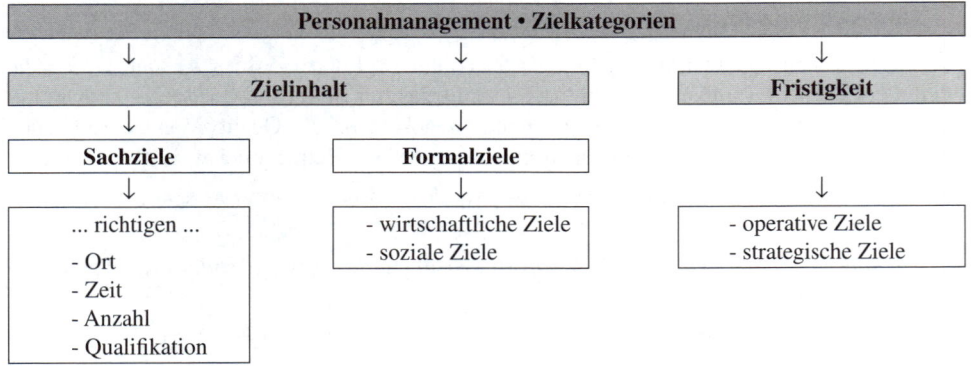

- Unter den *Sachzielen* des Personalmanagements versteht man die Aufgabe, dem Unternehmen

  - zur richtigen *Zeit*
  - am richtigen *Ort*
  - die richtige *Anzahl* von Mitarbeitern
    (quantitativer Aspekt)

- mit der richtigen *Qualifikation*
 (qualitativer Aspekt: Leistungsfähigkeit und Leistungsbereitschaft; mit anderen Worten: das Können und das Wollen)

zur Verfügung zu stellen und *zu erhalten.*

- Als *Formalziele* bezeichnet man die Forderung, die *wirtschaftlichen* und *sozialen Ziele* des Unternehmens miteinander in Einklang zu bringen.

- *Wirtschaftliche Ziele* sind primär an ökonomischen Größen wie Gewinn, Marktanteil, Umsatz, Produktivität, Rentabilität und Kostendisziplin orientiert – als Basis für den ergebnismäßigen Bestand des Unternehmens.

- *Soziale Ziele* richten sich aus an den Erwartungen und Bedürfnissen der Mitarbeiter und sind Maßstab für den sozialen Beitrag des wirtschaftlichen Handelns; verfolgt wird hier der soziale Bestand des Unternehmens; Beispiele: Beiträge zur Gestaltung des Betriebsklimas, Vorsorge und Fürsorge, Selbstbestimmung am Arbeitsplatz, marktgerechte sowie leistungsgerechte Lohn-politik, Motivation und Förderung der Mitarbeiter, Förderung der Unternehmenskultur, die den Erwartungen der Mitarbeiter gerecht wird.

Zwischen beiden Zielsetzungen besteht ein ständiges Spannungsfeld; kurzfristig stehen wirtschaftliche und soziale Ziele fast immer im Gegensatz zueinander:

Es kommt also darauf an, dass in einem Unternehmen wirtschaftliche und soziale Ziele in angemessener Form ausgewogen sind und in Einklang stehen – in Abhängigkeit von

- der Konjunkturlage,   - dem Beschäftigungsgrad am Arbeitsmarkt,
- der Wirtschaftslage des Unternehmens,   - dem Wertegefüge der Mitarbeiter usw.

Mit anderen Worten: Betriebliche Personalarbeit ist also so zu gestalten, dass die Schnittmenge zwischen wirtschaftlichen und sozialen Zielen möglichst groß ist. In der Praxis wird dies für jeden Personalverantwortlichen eine tägliche Gratwanderung sein.

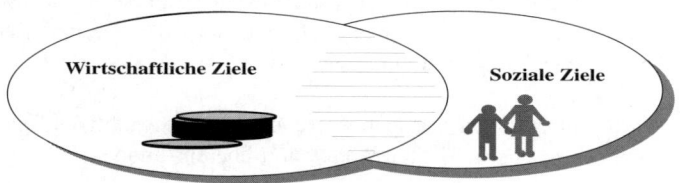

Ein weiterer Aspekt bei der Kategorisierung von Zielen ist die Betrachtung der *Fristigkeit*, das heißt der Unterschied zwischen *operativen* und *strategischen Zielen* im Personalsektor.

02. Welchen Inhalt hat der Begriff „Strategie"?

Der Begriff „strategisch" unterliegt in der Managementpraxis mittlerweile einer Schwemme; alles ist strategisch, vom strategischen Personalmanagement bis hin zum strategischen Marketing. Grund genug, sich mit diesem Begriff genauer auseinander zu setzen:

Strategie kommt aus dem Griechischen (strategos = Heerführer) und bedeutet „die Kunst der Heerführung". Im Einzelnen verbergen sich dahinter (verkürzt dargestellt) *zwei charakteristische Merkmale des Strategiebegriffs:*

→ *Proaktivität* (vorausschauend, zukunftsorientiert handeln)
→ *Berücksichtigung von Handlungen anderer* (die wiederum auf das eigene Handeln reagieren)

03. Welche Strategien können Personalmanagern/Dienstleistungsmanagern heute empfohlen werden?

Es gibt derzeit in der Theorie kein in sich geschlossenes Konzept über „Strategisches Personalmanagement" bzw. keinen Konsens über Strategieempfehlungen für Personalmanager als Dienstleister. Die folgende Darstellung hat also den Charakter von Thesen, die aus der Praxis stammen:

1. Die *strategischen Entscheidungen im Personalsektor* müssen den Charakter einer *Erfolgsvorsteuerung* haben; dazu gehört z. B. die Sicherstellung folgender Voraussetzungen:

   - Ist das *Qualifikationsniveau* der Mitarbeiter ausreichend für die Bewältigung zukünftiger Aufgaben?
   - Hat das Unternehmen eine ausgewogene *Altersstruktur*?
   - Ist die *Organisation* des Personalmanagements flexibel auf die Bedürfnisse der internen und externen Kunden ausgerichtet?
   - Steht ein ausreichendes *Informationsmanagement* zur Verfügung?
   - Entsprechen die *Arbeitsstrukturen* sowie die *Arbeitszeitmodelle* den produktionstechnischen und den gesellschaftlichen Erfordernissen?

2. Die *operativen Entscheidungen und Maßnahmen* im Personalsektor lassen sich nicht direkt mithilfe der kurzfristen Kenngrößen Erfolg und Liquidität steuern. Man muss deshalb den Erfolg der betrieblichen Personalarbeit indirekt, kurz- und langfristig messen mithilfe geeigneter Kennziffern, die quasi ersatzweise Qualität und Effektivität der Personalarbeit gewährleisten sollen, z. B.: Produktivität, Verhältnis von Absatz/Umsatz zur Mitarbeiteranzahl, Entwicklung der Lohnkosten zum Umsatz/zur Produktionsmenge, Entwicklung der Produktivlöhne und der Gemeinkostenlöhne, Entwicklung der Lohnkosten zu den übrigen Kosten.

3. Strategische Personalarbeit muss klaren, transparenten und längerfristig gültigen *Handlungsmaximen folgen*, die mit der gesellschaftlichen Wertekultur übereinstimmen:

   - *Kundenorientierung:*
     Es lassen sich folgende Kundengruppen identifizieren: Potenzielle Mitarbeiter (z. B. Bewerber), gegenwärtige Mitarbeiter, Führungskräfte, Betriebsrat, Externe (z. B. das Arbeitsamt), Unternehmensleitung.

     So einfach wie sich die These nach der Kundenorientierung aufstellen lässt, so schwierig ist die konkrete Umsetzung: Das Personalmanagement muss zunächst die Bedürfnisse der Kunden ermitteln und dann eine Strategie entwickeln, die diesen Bedürfnissen entspricht. Außerdem ist zu differenzieren zwischen berechtigten Bedürfnissen der Mitarbeiter und solchen, die keine Legitimation haben.

- *Individualisierung:*
Darunter versteht man das Abrücken von kollektiven Regelungen; stattdessen sollen verstärkt die unterschiedlichen Wertvorstellungen und Bedürfnisse der einzelnen Mitarbeiter berücksichtigt werden. Die Individualisierung setzt an den Mitarbeiterinteressen/dem Einzelfall an.

- *Flexibilisierung*:
Auf die zunehmende Umweltdynamik müssen die Unternehmen mit einer erhöhten Flexibilisierung reagieren, auch im Personalmanagement. Unter Flexibilität versteht man die Anpassungsfähigkeit eines Unternehmens an Umweltveränderungen. Dabei stehen die Interessen des Unternehmens im Mittelpunkt; die Flexibilisierung zielt unmittelbar auf eine Verbesserung der Unternehmensleistung ab.

- *Professionalisierung:*
Die Personalabteilung bzw. die übrigen Träger der Personalarbeit müssen in ihrer Arbeit über einen hohen Kenntnisstand verfügen und für eine hohe Qualität ihrer Leistungen Sorge tragen. Im Einzelnen bedeutet dies z. B.: Genaue Kenntnis der gesetzlichen Rahmenbedingungen der Personalarbeit (Arbeits- und Sozialrecht, Steuerrecht, Tarifrecht usw.), der Methoden und Instrumente (Auswahlverfahren, Planungsverfahren, Statistik, EDV, Informationssysteme, Beurteilungsverfahren, Methoden der Personalentwicklung usw.) sowie das Beherrschen einer Gesprächskultur, die von gegenseitigem Respekt getragen ist und nicht von einer Sieg-und-Niederlage-Strategie.

- *Akzeptanzsicherung:*
Das Personalwesen muss sich darum kümmern, dass z. B. die Fachvorgesetzten die vom Personalmanagement angestrebten neuen Methoden und Maßnahmen billigen und auch anwenden. Dabei ist der höchste Akzeptanzgrad nicht unbedingt der beste. Bei extrem hohem Akzeptanzgrad stehen die Fachvorgesetzten den neuen Methoden zu unkritisch gegenüber und übernehmen sie „blind".

Ein geringer Akzeptanzgrad ist ebensowenig erwünscht. Er bringt die Gefahr mit sich, dass die angestrebten Maßnahmen nicht oder nur teilweise von den Fachvorgesetzten umgesetzt werden.

4. *Wirksame Verhaltensmuster:*
Strategie-orientierte (taktische) Personalarbeit muss auftretende Probleme erkennen und rechtzeitig sowie angemessen reagieren.

Strategisches Personalmanagement weist also folgende charakteristische Merkmale auf:

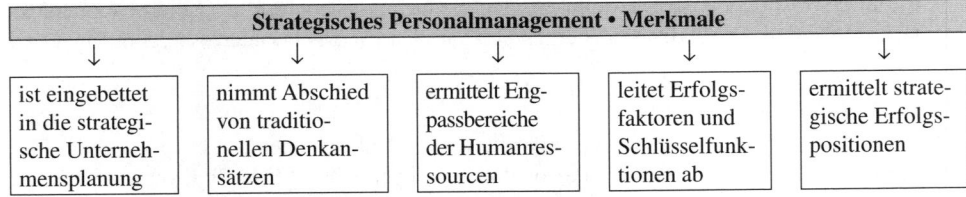

Strategisches Personalmanagement • Merkmale

| ist eingebettet in die strategische Unternehmensplanung | nimmt Abschied von traditionellen Denkansätzen | ermittelt Engpassbereiche der Humanressourcen | leitet Erfolgsfaktoren und Schlüsselfunktionen ab | ermittelt strategische Erfolgspositionen |

Schlussfolgerungen:

- Die Strategie der (alleinigen) „Reaktion" auf Probleme ist falsch.

- Kurzfristig müssen drängende Personal-Erfordernisse selbstverständlich aufgegriffen werden.

- Langfristig ist eine *Strategie der Prävention* erforderlich – orientiert an den Engpassbereichen des Unternehmens.

- *Strategisches Personalmanagement* kann nur dann den Unternehmenserfolg nachhaltig mit absichern, wenn es sich an folgenden Fragestellungen orientiert:

  · Was will der Kunde?

  · Welche Veränderungen am Markt sind zu erwarten?

  · Was sind die Stärken des Unternehmens?

  · Was sind die Stärken des Wettbewerbs?

  · Wie kann sich das Unternehmen vom Wettbewerb abheben (Segmentierung)?

  · Welche strategischen Geschäftseinheiten und -felder existieren bzw. müssen entwickelt werden?

  · Welche strategischen Erfolgspositionen (Schlüsselpositionen) existieren bzw. werden erforderlich?

  · Welche Anforderungen und insbesondere welche Schlüsselqualifikationen werden zukünftig verlangt?

  · Welche Personalressourcen (quantitativ, qualitativ) müssen dafür langfristig bereitgestellt werden?

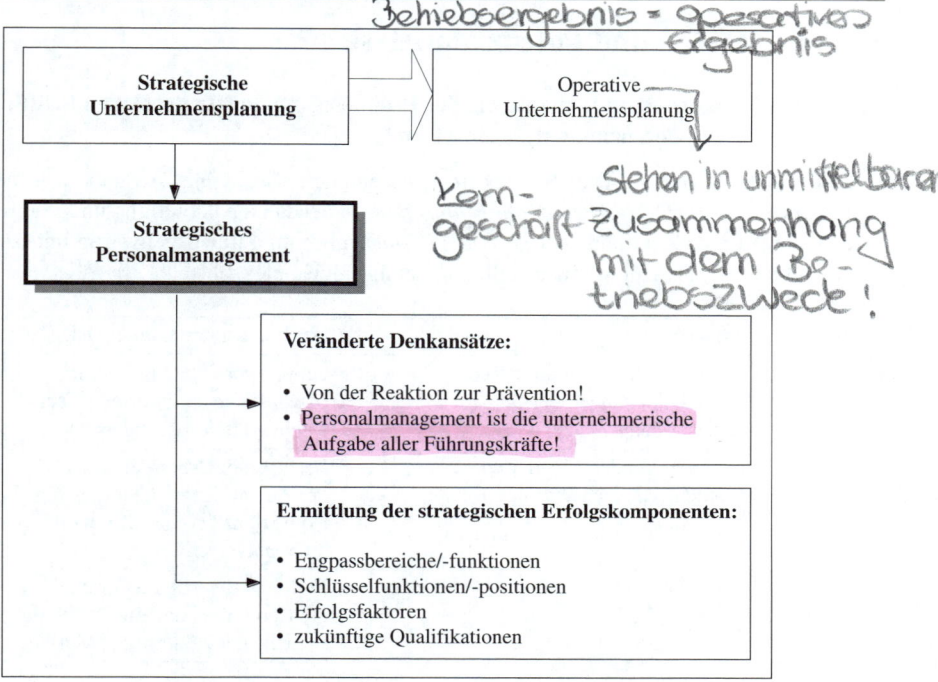

1.2.3 Ist-Situation

01. Wie lassen sich die (berechtigten) Bedürfnisse der Kunden in Erfahrung bringen (Ermittlung der Ist-Situation)?

So einfach wie sich die These nach der Kundenorientierung aufstellen lässt (vgl. Ziffer 1.2.1), so schwierig ist die konkrete Umsetzung: Das Personalmanagement muss zunächst die Bedürfnisse der Kunden ermitteln (Feststellen der Ist-Situation) und dann eine Strategie entwickeln, die diesen Bedürfnissen entspricht. Außerdem ist zu differenzieren zwischen berechtigten Bedürfnissen der Mitarbeiter/Kunden und solchen, die keine Legitimation haben.

Das Problem, die derzeitige Ist-Situation (Dienstleister – Kunde) in Erfahrung zu bringen, stellt sich in mehrfacher Hinsicht: Notwendig sind

1. *Methoden zur Erfassung und Analyse der Kundenmeinung:*
   Mit welchen Methoden lässt sich die Kundenmeinung erfassen und analysieren? Z. B. über: Vollerhebung, Teilerhebung, offene/verdeckte Befragung, Interview oder schriftliche Befragung, Postwurfsendung/Wahllokalverfahren.

2. *Methoden zur Erfassung*
   - der gegenwärtig vorhandenen *Kompetenzen des Dienstleisters* bzw.
   - der zukünftig zu entwickelnden *strategischen Kompetenzen des Dienstleisters.*

1.2.4 Prognosen und Potenzialanalyse

01. Welche Verfahren und Instrumente der Prognose und der strategischen Frühwarnung lassen sich zur Potenzialanalyse einsetzen?

Der Personalmanager als Dienstleister im Unternehmen wird seiner Aufgabe u. a. nur dann gerecht, wenn er *zukünftige Personalerfordernisse* (in der Personalabteilung und im Unternehmen) rechtzeitig *erkennt* und eruiert, *welche Potenziale* ihm dafür gegenwärtig und zukünftig *zur Verfügung stehen.* Zur Veranschaulichung einige Beispiele:

Entwicklung/Prognose:	Unternehmensinterne Potenziale (Ist):
• Demografische Entwicklung in der BRD: (Rückgang der Schulabgänger, der Bewerber für Ausbildungsplätze usw.)	→ Gibt es Vorsorgeprogramme? (Ausbildung „auf Vorrat", Nachwuchskräfteförderung usw.)
• Notwendigkeit einer kundenorientierten, partnerschaftlichen Gesprächskultur	→ Verfügen die Mitarbeiter der Personalabteilung über diese Kompetenz? Wenn nein, wird diese entwickelt?
• Ost-Erweiterung der EU und Erschließung neuer Märkte	→ Verfügen die Mitarbeiter über die Kenntnisse der Kultur und der Sprache der zukünftigen Märkte?

Mithilfe von *Prognoseverfahren* will man Aussagen machen über wahrscheinlich zu erwartende Ereignisse der Umwelt (vgl. dazu auch Ziffer 3.2.1). Man unterscheidet im Wesentlichen folgende Verfahren:

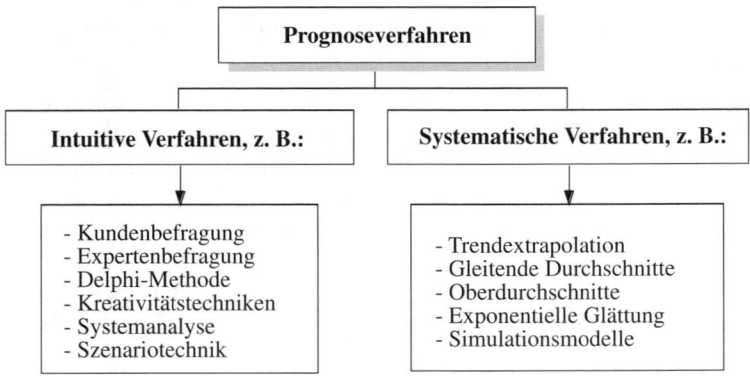

Als *strategische Frühwarnung* bezeichnet man (vereinfacht) Systeme, die in einem festgelegten Beobachtungsfeld *Frühindikatoren* formulieren; Beispiele:

- *Externe Frühindikatoren:*
  Konjunkturdaten, Marktdaten, demografische Daten (Sterblichkeit), Gesetzgebung

- *Interne Frühindikatoren:*
  Kennzahlen (ROI, Kapitalstruktur, Rentabilität, Liquidität), Fluktuation, Absentismus

- *Indikatoren der Wettbewerbssituation:*
  Verschiebung des Marktanteils, Substitutionsgefahr, Lieferanten-/Abnehmermacht

1.2.5 Innovationsmanagement in der Dienstleistung

01. Was ist Innovationsmanagement?

Innovationsmanagement ist die systematische Planung, Steuerung und Kontrolle von Innovationen in Organisationen.

Der Schwerpunkt ist in der *Verwertung* von Ideen zu sehen. Innovationsmanagement beschäftigt sich also nicht ausschließlich mit der Erzeugung und Umsetzung *neuer Ideen.* Auch eine *Kombination* von bereits Bekanntem oder eine Idee, die im Unternehmen noch unbekannt ist, kann als Innovation gelten.

02. Wie ist der Ablauf des Innovationsprozesses?

Damit Ideen als Innovation genutzt werden können, müssen sie systematisch erfasst, bewertet und praktisch umgesetzt werden. In der Literatur gibt es dazu verschiedene Vorschläge zur Struktur von Innovationsprozessen. Eines davon ist das so genannte *Stage-Gate-Modell,* das sich vorrangig auf Produktinnovationen bezieht:

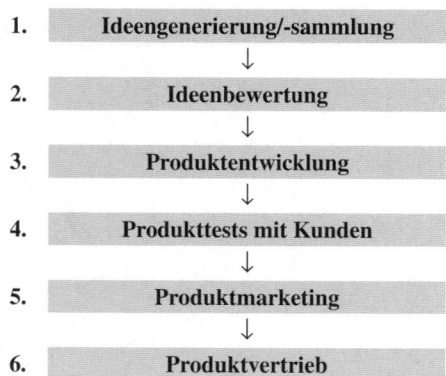

1.   **Ideengenerierung/-sammlung**
   ↓
2.   **Ideenbewertung**
   ↓
3.   **Produktentwicklung**
   ↓
4.   **Produkttests mit Kunden**
   ↓
5.   **Produktmarketing**
   ↓
6.   **Produktvertrieb**

03. Welche Methoden werden zur Innovation von Dienstleistungsprozessen eingesetzt?

Als Dienstleistungsinnovation bezeichnet man die Entwicklung einer neuen Dienstleistung. Die Dienstleistungsentwicklung ist im Prinzip mit der Produktinnovation vergleichbar; sie hat jedoch Besonderheiten:

- Produktion und Konsum einer Dienstleistung fallen i. d. R. zeitlich zusammen.

- Eine Dienstleistungsinnovation kann entweder

  · durch die *Veränderung des Erbringungsprozesses* (bei einer bereits bestehende Dienstleis-tung) oder
  · durch die *Entwicklung einer neuen Dienstleistung* hervorgebracht werden.

Als Methoden (Vorgehensweisen) der Innovation eines Dienstleistungsprozesses bieten sich z. B. an (vgl. dazu auch 1.3.3):

- *Vereinfachung* (Verringerung der Prozessschritte von z. B. vier auf zwei, Reduzierung der Schnittstellen; Verkleinerung der Prozessschritte)

- *Verfeinerung* (Differenzierung der Prozessschritte)

- *Verschiebung* (z. B. zeitliche Veränderung; Veränderung der Zuständigkeiten)

- *Parallelausführung* von Prozessschritten.

Vgl. dazu auch unter Ziffer 4.5.2, Fragen 45 bis 48 im 4. Handlungsbereich sowie 1.3 Prozesse im Personalwesen gestalten.

1.2.6 Personalwirtschaftlicher Dienstleistungsprozess

01. Was ist ein Prozess?

a) Allgemeine Definition:

Ein Prozess ist *eine strukturierte Abfolge von Ereignissen* zwischen einer Ausgangssituation und einer Ergebnissituation.

Eine sehr allgemeine Definition lautet:

Ein Prozess ist *ein bestimmter Ablauf/ein bestimmtes Verfahren* mit gesetzmäßigem Geschehen.

b) Engere Definition im Rahmen der Industriebetrieblehre:

Im Sinne der Fertigungstheorie ist ein Prozess *das effiziente Zusammenwirken der Produktionsfaktoren* zur Herstellung einer bestimmten Leistung/eines bestimmten Produktes.

Man unterscheidet generell folgende *Prozessarten*:

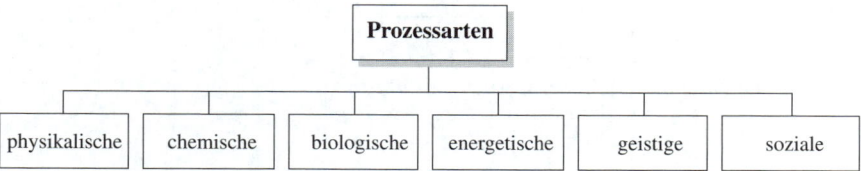

02. Was bezeichnet man als Service-Level-Agreement (SLA)?

Als *Service-Level-Agreement (SLA)* bezeichnet eine Vereinbarung zwischen Auftraggeber und Kunde über die Güte einer Dienstleistung, die messbar gestaltet werden sollte, z. B. im Personalwesen (vgl. dazu auch S. 66):

Service-Level-Agrement (SLA)	
Dienstleistung	**Messbarkeit**
Korrekte Gehaltsabrechnung	Die Anzahl der richtigen Gehaltsabrechnungen beträgt mindestens 98 % (zuständig: Mitarbeiter der Gehaltsabrechnung).
Zeitlich angemessene Gehaltsabrechnung	Die Mitarbeiter erhalten ihr Gehalt spätestens am 28. eines Monats auf ihrem Konto (zuständig: Mitarbeiter der Gehaltsabrechnung/Buchhaltung).
Erreichbarkeit der Mitarbeiter	Die Mitarbeiter des Personalwesens sind von 09:00 bis 16:00 Uhr erreichbar. Bei Abwesenheit haben sie persönlich für Vertretung zu sorgen bzw. das Telefon umzuleiten (zuständig: alle Mitarbeiter des Personalwesens und zuständige Vorgesetzte).

03. Wie lässt sich der personalwirtschaftliche Dienstleistungsprozess veranschaulichen?

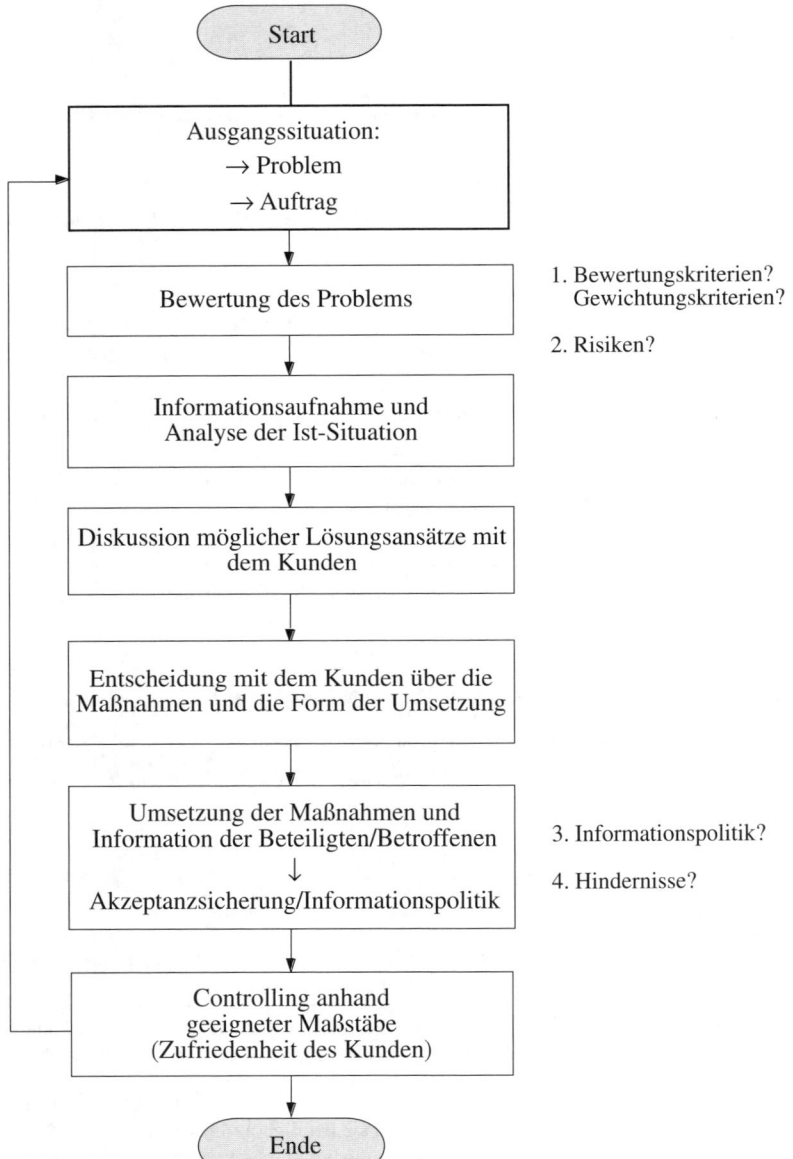

zu 1.: *Bewertungskriterien, Gewichtungsfaktoren:*

Personalwirtschaftliche Dienstleistungsprozesse gestalten – bei hoher Kundenorientierung – bedeutet nun nicht, dass der Personalmanager jeden Auftrag/jedes Problem unreflektiert an sich zieht und „fremdbestimmt" abarbeitet. Die zeitlichen, physischen und psychischen Ressourcen eines jeden Personalmanagers sind begrenzt, die Kundenwünsche und -erwartungen müssen kritisch überprüft werden mithilfe geeigneter Maßstäbe (Bewertungskriterien, Gewichtungsfaktoren), z. B.:

- Dringlich/weniger dringlich?
- Wichtig/weniger wichtig?
- Ist das Problem derzeit lösbar?
- Ist die Form der Problemlösung mit den Unternehmenszielen vereinbar?
- Kollidiert die Kundenerwartung mit den Erwartungen anderer Kunden?

zu 2. *Dienstleistungsspezifische Risiken:*

Der Personalmanager als Dienstleister erbringt Leistungen für andere und mit anderen, d. h. Arbeit am Menschen und für Menschen. Er muss daher in der Lage sein, sich und seine Arbeit zu organisieren, sich nicht überfordern, Grenzen der Problemlösung erkennen und ggf. auch mit der Enttäuschung seiner Kunden fertig zu werden (Bewahren der inneren Stabilität und Ertragen von Frustrationen).

zu 3. *Informationspolitik:*

Kundenprobleme bearbeiten und lösen heißt u. a., alle Einzelschritte mit den Betroffenen abzustimmen und sie rechtzeitig und so umfassend wie nötig über Maßnahme und Ergebnisse zu informieren. Zur Informationspolitik gehört aber auch, gelungene Lösungen im Unternehmen in geeigneter Weise publik zu machen (Marketing der eigenen Leistung), ohne sich dabei selbst zu „beweihräuchern".

zu 4. *Unternehmenskultur und Wertesystem als mögliches Umsetzungshindernis:*

Jede zielgerichtete Problembearbeitung für den Kunden führt mehr oder weniger stark zu Veränderungsprozessen in einem bestimmten Verantwortungsbereich oder ggf. sogar im ganzen Unternehmen. Der personalwirtschaftliche Dienstleister muss damit rechnen, dass es Machtstrukturen und tradierte Haltungen gibt, die sich der angestrebten Lösung widersetzen: „Geht nicht!" „Haben wir so noch nie gemacht!" „Will ich nicht!" „Glaube ich nicht!" usw.

Derartige Abwehrhaltungen muss der Personalmanager ernst nehmen und schrittweise Überzeugungsarbeit leisten. „Die Brechstange ist fehl am Platze", ebenso die permanente Einschaltung höherer „Machtpromotoren" (der Vorgesetzte, der Vorstand).

1.3 Prozesse im Personalwesen gestalten

1.3.1 Ganzheitlicher Prozessgestaltungsansatz

01. Welche Prozessarten werden in der Betriebswirtschaftslehre unterschieden?

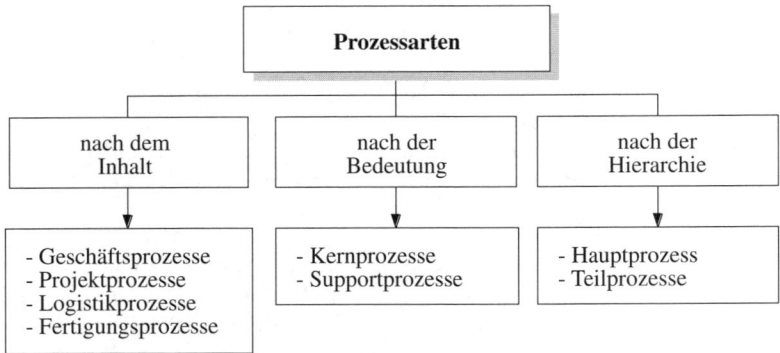

02. Was bedeutet „ganzheitliche Prozessorientierung"?

Ziel der Prozessorientierung im Unternehmen ist es, komplexe Abläufe zu beschleunigen, zu vereinfachen und qualitativ besser und kostengünstiger zu Ergebnissen zu gelangen. Die Gesamt-aufgabe des Unternehmens wird daher nicht mehr nach bestimmten Merkmalen (Verrichtung, Objekt) zerlegt (→ vgl. Aufgabenanalyse unter Ziffer 1.1.2), sondern *in wesentliche Geschäfts-prozesse* gegliedert. Dabei werden Beginn und Ende von Tätigkeitsfolgen (Prozessen) festgelegt.

Ganzheitlicher Prozessgestaltungsansatz bedeutet dabei, dass im Unternehmen nicht mehr das Denken in hierarchischen Strukturen (entlang der Aufbauorganisation) vorherrscht, sondern Abteilungen/Teams oder Orga-Einheiten die Verantwortung für einen Prozess übernehmen und dabei an den Schnittstellen so wenig wie möglich Reibungs- und Informationsverluste auftreten. Man bezeichnet diesen Ansatz als *Prozessorganisation*.

Beispiel: Prozess der Personalbeschaffung

Von der Fachabteilung wird aufgrund einer Stellenvakanz eine Personalanforderung erstellt und an die Personalabteilung geleitet. Die Personalabteilung führt die Personalbeschaffung durch (interne/externe Suche auf der Basis der Stellenbeschreibung und des Anforderungsprofils). Nach Eingang der Bewer-bungen führen Personal- und Fachabteilung die Personalauswahl durch. Im Anschluss an die endgültige Entscheidung für einen Bewerber (mit Zustimmung des Betriebsrats) wird der Arbeitsvertrag vorbereitet und dem Bewerber zugeschickt.

Der Prozess umfasst mehrere Prozessschritte, an der unterschiedliche Abteilungen (Funktionen) beteiligt sind. Dabei sind Termine und Informationsübergabe je Prozessschritt zu beachten.

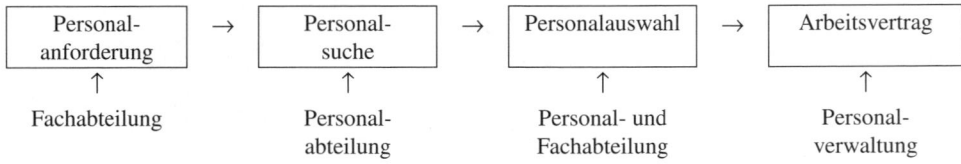

1.3.2 Grundlagen der Prozessgestaltung

01. Welche Ziele werden mit der Prozessorganisation verfolgt?

Ziele der Prozessorganisation:

- Verkürzung der Prozesszeiten
- Verbesserung der Prozessqualität
- Reduzierung der Prozesskosten
- Verbesserung der Innovationsfähigkeit

02. Welche Gestaltungsgrundsätze sind bei der Prozessorganisation zu beachten?

Gestaltungsgrundsätze/Merkmale der Prozessorganisation:

- Ganzheitlichkeit der Prozessgestaltung (vgl. Ziffer 1.3.1, Nr. 02.)
- klar definierter Anfang/definiertes Ende des Prozesses
- klar definierte Schnittstellen/möglichst wenige Schnittstellen
- Fokussierung auf den Kunden
- Fokussierung auf die Wertschöpfung der Prozesse
- Fokussierung auf Prozesse mit hoher Wertschöpfung (Kernprozesse)
- Reduzierung der Prozesse mit geringer/keiner Wertschöpfung
- Überprüfung tradierter Abläufe und Verfahren
- Top-down-Prinzip

03. Welche Modelle der Prozessgestaltung gibt es?

Die Prozessorganisation kann nach unterschiedlichen Modellen (= logische Regelkreise) durchgeführt werden; in der Theorie gibt es verschiedene Ansätze, die sich in der Struktur ähneln. Dazu ein Beispiel (Sechs-Stufen-Modell):

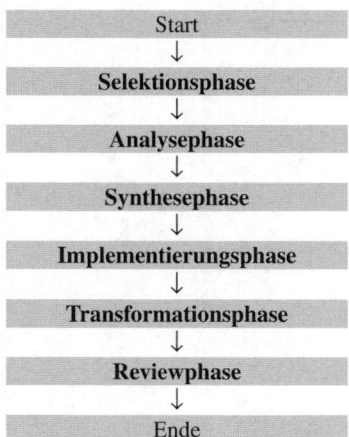

Ein umfassendes Konzept zur Prozessgestaltung ist das REFA-6-Stufen-Modell:

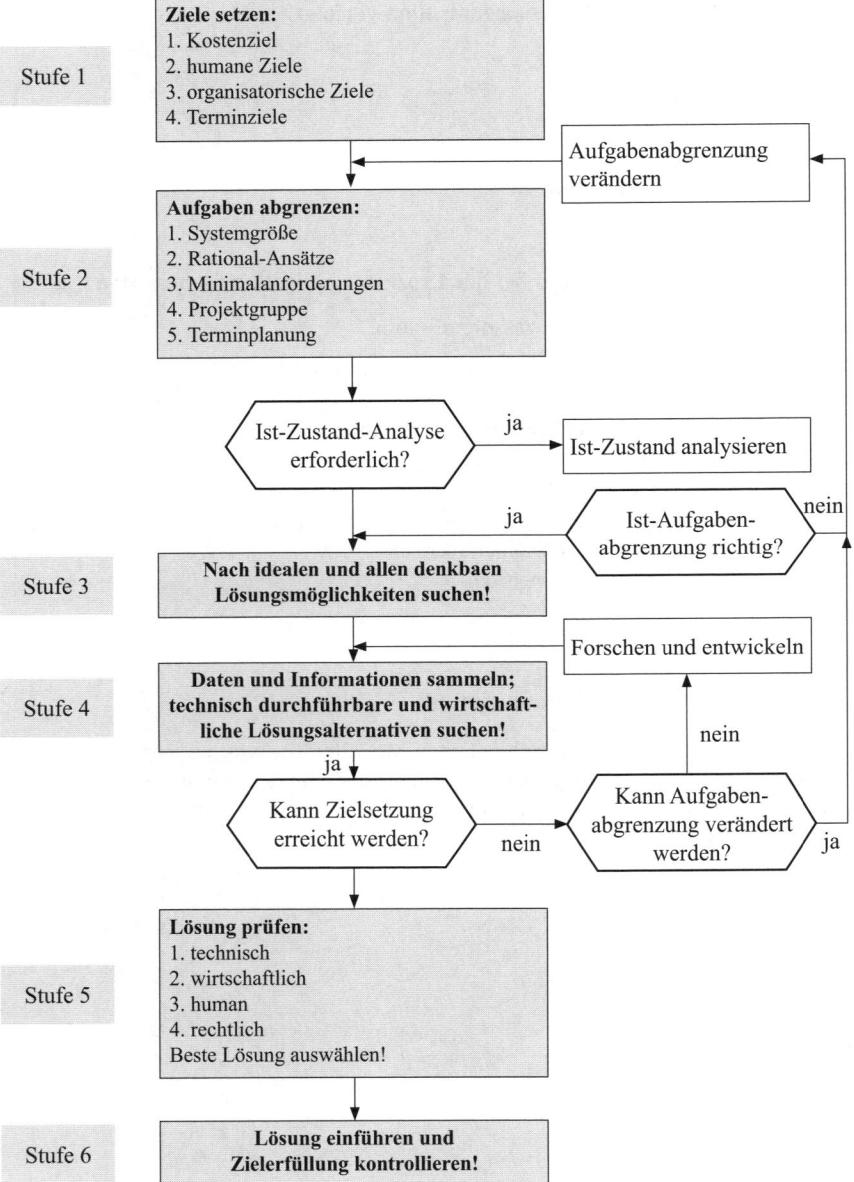

04. Warum müssen die Abläufe des Prozesses transparent gestaltet werden?

Jeder Prozess muss ein/en klar definierten Anfang/klar definiertes Ende haben; im Rahmen der Ist-Analyse sind alle Teilvorgänge/Ereignisse zwischen Anfang und Ende zu beschreiben und zu dokumentieren. Die Schnittstellen zu anderen Aufgabenträgern/Prozessverantwortlichen müssen erkennbar sein und die Übergabe- und Informationspflichten an den Schnittstellen müssen bekannt sein. Nur wenn das sichergestellt ist, bieten sich genügend Ansätze für Prozessbeurteilung, -redesign und -optimierung.

Das *Service-Blueprinting* ist die Prozessdarstellung einer Dienstleistung (Blueprint = Blaupause). Man verwendet hier die aus dem Flussdiagramm (vgl. Ziffer 1.1.3 und 1.7.2) bekannten Symbole und gibt ihnen zum Teil einen neuen Bedeutungsinhalt. Wichtige Entscheidungssituationen und mögliche Fehler sollen damit transparent gemacht werden. Wenn Sie weitere Einzelheiten wissen möchten: www.gsm.de oder [Suchmaschine + Suchbegriff], z. B. www.google.de/blueprinting.

05. Was ist bei der Schnittstellenanalyse und -gestaltung zu beachten?

Bei der Prozessabwicklung treten Schnittstellen auf, d. h. Übergänge von einem Funktionsbereich zu einem anderen; Beispiel: „Entlohnung": Personalwesen → Buchhaltung). Jede Schnittstelle bedeutet: Übergabe der Aufgabe, der Informationen, Abstimmung, Rückkopplung, Gefahr der Verzögerung, ggf. Reibungsverluste (Inhalt und Qualität). Je komplexer ein Prozess ist und je mehr ein Unternehmen gegliedert ist, desto stärker wird der Prozess durch Übergänge von einer Organisationseinheit zur nächsten fragmentiert. Man versucht daher bei der Neugestaltung bzw. der Reorganisation von Unternehmensstrukturen *soweit wie möglich die Anzahl der Schnittstellen zu reduzieren/zu vermeiden*, indem die Organisationsstruktur dem Prozess folgt und nicht umgekehrt (vgl. oben: → Prozessorganisation).

06. Was versteht man unter der Potenzialanalyse im Zusammenhang mit der Gestaltung von Prozessen?

Als *Potenzialanalyse* bezeichnet man die Diagnose, *welche Ressourcen im Basisgeschäft gebunden sind und welche ggf. für strategische Aktionen* noch (oder nicht mehr) *zur Verfügung stehen.* Ziel der Prozessorganisation ist es, die bestehenden Ressourcen auf Kernprozesse mit hoher Wertschöpfung zu konzentrieren und dabei freiwerdende Ressourcen für strategische Aktionen zu nutzen (z. B. Aufbau einer Auslandsniederlassung, verbessertes Controlling, verbesserte Kunden-/Marktorientierung, Investition in Human Resources).

1.3.3 Systematische Prozessverbesserung und -veränderung

01. Wie sind Veränderungsprozesse zu managen?

Veränderungsprozesse managen heißt,

- die derzeitige Ist-Situation richtig erfassen und bewerten,
- Lösungsansätze (gemeinsam) erarbeiten und bewerten,
- das System/den Prozess umbauen,
- für die Einführung sorgen und
- die Erhaltung des Systemumbaus sichern.

Hinweis: Einen ähnlichen „Regelkreis" haben Sie bereits kennen gelernt unter Ziffer 1.3.2, Nr. 03.; bitte vgl. Sie auch die Ausführungen unter Ziffer 1.4 Projekte planen und durchführen.

02. Welche (Management-)Systeme zur Verbesserung der Qualität und der Kundenorientierung können eingesetzt werden?

Managementsysteme			
• TQM	• ISO 9000:2005	• EFQM	• QFD
• FMEA	• SPC	• CAX	• Reengineering
• Kaizen, KVP	• Profitcenter-Organisation	• Lean Management	• Projektorganisation

03. Welche Techniken sind geeignet um Kernprozesse zu analysieren?

Prozessportfolio	Die Aufgaben werden in eine Matrix nach dem „Eisenhower-Prinzip" (wichtig/dringlich) unterteilt: z. B. werden A-Aufgaben (sehr wichtig/sehr dringlich) sofort selbst wahrgenommen.
ABC-Analyse	Die Aufgaben werden entsprechend ihrer Häufigkeit in A-, B- und C-Aufgaben eingeteilt. Im Ergebnis: Die Erfüllung von A-Aufgaben erbringt häufig bereits 60 bis 80 % des Leistungssolls. Diese Aufgaben stehen im Vordergrund.
Flussanalyse	Die Teilprozesse (Tätigkeiten) werden in ihrem logischen Ablauf dargestellt (Fluss-/Balkendiagramm, Netzplantechnik).
Weitere Techniken, z. B. Benchmarking, Stärken-Schwächen-Analyse, Zeit-/Mengen-Analysen.	

04. Welche Arbeiten sind im Rahmen der Prozessauditierung erforderlich?

Für die *Auditierung* (Prüfung) der Prozesse als Vorstufe zur Zertifizierung oder im Wege der internen Qualitätsauditierung müssen Qualitätsstandards und Verfahrensanweisungen erstellt werden. Diese sind in einem Plan/Handbuch festzulegen und müssen von den Mitarbeitern eingehalten werden. Die Ergebnisse der internen Audits sind schriftlich festzuhalten und erforderliche Korrekturmaßnahmen müssen mit den Mitarbeitern besprochen werden (ggf. erneute Schulung).

05. Wie kann die Prozessselbstbewertung mithilfe der EFQM-Kriterien durchgeführt werden?

Die European Foundation for Quality Management (EFQM), setzt der ISO 9000:2005 ein TQM-Modell entgegen, das auf *Selbstbewertung* durch das Unternehmen beruht und umfassender ist. Der Akzent liegt auf Human Ressources (= HR; dt.: Human-Kapital). Dahinter steckt die Idee: Qualität und Kundenzufriedenheit sind entscheidend vom Verhalten der Mitarbeiter und der Führungskräfte abhängig. Statt nur Maßstäbe vorzugeben, werden Qualitätsstandards auf ihre Relevanz für das Unternehmen überprüft: Mitarbeiter des Unternehmens bewerten zunächst den fraglichen Unternehmensbereich nach den *Input-Kriterien* – sie heißen *„Befähigter"*. So kommen 50 % der Endnote zu Stande. Die anderen 50 % sind für die *Output-Kriterien*, die „Ergebnisse", reserviert.

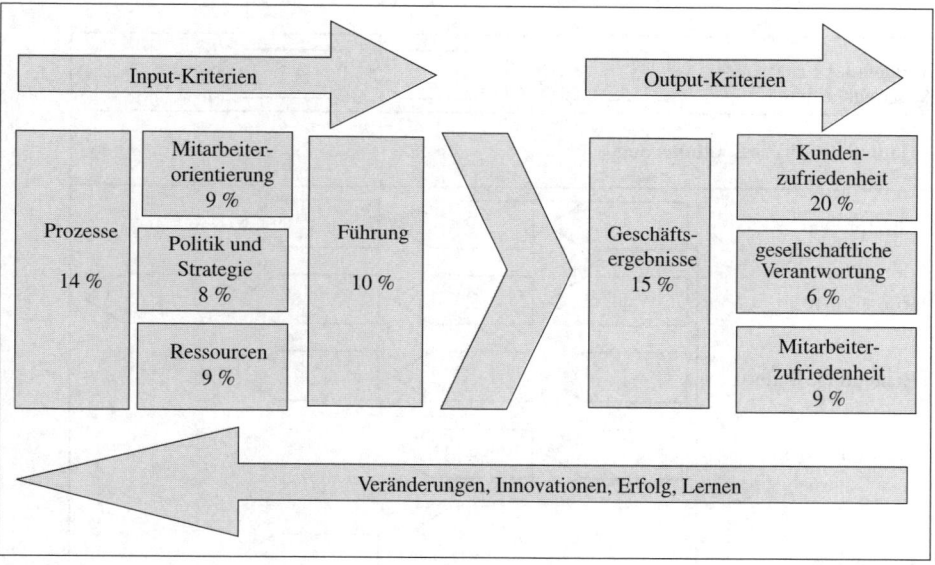

Das EFQM-Modell beinhaltet zwar auch die Analyse der Prozesse, aber zusätzlich wird geprüft, zu welchen Ergebnissen dieser Ablauf führt und wie er sich verbessern lässt. Die messbare Kundenzufriedenheit ist dabei ein wichtiges Kriterium. Der EFQM-Ansatz kommt ohne Handbuch aus. Das Unternehmen kann sich allerdings nicht zertifizieren lassen. Trotzdem liefert das EFQM-Modell gute Chancen zu einer echten Qualitätsverbesserung.

06. Welche Merkmale sind als Maßstab zur Messung der personalwirtschaftlichen Servicequalität geeignet?

Zuverlässigkeit	z. B. Einhaltung von Zusagen, Terminen; fehlerfreie Abrechnung
Reaktionszeiten	z. B. persönliche/telefonische Erreichbarkeit; Bearbeitungszeiten
Kompetenz	z. B. umfassendes Fachwissen; hohe Problemlösefähigkeit
Individualität	z. B. situations- und personenadäquates Verhalten, auch bei „Sonderwünschen"
Höflichkeit	z. B. angemessene Reaktion auch bei Fehlern/Reklamationen

Vgl. dazu S. 57.

07. Welche grundsätzlichen Varianten der Prozessoptimierung gibt es?

1.4 Projekte planen und durchführen

1.4.1 Begriffliche Grundlagen

01. Welche Funktionen soll das Projektmanagement erfüllen?

Mit Projektmanagement – als neuer Technik der Innenorganisation – sind insbesondere folgende Funktionen verbunden:

- geplanter Wandel
- steigende Produktivität
- erhöhte Flexibilität

- Impulse geben
- Prozesse der Zukunftssicherung gestalten
- Krisenresistenz.

02. Welche Vorteile kann Projektmanagement bieten?

Beispiele:

- Integration unterschiedlicher Kompetenzen in das Projektteam
- hohe Identifikation der Teammitglieder mit der Aufgabe – dadurch:
  - Verbesserung der Effizienz
  - Verbesserung der Zielorientierung, der Transparenz und der ~~Transparenz~~
- höhere Innovationsbereitschaft als in der Linie.

03. Welche zwei Hauptziele hat das Projektmanagement zu erfüllen?

Die Ziele von Projektmanagement heißen immer:

- Erfüllung des Sachziels (Projektauftrag; quantitativ, qualitativ)
- Einhaltung der Budgetgrößen (Termine, Kosten)

04. In welchem Spannungsfeld bewegen sich Projektsteuerung und -controlling?

Projektsteuerung und Projektcontrolling vollziehen sich im Spannungsfeld eines „magischen Vierecks" (Kontrollmerkmale der Projektsteuerung) mit den Veränderlichen: Zeit, Kosten, Quantität und Qualität.

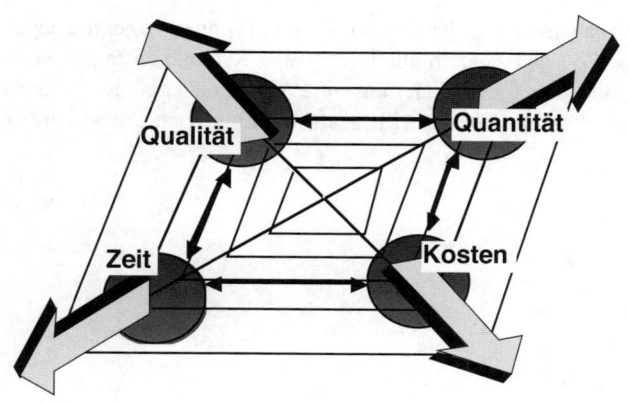

1.4.2 Projektorganisation

01. Wie kann Projektmanagement in die Aufbaustruktur integriert werden?

Hier ist die Aufgabe zu lösen: „Wer macht was und ist wofür verantwortlich?", d. h. es ist eine zeitlich befristete und der Aufgabe/Zielsetzung angemessene Organisation von Projektmanagement zu schaffen. Für die organisatorische Eingliederung des Projektmanagers kommen in der Praxis drei grundsätzliche Formen infrage:

Organisatorische Eingliederung des Projektmanagers	Funktion des Projektmanagers	Form des Projektmanagements	Funktion der Linie
Stab	Information, Beratung	Einfluss-Projektmanagement	Entscheidung
Matrix	Projektverantwortung	Matrix-Projektmanagement	disziplinarische Weisungsbefugnis
Linie	Entscheidung (Vollkompetenz)	reines Projektmanagement	Information, Beratung

- *Einfluss-Projektmanagement:*
  Der Projektmanager hat gegenüber der Linie (nur) eine *beratende Funktion*. Die Entscheidungs- und Weisungsbefugnis verbleibt bei den Linienmanagern (Materialwirtschaft, Produktion usw.).

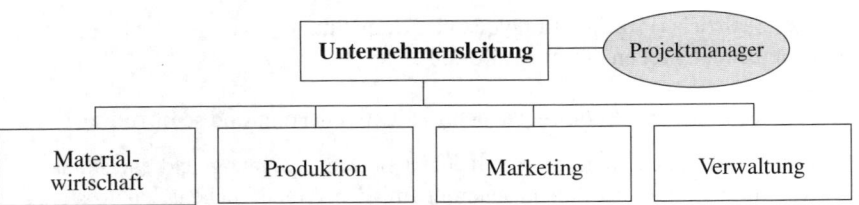

- *Reines Projektmanagement:*
  Das „Reine Projektmanagement" ist der Gegenpol zum „Einfluss-Projektmanagement": Der Projektmanager hat *volle Kompetenz* in allen Sach- und Ressourcenfragen *im Rahmen des Projektmanagements* und kann die Realisierung von Projektzielen ggf. auch gegen den Willen der Linienmanager durchsetzen. Dies betrifft auch den Zugriff auf Personalressourcen der Linie.

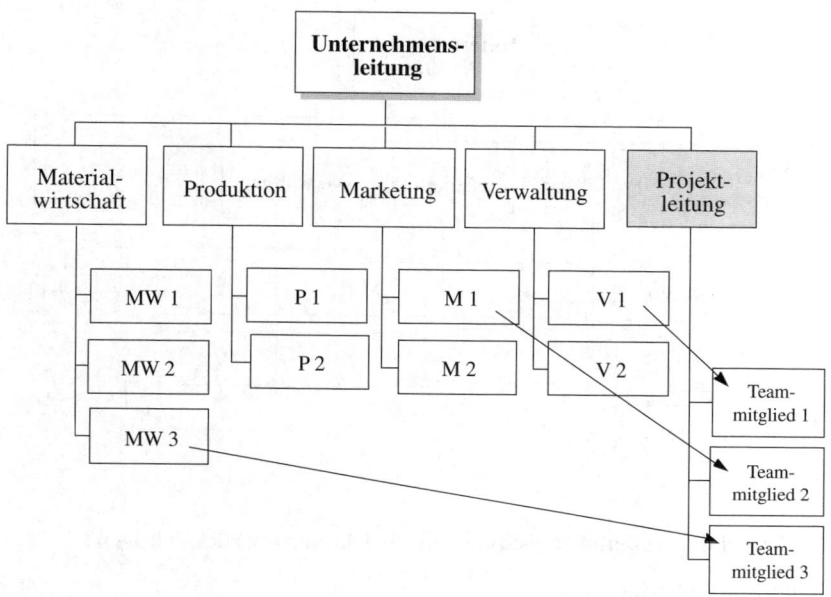

- *Matrix-Projektmanagement:*
  Dies ist eine Mischform aus „Einfluss-Projektmanagement" und „Reinem Projektmanagement": Der Projektleiter hat die volle Kompetenz in allen Fragen, die das Projekt betreffen (Kosten, Termine, Sachziele). Die Linienmanager haben die volle Kompetenz bezogen auf ihren Verantwortungsbereich (z. B. Weisungsbefugnis). Kennzeichnend für die Matrix-Organisation ist der „Einigungszwang": Projektmanager und Linienmanager müssen sich einigen bei der Lösung des Projektauftrages.

  Beispiel 1: Im vorliegenden Fall (s. Abb.) gehören Mitarbeiter der Abteilung V1, M1 und MW3 zum Projektteam. Über die Präsenz dieser Mitarbeiter in Teamsitzungen kann nicht allein der Projektleiter entscheiden, er muss sich mit dem jeweiligen Leiter von MW3, M1 bzw. V1 verständigen.

  Beispiel 2: Ein Teilauftrag des Projektes ist die Fragestellung, ob ein Ersatzteillager zentral oder dezentral eingerichtet werden soll; die Änderungen betreffen auch den Ressort Marketing und Vertrieb: Hier muss sich die Projektleitung mit dem Leiter Marketing und dem Leiter Materialwirtschaft einigen.

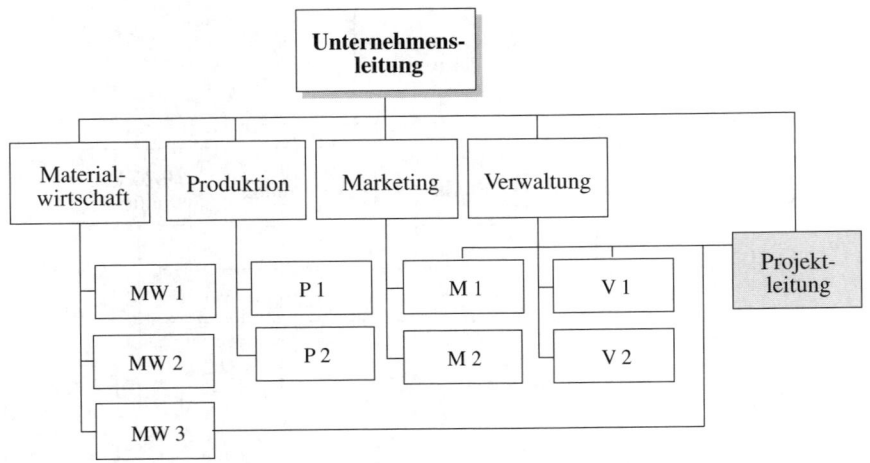

02. Was ist bei der Ablauforganisation von Projekten zu berücksichtigen?

Die Kernfragen lauten hier:

- Was ist wie zu regeln?
- Wie ist vorzugehen?
- Welche Teilziele werden abgesteckt?

usw., d. h. es ist der technisch und wirtschaftlich geeignete Projektablauf festzulegen. Dabei sind zwei grundsätzliche Formen denkbar:

a) *Sequenzielle* Ablaufgestaltung:
   Teilprojekte bzw. Arbeitspakete werden *nacheinander*, schrittweise abgearbeitet.
   Beurteilung: zeitaufwändig, aber sicherer.

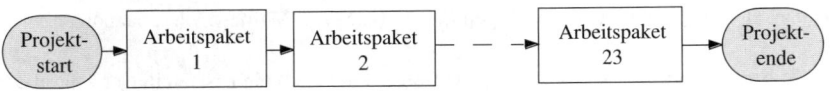

b) *Parallele (simultane)* Ablaufgestaltung:
   Teilprojekte bzw. Arbeitspakete werden ganz oder teilweise gleichzeitig abgearbeitet.
   Beurteilung: schneller Projektfortschritt, aber ggf. Risiken bei der Zusammenführung von Teillösungen zur Gesamtlösung.

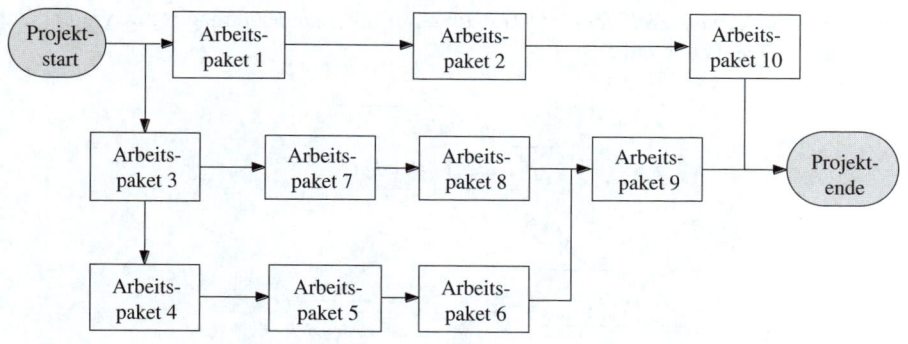

03. Durch welche Merkmale ist ein Projekt bestimmt?

- *Projekte* sind kurzlebige, zeitlich terminierte Aufgabenkomplexe, an denen Experten aus verschiedenen Fachbereichen und Hierarchiestufen arbeiten. Management umfasst alle planenden, organisierenden, steuernden, kontrollierenden und sanktionierenden Tätigkeiten zur Auftragserfüllung.

- *Projektmanagement* ist die überlebensnotwendige Kunst, all die Aufgaben zu lösen, die den Leistungsrahmen der klassischen Organisationsformen übersteigen. Projektmanagement dient daher vorrangig der Aufgabe, trotz gegebener Organisationsstruktur die unternehmerische Flexibilität und Zukunftssicherung zu erhalten.

Die DIN 69901 nennt folgende Merkmale für ein Projekt:

- neuartig, einmalig
- konkrete Zielvorgabe
- konkreter Zeitrahmen (Anfang und Ende)
- begrenzte Ressourcen (Budget)
- mehrere Beteiligte
- Arbeiten im Team
- abgestimmte Organisation
- Komplexität
- Schwierigkeitsgrad und Risiko sind hoch.

04. Wie erfolgt die Projektbestimmung durch Zielvorgaben?

Projekte haben eigenständige Zielsetzungen. Die Ziele liefern die Richtung für die Planung des Projekts, geben Orientierung für die Steuerung und liefern den Maßstab für die Kontrolle.

- Man unterscheidet *vier Zielfelder*; sie *konkurrieren* miteinander („magisches Viereck" des Projektmanagements vgl. auf S. 67):

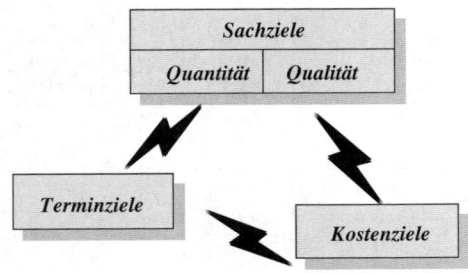

- Ziele können ihre Funktion nur erfüllen, wenn sie *operationalisiert*, d.h. *messbar*, sind. Messbar bedeutet, dass das Ziel hinsichtlich Inhalt, Ausmaß und Zeitaspekt eindeutig beschrieben ist.

Beispiel:
Falsch: Das Ziel „Die Kosten in der Montage müssen deutlich gesenkt werden" ist nicht operationalisiert. Was heißt „deutlich"? „Bis wann?"

Richtig:	Die Kosten	→	Zielinhalt
	müssen innerhalb von sechs Monaten	→	Zeitaspekt
	um 15 % gesenkt werden.	→	Ausmaß

05. In welche Haupt- und Teilphasen lässt sich Projektmanagement strukturieren?

Die Phasen des Projektmanagements folgen grundsätzlich der Logik des Management-Regelkreises (Ziele setzen-planen-organisieren-realisieren-kontrollieren). Die neuere Fachliteratur unterscheidet im Detail zwischen drei bis sieben Phasen (je nach Detaillierungsgrad), wobei die Unterschiede nicht grundlegend sind. Es gibt jedoch noch keine einheitliche Terminologie. Die nachfolgende Darstellung unterscheidet drei Hauptphasen:

1. Projekte auswählen (Projektinitialisierung)

2. Projekte lenken (Planung und Ausführung)

3. Projekte abschließen

Hinter diesen Hauptphasen verbergen sich folgende Teilpläne und -aktivitäten (Gesamtübersicht des Phasenmodells):

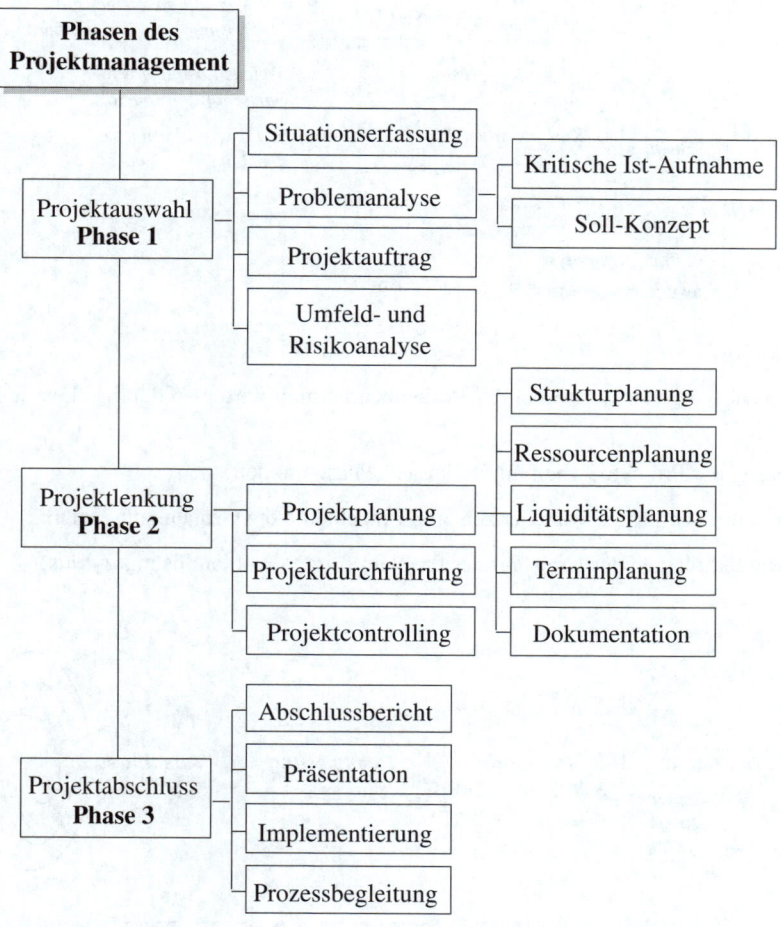

06. Was versteht man unter dem „Problemlösungszyklus"?

Der Problemlösungszyklus ist die *Schrittfolge* zur Realisierung der Ziele *je Projektphase*; er ist also *ein sich mehrfach wiederholender Prozess je Phase*.

Man kann das Phasenmodell des Projektmanagements auch bezeichnen als „Regelkreis im Großen" und den Problemlösungszyklus als „Regelkreis im Kleinen".

Man unterscheidet fünf Schrittfolgen im Problemlösungszyklus:

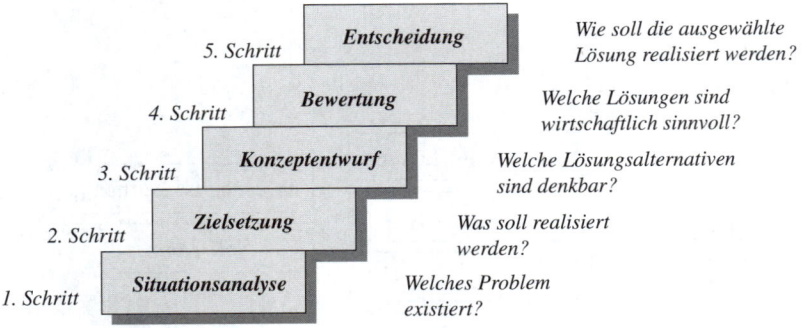

Zusammenfassung:

Die systematische Vorgehensweise bei der Projektbearbeitung wird also durch folgende Prinzipien gestaltet:

1. Strukturierung der Projektbearbeitung in Phasen (Phasenmodell).

2. Schritt für Schritt vorgehen, vom Ganzen zum Einzelnen, vom Groben zum Detail.

3. Je Phase wiederholt sich der Kreislauf der Problemlösung (Problemlösungszyklus).

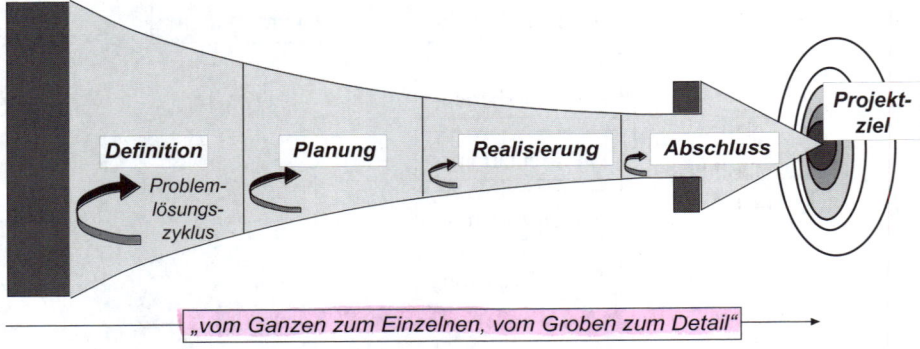

07. Wie muss der Projektauftrag formuliert sein?

Bei der Formulierung des Projektauftrages sind insbesondere folgende Inhalte zu berücksichtigen:

- Projektleiter benennen.
- Budget festlegen.
- Die zu erbringende Leistung (Zielsetzung und Aufgaben) ist genau zu bezeichnen.
- Als Auftraggeber ist in jedem Fall ein Machtpromotor (ein Mitglied der Unternehmensleitung) namentlich anzuführen.
- Die Gesamtdauer des Projektes ist zu begrenzen (Termine, Meilensteine).
- Die Befugnisse sind zu klären: Rolle des Projektmanagers, Rolle der unterstützenden Fachbereiche; eventuell Einsatz eines Projektsteuerungs- und -koordinierungsgremiums, das den Projektleiter vom Dokumentations- und Informationssuchaufwand freihält.

Projektauftrag

Projekt: .... Projekt-Nr.: ....

Projektleiter: .... Projektteam: ....

1. Beschreibung des Problems ....

2. Zielsetzung, Prioritäten ....

3. Umfeld- und Rahmenbedingungen ....

4. Erwartete Wirkung ....

5. Budget ....

Kostenarten	Grobplanung	Feinplanung	....
Personal			
Material			
Investitionen			
Fremdleistungen			
Sonstige Ausg.			
Summe			

6. Projektabschluss   7. Berichterstattung

8. Starttermin   9. Auftraggeber

10. Projektleiter   11. Verteiler

1.4.3 Projektleitung

01. Welche Anforderungen werden an die Projektleitung gestellt?

Der *Projektleiter* ist der Hauptverantwortliche für die Durchführung eines Projekts. Er muss vor allem über eine hohe personale Kompetenz (Autorität, Stabilität, Konfliktfähigkeit, Kommunikationsfähigkeit) und eine ausgeprägte moderatorische Kompetenz (Ausbildung als Moderator, Konferenz- und Besprechungstechniken, Steuerung von Gruppen, Präsentations- und Analysetechniken) verfügen.

Neben dem Projektleiter wird in der Regel ein *Lenkungsausschuss* eingerichtet; er besteht aus hierarchisch hoch angesiedelten und interdisziplinär zusammengesetzten Führungskräften des Unternehmens und unterstützt den Projektleiter bei der Erfüllung seiner Aufgaben, z. B. Verabschiedung von erledigten Teilprojekten, Entscheidung über Veränderungen im Projektauftrag oder bei der Zuweisung von Ressourcen bzw. bei der Lösung von Konflikten zwischen einzelnen Ressorts.

1.4.4 Projektteam

Das Projektteam besteht aus dem Projektleiter und den Mitarbeitern, die ganz oder zeitweise an dem Projekt mitarbeiten. Die Mitarbeiter können „hauptamtlich" im Projekt mitarbeiten (Versetzung aus der Linie in das Projektteam für die gesamte Dauer des Projekts) oder je nach der zu bearbeitenden Problemstellung hinzugezogen werden. Das Team kann durch externe Spezialisten (zeitweise) ergänzt werden. Der Projektleiter ist den Mitarbeitern des Projektteams weisungsberechtigt; dabei ist allerdings die gewählte Organisationsform des Projektes zu beachten (vgl. Ziffer 1.4.2).

Ein Projektteam ist nur dann ein wirkliches Team, wenn es gelingt, eine Reihe von Prozessen erfolgreich zu gestalten, z. B.:

- Ist das Team richtig zusammengesetzt?
  → Anzahl, Kompetenzen, „Chemie", Hierarchie

- Entwickelt das Team die erforderliche Gesprächs- und Arbeitskultur?
  → Werden zum Beispiel Regeln der Zusammenarbeit formuliert und eingehalten?

- Werden die Phasen der Teambildung erfolgreich gemeistert?
  Annäherung → Kampf → Orientierung → Arbeit

1.4.5 Projektplanung

01. Welche Bestandteile hat die Projektplanung?

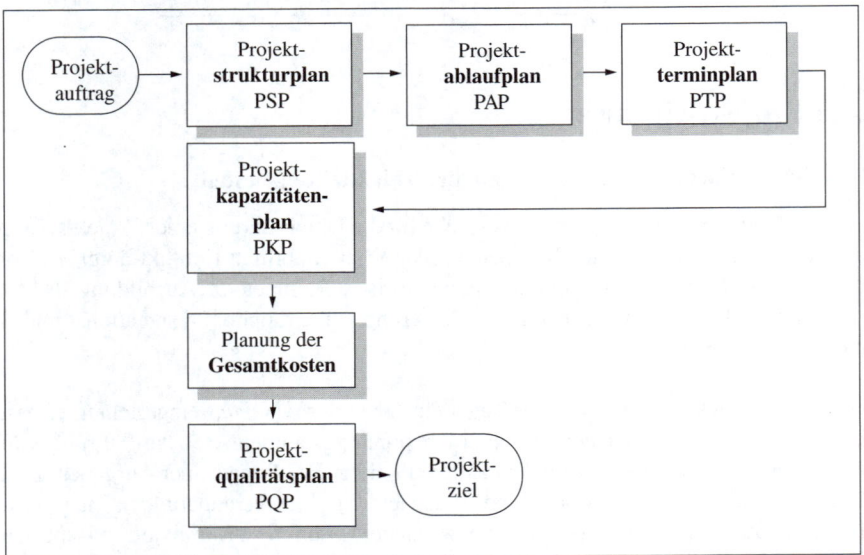

02. Welchen Inhalt haben die einzelnen Teilpläne der Projektplanung?

• Zu Beginn eines Projektes wird der *Projektstrukturplan* (PSP) erstellt; er legt
  - Teilprojekte
  - Arbeitspakete und
  - Vorgänge inkl. der Leistungsbeschreibungen (Aktivitäten)
  - Verantwortlichkeiten

fest und ist somit der *Kern eines jeden Projektes.*

Inhaltlich kann der Projektstrukturplan funktionsorientiert, erzeugnis(objekt)orientiert oder gemischt-orientiert sein. Der Projektstrukturplan ist an unterschiedlichen Stellen unterschiedlich tief gegliedert. Kriterien für die Detaillierung können sein:

- Dauer
- Kosten
- Komplexität
- Überschaubarkeit des Ablaufs
- Risiko
- organisatorische Einbettung.

Schematischer *Aufbau eines Projektstrukturplanes*:

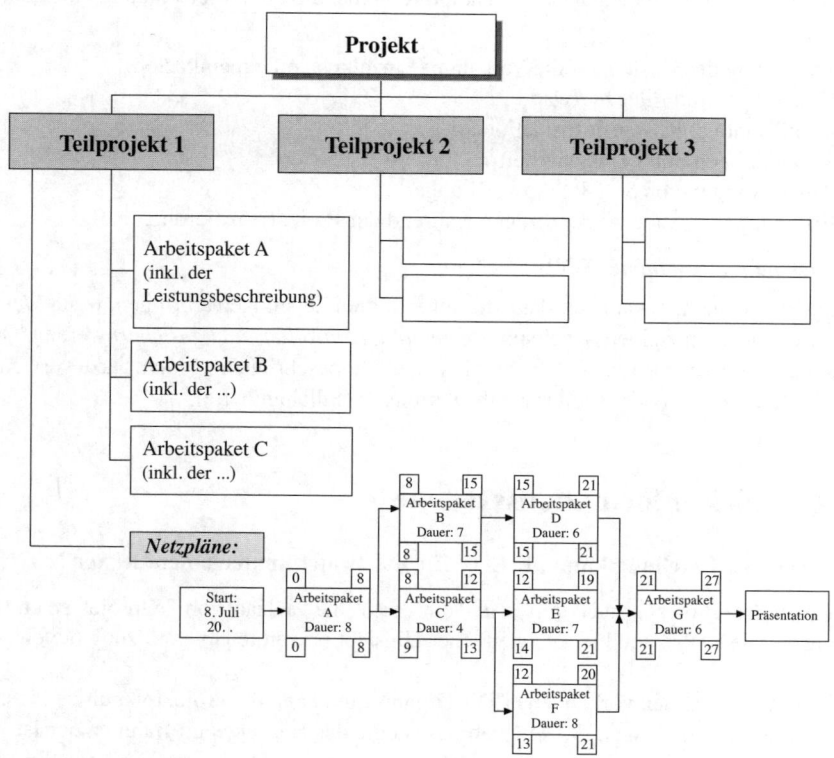

- Der *Projektablaufplan (PAP)* legt die logische Reihenfolge der Bearbeitung fest, z. B.:
  - Welche Arbeitspakete können parallel und welche sequenziell bearbeitet werden?
  - Wie ist der Zeitbedarf pro Arbeitspaket?
  - Welche Ressourcen werden pro Arbeitspaket benötigt?

- Der *Projektterminplan* (PTP)
  - legt die Anfangs- und Endtermine einzelner Teilprojekte und Arbeitspakete fest
  - und benennt die Verantwortlichen und Beteiligten.

  Als Hilfsmittel werden Terminlisten, Balkendiagramme oder Netzpläne eingesetzt.

- Die *Planung der Projektkapazitäten* (PKP) wird auch als Ressourcenplanung bezeichnet und enthält Schätzungen über die benötigten Ressourcen:
  - Qualifikation und Anzahl der Projektteam-Mitglieder
  - Dauer der Strukturelemente
  - Budget
  - Einsatzmittel (Materialien, Anlagen, EDV-Unterstützung)
  - Informationen
  - Räume.

- Grundlage der *Gesamtkostenplanung* ist die vorausgegangene Planung der Kapazitäten und der Einzelkosten pro Arbeitspaket. Die Hauptprobleme, die bei dieser Planung auftreten können sind:
  - Zuordnung der Kosten auf die Vorgänge (Einzelkosten/Gemeinkosten)
  - Erfassungs- und Pflegeaufwand
  - unvollständige Kosten-Informationen
  - Kalkulationen unter Unsicherheit
  - Auswirkungen von Soll-Ist-Abweichungen
  - Erfassung von Änderungsaufträgen während der Projektrealisierung.

- *Projektqualitätsplanung* (PQP):

  Projektmanagement kann nur dann die angestrebten Leistungen erbringen, wenn *Mengen* und *Qualitäten* der einzelnen Arbeitspakete *geplant, kontrolliert und gesichert* werden. Qualitätsstandards müssen also soweit wie möglich messbar beschrieben werden. Dazu verwendet man z. B. DIN-Normen oder Lieferantenbewertungen (Pflichtenhefte).

1.4.6 Projektinformationssysteme

01. Welche Hilfestellung kann die EDV für das Projektmanagement leisten?

Gerade größere Projekte sind komplex und umfassen eine Vielzahl von Teilprojekten und Arbeitsaufträgen. Die EDV kann hier in zweifacher Hinsicht eine gute Unterstützung bieten:

- Die im Unternehmen vorhandene EDV-Organisation kann die Projektplanung und -steuerung unterstützen, indem sie z. B. Kennzahlensysteme des Betriebes im Rahmen der Ist-Analyse, zur Erstellung des Soll-Konzepts, zur Projektsteuerung (Strukturen, Abläufe, Termine, Dokumentation usw.) und für das Projektcontrolling liefert. Weiterhin kann mit ihrer Hilfe der Informations- und Bearbeitungsaufwand effizient gestaltet werden (Listen, Grafiken usw.).

- Daneben wird auf dem Markt *spezielle Software* angeboten, die unmittelbar auf die Erfordernisse von Projektmanagement zugeschnitten ist (Planungsformulare, Checklisten, Dokumentation des Projektfortschritts usw.).

1.4.7 Projektsteuerung

01. Welche Aufgaben umfasst die Projektsteuerung?

Der Oberbegriff ist Projektlenkung. Er umfasst den Regelkreis der Projektplanung, -durchführung/steuerung und -kontrolle als permanenten Soll-Ist-Vergleich.

- Das *Planungs-Soll* ist die Ausgangsbasis der Projektdurchführung und -überwachung.

- Bei der *Durchführung* wird periodisch ein *Ist* realisiert. Die *Projektüberwachung* gleicht ab, ob der Ist-Zustand bereits den Soll-Zustand erfüllt (z. B. Meilensteinkontrolle).

- Ist dies nicht der Fall, erfolgt eine Abweichungsinformation an die *Projektsteuerung* (ggf. ein besonderes Gremium im Betrieb). Hier wird entschieden, ob die Abweichung durch weitere Maßnahmenbündel behoben werden kann oder ein Änderungsauftrag an die Projektplanung geleitet wird.

- *Änderungsaufträge* an die Projektplanung beinhalten ein erhebliches Risiko für das Gesamtprojekt (Realisierung von Teilplanungen, Gesamtkosten, Abschlusstermin).

Die nachfolgende Abbildung zeigt schematisch den dynamischen Zusammenhang von Projektplanung, -durchführung, -überwachung und -steuerung:

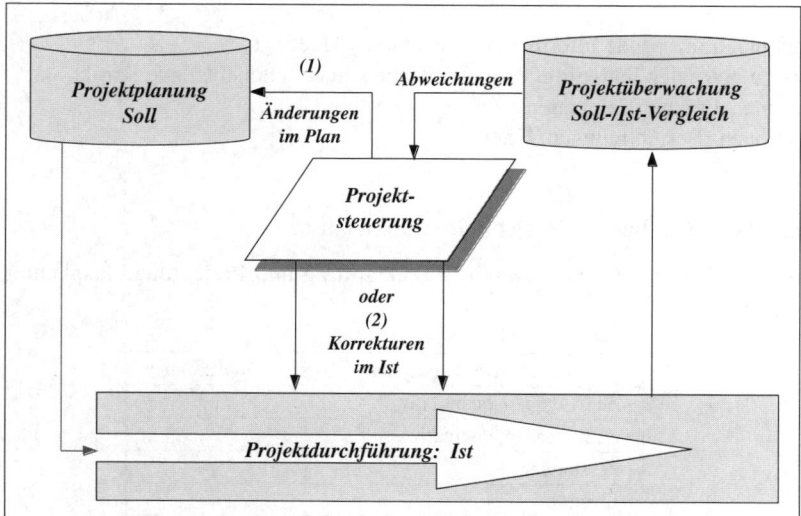

1.4.8 Projektkontrolle

01. Welche Aufgaben hat die Projektkontrolle?

Die Projektkontrolle (auch: Projektüberwachung) ist eine Teilphase (ein Subsystem) der Projektlenkung und -steuerung (vgl. Ziffer 1.4.7). Sie gleicht ab, ob der Ist-Zustand bereits den Soll-Zustand erfüllt (laufender Soll-Ist-Vergleich der einzelnen Teilprojekte und Arbeitspakete).

1.4.9 Ressourcenmanagement

01. Welche Funktion hat das Ressourcenmanagement?

Das Ressourcenmanagement hat die für das Projekt benötigten Ressorcen, also

- Mitarbeiter,
- Maschinen/Anlagen, Räume, Hilfsmittel,
- Finanzmittel und
- Informationen/Know-how

so zu planen, dass diese rechtzeitig, kostengünstig und in dem erforderlichen Umfang bereit gestellt werden.

02. Mit welchen Maßnahmen kann die Motivation der Mitglieder eines Projektteams verbessert werden?

Beispiele:

- regelmäßige, umfassende Information (Gespräche, Meetings)
- Leistungen einzelner Teammitglieder anerkennen; auch unterstützende Kritik
- interessante Aufgaben delegieren
- Teamaktionen (Besichtigungen, Feiern).

03. Welche Aufgaben hat der Projektleiter am Schluss?

1. Er muss die *Abnahmebedingungen* lt. Projektauftrag und Projektqualitätsplanung (PQP) überprüfen:

Abnahmebedingungen	*eingehalten*
• Zielvorgaben, quantitativ	√
• Zielvorgaben, qualitativ	√
• Ressourcen	√
• Termine	√
• Kosten	√

2. Er muss den *Abschlussbericht* erstellen. Er besteht aus drei Hauptteilen:

- *Dokumentation* von Projektauftrag und Projektverlauf:
  Ziele, Struktur, Daten, Termine
- *Beschreibung* der Projektresultate:
  Ergebnisse, Leistungen, Erfahrungen, Kosten
- *Wegweiser* zur Ergebnis-Implementierung und Akzeptanzsicherung:
  Prozessbegleiter, Projektabnahme (Unterschrift durch Auftraggeber)

Der *Verteilerkreis* des Abschlussberichtes umfasst die Betroffenen und Beteiligten sowie evtl. im Projektverlauf hinzugekommene Personen und Fachbereiche. Keineswegs ist er nur an Mitglieder der Unternehmensleitung zu richten. Selbstverständlich kann der Umfang der einzelnen Hauptteile je nach Betroffenheitsgrad der Adressaten schwanken. Zu den direkt Beteiligten kommen alle Unterstützer des Projektes und alle von der Implementierung Betroffenen hinzu.

3. Er muss das Projektergebnis in einer *Abschlusssitzung* dem Auftraggeber präsentieren, d. h. Präsentation der Projektresultate und der geplanten Implementierungsschritte. Für die Praxis empfiehlt sich

- die frühzeitige Einladung der an der Präsentation teilnehmenden Personen
- eine geeignete Raum- und Zeitwahl
- Auswahl der Präsentationsmedien und die Gestaltung der Präsentationsinhalte nach den Ansprüchen der Teilnehmer.

4. Er muss sich in der Projektabschlusssitzung *Multiplikatoren* für die Umsetzung der Projektergebnisse *sichern:*

Zu viele Projekte mit Veränderungswirkungen auf die Innenorganisation scheitern am Desinteresse oder der Abwehr von Führungskräften und/oder Mitarbeitern. Grundsätzlich gilt die Weisheit: „Der Mensch liebt den Fortschritt und hasst die Veränderung". Oft liegt die Abwehrhaltung in zwar unbegründeten, jedoch dominanten Ängsten. Dieses natürliche, menschliche Phänomen kommt während der Implementierungsphase regelmäßig in reduzierter Form vor, *wenn die Betroffenen vorher Beteiligte des Projektes waren.*

5. Er muss *Feedback von den Projektteammitgliedern* einholen:

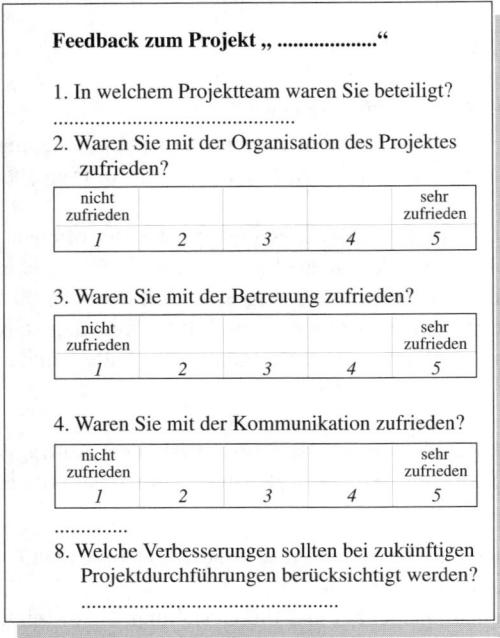

Feedback zum Projekt „ ...."

1. In welchem Projektteam waren Sie beteiligt?
....

2. Waren Sie mit der Organisation des Projektes
   zufrieden?

nicht zufrieden				sehr zufrieden
1	*2*	*3*	*4*	*5*

3. Waren Sie mit der Betreuung zufrieden?

nicht zufrieden				sehr zufrieden
1	*2*	*3*	*4*	*5*

4. Waren Sie mit der Kommunikation zufrieden?

nicht zufrieden				sehr zufrieden
1	*2*	*3*	*4*	*5*

....

8. Welche Verbesserungen sollten bei zukünftigen
   Projektdurchführungen berücksichtigt werden?
   ....

6. Er muss sich bei dem *Projektteam bedanken* und die *Leistung* der Mitglieder *würdigen*:

*Dank
Belohnung
Incentives
Beurteilung
Empfehlung*

7. Er muss die *Reintegration der Projektteammitglieder* in die Linie rechtzeitig vorbereiten:

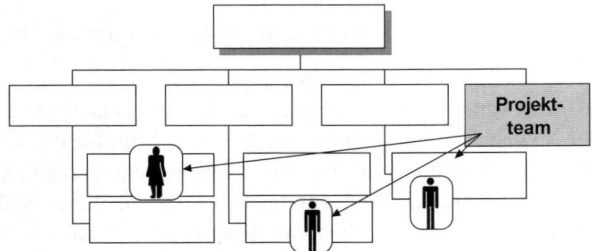

8. Er sollte dafür sorgen, dass die *positiven Erfahrungen und neues Know-how,* die im Rahmen der Projektrealisierung gemacht wurden, im Unternehmen *genutzt werden*:

Eine Führungskultur im Unternehmen, die Werte, Normen und Einstellungen wie Individualität, Beteiligung der Mitarbeiter, sachorientierte Lösung von Konflikten usw. präferiert, bietet eine gute Basis für Projektarbeit. Analog wird erfolgreiches Projektmanagement genau die Werte und Normen einer Führungskultur stärken, durch die es gestützt wird.

Zusammenfassung: Empfehlung für den Verlauf des Projektabschlusses

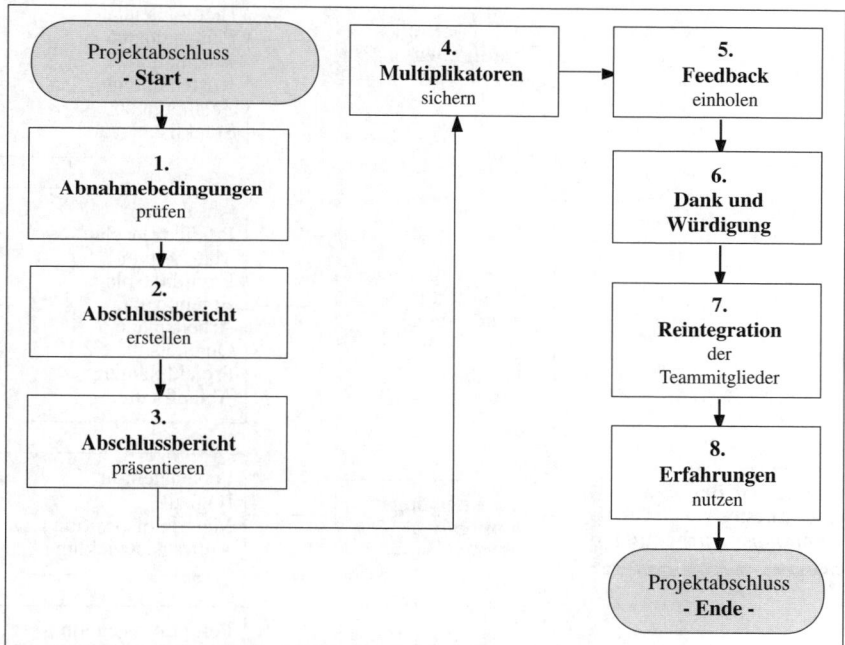

1.5 Informationstechnologie im Personalbereich nutzen

1.5.1 IT-Einsatz

01. Welche Einsatzgebiete lassen sich heute für die EDV-gestützte Informationsverarbeitung nennen?

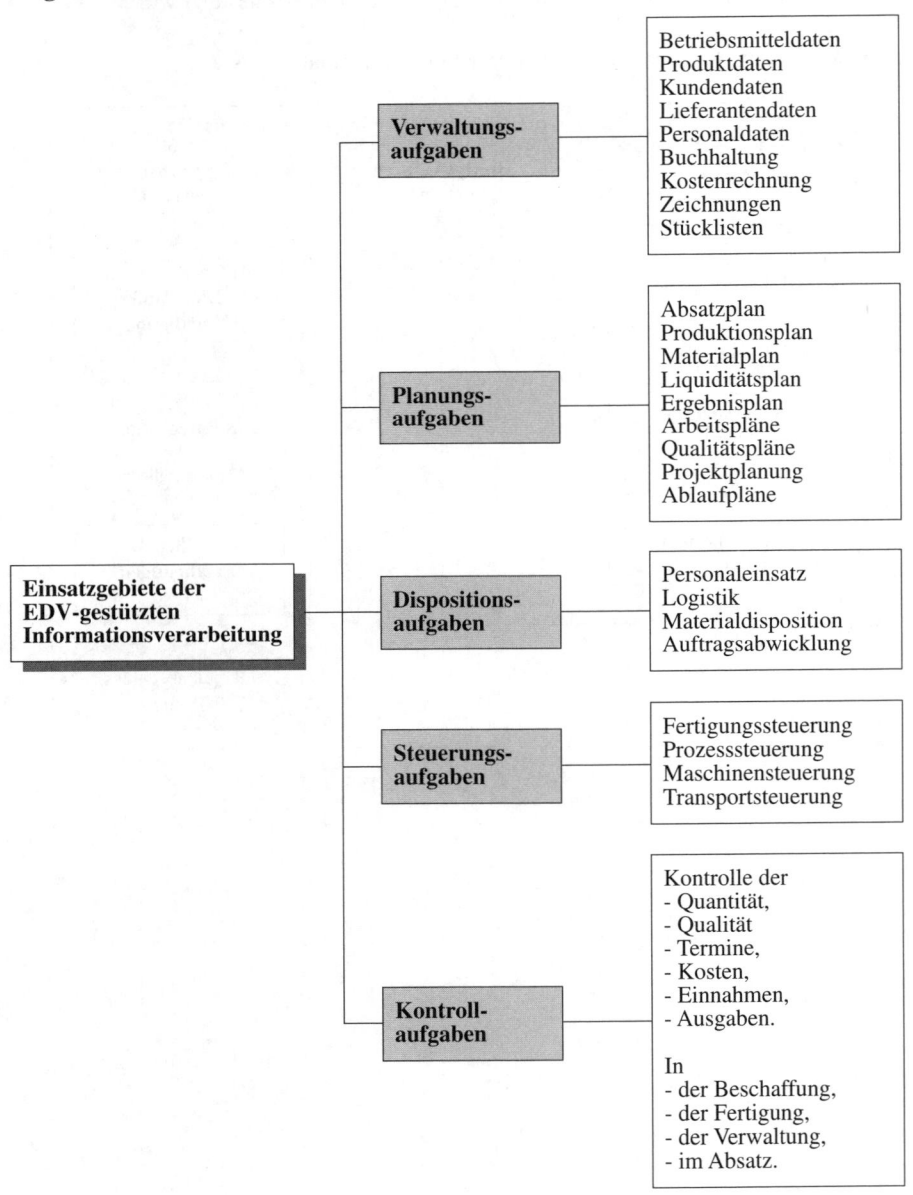

02. Welche Einsatzmöglichkeiten der IT bestehen heute grundsätzlich im Personalbereich?

- Organisation,
- Personalplanung,
- Personalauswahl,
- Personalentwicklung, Planung der Weiterbildungsveranstaltungen, Abrechnung von Seminaren und Veranstaltungen,
- Personaleinsatz und -betreuung,
- Personalabrechnung (Lohn und Gehalt, Provisionen usw.)
- Personalverwaltung, Zeiterfassung, Betriebsdatenerfassung,
- Prozessgestaltungs- und Modellierungswerkzeuge.

Man unterscheidet generell zwischen *Standardreports*, z. B. Fehlzeiten, und *Ad-hoc-Reports*, z. B. Altersstruktur.

03. Wie kann die EDV in der Personalplanung eingesetzt werden?

Die Einbeziehung der EDV setzt voraus, dass die Personalplanung im Hinblick auf ihre Ziele hinreichend definiert ist, um die in der Personalstammdatei vorhandenen *Qualifikationen* mit den *Anforderungsprofilen* der *Arbeitsplatzstammdatei* vergleichen zu können.

04. Welche Aufgaben kann die Personalplanung mithilfe der EDV erledigen?

Die Personalbestandsveränderungen sowie die Planung des künftigen Personalbestands z. B.

- Zahl der künftig erwarteten Mitarbeiter,
- Qualifikation der künftig erwarteten Mitarbeiter,
- Entwicklung der Löhne und Gehälter bzw. deren Struktur,
- den Personaleinsatzplan, der den Einsatz des zukünftigen Personalbestands auf den zukünftigen Arbeitsplatzbestand regelt,
- den Personalveränderungsplan.

05. Wie kann die Planung der Weiterbildungsveranstaltung EDV-gestützt erledigt werden?

Es werden alle *Angebote* in die EDV aufgenommen und intern angeboten. Umgekehrt wird die *Nachfrage* erfasst, um zu sehen, ob Angebot und Nachfrage eine Entsprechung finden, bzw. welche Schritte zur Erzielung eines Ausgleichs notwendig sind. Gleichzeitig wird die *Statistik* der Teilnehmerstunden, der *Kosten* und der *Belegung* geführt.

06. Wie erfolgt die Abrechnung von Seminaren und Veranstaltungen?

Es werden entweder vorgegebene Programme eingesetzt, nach denen die Abrechnung erfolgt, oder es werden die individuellen Angaben eingegeben, die vorher auf ihre sachliche Richtigkeit überprüft und im Nachhinein durch Controlling-Maßnahmen auf ihre Effizienz hin geprüft werden müssen.

07. Welche spezielle Anwendungsmöglichkeit der EDV/des Internets besteht im Bereich der Weiterbildung?

- *Wis:*

  Um Hilfestellung für alle zu leisten, die Weiterbildung anbieten oder suchen, wurde vom Deutschen Industrie- und Handelskammertag (DIHK) gemeinsam mit den Industrie- und Handelskammern sowie den Handwerkskammern bundesweit das *Weiterbildungsinformationssystem WIS* aufgebaut. Kernstück dieses Systems ist die Weiterbildungsdatenbank, die die Angebote an beruflicher Weiterbildung aller öffentlichen und privaten Bildungsträger speichert, sowie die Weiterbildungsberatung der einzelnen IHK. Mit diesem System WIS soll erreicht werden dass der Markt für berufliche Weiterbildung sowohl regional als auch überregional transparenter gemacht wird, für alle an beruflicher Weiterbildung Interessierte ein entsprechendes Angebot gefunden wird und den Trägern von Veranstaltungen ein geeignetes Medium zur Verfügung steht, mit dem sie am Markt präsent sein können.

  Für die Nutzung der Datenbank stehen zwei Möglichkeiten zur Verfügung: Man kann sich schriftlich, telefonisch oder persönlich an die IHK wenden und sich unter Nutzung der Datenbank das entsprechende Angebot auswählen, oder man kann dies mithilfe eines eigenen PC erledigen. Durch die Vergabe eines Passwortes ist die Möglichkeit geschaffen, sich auf diesem Wege einen Überblick über die Weiterbildungsangebote zu verschaffen.

- *Kurs:*

  Daneben existiert „*Kurs*", die weltweit größte Datenbank für Aus- und Weiterbildung der Bundesagentur für Arbeit; siehe www.kursnet.arbeitsagentur.de

08. Wie kann der Einsatz der EDV bei der Entgeltabrechnung erfolgen?

Die manuelle Abrechnung der Löhne und Gehälter ist heute kaum noch denkbar. Die Fülle der zu berücksichtigenden Einzeldaten aus dem Betrieb, der Steuergesetzgebung, der Sozialversicherung usw. sowie deren laufende Änderung führt bei manueller Abrechnung sehr schnell zu Fehlern.

Die EDV-mäßige Entgeltabrechnung kann mit eigener *individueller Software* oder mit einer *Standardsoftware* erfolgen; sie kann *intern* mit eigener EDV-Kapazität oder extern (Steuerberater, Abrechnungszentrum o. Ä.) durchgeführt werden ($\rightarrow$ Insourcing/Outsourcing).

Charakteristisch für die Entgeltabrechnung sind folgende Tatbestände, z. B.:

- kurze Bearbeitungszeiten, Einhaltung von Terminen (z. B. Lohnzahlungstermin, Abführung der Lohnsteuer und der SV-Beiträge)
- Fehlerfreiheit ist absolut notwendig
- Vernetzung der Daten (Betriebsdaten, Personalstammdaten, Abrechnungskreise)
- unterschiedliche Abrechnungs-/Entgeltarten, z. B.: Zeitlohn, Akkordlohn, Prämienlohn, Gehalt/ Tarif, Gehalt/AT, Aushilfslöhne.

Die Entgeltabrechnung für den einzelnen Mitarbeiter beginnt bei der Einstellung mit der *Anlage des Personalstammsatzes* (Name, Bankverbindung, Steuerklasse, Freibeträge, Krankenkasse, Lohnart, Abrechnungskreis usw.). Die Eingabe der Daten erfolgt meist im *Dialogbetrieb*. Mithilfe der *Stammdatei* und anderen Dateien (Lohnsteuer, SV-Bestimmungen, Zeiterfassung) erfolgt die Entgeltabrechnung dann meist nachts im *Batch-Betrieb*.

Im Rahmen der *Zahlungsrechnung* erfolgt die Überweisung der Zahlungsbeträge an die Bankverbindung der Mitarbeiter, die Lohnsteuerzahlung an das Finanzamt sowie die Zahlung der SV-Beiträge an die zuständige Krankenkasse (meist per Datenübertragung auf geeigneten Datenträgern).

09. Was versteht man unter CIM?

CIM steht für *Computer Integrated Manufacturing*; zu deutsch: rechnergestützte integrierte Fertigung. Es ist ein Modell zur Verknüpfung aller unternehmensrelevanten Anwendungen in Verbindung mit dem integrierten Einsatz von Computern. CIM ist keine integrierte Software.

10. Was sind CA-Techniken?

Bei CA-Techniken handelt es sich um:

CAD = Computer Aided Design = rechnergestützte Konstruktion
CAE = Computer Aided Engineering = rechnergestütztes Ingenieurwesen
CAP = Computer Aided Planning = rechnergestützte Fertigungsplanung
CAQ = Computer Aided Quality Assurance = rechnergestützte Qualitätssicherung
CAM = Computer Aided Manufacturing = rechnergestützte Fertigung

11. Welches Ziel wird mit CIM verfolgt?

Zielsetzung ist die Integration aller Unternehmensbereiche und -funktionen zu einem Gesamtsystem. Konkret sollen alle anfallenden Planungs- und Steuerungsdaten in die betriebswirtschaftlichen Aufgaben, die technische Fertigung und den Vertrieb integriert werden. Kernstück des CIM-Konzeptes ist ein gemeinsamer Datenbestand, der für die unterschiedlichsten Aufgaben eines Betriebes aufbereitet wird und dessen bereichsübergreifende Nutzung zu einem Informationsfluss zwischen allen Unternehmensbereichen führt und so zu einer Automatisierung beiträgt. Alle an der Fertigung beteiligten CA-Techniken und für die Fertigung notwendigen Aufgaben werden zu einem System verknüpft:

- Planung/Konstruktion (CAP/CAD/CAE)
- Qualitätssicherung/-management (CAQ)
- Kalkulation
- Materialwirtschaft
- Termin- und Ressourcenplanung
- Auftragssteuerung
- Produktionsplanung und -steuerung (PPS)
- Produktionsdurchführung (CAM)
- Versand
- Rechnungswesen.

12. Welchen Nutzen hat CIM für ein Unternehmen?

Eine effiziente Produktherstellung durch den Einsatz von EDV in allen zusammenhängenden Betriebsbereichen nach dem CIM-Konzept ermöglicht:

- bessere Nutzung der Fertigungseinrichtungen
- kürzere Durchlaufzeiten
- geringere Lagerbestände
- hohe Materialverfügbarkeit
- erhöhte Flexibilität
- hohe Termintreue
- erhöhte Transparenz
- gleichmäßigen Produktionsablauf und somit gesicherte Qualität
- höhere Produktivität
- Kostensenkung
- Steigerung der Wirtschaftlichkeit.

13. In welcher chronologischen Abfolge stehen die zu einem CIM-System verbundenen Organisationseinheiten mit ihren jeweiligen rechnergestützten Teilsystemen?

1. Konstruktion – CAD
2. Fertigungsplanung – CAP
3. Produktionssteuerung – PPS
4. Fertigung – CAM
5. Qualitätssicherung – CAQ

14. Wozu dient CAD-Software?

CAD-Software kommt häufig im Entwicklungs- und Konstruktionsbereich unterschiedlicher Branchen zum Einsatz. Hierzu gehören Architektur, Bauwesen, Maschinen- und Anlagenbau, Konstruktion, Elektrotechnik und Kartographie. CAD-Software dient dem rechnergestützten, zwei- und dreidimensionalen Konstruieren, inklusive Durchführung technischer Berechnungen und grafischer Ausgabe. Die Rechnerunterstützung bietet über die Software eine ganze Reihe Vorteile gegenüber dem konventionellen Konstruieren bzw. Zeichnen.

15. Welche Aufgaben erfüllt ein PPS-System?

Ein PPS(Produktionsplanung und -steuerung)-System führt alle Aufgaben zur Planung, Steuerung und Überwachung von Produktions- und Arbeitsabläufen, angefangen bei der Angebotserstellung bis hin zum Versand, durch.

Im Einzelnen erfüllt es folgende Tätigkeiten:

1. *Produktionsplanung*
   - Produktionsprogrammplanung
   - Mengenplanung
   - Termin- und Kapazitätsplanung

2. *Produktionssteuerung*
   - Auftragsveranlassung
   - Reihenfolgeplanung
   - Auftragsüberwachung.

- *Produktionsprogrammplanung*
  = Festlegung, welche Produkte in welcher Menge und zu welchem Termin fertig gestellt sein sollen.

- *Mengenplanung*
  = Ermittlung des Bedarfs an Einzelteilen, Baugruppen und Zukaufteilen

- *Termin- und Kapazitätsplanung*
  = Berechnung von Anfangs- und Endterminen für die Produktionsaufträge

- *Auftragsveranlassung*
  = Bestimmung des Übergangs von Produktionsplanung zur Produktionssteuerung und Freigabe der Aufträge nach Verfügbarkeit aller notwendigen Ressourcen.

- *Reihenfolgeplanung*
  = Planung der Auftragsreihenfolge

- *Auftragsüberwachung:*
  = Durchführung von Soll-Ist-Vergleichen der Mengen und Termine aufgrund von aktuellen Betriebsdaten zum Auftragsstatus.

16. Welche Möglichkeiten der Betriebsdatenerfassung gibt es?

Betriebsdaten können erfasst werden über:

- Barcodekarten,
- Magnetkarten,
- Stempelkarten,
- Sensoren und
- manuelle Eingabe von Belegen.

17. Welche Datenarten können über die Betriebsdatenerfassung erfasst werden?

- Mengen
- Zeiten
- Maße
- Formen
- Ausschuss
- Störungen
- Anwesenheit

1.5.2 Personalinformations- und -managementsysteme

01. Was versteht man unter einer Datenbank?

Unter einem Datenbanksystem wird eine Sammlung von Datenbeständen verstanden, die durch ein Datenverwaltungssystem verwaltet werden und über ein Datenzugriffssystem mehreren Benutzern gleichzeitig für beliebige Auswertungen zur Verfügung stehen.

02. Aus welchen Teilen besteht ein Datenbanksystem?

Ein Datenbanksystem besteht aus der Datenbasis, der Datenverwaltung und der Datenkommunikation und ferner aus Datenschutzmaßnahmen, einer Warteschlangenregelung und Software zur Datenkomprimierung.

03. Welche Angaben enthält eine Personaldatenbank?

Die Personaldatenbank enthält Daten über den quantitativen, qualitativen, zeitlichen und räumlichen Personalbestand, über die Schul- und Berufsausbildung, Beurteilungen und Entgelte. Die Stellen- oder Arbeitsplatzdatenbank vergleicht gespeicherte Arbeitsanforderungen mit dem Mitarbeiterpotenzial (vgl. Kap. 3.5.2 Personalinformationssystem als Hilfsmittel).

04. Welche Möglichkeiten ergeben sich für den Einsatz von Personaldatenbanken?

a) Die *Datenunabhängigkeit*, da die Personaldaten programmunabhängig nach den Bedürfnissen der Personalverwaltung gespeichert werden können,

b) die Möglichkeit, die einmal gespeicherten Daten mehrfach zu verwenden, wie z.B. für den Arbeitsplatz, die Kostenrechnung, die Lohnabrechnung, die zur Lösung von Aufgaben gestellten Anforderungen.

Durch den Einsatz von Personaldatenbanken, die das Qualifikationsprofil des Personalbestandes und von Arbeitsplatzdatenbanken, die das Anforderungsprofil der einzelnen Arbeitsplätze enthalten, ist eine Zuordnung eines arbeitsplatzbezogenen Anforderungsprofils mit einem personenbezogenen Qualifikationsprofil möglich.

05. Was ist ein Personalinformationssystem (PIS)?

Personalinformationssysteme verknüpfen *unterschiedliche Datenbestände* miteinander und erlauben eine benutzerfreundliche flexible *Auswertung nach unterschiedlichen Kriterien*, die auch miteinander kombiniert werden können (z.B. Personalplanung: „Welche Mitarbeiter der Führungsebene ... mit einem Gehalt ≤ 4.000 € werden in ... Jahren die Altersgrenze 63 erreichen?" usw.).

Ein modernes PIS liefert die Grundlage für personalpolitische Entscheidungen und unterstützt die Tagesfragen der Personalarbeit (z. B. Berichtswesen; intern und extern).

Wichtig: Die Implementierung eines PIS *ist mitbestimmungspflichtig* (§ 87 Abs. 1 Nr. 6 BetrVG). In der Regel wird man eine *Betriebsvereinbarung* schließen.

Zu beachten ist, dass

- jede Auswertung nur so gut ist, wie die Qualität der Datenbasis, von der man ausgeht,
- Pflegeaufwand und Nutzung in wirtschaftlichem Verhältnis stehen,
- derartige Systeme die Personalarbeit quantitativ unterstützen, aber nicht die Fach- und Führungskompetenz der Personalverantwortlichen ersetzen können.

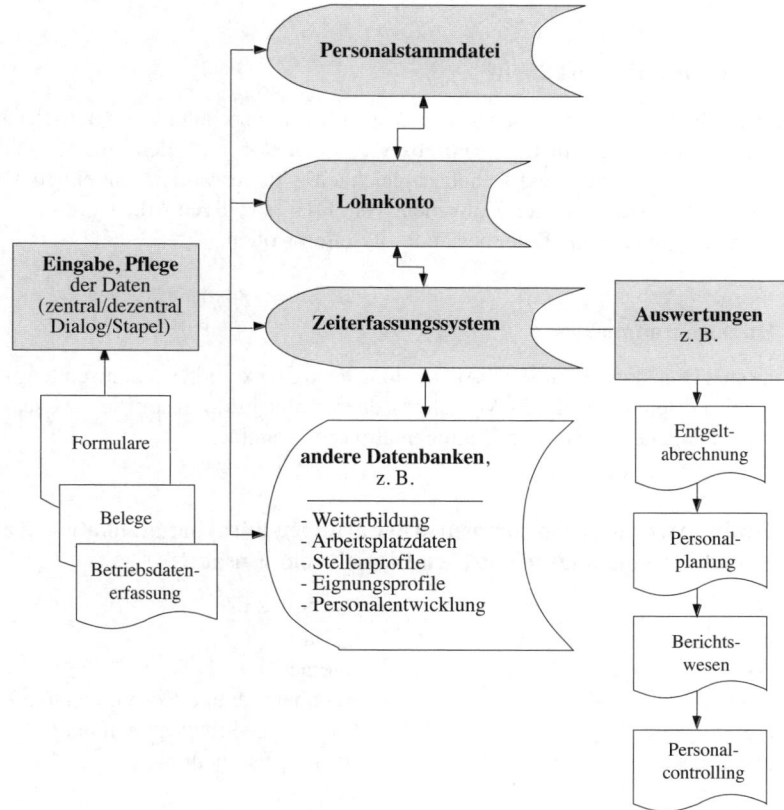

Ein Personalinformationssystem hat zahlreiche Schnittstellen zu anderen Unternehmensbereichen/Abteilungen, z. B.:

- Kantine, z. B. Urlaubs-, Anwesenheits- und Krankenstände können zur Planung herangezogen werden.
- Betriebsärztlicher Dienst, z. B. Stellenbeschreibungen/Anforderungsprofile als Basis für Pflicht- und Vorsorgeuntersuchungen.
- Finanzbuchhaltung/Kostenrechnung, z. B. Übergabe von Stammdaten, Erfassung der Lohnnebenkosten, Lohnsätze, Urlaubs-/Anwesenheitszeiten.
- Fertigung, z. B. Fertigungssteuerung auf der Basis der vorhandenen Personalressourcen.

06. Was versteht man unter Multitasking?

Mit Multitasking bezeichnet man die *gleichzeitige Ausführung mehrerer Programme* (Tasks) auf einem Rechnersystem. Ein Beispiel hierzu: Während man in einer Datenbank auf die Ergebnisse von Suchabfragen wartet, kann man über die Textverarbeitung ein Dokument ausdrucken und gleichzeitig im Internet surfen.

Voraussetzung für Multitasking ist ein multitaskingfähiges Betriebssystem. Zu berücksichtigen ist natürlich auch, dass sich die Geschwindigkeit eines Rechnersystems beim Ausführen der einzelnen Tasks mit steigender Anzahl der gleichzeitig aktiven Tasks reduziert.

07. Wie kann man Multi-User erklären?

Multi-User bedeutet übersetzt *Mehrbenutzer.* Der Begriff tritt in Verbindung mit Betriebssystemen und Netzwerken auf. Ein Multi-User-Betriebssystem eignet sich für den Einsatz in einem Netzwerk und ist in der Lage, mehrere Benutzer gleichzeitig zu verwalten. Von einem Multi-User-Betrieb spricht man, wenn mehrere Anwender von ihren jeweiligen Arbeitsplatzrechnern über ein Netzwerk auf gemeinsame Datenbestände zugreifen wollen.

08. Was sind Hilfsprogramme?

Hilfsprogramme sind Dienstprogramme zur Abwicklung häufig vorkommender anwendungsneutraler Aufgaben bei der Benutzung des EDV-Systems, dazu zählen Editoren, Sortier-, Misch- und Kopierprogramme, Diagnose-, Test- und Dokumentationsprogramme.

09. Welche Software-Anwendungen kommen in der heutigen Bürokommunikation in einer Verwaltung und in einem kaufmännischen Bereich zum Einsatz?

- Textverarbeitung
- Tabellenkalkulation
- Grafik-Software
- Präsentations-Software
- Terminplanung
- Datenbankverwaltung

- Fax-Software
- E-Mail
- Internet
- Buchhaltung und Kostenrechnung
- Lohn- und Gehaltsabrechnung
- Auftragsbearbeitung

10. Was versteht man unter Groupware?

Groupware ist eine Software, die *basierend auf einer integrierten Datenbank arbeitsgruppenspezifische Abläufe automatisiert.*

Dazu gehören:

- Kommunikation im Unternehmen,
- Planungen,
- Datenaustausch bzw. Zugriff auf gemeinsame Datenbanken,
- Steuerung von Unternehmensprozessen und
- Informationsfluss im Unternehmen.

Die Arbeitsgruppen, die eine solche Software einsetzen, können verschiedene Größen annehmen – von einzelnen Personen über Projektgruppen und Abteilungen bis hin zu Niederlassungen oder sogar ganzen Firmen.

Die Groupware besteht aufgrund der vielfältigen Einsatz- und Anwendungsmöglichkeiten aus mehreren Software-Modulen:

- E-Mail zur internen und auch externen Kommunikation,
- Ressourcenplanung, z. B. Terminplanung, Urlaubsplanung, Personaleinsatzplanung etc.,
- Datenbankverwaltung, insbesondere für Dokumentenverwaltung und Formularwesen,
- Programmierung von Arbeitsabläufen (so genannte Workflows).

Die Groupware wird üblicherweise als Client-Server-Software in einem Netzwerk eingesetzt. Häufig wird Groupware auch in heterogenen Netzen mit unterschiedlichen Rechnern und Betriebssystemen eingesetzt. Ein Zugriff per Remote-Access und der Zugriff über eine LAN-Kopplung ist ebenfalls möglich.

11. Was fällt unter den Begriff Insellösung?

Als Insellösung bezeichnet man einen *selbstständigen, nicht-integrierten Systemverbund* aus Hardware, Software und Daten. Anfallende Aufgaben können selbstständig bearbeitet werden und bedürfen keiner Unterstützung von anderer Seite. Die Prozessabläufe erfolgen innerhalb der Insel, Schnittstellen zu anderen Systemen bestehen nicht.

12. Was unterscheidet horizontale und vertikale Software?

Unter *horizontaler* Software versteht man branchenneutrale Anwendungen, z. B. Finanzbuchhaltung, Lohn- und Gehaltsabrechnung, Textverarbeitung, Auftragsverwaltung und Fakturierung, Lohn- und Gehaltsbuchführung (Standardsoftware).

Unter *vertikaler* Software versteht man branchenspezifische Software. Zur branchenspezifischen Software gehören in erster Linie Programme des bereits beschriebenen CIM-Konzeptes der Industrie. Im kaufmännischen Bereich und im Dienstleistungsbereich sind dies vor allem Verwaltungsprogramme, welche die Problematiken einer Branche besonders berücksichtigen. Die Schulverwaltung einer großen Schule oder das Reservierungsprogramm eines Hotelunternehmens sind typische Vertreter.

13. Wie lässt sich ein LAN erklären?

Ein LAN (*Local Area Network*) ist ein lokales Netzwerk, das über eine Entfernung von bis zu mehreren hundert Metern Rechner und Peripheriegeräte miteinander verbindet. Die Ausdehnung des Netzes ist in der Regel auf ein Gebäude oder Gelände beschränkt, sodass auch die rechtliche Kontrolle des Netzwerkes beim Benutzer liegt. In solch einem privaten Netz können ein oder mehrere Server, Arbeitsplatzrechner (meist PCs oder Workstations), Drucker, Modems etc. über ein Ring- oder Bussystem verbunden werden, um Informationen auszutauschen und Ressourcen gemeinsam zu nutzen. Für Verkabelung, Netzwerk-Protokolle und Netzwerk-Betriebssystem stehen in einem LAN viele Alternativen zur Auswahl.

14. Wie ist eine Client-Server-Architektur aufgebaut?

Ein Client stellt einen Kunden dar, ein Server einen Dienstleister. In einer Client-Server-Architektur bieten ein oder mehrere Dienstleister (Server) Dienste über ein Netzwerk für ein oder mehrere Kunden (Clients) an. Bei den Servern handelt es sich um Rechner, die z. B. als Datei-Server (bietet Dateidienste an), Drucker-Server (bietet Druckdienste an) oder Fax-Server (bietet Faxdienste an) eingesetzt werden. Diese Dienstleistungen stehen allen am Netzwerk angeschlossenen Rechnern, also den Clients, zur Verfügung.

- *Beispiel einer Client-Server-Architektur:*

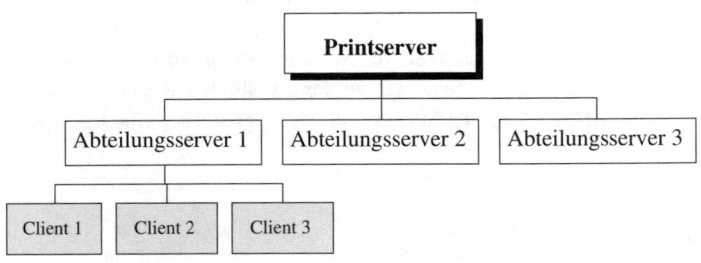

- *Beispiele für Serverfunktionen:*

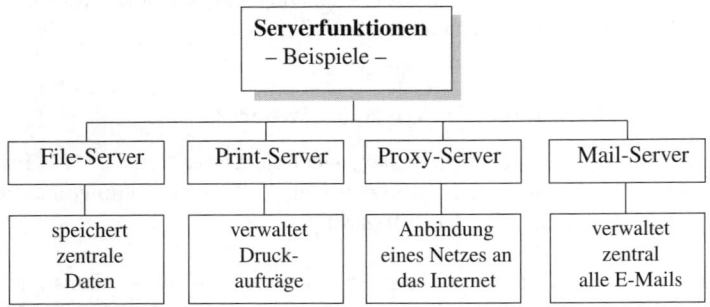

15. Wie lässt sich das Internet erklären?

Das Internet ist das weltweit größte Computer-Netzwerk. Es besteht aus Millionen von Rechnern und tausenden von kleineren Computer-Netzen in mehr als 150 Ländern der Welt. Das Netzwerk hat eine chaotische Struktur. Das bedeutet, dass es nicht zentral organisiert ist und die Vernetzung sehr unterschiedlich (über Stand- und Wählleitungen sowie über Satellitenverbindungen) ausfällt. Anders als bei Online-Diensten unterliegen die Rechner im Internet keiner zentralen Kontrollinstanz. Daher gibt es auch keinen, der für das weltweite Netzwerk oder die weltweit angebotenen Inhalte verantwortlich zu machen wäre. Jeder Rechner, der dem Internet angeschlossen ist, unterliegt der Verantwortung des jeweiligen Betreibers. Da diese Betreiber in unterschiedlichen Ländern mit unterschiedlichen Gesetzen sitzen, ist es bisher noch nicht gelungen, eine für das Internet weltweit gültige Rechtsprechung zu verabschieden.

Heutzutage ist nahezu jedes Rechner-Netzwerk mit dem Internet verbunden. Hochschulen und Universitäten, Unternehmen aller Art, Informationsanbieter wie Verlage, Rundfunk- und Fernsehanstalten, Vereine und Parteien sowie Privatpersonen sind an das Internet angeschlossen. Sie treten häufig sowohl als Anbieter wie auch als Benutzer auf. Als Anbieter hat man die Möglichkeit, eigene Rechner als Server an das Internet anzuschließen oder Teile eines Rechners für die Bereitstellung der Informationen anzumieten.

Angeboten bzw. genutzt werden können Internet-Dienste wie World Wide Web, Datenübertragung (FTP), E-Mail, Diskussionsforen (Newsgroups) und vieles mehr. Diese Dienste werden über Internet-Server angeboten. Jeder an das Internet angeschlossene Server bzw. Rechner verfügt über eine eindeutige Adresse, die so genannte *IP-Adresse*. Die Datenübermittlung erfolgt über das standardisierte Internet-Protokoll TCP/IP. Über dieses Protokoll werden Daten in einzelne Datenpakete aufgeteilt und auf die Reise geschickt. Der Weg dieser Pakete zum adressierten Ziel (IP-Adresse eines Rechners) ist aufgrund der chaotischen Netzstruktur jedoch nicht eindeutig. Im Falle eines Rechnerausfalls hat dies aber den Vorteil, dass die Datenpakete den Weg über andere Verbindungen und Rechner zum geplanten Ziel nehmen können. Das Internet bleibt also bei Teilausfällen von Rechnern oder Leitungen immer noch funktionsfähig.

Aufgrund der Millionen von Rechnern und der chaotischen Struktur des Internets ist das Internet-Angebot entsprechend vielfältig und unstrukturiert. Ist man auf der Suche nach Informationen zu einem speziellen Thema, so ist es kaum möglich, die entsprechenden Informationsanbieter alle direkt selbst ausfindig zu machen. Aus diesem Grunde gibt es verschiedene *Suchmaschinen*, die die angebotenen Informationen des Internets nach Suchbegriffen durchsuchen und die Suchergebnisse dem Suchenden zur Verfügung stellen.

Der Zugang zum Internet erfolgt über *Internet-Zugangs-Provider* bzw. auch über Online-Dienste. Meist werden die Internet-Zugänge dieser Provider per Modem oder ISDN angewählt. Die Kosten für die Nutzung des Internets sind von Provider zu Provider recht unterschiedlich. In der Regel fallen neben den Telefonverbindungskosten monatliche Grundgebühren und zeit- oder volumenabhängige Nutzungsgebühren an.

Zur Nutzung der unterschiedlichen Internet-Dienste ist jeweils eine Client-Software (E-Mail-Client, FTP-Client, Telnet-Client etc.) oder ein Internet-Browser, der meist mehrere Client-Funktionen unterstützt, erforderlich.

16. Was bezeichnet man als Intranet?

Ein Intranet ist ein *internes Netz*, das von externer Seite nicht zugänglich ist. Anzutreffen sind Intranets z. B. in Unternehmen, um Mitarbeitern den Zugriff auf Unternehmensinformationen zu ermöglichen. Die Informationen werden mit entsprechenden Programmen selbst erstellt und von einem Administrator in das Intranet eingestellt. Mithilfe eines Web-Browsers können die Mitarbeiter über ein LAN auf den Intranet-Server zugreifen und die entsprechenden Informationen abrufen. Ein Zugang von außen auf das Intranet kann gewährt werden, wenn es sich um zugangsberechtigte Personen handelt. Dies können z. B. Außendienst- oder Telemitarbeiter sein. Da es sich bei diesen um unternehmensinterne Benutzer handelt, wird der Begriff Intranet auch hier sinngemäß verwendet.

17. Was ist der Unterschied zwischen einem Intranet und dem Internet?

Technisch gesehen unterscheidet sich ein Intranet nicht vom Internet: Es kommen dieselben Technologien, Protokolle, Standards und Software zum Einsatz. *Der Unterschied besteht in der Ausdehnung und in der Ausrichtung.*

Während das Internet weltweit für jeden zugänglich ist und die bereitgestellten Informationen meist öffentlich sind, ist ein Intranet grundsätzlich von der Ausdehnung meist nicht größer als ein LAN und intern ausgerichtet. In einem Intranet werden in der Regel nur interne Informationen abgelegt und der Zugriff ist auf die Mitarbeiter, meist über ein LAN, beschränkt. Häufig ist ein Intranet-Server physikalisch auch nicht mit weiteren Netzwerken oder Gateways verbunden.

18. Welche zielgruppenspezifischen IT-Anwendungen lassen sich für die Kunden des Personalbereichs aufbauen (Portale)?

Beispiele:

- *Führungskräfte-Portal* (MSS, Management Self Service), z. B.:
  - Einblick in die Daten einzelner Mitarbeiter (z. B. Weiterbildung, Qualifikation)
  - Auswertungen über alle Mitarbeiter der Abteilung (Altersgrenze 65)
- *Mitarbeiter-Portal* (ESS, Employee Self Service), z. B.:
  - eigenes Zeitarbeitskonto
  - eigenes Urlaubskonto
  - eigene Bescheinigungen
- *Bewerber-Portal*, z. B.:
  - Online-Bewerbungsformular
  - Stand von Bewerbungsaktionen
  - Informationen über das Unternehmen

19. Welche Funktion übernimmt ein Internet-Provider?

Bei einem Internet-Provider handelt es sich um den *Anbieter eines Internet-Zugangs.* Der Anbieter stellt mehrere Modems und ISDN-Adapter zur Einwahl in das Internet zur Verfügung. Hierfür verlangt der Provider von seinen Benutzern (Kunden) Gebühren. Diese werden je nach Provider unterschiedlich abgerechnet. Aufgrund verschiedener Gebührenmodelle (pauschal, zeit- oder datenvolumenabhängig, teilweise mit unterschiedlichen Grundgebühren etc.) fällt ein Kostenvergleich zwischen unterschiedlichen Providern nicht leicht. Auch die Online-Dienste, Mailbox-Betreiber und Telefon-Anbieter treten heute als Internet-Provider auf.

20. Was versteht man unter Videoconferencing?

Videoconferencing wird auch als Bildtelefonie bezeichnet. Zwischen zwei Videoconference-Systemen oder zwei Bildtelefonen besteht eine Verbindung, über die Sprach- und Video-Daten gleichzeitig übertragen werden. Zwei Teilnehmer können also gleichzeitig miteinander sprechen und den Gesprächspartner sehen. Wie der Name vermuten lässt, beschränkt sich die visuelle Kommunikation nicht nur auf ein Gegenüber, sondern ermöglicht auch, mehrere Konferenzteilnehmer zu übertragen. Die Verbindung zwischen zwei Videoconference-Systemen wird über das

ISDN-Netz oder ein lokales Netzwerk hergestellt. Da mit einer höheren Bandbreite der Verbindung meist auch eine bessere Bildqualität erzielt werden kann, wird bei ISDN-Verbindungen häufig die Kanalbündelung verwendet.

Je nach Größe des Videoconference-Systems besteht ein solches System neben Kamera und Mikrofon aus einer Übertragungseinheit (ISDN-Adapter oder Netzwerkkarte), einem Steuerungsmodul bzw. einem PC mit geeigneter Software und einem Anzeigemedium (Projektor, Fernseher oder PC-Monitor).

21. Welches Ziel verfolgt man mit Multimedia?

Mit Multimedia bezeichnet man die *Integration verschiedener Medien.* Ziel von Multimedia ist die Optimierung der Darstellung von Informationen. Die Darstellung spricht durch den Einsatz verschiedener Medien und Präsentationstechniken wie Audio, Video, Text, Bilder und Grafiken verschiedene Sinne des Wahrnehmers an. Durch das gleichzeitige Ansprechen mehrerer Sinne werden komplexere Informationen einfacher und besser verarbeitet. Multimedia wird heute in den verschiedensten Bereichen, wie z. B. Werbe- und Medienindustrie, bei Lernsoftware, Lexika und zur Web-Seitendarstellung im Internet eingesetzt.

22. Was sind Internet-Dienste?

Das Internet bietet verschiedene Dienste an, z. B.:

- *WWW (World Wide Web)*:
  = multimediales Informationssystem mit integrierten Querverweisen (= Links). Zur Anzeige der Seiten wird ein sogenanntes Browser-Programm, z. B. Internet Explorer, Firefox, Google Chrome), eingesetzt.
- *E-Mail:*
  = elektronische Post zum Austausch von Nachrichten und Briefen; Programme zur Nutzung und Verwaltung von E-Mails sind z. B. Outlook, Outlook Express, Evolution, Mozilla Thunderbird.
- Dateiverwaltung: *FTP (File Transfer Protocol):*
  = Dateitransfer zwischen verschiedenen Rechnern, wird meist zum Download von Software verwendet.
- *Diskussionsforen:*
  = Sammlung von Diskussionsforen (Newsgroups) zu verschiedensten Themen
- *Chat:*
  Er ermöglicht eine schriftliche Echtzeitunterhaltung mit beliebig vielen Nutzern.
- *Telefonie:*
  per Internet (ersetzt z. T. die analoge und die ISDN-Telefonie)
- *Weitere Dienste*, z. B.:
  Fernsehen (z. B. Live-Übertragungen, Video-on-Demand), Radio, Spiele

1.5.3 Datenschutz und Datensicherheit

01. Welche Gefahrenquellen ergeben sich durch die Computerkriminalität für die Informationstechnologie?

Die wichtigsten Gefahrenquellen sind:

- Computerbetrug
- Sabotage (z. B. durch unzufriedene Mitarbeiter)
- Betrug mit Zugangsberechtigungen zu Kommunikationsdiensten
- Fälschung und Täuschung im Rechtsverkehr bei Datenverarbeitung
- Phishing (dt.: ausspähen, angeln) im Bereich Onlinebanking
- DDoS-Attacken (Distributed Denial of Service – Verweigerung des Service, z. B. Überlastung eines Firmennetzes mit der Folge, dass die Firmenpräsenz im Internet nicht mehr erreichbar ist)
- Straftaten mit digitaler Erpressung
- Industriespionage (z. B. durch Konkurrenzfirmen)
- Viren
- Hacker (auch: Überlassen von „Hacker-Tools").

02. Wie können Unbefugte in ein EDV-System eindringen bzw. an geheime Daten gelangen?

Durch

- Knacken von Passwörtern,
- Verändern von Netzadressen,
- Abhören von Kommunikationsleitungen,
- kompromittierende Abstrahlung („Abhören" elektromagnetischer Signale z. B. von Bildschirmgeräten) oder
- Diebstahl von Datenträgern und Laptops

können sich Unbefugte Zugang zu geheimen Daten verschaffen.

03. Welche physikalischen Gefahren können Hardware und Daten bedrohen?

- Feuer und Folgeschäden (z. B. Löschwasser)
- Wasserschäden und Hochwasser
- Hitze
- magnetische Störfelder
- Staub
- Feuchtigkeit

04. Welche Maßnahmen können zur Datensicherung ergriffen werden?

- technische Maßnahmen (z. B. Codierung der Daten, regelmäßige Backups und Firewalls)
- bauliche Maßnahmen (z. B. Safes, Alarmanlage und Klimaanlage)
- organisatorische Maßnahmen (z. B. Verfahrensanweisungen und Mitarbeiter-Ausweise)
- personelle Maßnahmen (z. B. kritische Mitarbeiterauswahl und Schulung der Mitarbeiter)

05. Welche Ursachen für einen Datenverlust sind denkbar?

- aufgrund technischer Defekte ist ein Zugreifen auf die Daten nicht möglich
- irrtümliches Löschen, irrtümliches Überkopieren, Formatieren von Datenträgern
- defekte Datenträger (z. B. mechanische Beschädigen)
- Computerviren
- Verlust von Datenträgern
- äußere Einwirkungen, z. B.: Diebstahl, Überspannung, Flüssigkeiten, Brand, unautorisierte Bedienung.

06. Wozu dienen Passwörter?

Ein Passwort ist ein geheimes Kennwort, das nicht schriftlich aufbewahrt werden sollte. In Verbindung mit ihrer Benutzeridentität können sich autorisierte Benutzer mit einem Passwort ausweisen. Um Zugang zu einem System zu erhalten, wird deswegen häufig nach der Identifizierung, z. B. mittels einer Codekarte oder eines Benutzernamens, ein Passwort abgefragt. Dies soll verhindern, dass Unbefugte in das System eindringen können.

Die Passworteingabe sollte immer ohne Beobachtung Dritter erfolgen. Falls der Verdacht besteht, dass Unbefugte das Passwort kennen, muss der Systemadministrator/der Datenschutzbeauftragte verständigt werden.

Bei der Verwendung von Passwörtern muss das System folgende Voraussetzungen erfüllen:

- verdeckte Eingabe
- Verschlüsselung im System
- keine Klarschrift bei Ausdrucken
- Schutz gegen unbefugte Zugriffe
- bei mehrfacher Falscheingabe muss das System reagieren (z. B. Sperrung des Zugriffs).

07. Was versteht man unter Archivierung?

Bei der Archivierung werden Daten von der Festplatte eines Computers auf einen anderen Datenträger wie Streamerband oder beschreibbare CDs übertragen, katalogisiert und komprimiert und dann von der Festplatte gelöscht. Durch die Archivierung wird Speicherplatz wieder frei.

08. Was bezeichnet man als Backup?

Kein Speichermedium bietet eine hundertprozentige Datensicherheit. Aus diesem Grunde sollte insbesondere für wichtige Daten auf zusätzlichen Datenträgern eine Sicherheitskopie angelegt werden. Hierzu gibt es spezielle Backup-Software, die die Daten auf externe Datenträger wie Streamerbänder, beschreibbare CDs oder auch Disketten kopiert. Im Wesentlichen gibt es zwei Backup-Verfahren:

- *Vollständiges Backup:* Beim vollständigen Backup werden alle Daten der Festplatten auf das Sicherungsmedium übertragen. Der Vorteil dieses Verfahrens besteht darin, dass jederzeit der letzte Stand des Computers wiederherstellbar ist. Der Nachteil ist, dass es sehr lange dauert und sehr viel Speicherplatz benötigt wird um eine vollständige Sicherungskopie anzulegen, insbesondere, weil es unwahrscheinlich ist, dass alle Daten seit der letzten Sicherung verändert wurden.

- *Inkrementelles Backup:* Basierend auf einer vollständigen Sicherung werden hierbei nur die Daten gespeichert, die sich seit dem letzten Backup verändert haben. Der Vorteil dieser Methode liegt darin, dass sie relativ schnell durchgeführt werden kann und mit relativ geringem Speicherplatz auf den Sicherungsmedien auskommt. Der Nachteil des inkrementellen Backups liegt darin, dass im Falle eines Ausfalls der Festplatte nicht ein Backup zur Rekonstruktion ausreicht, sondern die letzte Vollsicherung mit allen anschließend erfolgten inkrementellen Backups aufgespielt werden muss. Ist darüber hinaus ein Sicherungsmedium defekt, sind die darauf aufbauenden Sicherungen eventuell nicht mehr verwendbar. Aus diesen Gründen sollte man auch beim inkrementellen Backup von Zeit zu Zeit ein vollständiges Backup fahren.

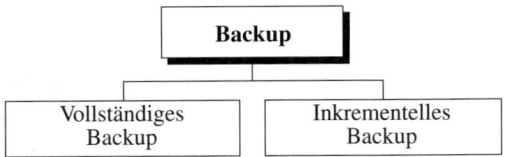

09. Was bezeichnet man als Generationsprinzip?

Das Generations- oder auch Großvater-Vater-Sohn-Prinzip ist ein Rotationsprinzip, bei dem die jeweils benötigten Datenträger zyklisch wiederverwendet werden. Ein Satz von Sicherungsmedien enthält Kopien der sich täglich verändernden Dateien, das inkrementelle Backup. Auf diesem sind immer die aktuellen, also jüngsten Daten gesichert, sodass dieser Satz als Sohn-Generation bezeichnet wird. Jeder Datenträger dieser Generation kann wöchentlich wieder verwendet werden. Um ständig den kompletten Datensatz vorliegen zu haben, ist einmal wöchentlich ein vollständiges Backup auf einem zusätzlichen Datenträger erforderlich. Das kann z. B. freitagabends oder am Wochenende angelegt werden. Die nächste Gruppe Sicherungsmedien enthält diese einmal wöchentlich angelegten Vollsicherungen und wird als Vater-Generation bezeichnet. Im monatlichen Turnus rotieren auch diese Bänder und werden also wieder überschrieben. Die als Großvater-Generation bezeichnete Gruppe enthält monatliche Vollsicherungen. Aus dieser Generation werden in regelmäßigen Abständen Datenträger herausgenommen und dauerhaft aufbewahrt (z. B. quartalsweise oder halbjährlich).

10. Was ist Mirroring?

Mit dem Begriff Mirroring bezeichnet man ein Datensicherungsverfahren zur Spiegelung von Datenbeständen. Anwendung findet ein solches Spiegelfestplattensystem z. B. in Datei-Servern eines Netzwerks. Hierbei speichert eine Spiegelfestplatte parallel zur Hauptfestplatte den exakt gleichen Inhalt noch einmal. Diese Form der Datensicherung hat den Vorteil, dass bei einem Zwischenfall die Daten sofort und vollständig bereitstehen und zudem kein eigentlicher Sicherungslauf gefahren werden muss, da die Daten praktisch zeitgleich mit dem eigentlichen Programmlauf gesichert werden.

Eine andere Möglichkeit des Mirroring besteht darin, dass zum Beispiel die kompletten Daten der Festplatten von PCs in einem Netzwerk in jeweils unterschiedliche Verzeichnisse eines Datei-Servers gespiegelt werden. Auch hierbei liegt der Vorteil darin, dass bei einem Zwischenfall die Daten aktuell und vollständig verfügbar sind und Datensicherungen nicht extra gefahren werden müssen.

Eine weitere Form des Mirroring ist das Server-Mirroring. Auch hierbei wird durch Redundanz, in dem Fall von Servern, die Ausfallsicherheit erhöht. Das Prinzip des Server-Mirrorings ist dasselbe wie das des Festplatten-Mirrorings.

11. Welches Ziel verfolgt ein Raid-System?

Der Begriff Raid steht für *Redundant Array of Independent Disks*. Ziel dieses Datensicherungs-verfahrens ist, Daten so über mehrere Festplattenlaufwerke zu verteilen, dass sie auch nach dem Ausfall eines Laufwerks aus den restlichen Informationen der anderen Laufwerke wieder rekonstruiert werden können. Man unterscheidet Raid-Systeme nach verschiedenen *Raid-Leveln*. Jeder Level hat seine spezifischen Vor- und Nachteile, was sich auf die Zugriffsgeschwindigkeit und Datensicherheit auswirkt.

12. Was sind Computerviren?

Computerviren sind Programme, die Schäden anrichten sollen. Bei den Schäden handelt es sich in erster Linie um den Verlust oder die Verfälschung von Daten oder Programmen. Die heute sehr verbreiteten PC-Computer sind am häufigsten Angriffsziel von Computerviren. Der „Angriff" beginnt mit dem Einschleichen in ein Computersystem. Beispiele hierfür sind Datei-Downloads aus dem Internet, das Öffnen eines E-Mail-Anhangs oder das Laden eines Word-Dokumentes von der Diskette. In beiden Fällen können die neuen Daten infiziert sein, d.h. einen Virus haben. Dieser vermehrt sich nun auf dem Computer, indem der Virus Teile seines Programmcodes unbemerkt in andere Programme einbindet. Dieser Vorgang kann sich beliebig oft wiederholen.

Ein Virus durchläuft drei Phasen:

1. die Infektion,
2. die Vermehrung und
3. die Schadensverursachung.

13. Welche verschiedenen Arten von Viren gibt es?

* *Programmviren:*
  Programmviren infizieren ausführbare Dateien (zu erkennen an der Dateierweiterung EXE oder COM). Programmviren verbreiten sich auf zwei unterschiedliche Weisen. Die einen hängen einen Virus direkt an die Datei an (am Anfang oder am Ende der Datei), die anderen überschreiben Teile des Dateicodes. Im ersten Fall ändert sich die Länge des Dateicodes. Anhand der veränderten Dateilänge kann ein solcher Virus einfach gefunden und die Datei desinfiziert werden. Im anderen Fall bleibt durch das Überschreiben die Dateilänge meist unverändert. Aufgrund dessen, dass alte Daten überschrieben wurden, sind diese nicht mehr zu rekonstruieren. Die Datei ist somit auch nicht mehr zu desinfizieren.

  Eine Variante der Programmviren stellen die Companionviren dar. Da beim Aufruf von Programmen aus einem Verzeichnis immer die COM-Dateien vor den EXE-Dateien gestartet werden, legt ein Companionvirus im selben Verzeichnis eine versteckte COM-Datei an. Diese wird beim Programmaufruf gestartet, führt den Virus aus und verzweigt dann in die EXE-Datei um das eigentliche Programm auszuführen.

- *Bootviren:*
  Jede unter DOS oder Windows formatierte Diskette oder Festplatte besitzt einen Bereich, in
  dem sich ein kleines Ladeprogramm befindet. Nach dem Einschalten des Rechners wird dieser
  Bootloader aufgerufen und lädt die Systemdateien des Betriebssystems. Bootviren befallen
  dieses Ladeprogramm und können sich so beim Rechnerstart in den Arbeitsspeicher einnisten.
  Sie bleiben dort aktiv, bis der Rechner wieder ausgeschaltet wird. Ein Bootvirus kann sich
  nur verbreiten, wenn beim Rechnerstart eine infizierte Diskette oder eine infizierte bootfähige
  CD-ROM im Laufwerk liegt.

- *Makroviren:*
  Makroviren nutzen die Makrosprachen moderner Anwendungsprogramme wie Winword
  oder Excel und befallen Dokumente, Tabellen und Datenbanken. Häufig wird der Virus direkt
  schon beim Laden des Dokumentes aktiviert. Makroviren gehören heute zu den am meisten
  verbreiteten Viren.

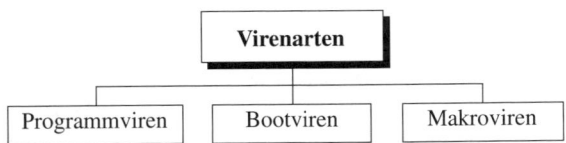

14. Wie funktionieren Anti-Viren-Programme?

Anti-Viren-Programme verwenden verschiedene Techniken, um Viren auf die Spur zu kommen.
Darüber hinaus versuchen sie auch, nach dem Entdecken eines Virus, den entstandenen Schaden
wieder zu beheben. Der Einsatz von Anti-Viren-Programmen kann unterschiedlich organisiert
sein. Sie können resident geladen sein und auf Servern eines Netzwerkes oder im Arbeitsspeicher eines einzelnen Rechners als Wächter im Hintergrund arbeiten oder müssen extra gestartet
werden (z. B. nach jedem Rechnerstart).

Die im Folgenden aufgeführten Techniken werden von Anti-Viren-Programmen meist kombiniert
verwendet.

- *Scanner:*
  Der Scanner ist das klassische Anti-Viren-Programm. Er arbeitet nach einem Muster-(Pat-
  tern-) Prinzip. Zu jedem bekannten Virus werden Zeichenfolgen erstellt, über die ein Virus
  identifiziert werden kann. Beim Durchsuchen (Scannen) von Datenträgern nach befallenen
  Dateien wird jede Datei auf bekannte Zeichenfolgen von Viren hin überprüft. Scanner sind
  jedoch nur in der Lage, bekannte Viren zu finden. Aus diesem Grunde ist es wichtig, dass die
  Viren-Pattern der Scanner ständig auf den neuesten Stand gebracht werden.

- *Prüfsummenverfahren:*
  Prüfsummenverfahren versuchen, Veränderungen an Dateien zu entdecken. Die Prüfsumme
  einer Datei kann aus verschiedenen Dateiinformationen, wie z. B. Dateigröße, Erstellungsda-
  tum und Prüfsumme des Inhalts, berechnet werden. Ist eine Datei von einem Virus befallen,
  so ist in den meisten Fällen auch eine der Dateiinformationen verändert worden, sodass ein
  Vergleich der Datei-Prüfsummen die Veränderung der Datei anzeigt. Dieses Verfahren ist jedoch nur bei Programmdateien anwendbar. Bei Systemdateien oder Dokumenten, die häufig
  verändert werden, ist das Prüfsummenverfahren unbrauchbar.

- *Heuristische Suche:*
  Heuristische Suchverfahren analysieren Programmcodes auf virentypische Befehlsfolgen. So ist es zum Beispiel für „normale" Programme untypisch, dass Teile ihres Programmcodes in andere Programme eingebunden werden. Nach diesem virentypischen Verhalten sucht die Anti-Viren-Software und gibt Alarm, wenn solche Befehlsfolgen entdeckt werden. Der Vorteil dieses Verfahrens liegt darin, dass damit auch unbekannte Viren ausfindig gemacht werden können.

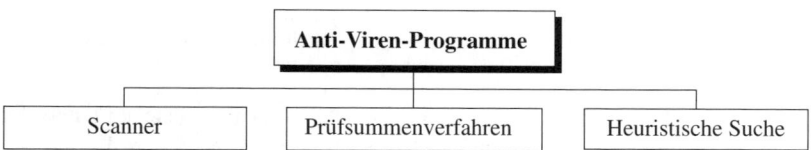

15. Welche Schäden können durch Computerviren entstehen?

- Datenverlust
- manipulierte Daten
- materieller und personeller Aufwand beim Suchen und Entfernen von Viren
- Kosten für Abwehrmaßnahmen
- Belegung von Platz im Hauptspeicher und auf Datenträgern

16. Was versteht man programmtechnisch unter einem „Trojanischen Pferd"?

Ein Trojanisches Pferd ist ein Programm, das mehr tut, als der Programmbenutzer glaubt. Es erfüllt nicht nur seine „normalen" Programmaufgaben, sondern hat darüber hinaus die Funktion, Schäden anzurichten. Im Unterschied zu Viren kopieren sich Trojanische Pferde nicht selbst, infizieren also keine anderen Programme. Häufig werden Trojanische Pferde zum Passwortdiebstahl eingesetzt. So wurde zum Beispiel ein Fall in Verbindung mit T-Online bekannt, bei dem Tool-Programme ein Trojanisches Pferd enthielten. Dieser Trojaner las die Zugangsdaten inklusive Passwort der T-Online-Benutzer von ihrem PC aus und übertrug sie an die Programmierer des Trojanischen Pferdes, sobald sich die Benutzer in T-Online einwählten.

17. Was verbirgt sich hinter dem Begriff „Firewall"?

Eine Firewall schützt ein internes Netzwerk vor dem Eindringen unberechtigter Benutzer von außen. Zu diesem Zweck erfolgt der Datenverkehr zwischen einem unsicheren fremden Netz (z. B. Internet) und dem eigenen sicheren Netz (z. B. Intranet bzw. LAN) ausschließlich über ein solches Firewall-System.

Mithilfe von Hard- und Software werden die Daten, die eine Firewall von außen passieren sollen, auf unterschiedlichen Protokollebenen bezüglich Zugangsberechtigung und erlaubter Dienste überprüft. Alle nicht explizit freigeschalteten Verbindungen werden nicht zugelassen. Darüber hinaus werden alle sicherheitsrelevanten Ereignisse protokolliert und bei möglichen Sicherheitsverstößen wird der Administrator alarmiert. Eine Firewall verfolgt die Strategie: Alles was nicht ausdrücklich erlaubt ist, ist verboten!

Beim Einsatz von Firewallsystemen können verschiedene Konzepte und Architekturen Verwendung finden. Um einen möglichst hohen Zugangsschutz zu erzielen, werden mehrere Konzepte miteinander verzahnt eingesetzt. Zu den Konzepten gehören in erster Linie Packet Filter und Application Level Gateways:

- *Packet Filter:* Ein Packet Filter analysiert und kontrolliert Datenpakete auf unterschiedlichen Ebenen nach Daten wie Absender- und Zieladresse und weiteren Protokollinformationen. In Abhängigkeit von Zulassungsregeln werden Dienste und Verbindungen erlaubt oder nicht zugelassen. Packet Filter stellen einen sehr preiswerten, jedoch nicht besonders großen Schutz vor Angriffen von außen dar. Dies gilt zum Beispiel für das IP-Address-Spoofing, bei dem vertrauenswürdige Absenderadressen vorgetäuscht werden.

- *Application Level Gateways:* Ein Application Level Gateway trennt das externe und interne Netz physikalisch und logisch. Es läuft auf einem so genannten Bastionsrechner. Dieser ist der einzige Rechner, der von außen (z. B. aus dem Internet) erreicht werden kann. Beim Zugang auf den Bastionsrechner muss sich ein Benutzer zuerst identifizieren und authentifizieren. Anschließend überträgt beim Zugriff auf einen speziellen Dienst eine Software die Datenpakete von der einen Seite des Application Level Gateways zur anderen. Ein solches Programm heißt Proxy und muss für jeden gewünschten Dienst (z. B. FTP, Telnet, HTTP) des Internets implementiert sein.

18. Was versteht man unter Datenschutz?

Beim Datenschutz geht es nicht um den Schutz von Daten, sondern um den Schutz des Persönlichkeitsrechts des Bürgers beim Umgang mit seinen personenbezogenen Daten. Aus diesem Grunde wurde eine Gesetzgebung zum Datenschutz geschaffen (BDSG).

Aus Sicht des Datenschutzes lautet die erste Frage immer, ob Daten überhaupt erhoben werden dürfen oder sollen. Erst dann ist die Frage zu stellen, wie Daten gegen Missbrauch zu schützen sind.

19. Wo liegt der Unterschied zwischen Datenschutz und Datensicherheit?

Bei der Datensicherheit gilt es, Daten vor den unterschiedlichen Risiken zu schützen. Beim Datenschutz gilt es, das Persönlichkeitsrecht der Bürger zu schützen. Da personenbezogene Daten wie andere Daten auch durch Datensicherheitsmaßnahmen geschützt werden, ergeben sich teilweise Überschneidungen zwischen Datenschutz und Datensicherheit. Werden zum Beispiel vertrauliche Daten verschlüsselt abgespeichert, so ist dies eine Maßnahme der Datensicherheit. Handelt es sich bei den Daten um personenbezogene Daten, so ist die Verschlüsselung auch gleichzeitig eine Maßnahme des Datenschutzes.

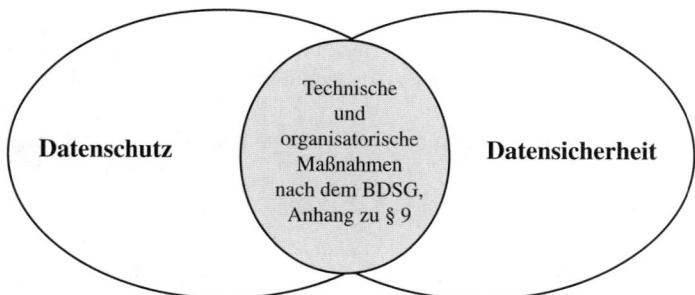

20. Welchen Zweck verfolgt das Bundesdatenschutzgesetz?

§ 1 (1) Bundesdatenschutzgesetz (BDSG) lautet: „Zweck dieses Gesetzes ist es, den Einzelnen davor zu schützen, dass er durch den Umgang mit seinen personenbezogenen Daten in seinem Persönlichkeitsrecht beeinträchtigt wird."

Das BDSG bezieht sich auf die Erhebung, Verarbeitung und Nutzung personenbezogener Daten.

21. Welchen Anwendungsbereich hat das Bundesdatenschutzgesetz?

Das Bundesdatenschutzgesetz (BDSG) formuliert in § 1 Abs. 2:

„Dieses Gesetz gilt für die Erhebung, Verarbeitung und Nutzung personenbezogener Daten durch

1. öffentliche Stellen des Bundes,

2. öffentliche Stellen der Länder, soweit der Datenschutz nicht durch Landesgesetz geregelt ist und soweit sie a) Bundesrecht ausführen oder b) als Organe der Rechtspflege tätig werden und es sich nicht um Verwaltungsangelegenheiten handelt,

3. nicht-öffentliche Stellen, soweit sie die Daten in oder aus Dateien geschäftsmäßig oder für berufliche oder gewerbliche Zwecke verarbeiten oder nutzen."

22. Welche Rechte hat ein Betroffener bezüglich seiner personenbezogenen Daten?

Das BDSG beschreibt diese Rechte in verschiedenen Paragrafen sehr ausführlich. Die Rechte umfassen:

• *unabdingbare Rechte*, z. B.:
Die Rechte des Betroffenen auf Auskunft und auf Berichtigung, Löschung oder Sperrung können nicht durch Rechtsgeschäft ausgeschlossen oder beschränkt werden (§ 6).

• *Benachrichtigung* des Betroffenen:
Werden erstmals personenbezogene Daten für eigene Zwecke ohne Kenntnis des Betroffenen gespeichert, ist der Betroffene von der Speicherung, der Art der Daten, der Zweckbestimmung der Erhebung, Verarbeitung oder Nutzung und der Identität der verantwortlichen Stelle zu benachrichtigen (§ 33).

• *Auskunft an den Betroffenen*:
  Die verantwortliche Stelle hat dem Betroffenen auf Verlangen Auskunft zu erteilen über
  1. die zu seiner Person gespeicherten Daten, auch soweit sie sich auf die Herkunft dieser Daten beziehen,
  2. den Empfänger oder die Kategorien von Empfängern, an die Daten weitergegeben werden, und
  3. den Zweck der Speicherung. (§ 34 bzw. § 19) und

• *Berichtigung, Löschung und Sperrung von Daten*:
  - Personenbezogene Daten sind zu berichtigen, wenn sie unrichtig sind. Geschätzte Daten sind als solche deutlich zu kennzeichnen.
  - Personenbezogene Daten sind zu berichtigen, wenn sie unrichtig sind (§ 35 bzw. § 20).

23. Was versteht man unter personenbezogenen Daten?

Das BDSG beschreibt personenbezogene Daten in § 3 Abs. 1:

„Personenbezogene Daten sind Einzelangaben über persönliche oder sachliche Verhältnisse einer bestimmten oder bestimmbaren natürlichen Person (Betroffener)."

• *Personenbezogen* heißt, dass es eine Beziehung zwischen einem Datum und einer Person gibt. Natürliche Personen sind Menschen mit Namen, Geschlecht, Anschrift etc. Daten über juristische Personen werden nicht durch das BDSG geschützt, hier gelten andere gesetzliche Vorschriften.

• *Bestimmbar* heißt, dass eine Person z. B. nicht namentlich genannt wird, aber durch weitere Angaben eindeutig zu bestimmen ist. Wohnt z. B. eine Person in einem Einfamilienhaus, ist sie leicht durch zusätzliche Angaben wie die Anschrift und das Geschlecht bestimmbar, wohnt sie in einem Mehrfamilienhochhaus, ist dies nicht eindeutig möglich.

24. Welche Bedeutung hat der Begriff „Datei" für die Verarbeitung personenbezogener Daten?

Personenbezogene Daten sind nur dann durch das Gesetz geschützt, wenn sie in Dateien verwaltet werden. Eine Datei ist in diesem Zusammenhang eine Sammlung personenbezogener Daten, die durch automatisierte Verfahren nach bestimmten Merkmalen ausgewertet werden kann oder jede sonstige Sammlung personenbezogener Daten, die gleichartig aufgebaut und nach bestimmten Merkmalen geordnet, umgeordnet und ausgewertet werden kann. Akten sind keine Dateien, solange sie nicht automatisiert, umgeordnet und ausgewertet werden können.

25. Wie erklärt das BDSG die Erhebung, Verarbeitung und Nutzung von Daten?

Das BDSG legt in § 3 Abs. 3, 4, 5 und Abs. 6 fest:

(3) *Erheben* ist das Beschaffen von Daten über den Betroffenen.

(4) *Verarbeiten* ist das Speichern, Verändern, Übermitteln, Sperren und Löschen personenbezogener Daten. Im Einzelnen ist das (ungeachtet der dabei angewendeten Verfahren):

1. *Speichern* = das Erfassen, Aufnehmen oder Aufbewahren personenbezogener Daten auf einem Datenträger zum Zwecke ihrer weiteren Verarbeitung oder Nutzung;

2. *Verändern* = das inhaltliche Umgestalten gespeicherter personenbezogener Daten;

3. *Übermitteln* = das Bekanntgeben gespeicherter oder durch Datenverarbeitung gewonnener personenbezogener Daten an einen Dritten (Empfänger) in der Weise, dass
   a) die Daten durch die speichernde Stelle an den Empfänger weitergegeben werden oder
   b) der Empfänger von der speichernden Stelle zur Einsicht oder zum Abruf bereit gehaltene Daten einsieht oder abruft;

4. *Sperren* = das Kennzeichnen gespeicherter personenbezogener Daten, um ihre weitere Verarbeitung oder Nutzung einzuschränken,

5. *Löschen* = das Unkenntlichmachen gespeicherter personenbezogener Daten.

(5) *Nutzen* = jede Verwendung personenbezogener Daten, soweit es sich nicht um deren Verarbeitung handelt.

(6) *Anonymisieren* ist das Verändern personenbezogener Daten derart, dass die Einzelangaben über persönliche oder sachliche Verhältnisse nicht mehr oder nur mit einem unverhältnismäßig großen Aufwand an Zeit, Kosten und Arbeitskraft einer bestimmten oder bestimmbaren natürlichen Person zugeordnet werden können.

(6a) *Pseudonymisieren* ist das Ersetzen des Namens und anderer Identifikationsmerkmale durch ein Kennzeichen zu dem Zweck, die Bestimmung des Betroffenen auszuschließen oder wesentlich zu erschweren.

26. Wann ist die Verarbeitung und Nutzung personenbezogener Daten zulässig?

Das BDSG schreibt in § 4 Abs. 1 vor:

„Die [...] Verarbeitung personenbezogener Daten und deren Nutzung sind nur zulässig, soweit dieses Gesetz oder eine andere Rechtsvorschrift dies erlaubt oder anordnet oder der Betroffene eingewilligt hat."

Es handelt sich hier um ein *Verbot mit Erlaubnisvorbehalt*. Ein Vorbehalt ist die gesetzliche Erlaubnis. Mit „dieses Gesetz" ist das BDSG gemeint. Andere Rechtsvorschriften sind z. B.

- das Einwohnermeldegesetz,
- die Straßenverkehrsordnung,
- das Wehrerfassungsgesetz oder
- das Volkszählungsgesetz.

Das alles sind Gesetze, die die Speicherung personenbezogener Daten auch ohne Einwilligung des Betroffenen erlauben.

Der *andere Erlaubnisvorbehalt* bezieht sich auf die Einwilligung der Betroffenen. Dies ist z. B. immer dann automatisch der Fall, wenn eine vertragliche oder vertragsähnliche Beziehung zu einer speichernden Stelle besteht und diese zur Erfüllung einer vertraglichen Leistung personenbezogene Daten verarbeitet. Dabei dürfen jedoch nur solche Daten gespeichert werden, die erforderlich sind, das Vertragsverhältnis zu erfüllen.

27. Was bedeutet die Verpflichtung auf das Datengeheimnis?

Die speichernden Stellen sind verpflichtet, Mitarbeiter, die mit der Verarbeitung personenbezogener Daten zu tun haben, über Vorschriften des BDSG zu informieren. Dieses geschieht in der Regel durch Aushändigung eines Merkblattes und eines Formulares, das vom Mitarbeiter zu unterschreiben ist.

Das BDSG schreibt in § 5 vor:

„Den bei der Datenverarbeitung beschäftigten Personen ist untersagt, personenbezogene Daten unbefugt zu verarbeiten oder zu nutzen (Datengeheimnis). Diese Personen sind, soweit sie bei nicht-öffentlichen Stellen beschäftigt werden, bei der Aufnahme ihrer Tätigkeit auf das Datengeheimnis zu verpflichten. Das Datengeheimnis besteht auch nach Beendigung ihrer Tätigkeit fort.“

Aufgrund dieser Maßnahme können sich Mitarbeiter, die personenbezogene Daten verarbeiten, nicht darauf berufen, sie hätten in Unkenntnis der gesetzlichen Bestimmungen gehandelt. Der Gesetzgeber überträgt somit die Verantwortung auf die Mitarbeiter.

28. Welche technischen und organisatorischen Maßnahmen sind zu treffen, um personenbezogene Daten automatisiert zu verarbeiten?

Das BDSG schreibt zur Sicherstellung des Datenschutzes in Unternehmen in § 9 den speichernden Stellen Folgendes vor:

„Öffentliche und nicht-öffentliche Stellen, die selbst oder im Auftrag personenbezogene Daten verarbeiten, haben die technischen und organisatorischen Maßnahmen zu treffen, die erforderlich sind, um die Ausführung der Vorschriften dieses Gesetzes, insbesondere die in der Anlage zu diesem Gesetz genannten Anforderungen, zu gewährleisten. Erforderlich sind Maßnahmen nur, wenn ihr Aufwand in einem angemessenen Verhältnis zu dem angestrebten Schutzzweck steht.“

Bei den technischen und organisatorischen Maßnahmen handelt es sich um solche, die geeignet sind, unbefugte Einsichtnahme, unrechtmäßige Verarbeitung oder Nutzung und Verlust von Daten zu verhindern. Dabei liegt das Interesse der zu verarbeitenden Stellen darin, neben den personenbezogenen Daten auch die nicht-personenbezogenen Daten zu schützen. Technische und organisatorische Maßnahmen ergänzen sich. Keine Maßnahme ist alleine für sich ausreichend; nur die Summe der getroffenen Maßnahmen ermöglicht es, Datenschutz und auch Datensicherheit zu erzielen.

In der Anlage des BDSG zu § 9 Satz 1 ist ein entsprechender Maßnahmenkatalog aufgeführt:

„Werden personenbezogene Daten automatisiert verarbeitet, sind Maßnahmen zu treffen, die je nach der Art der zu schützenden personenbezogenen Daten geeignet sind,

1. Unbefugten den Zutritt zu Datenverarbeitungsanlagen, mit denen personenbezogene Daten verarbeitet oder genutzt werden, zu verwehren (*Zutrittskontrolle*),

2. zu verhindern, dass Datenverarbeitungssysteme von Unbefugten genutzt werden können (*Zugangskontrolle*),

3. zu gewährleisten, dass die zur Benutzung eines Datenverarbeitungssystems Berechtigten ausschließlich auf die ihrer Zugriffsberechtigung unterliegenden Daten zugreifen können, und dass personenbezogene Daten bei der Verarbeitung, Nutzung und nach der Speicherung nicht unbefugt gelesen, kopiert, verändert oder entfernt werden können (*Zugriffskontrolle*),

4. zu gewährleisten, dass personenbezogene Daten bei der elektronischen Übertragung oder während ihres Transports oder ihrer Speicherung auf Datenträger nicht unbefugt gelesen, kopiert, verändert oder entfernt werden können, und dass überprüft und festgestellt werden kann, an welche Stellen eine Übermittlung personenbezogener Daten durch Einrichtungen zur Datenübertragung vorgesehen ist (*Weitergabekontrolle*),

5. zu gewährleisten, dass nachträglich überprüft und festgestellt werden kann, ob und von wem personenbezogene Daten in Datenverarbeitungssysteme eingegeben, verändert oder entfernt worden sind (*Eingabekontrolle*),

6. zu gewährleisten, dass personenbezogene Daten, die im Auftrag verarbeitet werden, nur entsprechend den Weisungen des Auftraggebers verarbeitet werden können (*Auftragskontrolle*),

7. zu gewährleisten, dass personenbezogene Daten gegen zufällige Zerstörung oder Verlust geschützt sind (*Verfügbarkeitskontrolle*),

8. zu gewährleisten, dass zu unterschiedlichen Zwecken erhobene Daten getrennt verarbeitet werden können.

Eine Maßnahme nach Nummer 2 bis 4 ist insbesondere die Verwendung von dem Stand der Technik entsprechenden *Verschlüsselungsverfahren.*

29. Wie ist die Klassifizierung personenbezogener Daten nach dem Schutzstufenkonzept?

Um technische und organisatorische Maßnahmen zur Sicherstellung des Rechts auf informationelle Selbstbestimmung bezüglich ihrer Angemessenheit bewerten zu können, ist es unter anderem erforderlich, das Schadenspotenzial (d. h. den Grad möglicher Beeinträchtigung schutzwürdiger Belange) näher zu bestimmen.

Schutzstufenkonzept		
Stufe	**Personenbezogene Daten**	**Beispiele**
A	Daten die frei zugänglich sind. Der Einsichtnehmende muss dabei kein berechtigtes Interesse geltend machen.	• Telefonbücher • Adressbücher • Wahlvorschlagsverzeichnisse
B	Daten, deren unsachgemäße Handhabung zwar keine besondere Beeinträchtigung erwarten lässt, deren Kenntnisnahme jedoch an **ein berechtigtes Interesse der Einsichtnehmenden** gebunden ist.	• beschränkt zugängliche öffentliche Dateien • Verteiler für Unterlagen
C	Daten, deren unsachgemäße Handhabung den Betroffenen in seiner gesellschaftlichen Stellung oder in seinen wirtschaftlichen Verhältnissen beeinträchtigen könnte („**Ansehen**").	• Einkommen • Sozialleistungen • Grundsteuer • Ordnungswidrigkeiten
D	Daten, deren unsachgemäße Handhabung den Betroffenen in seiner gesellschaftlichen Stellung oder in seinen wirtschaftlichen Verhältnissen erheblich beeinträchtigen könnte („**Existenz**").	• Anstaltsunterbringung • Straffälligkeit • dienstliche Beurteilungen • Gesundheitsdaten • Schulden, Pfändungen
E	Daten, deren unsachgemäße Handhabung **Gesundheit, Leben oder Freiheit** des Betroffenen beeinträchtigen könnte.	Daten über Personen, die mögliche Opfer einer strafbaren Handlung sein können (z. B. Zeugenschutz, Name und Anschrift bei Sicherheitsbehörden)

Bei der Klassifizierung sind Datenfelder niemals einzeln zu bewerten. Die Betrachtung ist vielmehr auf die gesamte Datei, ggf. auch auf unmittelbar verknüpfte Datenbestände auszudehnen.[1]

30. Wann ist ein Beauftragter für den Datenschutz zu bestellen?

Das Gesetz schreibt Unternehmen ab einer bestimmten Größenordnung vor, einen Beauftragten für den Datenschutz zu bestellen. Dieser ist der Geschäftsleitung zu unterstellen und hat den Datenschutz im Unternehmen sicherzustellen.

Das BDSG schreibt in § 4f vor:

„Öffentliche und nicht-öffentliche Stellen, die personenbezogene Daten *automatisiert* verarbeiten, haben einen Beauftragten für den Datenschutz schriftlich zu bestellen. Nicht-öffentliche Stellen sind hierzu spätestens innerhalb eines Monats nach Aufnahme ihrer Tätigkeit verpflichtet. Das Gleiche gilt, wenn personenbezogene Daten auf andere Weise erhoben, verarbeitet oder genutzt werden und damit in der Regel *mindestens 20 Personen beschäftigt* sind. Die Sätze 1 und 2 gelten nicht für die nicht-öffentlichen Stellen, die in der Regel *höchstens neun Personen* ständig mit der automatisierten Verarbeitung personenbezogener Daten beschäftigen."

---

[1] Quelle: Schutzstufenkonzept des LfD Niedersachsen (www.lfd.niedersachsen.de)

31. Welche Aufgaben hat der Beauftragte für den Datenschutz?

Zu den Aufgaben eines Beauftragten für den Datenschutz gehört nach § 4g BDSG:

„Der Beauftragte für den Datenschutz hat die Ausführung dieses Gesetzes sowie anderer Vorschriften über den Datenschutz sicherzustellen. Zu diesem Zweck kann er sich in Zweifelsfällen an die Aufsichtsbehörde wenden. Er hat insbesondere

1. *die ordnungsgemäße Anwendung der Datenverarbeitungsprogramme, mit deren Hilfe personenbezogene Daten verarbeitet werden sollen, zu überwachen; zu diesem Zweck ist er über Vorhaben der automatisierten Verarbeitung personenbezogener Daten rechtzeitig zu unterrichten,*

2. *die bei der Verarbeitung personenbezogener Daten tätigen Personen durch geeignete Maßnahmen mit den Vorschriften dieses Gesetzes sowie anderen Vorschriften über den Datenschutz, bezogen auf die besonderen Verhältnisse in diesem Geschäftsbereich und die sich daraus ergebenden besonderen Erfordernisse für den Datenschutz, vertraut zu machen,*

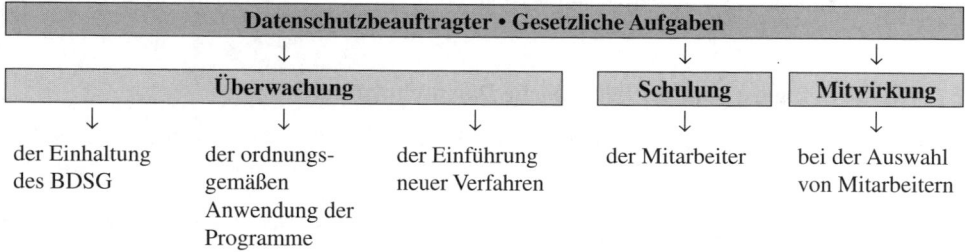

Darüber hinaus ergeben sich weitere Aufgaben in einem Unternehmen:

- datenschutzrechtliche Beratung der Unternehmensleitung,
- Mitarbeiter auf das Datengeheimnis zu verpflichten,
- Auswahl von Datenschutzmaßnahmen für die Verarbeitung personenbezogener Daten und Überwachung ihrer Umsetzung,
- Führen von Übersichten z. B. zu DV-Anlagen, Dateien und Zugriffsrechten von Personen und
- bei Bedarf Einschaltung der Aufsichtsbehörde.

32. Welche persönlichen Voraussetzungen muss der betriebliche Datenschutzbeauftragte erfüllen?

Das BDSG legt § 4f Abs. 2 fest, dass der Datenschutzbeauftragte über die zur Erfüllung erforderliche *Fachkunde* und *Zuverlässigkeit* verfügen muss. Eine Konkretisierung erfolgt im Gesetz nicht.

Aus den Aufgaben des Datenschutzbeauftragten lässt sich indirekt ein *Anforderungsprofil* ableiten:

- Kenntnisse
  · der EDV,
  · der Betriebswirtschaft,
  · des Datenschutzrechts,
- organisatorische Fähigkeiten,
- Fähigkeiten der Pädagogik, der Kommunikation und der Moderation.

33. Welche Stellung hat der betriebliche Datenschutzbeauftragte im Unternehmen?

Der Datenschutzbeauftragte

- ist der Geschäftsleitung unterstellt,
- muss unabhängig arbeiten können,
- darf nicht in Konflikt zu seiner hauptberuflichen Tätigkeit kommen,
- darf wegen der Erfüllung seiner Aufgaben nicht benachteiligt werden,
- hat keine Weisungsbefugnis gegenüber anderen Stellen im Unternehmen.

Von daher kommen als Datenschutzbeauftragte nicht infrage:

- Mitglieder der Geschäftsleitung,
- Leiter der Abteilungen EDV, Personal oder Vertrieb.

Als Datenschutzbeauftragter kann *auch eine externe Person* bestellt werden, die über die erforderliche Fachkunde und Zuverlässigkeit verfügt.

34. Welche Befugnisse hat der betriebliche Datenschutzbeauftragte?

Der betriebliche Datenschutzbeauftragte hat zur Wahrnehmung seiner Aufgaben folgende Befugnisse:

- Initiativ- und Einspruchsrecht,
- Kontrollrecht in allen Unternehmensbereichen,
- Einsichtsrecht in relevante Unterlagen,
- Weisungsfreiheit bei der Anwendung seiner Fachkunde.

Dem Datenschutzbeauftragten ist die erforderliche Zeit einzuräumen und ihm sind die erforderlichen Mittel zur Verfügung zu stellen (Hilfspersonal, Räume, Geräte, Einrichtungen).

35. Wie erfolgt die Bestellung des betrieblichen Datenschutzbeauftragten?

Die Bestellung muss *schriftlich innerhalb eines Monats* erfolgen, nachdem im Unternehmen Daten verarbeitet werden im Sinne des § 4f BDSG. Das Gesetz schreibt für die Bestellung keine Mindestinhalte vor. Zu empfehlen sind jedoch folgende Punkte in dem Bestellungsschreiben:

- Aufgaben,
- Hinweis der Unterstellung (Geschäftsleitung),
- Hinweis auf Weisungsunabhängigkeit.

Muster: Bestellung zum Datenschutzbeauftragten

Herrn/Frau

Name, Vorname

....

Anschrift

....

Hiermit bestellen wir Sie mit sofortiger Wirkung zum Datenschutzbe-
auftragten gemäß § 4f Bundesdatenschutzgesetz. In dieser Funktion
sind Sie der Geschäftsleitung direkt unterstellt. Für Sie zuständiges
Mitglied der Geschäftsleitung ist:

Herrn/Frau

....

Ihre Aufgaben als Datenschutzbeauftragter ergeben sich aus dem
Bundesdatenschutzgesetz. In der Anwendung Ihrer Fachkunde sind
Sie weisungsfrei. Über Ihre Tätigkeit werden Sie der Geschäftsleitung
laufend berichten. Erforderliche Organisationsanweisungen schlagen
Sie der Geschäftsleitung vor.

Ort, Datum   Unterschrift

....

Quelle: In Anlehnung an: DIHK (Hrsg,), Der betriebliche Datenschutzbeauftragte, 5. Aufl., Bonn 2013

36. Kann die Bestellung zum Datenschutzbeauftragten widerrufen werden?

Die Bestellung kann nur dann widerrufen werden, wenn die Aufsichtsbehörde dies verlangt oder die Voraussetzungen für die fristlose Kündigung des Arbeitnehmers nach § 626 BGB vorliegt (wichtiger Grund). Die Bestellung kann zeitlich befristet sein, wenn hierfür ein sachlicher Grund vorliegt.

37. Welche Funktion hat die Aufsichtsbehörde?

Neben der betrieblichen Kontrollinstanz des Beauftragten für den Datenschutz stellt die Aufsichtsbehörde eine externe Kontrollinstanz dar. Jeder Betroffene kann sich selbst direkt an die Aufsichtsbehörde wenden und eine Verletzung des Datenschutzrechtes vorbringen. Die Aufsichtsbehörde hat daraufhin die Möglichkeit, die Einhaltung der Datenschutzbestimmungen zu kontrollieren.

Das BDSG schreibt in § 38 Abs. 1:

„Die Aufsichtsbehörde überprüft die Ausführung dieses Gesetzes sowie anderer Vorschriften über den Datenschutz, soweit diese die Verarbeitung oder Nutzung personenbezogener Daten in oder aus Dateien regeln. "

38. Wer bestimmt die Aufsichtsbehörde?

Das BDSG schreibt in § 38 Abs. 6:

„Die Landesregierungen oder die von ihnen ermächtigten Stellen bestimmen die für die Über- wachung der Durchführung des Datenschutzes im Anwendungsbereich dieses Abschnittes zu- ständigen Aufsichtsbehörden."

39. Welche Strafvorschriften sieht das Bundesdatenschutzgesetz vor?

Das BDSG schreibt in § 44 Abs. 1 mit Verweis auf § 43 Abs. 2 vor:

Wer unbefugt von diesem Gesetz geschützte personenbezogene Daten, die nicht offenkundig sind,

1. speichert, verändert oder übermittelt,
2. zum Abruf mittels automatisierter Verfahren bereithält oder
3. abruft oder sich oder einem anderen aus Dateien verschafft,

wird mit Freiheitsstrafe bis zu zwei Jahren oder mit Geldstrafe bestraft.

Handelt der Täter gegen Entgelt oder in der Absicht, sich oder einen anderen zu bereichern oder einen anderen zu schädigen, so ist die Strafe Freiheitsstrafe bis zu zwei Jahren oder Geldstrafe.

40. Welche Bußgeldvorschriften sieht das Bundesdatenschutzgesetz vor?

Die Ordnungswidrigkeit kann mit einer Geldbuße bis zu 50.000 € oder mit einer Geldbuße bis zu 300.000 € geahndet werden. Die Geldbuße soll den wirtschaftlichen Vorteil, den der Täter aus der Ordnungswidrigkeit gezogen hat, übersteigen.

41. Welche Problematik entsteht bei betrieblichen Regelungen zum Datenschutz?

Der Arbeitgeber muss zur Erfüllung seiner betrieblichen und gesetzlichen Aufgaben zahlreiche Arbeitnehmerdaten speichern; Beispiele: Lohnabrechnung, Personalakten, Datenübermittlung an Versicherungsträger, Behörden, Körperschaften des öffentlichen Rechts.

Dabei sind regelmäßig die berechtigten Interessen des Arbeitgebers, die Schutzinteressen der Arbeitnehmer, die Mitwirkungs- und Mitbestimmungsrechte des Betriebsrates und die einschlä- gigen Gesetze zu beachten. Die in der Praxis auftretenden Rechtsfragen sind zum Teil komplex. Die Beantwortung kann meist nur von Fachleuten unter Beachtung der Rechtsprechung der Ar- beitsgerichte gegeben werden. Größere Betriebe schließen über generelle Fragen der privaten/ dienstlichen Nutzung von IT-Anlagen, über die Einführung von Personalinformationssystemen, über die Einrichtung von Kontrolleinrichtungen usw. eine *Betriebsvereinbarung*, die zweifelsfrei und rechtlich unbedenklich die Rechte und Pflichten der Beteiligten regelt.

42. Welche Rechte und Pflichten des Betriebsrates existieren im Bereich des Datenschutzes?

Im Wesentlichen:

- *Geheimhaltungspflicht* Für den Sprecherausschuss der Leitenden gilt analog § 35 SprAuG.	§ 79 BetrVG
- *Informations- und Einsichtsrecht*	§ 80 Abs. 2 BetrVG
- *Mitbestimmungsrecht:* Einführung und Anwendung von technischen Einrichtungen, die dazu geeignet sind das Verhalten oder die Leistung der Arbeitnehmer zu überwachen, z. B.: · Software, Datenkassen, automatische Sicherungssysteme · Abrechnungssysteme · Telefonerfassungsanlagen, Zugangskontrollen · Personalinformationssysteme	§ 87 Abs. 1 Nr. 6 BetrvG
- *Zwingende Mitbestimmung:* § 94 BetrVG schreibt vor, dass eine zwingende Mitbestimmung bei der Verwendung von **Personalfragebogen** gilt. Beispielsweise ist eine **Bild- schirmmaske** in einem Personalinformationssystem wie SAP HR, mit de- ren Hilfe Daten über einen Arbeitnehmer erfasst werden, auch ein Personal- fragebogen. Und demnach bedarf die Nutzung solcher Bildschirmmasken der Zustimmung durch den Betriebsrat.	§ 94 BetrVG
- *Informationsrechte:* · Planung technischer Anlagen · Personalplanung und dabei angewandte Verfahren	§ 90 BetrVG § 92 BetrVG
Die *Bestellung eines Datenschutzbeauftragten* ist nach h.M. für sich genommen keine mitbestimmungspflichtige Maßnahme. Der BR hat ein Mitwirkungsrecht bei der Auswahl, z. B. Qualifikation (da er der Einhaltung der Gesetze verpflichtet ist).	
Aus der Bestellung des Datenschutzbeauftragten kann sich jedoch der Tatbe- stand der Versetzung nach § 95 Abs. 3 BetrVG ergeben, die nach § 99 BetrVG mitbestimmungspflichtig ist (erhebliche Änderung der Umstände, z. B. Ort, Zeit, Inhalt). Dürfte im Regelfall zu bejahen sein.	§ 95 Abs. 3 BetrVG § 99 BetrVG
Die Bestellung des Datenschutzbeauftragten unterliegt generell nur der Informa- tionspflicht, wenn er „Leitender Angestellter" im Sinne von § 105 BetrVG ist.	§ 105 BetrVG

43. Welche Pflichten der Arbeitnehmer für den Schutz der Betriebsdaten sind einzuhalten?

Neben den Pflichten aus dem BDSG bestehen für Arbeitnehmer folgende Verschwiegenheits-
pflichten:

- Allgemeine Verschwiegenheitspflicht als Bestandteil der arbeitsvertraglichen Treuepflicht,
- Verschwiegenheitspflicht aus wettbewerbsrechtlichen Gründen (UWG),
- Verschwiegenheitspflicht über Diensterfindungen,
- Verschwiegenheitspflicht der Auszubildenden (BBiG).

44. Wie kann die private Nutzung der IT-Anlagen geregelt werden?

Die Darstellung kann nicht erschöpfend sein. Es folgen ausgewählte Beispiele:

1. *Private Nutzung von Telefoneinrichtungen:*
   Ist üblicherweise in Form einer Betriebsvereinbarung geregelt. Privatgespräche dürfen in der Form erfasst werden, dass Dienst- und Privatgespräche getrennt gelistet und die Abrechnungen durchgeführt werden können (zulässige Erfassung bei Privatgesprächen: Zeit, Anzahl der Gespräche, Gebühreneinheiten, Zielnummer/unvollständig).

2. *Private Nutzung des Internets:*
   Ist üblicherweise in Form einer Betriebsvereinbarung geregelt.

2.1 Die private Nutzung kann untersagt sein. Dies gilt auch für das Versenden privater E-Mails. Stichprobenkontrollen sind zulässig (Zugriffsprotokolle).

2.2 Die private Nutzung kann eingeschränkt zugelassen werden. Der Arbeitgeber kann z. B. den Zugang zu bestimmten Internetseiten sperren oder nur zu bestimmten Zeiten zulassen. Stichprobenkontrollen sind zulässig. Eine vollständige Kontrolle des E-Mail-Verkehrs ist im Regelfall unzulässig (anders: bei Missbrauch, strafbarer Handlung).

Ergänzende Informationen liefern z. B. folgende Internetseiten:

Datenschutz allgemein:	www.datenschutz.de
Gesellschaft für Datenschutz und Datensicherung e. V.	www.gdd.de
Zeitschrift „Recht der Datenverarbeitung"	www.datakontext.com
Regionale Landesbehörden, z. B.	www.datenschutz-hamburg.de
DIHK, Berlin	www.ihk.de/datenschutz

Hilfreich kann auch der Leitfaden der Bitkom sein:
www.bitkom.org/de/publikationen/38336_50372.aspx

Entscheidungen des BAG und der LAGe:

- *Fristlose Kündigung* wegen privater Nutzung des Internets während der Arbeitszeit nur bei „erheblicher Pflichtverletzung" (Bundesarbeitsgericht (BAG), Urteil vom 31.05.2007 - 2 AZR 200/06; NZA 2007, 922)

- *Fristlose Kündigung* wegen privater Nutzung des Internets während der Arbeitszeit (BAG, Urteil vom 07.07.2005 - 2 AZR 581/04)

- *Außerordentliche Kündigung* eines ordentlich unkündbaren Arbeitnehmers wegen privater Internetnutzung (BAG, Urteil vom 27.04.2006 - 2 AZR 386/05)

- *Verhaltensbedingte Kündigung* wegen privater Internetnutzung: BAG, Urteil vom 12.01.2006, 2 AZR 179/05

- *Keine Kündigung* bei lediglich kurzfristiger und unverfänglicher Internetnutzung: LAG Rheinland-Pfalz, Urteil vom 02.03.2006 - 4 Sa 958/05; MDR 2006, 1355

- *Kündigung* wegen exzessiven privaten E-Mail-Verkehrs während der Arbeitszeit: LAG Niedersachsen, Urteil vom 31.05.2010 - 12 SA 875/09

45. Welche Personen externer Einrichtungen und Behörden können in personenbezogene Daten und Personalabrechnungen Einblick nehmen?

- Prüfer des Finanzamtes,
- Prüfer des zuständigen Rentenversicherungsträgers.

→ Lohnabrechnungen der letzten zehn Jahre
→ Lohnkonten der letzten sechs Jahre
→ Belege zur Sozialversicherung bis zum Zeitpunkt der letzten Prüfung.

1.5.4 Auswahlkriterien für Standardsoftware und deren Einführung

01. Wie kann man den Begriff „Systemsoftware" erklären?

Unter der Systemsoftware versteht man nach DIN ISO/IEC 2382 die Gesamtheit aller anwendungsneutralen Programme zur Steuerung und Überwachung des Betriebs der Computerhardware. Die Systemsoftware lässt sich einteilen in Steuerprogramme, auch Organisationsprogramme genannt, Übersetzungsprogramme und Dienstprogramme (Hilfsprogramme). Für die Übersetzungsprogramme und einen Teil der Dienstprogramme wird auch die Bezeichnung „Systemnahe Software" gebraucht.

02. Was versteht man unter dem Begriff „Anwendungs-Software"?

Als Anwendungs-Software bezeichnet man Programme, die von einem *Anwender* (Benutzer) zur Lösung seiner speziellen Aufgaben mittels eines Computers *eingesetzt werden*. Will ein Benutzer einen Brief schreiben, so steht ihm dafür als Anwendungs-Software ein Textverarbeitungsprogramm zur Verfügung. Sollen Adressdaten verwaltet werden, so kann ein Datenbankprogramm als Anwendungs-Software gewählt werden.

Je nach Art und Umfang der Spezialisierung lassen sich unterscheiden:

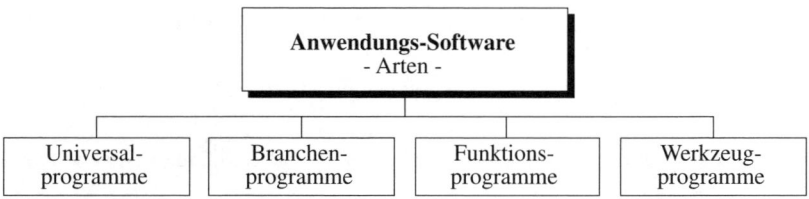

03. Wozu dient Standard-Software?

Unter Standard-Software versteht man Programme, die einen *festen Leistungsumfang* haben und die aufgrund ihrer allgemeinen Ausrichtung möglichst viele Anwender ansprechen sollen. Daher handelt es sich bei den Anwendungen der Standard-Software sehr häufig um Standard-Anwendungen wie z.B. Textverarbeitung, Tabellenkalkulation, Datenbankverwaltung etc. Da Standard-Software in hohen Stückzahlen produziert und verkauft werden kann, sind die Preise entsprechend gering.

04. Wo findet Individual-Software Anwendung?

Wie der Name sagt, handelt es sich hierbei um *speziell auf den einzelnen Anwender* zugeschnittene Software. Die Software wird meist nach den Wünschen des Anwenders entwickelt, sodass dieser auch den genauen Leistungsumfang vorgibt. In der Regel kommt eine solche Individual-Software auch nur bei einem Anwender zum Einsatz. Beispiel für den Einsatz von Individual-Software ist der Bereich der Betriebsdatenerfassung. Da eine Individual-Software für einen Anwender entwickelt wird, sind die Kosten entsprechend hoch.

05. Was versteht man unter „Freeware", „Shareware" und „Open-Source-Software"?

- *Freeware*   = kann ohne Lizenzkosten genutzt werden.

- *Shareware*   = kann unter gewissen Einschränkungen unentgeltlich genutzt und getestet werden; zur uneingeschränkten Nutzung ist die Lizenz zu erwerben.

- *Open-Source-Software* = unentgeltliche Nutzung; außerdem ist der Quellcode frei verfügbar.

06. Nach welchen ergonomischen Gesichtspunkten kann eine Software beurteilt werden?

Für die Ergonomie der Software kann folgender Anforderungskatalog als Beurteilungsgrundlage dienen:

- Erfolgen Eingaben per Maus und Tastatur betriebssystemkonform?
- Entspricht die Benutzer-Oberfläche der Software den üblichen Oberflächenmerkmalen des Betriebssystems in Bezug auf Farben, Schriftarten, Schriftgrößen, Symbolen (Icons), Menüs, Meldungen etc.?
- Beinhaltet die Software eine Hilfefunktion, nach Möglichkeit sogar eine kontextsensitive Hilfe?
- Beinhalten die Bildschirmmasken bzw. -anzeigen immer nur die erforderlichen und relevanten Daten und nicht eine zu hohe Informationsflut?
- Beinhaltet eine erforderliche Dateneingabe keine Eingabe-Redundanzen, also Daten, die aus bereits vorhandenen Daten ermittelt werden können?
- Ist es in der Dialogführung möglich, jede bereits gemachte Eingabe nachträglich nochmal zu korrigieren?
- Beinhaltet die Dialogführung sinnvolle oder häufig verwendete Standardeingaben als Vorbelegung der Eingabefelder?
- Werden Dateneingaben auf Plausibilität hin überprüft?
- Sind die Fehlermeldungen der Software verständlich?
- Erhält man aufgrund einer Fehlermeldung Lösungsvorschläge?

07. Welche Kriterien sind bei der Auswahl von Software grundsätzlich zu berücksichtigen?

Kriterien für die Auswahl von Software		
Lieferanten-Merkmale	**Software-Merkmale**	

Lieferanten-Merkmale:
- Erfahrung
- Marktposition
- wirtschaftliche Situation
- Referenzen
- Kundenbeurteilungen
- Service, z. B.: Hotline, Update
- Schulungsangebot: Leistungen, Kosten
- Pflege, Wartung: Entfernung, Standort
- Konditionen, z. B.:
  · Installation
  · Anpassung
  · Stundensätze, Fahrtkosten
  · Gewährleistung, Kulanz

Software-Merkmale:
- Kosten, z. B.:
  · Preise, Preisstaffeln
  · Lizenzen
  · Online-Support
  · Lernsoftware
- Anpassungs- und Testphase (Zeit, Aufwand)
- Verständlichkeit der Programmdokumentation
- Ergonomie
- Verfügbarkeit, Lieferzeit
- Aufwand, z. B.:
  · Installation
  · Einarbeitung
  · Schulung
- Erfüllung der Leistungsanforderungen
- Entwicklungsversion (Reifegrad):
  · Netzwerkfähigkeit
  · Anzahl der User
  · Datenschutz
  · Datensicherheit
  · Programmstabilität
- Hardwarevoraussetzungen
- Beurteilung der Software:
  · Fachpresse
  · Anwender
  · Arbeitsgeschwindigkeit
  · Effizienz

Vgl. auch S. 149.

08. Welche Phasen sind bei der Auswahl und Einführung von Software in der Regel einzuhalten?

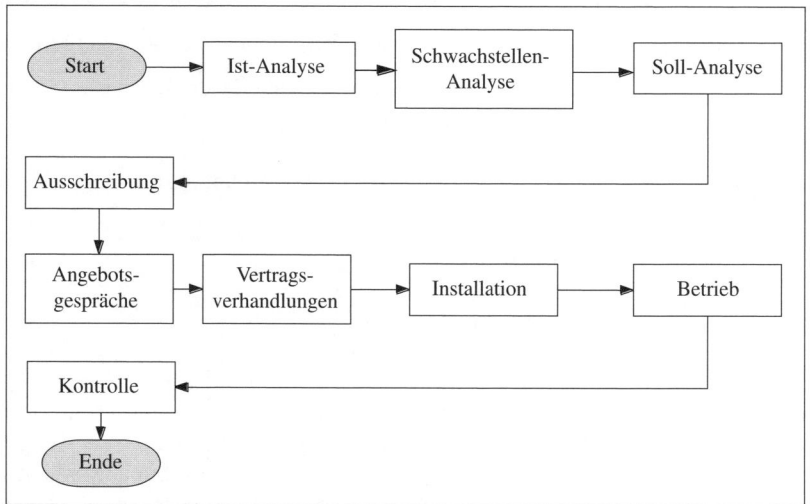

Grundsätzlich ist es für die spätere Akzeptanz einer neuen Software wichtig, die Benutzer dieser Software, also die Mitarbeiter, mit in die Auswahl und die einzelnen Phasen der Einführung einzubeziehen. Dabei sind folgende Phasen einzuhalten:

- *Ist-Analyse:* Es wird der aktuelle Zustand des Bereiches, für den eine neue Software ausgewählt werden soll, analysiert und dokumentiert. Für die Software-Auswahl ist auch eine Aufnahme der vorhandenen Hardware erforderlich.

- *Schwachstellen-Analyse:* Es werden aktuelle Probleme bei der Anwendung und im Prozessablauf ermittelt und dokumentiert.

- *Soll-Analyse:* Basierend auf der Ist- und Schwachstellenanalyse werden Anforderungen erstellt. Die Anforderungen sollten nach Prioritäten geordnet werden, um mögliche spätere Kompromisse oder Abstriche (Kosten/Nutzen) schnell vornehmen zu können.

- *Ausschreibung:* Es werden mögliche Anbieter ausgesucht und angeschrieben. Aufgrund des notwendigen Aufwandes zur Auswertung von Angeboten, sollte die Anzahl der Anbieter nicht zu groß gewählt werden.

- *Angebotsgespräche:* Können Fragen, die sich bei der Auswertung der Angebote ergeben haben, ggf. auch vor Ort geklärt werden?

- *Vertragsverhandlungen:* Hierzu gehört die Festlegung des endgültigen Pflichtenheftes für den Anbieter, die Preisverhandlung und der Vertragsabschluss.

- *Installation:* Je nach Vertrag wird die Installation vom Anbieter oder durch die eigene IT-Abteilung des Unternehmens durchgeführt. Im letzteren Fall ist sicherlich die Unterstützung des Anbieters oder des Software-Herstellers (Support-Leistung) hilfreich.

- *Betrieb:* Es sollte ein Benutzer-Service eingerichtet werden, der Anwenderschulungen durchführt und für Fragen zur Software im betrieblichen Alltagsgeschäft zur Verfügung steht. Darüber hinaus müssen vermutlich von Zeit zu Zeit Software-Updates installiert werden.

09. Welche Beteiligungsrechte hat der Betriebsrat beim Einsatz von Standardsoftware?

§ 80 (1) Nr. 1 BetrVG   ...zu wachen, dass Gesetze, Verordnungen ... durchgeführt werden;

§ 80 (2) BetrVG   Zur Durchführung seiner Aufgaben ... ist der Betriebsrat rechtzeitig und umfassend zu unterrichten;

Der Betriebsrat hat in den Fällen des § 87 BetrVG ein Mitbestimmungsrecht; im Einzelnen:

§ 87 (1)   Nr. 1   ... Fragen des Verhaltens ...
            Nr. 2   ... tägliche Arbeitszeit ...
            Nr. 5   ... Urlaubsplans ...
            Nr. 6   ... technische Einrichtungen ...
            Nr. 11   ... leistungsbezogene Entgelte ...

Von daher erstreckt sich das Mitbestimmungsrecht auf alle Systeme, die geeignet sind, das Verhalten, die Arbeitszeit und die Urlaubsplanung EDV-gestützt zu bearbeiten. Ebenso ist die Einführung und das Betreiben EDV-gestützter Einrichtungen mitbestimmungspflichtig, wenn Nutzungsdaten über die Arbeitnehmer anfallen. Beispiele: Bildschirmgeräte, Datenkassen, Sicherungssysteme, Abrechnungssysteme, Kontrollsysteme, Personalinformationssysteme mit entsprechender Software.

Spezielle Informationsrechte beim Einsatz von Software können abgeleitet werden aus folgenden Bestimmungen:

§ 90 (1) Nr. 2 BetrVG   ... technische Anlagen ...

§ 106 BetrVG   ... Investitionsprogramme, Rationalisierungsvorhaben ...

Nach § 79 BetrVG erstreckt sich die Verschwiegenheitspflicht des Betriebsrates auch auf seine Aufgaben und Kenntnisse in Verbindung mit dem Datenschutz.

1.6 Beraten und Fachgespräche führen

1.6.1 Grundlagen der Beratungsmethodik

01. Wie müssen Beratungsgespräche geführt werden, damit sich der Beratene als Kunde erfährt?

Der Personalfachmann berät Mitarbeiter und Vorgesetzte seines Unternehmens. Er tut dies allein oder mit Unterstützung interner oder externer Experten. Die Auslöser für erforderliche Beratungen können sehr unterschiedlicher Natur sein und stellen an den Personalfachmann hohe persönliche Anforderungen (Erkrankung, Unzufriedenheit, Wünsche/Erwartungen an das Unternehmen/an andere, Notsituation, Steuer- und Versicherungsfragen, Aspekte der Lebensbewältigung usw.).

Folgende *Leitsätze* sollen dem Personalfachmann Hilfestellung bieten, diese Beratung effektiv und kundenorientiert durchzuführen:

1. *Beratung ist Hilfe zur Selbsthilfe.* Ziel des Beratungsgesprächs ist es, den anderen zu befähigen, seine Probleme selbst zu lösen. Bevormundung und präsentieren fertiger und fremdbestimmter Lösungen ist falsch. Devise: „Helfen, den richtigen Weg zu finden, aber dabei (als Ratgeber) nicht den Weg selbst gehen".

2. *Beratungsleistung ist immer ein Angebot* und darf vom anderen nicht erzwungen werden („Warum haben Sie mich denn nicht gefragt, dann wäre das nicht passiert!" ← vgl. Transaktionsanalyse: Eltern-Ich).

3. *Das Problem bleibt beim Ratsuchenden.* Es ist falsch, wenn der Ratgeber die Sache zu seinem Problem macht. Er verliert dadurch die Distanz zur Sache und zur Person des Ratsuchenden. Devise für den Ratgeber: „Mitfühlen → ja, Mitleiden → nein!"

4. *Der Ratgebende muss sich der spezifischen Beratungssituation bewusst sein*:
   - Er hat in vielen Fällen *Macht* über den Ratsuchenden (Kompetenz-, Informationsvorsprung u. Ä.); es besteht oder es kann sich ein *Abhängigkeitsverhältnis* entwickeln. Der Ratgebende darf diese Macht/dieses Abhängigkeitsverhältnis nicht für eigene Interessen missbrauchen, z. B. „sich in der Rolle des Ratgebers baden", „sich über den Ratsuchenden erhöhen" u. Ä.

   - Der Ratgeber übernimmt in seiner Rolle eine *hohe Verantwortung* für den Gesprächsverlauf: Seine *Wahrnehmung* muss konzentriert und geschärft sein für alle Vorgänge während des Gesprächs; er muss das Gespräch direktiv oder non-direktiv auf die Problemlösung hin steuern und dabei versuchen, *Lern- und Erkenntnisprozesse* beim anderen auszulösen.

- Bei positivem Gesprächsverlauf entwickelt der Ratsuchende Vertrauen. Diese *Vertrauensbasis* ist notwendig und darf nicht erschüttert werden; daher: richtig informieren (sachlich, fachlich und zeitlich angemessen), erhaltene Informationen vertraulich behandeln, keine eigenmächtigen Schritte ohne Zustimmung des Ratsuchenden unternehmen, Vereinbarungen einhalten usw.

5. Kann der *Erfolg des Beratungsgesprächs* daran gemessen werden, ob der Beratene anschließend zufrieden ist? Die Antwort lautet „nein". Es wird in der Praxis Fälle geben, in denen der Beratene im Anschluss an das Gespräch ein Weg zur Lösung seines Problems erkannt hat und daher zufrieden ist. In anderen Fällen gelingt dies nicht oder nicht sofort im ersten Gespräch. Auf diesen Sachverhalt muss der Ratgeber sich innerlich einstellen; dazu gehören: Geduld, Ruhe, emotionale Stabilität und die Fähigkeit, mit eigenen und fremden Frustrationen fertig zu werden.

02. Welche Variablen wirken auf den Verlauf/Erfolg des Beratungsgesprächs (Systemtechnik/Systembetrachtung)?

1. *Umgebungsorientierte Systembetrachtung*, z. B.:

   → *Situationsvariablen*:
   In welchem Betrieb? In welcher Abteilung? Beruflich/privat? Wertekultur im Betrieb? usw.
   → *Außenvariablen:*
   Räumliche Situation? Gewählter Zeitpunkt? Gesprächsrahmen? usw.

2. *Strukturorientierte Systembetrachtung*, z. B.:

   → *Historische Variablen*:
   Verhältnis zwischen Ratgeber und Ratsuchendem? Persönliche/frühere Erfahrungen miteinander? usw.
   → *Variablen des Ratgebenden*:
   Momentane Befindlichkeit? Einstellungen? Erfahrungen? Alter? Geschlecht? Status? Rolle? Gruppenzugehörigkeit? usw.
   → *Variablen des Ratsuchenden*:
   Momentane Befindlichkeit? Einstellungen? Erfahrungen? Alter? Geschlecht? Status? Rolle? Gruppenzugehörigkeit? usw.

3. *Interaktionsorientierte Systembetrachtung*, z. B.:

   → Einstellung zum anderen
   → Kompetenzen, Kommunikationserfahrung
   → Wahrnehmung und Steuerung von Gesprächsprozessen (z. B. symmetrische Gesprächsführung)

4. *Wirkungsorientierte Systembetrachtung*, z. B.:

   → Art und Inhalt der Gesprächsziele
   → Wirkung:
   nach innen/nach außen? privat/beruflich? langfristig/unmittelbar?

1.6.2 Konfliktmanagement

01. Was sind Konflikte und welche Konfliktarten lassen sich unterscheiden?

- Konflikte sind *der Widerstreit gegensätzlicher Auffassungen*, Gefühle oder Normen von Personen oder Personengruppen.

- Konflikte gehören zum Alltag eines Betriebes. Sie sind normal, allgegenwärtig, Bestandteil der menschlichen Natur und nicht grundsätzlich negativ. Die Wirkung von Konflikten kann grundsätzlich *destruktiv* oder *konstruktiv* sein.

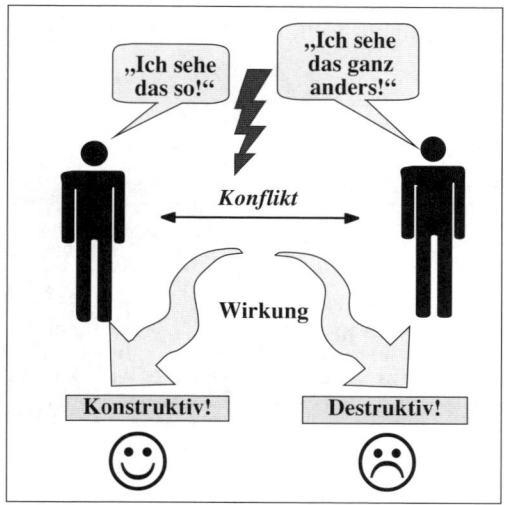

- Konflikte können *latenter Natur* (unterschwellig) oder auch *offensichtlich* sein. Konflikte sind als Prozess zu sehen, der immer dann auftaucht, wenn zwei oder mehr Parteien in einer Sache nicht übereinstimmen.

- Konflikte können

  - innerhalb einer Person (innere Widersprüche; <u>intra</u>personeller Konflikt),
  - zwischen zwei Personen (<u>inter</u>personeller Konflikt),
  - zwischen einer Person (Moderator) und einer Gruppe,
  - innerhalb einer Gruppe,
  - zwischen mehreren Gruppen

  auftreten.

- Beim *Konfliktinhalt* werden drei Arten/Dimensionen unterschieden:

  - *Sachkonflikte:*
    Der Unterschied liegt in der Sache, z. B. unterschiedliche Ansichten darüber, welche Methode der Bearbeitung eines Werkstückes richtig ist.

  - *Emotionelle Konflikte (Beziehungskonflikte):*
    Es herrschen unterschiedliche Gefühle bei den Beteiligten: Antipathie, Hass, Misstrauen.

Hinweis:
Sachkonflikte und emotionelle Konflikte überlagern sich. Konflikte auf der Sachebene sind mitunter nur vorgeschoben; tatsächlich liegt ein Konflikt auf der Beziehungsebene vor. Beziehungskonflikte erschweren die Bearbeitung von Sachkonflikten.

- *Wertekonflikte:*
  Der Unterschied liegt im Gegensatz von Normen; das Wertesystem der Beteiligten stimmt nicht überein.

  Beispiel (verkürzt): Der ältere Mitarbeiter ist der Auffassung: „Die Alten haben grundsätzlich Vorrang – bei der Arbeitseinteilung, der Urlaubsverteilung, der Werkzeugvergabe – und überhaupt."

Die Mehrzahl der Konflikte tragen Elemente aller drei Dimensionen (siehe oben) in sich und es bestehen *Wechselwirkungen.*

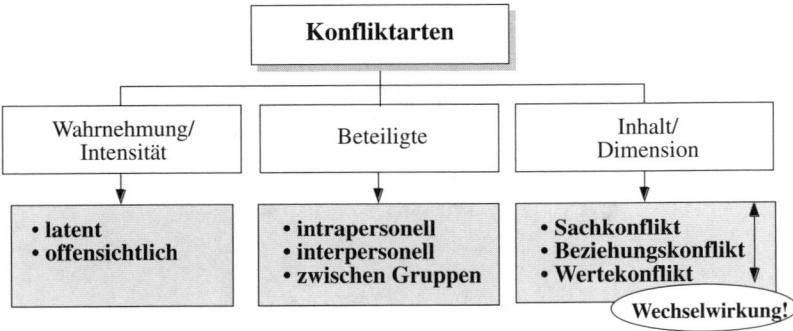

02. In welche Phasen kann man den Konfliktverlauf einteilen?

1. *Konfliktentstehung:*
   Der Konflikt „zeigt sich häufig anhand von „Kleinigkeiten/Nichtigkeiten". Dahinter stehen meist „verletzte Gefühle".

2. *Wahrnehmung der Konfliktsignale:*
   Die eigene Person und/oder der Gegenüber nehmen die Konfliktsignale wahr (z. B. fehlende Begrüßung, deplazierte Mimik).

3. *Konfliktanalyse:*
   Der Konflikt wird von den Beteiligten analysiert. Dabei kommt es meist zu „Schuldzuweisungen" (der andere, die Umwelt). Wenn der Konflikt fehlerhaft analysiert wird (z. B. „Blinder Fleck"), kann keine optimale Bearbeitung erfolgen.

4. *Konflikthandeln:*
   Die Art der Konfliktreaktion hängt meist stark von den Einstellungsmustern der Beteiligten ab (Strategien, z. B. Gewinner/Verlierer, Gewinner/Gewinner, Gewinner).

5. *Bewertung der Konfliktbearbeitung:*
   Nach Abschluss des Konflikthandelns werden beide Beteiligten eine Rückschau vornehmen: Sind sie „zufrieden", ist das Konflikthandeln erledigt. Sind sie „unzufrieden" ist für später noch eine „Rechnung offen".

03. Wie lassen sich Konflikte bearbeiten?

- *Ziel der Konfliktbewältigung*
  ist es, durch offenes Ansprechen eine sachliche Problemlösung zu finden, aus der Situation gestärkt hervorzugehen und den vereinbarten Konsens gemeinsam zu tragen.

- *Konfliktstrategien:*
  Dazu bietet sich nach *Blake/Mouton* (1980) an, eine gleichmäßig hohe Gewichtung zwischen den *Interessen des Gegenübers* (Harmoniestreben) und *Eigeninteressen* (Macht) vorzunehmen: Konsens zu stiften. Fließen die Interessen beider Parteien nur halb ein, dann ist das Ergebnis (nur) ein Kompromiss. Wird der Konflikt nur schwach oder gar nicht thematisiert (Flucht/ Vermeidung/„unter den Teppich kehren"), ist nichts gewonnen. Dominiert der andere, ist ebenfalls wenig gewonnen, man gibt nach, verzichtet auf den konstruktiven Streit. Setzt man sich allein durch, ist das Resultat erzwungen und wird mit Sicherheit von der Gegenpartei nicht getragen.

  Rein theoretisch sind folgende *Reaktionen der Konfliktparteien* denkbar (s. Abb.); der Vorgesetzte sollte die Reaktionen fördern, die für eine Konfliktbearbeitung konstruktiv sind (siehe gerasterte Felder) bzw. Bedingungen im Vorfeld von Konflikten vermeiden, die eine konstruktive Bearbeitung unmöglich werden lassen:

Konflikt	**Konfliktreaktionen der Beteiligten**		
	unvermeidbar; Ausgleich nicht möglich	*vermeidbar; Ausgleich nicht möglich*	*vermeidbar; Ausgleich möglich*
Reaktion: aktiv	Kämpfe	Rückzug: „Eine Partei gibt auf"	**Problemlösung**
	Vermittlung, Schlichtung	Isolation	**tragfähiger Kompromiss**
Reaktion: passiv	zufälliges Ergebnis	Ignorieren des anderen	friedliche Koexistenz

Strategie der Konfliktvermeidung

- *Konfliktgespräch:*
  Bei der Behandlung von Konflikten gilt für den Vorgesetzten grundsätzlich:
  Nicht Partei ergreifen, sondern die Konfliktbewältigung moderieren!

  Dazu sollte er in folgenden Schritten vorgehen:

- *Wer?*	Wer sind die Beteiligten?
- *Was?*	Den Sachverhalt (ruhig) ermitteln.
- *Warum?*	Ursachen und Zusammenhänge erforschen. Sich ein Urteil bilden, aber keines fällen.
- *Wie?*	Wege und Maßnahmen zur Behebung festlegen/vereinbaren.
- *Bis wann? Von wem?*	Maßnahmen ausführen und kontrollieren.

  Die Bearbeitung von Sachkonflikten ist auch über Anweisungen oder einseitige Regelungen (mit Begründung) durch den Vorgesetzten möglich; z. B. Festlegung von Arbeitsplänen.

Bei Beziehungs- und Wertekonflikten führt dies nicht zum Ziel. Hier ist es als Vorstufe zur Konfliktregelung wirksam, dem anderen zu sagen, wie man die Dinge sieht oder empfindet. Man zeigt damit dem anderen seine eigene Haltung, ohne ihn zu bevormunden.

In der Psychologie bezeichnet man dies als „Ich-Botschaften", z. B.: „Ich sehe es so."; „Ich empfinde es so."; „Auf mich wirkt das ..."; „Mich ärgert, wenn Sie ...".

Ich-Botschaften (nicht „man" oder „wir") deeskalieren, bauen Blockaden ab und erzeugen Offenheit (von sich selbst darf man sprechen).

Destruktiv sind Formulierungen wie, z. B.: „Sie haben immer ..."; „Können Sie nicht endlich mal ..."; „Kapieren Sie eigentlich gar nichts?"

Abgesehen vom Tonfall wird hier der andere auf „Verteidigungsposition" gehen, seinerseits seine „verbalen Waffen aufrüsten und zurückschießen", da er diese Aussagen als Bevormundung empfindet; sein Selbstwertgefühl ist gefährdet.

- *Wechselwirkung zwischen Sachebene und Beziehungebene:*
  In vielen Fällen des Alltags beruht der Konflikt nicht in dem vermeintlichen Unterschied in der Sache, sondern in einer Störung der Beziehung:
  „Der andere sieht mich falsch, hat mich verletzt, hat mich geärgert, ..."

Der Vorgesetzte muss hier zunächst die Beziehungebene wieder tragfähig herstellen, bevor das eigentliche Sachthema erörtert wird. Sachkonflikte sind häufig Beziehungskonflikte.

1.6.3 Gesprächsführungstechnik

01. Welche Vorbereitungen und Rahmenbedingungen sind für eine erfolgreiche Gesprächsführung zu beachten?

Obwohl jedes Gespräch je nach Anlass Besonderheiten aufweist, gibt es doch allgemein gültige *Regeln, die der Vorgesetzte bei jedem schwierigen Gespräch einhalten sollte*:

A. *Vorbereitung/Rahmenbedingungen:*
  - Ziel festlegen, Fakten sammeln, Termin vereinbaren, Notizen anfertigen
  - geeigneten Gesprächsort und -termin wählen, Gesprächsdauer planen (kein Zeitdruck, keine Störung)

B. *Gesprächsdurchführung/innere Bedingungen:*
  Vertrauen, Offenheit, Takt, Rücksichtnahme, Zuhören, Aufgeschlossenheit, persönliche Verfassung, Vorurteilsfreiheit, Fachkompetenz, Ausdrucksfähigkeit, sich Zeit nehmen; Zu vermeiden sind: Ablenkung, Zerstreutheit, Ermüdung, Überforderung, Misstrauen, Ängstlichkeit, Kontaktarmut, Vorurteile, Verallgemeinerungen i.S. von „immer, stets, niemals" usw.

C. *Phasen der Gesprächsführung:*
  Eine allgemein gültige Regel gibt es nicht; empfehlenswert als „grobe Orientierung" ist folgende Gesprächsgliederung:

  1. Analyse des Sachverhalts/des Problems
  2. Zielsetzung des Gesprächs
  3. Diskussion alternativer Lösungsansätze unter Beteiligung der Betroffenen

4. Gemeinsame Entscheidung für einen Lösungsansatz
5. Formulierung von Maßnahmen, Kontrakte für die Zukunft
6. Feedback über den Gesprächsverlauf; Vereinbarung über das weitere Vorgehen

D. 1. Gesprächsinhalt dokumentieren
2. Gesprächsverlauf reflektieren (Was war positiv? Was war negativ?)

02. Welches Frageverhalten des Senders ist zu empfehlen?

Bei jedem Gespräch sollte die *Fragetechnik* gezielt eingesetzt werden:

„Wer fragt, der führt!"
„Fragen statt behaupten!"
„Fragen stellen und den anderen darauf kommen lassen!"

- *Offene Fragen* ermutigen den Gesprächspartner, über einen Beitrag nachzudenken und darüber zu sprechen, z. B.:
  - Was halten Sie davon?
  - Wie denken Sie darüber?

- *Geschlossene Fragen* sind nur mit „ja" oder „nein" zu beantworten und können ein Gespräch ersticken.

- *Die wiederholenden Fragen* i. S. einer Wiederholung der Argumente des Gesprächspartners zeigen die Technik des *„aktiven Zuhörens"* und können z. B. lauten:
  - Sie meinen also, dass ...
  - Sie haben also die Erfahrung gemacht, dass ...
  - Sie sind also der Überzeugung, dass ...
  - Habe ich Sie richtig verstanden, wenn ...

- *Mit richtungsweisenden Fragen* werden im Gespräch Akzente gesetzt und der Gesprächsverlauf gesteuert, z. B.:
  - Sie sagten, Ihnen gefällt besonders ...
  - Dann stimmen Sie also zu, dass ...
  - Was würden Sie sagen, wenn ...

- Beim *aktiven Zuhören* ist es das Ziel, den Mitarbeiter *zum Weiterreden zu animieren*. Dies kann geschehen durch Reaktionen wie „hm, hm, hm", durch Bestätigen bzw. durch Wiederholen seiner letzten Aussage.

Beispiel:

Mitarbeiter:	Sie haben eben von leistungsgerechter Bezahlung gesprochen. Nun, so großartig ist das ja bei uns auch nicht.
Vorgesetzter:	Sie meinen, die Bezahlung ist in unserem Unternehmen nicht leistungsgerecht?
Mitarbeiter:	Genau das! Wenn ich mir anschaue, wie mein Kollege in der Sparte X, – der genau den gleichen Job macht wie ich – bezahlt wird, dann kann ich das nur als ungerecht empfinden ...usw.

1.6.4 Regeln der Feedbacktechnik

01. Welche Bedeutung hat Feedback für die Kommunikation?

Sender und Empfänger sollten die Möglichkeit nutzen, sich *Rückmeldung* (Feedback) zu geben bzw. zu holen:

- „Habe ich Sie richtig verstanden?"
- „Sie meinen also …?"
- „Wie ist das bei Ihnen angekommen? Wie sehen Sie das?"

Feedback zeigt, wie etwas angekommen ist, *wie eine Botschaft sachlich und gefühlsmäßig verstanden wurde* und eröffnet damit *Steuerungsmöglichkeiten:*

- „Stopp, ich glaube wir haben uns da missverstanden. In Wirklichkeit meinte ich Folgendes: …"

Folgende Formen der Gesprächsführung beinhalten Feedbacktechniken:

- *Paraphrasieren*
  → Wiederholen von Aussagen des anderen in eigenen Worten (kein Nachplappern) „Sie denken also, dass Sie hier ungerecht behandelt wurden?"

- *Verbalisieren* gefühlsmäßiger Informationsgehalte
  → Ausdruck von Gefühlsreaktionen durch *Ich-Botschaften*
  „Ich bin enttäuscht darüber, dass ..."
  „Nach dem gesamten Verlauf des Gesprächs hätte ich erwartet, dass ... Das ärgert mich."

Die *Regeln der Feedback-Technik* sind (vgl. dazu auch: Ziffer 4.5.2, speziell „Kritikgespräch"):

- nicht bewerten, sondern beschreiben
- konkret und mit Augenmaß
- rechtzeitig und nutzbringend für den Empfänger
- vom Empfänger erwünscht
- klar formuliert

1.6.5 Einsatz der Reflexionstechnik

01. Wie können Erkenntnisse über den Gesprächsverlauf mithilfe der Reflexionstechnik gewonnen werden?

Reflexion bedeutet „Rückbezug" und ist das Nachdenken über das eigene Denken, die kritische Überprüfung des eigenen Denkens und Handelns, um auf diese Weise zu neuen Erkenntnissen zu gelangen.

Beispiel: Nach Abschluss eines schwierigen Gesprächs reflektiert der Personalfachkaufmann über den Ablauf des Gesprächs:

- „Habe ich das Gesprächsziel erreicht?"
- „Wie war der Gesprächsverlauf strukturiert?"
- „Welche Regeln der Gesprächsführung habe ich beachtet und welche nicht?"

- „Was kann ich in meinem Gesprächsverhalten beibehalten und was sollte ich wirksamer gestalten?"

Über etwas *reflektieren heißt, sich etwas bewusst machen* und dadurch zu Selbsterkenntnissen zu kommen. Man kann dabei u. a. folgende Ansätze wählen:

1. *Reflexion durch Thematisieren der Vergangenheit, der Gegenwart und der Zukunft:*
   - In welcher Situation befinde ich mich zurzeit?
   - Wie ist das alles so gekommen?
   - Was kann weiterhin passieren?

2. *Reflexion mithilfe anderer Verfahren*, z. B.:
   → *Erkenntnis über Bedürfnisse und Probleme*:
      - Was läuft zurzeit falsch? Was fehlt mir?
   → *Bewertung von Handlungen:*
      - Habe ich das gut gemacht? Soll ich das wiederholen? Was kann ich daraus lernen?

3. *Veränderung des Bezugsrahmens mithilfe von Metaphern:*
   Eine Metapher ist ein sprachlicher Ausdruck, der aus dem Zusammenhang in einen anderen Bedeutungskontext übertragen als Bild Verwendung findet, z. B.:

   - „Unser Dozent schwebt wie ein Fesselballon am wissenschaftlichen Himmel, anstatt sich einmal Gedanken über die Praxis zu machen."
   - „Ein Dozent, der keinen Blickkontakt zu seinem Publikum hat, unternimmt einen Blindflug."
   - „Reden ist Silber, Zeigen ist Gold." (aus dem Themenkreis „Visualisierung").

Metaphern können dadurch zu Erkenntnissen verhelfen, indem sie den Zusammenhang mithilfe bildhafter Umschreibungen (die aus anderen Zusammenhängen stammen) verdeutlichen. Eine Gefahr kann darin liegen, dass die Realität verschleiert wird, wenn die Metaphern völlig ungeeignet sind, den Sachverhalt zu charakterisieren.

02. Wie können Ergebnisse über die Qualität der Personalarbeit mithilfe der Reflexionstechnik gewonnen werden?

Geeignet sind z. B. folgende Fragestellungen:

- *War die Personalarbeit in der Vergangenheit erfolgreich?*
  - Strategien?
  - Abläufe?
  - Prozesse?
  - Kundenzufriedenheit?

- *Wie ist der heutige Stand?*
  - Unterstützung der Kunden?
  - Teamorientierung?
  - Orientierung an den Unternehmenszielen?

- *Zukünftige Ausrichtung* (Wo müssen wir hin?)
  - Veränderungserfordernisse?
  - Veränderung von Prozessen und Verhaltensweisen?
  - Welche Erwartungen haben die Kunden?
  - Welche Maßnahmen müssen verabschiedet werden?

1.7 Präsentations- und Moderationstechniken einsetzen

1.7.1 Moderierte Teamarbeit – Denken im Dialog

01. Was versteht man unter „Moderation"?

Moderation kommt aus dem Lateinischen (= *moderatio*) und bedeutet, das *„rechte Maß finden, Harmonie herstellen"*. Im betrieblichen Alltag bezeichnet man damit eine *Technik,* die hilft,

- Einzelgespräche,
- Besprechungen und
- Gruppenarbeiten (Lern- und Arbeitsgruppen)

so zu steuern, dass das Ziel erreicht wird.

02. Welche Aufgaben hat der Moderator?

Das Problem bei der Moderation liegt darin, dass die traditionellen Strukturen der Gruppenführung noch nachhaltig wirksam sind. Die Mitarbeiter sind es gewohnt, Anweisungen zu erhalten; die Vorgesetzten verstehen sich in der Regel als Leiter einer Gruppe mit hierarchischer Kompetenz und Anweisungsbefugnissen.

Bei der Moderation von Gruppengesprächen müssen diese traditionellen Rollen abgelegt werden:

- *Der Vorgesetzte als Moderator einer Besprechung steuert mit Methodenkompetenz den Prozess der Problemlösung in der Gruppe und nicht den Inhalt!*
- Der Moderator ist der erste Diener der Gruppe!
- Das sachgerecht moderierte Gruppengespräch wird zum Ort des Lernens im Dialog *(Denk-Werkstatt).*

Der Personalfachmann als Moderator ist *kein „Oberlehrer",* der alles besser weiß, sondern er ist *primus inter pares* (Erster unter Gleichen). Er beherrscht das „Wie" der Kommunikation und kann Methoden der Problemlösung und der Visualisierung von Gesprächsergebnissen anwenden. In fachlicher Hinsicht muss er nicht alle Details beherrschen, sondern einen Überblick über die Gesamtzusammenhänge haben.

Eine der schwierigsten Aufgaben für den Moderator ist die Fähigkeit zu erlangen, *seine eigenen Vorstellungen* zur Problemlösung denen der Gruppe *unterzuordnen,* sich selbst zurück zu nehmen und ein erforderliches Maß an *Neutralität* aufzubringen. Dies verlangt ein Umdenken im Rollenverständnis.

Der Moderator hat somit folgende *Aufgaben:*

1. *Er steuert den Prozess und sorgt für eine Balance* zwischen Individuum, Gruppe und Thema, Ablauf der Besprechung, Kommunikation innerhalb der Gruppe, roter Faden der Problembearbeitung, Anregungen, Zusammenfassen, kein Abschweifen vom Thema, verschafft allen Gruppenmitgliedern Gehör.

2. *Er bestimmt das Ziel* und den Einsatz der *Methodik* und der *Techniken!*
   Die Gruppe bestimmt vorrangig die Inhalte und Lösungsansätze.

3. Er sorgt dafür, dass *Spannungen und Konflikte thematisiert* werden!
   Sachliche Behandlung.

4. Er *spielt sich nicht (inhaltlich) in den Vordergrund*!
   Zuhören, ausreden lassen, kein Besserwisser, Geduld haben.

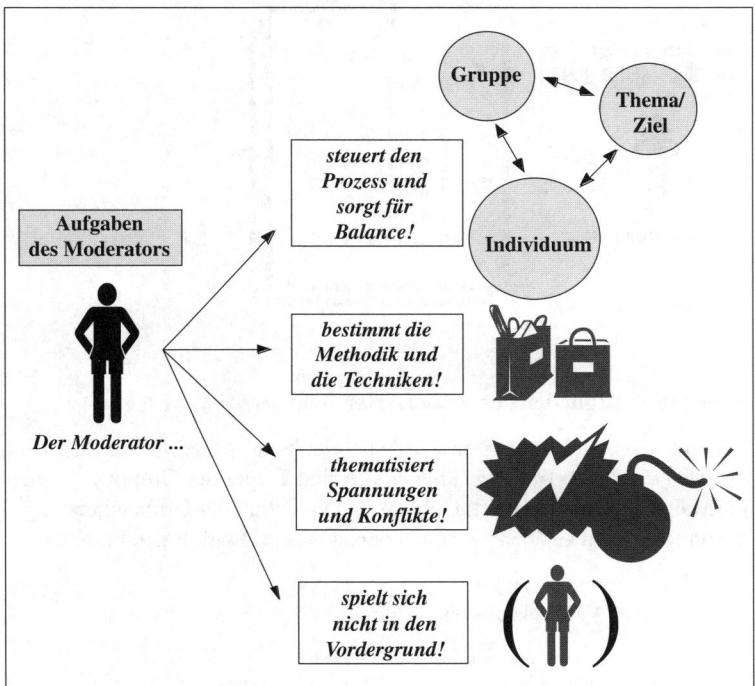

03. Welche Stellung und Rolle (= Funktion) hat der Moderator?

Moderation ist ein Handwerk und die Kunst zur Verbesserung der Kommunikation in betrieblichen Gruppenarbeiten. Der Moderator hat von daher folgende *Stellung und Rolle (= Funktion)* innerhalb der Arbeits-/Besprechungsgruppe:

1. Er ist der erste *Diener* der Gruppe:
   Vorbereitung der Gruppenarbeit, Rahmenbedingungen schaffen

2. Er ist *Partner* der Gruppe:
   sich einfühlen, zusammenfassen, auf alle eingehen

3. Er ist *„Geburtshelfer"* der Problemlösung:
   zielorientierte Fragen vorbereiten, Hilfestellung bei der Formulierung durch Fragen die „Gruppe selbst darauf kommen lassen" (Mäeutik = Hebammentechnik).

4. Er ist *Transformator und Change Agent*:
   Prozessbegleiter, Helfer bei Lernprozessen, Überwindung von Stockungen in der Gruppenarbeit.

5. Er ist *„Gärtner" und Förderer*.
   „bereitet den Boden für die Problemlösung vor": ermuntern, ermutigen, Wissen bereitstellen, die Fähigkeiten der Gruppenmitglieder fördern.

6. Er ist „*Steuermann auf der Brücke*":
   hat den Überblick (Thema, Prozess, Gruppe, Gruppenmitglieder), setzt Prioritäten, erkennt „Sackgassen" der Problembearbeitung.

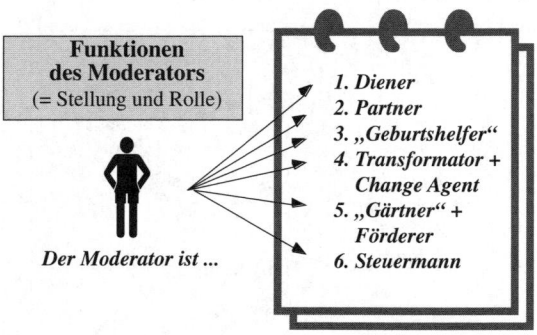

04. Welche Rolle haben die Mitglieder der moderierten Teamarbeit?

In den vorangegangenen Fragen und Antworten wurde bereits herausgestellt, dass die *Mitglieder der Teams im Zentrum der Denk-Werkstatt stehen*: Sie sind Träger der Gruppenleistungen, ihre Meinungen und Erfahrungen sind gefragt. Qualität und Quantität der Gruppenleistung sind insgesamt abhängig von folgenden Größen zwischen denen Wechselwirkungen bestehen:

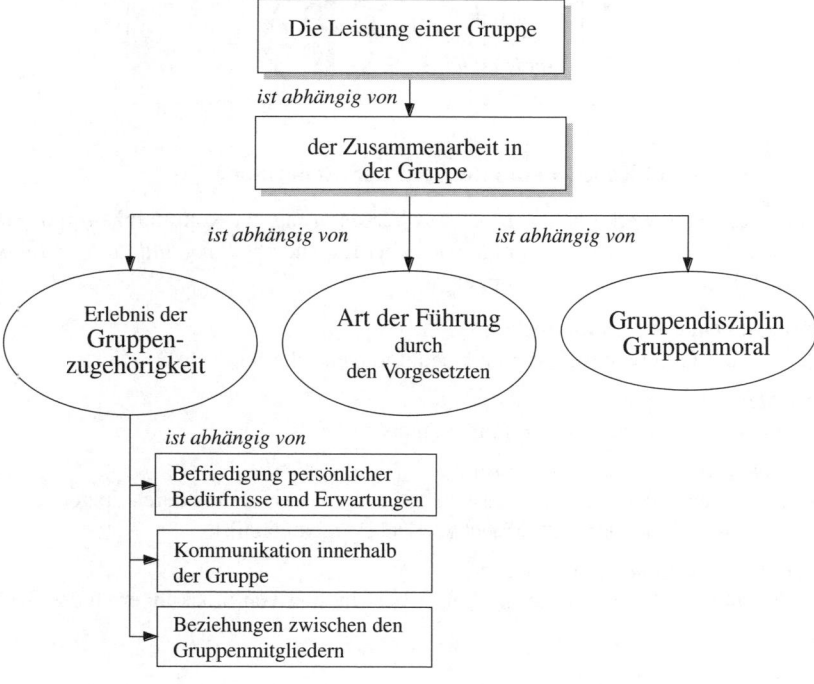

Zur Rolle der *Teammitglieder* gehört auch, dass diese ihre *Pflichten* wahrnehmen:

- *Vor dem Meeting*, z. B.:
  - nächste Sitzung vorbereiten: letztes Protokoll lesen; überprüfen, ob alle Aufgaben abgearbeitet wurden
  - sich auf die neue Tagesordnung vorbereiten (ggf. Unterlagen und Daten besorgen)
  - Vorkehrungen treffen, dass während der Sitzung keine Störungen erfolgen (Anrufe, Handy, Besucher usw.)
  - pünktliches Erscheinen
  - bei Verhinderung: Stellvertreter benennen und informieren; ansonsten absagen mit Begründung

- *Während des Meetings*, z. B.:
  - kurze und klare Ausdrucksweise; keine langatmigen Erklärungen
  - sich auf die Tagesordnung konzentrieren; keine Abschweifungen
  - sich aktiv beteiligen
  - unmittelbar nachfragen, wenn etwas unklar ist
  - selbst für einen zielorientierten Fortgang der Sitzung sorgen: Fragen stellen, auf Entscheidungen drängen, zusammenfassen
  - aufmerksam zuhören
  - mithelfen, dass wichtige Punkte visualisiert werden
  - störende, verletzende Beiträge vermeiden (Killerphrasen u. Ä.)

- *Nach dem Meeting*, z. B.:
  - neues Protokoll durcharbeiten und übernommene Aufgaben abarbeiten
  - ggf. Mitarbeiter über Ergebnisse der Sitzung informieren; ansonsten sind alle Vorgänge und Fakten der Sitzung vertraulich zu behandeln
  - in der Praxis die getroffenen Entscheidungen mittragen

05. Wie ist die Vorgehensweise bei Problemlösungen? Was versteht man unter dem „Problemlösungszyklus"?

Der Problemlösungszyklus ist die *Schrittfolge* zur Realisierung der Ziele *je Projektphase oder Arbeitsaufgabe*; er ist also *ein sich mehrfach wiederholender Prozess je Phase*. Man kann den Problemlösungszyklus bezeichnen als „Regelkreis im Kleinen". Man unterscheidet fünf Schrittfolgen im Problemlösungszyklus (vgl. S. 74):

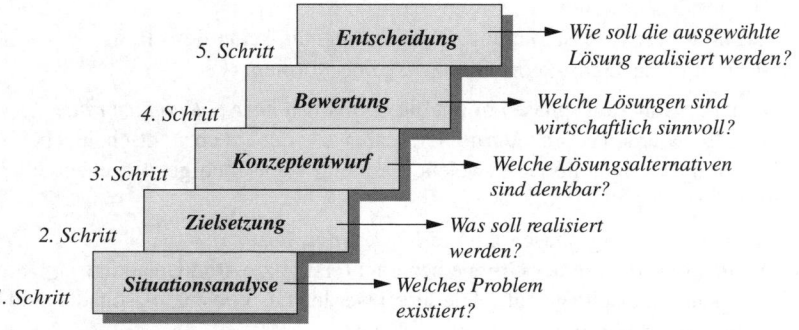

1.7.2 Gruppenarbeitstechniken

01. Welche Methoden und Techniken der Gruppenarbeit sollte der Moderator beherrschen?

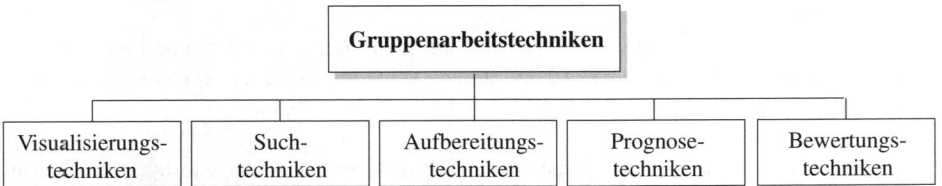

1. *Visualisierungstechniken:*
   - Konzentration auf das Wesentliche
   - Bilder, Worte, Diagramme
   - nicht mit Text überladen
   - Schriftgröße beachten
   - Hilfsmittel einsetzen:
     Flipchart, Tageslichtprojektor, Wandtafel, Diaprojektor, Pinnwand

2. *Suchtechniken*, z. B.:

   2.1 *Brainstorming*:
   - *Brainstorming/Brainwriting* (= „Gedankensturm"):
     Brainstorming bedeutet, einen freien, unzensierten Ideenfluss erzeugen. Dabei werden die Ideen gesammelt, geordnet, bewertet und später in Gruppenarbeit eingehender bearbeitet.

   - *Ideenzettel:*
     Die Teilnehmer sammeln gezielt Informationen und Erfahrungen zum Thema.

   - *Metaplan-Technik* (teilweise auch als Brainwriting bezeichnet):
     → *Äußerungsphase:*
       - bis zu 20 Teilnehmer
       - Ideen auf Karten
       - je Karte nur eine Idee
       - alle Ideen werden dokumentiert
       - keine Idee geht verloren
       - Dauer: 5-10 Minuten
       - während der Ideensammlung: kein Kommentar, keine Bewertung
       - es gibt keine Tabus, keine Grenzen, keine Normen.

     → Nach der Äußerungsphase kommt die *Ordnungsphase („Klumpen bilden"*:
       Die Ideen werden geordnet/gruppiert (dabei gilt: der Urheber entscheidet bei Nicht-Einigung in der Gruppe, in welche Ordnung seine Idee gehört; eventuell Karte doppeln)).

     → Nach der Ordnungsphase folgt die *Bewertungsphase*:
       Die Ideen werden in der Gruppe bewertet (erst jetzt wird „Unsinniges", Unrealistisches usw. beiseite gelegt). Alle Ideen werden besprochen, die Inhalte sind dann jedem einzelnen Gruppenmitglied bekannt.

→ *Vertiefungsphase:*
In der Regel werden danach die interessierenden Themenfelder (sprich „Klumpen") in Gruppenarbeiten im Detail *strukturiert* und inhaltlich aufbereitet.

→ *Schlussphase/Aktionsphase:*
In der Schlussphase werden die gewonnenen Ergebnisse in Aktionen umformuliert, um so Eingang in die Praxis zu finden: Wer? Macht was? Wie? Bis wann?

* *Methode 6 - 3 - 5:*
Sechs Teilnehmer erhalten ein jeweils gleich großes Blatt Papier. Es wird mit drei Spalten und sechs Zeilen in 18 Kästchen aufgeteilt. Jeder Teilnehmer soll in der ersten Zeile *drei Ideen* (je Spalte eine) formulieren. Jedes Blatt wird gleichzeitig im Uhrzeigersinn weitergereicht. Der Nachfolgende soll versuchen, die genannten Ideen aufzugreifen, zu ergänzen und weiterzuentwickeln.

So entstehen innerhalb maximal 108 Ideen: 6 Teilnehmer · 3 Ideen · 6 Zeilen.

2.2 *Morphologischer Kasten:*

Die Hauptfelder eines Problems werden in einer Matrix mit x Spalten und y Zeilen dargestellt. Zum Beispiel erhält man bei einer „4 x 4-Matrix" 16 grundsätzliche Lösungsfelder.

2.3 *Progressive Abstraktion* (= fortschreitende Zusammenfassung nach wesentlichen Merkmalen):

Bei diesem Verfahren werden aus der Fülle der Eigenschaften eines Betrachtungsobjektes fortschreitend diejenigen herausgesondert, die unwesentlich erscheinen; die als wesentlich betrachteten Eigenschaften werden damit zusammengefasst und hervorgehoben.

3. *Aufbereitungstechniken*, z. B.:

3.1 *Baumdiagramm*; dazu einige Beispiele/Techniken:

* *Ishikawa-Diagramm (= Ursache-Wirkungs-Diagramm):*
Die Problemursachen werden nach Bereichen kategorisiert und in einer Grafik veranschaulicht. Die Einzelschritte sind:

→ Problem definieren
→ 4 Ursachenbereiche unterscheiden: - Mensch
                                                   - Maschine
                                                   - Material
                                                   - Methode

→ mögliche Ursachen je Bereich erkunden
→ grafisch darstellen

Beispiel Iskikawa-Diagramm (verkürzte Darstellung):

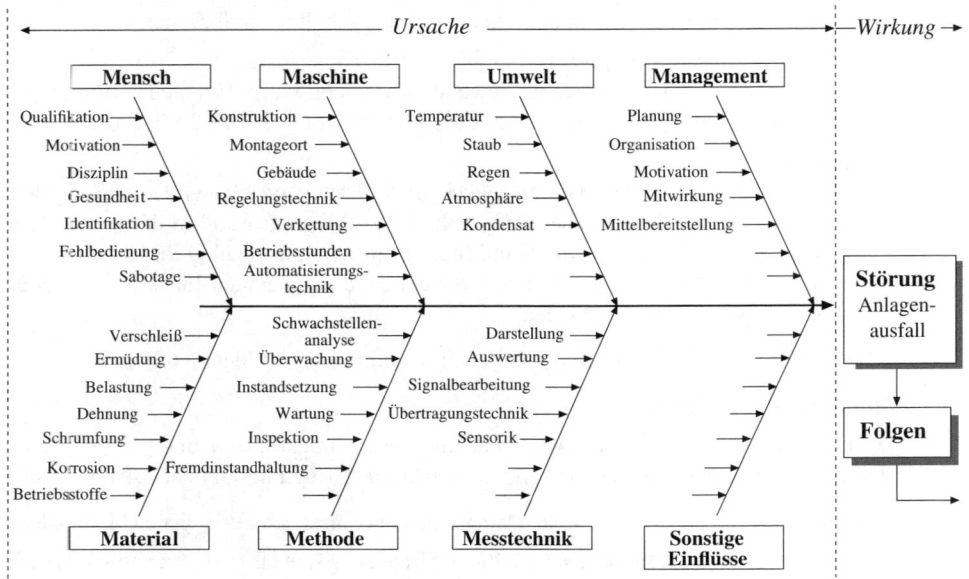

- *Mind-Mapping:*
  Dies ist eine Technik, um Informationen und Problemstellungen auf eine übersichtliche Art zu strukturieren und zu dokumentieren; ist geeignet für die Analyse von Problemen, aber auch die Gliederung von Lösungswegen. Das Problem wird in „Hauptäste" und „Zweige" zerlegt und grafisch veranschaulicht:

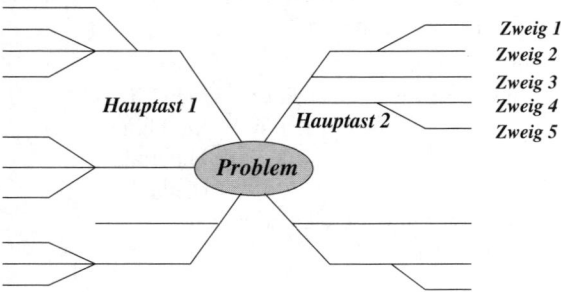

3.2 *Flussdiagramm bzw. Datenflussdiagramm:*
Der Ist-Zustand verrichtungsorientierter Abläufe lässt sich mithilfe eines *Flussdiagramms* darstellen.

Die Darstellung im *Datenflussplan* ähnelt der im Flussdiagramm mit dem Unterschied, dass zusätzliche Symbole aus der EDV verwendet werden. Es lassen sich damit Alternativen, Schleifen und Parallelvorgänge darstellen.

3.3 *Matrixdiagramm/Portfolio:*

Der erste Quadrant wird z. B. in vier Felder eingeteilt: Jeder Achse werden zwei Merkmale mit den beiden Extremausprägungen (hoch/tief bzw. hoch/niedrig bzw. –/+) zugeordnet. Bekannte Beispiele dafür sind die Portfolio-Matrix der Boston-Consulting-Group und die grafische Darstellung des Eisenhower-Prinzips (→ vgl. Ziffer 1.8.4, Persönliches Zeitmanagement).

Portfolio-Matrix nach dem Modell der Boston Consulting Group:

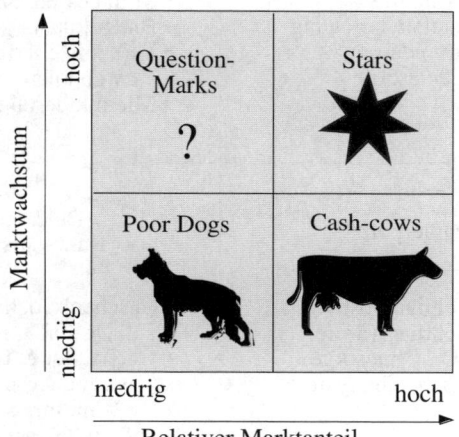

Im Rahmen der Personalentwicklungsplanung sowie des Personalcontrolling werden auch so genannte *Personal-Portfolios* eingesetzt: Man differenziert nach *Leistungsverhalten* (niedrig/hoch) der Mitarbeiter und ihrem *Entwicklungspotenzial* (niedrig/hoch) und erhält auf diese Weise folgende „Idealtypen":

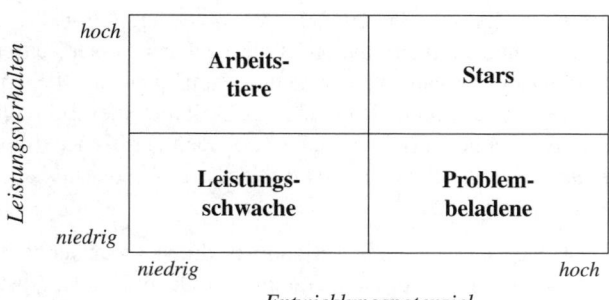

Eisenhower-Prinzip

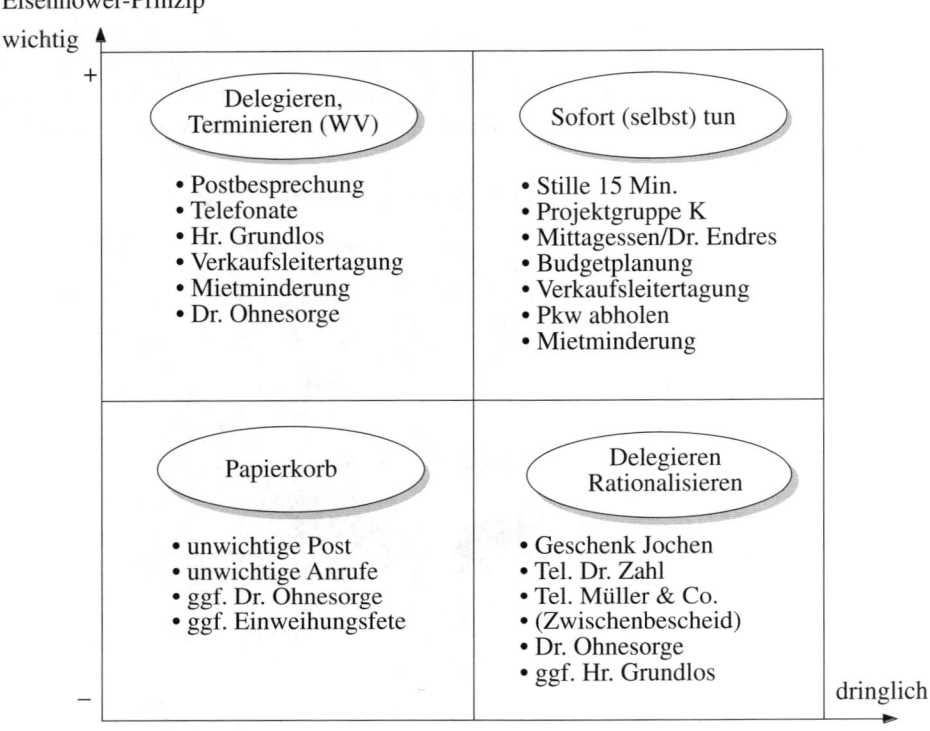

wichtig

Delegieren, Terminieren (WV)

• Postbesprechung
• Telefonate
• Hr. Grundlos
• Verkaufsleitertagung
• Mietminderung
• Dr. Ohnesorge

Sofort (selbst) tun

• Stille 15 Min.
• Projektgruppe K
• Mittagessen/Dr. Endres
• Budgetplanung
• Verkaufsleitertagung
• Pkw abholen
• Mietminderung

Papierkorb

• unwichtige Post
• unwichtige Anrufe
• ggf. Dr. Ohnesorge
• ggf. Einweihungsfete

Delegieren Rationalisieren

• Geschenk Jochen
• Tel. Dr. Zahl
• Tel. Müller & Co.
• (Zwischenbescheid)
• Dr. Ohnesorge
• ggf. Hr. Grundlos

dringlich

4. *Prognosetechniken*, z. B.:

4.1 *Trendextrapolation* (= Prognose auf der Basis von Zeitreihen):

Die Werte einer Zeitreihe lassen sich zur Vorhersage (*Prognose*) der weiteren Werte dieser Zeitreihe nutzen. Interpolation ist die Ergänzung einer Zeitreihenlücke („innen"); *Extrapolation* ist die Ergänzung der Zeitreihe mit wahrscheinlichen zukünftigen Werten („außen"). Die grundlegende Richtung des Verlaufs einer Zeitreihe wird als ihr *Trend* bezeichnet. Als mathematisch einfache Methoden zur Trendextrapolation werden z. B. die *Methode der gleitenden Durchschnitte* und die *Methode der exponenziellen Glättung erster Ordnung* eingesetzt.

Ein mathematisch aufwändigeres Verfahren ist die Methode der kleinsten Quadrate, d. h., die Gerade ist so zu legen, dass die Summe der Quadrate aller Abstände der Merkmalswerte von der Geraden ein Minimum wird.

4.2 *Netzplantechnik:*

Netzpläne stammen aus den USA der 50er-Jahre, als die NASA die Apollo-Projekte zur Mondlandung vorbereitete. Heute werden Netzpläne bei allen größeren Projekten (z. B. Fabrik-, Brückenbau, AIRBUS-Entwicklung) angewendet. Sie sind anderen Darstellungstechniken dann vorzuziehen, wenn komplexe Aufgaben, vernetzte Abläufe, viele Terminvorgänge sowie häufige Änderungsnotwendigkeiten vorliegen.

Unter der Netzplantechnik versteht man ein Verfahren zur Planung und Steuerung von Abläufen auf der Grundlage der Grafentheorie; Einzelheiten enthält die DIN 69 900.

In der betrieblichen Praxis werden überwiegend zwei Darstellungsarten eingesetzt:
- Vorgangspfeiltechnik
- Vorgangsknotentechnik.

Netzpläne können manuell oder maschinell erstellt und verwaltet werden. Maschinelle Unterstützung sollte zur Durchlaufterminierung immer dann eingesetzt werden, wenn die Anzahl der Vorgänge 60 bis 100 übersteigt („Nutzenschwelle").

Bei der Vorgangsknotentechnik sieht die grafisch/verbale Darstellung folgendermaßen aus:

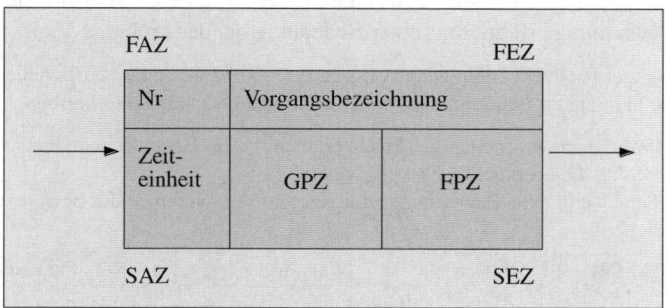

Nr	= laufende Nr. in der Vorgangsliste		SEZ	= späteste Endzeit
FAZ	= früheste Anfangszeit		GPZ	= Gesamtpufferzeit
FEZ	= früheste Endzeit		FPZ	= freie Pufferzeit
SAZ	= späteste Anfangszeit			

Folgende Reihenfolge empfiehlt sich bei der Erarbeitung eines Netzplanes:

1. Erstellen des Projektstrukturplans
2. Erstellen der Vorgangsliste
3. Erstellen der Grafenstruktur (ohne Zeiten)
4. Bearbeiten der Zeiten:
   - Vorwärtsrechnung
   - Rückwärtsrechnung
   - Pufferzeiten
   - kritischer Weg

4.3 *Szenariotechnik:*

Sie gehört zu den strategischen Prognoseinstrumenten: Ausgehend von der gegenwärtigen Unternehmensentwicklung werden alle derzeit relevanten Unternehmensinformationen zusammengefasst. Das gesamte Untersuchungsfeld wird analysiert und es werden alternative zukünftige Situationen abgeleitet (z. B. „Worst-case-Betrachtung"/„Best-case-Betrachtung").

5. *Bewertungstechniken*, z. B.:

5.1 *Nutzwertanalyse*:

Bei der Nutzwertanalyse wird ein Gegenstand hinsichtlich einer Reihe von Merkmalen untersucht. Für die Ausgestaltung des Gegenstandes (= Ziel) gibt es mehrere Varianten. Jede Variante erhält einen in Zahlen ausgedrückten Wert. Die Skalierung kann nominal, ordinal oder kardinal erfolgen. Hauptgruppen der Bewertung sind i. d. R.:

- wirtschaftliche Merkmale
- technische Merkmale
- rechtliche Merkmale
- soziale Merkmale.

Eine Erweiterung der Bewertung kann dadurch vorgenommen werden, indem jedes Merkmal eine Gewichtung erfährt, die seiner Bedeutung bei der Problemlösung gerecht wird.

Beispiel: In einer Personalabteilung soll eine neue IT-Software angeschafft werden. Die beiden angebotenen Varianten sollen mithilfe einer Nutzwertanalyse verglichen werden:

1. Zunächst werden die relevanten Merkmale erarbeitet, z. B. Bedienerfreundlichkeit usw.
2. Danach werden die Merkmale (evt.) gewichtet.
3. Anschließend werden die Bewertungen durchgeführt, die Summen der Bewertungen ermittelt und verglichen.

Merkmale	Gewich-tung	Variante 1		Variante 2	
		Bewertung einfach	Bewertung gewogen	Bewertung einfach	Bewertung gewogen
Bediener-freundlichkeit	0,2	50	10	40	8
Verständlichkeit	0,2	40	8	30	6
Systemsicherheit	0,1	40	4	20	2
Fehlervermeidung	0,1	30	3	30	3
Hilfefunktionen	0,1	40	4	40	4
...	...	...	...	...	...
Summe	(1,0)		(29)		(20)

Die Variante mit der höchsten gewogenen Bewertungszahl ist auszuwählen. In dem (verkürzten) Beispiel ist dies Variante 1.

• *Wertanalyse:*
Die Wertanalyse (WA) basiert auf folgender Grundüberlegung: Ein Produkt erfüllt bestimmte Funktionen und hat damit für den Verbraucher einen bestimmten Wert/Nutzen. Beispiel: Ein Feuerzeug erfüllt u. a. die Funktion Feuer, Wärme oder Licht zu spenden. Jede Funktion eines Produktes verursacht in der Herstellung spezifische Kosten. Die Wertanalyse verfolgt nun das Ziel, den vom Verbraucher erwarteten Wert eines Produkts mit den geringsten Kosten herzustellen. Die Vorgehensweise ist stark normiert und orientiert sich an quantifizierten Zielen (vgl. DIN 69910).

5.2 *Pareto-Diagramm:*

Die Pareto-Regel lautet: 20 % der Ursachen sind für 80 % der Folgen verantwortlich.

Beispiele: 20 % der Produkte machen 80 % des Umsatzes; 20 % der Mitarbeiter verursachen 80 % des Absentismus; 20 % des Zeiteinsatzes erbringen 80 % des Ergebnisses.

Pareto-Diagramm:

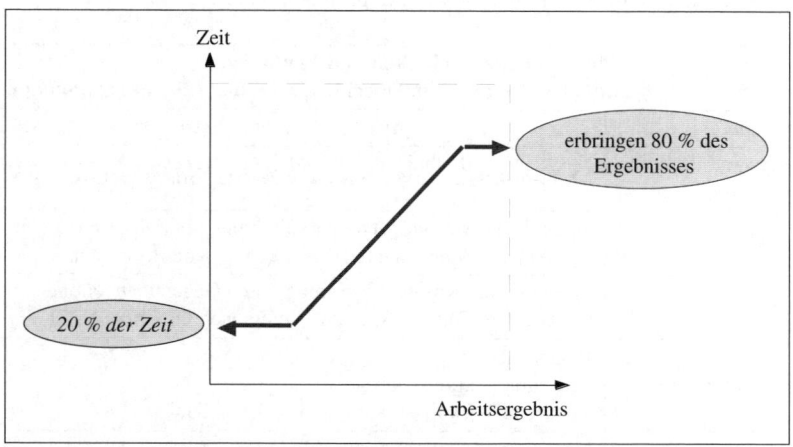

5.3 *Wertschöpfungsanalyse:*

Betriebswirtschaftlich ergibt sich die Wertschöpfung aus den gesamten *Erlösen* (die nach außen abgegebenen Güterwerte) *minus den Vorleistungen* (den von außen bezogenen Güterwerten).

Die Wertschöpfungsanalyse ist ein strategisches Instrument für den Innenbereich des Unternehmens; gerade in Zeiten einer schwachen Konjunktur werden Wertschöpfungsketten je Produkt (= alle Fertigungs- und Absatzstufen eines Produktes bis hin zum Kundenservice) daraufhin untersucht, ob die Aktivitäten besser und/oder billiger durchgeführt werden können.

Beispiel der Wertschöpfungskette in einem Industriebetrieb:

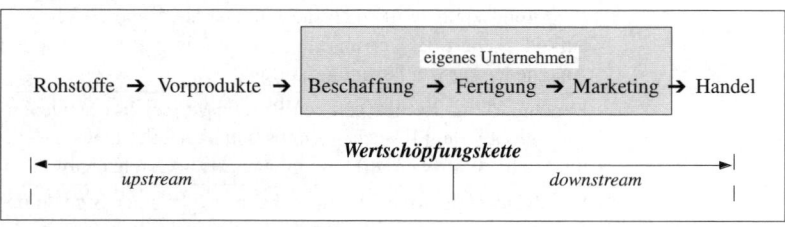

02. Welche Gruppenarbeitstechniken muss der Personalfachkaufman unterscheiden bzw. einsetzen können?

Die nachfolgende Tabelle enthält einen Gesamtüberblick über alle unter Ziffer 1.7.2 genannten Techniken. Die im Rahmenplan gewählte Bezeichnung „Gruppenarbeitstechniken" ist in der Literatur unüblich. Dort finden sich diese Instrumente unter Bezeichnungen wie Techniken/ Methoden/Verfahren der Analyse, Planung und Kontrolle und werden meist in strategische und operative sowie in quantitative und qualitative Verfahren gegliedert.

Instrumente, Techniken und Methoden der Analyse, Planung und/oder Kontrolle im Überblick zu Ziffer 1.7.2 des Rahmenplans	
Bezeichnung:	*Kurzbeschreibung, Beispiele:*
Kostenanalysen, Kostenvergleiche	Make-or-Buy-Analyse; Kritische Menge, Break-even-Analyse
ABC-Analyse	Technik zur wertmäßigen Klassifizierung von Objekten (Wertanteil : Mengenanteil) → Erkennen von Prioritäten.
Wertanalyse	Verfahren zur Kostenreduzierung durch Gegenüberstellung von Funktionswert zu Funktionskosten (streng nach DIN bzw. VDI).
Ursachenanalysen	Beispiele: - Kommunikationsanalysen - Ursache-Wirkungsdiagramme (z. B. Ishikawa)
Nutzwertanalyse	Screening-Modelle, Scoring-Modelle
Stärken-Schwächen-Analyse	Es werden relevante Leistungsmerkmale des eigenen Unternehmens erfasst (z. B. Marketing, F & E, Mitarbeiter) und mithilfe einer Skalierung bewertet.
Kundenzufriedenheitsanalyse	Mithilfe geeigneter Merkmale, die meist gewichtet sind, erfolgt eine Kundenbefragung mit anschließender dv-gestützter Auswertung; Beobachtungsmerkmale sind z. B.: Erreichbarkeit des Ansprechpartners für den Kunden, Qualität, Termineinhaltung, Beratungsumfang.
Chancen-Risiken-Analyse	Zusammenfassung der Ergebnisse der Umwelt-, Markt-, Branchen-, Konkurrenz- und der Stärken-Schwächen-Analyse in einer Matrix: → Chancen für das Unternehmen/Risiken für das Unternehmen – vom Markt, vom Wettbewerber, aufgrund eigener Faktoren usw.
Wertschöpfungsanalysen	Betreffen den Innenbereich des Unternehmens: Die gesamte Wertschöpfungskette wird analysiert, um strategische Erfolgspotenziale aufzudecken, z. B. Verringerung der Fertigungstiefe, Angliederung/ Ausgliederung von Fertigungsstufen.
Benchmarking	Benchmarking: Lernen von den Besten; Vergleich des eigenen Unternehmens mit dem Branchenprimus (kann quantitativ und/oder qualitativ durchgeführt werden); → vgl. auch: Konkurrenzanalyse.
Früherkennungssysteme	Strategisches Instrument zum Erkennen relevanter Signale des internen und externen Umfeldes mithilfe geeigneter Faktoren, z. B. Reklamationen, Ausschuss/Konjunktur, soziale Entwicklung.
Planungstechniken	Netzplantechnik, Diagrammtechniken (Fluss-, Baumdiagramm)
Problemlösungs- und Kreativitätstechniken	Brainstorming, Synektik, Bionik, Morphologischer Kasten, Abstraktion

Delphi-Modelle	Qualitative Prognosetechnik: Interne/externe Experten werden anonym und schriftlich befragt im Hinblick auf Entwicklungen bzw. Problemlösungen. Die Durchführung erfolgt in mehreren Phasen.
Szenario-Technik	Komplexes Instrument der strategischen Planung: Die Ergebnisse anderer Analysen ($\rightarrow$ Cross-Impact-, Gap-, Umfeld-Analyse werden zusammengetragen. Es werden Szenarien entwickelt, z. B.: A = normaler Trend, A1 = Entwicklung 1 unter Störungen, A2 = Entwicklung 2 unter Störungen usw. Ziel ist die Ableitung von Strategien, Maßnahmen des strategischen Controllings usw.
Portfolio-Methode (BCG-Matrix)	Portfolio: Wertpapierdepot. Aus der Verbindung der Ansätze [Produktlebenszyklus + Erfahrungskurve] wird eine 4-Felder-Matrix entwickelt, aus der sich Normstrategien für die Produktpolitik ableiten lassen.
Potenzialanalyse	Als Potenzialanalyse im Rahmen der Prozessgestaltung bezeichnet man die Diagnose, welche Ressourcen im Basisgeschäft gebunden sind und welche ggf. für strategische Aktionen noch (oder nicht mehr) zur Verfügung stehen.
Phasenmodelle zur Optimierung der Aufbau- und Ablaufstrukturen	3-Phasen-Modell 5-Phasenmodell 6-Stufen-Modell nach REFA (vgl. S. 62)
Mathematische Modelle/Verfahren	- OR (Operations Research) - Warteschlangentheorie - Lineare Programmierung - Trendextrapolation

1.7.3 Umgang mit Präsentationsmedien

01. Welche Medien eignen sich für die Visualisierung?

Dazu einige Beispiele:

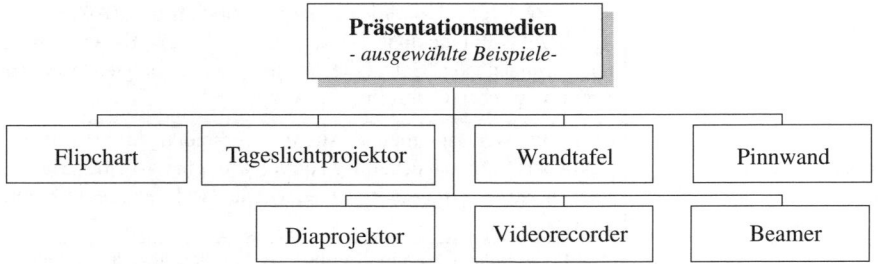

- *Flipchart:*
  → Vorteile: - Aufzeichnungen bleiben erhalten (z. B. für Protokolle oder als Basis für weitere Bearbeitung)
  - die einzelnen Blätter können als Gesamtergebnis nebeneinander an die Wand geheftet werden (Szenerie)
  - das Gestell ist leicht zu bewegen (Kleingruppenarbeit)
  - das Arbeiten mit der Flipchart ist weitgehend problemlos

  → Nachteile: - beim Schreiben und Visualisieren ist der Rücken zur Gruppe gewandt
  - Aufzeichnungen können nicht gelöscht werden (Unterschied zur Wandtafel)

  → Hinweise: - Sind genügend Blätter vorhanden?
  - Sind es die richtigen Blätter (weiß, kariert, liniert)?
  - Haben die Blätter die passende Aufhänge-Perforation?
  - Sind Farbstifte vorhanden und sind diese funktionsfähig?

  → geeignet: für Präsentationen, Notizen, Visualisierung, Ideenspeicher, Rechenwerke, Diskussionsprotokoll

- *Tageslichtprojektor:*
  → Vorteile: - kein Abdunkeln erforderlich
  - beim Schreiben ist der Blick zum Publikum gewandt
  - Erstellen von Folien verhältnismäßig einfach (Fotokop Folien/Thermo-Folien)
  - Realaufnahmen möglich
  - der Referent sieht die Abbildung der nächsten Folie und kann sich textlich darauf einstellen
  - eine Änderung der Folien-Reihenfolge während des Vortrags ist möglich
  - mehrere Folien können übereinandergelegt werden, dadurch kann eine Darstellung durch Hinzufügen weiterer Aspekte Schritt für Schritt weiterentwickelt werden
  - Folien können während des Vortrages handschriftlich ergänzt und schriftlich kommentiert werden.
  - Abdeckung der im Moment nicht gefragten Textteile (Abdecktechnik)

→ Nachteile: - Projektionswand erforderlich
- Farbfolien sind teurer als Dias
- das abschließende Arbeitsergebnis kann nicht durch Nebeneinanderstellen der Einzelergebnisse dargestellt werden
- die dargestellte Information ist nur kurzzeitig präsent

→ Hinweise: - Ist der Projektor funktionsfähig?
- Sind Verlängerungskabel und Ersatzbirne vorhanden?
- Stellen Sie das Gerät nicht auf den Tisch (gestörter Blickwinkel), sondern so, dass sich die Glasplatte mit Folie in Tischhöhe befindet.
- Achten Sie darauf, dass Sie nicht „im Bild" stehen!
- Verschiedenfarbige Folienstifte und Leerfolien (Folienrolle) bereitlegen.
- Justieren Sie vorher das Bild auf Größe und Schärfe.
- Prüfen Sie, ob Spiegel und Glasplatte sauber sind.
- Demonstrieren Sie auf der Folie und nicht an der Leinwand (Rücken!)
- Folien nicht mit Informationen überladen („weniger ist mehr").
- Kabel fixieren (Vorsicht Fußangel!)

→ geeignet: für Präsentationen, Visualisierungen

- *Wandtafel:*
  → Vorteile: - relativ problemlos
  - kostengünstig
  - unmittelbare Aufzeichnungen
  - Schreibfehler können sofort korrigiert werden

  → Nachteile: - beim Schreiben/Visualisieren ist der Rücken zum Publikum gewandt
  - Transport umständlich; oft fest installiert
  - Ergebnisse werden weggewischt und stehen für Protokoll oder tiefergehende Arbeiten nicht mehr zur Verfügung
  - erinnert an die Schule

  → Hinweise: - Denken Sie an Kreide/Stifte und Schwamm (+ Wasser)

  → geeignet: für Visualisierung, Rechenwerke, Notizen

- *Pinnwand:*
  → Vorteile: - verhältnismäßig große Fläche pro Wand
  - mit Pinnwand-Karten können sehr schnell Ideen und Erfahrungssammlungen durchgeführt werden
  - Karten können umgesteckt und neu geordnet werden
  - Strukturierung der gesammelten Informationen sofort möglich
  - die einzelnen Arbeitsergebnisse können in Form einer Szenerie (mehrere Pinnwände nebeneinander) zu einem Gesamtergebnis zusammengeführt werden
  - verschiedene Gestaltungselemente möglich: Kreise, Pfeile, Rechtecke, Wolken usw. (kein starres Schema)
  - alle Informationen bleiben präsent

  → Nachteile: - beim Anpinnen der Karten oder beim Schreiben ist der Rücken zum Publikum gewandt (lassen Sie daher anpinnen bzw. schreiben!)
  - die Wände sind sperrig beim Transport

- zur Pinnwand gehören bestimmte Utensilien
- aufwändige Archivierung und Dokumentation

→ Hinweise: - Überlegen Sie vorher, wie viel Wände gebraucht werden (vollständiges Sortiment)
- Filzschreiber für jeden Teilnehmer
- auf Wandfläche Freiraum für Ergänzungen lassen
- Roter Faden für den gezielten Einsatz notwendig (Nummerierung; besonders bei mehreren Pinnwänden)

→ geeignet: für Präsentationen, Ideenspeicher, Visualisierung, Projektarbeit, Ideen-/Erfahrungssammlung

- *Diaprojektor:*
  → Vorteile: - Dias sind kostengünstiger als Farbfolien
  - Realaufnahmen (natürliche Darstellung) möglich

  → Nachteile: - Der Vortragsraum muss abgedunkelt sein
  - Projektionswand erforderlich
  - Der Referent muss die Reihenfolge der Dias im Kopf oder auf Papier haben
  - Handschriftliche Anmerkungen während des Vortrages sind nicht möglich
  - Änderung der Dia-Reihenfolge während des Vortrages ist nur schwer möglich
  - Verkehrtherum stehendes Dia kann während des Vortrags nur schwer korrigiert werden
  - Die dargestellte Information ist nur kurzzeitig präsent

  → Hinweise: - Prüfen Sie vorher, ob der Projektor funktionsfähig ist
  - Sind Verlängerungskabel, Ersatzbirne, Leinwand und Fernbedienung vorhanden?
  - Klären Sie, ob Ihre vorbereitete Kassette auch in den Projektor passt
  - Achten Sie darauf, dass die Dias richtig (auf dem »Kopf stehend«) in die Kassette eingeordnet sind.
  - Lassen Sie die Dias vorher noch einmal durchlaufen und prüfen Sie, ob alle richtig eingeordnet sind.
  - Achten Sie darauf, dass Sie den Dia-Wechsel per Hand selbst vornehmen können (Fernbedienung).
  - Prüfen Sie, ob die Linse sauber ist.
  - Justieren Sie vorher das Bild auf Größe und Schärfe.
  - Sprechen Sie nicht zur Leinwand, sondern zum Publikum.
  - Nicht zu viele Dias zeigen (Ermüdung).
  - Kabel fixieren (Fußangel)

  → geeignet: für Präsentationen, Lichtbilder-Vortrag

- *Videorecorder:*
  → Vorteile: - Wiedergabe von Fernsehsendungen oder Lehrprogrammen
  - Aufzeichnung und Wiedergabe von Rollenspielen und Präsentationen
  - gezielte/sequenzielle Auswertung und Bearbeitung möglich
  - einfache Dokumentation und Archivierung

  → Nachteile: - der Einsatz der Kamera verlangt Übung
  - ggf. Versagen der Technik

- kostenintensiv
- Transport (Kamera, Videorecorder, Fernsehgerät)

→ Hinweise: - gute Vorbereitung erforderlich
- vorher ausprobieren, ob Videorecorder und TV-Gerät abgestimmt sind
- nicht zu lange Sequenzen zeigen (Spielfilm/Ermüdung)

→ geeignet: für Präsentationen, Lehrprogramme, Verhaltenstraining

1.8 Arbeitstechniken und Zeitmanagement anwenden

1.8.1 Hilfen für das „Lernen zu lernen"

01. Was ist Lernen?

Lernen heißt, neue Wissensgebiete erschließen, neue Fertigkeiten erlangen und die eigene Person, sein Verhalten ändern. Kurz gesagt: *Lernen ist jede Änderung des Verhaltens oder Erlebens.*

02. Welche subjektiven und objektiven Rahmenbedingungen sollte der Lernende beachten?

Beispiele:

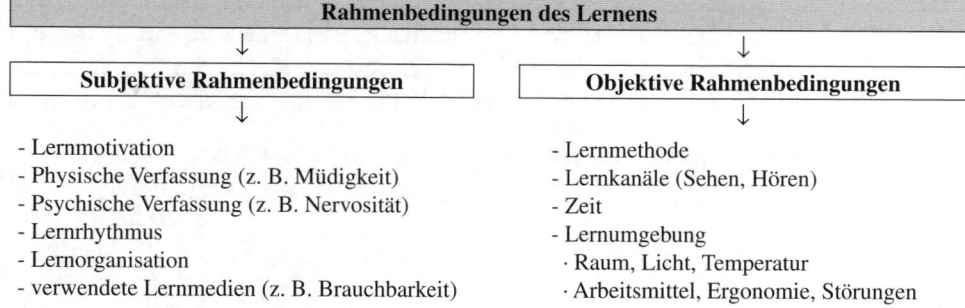

Rahmenbedingungen des Lernens	
↓	↓
Subjektive Rahmenbedingungen	**Objektive Rahmenbedingungen**
↓	↓

- Lernmotivation
- Physische Verfassung (z. B. Müdigkeit)
- Psychische Verfassung (z. B. Nervosität)
- Lernrhythmus
- Lernorganisation
- verwendete Lernmedien (z. B. Brauchbarkeit)
	- Lernmethode
	- Lernkanäle (Sehen, Hören)
	- Zeit
	- Lernumgebung
	  · Raum, Licht, Temperatur
	  · Arbeitsmittel, Ergonomie, Störungen

03. Welche Lernarten (-methoden) lassen sich unterscheiden?

Für den Erwachsenen ist es wichtig, dass sein Lernaufwand in angemessenem Verhältnis zum Lernerfolg steht. Dazu ist erforderlich, sich für die richtige Lernart zu entscheiden, d. h. in welcher Form/auf welche Art will man lernen? Z. B.:

- Lernen durch Pauken
- Lernen durch Begreifen
- Lernen durch praktische Erfahrung
- Lernen durch Beobachtung
- Lernen durch aktives Probieren.

04. Welche Bedeutung hat die Lernmotivation für den Lernerfolg?

Eine der Lerntechniken besteht darin, sich die Gründe zu verdeutlichen, aus denen man lernt. Beispiel: Es reicht nicht aus, an einer Qualifizierungsmaßnahme (z. B. Personalfachkaufmann) „nur so" oder „weil man geschickt wurde" teilzunehmen. Wichtig ist, dass man sich ein Ziel setzt („Ich will Spanisch lernen für meinen nächsten Urlaub") und sich die Vorteile und den Nutzen des eigenen Lernens vor Augen hält („Mit meinen Spanischkenntnissen kann ich mich verständigen und dadurch Land und Leute viel genauer kennen lernen"). Die Vorteile und der Nutzen beim Lernen können individuell sehr unterschiedlich sein.

Fazit:
Lernen darf nicht Selbstzweck sein. Es muss auf ein konkret formuliertes Ziel hinauslaufen. Je höher der *Nutzen* ist, den man durch sein Lernen erzielen will, desto größer ist die Motivation und desto höher ist der Lernerfolg.

05. Welche Rolle spielt die Wahl der Lernwege (-kanäle) für den Lernerfolg?

Lernwege sind – grob gesprochen – die Kanäle, auf denen die Informationen in den Kopf kommen.

Es gilt folgende Erfahrung:

Aktivität	Lernkanal	Behaltenswirksamkeit
Hören	Ohren	20 %
Sehen	Augen	30 %
Sehen + Hören	Augen + Ohren	50 %
Sehen + Hören + selbst Reden	Augen + Ohren + Mund	70 %
Handeln (selbst tun)	Hände + Kopf + Körper	80 - 90 %

Entsprechend wurde früher in der Literatur ein großer Unterschied zwischen

- Visuellen (sehend Lernenden),
- Akustikern (hörend Lernenden) und
- Motorikern (tuend Lernenden)

gemacht.

Die Praxis zeigt jedoch, dass es solche „Lerntypen" in Reinkultur nicht gibt. Alle Menschen stellen eine Mischform dieser drei Typen dar, allerdings mit verschiedenen Schwerpunkten. Je mehr Lernwege man einsetzt, umso besser ist der Lerneffekt: Z. B. kann man eine Sprachlektion lernen durch „Lesen im Buch" (Lesen/Augen); anschließend verwendet man eine Sprachkassette (Hören/Augen) und spricht dann laut die Übungen dieser Lektion nach (Tun/Körper).

Fazit:
- Beim Lernen möglichst viele Lernwege einsetzen.
- Die Lernwege wechseln.
- Erkennen, ob ein bestimmter Lernweg bei einem selbst stärker ausgeprägt ist.

1.8.2 Allgemeines Zeitmanagement

01. Welche Formen schriftlicher betrieblicher Kommunikation sollte der Personalfach-kaufmann kennen?

- *Bericht:*
  Im Bericht zunächst will man zuverlässige Informationen über Ereignisse oder/und Sachverhalte niederlegen, die in der Vergangenheit liegen. Es gilt:

  - *Tatsachen* möglichst vollständig sammeln und auflisten (was?).
  - *Anlass, Zweck und Empfänger* eines Berichtes festhalten (warum? wofür? für wen?).
  - Den richtigen *Aufbau* festlegen; dabei ist zu unterscheiden zwischen:
    - Vorgangsbericht (Arbeitsunfall)
    - Protokoll (Sitzung)
    - Rechenschaftsbericht.
  - Herkunft der Informationen nennen (Augenzeuge, Betroffener, Teilnehmer).
  - Es werden nur *Fakten* genannt. Die Wertung und Meinungsbildung wird dem Leser überlassen.
  - Als Zeitform wird die *Vergangenheit* gewählt, weil über bereits Vergangenes berichtet wird.

- *Protokoll:*
  Das Protokoll ist eine Sonderform des Berichtes. Dabei ist gegenüber dem Bericht zu unterscheiden:

  Zweck: - Niederschrift über das Ereignis (Beweismittel)
           - Gedächtnisstütze für Teilnehmer
           - Information für Abwesende
           - Chronik für nachfolgende Besprechungen
           - Kontrolle

  Formen: - *Ergebnisprotokoll* (es enthält lediglich die Ergebnisse einer Verhandlung oder eines Gesprächs)
           - *Verlaufsprotokoll* (es enthält eine lückenlose Wiedergabe des Verlaufs einer Sitzung oder eines Gesprächs); dazu gehören dann die einzelnen Diskussionsbeiträge und die Ergebnisse

  Schema: - Überschrift: Protokoll über .... (Art/Gegenstand der Sitzung; Planung der Überstunden, des Jahresurlaubs der Mitarbeiter, Sonderschichten etc.)
           - Ort, Tag, Uhrzeit: am . . . von . . . bis . . . Uhr
           - Anwesende,
           Entschuldigte,
           ggf. Gäste:

Beispiel:

> ### *Protokoll über das Schichtwechselgespräch vom 27.06. 20..*
>
> von 06:00-06:30 Uhr, Halle 3
>
> Teilnehmer: Muhrjahn, MTV   Verteiler: ....
>
>   ....
>
> Protokoll: Kurz, MTK
> Leitung: Mende, MGL
>
> Tagesordnung: TOP 1:   ....
>   TOP 2:   ....
>
> Ergebnis: ....   V: ....
>   ....   T: ....
>
> Unterschriften   ....

V: Verantwortlich
T: Termin

- *Aktennotiz:*
  Eine weitere Sonderform des Berichts ist die Aktennotiz, auch als Hausmitteilung oder Vermerk bekannt. In der Regel werden in der Aktennotiz wichtige Vorgänge (Ereignisse, Ergebnisse von Gesprächen) in schriftlicher Form für den hausinternen Gebrauch festgehalten. Die Aktennotiz wird ebenfalls übersichtlich gegliedert. Die Sprache ist dabei knapp – bis hin zum Telegrammstil. Folgendes Schema ist üblich:

  - Empfänger:
  - Datum (ggf. Uhrzeit)
  - Anlass:
  - Gegenstand: *z. B. Telefonat, persönliches Gespräch, Vorfall*
  - Information, Verlauf, Ergebnis:
  - Unterschrift:

Beispiel:

> ### *Interne Mitteilung*
>
> von: Krause, Pl 3   Kopie: Dr. Jensen, GL
> an: Muhrjahn, MTV
> am: 27.06. 20..
>
> *Zustand der Verpackungsmaschinen Halle 3*
>
> Beim Rundgang in Halle 3, Fr., 16:20 Uhr musste ich feststellen, dass .... Ich bitte, ...
>
> gez. G.W. Krause

02. Welche Darstellungs- und Gliederungstechniken sollte der Personalfachkaufmann kennen?

1. *Regeln der Visualisierung:*

Das gesprochene Wort wird nicht nur durch Körpersprache unterstützt, sondern auch durch *geeignete Visualisierung*:

1.1 Einsatz geeigneter *Hilfsmittel und Medien*, wie z. B.:
Flipchart, Wandtafel, Pinnwand, Overheadprojektor

1.2 Medien und Hilfsmittel vorbereiten und erproben; den Einsatz der Technik üben!

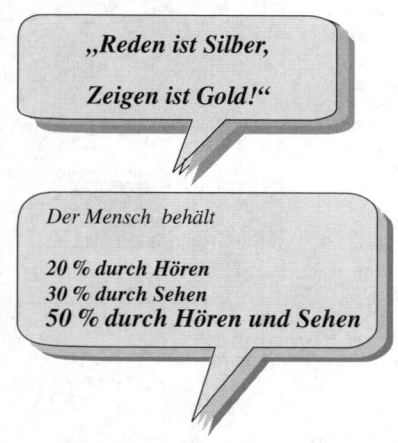

2. *Gestaltungselemente der Visualisierung* z. B. bei OH-Folien richtig einsetzen, u. a.:

2.1 *Text:* - gut lesbar und richtige Schriftgröße (mind. Schriftgrad 20),
- ggf. unterschiedliche Schriftgrößen,
- Blöcke bilden, gliedern,
- Stichworte, kein Fließtext,
- Diagramme/Bilder pointiert einsetzen („Eyecatcher"),
- OH-Folien durchnumerieren, mit Titel versehen, einheitliches Erscheinungsbild (Anordnung: z. B. Text links, Bild rechts o. ä.), einheitliche Optik (z. B. Master-folie, Logo, CI),
- nicht überfrachten (z. B. bei der OH-Folie: ca. 5 Zeilen),
- ggf. farbliche Markierung (sparsam!).

2.2 *Freie Grafiken, Symbole, Diagramme und optische Pointierungen gezielt einsetzen:*

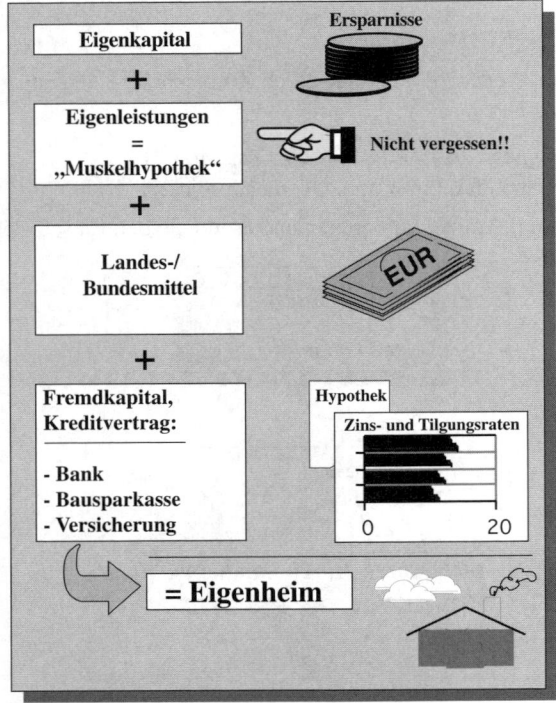

2.3 *Diagramme* richtig und gezielt einsetzen, z. B.:

Diagramm	Wofür?
• Kurvendiagramm • Kreisdiagramm • Säulen-/Balkendiagramm	→ Zur Darstellung von Entwicklungsverläufen, z. B. Umsatzentwicklung, Fluktuationsquote → Zum Vergleich von Teilmengen, z. B.: Umsatzanteile, Belegschaftsstruktur → Zur Gegenüberstellung von Werten: Umsätze, Unfallzahlen pro Monat

Beispiel: Liniendiagramm

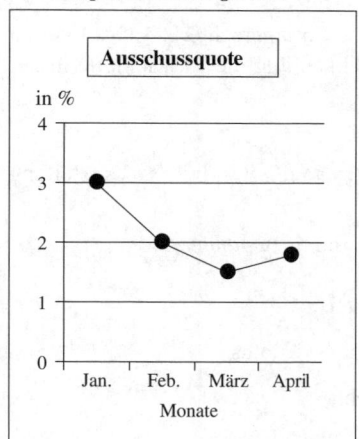

Beispiel: Flächendiagramm

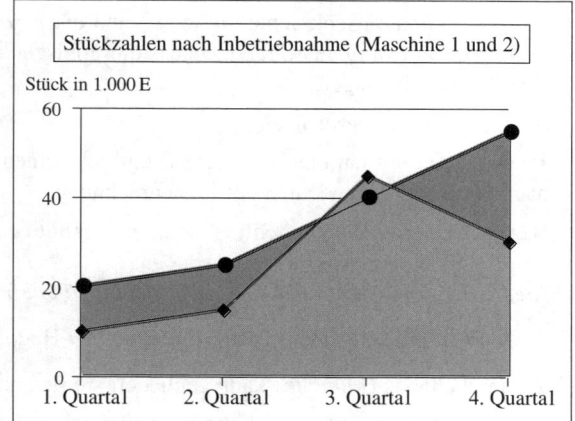

**Beispiel:
Kreisdiagramm,**
*Vergleich,
mit explodiertem
Segment,
Kreise geneigt,
mit Schatten*

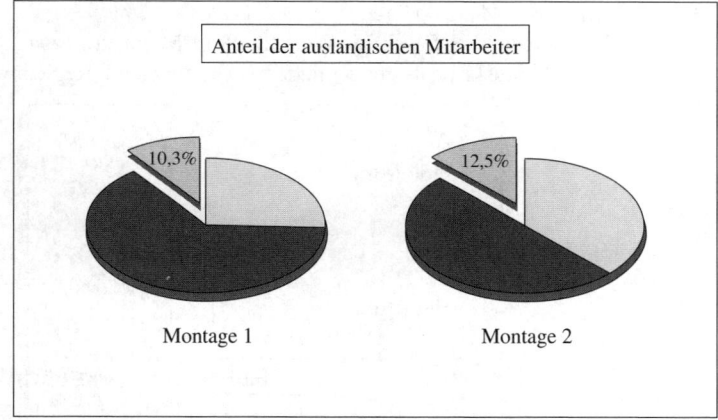

Beispiel: Balkendiagramm, vertikal

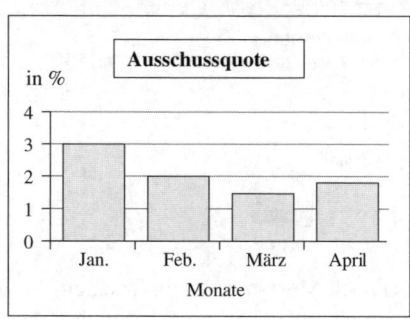

Beispiel: Balkendiagramm, horizontal

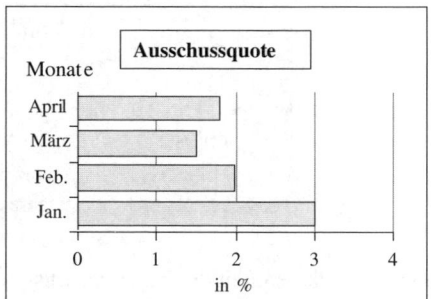

Bei der Erstellung von Diagrammen sind folgende Aspekte zu beachten:

- Für die Ordinate (Senkrechte; y-Achse) und die Abzisse (Waagerechte; x-Achse) ist ein *geeigneter Maßstab* auswählen, sodass die grafische Darstellung die Entwicklung in der Realität wiederspiegelt.
- Jede *Achse* ist zu *bezeichnen*.
- Jedes Diagramm hat eine *Überschrift* und ggf. einen *Quellenhinweis* (z. B.: Darstellung nach betriebsinternen Daten der Kostenrechnung).
- Bei Konzeptarbeiten empfiehlt es sich, die Abbildungen durch zu *nummerieren*.

3. *Texte, Reden, Präsentationen* usw. *zweckmäßig gliedern*, z. B.:

   3.1 Generell gilt folgender *Ablauf*: Einleitung → Hauptteil → Schluss

   3.2 Innerhalb des *Hauptteils* kann gegliedert werden nach:
- Ist → Fakten → Soll → Gründe → Maßnahmen + Nutzen ...
- Ist → Fakten → Soll/Pro-Argumente → Soll/Contra-Argumente → Bewertung ...

   3.3 *Gestaltung des Manuskriptes*:
Im Allgemeinen ist es falsch, ein Wort-für-Wort-Manuskript zu erstellen. Besser ist es, ein Stichwort-Manuskript als gut gegliedertes Drehbuch mit Regieanweisungen zu gestalten:

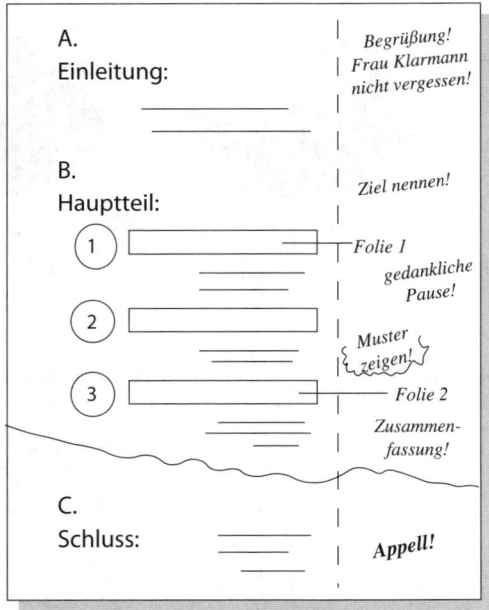

- *Der linke Teil* enthält das Themengerüst (sortiert nach Muss- und Kann-Themen).
- *Der rechte Teil* erinnert an Hilfsmittel, Medieneinsatz und besondere Aktivitäten (rhetorische Frage, Appell, Zusammenfassung).
- Mit einem *Textmarker* können besondere Punkte hervorgehoben werden. Sehr geeignet sind Karteikarten in DIN-A5-Format.

03. Welche Argumentationstechniken gibt es?

Argumentation (lat.) ist Beweisführung. Argumentieren heißt begründen und ist oft der Kern vieler Präsentationen und Gespräche.

- Zwischen Wahrheit und Beweisbarkeit gibt es folgende, logische Verknüpfung:

Eine Aussage kann sein ...	Die Beweisführung ...
beweisbar	bezieht sich auf eine wahre Aussage.
widerlegbar	bezieht sich auf eine falsche Aussage.
nicht beweisbar	ist unmöglich.
unwiderlegbar	ist nicht erforderlich.

- Die Beweisführung kann (vereinfacht) auf zwei Arten erfolgen:
  - als Darlegung der Richtigkeit (Verifikation),
  - als Widerlegung der Richtigkeit (Falsifikation),

  aufgrund
  - logischer oder
  - empirischer Gründe.

- Es gibt zwei Hauptarten der Beweisführung:

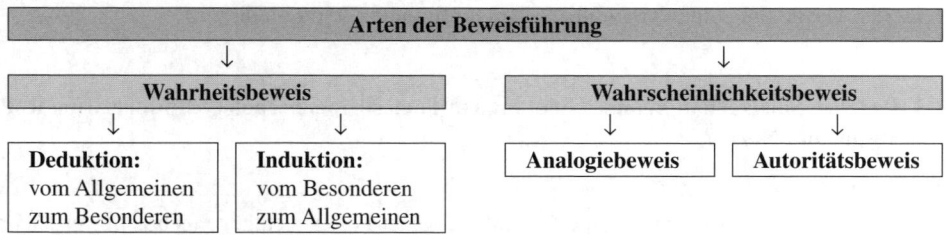

- Die Reihung der Argumente kann
  - einseitig (nur Pro oder nur Kontra) oder
  - zweiseitig (Pro und Kontra)

  sein.

- Für die Anordnung der Argumente entsprechend ihrem „Gewicht" sind verschiedene Verknüpfungen denkbar, z. B. (+ bedeutet Pro; – bedeutet Kontra):

- *einseitige Reihung:*

- *zweiseitige Reihung:*

1.8.3 Gruppenarbeit

01. Welche Merkmale sind für eine soziale Gruppe charakteristisch?

Eine soziale Gruppe sind mehrere Individuen mit einer bestimmten Ausprägung sozialer Integration. In diesem Sinne hat eine Gruppe folgende Merkmale:

- direkte Kontakte zwischen den Gruppenmitgliedern (Interaktion)
- physische Nähe
- Wir-Gefühl (Gruppenbewusstsein)
- gemeinsame Ziele, Werte, Normen
- Rollendifferenzierung, Statusverteilung
- gegenseitige Beeinflussung
- relativ langfristiges Überdauern des Zusammenseins.

02. Was verbindet man im betrieblichen Alltag mit dem Begriff „Gruppenarbeit"?

Im Unternehmen wird unter Gruppenarbeit eine Arbeitsform verstanden, bei der ein höheres Leistungsniveau (qualitativ, quantitativ) dadurch erreicht werden soll,

- dass sich mehrere Mitarbeiter zusammenschließen um eine gemeinsame Aufgabe durch solidarische Anstrengung zu lösen oder
- dass eine begrenzte Anzahl von Arbeitskräften planmäßig zusammengefasst wird zur koordinierten Verrichtung einer Arbeit über einen bestimmten Zeitraum hinweg.

03. Welchen Sachverhalt kennzeichnet man mit den soziologischen Grundbegriffen Rolle, Status und Norm?

- Die *(soziale) Rolle* ist zum einen
  - die Summe der Erwartungen, die dem Inhaber einer Position entgegengebracht werden und zum anderen
  - ein gleichmäßiges und regelmäßiges Verhaltensmuster, das mit einer Position verbunden wird.

  Grundsätzlich erwartet die Gruppe, dass eine Rolle in etwa einem Status/einer Position entspricht. Wer seine „Rolle nicht spielt" – sprich dem Verhaltensmuster seiner Position nicht gerecht wird – muss mit dem Verlust dieser Position rechnen.

- *Status* bezeichnet den Platz (die Stellung), den ein Individuum in einem sozialen System einnimmt und an den bestimmte Rollenerwartungen geknüpft werden. Der formelle Status ergibt sich aus der Betriebshierarchie und ist oft mit Statussymbolen verbunden (weißer Kittel, eigener Parkplatz, eigene Toilette, Reisen in der Business-Class). Der informelle Status bildet sich ungeplant in der Gruppe heraus (z. B. Status „Außenseiter").

- *(Gruppen)Normen* sind inhaltlich festgelegte, relativ konstante und verbindliche Regeln für das Verhalten *der* Gruppe und das Verhalten *in der* Gruppe. Normen sind also Ausdruck für die Erwartungen einer Gruppe, wie in bestimmten Situationen zu handeln ist. Diese Erwartungen bedeuten zum einen Zwang, zum anderen aber auch Entlastung (in schwierigen Situationen

„hält die Gruppennorm Verhaltensmuster bereit"). Das Einhalten bzw. das Verletzen von Normen wird von der Gruppe mit positiven bzw. negativen Sanktionen belegt (Lob, Anerkennung, Zuwendung bzw. Missachtung, „Schneiden" sowie auch „Mobbing").

04. Was versteht man unter Gruppendynamik und Gruppendruck (gruppendynamische Prozesse)?

- Mit *Gruppendynamik* bezeichnet man die Kräfte, durch die Veränderungen innerhalb einer Gruppe verursacht werden (z. B. Prozesse der Meinungs- und Entscheidungsbildung); andererseits meint dieser Begriff auch die Kräfte, die von einer Gruppe nach außen hin wirken (z. B. Ausübung von Macht nach außen aufgrund eines starken „Wir-Gefühls"). Daneben wird dieser Begriff zur Beschreibung von Trainingsmaßnahmen verwendet, die soziale Fertigkeiten fördern sollen (z. B. Selbsterfahrungsgruppen).

- *Gruppendruck:* Abweichende Ansichten, Argumente oder Arbeitsweisen werden offen oder latent durch den Erwartungsdruck anderer maßgeblicher Gruppenmitglieder unterdrückt – obwohl der Einzelne bewusst oder unbewusst eine andere Überzeugung hat. Ein bestimmtes Arbeitsverhalten kann dadurch verhindert, gezielt gesteuert oder auch positiv beeinflusst werden (Beispiel: Eine betriebliche Arbeitsgruppe „veranlasst" zwei Gruppenmitglieder zur Nachahmung eines bestimmten Arbeitsverhaltens.).

05. Welches typische Rollenverhalten einzelner Mitglieder einer Gruppe lässt sich im betrieblichen Alltag feststellen?

Zum Teil zeigen einzelne Gruppenmitglieder typische Rollen/Verhaltensmuster, die in der Praxis mit plakativen Begriffen wie „der Star", „der Anführer", „der Freche", „der Clown" usw. gekennzeichnet werden. Wichtig ist hier für den Vorgesetzten, Möglichkeiten der Führung solcher Gruppenmitglieder zu entwickeln, die geeignet sind, solche z. T. „problembehafteten Mitarbeiter" so zu führen, dass sie in der Gruppe integriert bleiben und sich ihr Leistungsverhalten positiv entwickelt. Fingerspitzengefühl im Einzelfall ist gefragt. Patentrezepte gibt es i. d. R. nicht.

06. Was versteht man unter Kommunikation?

Kommunikation ist die Übermittlung von verbalen (sprachlichen) und nonverbalen (nichtsprachlichen) Reizen vom Sender zum Empfänger.

07. Welche Aspekte der Kommunikation muss eine Führungskraft im Gespräch mit dem Mitarbeiter berücksichtigen um „verstanden" zu werden?

Die Führungskraft sollte die Instrumente wirksamer Kommunikation kennen und erfolgreich einsetzen:

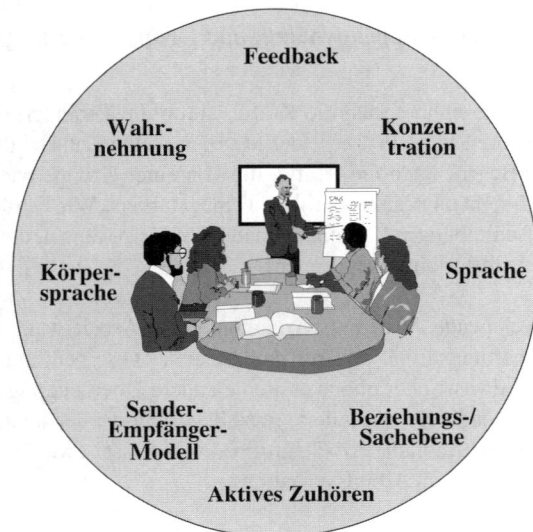

08. Welche Aussagen lassen sich aus dem Sender-Empfänger-Modell der Kommunikation ableiten?

Jeder Kommunikation liegt das Sender-Empfänger-Modell zu Grunde:

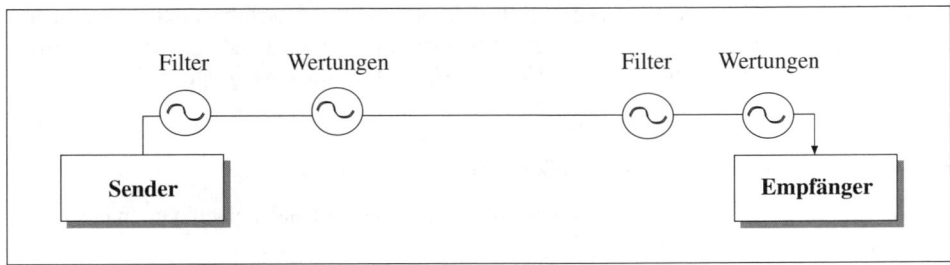

- *Der Sender* gibt einen Reiz/eine Information. Dabei sagt er nicht unbedingt alles, was er wirklich sagen will, er *filtert*. Er versieht seine Botschaft mit Wertungen und Normen. Die Aussage „Der Schlips von Herrn Müller ist mal wieder unmöglich!" impliziert z. B. beim Sender die Norm, wie ein „guter" Schlips auszusehen hat.

- *Der Empfänger* verhält sich ähnlich: Auch er nimmt nicht (unbedingt) den gesamten Inhalt der Nachricht auf; er filtert. Auch er versieht die angekommene Nachricht mit seinen Wertungen/ Normen. So kann die Aussage über den Schlips auf die Gesamtperson bezogen werden, sodass der Empfänger interpretiert „die mögen mich nicht". Außerdem verkettet der Empfänger jede Nachricht mit *Assoziationen*. „Möchten Sie eine Tasse Kaffee" kann z. B. mit Wohlbefinden und Aufmerksamkeit verknüpft sein.

- Dies führt zu der Erkenntnis: Es gibt keine objektive Information, keine objektive Nachricht, keinen objektiven Reiz.

09. Welche Bedeutung hat Feedback für die Kommunikation? → 1.6.4

Sender und Empfänger sollten die Möglichkeit nutzen, sich *Rückmeldung* (Feedback) zu geben bzw. zu holen: „Habe ich Sie richtig verstanden? Sie meinen also ...?" „Wie ist das bei Ihnen angekommen? Wie sehen Sie das?" Feedback zeigt, wie etwas angekommen ist und eröffnet damit *Steuerungsmöglichkeiten:* „Stopp, ich glaube wir haben uns da missverstanden. In Wirklichkeit meinte ich Folgendes: ..."(vgl. S. 128 ff.).

10. Welches Ziel wird mit der Technik des aktiven Zuhörens verfolgt?

Beim aktiven Zuhören ist es das Ziel, den Mitarbeiter zum Weiterreden zu animieren und ihm zu zeigen, dass man bewusst zuhört. Dies kann durch Reaktionen geschehen wie „hm, hm", durch Bestätigen/Kopfnicken bzw. durch Wiederholen seiner letzten Aussage („Sie meinen also ...").

11. Welche Bedeutung hat die Beziehungsebene für die Kommunikation?

Kommunikation findet immer auf zwei Ebenen statt:

- der Sachebene und
- der Beziehungsebene.

Sachinhalte können nur „ankommen", wenn die Beziehungsebene intakt ist. Ist sie dies nicht, so hat jedes Bemühen auf der „Sachschiene" („er muss mich doch verstehen") nur weitere Frustration zur Folge. Die Beziehungsebene muss also erst (wieder) hergestellt werden, bevor auf der Sachebene Informationen transportiert werden können.

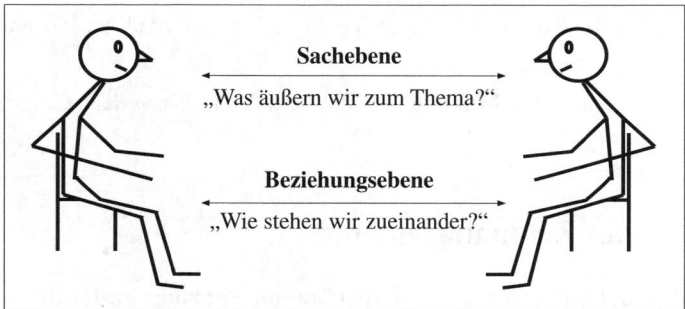

Sachebene
„Was äußern wir zum Thema?"

Beziehungsebene
„Wie stehen wir zueinander?"

12. Welche sprachlichen Mittel sollte man für eine wirksame Kommunikation einsetzen?

Bei der sprachlichen Gestaltung sollte der Moderator die bekannten Prinzipien berücksichtigen wie z. B.:

- Hauptsätze benutzen
- kkkp = kurz, knapp, konkret und präzise formulieren

- keine Redundanzen (überflüssige Wiederholungen)
- keine vagen, unbestimmten Äußerungen (vielleicht, evt., könnte, würde, ...)
- Fragetechnik einsetzen („wer fragt, der führt"):
  - offene oder geschlossene Fragen
  - W-Fragen: was, wer, wann, wie, wieso, wo, worüber, womit etc.
  - Moderator-Tugend Nr. 1: „Fragen, statt (selbst)sagen!"
- Terminologie der Zuhörerschaft beachten
- Bilder und Vergleiche benutzen
- deutlich, akzentuiert und mit passender Lautstärke sprechen
- treffende Modulation einsetzen.

13. In welcher Weise kann die Körpersprache das gesprochene Wort unterstützen?

Eine geeignete Körpersprache kann das gesprochene Wort unterstützen und verstärken. Im Allgemeinen steuert der Mensch die Sprache seines Körpers nicht bewusst; der geübte Moderator kann sich jedoch die Besonderheiten/Stärken seiner Körpersprache bewusst machen und sie gezielt einsetzen. Dazu einige Aspekte:

- Die Intensität der *Körpersprache* (Gestik, Mimik) sollte der Situation angemessen sein (kleiner/ großer Teilnehmerkreis, Anlass der Moderation – Appell, Kritik usw.).

- Der *Augenkontakt* zu den Teilnehmern ist vorhanden; kein Fixieren einzelner Teilnehmer, sondern gleichmäßige Blickanteile. Eine Rede oder Moderation ohne Blickkontakt gleicht einem „Blindflug".

- Die *Hände* unterstützen durch Gesten, Zeigen, Formen usw. das gesprochene Wort; nicht zweckmäßig: Hände auf dem Rücken („Lehrerhaltung"), Hände vor dem Körper („Fußballer beim Elfmeter"), vor der Brust verschränkt, Hände ständig im Gesicht, an der Nase, in den Hosentaschen usw.

- *Arme und Hände* zeigen eine offene Körperhaltung und signalisieren Zuwendung und Interesse.

- Die *Füße* stehen fest auf dem Boden; kein „Kippeln", „Wippeln", Auf- und Ab auf den Zehenspitzen usw.

- Das *Gesicht* ist entspannt; die Mimik entspricht dem Gesprächsverlauf (fragend, erstaunt, zustimmend, ...).

1.8.4 Persönliches Zeitmanagement

01. Welche fünf Hauptbereiche, aus denen sich für eine Führungskraft Störungsursachen in der Zeitverwendung ergeben können, sind zu unterscheiden?

Störfaktoren,

- die in der eigenen Person liegen (z. B. fehlende Motivation),
- die aus dem privaten Umfeld kommen,
- die von Mitarbeitern ausgehen,
- aus der Betriebsorganisation,
- durch Nicht-Beherrschen der Zeitmanagement-Techniken.

02. Wie können Störungsursachen in der Zeitverwendung systematisch erkannt und abgebaut werden?

Störfaktoren kann man nur bearbeiten, wenn man sie kennt, d.h. wenn man sie sich bewusst macht. Dabei sollte man systematisch, z.B. folgendermaßen vorgehen:

1. Schritt: Einteilen der Störfaktoren in die zwei Hauptgruppen:
    - Außen (Organisation, Chef, Mitarbeiter, ...) und
    - Innen (eigene Person: Motivation, Unlust, Hektik, ...)

2. Schritt: Quantitatives Erfassen der Störungsursachen:
    Parallel zu den Tagesplänen: Auf einer „Checkliste der Störungen" werden jeweils am Ende eines Tages mit einer Strichliste Art und Häufigkeit der Störungen sichtbar gemacht. Dieses Aufschreiben sollte zwei Wochen lang durchgeführt werden.

3. Schritt: Beseitigen oder Vermindern der Störungen:
    Analysieren der Störungsursachen und Festlegen von Maßnahmen zur Eliminierung oder Verminderung. Dabei helfen z.B. die Fragen:
    - Welche Störungen behindern am meisten?
    - Welche Störungen lassen sich (unter den bestehenden Umständen) nicht beeinflussen?
    - Welche lassen sich beeinflussen, mindern, beseitigen? Wie? Wodurch?

03. Welche Techniken sind geeignet um die Zeitverwendung durch Setzen von Prioritäten zu verbessern und wie werden sie angewendet?

> **Techniken (1)**
>
> **Prioritäten setzen:**
> - Eisenhower-Prinzip
> - Pareto-Prinzip
> - ABC-Analyse
> - „Nein"-Sagen
> - 4-Entlastungsfragen
> - Einsparen gefühlsmäßiger und geistiger Energie
> - Alpen-Methode

- *Das Eisenhower-Prinzip* ist ein einfaches, pragmatisches Hilfsmittel, um schnell Prioritäten zu setzen. Man unterscheidet bei einem Vorgang zwischen der
    - Dringlichkeit (Zeit-/Terminaspekt) und der
    - Wichtigkeit (Bedeutung der Sache)

in den Ausprägungen „hoch" und „niedrig". Ergebnis ist eine 4-Felder-Matrix, die eine einfache aber wirksame Handlungsorientierung bietet:

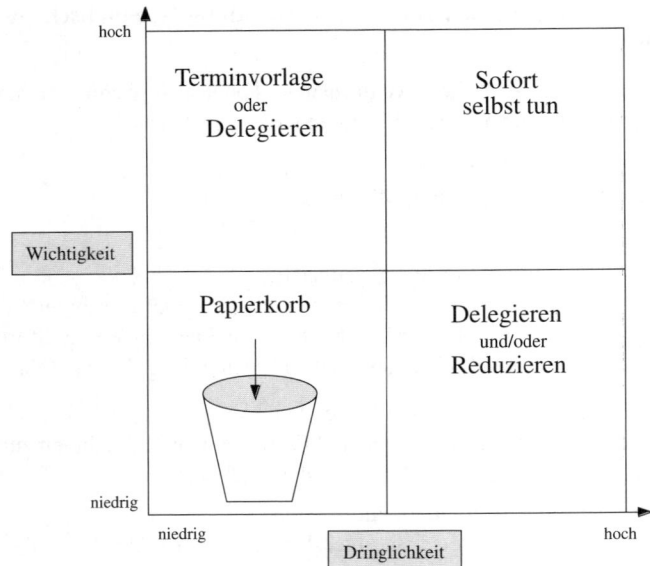

- Das *Pareto-Prinzip* (Ursache-Wirkungs-Diagramm)
  (benannt nach dem italienischen Volkswirt und Soziologen Vilfredo Pareto, 1848 - 1923) besagt,
  dass wichtige Dinge normalerweise einen kleinen Anteil innerhalb einer Gesamtmenge aus-
  machen. Diese Regel hat sich in den verschiedensten Lebensbereichen als sog. 80 : 20-Regel
  bestätigt:

  > 20 % der Kunden   bringen   80 % des Umsatzes
  > 20 % der Fehler   bringen   80 % des Ausschusses

  Überträgt man diese Regel auf die persönliche Arbeitssituation, so heißt das:

  > 20 % der Arbeitsenergie bringen (bereits) 80 % des Arbeitsergebnisses
  > bzw.
  > die restlichen 80 % bringen nur noch 20 % der Gesamtleistung.

- Die *ABC-Analyse*
  Das Pareto-Prinzip ist ein relativ grobes Verfahren zur Strukturierung der Aufgaben nach dem
  Kriterium „Wichtigkeit". Der ABC-Analyse liegt die Erfahrung zu Grunde, dass

  > 15 % aller Aufgaben   65 % zur Zielerreichung beitragen
  > 20 % aller Aufgaben (nur)   20 % zur Zielerreichung beitragen
  > 65 % aller Aufgaben (nur)   15 % zur Zielerreichung beitragen.

  Kriterien für A-Aufgaben, z. B.:

  - Welche Aufgaben leisten den größten Zielbeitrag?
  - Welche Einzelaufgaben können gleichzeitig mit anderen gelöst werden (Synergieeffekt)?
  - Welche Aufgaben sichern langfristig den größten Nutzen?
  - Welche Aufgaben bringen im Fall der Nichterledigung den größten Ärger/Schaden („Engpass-
    Prinzip")?

• *Nein-Sagen* fällt den meisten Menschen schwer. Die Folgen: Sie können sich oft nicht mehr aus dem Netz der sie umgebenden Erwartungshaltungen und Wünsche anderer befreien. Ein „gesunder" und vertretbarer Egoismus schafft oft ungeahnte Zeitreserven – indem man „Nein" sagt. Ein guter Ratgeber ist dabei die Überlegung: „Was passiert bei mir, wenn ich „Nein" sage?" „Welche Folgen hat das für den anderen?" Hier gilt es abzuwägen – bewusst, im konkreten Fall und immer wieder.

• Die *4-Entlastungsfragen*
Häufig wiederkehrende Arbeiten werden oft unreflektiert versehen; man spricht von Routine. Es lohnt sich, das zu ändern, indem man sehr bewusst an die Tagesarbeit herangeht und sich jedesmal vor Beginn einer Aktivität die vier Entlastungsfragen stellt:

(1) Warum gerade ich?   Fazit: Delegieren!
(2) Warum gerade jetzt?   Fazit: Auf Termin legen!
(3) Warum so?   Fazit: Vereinfachen, „schlanke" Lösung, rationalisieren!
(4) Warum überhaupt?   Fazit: Weglassen, beseitigen!

• *Einsparen gefühlsmäßiger und geistiger Energie:*
Nicht jede Diskussion ist es wert, dass man sich zu 100 % engagiert. Nicht jeder Ärger ist so bedeutsam, dass man seinen Gefühlshaushalt völlig durcheinanderbringt usw.

• Die *ALPEN-Methode*
ist eine weitere Technik, um mehr Zeit für das Wesentliche zu gewinnen:

(1) **A**ufgaben zusammenstellen
(2) **L**änge der Tätigkeiten schätzen
(3) **P**ufferzeiten für Unvorhergesehenes reservieren
(4) **E**ntscheidungen für Prioritäten treffen
(5) **N**otizen in ein Planungsinstrument übertragen

04. Mit welchen Techniken lassen sich Arbeitsvorgänge rationalisieren und wie werden sie angewendet?

> **Techniken (2)**
>
> **Arbeit rationalisieren:**
> • 6-Info-Kanäle
> • 3-Körbe-System
> • Schreibtischmanagement
> • Telefonmanagement
> • Terminplanung, Arbeitsplanung
> • Zielplanung

- Die *6 Informationskanäle:*
  Was auf den Schreibtisch kommt, ist unterschiedlich wichtig und unterschiedlich dringend.
  Die „6-Info-Kanäle" kann man nutzen, um die Papiermenge zu beherrschen:

Kanal 1: Lesen und vernichten	Kanal 4: Wiedervorlage
Kanal 2: Lesen und weiterleiten	Kanal 5: Laufende Vorgänge
Kanal 3: Lesen und delegieren	Kanal 6: Sofort selbst erledigen

- Das *3-Körbe-System:*
  Der Schreibtisch hat drei Körbe:

  - den Eingangskorb
  - den Ausgangskorb
  - den Papierkorb

  Tipps:

  - Jedes Schriftstück kommt in den Eingangskorb.
  - Jeder Vorgang wird nur einmal in die Hand genommen.
  - Auf dem Schreibtisch liegt nur der Vorgang, an dem man gerade arbeitet.
  - Eingangskorb, Ausgangskorb und Schreibtisch sind jeden Abend leer.
  - „Der Papierkorb ist der Freund des Menschen".

- *Schreibtischmanagement:*
  Es gibt Menschen, die gehören zu den „Volltischlern". Ihr Schreibtisch gleicht einer Fundgrube, getreu nach dem Motto: „Nur ein kleines Hirn braucht Ordnung, ein Genie hat den Überblick über das ganze Chaos."

  Andere wiederum räumen ihren Schreibtisch ganz leer, um damit z. B. ihre Besucher zu be-eindrucken. Das Chaos und die Fülle in den Schubladen kann der Besucher natürlich nicht sehen. Beide Formen sind natürlich Extreme und treffen nur für einen geringen Teil der „Schreibtischarbeiter" zu.

  Tipps für eine „unsichtbare Schreibtischeinteilung", z. B. so:

  - Eingangs-, Ausgangs-, Papierkorb sind rechts (in der Nähe der Tür)
  - das Telefon steht links
  - links ist ein „Korb" mit Notizen für Telefon-Gesprächsblöcke
  - links ist ein „Korb" mit den heute zu bearbeitenden Vorgängen
  - man arbeitet immer von links nach rechts
  - Der Schreibtisch ist jeden Abend leer.

- *Telefonmanagement:*
  Für ein rationelles Telefonieren sind z. B. folgende Überlegungen hilfreich:

  - Wann telefoniere ich?
  - Wie plane ich das Telefonat?
  - Wen will ich anrufen?
  - Welche Durchwahl hat der Teilnehmer?
  - Wie bereite ich mich vor?
  - Welche Gesprächsregeln gelten für das Telefonieren?
  - Wann und wie schirme ich mich vor Telefonaten ab?

- *Terminplanung*:
  Die drei Schritte der Arbeits- und Terminplanung lauten:

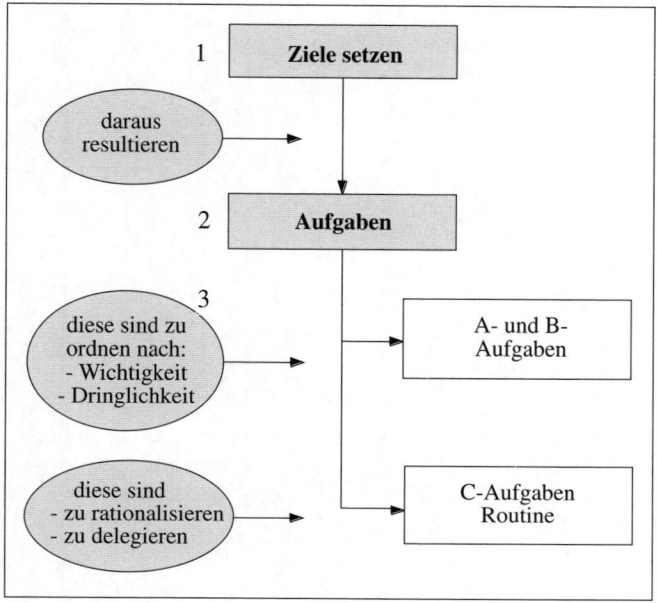

2. Personalarbeit auf Grundlage rechtlicher Bestimmungen durchführen

Prüfungsanforderungen

Der Teilnehmer soll nachweisen, dass er die Mitarbeiter, Führungskräfte und Unternehmensleitung in allen Phasen der Personalbeschaffung, der Vertragsgestaltung und der Beendigung von Arbeitsverhältnissen kompetent und verantwortlich beraten und damit eine effiziente Personalbewirtschaftung gewährleisten kann.

Qualifikationsschwerpunkte (Überblick)
2.1   **Individuelles und kollektives Arbeitsrecht anwenden**
2.2   **Rechtswege kennen und das Prozessrisiko einschätzen**
2.3   **Einkommens- und Vergütungssysteme umsetzen**
2.4   **Sozialversicherungsrecht anwenden**
2.5   **Sozialleistungen des Betriebes gestalten**
2.6   **Personalbeschaffung durchführen**
2.7   **Administrative Aufgaben einschließlich der Entgeltabrechnung bearbeiten**

2.1 Individuelles und kollektives Arbeitsrecht anwenden

2.1.1 Anbahnung von Arbeitsverhältnissen

01. Nach welchem inhaltlichen Grundschema werden Personalanzeigen/Stellenausschreibungen gestaltet?

Der inhaltliche Aufbau einer Stellenanzeige folgt meist dem Grundschema:

* *Wir sind:* Werbende Information über das inserierende Unternehmen (Image!), z. B.:

  - Firmenname, Firmenzeichen

  - Größe und Standort des Unternehmens

  - Mitarbeiterzahl

  - Führungsstil

* W*ir haben:* Aussagen über die freie Stelle, z. B.:

  - Grund der Stellenvakanz

  - Aufgabenbereich

  - Verantwortung und Kompetenzen der ausgeschriebenen Position

  - Entwicklungsmöglichkeiten

* *Wir suchen:* Aussagen über erforderliche Voraussetzungen, z. B.:

  - Berufsbezeichnung

  - Anforderungen an den Bewerber, wie Alter, Eigenschaften und Ausbildung, Kenntnisse, Fähigkeiten, Berufserfahrung

* *Wir bieten:* Aussagen über Leistungen des inserierenden Unternehmens, z. B.:

  - Lohn- bzw. Gehaltshöhe

  - soziale Leistungen

  - Arbeitszeitregelungen

* *Wir bitten:* Angaben über Bewerbungsart und -technik, z. B.:

  - erwünschte Bewerbungsunterlagen

  - Eintrittstermin

  - Beachtung der Firmenanschrift

Beispiel einer Personalanzeige:

Wo können Sie als Dipl.-Ing. Maschinenbau (m/w)

Wir sind ein deutsches, international tätiges Maschinenbauunternehmen im Investitionsgüterbereich. Eine unserer erfolgreichen Töchter hat ihren Sitz in Madrid und produziert seit zwei Jahrzehnten mit ca. 100 Mitarbeitern für den spanischen Markt und den Export.

Als unser dortiger, zukünftiger Geschäftsführer sollten Sie gewohnt sein, unternehmerisch zu denken und zu handeln. Sie haben freie Hand in nahezu allen Bereichen und können auch eigene Ideen verwirklichen. Schwerpunkte Ihrer Aufgabe sind Vertrieb, Produktion und Organisation. Spanien-Erfahrung würde Ihren Start erleichtern; perfekte Spanisch- und Englischkenntnisse sind jedoch unbedingt erforderlich. Wir garantieren Ihnen eine umfassende Einarbeitung von ca. einem Jahr; danach werden Sie zum alleinigen Geschäftsführer bestellt.

Ihr Eintrittstermin ist nicht entscheidend, denn auf einen guten Mann warten wir gern etwas länger.

Bitte schicken Sie Ihre aussagefähige Bewerbung unter Angabe eventueller Sperrvermerke an unseren Berater, die Firma ...

zum Geschäftsführer Spanien aufsteigen ?

RIRA **PUMPEN GMBH**

02. Welche Aspekte sind bei der Veröffentlichung einer Personalanzeige zu berücksichtigen?

Bei der Veröffentlichung einer Personalanzeige sind *inhaltliche* und *technisch-organisatorische* Aspekte relevant, z. B.:

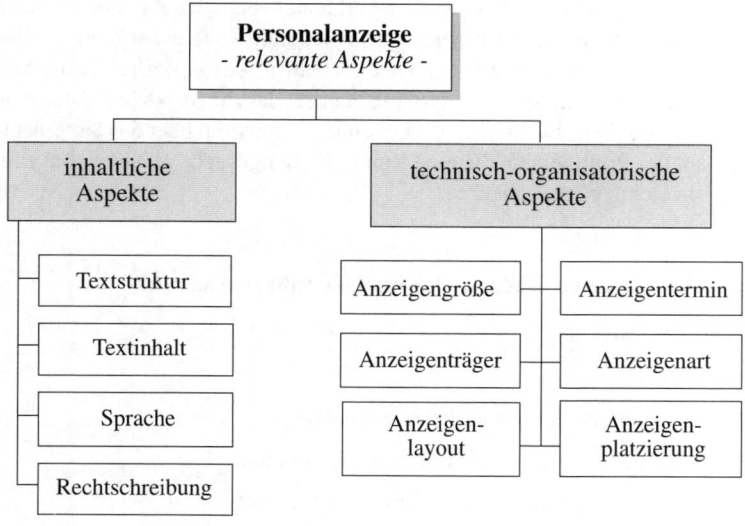

03. Wann empfiehlt sich die Nennung des Unternehmens in der Stellenanzeige?

Eine Angabe des suchenden Unternehmens empfiehlt sich immer dann, wenn im Betrieb bekannt ist, dass eine Stelle neu zu besetzen ist. Die offene Angabe des suchenden Unternehmens ist für qualifizierte Bewerber interessanter als eine Chiffreanzeige und ermöglicht ihnen, vorher Informationen einzuholen.

04. Welche Gründe sprechen gegen eine Angabe des Unternehmens bei der Aufgabe einer Stellenanzeige?

Falls die ausgeschriebene Stelle noch besetzt ist, können sich innerbetriebliche Konflikte ergeben. Auch könnte die Konkurrenz aus der Tatsache, dass eine Position ausgeschrieben ist, Schlüsse über geplante, aber vertrauliche Maßnahmen ziehen. Als Alternative zur Chiffre-Anzeige ist in jedem Fall die Ausschreibung über ein Beratungsunternehmen zu empfehlen (z. B. in Form der preiswerten „Briefkastenfunktion").

05. Wann kann eine Stellenausschreibung als erfolgreich bezeichnet werden?

Zentraler Maßstab für eine erfolgreich geschaltete Anzeige ist:

- Die Anzeige muss gelesen werden – und zwar von der richtigen Zielgruppe.
- Die Anzeige muss potenziell geeignete Kandidaten zum Handeln veranlassen – nämlich sich zu bewerben.

06. Lohnt sich die Auswertung von Stellengesuchen?

Die Kontaktaufnahme zu potenziell Wechselwilligen durch Antworten auf Stellengesuche ist ein preisgünstiger Weg, den Personalberater längst erkannt haben, der aber auch von Unternehmen genutzt wird. Oftmals reicht *ein* Kontakt aus, um interessante Kandidaten kennen zu lernen. Erfahrungsgemäß muss man dabei in Kauf nehmen, dass man als Firma vielfach keine Antwort erhält. Bei der Reaktion auf Stellengesuche ist daran zu denken, dass um den Kandidaten geworben wird (freundliches Anschreiben, zweckmäßiges Informationsmaterial über das Unternehmen und die Stelle). Die Zahl der Printmedien, die eine Rubrik Stellengesuche anbieten, hat zugenommen. Auch das Internet kann genutzt werden.

07. Welches Ziel muss eine effektive Personalauswahl realisieren?

Ziel der Personalauswahl ist es,

- auf rationellem Wege,
- zum richtigen Zeitpunkt, den Kandidaten zu finden,
- der möglichst schnell die geforderte Leistung erbringt und
- der in das Unternehmen „passt" (in die Gruppe, zum Chef).

08. Welche Grundsätze sind bei der Personalauswahl zu beachten?

Es ist jeder Führungskraft zu empfehlen, bei der Auswahl von Bewerbern einige Grundsätze zu beachten, die sich in der Praxis bewährt haben:

- Es gibt *nie den idealen Kandidaten*;
  (Wo können oder müssen (bewusst, vertretbar) Kompromisse gemacht werden?)

- Personalauswahl ist immer ein *subjektiver Bewertungsvorgang*;
  (Wie kann man trotzdem eine gewisse Objektivität erreichen?)

- keine Auswahl von Bewerbern ohne genaue *Kenntnis des Anforderungsprofils*;

- Analyse des *„Umfeldes"* der zu besetzenden Stelle vornehmen;
  (Mitarbeiter, Kollegen, Vorgesetzter, Unternehmenskultur usw.)

- *Systematik* einhalten;
  (Reihenfolge der Auswahlstufen, Berücksichtigung aller Informationen, Berücksichtigung interner Bewerber im Verhältnis zu externen);

- Versuch, ein Höchstmaß an *Objektivität* zu erreichen;

- *Aufwand und Zeitpunkt* der Auswahl der Bedeutung der Stelle anpassen;

- Fehlentscheidungen kosten Zeit und Geld;
  (Wie kann man Einstellungsentscheidungen möglichst gut absichern?
  Wie gestaltet man die Probezeit zur „Ausprobierzeit"?)

- *den Betriebsrat* rechtzeitig und angemessen einbeziehen.

09. Welche Methoden der Bewerberauswahl können eingesetzt werden?

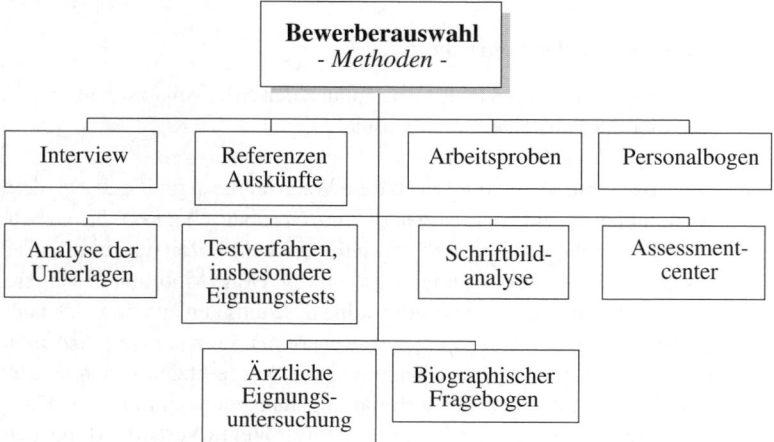

10. Nach welchen Kriterien werden die Bewerbungsunterlagen geprüft?

Es werden die Unterlagen *formal* und *inhaltlich* geprüft und analysiert.

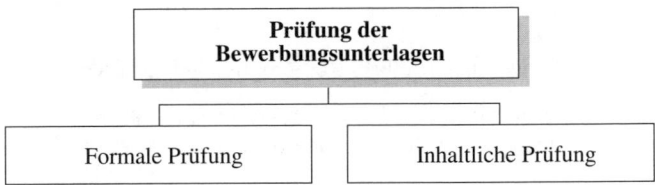

11. Was bedeutet die formale Prüfung eingereichter Unterlagen?

Unter der formalen Prüfung eingereichter Unterlagen versteht man eine Sichtung im Hinblick auf die formale Gestaltung, d. h. auf die äußere Form und die positionsbezogene Gliederung, die Prüfung auf Vollständigkeit der Unterlagen, wobei es darauf ankommt, festzustellen, ob alle angeforderten Unterlagen eingereicht worden sind, ob alle Zeiten lückenlos und mit Zeugnissen versehen sind.

12. Was bedeutet die inhaltliche Prüfung eingereichter Unterlagen?

Die Unterlagen können nach dem Informationsgehalt, d. h., den Hinweisen zur Qualifikation, über ausgeübte Tätigkeiten, des Gehaltswunsches, des gekündigten oder ungekündigten Beschäftigungsverhältnisses, des bezogenen Einkommens, des Eintrittsdatums, vom Arbeitgeber überprüft werden, um festzustellen, ob der Bewerber die geforderten Voraussetzungen erfüllen könnte und zu einer Vorstellung eingeladen werden soll. Bei einer Vielzahl von Bewerbungen ist eine solche Vorauswahl unerlässlich.

13. Wie erfolgt eine Analyse des Lebenslaufs?

Die *Zeitfolgeanalyse* fragt nach Lücken im Lebenslauf und den Arbeitsplatzwechseln (Häufigkeit, Branchen, aufsteigender oder absteigender Wechsel).

Die *Aufgaben- oder Positionsanalyse* fragt nach dem Wechsel des Arbeitsgebiets, dem Berufswechsel und bisher durchlaufenen Unternehmen (Klein-/Großbetriebe, Konkurrenzbetrieb). Ein mehrmaliger Arbeitsplatzwechsel des Bewerbers während der Probezeit oder eine auffällig kurze Dauer der Betriebszugehörigkeit können ungünstig wirken. Hohe Mobilität in jüngeren Jahren wirkt eher positiv. Mit zunehmendem Lebensalter sollte die Stetigkeit zunehmen. Überzeugende Anlässe eines Bewerbers für einen Arbeitsplatzwechsel können sein: mangelnde Aufstiegschancen, ungünstige Einkommenserwartungen, Spannungen mit Vorgesetzten, erhebliche technische oder organisatorische Mängel im Betrieb, Unterforderung, mangelnde Entfaltungsmöglichkeiten. Ein aufsteigender Wechsel in einem Betrieb mit einem größeren Verantwortungsbereich und umfassenderen Aufgaben ist stets günstiger zu bewerten als ein absteigender Wechsel. Ein Berufswechsel wirkt in Zeiten schnellen Wandels nicht unbedingt negativ. Auffällig ist jedoch ein mehrfacher Wechsel zwischen mehreren grundverschiedenen Berufen oder Tätigkeiten.

Schließlich kann im Rahmen einer *Kontinuitätsanalyse* der sinnvolle Aufbau der bisherigen beruflichen Entwicklung des Bewerbers analysiert werden.

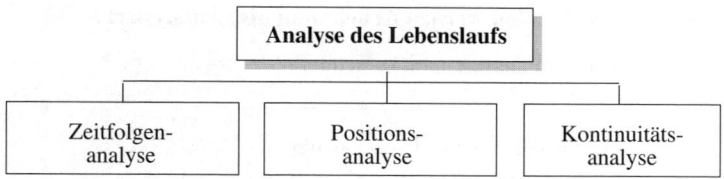

14. Welche Aussagekraft hat das Bewerbungsfoto?

Grundsätzlich gilt: Das Bewerbungsfoto dient der Wiedererkennung: Herstellen der späteren, gedanklichen Verbindung zwischen Bewerber und dem Eindruck im Vorstellungsgespräch. Subjektive Entgleisungen wie „der ist sympathisch, sieht doof/komisch aus" u. Ä. sind unangebracht. In der deutschen Bewerbungspraxis wird (bisher noch) am Bewerbungsfoto festgehalten. In den USA ist die Praxis verboten (Persönlichkeitsschutz), in England ist sie unüblich.

Daneben lassen sich vorsichtige Rückschlüsse aus der Qualität, dem Format, der Art und Herstellung des Fotos, der Kleidung, dem Datum (alt/aktuell) und ggf. dem „Hintergrund" der Aufnahme ziehen, z. B.:

- *Automatenfoto*, Foto mit minderer Qualität:
  - fehlende Wertschätzung für den potenziellen Arbeitgeber
  - Kandidat/in hat sich keine Mühe gegeben
  - Kandidat/in wollte (unangemessener Weise) Ausgaben sparen.

- *Bewerbungsfoto vom Fotografen*:
  - angemessen, professionell, richtig
  - Aufwand ist passend zum Anlass.

- *Größeres Atelierfoto*:
  - unpassend und unangemessen teuer
  - Ausnahme: Positionen, in denen die äußere Erscheinung eine besondere Rolle spielt, z. B. Empfang, Öffentlichkeitsarbeit, Mannequin, ggf. Hotelgewerbe
  - Bewerber stellt sich zu sehr heraus.

- *Foto zeigt Bewerber/in in unpassender Umgebung*:
  - z. B. Hintergrund „im Urlaub", „im Liegestuhl auf der Terrasse"
  - Bewerber möchte sich besonders herausstellen oder „hat einfach nicht nachgedacht"; absolut unpassend
  - unangemessener Einblick in den Privatbereich.

15. Nach welchen Merkmalen werden Arbeitszeugnisse analysiert?

Die Analyse der Arbeitszeugnisse erstreckt sich auf

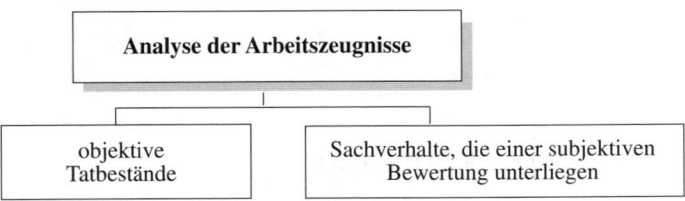

- *Objektive Tatbestände* sind z. B.:
  - persönliche Daten,
  - Dauer der Tätigkeit,
  - Tätigkeitsinhalte,
  - Komplexität, Umfang der Aufgaben,
  - Anteil von Sach- und Führungsaufgaben,
  - Vollmachten wie Prokura, Handlungsvollmacht,
  - Termin der Beendigung.

- *Tatbestände, die einer subjektiven Bewertung unterliegen,* wie z. B.:
  - die *Schlussformulierung*
    (z. B. „... wünschen wir Herrn ... Erfolg bei seinem weiteren beruflichen Werdegang und ...")

  - der Grund der Beendigung; er ist nur auf Verlangen des Mitarbeiters in das Zeugnis aufzunehmen (z. B. „auf eigenen Wunsch", „in beiderseitigem Einvernehmen")

  - Formulierungen aus dem sog. *Zeugniscode* (Formulierungsskala):
sehr gut	=	„stets zur vollsten Zufriedenheit"
gut	=	„stets zur vollen Zufriedenheit"
befriedigend	=	„zur vollen Zufriedenheit"
ausreichend	=	„zur Zufriedenheit"
mangelhaft	=	„im Großen und Ganzen zur Zufriedenheit"
ungenügend	=	„hat sich bemüht"

  - der Gebrauch von *Spezialformulierungen* (ist in der Rechtsprechung umstritten)

  - das Hervorheben unwichtiger Eigenschaften und Merkmale

  - das Fehlen relevanter Aspekte
    (Eigenschaften und Verhaltensweisen, die bei einer bestimmten Tätigkeit von besonderem Interesse sind; z. B. Führungsfähigkeit bei einem Meister).

16. Welche Grundsätze sind bei der Durchführung des Vorstellungsgesprächs (Einstellungsgespräch, Auswahlinterview) einzuhalten?

- Der Hauptanteil des Gesprächs liegt beim Bewerber.

- Überwiegend öffnende Fragen verwenden, geschlossene Fragen nur in bestimmten Fällen, Suggestivfragen vermeiden.

- Zuhören, Nachfragen und Beobachten, sich Notizen machen, zur Gesprächsfortführung ermuntern usw.
- In der Regel: Keine ausführliche Fachdiskussion mit dem Bewerber führen.
- Die Dauer des Gesprächs der Position anpassen.
- Äußerer Rahmen: keine Störungen, kein Zeitdruck, entspannte Atmosphäre.

17. Nach welchen Phasen wird das Vorstellungsgespräch üblicherweise strukturiert?

Phasenverlauf beim Personalauswahlgespräch		
Phase	*Inhalt*	*Beispiele*
1	Begrüßung	- gegenseitige Vorstellung - Anreisemodalitäten - Dank für Termin
2	Persönliche Situation des Bewerbers	- Herkunft - Familie - Wohnort
3	Bildungsgang des Bewerbers	- Schule - Weiterbildung
4	Berufliche Entwicklung des Bewerbers	- erlernter Beruf - bisherige Tätigkeiten - berufliche Pläne
5	Informationen über das Unternehmen	- Größe, Produkte - Organigramm der Arbeitsgruppe
6	Informationen über die Stelle	- Arbeitsinhalte - Anforderungen - Besonderheiten
7	Vertragsverhandlungen	- Vergütungsrahmen - Zusatzleistungen
8	Zusammenfassung, Verabschiedung	- Gesprächsfazit - ggf. neuer Termin

Die Reihenfolge einiger Phasen kann verändert werden – je nach Gesprächssituation und Erfahrung des Interviewers.

18. Welche Bedeutung hat der Personalfragebogen?

Personalfragebögen enthalten Fragestellungen, die z. T. in der Bewerbung nicht angesprochen wurden, aber für das Unternehmen von Bedeutung sind. Übliche und erlaubte Fragen in Personalfragebögen sind:

- gekündigtes oder ungekündigtes Arbeitsverhältnis als ...,
- Fragen nach einem Wettbewerbsverbot oder einer Konkurrenzklausel,
- wiederholte Bewerbung im Unternehmen,
- Frage nach Schwerbehinderung, Krankenkasse, Einkommenswunsch,
- Frage nach Ableistung des Wehr- oder Zivildienstes.

19. Welche Fragen dürfen Bewerbern nicht bzw. nur eingeschränkt gestellt werden? Welche Auskunft muss der Bewerber auch ungefragt geben?

	Fragerecht
Grundsätzlich	gilt: Es dürfen nur solche Fragen gestellt werden, an deren Beantwortung der Arbeitgeber zur Beurteilung der Eignung und Befähigung des Arbeitnehmers *ein objektiv berechtigtes Interesse hat.*
Religionszugehörigkeit	Die Frage nach der Religionszugehörigkeit ist im Allgemeinen nicht zulässig, es sei denn, es handelt sich um konfessionelle Einrichtungen, wie Kindergärten, Schulen oder Krankenhäuser (sog. Tendenzbetriebe).
Schulden	Die Frage nach Schulden ist nur bei Positionen im finanziellen Bereich, wie z. B. bei Bankkassierern erlaubt.
Schwangerschaft	Die Frage nach einer Schwangerschaft *ist unzulässig.* Ausnahme: Die Frage nach der Schwangerschaft ist dann zulässig, wenn sie objektiv dem gesundheitlichen Schutz der Bewerberin und des ungeborenen Kindes dient (BAG, NZA 1993, 933; Tätigkeit einer Arzthelferin im Umgang mit infektiösem Material).
Verdienst	Ebenso unzulässig ist die Frage nach der Höhe des bisherigen Verdienstes. Dies gilt zumindest dann, wenn die frühere Vergütung keinen Aufschluss über die notwendige Qualifikation gibt und der Bewerber nicht seine bisherige Vergütung zur Mindestvergütung für seine neue Eingruppierung macht.
Vorstrafen	Zulässig ist die Frage nach Vorstrafen nur dann, wenn es sich um einschlägige Vorstrafen handelt, die im Bundeszentralregister noch nicht gelöscht sind, wie z. B. die Frage nach Alkoholstrafen bei Berufskraftfahrern und nach Verurteilungen wegen Vermögensdelikten bei Buchhaltern.
Krankheiten	Fragen nach Krankheiten sind nur gestattet, soweit sie tatsächlich die Arbeitsleistung beeinflussen können.

Eigenständige Auskunftspflicht (ohne Fragen); sog. Offenbarungspflicht
Auch ohne ausdrückliche Fragen des Arbeitgebers muss der Arbeitnehmer *Umstände mitteilen, die die Erfüllung seiner Arbeitsleistung infrage stellen können,* z. B. Kurantritt, ansteckende Krankheit, Schwerbehinderung in bestimmten Berufen (z. B. Lagerarbeiter, Mannequin, Sportlehrerin) oder Vorstrafen in bestimmten Berufen (z. B. wegen Sittlichkeitsdelikten bei Erziehern) sowie bestehende einschlägige Wettbewerbsverbote.

Generell gilt:
- Zulässigerweise gestellte Fragen sind wahrheitsgemäß zu beantworten. - Unzulässig gestellte Fragen sind nicht zu beantworten bzw. können wahrheitswidrig beantwortet werden. Die wahrheitswidrige Beantwortung einer unzulässig gestellten Frage berechtigt den Arbeitgeber nicht zur Anfechtung. **Beispiel** „Schwangerschaft": Mitarbeiterin verneint die Frage nach der Schwangerschaft bei der Einstellung (Frage unzulässig). Zwei Monate nach der Einstellung erklärt sie ihre Schwangerschaft. Im Ergebnis: Arbeitgeber kann nicht erfolgreich anfechten.

20. Welche Beteiligungsrechte hat der Betriebsrat im Rahmen der Personalplanung und -beschaffung?

Beteiligungsrechte des Betriebsrates im Rahmen der Personalplanung				
Thema, Inhalt	*§§ BetrVG*	*Textauszüge*	**Mitwirkung**	**Mitbestimmung**
Personalplanung	§ 92	- beraten - unterrichten - Vorschläge	x	
Gestaltung von Arbeitsplatz, -ablauf und -umgebung	§ 90	- beraten - unterrichten - Vorschläge - Bedenken	x	
Beachtung gesicherter arbeits-wissenschaftlicher Erkenntnisse	§ 91	- kann verlangen		x
Ausschreibung von Arbeits-plätzen	§ 93	- kann verlangen		x
Personalfragebogen, Beurteilungsgrundsätze	§ 94	- Zustimmung		x
Auswahlrichtlinie	§ 95	- Zustimmung - verlangen		x
Berufsbildung	§ 96 Abs. 1	- fördern - beraten - Vorschläge	x	
Personalabbau (Kündigung)	§ 102	- ist zu hören		x
Einstellung, Versetzung	§ 99	- Zustimmung		x
Wirtschaftsausschuss/ Personalplanung	§ 106	- beraten - unterrichten	x	

21. Welche Pflichten ergeben sich aus dem vorvertraglichen Vertragsverhältnis?

Mit der Aufnahme tatsächlicher Verhandlungen entsteht zwischen den Parteien ein gesetzliches Schuldverhältnis, aus dem sog. *Sekundärpflichten* erwachsen: Dies sind Verhaltenspflichten zur gegenseitigen *Sorgfalt* und *Rücksichtnahme*. Bei Verletzung der Sekundärpflichten können Schadensersatzansprüche entstehen (Rechtsgrundlage: Verschulden bei Vertragsabschluss = culpa in contrahendo = c.i.c. bzw. Grundsatz von Treu und Glauben).

Bei Vertragsverhandlungen entstehen folgende Gruppen von *Pflichten*:

1. *Aufklärungspflichten*, z.B.
   - wahrheitsgemäße Beantwortung zulässiger Fragen (→ „Fragerecht"; vgl. Frage 19.)
   - Aufklärung des anderen über alle Umstände, die für das Vertragsverhältnis von Bedeutung sind, auch ohne dass dieser danach fragt (z.B. Hinweis auf Schwerbehinderteneigenschaft auch ohne Befragung, wenn die Tatsache für den Arbeitsplatz relevant ist).

2. *Obhutspflichten*, z.B.
   - sichere Verkehrswege im Betrieb,
   - sorgfältiger Umgang mit den überlassenen Bewerbungsunterlagen bzw. mit den erhaltenen Informationen.

3. *Vermeidung nutzloser Aufwendungen*, z. B.
   - Bestellung eines Dienstwagens,
   - Wechsel des Wohnortes.

22. Welche Pflichten hat der Arbeitgeber bei der Anbahnung von Arbeitsverhältnissen?

a) Der Arbeitgeber hat über die Anforderungen des in Aussicht gestellten Arbeitsplatzes *zu unterrichten*.

b) *Bewerbungsunterlagen* unterliegen der besonderen Sorgfaltspflicht des Arbeitgebers; er hat über sie Stillschweigen zu bewahren. Die Unterlagen sind dem Bewerber wieder auszuhändigen, sobald feststeht, dass kein Arbeitsvertrag zu Stande kommt.

c) Beim *Vorstellungsgespräch* darf der Arbeitgeber nicht die Erwartung wecken, dass es in jedem Fall zum Vertragsabschluss kommt. Kündigt der Bewerber in einem solchen Fall seinen bisherigen Vertrag und kommt es dann noch nicht zu einer Einstellung, so ist der Arbeitgeber zu Schadensersatz verpflichtet.

d) Fordert der Arbeitgeber einen Bewerber zur Vorstellung auf, so ist er zur Übernahme der *Kosten* verpflichtet (im üblichen bzw. im angebotenen Umfang).

e) Das *Fragerecht* des Arbeitgebers beschränkt sich auf solche Tatsachen, die für das Arbeitsverhältnis relevant sind (vgl. Frage 19.).

23. Welche Pflichten hat der Arbeitnehmer bei der Anbahnung von Arbeitsverhältnissen?

Die Pflichten des Arbeitnehmers bei den Vorverhandlungen bestehen hauptsächlich in der wahrheitsgemäßen Beantwortung zulässiger Fragen des Arbeitgebers, wie z. B. nach beruflich-fachlichen Fähigkeiten, Erfahrungen, Fertigkeiten und Kenntnissen, nach dem beruflichen Werdegang sowie nach Prüfungs- und Zeugnisnoten.

24. Was ist bei der Anbahnung eines Arbeitsverhältnisses nach dem AGG zu beachten?

In § 11 AGG ist verankert, dass der Arbeitgeber Arbeitsplätze weder öffentlich noch intern <u>nur</u> für Männer oder Frauen ausschreiben darf bzw. niemand wegen seines Geschlechts benachteiligt werden darf.

2.1.2 Begründung des Arbeitsverhältnisses

01. Wie wird ein Arbeitsverhältnis begründet?

Ein Arbeitsverhältnis wird durch Abschluss eines Arbeitsvertrages begründet, der durch Angebot und Annahme zu Stande kommt. Aus dem Arbeitsvertrag ergeben sich die beiderseitigen Rechte und Pflichten.

Bei Übereinstimmung der Vorstellungen von Bewerber und Arbeitgeber kann der Arbeitsvertrag geschlossen werden – vorbehaltlich der Zustimmung des Betriebsrates (§ 99 BetrVG) und evtl. notwendiger Eignungsuntersuchung.

02. Was ist das Arbeitsrecht?

Das Arbeitsrecht ist das Sonderrecht der abhängig und weisungsgebunden für fremde Rechnung Arbeitenden.

03. Was zählt zu den Rechtsquellen des Arbeitsrechts?

Charakteristisch für die heutige Arbeits- und Wirtschaftsverfassung ist die Selbstverwaltung des Arbeitslebens durch Arbeitgeber- und Arbeitnehmerorganisationen. Deshalb sind es neben den staatlichen Vorschriften insbesondere die autonomen Regelungen, die die Beziehungen zwischen Arbeitgebern und Arbeitnehmern sowie den rechtlichen Rahmen und die Bedingungen der zu leistenden Arbeit festlegen. Neben den staatlichen Gesetzen und Verordnungen sind insbesondere die autonom zu Stande gekommenen Tarifverträge, Betriebsvereinbarungen und Unfallverhütungsvorschriften der Berufsgenossenschaften Quellen des Arbeitsrechts. Hinzu kommen aber auch die Grundsätze des Richterrechts und hier vorrangig die des Bundesarbeitsgerichts.

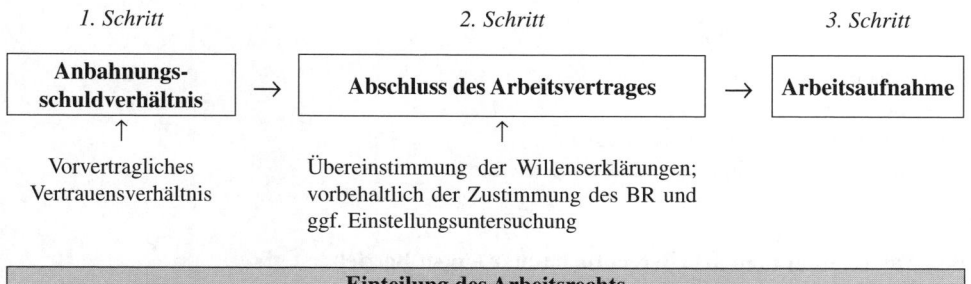

1. Schritt	*2. Schritt*	*3. Schritt*
Anbahnungs- schuldverhältnis →	**Abschluss des Arbeitsvertrages** →	**Arbeitsaufnahme**
↑	↑	
Vorvertragliches Vertrauensverhältnis	Übereinstimmung der Willenserklärungen; vorbehaltlich der Zustimmung des BR und ggf. Einstellungsuntersuchung	

Einteilung des Arbeitsrechts	
↓	↓
Individuelles Arbeitsrecht	**Kollektives Arbeitsrecht**
Teil des Arbeitsrechts, der die rechtlichen Beziehungen des Arbeitgebers zu den einzelnen Arbeitnehmern normiert.	Regelt die Rechtsbeziehungen der arbeitsrechtlichen Koalitionen (Gewerkschaften, Arbeitgeberverbände) und Belegschaftsvertretungen (Betriebsräte) zu ihren Mitgliedern und zu den gegenläufigen Interessenvertretern.

Beispiele:

↓	↓
- Arbeitsvertragsrecht - Arbeitnehmerschutzrechte	- Betriebsverfassungsrecht - Sprecherausschussverfassung - Unternehmensverfassung - Tarifvertragsrecht - Arbeitskampfrecht

04. Welchen Einfluss hat das kollektive Arbeitsrecht auf das Individualarbeitsrecht?

Durch das Einwirken arbeitsrechtlicher Gesetze und Kollektivvereinbarungen hat der individuelle Vertrag einen schwächeren Einfluss auf den Inhalt des einzelnen Arbeitsverhältnisses als dies z. B. zwischen Verkäufer und Käufer oder Vermieter und Mieter der Fall ist. Ein Individualarbeitsvertrag muss sich daher immer an den übergeordneten Normen orientieren und mit deren Inhalten übereinstimmen.

05. Wer ist Arbeitnehmer im Sinne des Arbeitsrechts?

Als Arbeitnehmer gelten die Personen, die einem anderen haupt- oder nebenberuflich aufgrund eines privatrechtlichen Vertrages für eine gewisse Dauer zur Arbeitsleistung verpflichtet sind. Ein Arbeitsverhältnis setzt im Regelfall die Zahlung eines Entgelts voraus. Jedes Arbeitsverhältnis ist ein Dienstverhältnis im Sinne des BGB (§§ 611 ff.), sodass die dortigen Vorschriften auf den Arbeitsvertrag zur Anwendung kommen, sofern nicht der besondere Charakter des Arbeitsverhältnisses dem entgegensteht.

Keine Arbeitnehmer sind:

- Selbstständige
- Freiberufler
- Organmitglieder (z. B. Vorstand einer AG)
- Richter, Beamte, Soldaten, Zivildienstleistende.

06. Was versteht man arbeitsrechtlich unter einem Betrieb?

Nach der Rechtsprechung des Bundesarbeitsgerichts versteht man unter einem Betrieb die organisatorische Einheit von Arbeitsmitteln, mit deren Hilfe jemand allein oder in Gemeinschaft mit seinen Mitarbeitern einen bestimmten arbeitstechnischen Zweck fortgesetzt verfolgt.

07. Was versteht man arbeitsrechtlich unter einem Unternehmen?

Unter einem Unternehmen versteht man diejenige organisatorische Einheit, die bestimmt wird durch den wirtschaftlichen oder ideellen Zweck, dem ein Betrieb oder mehrere organisatorisch verbundene Betriebe dienen.

08. Was sind arbeitnehmerähnliche Personen?

Arbeitnehmerähnliche Personen sind solche, die ohne in einem festen Arbeitsverhältnis zu stehen, wegen ihrer wirtschaftlichen Unselbstständigkeit sich in wirtschaftlicher Abhängigkeit zum Auftraggeber oder zum Unternehmer befinden und damit in ähnlicher sozialer Lage wie die Arbeitnehmer sind.

09. Wer fällt unter den Personenkreis der arbeitnehmerähnlichen Personen?

a) Die in *Heimarbeit Beschäftigten* und die ihnen Gleichgestellten (§ 1 HAG),

b) *Handelsvertreter*, die vertraglich nicht für weitere Unternehmer tätig werden dürfen oder bei denen dies nach Art und Umfang der von ihnen verlangten Arbeit nicht möglich ist,

c) *freie Mitarbeiter* – unter der Voraussetzung, dass sie von ihrem Auftraggeber wirtschaftlich abhängig sind.

10. Wie ist der Arbeitsvertrag von anderen Vertragsverhältnissen abzugrenzen?

- *Abgrenzung zum Werkvertrag:*
  - der Auftragnehmer (AN) verpflichtet sich zur Herstellung oder Veränderung einer Sache bzw. er *schuldet den herbeizuführenden Erfolg* durch Arbeit oder Dienstleistung;

  - der Auftraggeber (AG) verpflichtet sich zur *Zahlung* der Vergütung und der *Abnahme* des Werkes.

  - Der Werkvertrag unterscheidet sich vom Dienstvertrag darin, dass nicht nur eine Tätigkeit, sondern ein Erfolg geschuldet wird.

  - Beispiele für Werkverträge: Reparaturvertrag, Bauarbeiten, handwerkliche Tätigkeiten.

  - Beispiele für Dienstverträge: Behandlungsvertrag, Mandatsvertrag mit einem Rechtsanwalt, Beratervertrag.

- *Abgrenzung zur Arbeitnehmerüberlassung* (Personalleasing):
  Beim Personalleasing stellt ein Zeitarbeitsunternehmen (Verleiher) dem Auftraggeber (Entleiher) Mitarbeiter gegen Entgelt als Arbeitskräfte zur Verfügung. Diese Mitarbeiter sind beim Leasingunternehmen fest angestellt; neben einigen Besonderheiten gelten für dieses Arbeitsverhältnis die im Arbeitsrecht gültigen Grundsätze. Um es deutlich zu machen: Der Arbeitsvertrag besteht zwischen den Mitarbeitern und dem Leasingunternehmen.

  Arbeitsrechtlich wird zwischen

  - *dem echten Leiharbeitsverhältnis,* d. h. wenn der Verleiher den Arbeitnehmer nur vorübergehend – i. d. R. in diesen Fällen unentgeltlich – ausleiht; (z. B. bei Firmen, die untereinander in enger Geschäftsbeziehung stehen) und

  - *dem unechten Leiharbeitsverhältnis,* d. h. wenn der Arbeitnehmer regelmäßig zum Zweck der Ausleihe eingestellt wurde und gewerbsmäßig an Dritte überlassen wird, unterschieden. Dieses so genannte unechte Leiharbeitsverhältnis wird durch das Arbeitnehmerüberlassungsgesetz (AÜG) geregelt. Besonderen Wert bei der Einführung dieses Gesetzes legte der Gesetzgeber auf den Schutz der Leiharbeitnehmer:

  - Die Arbeitnehmerüberlassung bedarf der Genehmigung durch die Arbeitsverwaltung.

  - Der Arbeitnehmerüberlassungsvertrag ist schriftlich zu schließen.

Es bestehen also folgende Rechtsbeziehungen:

Zwischen Leasinggeber und Arbeitnehmer: → *Arbeitsvertrag*

Der Leasinggeber führt die Sozialversicherungsbeiträge sowie die Lohnsteuer ab; erfolgt dies nicht, besteht für den Entleiher (in bestimmtem Umfang; vgl. § 42 EStG) Subsidiärhaftung. Im Rahmen der Ausgestaltung seines Direktionsrechts in Verbindung mit der Ausgestaltung des Arbeitsvertrages kann der Leasinggeber den Arbeitnehmer bei einem anderen Unternehmen einsetzen. Es gelten hinsichtlich des Arbeitsverhältnisses die Bestimmungen der einschlägigen Arbeitsgesetze (Arbeitspflicht/Lohnzahlungspflicht, z. B. Kündigungsschutz, Mutterschutz etc.).

Zwischen Leasinggeber und Leasingnehmer: → Arbeitnehmerüberlassungsvertrag

Der Leasingnehmer zahlt an den Leasinggeber ein festes Honorar, i. d. R. auf Stundenbasis; zzt. kostet beispielsweise eine einfache Büroaushilfe ca. 35,00 € pro Stunde. Der Leasinggeber kalkuliert dieses Honorar auf der Basis von Verwaltungs-/Regiekosten, Lohnkosten und Lohnnebenkosten. Der Verleiher ist gegenüber dem Entleiher verpflichtet ihm zur vereinbarten Zeit, am vereinbarten Ort arbeitswillige Kräfte, die über die geforderte Qualifikation verfügen bereitzustellen. Hinsichtlich dieser Verpflichtung haftet er bei Verzug nach § 284 ff, 326 BGB.

Zwischen Leasingnehmer und Arbeitnehmer: → Nebenpflichten

Es bestehen weder ein Arbeitsverhältnis noch sonstige Vertragsbeziehungen; trotzdem erwachsen dem Mitarbeiter gegenüber dem Entleiher gewisse Nebenpflichten (z. B. Verschwiegenheitspflicht, Wettbewerbsunterlassungspflicht; Lage der Arbeitszeit sowie Betriebsordnung des Entleihers). *Der Entleiher hat gegenüber dem Leiharbeitnehmer ein relatives Weisungsrecht* (im Rahmen des Arbeitnehmerüberlassungsvertrages).

Vorteile aus der Sicht des Entleihers:

- Überbrückung kurzfristiger Personalengpässe,
- keine (oder nur geringe) Beschaffungs- und Verwaltungskosten,
- kein arbeitsrechtliches Risiko (Kündigungsschutz, Lohnfortzahlung, Mutterschutz etc.),
- das Risiko der „mangelnden" Qualifikation ist eingeschränkt.

Nachteile aus der Sicht des Entleihers:

- Einarbeitungsaufwand in Relation zur Einsatzzeit verhältnismäßig hoch,
- höhere Kosten als bei angestellten („eigenen") Mitarbeitern – vernachlässigt man die Ausfallzeiten,
- i. d. R. geringere Motivation der Leiharbeitnehmer.

- *Abgrenzung zur freien Mitarbeit:*

Freie Mitarbeiter sind dann Arbeitnehmer, wenn sie in persönlicher Abhängigkeit stehen (in die betriebliche Organisation eingebunden – z. B. nach Zeit, Ort), auch wenn der Vertrag als freier Mitarbeiter geschlossen wurde (vgl. Frage 11.).

- *Abgrenzung zum Dienstvertrag:*

- Leistung von vereinbarten Diensten gegen ein vereinbartes Entgelt.
- Der Dienstvertrag ist nicht auf einen Erfolg ausgerichtet.
- Die Abgrenzung zum Werkvertrag ist in der Praxis mitunter schwierig.
- Der Arbeitsvertrag ist ein Unterfall des Dienstvertrages (§ 611 Abs. 1 BGB); nur auf den Arbeitsvertrag finden die arbeitsrechtlichen Normen Anwendung (z. B. Kündigungsschutz).

11. Welche besonderen Arten von Arbeitsverhältnissen lassen sich unterscheiden?

Aufgrund der Interessenslage der Vertragsparteien haben sich besondere Arten von Arbeitsverhältnissen herausgebildet, die gesetzlich nur unvollständig geregelt sind, z. B.:

- *Aushilfsarbeitsverhältnis*; zu beachten ist:
  - befristet, unbefristet oder mit bestimmter Vertragsdauer
  - sachlicher Grund oder nach dem TzBefG
  - ordentliche Kündigung ist ausgeschlossen
  - Problem: Kettenarbeitsverhältnis.

- *Probearbeitsverhältnis*; zu beachten ist:
  - ist abzugrenzen vom Arbeitsverhältnis mit vorgeschalteter Probezeit
  - ist von der Natur her ein befristeter Vertrag
  - Dauer der Probezeit: i. d. R. 3 bis 6 Monate; in Ausnahmefällen bis zu einem Jahr
  - ordentliche Kündigung ist ausgeschlossen
  - nach sechs Monaten „greift" der allgemeine Kündigungsschutz.

- *Praktikanten*; zu beachten ist:
  Das Praktikum ist ein Ausbildungsverhältnis im Rahmen einer schulischen Ausbildung. Ist das Praktikum Bestandteil eines Studiums findet das Arbeitsrecht keine Anwendung. Der Betrieb ist i. d. R. nicht zur Ausbildung verpflichtet, sondern soll nur „Gelegenheit geben, dass sich der Praktikant die erforderlichen Kenntnisse verschaffen kann". Das Praktikum kann als Ausbildungsverhältnis nach § 10 BBiG ausgestaltet sein.

- *Volontäre*; zu beachten ist:
  Das Volontariat ist ein Ausbildungsverhältnis, das zur Vorbereitung auf Erwerbstätigkeiten dient (z. B. in der Redaktion einer Zeitung), die keine anerkannten Ausbildungsberufe haben. Es besteht ein Vergütungsanspruch nach §§ 17 ff. BBiG.

- *Heimarbeitsverhältnis*:
  Heimarbeiter gehören zu den sog. arbeitnehmerähnlichen Personen; es gilt das HAG.

- *Teilzeitarbeitsverhältnis*; zu beachten ist das TzBfG:
  - Teilzeit ist jede Verkürzung der regelmäßigen Arbeitszeit
  - Vergleichsmaßstab ist die betriebsübliche Wochenarbeitszeit
  - es besteht ein Gleichbehandlungsgrundsatz gegenüber Vollzeitbeschäftigten
  - der Vergütungsanspruch richtet sich nach der Arbeitszeitdauer
  - im Krankheitsfall besteht Anspruch auf Entgeltfortzahlung (ebenso: Feiertagsvergütung)
  - der Urlaubsanspruch besteht in gleicher Höhe wie bei Vollzeitbeschäftigten
  - die Einführung von Teilzeitarbeit unterliegt der Mitbestimmung des BR
  - i. d. R. ist die Verpflichtung zur Mehrarbeit ausgeschlossen
  - die Beendigung von Teilzeitarbeitsverhältnissen unterliegt dem allgemeinen Kündigungsschutz

- *Geringfügige Beschäftigung* (Mini-Jobs): vgl. ausführlich S. 307.

- *Variable Arbeitszeitsysteme*:

  KAPOVAZ (Kapazitätsorientierte variable Arbeitszeit) ist eine spezielle Form der Teilzeitarbeit:

  - Sie ist eine im Umfang fest vereinbarte Arbeitszeit auf Abruf. Für die Mitarbeiter ist damit eine (ständige) Arbeitsbereitschaft verbunden, die vor allem im Einzelhandel anzutreffen ist.

  - Der Arbeitgeber kann mithilfe der Abrufarbeit sowohl die Lage als auch die Dauer der geleisteten Arbeitszeit seiner Mitarbeiter flexibel an den jeweiligen Bedarf anpassen. Die Regelungen zur *Arbeit auf Abruf* finden sich in § 12 TzBefG.

- *Arbeitsverhältnisse mit Arbeitnehmern mit Migrationshintergrund*; zu beachten ist:
  - für Arbeitnehmer innerhalb der EU besteht Freizügigkeit (Übergangsregelungen)
  - für andere Personen ist erforderlich: Arbeitserlaubnis oder Arbeitsberechtigung (→ vgl. Arbeitsaufenthalteverordnung/AAV)
  - bei fehlender Arbeitserlaubnis besteht Beschäftigungsverbot
  - erfolgt die Beschäftigung trotz fehlender Arbeitserlaubnis, so ist sie illegal
  - zu beachten ist: → Schwarzarbeit (SchwarbG, SGB III)

- *Unbefristete/befristete Verträge*; zu beachten ist:

  Der unbefristete Arbeitsvertrag endet durch einseitige Erklärung (Kündigung) des Arbeitgebers oder des Arbeitnehmers oder durch eine vertragliche Aufhebung.

  Der befristete Arbeitsvertrag wird von vornherein für eine bestimmte Zeitdauer geschlossen und endet ohne eine bestimmte Erklärung entweder

  - unmittelbar mit Ablauf der Frist oder
  - mittelbar mit Erreichen des Zwecks.

  Nach dem Teilzeit- und Befristungsgesetz (TzBfG) gilt:

  (1) *Vorliegen eines sachlichen Grundes:*
      Die Befristung des Arbeitsvertrages kann auf der Basis eines sachlichen Grundes erfolgen (§ 14 Abs. 1 TzBfG), z. B. Vertretung, Erprobung, kurzfristige Erkrankung des Stelleninhabers. Der Vertrag endet mit Fristablauf bzw. mit Erreichen des Zwecks.

  (2) *Ohne sachlichen Grund:*
      Auch ohne Vorliegen eines sachlichen Grundes ist eine Befristung bis zur Gesamtdauer von zwei Jahren möglich; innerhalb dieses Zeitraumes ist maximal eine dreimalige Verlängerung zulässig (§ 14 Abs. 2 TzBfG). Einen Verstoß gegen das Vorbeschäftigungsverbot sieht das Bundesarbeitsgericht dann nicht als gegeben an, wenn zwischen zwei Verträgen *ein Zeitraum von mehr als drei Jahren* liegt.

  (3) *Bei Existenzgründern:*
      Hier gilt seit Jan. 2004 aufgrund des Gesetzes zu Reformen am Arbeitsmarkt die Besonderheit, dass bei Neugründung eines Unternehmens eine Befristung ohne sachlichen Grund bis zur Gesamtdauer von vier Jahren zulässig ist; innerhalb dieser Gesamtfrist ist eine mehrfache Verlängerung erlaubt (§ 14 Abs. 2a TzBfG).

- *Tariflich gebundener Vertrag/außertariflicher Vertrag:*
  Der tarifliche gebundene Arbeitsvertrag enthält nur wesentliche Bestimmungen und weist im Übrigen ergänzend auf die Bestimmungen des einschlägigen Tarifvertrages hin.

  Speziell für Führungskräfte, die oberhalb der Gehaltsgruppierungen des entsprechenden Tarifvertrages liegen, kann ein sog. außertariflicher Arbeitsvertrag (kurz: AT-Vertrag) geschlossen werden. Da diese Führungskräfte sich oberhalb der Mindestgehaltsnorm des Tarifvertrages befinden, können in diesem Fall vom Tarifvertrag abweichende Inhaltsbestandteile vereinbart werden.

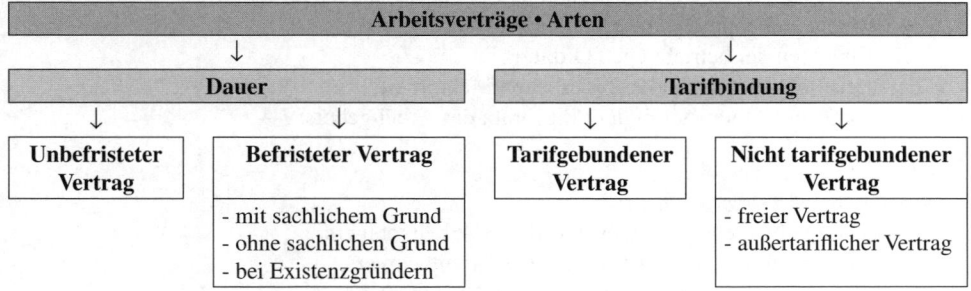

- *Altersteilzeitvertrag:*
  Die Bestimmungen richten sich nach dem AltTzG: Gleitender Übergang vom Erwerbsleben in die Altersrente; Gewährung von Leistungen an den Arbeitnehmer und den Arbeitgeber unter bestimmten Voraussetzungen (bitte lesen Sie die §§ 1 bis 11 AltTzG).

- *Telearbeitsvertrag:*
  Telearbeit kann als Heimarbeit gestaltet sein (es gilt das Heimarbeitsgesetz) oder in die betriebliche Arbeitsorganisation eingebunden sein (es gilt das „normale" Arbeitsrecht inkl. der Beteiligungsrechte des Betriebsrates). Wichtig ist die Berücksichtigung zusätzlicher Regelungstatbestände: u. a. Zutrittsrecht zur Wohnung, Beachtung der Bildschirmarbeitsverordnung).

12. Welche Rechte und Pflichten ergeben sich aus § 611 BGB?

Durch den Dienstvertrag wird nach § 611 BGB derjenige, welcher Dienste zusagt, zur *Leistung* der versprochenen Dienste, der andere Teil zur Gewährung der vereinbarten *Vergütung* verpflichtet.

13. Welche Hauptpflichten existieren?

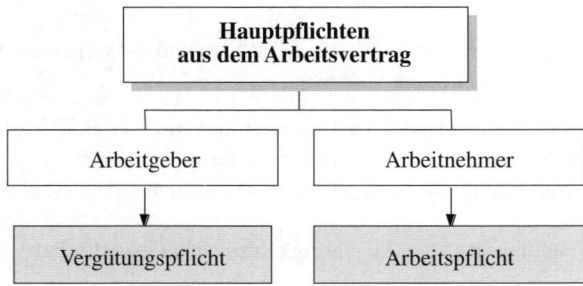

14. Welche Nebenpflichten müssen die Parteien erfüllen?

• *Arbeitnehmer:*

→ Allgemeine *Treuepflicht:*
- Verschwiegenheitspflicht,
- Unterlassung von ruf- und kreditschädigenden Äußerungen,
- Verbot der Schmiergeldannahme,
- Wettbewerbsverbot,
- Pflicht zur Anzeige und Abwendung drohender Schäden,
- weitere Nebenpflichten:
  · Einhalten der betrieblichen Ordnung,
  · Leistung der dringend erforderlichen Mehrarbeit,
  · sorgsamer Umgang mit dem Eigentum des Arbeitgebers.

• *Arbeitgeber:*

→ Allgemeine *Fürsorgepflicht:*
- Fürsorge für Leben und Gesundheit des Arbeitnehmers,
- Fürsorge für eingebrachte Sachen des Arbeitnehmers,
- Pflicht zum Schutz des Vermögens des Arbeitnehmers,
- Pflicht zum Schutz vor sexueller Belästigung,
- Pflicht zur Gewährung von Erholungsurlaub,
- Pflicht zur Fortzahlung der Vergütung im Krankheitsfalle,
- Pflicht zur Zeugniserteilung,
- Freistellung zur Arbeitssuche nach Kündigung,
- Gleichbehandlungsgrundsatz,
- Informations- und Anhörungspflicht.

15. Was ist bei der Form und beim Inhalt von Arbeitsverträgen zu beachten?

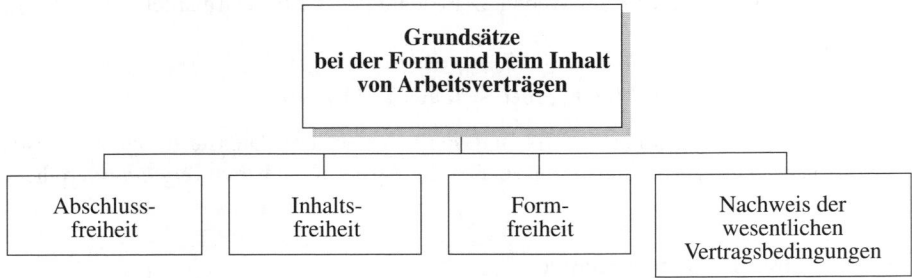

• *Abschlussfreiheit:*
Grundsätzlich können beide Parteien *frei* entscheiden, ob und mit wem sie einen Arbeitsvertrag begründen wollen; es gibt zahlreiche *Ausnahmen:*

- Verbot der geschlechterspezifischen Diskriminierung: Art. 141 EG-Vertrag
- Verbot der Benachteiligung nach Art. 3 GG (bitte lesen)
- Verbot der Benachteiligung schwerbehinderter Menschen: Art. 3 Abs. 3 Satz 2 GG, § 81 Abs. 2 SGB IX
- Verbot der Benachteiligung wegen Zugehörigkeit zu einer Gewerkschaft: Art. 9 Abs. 3 Satz 1 und 2 GG.

- Eintritt in bestehende Arbeitsverhältnisse bei Betriebsübergang: § 613a BGB
- Begründung eines Arbeitsverhältnisses bei unerlaubter Arbeitnehmerüberlassung: § 10 Abs. 1 Satz 1 AÜG
- Abschlussgebot/Erfüllung der Pflichtquote von 5%: § 71 Abs. 2 SGB IX
- Beschäftigungsverbote: §§ 3 ff. MuSchG, §§ 5 ff. JArbSchG, § 42 Infektionsschutzgesetz (IfSG)
- Begründung eines Arbeitsverhältnisses: § 78a Abs. 2 BetrVG
- Ausschreibung einer Vollzeitstelle als Teilzeitstelle: § 7 Abs. 1 TzBfG
- Verlängerung oder Verkürzung der Arbeitszeit: §§ 8 Abs. 1, 9 TzBfG
- Beachtung des Allgemeinen Gleichbehandlungsgesetzes (AGG).

- *Inhaltsfreiheit:*
  Grundsätzlich können Arbeitnehmer und Arbeitgeber den Inhalt ihres Arbeitsvertrages frei gestalten; es gibt *Ausnahmen*:

  - die Arbeitnehmerschutzrechte sind zu beachten

  - bei vorformulierten Verträgen/Vertragsbausteinen ist für alle neuen Arbeitsverträge seit dem 01.01. 2002 das Gesetz der Allgemeinen Geschäftsbedingungen zu beachten: Eine unzulässige Klausel entfällt ersatzlos → es gilt i. d. R. die gesetzliche Regelung.

  Achtung: Das AGB-Gesetz ist auf alle neuen Arbeitsverträge, die nach dem 31.12. 2001 geschlossen wurden, anzuwenden; die Anwendung ist ebenfalls zu beachten für standardisierte Vereinbarungen, z. B. Ausgleichsquittung, Kündigung, Abmahnung, Fortbildungsvereinbarung u. Ä.

  - ggf. sind Betriebsvereinbarungen und tarifliche Bestimmungen zu beachten

  - Beachtung des Gleichbehandlungsgrundsatzes (→ gleiche Arbeit, gleicher Lohn).

- *Formfreiheit und Nachweisgesetz:*
  Grundsätzlich ist der Arbeitsvertrag an keine Form gebunden. Ein Arbeitsvertrag kann daher rechtswirksam zu Stande kommen, wenn er

  - mündlich oder fernmündlich,
  - schriftlich oder
  - durch schlüssiges Handeln entsteht. Die Juristen sagen „konkludentes Handeln".

Zu dieser generellen Regelung gibt es *Ausnahmen*:

- Die sog. Konkurrenzklausel (Wettbewerbsverbot) nach § 74 Abs. 1 HGB bedarf der *Schriftform*.

- § 14 Abs. 4 TzBfG (bitte lesen)

- Daneben schreiben sehr viele Tarifverträge vor, dass Arbeitsverträge grundsätzlich *schriftlich* geschlossen werden müssen. Aber: Auch in diesem Fall kommt der Arbeitsvertrag bereits durch mündliche, übereinstimmende Erklärung zu Stande.

- § 11 BBiG schreibt vor, dass Ausbildungsverträge schriftlich nachvollzogen werden müssen. Auch hier führt die mündliche, übereinstimmende Erklärung beider Parteien bereits zum Abschluss des Vertrages.

Daneben ist seit 1995 das Gesetz über den Nachweis der für ein Arbeitsverhältnis geltenden wesentlichen Bedingungen (NachwG vom 20.07.1995) zu beachten. Folgende Angaben sind erforderlich:

1. der Name und die Anschrift der Vertragsparteien,
2. der Zeitpunkt des Beginns des Arbeitsverhältnisses,
3. bei befristeten Arbeitsverhältnissen: die vorhersehbare Dauer des Arbeitsverhältnisses,
4. der Arbeitsort,
5. die Beschreibung der zu leistenden Tätigkeit,
6. die Zusammensetzung und die Höhe des Arbeitsentgelts,
7. die vereinbarte Arbeitszeit,
8. die Dauer des jährlichen Erholungsurlaubs,
9. die Fristen für die Kündigung,
10. ein in allgemeiner Form gehaltener Hinweis auf die Tarifverträge und Betriebsvereinbarungen, die auf dieses Arbeitsverhältnis anzuwenden sind.

16. Welche Rechtswirkung hat die betriebliche Übung auf den Arbeitsvertrag?

Die betriebliche Übung (= Betriebsübung; umgangssprachlich auch: „Gewohnheitsrecht") ergänzt die Entgeltbedingungen des Arbeitsvertrages z. B. durch Gratifikationen, Weihnachtsgeld usw. Wenn der Arbeitgeber *wiederholt und ohne Vorbehalt mindestens drei Jahre* lang eine solche Gratifikation zahlt, erwächst dem Arbeitnehmer der so genannte *Vertrauenstatbestand:* Er hat in der Folgezeit einen Anspruch auf Weiterzahlung dieser Gratifikation. Die konkrete Ausgestaltung derartiger Gratifikationen unterliegt nicht der Mitbestimmung des Betriebsrates nach § 87 Abs. 1 Nr. 10 BetrVG.

17. Mit welchen rechtlichen Mängeln kann ein vereinbarter Arbeitsvertrag ggf. behaftet sein und welche Rechtsfolgen ergeben sich daraus?

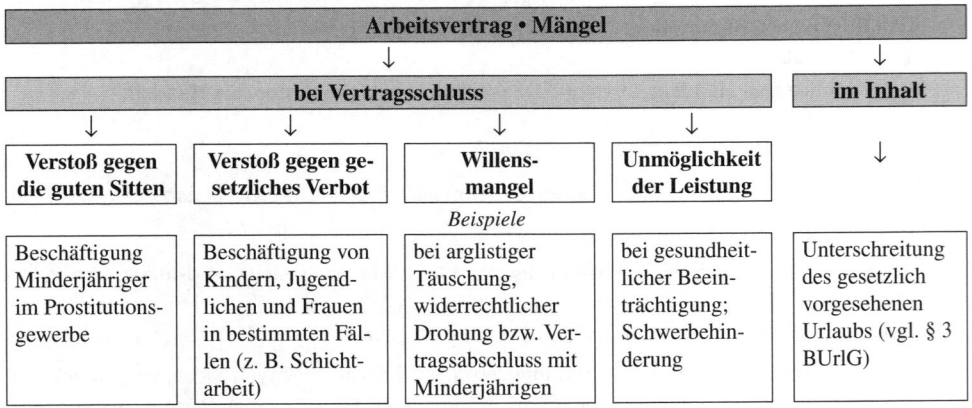

- *Mängel bei Vertragsabschluss* führen zur Nichtigkeit des gesamten Vertrages mit Wirkung für die Zukunft (= *faktisches Arbeitsverhältnis*).

- *Mängel im Inhalt* führen zur Teilnichtigkeit der mit Mängeln behafteten Regelung. Es gilt die gesetzlich oder tariflich vorgeschriebene Regelung.

18. Welche Wirkung hat die Anfechtung des Arbeitsvertrages durch den Arbeitgeber?

Der Arbeitgeber ist unter bestimmten Umständen zur Anfechtung des Arbeitsvertrages berechtigt, z. B. wahrheitswidrige Beantwortung einer zulässigen Frage durch den Arbeitnehmer (Beispiel: Verschweigen von Vermögensdelikten eines Einkäufers, ... Verkehrsdelikten eines Kraftfahrers).

Das Arbeitsverhältnis wird durch die berechtigte Anfechtungserklärung für die Zukunft beendet. Eine Anhörung des Betriebsrates nach § 102 BetrVG ist nicht erforderlich.

19. Welche Varianten der Einzahlung und Verwendung sind bei flexiblen betrieblichen Arbeitszeitsystemen grundsätzlich möglich?

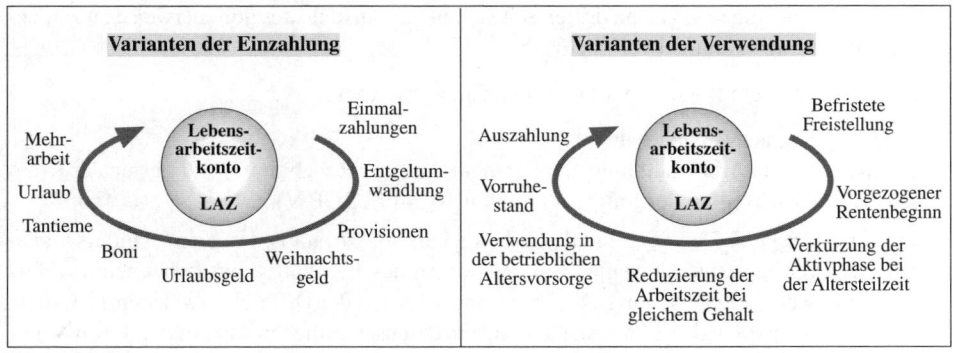

2.1.3 Entgeltfortzahlung ohne Arbeitsleistung

01. Welche Freistellungssachverhalte mit Fortzahlung der Vergütung gibt es?

- Arbeitsunfähigkeit wegen Krankheit,

- Bildungsurlaub,

- Erholungsurlaub,

- Feiertage,

- Kuren,

- Freistellung für werdende Mütter (6 Wochen vor/8 Wochen nach der Geburt)

- Pflege des kranken Kindes (nur in sehr eingeschränktem Umfang),

- Wehrerfassung und Musterung,

- Wehrübungen (bei bis zu 3 Tagen; Arbeitgeber hat Erstattungsanspruch),

- Wiedereingliederung in das Erwerbsleben (z. B. teilweiser Arbeitsleistung nach längerer, schwerer Krankheit; Krankengeld zzgl. ggf. einem Zuschuss bis zur Höhe des Nettoentgelts),

- Freistellung Jugendlicher und Auszubildender (z. B. Berufsschulunterricht, Prüfungen),

- sonstige Tatbestände, z. B.:
  · Betriebsratstätigkeit,
  · persönliche Verhinderung (§ 616 BGB; Einzelheiten vgl. Tarifverträge; z. B. Eheschließung, Niederkunft der Ehefrau, Todesfälle im engeren Familienkreis, schwere Erkrankung des Ehegatten),
  · Wahrnehmung von Ehrenämtern (sofern keine Erstattung von dritter Seite),
  · Vorladung als Zeuge vor Gericht.

02. Welche Fälle von Entgeltersatzleistungen gibt es?

Bei Lohnersatzleistungen wird von dritter Seite geleistet – anstelle des üblicherweise zu zahlenden Entgelts. Infrage kommen vor allem:

- *Elterngeld* nach dem Bundeselterngeld- und Elternzeitgesetz

- Gesetzliche Krankenversicherung:
  · *Krankengeld* bei Arbeitsunfähigkeit oder medizinischer Rehabilitation zu Lasten der Krankenkasse nach Wegfall der Entgeltfortzahlung (§ 44 ff. SGB V).
  · *Mutterschaftsgeld:* Der Zuschuss des Arbeitgebers soll zusammen mit dem Mutterschaftsgeld den Verdienstausfall ausgleichen, der wegen des Beschäftigungsverbots eintritt. Der Zuschuss während der Schutzfristen berechnet sich aus der Differenz zwischen 13 € (dem Mutterschaftsgeld; vgl. § 14 MuSchG) und dem durchschnittlichen kalendertäglichen Netto-Arbeitsentgelt der letzten drei Monate.

    Beispiel:
    ø Nettoentgelt während der letzten drei Monate = 2.250 €; 2.250 € · 3 : 90 Tage = 75 €/Tag. Daraus ergibt sich ein Zuschuss des Arbeitgebers von 75 € - 13 € = 62 €.

- Gesetzliche Rentenversicherung: *Übergangsgeld* bei Maßnahmen zur medizinischen Rehabilitation nach Wegfall der Entgeltfortzahlung oder bei Leistungen zur Teilhabe am Arbeitsleben

- Gesetzliche Unfallversicherung: *Verletztengeld* bei Arbeitsunfähigkeit wegen eines Arbeitsunfalles oder wegen einer Berufskrankheit nach Wegfall der Entgeltfortzahlung; *Übergangsgeld* bei Teilnahme an Leistungen zur Teilhabe am Arbeitsleben (berufliche Rehabilitation)

- Arbeitslosenversicherung: Entgeltersatzleistungen nach § 116 SGB III sind z. B.:

  · *Arbeitslosengeld* bei Arbeitslosigkeit und bei beruflicher Weiterbildung

  · *Teilarbeitslosengeld* bei Teilarbeitslosigkeit

  · *Übergangsgeld* bei Teilnahme an Leistungen zur Teilhabe am Arbeitsleben

  · *Kurzarbeitergeld* für Arbeitnehmer, die infolge eines Arbeitsausfalles (Kurzarbeit) einen Entgeltausfall haben und das *Saison-Kurzarbeitergeld* für Arbeitnehmer in bestimmten Branchen, die infolge eines witterungs- oder wirtschaftlich bedingten Arbeitsausfalls in der Schlechtwetterzeit einen Entgeltausfall haben.

  · *Insolvenzgeld* für Arbeitnehmer, die wegen Zahlungsunfähigkeit des Arbeitgebers kein Arbeitsentgelt erhalten.

  · Dem Lebensunterhalt dienende Leistungen (§ 10 SGB III) und Zuschüsse zum Arbeitsentgelt (Entgeltsicherung) für ältere Arbeitnehmer (§ 421j SGB III) durch die Bundesagentur für Arbeit (§ 3 Nr. 2 EStG).

03. Welche wesentlichen Bestimmungen enthält das Bundesurlaubsgesetz?

- Berechnungsgrundlage für das Urlaubsentgelt sind die letzten 13 Wochen vor Beginn des Urlaubs.

- Der gesetzliche Mindesturlaub beträgt mindestens 24 Werktage im Kalenderjahr.

- Werktage sind alle Kalendertage, außer Sonn- oder Feiertage.

- Für den vollen Urlaubsanspruch besteht eine Wartezeit von 6 Monaten. Die Wartezeit ist in einem Beschäftigungsverhältnis nur einmal zu erfüllen. In den Folgejahren steht dem Arbeitnehmer in jedem neuen Kalenderjahr der volle Jahresurlaub bereits am Jahresanfang zu.

- Beim Wechsel des Arbeitgebers sind Doppelansprüche ausgeschlossen (Bescheinigung des Arbeitgebers).

- Bei der zeitlichen Festlegung des Urlaubs sind die Urlaubswünsche des Arbeitnehmers zu berücksichtigen, es sei denn, dass ihrer Berücksichtigung dringende betriebliche Belange oder Urlaubswünsche anderer Arbeitnehmer, die unter sozialen Gesichtspunkten den Vorrang verdienen, entgegenstehen. Ein bereits genehmigter Jahresurlaub kann dann wirksam widerrufen werden, wenn dringende betriebliche Gründe dies rechtfertigen (z. B. Notfallsituation: Erkrankung des Kollegen in gleicher Funktion; Engpass in der Personalressource, der nicht planbar war; entstehende Kosten hat der Arbeitgeber zu tragen).

- Für jeden vollen Beschäftigungsmonat ist 1/12 zu gewähren (Bruchteile von mindestens einem halben Tag sind aufzurunden).

- Der Urlaub ist zusammenhängend und im Kalenderjahr zu nehmen; eine Übertragung ist nur im Sonderfall bis Ende März des Folgejahres statthaft. Kann der Urlaub im Kalenderjahr wegen Krankheit nicht genommen werden, so verfällt er nicht (Problem/strittig: Anwachsen der Urlaubsansprüchen bei Langzeiterkrankung: EuGH, Urteil vom 22.11.2011, C-214/10 - KHS gg. Schulte, Arbeitsgericht Bonn, Urteil vom 18.01.2012, 5 Ca 2499/11).

- Für min*derjährige Arbeitnehmer* gilt bezüglich der Urlaubsdauer das Bundesurlaubsgesetz nicht (vgl. § 19 JArbSchG).

04. Welche Möglichkeiten hat der Arbeitnehmer, die Ablehnung seines Urlaubsantrages rechtlich überprüfen zu lassen?

Lehnt der Arbeitgeber den Antrag des Arbeitnehmers auf Jahresurlaub ab oder wird ein bereits genehmigter Urlaubsantrag widerrufen mit dem Hinweis auf dringende betriebliche Erfordernisse, so kann der Arbeitnehmer diese Entscheidung im Wege einer einstweiligen Verfügung vor dem Arbeitsgericht überprüfen lassen. Das Gericht wird abwägen, welche Gründe gewichtiger sind (betriebliche Erfordernisse ↔ persönliche Ansprüche auf Urlaubsgewährung). Natürlich kann der Arbeitnehmer auch den Betriebsrat einschalten, der nach § 87 Abs. 1 Nr. 5 BetrVG ein Mitbestimmungsrecht bei der Aufstellung des Urlaubsplans hat. In der Praxis wird diese Möglichkeit eher theoretischer Natur sein, wenn der Urlaubstermin des Arbeitnehmers unmittelbar bevorsteht.

2.1.4 Störungen im Arbeitsverhältnis

01. Welche Leistungsstörungen im Arbeitsverhältnis sind denkbar?

Im Rahmen des Arbeitsverhältnisses können – verursacht durch Arbeitnehmer, Arbeitgeber, Dritte oder durch Zufall – Leistungsstörungen eintreten, die die Erfüllung des Arbeitsvertrages als Ganzes oder in Teilen verhindern, verzögern oder unmöglich machen. Entsprechend dem Zivilrecht unterscheidet man vor allem folgende Leistungsstörungen:

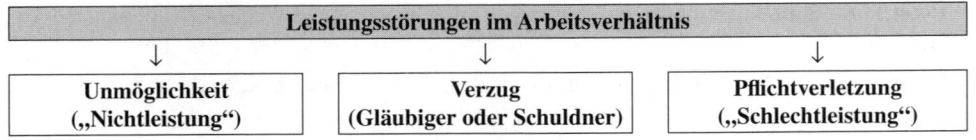

02. Welche Rechtsfolgen können sich aus einer Verletzung der Pflichten aus dem Arbeitsverhältnis ergeben?

Bei *Pflichtverletzungen des Arbeitnehmers:*

- Entgeltminderung,
- Einbehaltung des Entgelts,
- Abmahnung,
- Kündigung,
- Schadensersatzansprüche,
- Unterlassungsklage,
- ggf. Betriebsbußen.

Bei *Pflichtverletzungen des Arbeitgebers:*

- Zurückhaltung der Arbeitskraft (ein Zahlungsverzug des Arbeitgebers *in geringer Höhe* berechtigt nicht zur Leistungsverweigerung).
- Kündigung,
- Verlangen nach Erfüllung der Pflichten,
- Schadensersatzansprüche,
- Bußgelder nach den gesetzlichen Bestimmungen.

03. Was versteht man unter einer Abmahnung? (vgl. S. 667)

Unter einer Abmahnung versteht man eine schriftliche, deutlich erkennbare Ermahnung, ein genau bezeichnetes Fehlverhalten zu ändern. Für den Fall der Fortsetzung des beanstandeten Sachverhalts werden Konsequenzen, etwa in Form der Kündigung, angedroht. Man unterscheidet bei der Abmahnung

- die Disziplinarfunktion,
- die kündigungsrechtliche Warnfunktion.

Im letzteren Fall muss die Abmahnung nach den Grundsätzen der BAG-Rechtsprechung abgefasst sein.

04. Was ist eine Betriebsbuße?

Eine Betriebsbuße ist eine Disziplinarmaßnahme zur Wahrung der betrieblichen Sicherheit und Ordnung im Betrieb und kann nur auf der Basis einer Betriebsvereinbarung (Vereinbarung über die Ordnung und Sicherheit im Betrieb) oder eines Tarifvertrages festgelegt werden. Die Formen der Betriebsbuße sind:

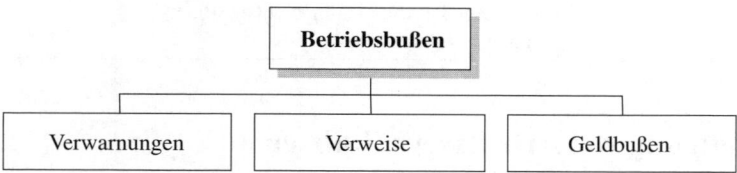

- Die *Verwarnung ist eine mündliche Ermahnung*; es wird ein bestimmtes Fehlverhalten beanstandet. Wird die Verwarnung mit der Androhung der Kündigung im Wiederholungsfall verbunden, so liegt keine Verwarnung, sondern eine Abmahnung vor (s. o.).

- Der *Verweis ist die schriftliche Form der Beanstandung* eines Fehlverhaltens; er wird in die Personalakte aufgenommen.

- Bei schwerem Fehlverhalten kann eine *Geldbuße* (auf der Basis der vorliegenden Betriebsvereinbarung) verhängt werden.

05. Welche Beteiligungsrechte hat der Betriebsrat bei Störungen im Arbeitsverhältnis?

Sachverhalt:	Beteiligungsrecht: - Mitwirkungsrecht (MWR) - Mitbestimmungsrecht (MBR)	§§ BetrVG:
Gleichbehandlung der Betriebsangehörigen	MWR: ... zu wachen, ... zu fördern	§ 75
Betriebsvereinbarungen (zwingende)	MBR: ... sind gemeinsam zu beschließen ...	§ 77
Einsichtsrecht in die Personalakte	MWR: ... kann ein Mitglied des Betriebsrates hinzuziehen	§ 83
Fragen der Ordnung des Betriebes	MBR: ... hat ... mitzubestimmen	§ 87 Abs. 1 Nr. 1
Kündigung	MBR: ... der Betriebsrat ist zu hören	§ 102
Entfernung betriebsstörender Arbeitnehmer	MBR: ... der Betriebsrat kann verlangen	§ 104
Betriebsbußen	MBR	§§ 77, 87 Abs. 1 Nr. 1
Abmahnung	Entgegen einer weitverbreiteten Meinung unterliegt die Abmahnung nicht der Beteiligung des Betriebsrates.	-

2.1.5 Beendigung von Arbeitsverhältnissen

01. Auf welche Weise kann ein Arbeitsverhältnis beendet werden?

02. Was ist ein Aufhebungsvertrag?

Ein Aufhebungsvertrag ist ein inhaltlich frei gestaltbarer zweiseitiger schuldrechtlicher Vertrag, in dem die Beendigung eines Arbeitsverhältnisses geregelt wird und die Bedingungen festgehalten werden, unter denen diese Auflösung erfolgt. Durch den Abschluss eines Aufhebungsvertrages kann ein Arbeitsverhältnis beendet werden *ohne Einhaltung gesetzlicher Kündigungsfristen,* ohne Beteiligung des Betriebsrates und ohne Berücksichtigung gesetzlicher Kündigungsschutz-vorschriften. Der Aufhebungsvertrag *bedarf der Schriftform* (§ 623 BGB). Der Arbeitgeber hat den Arbeitnehmer darauf hinzuweisen, dass die Herbeiführung der Arbeitslosigkeit ohne einen wichtigen Grund eine *Sperrzeit* nach sich zieht. Gibt der Arbeitgeber diese Auskünfte nicht, so hat der Arbeitnehmer Schadensersatzanspruch. Der Arbeitnehmer kann den Aufhebungsvertrag *anfechten*, falls dieser durch Arglist oder widerrechtliche Drohung des Arbeitgebers zu Stande gekommen ist (z. B. Androhung der Kündigung, einer Strafanzeige – ohne Rechtsgrund).

03. Was ist eine Kündigung?

Eine Kündigung ist eine einseitige, empfangsbedürftige Willenserklärung eines Vertragspartners gegenüber dem anderen Partner, das Arbeitsverhältnis zu beenden.

04. Welche Kündigungsarten gibt es?

05. Welche formalen Wirksamkeitsvoraussetzungen sind bei einer Kündigung zu prüfen?

- *Zugang* der schriftlichen Kündigungserklärung:
  Wird die Schriftform nicht beachtet, ist die Kündigung unwirksam und das Arbeitsverhältnis dauert fort.
- Ablauf der *Kündigungsfrist* (bei ordentlicher Kündigung)
- Beachtung von Kündigungsverboten, z. B.:
  - für werdende Mütter
  - für Elternzeitberechtigte
- *Ausschluss der ordentlichen Kündigung*, z. B.:
  - bei Wehrpflichtigen
  - bei Berufsausbildungsverhältnissen
  - bei Mitgliedern des Betriebsrates usw.
  - bei Ausschluss aufgrund des Arbeitsvertrages
- *Zustimmungserfordernis*, z. B.:
  - bei der a. o. Kündigung von Mitgliedern des Betriebsrates usw.
    (→ Zustimmung des Betriebsrates)
  - bei der Kündigung eines Schwerbehinderten
    (→ Zustimmung des Integrationsamtes)
- *Beachtung des Kündigungsschutzes* (→ KSchG)
- *Anzeigepflicht* bei Massenentlassungen

06. Welche Kündigungsfristen gibt es?

• Die regelmäßige Kündigungsfrist beträgt für Arbeiter und Angestellte *vier Wochen* – zum Fünfzehnten oder zum Ende des Kalendermonats (§ 622 Abs. 1 BGB).

• Für den Arbeitgeber verlängert sich die Kündigungsfrist mit zunehmender Dauer des Arbeitsverhältnisses der Arbeitnehmer (§ 622 Abs. 2 BGB):

• Die Vertragsparteien können längere Kündigungsfristen vereinbaren (Achtung: nach sechs Monaten „greift" der Kündigungsschutz). Unzulässig ist es, für den Arbeitnehmer längere Fristen zu vereinbaren als für den Arbeitgeber.

Verlängerte Kündigungsfristen für den Arbeitgeber	
Dauer des Arbeitsverhältnisses[1]	Kündigungsfrist für den Arbeitgeber
2 Jahre	1 Monat zum Ende eines Kalendermonats
5 Jahre	2 Monate zum Ende eines Kalendermonats
8 Jahre	3 Monate zum Ende eines Kalendermonats
10 Jahre	4 Monate zum Ende eines Kalendermonats
12 Jahre	5 Monate zum Ende eines Kalendermonats
15 Jahre	6 Monate zum Ende eines Kalendermonats
20 Jahre	7 Monate zum Ende eines Kalendermonats

Der Mitarbeiter muss auch bei längeren Beschäftigungsverhältnissen nur die regelmäßige Kündigungsfrist von vier Wochen einhalten, es sei denn, sein Arbeitsvertrag bestimmt eine längere Kündigungsfrist.

Abweichend davon gelten besondere Kündigungsfristen:

• Nach § 621 Abs. 1 Nr. 1 - 4 BGB: (Vergütung nach Tagen, nach Wochen, nach Monaten, nach Vierteljahren).

• Während einer maximal sechsmonatigen *Probezeit* beträgt die Kündigungsfrist *zwei Wochen*, es sei denn, der Arbeitsvertragt besagt etwas anderes.

• Das Berufsausbildungsverhältnis kann während der Probezeit jederzeit ohne Einhalten einer Kündigungsfrist gekündigt werden. Nach Ablauf der Probezeit kann von Auszubildenden mit einer Frist von vier Wochen gekündigt werden (§ 22 Abs. 2 BBiG).

07. Was versteht man unter Massenentlassungen?

Massenentlassungen im Sinne von § 17 Abs. 1 KSchG liegen vor, wenn der Arbeitgeber

a) in Betrieben mit in der Regel mehr als 20 und weniger als 60 Arbeitnehmern mehr als fünf Arbeitnehmer,

b) in Betrieben mit in der Regel mindestens 60 und weniger als 500 Arbeitnehmern 10 vom Hundert der im Betrieb regelmäßig beschäftigten Arbeitnehmer oder mehr als 25 Arbeitnehmer,

c) in Betrieben mit in der Regel mindestens 500 Arbeitnehmern mindestens 30 Arbeitnehmer

innerhalb von 30 Kalendertagen entlässt. Der Arbeitgeber hat die geplante Massenentlassung der Arbeitsagentur anzuzeigen und dem Betriebsrat Auskünfte zu erteilen.

---

[1] Neu: Bei der Berechnung längerer Kündigungsfristen ist das Alter des Arbeitnehmers nicht mehr zu beachten (vgl. § 622 BGB; so der Europäische Gerichtshof im Januar 2010)

08. Welche Tatbestände kann der Arbeitnehmer anführen, um die Unwirksamkeit einer Kündigung zu rügen?

- Fehlende Anhörung des Betriebsrates (§ 102 BetrVG)
- fehlende Vollmacht des Kündigenden
- Versäumnis der Anhörung des Arbeitnehmers (nur bei einer Verdachtskündigung)
- Nichteinhaltung der Kündigungserklärungsfrist
- Versäumnis der Angabe von Kündigungsgründen (nur bei außerordentlicher Kündigung von Berufsausbildungsverhältnissen)
- Verstoß gegen ein gesetzliches Verbot (z. B. MuSchG)
- Verstoß gegen die guten Sitten (z. B. Umgehung des KSchG)
- fehlende Abmahnung
- fehlende oder fehlerhafte Sozialauswahl (bei betriebsbedingter Kündigung)
- Verstoß gegen die Anzeigepflicht bei Massenentlassungen.

09. Welche Tatbestände können einen wichtigen Grund darstellen, die den Arbeitgeber zu einer außerordentlichen Kündigung berechtigen?

Beispiele (es sind immer die Umstände des Einzelfalles zu prüfen):

- Abwerbung
- Alkoholmissbrauch bei Vorgesetzten und Kraftfahrern (ansonsten: Trunksucht ist eine Krankheit, die nur eine ordentliche Kündigung unter erschwerten Voraussetzungen ermöglicht)
- gravierende Arbeitsverweigerung
- schwerwiegender Verstoß gegen Arbeitssicherheitsbestimmungen
- Beleidigungen in schwerwiegender Form
- private Ferngespräche in größerer Form auf Kosten des Arbeitgebers
- Schmiergeldannahme
- Spesenbetrug und Straftaten im Betrieb
- Urlaubsüberschreitungen
- Verstoß gegen Wettbewerbsverbot.

10. In welchen Fällen kann der Arbeitnehmer aus wichtigem Grund außerordentlich kündigen?

- Lohnrückstände trotz Aufforderung zur Zahlung
- Insolvenz des Arbeitgebers, wenn er die Vergütung nicht zahlt/nicht zahlen kann
- schwerwiegende Vertragsverletzungen (z. B. zugesagte Beförderung wird nicht eingehalten).

11. Wer ist berechtigt, nach dem Kündigungsschutzgesetz zu klagen?

Nach dem Kündigungsschutzgesetz sind alle Arbeitnehmer klageberechtigt, deren Arbeitsverhältnis in demselben Betrieb oder Unternehmen ohne Unterbrechung *länger als sechs Monate* bestanden hat. Darunter fallen auch leitende und außertarifliche Angestellte.

Der Kündigungsschutz gilt für neue Beschäftigungsverhältnisse erst in Betrieben mit mehr als *zehn Beschäftigten* (= Aufweichung des Schwellenwertes des § 23 KSchG aufgrund des Gesetzes zu Reformen am Arbeitsmarkt vom 1.1.2004).

12. In welchen Fällen ist eine ordentliche Kündigung sozial nicht gerechtfertigt?

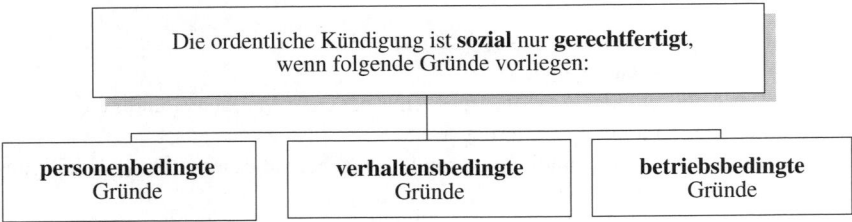

13. Was können Beispiele für personenbedingte Kündigungsgründe sein?

Beispiele (es sind immer die Umstände des Einzelfalles zu prüfen):

- Fehlende Arbeitserlaubnis bei ausländischen Mitarbeitern
- fehlende Eignung für die Aufgaben (fachlich/charakterlich)
- in Tendenzbetrieben: besondere Eignungsmängel
- Krankheit, Trunksucht, Drogenabhängigkeit (unter bestimmten Voraussetzungen).

14. Was können Beispiele für verhaltensbedingte Kündigungsgründe sein?

Beispiele (es sind immer die Umstände des Einzelfalles zu prüfen):

- Arbeitsverweigerung
- Alkoholmissbrauch
- mangelnder Leistungswille
- Nichteinhaltung eines Alkohol-/Rauchverbots
- Verletzung von Treuepflichten
- Störung des Betriebsfriedens
- häufige Lohnpfändungen, die die Verwaltungsarbeit massiv stören
- Schlechtleistungen trotz Abmahnung
- Missbrauch von Kontrolleinrichtungen (Stempeluhr, Zeiterfassung)
- unbefugtes Verlassen des Arbeitsplatzes.

15. Was können Beispiele für betriebsbedingte Kündigungsgründe sein?

Es muss sich um dringende betriebliche Erfordernisse handeln, z. B. Umsatzrückgang, neue Fertigungsverfahren, Rationalisierung. Neu: Künftig ist die Sozialauswahl auf folgende vier Merkmale *beschränkt*: Dauer der Betriebszugehörigkeit, Lebensalter, Unterhaltspflichten und eine evt. Schwerbehinderteneigenschaft. Außerdem gilt seit 1.1.2004: Der Arbeitnehmer erhält bei einer betriebsbedingten Kündigung eine Abfindung, wenn der Arbeitgeber ihm dies in der Kündigung anbietet. Damit erfolgt eine „Quasi-Honorierung" des Verzichts auf die Kündigungsschutzklage.

16. Was versteht man unter einer Änderungskündigung?

Die Änderungskündigung nach § 2 KSchG ist eine Kündigung (i. d. R. fristgerecht) des bestehenden Arbeitsverhältnisses verbunden mit dem Angebot einer Weiterbeschäftigung zu geänderten Bedingungen (z. B. Änderung des Leistungsortes, der Entgeltbedingungen).

17. Innerhalb welcher Frist muss eine Kündigungsschutzklage erhoben werden?

Eine Kündigungsschutzklage, in der ein Arbeitnehmer gerichtlich geltend machen will, dass die Kündigung sozial ungerechtfertigt ist, muss *innerhalb von drei Wochen* nach Zugang der Kündigung beim zuständigen Arbeitsgericht erhoben werden.
Beispiel (verkürzt) einer Kündigungsschutzklage:

18. Für welche Personen besteht ein besonderer Kündigungsschutz?

Ein besonderer Kündigungsschutz besteht

- für werdende und junge Mütter,
- Betriebsräte, Mitglieder der Auszubildenden-/Jugendvertretung,
- schwerbehinderte Menschen,
- Personen in Berufsausbildung,
- Vertrauensleute der schwerbehinderten Menschen.

19. Wie kann ein Arbeitsverhältnis mit einer werdenden oder jungen Mutter aufgelöst werden?

Grundsätzlich ist die Kündigung einer Frau während der Schwangerschaft und vier Monate nach der Entbindung *unzulässig*. Ausnahmsweise ist die Kündigung nur dann möglich, wenn die für den Arbeitsschutz zuständige oberste Landesbehörde oder die von ihr bestimmte Stelle in besonderen Fällen ausnahmsweise die Kündigung gemäß § 9 Abs. 3 MuSchG für zulässig erklärt.

20. Unter welchen Voraussetzungen kann einem schwerbehinderten Menschen gekündigt werden?

Die Kündigung eines schwerbehinderten Menschen durch den Arbeitgeber bedarf nach § 85 SGB IX der vorherigen Zustimmung des Integrationsamtes. Das Integrationsamt muss auch bei außerordentlichen Kündigungen zustimmen. Gemäß § 86 SGB IX beträgt die Kündigungsfrist mindestens vier Wochen.

21. Unter welchen Voraussetzungen kann einem Betriebsratsmitglied fristlos gekündigt werden?

Einem Betriebsratsmitglied kann nur dann fristlos gekündigt werden, wenn der Betriebsrat als Gremium der Kündigung nach § 103 BetrVG *zustimmt*.

22. Welches Mitbestimmungsrecht hat der Betriebsrat bei Kündigungen?

Der Betriebsrat *ist vor jeder Kündigung zu hören.* Der Arbeitgeber hat ihm die Gründe der Kündigung mitzuteilen. *Eine ohne Anhörung des Betriebsrats ausgesprochene Kündigung ist unwirksam.*

Hat der Betriebsrat gegen eine ordentliche Kündigung Bedenken, so hat er diese unter Angabe der Gründe *spätestens innerhalb einer Woche* schriftlich mitzuteilen. Äußert er sich innerhalb dieser Frist nicht, gilt seine Zustimmung zur Kündigung als erteilt. Hat der Betriebsrat gegen eine außerordentliche Kündigung Bedenken, so hat er diese unter Angabe der Gründe dem Arbeitgeber innerhalb von drei Kalendertagen mitzuteilen.

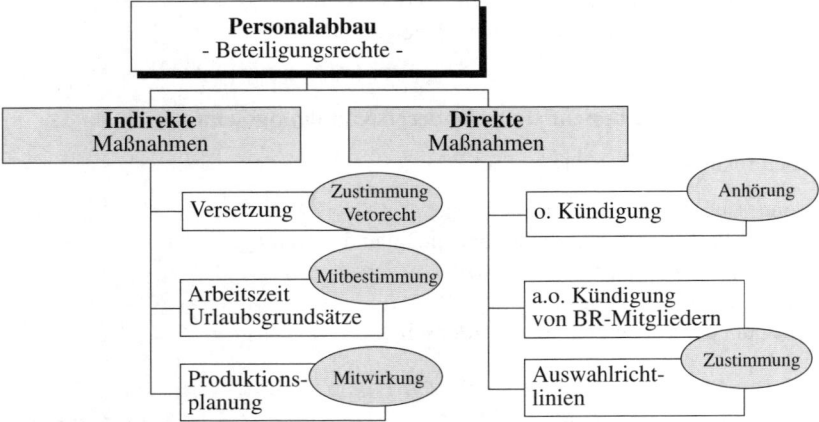

23. Unter welchen Voraussetzungen kann der Betriebsrat einer Kündigung widersprechen?

Der Betriebsrat kann *innerhalb einer Woche* einer ordentlichen Kündigung (nur) widersprechen, wenn (vgl. § 102 Abs. 3 BetrVG):

1. der Arbeitgeber *soziale Gesichtspunkte* bei der Auswahl des zu kündigenden Mitarbeiters nicht ausreichend berücksichtigt hat,

2. die Kündigung gegen besondere *Richtlinien* verstößt,

3. der zu kündigende Arbeitnehmer an einem anderen Arbeitsplatz im selben Betrieb oder in einem anderen Betrieb des Unternehmens *weiterbeschäftigt werden kann*;

4. die *Weiterbeschäftigung* des Arbeitnehmers nach zumutbaren Umschulungs- oder Fortbildungsmaßnahmen *möglich* ist oder

5. eine *Weiterbeschäftigung* des Arbeitnehmers *unter geänderten Vertragsbedingungen möglich* ist und der Arbeitnehmer sein Einverständnis hiermit erklärt hat.

24. Welche Verpflichtung hat der Arbeitgeber, wenn der Betriebsrat einer Kündigung widersprochen hat?

Kündigt der Arbeitgeber, obwohl der Betriebsrat der Kündigung widersprochen hat, so hat er dem Arbeitnehmer mit der Kündigung eine *Abschrift der Stellungnahme des Betriebsrats auszuhändigen.*

25. Welche nachvertraglichen Rechte und Pflichten existieren?

Nachvertragliche Rechte und Pflichten				
Recht auf **Zeugnis- erteilung**	Zeit zur **Stellungs- suche**	restlicher **Jahres- urlaub**	ggf. anteilige **Rückzah- lung der Fortbildungs- kosten**[1) [1) Bei betriebsbedingter Kündigung kann der Arbeit- geber die Rückzahlung nicht verlangen (LAG Schleswig- Holstein; Az. 3 Sa 84/05)	**Aushändigung der Arbeitspapiere:** - Arbeitsbescheinigung - Urlaubsbescheinigung - Krankenkassenbescheinigung - Lohnsteuerbescheinigung - Sozialversicherungsausweis - Bescheinigung über Arbeitsentgelte für den Bezug der Altersrente

26. Wann hat ein Arbeitnehmer Anspruch auf bezahlte Freizeit zur Stellensuche?

Es muss sich gemäß § 629 BGB um ein dauerhaftes Arbeitsverhältnis handeln, und das Arbeits- verhältnis muss gekündigt sein.

27. Wie ist der restliche Jahresurlaub zu gewähren?

Ist das Arbeitsverhältnis durch Kündigung beendet, so ist der restliche Jahresurlaub möglichst während der Kündigungsfrist zu gewähren; ansonsten ist er abzugelten (§ 7 BUrlG).

28. Welche Pflicht hat der Arbeitgeber bei der Herausgabe der Arbeitspapiere?

Er muss im Zusammenhang mit einer Kündigung alle bei ihm vorhandenen Arbeitspapiere anfer- tigen bzw. aushändigen; ein Zurückbehaltungsrecht hat er in keinem Fall. Bei Pflichtverletzung macht er sich gegenüber dem Arbeitnehmer schadensersatzpflichtig.

29. Besteht nach Beendigung des Arbeitsverhältnisses ein Wettbewerbsverbot?

Nein. Ausnahme: Es wurde ein nachvertragliches Wettbewerbsverbot nach Maßgabe der §§ 74 ff. HGB geschlossen (Schriftform, Karenzentschädigung).

30. Wann besteht ein Anspruch auf Ausstellung eines Zeugnisses?

Ein Anspruch auf ein Zeugnis besteht bei Beendigung der Tätigkeit bzw. bei Beendigung der Berufsausbildung. In besonderen Fällen steht dem Arbeitnehmer jedoch noch während eines ungekündigten Arbeitsverhältnisses ein Zwischenzeugnis zu (z.B. Wechsel des Vorgesetzten, Elternzeit, Versetzung).

31. Wann besteht ein Anspruch auf eine frühere Zeugnisausstellung?

Bei fristgerechter Kündigung soll das Zeugnis dazu dienen, die Stellensuche zu erleichtern. *Daher muss das Zeugnis unmittelbar nach der Kündigung ausgefertigt werden.* Bei fristloser Kündigung entsteht in der Regel auch ein sofortiger Anspruch auf ein Zeugnis, es sei denn, der Arbeitnehmer wäre treuebrüchig geworden. In diesem Fall steht ihm das Zeugnis nicht vor dem Zeitpunkt zu, in dem sein Arbeitsverhältnis bei regulärer Kündigungsfrist hätte gekündigt werden können.

32. Darf ein Zeugnis negative Aussagen enthalten?

Zwar soll das Zeugnis das Fortkommen des Arbeitnehmers nicht behindern, doch ist es keinesfalls gestattet, wahrheitswidrige wesentliche Tatsachen zu verschweigen, wie z. B. die Trunksucht des Fahrers, die Unehrlichkeit des Buchhalters (Grundsatz: Wahrheit geht vor Wohlwollen). Es müssen in einem Zeugnis alle Tatsachen aufgenommen werden, die für die Beurteilung des Arbeitnehmers von Bedeutung sind. Durch Weglassen sich wiederholender, bestimmter negativer Umstände würde das Zeugnis dem Wahrheitsgrundsatz widersprechen. In höchstrichterlichen Urteilen ist diese Auffassung bestätigt worden und hat zu Schadensersatzansprüchen gegen den Aussteller geführt.

33. Was kann ein Arbeitnehmer tun, der mit seinem Zeugnis nicht einverstanden ist?

Er kann ein verbessertes Zeugnis anfordern oder notfalls arbeitsgerichtlich die Berichtigung seines Zeugnisses verlangen. Der Arbeitnehmer kann jedoch keine bestimmten Formulierungen verlangen, sofern diese nicht allgemein- oder branchenüblich sind. Er wird jedoch Anspruch auf die Formulierung „... zur ... Zufriedenheit" (sog. Zeugniscodierung) haben, wenn derartige Aussagen fehlen.

2.1.6 Personalaktenführung

01. Welche Angaben sind in der Personalakte gesammelt?

Die Personalakte enthält: Angaben über allgemeine Personalien, Ausbildung und beruflichen Werdegang, Gesundheitszustand, Arbeitsvertragsbedingungen, wie die Regelung der Bezüge, des Urlaubs usw. In ihr werden aber auch die im Laufe der Beschäftigung eingetragenen Änderungen sowie sonstige Vorgänge, wie Beförderungen, Anerkennungen, Abmahnungen eingetragen.

Eine gesetzliche Verpflichtung zur Führung einer Personalakte besteht nicht: Aufzeichnungspflichten, Aufbewahrungsfristen und gesetzliche Bestimmungen zu einzelnen Teilen der Personalakte ergeben sich jedoch aus verschiedenen *Gesetzen*, z. B.:

- aus dem Steuerrecht → Führen des Lohnkontos (§ 147 AO)
- aus dem Sozialversicherungsrecht → Nachweis der SV-Unterlagen
- aus dem Betriebsverfassungsgesetz → Einsichtsrecht
- aus dem Bundesdatenschutzgesetz → Datenschutz
- aus HGB, EStG → Aufbewahrungsfristen (in der Regel: sechs Jahre).

Die Führung der Personalakte hat sich im betrieblichen Interesse und auch im Interesse des Mitarbeiters als zweckmäßig erwiesen. Der Betrieb kann sich leichter einen Überblick über die Fähigkeiten und Kenntnisse der einzelnen Mitarbeiter verschaffen. Der Mitarbeiter, der das Recht der Einsichtnahme in seine Personalakten hat (§ 83 BetrVG; bitte lesen), kann sich leicht darüber informieren, wie er eingeschätzt wird. Im Einzelnen sind enthalten:

a) *Angaben zur Person*: Personalfragebogen, schulische und berufliche Zeugnisse, polizeiliche Führungszeugnisse, ärztliche Zeugnisse, persönliche Daten, wie Heirat, Zahl der Kinder;

b) *Vertragliche Vereinbarungen*: Anstellungsvertrag, zusätzliche Vereinbarungen, wie Konkurrenzklausel, Erlaubnis von Nebentätigkeiten, Tätigkeitsänderungen und damit verbundene finanzielle Umgruppierungen;

c) *Tätigkeiten*: Versetzungen, Beförderungen, Beurteilungen, Disziplinarmaßnahmen, Teilnahme an Lehrgängen und Fortbildungmaßnahmen;

d) *Bezüge*;

e) *Abwesenheit* durch Urlaub, Krankheit;

f) *sonstiger Schriftverkehr.*

Personalakten müssen sorgfältig verwahrt werden und dürfen nicht jedermann zugänglich sein: abschließbare Räume/Schränke, Begrenzung der damit befassten Personen, Einsichtnahme nur unter Anwesenheit eines Mitarbeiters der Personalabteilung, Zugriffsberechtigungen/Passwort bei digitaler Personalakte, Aufbewahrung in speziellen Umschlägen bei besonders sensiblen Daten (Arztgutachten, Gesundheitszustand usw.). Dem Arbeitgeber obliegt eine Verschwiegenheitspflicht (insbesondere nach § 5 MuSchG, § 5 BDSG).

Die digitale (elektronische) Personalakte ist eine Software zur Verwaltung elektronischer Dokumente aus der Personalakte. Sie ersetzt durch elektronische Archivierung die traditionelle Papier-Personalakte und kann folgende Vorteile bieten: vereinfachter, zeitgleicher und standortunabhängiger Zugriff, Abspeichern von Prüfprotokollen, Verbesserung der Prozesse/des Handlings und des Workflows.

Nach § 83 BetrVG hat der Mitarbeiter ein Einsichtsrecht; er kann dazu ein Mitglied des Betriebsrates hinzuziehen. Erklärungen zum Inhalt der Personalakte sind auf Verlangen des Arbeitsnehmers beizufügen (§ 83 Abs. 2 BetrVG).

02. Wie kann eine Personalakte gegliedert werden?

	Inhalt der Personalakte	Beispiele:
1	Vertragsunterlagen	- Anstellungsvertrag - Einstellungsbogen - Bezüge - Tätigkeit
2	Beurteilungen	- Leistungsbeurteilung - Förderungsbeurteilung - Zwischenzeugnis
3	Aus- und Weiterbildung	- Seminare - Lehrgänge - Ausbildungsplan
4	Allgemeiner Schriftverkehr	- Bescheinigungen - Rechnungen
5	Bewerbungsunterlagen	- Bewerbungsbogen - Zeugnisse

2.1.7 Weitere für das Personalgeschäft wesentliche gesetzliche Grundlagen des Arbeitsrechts

01. Welche weiteren arbeitsrechtlichen Gesetze sind für das Personalgeschäft von Bedeutung?

Hinweis: Der Rahmenplan nennt hier zwanzig (!) Gesetze, die der Personalfachkaufmann „anwenden" können soll. Es macht in diesem Prüfungsbuch wenig Sinn, diese Arbeitsgesetze vollständig inhaltlich abzuhandeln; außerdem werden einige Gesetze an anderer Stelle im Rahmenplan ausdrücklich genannt und in diesem Buch auch eingehender behandelt. Wir beschränken uns daher auf einen kurzen inhaltlichen Hinweis zu jedem der Gesetze und empfehlen, die wichtigsten Paragrafen dieser Rechtsquellen im Originaltext zu lesen. In der Prüfung vor der IHK ist im 2. Handlungsbereich (150 Minuten Bearbeitungszeit) eine Sammlung der arbeitsrechtlichen Gesetze in unkommentierter Fassung (also bitte auch keine Markierungen) zugelassen; zu empfehlen sind hier z. B. „Wichtige Arbeitsgesetze" aus der Reihe „ NWB Textausgabe; sie sind preiswert und aktuell.

Weitere wesentliche Grundlagen des Arbeitsrechts (lt. Rahmenplan)				
GG	BGB	HGB	TzBfG	AÜG
ASiG	ArbPlschG	ArbZG	UmwG	BEEG
GewO	JArbSchG	KSchG	AlttzG	MuSchG
ArbSchG	NachwG	SGB IX	BBiG	

1. Grundgesetz, GG:
  Für das Arbeitsrecht sind insbesondere folgende Verfassungsnormen relevant:
  Art. 2 - 6, 9, 12; Beispiel: Gleichbehandlungsgrundsatz von Mann und Frau bei der Entlohnung → Art. 3 GG.

2. Bürgerliches Gesetzbuch, BGB:

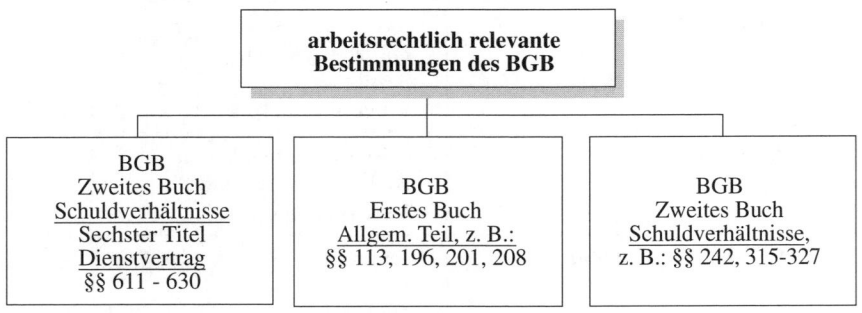

3. Handelsgesetzbuch, HGB:
  Relevant sind insbesondere die §§ 59 ff. (z. B. Wettbewerbsverbot §§ 60,61 HGB).

4. Gesetz zur Förderung eines gleitenden Übergangs in den Ruhestand, AltTzG:
  Damit soll älteren Arbeitnehmern (ab 55. Lebensjahr) ein gleitender Übergang vom Erwerbsleben in die Altersrente ermöglicht werden; → vgl. dazu ausführlich unter Ziffer 2.1.2.

5. *Gesetz zur Regelung der gewerbsmäßigen Arbeitnehmerüberlassung und zur Änderung anderer Gesetze – Arbeitnehmerüberlassungsgesetz*, AÜG:
   → vgl. dazu ausführlich unter Ziffer 2.1.2.

6. *Arbeitssicherheitsgesetz*, ASiG:
   Regelt die Bestellung von Betriebsärzten, Sicherheitsingenieuren und anderen Fachkräften für Arbeitssicherheit.

7. *Arbeitszeitgesetz*, ArbZG:
   Regelt Sicherheit und Gesundheitsschutz der Arbeitnehmer bei der Arbeitszeitgestaltung.

8. *Umwandlungsgesetz*, UmwG:
   Regelt u. a. den besonderen Kündigungsschutz bei der Verschmelzung oder Spaltung von Rechtsträgern/Gesellschaften.

9. *Gewerbeordnung*, GewO:
   Die Gewerbeordnung ist das älteste Gesetz, das sich mit der Gestaltung der Arbeitsverhältnisse beschäftigt. Durch das am 21.08.1996 in Kraft getretene Arbeitsschutzgesetz (ArbSchG) wurden Teile der Gewerbeordnung aufgehoben.

10. *Gesetz über die Durchführung von Maßnahmen des Arbeitsschutzes zur Verbesserung der Sicherheit und des Gesundheitsschutzes der Beschäftigten bei der Arbeit – Arbeitsschutzgesetz*, ArbSchG.

11. *Kündigungsschutzgesetz*, KSchG: → vgl. ausführlich unter Ziffer 2.1.5

12. *Nachweisgesetz*, NachwG: → vgl. ausführlich unter Ziffer 2.1.2

13. *Rehabilitation und Teilhabe behinderter Menschen – Sozialgesetzbuch Neuntes Buch*, SGB IX.

14. *Gesetz zum Schutze der erwerbstätigen Mutter – Mutterschutzgesetz*, MuSchG:
    Regelt u. a. die Gestaltung des Arbeitsplatzes, Beschäftigungsverbote (relatives und absolutes) und den besonderen Kündigungsschutz.

15. *Gesetz zum Schutze der arbeitenden Jugend – Jugendarbeitsschutzgesetz*, JArbSchG:
    regelt die Beschäftigung von Kindern und Jugendlichen.

16. *Gesetz über Teilzeit und befristete Arbeitsverträge – Teilzeit- und Befristungsgesetz*, TzBfG:
    Ziel: Förderung der Teilzeitarbeit und Regelung der Befristung von Arbeitsverträgen (vgl. S. 184).

02. Was änderte sich für die Ausbildungsbetriebe durch das (neue) Berufsbildungsgesetz?

Das (neue) Berufsbildungsgesetz brachte im Wesentlichen folgende Veränderungen:

§ 20 *Probezeit:*
   Die maximale Probezeit verlängert sich von drei auf *vier Monate.*

§ 2 *Auslandsaufenthalte:*
   Auslandsaufenthalte können künftig Bestandteil der Ausbildung sein.

§ 45   *Praxisnachweis für Externe:*
        Berufspraktiker, die als Externe zur IHK-Prüfung zugelassen werden möchten, müssen nur noch das 1,5-fache der Regel-Ausbildungszeit als Praxis nachweisen; bei einer 3-jährigen Ausbildungszeit sind also „ersatzweise" 4,5 Jahre Praxis zu belegen.

§ 5   *Gestreckte Prüfung:*
        Die „gestreckte Prüfung" soll in mehr Berufen angewandt werden:
        - Die Abschlussprüfung erfolgt in zwei Teilen:
          · 1. Teil nach ca. zwei Jahren
          · 2. Teil: am Ende der Ausbildung
        - Die Zwischenprüfung entfällt.

§ 10   *Verbundausbildung:*
        Die Möglichkeit der Verbundausbildung wurde ausdrücklich in das Gesetz aufgenommen.

§ 8   *Teilzeitberufsausbildung:*
        In Ausnahmefällen kann beantragt werden, dass die tägliche oder wöchentliche Ausbildungszeit verkürzt wird.

§ 7   *Anrechnung der Vorbildung:*
        Ab 1. Juli 2006 wird die Anrechnung beruflicher Vorbildung länderspezifisch geregelt; bis dahin gelten noch die Verordnungen für die Berufsgrundbildungsjahre und Berufsfachschulen.

§ 43   *Zulassung zur IHK-Prüfung:*
        Die IHKn müssen zukünftig auch Absolventen von Vollzeitschulen zur IHK-Prüfung zulassen, wenn dies die zuständige Landesregierung beschließt.

03. Was änderte sich durch das neue Bundeselterngeld- und Erziehungsgeldgesetz (BEEG)?

Elterngeld-Eckpunkte:

- Eltern bekommen das Elterngeld zusätzlich zum Kindergeld.
- Das Elterngeld beläuft sich auf 67 % des Nettogehaltes des Elternteils, der nach der Geburt des Kindes zu Hause bleibt, für max. zwölf Monate.
- Eltern mit einem Nettoverdienst von mehr als 1.240,00 € erhalten nur noch 65 % statt bislang 67 % ihres letzten Nettoverdienstes. Das Elterngeld beträgt mindestens 300,00 €/Monat, maximal 1.800,00 €/Monat. Empfängern von Arbeitslosengeld II wird empfohlen, sich aufgrund des komplexen Sachverhalts mit der Arbeitsagentur in Verbindung zu setzten. Spitzenverdienern mit einem Jahreseinkommen von über 250.000,00 € (Ehepaare 500.000,00 €) wird das Elterngeld gestrichen. Während der Elterngeldzeit ist Teilzeitbeschäftigung unter 30 Stunden wöchentlich möglich.

Was bei Elterngeld und Teilzeitarbeit zu beachten ist:

Bei der Berechnung des Elterngeldes wird das Einkommen aus Teilzeitarbeit mit berücksichtigt. Der Elterngeld-Berechtigte erhält dann 67 % (65 %) der Differenz zwischen dem durchschnittlichen Einkommen vor der Geburt und dem voraussichtlichen Einkommen nach der Geburt. Die Aufnahme einer TZ-Beschäftigung während des Elterngeld-Bezuges ist der Elterngeldstelle umgehend mitzuteilen, damit das Elterngeld, falls erforderlich, neu berechnet werden kann.

Das Elterngeld wird mit dem Mutterschaftsgeld verrechnet:

Viele Familien erhalten weniger Elterngeld als gedacht. Die zum 01.01.2007 eingeführte staatliche Leistung wird nämlich in den ersten zwei Monaten nach der Geburt mit dem Mutterschaftsgeld verrechnet. Es lohnt sich aber, den Antrag auf Elterngeld direkt zu stellen, da es auch anteilig ausgezahlt wird. Wer kein Mutterschaftsgeld erhält, bekommt von Anfang an Elterngeld. Das heißt: „Man kann nicht beide Leistungen in voller Höhe beziehen". Arbeitnehmerinnen erhalten zumeist erst ab dem dritten Monat Elterngeld, da die Mutterschutzleistungen ihres Arbeitgebers und ihrer Krankenkasse in den ersten beiden Monaten nach der Geburt zumeist höher sind. Anschließend hätten sie nur noch höchstens zehn Monate Anspruch auf Elterngeld, zwei weitere Monate Elterngeld bekommt man, wenn der Partner zu Hause bleibt.

Partnermonate:

Beim Elterngeld sind Partnermonate möglich. Es werden Mütter und Väter gleichermaßen unterstützt. Bis zum 14. Lebensmonat des Kindes gibt es für jeden Monat einen Monatsbetrag, insgesamt also maximal 14 Monate. Die Partner können die Elterngeld-Monatsbeträge bis auf die zwei Partnermonate frei untereinander aufteilen. Es kann zum Beispiel erst ein Partner die vollen zwölf Monatsbeträge, dann der andere zwei weitere Monatsbeträge nehmen. Beide Partner können die Monatsbeträge für das Elterngeld auch gleichzeitig ausgezahlt bekommen, dann reduziert sich aber die Zahl der Monate entsprechend. Wenn also beide Eltern z. B. in den ersten sieben Monaten gleichzeitig Elterngeld beziehen, sind die Beträge für 14 Monate verbraucht. Auch bei der Verteilung der einem Elternteil zustehenden Monatsbeträge innerhalb des Zeitraums bis zum 14. Lebensmonat des Kindes sind die Eltern mit einer Ausnahme frei: Monate, in denen Mutterschaftsgeld bezogen wird, gelten immer als Bezugsmonate der Mutter.

Quelle: Elterngeld.de

04. Welche zentralen Inhalte hat das Allgemeine Gleichbehandlungsgesetz (AGG)?

Mit dem Allgemeinen Gleichbehandlungsgesetz (AGG) vom 1. Aug. 2006 werden vier europäische Richtlinien zur Gleichbehandlung in nationales Recht umgesetzt:

- Antirassismusrichtlinie (2000/43/EG)
- Beschäftigungsrichtlinie (2000/78/EG)
- Genderrichtlinie (2002/73/EG)
- Gleichbehandlungsrichtlinie (2004/113/EG)

• *Ziel des Gesetzes* ist es,
„Benachteiligungen aus Gründen der Rasse oder wegen der ethnischen Herkunft, des Geschlechts, der Religion oder Weltanschauung, einer Behinderung, des Alters oder der sexuellen Identität zu verhindern oder zu beseitigen." (§ 1 AGG)

• *Diskriminierungsgründe:*
  - *Rassistische Diskriminierung:* Hautfarbe, Abstammung, nationale und kulturelle Herkunft.
  - *Ethnische Herkunft:* Menschen, die der gleichen Kultur angehören (z. B. Sinti, Roma).
  - *Religion oder Weltanschauung:* Freiheit des Glauben nach Art. 3 GG; Scientology ist keine Religion, so das BAG.
  - *Behinderung:* vgl. § 2 Abs. 1 SGB IX.
  - *Alter:* Schutz älterer gegenüber jüngeren Menschen und umgekehrt.
  - *Sexuelle Identität:* Gemeint sind homosexuelle, heterosexuelle und bisexuelle Menschen.

- *Anwendungsbereiche:*
  - Arbeitsleben
  - Mitgliedschaften (Gewerkschaften, Parteien, Arbeitgeberverbände)
  - Soziale Bereiche
  - Bildung
  - Zugang zu öffentlichen Gütern und Leistungen

- Das Gesetz nennt in § 3 folgende *Benachteiligungsarten:*
  - unmittelbare/mittelbare Benachteiligung (Schlechterstellung gegenüber einer Vergleichsperson)
  - Belästigung (Verletzung der Menschenwürde)
  - sexuelle Belästigung (körperliche Berührung, sexuelle Anspielung/Bemerkung)

- *Ausnahmen* regeln die §§ 8-10 AGG:
  - Unterschiede in den beruflichen Anforderungen (z. B. Körperkraft, männliches Modell)
  - Religion (z. B. Tendenzbetriebe: Kirchen, Religionsgemeinschaften)
  - Alter (z. B. Eingliederung Jugendlicher)

- *Pflichten des Arbeitgebers* (§ 12 AGG):
  - Maßnahmen der Prävention (Information, Schulung)
  - Maßnahmen der Beseitigung (Mediation, Abmahnung, Versetzung, Kündigung)

- *Rechte der Beschäftigten* bzw. der Interessenvertretung (§§ 13-16 AGG):
  - Beschwerde
  - Leistungsverweigerung
  - Schadensersatzanspruch
  - Entschädigung
  - Klagerecht des Betriebsrates bzw. der Gewerkschaft.

2.1.8 Unternehmensverfassung

01. Welche Gesetze regeln die Unternehmensverfassung?

- Das *Drittelbeteiligungsgesetz,*

- das *Bundespersonalvertretungsgesetz,*

- das *Montan-Mitbestimmungsgesetz*
  = Gesetz über die Mitbestimmung der Arbeitnehmer in den Aufsichtsräten und Vorständen der Unternehmen des Bergbaus und der Eisen- und Stahlerzeugenden Industrie,

- das *Mitbestimmungsergänzungsgesetz*
  = Gesetz zur Änderung des Gesetzes über die Mitbestimmung der Arbeitnehmer in den Aufsichtsräten und Vorständen der Unternehmen des Bergbaus und der Eisen und Stahl erzeugenden Industrie,

- das *Mitbestimmungsgesetz*
  = Gesetz über die Mitbestimmung der Arbeitnehmer; gilt für Unternehmen außerhalb des Montanbereiches mit mehr als 2.000 Arbeitnehmern,

- das *Gesetz über Sprecherausschüsse der leitenden Angestellten.*

02. Was ist das Ziel der Regelungen zur Unternehmensverfassung?

Mithilfe der gesetzlichen Regelungen der Unternehmensmitbestimmung soll den Arbeitnehmern eine Beteiligungsform an wichtigen unternehmerischen Planungen und Entscheidungen gesichert werden.

03. Welche Regelungen enthält das Montan-Mitbestimmungsgesetz?

Das Gesetz über die Mitbestimmung der Arbeitnehmer in den Aufsichtsräten und Vorständen der Unternehmen des Bergbaus und der Eisen und Stahl erzeugenden Industrie vom 21. Mai 1951 (zuletzt geändert durch Verordnung vom 26.02.1993) sieht für diesen Bereich eine *paritätische Mitbestimmung* der Arbeitnehmer vor. Der dem Vorstand angehörende *Arbeitsdirektor* kann nicht gegen die Mehrheit der Arbeitnehmervertreter im Aufsichtsrat bestellt oder abberufen werden. Die paritätische Mitbestimmung erstreckt sich auf die Aufsichtsräte. Das Gesetz gilt für Unternehmen, die in der Rechtsform einer AG, einer GmbH oder einer Bergrechtlichen Gewerkschaft betrieben werden und in der Regel mehr als eintausend Arbeitnehmer beschäftigen. Die Aufsichtsräte der vom Montan-Mitbestimmungsgesetz erfassten Unternehmen bestehen aus 11 Mitgliedern, die bei größeren Unternehmen auf 15 oder 21 erhöht werden können. Bei einem Aufsichtsrat aus 11 Mitgliedern sind je 5 Mitglieder von der Seite der Anteilseigner und von der Arbeitnehmerseite zu benennen; 2 Arbeitnehmervertreter müssen Mitarbeiter des Unternehmens sein.

04. Welche Regelung enthält das Mitbestimmungsergänzungsgesetz?

Das Gesetz erfasst solche Unternehmen, die selbst nicht der Montanmitbestimmung unterliegen, die aber an der Spitze eines Konzerns stehen, dem auch montan-mitbestimmte Unternehmen angehören. Voraussetzung ist ferner, dass der Zweck des Konzerns durch den Anteil der montan-mitbestimmten Konzernunternehmen an der Wertschöpfung des Konzerns geprägt ist. Für solche Konzerne ist eine dem Montan-Mitbestimmungsgesetz entsprechende *paritätische Mitbestimmung* einzuführen.

05. Welche Regelungen enthält das Mitbestimmungsgesetz?

Das Gesetz über die Mitbestimmung der Arbeitnehmer vom 4. Mai 1976 führt für Unternehmen und Konzerne außerhalb des Montanbereiches und mit mehr als 2.000 Arbeitnehmern in der Rechtsform einer AG, KG auf Aktien, GmbH, Bergrechtlichen Gewerkschaft, Erwerbs- oder Wirtschaftsgenossenschaft eine gegenüber der Regelung des Betriebsverfassungsgesetzes erweiterte Mitbestimmung ein. Sie ist gekennzeichnet durch eine Besetzung der Aufsichtsräte mit der gleichen Zahl von Vertretern der Anteilseigner und der Arbeitnehmer, durch ein Übergewicht der Anteilseigner im Konfliktfall im Aufsichtsrat und durch Zuordnung eines leitenden Angestellten zur Arbeitnehmerseite im Vorstand *(Arbeitsdirektor)*. Für Unternehmen und Konzerne mit weniger als 2.000 Arbeitnehmern verbleibt es bei der Ein-Drittel-Beteiligung nach dem Drittelbeteiligungsgesetz.

06. Welche Regelungen enthält das Drittelbeteiligungsgesetz?

Das Drittelbeteiligungsgesetz (DrittelbG) setzte das Betriebsverfassungsgesetz 1952 außer Kraft und bestimmt, dass *der Aufsichtsrat zu einem Drittel aus Arbeitnehmervertretern bestehen muss*. Das Gesetz gilt für folgende Unternehmen: Aktiengesellschaften, Kommanditgesellschaften auf

Aktien, Gesellschaften mit beschränkter Haftung, Versicherungsvereine auf Gegenseitigkeit sowie Erwerbs- und Wirtschaftsgenossenschaften *mit in der Regel mehr als 500 Arbeitnehmern.*

Mitbestimmung auf Unternehmensebene				
Gesetz	*von ...*	*gilt für ...*	*Aufsichtsrat*	*Vorstand*
Montan-Mitbe-stimmungsgesetz	1951	AG, GmbH im Montan-sektor	**Paritätische Besetzung + 1* neutrales Mitglied:** 10 = 5 + 5 + 1* 15 = 7 + 7 + 1* 21 = 10 + 10 + 1*	**Arbeitsdirektor** ist vorgeschrieben.
Montan-Mitbe-stimmungs-ergänzungsgesetz	1956	**Für** alle Gesellschaften, die selbst keine Montanunternehmen sind, aber einen Montankonzern beherrschen (sog. **Obergesellschaften von Montanunternehmen**) gilt die **Montan-Mitbestimmung.**		
Mitbestimmungs-gesetz	1976	AG, GmbH, KGaA, Ge-nossenschaf-ten mit > 2.000 AN	Paritätische Besetzung: bis 10.000 AN: 6 + 6* bis 20.000 AN: 8 + 8* > 20.000 AN: 10 + 10** * 2 Gewerkschaftsvertreter ** 3 Gewerkschaftsvertreter	**Arbeitsdirektor** ist vorgeschrieben (nicht bei KGaA).
Drittelbeteili-gungsgesetz	2004	AG, GmbH, KGaA, Ge-nossenschaf-ten mit > 500 AN	**1/3-Vertretung** der Arbeitnehmer im Aufsichtsrat	–

2.1.9 Betriebsverfassungsgesetz (BetrVG)

01. Was ist der Grundgedanke des Betriebsverfassungsrechts?

Das Betriebsverfassungsgesetz regelt die Zusammenarbeit zwischen dem Arbeitgeber und der Belegschaft im Betrieb. Diese wird dabei durch den von ihr zu wählenden Betriebsrat repräsentiert. Arbeitgeber und Betriebsrat arbeiten unter Beachtung der geltenden Tarifverträge vertrauensvoll und im Zusammenwirken mit den im Betrieb vertretenen Gewerkschaften und Arbeitgeberver-einigungen zum Wohl der Arbeitnehmer und des Betriebs zusammen.

02. Wer ist Arbeitnehmer im Sinne des BetrVG?

Arbeitnehmer im Sinne des Gesetzes sind Arbeiter und Angestellte einschließlich der zu ihrer Berufsausbildung Beschäftigten.

03. Wer ist leitender Angestellter?

Leitender Angestellter ist, wer nach Arbeitsvertrag und Stellung

a) zur selbstständigen *Einstellung* und *Entlassung* von im Betrieb beschäftigten Arbeitnehmern berechtigt ist, oder

b) *Generalvollmacht* oder *Prokura* hat und die Prokura auch im Verhältnis zum Arbeitgeber nicht unbedeutend ist, oder

c) regelmäßig sonstige *Aufgaben* wahrnimmt, *die für den Bestand und die Entwicklung des Unternehmens oder eines Betriebs von Bedeutung sind* und deren Erfüllung besondere Erfahrungen und Kenntnisse voraussetzt, wenn er dabei entweder die Entscheidungen im Wesentlichen frei von Weisungen trifft oder sie maßgeblich beeinflusst.

04. Was sind Betriebsverfassungsorgane?

Die Betriebsverfassungsorgane vertreten die verschiedenen Belegschaftsgruppen:

- Betriebsrat,
- Gesamtbetriebsrat,
- ggf. Konzernbetriebsrat,
- Jugend- und Auszubildendenvertretung.

05. Unter welchen Voraussetzungen können Betriebsräte gewählt werden?

In Betrieben mit in der Regel mindestens fünf ständig wahlberechtigten Arbeitnehmern, von denen drei wählbar sind, werden Betriebsräte gewählt.

06. Wer ist wahlberechtigt und wer ist wählbar?

Wahlberechtigt sind alle Arbeitnehmer, die das 18. Lebensjahr vollendet haben. Wählbar sind alle Wahlberechtigten, die dem Betrieb sechs Monate angehören.

07. Wie setzt sich der Betriebsrat zahlenmäßig zusammen?

Der Betriebsrat besteht in Betrieben mit in der Regel

	5 -	20 wahlberechtigten Personen aus einer Person,
bei	21 -	50 wahlberechtigten Arbeitnehmern aus 3 Mitgliedern,
bei	51 -	100 aus 5 Mitgliedern und steigt bei einer Beschäftigtenzahl
von 7.001 -	9.000	Arbeitnehmern auf 35 Mitglieder.

08. Wie lange dauert die Amtszeit des Betriebsrates?

Die Amtszeit des Betriebsrats dauert *vier Jahre*.

09. Wann finden Betriebsratswahlen statt?

Die regelmäßigen Betriebsratswahlen finden alle vier Jahre in der Zeit vom *1. März bis 31. Mai* statt.

10. Welche Grundsätze gelten für die Zusammenarbeit zwischen Arbeitgeber und Betriebsrat?

Arbeitgeber und Betriebsrat sollen *mindestens einmal im Monat zu einer Besprechung* zusammentreten. Sie haben über strittige Fragen mit dem ernsten Willen zur Einigung zu verhandeln und Vorschläge für die Beilegung von Meinungsverschiedenheiten zu machen. Es gilt generell der *Grundsatz der vertrauensvollen Zusammenarbeit*.

11. Welche Geheimhaltungspflicht besteht für Mitglieder des Betriebsrates?

Die Mitglieder und Ersatzmitglieder des Betriebsrats sind verpflichtet, Betriebs- oder Geschäftsgeheimnisse, die ihnen wegen ihrer Zugehörigkeit zum Betriebsrat bekannt geworden und die vom Arbeitgeber ausdrücklich als geheimhaltungsbedürftig bezeichnet worden sind, nicht zu offenbaren und nicht zu verwerten.

12. Wie führen die Betriebsräte ihre Tätigkeit aus?

Die Mitglieder des Betriebsrats führen ihr Amt unentgeltlich als Ehrenamt. Mitglieder des Betriebsrats sind von ihrer beruflichen Tätigkeit ohne Minderung des Arbeitsentgelts zu befreien, sofern dies zur ordnungsgemäßen Durchführung ihrer Aufgaben erforderlich ist.

13. Darf der Betriebsrat Sprechstunden abhalten?

Der Betriebsrat kann *während der Arbeitszeit Sprechstunden* einrichten. Ort und Zeit sind mit dem Arbeitgeber zu vereinbaren.

14. Wer trägt die Kosten des Betriebsrats?

Der Arbeitgeber trägt die Kosten für die Tätigkeit des Betriebsrats.

15. Wann können betriebliche Jugend- und Auszubildendenvertretungen gebildet werden und was ist deren Aufgabe?

In Betrieben mit in der Regel mindestens fünf Arbeitnehmern, die das 18. Lebensjahr noch nicht vollendet haben oder die zu ihrer Berufsausbildung beschäftigt sind und das 25. Lebensjahr noch nicht vollendet haben, werden Jugend- und Auszubildendenvertretungen gewählt. Wählbar sind alle Arbeitnehmer, die das 25. Lebensjahr noch nicht vollendet haben.

Aufgabe der Jugend- und Auszubildendenvertretungen ist es, Maßnahmen, die den jugendlichen Arbeitnehmern oder den Auszubildenden dienen und insbesondere Fragen der Berufsbildung, beim Betriebsrat zu beantragen und darüber zu wachen, dass die für den Personenkreis geltenden Gesetze, Verordnungen, Unfallverhütungsvorschriften, Tarifverträge und Betriebsvereinbarungen durchgeführt werden.

16. In welchen Zeiträumen sind Betriebsversammlungen vorgesehen?

Der Betriebsrat hat *einmal in jedem Kalendervierteljahr* eine Betriebsversammlung einzuberufen und in ihr einen Tätigkeitsbericht zu erstatten.

17. Was ist die Aufgabe der Betriebsversammlung?

Die Betriebsversammlung ist *eine nicht öffentliche Versammlung der Arbeitnehmer* des Betriebs, die von dem Betriebsratsvorsitzenden geleitet wird. Außer den Arbeitnehmern des Betriebs können auch Beauftragte der im Betrieb vertretenen Gewerkschaften an allen Betriebsversammlungen teilnehmen. In der Betriebsversammlung dürfen alle Fragen und Angelegenheiten behandelt werden, die den Betrieb oder seine Arbeitnehmer berühren.

18. Wann ist ein Wirtschaftsausschuss zu bilden?

In allen Unternehmen mit in der Regel *mehr als einhundert ständig beschäftigten Arbeitnehmern* ist ein Wirtschaftsausschuss zu bilden.

19. Was ist die Aufgabe des Wirtschaftsausschusses?

Der Wirtschaftsausschuss hat die Aufgabe, wirtschaftliche Angelegenheiten mit dem Arbeitgeber zu beraten und den Betriebsrat zu unterrichten. Die Unterrichtungspflicht erstreckt sich auf alle wirtschaftlichen Probleme und erfordert die Beifügung aller erforderlichen Unterlagen sowie die Darstellung der Auswirkungen auf die Personalplanung, soweit sich nicht eine Gefährdung des Betriebs- oder Geschäftsgeheimnisses ergibt.

20. Welche Angelegenheiten sind vom Wirtschaftsausschuss zu beraten?

- Die wirtschaftliche und finanzielle Lage des Unternehmens;
- die Produktions- und Absatzlage;
- das Produktions- und Investitionsprogramm;
- Rationalisierungsvorhaben;
- Fabrikations- und Arbeitsmethoden, insbesondere die Einführung neuer Arbeitsmethoden;
- die Einschränkung oder Stilllegung von Betrieben oder Betriebsteilen;
- der Zusammenschluss von Betrieben;
- die Verlegung von Betrieben oder Betriebsteilen;
- die Änderung der Betriebsorganisation oder des Betriebszwecks sowie
- sonstige Vorgänge und Vorhaben, welche die Interessen der Arbeitnehmer des Unternehmens wesentlich berühren können.

21. Wie oft tagt der Wirtschaftsausschuss und wie setzt er sich zusammen?

Der Wirtschaftsausschuss soll *monatlich* einmal zusammentreten. Er besteht aus mindestens drei und höchstens sieben Mitgliedern, die dem Unternehmen angehören müssen, darunter mindestens einem Betriebsratsmitglied. Die Mitglieder des Wirtschaftsausschusses werden vom Betriebsrat für die Dauer seiner Amtszeit bestimmt.

22. Welche allgemeinen Aufgaben hat der Betriebsrat?

Der Betriebsrat hat:

a) darüber zu wachen, dass die zu Gunsten der Arbeitnehmer geltenden Gesetze, Verordnungen, Unfallverhütungsvorschriften, Tarifverträge und Betriebsvereinbarungen durchgeführt werden;

b) Maßnahmen, die dem Betrieb und der Belegschaft dienen, beim Arbeitgeber zu beantragen;

c) Anregungen von Arbeitnehmern und der Jugend- und Auszubildendenvertretung und Auszubildenden entgegenzunehmen und, falls sie berechtigt erscheinen, durch Verhandlungen mit dem Arbeitgeber auf eine Erledigung hinzuwirken; er hat die betreffenden Arbeitnehmer über den Stand der Verhandlungen und das Ergebnis zu unterrichten;

d) die Eingliederung schwerbehinderter Menschen und sonstiger schutzbedürftiger Personen zu fördern;

e) die Wahl einer Jugend- und Auszubildendenvertretung vorzubereiten und durchzuführen;

f) die Beschäftigung älterer Arbeitnehmer im Betrieb zu fördern;

g) die Eingliederung ausländischer Arbeitnehmer im Betrieb und das Verständnis zwischen ihnen und den deutschen Arbeitnehmern zu fördern.

23. Welche Rechte hat der Betriebsrat nach dem Betriebsverfassungsgesetz?

Das Betriebsverfassungsgesetz regelt im Einzelnen *Mitwirkungs- und Mitbestimmungsrechte* der Arbeitnehmervertretung und legt Beteiligungsrechte des Betriebsrates in personellen, sozialen und wirtschaftlichen Bereichen fest.

24. Wie lassen sich Mitwirkung und Mitbestimmung voneinander abgrenzen?

Die zahlreichen Beteiligungsrechte des Betriebsrates unterscheiden sich in Mitwirkungsrechte und Mitbestimmungsrechte:

• *Mitwirkungsrecht* bedeutet, dass die Entscheidungsbefugnis des Arbeitgebers unberührt bleibt.

• *Mitbestimmungsrecht* besagt, dass der Arbeitgeber eine Maßnahme nur im gemeinsamen Entscheidungsprozess mit dem Betriebsrat regeln kann.

Im Überblick:

Beteiligungsrechte des Betriebsrates			
Mitwirkungs-rechte	**Informations-rechte**	allgemein	§ 80 Abs. 2
		speziell	§§ 90, 92, 99 Abs. 1, 100 Abs. 2
	Vorschlags-rechte	allgemein	§ 80 Abs. 1 Nr. 2
		speziell	§§ 92 Abs. 2, 96 Abs. 1 S. 3 §§ 98 Abs. 3
	Anhörungsrechte		§ 102 Abs. 1 S. 1
	Beratungsrechte		§§ 90 Abs. 2, 92 Abs. 1 S. 2, 111 S. 1

Mitbestim-mungsrechte	**Zustimmungs-verweigerungsrechte** (auch: Widerspruchs-/Vetorechte)	§§ 99 Abs. 2 und 4, 102 Abs. 4 und 5 § 1 Abs. 2 S. 2 Nr. 1 und S. 3 KSchG
	Zustimmungs-erfordernisrechte (echte Mitbestimmung)	§§ 87 Abs. 1 Nr. 1 bis 13, 94, 95 §§ 91, 112 und 112a
	Initiativrechte	§§ 87, 91, 95 Abs. 2, 98 Abs. 4 § 112 Abs. 4

- *Informationsrecht:*
  Es ist das schwächste Recht des Betriebsrates. Das Informationsrecht ist jedoch die unverzichtbare Voraussetzung für die Wahrnehmung aller Rechte und oft bereits die Vorstufe zur Mitbestimmung. Neben einzelnen Fällen der Information formuliert das Gesetz in § 80 BetrVG einen allgemeinen Anspruch des Betriebsrats auf „rechtzeitige und umfassende Information"; z. B. Personalplanung. Die Informationspflicht des Arbeitgebers umfasst nicht (automatisch) die Pflicht, die Angelegenheit mit dem Betriebsrat zu beraten.

- *Vorschlagsrecht:*
  Nach § 80 Abs. 1 Nr. 2 besteht ein generelles Vorschlagsrecht; daneben gibt es spezielle Vorschlagsrechte, z. B. Personalplanung, Förderung der Berufsbildung. Der Arbeitgeber muss die Vorschläge zur Kenntnis nehmen und ernsthaft prüfen. Eine Pflicht zur Durchführung besteht nicht.

- *Recht auf Anhörung:*
  Hier ist der Arbeitgeber unbedingt verpflichtet, vor seiner Entscheidung die Meinung des Betriebsrats einzuholen. Die Anhörung muss „ordnungsgemäß" sein. Im Fall der Kündigung führt z. B. eine Missachtung des Anhörungsrechts bereits aus formalrechtlichen Gründen zur Unwirksamkeit der Maßnahme.

- *Beratungsrecht:*
  Der Arbeitgeber ist verpflichtet, von sich aus die Meinung des Betriebsrates einzuholen und mit ihm zu erörtern. Dieses Recht ermöglicht dem Betriebsrat, von sich aus Gedanken und Anregungen zu entwickeln. Der Arbeitgeber ist gehalten, sich mit diesen Meinungen ernsthaft auseinander zu setzen; z. B. Personalplanung, Fragen der Berufsausbildung.

- *Vetorecht* (Widerspruchsrecht):
  Beim Vetorecht kann der Betriebsrat die Maßnahme des Arbeitgebers verhindern bzw. bestimmte Rechtsfolgen einleiten. Der Betriebsrat ist also nicht völlig gleichberechtigt am Entscheidungsprozess beteiligt, kann aber aus den im Gesetz genannten Gründen eine „Sperre" einlegen; z. B. Widerspruch des Betriebsrates bei Kündigung durch den Arbeitgeber.

- *Zustimmungsrecht:*
  Das Zustimmungsrecht – auch als obligatorische (echte) Mitbestimmung bezeichnet – ist das qualitativ stärkste Recht. Der Arbeitgeber kann ohne die Zustimmung des Betriebsrats keine Entscheidung treffen. Bei fehlender Zustimmung kann er diese nicht gerichtlich ersetzen lassen, sondern muss den Weg über die Einigungsstelle gehen („Der Spruch der Einigungsstelle ersetzt die Einigung zwischen Arbeitgeber und Betriebsrat"); z. B. Einstellung, Versetzung, Eingruppierung, Umgruppierung und die Angelegenheiten des § 87 Abs. 1 Nr. 1 bis 13 BetrVG.

- *Initiativrecht:*
  Der Betriebsrat kann hier von sich aus in den Fällen der erzwingbaren Mitbestimmung vom Arbeitgeber die Regelung einer bestimmten Angelegenheit verlangen. Solche durchsetzbaren Initiativrechte existieren z. B. bei der Regelung sozialer Angelegenheiten (§ 87), bei Arbeitsplatzveränderungen (§ 91), bei der Durchführung von Bildungsmaßnahmen und bei der Aufstellung eines Sozialplans.

25. Welche vier Beteiligungsbereiche räumt das Betriebsverfassungsgesetz dem Betriebsrat ein?

Das Betriebsverfassungsgesetz unterscheidet bei den Beteiligungsrechten des Betriebsrates vier Bereiche:

1. Soziale Angelegenheiten

2. Personelle Angelegenheiten

3. Wirtschaftliche Angelegenheiten

4. Arbeitsorganisatorische Angelegenheiten.

26. Welche Mitbestimmungsrechte hat der Betriebsrat in sozialen Angelegenheiten?

Der Betriebsrat hat, soweit eine gesetzliche oder tarifliche Regelung nicht besteht, in folgenden Angelegenheiten mitzubestimmen (§ 87 BetrVG):

1. Fragen der Ordnung des Betriebs und des Verhaltens der Arbeitnehmer im Betrieb;

2. Beginn und Ende der täglichen *Arbeitszeit* einschließlich der Pausen sowie Verteilung der Arbeitszeit auf die einzelnen Wochentage;

3. vorübergehende *Verkürzung oder Verlängerung der* betriebsüblichen *Arbeitszeit*;

4. Zeit, Ort und Art der Auszahlung der *Arbeitsentgelte*;

5. Aufstellung allgemeiner *Urlaubsgrundsätze* und des *Urlaubsplans* für einzelne Arbeitnehmer, wenn zwischen dem Arbeitgeber und dem beteiligten Arbeitnehmer kein Einverständnis zu erzielen ist;

6. Einführung oder Anwendung von technischen Neuerungen, die dazu bestimmt sind, das Verhalten oder die *Leistung der Arbeitnehmer zu überwachen*;

7. Regelungen über die Verhütung von *Arbeitsunfällen* und *Berufskrankheiten* sowie über den Gesundheitsschutz;

8. Form, Ausgestaltung und Verwaltung von *Sozialeinrichtungen*; die Schließung einer Sozialeinrichtung ist mitbestimmungsfrei.

9. Zuweisung und Kündigung von *Wohnräumen*, die im Hinblick auf das Arbeitsverhältnis vermietet wurden;

10. Fragen der betrieblichen *Lohngestaltung*, insbesondere die Aufstellung von Entlohnungsgrundsätzen und die Einführung und Anwendung von neuen Entlohnungsmethoden sowie deren Änderung;

11. Festsetzung der *Akkord- und Prämiensätze* und vergleichbarer leistungsbezogener Entgelte einschließlich der Geldfaktoren;

12. Grundsätze über das *betriebliche Vorschlagswesen*;

13. Grundsätze über die Durchführung von Gruppenarbeit.

27. Welche Beteiligungsrechte gelten bei personellen Einzelmaßnahmen?

In Betrieben mit in der Regel mehr als 20 wahlberechtigten Arbeitnehmern hat der Arbeitgeber den Betriebsrat vor jeder Einstellung, Eingruppierung, Umgruppierung und Versetzung zu unterrichten, ihm die erforderlichen Bewerbungsunterlagen vorzulegen und Auskunft über die Person der Beteiligten zu geben (§ 99 BetrVG). Er hat dem Betriebsrat unter Vorlage der erforderlichen Unterlagen Auskunft über die Auswirkungen der geplanten Maßnahme zu geben und die *Zustimmung des Betriebsrats zu der geplanten Maßnahme* einzuholen. Bei Einstellungen und Versetzungen hat der Arbeitgeber insbesondere den in Aussicht genommenen Arbeitsplatz und die vorgesehene Eingruppierung mitzuteilen.

28. Welche Aufgaben hat der Betriebsrat im Rahmen des Arbeitsschutzes?

Der Betriebsrat hat bei der Bekämpfung von Unfall- und Gesundheitsgefahren die für den Arbeitsschutz zuständigen Behörden, die Träger der gesetzlichen Unfallversicherung und die sonstigen in Betracht kommenden Stellen durch Anregung, Beratung und Auskunft *zu unterstützen* sowie sich für die Durchführung der Vorschriften über den Arbeitsschutz und die Unfallverhütung im Betrieb *einzusetzen* (§ 89 BetrVG).

29. Welche Beteiligungsrechte bestehen im Hinblick auf die Gestaltung von Arbeitsplatz, Arbeitsablauf und Arbeitsumgebung?

Der Arbeitgeber hat den Betriebsrat über die Planung von:

a) Neu-, Um- und Erweiterungsbauten von Fabrikations-, Verwaltungs- und sonstigen betrieblichen Räumen,

b) technischen Anlagen,

c) Arbeitsverfahren und Arbeitsabläufe oder der Arbeitsplätze rechtzeitig unter Vorlage der erforderlichen Unterlagen *zu unterrichten* (§ 90 BetrVG).

Der Arbeitgeber hat mit dem Betriebsrat die vorgesehenen Maßnahmen und ihre Auswirkungen auf die Arbeitnehmer, insbesondere auf die Art ihrer Arbeit sowie die sich daraus ergebenden Anforderungen an die Arbeitnehmer so rechtzeitig *zu beraten*, dass Vorschläge und Bedenken des Betriebsrats bei der Planung berücksichtigt werden können.

Werden die Arbeitnehmer durch Änderungen der Arbeitsplätze, des Arbeitsablaufs oder der Arbeitsumgebung, die den gesicherten Erkenntnissen über die menschengerechte Gestaltung der Arbeit offensichtlich widersprechen, in besonderer Weise belastet, so *kann der Betriebsrat* angemessene Maßnahmen zur Abwendung, Minderung oder zum Ausgleich der Belastung *verlangen* (§ 91 BetrVG).

30. Welche Vorschriften bestehen im Hinblick auf die Personalplanung?

Der Arbeitgeber hat den Betriebsrat über die Personalplanung, insbesondere über den gegenwärtigen und künftigen Personalbedarf sowie über die sich daraus ergebenden personellen Maßnahmen und Maßnahmen der Berufsbildung anhand von Unterlagen rechtzeitig und umfassend *zu unterrichten* (§ 92 BetrVG).

31. Welche Vorschriften bestehen im Hinblick auf die Ausschreibung von Arbeitsplätzen?

Der Betriebsrat *kann verlangen*, dass Arbeitsplätze, die besetzt werden sollen, allgemein oder für bestimmte Arten von Tätigkeiten vor ihrer Besetzung innerhalb des Betriebs ausgeschrieben werden (§ 93 BetrVG).

32. Welche Vorschriften bestehen im Hinblick auf Personalfragebogen und Beurteilungsgrundsätze?

Personalfragebogen bedürfen der *Zustimmung* des Betriebsrats. Dasselbe gilt für persönliche Angaben in schriftlichen Arbeitsverträgen, die allgemein im Betrieb verwendet werden sollen, sowie für die Aufstellung allgemeiner Beurteilungsgrundsätze (§ 94 BetrVG).

33. Welche Vorschriften gelten für Auswahlrichtlinien?

Richtlinien über die personelle Auswahl bei Einstellungen, Versetzungen, Umgruppierungen und Kündigungen bedürfen der *Zustimmung* des Betriebsrats. In Betrieben mit mehr als 1.000 Arbeitnehmern kann der Betriebsrat solche Richtlinien über die Beachtung fachlicher und persönlicher Voraussetzungen und sozialer Gesichtspunkte verlangen (§ 95 BetrVG).

34. Welche besonderen Rechte hat der Betriebsrat in Fragen der Berufsbildung?

Der Betriebsrat hat darauf *zu achten*, dass den Arbeitnehmern unter Berücksichtigung der betrieblichen Notwendigkeiten die Teilnahme an betrieblichen oder außerbetrieblichen Maßnahmen der Berufsbildung ermöglicht wird.

Der Arbeitgeber hat mit dem Betriebsrat über die Einrichtung und Ausstattung betrieblicher Einrichtungen zur Berufsbildung, die Einführung betrieblicher Berufsbildungsmaßnahmen und die Teilnahme an außerbetrieblichen Berufsbildungsmaßnahmen *zu beraten*.

Der Betriebsrat hat bei der Durchführung betrieblicher Bildungsmaßnahmen *ein Mitbestimmungsrecht* (§ 98 BetrVG). Er kann ferner der Bestellung einer mit der Durchführung der betrieblichen Berufsbildung beauftragten Person *widersprechen* oder ihre Abberufung *verlangen*, wenn diese die persönliche, fachliche oder berufs- und arbeitspädagogische Eignung nicht besitzt oder ihre Aufgaben vernachlässigt.

Nach § 97 (2) BetrVG hat der Betriebsrat ein Mitbestimmungsrecht bei der Qualifizierung der Mitarbeiter; dieser Passus wurde neu eingefügt aufgrund der Novellierung des BetrVG.

35. Welche Grundsätze gelten für die Behandlung der Betriebsangehörigen?

Arbeitgeber und Betriebsrat haben darüber *zu wachen*, dass alle im Betrieb tätigen Personen nach den Grundsätzen von Recht und Billigkeit behandelt werden und dass jede unterschiedliche Behandlung unterbleibt. Sie haben ferner darauf *zu achten*, dass Arbeitnehmer nicht wegen Überschreitung bestimmter Altersstufen benachteiligt werden.

36. Welche Rechte hat der einzelne Arbeitnehmer?

Das Betriebsverfassungsrecht gibt dem einzelnen Arbeitnehmer ein eigenes Unterrichtungs-, Anhörungs- und Erörterungsrecht in Angelegenheiten, die ihn und seinen Arbeitsplatz unmittelbar betreffen.

Dazu gehören im Einzelnen:

a) Der Arbeitgeber hat den Arbeitnehmer über dessen Aufgabe und Verantwortung sowie über die Art seiner Tätigkeit und ihre Einordnung in den Arbeitsablauf des Betriebs *zu unterrichten*. Er hat ihn ferner vor Beginn der Beschäftigung auf die Unfall- und Gesundheitsgefahr bei seiner Beschäftigung hinzuweisen.

b) Der Arbeitnehmer ist über Veränderungen in seinem Arbeitsbereich rechtzeitig *zu unterrichten*.

c) Der Arbeitgeber hat den Arbeitnehmer über die aufgrund einer Planung von technischen Anlagen, von Arbeitsverfahren und Arbeitsabläufen oder der vorgesehenen Maßnahmen und ihre Auswirkungen auf seinen Arbeitsplatz, die Arbeitsumgebung sowie auf Inhalt und Art seiner Tätigkeit *zu unterrichten*.

d) Der Arbeitnehmer hat das Recht in betrieblichen Angelegenheiten, die seine Person betreffen, von den hierzu zuständigen Personen *gehört zu werden*.

e) Der Arbeitnehmer hat das Recht in die über ihn geführte *Personalakte Einsicht zu nehmen*. Er kann hierzu ein Mitglied des Betriebsrats hinzuziehen.

f) Der Arbeitnehmer kann nach § 86a BetrVG dem Betriebsrat Themen zur Beratung vorschlagen.

37. Welches Beschwerderecht steht dem Arbeitnehmer zu?

Jeder Arbeitnehmer hat das Recht sich bei den zuständigen Stellen des Betriebs *zu beschweren*, wenn er sich vom Arbeitgeber oder von Arbeitnehmern des Betriebes benachteiligt oder ungerecht behandelt oder in sonstiger Weise beeinträchtigt fühlt (§ 84 BetrVG).

38. Welche Änderungen enthält die Reform des Betriebsverfassungsgesetzes (Überblick)?

• Das *Wahlverfahren* wird entbürokratisiert: Die Trennung zwischen Arbeitern und Angestellten wird aufgehoben. In kleineren Betrieben (bis 50 Beschäftigte) ist es möglich, den Betriebsrat in einer Betriebsversammlung zu wählen (§§ 14, 14a, 17a BetrVG).

- *Frauen* müssen entsprechend ihrem Anteil an der Belegschaft im Betriebsrat vertreten sein (§ 15 BetrVG).

- *Beschäftigte von Fremdfirmen* (zum Beispiel Leiharbeitnehmer) sind stärker durch den Betriebsrat des Entleih-Betriebes vertreten.

- *Die Jugend- und Auszubildendenvertretungen* (JAVs) werden gestärkt: Das Wahlrecht wird einfacher, sie können Ausschüsse bilden, die Gesamt-Jugend- und Auszubildendenvertretung kann auch für Betriebe ohne JAV zuständig sein, und es ist die Möglichkeit gegeben, eine Konzern-Jugend-Vertretung aus der Auszubildendenvertretung zu bilden.

- Schon *ab 200* Beschäftigten gibt es *freigestellte Betriebsratsmitglieder* (bisher: ab 300 Beschäftigten); Teilfreistellungen sind möglich (§ 38 BetrVG).

- Der Betriebsrat soll leichter *moderne Informations- und Kommunikationstechniken* nutzen können.

- Der Betriebsrat hat *ein Initiativrecht (!) bei der Qualifizierung* der Beschäftigten (§ 97 Abs. 2 BetrVG).

- Bei der *Durchführung* von Gruppenarbeit kann der Betriebsrat *mitbestimmen* (!), nicht allerdings bei der *Einführung*.

- Bei Beschäftigungsförderung, Umweltschutz und Gleichstellung werden die Vorschlags- und Beratungsrechte des Betriebsrats verbessert (§ 92a BetrVG).

- Der Betriebsrat erhält das Recht, bei befristeten Einstellungen die Zustimmung zu verweigern, falls der Arbeitgeber bei unbefristeten Einstellungen gleich geeignete befristete Beschäftigte nicht berücksichtigt.

- Sachkundige Arbeitnehmer können leichter in die Arbeit des Betriebsrats einbezogen werden. Der Betriebsrat kann auch *Mitbestimmungsrechte* an Arbeitsgruppen *delegieren*.

- Es ist künftig einfacher, Sachverständige einzuschalten; dies gilt nur bei Betriebsänderungen (§ 28 BetrVG).

- Die Möglichkeiten des Betriebsrats, gegen Rassismus und Fremdenfeindlichkeit vorzugehen, werden verbessert werden.

- Jeder Arbeitnehmer hat das Recht, dem Betriebsrat Themen zu Beratung vorzuschlagen (§ 86a BetrVG).

39. Was ist eine Betriebsvereinbarung?

- *Die Betriebsvereinbarung ist ein schriftlicher Vertrag zwischen Arbeitgeber und Betriebsrat* über generelle Regelungen der betrieblichen Arbeitsverhältnisse oder der betrieblichen Ordnung (§ 77 BetrVG, z. B. Taschenkontrolle). Der Vertrag ist an geeigneter Stelle auszulegen. Die Betriebsvereinbarung ist damit die bedeutendste und häufigste Form der Ausübung von Mitbestimmungsrechten. Sie ist sozusagen „der kleine Bruder des Tarifvertrages" auf der Betriebsebene. Die Betriebsvereinbarung gilt zu Gunsten aller aktiven Arbeitnehmer eines Betriebes unmittelbar und zwingend – mit Ausnahme der leitenden Angestellten.

- Die Durchführung der Betriebsvereinbarung liegt allein in der Hand des Arbeitgebers. Der Betriebsrat darf nicht durch einseitige Handlungen in die Leitung des Betriebes eingreifen.

40. Welche zwei Arten einer Betriebsvereinbarung gibt es?

1. *Erzwingbare Betriebsvereinbarung:*
   Der Arbeitgeber kann die Angelegenheit nicht ohne den Betriebsrat wirksam regeln. Dies betrifft vor allem Angelegenheiten nach dem § 87 BetrVG. Eine Betriebsvereinbarung z. B. über die Lage der Pausen – nach § 87 BetrVG – kann vom Betriebsrat erzwungen werden, ohne dass sich der Arbeitgeber diesem Bestreben entziehen kann. Die Einigungsstelle kann die fehlende Einigung zwischen Arbeitgeber und Betriebsrat ersetzen. Die *„Nachwirkung von Betriebsvereinbarungen"* gilt nur in den Angelegenheiten, in denen der Spruch der Einigungsstelle die Einigung zwischen Arbeitgeber und Betriebsrat ersetzt – also *in den Fällen erzwingbarer Mitbestimmung* (§ 77 Abs. 6 BetrVG).

2. *Freiwillige Betriebsvereinbarung:*
   Der Arbeitgeber kann *freiwillig* zusätzliche Angelegenheiten durch Betriebsvereinbarung abschließen. Hier kann die Einigungsstelle nicht die fehlende Einigung ersetzen. Beispiele werden in § 88 BetrVG genannt:

   - zusätzliche Maßnahmen zur Verhütung von Arbeitsunfällen
   - Maßnahmen des betrieblichen Umweltschutzes
   - die Errichtung von Sozialeinrichtungen
   - Maßnahmen zur Förderung der Vermögensbildung
   - Maßnahmen zur Integration ausländischer Arbeitnehmer.

Betriebsvereinbarungen über freiwillige Angelegenheiten (§ 88 BetrVG) *wirken nicht nach* (beispielsweise Vereinbarungen über freiwillige Leistungen des Arbeitgebers, u. a. freiwilliges Urlaubsgeld oder freiwillige Förderung der Vermögensbildung).

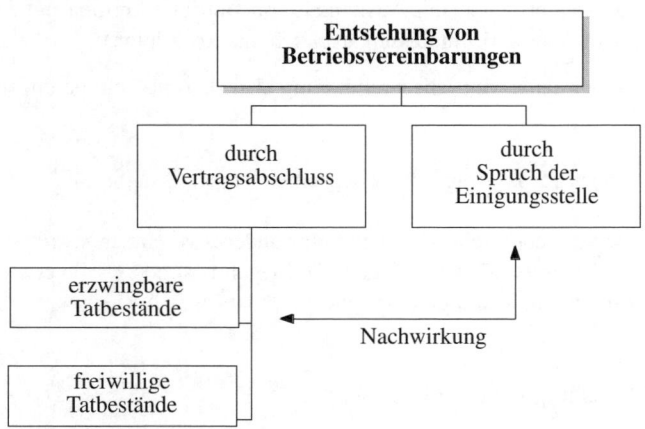

Beispiel:
Im Betrieb X GmbH existiert eine Betriebsvereinbarung über die Gleitzeit. Mit Wirkung zum 01.07. des Jahres kündigt der Arbeitgeber die Betriebsvereinbarung und nimmt mit dem Betriebsrat Gespräche über eine neue Regelung auf. Nach § 87 BetrVG gehören der Beginn und das Ende der täglichen Arbeitszeit einschließlich der Pausen in den Bereich der obligatorischen Mitbestimmung, sodass die oben genannte Gleitzeitregelung über den 01.07. des Jahres hinaus nachwirkt, bis sich Arbeitgeber und Betriebsrat über eine neue Betriebsvereinbarung verständigt haben. Zu berücksichtigen ist allerdings, dass die Bestim-

mungen der „abgelaufenen Betriebsvereinbarung" nicht mehr zwingend sind: Der Arbeitgeber hat also die Möglichkeit im Wege der einzelvertraglichen Regelung im Einzelfall individuelle Arbeitszeiten zu vereinbaren. In der Praxis wird dies jedoch kaum einen Sinn ergeben, da nach Abschluss der neuen Betriebsvereinbarung über Arbeitszeiten diese erneut unmittelbar und zwingend auf die Arbeitsverhältnisse einwirkt.

41. Was kann nicht Gegenstand einer Betriebsvereinbarung (BV) sein?

Arbeitsentgelte und sonstige Arbeitbedingungen, die durch Tarifvertrag geregelt sind oder üblicherweise geregelt werden, können nicht Gegenstand einer BV sein (§ 77 Abs. 3 BetrVG), es sei denn, der Tarifvertrag enthält eine Öffnungsklausel (= lässt derartige Regelungen ausdrücklich zu).

42. Wann endet eine Betriebsvereinbarung?

Die Betriebsvereinbarung endet wie jede andere Vereinbarung auch

- mit Ablauf der vereinbarten Zeit (z. B. von vornherein befristete Betriebsvereinbarungen),

- mit Zweckerreichung (z. B. Verlegung der Arbeitszeit im Rahmen eines Sonderprojektes),

- bei Kündigung der Vereinbarung (Hauptfall der Beendigung),

- durch Aufhebungsvertrag zwischen Arbeitgeber und Betriebsrat,

- durch endgültigen und dauernden Wegfall des Betriebsrates (z. B. weniger als fünf wahlberechtigte Arbeitnehmer),

- durch Stilllegung des Betriebes (mit Ausnahme von Betriebsvereinbarungen, die über die Stilllegung hinaus wirken; z. B. Interessenausgleich und Sozialplan),

- durch Abschluss einer neuen Betriebsvereinbarung über denselben Regelungstatbestand

  oder

- durch Abschluss eines Tarifvertrages über denselben Regelungstatbestand.

Die *Kündigung* kann von jeder Seite – soweit nichts anderes vereinbart wurde – mit einer *Frist von drei Monaten* erfolgen (§ 77 Abs. 5 BetrVG). Liegen besonders schwerwiegende Gründe vor, ist eine außerordentliche Kündigung möglich.

43. Welche Rechtsstellung hat die Einigungsstelle?

Die Einigungsstelle (§ 76 BetrVG) ist ein Organ der Betriebsverfassung und wird auf Antrag einer Seite in den Fällen tätig, in denen der Betriebsrat ein echtes (erzwingbares) Mitbestimmungsrecht hat. Die Einigungsstelle ist nicht für die Entscheidung von Rechtsfragen, sondern grundsätzlich nur für *Regelungsstreitigkeiten* zuständig.

Zur Bildung der Einigungsstelle benennen Arbeitgeber und Betriebsrat jeweils eine gleiche Anzahl von Beisitzern (im Regelfall sind dies je zwei) und verständigen sich auf einen unparteiischen Vorsitzenden. Die Kosten trägt der Arbeitgeber.

Nach mündlicher Beratung entscheidet die Einigungsstelle mit Stimmenmehrheit. Bei dieser ersten Abstimmung hat sich der Vorsitzende der Stimme zu enthalten. Kommt kein Beschluss zu Stande so ist erneut zu beraten und abzustimmen. An der zweiten Abstimmung nimmt der Vorsitzende teil. Gesetzlich vorgeschriebenes Kriterium dabei ist der Gesichtspunkt des „billigen Ermessens", d.h. die hinreichende Berücksichtigung der betrieblichen Interessen und der sozialen Belange der Arbeitnehmer.

Der Spruch der Einigungsstelle kann auf Antrag von jeder Seite innerhalb einer Ausschlussfrist von 14 Tagen vom Arbeitsgericht im Wege des Beschlussverfahrens überprüft werden. In der Sache selbst wird das Gericht keine Entscheidung treffen.

Arbeitnehmer-Vertreter	Vorsitzender	Arbeitgeber-Vertreter
in der Regel: 2		in der Regel: 2

44. Welche Rechtsstellung hat der Wirtschaftsausschuss?

Der Wirtschaftsausschuss ist ebenfalls ein Organ der Betriebsverfassung und in Unternehmen mit mehr als 100 (ständig) Beschäftigten *zu bilden*. Er wird stets für das Gesamtunternehmen gebildet. Der Wirtschaftsausschuss besteht aus mindestens drei und höchstens sieben Mitgliedern, die dem Unternehmen (nicht unbedingt dem Betriebsrat) angehören müssen. Prinzipiell kommen daher auch leitende Angestellte infrage. Die Mitglieder werden vom Betriebsrat bzw. dem Gesamtbetriebsrat bestellt und sind in ihrer Amtszeit an die Amtszeit des Betriebsrates gekoppelt. Mindestens ein Mitglied muss dem Betriebsrat angehören. Eine jederzeitige Abberufung ist möglich.

In den monatlich stattfindenden Sitzungen hat der Arbeitgeber den Wirtschaftsausschuss rechtzeitig, umfassend und unter Vorlage der erforderlichen Unterlagen zu unterrichten (vgl. dazu die nicht abschließend aufgeführten Sachverhalte in § 106 BetrVG). Der Wirtschaftsausschuss hat den Betriebsrat unverzüglich über den Sitzungsinhalt zu informieren.

Bei Meinungsverschiedenheiten, ob beispielsweise die Information des Arbeitgebers den Erfordernissen entspricht, ist die Einigungsstelle zuständig.

45. Welche (Zahlen-)Angaben des BetrVG sollte der Personalfachkaufmann kennen (BetrVG im Überblick)?

Stichwort	Inhalt	BetrVG
Errichtung von BR	mindestens fünf wahlberechtigte AN, von denen drei wählbar sind	§ 1
Wahlberechtigt	sind alle AN, die das 18. Lebensjahr vollendet haben	§ 7
Wählbar	sind alle Wahlberechtigten, die dem Betrieb sechs Monate angehören	§ 8
BR, Zusammensetzung	<table><tr><td>**Arbeitnehmer (wahlberechtigt)**</td><td>**BR-Mitglieder**</td></tr><tr><td>5 bis 20</td><td>1</td></tr><tr><td>21 bis 50</td><td>3</td></tr><tr><td>51 bis 100</td><td>5</td></tr><tr><td>101 bis 200</td><td>7</td></tr><tr><td>usw., vgl. § 9 BetrVG</td><td>...</td></tr></table>	§ 9
BR-Wahlen	alle vier Jahre, 1. März bis 31 Mai	§ 13
Betriebsausschuss	bei neun oder mehr BR-Mitgliedern	§ 27
Freistellung der BR-Mitglieder	<table><tr><td>**Arbeitnehmer**</td><td>**freigestellte BR-Mitglieder**</td></tr><tr><td>200 bis 500</td><td>1</td></tr><tr><td>501 bis 900</td><td>2</td></tr><tr><td>901 bis 1.500</td><td>3</td></tr><tr><td>usw., vgl. § 38 BetrVG</td><td>...</td></tr></table>	§ 38
Betriebsversammlung	einmal in jedem Kalendervierteljahr	§ 43
Jugend- und Auszubilden-denvertretung **- Amtszeit** **- Zeitraum**	bei mindestens fünf Jugendlichen oder Auszubildenden, die das 25. Lebensjahr noch nicht vollendet haben - zwei Jahre - 1. Okt. bis 30. Nov.	§ 60 § 64 § 64
Einigungsstelle	gleiche Anzahl von Beisitzern für BR und AG + ein unparteiischer Vorsitzender	§ 76
Schutz Auszubildender	Übernimmt ein AG einen Auszubildenden nicht in ein unbefristetes AV, so hat er dies drei Monate vor Beendigung der Ausbildung mitzuteilen.	§ 78a
Wirtschaftsausschuss **- Anzahl** **- Sitzungen**	ist in Betrieben mit mehr als 100 AN zu bilden - mindestens 3 – höchsten 7 Mitglieder (inkl. 1 BR) - einmal monatlich	§ 106 § 107
Strafvorschriften	i. d. R. Freiheitsstrafe bis zu einem Jahr oder Geldstrafe	§§ 119 ff.

2.1.10 Tarifvertragsrecht

01. Was versteht man unter positiver Koalitionsfreiheit?

Die nach Art. 9 Abs. 3 GG verfassungsmäßig geschützte Freiheit, sich in Verbänden zur Wahrung und Förderung der Arbeits- und Wirtschaftsbedingungen zusammenschließen zu dürfen, gewährleistet dem Einzelnen das Recht, wirksame Vereinbarungen über den Beitritt und die Zugehörigkeit zu einer Gewerkschaft oder zu einem Arbeitgeberverband abzuschließen.

Die positive Koalitionsfreiheit gilt für jedermann und für alle Berufe. Unerheblich ist es dabei, welche Staatsangehörigkeit der Einzelne besitzt.

Für einen verbindlichen Beitritt eines Minderjährigen zu einer Koalition ist die Zustimmung des gesetzlichen Vertreters erforderlich. Die Ermächtigung nach § 113 BGB, ein Arbeitsverhältnis einzugehen, umfasst auch die Befugnis zum Eintritt in eine Gewerkschaft. Da auf Ausbildungsverhältnisse die Bestimmung des § 113 BGB keine Anwendung findet, bedarf der minderjährige Auszubildende immer der Zustimmung des gesetzlichen Vertreters.

02. Welche Voraussetzungen müssen zur Sicherung der Koalitionsfreiheit und Tarifautonomie erfüllt sein?

Art. 9 GG ist vom Bundesverfassungsgericht präzisiert worden, wobei die Bedingungen, unter denen eine Vereinigung als Koalition anzusehen ist, wie folgt zusammengefasst worden sind: „Es muss die Koalition als satzungsgemäße Aufgabe die Wahrnehmung der Interessen ihrer Mitglieder gerade in ihrer Eigenschaft als Arbeitgeber oder Arbeitnehmer übernehmen; sie muss frei gebildet, gegnerfrei, unabhängig und auf überbetrieblicher Grundlage organisiert sein. Schließlich muss sie das geltende Tarifrecht als für sie verbindlich anerkennen."

Im Einzelnen gelten also folgende Voraussetzungen:

- Freiwilligkeit des Zusammenschlusses:
  Damit sind Verbände oder Vereine mit Zwangsmitgliedschaft keine Koalitionen;

- Körperschaftliche Organisation:
  Die Vereinigung muss eine Satzung, einen Vorstand und eine Mitgliederversammlung haben;

- Zweck der Vereinigung:
  Er muss ausdrücklich auf die Wahrung und Förderung der Arbeits- und Wirtschaftsbedingungen gerichtet sein;

- Gegnerfreiheit und Unabhängigkeit in der Willensbildung:
  Die Vereinigung darf also z. B. nicht mit einer Partei koalitionsmäßig verbunden sein;

- Überbetrieblichkeit;

- Tarifwilligkeit;

- Dauerhaftigkeit.

03. Was sind autonome Rechtsquellen im Bereich des Arbeitsrechts?

Autonome Rechtsquellen im Bereich des Arbeitsrechts sind insbesondere die von den Tarifparteien abgeschlossenen Tarifverträge und die Betriebsvereinbarungen.

04. Was versteht man unter Tarifverträgen?

Tarifverträge sind Verträge zwischen Arbeitgeberverbänden oder einzelnen Arbeitgebern einerseits und Gewerkschaften andererseits, die arbeitsrechtliche Normen enthalten (normativer Teil) und Rechte und Pflichten der Tarifparteien untereinander regeln (schuldrechtlicher oder obligatorischer Teil).

05. Was ist die Rechtsgrundlage des Tarifvertrages?

Rechtsgrundlage für Tarifverträge ist das Tarifvertragsgesetz von 1949. Der Tarifvertrag ist ein privatrechtlicher Vertrag, für den die allgemeinen Vorschriften des bürgerlichen Rechts zur Anwendung kommen.

06. Welche Funktionen erfüllt ein Tarifvertrag?

Ein Tarifvertrag erfüllt:

a) eine *Schutzfunktion* des Arbeitnehmers gegenüber dem Arbeitgeber,

b) eine *Ordnungsfunktion* durch Typisierung der Arbeitsverträge,

c) die *Friedensfunktion*, denn der Tarifvertrag schließt während seiner Laufzeit Arbeitskämpfe und neue Forderungen hinsichtlich der in ihm geregelten Sachverhalte aus.

07. Wer kann Tarifverträge abschließen?

Tarifverträge können auf Arbeitnehmerseite nur die Gewerkschaften abschließen, auf Arbeitgeberseite dagegen sowohl Arbeitgeberverbände (als Verbandstarif) als auch jeder einzelne Arbeitgeber (als Firmen-, Werk- oder Haustarif). Darüber hinaus kommen als Tarifvertragsparteien die Spitzenorganisationen, d. h. die Zusammenschlüsse von Arbeitgeberverbänden oder von Gewerkschaften, in Betracht. Tariffähig sind ferner Handwerksinnungen und Innungsverbände.

08. Welche Formvorschriften müssen Tarifverträge erfüllen?

Der Tarifvertrag bedarf zu seiner Wirksamkeit einer von beiden Vertragsparteien eigenhändig unterschriebenen Vertragsurkunde. Abschluss, Änderung, Beendigung und Allgemeinverbindlichkeitserklärung werden in einem beim Bundesminister für Arbeit und Sozialordnung geführten Tarifregister eingetragen. Die Eintragung hat jedoch für die Wirksamkeit des Tarifvertrages keine Bedeutung. Die Tarifverträge können von jedermann kostenlos eingesehen werden. Von den Länderarbeitsministerien werden ebenfalls Tarifregister geführt.

09. Welche Regelungen kann der normative Teil eines Tarifvertrages enthalten?

a) Normen über den Inhalt, den Abschluss und die Beendigung von Arbeitsverhältnissen;

b) Normen über betriebliche und betriebsverfassungsrechtliche Fragen;

c) Normen über gemeinsame Einrichtungen der Tarifvertragsparteien.

10. Welche Regelungen kann der schuldrechtliche Teil eines Tarifvertrages enthalten?

Der schuldrechtliche Teil eines Tarifvertrages begründet nur Rechte und Pflichten der Tarifvertragsparteien untereinander. Den Tarifvertragsparteien steht es grundsätzlich frei, beliebige Rechte und Pflichten gegeneinander zu begründen. Die wichtigsten sind: Abschluss, Durchführung und Beendigung des Tarifvertrages, Friedenspflicht, Schlichtungsabkommen, Einwirkungspflicht.

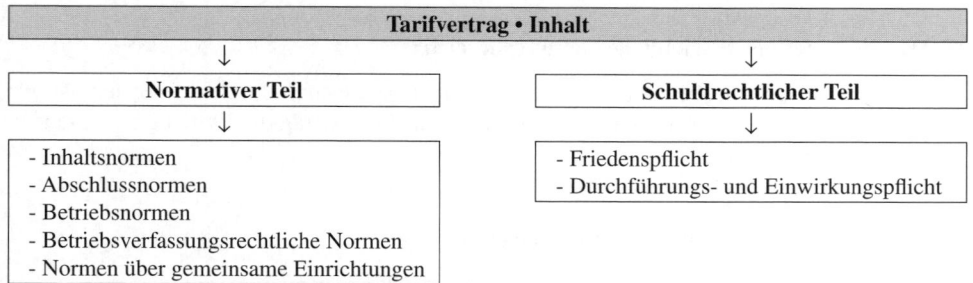

11. Wie wirken sich Tarifverträge auf einzelne Arbeitsverhältnisse aus?

Tarifverträge können gelten:

a) *kraft Organisationszugehörigkeit;* Tarifverträge werden von den Tarifvertragsparteien nur für ihre Mitglieder abgeschlossen,

b) *durch Allgemeinverbindlichkeit;* in diesem Fall gilt der Tarifvertrag auch für solche Arbeitgeber und Arbeitnehmer, die nicht Mitglied einer Tarifvertragspartei sind,

c) *durch einzelvertragliche Vereinbarung;* die Anwendung eines Tarifvertrages kann auch auf bestimmte Teile beschränkt bleiben. Während also bei zwingender Anwendung eines Tarifvertrages infolge Organisationszugehörigkeit oder Allgemeinverbindlichkeit einzelvertragliche Regelungen nur noch getroffen werden können, wenn diese für den Arbeitnehmer günstiger sind oder der Tarifvertrag eine solche ungünstigere Regelung ausdrücklich gestattet, sind bei Fehlen dieser Voraussetzungen im Falle einzelvertraglicher Regelungen ungünstigere Lösungen möglich.

12. Unter welchen Voraussetzungen haben Tarifverträge eine unmittelbare und zwingende Wirkung?

Derartige Normen gelten für Arbeitsverhältnisse, wenn Arbeitgeber und Arbeitnehmer

a) tarifgebunden sind,

b) unter den räumlichen Geltungsbereich des Tarifvertrages,

c) unter den betrieblichen Geltungsbereich des Tarifvertrages,

d) unter den fachlichen Geltungsbereich eines Tarifvertrages fallen.

13. Wer ist tarifgebunden?

Tarifgebunden sind die Mitglieder der Tarifvertragsparteien und der Arbeitgeber, wenn er selbst Partei des Tarifvertrages ist.

14. Was bedeutet der räumliche Geltungsbereich?

Der räumliche Geltungsbereich kann sich auf einen bestimmten Bezirk oder ein Bundesland beschränken, er kann sich aber auch auf das ganze Bundesgebiet erstrecken.

15. Was bedeutet der betriebliche Geltungsbereich?

Der betriebliche Geltungsbereich ist in jedem Tarifvertrag bestimmt, indem festgelegt ist, für welche Betriebe er gelten soll. In der Regel erfasst ein Tarifvertrag die Betriebe eines ganzen Wirtschaftszweiges.

16. Was bedeutet der fachliche Geltungsbereich?

Der fachliche Bereich nimmt Bezug auf einen bestimmten Wirtschaftszweig und erfasst dort sämtliche Berufs- oder Tätigkeitsbereiche. Gilt z. B. in einem Betrieb ein Lohn- und Gehaltstarif für die metallverarbeitende Industrie, so fallen alle Betriebsangehörigen – z. B. auch die Küchen- und Reinigungskräfte – unter diesen Tarifvertrag.

17. Was bedeutet Allgemeinverbindlichkeit eines Tarifvertrages?

Zunächst gilt ein Tarifvertrag in seinem räumlichen, betrieblichen und fachlichen Geltungsbereich nur, wenn Arbeitgeber und Arbeitnehmer tarifgebunden sind. Der Bundesminister für Arbeit und Sozialordnung kann jedoch einen Tarifvertrag unter bestimmten Voraussetzungen für allgemein verbindlich erklären. Die Allgemeinverbindlichkeit bedeutet, dass der Tarifvertrag nunmehr in seinem räumlichen, betrieblichen und fachlichen Geltungsbereich für alle Arbeitnehmer gilt. Unerheblich ist, ob Arbeitgeber und Arbeitnehmer tarifgebunden sind.

18. Unter welchen Voraussetzungen kann eine Allgemeinverbindlichkeitserklärung eines Tarifvertrages vorgenommen werden?

- Es muss eine Tarifvertragspartei einen entsprechenden Antrag stellen.

- Die tarifgebundenen Arbeitgeber müssen mindestens die Hälfte der unter den Geltungsbereich des Tarifvertrages fallenden Arbeitnehmer beschäftigen.

- Die Allgemeinverbindlichkeit muss im öffentlichen Interesse geboten erscheinen.

19. Welche Tarifvertragsarten gibt es?

Beispiele:

Manteltarifvertrag/ Rahmentarifvertrag	Er regelt allgemeine Arbeitsbedingungen wie z. B. Arbeitszeit, Zuschläge für Mehr-, Nacht- und Schichtarbeit, Urlaub, Kündigungsvoraussetzungen und Kündigungsfristen. Die Laufzeit beträgt ca. drei Jahre.
Lohn- und Gehalts-tarifvertrag	Er regelt die Lohn- und Gehaltsgruppen in den einzelnen Tarifgruppen. Die Laufzeit ist i. d. R. ein Jahr.
Flächentarifvertrag	Er legt die Bedingungen für eine bestimmte Region oder eine bestimmte Branche in Deutschland fest.
Firmentarifvertrag	Er legt die Bedingungen für ein bestimmtes Unternehmen fest.
Sonstige Tarifverträge	Regelungen über besondere Inhalte wie z. B. gemeinsame Einrichtungen (Urlaubs- und Lohnausgleichskassen), Schlichtungsabkommen und vermögenswirksame Leistungen.

2.1.11 Arbeitskampfrecht

01. Was ist ein Streik?

Ein Streik ist die gemeinsame und planmäßige Arbeitsniederlegung durch eine größere Anzahl von Arbeitnehmern mit dem Ziel, einen bestimmten Kampfzweck zu erreichen und nach Erreichung des Kampfzweckes die Arbeit wieder aufzunehmen. Der Streik muss zu einer ernsthaften Störung des Arbeitsprozesses führen.

02. Wann ist ein Streik rechtmäßig?

Der Streik ist ein legitimes Mittel der Arbeitnehmer zur Durchsetzung von Forderungen. Da ein Streik erhebliche Störungen des Arbeitsablaufs mit sich bringt, werden strenge Anforderungen an die Rechtmäßigkeit eines Streiks gestellt. Diese sind:

- Der Streik muss *von einer Gewerkschaft* geführt werden, d. h. die Gewerkschaft muss den mit der Arbeitsniederlegung verbundenen Kampfzweck selbst erstreben und entweder den Streik von vornherein billigen oder ihn noch vor seiner Beendigung genehmigen.

- Der Streik muss sich *gegen einen Sozialpartner*, nämlich den Arbeitgeber oder den Arbeitgeberverband, richten, d. h. der Sozialpartner muss auch in der Lage sein, das Kampfziel des Streiks zu erfüllen, was etwa bei politischen Anlässen nicht erreichbar wäre.

- Mit dem Streik muss die *kollektive Regelung* von Arbeitsbedingungen erstrebt werden, d. h. es kann sich nicht um irgendwelche individuellen Fälle handeln.

- Der Streik darf *nicht gegen die Grundregeln* des Arbeitsrechts *verstoßen*.

- Der Streik darf nicht gegen das Prinzip der *fairen Kampfführung* verstoßen.

- Der Streik darf nur geführt werden, wenn die Gewerkschaft *alle Möglichkeiten* der friedlichen Einigung *ausgeschöpft* hat.

03. Wie ist die Rechtslage bei Beendigung des Streiks?

Ein Streik ist beendet, wenn die weitaus überwiegende Mehrzahl der streikenden Arbeitnehmer ihre Arbeit wieder aufnimmt. Erklärt die Gewerkschaft, die einen Streik durchführt, den Streik für beendet, sind alle streikenden Arbeitnehmer verpflichtet, ihre Arbeit wieder aufzunehmen. Nimmt ein Arbeitnehmer trotzdem die Arbeit nicht wieder auf, kann er wegen Arbeitsvertragsbruchs fristlos entlassen werden.

04. Was ist eine Aussperrung?

Die Aussperrung ist das Kampfmittel der Arbeitgeber gegen die Arbeitnehmer und Gewerkschaften. Unter Aussperrung versteht man den planmäßigen Ausschluss einer größeren Anzahl Arbeitnehmer von der Arbeit durch einen oder mehrere Arbeitgeber mit dem Ziel, einen bestimmten Kampfzweck zu erreichen und nach Erreichung des Kampfzweckes wieder die Arbeitnehmer zur Aufnahme der Arbeit aufzufordern bzw. über ihre Wiedereinstellung zu verhandeln. Die Aussperrung kann daher zur Suspendierung des Arbeitsverhältnisses oder zur Auflösung des Arbeitsverhältnisses führen.

05. Wann ist eine Aussperrung rechtmäßig?

An die Rechtmäßigkeit einer Aussperrung gelten die gleichen Voraussetzungen wie an die Rechtmäßigkeit eines Streiks. Im Einzelnen gilt:

- Die Aussperrung muss von einem Arbeitgeber vorgenommen werden.
- Die Aussperrung, die zwar die Arbeitnehmer unmittelbar trifft, muss sich letztlich gegen eine Gewerkschaft richten, die in der Lage sein muss, das Kampfziel der Aussperrung zu erfüllen.
- Mit der Aussperrung muss die kollektive Regelung von Arbeitsbedingungen erstrebt werden.
- Die Aussperrung darf nicht gegen die Grundregeln des Arbeitsrechts verstoßen.
- Die Aussperrung darf nicht gegen das Prinzip der fairen Kampfführung verstoßen.
- Die Aussperrung muss das letzte Mittel sein, um das erstrebte Kampfziel zu erreichen.

06. Was versteht man unter dem „Schlichtungsrecht"?

Die Schlichtung ist im Arbeitsrecht die Hilfeleistung zur Beendigung einer Gesamtstreitigkeit der Sozialpartner (z. B. Streik) durch Abschluss einer Gesamtvereinbarung (z. B. Tarifvertrag). Eine staatliche Zwangsschlichtung zur Beendigung von Arbeitskämpfen ist nach geltendem Recht unzulässig, weil sie gegen die in Art. 9 GG garantierte Tarifautonomie, d. h. die kollektive Selbstbestimmung der Tarifpartner, verstoßen würde.

07. Was versteht man unter der „Friedenspflicht"?

Die relative Friedenspflicht verpflichtet die Tarifvertragsparteien während der Dauer eines Tarifvertrages arbeitsrechtliche Kampfmaßnahmen zur Aufhebung oder Änderung der vereinbarten Tarifnormen zu unterlassen und auf ihre Mitglieder einzuwirken, dass sie den Arbeitsfrieden wahren. Maßnahmen einer Tarifvertragspartei (z. B. Streiks), die dieser Pflicht widersprechen, sind rechtswidrig und verpflichten zum Schadensersatz, wenn dadurch dem Vertragspartner oder seinen Mitgliedern ein Schaden entsteht.

08. Was versteht man unter der „Durchführungspflicht"?

Die Durchführungspflicht verpflichtet die Tarifvertragsparteien, ihre Mitglieder zur Einhaltung der tariflichen Bestimmungen anzuhalten, insbesondere wenn Mitglieder gegen tarifliche Bestimmungen verstoßen. So sind z. B. unverzüglich mit In-Kraft-Treten eines neuen Tarifvertrages die aktuellen tarifvertraglichen Regelungen (z. B. höhere Löhne oder Gehälter) anzuwenden.

2.1.12 Weitere Rechtsquellen des Arbeitsrechts[1)]

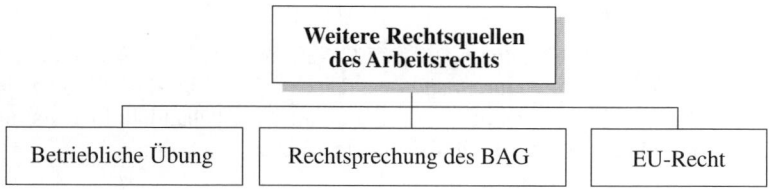

01. Welchen Rechtscharakter hat die betriebliche Übung?

Gewährt der Arbeitgeber während einer nicht unerheblichen Zeit bestimmte betriebliche Leistungen, zu denen er aufgrund einzelvertraglicher oder tarifvertraglicher Festlegung nicht verpflichtet ist, so erwächst daraus für die Zukunft ein Rechtsanspruch auf weitere Gewährung – es sei denn, dass der Arbeitgeber einen Vorbehalt geltend macht. Voraussetzung für den Anspruch ist die Wiederholung, *nach der Rechtsprechung des BAG mindestens eine dreimalige vorbehaltlose Auszahlung* z. B. der Weihnachtsgratifikation.

02. Welche Bedeutung hat die Rechtsprechung des BAG?

Grundsätzlich unterscheidet man folgende Rechtsgrundlagen:

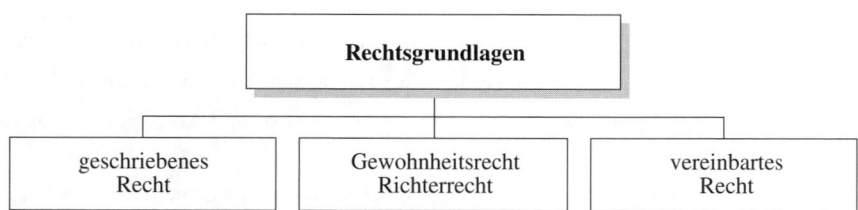

Charakteristisch für die heutige Arbeits- und Wirtschaftsverfassung ist die Selbstverwaltung des Arbeitslebens durch Arbeitgeber- und Arbeitnehmerorganisationen. Deshalb sind es neben den *staatlichen Vorschriften/Gesetzen* insbesondere die *autonomen Regelungen*, die die Beziehungen zwischen Arbeitgebern und Arbeitnehmern sowie den rechtlichen Rahmen und die Bedingungen der zu leistenden Arbeit festlegen. Neben den staatlichen Gesetzen und Verordnungen sind insbesondere die autonom zu Stande gekommenen *Tarifverträge, Betriebsvereinbarungen und Unfallverhütungsvorschriften* der Berufsgenossenschaften Quellen des Arbeitsrechts.

[1)] Der Rahmenplan sieht vor, dass an dieser Stelle auf die betriebliche Übung, die Rechtsprechung des BAG und das EU-Recht eingegangen wird.

Hinzu kommen aber auch die Grundsätze des Richterrechts und hier vorrangig die des Bundes-arbeitsgerichts (Erfurt). In keinem anderen Rechtsgebiet ist die Rechtsprechung der Gerichte so maßgebend wie im Arbeitsrecht. Auch wenn die Arbeitsrichter nicht die Befugnis einer „Ersatz-gesetzgebung" haben, so sind ihre Beschlüsse doch maßgebend, da viele der Generalklauseln erst durch das Richterrecht konkretisiert werden (vgl. z. B. „Wichtiger Grund" nach § 626 BGB).

03. Welche Einwirkungen hat das EU-Recht auf das deutsche Arbeitsrecht?

Das EU-Recht enthält völkerrechtliche Bestimmungen und *bindet* somit *die Mitgliedsstaaten – nicht den einzelnen Arbeitnehmer.*

Ausgenommen davon sind die Bestimmungen des EG-Vertrages (EGV) in Verbindung mit der *Rechtsprechung des Europäischen Gerichtshofes* in Luxemburg (EuGH) – insbesondere Art. 119 Abs. 1 EGV, der die Gleichbehandlung von Mann und Frau behandelt; hier: unmittelbare Anwendung auf betriebliche Arbeitsverhältnisse in Deutschland.

2.2 Rechtswege kennen und das Prozessrisiko einschätzen

2.2.1 Arbeitsgerichtsbarkeit

01. Für welchen Aufgabenbereich sind die Arbeitsgerichte zuständig?

Nach der Gerichtsverfassung hat jedes Gericht eine bestimmte Funktion zugewiesen bekom-men. Nur innerhalb dieses Aufgabenbereichs kann es angerufen und tätig werden. Die Gerichte für Arbeitssachen sind aus der ordentlichen Gerichtsbarkeit ausgegliedert und tragen mit ihrer sachlichen und ausschließlichen Rechtsentwicklung in der Herausbildung des Sonderrechts für die Arbeitnehmer Rechnung.

02. Für welche Sachverhalte sind die Arbeitsgerichte zuständig?

- Gemäß §§ 2, 2a ArbGG gehören u.a. zur *sachlichen Zuständigkeit* der Arbeitsgerichte:
  - bürgerliche Rechtsstreitigkeiten zwischen Tarifvertragsparteien über tarifrechtliche Fragen;
  - bürgerliche Rechtsstreitigkeiten zwischen Arbeitnehmern und Arbeitgebern aus dem Ar-beitsverhältnis;
  - bürgerliche Rechtsstreitigkeiten zwischen Arbeitnehmern aus gemeinsamer Arbeit aus un-erlaubten Handlungen, soweit diese mit dem Arbeitsverhältnis im Zusammenhang stehen;
  - die Tariffähigkeit von Vereinigungen.
- Die *örtliche Zuständigkeit* richtet sich i. d. R. nach dem Wohnsitz oder der betrieblichen Nie-derlassung des Beklagten.

03. Welche Vorschriften gelten für Verfahren vor Arbeitsgerichten?

Es gelten für das Verfahren vor Arbeitsgerichten grundsätzlich die Vorschriften der Zivilprozess-ordnung über das Verfahren vor Amtsgerichten.

Daneben bestehen folgende Besonderheiten:
Die mündliche Verhandlung beginnt mit einer *Güteverhandlung* vor dem Vorsitzenden allein. An die Stelle der Güteverhandlung tritt bei Streitigkeiten zwischen Ausbildenden und Auszubildenden aus einem bestehenden Ausbildungsverhältnis die Verhandlung vor einem *Schlichtungsausschuss der zuständigen Stelle*. Führt die Güteverhandlung bzw. die Schlichtungsverhandlung zu keiner Einigung, so wird der Rechtsstreit vor der Kammer des Arbeitsgerichts weiterverhandelt.

04. Was sind typische Streitfälle, die vor Arbeitsgerichten verhandelt werden?

- *Ansprüche des Arbeitnehmers* auf:
  - den Arbeitsverdienst oder auf Zulagen,
  - Erteilung eines Zeugnisses,
  - Aushändigung der Arbeitspapiere.

- *Ansprüche des Arbeitgebers* auf:
  - Rückzahlung zuviel gezahlten Lohns,
  - Herausgabe von Geräten und Werkzeugen,
  - Zahlung von Vertragsstrafen,
  - Schadensersatz.

- *Streitigkeiten zwischen Arbeitgeber und Arbeitnehmer*:
  - über das Bestehen oder Nichtbestehen eines Arbeitsverhältnisses,
  - aus Vorverhandlungen über den Abschluss eines Arbeitsverhältnisses,
  - aus den Nachwirkungen eines Arbeitsverhältnisses,
  - über die Zahlung von Altersruhegeld,
  - in Verbindung mit Wettbewerbsklauseln.

05. Wie ist die Zuständigkeit der verschiedenen Instanzen geregelt?

- *Arbeitsgericht* = 1. Instanz
  Der Bezirk deckt sich oft mit dem Arbeitsamtsbezirk, jedoch gelegentlich auch mit dem Amtsgerichtsbezirk.

- *Landesarbeitsgericht* = 2. Instanz
  Der Bezirk deckt sich mit den Ländergrenzen.

- *Bundesarbeitsgericht*
  Es hat die Zuständigkeit für das gesamte Bundesgebiet. Der Sitz ist Erfurt.

06. Welche Regelungen gelten für die 1. Instanz?

Die Arbeitsgerichte sind in erster Instanz allein zuständig für alle Arbeitssachen ohne Rücksicht auf den Streitwert und die Natur der Streitigkeiten.

Die Kammer des Arbeitsgerichts ist mit einem Vorsitzenden und zwei Arbeitsrichtern besetzt. Der Vorsitzende ist Berufsrichter, während die Arbeitsrichter als Laienrichter aus Kreisen der Arbeitgeber und Arbeitnehmer bestimmt werden.

07. Welche Regelungen gelten für die 2. Instanz?

Die Landesarbeitsgerichte sind zuständig für Berufungen gegen Urteile der Arbeitsgerichte sowie Beschwerden gegen Beschlüsse der Arbeitsgerichte.

Die Kammer des Landesarbeitsgerichts ist mit einem Präsidenten und zwei Landesarbeitsrichtern besetzt. Der Präsident ist Berufsrichter. Die beiden Landesarbeitsrichter sind Laienrichter und werden aus Kreisen der Arbeitnehmer und Arbeitgeber bestimmt.

08. Wann ist eine Berufung zulässig?

Die Berufung ist zulässig, wenn der vom Arbeitsgericht festgesetzte Streitwert den Betrag von 800 € übersteigt oder die Berufung wegen der grundsätzlichen Bedeutung der Rechtssache durch das Arbeitsgericht zugelassen worden ist. Die Berufungsfrist und die Frist für die Berufungsbegründung betragen je einen Monat.

09. Welche Regelungen gelten für die 3. Instanz?

Das Bundesarbeitsgericht behandelt in erster Linie Revisionen gegen Urteile der Landesarbeitsgerichte. Die Revision ist zulässig, wenn sie entweder durch das Landesarbeitsgericht oder durch das Bundesarbeitsgericht zugelassen worden ist.

Das Landesarbeitsgericht hat die Revision zuzulassen, wenn

- die Rechtssache grundsätzliche Bedeutung hat oder
- ein Fall der sog. Divergenz vorliegt.

Die Frist zur Einlegung der Revision beträgt *einen Monat*, die Frist einer *Begründung* der Revision *einen weiteren Monat*, wobei eine nochmalige Verlängerung der Begründungsfrist um einen weiteren Monat möglich ist.

Jeder Senat ist besetzt mit einem Vorsitzenden (Berufsrichter), zwei berufsrichterlichen Beisitzern und je einem ehrenamtlichen Richter aus den Kreisen der Arbeitnehmer und der Arbeitgeber.

Der Große Senat entscheidet, wenn ein Senat in einer Rechtsfrage von der Entscheidung eines anderen Senats oder des Großen Senats abweichen will.

10. Was versteht man unter einer Sprungrevision?

Sprungrevision bedeutet Einlegung der Revision beim Bundesarbeitsgericht gegen ein Urteil des Arbeitsgerichts unter Übergehung des Landesarbeitsgerichts. Diese Möglichkeit ist nur unter bestimmten Voraussetzungen gegeben (§ 76 ArbGG).

11. Wie kann eine Klage beim Arbeitsgericht erhoben werden?

Eine Klage beim Arbeitsgericht kann *in Schriftform* durch Zustellung erhoben oder bei der Geschäftsstelle des Arbeitsgerichts *mündlich zu Protokoll* gegeben oder auch an ordentlichen Gerichtstagen unmittelbar *durch mündlichen Vortrag* erhoben werden.

12. Welchen Inhalt muss eine Klageschrift haben?

Der Inhalt einer Klageschrift muss die nachstehenden Bestandteile enthalten:

- die Bezeichnung der Parteien und des Gerichts,
- die bestimmte Angabe des Gegenstands und den Grund der Klage,
- einen bestimmten Antrag.

13. Welche Klagearten werden unterschieden?

Man unterscheidet:

a) *Leistungsklagen*, bei der die Verurteilung des Gegners zu einer Leistung angestrebt wird,

b) *Feststellungsklagen*, bei der es um die Feststellung eines Rechtsverhältnisses geht.

14. Wie wird bei Einreichung der Klage verfahren?

a) Es erfolgt die Einreichung der Klageschrift beim Arbeitsgericht;

b) der Vorsitzende setzt einen Termin fest;

c) die Klageschrift wird dem Beklagten zugestellt.

15. Wie ist der Ablauf einer Güteverhandlung?

Der Vorsitzende hat zum Zweck der mündlichen Verhandlung *zuerst eine Güteverhandlung abzuhalten*. In der Güteverhandlung sollen sich die Parteien gütlich einigen, dabei soll der Vorsitzende mit den Parteien unter freier Würdigung aller Umstände den Rechtsstreit erörtern. Er kann zur Aufklärung des Sachverhalts alle Handlungen vornehmen, die sofort erfolgen können.

16. Was kann das Ergebnis einer Güteverhandlung sein?

a) Die Parteien einigen sich; es wird *ein Vergleich abgeschlossen*, der den Rechtsstreit beendet;

b) die Parteien einigen sich darauf, *dass der Vorsitzende ohne Beisitzer entscheidet*.

Die Entscheidung des Rechtsstreits *durch den Vorsitzenden allein* ist nur dann zulässig, wenn das Urteil ohne streitige Verhandlung aufgrund

- eines Versäumnisses,
- eines Anerkenntnisses,
- einer Zurücknahme der Klage,
- eines Verzichts einer Partei

ergeht oder wenn die Entscheidung in der an die Güteverhandlung sich anschließenden Verhandlung erfolgen kann und wenn die Parteien diese Entscheidung durch den Vorsitzenden allein übereinstimmend beantragen und wenn ferner dieser Antrag in die Verhandlungsniederschrift aufgenommen worden ist.

17. Wie verläuft eine streitige Verhandlung?

Der Kläger trägt seinen bereits in der Klageschrift enthaltenen Antrag nochmals vor und beantragt die entsprechende Verurteilung des Gegners. Der Beklagte gibt seine Einwendungen gegen die Klageforderungen bekannt und beantragt erfahrungsgemäß die Abweisung der Forderungen des Gegners. Danach zieht sich das Gericht, wenn es zuvor evtl. noch Zeugen vernommen und sonstige Einwendungen geprüft hat, zur Beratung zurück und formuliert die zu treffende Entscheidung und *gibt* anschließend *das Urteil bekannt.*

18. Welche Sachverhalte werden im Urteil genannt?

Im Urteil und in der Urteilsbegründung wird all das, was das Gericht aufgrund der Verhandlung als erwiesen ansieht, deutlich. Das Urteil kann ein Endurteil sein, wenn über die ganze Klage entschieden ist, oder ein Teilurteil, wenn nur ein Teil des Rechtsstreits erledigt wird. Im letzteren Fall ist bei der Streitwertfestsetzung nur derjenige Teil des Anspruchs zu Grunde zu legen, der durch das Urteil erledigt ist und nicht der ganze Anspruch. Im Übrigen ist der Wert mehrerer Ansprüche zusammenzurechnen, wenn sie gemeinsam eingeklagt werden, und es ist ein Gesamtstreitwert festzusetzen.

Im Einzelnen enthält das Urteil folgende Angaben:

- die Entscheidung über den streitigen Anspruch,
- die Festsetzung der Kosten,
- den Streitwert,
- die Festsetzung einer Entschädigung für den Fall der Missachtung des Urteils,
- die Entscheidung über die Zulassung der Berufung.

Das Urteil muss die Rechtslage zutreffend wiedergeben und ist von Amts wegen zuzustellen. Das Urteil des Arbeitsgerichts ist im Gegensatz zu den Urteilen der Amtsgerichte ohne weiteres vollstreckbar.

2.2.2 Sozialgerichtsbarkeit

01. Was versteht man unter dem Sozialrecht?

Unter dem Begriff Sozialrecht werden alle Rechtsbestimmungen zusammengefasst, die der sozialen Gerechtigkeit und der sozialen Sicherheit dienen sollen.

02. Welche Teile des Sozialgesetzbuches sind fertig gestellt?

Sozialgesetzbuch (SGB)	
SGB I	Allgemeiner Teil
SGB II	Grundsicherung für Arbeitsuchende
SGB III	Arbeitsförderung
SGB IV	Gemeinsame Vorschriften für die Sozialversicherung
SGB V	Gesetzliche Krankenversicherung

SGB VI	Gesetzliche Rentenversicherung
SGB VII	Gesetzliche Unfallversicherung
SGB VIII	Kinder- und Jugendhilfe
SGB IX	Rehabilitation und Teilhabe behinderter Menschen
SGB X	Sozialverwaltungsverfahren und Sozialdatenschutz
SGB XI	Soziale Pflegeversicherung
SGB XII	Sozialhilfe

03. Wie ist die Sozialgerichtsbarkeit geregelt?

Das Sozialgerichtsverfahren ist ein besonderes Verwaltungsgerichtsverfahren. Die Sozialgerichte werden tätig in Angelegenheiten der Sozialversicherung, ferner in der Kriegsopferversorgung, der Soldatenversorgung, im Bundesgrenzschutz, Zivildienst, bei Impfschäden, der Häftlingshilfe sowie beim Kindergeld.

Die Klagen werden von Versicherten, Arbeitgebern oder Versicherungträgern eingereicht, wenn sie Ansprüche auf Sozialleistungen durchsetzen oder Verwaltungsakte der Behörden anfechten wollen. Den Sozialgerichtsverfahren geht ein außergerichtliches Vorverfahren *(Widerspruchs-verfahren)* voraus, um die Rechtmäßigkeit und Zweckmäßigkeit der Entscheidung des jeweiligen Sozialversicherungsträgers zu überprüfen. Die Sozialversicherungsträger treffen ihre Entscheidungen durch einen Verwaltungsakt, der im Widerspruchsverfahren vor der Inanspruchnahme der Sozial- oder Verwaltungsgerichte überprüft wird.

04. Wie ist die Sozialgerichtsbarkeit aufgebaut?

* *Sozialgerichte* als erste Instanz.
  Sie sind besetzt mit einem Berufsrichter und zwei ehrenamtlichen Richtern.

* *Landessozialgerichte* als Berufungs- und Beschwerdeinstanz.
  Sie sind mit drei Berufsrichtern und mit zwei ehrenamtlichen Richtern besetzt.

* Das *Bundessozialgericht* in Kassel als Revisions- und Rechtsbeschwerdeinstanz.
  Es ist mit drei Berufsrichtern und zwei ehrenamtlichen Richtern besetzt.

05. Welche Besonderheiten bestehen beim Aufbau der Sozial- und Landessozialgerichte?

Die ehrenamtlichen Richter werden von der Landesregierung aufgrund von Vorschlagslisten der Gewerkschaften und der Arbeitgeberverbände, der Kassenärztlichen Vereinigungen und von den Zusammenschlüssen der Krankenkassen berufen. In den Kammern für Angelegenheiten der Sozialversicherung werden je ein ehrenamtlicher Richter aus dem Kreis der Versicherten und der Arbeitgeber beteiligt, in den Kammern für Angelegenheiten des Kassenarztrechts wirkt je ein ehrenamtlicher Richter aus den Kreisen der Krankenkassen und der Kassenärzte mit.

Bei den Landessozialgerichten, die in zweiter Instanz über die *Berufungen* gegen die Urteile und über Beschwerden gegen andere Entscheidungen der Sozialgerichte entscheiden, sind Senate für bestimmte sozialrechtliche Bereiche gebildet worden.

06. In welchen Fällen entscheidet das Bundessozialgericht?

Das Bundessozialgericht entscheidet in dritter Instanz über die Rechtsmittel der *Revision* sowie über Beschwerden gegen die Nichtzulassung der Revision. Es bestehen ebenfalls Senate für die verschiedenen sozialrechtlichen Bereiche.

07. Wie ist die örtliche und sachliche Zuständigkeit der Sozialgerichte festgelegt?

Die örtliche Zuständigkeit der Sozialgerichte wird durch den Wohnsitz des Klägers oder des Versicherten bestimmt. Die sachliche Zuständigkeit richtet sich nach dem Streitgegenstand. Die Sozialgerichte entscheiden über öffentlich-rechtliche Streitigkeiten in Angelegenheiten der Sozialversicherung, der Arbeitslosenversicherung und der übrigen Aufgaben der Bundesanstalt für Arbeit und Sozialordnung sowie über Rechtsstreitigkeiten zwischen Ärzten, Zahnärzten und Krankenkassen aus dem Kassenarztrecht und über öffentlich-rechtliche Streitigkeiten aufgrund des Entgeltfortzahlungsgesetzes.

08. Welche Klagearten sind vor Sozialgerichten möglich?

a) *Anfechtungsklage.*
   Sie zielt auf die Aufhebung oder Änderung eines Verwaltungsaktes ab.

b) *Verpflichtungsklage.*
   Sie richtet sich gegen die Untätigkeit eines Sozialleistungsträgers.

c) *Nichtigkeitsklage.*
   Sie zielt auf die Nichtigkeit eines Verwaltungsaktes.

d) *Feststellungsklage.*
   Sie dient der Feststellung des zuständigen Sozialversicherungsträgers.

e) *Leistungsklage.*
   Sie ist auf die Gewährung einer bestimmten Leistung gerichtet.

f) *Ersatzleistungsklage.*
   Sie betrifft Streitigkeiten zwischen Sozialleistungsträgern.

g) *Aufsichtsklage.*
   Mit dieser Klage wendet sich ein Sozialleistungsträger gegen Maßnahmen der Aufsichtsbehörde.

09. Welche Rechtsmittel können beim Sozialgericht eingelegt werden?

*Berufungs*instanz für die Urteile des Sozialgerichtes ist das Landessozialgericht; *Revision*sinstanz ist das Bundessozialgericht in Kassel.

2.3 Einkommens- und Vergütungssysteme umsetzen

2.3.1 Wirtschaftliche Grundlagen der Einkommens- und Vergütungssysteme

01. Welche Bedeutung hat die Lohn- und Gehaltspolitik?

- *Für den Arbeitnehmer* ist der Lohn eine Frage der Existenzsicherung und damit ein „Muss". Ab einer bestimmten Lohnhöhe kann der Lohn zusätzliche Anreizwirkung entfalten.

- *Für den Arbeitgeber* ist der Lohn (meist) ein bedeutender Kostenfaktor, der seinen Gewinn beeinflusst. Der Faktor Personal ist damit ebenfalls eine „Frage der Existenzsicherung auf der Arbeitgeberseite".

02. Welche Fragen hat die betriebliche Lohnpolitik zu lösen?

Für die Arbeitgeberseite stehen folgende Fragen im Mittelpunkt der Lohnpolitik:

- Der gezahlte Lohn muss dem Arbeitnehmer gerecht erscheinen:
  - gerechte Entlohnung innerhalb der Produktionsfaktoren
  - gerechte Lohndifferenzierung.

- Dem gezahlten Lohn („Kosten") muss auf betrieblicher Seite ein äquivalentes Ergebnis gegenüberstehen.

- Lohnpolitik wird bestrebt sein, wirtschaftliche Input/Output-Relationen zu erhalten und zu verbessern (Stichwort: Produktivität des Faktors Arbeit).

Wegen dieser Grundsituation

- Lohn als Faktor der Existenzsicherung und
- Lohn als Kostenfaktor

besteht ein prinzipieller Verteilungskonflikt. Arbeitnehmer- und Arbeitgeberseite werden beständig darum ringen, ihre „Existenzsicherung" herzustellen. Es geht laufend um die Frage, welchen Anteil der Faktor Kapital und welchen der Faktor Arbeit am Leistungsergebnis hat und wie sie dementsprechend zu „entlohnen" sind. Da die Position der Arbeitnehmerseite meist als die schwächere angesehen wird, existieren im System der sozialen Marktwirtschaft Rahmenbedingungen zum Schutz der Arbeitnehmer, die von der Arbeitgeberseite einzuhalten sind (z. B. Gesetze, Verordnungen, Tarifverträge usw.).

2.3.2 Wertschöpfung im Unternehmen

01. Was bezeichnet man als betriebliche Wertschöpfung?

Die betriebliche Wertschöpfung ist der wertmäßige Unterschied *zwischen den Vorleistungen* anderer Wirtschaftseinheiten, die der Betrieb zur Erzeugung/Veredlung seiner Leistungen braucht *und den vom Betrieb erzeugten und abgesetzten Leistungen.*

2.3.3 Wertschöpfungsrechnung

01. Wie ist die Struktur der Wertschöpfungsrechnung?

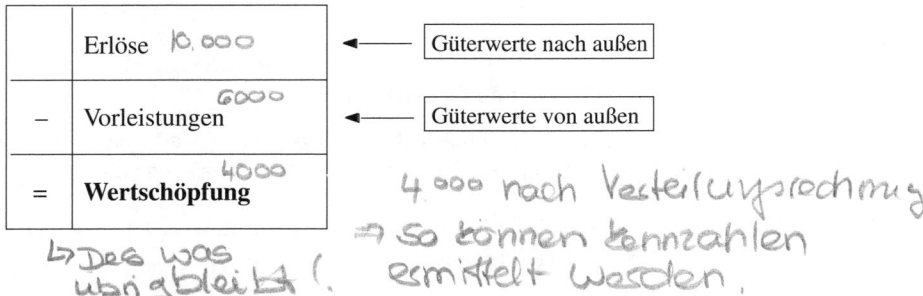

Handschriftliche Notizen: Erlöse 10.000, Vorleistungen 6000, Wertschöpfung 4000. 4.000 nach Verteilungsrechnung → So können Kennzahlen ermittelt werden. ↳ Das was übrig bleibt (.

02. Wie setzt sich die Gesamtleistung zusammen?

Die Gesamtleistung (= Erlöse = Wert der nach außen abgegebenen Produkte und Leistungen) setzt sich zusammen aus:

	Umsatzerlöse
+	Bestandsveränderungen:
	- der Handelswaren
	- der Fertig- und Halbfertigerzeugnisse
+	andere aktivierte Eigenleistungen, z. B.:
	- Eigenleistungen für den Betrieb (z. B. Vorrichtungsbau)
+	sonstige betriebliche Erträge, z. B.:
	- Mieterträge
	- Verkaufserlöse für Gegenstände des Anlagevermögens
=	betriebliche Gesamtleistung (Teil 1 der Entstehungsrechnung)

03. Wie setzen sich die Vorleistungen zusammen?

	Materialkosten
+	Personalkosten
+	Kapitalkosten
+	Raumkosten
+	Steuern/Vers.
+	Kfz-Kosten
+	Werbe-/Reisekosten
+	sonstige Kosten
=	Vorleistungen (Teil 2 der Entstehungsrechnung)

04. Auf welche Einkommensbestandteile wird die betriebliche Wertschöpfung verteilt (Verteilungsrechnung)?

Die betriebliche Wertschöpfung wird auf folgende Einkommensbestandteile verteilt:

1. *Arbeitseinkommen:*
   Bruttobezüge und freiwillige Sozialaufwendungen sowie „Pensions"zahlungen

2. *Gemeineinkommen:*
   Gesetzliche soziale Abgaben und Steuern

3. *Fremdkapitaleinkommen:*
   Aufwandszinsen und Vergütung Stiller Einlagen

4. *Unternehmenseinkommen* (bzw. betrieblicher Cashflow):
   Jahresüberschuss, Abschreibungen

Beispiel:

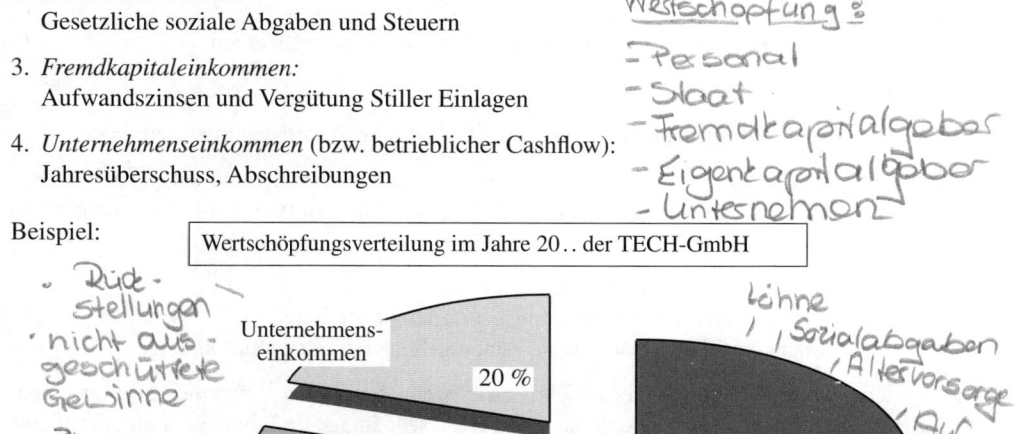

Wertschöpfungsverteilung im Jahre 20.. der TECH-GmbH

Unternehmens-einkommen 20 %

Fremdkapital-einkommen 10 %   50 %

20 %

Gemeinein-kommen

Arbeitseinkommen

2.3.4 Rechtliche Grundlagen der Einkommens- und Vergütungssysteme

01. Auf welchen Grundlagen basiert die Entgeltfestsetzung?

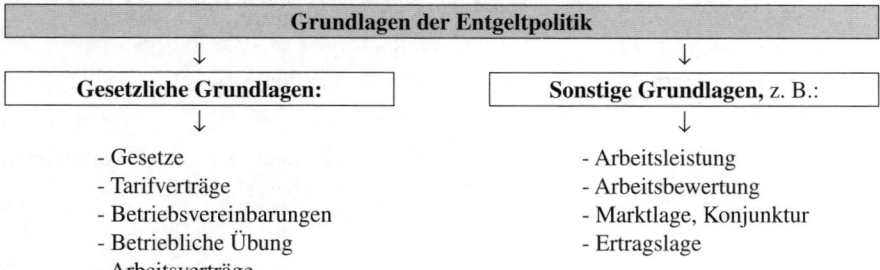

Grundlagen der Entgeltpolitik	
↓	↓
Gesetzliche Grundlagen:	**Sonstige Grundlagen**, z. B.:
↓	↓
- Gesetze - Tarifverträge - Betriebsvereinbarungen - Betriebliche Übung - Arbeitsverträge	- Arbeitsleistung - Arbeitsbewertung - Marktlage, Konjunktur - Ertragslage

2.3.5 Prinzipien der Entgeltfestsetzung

01. Was bedeutet „relative Lohngerechtigkeit"?

Eine *absolute Lohngerechtigkeit ist nicht erreichbar*, da es keinen absolut objektiven Maßstab zur Lohnfindung gibt. Bestenfalls ist eine relative Lohngerechtigkeit realisierbar. „Relativ" heißt vor allem, dass

- unterschiedliche Arbeitsergebnisse zu unterschiedlichem Lohn führen,
- unterschiedlich hohe Arbeitsanforderungen differenziert entlohnt werden.

02. Welche Bestimmungsgrößen werden bei der Entgeltdifferenzierung eingesetzt?

- *Leistung des Mitarbeiters („Leistungsgerechtigkeit"):* Bei gleichem Arbeitsplatz (gleichen Anforderungen) soll eine unterschiedlich hohe Leistung differenziert entlohnt werden. Dazu bedient man sich

  - der Arbeitsstudien (Stichwort: Normalleistung),
  - unterschiedlicher Verfahren der Leistungsbeurteilung oder auch
  - dem Instrument der Zielvereinbarung i. V. m. ergebnisorientierter Entlohnung,

  um die Leistung des Mitarbeiters „objektiv zu messen". Im Ergebnis führt dies zu unterschiedlichen Lohnformen (Leistungslohn, Zeitlohn, erfolgsabhängige Entlohnung, Prämie, Tantieme usw.).

- *Anforderungen des Arbeitsplatzes („Anforderungsgerechtigkeit"):* Mithilfe der *Arbeitsbewertung* soll die relative Schwierigkeit einer Tätigkeit erfasst werden. Über verschiedene Methoden der Arbeitsbewertung (summarisch oder analytisch; Prinzip der Reihung oder Stufung) werden die unterschiedlichen Anforderungen eines Arbeitsplatzes erfasst. Im Ergebnis führt dies zu unterschiedlichen „Lohnsätzen" (z. B. Gehaltsgruppen), und zwar je nach Schwierigkeitsgrad der zu leistenden Arbeit auf dem jeweiligen Arbeitsplatz.

- *Soziale Überlegungen („Sozialgerechtigkeit"):* Neben den Kriterien „Anforderung" und „Leistung" können soziale Gesichtspunkte wie Alter, Familienstand, Betriebszugehörigkeit des Arbeitnehmers herangezogen werden.

- *Leistungsmöglichkeit (Arbeitsumgebung):* Bei gleicher Anforderung und gleicher Leistungsfähigkeit wird eine bestimmte Tätigkeit trotzdem zu unterschiedlichen Leistungsergebnissen führen, wenn die *Arbeits- und Leistungsbedingungen unterschiedlich sind*, z. B.:

  - Ausstattung des Arbeitsplatzes,   - Führungsstil,
  - Unternehmensorganisation,   - Informationspolitik,
  - Betriebsklima usw.

In der Praxis ist dieser Sachverhalt bekannt. Da er sich kaum oder gar nicht quantifizieren lässt, wird er meist nur ungenügend bei der Entgeltbemessung berücksichtigt.

- *Sonstige Bestimmungsfaktoren*: Darüber hinaus gibt es weitere Faktoren, die im speziellen Fall bei der Lohnfindung eine Rolle spielen können, z. B.:
  - *Branche* (z. B. Handel oder Chemie),
  - *Region* (z. B. München oder Emden),
  - *Tarifzugehörigkeit*,
  - spezielle *Gesetze* sowie
  - *Qualifikation* (Entgeltdifferenzierung nach allgemein gültigen Bildungsabschlüssen).

Kriterien der Entgeltbemessung und ihre Umsetzung	
Kriterien/Zielsetzungen:	*Instrumente/Verfahren/Bestimmungsgrößen:*
Anforderungsgerechtigkeit	• Arbeitsbewertung • Ausbildung, Fortbildung, Qualifikation • Spezielle Erfahrungen • Innerbetriebliche Entgeltvergleiche
Leistungsgerechtigkeit	• Entgeltformen • Leistungsbeurteilung
Sozialgerechtigkeit	• Alter • Familienstand • Betriebszugehörigkeit • Sozialleistungen

Marktfaktoren	• Entgeltdifferenzierung je nach
	  - Region
	  - Branche
	  - Funktion
	• Externe Entgeltvergleiche
	• Zuschläge für Spezialisten bzw. bei Fachkräftemangel

Ertragsgerechtigkeit	• Tantiemen • Erfolgsbeteiligungen • Investivlohn

(handschriftliche Notiz: Investivlohn → wird nicht ausbezahlt sondern als Mitarbeiterkapital-beteiligung → Belegschafts-aktien)

2.3.6 Festlegung der Entgelthöhe

01. Welche zwei grundsätzlichen Gestaltungsfelder hat der Arbeitgeber bei der Lohndifferenzierung?

Um die Ziele der Lohnpolitik zu erreichen, hat der Betrieb im Wesentlichen zwei Gestaltungsfelder:

- *Variation der Lohnhöhe:*

  Im Rahmen der Lohngerechtigkeit wird die Lohnhöhe differenziert gestaltet; beispielsweise führt „mehr Leistung zu mehr Lohn" (vgl. dazu die oben dargestellten Prinzipien der Entgeltfestsetzung). Naturgemäß spielen bei einer aktuellen Entscheidung über die Höhe eines Gehalts – z. B. im Rahmen von Einstellungsverhandlungen – auch spezielle Umstände in der konkreten Situation eine Rolle, z. B.:

  - Einflüsse des Marktes (Berufszweig, Region, Arbeitskräfteangebot)
  - Verhandlungsgeschick des Bewerbers

- *Variation der Lohnstruktur:*
  Die Lohnstruktur wird beispielsweise zerlegt in

  - fixe und
  - variable

  Bestandteile.

Für den Arbeitgeber besteht in beiden Fällen i. d. R. die Situation, dass versucht wird, eine „Mehrleistung" durch ein „Mehr an Anreizen" zu realisieren. Die Folgen:

- Eine höhere Leistung kostet mehr bzw. eine „attraktivere" Vergütung ist im Regelfall eine „höhere" Vergütung.
- Die Wirkung von Zusatzanreizen ist nicht immer zu erkennen.

Einen Ausweg aus dieser lohnpolitischen Einbahnstraße können so genannte „Cafeteria-Vergütungssysteme" bieten (vgl. dazu Ziffer 2.5.3).

2.3.7 Formen der Beteiligung am Unternehmenserfolg

01. Welche Formen der Beteiligung am Unternehmenserfolg werden unterschieden?

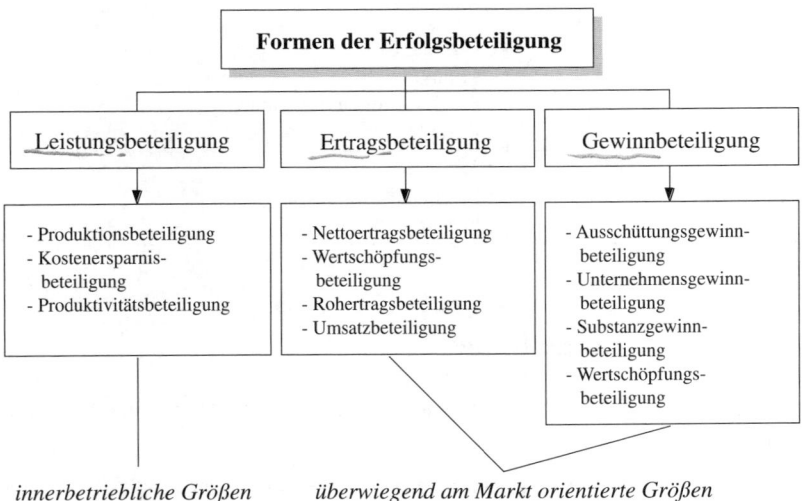

Die Erfolgsbeteiligung unterliegt der Mitbestimmung nach § 87 Abs. 1 Nr. 10 BetrVG.

2.3.8 Leistungsabhängige Entgeltformen

01. Welche Entlohnungsformen lassen sich unterscheiden?

Generell lassen sich die Lohnformen nach *unterschiedlichen Gesichtspunkten* systematisieren:

Formen der Entgeltgewährung		• Geldlohn • Naturallohn
Differenzierung nach Mitarbeitergruppen		• Arbeiter → Lohn • Angestellte → Gehalt • Auszubildende → Ausbildungsvergütung • Rentner → Betriebsrente
Differenzierung nach der Art der Berechnung	Zeitlohn	• reiner Zeitlohn (ohne Zulagen) • Zeitlohn mit Zulagen, z. B. Leistungszulage

	Leistungslohn	• Akkordlohn:
		  - Einzelakkord
		  - Gruppenakkord
		• Prämienlohn:
		  - Einzelprämie
		  - Gruppenprämie
		• Pensumlohn

	Sonderformen	• Zuschläge • Sozialzulagen • Erfolgsbeteiligung

(handschriftlich: Azubi → Angestellte / Arbeiter)

1. Beim *Zeitlohn*

wird die im Betrieb verbrachte Zeit vergütet – unabhängig von der tatsächlich erbrachten Leistung. Ein mittelbarer Bezug zur Leistung besteht nur insofern, als „ein gewisser normaler Erfolg laut Arbeitsvertrag geschuldet wird". Der Zeitlohn wird insbesondere bei

- besonderer Bedeutung der Qualität des Arbeitsergebnisses,
- erheblicher Unfallgefahr,
- kontinuierlichem Arbeitsablauf,

- nicht beeinflussbarem Arbeitstempo,
- nicht vorherbestimmbarer Arbeit,
- quantitativ nicht messbarer Arbeit,
- schöpferisch-künstlerischer Arbeit

usw. gezahlt.

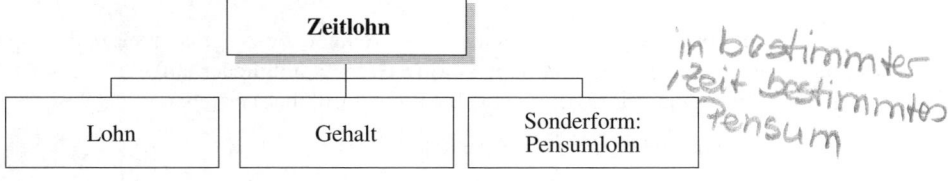

(handschriftlich: in bestimmter Zeit bestimmtes Pensum)

Der „Zeitlohn" kann als *Gehalt* gezahlt werden (auf Monatsbasis oder Jahresbasis) oder als *Lohn* (Vergütung für gewerbliche Arbeitnehmer auf Stunden- oder Monatsbasis).

Beim Lohn ergibt sich das Entgelt aus der Multiplikation von

> **Bruttolohn** = Lohn je Stunde · Anzahl der Stunden
>
> oder
>
> **Bruttolohn** = vereinbarter Monatslohn

Beispiel: 12,00 € · 175 Stunden   =   2.100 € Monatslohn

Löhne und Gehälter können als „reiner Lohn" gezahlt werden – oder in Verbindung mit einer Zulage und/oder einer Prämie. Bei den Zulagen kommt vor allem die (meist tariflich vorgeschriebene) Leistungszulage in Betracht.

Zeitlohn	
Vorteile	**Nachteile**
einfache Berechnung	fehlender/geringerer Anreiz zur Mehrleistung
Vermeidung von Überbeanspruchung	
Schaffung hoher Qualitätsstandards	Minderleistungen gehen zu Lasten des Arbeitgebers
konstantes Einkommen für den Mitarbeiter	
weniger Stress	ist schwieriger zu kalkulieren (Äquivalenz von Lohn und Leistung)
geringere Unfallgefahr	

2. Der *Pensumlohn* ist ein *Zeitlohn mit vereinbarter Leistung*; Formen: Vertragslohn, Festlohn mit geplanter Tagesleistung, Programmlohn. Der Pensumlohn wird dann angewandt, wenn die Akkordfähigkeit nicht mehr gegeben ist, aber trotzdem eine Leistungskomponente erhalten bleiben soll.

3. Der *Akkordlohn*   *– muss geeignet sein.*
ist ein echter Leistungslohn. Die Höhe des Entgelts ist von der tatsächlichen Arbeitsleistung direkt abhängig.

Im Gegensatz zum

- Einzelakkord werden beim
- Gruppenakkord

die Akkordminuten aller Gruppenmitglieder in einem „Topf" gesammelt und entsprechend der Arbeitszeit und der Lohngruppe auf die Gruppenmitglieder aufgeteilt. Die Aufteilung kann z. B. über Äquivalenzziffern (auf Basis der Tariflöhne) erfolgen.

Der Akkordlohn besteht aus zwei Bestandteilen:

- dem tariflich garantierten Mindestlohn
- dem Akkordzuschlag.

„Mindestlohn + Akkordzuschlag" werden als Akkordrichtsatz bezeichnet:

> **Akkordrichtsatz** = Akkordgrundlohn + Akkordzuschlag

3.1 Berechnung beim Stück-/Geld-Akkord:

$$\textbf{Geldakkordsatz je Stück} = \frac{\text{Akkordrichtsatz}}{\text{Normalleistung je Stunde}}$$

$$\textbf{Bruttolohn} = \text{Geldakkordsatz je Stück} \cdot \text{Stückzahl}$$

3.2. Berechnung beim Stückzeit-Akkord:

$$\textbf{Minutenfaktor} = \frac{\text{Akkordrichtsatz}}{60 \text{ Minuten}}$$

$$\textbf{Zeitakkordsatz} = \frac{60 \text{ Minuten}}{\text{Normalleistung je Stunde}}$$

$$\textbf{Bruttolohn} = \text{Minutenfaktor} \cdot \text{Zeitakkordsatz} \cdot \text{Stückzahl}$$

Vorteile gegenüber dem Geldakkord:
- Die Zeitvorgabe (Normalleistung) ist klar erkennbar.
- Bei Tarifänderungen muss nur der Minutenfaktor angepasst werden.

Akkordlohn	
Vorteile	**Nachteile**
Anreiz zur Mehrleistung	Gefahr der Überlastung
verbesserte Lohngerechtigkeit	Gefahr von Qualitätseinbußen
Beeinflussung durch den Mitarbeiter möglich	ggf. höherer Material- und Energieverbrauch
Arbeitgeber trägt nicht das Risiko der Minderleistung	höhere Unfallgefahr
konstante Stückkosten → klare Kalkulation	

4. Der *Prämienlohn* besteht aus
   - einem leistungsunabhängigen Teil, dem Grundlohn und
   - einem leistungsabhängigen Teil, der Prämie:

$$\textbf{Prämienlohn} = \text{Grundlohn} + \text{Prämie}$$

Der Prämienlohn kann immer dann eingesetzt werden, wenn
- die Leistung vom Mitarbeiter (noch) beeinflussbar ist aber
- die Ermittlung genauer Akkordsätze nicht möglich oder unwirtschaftlich ist.

Anwendungsgebiete des Prämienlohns können sein:

- Mengenprämie,
- Qualitätsprämie (= Güteprämie),
- Ersparnisprämie,
- Prämie bei Zielvereinbarung und -erreichung,
- Nutzungsprämie,
- Termineinhaltungsprämie,
- Umsatzprämie usw.

Das Grundprinzip bei der Prämiengestaltung ist, dass der Nutzen der erbrachten Mehrleistung zwischen Arbeitgeber (Zusatzerlöse) und Arbeitnehmer (Prämie) planmäßig in einem bestimmten Verhältnis aufgeteilt wird (z. B. konstant 50:50). Die Prämie kann an quantitative oder qualitative Merkmale gebunden sein. Je nachdem, wie der Arbeitgeber das Leistungsverhalten des Arbeitnehmers beeinflussen will, wird der Verlauf der Prämie unterschiedlich sein:

- Beim *progressiven Verlauf* soll der Arbeitnehmer zu maximaler Leistung angespornt werden. Mehrleistungen im unteren Bereich werden wenig honoriert.

- Beim *proportionalen Verlauf* besteht ein festes (lineares) Verhältnis zwischen Mehrleistung und Prämie. Der Graph dieser Prämie ist eine Gerade mit konstanter Steigung. Maßnahmen zur Steuerung der Mehrleistung sind hier nicht vorgesehen.

- Beim *degressiven Prämienverlauf* wird angestrebt, dass möglichst viele Arbeitnehmer eine Mehrleistung (im unteren Bereich) erzielen. Mehrleistungen im oberen Bereich werden zunehmend geringer honoriert – die Kurve flacht sich ab.

- Der *s-förmige Prämienverlauf* ist eine Kombination von progressivem, proportionalem und degressivem Verlauf. Der Arbeitgeber will erreichen, dass möglichst viele Arbeitskräfte eine Mehrleistung im Bereich des Wendepunktes der Kurve erzielen.

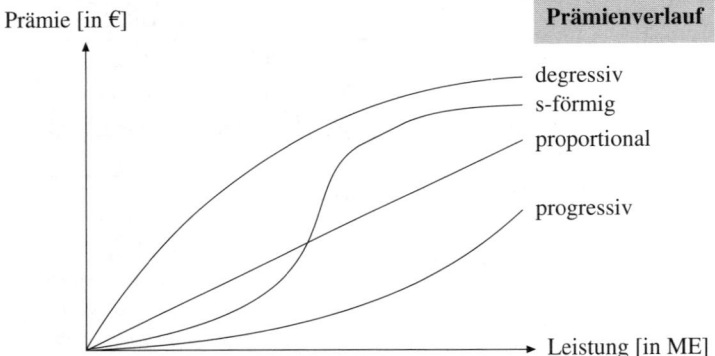

Prämienlohn	
Vorteile	**Nachteile**
Anreiz zu wirtschaftlicher Arbeit	Probleme bei der Gestaltung des Verteilungsschlüssels
Motivation und ggf. geringere Fluktuation	meist aufwändig in der Berechnung
positive Beeinflussung der Qualität	schwieriger zu kalkulieren

5. *Formen des Gruppenentgelts:*
   Kennzeichnend für den Gruppenlohn ist, dass mehrere Arbeitnehmer gemeinsam entlohnt werden. Sinnvoll ist die Gruppenentlohnung im Allgemeinen nur dann, wenn bestimmte Voraussetzungen erfüllt sind:

- die Arbeitsgruppe muss überschaubar und stabil sein,
- die Tätigkeiten der Gruppenmitglieder müssen ähnlich sein,
- die Leistungsunterschiede dürfen nur relativ gering sein,
- die Entlohnungsform muss transparent und nachvollziehbar sein.

Die Gruppenentlohnung kann auf einem Akkordsystem oder einem Prämiensystem basieren. Das Kernproblem liegt in der Gestaltung des Verteilungsschlüssels, der zur Aufteilung des Mehrverdienstes herangezogen wird. Grundsätzlich sind z. B. folgende Verteilungsprinzipien denkbar - in Anlehnung an die Kriterien der Lohngerechtigkeit:

- jedes Gruppenmitglied erhält den gleichen Anteil – entsprechend seiner Arbeitszeit,
- die Anteile sind unterschiedlich – in Abhängigkeit von der individuellen Lohngruppe und der Arbeitszeit,
- die Anteile sind unterschiedlich – in Abhängigkeit von der individuellen Leistungsbeurteilung und der Arbeitszeit,
- die Anteile sind unterschiedlich – in Abhängigkeit von der individuellen Qualifikation und der Arbeitszeit.

In der Praxis erfolgt die Verteilung des Mehrverdienstes meist über sog. Äquivalenzziffern, die nach den o. g. Prinzipien (oder einer Kombination dieser Prinzipien) gebildet werden.

Gruppenlohn	
Vorteile	**Nachteile**
gegenseitige Kontrolle der Gruppenmitglieder	Probleme bei der Wahl des Verteilungsschlüssels
„Leistungsschwächere" werden motiviert	ggf. Auftreten von Konflikten
„Leistungsstarke" werden „gefördert"	„Leistungsstarke" werden „gebremst"
Förderung der Kooperation und des Zusammenhalts	ggf. sozialer Druck gegen Leistungsschwächere

6. *Sonstige Prämien:*
   Neben den echten Prämien (als Bestandteil des leistungsabhängigen Prämienlohns) gibt es in der Praxis auch *Prämien anderer Art*, die eigentlich keine Prämien sind, da sie sich nicht flexibel mit der erbrachten Leistung verändern, sondern mehr *Zahlungen unter bestimmten Bedingungen* sind; Beispiele: Anwesenheitsprämien, Pünktlichkeitsprämien, Zugehörigkeitsprämien, Unfallprämien.

7. *Sondervergütungen:*
   Weiterhin gibt es vielfältige Formen von *Sondervergütungen*, z. B.:

   - Gratifikationen
   - Erfindervergütungen
   - Boni
   - Tantiemen
   - Zahlungen aus dem Betrieblichen Vorschlagwesen (BVW).

8. Außerdem gibt es *Sondervergütungen zu bestimmten Anlässen* wie z. B.:

   - Weihnachten
   - Urlaub
   - Geschäftsjubiläen
   - Dienstjubiläen
   - Heirat
   - Geburt eines Kindes usw.

02. Wie wirken sich Zeitlohn und Leistungslohn auf die Kalkulation, die Leistung des Mitarbeiters und auf den Verdienst aus?

Entwicklung der Lohnstückkosten:

A. Beim *Zeitlohn*
    - sinken die Lohnstückkosten mit steigendem Leistungsgrad und
    - steigen mit sinkendem Leistungsgrad.

B. Beim *Akkordlohn*
    - sind die Lohnstückkosten konstant, wenn sich der Lohn proportional zur Leistungssteigerung verhält (sog. Proportionalakkord).

C. Beim *Prämienlohn*
    können die Lohnstückkosten fallend, steigend oder konstant verlaufen, je nachdem wie der Prämienverlauf gestaltet wird (progressiv, degressiv oder proportional).

03. Welche Ziele und Aufgaben hat die Arbeitsbewertung?

Nach REFA dient die Arbeits(platz)bewertung – unter Berücksichtigung der Zeitermittlungsdaten und der Nennung von Leistungskriterien –

- der betrieblichen Lohnfindung,
- der Personalorganisation und
- der Arbeitsgestaltung.

Die Arbeitsbewertung beantwortet zwei Fragen:

a) Mit welchen Anforderungen wird der Mitarbeiter konfrontiert?
b) Wie hoch ist der Schwierigkeitsgrad einer Arbeit im Verhältnis zu einer anderen?

Dabei bleiben der Mitarbeiter, seine persönliche Leistungsfähigkeit, sein Schwierigkeitsempfinden und die Leistungsbeurteilung durch Vorgesetzte außer Acht. Konkret werden z.B. die Arbeiten eines Entwicklungsingenieurs und eines Einkäufers verglichen und entweder als gleich eingestuft oder als relativer Stufenabstand festgestellt. Bei der Untersuchung der Arbeitsanforderungen wird von der Gesamtaufgabe des Arbeitsplatzes ausgegangen; sie wird in Teilaufgaben zerlegt, um festzustellen, welche Tätigkeiten vorgenommen werden müssen, damit die gestellte Aufgabe erfüllt werden kann und welche Anforderungen an den Mitarbeiter damit im Einzelnen verbunden sind.

Der Umfang der Untersuchung hängt vor allem von vier Faktoren ab:

- der Vielseitigkeit der Aufgaben
- dem Grad der Arbeitsteilung
- dem Sachmitteleinsatz
- der Häufigkeit mit der diese Aufgabe anfällt.

Die Untersuchung von Aufgaben und den daraus folgenden Arbeiten ist erforderlich, weil sich daraus Konsequenzen ergeben hinsichtlich

- der Arbeitsgestaltung
- des Mitarbeitereinsatzes
- der Unterweisung
- der Mitarbeiterbeurteilung.

04. Welche Verfahren der Arbeitsbewertung sind üblich?

Man unterscheidet zwei grundsätzliche Arten der Arbeitsbewertung:

- die summarische Arbeitsbewertung und
- die analytische Arbeitsbewertung.

- *Die summarische Arbeitsbewertung* nimmt den Arbeitsinhalt als Ganzes. Alle Arbeitsplätze werden miteinander in Bezug gesetzt (en bloc). Vorteilhaft ist dabei die einfache Durchführung dieses Verfahrens. Von Nachteil ist, dass sich einzelne Ausprägungen nur ungewichtet auf den Gesamtwert auswirken. Insofern ist die summarische Arbeitsbewertung ein grobes Verfahren.

Es gibt zwei Varianten der summarischen Arbeitsbewertung:

- das Rangfolgeverfahren und
- das Katalog-/Lohngruppenverfahren.

[handschriftlich: Reihung aller Stellen nach Gesamtschwierigkeit]

- *Bei der analytischen Arbeitsbewertung* wird die Gesamtbeanspruchung durch die Arbeit in einzelne Anforderungsarten zerlegt und jede Anforderungsart getrennt bewertet. Der Gesamtarbeitswert wird durch Addition der Einzelwerte für die verschiedenen Anforderungsarten ermittelt. Die Anforderungsarten müssen dabei so festgelegt werden, dass sie eine repräsentative Aussage über die Schwierigkeit einer Tätigkeit zulassen.

Nach REFA erfolgt die analytische Arbeitsbewertung über drei Stufen:

1. Arbeitsbeschreibung:
   Beschreiben des Arbeitssystems und gegebenenfalls dessen Arbeitssituation

2. Anforderungsanalyse:
   Ermitteln von Daten für einzelne Anforderungsarten

3. Quantifizierung der Anforderungen:
   Bewerten der Anforderungen und Errechnen der Anforderungswerte.

Die Anforderungsarten sind nicht einheitlich definiert. Zumeist wird auf das „Genfer Schema der Arbeitsschwere" zurückgegriffen, das die folgenden sechs Anforderungsarten nennt:

- Geistige Anforderungen   1. Können,
                                 2. Belastung
- Körperliche Anforderungen   3. Können,
                                 4. Belastung
- Verantwortung   5. Belastung
- Arbeitsbedingungen   6. Belastung

Somit werden geistige und körperliche Arbeitsinhalte sowohl nach Können als auch nach Belastungsgraden analysiert. Verantwortung und Arbeitsbedingungen setzen im Genfer Schema kein Können voraus, hier zählt nur der Belastungsgrad. Beim Können kommt es auf den höchsten Anforderungsgrad, unabhängig von der Auftretenshäufigkeit und -dauer an. Zum Beispiel muss ein Bilanzbuchhalter ggf. nur einmal im Jahr die Bilanz erstellen, braucht dann aber das gesamte Wissen um alle Bestimmungen. Bei der Belastung kommt es auf den durchschnittlichen Grad und die Dauer an, z. B. Verantwortungsbreite und -tiefe einer Führungskraft.

REFA hat aus dem Genfer Schema folgendes Beschreibungssystem mit sechs Anforderungen abgeleitet:

1. Kenntnisse
2. Geschicklichkeit
3. Verantwortung
4. geistige Belastung
5. muskelmäßige Belastung
6. Umgebungseinflüsse.

Reichsausschuß für
Arbeitszeitermittlung
Verband für Arbeits-
gestaltung, Betriebs-
organisation und
Unternehmensent-
wicklung

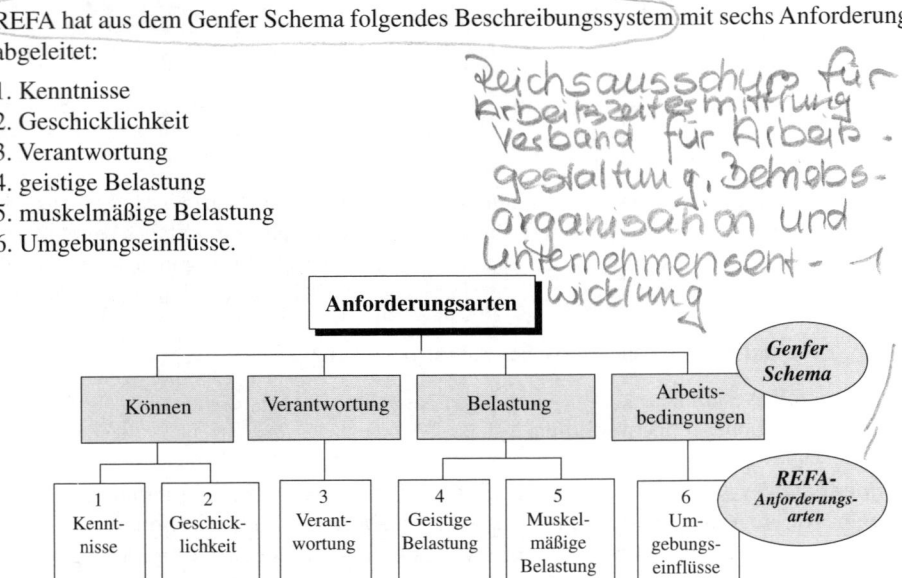

Arbeitsplätze in der Fertigung lassen sich mit beiden Anforderungsarten gut beschreiben. Schwieriger wird die Bewertung von Stellen in indirekten Bereichen (Verwaltung). Hier gilt es zusätzliche Merkmale zu finden, z. B. sprachliche Ausdrucks-, Dispositions- und Systematisierungsfähigkeit. Mit zunehmender Anzahl von Merkmalen steigt jedoch der mit der Bewertung verbundene Aufwand.

Für welchen der beiden Kataloge von Anforderungsarten sich ein Betrieb auch entscheidet – zur Anwendung gelangen immer die folgenden zwei Ermittlungsverfahren der analytischen Arbeitsbewertung:

- das Rangreihenverfahren oder
- das Stufenwertzahlverfahren.

05. Wie wird das Rangfolgeverfahren durchgeführt?

Das Rangfolgeverfahren ist ein einfaches Verfahren ohne erheblichen Zeitaufwand. Die schwierigste Arbeit steht am oberen Ende der „Treppe", die leichteste am unteren. Neu hinzukommende Arbeiten werden in den Maßstab eingeordnet. Es erfolgt keine Gewichtung der einzelnen Stufenabstände zueinander, sodass es zur Lohnfindung nur bedingt tauglich ist.

Beispiel: Angenommen, man hätte die nachfolgenden drei Arbeitsplätze zu bewerten, so würde man nach dem Rangfolgeverfahren in etwa zu folgender Abstufung kommen:

- Bauhelfer: einfache Arbeiten, geringe Verantwortung usw.
- Transportarbeiter: bedient u. a. Fahrzeuge usw.
- Bauleiter: gibt Anweisung, trägt Verantwortung usw.

Abstufung: 1. Bauleiter
                                2. Transportarbeiter
                                3. Bauhelfer

06. Wie wird das Katalogverfahren durchgeführt?

Beim Katalogverfahren (= Lohngruppenverfahren) wird der umgekehrte Weg beschritten: Ausgangspunkt sind immer feststehende, beschriebene Lohngruppen-Merkmale, mit denen ein Arbeitsplatz verglichen wird. Die Lohngruppen-Merkmale werden nach den Schwierigkeitsgraden der Arbeitsinhalte gebildet.

Ausschlaggebend sind die erforderliche Qualifikation und Erfahrung des Mitarbeiters. Beispiele mit Querverweisen zu anderen Branchen (sog. „Brückenbeispiele") ergänzen den Katalog, um eine Vielzahl der in der Praxis vorkommenden Arbeitsinhalte abzudecken. Im Anwendungsfall dieses Verfahrens werden zuerst die Tätigkeiten des Betriebes beschrieben und mithilfe der Brückenbeispiele den Lohngruppen zugeordnet.

Beispiel: Ein Arbeitsplatz in der Lohnbuchhaltung erfordert eine abgeschlossene Berufsausbildung und 1-2 Jahre Erfahrung. Sonderaufgaben fallen nicht an. Nach dem Gehaltsgruppen-Katalog der Metallindustrie würde man diesen Arbeitsplatz nach K 3/1. Beschäftigungsjahr bewerten („einstufen").

Auszug aus dem Lohnabkommen der	
Eisen-, Metall- und Elektro-Industrie NRW	
Lohngruppe	Lohngruppenbeschreibung
1	Arbeiten einfacher Art ... ohne vorherige Kenntnisse ... nach kurzer Anweisung ... mit geringen körperlichen Belastungen ...
2	Arbeiten, die ein Anlernen ... mit geringen körperlichen Belastungen ...
...	
4	Arbeiten, die ein Anlernen von 4 Wochen
...	
10	Arbeiten hochwertiger Art ...hervorragendes Können ... selbstständige Arbeitsausführung ...

07. Wie erfolgt die Arbeitsbewertung nach dem Rangreihenverfahren?

Hier wird für jede der sechs Anforderungsarten (vgl. Genfer Schema) eine separate Rangreihe gebildet. Die Rangreihen enthalten Kriterien mit unterschiedlich hoher Bepunktung (z. B. von 100 bis 10). Jede Stelle wird mithilfe dieser Ränge bewertet, verbunden mit einem Gewichtungsfaktor - entsprechend der Bedeutung des Kriteriums für eine Stelle (z. B. 0,5; 0,4; 0,3 usw.). Die Summe der Einzelbewertungen pro Anforderungsart inkl. Gewichtung ergibt den Gesamtstellenwert.

08. Wie wird das Stufenwertzahlverfahren durchgeführt?

Hier wird ähnlich dem Katalogverfahren entweder eine für alle Anforderungsarten gültige oder pro Anforderungsart separate Abstufung gewählt. Der Bewertungsstufe, z. B. „äußerst gering" bis „extrem groß", wird eine Wertzahl, z. B. von „0" bis „10" zugeordnet. Eventuell erfolgt zusätzlich eine Gewichtung pro Stelle. Aus den (gewichteten) Wertzahlen pro Anforderungsart wird der Gesamtstellenwert errechnet. Die ermittelten Gesamtwerte pro Stelle werden zur Lohnfindung entweder mit einem Lohnfaktor multipliziert oder gemäß vorgegebener Spannen in eine Lohntabelle eingeordnet.

Beispiel:
Für zwei Arbeitsplätze existieren die nachfolgenden Arbeitsbeschreibungen:

1. Baustellenhelfer:
   Arbeit im Freien; normale Arbeitshöhe; manuelle Transportarbeiten bis maximal 10 kg Gewicht; Hilfsmittel: Sackkarre und Schubkarre; leichte Montagehilfsarbeiten nach Anweisung; keine sonstigen, besonders belastenden Arbeitsbedingungen.

2. Transportarbeiter in der Werkstatt:
   Arbeit in beheizter Halle; Transportmittel: Gabelstapler; hochwertige, sperrige, sich selten wiederholende Teile müssen auf Holzpaletten vom Bearbeitungsbereich in die Montagehalle gefahren werden; Belastung: Lärm und enge Transportwege.

1. Schritt:
Es muss ein Katalog von Anforderungsarten gebildet werden; dazu wird in diesem Beispiel auf das Genfer Schema zurückgegriffen (aus Gründen der Vereinfachung wird nicht nach Können und Belastung differenziert):

- geistige Anforderungen   - Verantwortung
- körperliche Anforderungen   - Arbeitsbedingungen

2. Schritt:
Die Anforderungsarten werden mit einem Faktor zwischen 0 und 1 gewichtet:

Anforderungsarten	Gewichtungsfaktor
geistige Anforderungen	0,4
körperliche Anforderungen	0,3
Verantwortung	0,5
Arbeitsbedingungen	0,3

3. Schritt:
Festlegung von Bewertungsstufen: Es werden in diesem Beispiel 6 Bewertungsstufen zwischen 0 und 10 mit einem kardinalen Abstand von 2 gewählt:

Bewertungsarten	
äußerst gering	0
gering	2
mittel	4
groß	6
sehr groß	8
extrem groß	10

4. Schritt:
Für beide Arbeitsplätze

- werden die Anforderungen analysiert,
- wird jede Anforderungsart bewertet zwischen 0 und 10,
- wird jede Bewertungszahl mit dem Gewichtungsfaktor je Anforderungsart multipliziert und
- jeweils die Summe der Arbeitswerte gebildet.

Anforderungsart	Faktor	Baustellenhelfer		Transportarbeiter	
		Bewertung	Arbeitswert	Bewertung	Arbeitswert
geistig	0,4	2,0	0,8	2,0	0,8
körperlich	0,3	6,0	1,8	4,0	1,2
Verantwortung	0,5	2,0	1,0	4,0	2,0
Arbeitsbedingungen	0,3	4,0	1,2	4,0	1,2
Arbeitswertsummen			**4,8**		**5,2**

09. Wie lassen sich die Verfahren der summarischen und analytischen Arbeitsbewertung im Quervergleich darstellen – unter Berücksichtigung der Prinzipien Reihung und Stufung?

Unterstellt man z. B. die Ausgangslage, dass in einem Betrieb sechs Arbeitsplätze (A, B, ..., F) bewertet werden sollen, so lässt sich folgende Übersicht der prinzipiellen Möglichkeiten der Arbeitsbewertung anfertigen:

	Verfahren	
Methoden	**Summarisch**	**Analytisch**
Reihung Vergleich der Anforderungen *untereinander*	Rangfolgeverfahren: A < B = F < D < E = C	Rangreihenverfahren: 1. Anforderungsart: *Geistige Anforderungen* A < B = F < D < E = C 20 40 40 80 80 100 2. Anforderungsart: *Körperliche Anforderungen* ... 3. Anforderungsart: ... 4. Anforderungsart: ...

Stufung
 	
Vergleich der Anforderungen mit einem *Maßstab*
	Lohngruppenverfahren:
	
	Maßstab
	
	A → Lohngruppe 1
	B → Lohngruppe 2
	C → Lohngruppe 3
	D Lohngruppe 4
	E → Lohngruppe 5
	F → ...
		Stufenwertzahlverfahren:
		
		Maßstab
		
		Arbeitsplatz A: *Anforderungsart 1* → äußerst gering 0
		
		Arbeitsplatz A: *Anforderungsart 2* gering 2
		   mittel 4
		
		Arbeitsplatz A: *Anforderungsart 3* groß 6
		   sehr groß 8
		...
		   extrem groß 10
		...
		...

10. Welche Beteiligungsrechte hat der Betriebsrat im Rahmen der Arbeitsbewertung?

Der Betriebsrat hat ein Mitbestimmungsrecht bei der Arbeitsbewertung und den damit verbundenen Verfahren der Zeitermittlung nach

§ 87 I Nr. 6 BetrVG   - Einführung und Anwendung von technischen Einrichtungen, die dazu bestimmt sind, das Verhalten oder die Leistung der Arbeitnehmer zu überwachen,

§ 87 I Nr. 10 BetrVG   - Fragen der betrieblichen Lohngestaltung insbesondere die Aufstellung von Entlohnungsgrundsätzen sowie
- deren Änderung.

Daneben enthalten vielfach die Tarifverträge Regelungen zur Arbeitsbewertung. Da in der Bundesrepublik Deutschland das Lohngruppenverfahren am weitesten verbreitet ist, besteht für die tarifgebundenen Betriebe die Verpflichtung, die Arbeitsplätze in die Entgeltgruppen einzuordnen. In der Praxis ergeben sich dabei erhebliche Interpretationsspielräume durch die Formulierung in den Lohngruppentexten.

2.3.9 Kriterien für die Wahl der Entgeltform

01. Welche Kriterien entscheiden über die Wahl der Entgeltform?

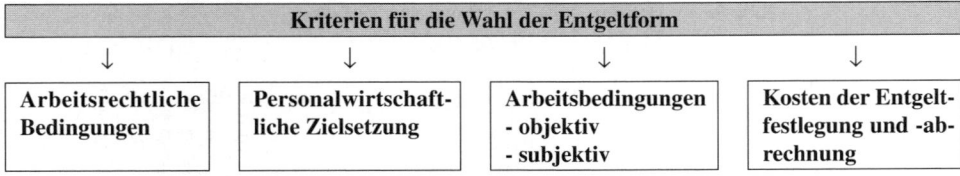

1. *Arbeitsrechtliche Bedingungen:*
   Die Wahl der Entgeltform richtet sich u. a. nach den geltenden Gesetzen und den sonstigen Rechtsgrundlagen, z. B.:
   - Lohn für geleistete Arbeit (nachträgliche Zahlung), § 611 BGB
   - Lohnersatzleistungen, z. B. EFZG, MuSchG, 2. Mindestlohn-VO Bau
   - Freistellungssachverhalte (Gesetz, Tarif).

2. *Personalwirtschaftliche Zielsetzungen:*
   Man versucht, personalwirtschaftliche Zielsetzungen wie Arbeitsqualität, Verbesserung der Produktivität durch die Wahl der geeigneten Entgeltform zu beeinflussen (→ Entgeltformen, Ziffer 2.3.8).

3. *Objektive und subjektive Arbeitsbedingungen:*
   Die Entgeltform wird sich auch an den vorliegenden Arbeitsbedingungen orientieren.

   - *Objektive Arbeitsbedingungen*:
     Sind die objektiven Arbeitsbedingungen ungünstig, kann z. B. eine Erschwerniszulage infrage kommen; ist das mengenmäßige Arbeitsergebnis aufgrund der Technik nur wenig zu beeinflussen, wird man z. B. den Zeitlohn oder ggf. den Prämienlohn wählen (Akkordlohnung ist nicht möglich).

- *Subjektive Arbeitsbedingungen:*
  Leistungsfähigkeit und -bereitschaft (Erkrankung, Behinderung, Arbeitsmotivation, Stressstabilität u. Ä.) des Mitarbeiters können z. B. dazu führen, dass ein Mitarbeiter nicht in der Akkordarbeit eingesetzt wird.

4. *Kosten der Entgeltfestsetzung und -abrechnung:*
   Jede Entgeltform verursacht spezifische Kosten der Brutto- und Nettolohnberechnung. Im einfachsten Fall des „Monatsgehaltes ohne Zulagen" ist die Berechnung relativ kostengünstig. Je stärker man die Entgeltdifferenzierung durchführen will, desto höher sind die Kosten der Entgelterfassung und -abrechnung; Beispiel: Akkordlohn mit Zuschlägen als Gruppenakkord mit Äquivalenzziffern + Auslösungsentgelte für auswärtige Baustellen + Erfolgsbeteiligung.

2.3.10 Personalzusatzkosten

Personalzusatzkosten sind der Teil der Personalkosten, der über das direkte Entgelt hinaus gezahlt wird. Die Definition ist weder in der Literatur noch in der Praxis einheitlich (auch: Personalnebenkosten, Soziallohn, „Lohn neben dem Lohn", Personalzusatzaufwand usw.). Die Personalkosten setzen sich in ihrer Struktur aus folgenden Bestandteilen zusammen:

Personalzusatzkosten		
	Beispiele:	
1	aufgrund von **Gesetzen**	- Leistungen zur Sozialversicherung (KV, RV, PV, AV) und zu den Berufsgenossenschaften - bezahlte Ausfallzeiten (Urlaub, Krankheit, Feiertage) - Vermögensbildung - Kosten der Arbeitnehmervertretung
2	aufgrund von **Tarifverträgen**	- Kosten der Kontoführung des Arbeitnehmers - Absicherung des 13. Monatsentgeltes - Verdienstsicherung für ältere Arbeitnehmer
3	aufgrund **betrieblicher Vereinbarungen**	Dies sind Leistungen, die aufgrund von Betriebsvereinbarungen (freiwillig oder obligatorisch), betrieblichen Übungen oder in Einzelfällen gezahlt werden, z. B.: Aus- und Fortbildungszuschüsse, betriebliche Altersversorgung, Fahrtkosten, Umzugsbeihilfen, Kantine.

In Deutschland liegen die Personalzusatzkosten unterhalb des EU-Schnitts.

- Zu den *direkten Personalzusatzkosten* zählen u. a. die Entlohnung für arbeitsfreie Tage (Urlaub und Feiertage), Sonderzahlungen (z. B. Weihnachtsgeld), sonstige Geldzuschüsse und Naturalleistungen.

- Als *indirekte Personalzusatzkosten* werden die Arbeitgeberbeiträge zur Sozialversicherung, die Lohnfortzahlung im Krankheitsfall, sonstige Aufwendungen sozialer Art und die Kosten der Berufsausbildung bezeichnet.

- *Auf den Arbeitgeber/Arbeitnehmer* entfallenden folgende Anteile der Personalzusatzkosten:

Kostenart der Personalzusatzkosten	Jahr	Summe	AG-Beitrag	AN-Beitrag	Kommentar
Rentenversicherung (RV)	2013/14[1]	18,9 %	9,45 %	9,45 %	*9,35 %*
Gesetzliche Kranken-versicherung (GKV)	2013/14	15,5 %	7,3 %	8,2 %	
Arbeitslosen-versicherung (AV)	2013/14	3,0 %	1,5 %	1,5 %	
Pflegeversicherung	2013/14[2]	2,05	1,025 % *1,175 %*	1,025 % *1,175 %*	0,25 % für kinderlo-se Ehepaare *ab 23*
Gesetzliche Unfall-versicherung (UV)	–		1,6 %	1,6 %	–	je nach Unfallrisiko
Umlage U1, Aufwandsausgleichsgesetz				–	je nach Satzung der Krankenkasse
Umlage U2, Mutterschaftsgeld				–	
Umlage U3, Insolvenzgeld	Jan. 3013		0,15 % *0,12 %*	–	
Urlaubsentgelt, BUrlG					
Summe			**rd. 21 %** *21,045*		

Der vom Arbeitgeber zu tragende Beitrag liegt damit bei rd. 21 % des Bruttolohns des Arbeitnehmers (bis zur Beitragsbemessungsgrenze).

Insgesamt betrugen die Personalzusatzkosten in Westdeutschland ca. 70 % und in Ostdeutschland ca. 60 %.

---

[1] Der Beitragssatz zur Rentenversicherung könnte angesichts hoher Rücklagen ab 2014 auf 18,3 % sinken. Das ergibt sich aus Vorausberechnungen der Deutschen Rentenversicherung Bund. Union und SPD planen eine Gesetzesänderung zur **Verhinderung der gesetzlich erforderlichen Beitragssenkung**.

[2] CDU und SPD wollen den Beitragssatz der Pflegeversicherung um 0,5 Prozentpunkte erhöhen. **Der Beitragssatz soll spätestens ab 2015 um 0,3 Prozentpunkte steigen.** In einem zweiten Schritt soll der Beitrag um weitere 0,2 Prozentpunkte steigen.

Bitte informieren Sie sich über die Entwicklung in 2014/15.

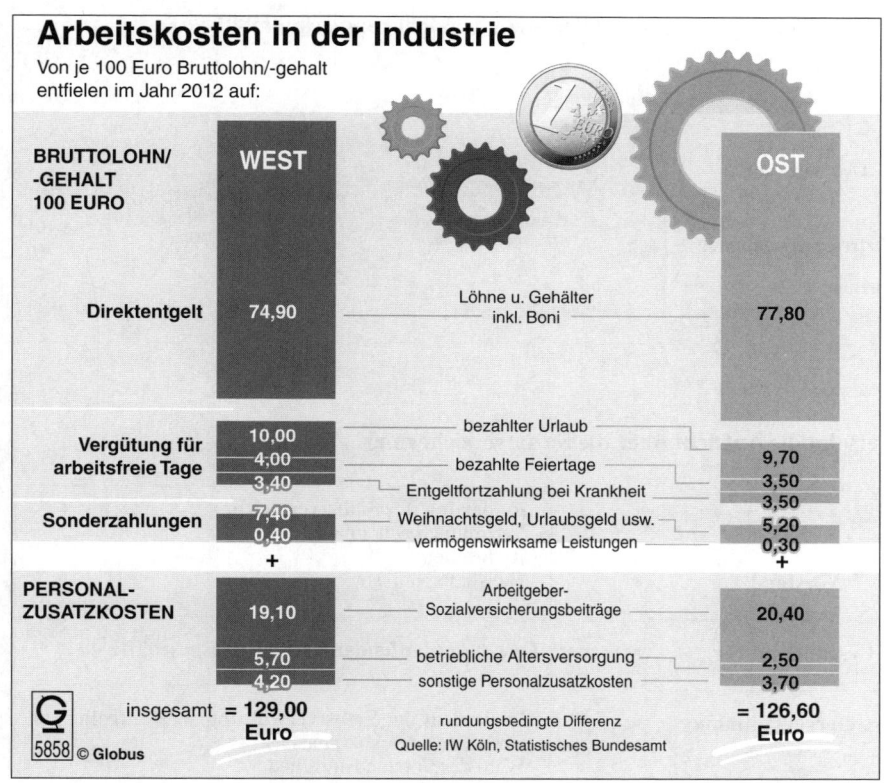

Arbeitskosten in der Industrie

Von je 100 Euro Bruttolohn/-gehalt
entfielen im Jahr 2012 auf:

BRUTTOLOHN/-GEHALT 100 EURO	WEST		OST
Direktentgelt	74,90	Löhne u. Gehälter inkl. Boni	77,80
Vergütung für arbeitsfreie Tage	10,00	bezahlter Urlaub	9,70
	4,00	bezahlte Feiertage	3,50
	3,40	Entgeltfortzahlung bei Krankheit	3,50
Sonderzahlungen	7,40	Weihnachtsgeld, Urlaubsgeld usw.	5,20
	0,40	vermögenswirksame Leistungen	0,30
	+		+
PERSONAL-ZUSATZKOSTEN	19,10	Arbeitgeber-Sozialversicherungsbeiträge	20,40
	5,70	betriebliche Altersversorgung	2,50
	4,20	sonstige Personalzusatzkosten	3,70
insgesamt	**= 129,00 Euro**	rundungsbedingte Differenz	**= 126,60 Euro**

5858 © Globus

Quelle: IW Köln, Statistisches Bundesamt

2.4 Sozialversicherung anwenden

2.4.1 Grundlagen der Sozialversicherung

01. Welche Zweige der gesetzlichen Sozialversicherung gibt es im Wesentlichen?

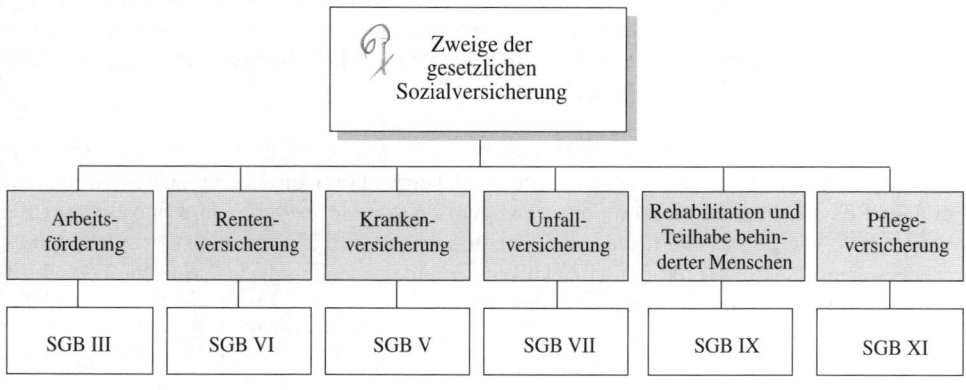

Zweige der gesetzlichen Sozialversicherung

Arbeits-förderung	Renten-versicherung	Kranken-versicherung	Unfall-versicherung	Rehabilitation und Teilhabe behinderter Menschen	Pflege-versicherung
SGB III	SGB VI	SGB V	SGB VII	SGB IX	SGB XI

02. Wie ist die Selbstverwaltung in der Sozialversicherung gestaltet?

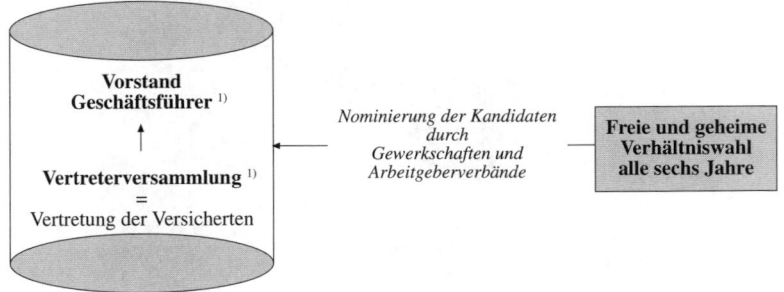

03. Wie erfolgt die Aufsicht über die Sozialversicherung?

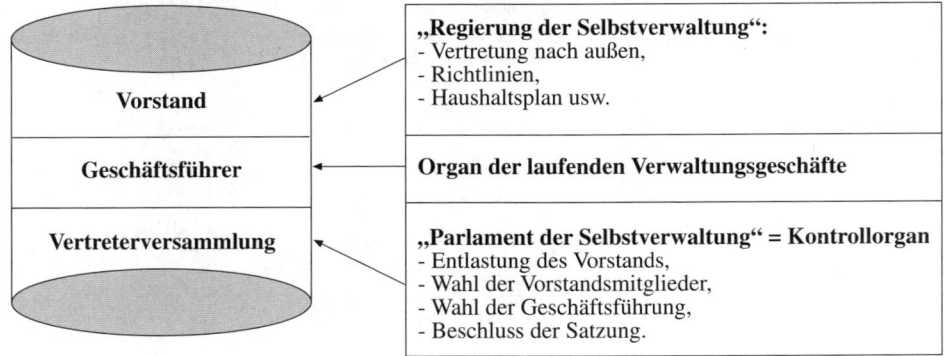

2.4.2 Ziele und Aufgaben der gesetzlichen Krankenversicherung

01. Welche Merkmale gelten für die gesetzliche Krankenversicherung (KV, SGB V)?

Die Krankenversicherung erstattet für die Versicherten die Kosten (voll oder teilweise) für die Verhütung, Früherkennung und Behandlung bei Erkrankungen und bei Mutterschaft. In Deutschland gibt es zwei Arten von Krankenversicherungen: die Gesetzliche Krankenversicherung (GKV) und die Private Krankenversicherung (PKV).

Bei der gesetzlichen Krankenversicherung ist der Beitragssatz auf Basis weitgehend staatlich festgelegter Leistungen kalkuliert und vom persönlichen Einkommen abhängig. Der Beitragssatz beinhaltet eine Umverteilungskomponente zugunsten von Geringverdienern und beitragsfrei Versicherten. Die gesetzliche Krankenversicherung ist umlagefinanziert und sie ist nicht demografiegesichert, d. h. die Alterung der Bevölkerung und der technisch-medizinische Fortschritt führen zu tendenziell immer höheren Beitragssätzen.

wird gleich wieder verwendet

---

[1] ehrenamtlich

- Die gesetzliche Krankenversicherung
  - ist nach folgenden Prinzipien organisiert: Sachleistungs-, Kosten-, Selbstverwaltungs-, Solidaritätsprinzip und Prinzip der gegliederten Kassenarten
  - ist Auskunftsstelle für alle sozialen Angelegenheiten des SGB
  - übernimmt das Meldewesen der Sozialdaten und den Einzug der Gesamt-SV-Beiträge
  - entscheidet über Versicherungspflicht und Beitragshöhe in der SV
  - erstattet ggf. AG-Aufwendungen bei Entgeltfortzahlung an kleinere Betriebe
  - unterliegt hinsichtlich der Kassenwahl der Wahlfreiheit.

- Eine Krankenversicherungspflicht besteht für
  - alle Arbeitnehmer
  - Bezieher von Erwerbsersatzeinkünften (ALG I, II; Rente, Krankengeld, Studierende)
  - bestimmte Familienangehörige von Pflichtversicherten (Familienversicherung).

- Versicherungsfrei und damit nicht pflichtversichert sind nach § 6 SGB V:
  - alle Arbeitnehmer, deren jährliches Entgelt die Jahresarbeitsentgeltgrenze (Stand 2011, 50.850 €) übersteigt. Diese Personen haben die Möglichkeit sich freiwillig in der gesetzlichen Krankenversicherung zu versichern.
  - Beamte, Selbständige und geringfügig Beschäftigte
  - u. a.

- *Gesundheitsfonds:*
  Die Beiträge der Mitglieder werden über die Krankenkassen an den Gesundheitsfonds weitergeleitet. Dieser verteilt die Beitragseinnahmen in Form von Zuweisungen an die einzelnen Krankenkassen. Die Höhe der Zuweisung richtet sich hauptsächlich nach Alter und Morbidität (Krankheitszustand) der Versicherten einer Krankenkasse. Die früher vorhandene paritätische Finanzierung zwischen Arbeitgeber und Arbeitnehmer wurde mit der Einführung eines Sonderbeitrags (0,9 %) aufgehoben.

- *Zusatzbeiträge:*
  Mit der Verabschiedung des GKV-Wettbewerbsstärkungsgesetzes wurden die Krankenkassen in die Lage versetzt, Zusatzbeiträge von Ihren Mitgliedern zu erheben. Die Zusatzbeiträge dienen neben den Zuweisungen durch den Gesundheitsfonds zur Finanzierung der Ausgaben der gesetzlichen Krankenkassen.

- *Prämie:*
  Krankenkassen können Ihren Mitgliedern auch Prämien ausschütten, wenn hierfür ausreichend finanzielle Mittel zur Verfügung stehen

- *Zuzahlungen:*
  Für die Inanspruchnahme von Gesundheitsleistungen haben die Versicherten in bestimmten Bereichen Zuzahlungen zu leisten: die Zuzahlung im Krankenhaus (10 € pro Tag für max. 28 Tage) und die Zuzahlung bei rezeptpflichtigen Arzneimitteln. Ab 01.01.2013 entfiel die Praxisgebühr ersatzlos.

- *Bürgerentlastungsgesetz:*
  Die vom Versicherten getragenen Beiträge zur KV können unbegrenzt als Sonderausgaben die steuerliche Bemessungsgrundlage mindern.

- Männer und Frauen müssen nur noch einheitliche Beiträge für Krankenversicherungen bezahlen (so genannte Unisex-Tarife für Neukunden; vgl. EuGH).

Im Überblick:

Merkmale der gesetzlichen Krankenversicherung (GKV)	
Träger	Ortskrankenkassen, Betriebskrankenkassen, Innungskrankenkassen, Landwirtschaftliche Krankenkassen, Ersatzkassen, Rentenversicherung Knappschaft-Bahn-See
Beiträge	- Arbeitgeber zahlen 7,3 % (Stand: 2013/2014) - Arbeitnehmer/Rentner zahlen 8,2 % (inkl. 0,9 % Arbeitnehmerzuschlag für Zahnersatz) - zzgl. einem steuerfinanzierten Zuschuss - ggf. Zusatzbeiträge
Sätze	**15,5 %** der Beitragsbemessungsgrenze; Zuzahlungen nach § 61 SGB V (zum Arzneimittelpreis, bei Krankenhausaufenthalten)
Leistungen	Verhütung, Früherkennung und Behandlung von Krankheiten, Empfängnisverhütung, Sterilisation, Schwangerschaftsabbruch, Kostenerstattung, Krankengeld, Vorsorgeleistungen, häusliche Krankenpflege, Reha-Maßnahmen
Versicherungspflichtig sind	alle Bundesbürger
Versicherungsfrei sind	z. B. Beamte, Richter, Soldaten auf Zeit, Berufssoldaten

02. Welche zentralen Inhalte hat das Entgeltfortzahlungsgesetz?

- Die gesetzlichen Vorschriften des Entgeltfortzahlungsgesetzes stellen Mindeststandards dar, die für alle Arbeitnehmer in Deutschland gelten. Diese gesetzlichen Mindeststandards können aber durch freiwillige Absprachen (Arbeitsverträge, Tarifverträge) verändert werden, sofern sich für die einzelnen Arbeitnehmer keine Nachteile gegenüber der gesetzlichen Regelung ergeben.

- Grundsätzlich haben alle Arbeitnehmer und Auszubildenden Anspruch auf Entgeltfortzahlung (an gesetzlichen Feiertagen, im Krankheitsfall, bei Kuren in einer Rehabilitations- bzw. Vorsorgeklinik) durch den Arbeitgeber bis zu einer Dauer von *sechs Wochen.* Der Anspruch besteht nur, wenn die Arbeitsunfähigkeit infolge Krankheit *ohne Verschulden* des Arbeitnehmers eingetreten ist. Der Anspruch auf Entgeltfortzahlung besteht erst, wenn das Arbeitsverhältnis *vier Wochen ununterbrochen* bestanden hat. Der Anspruch auf Entgeltfortzahlung im Krankheitsfall entsteht mit jedem neuen Arbeitsverhältnis neu, allerdings erst, nachdem das neue Arbeitsverhältnis vier Wochen ununterbrochen bestanden hat.

- Bei einer Kündigung wegen Arbeitsunfähigkeit muss der Arbeitgeber über die Beendigung des Arbeitsverhältnisses hinaus das Entgelt weiter bezahlen, wenn die Arbeitsunfähigkeit fortbesteht.

- *Selbstverschuldete Arbeitsunfähigkeit* liegt dann vor, wenn der Arbeitnehmer ein vorwerfbares Verhalten zeigt, z. B.:
  - Verletzungen durch einen Verkehrsunfall infolge Trunkenheit oder sonst grob fahrlässiges Verhalten im Straßenverkehr
  - Verletzungen durch einen Arbeitsunfall infolge vorsätzlicher oder grob fahrlässiger Verstöße gegen Unfallverhütungsvorschriften
  - Verletzungen bei einer besonders gefährlichen oder die Kräfte des Arbeitnehmers übersteigenden Nebentätigkeit.

Unachtsamkeit allein genügt nicht, um den Anspruch auf Entgeltfortzahlung zu verlieren.

Sportunfälle sind nur dann selbstverschuldet, wenn der Arbeitnehmer in einer Weise Sport betreibt, die seine Kräfte und Fähigkeiten deutlich übersteigt oder wenn die Sportart besonders gefährlich ist. Nicht generell als besonders gefährlich eingeschätzt werden u. a. Sportarten wie

- Fußball,
- Skifahren,
- Amateurboxen,
- Fallschirmspringen

– allerdings nur, wenn die entsprechenden Sicherheitsvorschriften eingehalten werden.

- Jede auf einer *neuen Krankheit* beruhende Arbeitsunfähigkeit begründet einen neuen Anspruch auf Entgeltfortzahlung.

- War ein Arbeitnehmer vor der erneuten Arbeitsunfähigkeit mindestens *sechs Monate* nicht wegen der selben Krankheit arbeitsunfähig, entsteht ein neuer Anspruch auf Entgeltfortzahlung.

  Außerdem besteht ein Anspruch auf Entgeltfortzahlung für alle Arbeitnehmer von bis zu sechs Wochen, wenn zwar die Frist von sechs Monaten nicht erfüllt ist, seit Beginn der ersten Erkrankung aber *zwölf Monate* vergangen sind.

- Die Höhe des Entgeltfortzahlungsanspruchs richtet sich nach der Vergütung, die der Arbeitnehmer normalerweise (ohne Arbeitsunfähigkeit) erhalten hätte. Von der Entgeltfortzahlung ausgenommen ist das für Überstunden gezahlte Arbeitsentgelt. Durch Tarifvertrag kann eine abweichende Bemessungsgrundlage festgelegt werden. Fällt die Arbeitsunfähigkeit ganz oder teilweise in eine betriebliche Kurzarbeitsperiode, so ist bei der Entgeltfortzahlung von der verkürzten Arbeitszeit auszugehen.

- Jeder Arbeitnehmer muss den Arbeitgeber die Arbeitsunfähigkeit sowie die voraussichtliche Dauer unverzüglich anzeigen (fernmündlich oder mündlich). Der Arbeitnehmer ist nicht verpflichtet, den Arbeitgeber über die Art der Erkrankung und die Krankheitssymptome zu unterrichten. Dauert die Arbeitsunfähigkeit länger als drei Kalendertage, so ist der Arbeitnehmer verpflichtet, dem Arbeitgeber spätestens ab dem darauffolgenden Arbeitstag eine ärztliche Bescheinigung vorzulegen. Aus der Bescheinigung muss die voraussichtliche Dauer der Arbeitsunfähigkeit hervorgehen. Der Arbeitgeber ist berechtigt, die Bescheinigung der Arbeitsunfähigkeit auch früher zu verlangen – ohne Begründung.

- Erkrankt der Arbeitnehmer im Ausland, ist er verpflichtet, dem Arbeitgeber in der schnellstmöglichen Art die Arbeitsunfähigkeit, deren voraussichtliche Dauer und den genauen Aufenthaltsort (Adresse) mitzuteilen. Entstehende Kosten hat der Arbeitgeber zu tragen. Darüber hinaus muss ein in der gesetzlichen Krankenversicherung versicherter Arbeitnehmer auch seine Krankenkasse umgehend über die Arbeitsunfähigkeit sowie die voraussichtliche Dauer informieren. Kehrt der arbeitsunfähig erkrankte Arbeitnehmer in das Inland zurück, so muss er dem Arbeitgeber und der Krankenkasse dies unverzüglich mitteilen.

- Der Arbeitgeber hat ein Leistungsverweigerungsrecht,
  - solange der Arbeitnehmer die AU-Bescheinigung nicht vorlegt oder den ihm obliegenden Verpflichtungen nicht nachkommt
  - wenn der Arbeitnehmer den Übergang eines Schadensersatzanspruchs gegenüber Dritten verhindert.

- Wenn der Arbeitnehmer mehrfach seiner Anzeige- und Nachweispflicht nicht nachkommt, kann nach vorausgegangener Abmahnung eine Kündigung des Arbeitsverhältnisses unter bestimmten Umständen gerechtfertigt sein.

- Bestehen Zweifel an der Arbeitsunfähigkeit des Arbeitnehmers, so kann der Arbeitgeber verlangen, dass ein Gutachten des Medizinischen Dienstes der Krankenkassen erstellt wird.

- Um Schwarzarbeit während der Arbeitsunfähigkeit zu verhindern, kann der Arbeitgeber die Hinterlegung des Sozialversicherungsausweises des Arbeitnehmers für die Zeit verlangen, in der er zur Entgeltfortzahlung verpflichtet ist.

- Ansprüche auf Entgeltfortzahlung sind vor dem Arbeitsgericht, Ansprüche auf Krankengeld sind dem Sozialgericht geltend zu machen.

2.4.3 Ziele und Aufgaben der gesetzlichen Pflegeversicherung

01. Welche Merkmale gelten für die soziale Pflegeversicherung (PV, SGB XI)?

- Die Träger der Pflegeversicherung sind die Pflegekassen, die bei den gesetzlichen Krankenkassen errichtet wurden.

- Alle Vollversicherten einer privaten Krankenversicherung müssen bei diesem Unternehmen zur Absicherung des Risikos der Pflegebedürftigkeit einen Versicherungsvertrag abschließen und aufrechterhalten.

- Pflegebedürftig ist, wer wegen einer körperlichen, geistigen oder seelischen Krankheit oder Behinderung für die gewöhnlichen und regelmäßig wiederkehrenden Verrichtungen im Ablauf des täglichen Lebens auf Dauer (voraussichtlich: mind. sechs Monate) in erheblichem oder höherem Maße der Hilfe bedarf.

- Es gibt folgende 4 Pflegestufen; die Einteilung erfolgt durch den medizinischen Dienst der Krankenkassen:

  · Pflegestufe 0: Menschen, denen bei der Begutachtung eine „eingeschränkte Alltagskompetenz" bescheinigt wurde, können bis zu 2.400 € pro Jahr für die Nutzung gerontopsychiatrischer Zusatzangebote in Anspruch nehmen – auch wenn sie nicht die Pflegestufe I zugesprochen bekommen haben.

  · Pflegestufe I: erheblich Pflegebedürftige, d. h. durchschnittlicher Hilfebedarf mindestens 90 Minuten pro Tag. Auf die Grundpflege müssen dabei mehr als 45 Minuten täglich entfallen.

  · Pflegestufe II: Schwerpflegebedürftige, d. h. durchschnittlicher Hilfebedarf mindestens 180 Minuten pro Tag mit einem Grundpflegebedarf von mehr als 120 Minuten täglich.

  · Pflegestufe III: Schwerstpflegebedürftige, d. h. durchschnittlicher Hilfebedarf mindestens 300 Minuten pro Tag. Der Anteil an der Grundpflege muss mehr als 240 Minuten täglich betragen.

- *Leistungen*:

  Die Pflegeversicherung bezahlt alle nötigen technischen Hilfen (z. B. Gehhilfen, Pflegebetten, Rollstühle) und bezuschusst den Umbau in eine behindertengerechte Wohnung.

  Alle Arbeitnehmer haben einen Anspruch auf eine unbezahlte Freistellung für die Dauer von maximal zehn Tagen, um für einen nahen Angehörigen eine nötige Pflege zu organisieren. Dabei bleibt der Arbeitnehmer in dieser Zeit aber sozialversichert.

Die wichtigsten Leistungen sind:

- Bei häuslicher Pflege:
  · Pflegegeldzahlungen für die häusliche Pflege durch selbst beschaffte Pflegepersonen (monatliche Geldleistungen für private und privat organisierte häusliche Pflege beispielsweise durch Angehörige)
  · Häusliche Pflegehilfe durch einen ambulanten Pflegedienst (Pflegesachleistung – ein vom Pflegebedürftigen ausgesuchter ambulanter Pflegedienst kommt zur Pflege ins Haus)
  · Kombinationsleistung aus den beiden vorgenannten Möglichkeiten
  · Teilstationäre Pflege (Tages- oder Nachtpflege)
- Bei Unterbringung in einem Heim:
  · Leistungen für die Dauerpflege (vollstationäre Versorgung)

• *Langfristige Pflege eines nahen Angehörigen:*
Sollte es zu einer langfristigen Pflege eines nahen Angehörigen kommen, dann kann ein Arbeitnehmer der in einem Betrieb mit mehr als 15 Mitarbeitern arbeitet, eine teilweise oder sogar vollständige Freistellung oder Pflegezeit beantragen. Bei einer vollständigen Freistellung muss der Arbeitnehmer allerdings selbst für seine Sozialversicherung aufkommen. Entgeltersatzleistungen und Zuschüsse zu den Aufwendungen für die Sozialversicherung der pflegenden Personen zahlt die Pflegekasse.

Im Überblick:

Am 01.01.2013 ist das *Pflege-Neuausrichtungs-Gesetz* in Kraft getreten. Das Gesetz soll auch den besonderen Bedürfnissen von Demenz-Patienten gerecht werden.

Merkmale der sozialen Pflegeversicherung (PV, SGB XI)			
Träger	Pflegekassen der Krankenkassen		
Beiträge	Im Regelfall: - Arbeitgeber und Arbeitnehmer zu je 50 % (+ sonstige Einnahmen) - Rentner zahlen den vollen Beitrag zur Pflegeversicherung selbst. - Kinderlose zwischen 22 und 65 Jahren zahlen einen Sonderzuschlag zur PV in Höhe von 0,25 %.		
Sätze	**2,05 %** der Beitragsbemessungsgrenze (Stand: 2013/2014)[1]		
Leistungen	Häusliche Pflege: - Pflegesachleistung - Pflegegeld für Pflegehilfen - Pflegehilfsmittel	Teilstationäre Pflege und Kurzzeitpflege: - Tages-/Nachtpflege - Kurzzeitpflege	- Vollstationäre Pflege - Pflege in vollstationären Einrichtungen
Versicherungspflichtig sind	Arbeiter, Angestellte, Auszubildende, Arbeitslose, Landwirte, selbstständige Künstler, behinderte Menschen		
Versicherungsfrei sind	Freiwillig Versicherte haben ein Wahlrecht zur privaten Pflegeversicherung.		

---

[1] CDU und SPD wollen den Beitragssatz der Pflegeversicherung um 0,5 Prozentpunkte erhöhen. Der Beitragssatz soll spätestens ab 2015 um 0,3 Prozentpunkte steigen. In einem zweiten Schritt soll der Beitrag um weitere 0,2 Prozentpunkte steigen.

2.4.4 Ziele und Aufgaben der Rentenversicherung

01. Welche Merkmale gelten für die gesetzliche Rentenversicherung (RV, SGB VI)?

Die gesetzliche Rentenversicherung hat folgende Aufgaben:

- Erhaltung, Verbesserung und Wiederherstellung der Erwerbstätigkeit der Versicherten
- Gewährung von Renten
- Förderung der Gesundheit der Versicherten
- Gewährung von Leistungen für die Kindererziehung.

- Die *Regelaltersgrenze*
  wurde auf 67 Jahre angehoben.

- *Altersteilzeit:*
  Von manchen Beschäftigten wird angestrebt, die Erwerbstätigkeit allmählich zu reduzieren. Umsetzungsmöglichkeiten dafür bietet das Altersteilzeitgesetz (vorrangig ein Instrument zur Schaffung von Arbeitsplätzen bzw. der Umsetzung von Personaleinsparungen durch Betriebe). Es handelt sich dabei also eigentlich nicht um Frührente, weil die Höhe der Altersrente durch Verträge oft konstant gehalten wird.

- *Erwerbsminderungsrente (EMR):*
  Die frühere, vergleichbare Regelung hieß „Erwerbsunfähigkeitsrente" (Verminderte Erwerbsfähigkeit). Allerdings tritt jetzt (teilweise) Erwerbsminderung erst ein, wenn das Leistungsvermögen für alle Tätigkeiten auf weniger als *sechs Stunden* pro Tag herab gesunken ist.

- *Hinterbliebenenrenten:*
  Voraussetzung für die Hinterbliebenenrente (für Witwen, Witwer und Waisen) ist, dass der/die Verstorbene die Wartezeit (Mindestversicherungszeit) von fünf Jahren erfüllt hat.

- *Witwen-/Witwerrenten:*
  Witwen und Witwer haben seit 1985 die gleichen Rechte, aus den Rentenansprüchen oder einer bereits laufenden Rente des verstorbenen Ehepartners eine Rente zu erhalten; seit 1. Januar 2005 gilt das auch für die Ansprüche des überlebenden Lebenspartners oder der überlebenden Lebenspartnerin einer gleichgeschlechtlichen Ehe. Die so genannte große Witwen-/Witwerrente erhalten hinterbliebene Ehe- oder Lebenspartner, die

  - das 45. Lebensjahr vollendet haben oder

  - eine Erwerbsminderung nachweisen oder

  - mindestens ein waisenrentenberechtigtes Kind erziehen und

  - keine sog. „Versorgungsehe" (widerlegbare Vermutung bei einer Ehedauer unter einem Jahr) vorliegt.

  Sie beträgt 55 % (bei „Altfällen" 60 %) der zum Todestag des Versicherten gezahlten oder berechneten Rente wegen voller Erwerbsminderung. Ist keine der drei oben genannten Bedingungen erfüllt, gilt die kleine Witwen-/Witwerrente.

- *Waisenrente:*
  Halbwaisen erhalten ein Zehntel, Vollwaisen ein Fünftel der auf den Todestag des Versicherten berechneten Rente wegen voller Erwerbsminderung. Bis zur Vollendung des 18. Lebensjahres werden auf die Waisenrente eigene Einkünfte nicht angerechnet. Darüber hinaus wird bis zum 27. Geburtstag in Zeiten der Schul-, Fachschul-, Hochschul- oder Berufsausbildung

Rente gezahlt, ebenso bei einer Erwerbsminderung der Waise. Eigenes Einkommen wird angerechnet.

- *Regelaltersrente:*
  Die Rentenhöhe ist vor allem an die im Laufe des Lebens einbezahlten Beiträge gebunden. Dafür erhält der Beitragszahler Entgeltpunkte gutgeschrieben. Kindererziehungszeiten werden wie Pflichtbeitragszeiten eines Durchschnittsverdieners bewertet. Für jedes vor dem 1. Januar 1992 geborene Kind werden zwölf Monate und jedes nach dem 31. Dezember 1991 geborene Kind 36 Monate ab der Geburt als Pflichtbeitragszeit für die erziehende Mutter oder den Vater anerkannt. Für beitragsfreie Zeiten sowie für beitragsgeminderte Zeiten (z. B. nachgewiesene Zeiten einer beruflichen Ausbildung) werden noch Zuschläge gezahlt. Die Höhe dieser Zuschläge wird über die so genannte Gesamtleistungsbewertung errechnet. Die Rente wird nach der Rentenformel berechnet, indem der aktuelle Rentenwert mit den Entgeltpunkten, dem Zugangsfaktor und dem Rentenartfaktor multipliziert wird (§ 64 SGB VI).

- Mit *Frührente*
  werden alle Formen des vorgezogenen Übergangs in die Erwerbslosigkeit bezeichnet, die zu einer Rentenzahlung durch die GRV führen, z. B. Erwerbsminderungsrente oder vorgezogene Altersrente nach Arbeitslosengeldbezug. Vereinfachend lässt sich sagen, dass pro Monat des vorzeitigen Beginns der Rente vor dem gesetzlichen Renteneintrittsalter die Rente lebenslang um 0,3 % gemindert wird.

- Das *Alterseinkünftegesetz* (AltEinkG)
  regelt die Besteuerung der Rente: Nicht mehr die Beiträge werden besteuert, sondern zukünftig die spätere Rente; dabei sind hohe Freibeträge eingearbeitet, sodass schätzungsweise 75 % der Rentnerhaushalte steuerfrei bleiben.

- Die Geringfügigkeitsgrenze für Minijobber steigt von 400 auf 450 €. Gleichzeitig zahlen Minijobber künftig eigene Beiträge zur Rentenversicherung.

Im Überblick:

Merkmale der gesetzlichen Rentenversicherung (RV, SGB VI)	
Träger	Rentenversicherung der Arbeiter, der Angestellten, der Knappschaft-Bahn-See, der Landwirte
Beiträge	Im Regelfall: Arbeitgeber und Arbeitnehmer zu je 50 % (+ Zuschüsse des Bundes)
Sätze	**18,9 %** der Beitragsbemessungsgrenze (Stand: 2013/2014)[1]
Leistungen	Renten wegen: Reha-Leistungen Beratung, - Alters, Todes Information - Erwerbsminderung
Versicherungspflichtig sind	Arbeitnehmer, Auszubildende, behinderte Menschen, Lehrer, Erzieher, Künstler
Versicherungsfrei sind	Beamte, Richter, Selbstständige

---

[1] Der Beitragssatz zur Rentenversicherung könnte angesichts hoher Rücklagen ab 2014 auf 18,3 % sinken. Das ergibt sich aus Vorausberechnungen der Deutschen Rentenversicherung Bund. Union und SPD planen eine Gesetzesänderung zur **Verhinderung der gesetzlich erforderlichen Beitragssenkung**.

2.4.5 Ziele und Aufgaben der Arbeitslosenversicherung und der Arbeitsförderung

01. Welche Merkmale gelten für die Arbeitslosenversicherung/Arbeitsförderung (AV, SGB III)?

Die Arbeitslosenversicherung gehört im sozialen Sicherungssystem der Bundesrepublik Deutschland zu den Sozialversicherungen. Übergreifend wird sie auch als Versicherungszweig der Arbeitsförderung bezeichnet. Träger der Arbeitslosenversicherung ist die Bundesagentur für Arbeit in Nürnberg. Aufsichtführendes Ministerium ist das Bundesministerium für Arbeit und Soziales.

- *Grundsätze*:
  - Die Aufgaben der Förderung und Vermittlung haben *Vorrang* vor Entgeltersatzleistungen.
  - Langzeitarbeitslosigkeit ist zu vermeiden.
  - Arbeitgeber haben eine Mitverantwortung/Mitwirkungspflicht (z. B. betriebliche Förderung der Leistungsfähigkeit der Mitarbeiter, Meldepflichten).
  - ebenso: Arbeitnehmer (z. B. „zumutbare Beschäftigung"; bestehende Arbeitsverhältnisse nicht vorzeitig beenden).
  - Pflichten der Arbeitslosen: Meldepflicht und Erscheinen zu Terminen.
  - Es besteht eine Auskunftspflicht Dritter.

- *Versicherte:*
  Pflichtversichert sind Arbeitnehmer (außer geringfügig Beschäftigte), Auszubildende, aber auch freiwillig Wehrdienstleistende und Menschen im Bundesfreiwilligendienst (die Beiträge zahlt der AG). Arbeitnehmer, die außerhalb der EU beschäftigt sind, können sich unter bestimmten Voraussetzungen im Rahmen der freiwilligen Weiterversicherung gegen Arbeitslosigkeit versichern.

- *Beitragssatz:*
  Die Leistungen der Arbeitslosenversicherung werden hauptsächlich aus den Versicherungsbeiträgen finanziert. Bei Arbeitnehmern ist der Beitrag je zur Hälfte vom Arbeitnehmer und vom Arbeitgeber zu tragen. Zur Finanzierung der versicherungsfremden Aufgaben, die der Bundesagentur übertragen sind, zahlt der Bund nach § 363 SGB III einen Bundeszuschuss.

- Die *Leistungen*
  richten sich in erster Linie an die Personengruppen (Arbeitnehmer und Arbeitgeber), die sich an der Finanzierung der Arbeitslosenversicherung beteiligen. Für die Gewährung der Leistungen müssen die jeweiligen Anspruchsvoraussetzungen erfüllt sein.

- *Leistungsspektrum* (Beispiele):

Leistungen an Arbeitnehmer (Beispiele):
Entgeltersatzleistungen (Leistungen zum Lebensunterhalt): Arbeitslosengeld, Arbeitslosengeld bei Weiterbildung, Teilarbeitslosengeld; Übergangsgeld; Insolvenzgeld)
Maßnahmen zur Verbesserung der Eingliederungsaussichten, Förderung der Aufnahme einer Beschäftigung, Mobilitätshilfen (Übergangsbeihilfe, Ausrüstungsbeihilfe, Reisekostenbeihilfe, Fahrkostenbeihilfe, Trennungskostenbeihilfe, Umzugskostenbeihilfe)
Unterstützung der Beratung und Vermittlung (Bewerbungskosten, Reisekosten, Vermittlungsgutschein)
Förderung der ganzjährigen Beschäftigung in der Bauwirtschaft (Mehraufwands-Wintergeld, Zuschuss-Wintergeld)
- Förderung der Aufnahme einer selbstständigen Tätigkeit - Förderung der Berufsausbildung - Förderung der beruflichen Weiterbildung - Förderung der Teilhabe behinderter Menschen am Arbeitsleben (Berufliche Rehabilitation) - Entgeltsicherung für ältere Arbeitnehmer - Kurzarbeitergeld

Leistungen an Arbeitgeber (Beispiele):
Zuschüsse bei Einstellungen
Finanzielle Unterstützung für die Beschäftigung von Arbeitnehmern aus schwer vermittelbaren Gruppen (ungelernte, behinderte Menschen)
Leistungen nach dem Altersteilzeitgesetz

Leistungen an Träger (Beispiele):
Förderung der Berufsausbildung (Ausbildungsbegleitende Hilfen, Berufsausbildung in einer außerbetrieblichen Einrichtung, Übergangshilfen)
Förderung von Einrichtungen zur beruflichen Aus- oder Weiterbildung oder zur beruflichen Rehabilitation
Förderung von - Jugendwohnheimen - Arbeitsbeschaffungsmaßnahmen - Beschäftigung schaffenden Infrastrukturmaßnahmen
Zuschüsse zu Sozialplanmaßnahmen
Beauftragung von Trägern mit Eingliederungsmaßnahmen

- Merkpunkte zum Arbeitslosengeld:

  - Das Arbeitslosengeld beträgt *60 %* des pauschalierten Nettoentgelts (allgemeiner Leistungssatz); es beträgt 67 % des pauschalierten Nettoentgelts bei Unterhaltsverpflichtung von mindestens einem Kind (erhöhter Leistungssatz; § 129 SGB III).

  - Personen, deren Arbeits- oder Ausbildungszeit endet, sind verpflichtet sich spätestens *drei Monate* vor der Beendigung bei der Agentur für Arbeit zu melden (frühzeitige Arbeitssuche; § 37b SGB III).

  - Bei selbstverschuldeter Herbeiführung der Arbeitslosigkeit (ohne wichtigen Grund) ruht der Bezug von Arbeitslosengeld für *12 Wochen* (Sperrzeit; § 144 SGB III).

  - Bei einer Entlassungsentschädigung (*Abfindung*) kann ein Ruhen des Arbeitslosengeldanspruchs infrage kommen (§§ 143, 143a SGB III).

- Änderungen nach dem Hartz IV-Fortentwicklungsgesetz:
  - ALG II wird nur gezahlt, wenn auch der Lebenspartner wenig verdient. Der Antragsteller muss im Zweifel nachweisen, dass keine eheähnliche Gemeinschaft vorliegt (Umkehrung der Beweislast gegenüber früher).
  - Das Vermögen ist auf maximal 13.000 € begrenzt.
  - Bei Pflichtverletzungen (innerhalb eines Jahres) droht u. U. die gesamte Streichung des Arbeitslosengeldes.

Im Überblick:

Merkmale der Arbeitsförderung (gesetzliche Arbeitslosenversicherung)			
Träger	Bundesagentur für Arbeit		
Beiträge	Arbeitgeber und Arbeitnehmer zu je 50 %		
Sätze	**3,0 %** (zzgl. Zuschuss des Bundes)		
Leistungen	Leistungen an Arbeitnehmer, z. B.: - Berufsberatung - Arbeitslosengeld - Eignungsfeststellung - Insolvenzgeld - Trainingsmaßnahmen - Kurzarbeitergeld - Mobilitätshilfen - Saison-Kurzarbeitergeld - Überbrückungsgeld tergeld	Leistungen an Arbeitgeber (§ 3 SGB III)	Leistungen an Träger von Arbeitsförderungsmaßnahmen
Versicherungspflichtig sind	Arbeiter, Angestellte, zu ihrer Berufsausbildung Beschäftigte, Arbeitslose, behinderte Menschen, sonstige Personen nach § 26 SGB III		
Versicherungsfrei sind	Richter, Soldaten auf Zeit, Berufssoldaten, Vorstände einer AG, Studenten, ggf. Rentner, Personen, die das 65. Lj. vollendet haben, sonstige Personen nach §§ 27, 28 SGB III		

2.4.6 Ziele und Aufgaben der gesetzlichen Unfallversicherung

01. Welche Merkmale gelten für die gesetzliche Unfallversicherung (UV, SGB VII)?

- Die *Aufgaben* sind:
  - Arbeitsunfälle und Berufskrankheiten verhüten
  - Gesundheit und Leistungsfähigkeit nach Versicherungsfällen wiederherstellen
  - Versicherte und Hinterbliebene entschädigen.

- *Unfallversicherte Personen:*
  Unfallversichert sind alle Personen, die in einem Arbeits-, Dienst- oder Ausbildungsverhältnis sind. Zu diesem Kreis gehören aber auch Heimarbeiter, Personen, die ein Hausgewerbe betreiben, die im Unternehmen beschäftigten Ehepartner und alle sonstigen Personen, die ebenfalls mitarbeiten.

  Des Weiteren werden alle die Personen unfallversichert, die im Interesse des Gemeinwohls arbeiten, also alle Sanitäter, Notärzte und Feuerwehrleute, aber auch die Mitglieder des Roten Kreuzes oder des Arbeitersamariterbundes. Dazu gehören auch Menschen, die Blut spenden oder die körpereigenes Gewebe, zum Beispiel für eine Knochenmarkübertragung, zur Verfügung stellen. Kinder, die den Kindergarten besuchen, Schüler und Studenten während ihrer Ausbildung an Hochschulen und Universitäten sind ebenfalls gesetzlich unfallversichert.

• *Arztwahl:*
Die Unfallversicherung ist der einzige Träger, der die *Behandlung* bei einem bestimmten Arzt/ Krankenhaus *vorschreiben* kann.

• *Träger der Unfallversicherung:*
Die Träger der Unfallversicherung sind immer die landwirtschaftlichen und gewerblichen Berufsgenossenschaften

• *Voraussetzungen* für den Versicherungsfall sind:
  - versicherte Tätigkeit
  - Arbeitsunfall/Wegeunfall/Berufskrankheit
  - Kausalität:
    · *haftungsbegründend:* Kausalzusammenhang „Tätigkeit und Versicherungsfall"
    · *haftungsausfüllend:* Kausalzusammenhang „Versicherungsfall und Schaden"

• Ein *Arbeitsunfall*
ist ein auf *äußere Einwirkungen* beruhendes, körperlich schädigendes zeitlich begrenztes Ereignis, dass sich längstens innerhalb einer Arbeitsschicht zugetragen hat. Zwischen der versicherten Tätigkeit und dem Unfallgeschehen sowie zwischen dem Unfallgeschehen und dem Körperschaden muss jeweils ein *ursächlicher Zusammenhang* bestehen (vgl. S. 711 f.).

• Als *Wegeunfälle*
gelten Unfälle auf einem mit der versicherten *Tätigkeit zusammenhängendem Weg nach und von dem Ort der Tätigkeit.* Umwege, die der Versicherte (Arbeitnehmer) macht, weil eine *Fahrgemeinschaft* gebildet ist, schließen die Versicherung nicht aus.

• Eine *Berufskrankheit*
ist eine Krankheit, die in der *Berufskrankheitenverordnung* aufgeführt ist und die ein Versicherter (Arbeitnehmer) bei der versicherten Tätigkeit erleidet; die Bundesregierung veröffentlicht die Liste mit den anerkannten Berufskrankheiten. Ist die Erkrankung nicht in der Berufskrankheitenverordnung aufgeführt, kann sie im Einzelfall nach neuen medizinischen Erkenntnissen anerkannt werden.

Im Überblick:

Merkmale der gesetzlichen Unfallversicherung		
Träger	Berufsgenossenschaften nach Branchen gegliedert	
Beiträge	Arbeitgeber zu 100 %	
Sätze	Umlageverfahren nach: Jahresentgeltsumme + Gefahrenklassen	
Leistungen	Heilbehandlung Reha-Behandlung Pflege	Geldleistungen Renten	Beihilfen Abfindungen
Versicherungspflichtig sind	Arbeitnehmer, Auszubildende, behinderte Menschen, Schüler, Studierende, Heimarbeiter, Ehrenamtliche	
Versicherungsfrei sind	Beamte, Richter, Selbstständige	

2.5 Sozialleistungen des Betriebs gestalten

2.5.1 Grundlagen und Ziele der betrieblichen Sozialpolitik

01. Welche Bedeutung hat betriebliche Sozialpolitik heute – aus Sicht der Arbeitgeber, der Arbeitnehmer sowie für die Gesellschaft?

Die Gestaltung betrieblicher Sozialpolitik vollzieht sich im Spannungsfeld von Unternehmen, Mitarbeitern und Gesellschaft.

- Im *Verhältnis Unternehmen/Gesellschaft* ist betriebliche Sozialpolitik

  - eine Ergänzung der staatlichen Sozialpolitik,

  - abhängig von den Einzelpolitiken des Staates wie z. B. Steuerpolitik, Strukturpolitik, Familienpolitik, Rentendiskussion,

  - eingebettet in den gesellschaftlichen und politischen Wandel (z. B. Wertewandel, gesetzliche Rahmenbedingungen),

  - abhängig von der allgemeinen wirtschaftlichen und konjunkturellen Lage.

- Im *Verhältnis Unternehmen/Mitarbeiter* ist betriebliche Sozialpolitik

  - eingebunden im Spannungsverhältnis von „Werteorientierung der Mitarbeiter" und „Ertragslage des Unternehmens",

  - getragen vom Leitgedanken des „Ausgleichs zwischen wirtschaftlichen und sozialen Zielen",

  - eine langfristige Form der Bildung von Unternehmenskultur und Vertrauensbasis zwischen Arbeitnehmer und Arbeitgeber.

Maßnahmen der betrieblichen Sozialpolitik hatten in der Vergangenheit die Tendenz zur Stagnation und Verkrustung. Die oben beschriebenen Funktionen (z. B. Ausgleichsfunktion, Motivationsfunktion) können auf Dauer nur realisiert werden, wenn zukünftig

- betriebliche Sozialpolitik bezahlbar bleibt und
- die Maßnahmen vom Mitarbeiter als „Wert" angenommen werden und damit eine Anreizwirkung entfalten können.

Ein Ansatz zur Lösung dieses Dilemmas kann in der Einführung von *„Cafeteria-Modellen"* gesehen werden. Der „betrieblichen Sozialpolitik per Gießkanne" wird damit der Rücken gekehrt.

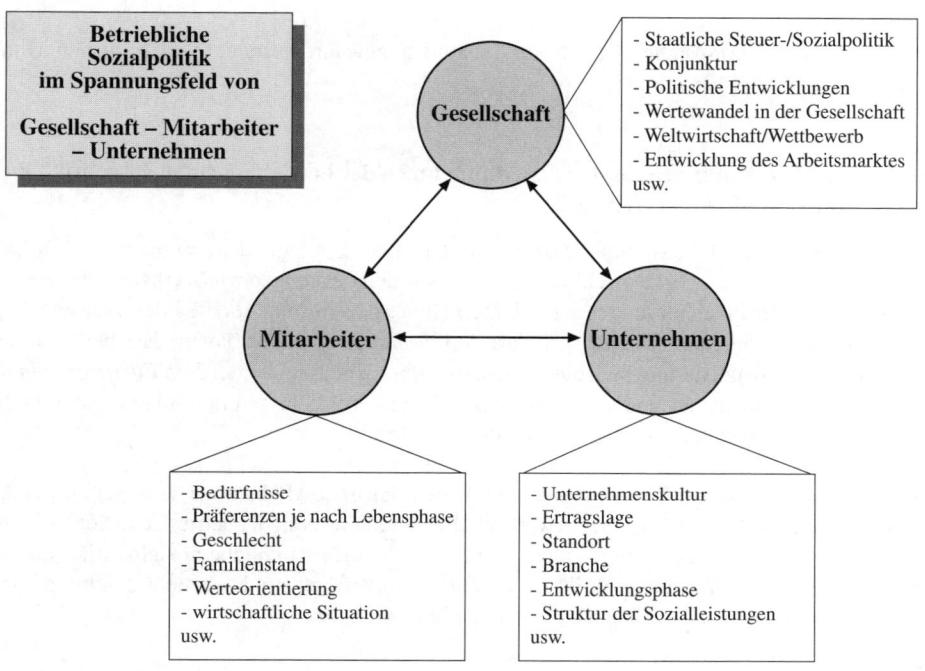

02. An welchen Grundsätzen hat sich die betriebliche Sozialpolitik zu orientieren?

Betriebliche Sozialpolitik ist auf Dauer nur dann wirksam, wenn sie nach folgenden Grundsätzen gestaltet ist:

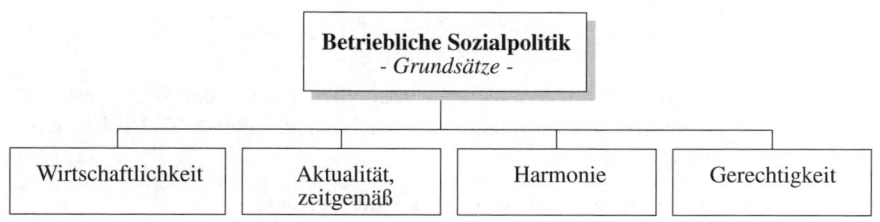

- *Wirtschaftlichkeit*
  = der Aufwand muss in einem angemessenen Verhältnis zum Nutzen stehen; Problem: die Kosten sind quantifizierbar, der Nutzen i. d. R. nicht.

- *Aktualität*   *in Mengen ausdnäbar*
  = die Werthaltung der Mitarbeiter zu einzelnen Maßnahmen der Sozialpolitik ändert sich generell (gesellschaftlicher Wertewandel) oder in Abhängigkeit vom Lebensalter und der persönlichen Arbeits- und Lebenssituation (z. B.: Altersversorgung, Dienstwagen).

- *Harmonie*
  = die Maßnahmen sollen zueinander „passen" und sich ergänzen.

- *Gerechtigkeit*
  = die Prinzipien/Maßstäbe, nach denen Leistungen gewährt werden, müssen für den Mitarbeiter nachvollziehbar sein.

03. Welche Zielsetzung steht hinter den Maßnahmen der betrieblichen Sozialpolitik? Welche Motive sind vorherrschend?

Ursprünglich diente die betriebliche Sozialpolitik auch als Strategie der *„Herrschaftssicherung und Arbeiterbefriedigung* in Deutschland". Danach wurden Leistungen wie Werkswohnungen und Werksfürsorge nur im Eigeninteresse der Unternehmer gewährt und dienten der „Vereinzelung und Entsolidarisierung der Arbeiter". Andere Auffassungen sprechen davon, dass bereits in der Frühzeit der Industrialisierung bedeutende Unternehmerpersönlichkeiten dem *Fürsorgegedanke* Rechnung getragen haben und von daher betriebliche Wohlfahrtseinrichtungen installierten. Später folgten dann staatliche Maßnahmen der Sozialpolitik.

Mit dem Entstehen der *Gewerkschaften* entwickelten sich erste Maßnahmen zum Schutz der Arbeitnehmer auf tariflicher Basis; die Gewerkschaften konnten somit die betriebliche Sozialpolitik im Wege der Mitbestimmung mitgestalten. Heute verfolgt die betriebliche Sozialpolitik – ebenso wie andere Felder der Personalpolitik – vor allem wirtschaftliche und soziale Ziele. Langfristig überlagern sich diese beiden Zielkategorien häufig (vgl. S. 49):

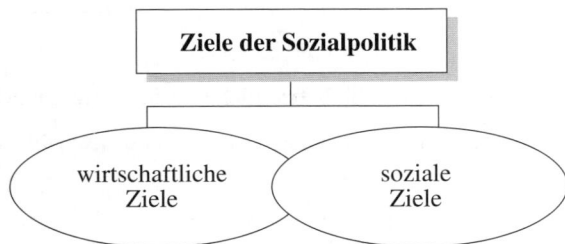

Die unternehmerseitige Motivation, Maßnahmen betrieblicher Sozialpolitik zu gestalten, hat heute unterschiedliche Ansätze. Im Einzelnen lassen sich heute folgende Ziele/Motive der betrieblichen Sozialpolitik nennen:

- Steigerung der *Arbeitsmotivation* und Verbesserung der Leistung,
- Stabilisierung der *Leistungskraft* der Mitarbeiter,
- Verbesserung der *Arbeitszufriedenheit*,
- Erarbeiten von Vorteilen am Arbeitsmarkt (*Beitrittsfunktion*),
- Bindung der Mitarbeiter an das Unternehmen (*Bindungsfunktion*; Verringerung der Fluktuation),
- Förderung der Mitarbeiter (*Entwicklungsfunktion*),
- Wahrnehmung von *Steuer- und Finanzvorteilen*,
- Ausgleich sozialer Härten (*Ausgleichsfunktion*)
- ethische Motivation (*Fürsorgegedanke*) sowie
- Verbesserung des *Unternehmensimage*.

04. Wie ist die betriebliche Sozialpolitik aufgebaut?

A. Die erste Systematisierungsmöglichkeit differenziert nach der *Anspruchsgrundlage*:

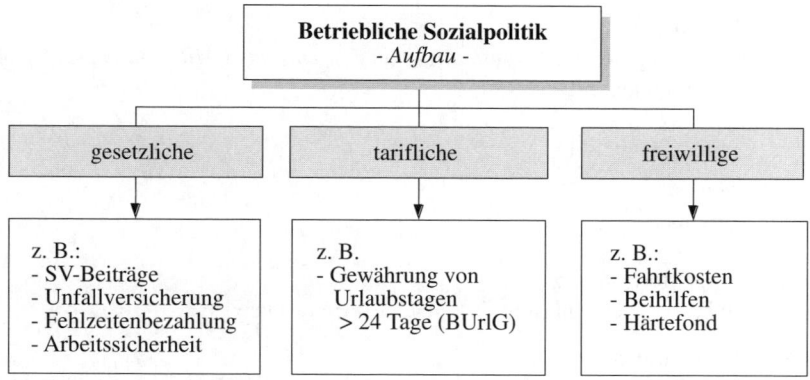

B. Die zweite Form der Systematisierung differenziert nach dem *Inhalt der Maßnahmen und der Organisationsform* der Sozialpolitik; man spricht von den sog. „vier Säulen der betrieblichen Sozialpolitik":

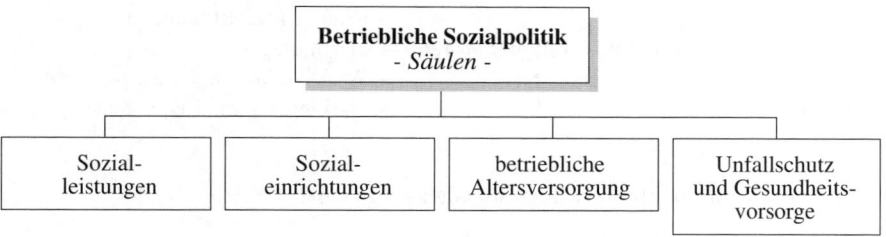

C. Eine dritte Unterscheidung ist möglich nach der *Form der Gewährung*

2.5.2 Betriebliche Sozialleistungen

01. Wie werden Sozialleistungen und Sozialeinrichtungen unterschieden?

- Bei den *Sozialleistungen*
  richtet sich die Wirkung der Maßnahme *direkt an den einzelnen Mitarbeiter*; sie ist oft mit ihm namentlich verbunden, z. B.:

  - Gratifikationen,
  - Darlehen,
  - Fond für Härtefälle,
  - Geldwerte Vorteile,
  - Kredite,
  - verlängerte Entgeltfortzahlung,
  - Leistungen zu besonderen Anlässen (Tod, Geburt, Heirat) usw.

- Bei den *Sozialeinrichtungen*
  besteht *nur eine indirekte Wirkung für den einzelnen Mitarbeiter.* Weiterhin bezeichnet dieser Sammelbegriff i. d. R. *betriebliche Einrichtungen*, die – auf Dauer angelegt – bestimmten sozialen Zwecken dienen und für die bis zu einem gewissen Grade *eine eigene Organisation* für die Verwaltung der Mittel besteht, z. B.:

  - Kantine (Betriebsverpflegung),
  - Verkaufsstellen,
  - Automaten zum Verkauf verbilligter Waren,
  - Betriebliche Altersvorsorge,
  - Kindertagesstätten,
  - Werkswohnungen,
  - Erholungseinrichtungen,
  - Sportanlagen,
  - Werksverkehr mit Bussen,
  - betriebsärztlicher Dienst usw.

02. Was sind Gründe für freiwillige soziale Leistungen?

a) Die jeweilige Arbeitsmarktsituation, die den Arbeitgeber zu bestimmten Sozialleistungen, wie Fahrgeldzuschuss, Wohnungsbeschaffung zwingt,
b) die Änderung der gesetzlichen oder tarifvertraglichen Sozialpolitik,
c) die Ergänzung staatlicher Maßnahmen,
d) die Sozialpolitik anderer Unternehmen, die zur Nachahmung zwingt,
e) die Tradition des Unternehmens.

03. Was ist der Zweck der betrieblichen Altersversorgung?

Die betriebliche Altersversorgung ist eine Ergänzung der gesetzlichen Alterssicherung und der privaten Altersversorgung und will dem Arbeitnehmer eine zusätzliche Hilfe zur Aufrechterhaltung seines Lebensstandards im Alter geben. Daneben gibt es steuerliche und finanzpolitische Aspekte bei der Einrichtung betrieblicher Versorgungswerke.

04. Welche Gestaltungsformen der betrieblichen Altersversorgung gibt es?

Eine betriebliche Altersversorgung liegt vor, wenn der Arbeitgeber seinem Arbeitnehmer aus Anlass eines Arbeitsverhältnisses Versorgungsleistungen bei Alter, Invalidität und/oder Tod zusagt. Sie wird zur zweiten Säule der Altersvorsorge gerechnet und ist in § 1 des Betriebsrentengesetzes (BetrAVG) festgelegt.

Man unterscheidet im Wesentlichen folgende Gestaltungsformen der betrieblichen Altersversorgung:

- Bei der *Direktzusage* erhalten die Arbeitnehmer einen Rechtsanspruch auf Versorgungsleistungen *direkt gegenüber dem Arbeitgeber* – vorausgesetzt, dass dieser entsprechende Rückstellungen in der Steuerbilanz vorgenommen hat (sonst nach Vereinbarung). Träger der Leistung ist das Unternehmen selbst. Eine Eigenbeteiligung der Arbeitnehmer ist ausgeschlossen.

- Die *Unterstützungskasse* gewährt unter bestimmten Voraussetzungen neben Renten meist auch Beihilfen unterschiedlichster Art. Es besteht kein Rechtsanspruch auf die Versorgungsleistung. Unterstützungskassen sind jedoch an den Grundsatz von Treu und Glauben gebunden, sodass eine Kürzung oder Beendigung der Leistungen nur bei Vorliegen sachlicher Gründe erfolgen kann. Träger der Unterstützungskasse ist das Unternehmen; dabei ist die Unterstützungskasse eine *rechtlich selbstständige Einrichtung* (e. V., GmbH).

- Die *Pensionskassen* (auch: Pensionsfonds) (einzelner oder mehrerer Unternehmen) haben eine *eigene Rechtspersönlichkeit* (Versicherungsverein auf Gegenseitigkeit) und gewähren einen Rechtsanspruch auf die Versorgungsleistung. Die Pensionskassen unterliegen der Versicherungsaufsicht. Die Finanzierung der Beiträge erfolgt durch das Unternehmen. Eigenleistungen der Mitarbeiter sind jedoch möglich.

- Bei der *Direktversicherung* schließt der Arbeitgeber bei einer privaten Versicherungsgesellschaft einen Versicherungsvertrag (z. B. Lebensversicherung in Form einer Einzel- oder einer Gruppenversicherung) zu Gunsten des Arbeitnehmers ab. Die Leistungen werden ganz oder teilweise vom Arbeitgeber finanziert. Möglich ist jedoch auch eine Eigenbeteiligung der Mitarbeiter in Form einer Gehaltsumwandlung innerhalb der steuerlichen Höchstgrenzen. Die Gehaltsumwandlung bringt für den Arbeitnehmer den Vorteil der Pauschalversteuerung. Der Mitarbeiter erwirbt einen Rechtsanspruch.

- Der *Pensionsfond* ist ein vom Arbeitgeber selbst organisatorisch ausgegliedertes Sondervermögen zum Zweck der Finanzierung der betrieblichen Altersversorgung (vgl. Pensionskasse); er kann rechtlich im Eigentum des Arbeitgebers sein oder eine eigene Rechtspersönlichkeit (AG, V.V.a.G).

Im Überblick:

Merkmale	Arten der betrieblichen Altersversorgung			
	Direkt-zusage	**Unterstützungs-kasse**	**Pensions-kasse**	**Direkt-versicherung**
Rechtsanspruch	ja	nein	ja	ja
Träger	Unternehmen	Unternehmen und rechtlich selbstständige Einrichtung; e.V., GmbH	eigene Rechtspersönlichkeit	Versicherungs-unternehmen
Eigenbeteiligung der Arbeitnehmer	nein	nein	möglich	möglich
Versicherungs-aufsicht	nein	nein	ja	ja
Insolvenz-sicherung	ja	ja	ja	i. d. R. ja

- *Vorteile aus der Sicht des Arbeitnehmers:*
  Aus Sicht des Arbeitnehmers lohnt sich eine betriebliche Altersversorgung primär aus Gründen der Einsparung von steuer- und sozialversicherungsrechtlichen Entgeltanteilen, die er ansonsten an den Staat abzuführen hätte. Durch seinen bestehenden Rechtsanspruch auf Entgeltumwandlung kann er geeignete Finanzrücklagen im Alter bilden und seine gesetzliche Rente ergänzen.

- *Vorteile aus der Sicht des Arbeitgebers:*
  Der Arbeitgeber hat primär Sozialversicherungsvorteile bei einer betrieblichen Altersversorgung seiner Arbeitnehmer, denn in Höhe der umgewandelten monatlichen Gehaltsteile (Gehaltsumwandlung) entfallen die Leistungspflichten an den Sozialversicherungsträger. Steuerlich gesehen ist eine Mitarbeiterversorgung als Betriebsausgabe begünstigt. Der Arbeitgeber verfügt mit der betrieblichen Altersversorgung zudem über ein Instrumentarium zur Mitarbeiterbindung und -motivation.

05. Welche zentralen Bestimmungen enthält das Betriebsrentengesetz (BetrAVG)?

- *Unverfallbarkeit* der Anwartschaft unter bestimmten Voraussetzungen:
  - Vollendung des 25. Lj. und Zusage ≥ 5 Jahre oder
  - Vorruhestandsregelung.

  Entgeltumwandlungen sind sofort unverfallbar. Zusagen sind daher ab der ersten Beitragszahlung des Arbeitnehmers unverfallbar.

- *Anpassung* der Leistungen nach billigem Ermessen (Dynamisierung) lt. Betriebsrentengesetz; das BAG hat diese Bestimmung durch seine Rechtsprechung in eine Anpassungspflicht umgewandelt; die Anpassung muss dem Ausmaß der Verteuerung der letzten drei Jahre entsprechen (Regelfall); in bestimmten Fällen kann davon abgewichen werden.

- *Insolvenzsicherung* über den Pensionssicherungsverein (PSVaG).

- *Abfindung/Übertragung:*
  - Unverfallbare Anwartschaften können vom Nachfolgebetrieb übernommen werden.
  - Unverfallbare Anwartschaften können nur in Ausnahmefällen abgefunden werden (z. B. Stilllegung).

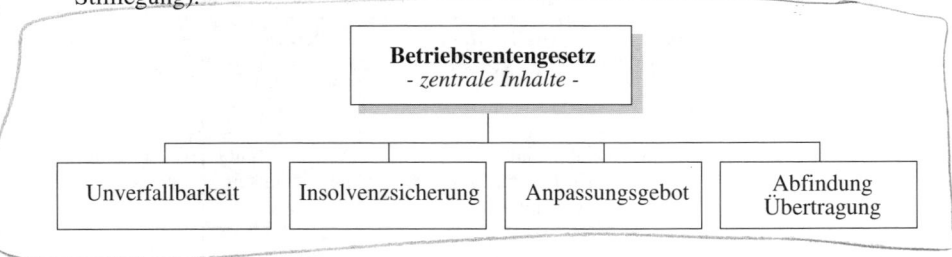

06. Welche Ansprüche können ggf. aus langjähriger Zahlung von Leistungen abgeleitet werden?

Die langjährige Gewährung von Sozialleistungen ohne Vorbehalt des Widerrufs begründen einen Rechtsanspruch (*Betriebsübung*). Der Gleichbehandlungsgrundsatz verbietet dabei eine willkürliche Schlechterstellung einzelner Arbeitnehmer aus sachfremden Gründen. Auch freiwillig gewährte Ruhegeldzuwendungen dürfen nicht willkürlich widerrufen werden. Mit der Pensionszusage wird jedoch zunächst nur eine Anwartschaft begründet, aus der eine Verpflichtung erst erwächst, wenn die bei der Zusage gestellten Bedingungen, wie z. B. bestehendes Arbeitsverhältnis, Ablauf einer Wartezeit, Ruhestandsvoraussetzung oder Arbeitsunfähigkeit, erfüllt sind. Grundsätzlich besteht der Ruhegeldanspruch nur persönlich für den Arbeitnehmer, für Angehörige nur kraft besonderer Vereinbarung.

07. Was ist der Zweck von Versicherungen als soziale Leistung?

Die sozialpolitische Aufgabe im Unternehmen besteht darin,

a) die Risiken der Zusammenarbeit zu mindern und Führung zu erleichtern: Betriebshaftpflichtversicherung.

b) gesundheitliche Schäden, die im Arbeitsprozess auftreten können, materiell zu regeln: Unfallversicherung gesetzlich und zusätzlich durch das Unternehmen, Dienstreise-Unfallversicherung.

c) die Altersvorsorge zu fördern: Lebensversicherungen.

d) evtl. dem Mitarbeiter durch kostengünstige Gruppenversicherungen zu Prämienvorteilen bei Haftpflicht oder Kfz-Versicherungen zu verhelfen.

08. Welche Wirkungen sind bei Versicherungen denkbar?

Versicherungen können die Bindung der Mitarbeiter an das Unternehmen stärken, begründen aber auch Ansprüche, da sie auf das Unternehmen, auf Mitarbeitergruppen oder einzelne Mitarbeiter abgeschlossen werden. Versicherungen, die das Unternehmen für seine Mitarbeiter abschließt, sind i. d. R. Personalzusatzaufwand. ⟵ Versicherungen

09. Wie kann die Belegschaftsverpflegung organisiert werden?

Qualität und Umfang der betrieblichen Verpflegung ist ein zentraler Faktor für Gesundheit, Leistungsfähigkeit und Zufriedenheit der Mitarbeiter. Diese Bedeutung hat in der Vergangenheit zugenommen und wird mitunter von den Beteiligten leicht unterschätzt (Wertewandel; Gesundheit hat einen hohen Stellenwert u. Ä.). Neben der Beachtung steuerlicher Bestimmungen muss der Arbeitgeber Kosten- und Qualitätsgesichtspunkte bei der Gestaltung berücksichtigen. Vorherrschend sind in der Praxis folgende Formen:

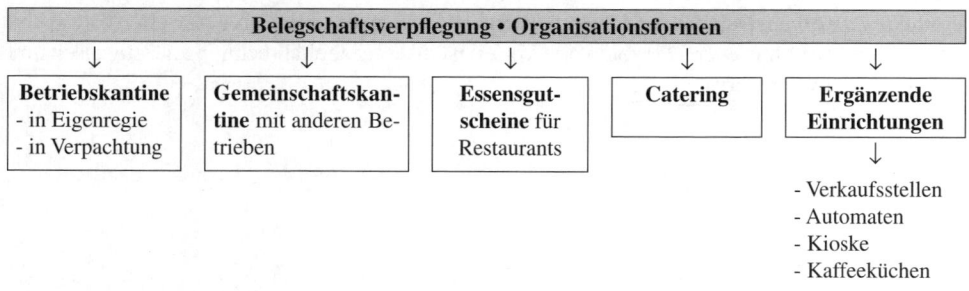

Belegschaftsverpflegung • Organisationsformen				
↓	↓	↓	↓	↓
Betriebskantine - in Eigenregie - in Verpachtung	**Gemeinschaftskantine** mit anderen Betrieben	**Essensgutscheine** für Restaurants	**Catering**	**Ergänzende Einrichtungen** ↓ - Verkaufsstellen - Automaten - Kioske - Kaffeeküchen

10. Was ist das Ziel des betrieblichen Gesundheitsdienstes?

Er dient der Erhaltung der Gesundheit und Leistungsfähigkeit der Mitarbeiter. Während größere Betriebe gesetzlich zur Unterhaltung eines werksärztlichen Dienstes verpflichtet sind, bedienen sich auch kleinere Betriebe häufig der Hilfe eines nebenberuflichen Arztes, insbesondere bei Einstellungs- und Überwachungsuntersuchungen oder zur Beratung in allen gesundheitlichen und arbeitshygienischen Fragen.

Der Betriebsarzt vertritt die Arbeitsmedizin im Unternehmen. Ziel des betriebsärztlichen Dienstes ist es, den gesundheitlichen Standard aller Mitarbeiter zu halten und zu verbessern, um so die Leistungsfähigkeit und das Wohlbefinden zu sichern.

Die betriebliche Gesundheitsfürsorge wandelt sich mehr und mehr von der reinen Arbeitsmedizin (u. a. Erkennen und Verhindern von Berufskrankheiten) hin zu einem *Konzept der vorbeugenden Verbesserung der Arbeits- und Lebensbedingungen und der generellen Verbesserung der Gesundheit* (z. B. Ergonomie, Verhinderung von Suchterkrankungen, gesunde Ernährung und Bewegung).

• So ist es z. B. das Ziel der *Arbeitshygiene*, die Gesundheit und Leistungsfähigkeit des Mitarbeiters zu erhalten, einem vorzeitigen Kräfteverschleiß vorzubeugen und Schäden durch die Arbeit zu verhüten.

• Der *werksärztliche Dienst* hat die Aufgaben:
  - Einstellungs- und Vorsorgeuntersuchungen,
  - Erste Hilfe,
  - Beratung in arbeitsmedizinischen Fragen,
  - Kontrolle des Arbeitsschutzes und der Unfallverhütung,
  - Überwachung der Werkshygiene,
  - Unterstützung von Maßnahmen der Rehabilitation.

11. Was sind Deputate und Mitarbeiterrabatte?

Deputate sind Sachgaben an die Belegschaft, die in der Regel aus betrieblichen und typischen Roh- oder Fertigprodukten bestehen. Mitarbeiterrabatte sind Preisnachlässe für Belegschaftsangehörige für selbst erzeugte oder selbst gehandelte Produkte (Jahreswagen der Automobilindustrie, Mitarbeiterrabatte im Handel).

Deputate verfolgen den Zweck, die Identifikation mit dem Unternehmen zu stärken, Mitarbeiterrabatte dienen häufig der Personalwerbung oder sollen dazu verhelfen, für die gehandelten Produkte zu werben. Deputate und Mitarbeiterrabatte gelten steuerlich als geldwerter Vorteil und unterliegen der Lohnsteuer. Der geldwerte Vorteil ist in der Entgeltabrechnung auszuweisen und individuell zu versteuern.

12. Welche Möglichkeiten der Arbeitgeberkreditgewährung bzw. der -bürgschaften sind denkbar?

- *Arbeitgeberbürgschaften:*
  Der Arbeitgeber kann Kreditanträge der Arbeitnehmer bei Banken/Sparkassen durch die Gewährung von Arbeitgeberbürgschaften unterstützen – beim Fehlen vorhandener Sicherheiten. Das Unternehmen wird die Bürgschaftsverpflichtung gegenüber der Bank begrenzen (Zweckbindung; Bürge haftet erst in zweiter Linie; Kündigungsmöglichkeit bei Firmenaustritt usw.). In der Praxis machen die Firmen davon nur ungern Gebrauch.

- *Arbeitgeberkredite*: Hier sind Einzelaspekte zu beachten:
  - *Zweckbindung*, z. B.:   als Anschaffungsdarlehen oder Wohnungsbaudarlehen
  - *Art*, z. B.:   als längerfristiges Darlehen oder als Lohn-/Gehaltsvorschuss
  - *Funktion*, z. B.:   Motivations- und Bindungsfunktion

13. Welche sonstigen sozialen Maßnahmen können gewährt werden?

Die Maßnahmen der Sozialpolitik, die in der Praxis mehr oder weniger anzutreffen sind, können nicht erschöpfend dargestellt werden. Die Systematisierungsansätze sind unterschiedlich. Einteilungen wie im Rahmenstoffplan in „wichtige" und „sonstige" Maßnahmen machen wenig Sinn.

Die Übersicht auf der nächsten Seite zeigt daher beispielhaft einen Überblick von Maßnahmen, die unter geeigneten Oberbegriffen zusammengefasst wurden; Überschneidungen sind dabei nicht vermeidbar.

Überblick über Maßnahmen der Sozialpolitik • Beispiele		
Finanzielle, direkte Zuwendungen	Weihnachtsgeld	Jahreszahlung	Urlaubsgeld
	Gratifikationen	Jubiläumsgelder	Trennungsentschädigung
Beihilfen	Geburt	Heirat	Zahnersatz
	Sterbefall/Sterbegeld	Notstandsbeihilfe	Arbeitgeberkredit
	Konfirmation	Brillen	Studienförderung
	Stipendien	Unfallbeihilfen	
Vorteile, Geldwerte Vorteile	Telefon-/Faxgeräte	Firmen-Pkw	Dienstkleidung
	Darlehen	Fahrtkosten	Personalrabatt
	Kantine	Versicherungen	Darlehen
	Einkaufsmöglichkeiten	Vermögensbildung	Wohnungsbaudarlehen
	Anschaffungsdarlehen		
Betriebliche Altersversorgung	Direktzusage	Unterstützungskasse	Pensionskasse
	Direktversicherung	Zusatzversicherungen	
Einrichtungen	Kindergärten	Betriebssportgruppen	Bücherei
	Parkplätze	Erholungseinrichtungen	Weiterbildung
	Hobbyräume	Kulturförderung	Kantine
Beratungsangebote	Suchtberatung	Schuldnerberatung	Rentenberatung
	Versicherungen	Steuerfragen	Psychologischer Dienst
Sonstige	Freizeitgewährung	Betriebsausflüge	Versicherungsleistungen
	Betriebsfeste	Erfolgsbeteiligung	handwerkliche Leistungen
	Unterstützung von Interessensgemeinschaften (z. B. Werkschor)		

14. Was versteht man unter sozialer Betreuung?

Der Mitarbeiter im Betrieb bedarf vielfach der sozialen Betreuung. Hierzu gehören nicht nur die für alle Mitarbeiter geschaffenen Einrichtungen wie die eines Mittagstisches, die betrieblichen Sozialleistungen, die ärztliche Versorgung oder die betriebliche Altersversorgung, sondern im besonderen Maße auch die Hilfen im Einzelfall (vgl. Alkoholismus, Drogen).

15. Welche Möglichkeiten zur Unterstützung der Selbsthilfe der Arbeitnehmer kann der Arbeitgeber gewähren?

Unterstützung der Selbsthilfe der Arbeitnehmer bedeutet, dass der Arbeitgeber Leistungen gewährt, die den Arbeitnehmer befähigen, kritische Lebenslagen zu bewältigen, ohne dass er aus der Eigenverantwortung entlassen wird. Dieser Themenkreis lässt sich nicht genau abgrenzen; folgende Leistungen des Arbeitgebers können hier zugerechnet werden:

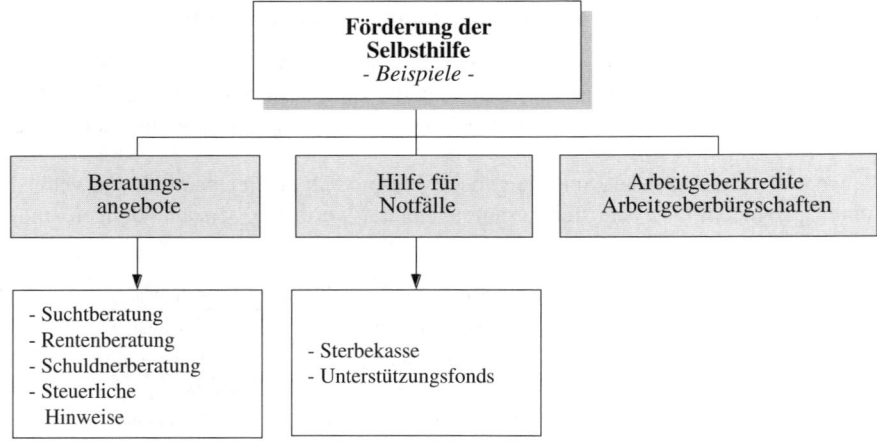

16. Welche Formen der Eigentumsbildung in Arbeitnehmerhand (Beteiligungsmodelle) sind vorherrschend und welche Wirkung können sie entfalten?

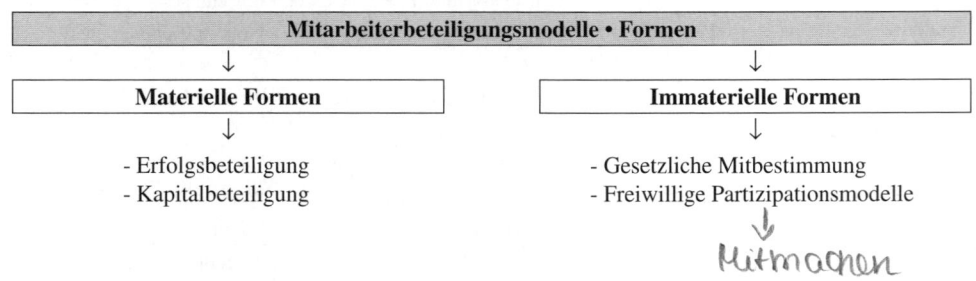

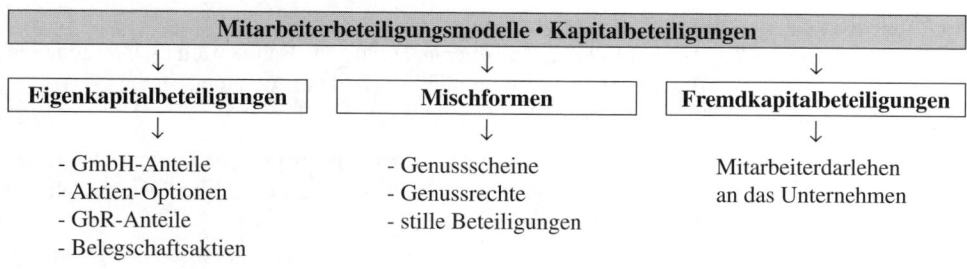

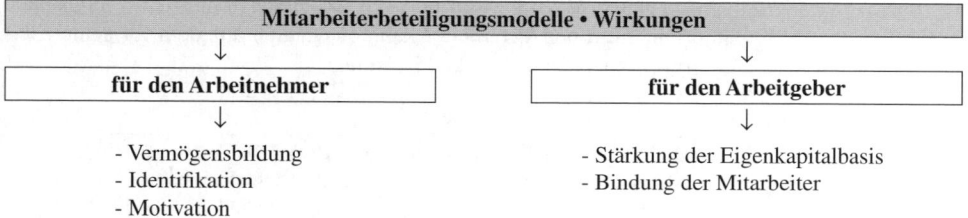

2.5.3 Cafeteria-Angebote

01. Welche Inhalte und Möglichkeiten bieten Cafeteria-Systeme?

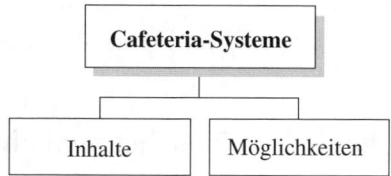

• *Inhalte:*

Ein Cafeteria-System ist ein individuelles und flexibles System der Vergütung. Bezogen auf die Gewährung betrieblicher Sozialleistungen erhalten die Mitarbeiter die Möglichkeit, aus einer Palette von Maßnahmen diejenigen auszuwählen, die für sie einen entsprechenden Anreiz darstellen: So wird z. B. der ältere Mitarbeiter eher die betriebliche Altersversorgung wählen, während für jüngere mehr das Baudarlehen und/oder der Dienstwagen interessant ist. Auf diese Weise kann der Betrieb „ein Paket betrieblicher Sozialleistungen schnüren", dessen Kosten steuerbar bleiben (meist erfolgt in der Praxis eine Reduzierung der Gesamtleistung); die Attraktivität wird dadurch erhöht, dass die Mitarbeiter entsprechend ihrer Motivlage auswählen können und dadurch die einzelne Leistung bewusster als Wert wahrnehmen.

Die Merkmale eines Cafeteria-Systems sind im Einzeln:

- Wahlmöglichkeit,
- Quantifizierung der einzelnen Leistung,
- Wahlturnus (= Geltungsdauer der Wahl),
- Festlegung der Periode (pro Kalenderjahr oder ggf. Übertragbarkeit),
- Restsummenregelung (Regelung über „nicht verbrauchte Leistungen").

- *Möglichkeiten:*

1. *Auswahlplan:*	Auswahl *aus der gesamten Palette* im Rahmen eines individuellen Budgets (jede Leistung muss in Geldeinheiten quantifiziert sein).
2. *Kernangebot + Zusatzangebot*:	*Alle Mitarbeiter erhalten ein Kernangebot* (z. B. betriebliche Altersversorgung); aus einer Zusatzpalette weiterer Leistungen kann im Rahmen eines Budgets gewählt werden.
3. *Auswahlpläne für Zielgruppen:*	Die betrieblichen Leistungen werden in Einzelpakete strukturiert, die sich an der Motivstruktur und der Vergütung bestimmter Zielgruppen orientieren; der Mitarbeiter kann auswählen aus dem für seine Zielgruppe spezifischem Paket; Beispiel:

Paket 1: → AT-Angestellte	
Dienstwagen inkl. privater Nutzung:	12.000 Geldeinheiten
Altersversorgung:	6.000 Geldeinheiten
Baudarlehen:	6.000 Geldeinheiten
Parkplatz/Tiefgarage:	1.000 Geldeinheiten

- Herr Huber, Leiter Marketing, wählt „Dienstwagen + Parkplatz" (Σ = 13.000 GE).

- Herr Zahl, Leiter Rechnungswesen, wählt „Altersversorgung + Baudarlehen" (Σ = 12.000 GE; zuzüglich einer Restsumme von 1.000 GE).

2.5.4 Informationsmöglichkeiten über betriebliche Sozialleistungen

01. Welche Möglichkeiten der Information über die betriebliche Sozialpolitik gibt es nach innen und nach außen?

Maßnahmen der Sozialpolitik können ihre Wirkung nur dann entfalten, wenn sie bekannt sind – sowohl bei den Mitarbeitern im Unternehmen als auch in der Öffentlichkeit.

Befragt man Mitarbeiter danach, welche sozialpolitischen Maßnahmen ihr Betrieb bietet, so begegnet einem häufig ein „Achselzucken" oder es werden ein oder zwei Beispiele genannt. Selten ist der gesamte Umfang des Pakets an Sozialleistungen und -einrichtungen bekannt. Das „Marketing der betrieblichen Sozialmaßnahmen" kann und muss noch deutlich verbessert werden. Neben der Präsentation der betrieblichen Sozialpolitik in Werkszeitschriften, im Intranet und im Internet gibt es eine Vielzahl von Informationsmöglichkeiten:

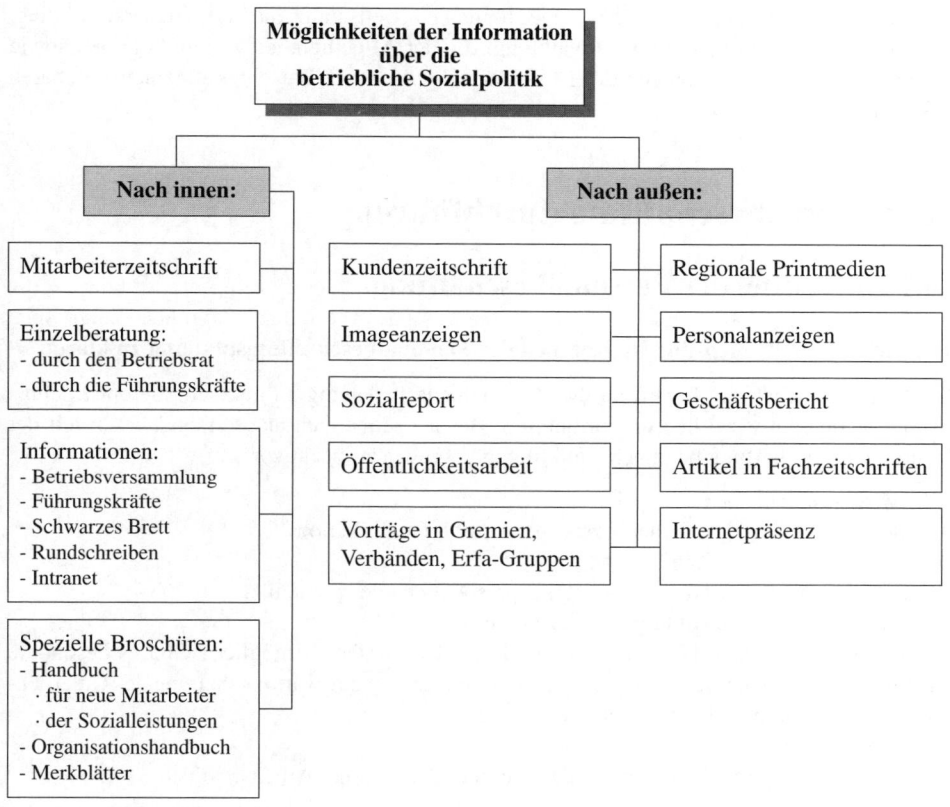

02. Was versteht man unter einer Sozialbilanz?

Der Begriff Sozialbilanz ist, obwohl er sich durchzusetzen scheint, insofern irreführend, als es sich dabei nicht um eine Bilanz im betriebswirtschaftlichen Sinne handelt, sondern um eine gesellschaftliche Rechnungslegung. Es werden die von einer Unternehmung erbrachten *Aufwendungen* dem dadurch für die Gesellschaft gestifteten *Nutzen gegenübergestellt.* Wegen der im Sinne einer Bilanz erforderlichen Quantifizierung des Aufwands, der aber leider vielfach in Zahlen nicht erfassbar ist, wird deshalb sprachlich und sachlich richtiger von einigen Unternehmen anstelle des Begriffs Sozialbilanz der Begriff *Sozialbericht* oder *Sozialreport* verwandt.

03. Welche Leistungen werden in einer Sozialbilanz erfasst?

Eine „Sozialbilanz" enthält:

a) die sozialen *Leistungen für die Mitarbeiter* des Unternehmens,

b) die *Leistungen gegenüber dem Staat* und den Gebietskörperschaften, wie z. B. Steuern, Sozialabgaben,

c) *Leistungen für die Öffentlichkeit,* wie z. B. für den Umweltschutz, die Verbraucheraufklärung, Ausgaben für Forschung und Entwicklung, die der Allgemeinheit zugute kommen sowie freiwillige soziale Leistungen für die Allgemeinheit (wie z. B. Bau eines allgemein nutzbaren Schwimmbades, eines Altersheimes, eines Krankenhauses usw.).

2.6 Personalbeschaffung durchführen

2.6.1 Hilfsmittel der Personalbeschaffung

01. Welche Einzelfragen sind im Rahmen der Personalbeschaffungsplanung zu klären?

Die Personalbeschaffung knüpft an die Personalbedarfsplanung an und setzt deren Ergebnis quantitativ, qualitativ, zeitlich und örtlich um. Bevor Fachbereich und Personalwesen mit der eigentlichen Beschaffung beginnen, sind folgende Fragen zu beantworten:

- Wer wird gesucht?
  (Stellenbeschreibung, Anforderungsprofil, Anzahl, Qualifikation)
- Welche Konditionen gelten?
  (Gehalt, besondere Anreize, Entwicklungsperspektiven der Stelle u. Ä.)
- Wie ist der besondere „Hintergrund der Stelle"?
  (Ist die Stelle noch besetzt? Einarbeitung durch den Vorgänger möglich? Gibt es besondere erschwerende, interne Bedingungen? – z. B. besonders hohe Erwartungshaltung des Unternehmens an den neuen Stelleninhaber usw.)
- Wo wird gesucht?
  (Die Frage des Beschaffungspotenzials, interner oder externer Arbeitsmarkt)
- Wie wird gesucht?
  (Beschaffungswege, Beschaffungsinstrumente)
- Wie wird ausgewählt?
  (Auswahlinstrumente und -methoden)
- Zu welchem Zeitpunkt muss der neue Mitarbeiter zur Verfügung stehen?
- Wo, an welchem Ort wird er gebraucht?
- Wer nimmt am Beschaffungsvorgang und am Auswahlprozess teil?
- Wie wird überprüft, ob der Beschaffungsvorgang erfolgreich war?
  (Kontrolle der Beschaffungskosten, der Zeit, der Reaktion auf Stellenanzeigen, der Auswahlinstrumente usw.; nachgeschaltete Kontrolle im Rahmen der Probezeitbeurteilung u. Ä.).

02. Welche Hilfsmittel werden im Rahmen der Personalbeschaffung genutzt?

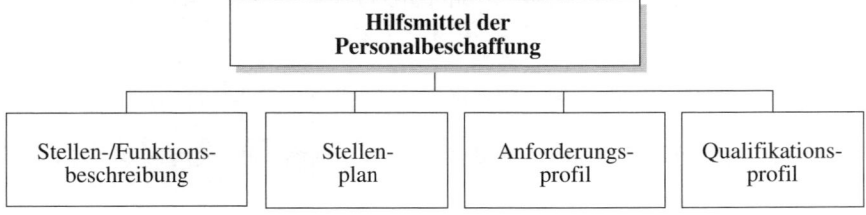

03. Welche grundsätzlichen Möglichkeiten der Personalbeschaffung hat der Betrieb?

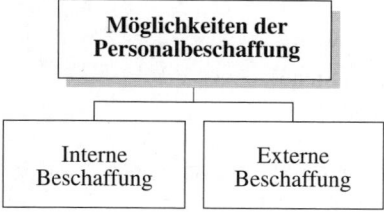

2.6.2 Interne Beschaffung

01. Welche Möglichkeiten der internen Personalbeschaffung lassen sich unterscheiden?

Intern kann die Beschaffung z. B. erfolgen durch Versetzung aufgrund

- innerbetrieblicher Stellenausschreibung,
- von Vorschlägen des Fachvorgesetzten,
- von Nachfolge- oder Laufbahnplanungen sowie
- systematisch betriebener Personalentwicklung.

Dabei können die Möglichkeiten des Intranets genutzt werden.

02. Welche Vorteile bietet die Besetzung freier Arbeitsplätze durch Mitarbeiter des Betriebes?

Es entfallen die oft sehr hohen Einstellungskosten. Das Wissen und Können des Mitarbeiters kann besser als das neuer Mitarbeiter eingeschätzt werden. Der bisherige Mitarbeiter kennt die betrieblichen Gegebenheiten und das Betriebsklima wird dadurch verbessert, dass die Mitarbeiter das Gefühl haben, sie können innerbetrieblich aufsteigen.

03. Welche Gründe sprechen gegen eine innerbetriebliche Besetzung freier Stellen?

Sind mehrere gleich gute Mitarbeiter vorhanden, so kann die Auswahl eines Mitarbeiters von den anderen als Zurücksetzung empfunden werden. Auch sind neue Mitarbeiter nicht betriebsblind und können aufgrund ihrer in anderen Betrieben gewonnenen Erfahrungen neue Ideen unterbreiten.

04. Was versteht man unter einer Versetzung im Sinne des Betriebsverfassungsgesetzes?

Nach § 95 (3) BetrVG ist eine *Versetzung* „die Zuweisung eines anderen Arbeitsbereichs, die voraussichtlich die Dauer von *einem Monat* überschreitet *oder* die mit einer *erheblichen Änderung der Umstände* verbunden ist ...".

05. Welche Einzelpunkte müssen in einer innerbetrieblichen Stellenausschreibung genannt werden?

Eine generelle Festlegung über den Inhalt interner Stellenausschreibungen gibt es nicht – es sei denn, dass dieser Aspekt in der Betriebsvereinbarung verbindlich geregelt ist. Im Allgemeinen wird man über folgende Einzelpunkte in einer innerbetrieblichen Stellenausschreibung Aussagen machen:

- Nummerierung des „Stellentelegramms",
- Bezeichnung der ausgeschriebenen Stelle,
- Kurzbeschreibung der Einzelaufgaben,
- Anforderungen an den Bewerber,
- Abteilung/Bereich,
- Beschreibung der erforderlichen Unterlagen,
- ggf. Hinweis auf Formular „Innerbetriebliche Bewerbung",
- Gehalts-/Lohngruppe.

Die Eingruppierung (nicht die konkrete Lohnhöhe) muss *immer genannt werden*, da der Betriebsrat ein Mitbestimmungsrecht in Sachen Arbeitsbewertung und Eingruppierung hat – u. a. nach § 87 (1) Nr. 10 BetrVG.

---

11. Februar 20. .

Innerbetriebliche Stellenausschreibung

Kenn-Nr.:	Labor 003/20. .
Aufgabe:	Entwicklung und Qualitätssicherung von Tinten für die Anwendungen Prozessschreiber, Druckköpfe, Plotter und Tintenstrahldrucker.
Kennwort:	**Chemielaborant für das Tintenlabor (m/w)**
Einstufung:	T 4/1

Anforderungen:

- Ausbildung zum Chemielaboranten (m/w)
- Kenntnisse und Interesse an physikalischchemischen Arbeiten: u.a. Messung und Auswertung von physikalischen Kennwerten wie Viskosität, Oberflächenspannung, elektrische Leitfähigkeit.
- vorteilhaft sind Kenntnisse in der Farbstoffchemie
- kreatives, flexibles Arbeiten
- Englischkenntnisse sind erforderlich
- Zuverlässigkeit, Einsatzfreude und Bereitschaft zur Einarbeitung in die bestehende Gruppe.

Bewerbungen sind im Sekretariat der Geschäftsleitung bei Frau Ohligs bis zum 01. März 20. . einzureichen. Bitte verwenden Sie dafür das Formular „Interne Bewerbung". Rückfragen bitte an Herrn Feldmann, Tel. 1554.

2.6.3 Externe Beschaffung

01. Welche externen Möglichkeiten der Personalbeschaffung kann der Betrieb nutzen?

- Personalanzeige (externe Stellenausschreibung: Printmedien/Internet),
- Personalleasing,
- private Arbeitsvermittler, Personalserviceagenturen (PSA),
- Personalberater,
- Anschlag am Werkstor,
- Auswertung von Stellengesuchen in Tageszeitungen,
- Auswertung unaufgeforderter („freier") Bewerbungen,
- Arbeitsagenturen, Jobcenter,
- Messen,
- über Mitarbeiter (Bekannte, Freunde, Angehörige usw.),
- Kontaktpflege zu Schulen, Bildungseinrichtungen usw.

02. Welche Bedeutung hat die Einschaltung von Personalberatern bzw. der privaten Arbeitsvermittlung?

Bei der Beschaffung von Führungskräften und besonderen Spezialisten werden häufig Personalberater eingeschaltet. Die Gründe dafür können sein:

- das Unternehmen möchte nach außen nicht in Erscheinung treten;
- keine oder zu geringe Manpower und/oder Fachkompetenz in Sachen Personalbeschaffung;
- die vorausgegangene Anzeigenaktion brachte keinen Erfolg;
- die Auswahl verlangt ein besonderes Know-how (z. B. Spezialisten für Auslandseinsatz).

Meist bieten Personalberater gestaffelte Dienste an; im Wesentlichen:

- Briefkastenfunktion:
  Der Berater schaltet die Anzeige und gibt eingehende Bewerbungen ungeprüft an das Unternehmen weiter.

- Vorauswahl:
  Die eingehenden Bewerbungen werden geprüft und ganz oder teilweise an das Unternehmen - mit Kommentierungen – weitergereicht.

- Full Service:
  Anzeigenschaltung, Vorauswahl, Präsentation geeigneter Kandidaten, Mitwirkung bei der Entscheidungsfindung.

Die anfallenden Kosten sind nicht unerheblich (je nach Position, Anforderungsprofil, Potenzial am Arbeitsmarkt usw.). Sie liegen in der Regel zwischen 10 % und 40 % der Jahresbezüge des betreffenden Kandidaten; hinzu kommen Spesen und MwSt. Eine häufig geübte Praxis ist die Staffelung der Rechnung:

Staffelung der Rechnung zu je einem Drittel bei Auftragserteilung, bei Präsentation der Kandidaten und bei Unterzeichnung des Arbeitsvertrages.

Empfehlung: Man sollte sich von der Qualifikation des Personalberaters überzeugen! Wie lange ist er am Markt? Ist er spezialisiert (Arbeitsmarkt, Zielgruppe)? Worauf begründet sich seine

Berufserfahrung (umfassende Kenntnisse der Personalbeschaffung und -auswahl)? Welche Referenzen kann er geben? Sinnvoll ist die regionale Nähe des Beraters (Termine, Reisekosten). Wichtig ist ein exaktes Briefing an den Berater:

- Unternehmensinfo,   - Stellenbeschreibung,
- Anforderungsprofil,   - Gehaltsrahmen.

Neben der Tätigkeit der klassischen Personalberatung, deren Arbeit auch früher nicht durch das Vermittlungsmonopol der Bundesanstalt für Arbeit eingeschränkt war, besteht die Möglichkeit, im Wege der Lizenzvergabe durch die Bundesagentur für Arbeit private Arbeitsvermittlung zu betreiben. Die Vermittlungsgebühr darf nur vom Auftraggeber bezahlt werden. Eine Gebühr gegenüber dem Arbeitssuchenden ist unzulässig. Ein größerer Teil der Firmen, die professionell Arbeitnehmerüberlassung betreiben, hat diesen Geschäftszweig als 2. Standbein eingerichtet.

03. Was kann die regionale Arbeitsagentur leisten?

Die Beschaffung über die regionale Arbeitsagentur kann schon deshalb nützlich sein, weil die Leistungen kostenlos sind und niemand über eine bessere Transparenz des örtlichen Arbeitsmarktes verfügt. Trotz vielfacher „Schelte" der Bundesagentur für Arbeit (BA) in Nürnberg bleibt festzustellen: Die Arbeitsagenturen sind meist sehr schnell in ihrer Vermittlungstätigkeit und bieten Unterstützungsmöglichkeiten, die oft nur unzureichend bekannt sind (z. B. Einarbeitungsbeihilfen, Lohnkostenzuschüsse bei Langzeitarbeitslosen usw.; → vgl. SGB III).

Der Nachteil: Die Mehrzahl der Führungskräfte und besonders der qualifizierten Fachkräfte scheuen teilweise die Vermittlung über die BA, sodass von daher bestimmte Vakanzen nicht bedient werden können. Aber auch für die Zusammenarbeit mit der Arbeitsagentur gilt: Eine qualifizierte Vermittlungsarbeit kann nur zu Stande kommen, wenn auch die Mitarbeiter der Arbeitsagentur ein exaktes Briefing der Stelle erhalten. Die Arbeitsagenturen sind ständig bemüht, ihr Vermittlungsangebot zu verbessern – durch Informationsvernetzung zwischen den Ämtern, durch Zeitschriften und Sonderdrucke sowie durch die Beratung bei der Gestaltung von Personalanzeigen.

04. Welche Bedeutung hat die Personalrekrutierung via Internet?

Die Bedeutung hat zugenommen; viele der befragten Firmen (vgl. Fachzeitschriften) wollen darauf nicht mehr verzichten. Als Pro-Argumente werden vor allem genannt:

Personalrekrutierung via Internet • E-Recruiting	
Vorteile, Chancen	- praktisch, zeitökonomisch, zukunftsweisend, sinnvoll, effektiv, geringere Kosten - Selektionsmöglichkeit, Bedienungskomfort, Zielgruppenansprache, Preis-/Leistungsverhältnis, Image, Globalisierung (Euro-Raum) - längere Präzenz und bessere Verbreitung als bei Printmedien - Vorselektion der Bewerber über die Kriterien des Online-Bewerbungsformulars - Einrichten eines Bewerbermanagementsystems: Zwischenbescheide/Versenden von Testfragebögen an die Bewerber, Einladung und Infos per E-Mail, elektronische Information/Anhörung an den Betriebsrat mit Unterlagen der Bewerber
Nachteile, Risiken	- Gefahr von Viren, Datensicherheit, unpersönlich - ggf. Aufwand mit Online-Bewerbungsformular für den Bewerber

05. Welche weiteren Maßnahmen der Personalbeschaffung sind ebenfalls von Bedeutung?

Als weitere Maßnahmen der internen Personalbeschaffung müssen indirekt folgende Möglichkeiten berücksichtigt werden:

- Mehrarbeit (mitbestimmungspflichtig),
- Urlaubsverschiebung sowie
- Verbesserung der Mitarbeiterqualifikation (Leistungssteigerung).

2.6.4 Andere externe Möglichkeiten

01. Welche weiteren externen Möglichkeiten der Personalbeschaffung (im weitesten Sinne) können eingesetzt werden?

- Dienstvertrag (→ vgl. Ziffer 2.1.2):
  z. B. Abschluss von Honoraraufträgen mit Selbstständigen für die Erstellung von Stellenbeschreibungen, Konzipierung eines Assessmentcenters, Unterstützung bei der Personalauswahl usw.

- Werkvertrag (→ vgl. Ziffer 2.1.2):
  Abschluss von Werkverträgen, z. B. Kantinenbewirtschaftung, Automatenbewirtschaftung, Reinigung der Büroräume.

- Überbrückung kurzfristiger Personalengpässe durch Personalleasing/Arbeitnehmerüberlassung (→ vgl. Ziffer 2.1.2).

2.7 Administrative Aufgaben einschließlich der Entgeltabrechnung bearbeiten

2.7.1 Aufgaben der Personalverwaltung

01. Was versteht man unter Personalverwaltung?

Personalverwaltung im weiteren Sinne umfasst alle Maßnahmen, die der Erhaltung und Sicherung der menschlichen Arbeitsleistung dienen. Ihre Aufgabe ist es, dafür zu sorgen, dass die Leistungsfähigkeit der im Betrieb tätigen Menschen erhalten bleibt, erforderlichenfalls entwickelt wird, die Leistungsbereitschaft gefördert und Leistungshemmnisse beseitigt werden.

Unter *Personalverwaltung im engeren Sinne* kann die verwaltungstechnische Funktion verstanden werden, die vornehmlich durch Bildung und Bearbeitung von Belegen, ihre Auswertung und Archivierung gekennzeichnet ist.

02. An welchen Grundsätzen muss sich die Personalverwaltung orientieren?

Zum Beispiel:

03. Wie kann man die Aufgaben der Personalverwaltung systematisieren?

Man kann die Einzelaufgaben

A. unter geeigneten *Oberbegriffen* zusammenfassen, z. B.:

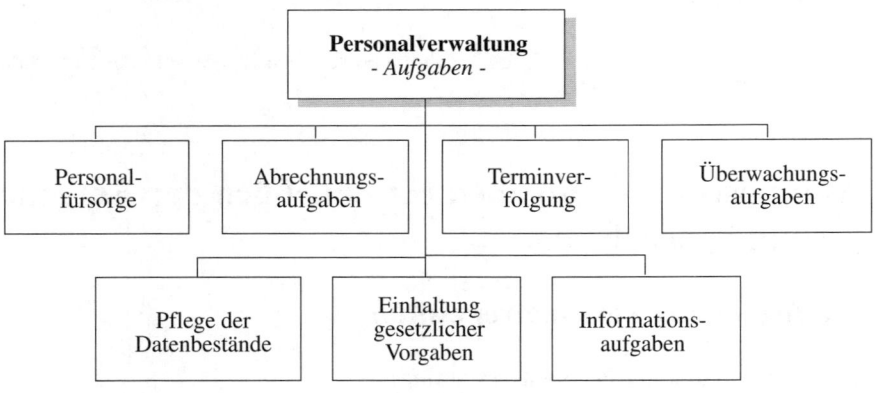

B. *vorgangsbezogen gliedern* (vgl. Rahmenplan):

- *Beschaffungsbezogene Aufgaben*, z. B.:
Bearbeitung/Erstellung der Hilfsmittel wie z. B. Stellenpläne, Anforderungsprofile, Eignungsprofile, Stellen-/Funktionsbeschreibungen, Texten und Schalten der externen/internen Stellenausschreibung, Bearbeiten der eingehenden internen/externen Bewerbungen, Zwischenbescheide, Terminabsprachen mit den Fachbereichen, Analyse der Bewerbungsunterlagen, Vorauswahl, Personalfragebögen, Arbeitsverträge, SV-Meldungen usw.

- *Einsatzbezogene Aufgaben*, z. B.:
Einsatz-, Arbeits-, Urlaubs-, Schichtpläne, Arbeitszeitmodelle, Statistiken usw.

- *Entlohnungsbezogene Aufgaben*, z. B.:
Bearbeitung der Zeitkonten, Brutto-, Netto-, Zahlungs-, Auswertungsrechnung, Führen der Lohnkonten, Statistiken usw.

- *Freistellungsbezogene Aufgaben*, z. B.:
Erstellung und Übergabe der Arbeitspapiere, Arbeitszeugnisse, Überprüfung und Abschluss der Lohnabrechnung, SV-Mitteilungen, Abschlussgespräche, Dokumentation und Archivierung der Personalakte usw.

04. Welche verwaltungstechnischen Arbeitsschritte sind <u>vor der Arbeitsaufnahme</u> eines neuen Mitarbeiters zu unternehmen?

a) Anlage der Personalakte unter Zugrundelegung des von beiden Seiten unterschriebenen Arbeitsvertrages,

b) Bestätigungsschreiben an den Mitarbeiter,

c) Mitteilung von Ort und Zeit, zu dem sich der neue Mitarbeiter im Unternehmen anmelden soll,

d) Einführungs- und Arbeitsplan (Ausbildungsplan),

e) Merkblatt für benötigte Einstellungsunterlagen:
Sozialversicherungnachweisheft,
Mitgliedsbescheinigung der Krankenkasse,
Vertrag über vermögenswirksame Leistungen,
Urlaubsbescheinigung,
letztes Arbeits- bzw. Schulzeugnis,
Einstellungsbogen,

f) Einführungsschrift für neue Mitarbeiter.

05. Welche Maßnahmen sind <u>bei der Arbeitsaufnahme</u> eines neuen Mitarbeiters erforderlich?

a) Begrüßung des neuen Mitarbeiters durch die Personalabteilung,

b) Erledigung der verwaltungstechnischen Formalitäten,

c) Ausstellung eines Betriebsausweises,

d) Einführung in die Abteilung und in den Arbeitsplatz,

e) Bekanntmachen mit den Unfallverhütungsvorschriften.

06. Welche Verwaltungsarbeit ist <u>mit der Einstellung</u> eines Mitarbeiters verbunden?

- Eintragung im Organisations- und Stellenplan;
- Zuteilung einer Stammnummer;
- Eintragung in das Stammregister;
- Eingabe in die EDV;
- Anlage der Personalakte;
- Anlage der Personalkartei;
- Meldung des neuen Mitarbeiters bei der Krankenkasse und dem Finanzamt.

2.7.2 Instrumente der Personalverwaltung

01. Welche Instrumente können im Rahmen der Personalverwaltung genutzt werden?

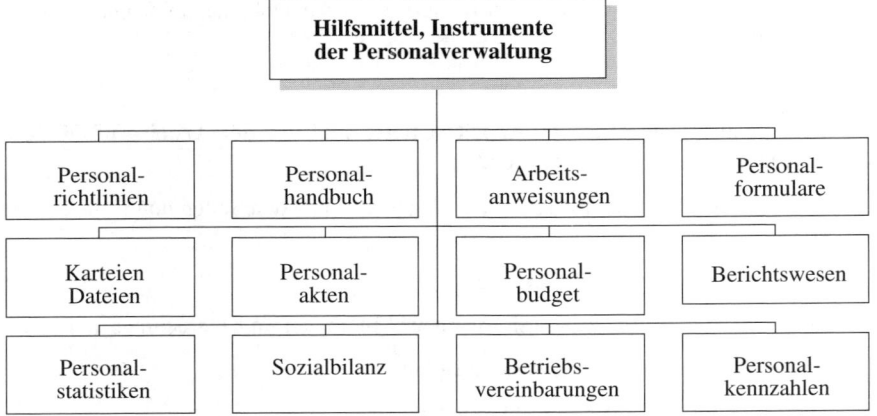

- *Führen der Personalakten:*
  → vgl. Ziffer 2.1.6

- Das *Personalhandbuch*

  existiert meist nur in größeren Unternehmen und ist ein Hilfmittel/eine *Arbeitsanweisung für Führungskräfte zur Handhabung personeller Angelegenheiten.* In der Praxis wird der Inhalt unterschiedlich sein – je nach Größe und Struktur des Unternehmens. Das Personalhandbuch kann z. B. enthalten: Die Betriebsordnung (= Arbeitsordnung), Auszüge aus relevanten Gesetzen/Tarifverträgen, Betriebsvereinbarungen, betriebliche Übungen, Führungsleitlinien, Unternehmensleitlinien.

- Die *Betriebsordnung*

  ist ein Regelwerk über Verhaltensnormen sowie über die Handhabung sozialer Angelegenheiten im Betrieb und liegt meist in Form einer Betriebsvereinbarung vor; sie ist <u>mitbestimmungspflichtig nach</u> § 87 Abs. 1 Nr. 1 BetrVG. Typische Regelungssachverhalte sind: Torkontrollen, Rauch- und Alkoholverbote, Arbeitszeiten, Pausen, Urlaubsregelung, Unfall- und Schadensvergütung, Betriebliches Vorschlagswesen (BVW), ggf. Sozialleistungen, Ordnungsstrafen usw.

- *Führungsleitlinien:*
  → vgl. Ziffer 4.5.1 (Überschneidung im Rahmenplan)

- *Sozialbilanz* (gesellschaftsbezogene Unternehmensrechnung):
  → vgl. Ziffer 2.5.4 (Überschneidung im Rahmenplan)

- *Personalabrechnungswesen:*
  Wegen des Umfangs und der Bedeutung wird dieses Teilgebiet als **Exkurs** abgehandelt:

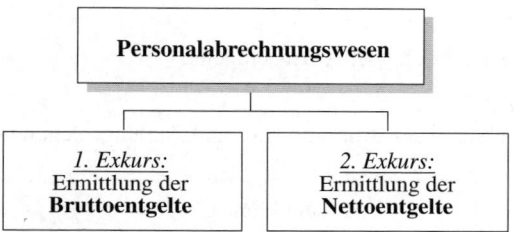

Im Rahmenplan ist dazu folgendes Lernziel formuliert:
„Der Teilnehmer soll Bruttoentgelte und Nettoentgelte (unter Berücksichtigung von steuer- und sozialrechtlicher Bestimmungen einschließlich möglicher Sonderfälle beherrschen (praktisch), ermitteln und berechnen."

- Die Qualifikationselemente

  - 2.7.2.4 Sozialbilanz (→ vgl. 2.5.4)
  - 2.7.3   Datensicherheit und Datenschutz (→ 1.5.4)

  werden an den genannten Stellen ausführlich behandelt.

1. Exkurs: Ermittlung der Bruttoentgelte

01. Was sind die Schwerpunktaufgaben der Lohn- und Gehaltsabrechnung?

a) *Bruttorechnung + Nettorechnung:*
Ermittlung und Auszahlung des an die Mitarbeiter zu entrichtenden Nettoentgeltes.

b) *Zahlungsrechnung:*
- Einbehaltung und Abführung der steuerlich und vertragspflichtigen Arbeitnehmerabgaben,
- Erhebung, Abführung und Nachweis der steuerlichen und sozialversicherungspflichtigen Arbeitgeberanteilen,
- Buchung und ggf. Verrechnung der Arbeitsentgelte.

c) *Auswertungsrechnung:*
Aufbereitung der Ergebnisse der Brutto-, Netto- und Zahlungsrechnung für interne Zwecke.

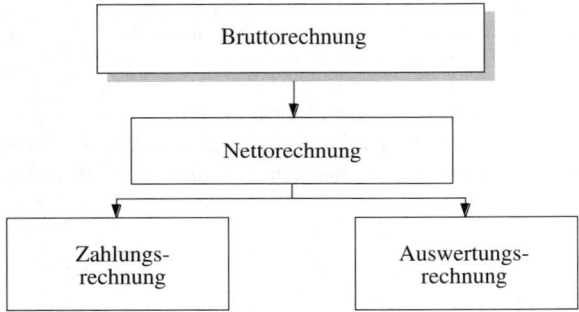

d) *Bescheinigungen:*
Ausstellung von Bescheinigungen über Leistungen und Abzüge für verschiedene steuerliche und versicherungsrechtliche oder soziale Zwecke (z. B. für das Studium von Kindern, Wohngeld, Kindergeld usw.).

02. In welchen Schritten erfolgt die Bruttolohnrechnung?

a) *Zeit- und Leistungserfassung* in Abhängigkeit von der Lohnform und geldmäßiger Bewertung und zwar: Grundleistung, Zuschläge, Zulagen,

b) bezahlte und unbezahlte *Abwesenheiten* (Ausfallzeiten) wie z. B.: Urlaub, Krankheit, Mutterschaftsurlaub.

c) *Sonstige Entgelte*: Sozialleistungen, Sonderprämien, Einmalzahlungen.

Erfasst werden diese Daten über Datenträger, Terminaleingaben, Beleglesung, Zeiterfassung, Betriebsdatenerfassung (z. T. noch über Lohnscheine u. Ä.). Das Ergebnis der Bruttorechnung ist der Ausgangspunkt für die Nettorechnung.

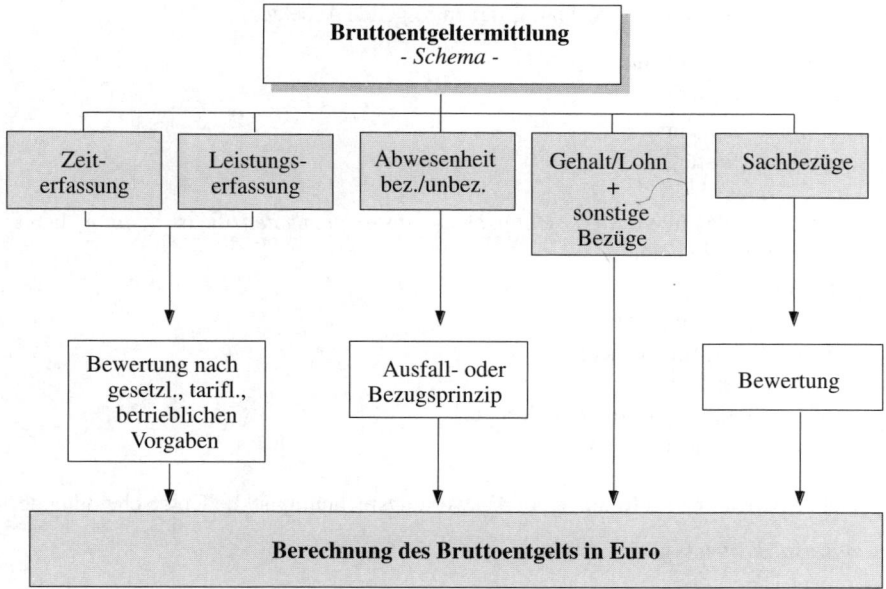

Hinweis: Da sich die Ermittlung der Bruttolöhne wesentlich an den Lohnformen orientiert, finden Sie Beispiele zur Bruttolohnberechnung unter Ziffer 2.3.8 im „Blauteil" dieses Buches.

03. Was bezeichnet man als Zahlungsrechnung?

Die Zahlungsrechnung bereitet die Nettoverdienste zur Zahlung an

- die Mitarbeiter,
- das Finanzamt,
- die Krankenkassen sowie ggf.,
- für die Gläubiger des Arbeitnehmers (z.B. Pfändungen),
- die Vertragsunternehmen für VL

vor.

Bei der Abrechnung für die Mitarbeiter müssen die vermögenswirksamen Leistungen, die Lohnpfändungen, die Darlehensrückzahlungen, Mieteinbehaltungen und die Vorschusszahlungen berücksichtigt werden. Die einzelnen Lohnbestandteile sind ausgedruckt aufzuführen. Die Lohnsteuerabrechnung kann in unterschiedlichen Perioden erfolgen. Zur Ermittlung der RV-, KV-, AV- und PV-Arbeitgeberbeiträge sind die zu leistenden Beiträge zu halbieren. Die Unfallversicherung (Berufsgenossenschaft) dagegen trägt allein der Arbeitgeber. Die Auszahlung an die jeweiligen Empfänger erfolgt heute meist über Datenträger.

04. Welche Aufgaben erfüllt die Auswertungsrechnung?

Hier werden die Ergebnisse der Brutto-, der Netto- und der Zahlungsrechnung sowie der sonstigen Lohndaten für *unternehmensinterne Belange aufbereitet* und im Rechnungswesen/Controlling sowie von den Kostenstellenverantwortlichen ausgewertet.

Im Mittelpunkt der Auswertungsrechnung stehen folgende Aspekte:

* *Trennung der Lohnkosten* nach
  - Kostenarten (Welche?),
  - Kostenstellen (Wo?) und
  - Kostenträgern (Wofür?).

* Daneben gibt es eine Fülle *weiterer Unterscheidungsmöglichkeiten*, die im betrieblichen Einzelfall interessant sein können:
  - Lohn-Ist-/Plankosten,
  - fixe und variable Lohnkosten,
  - Lohneinzel-/Lohngemeinkosten,
  - direkter/indirekter Lohn,
  - zeitliche/sachliche Abgrenzung der Löhne,
  - Erfassung nach Lohnarten usw.

Von spezieller Bedeutung im Rahmen der Auswertungsrechnung ist die Unterscheidung der

* *Personalzusatzkosten* (vgl. 2.3.10) in
  - gesetzliche,
  - tarifliche und
  - betriebliche (freiwillige).

2. Exkurs: Ermittlung der Nettoentgelte

01. Wie erfolgt die Nettorechnung (Nettolohnrechnung)?

Mithilfe der Nettorechnung wird der *Nettoverdienst* und der *Auszahlungsbetrag* ermittelt. Dazu sind die Abzüge

- Lohnsteuer,
- Solidaritätszuschlag,
- Kirchensteuer,
- Rentenversicherungsbeitrag,
- Krankenversicherungsbeitrag,
- Arbeitslosenversicherungsbeitrag und
- Beitrag zur Pflegeversicherung

zu berechnen. Hinsichtlich der Lohnsteuer ist zwischen *steuerpflichtigem* und *steuerfreiem Einkommen* zu unterscheiden. Ebenso ist zwischen *sozialversicherungspflichtigem* und *sozialversicherungsfreiem* Einkommen zu differenzieren. Der Arbeitgeber trägt i. d. R. 50 % der SV-Beiträge, ggf. die Entrichtung einer pauschalen Lohnsteuer sowie zu 100 % die Beiträge zur Berufsgenossenschaft. Die Versteuerung geldwerter Vorteile (z. B. Pkw) ist zu beachten.

Vom Nettoverdienst sind *persönliche Abzüge* (z. B. Vorschüsse, Darlehen) einzubehalten und abzuführen bzw. persönliche Zulagen (z. B. Kindergeld) zu addieren. Man erhält so den *Auszahlungsbetrag*. Die dafür benötigten Daten sind:

- Steuerklasse,
- Familienstand,
- Steuerfreibetrag, Kinderfreibetrag, Hinzurechnungsbetrag und andere Freibeträge, z. B. Behindertenpauschbetrag, Werbungskosten
- Konfession, Finanzamt,
- Lohnsteuergemeinde sowie
- Rentenversicherungsträger, Versicherungsnummer, Pflichtkrankenkasse/freiwillige Krankenkasse usw.

Bei der Nettorechnung sind eine Vielzahl gesetzlicher Regelungen zu berücksichtigen (Steuersätze, Abgabensätze usw.). Die Sätze und Regelungen ändern sich laufend, sodass heute eine Nettolohnabrechnung kaum noch fehlerfrei in manueller Form erstellt werden kann. Die gesetzlichen Eckdaten und Vorschriften finden sich u. a. im Einkommensteuergesetz, in den Lohnsteuerdurchführungsverordnungen, den Lohnsteuer-Hinweisen, den Erlassen der Länderfinanzministerien, dem Auslandstätigkeitserlass, dem Doppelbesteuerungsabkommen sowie der Rechtsprechung der Finanzgerichte.

Nachfolgend ist beispielhaft eine Nettolohnabrechnung mit Sachbezug PKW dargestellt (Stand: Januar 2014):

Beispiel:
Gehaltsabrechnung mit Sachbezug
Die Abrechnung wurde nach DATEV erstellt; daraus erklären sich Rundungsdifferenzen zur manuellen Abrechnung mithilfe der Lohnsteuertabelle.

Steuerklasse IV, ohne Faktorverfahren, Konfession keine, 1 Kind, Gehalt 2.500,00 €

Mustermann, Fritz		Statistische Werte:					
Louisenstraße 99							
17235 Neustrelitz							

Lohnart	Bezeichnung						Betrag
001	**Gehalt**						**2.500,00**
055	**Sachbezug PKW**						**260,00**
							Gesamt-Brutto
							2.760,00

Steuer-Brutto	Lohnsteuer	Kirchensteuer	SolZ				Steuerrechtl. Abzüge
2.715,00	**395,50**		**17,00**				**412,50**
KV/PV-Brutto	RV/AV-Brutto	KV-Beitrag	PV-Beitrag	RV-Beitrag	AV-Beitrag		SV-rechtl. Abzüge
2.715,00	**2.715,00**	**226,32**	**28,29**	**260,82**	**41,40**		**556,83**
							Nettoverdienst
							1.790,67
		Nr.	Netto-Bezüge/Netto-Abzüge				
		94	Sachbezug				**260,00**
							Auszahlungsbetrag
							1.530,67

PKW, Listenpreis brutto	20.000,00 €	
davon 1 %	200,00 €	steuer- und sv-pflichtig
Fahrten Wohnung – Arbeitsstätte	10 km	
15 · 10 · 0,3	45,00 €	Pauschale LSt möglich nach § 40 Abs. 2 S. 2 EStG

Geldwerte Vorteile/ Dienstwagen:

Privatnutzung	200,00	
Fahrten Wohnung – Arbeitsstätte	60,00	260,00
davon pauschal versteuert, Familienheimfahrten		45,00

Daraus ergeben sich für den Arbeitgeber folgende Effektivkosten:

	Monat	Jahr
Gesamtverdienst	2.760,00	33.120,00
Krankenversicherung	*7,3* 201,48	2.417,76
Pflegeversicherung	*1,03* 28,29	339,48
Rentenversicherung	*9,45* 260,82	3.129,84
Arbeitslosenversicherung	*1,5* 41,40	496,80
Insolvenzumlage	4,14	49,68
einheitliche Pauschst. 2 %	7,45	89,40
Berufsgenossenschaft	9,50	114,00
Effektivkosten	3.313,08	39.756,96

(handschriftliche Notiz: noch kontrollieren)

02. Wie kann das Bruttoarbeitsentgelt unter lohnsteuerrechtlichen Aspekten gegliedert werden?

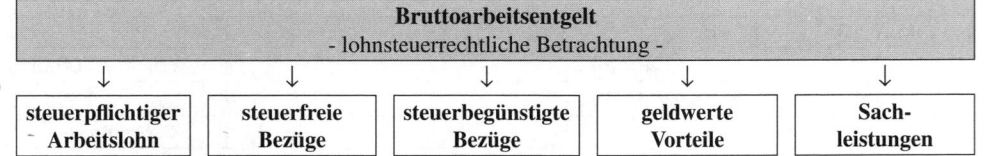

Bruttoarbeitsentgelt - lohnsteuerrechtliche Betrachtung -				
↓	↓	↓	↓	↓
steuerpflichtiger Arbeitslohn	steuerfreie Bezüge	steuerbegünstigte Bezüge	geldwerte Vorteile	Sach-leistungen

03. Welche Bezüge sind steuerpflichtig?

Grundsätzlich sind alle Einnahmen eines Arbeitnehmers aus dem Arbeitsverhältnis steuerpflichtig (§ 8 EStG). Es ist dabei unerheblich, unter welcher Bezeichnung und in welcher Form sie gewährt werden.

Ausnahmen sind in 3 EStG geregelt, z. B. Trinkgelder (steuerfrei nach § 3 Nr. 51 EStG).

Dem Lohnsteuerabzug unterliegt auch der im Rahmen des Dienstverhältnisses üblicherweise von einem Dritten für eine Arbeitsleistung gezahlte Arbeitslohn (§ 38 Abs. 1 S. 2 EStG / R 38.4 und R 38.6 LStR). Beispiele:

- Rabatte, die von dritter Stelle eingeräumt werden, wenn der Arbeitgeber an der Verschaffung dieser Preisvorteile mitgewirkt hat.

- Incentive-Reisen, die nicht vom Arbeitgeber, sondern z. B. vom Auftraggeber veranstaltet werden.

- Der Arbeitnehmer ist verpflichtet, die von einem Dritten gewährten Bezüge beim Arbeitgeber anzuzeigen.

- Unentgeltliche oder teilentgeltliche Überlassung von Belegschaftsaktien an Mitarbeiter verbundener Unternehmen.

- Leistungen aus einer Unterstützungskasse (H 19.3 LStR).

Nicht zum Arbeitslohn gehören Zuwendungen, die

- im Wesentlichen nur *Aufwandsersatz* darstellen,

- nicht auf dem Dienstverhältnis, sondern *auf einem anderen Rechtsgrund beruhen* (z. B. Schadensersatzleistungen des Arbeitgebers).

04. Welche Bezüge sind steuerfrei?

Steuerfreie Bezüge sind Geld- oder Sachleistungen des Arbeitgebers (z. B. Berufskleidung) an den Arbeitnehmer, mit denen ein dem Arbeitnehmer bei der Ausübung der ihm obliegenden Dienste für den Arbeitgeber entstandener *Aufwand abgegolten wird* oder die der Arbeitnehmer erhält, um sie für den Arbeitgeber auszugeben. Hierzu zählen: Aufwandsentschädigungen, Reisekosten, Aufwendungen für Fahrten zwischen Wohnung und Arbeitsstätte, Umzugskosten-Vergütungen, Kosten für doppelte Haushaltsführung aus beruflichen Gründen, Fehlgeldentschädigungen für Kassierer, Werkzeuggelder. *Überwiegend sind dabei gesetzliche Höchstgrenzen zu berücksichtigen.*

05. Welche Bezüge sind steuerbegünstigt?

Steuerbegünstigte Bezüge sind zwar nicht steuerfrei, sie werden jedoch steuerlich gesondert behandelt, z. B.:

- durch Gewährung von Freibeträgen
- durch Gewährung „günstigerer" Steuersätze
- durch besondere steuerrechtliche Berechnungsverfahren.

Hierzu zählen z. B.:

- Versorgungsbezüge
- Vergütung für mehrjährige Tätigkeit
- u. U.: Zahlungen für Verbesserungsvorschläge.

06. Was sind Sachbezüge und andere geldwerte Vorteile? Wie werden sie lohnsteuer- und sozialversicherungsrechtlich behandelt?

- Unter Sachbezügen/geldwerten Vorteilen versteht man alle Zuwendungen des Arbeitgebers, die nicht in Geld bestehen; § 8 Abs. 2 EStG nennt ausdrücklich die Überlassung von Wohnung, Kost, Waren, Dienstleistungen und sonstige Sachbezüge.

- Nach § 8 Abs. 2 EStG erfolgt die Bewertung der Sachbezüge mit den üblichen Endpreisen des Abgabeortes gemindert um übliche Preisnachlässe. Das ist nach R 8.1 Abs. 2 S. 2 LStR der Preis, den der Letztverbraucher zu bezahlen hat, wobei aus Vereinfachungsgründen 96 % des Ladenverkaufspreises angesetzt werden können (R 8.1 Abs. 2 S. 9 LStR).

- Für bestimmte Sachbezüge, insbesondere für Unterkunft und Verpflegung, werden seit lange im Bereich der Sozialversicherung amtliche *Sachbezugswerte* festgesetzt, die auch für die Besteuerung maßgebend sind. Darüberhinaus werden für bestimmte Sachbezüge steuerliche Durchschnittswerte durch die obersten Finanzbehörden der Länder festgesetzt.

- Eine Bewertung der Sachbezüge/geldwerten Vorteile erfolgt dann nicht nach § 8 Abs. 2 S. 1 EStG mit den üblichen Endpreisen des Abgabeortes, sondern unter Anwendung der steuerlichen Begünstigungen nach § 8 Abs. 3 EStG, wenn:

  1. der Arbeitnehmer die Waren oder Dienstleistungen aufgrund eines Dienstverhältnisses erhält;

  2. es sich um Waren oder Dienstleistungen handelt, die der Arbeitgeber nicht überwiegend für den Bedarf der Arbeitnehmer hergestellt/vertrieben oder erbracht hat;

  3. diese Sachbezüge nicht nach § 40 EStG pauschal versteuert werden (R 8.2 Abs. 1 LStR).

- Die Begünstigung des § 8 Abs. 3 EStG gilt sowohl für verbilligte als auch für unentgeltliche Sachbezüge. Die Bewertung dieser Sachbezüge erfolgt mit den Endpreisen einschließlich Umsatzsteuer, zu denen der Arbeitgeber die Waren oder Dienstleistungen fremden Endverbrauchern im allgemeinen Geschäftsverkehr anbietet unter Ansatz eines Preisabschlags von 4 % (R 8.2 Abs. 2 LStR)

- Als Einnahme aus nichtselbstständiger Arbeit ist der Unterschiedsbetrag zwischen dem Geldwert des Sachbezuges und dem vom Arbeitnehmer gezahlten Entgelt anzusetzen. Dieser Unterschiedsbetrag ist zur Ermittlung der steuerpflichtigen Einnahmen um den Rabattfreibetrag in Höhe von 1.080,00 €/Jahr zu mindern (§ 8 Abs. 3 S.2 EStG).

Beispiel: Personal-Abgabepreis eines PKW .... 15.000,00 €
Endpreis im Einzelhandel .... 18.000,00 €
- Preisabschlag 4 % .... -720,00 € 17.280,00 €

= Einnahme/geldwerter Vorteil .... 2.280,00 €
- Rabattfreibetrag .... - 1.080,00 €

= steuerpflichtige Einnahme/
zu versteuernder geldwerter Vorteil .... **1.200,00 €**

- Sachbezüge und Geschenke des Arbeitgebers werden nicht besteuert, wenn sie pro Arbeitnehmer insgesamt 44,00 € im Kalendermonat nicht übersteigen (§ 8 Abs. 2 S. 9 EStG; Aufmerksamkeiten)

- *Überlassung von Wohnungen:*
  Wird dem Arbeitnehmer kostenlos oder verbilligt eine Wohnung zur Verfügung gestellt, so wird als geldwerter Vorteil nicht der Sachbezugswert, sondern die ortsübliche Miete für eine derartige Wohnung angesetzt (R 8.1 Abs. 5 und 6 LStR).

- *Überlassung von Mahlzeiten:*
  Die Möglichkeit, das Mittagessen verbilligt oder umsonst einzunehmen, ist ein häufig gewährter Vorteil. Da der Wertansatz einer Mahlzeit sehr schwierig ist, wird in diesem Fall der *anteilige Sachbezugswert* zugrunde gelegt. Dieser Wertansatz erfolgt völlig unabhängig davon, wieviel der Arbeitgeber für die Mahlzeit aufgewendet hat. Vom Sachbezugswert ist dann der Eigenanteil des Arbeitnehmers abzuziehen. Der verbleibende Teil ist steuerpflichtiger Arbeitslohn (R 8.1 Abs. 7 LStR).

- *Arbeitgeberdarlehen:*
  Es ist zu unterscheiden zwischen der Ermittlung des geldwerten Vorteils nach § 8 Abs. 2 EStG (mithilfe des Marktpreises) und der Ermittlung nach § 8 Abs. 3 EStG unter Anwendung des Rabattfreibetrages. Es handelt sich nur dann um einen geldwerten Vorteil, wenn die Summe der noch nicht getilgten Darlehen am Ende des Lohnzahlungszeitraums 2.600,00 € übersteigt. Der geldwerte Vorteil bemisst sich nach dem Unterschiedsbetrag zwischen dem Maßstabszinssatz für vergleichbare Darlehen und dem vereinbarten Zinssatz bzw. nach dem Unterschiedsbetrag zwischen dem um 4 % geminderten Zinssatz an Dritte und dem vereinbarten Zinssatz abzüglich dem Rabattfreibetrag.

- *Nutzungsüberlassung eines betrieblichen PKW* (sog. 1 %-Regelung):
  Überlässt ein Arbeitgeber einem Arbeitnehmer ein KFZ zur kostenlosen Benutzung, so kann der darin liegende geldwerte Vorteil mit monatlich 1 % des auf volle Hundert Euro abgerundeten Listenpreis des Firmenwagens berechnet werden (§ 8 Abs. 2 S. 2 EStG). Zum Listenpreis und zur Sonderausstattung ist die Umsatzsteuer auch dann hinzuzurechnen, wenn beim tatsächlichen Erwerb keine Umsatzsteuer angefallen ist. Maßgebend ist der Listenpreis zum Zeitpunkt der Erstzulassung. Das gilt auch für Gebrauchtwagen (!). Bei Sonderausstattungen ist zu differenzieren:

  - Das Autotelefon wird nach § 3 Nr. 45 EStG nicht einbezogen.

  - Navigationssysteme, wie auch alle anderen Sonderausstattungen, die bereits von Anfang an im PKW enthalten sind, gehören zum Listenpreis.

  - Nachträgliche Einbauten – ab Monat Einbau – erhöhen den Listenpreis.

  - Winterreifen gehören nach R 8.1 Abs. 9 Nr. 1 S. 6 LStR nicht zum Listenpreis.

  - Transportable Navigationssysteme bleiben außer Ansatz.

  Die ggf. niedrigeren, tatsächlichen Anschaffungskosten des Arbeitgebers sind nicht zu berücksichtigen (z. B. Händlerrabatte). Kann der Arbeitnehmer das KFZ auch für Fahrten zwischen Wohnung und Arbeitsstätte nutzen, so ist für jeden Entfernungskilometer 0,03 % des Listenpreises pro Kalendermonat zusätzlich als geldwerter Vorteil anzusetzen.

Abweichend von der 1 %-Regelung kann der private Nutzungswert erfasst werden, indem die für den PKW insgesamt entstehenden Aufwendungen durch Beleg und das Verhältnis der privaten zu den übrigen Fahrten durch ein zeitnah und ordnungsgemäß geführtes Fahrtenbuch nachgewiesen werden. Dabei sind die dienstlich und privat zurückgelegten Fahrtstrecken gesondert und laufend im Fahrtenbuch auszuweisen. Für dienstliche Fahrten sind mindestens folgende Angaben erforderlich:

- Datum und Kilometerstand zu Beginn und am Ende jeder Auswärtsfahrt,
- Reiseziel und Route,
- Reisezweck und aufgesuchte Geschäftspartner (R 8.1 Abs. 9 Nr. 2 LStR).

Der Arbeitgeber kann gemäß § 40 Abs. 2 S. 2 EStG die Lohnsteuer mit einem Pauschalsteuersatz von 15 % für den privaten Nutzungswert von Firmenwagen für Fahrten Wohnung – Arbeitsstätte erheben. Die Pauschalierung bewirkt, dass keine SV-Beiträge anfallen. Falls der Betrag, bis zu dem eine Pauschalversteuerung möglich ist, den ermittelten geldwerten Vorteil übersteigt, kann dieser geldwerte Vorteil aus der unentgeltlichen Überlassung des PKW für Fahrten Wohnung – Arbeitsstätte in vollem Umfang pauschal versteuert werden. Dabei darf unterstellt werden, dass der PKW an 15 Tagen im Monat (180 Tage im Jahr) zu diesen Fahrten genutzt wird. Bei Körperbehinderten kann der Nutzungswert in vollem Umfang pauschal versteuert werden:

07. Wie wird die Kirchensteuer berechnet?

Jeder in Deutschland ansässige Arbeitgeber muss für jeden einer Religionsgemeinschaft angehörigen Arbeitnehmer die Kirchensteuer nach den jeweiligen landesrechtlichen Bestimmungen einbehalten und an das Betriebsstättenfinanzamt abführen. Maßgebend für den *Hebesatz* und evtl. *Mindestbeiträge* ist das Kirchensteuerrecht des Landes, in dem sich das Betriebsstättenfinanzamt befindet. Bemessungsgrundlage für die Kirchensteuer ist die jeweils einbehaltene Lohnsteuer. Hierauf ist der in Betracht kommende Prozentsatz anzuwenden. Die Höhe der Kirchensteuer beträgt je nach Länderzugehörigkeit entweder 8 oder 9 % der Lohnsteuer. *Bei Pauschalierung der Lohnsteuer wird auch die Kirchensteuer pauschaliert;* sie schwankt dabei je nach Bundesland zwischen 4,5 und 7 %.

08. Wie wird der Solidaritätszuschlag erhoben?

Der Solidaritätszuschlag (SolZ) ist eine Ergänzungsabgabe (im Regelfall: 5,5 % der Lohnsteuer). Im Ergebnis wirkt sie sich für den Arbeitnehmer wie eine Erhöhung der Einkommensteuer aus. Abgabepflichtig sind grundsätzlich alle Arbeitnehmer, von deren Arbeitslohn Lohnsteuer zu erheben ist. Ausnahme: Kein SolZ ist zu erheben, wenn die Lohnsteuer innerhalb der sog. „Nullzone" liegt.

Der SolZ ist auch im Fall der Pauschalversteuerung zu erheben (= 5,5 % der pauschalen Lohnsteuer). Ebenso wie bei der pauschalen Lohnsteuer ist der (pauschale) SolZ vom Arbeitgeber zu tragen. Aber: Ebenso wie dort kann der Arbeitgeber die Zahlung auf den Arbeitnehmer abwälzen.

09. Was bedeutet das ELStAM-Verfahren?

ELStAM (Elektronische LohnSteuer Abzugs Merkmale) wird auch als die „elektronische Lohnsteuerkarte" bezeichnet. Dieses elektronische Datenaustauschverfahren ersetzt ab dem 01.01.2013 die Lohnsteuerkarten aus Papier. Ziel der elektronischen Übertragung der Steuerabzugsmerkmale ist die Vereinfachung des Lohnsteuerabzugsverfahrens in den Unternehmen. Die Steuerabzugsmerkmale, die bisher auf der Vorderseite der Steuerkarte zu finden waren (Steuerklasse, Familienstand, Zahl der Kinderfreibeträge, Religionszugehörigkeit sowie evtl. Freibeträge), werden dem Arbeitgeber durch einen elektronischen Datenabruf zur Verfügung gestellt. Diese Informationen sind in einer Datenbank beim Bundeszentralamt für Steuern hinterlegt und können nur vom aktuellen Arbeitgeber abgerufen werden. Um Zugriff auf die Daten der jeweiligen Mitarbeiter zu erlangen, muss der Arbeitgeber jeden einzelnen Arbeitnehmer unter Angabe von

- Geburtsdatum,
- Steueridentifikationsnummer,
- Information, ob ein Haupt- oder ein Nebenarbeitsverhältnis vorliegt,
- ob und in welcher Höhe ein nach § 39a Abs. 1 Satz 1 Nr. 7 festgestellter Freibetrag abgerufen werden soll

in der ELStAM-Datenbank anmelden. Das Bundeszentralamt für Steuern übermittelt dann eine Anmeldebestätigung an die Unternehmen, in der die ELStAM der angemeldeten Mitarbeiter enthalten sind. Für Änderungen der Steuermerkmale ist weiterhin das Finanzamt zuständig. Melderechtliche Datenänderungen (z. B. Heirat, Geburt eines Kindes) müssen wie zuvor den Meldebehörden mitgeteilt werden. Bei Beendigung eines Beschäftigungsverhältnisses wird der Mitarbeiter bei der ELStAM-Datenbank abgemeldet. Im Januar 2014 müssen alle Betriebe auf das ELStAM-Verfahren umgestellt werden. Sowohl die Lohnsteuerkarten aus 2010 als auch die Ersatzbescheinigungen dürfen dann nach Ablauf des Kalenderjahres 2014 vernichtet werden.

10. Welche Bedeutung hat die Identifikationsnummer?

Erteilt wird die Identifikationsnummer vom Bundeszentralamt für Steuern. Sie ersetzt die bisher verwendete Einkommensteuernummer. Mit der bisherigen Einkommensteuernummer waren die Steuerpflichtigen nicht eindeutig identifizierbar.

Die Identifikationsnummer wird jeden Steuerpflichtigen ein Leben lang begleiten. Sie bleibt auch bei Umzügen und Namensänderungen erhalten.

Bürokratie soll abgebaut und Anträge und Steuererklärungen schneller bearbeitet werden. Leistungsmissbrauch und Steuerbetrug sollen wirksamer bekämpft werden. Die bundeseinheitliche Identifikationsnummer sorgt für mehr Transparenz und Steuergerechtigkeit.

11. Welche Steuerklassen sind zu unterscheiden?

Einkommensteuerpflichtige Arbeitnehmer werden gem. § 38b EStG in verschiedene Steuerklassen eingeteilt. Die Steuerklasse wird auf der jeweiligen Lohnsteuerkarte des Arbeitnehmers vermerkt.

Steuerklasse I: Sie gilt für Ledige und Verheiratete, Verwitwete oder Geschiedene, bei denen die Voraussetzung für die Steuerklasse III und IV nicht erfüllt sind.

Steuerklasse II: Sie gilt für Arbeitnehmer, die grundsätzlich die Steuerklasse I erfüllen, denen aber zusätzlich ein Entlastungsbetrag für Alleinerziehende zusteht.

Steuerklasse III: Sie gilt im Regelfall für alle verheirateten Arbeitnehmer, wenn beide Ehe-
                         partner unbeschränkt steuerpflichtig sind, nicht dauernd getrennt leben und
                         ein Ehegatte keinen Arbeitslohn bezieht oder der Ehegatte der Steuerklasse
                         V zugeordnet ist. Die Steuerklasse III wird auch verwitweten Personen für
                         das dem Tod des Ehegatten folgende Jahr gewährt und Arbeitnehmern, de-
                         ren Ehe aufgelöst wurde, für das Kalenderjahr der Eheauflösung.

Steuerklasse IV: Sie gilt für Arbeitnehmer, die verheiratet sind und beide Arbeitslöhne
                         beziehen. Weitere Voraussetzung sind die unbeschränkte Steuerpflicht
                         und das Zusammenleben der Ehegatten.

Steuerklasse V: Sie gilt auf Antrag für Arbeitnehmer, die die Voraussetzungen der Steu-
                         erklasse IV erfüllen. Der andere Ehegatte erhält dann die Steuerklasse
                         III. Diese Wahl der Steuerklassen empfiehlt sich nur, wenn einer der
                         beiden Ehegatten einen geringen Arbeitslohn bezieht.

Steuerklasse VI: Sie gilt für Arbeitnehmer, die ein zweites oder weiteres Dienstverhältnis
                         ausführen.

Faktorverfahren nach § 39 EStG:

Ab dem Jahr 2010 ist das Faktorverfahren für Ehegatten, die in die Steuerklasse IV gehören, auf
Antrag beim Finanzamt anzuwenden, wenn der Faktor aus der Lohnsteuer nach der Steuerklasse
IV (z. B. 4.800,00 €) und der Lohnsteuer gemäß Splittingtabelle (z. B. 4.000,00 €) kleiner als
1,0 ist (z. B. 0,833). Der Faktor wird dann auf die monatliche Lohnsteuer nach Klasse IV ange-
wendet. Somit wird eine Besteuerung gemäß des Anteils am Familieneinkommen gewährleistet.
Dies kann für Ehegatten mit erheblichem Gehaltsunterschied von Vorteil sein.

12. Welche Verpflichtungen bestehen für den Arbeitgeber zur Ermittlung der Lohnsteuer?

Der Arbeitgeber hat die auf den Arbeitslohn entfallende Steuer genau zu berechnen, vom Arbeitslohn abzuziehen, einzubehalten und für Rechnung des Arbeitnehmers an das Finanzamt
abzuführen. Er muss ferner die von der Finanzverwaltung aufgestellten formellen Erfordernisse
hinsichtlich der Aufzeichnung lohnsteuerlicher Vorgänge beachten und Auskunft über alle Maßnahmen und Entscheidungen geben können.

13. Was bezeichnet man als Lohnkonto?

Der Arbeitgeber hat am Ort der Betriebsstätte für jeden Arbeitnehmer und jedes Kalenderjahr ein
Lohnkonto zu führen, das alle persönlichen Angaben, das zuständige Finanzamt, die Freibeträge
und deren Geltungszeitraum beinhaltet (§ 4 LStDV). Ferner sind einzutragen:

a) der Tag der Lohnzahlung und der Lohnzahlungszeitraum,

b) der Bruttoarbeitslohn, Sachbezüge, Nettolohn, einbehaltene Steuern und Abzüge,

c) die steuerfreien Bezüge.

Das Lohnkonto ist am Ende des Kalenderjahres aufzurechnen und bildet die Grundlage für die
Lohnsteuerbescheinigung. Das Lohnkonto ist sechs Jahre aufzubewahren.

14. Welche Angaben sind auf der Lohnsteuerbescheinigung enthalten?

Der Arbeitgeber muss unter Angabe des Orts der Betriebsstätte nach Ablauf des Kalenderjahres oder nach der Beendigung des Beschäftigungsverhältnisses im Lauf des Kalenderjahres auf der Lohnsteuerbescheinigung belegen, in welcher *Zeit* im Kalenderjahr der Arbeitnehmer beschäftigt war. Ferner sind anzugeben: die *Höhe des Arbeitslohnes* einschließlich der Sachbezüge, die einbehaltene *Lohn- und Kirchensteuer.* Weiterhin sind der Gesamtbetrag der *vermögenswirksamen Leistung* und die ausgezahlte *Sparzulage* einzutragen sowie die *Abzüge zur Sozialversicherung.* Unterbrechungen, wie z. B. durch die Zahlung von Krankengeld sind ebenfalls anzugeben.

15. Was bedeutet der „Grundsatz der Parallelität" von Lohnsteuer und Sozialversicherung bei der Festlegung des Entgeltbegriffs?

• Nach dem Sozialgesetzbuch *gehören zum Arbeitsentgelt* alle

  - laufenden und
  - einmaligen Einnahmen

  aus einer Beschäftigung, gleichgültig, ob ein Rechtsanspruch besteht, in welcher Form sie gewährt werden und ob sie unmittelbar oder indirekt im Zusammenhang mit der Beschäftigung erzielt wurden (§ 14 SGB IV).

• *Nicht* zum (sozialpflichtigen) Arbeitsentgelt *gehören*

  - einmalige Einnahmen,
  - laufende Zulagen,
  - Zuschläge,
  - Zuschüsse und
  - ähnliche Einnahmen

  soweit sie *steuerfrei* sind.

• *Pauschalversteuerte Bezüge* von geringfügig Beschäftigten sind *beitragspflichtig* (Ausnahme: kurzfristige/Saisonbeschäftigung). Bis zur Grenze von 450,00 € monatlich zahlt der Arbeitgeber die Beiträge allein; von 450,01 € bis 850,00 € mtl. gilt eine *lineare Gleitklausel.*

  Damit existiert eine weitgehende Übereinstimmung des Arbeitsentgelts lt. Sozialversicherung mit dem lohnsteuerpflichtigen Arbeitslohn (= Grundsatz der Parallelität, d. h. „steuerpflichtig = beitragspflichtig"). Diese Regelung gewährleistet, dass der Arbeitgeber im Regelfall bei der Berechnung der Sozialversicherungsbeiträge und der Lohnsteuer von der gleichen Bemessungsgrundlage ausgehen kann.

16. Welcher Personenkreis ist versicherungspflichtig und welcher ist versicherungsfrei?

Grundsätzlich ist jeder Arbeitnehmer in der Sozialversicherung versicherungspflichtig. Im Einzelnen enthalten die Sozialgesetzbücher dazu umfangreiche Bestimmungen, die außerdem teilweise unterschiedlich für die einzelnen Versicherungszweige geregelt sind. Hinweis: Geschäftsführer können auch lohnsteuerrechtlich Arbeitnehmer sein, aber sozialversicherungsrechtlich als Unternehmer eingestellt werden.

Von der Versicherungspflicht gibt es zwei wichtige Ausnahmen:

- Geringfügige Beschäftigungen sind *beitragsfrei*.

- Wer im Jahr mehr als die Versicherungspflichtgrenze verdient, ist versicherungsfrei und muss sich *freiwillig versichern*.

17. Welche versicherungsrechtlichen Besonderheiten gelten für die Beschäftigung von Rentnern und Studenten?

Sozialversicherungspflicht				
		RV	**KV**	**AV**
Rentner	Altersrentner (Vollrente)	beitragsfrei	beitragspflichtig	nur dann beitragsfrei, wenn das 65. Lj. vollendet ist.
	Altersrentner (Teilrente)	beitragspflichtig	beitragspflichtig	
	Erwerbsminderungsrente	beitragspflichtig	beitragspflichtig	beitragsfrei

Sozialversicherungspflicht
Studenten   KV, AV, PV: beitragsfrei, wenn a) neben dem *Studium* ≤ 20 Stunden/Woche gearbeitet wird oder b) in den *Semesterferien* gearbeitet wird oder c) ausschließlich als *Aushilfe* gearbeitet wird (Aushilfe: ≤ 2 Monate oder ≤ 50 Arbeitstage im Jahr). Aber: Bei regelmäßiger Aushilfe (> 26 Wochen pro Jahr) besteht Versicherungspflicht.
RV: beitragspflichtig, wenn mehr als eine geringfügige Beschäftigung ausgeübt wird oder keine Aushilfstätigkeit mehr vorliegt.

18. Wann beginnt und wann endet die Versicherungspflicht in der Sozialversicherung?

Die versicherungspflichtige Beschäftigung beginnt grundsätzlich mit der Arbeitsaufnahme. Dies gilt auch dann, wenn der Arbeitnehmer die Aufnahme der Tätigkeit verschieben muss aus von ihm nicht zu vertretenden Gründen (z. B. Witterungseinflüsse, Erkrankung).

Die Versicherungspflicht endet grundsätzlich mit dem letzten Tag der Beschäftigung. In bestimmten Fällen existieren Ausnahmen (z. B. schwebendes Verfahren im Kündigungsschutzprozess).

19. Wie ist der Versicherungsschutz bei Arbeitsunterbrechungen geregelt?

- bei Lohnersatzleistungen:
  →Versicherungsschutz bleibt erhalten;

- bei einem rechtmäßigen Arbeitskampf:
  →KV, PV: Versicherungsschutz wird nicht beeinträchtigt (unabhängig von der Dauer)
  →RV, AV: längstens für einen Monat

- bei sonstigen Arbeitsunterbrechungen ohne Entgeltzahlung (z.B. unbezahlter Urlaub):
→ →Versicherungsschutz bleibt erhalten für längstens einen Monat.

20. Welche Sachverhalte sind bei der Berechnung „sonstiger Abzüge" zu berücksichtigen?

- *Lohnpfändungen*:
Die Lohnpfändung wird mit der Zustellung des Pfändungs- und Überweisungsbeschlusses an den Arbeitgeber wirksam. Er wird zur *Auskunft* innerhalb von 14 Tagen über die gepfändete Forderung aufgefordert.

Zum pfändbaren Arbeitseinkommen gehören *alle Einnahmen*, deren Grundlage jetzige oder frühere Arbeitsleistungen sind. Die Art des Lohnes (Akkordlohn, Zeitlohn usw.) ist unerheblich. Ruhegelder, Hinterbliebenenbezüge, betriebliche Altersversorgung und sonstige Renten gehören damit ebenfalls zum (pfändbaren) Arbeitslohn.

Ausnahmen: *Völlig unpfändbar sind folgende Bezüge:*
- zur Hälfte die für die Leistung von Mehrarbeitsstunden (Überstunden) gezahlten Teile des Arbeitseinkommens,
- die für die Dauer eines Urlaubs über das Einkommen hinaus gewährten Bezüge (Urlaubsgeld), Zuwendungen aus Anlass eines besonderen Betriebsergebnisses (Jubiläumszuwendungen),
- Aufwandsentschädigungen, Entgelt für selbst gestelltes Arbeitsmaterial, Gefahren- sowie Schmutzzulagen, Erschwerniszulagen, soweit sie den Rahmen des Üblichen nicht übersteigen, Kilometergeld,
- Weihnachtsvergütungen im Rahmen bestimmter Höchstgrenzen,
- Heirats- und Geburtsbeihilfen,
- Elterngeld, Studienbeihilfen, Kindergeld sowie
- vermögenswirksame Leistungen.

Die pfändungsfreien Beträge sind stets Nettobeträge.

Der Arbeitgeber hat Pfändungsgrenzen zu beachten: Zunächst ist ein Grundbetrag pfändungsfrei. Dieser Betrag ist für jede Person zu gewähren. Dieser Satz erhöht sich je nach Familienstand und Kinderzahl. Übersteigt das Einkommen den Betrag, so ist der überschießende Betrag zum größten Teil pfändbar. Je nach Anzahl der Familienmitglieder entstehen Pfändungsfreibeträge. Der Arbeitgeber kann den pfändbaren Betrag der amtlichen Lohnpfändungstabelle entnehmen, wenn das Nettoeinkommen die Höchstgrenze nicht übersteigt; liegt es darüber, so ist es voll pfändbar (vgl. dazu im Einzelnen §§ 850 ff. ZPO).

- *Lohnabtretungen*:
Die Abtretung ist eine vertragliche Forderungsübertragung. Sie bewirkt einen Gläubigerwechsel. Grundsätzlich kann jeder Arbeitnehmer pfändbare Teile seines Arbeitseinkommens auf einen anderen übertragen. Die Abtretung beruht als Verfügung über Arbeitseinkommen *auf freiwilliger Grundlage*. Gezwungen werden kann der Arbeitnehmer zur Lohnabtretung nicht. Im Einzelfall kann lt. Arbeitsvertrag die Lohnabtretung vertraglich ausgeschlossen sein.

Abgetreten werden kann nur der pfändbare Teil des Arbeitseinkommens. Die Abtretung wird mit der Vertragsunterzeichnung wirksam, unabhängig davon, ob sie dem Arbeitgeber mitgeteilt wird. Eine Abtretung nach wirksamer Einkommenspfändung ist jedoch gegenüber dem vollstreckenden Gläubiger unwirksam.

Auch bereits abgetretenes Arbeitseinkommen kann noch gepfändet werden. Der Arbeitgeber, der Kenntnis von einer wirksamen Abtretung hat, kann die abgetretenen Teile des fälligen Arbeitseinkommens nicht mehr an den Arbeitnehmer, sondern nur noch an den Neugläubiger zahlen. Dem Arbeitgeber bringt die Abtretung von Arbeitseinkommen i. d. R. einen erheblichen Verwaltungsaufwand; die Nichtbeachtung gesetzlicher Vorschriften kann für den Arbeitgeber zur Schadenshaftung führen. Der Arbeitgeber kann dem Arbeitnehmer dafür Bearbeitungskosten in Rechnung stellen.

Lohnabtretungen werden wie Lohnpfändungen vom Arbeitsnettoentgelt abgezogen.

• *Darlehen*:
  Die Tilgung des Darlehens mit den jeweiligen Zinsen ist vom verbleibenden Nettolohn abzuziehen; Lohnsteuer und Sozialversicherungsbeiträge sind bereits abgezogen worden. Die Darlehensraten können nur aus dem pfändbaren Entgelt gezahlt werden.

  Die Zinsen können fest oder variabel festgelegt werden; der Zinssatz kann sich nach dem jeweiligen Basiszinssatz der EZB oder nach dem jeweils üblichen Zinssatz richten (z. B. Baudarlehen).

  Gewährt der Arbeitgeber einen Zinsvorteil oder muss der Arbeitnehmer keine Darlehenszinsen zahlen, so ist die Differenz als geldwerter Vorteil zu versteuern.

• *Vorschüsse:*
  Lohnvorschüsse sind Geldleistungen auf noch nicht verdientes Arbeitseinkommen; sie werden nur für kurze Zeit gewährt (z. B. 1 - 2 Monate). Dem Arbeitnehmer soll mit der Vorverlegung der Fälligkeit der Arbeitsvergütung oder Teilen davon für einen Überbrückungszeitraum die Bestreitung des Lebensunterhalts ermöglicht werden. Als vorweggenommene Lohntilgung ist der Vorschuss in der Regel nicht zu verzinsen und i. d. R. bei der nächsten Lohnzahlung vom Nettolohn einzubehalten.

• *Beiträge zur betrieblichen Altersversorgung:*
  Sie werden vom Nettoentgelt abgezogen und an die entsprechende Kasse abgeführt. Lohnsteuer und SV-Beiträge berühren die Berechnung der Beiträge zur betrieblichen Altersversorgung nicht.

21. Was ist der Unterschied zwischen Abschlägen und Vorschüssen?

• *Bei einer Abschlagszahlung* ist der Anspruch auf die Zahlung bereits entstanden (z. B. Abschlagszahlungen i. V. m. Provisionszahlungen, die erst zu einem späteren Zeitpunkt berechnet werden können).

• *Ein Vorschuss* ist eine Vorauszahlung auf noch nicht fällige Bezüge.

22. Welche Regelung gilt für geringfügig Beschäftigte (Minijobs)?

Der Arbeitgeber kann unter Verzicht der Vorlage der Lohnsteuerkarte die Lohnsteuer einschließlich SolZ und Kirchensteuer (einheitliche Pauschalsteuer) für das Arbeitsentgelt aus geringfügigen Beschäftigungen mit einem einheitlichen Pauschsteuersatz von 2 % des Arbeitsentgelts erheben.

Für den Einzug ist bei geringfügiger Beschäftigung die Bundesknappschaft Bahn-See zuständig. Sie zieht gleichzeitig die einheitlichen Sozialversicherungsbeiträge in Höhe von 28 % des Arbeitsentgeltes ein, so dass eine Gesamtbelastung von 30 % entsteht. Diese Belastung hat der Arbeitgeber zu tragen und an die Bundesknappschaft zu entrichten. Diese Regelung gilt für Arbeitsentgelte bis 450,00 €. Diese Einkünfte werden nicht in der Einkommensteuererklärung angegeben, da die Versteuerung bereits stattgefunden hat. Für Einkommen über 450,00 bis 850,00 € gibt es die Möglichkeit der Anwendung der sog. Gleitzone. Das bedeutet, dass die Sozialversicherungsbeiträge anteilig berechnet werden und nicht mit dem vollem Prozentsatz.

Pauschale Abgaben bei Minijobs (Überblick)			
	450-Euro-Minijob (gewerblich)	Minijobs in Privathaushalten	Kurzfristige Minijobs[1]
Pauschalbeiträge zur Krankenversicherung (KV)	13 %	5 %	keine
Pauschalbeiträge zur Rentenversicherung (RV)	15 %	5 %	keine
Aufstockung der RV-Beiträge	3,9 %	13,9 %	nein
Einheitliche Pauschsteuer[2]	2 %	2 %	keine
Umlage 1 (U1)[3)4] bei Krankheit	0,7 %	0,7 %	0,7 %
Umlage 2 (U2) Schwangerschaft/Mutterschaft	0,14 %	0,4 %	0,14 %
Beiträge zur gesetzlichen Unfallversicherung[4]	individuelle Beiträge an den zuständigen Unfallversicherungsträger	1,6 %	individuelle Beiträge an den zuständigen Unfallversicherungsträger in Privathaushalten 1,6 %
Insolvenzgeldumlage[5]	0,15 %	keine	0,15 % in Privathaushalten keine

[1] Arbeitsentgelt von kurzfristigen Beschäftigungen ist stets steuerpflichtig – nähere Informationen erhalten Sie bei den Finanzverwaltungen.

[2] Bei Verzicht auf die Besteuerung nach individuellen Lohnsteuermerkmalen (elektronische Lohnsteuerkarte).

[3] bei einer Beschäftigungsdauer von mehr als 4 Wochen.

[4] Die Sätze können verschieden sein, je nach Satzung der Krankenkasse.

[5] Der Bund, die Länder, die Gemeinden sowie Körperschaften, Stiftungen und Anstalten des öffentlichen Rechts, über deren Vermögen ein Insolvenzverfahren nicht zulässig ist, und solche juristische Personen des öffentlichen Rechts, bei denen der Bund, ein Land oder eine Gemeinde kraft Gesetzes die Zahlungsfähigkeit sichert, und private Haushalte werden nicht in die Umlage einbezogen.

Quelle: www.minijob-zentrale.de → Pauschalabgaben

23. Welche Beitragsbemessungsgrenzen gelten für 2014 in der Sozialversicherung?

	Alte Bundesländer		Neue Bundesländer	
	Jährlich	Monatlich	Jährlich	Monatlich
RV, AV	71.400	5.950	60.000	5.000
KV	48.600	4.050	48.600	4.050

Die neuen Rechengrößen für 2013 entnehmen Sie bitte dem Internet, z. B. unter „Bundesarbeitsministerium".

24. Welche Sachbezugswerte gelten für 2014?

Tabelle 1
Sachbezugswerte **2014**

Personenkreis		Frühstück	Mittagessen	Abendessen	Insgesamt
		€			
Arbeitnehmer einschließlich Jugendliche	mtl.	49,00	90,00	90,00	229,00
und Auszubildende	ktgl.	1,63	3,00	3,00	7,63
Volljährige Familienangehörige	mtl.	49,00	90,00	90,00	229,00
	ktgl.	1,63	3,00	3,00	7,63
Familienangehörige vor Vollendung	mtl.	39,20	72,00	72,00	183,20
des 18. Lebensjahres	ktgl.	1,30	2,40	2,40	6,10
Familienangehörige vor Vollendung	mtl.	19,60	36,00	36,00	91,60
des 14. Lebensjahres	ktgl.	0,65	1,20	1,20	3,05
Familienangehörige vor Vollendung	mtl.	14,70	27,00	27,00	68,70
des 7. Lebensjahres	ktgl.	0,49	0,90	0,90	2,29

Tabelle 2
Sachbezugswerte **2014**

Sachverhalt		**Volljährige Arbeitnehmer**		**Jugendliche und Auszubildende**	
		Unterkunft allgemein	Aufnahme im Arbeitnehmerhaushalt/ Gemeinschaftsunterkunft	Unterkunft allgemein	Aufnahme im Arbeitnehmerhaushalt/ Gemeinschaftsunterkunft
Unterkunft belegt mit		€			
1 Beschäftigten	mtl.	221,00	187,85	187,85	154,70
	ktgl.	7,37	6,26	6,26	5,16
2 Beschäftigten	mtl.	132,60	99,45	99,45	66,30
	ktgl.	4,42	3,32	3,32	2,21
3 Beschäftigten	mtl.	110,50	77,35	77,35	44,20
	ktgl.	3,68	2,58	2,58	1,47
mehr als 3 Beschäftigten	mtl.	88,40	55,25	55,25	22,10
	ktgl.	2,95	1,84	1,84	0,74

Quelle: BMF

25. Welche gelten für unentgeltliche Wertabgaben in 2014?

Tabelle: Pauschbeträge für unentgeltliche Wertabgaben

Gewerbezweig	Jahreswert für eine Person ohne Umsatzsteuer		
	Ermäßigter Steuersatz	Voller Steuersatz	Insgesamt
	€	€	€
Bäckerei	1.176	397	1.573
Fleischerei	912	820	1.732
Gaststätten aller Art a) Mit Abgabe von kalten Speisen	1.150	965	2.115
b) Mit Abgabe von kalten und warmen Speisen	1.586	1.731	3.317
Getränkeeinzelhandel	93	291	384
Café und Konditorei	1.137	635	1.772
Milch, Milcherzeugnisse, Fettwaren und Eier (Eh.)	635	67	702
Nahrungs- und Genussmittel (Eh.)	1.295	740	2.035
Obst, Gemüse, Südfrüchte und Kartoffeln (Eh.)	291	212	503

Quelle: BMF

26. Welche Grenzwerte gelten für 2014 in der Sozialversicherung?

Grenzwerte in der Sozialversicherung
Zum 01.01.2014 haben sich eine Reihe von Rechengrößen und Beitragssätzen in der Sozialversicherung geändert. Die Sozialversicherungs-Rechengrößenverordnung aktualisiert alle dynamischen Rechengrößen in der Sozialversicherung (Jahresarbeitsentgeltgrenzen, Beitragsbemessungsgrenzen, Bezugsgrößen).

Jahresarbeitsentgeltgrenzen (Versicherungspflichtgrenzen)
Allgemeine Jahresarbeitsentgeltgrenze Krankenversicherung   53.550,00 €
Besondere Jahresarbeitsentgeltgrenze Krankenversicherung   48.600,00 €

Beitragsbemessungsgrenzen (BBG)
Gesetzliche Kranken- und Pflegeversicherung   4.050,00 €/Monat, 48.600,00 €/Jahr
Gesetzliche Renten- und Arbeitslosenversicherung
West/Ost   5.950,00 €/Monat, 71.400,00 €/Jahr, 5.000,00 €/Monat, 60.000,00 €/Jahr
Knappschaftliche Rentenversicherung
West/Ost   7.300,00 €/Monat, 87.600,00 €/Jahr; 6.150,00 €/Monat, 73.800,00 €/Jahr

Bezugsgröße
Gesetzliche Kranken- und Pflegeversicherung   2.765,00 €/Monat, 33.180,00 €/Jahr
Gesetzliche Renten- und Arbeitslosenversicherung
West/Ost   2.765,00 €/Monat, 33.180,00 €/Jahr, 2.345,00 €/Monat, 28.140,00 €/Jahr

Einkommensgrenze Familienversicherung

Regelfall	395,00 €/mtl.
Bei geringfügig entlohnter Beschäftigung	450,00 €/mtl.

Geringfügigkeitsgrenzen

Grenzwert für sozialversicherungsfreie geringfügig entlohnte Beschäftigung	450,00 €/mtl.
Mindestbemessungsgrundlage/Mindestbeitrag RV bei Verzicht auf RV-Freiheit	175,00 €/mtl., 32,20 €/mtl.

Sachbezugswerte

Freie Unterkunft/freie Verpflegung	221,00 €/mtl., 229,00 €/mtl.

Höchstbeitragszuschuss

KV mit/ohne Anspruch auf Krankengeld	295,65 €/mtl., 283,50 €/mtl.
PV alle Bundesländer außer Sachsen/PV Sachsen	41,51 €/mtl., 21,26 €/mtl.

Mindestbemessungsgrundlagen für freiwillig versicherte GKV-Mitglieder

Allgemein	921,67 €/mtl.
Regelbemessungsgrundlage hauptberuflich Selbstständige	4.050,00 €/mtl.
Mindestbemessungsgrundlage hauptberuflich Selbstständige	2.073,75 €/mtl.
Mindestbemessungsgrundlage Existenzgründer	1.382,75 €/mtl.
Regelbeitrag RV für Selbstständige West/Ost	522,59 €/mtl., 443,21 €/mtl.

Beiträge zur studentischen Versicherungspflicht

Krankenversicherung	64,77 €/mtl.
PV/wenn Elternschaft nicht nachgewiesen	12,24 €/mtl., 13,73 €/mtl.

Quelle: www.haufe.de

27. Welche steuerlichen Neuregelungen sind u. a. für 2014 relevant?

Beispiele:

1. *Einkommensteuertarif:*
   Der Grundfreibetrag steigt zum 01.01.2014 auf 8.354 €.

2. *Unterhaltsleistungen:*
   Der Höchstbetrag nach § 33a Abs.1 EStG ist für 2014 auf 8.354 € angehoben worden.

3. *Entfernungspauschale:*
   Ab 01.01.2014 gilt anstelle der „regelmäßigen Arbeitsstätte" die „erste Tätigkeitstätte".

4. *Doppelte Haushaltsführung:*
   Für die tatsächlichen Kosten der Unterkunft können bis zu 1.000 € in Ansatz gebracht werden. Nicht mehr erforderlich ist im Inland die weitergehende Prüfung und Angemessenheit.

5. *Verpflegungen/Mahlzeiten bei Auswärtstätigkeiten:*
   Werden dem Arbeitnehmer vom Arbeitgeber Mahlzeiten zur Verfügung gestellt und beträgt der Preis der Mahlzeit nicht mehr als 60 €, werden diese mit den Sachbezugswerten bewertet. Bei Inanspruchnahme der Verpflegungspauschalen werden ab 01.01.2014 im Fall der vom Arbeitgeber oder auf dessen Veranlassung von einem Dritten zur Verfügung gestellten Mahlzeiten die ermittelten Pauschalen für ein Frühstück um 20 % und für ein Mittag- oder Abendessen jeweils um 40 % des Betrags der Verpflegungspauschale für eine 24-stündige Abwesenheit gekürzt. Dies entspricht im Inland für ein Frühstück 4,80 € sowie für ein Mittag- und Abendessen je 9,60 €.

6. *Unterkunftskosten bei Auswärtstätigkeit:*
   Es können die tatsächlichen Kosten abgesetzt werden. Nach 48 Monaten werden jedoch Kosten bis 1.000 € anerkannt.

7. *Verpflegungspauschalen:*
   mehr als 8 Stunden Abwesenheit: 12 €
   mindestens 24 Stunden Abwesenheit   24 €

Ab 2014 gilt ein neues Reisekostenrecht einschließlich neuer Reisekostentabellen für Verpflegungsmehraufwendungen und Übernachtungskosten für betrieblich veranlasste Dienstreisen in das Ausland.

3. Personalplanung, -marketing und -controlling gestalten und umsetzen

Prüfungsanforderungen

Der Teilnehmer soll nachweisen, dass er zusammen mit Führungskräften, Unternehmensleitung und in Abstimmung mit den Mitarbeitervertretungen eine strategieorientierte Personalplanung betreiben und durch geeignete Marketingverfahren und Controllinginstrumente deren zielgerichtete Umsetzung sicherstellen kann. Er muss die betriebs- und volkswirtschaftlichen Einflüsse auf die Personalwirtschaft einschätzen können.

Qualifikationsschwerpunkte (Überblick)

3.1	Konjunktur- und Beschäftigungspolitik bei der Personalplanung und beim Personalmarketing berücksichtigen
3.2	Personalwirtschaftliche Ziele aus der strategischen Unternehmensplanung ableiten
3.3	Beschäftigungsstrukturen und Personalbedarfe für Produktions- und Dienstleistungsprozesse analysieren und ermitteln
3.4	Personalbedarfs- und Entwicklungsplanung durchführen
3.5	Personalcontrolling gestalten und umsetzen

3.1 Konjunktur- und Beschäftigungspolitik bei der Personalplanung und beim Personalmarketing berücksichtigen

3.1.1 Konjunktur und Beschäftigung

01. Was bezeichnet man als Wachstum?

Wachstum ist die Zunahme des Wirtschaftens von einer Periode zur nächsten. Diese Zunahme kann nominal oder real angegeben werden, d. h. mit oder ohne Berücksichtigung des Anstiegs des Preisniveaus. Damit eine Wirtschaft überhaupt wachsen kann, muss die Nachfrage steigen und es muss mehr als bisher produziert werden. Das Wachstum war bisher notwendig, weil die Bevölkerungsvermehrung dies erforderte und es war auch möglich, weil der technische Fortschritt die Voraussetzungen dazu schuf.

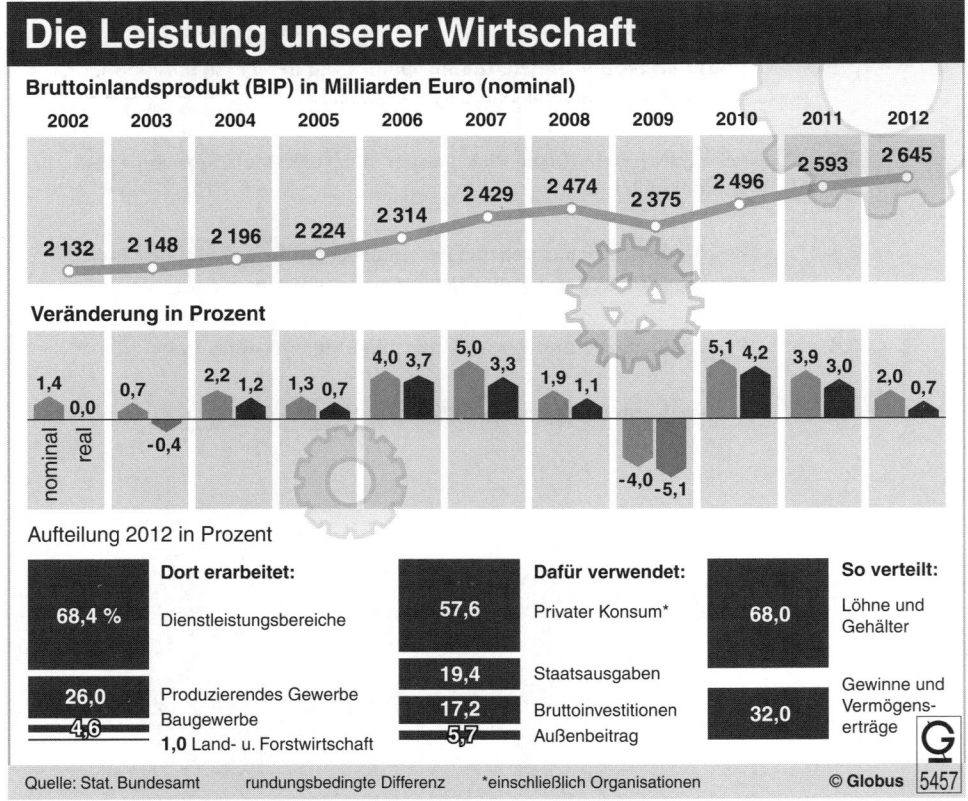

Quelle: Stat. Bundesamt   rundungsbedingte Differenz   *einschließlich Organisationen   © Globus 5457

Die deutsche Wirtschaft ist im Jahr 2012 nur geringfügig gewachsen.
Die gesamtwirtschaftliche Leistung lag preisbereinigt nur um 0,7 % über dem Wert des Vorjahres, wie das Statistische Bundesamt berechnet hat. Im Jahr 2009 war das Bruttoinlandsprodukt (BIP) in Folge der weltweiten Wirtschaftskrise um real 5,1 % geschrumpft.

Für 2014 beträgt die Prognose für das BIP real 1,9 %.

Quelle: Globus

02. Wie unterscheidet und misst man quantitatives und qualitatives Wachstum?

- *Quantitatives Wachstum* wird gemessen an der Zunahme des realen Bruttoinlandsproduktes (BIP; Anstieg gegenüber der Basisperiode).

- *Qualitatives Wachstum* wird beschrieben als die Verbesserung (Zunahme) der Lebensqualität (z. B. Verbesserung der Lebens- und Arbeitsbedingungen). Veränderungen dieses Indikators sind schwierig zu messen.

03. Was versteht man unter Konjunktur?

Unter Konjunktur versteht man das Phänomen mehrjähriger und in gewisser Regelmäßigkeit auftretender wirtschaftlicher Wechsellagen, denen das gesamte nationale und auch internationale Wirtschaftsleben in Form von expansiven und kontraktiven Prozessen unterworfen ist. Ein Konjunkturzyklus besteht aus vier Phasen: Krise (untere Wende), die als Rezession oder – bei starkem Nachfragerückgang – auch als Depression bezeichnet wird, Aufschwung, Hochkonjunktur oder Boom (obere Wende) und Abschwung.

geldpoeitsche Maßnahme zur Ausdehnung der Geld- menge

Maßnahmen die das Geldangebot verringen

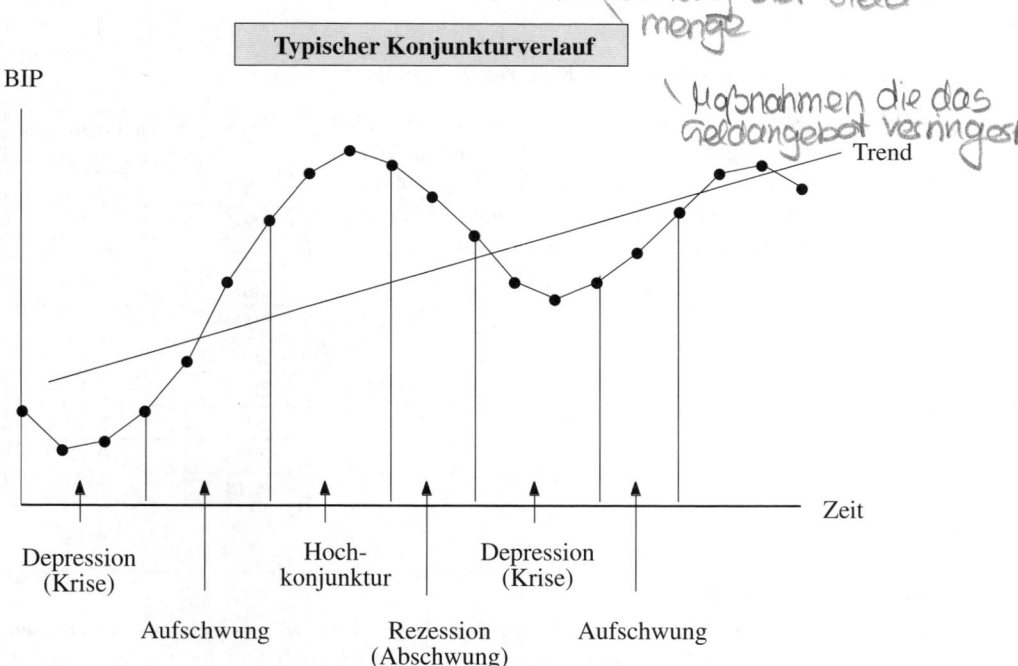

Typischer Konjunkturverlauf

BIP

Trend

Zeit

Depression (Krise)

Hoch- konjunktur

Depression (Krise)

Aufschwung

Rezession (Abschwung)

Aufschwung

04. Wie können die einzelnen Konjunkturphasen charakterisiert werden?

Die *Hochkonjunktur* (auch Boom genannt) ist charakterisiert durch schnelles und hohes Wachstum des Bruttoinlandsproduktes, große Nachfrage, die größer als das Angebot ist, hohen Beschäftigungsstand, wenig Arbeitslose sowie einen starken Preisanstieg.

Die *Abschwungphase* (Rezessionsphase) ist charakterisiert durch geringeres Wachstum des Bruttoinlandsproduktes, Abbau des Nachfrageüberhangs, Auslastungsrückgang der Produktionsanlagen, Zunahme der Arbeitslosigkeit und anhaltenden Preisauftrieb.

Die *Depressionsphase (Krise)* ist charakterisiert durch geringeres, stagnierendes oder rückläufiges Wachstum des Bruttoinlandsproduktes. Das Angebot übersteigt die Nachfrage, dies führt zu geringer Auslastung der Produktionsanlagen, hoher Arbeitslosigkeit und Rückgang des Preisauftriebs.

Der *Aufschwung* (Expansionsphase) ist charakterisiert durch stärkeres Wachstum des Bruttoinlandsproduktes, Abbau des Überangebots, Zunahme der Auslastung der Produktionsanlagen, Abnahme der Arbeitslosigkeit und geringen Preisanstieg.

05. Welche Konjunkturzyklen verzeichnete Deutschland?

Seit dem Jahr 2001 lag das reale Wachstum bei annähernd 0 %. In 2006 betrug es 2,9 %, in 2007 2,5 % und in 2008 1,7 %. Im Jahr 2009 sank das BIP um rd. 5 % aufgrund der weltweiten Finanzkrise. Deutschland erholte sich von diesem Rückgang schneller als die anderen Euro-Staaten

Jahr	Wachstum des realen BIP
2005	0,9
2006	2,3
2007	2,5
2008	1,7
2009	- 5,0
2010	3,7
2011	3,0[1]
2012	0,7[1]
2013	0,8
2014	1,9[1]

Kaum Wachstum für 2013

Die Konjunktur in Deutschland wird zunehmend durch die Schulden- und Vertrauenskrise im Euroraum belastet. Die deutsche Wirtschaft wird nach Einschätzung der führenden Forschungsinstitute im Jahr 2013 nur noch um 0,8 % wachsen. Für 2014 beträgt die Prognose für das BIP real 1,9 %.

---

[1] Prognose

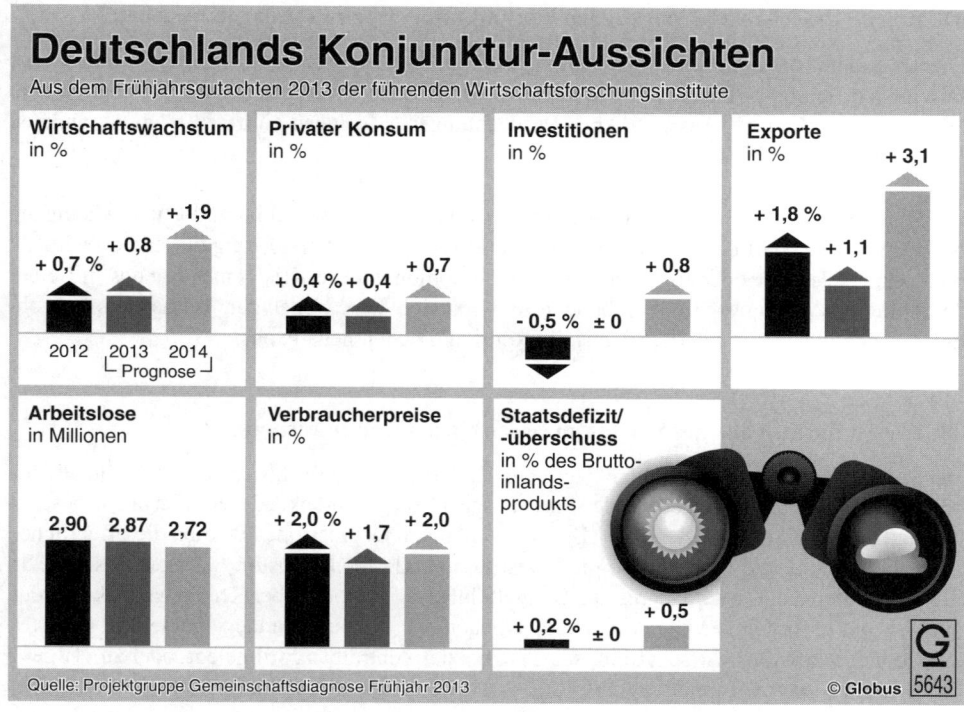

Deutschlands Konjunktur-Aussichten

Aus dem Frühjahrsgutachten 2013 der führenden Wirtschaftsforschungsinstitute

Wirtschaftswachstum in %

+ 0,7 % + 0,8 + 1,9

2012 2013 2014
⌐ Prognose ⌐

Privater Konsum in %

+ 0,4 % + 0,4 + 0,7

Investitionen in %

- 0,5 % ± 0 + 0,8

Exporte in % + 3,1

+ 1,8 % + 1,1

Arbeitslose in Millionen

2,90 2,87 2,72

Verbraucherpreise in %

+ 2,0 % + 1,7 + 2,0

Staatsdefizit/ -überschuss in % des Brutto- inlands- produkts

+ 0,2 % ± 0 + 0,5

Quelle: Projektgruppe Gemeinschaftsdiagnose Frühjahr 2013 © Globus 5643

06. Was bezeichnet man als Konjunkturindikatoren?

Konjunkturindikatoren dienen dazu, bestimmte makroökonomische Größen zu erfassen und aus ihnen Schlussfolgerungen für den Verlauf der Konjunktur abzuleiten. Solche Einzelindikatoren sind:

- die Produktion,
- der Auslastungsgrad der Produktion,
- die Arbeitslosenquote,
- der Index der Auftragseingänge und -bestände,
- die Lagerhaltung,
- die Geldmenge der Zentralbank,
- die Preis- und Lohnindizes.

Kein Einzelindikator kann für sich allein die Komplexität der Konjunktur vollkommen erfassen oder aussagefähig für das Ausmaß konjunktureller Veränderungen sein, doch lassen sich aus mehreren Einzelindikatoren, die zu Gesamtindikatoren zusammengefasst werden, Prognosen für den Konjunkturverlauf aufstellen. Über das entsprechende Instrumentarium zur Erfassung solcher Vorgänge verfügen jedoch nur wenige wissenschaftliche Institutionen.

07. Welche Ursachen und Wirkungen konjunktureller Schwankungen bestehen?

Die Ursachen konjunktureller Schwankungen können *„hausgemacht"* sein, d.h. durch eine falsche Wirtschafts-, Finanz- und Steuerpolitik eines Landes verursacht sein, sie können aber auch – wegen der weltwirtschaftlichen Verflechtungen – *weltweit* eintreten oder aus anderen Staaten „überschwappen".

Die Wirkungen konjunktureller Schwankungen lassen sich nur selten im nationalen Alleingang bewältigen. Es bedarf dazu in vielen Fällen der finanziellen Unterstützung durch die Weltbank oder anderer Länder oder Institutionen. Ist eine konjunkturelle Krise eines Landes mit einer Änderung der Währungsparität verbunden, so wirkt sich diese wegen der Welthandelsverflechtungen auch in anderen Ländern z.B. mit Exporteinbrüchen negativ aus.

08. Was ist die Aufgabe des Staates im Bereich der Konjunkturpolitik?

Der Staat muss den Konjunkturablauf regulieren, indem er sich antizyklisch verhält. In Situationen konjunktureller Überhitzungen werden Staatsausgaben eingeschränkt oder zeitlich hinausgeschoben und einzelne Steuersätze erhöht. Bei Anzeichen von Depressionen werden die öffentlichen Ausgaben erhöht und Steuern, die die Investitionen oder den Konsum belasten, gesenkt. Im Ergebnis treten dann in der Depression Budgetfehlbeträge auf, die über Kredite gedeckt werden müssen und in Zeiten der Überkonjunktur ergeben sich Einnahmenüberschüsse, die gehortet, d.h. so lange, wie dies wirtschaftlich nötig ist, bei der Zentralbank stillgelegt, oder zur Tilgung von Staatsschulden verwandt werden.

09. In welchem Zusammenhang stehen Konjunktur und Wirtschaftswachstum?

Während die Konjunkturtheorie eine Erklärung für die Schwankungen einer Volkswirtschaft zu geben versucht, behandelt die Wachstumstheorie den Wachstumsprozess, d.h. die ständige Erweiterung des Produktionsertrages im Zeitablauf. Konjunkturschwankungen treten in einer Volkswirtschaft unabhängig davon auf, ob dem Wirtschaftsgeschehen ein steigender Trend oder ob eine stagnierende, d.h. nicht wachsende Wirtschaft zu Grunde liegt.

10. Welche Ziele liegen einer optimalen Wirtschaftsentwicklung zu Grunde (magisches Viereck)?

1. Ein stetiges langfristiges Wachstum,
2. eine ausgeglichene Zahlungsbilanz,
3. eine möglichst hohe Beschäftigung,
4. ein langfristig relativ konstantes Preisniveau.

Das Magische Viereck wurde erweitert auf das Magische Achteck.

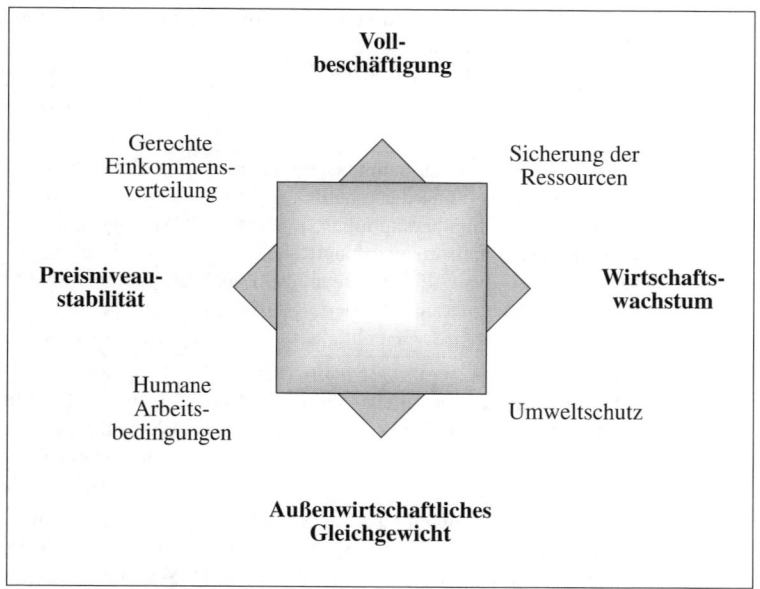

11. Welche Zielbeziehungen bestehen zwischen den wirtschaftspolitischen Globalzielen?

Grundsätzlich sind folgende Zielbeziehungen denkbar:

Zielbeziehungen im magischen Viereck	
Identität	Die Ziele sind gleich.
Komplementarität	Die Ziele ergänzen sich.
Neutralität	Die Ziele beeinflussen einander nicht.
Konflikt	Die Ziele beeinflussen sich gegenseitig.
Antinomie	Die Ziele stehen im Widerspruch zueinander.

↳ logischer Widespruch (nicht aufhebbares Widesspruch)

12. Wer sind die Träger der Wirtschaftspolitik?

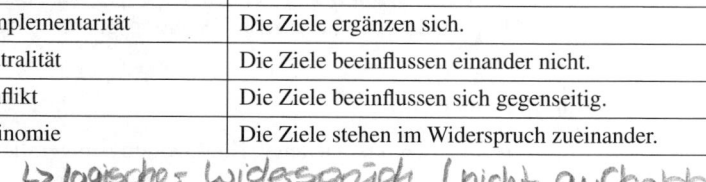

Träger der Wirtschaftspolitik	
↓	↓
Primäre Träger	**Sekundäre Träger**
treffen Entscheidungen	beeinflussen Entscheidungen

Beispiele:

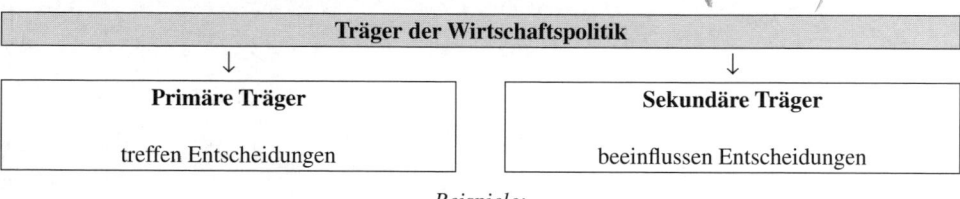

↓	↓
- Bund, Länder, Gemeinden	- Arbeitgeberverbände
- Gebietskörperschaften	- Gewerkschaften
- EZB, Deutsche Bundesbank, EU	- Parteien
	- Selbstverwaltungsorgane der Wirtschaft
	- Interessenverbände (Lobbyismus)

13. In welche Bereiche und Teilbereiche lässt sich die Wirtschaftspolitik gliedern?

Wirtschaftspolitik		
Bereiche der Wirtschaftspolitik	*Erläuterung*	*Teilbereiche/Instrumente*
Ordnungspolitik	Zu ihr zählen alle Maßnahmen, die auf die langfristige Gestaltung der rechtlich-organisatorischen Rahmenbedingungen, innerhalb derer der Wirtschaftsprozess abläuft, abzielen. Die Sozialpolitik als Teil der Ordnungspolitik umfasst Maßnahmen zur Realisierung sozialer Sicherheit und sozialer Gerechtigkeit.	- Wettbewerbspolitik - Eigentumspolitik - Währungspolitik - Handelspolitik - Arbeitsmarktpolitik - Sozialpolitik - Umweltpolitik
Prozesspolitik	Dazu gehören alle wirtschaftspolitischen Instrumente, die bei gegebener Ordnung den Wirtschaftsprozess selbst beeinflussen.	- Geldpolitik - Finanz-/Fiskalpolitik - Wachstumspolitik - Einkommens-/Steuerpolitik - Außenhandelspolitik
Strukturpolitik	Darunter fallen Maßnahmen zur Beeinflussung der strukturellen Zusammensetzung der Volkswirtschaft (z. B. Förderung bestimmter Branchen oder Regionen).	- Infrastrukturpolitik - Regionalpolitik - Sektorale Strukturpolitik - Bildungspolitik

14. Wie kann die Konjunkturpolitik die Wirtschaft beeinflussen?

Als Werkzeug der Konjunkturpolitik lassen sich drei Gruppen von Instrumenten klassifizieren, die für ein erfolgreiches Vorgehen in einem föderalistisch aufgebauten Staat notwendig sind:

1. Instrumente, mit denen in den Wirtschaftsprozess so eingegriffen werden soll, dass Verbrauch und Investition, Export und Import, Staatseinnahmen und Staatsausgaben der Konjunkturlage entsprechend verändert werden;

2. Instrumente, die der Information dienen;

3. Instrumente, die der Koordination der verschiedenen Entscheidungsträger dienen.

Das magische Viereck der Wirtschaftspolitik
in Deutschland

Wirtschaftswachstum
in %

ZIEL ▶ **Angemessenes Wachstum**

+4,2   +3,0   +0,7

2010   2011   2012

Saldo der Leistungsbilanz
in Milliarden Euro

ZIEL ▶ **Außenwirtschaftliches Gleichgewicht**

156,0   161,2   185,4

2010   2011   2012

Arbeitslose
in % aller zivilen Erwerbspersonen

ZIEL ▶ **Vollbeschäftigung**

7,7   7,1   6,8

2010   2011   2012

Preisanstieg
in %

ZIEL ▶ **Preisstabilität**

+1,1   +2,1   +2,0

2010   2011   2012

Quelle: Stat. Bundesamt, Deutsche Bundesbank, Bundesagentur für Arbeit   © Globus 5670

Die Steuerungsinstrumente der gesamtwirtschaftlichen Nachfrage müssen bewirken,

- dass Unternehmer, Verbraucher und Staat je nach der Konjunkturlage mehr oder weniger ausgeben, als sie einnehmen (direkte Wirkung) oder

- dass sich ihre Ausgabeentscheidungen dadurch ändern, dass die Höhe des dafür notwendigen Finanzierungsspielraums und/oder die Finanzierungsbedingungen verändert werden (mittelbare Wirkung).

Eine direkte Wirkung versprechen die Maßnahmen fiskalpolitischer Art, die Außenwirtschafts- sowie die Lohn- und Einkommenspolitik.

15. Welche Maßnahmen der Arbeitsmarktordnungspolitik und der Arbeitsmarktpolitik kann der Staat zur Senkung der Arbeitslosigkeit einsetzen?

• *Arbeitsmarktordnungspolitik:*
Ist Teil der Ordnungspolitik; festgelegt wird der rechtliche Rahmen für den Arbeitsmarkt, z. B.: Tarifautonomie nach Art. 9 GG, sozialer Arbeitsschutz (z. B. Kündigungsschutzgesetz, Betriebsverfassungsgesetz).

Eine zu restriktive Arbeitsmarktordnungspolitik kann zur Beschränkung des Wettbewerbs und der unternehmerischen Initiative führen (so z. B. nach Meinung der Unternehmerschaft: die Novellierung des Betriebsverfassungsgesetzes, die Gestaltung der 400-Euro-Tätigkeiten usw.).

• *Arbeitsmarktpolitik:*
  Es wird unterschieden in passive und aktive Arbeitsmarktpolitik:

  Die *passive Arbeitsmarktpolitik* versucht lediglich durch geeignete Maßnahmen die Folgen von Arbeitslosigkeit abzuschwächen, z. B.: Zahlung von Arbeitslosengeld, Kurzarbeitergeld, Vorruhestandsregelungen.

  Aktive Arbeitsmarktpolitik zielt darauf ab, die Beschäftigung von Arbeitnehmern zu sichern, z. B. Lohnbeihilfen, Förderung der Qualifikation und der Mobilität, Maßnahmen der Rehabilitation.

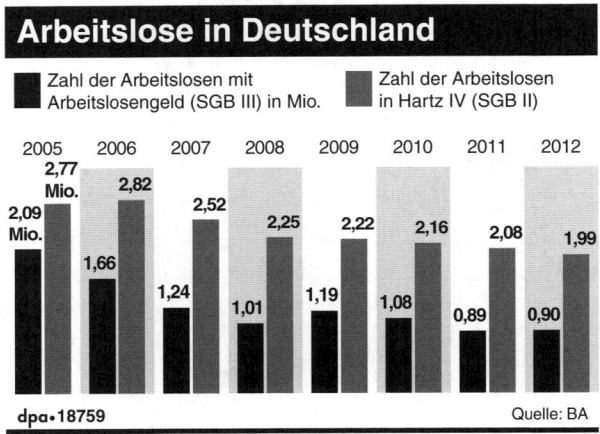

Arbeitslose in Deutschland

■ Zahl der Arbeitslosen mit Arbeitslosengeld (SGB III) in Mio.   ■ Zahl der Arbeitslosen in Hartz IV (SGB II)

| 2005 | 2006 | 2007 | 2008 | 2009 | 2010 | 2011 | 2012 |

2,77 Mio. | 2,82 | 2,52 | 2,25 | 2,22 | 2,16 | 2,08 | 1,99

2,09 Mio. | 1,66 | 1,24 | 1,01 | 1,19 | 1,08 | 0,89 | 0,90

dpa•18759   Quelle: BA

Die Arbeitslosigkeit ist in Deutschland in den Jahren 2011 und 2012 moderat zurückgegangen.

Die Zahl der Arbeitslosen unterschritt knapp die Drei-Millionen-Grenze. Für die Jahre 2013 und 2014 wird weiterhin mit einem leichten Rückgang der Arbeitslosigkeit gerechnet.

Besorgniserregend ist allerdings die Entwicklung der Arbeitslosenquote im EU-Raum. Sie betrug dort im Frühjahr 2013 im Durchschnitt rd. 10 %. Schlusslicht ist hier Spanien mit einer Quote von rd. 25 %.

Arbeitslosenquoten März 2013	
Spanien	25,1 %
Griechenland	23,7 %
Portugal	15,9 %
EU-Durchschnitt	10,5 %
USA	8,1 %
Großbritannien	7,9 %
Deutschland	**5,5 %**
Japan	4,4 %
Norwegen	3,2 %

16. Welchen Inhalt haben die Hartz-Gesetze?

Hartz-Gesetze			
Hartz I	**Hartz II**	**Hartz III**	**Hartz IV**
• Erleichterung von neuen Formen der Arbeit • Förderung der beruflichen Weiterbildung • Zeitarbeit mit Personal-Service-Agenturen	• Regelung der Beschäftigungsarten Mini-Job und Medi-Job • Ich-AG • Einrichtung von Jobcentern	• Restrukturierung und Umbau der Bundesanstalt für Arbeit in die Bundesagentur für Arbeit • Restrukturierung und Umbau der Arbeitsämter in die Agenturen für Arbeit	• Zusammenführung von Arbeitslosenhilfe und Sozialhilfe zum Arbeitslosengeld II

17. Welche Arten der Arbeitslosigkeit werden unterschieden?

- *saisonale*: jahreszeitlich bedingt (Winter)

- *friktionelle*: kurzfristige Arbeitslosigkeit bei Arbeitsplatzwechsel (Friktion = Reibung, Verzögerung)

- *strukturelle*: aufgrund von Anpassungsnotwendigkeiten von Branchen oder Regionen (z. B. Bergbau, Schiffbau, Baugewerbe, Wegfall ganzer Industriezweige in den neuen Bundesländern nach der Wiedervereinigung)

- *konjunkturelle*: aufgrund des Konjunkturverlaufs (Abschwung/Rezession/Depression)

- *technologische*: aufgrund von Rationalisierungsmaßnahmen

18. Welche Bedeutung hat das Verhalten der Sozialpartner für die Realisierung wirtschaftspolitischer Zielsetzungen?

Die Entwicklung der Löhne beeinflusst den Konjunkturverlauf erheblich. Dieser Einflussbereich kann jedoch vom Staat nicht direkt gesteuert werden. Er liegt im Verantwortungsbereich der Sozialpartner (*Tarifautonomie*).

- Zu *starke Lohnerhöhungen*
  - bewirken einen Anstieg der betrieblichen Kosten,
  - gefährden die Preisstabilität und die Wettbewerbsfähigkeit im internationalen Vergleich und
  - beschleunigen Rationalisierungsprozesse.

- Zu *niedrige Lohnanhebungen*
  - verringern die Kaufkraft der privaten Haushalte,
  - können zu Verteilungskonflikten führen und
  - wirken sich damit tendenziell negativ auf Beschäftigung und Wachstum aus.

19. Welche Bedeutung hat die Fiskalpolitik im Konzept der globalen Nachfragesteuerung?

Fiskalpolitik ist die als Konjunkturpolitik betriebene Finanzpolitik, die mittels öffentlicher Einnahmen und Ausgaben die zu geringe oder zu große Nachfrage des privaten Sektors im Verhältnis zur gesamtwirtschaftlichen Kapazität ausgleicht. => *Gleicht Schwankungen aus / mittels steuern/Staatsausgaben)*

Insbesondere soll durch eine *nachfrageorientierte Beschäftigungspolitik* versucht werden, mittels einer Anregung der Nachfrage die Produktivität und über die Produktivität die Beschäftigung zu steigern. Eine nachfrageorientierte Beschäftigungspolitik setzt im Wesentlichen eine expansive Geldpolitik und eine expansive Fiskalpolitik voraus. Dies wiederum bedeutet bei konstantem Preisniveau eine Erhöhung der Geldmenge. Führt die expansive Geldpolitik zu Preissteigerungen, so schwächt dies die Erfolge der nachfrageorientierten Beschäftigungspolitik. Fehlen zusätzliche Produktionskapazitäten, so steigt das Preisniveau zusätzlich. Aus diesen Gründen werden der Nachfragesteuerung in der Wirtschaftspolitik meist wenig Erfolgsaussichten beigemessen.

Diese auf den englischen Nationalökonomen Keynes zurückgehende Theorie kann hauptsächlich in wirtschaftlichen Notsituationen Wirkung zeigen. Tatsächlich hat eine nachfrageorientierte Beschäftigungspolitik in der Regel inflationäre Auswirkungen, weil die Preisniveausteigerung der Effekt ist, über den die für eine Steigerung von Produktion und Beschäftigung notwendige Reallohnsenkung herbeigeführt werden muss.

Grundsätzlich hat der Staat folgende Möglichkeiten, erhöhte Ausgaben im Rahmen seiner Haushaltspolitik zu finanzieren:

- Erhöhung der Nettokreditaufnahme
- Erhöhung der Steuern
- Aussetzen geplanter Steuersenkungen
- Verwendung außerordentlicher Einnahmen
- Verschiebung/Veränderung der Positionen des Staatshaushaltes (z. B. Verringerung von Subventionszahlungen, Kürzung der Ausgaben in anderen Ressorts)
- Verkauf von Vermögenswerten des Staates (z. B. Aktienanteile, Immobilien).

20. Kann der Staat über Steuererhöhungen/-senkungen konjunkturelle Schwankungen regulieren?

Die Wirkung steuerpolitischer Maßnahmen zur „Ankurbelung" bzw. Dämpfung der konjunkturellen Ausgangslage ist umstritten.

Die Befürworter der Steuerpolitik als Instrument der Konjunkturpolitik gehen von folgenden Reaktionen aus:

• Ausgangslage: *Rezession*

⇒   Der Staat senkt die Steuerbelastung der privaten Haushalte.

⇒   Dadurch steigt das verfügbare Einkommen. Die Haushalte fragen mehr nach.

⇒   Die Unternehmen erhalten Anreize, aufgrund der vermehrter Nachfrage zu investieren.

⇒   Anstieg der Investitionsgüternachfrage, der Einkommen, der Konsumgüternachfrage usw.

• Ausgangslage: *Konjunkturelle Überhitzung*

⇒ Der Staat erhöht die Steuerbelastung.

⇒ Die privaten Haushalte haben ein geringeres verfügbares Einkommen und fragen weniger Konsumgüter nach.

⇒ Infolgedessen werden die Unternehmen weniger produzieren und weniger investieren.

⇒ Die Nachfrage nach Investitionsgütern sinkt usw.

21. Was sind Subventionen und welche wirtschaftspolitischen Ziele werden damit verbunden?

Subventionen sind das ökonomische Gegenstück zur Steuer. Sie sind *Finanzhilfen* oder *Steuervergünstigungen* des Staates an Unternehmen und/oder Haushalte *ohne direkte Gegenleistung*.

Die Zielsetzung kann unterschiedliche Ansatzpunkte haben:

- Förderung strukturschwacher Regionen (z. B. Investitionszulage in den neuen Bundesländern)
- Unterstützungszahlungen an bestimmte Branchen (z. B. Bergbau, Landwirtschaft)
- Förderung des Umweltbewusstseins bzw. Einführung ressourcenschonender Technologien (z. B. „Dächer-Programm", Solar- und Windenergie).

In einer Reihe von Fällen führen Subventionen auch zu *Fehlentwicklungen*, wenn keine nachhaltigen Kosten-Nutzen-Analysen erstellt werden bzw. die sachgemäße Verwendung der Subventionen nicht überprüft wird: Der (subventionierte) Preis verliert seine Signalfunktion; Ressourcen werden fehlgeleitet; Branchen oder Unternehmen verbleiben am Markt, obwohl sie im Grunde nicht mehr wettbewerbsfähig sind; subventionierte Bereiche/Unternehmen haben eine geringere Notwendigkeit, sich den Marktveränderungen anzupassen (vgl. z. B. die kontroverse Diskussion über die „Abwrackprämie").

22. Welche Bedeutung hat die Wachstumspolitik im Rahmen der angebotsorientierten Wirtschaftspolitik?

Aufgabe einer *angebotsorientierten Wirtschaftspolitik* ist es, die Bedingungen für die Investitionen und den Wandel der Produktionsstruktur so zu verbessern, dass wieder mit einem angemessenen Wachstum und einem hohen Beschäftigungsgrad zu rechnen ist. Eine angebotsorientierte Beschäftigungspolitik kann auf eine Beeinflussung des Lohnniveaus, der Kapitalbildung und des Wettbewerbs auf den Güter- und Arbeitsmarkt gerichtet sein. Eine Senkung des Nominallohnniveaus bedeutet, dass die Unternehmen wegen der niedrigeren Kosten ihre Produkte zu niedrigeren Preisen anbieten können. Die Arbeitseinsatzmenge steigt, es entsteht ein Preisdruck. Wird die Kapitalbildung verbessert, steigt die Arbeitsproduktivität und die Beschäftigung erhöht sich.

Gestaltungselemente der angebotsorientierten Wirtschaftspolitik sind z. B.:

- Abbau von Wirtschaftshemmnissen (Gesetze, Verordnungen)
- motivierendes Steuersystem
- Förderung der Existenzgründung
- Schaffung stabiler Wettbewerbsbedingungen
- Förderung von Forschung und Entwicklung.

Der wesentliche Unterschied zwischen einer *angebotsorientierten* und einer *nachfrageorientierten* Wirtschaftspolitik besteht darin, dass im Rahmen der angebotsorientierten Beschäftigungspolitik die Expansion nicht über eine Inflation und daraus resultierender Reallohnsenkung herbeigeführt wird, sondern über eine Reduzierung der Kostenbelastung und/oder eine Verbesserung der Absatzerwartungen (Rahmenbedingungen) der Unternehmen.

23. Was ist Deficitspending?

Von Deficitspending spricht man, wenn *der Staat mehr ausgibt als er einnimmt*, um auf diese Weise die Konjunktur anzuregen (z. B. Ausgaben im Straßenbau). Man geht davon aus, dass die zusätzlichen Staatsausgaben in vollem Umfang die Gesamtnachfrage erhöhen. Das dabei entstehende Haushaltsdefizit ist nur durch öffentliche Kreditaufnahme zu finanzieren. Dies hat eine Anstieg der Ausgaben (für Zinsen und Tilgung) in den Folgejahren zur Konsequenz (vgl. die Konjunkturpakete I, II aus Dez. 2008 und Frühjahr 2009).

24. Welche Tatbestände begrenzen die Wirksamkeit der Fiskalpolitik?

- Fiskalpolitische Maßnahmen wirken mit zeitlicher Verzögerung.

- Ein Großteil der Einnahmen/Ausgaben des Staates kann kurzfristig nicht verändert werden (vgl. z. B. die kürzlich geführte Diskussion um das neue Transportflugzeug der Bundeswehr).

- Kürzungen der Staatsausgaben bzw. Veränderungen der Ausgabenstruktur sind häufig schwierig umsetzbar, da sie auf den massiven Widerstand der unterschiedlichen Interessenverbände treffen.

- Seit längerer Zeit – spätestens mit Einführung des Euro – müssen die fiskalpolitischen Maßnahmen der Euroländer abgestimmt werden; außerdem sind von jedem Mitgliedsland die Konvergenzkriterien (z. B. Verschuldungsgrad des Staates) zu beachten.

- Die Wirkung der Fiskalpolitik ist in hohem Maße abhängig von der Entwicklung der Weltkonjunktur – insbesondere von dem USA-Markt.

25. Welche Instrumente stehen im Rahmen der Geldpolitik zur Verfügung?

Die geldpolitischen Instrumente der Europäischen Zentralbank (EZB) sind:

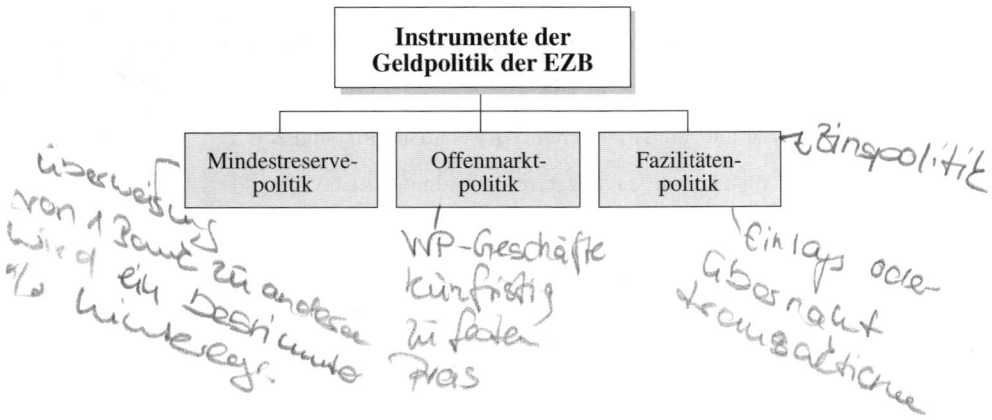

3.1.2 Einfluss von Konjunktur und Beschäftigung auf die Personalplanung und das Personalmarketing

01. Welche Einflussfaktoren bestimmen das Ergebnis der Personalplanung?

Man unterscheidet *interne und externe Determinanten* (Bestimmungsgrößen) der Personalplanung. Zu den wichtigsten gehören:

Externe Faktoren	Marktentwicklung, Technologie, Arbeitsmarkt, Sozialgesetze, Tarifentwicklung, Personalzusatzkosten (SV-Abgaben), Alterspyramide der Gesellschaft
Interne Faktoren	Unternehmensziele, Investitionen, Fluktuation, interne Altersstruktur, Fehlzeiten, Fertigungspläne, Rationalisierungsmaßnahmen, Personalbestand, Arbeitszeitsysteme, Personalkostenstruktur

02. Welchen Einfluss haben Konjunktur und Beschäftigung auf die Personalplanung und das Personalmarketing?

- Die *Personalplanung* hat die Aufgabe, den Personalbestand kurz-, mittel- und langfristig an den Personalbedarf anzupassen.

  - Ein zu hoher Personalbestand – gemessen am Personalbedarf – führt zu übermäßigen Kosten, denen keine entsprechenden Umsätze gegenüberstehen.

  - Ein zu geringer Personabestand – gemessen am Personalbedarf – erlaubt nicht die Ausführung der Aufträge, die absatzmäßig möglich wären (Folge: entgangener Umsatz, Gewinn).

- Bei *ansteigender Konjunktur* (vgl. 3.1.1) belebt sich die gesamtwirtschaftliche Nachfrage und führt zu einer verbesserten Beschäftigung (= Auslastung der Kapazitäten). Die Personalplanung muss hier rechtzeitig vorausschauend planen und für einen ansteigenden Bedarf an Arbeitskräften angepasste Beschaffungsmaßnahmen einleiten (z. B. Genehmigung neuer Stellen und deren Besetzung, Verlängerung befristeter Verträge). Die Beschaffung qualifizierter Fachkräfte wird schwieriger.

- Der *Rückgang der Konjunktur* führt zu einer sinkenden Beschäftigung der Unternehmen, da die gesamtwirtschaftliche Nachfrage zurückgeht. Die Personalplanung muss rechtzeitig für einen Abbau des Personalbestandes sorgen (z. B. Verringerung der Mehrarbeit, ggf. Entlassungen; direkter bzw. indirekter Personalabbau; vgl. ausführlich 3.4.4).

03. Wie ist die Personalplanung in die Unternehmensplanung integriert?

- Personalplanung ist eingebunden in die Unternehmensgesamtplanung überwiegend in Form einer *derivativen (abgeleiteten) Planung*. Als Folgeplanung der anderen Teilplanungen (Produktionsplanung, Vertriebsplanung usw.) setzt sie die dort fixierten Eckdaten in konkrete Personalplangrößen um.

- Daneben gibt es mittlerweile Ansätze von *originärer Personalplanung*, d.h. es werden eigenständige Zielsetzungen und Maßnahmen formuliert, die – zumeist mittel- oder langfristig – die Gesamtplanung des Unternehmens gleichberechtigt bestimmen (z.B. „ausgewogene Altersstruktur, Reduktion des Sozialaufwands, Outsourcing der Weiterbildung u.Ä.").

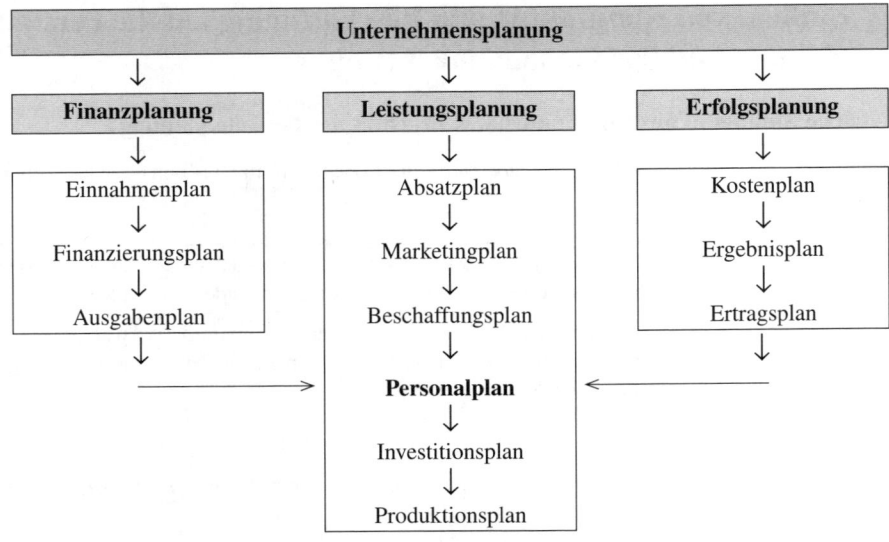

04. Welche Staaten sind Mitglied der EU?

Die EU und ihre Ost-Erweiterung hat nachhaltigen Einfluss auf die Beschäftigungslage der Betriebe sowie die wirtschaftlichen und politischen Bedingungen, unter denen produziert und verkauft wird.

Zwischenzeitlich hat die „EU der 27" folgende Mitglieder:

Gründungsmitglieder (1958; EWG) sind:	Belgien, Italien, Bundesrepublik Deutschland, Luxemburg, Frankreich, Niederlande
Seit dem Vertrag von Maastricht (**1991**) trägt die EG die Bezeichnung **Europäische Union** (EU).	
Hinzu kamen:	1973 Dänemark, Großbritannien, Irland, 1981 Griechenland, 1986 Portugal, Spanien, 1995 Finnland, Österreich, Schweden.
Beitritt 2004:	Estland, Lettland, Litauen, Malta, Polen, Slowakei, Slowenien, Tschechien, Ungarn, Zypern.
Beitritt 2007:	Bulgarien und Rumänien.
Beitritt: 1. Juli 2013	Kroatien
ab 2014	Lettland
Die EU der 28 Mitgliedsstaaten hat ca. zwei Drittel der Bevölkerung aller europäischen Staaten.	

Die Erweiterung der Europäischen Union

Die sechs Gründerstaaten 1958
Belgien
Deutschland
Frankreich
Italien
Luxemburg
Niederlande

Beitritt 1973
Dänemark
Irland
Großbritannien

Beitritt 1981
Griechenland

Beitritt 1986
Portugal
Spanien

Beitritt 1995
Finnland
Österreich
Schweden

Beitritt 2004
Estland
Lettland
Litauen
Malta
Polen
Slowakei
Slowenien
Tschechien
Ungarn
Zypern

Beitritt 2007
Rumänien
Bulgarien

Beitritt 1. Juli 2013
Kroatien

Bewerberländer
Island
Mazedonien
Montenegro
Serbien
Türkei

5251 © **Globus** Quelle: Europäische Kommission

- Als *Eurozone*
  bezeichnet man die EU-Länder, die den Euro als Währung eingeführt haben (EWU: Europäische Währungsunion). Am 1.1.2008 sind Malta und Zypern sowie am 1.1.2009 die Slowakei der Eurozone beigetreten.

- *Nicht-Mitglieder der Eurozone* sind:
  Bulgarien, Dänemark*, Litauen*, Polen, Rumänien, Schweden, Tschechien, Ungarn und Großbritannien.

  * Diese Staaten sind Teilnehmer am Währungskursmechanismus II (WKM II) und können nach mindestens zweijähriger Teilnahme sowie nach der Erfüllung der Konvergenzkriterien den Euro einführen.

- Darüber hinaus ist der Euro Währung oder Leitwährung in weiteren 30 Staaten, die nicht Mitglied der EU sind (z. B. Montenegro).

• Die gemeinsame Währung im Euroraum führt zu einer Reihe von Vor- und Nachteilen:

Gemeinsame Währung Euro	
Vorteile, z. B.	**Nachteile**, z. B.
• keine Umtauschprobleme • keine Wechselkursschwankungen (exakte Kalkulation möglich) • Vergleichbarkeit der Preise • mehr Transparenz • Gewinne durch Anstieg des Handels im Euroraum • Zusammenarbeit von Firmen und Betrieben ist einfacher • Globalisierungsprozess wird unterstützt.	• Gefahr der Geldfälschung steigt an (größerer Absatzmarkt für „Blüten") • Identität der Länder geht verloren durch Aufgabe der eigenen Währung • Gefahr der Inflation betrifft viele Länder • im Durchschnitt hat der Euro zu einem Preisanstieg geführt • ansteigende Abhängigkeit der Handelspartner • Möglichkeit der Preisdifferenzierung nimmt ab • ansteigende Staatsverschuldung.

3.1.3 Personalplanung

01. Was ist Planung? Womit beschäftigt sich die Personalplanung?

Planung ist die gedankliche Vorwegnahme von Entscheidungen unter Unsicherheit. Insofern ist *Personalplanung* der Teil der Personalarbeit, in dem

- systematisch,
- vorausschauend, zukunftsorientiert
- alle wesentlichen, „den Faktor Arbeit betreffenden" Entscheidungen

gedanklich vorbereitet werden. Die Fragestellung heißt: Welche zukünftigen Erfordernisse ergeben sich für den Personalsektor aufgrund der geplanten Unternehmensziele?

02. Welche Ziele und Aufgaben hat die Personalplanung im Rahmen der Unternehmensplanung?

• *Zielsetzung*:

Dem Unternehmen ist vorausschauend das Personal

- in der erforderlichen *Anzahl*
- mit den erforderlichen *Qualifikationen* (z. B. Anforderungs-/Eignungsprofil, gelernte/angelernte/ungelernte Mitarbeiter, Qualifikationen nach Tarifgruppen)
- zum richtigen *Zeitpunkt* (z. B.: Planungshorizont kurzfristig bei einfachen Tätigkeiten; mittel- bis langfristig bei Leitungsfunktionen),
- am richtigen *Ort* (z. B. Abteilung, Niederlassung, Standorte)

zur Verfügung zu stellen.

• *Kernaufgaben:*
  - Planung des Personalbedarfs (quantitativ und qualitativ),
  - Planung der Personalbeschaffung (intern und extern),
  - Planung des Personaleinsatzes,

- Planung der Personalentwicklung und Förderung,
- Planung des Personalabbaus (mit und ohne Reduzierung der Kopfzahlen),
- Planung der Personalkosten.

Dabei werden die Personalbedarfsplanung und die Personalkostenplanung als Hauptsäulen der Personalplanung angesehen.

03. Welche Bedeutung hat die Personalplanung aus der Sicht der Arbeitgeber und der Arbeitnehmer?

- *Für die Arbeitgeberseite* ist die Personalplanung geeignet, folgende Interessengebiete abzudecken:

  - Notwendigkeiten der Personalentwicklung werden erkennbar;
  - eingeleitete Maßnahmen der Personalentwicklung können als Motivationsinstrument genutzt werden;
  - frühzeitig werden Notwendigkeiten des Personalabbaus oder der Personalbeschaffung aufgezeigt;
  - Personalbeschaffung aus den eigenen Reihen kann systematisch und rechtzeitig eingeleitet werden und hilft, die Beschaffungskosten einzugrenzen;
  - Veränderungen im Personaleinsatz sowie damit verbundene Qualifizierungsmaßnahmen werden deutlich;
  - da das Arbeitsrecht durch zahlreiche Beschränkungen einen schnellen Personalabbau erschwert, können bei systematischer Personalplanung Abbaumaßnahmen rechtzeitiger und damit i. d. R. auch kosten- und sozialverträglicher eingeleitet werden.

- *Aus der Sicht der Arbeitnehmer* ist die Personalplanung aus folgenden Gründen bedeutsam:

  - Minderung sozialer Härten bei Personalabbau, Umstrukturierung und Rationalisierung;
  - verbesserte Chancen der Personalentwicklung und des internen Aufstiegs; damit mehr Sicherheit und Planbarkeit der eigenen Karriere;
  - mehr Transparenz und Vertrauen in personalpolitische Entscheidungen.

04. Welche Arten der Personalplanung lassen sich unterscheiden?

Arten der Personalplanung (Teilpläne)		
Personal-bedarfs-planung	Die Personalbedarfsplanung ist das „Herzstück" der Personalplanung. Sie stellt die Verbindung zwischen der Umsatz-, Ergebnis- und Produktionsplanung einerseits und der Anpassungs- und Kostenplanung andererseits her. Der geplante Personalbedarf hat Zielcharakter für die anderen Felder der Personalplanung.	
	Quantitative Planung: - Bruttopersonalbedarf - Nettopersonalbedarf - Verfahren	Die quantitative Personalplanung ermittelt das zahlenmäßige Mengengerüst der Planung (Anzahl der Stellen/Mitarbeiter je Bereich, Vollzeit-/Teilzeit-„Köpfe" usw.).
	Qualitative Planung: (Anforderungs-/Eignungsprofile)	Bei der qualitativen Personalplanung geht es um die Qualifikationserfordernisse des festgestellten Mitarbeiterbedarfs.

Personal-anpassungs-planung	Die Personalanpassungsplanung ist der Oberbegriff für Maßnahmen, die aufgrund der Ergebnisse der Personalbedarfsplanung eingeleitet werden müssen: - bei Personalunterdeckung: Beschaffung - bei Personalüberdeckung: Abbau (mit/ohne Reduzierung der Belegschaft) - bei Qualifikationsdefiziten: Entwicklung, Förderung. Daneben kann man die Einarbeitungs- und Einsatzplanung zu den Anpassungs-maßnahmen zählen. **Personalbeschaffungsplanung:** - Beschaffungswege (intern/extern) - Methoden der Personalauswahl Die Planung der Personalbeschaffung gibt Antwort auf die Fragen: - Wann entsteht der Bedarf? - In welcher Höhe? - Mit welcher Qualifikation? - Wann müssen welche Beschaffungsmaßnahmen eingeleitet werden? - Wie kann das interne und externe Beschaffungspotenzial effektiv genutzt werden?
	Aufgabe der **Personaleinsatzplanung** ist die Zuordnung von Stellen und Arbeits-kräften unter Berücksichtigung ökonomischer Ziele und Bedingungen sowie mit-arbeiterbezogener Ziele und Erwartungen.
	Personaleinarbeitungsplanung
	Personalentwicklungsplanung: - Entwicklungspläne (Standardpläne, individuelle Pläne) - Nachfolgepläne
	Personalabbauplanung: Ergibt sich aus der Personalbedarfsplanung die Feststellung, dass für die kommende Periode ein Personalüberhang zu erwarten ist, so ist im Wege der Personalabbaupla-nung der Personalbestand den zukünftigen Erfordernissen anzupassen.
Personal-kosten-planung	Die Personalkostenplanung ist neben der Personalbedarfsplanung der wichtigste Eckpfeiler der Planungen im Personalbereich. Basis für eine sachgerechte Planung der Personalkosten ist die systematische Erfassung aller Personalkosten. Die Analyse der Personalkosten muss folgende Fragen beantworten: - Entstehung der Kosten (Welche? Wo? Wann? In welchem Ausmaß?) - Wie werden sich diese Kosten entwickeln? - Wie sind sie zu beeinflussen? - Durch welche Controllinginstrumente können die Kosten innerhalb der geplanten Grenzen gehalten werden? - Über welche systematischen Schritte erfolgt die Planung der Personal-kosten – von der Detailplanung pro Unternehmenseinheit bis hin zur Einbindung in die Unternehmensplanung?

Individual-planung	Hier steht der einzelne, namentlich genannte Mitarbeiter im Mittelpunkt. Für eine wirksame Gestaltung muss sich die Individualplanung nicht nur an den Unterneh-menszielen orientieren, sondern maßgeblich auch die Wünsche, Erwartungen und Ziele der Mitarbeiter berücksichtigen.
Kollektiv-planung	Hier geht es um die Planungsfragen der Gesamtbelegschaft oder einer bestimmten Teilgesamtheit.

Nachfolge-pläne	sind gedanklich vorweggenommene Überlegungen zur zukünftigen Besetzung von Positionen – bezogen auf feste Termine. Die Fragestellungen lauten: - „Welcher Kandidat kommt für die Nachfolge der Position X, in welcher Zeit, ggf. bei welcher Zusatzqualifizierung infrage?" - „Welche Kandidaten kommen alternativ oder gleichrangig für eine bestimmte Position infrage?"
Laufbahn-planung	Laufbahnpläne (synonym: Karrierepläne) enthalten Positionsstrukturen – unternehmens- oder bereichsbezogen – und beantworten die Frage: „Welche Positionen kann ein Mitarbeiter „normalerweise" schrittweise im Unternehmen erreichen, wenn er bestimmte Qualifikationsmerkmale (Fachwissen, Führungswissen, Praxiskenntnisse usw.) erfüllt. Man kann diesen Begriff auch grob mit „vorstrukturierte Karriereleiter im Unternehmen" umreißen. Man kann derartige Laufbahnpläne - rein positionsbezogen gestalten (standardisierte Laufbahnpläne; in dieser Form sind sie streng genommen ein Teilgebiet der Kollektivplanung) oder - auf einzelne Mitarbeiter „zuschneiden" (individueller, nicht standardisierter Entwicklungsplan).
Stellen-besetzungs-planung	Eine Variante des Nachfolgeplans ist der Stellenbesetzungsplan. Er enthält alle Stellen des Unternehmens, ggf. gegliedert nach Mitarbeitern, Leitungsfunktionen, Ebenen, Projektstellen i. V. m. Überlegungen zur Nachfolge oder zeitlicher Vertretung. Im Idealfall kann der Organisationsplan eines Unternehmens – bei laufender Aktualisierung – für die Stellenbesetzungsplanung benutzt werden.

Beispiel eines Stellenbesetzungsplanes als Organigramm:

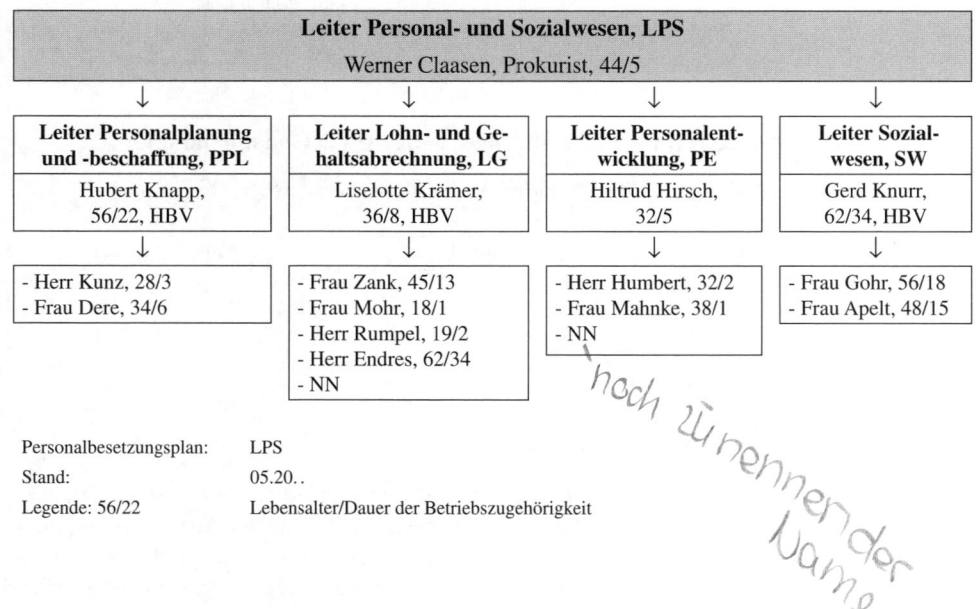

Personalbesetzungsplan: LPS

Stand: 05.20..

Legende: 56/22   Lebensalter/Dauer der Betriebszugehörigkeit

05. Welche Instrumente können für die Personalplanung zur Verfügung stehen?

- Stellenpläne,
- Stellenbesetzungspläne,
- Anforderungsprofile,
- Eignungsprofile,
- Stellenbeschreibungen,
- Funktionsbeschreibungen,
- Leistungs- und Potenzialbeurteilungen,
- Personalstatistiken,
- Personalinformationssystem

06. In welche Teilgebiete lässt sich die Personalplanung gliedern?

Eine Übersicht über die Teilgebiete der Personalplanung lässt sich auch in folgender Form geben:

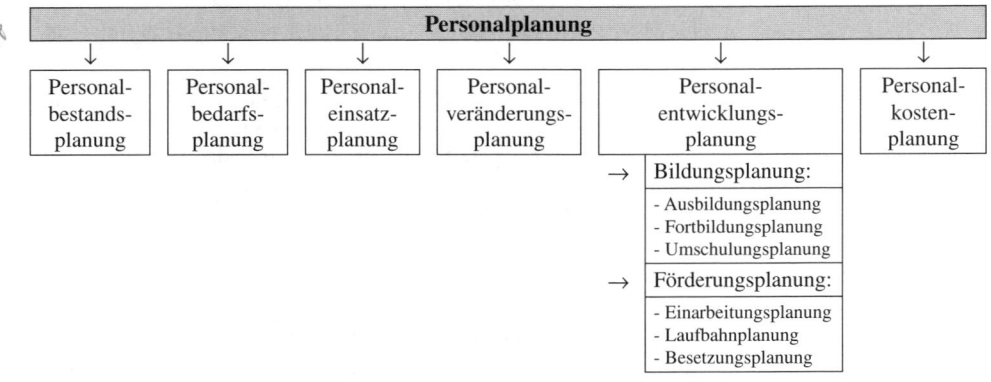

07. Welche Mitwirkungsrechte hat der Betriebsrat bei der Personalplanung?

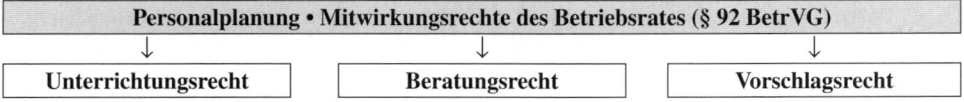

3.1.4 Personalmarketing

01. Welche Ziele verfolgt das Personalmarketing?

Personalmarketing ist die marktbezogene Betrachtung der Personalarbeit vorwiegend im Rahmen der Personalbeschaffung; z. B.: Imagebild am Arbeitsmarkt, Gestaltung von Anzeigen (Corporate Identity), Ausnutzen von Wettbewerbsvorteilen, Steigerung des Bekanntheitsgrades, Kontakt zu Hochschulen und Ausbildungsstätten, aber auch Verhalten zu Bewerbern. Man möchte als „Perferred Employer" (= bevorzugter Arbeitgeber) wahrgenommen werden bzw. ein(e) „Employer Branding" (= Arbeitgebermarkenbildung) erreichen.

02. Was versteht man unter „Personalmarketing-Mix" und welche Instrumente werden eingesetzt?

Gemeint ist damit, die Personalarbeit – insbesondere die Personalbeschaffung – marktorientiert zu gestalten. Über den Personalmarketing-Mix werden alle Gestaltungsfelder der Personalbeschaffung voll ausgeschöpft:

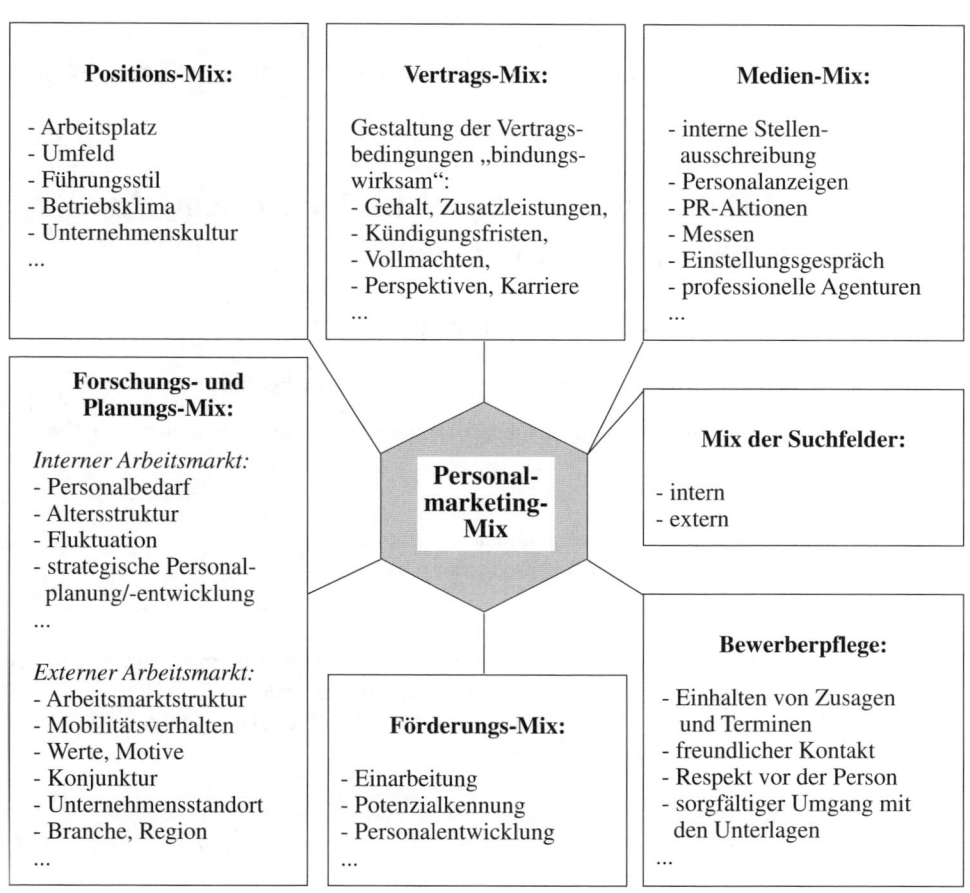

Positions-Mix:
- Arbeitsplatz
- Umfeld
- Führungsstil
- Betriebsklima
- Unternehmenskultur
...

Vertrags-Mix:
Gestaltung der Vertragsbedingungen „bindungswirksam":
- Gehalt, Zusatzleistungen,
- Kündigungsfristen,
- Vollmachten,
- Perspektiven, Karriere
...

Medien-Mix:
- interne Stellenausschreibung
- Personalanzeigen
- PR-Aktionen
- Messen
- Einstellungsgespräch
- professionelle Agenturen
...

Forschungs- und Planungs-Mix:

Interner Arbeitsmarkt:
- Personalbedarf
- Altersstruktur
- Fluktuation
- strategische Personalplanung/-entwicklung
...

Externer Arbeitsmarkt:
- Arbeitsmarktstruktur
- Mobilitätsverhalten
- Werte, Motive
- Konjunktur
- Unternehmensstandort
- Branche, Region
...

Personal-marketing-Mix

Mix der Suchfelder:
- intern
- extern

Förderungs-Mix:
- Einarbeitung
- Potenzialkennung
- Personalentwicklung
...

Bewerberpflege:
- Einhalten von Zusagen und Terminen
- freundlicher Kontakt
- Respekt vor der Person
- sorgfältiger Umgang mit den Unterlagen
...

03. Welche internationalen Aspekte sind beim Personalmarketing zu berücksichtigen (Internationales Personalmanagement)?

Die deutsche Wirtschaft ist in hohem Maße exportorientiert. Vor diesem Hintergrund ist für viele Betriebe internationales Personalmanagement unverzichtbar.

Grundsätzlich wird sich internationale Personalarbeit mit den *Strategien und Maßnahmen* beschäftigen, die erforderlich sind, *um Mitarbeiter im Ausland einzusetzen und sie nach der Rückkehr in die aufnehmenden Organisationseinheiten wieder zu integrieren.* Maßnahmen dieser Art erfordern neben der notwendigen Sachkenntnis vor allem einen hohen zeitlichen Vorlauf.

Im Einzelnen wird man sich mit folgenden *Fragestellungen bezüglich des Gastlandes* auseinander setzen müssen:

- *Natürliche* Rahmendaten: z. B. Klima, geografische Lage, Logistik
- *Ökonomische* Bedingungen: z. B. Lohnniveau, Währung, Kaufkraft, Wechselkurs
- *Politische* Eckdaten: z. B. Ausbildungssysteme, Ausbildungsniveau, Gewerkschaften, Stabilität des Regierungssystems
- *Rechtliche* Bedingungen: z. B. Arbeitnehmerschutzgesetze, Formen der Mitbestimmung
- *Kulturelle* Rahmenbedingungen: z. B. Motivstrukturen, kulturelle Gepflogenheiten, Geschichte des Landes, Gleichstellung von Mann und Frau

3.2 Personalwirtschaftliche Ziele aus der strategischen Unternehmensplanung ableiten

3.2.1 Strategische Unternehmensplanung

01. Welche Ebenen der Unternehmensplanung sind zu unterscheiden?

Die gegenwärtige Diskussion zum Planungsbegriff unterscheidet im Allgemeinen vier Ebenen der Unternehmensplanung:

(1) *Generelle Zielplanung:*
Festlegung der Leitlinien, der Unternehmenskonzeption
Wer wollen wir sein? Was wollen wir produzieren usw.

(2) *Strategische Planung:*
Festlegung von Geschäftsfeldern, von langfristigen Produktprogrammen; Ermittlung der Unternehmenspotenziale; Aufspüren zukünftiger Marktpotenziale
Vereinfacht formuliert: Auf welchen Märkten, mit welchen Produkten, mit welchen Mitarbeitern können wir morgen erfolgreich tätig sein?

(3) *Operative Planung:*
Festlegung der kurzfristigen Programmpläne in den einzelnen Funktionsbereichen (z. B. Personalplanung)

(4) *Ergebnis- und Finanzplanung:*
Kurzfristige Planung in monetären Strukturen und betriebswirtschaftlichen Kennziffern (Umsatz, Ergebnis, ROI)

02. Welcher Zusammenhang besteht zwischen den Zielen der operativen Unternehmensplanung und denen der strategischen?

- Die *strategische Unternehmensplanung* kann von der operativen über Kriterien wie

  - Fristigkeit/zeitliche Reichweite
  - Abstraktionsniveau
  - Vollständigkeit der Planung

  abgegrenzt werden. Demzufolge betrachtet die strategische Planung überwiegend globale Ziele wie Standortwahl, Organisationsstruktur, Produktprogramme, Geschäftsfelder. Es geht darum, so früh wie möglich und so gut wie möglich die Voraussetzungen für den zukünftigen Unternehmenserfolg zu schaffen – also Erfolgspotenziale zu bilden und zu erhalten.

- Gegenstand der *operativen Planung* ist die Festlegung mehr oder weniger kurzfristiger Planungen der einzelnen Funktionsbereiche. Die operative Unternehmensführung orientiert sich also an der kurzfristigen Erfolgsrealisierung mit den zentralen Steuerungsgrößen *Liquidität* und *Erfolg* (Gewinn).

- Der Übergang von der Strategie zum operativen Vorhaben wird in der Literatur meist als schrittweiser Vorgang begriffen, bei dem die Planungsinhalte zunehmend konkreter, kurzfristiger usw. werden. Diese Sichtweise ist eine gedankliche „Einbahnstraße". Sie führt in der Praxis oft genug zum Unvermögen der Manager, die Strategie in die Praxis umzusetzen:

  Bei „noch gutem Geschäftsverlauf" verweigert sich das Management der „Strategie" – mit dem Hinweis auf die (noch) gute Tageskasse. Es wird die falsche Polarität aufgebaut: Strategie argumentiert mit der (fernen) Zukunft, Tagesgeschäft argumentiert mit dem Jetzt.

- Wechselwirkung und Orientierungsgrößen der operativen und strategischen Zielfindung:

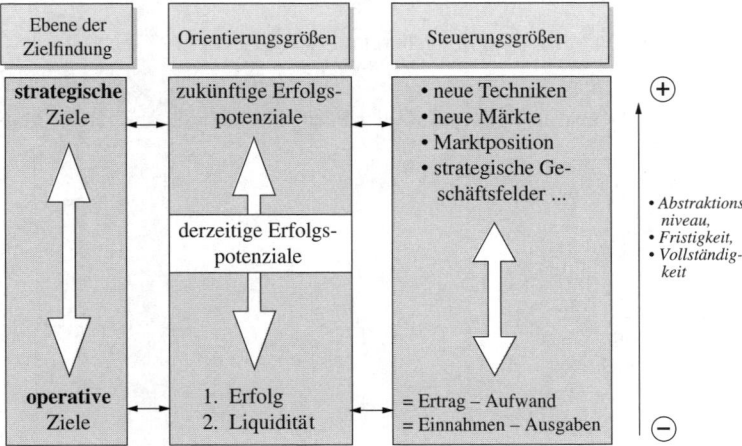

- *Strategische Planung* benötigt andere und insbesondere eigenständige Orientierungsgrundlagen, die in ihrer Struktur wesentlich komplexer und abstrakter sind als die der operativen Planung: Gefordert ist die Schaffung neuer Erfolgspotenziale. Diese erfolgsrelevanten Voraussetzungen liegen im Gesamtgefüge

- von neuen Produktentwicklungen
- der Substitution bestehender Technologien
- der Nutzung anderer Ressourcen
- dem Aufbau von Kapazitäten
- der Bildung von Marktpositionen
- der Bildung flexibler und kostengünstiger Organisation
- dem Vorsprung vor dem Wettbewerb durch ein hohes Humankapital.

Eine Unternehmensführung der langfristigen Existenzsicherung besteht gerade in der Kunst, strategische und operative Ziele gleichermaßen ausgewogen zu verfolgen. Es gilt die „Tageskasse" im Auge zu behalten und gleichzeitig die Frage zu beantworten, auf welchen Märkten und mit welchen Produkten kann morgen Geld verdient werden:

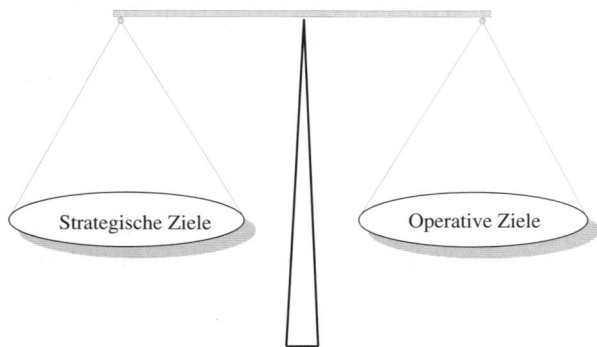

03. Welche Instrumente, Techniken und Entscheidungshilfen werden im Rahmen der strategischen Unternehmensplanung eingesetzt?

Beispiele (vgl. dazu u. a. im 1. Handlungsbereich, Ziffer 1.7.2):

- Szenario-Technik
- Entwicklung von Normstrategien mithilfe der Portfolio-Technik (z. B. BCG-Matrix)
- Trendextrapolation
- Wertschöpfungsanalyse
- Konkurrenzanalyse
- Marktanalyse
- Stärken-Schwächen-Analyse
- Produktlebenszyklus-Analyse
- Break-even-Analyse
- Produkt-Matrix von Ansoff.

3.2.2 Einfluss der strategischen Unternehmensplanung auf personalwirtschaftliche Ziele

01. Wie ist die strategische Personalplanung in die strategische Unternehmensplanung eingebunden?

Rein formal-logisch gibt es vier Möglichkeiten der Verknüpfung von strategischer Personalplanung und strategischer Unternehmensplanung bzw. der Auswirkung von strategischer Unternehmensplanung auf personalwirtschaftliche Ziele:

1. *Personalstrategie und Unternehmensstrategie sind voneinander unabhängig.*

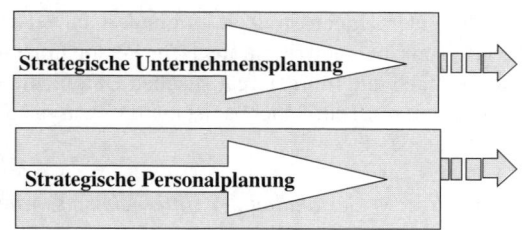

Das Personalmanagement formuliert für sich autonom eine Strategie, die gleichberechtigt neben der Unternehmensstrategie steht. Die strategische Personalplanung ist in diesem Fall schwerpunktmäßig *innenorientiert*. Auf Umfeldänderungen seitens des Arbeitsmarkts, der Marktdynamik usw. wird nicht explizit eingegangen. Der strategische Aspekt beschränkt sich darauf, ein Klima für die Umsetzbarkeit von Unternehmensstrategien zu schaffen.

2. *Personalstrategie folgt Unternehmensstrategie.*
   (= strategische Personalplanung als abgeleitete Planung)

Die zentrale Frage lautet: „Welches Personal brauchen wir zur Umsetzung der Unternehmensstrategie?" Die Personalstrategie ist hier ausschließlich eine abgeleitete Strategie. Sie hat allenfalls dann einen rückkoppelnden Einfluss auf die Unternehmensstrategie, wenn Zielvorgaben aus der Unternehmensstrategie nicht umgesetzt werden können (Korrektur der Unternehmensstrategie aufgrund von Störungen/Engpässen im Personalsektor).

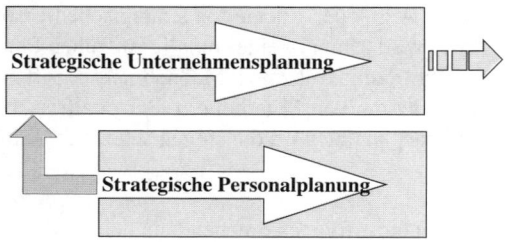

3 . *Unternehmensstrategie folgt Personalstrategie.*
  (= strategische Personalplanung als originäre Planung)

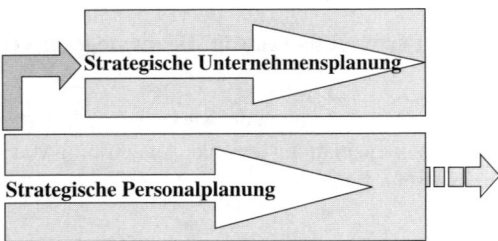

In diesem Fall richtet sich die Unternehmensstrategie (zumindest teilweise) nach den bestehenden Personalressourcen, die ihrerseits die implizite strategische Personalplanung widerspiegeln. Ein solches Verfahren ist zwar einfach und führt zu realistischen Unternehmensstrategien, schränkt aber den strategischen Spielraum stark ein. Machbar ist nur das, was die derzeitigen und zukünftigen Personalressourcen erlauben.

4. *Personalstrategie als integrativer Bestandteil der Unternehmensstrategie.*

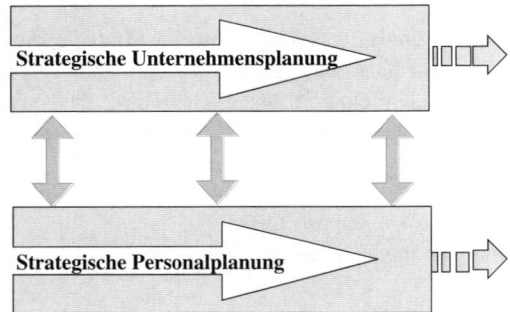

Diese Form der Einbindung ist formal-logisch eine Synthese aus der zweiten und der dritten Variante. Hier beeinflussen sich strategische Personalplanung und strategische Unternehmensplanung gegenseitig; sie stehen in wechselseitiger Abhängigkeit. So werden z. B. erste Vorüberlegungen auf der Ebene der Unternehmenstrategie den vorhandenen personellen Ressourcen gegenübergestellt. Jeder Auf-, Aus- oder Abbau von strategischen Erfolgspotenzialen (SGF = Strategische Geschäftsfelder) wird schon in einer möglichst frühen Phase auf seine Folgen für den Personalsektor untersucht, damit frühzeitig Maßnahmen ergriffen werden können (z. B. Einstellungsaktionen, Qualifizierung von Mitarbeitern, Personalfreisetzungen usw.). Simultan zur strategischen Unternehmensplanung wird die strategische Personalplanung entwickelt.

Resümee:
Letztlich ist nur die vierte Variante erfolgversprechend, da nur auf diese Weise die Personalressourcen für die konsequente Durchführung der Unternehmensstrategie zur Verfügung stehen. Durch die integrative Einbindung der strategischen Personalplanung in die strategische Unternehmensplanung ist es möglich, strategische Veränderungen und Notwendigkeiten im Personalsektor frühzeitig und damit qualitativ hochwertig einzuleiten.

02. Welcher Einfluss der strategischen Unternehmensplanung auf personalwirtschaftliche Ziele ist heute vorherrschend?

Personalplanung ist heute (noch) vorwiegend eingebunden in die Unternehmensgesamtplanung in Form einer *derivativen (abgeleiteten) Planung*:

Als *Folgeplanung* der anderen Teilplanungen (Produktionsplanung, Vertriebsplanung usw.) setzt sie die dort fixierten Eckdaten in konkrete Personalplanungsgrößen um.

Beispiel:
Der erwartete Auftragsrückgang der Maschinenbau X-GmbH im kommenden Jahr führt zur Rücknahme der Produktion. Es wird angenommen, dass diese Absatzschwäche längerfristig bestehen wird. Im Personalsektor wird dies voraussichtlich zu einer Reduzierung der Gesamtbelegschaft von 250 Arbeitern und 80 Angestellten führen. Der Personalabbau soll sozialverträglich und weitgehend durch Einstellungsstopp, Umstrukturierung, natürliche Fluktuation und ggf. durch Aufhebungsverträge realisiert werden. Die Personalplanung der X-GmbH hat die Aufgabe, die zu erwartende Absatzsituation in feste Ziele und Maßnahmen umzusetzen.

3.2.3 Personalwirtschaftliche Ziele

01. Was sind die Ziele der Personalarbeit?

Wie jede andere Disziplin, so muss auch das Personalmanagement über einen Maßstab verfügen, an dem es sich in seinen Aktivitäten orientiert. Diesen Zweck verfolgen *Ziele*: Sie geben die Richtung an und *bilden die Orientierung für zukünftiges Handeln.*

Ebenso wie in anderen Disziplinen der Betriebswirtschaftslehre hat man es bei der betrieblichen Personalarbeit nicht nur mit einem einzigen Ziel zu tun, sondern in der Praxis liegt meist ein *Bündel von Zielen* vor, die in unterschiedlichem Verhältnis zueinander stehen können.

- Unter den *Sachzielen* des Personalmanagements versteht man die Aufgabe, dem Unternehmen
  - zur richtigen *Zeit*,
  - am richtigen *Ort*,
  - die richtige *Anzahl* von Mitarbeitern
    (quantitativer Aspekt),
  - mit der richtigen *Qualifikation*
    (qualitativer Aspekt: Leistungsfähigkeit und Leistungsbereitschaft; mit anderen Worten: das Können und das Wollen)

  zur Verfügung zu stellen und *zu erhalten.*

Beispiel:
Aus Unternehmenssicht erwartet man natürlich, dass die Mitarbeiter dann zur Verfügung stehen, wenn sie gebraucht werden: Wenn beispielsweise für das kommende Jahr eine Umsatzsteigerung geplant ist, wird von den Personalverantwortlichen erwartet, dass sie rechtzeitig vor Produktionsbeginn dafür Sorge tragen, dass die zusätzlich erforderlichen Mitarbeiter in ausreichender Anzahl und der dafür notwendigen Ausbildung und Erfahrung in den betreffenden Niederlassungen zur Verfügung stehen. Eine nicht immer einfache Aufgabe.

- Als *Formalziele* bezeichnet man die Forderung, die *wirtschaftlichen* und *sozialen Ziele* des Unternehmens miteinander in Einklang zu bringen, vgl. S. 49).

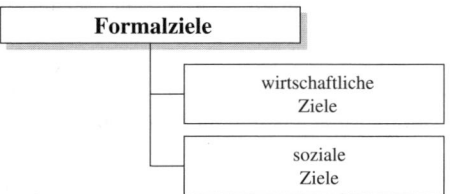

- *Wirtschaftliche Ziele* sind primär an ökonomischen Größen wie Gewinn, Marktanteil, Umsatz, Produktivität/Steigerung der Arbeitsleistung, Rentabilität, Optimierung/Kostenminimierung der Beschäftigung, und Kostendisziplin orientiert – als Basis für den ergebnismäßigen Bestand des Unternehmens.

- *Soziale Ziele* richten sich aus an den Erwartungen und Bedürfnissen der Mitarbeiter und sind Maßstab für den sozialen Beitrag des wirtschaftlichen Handels; verfolgt wird hier der soziale Bestand des Unternehmens; Beispiele: Beiträge zur Gestaltung des Betriebsklimas, Vorsorge und Fürsorge, Selbstbestimmung am Arbeitsplatz, marktgerechte sowie leistungsgerechte Lohnpolitik, Motivation und Förderung der Mitarbeiter, Förderung der Unternehmenskultur, die den Erwartungen der Mitarbeiter gerecht wird.

Zwischen beiden Zielsetzungen besteht ein ständiges Spannungsfeld; kurzfristig stehen wirtschaftliche und soziale Ziele fast immer im Gegensatz zueinander.

Beispiel:
Die Erfüllung überzogener Mitarbeitererwartungen (soziale Ziele; z. B. hoher Standard der Sozialleistungen) kann die Erreichung der wirtschaftlichen Ziele (Umsatz- und Gewinnziele) verhindern und ggf. langfristig den Bestand des Unternehmens gefährden.

Umgekehrt kann die „Nur-Orientierung" an wirtschaftlichen Zielen (z. B. durch überzogene Leistungserwartungen und/oder verfehlte Lohnpolitik) zu einem verhältnismäßig hohen Krankenstand, zu Ausschuss und Schlechtleistungen bzw. zur Fluktuation gut ausgebildeter Arbeitskräfte führen – und damit direkt oder indirekt die Realisierung wirtschaftlicher Ziele gefährden.

Kurzfristig führen Investitionen in der Aus- und Fortbildung sowie im Sozialwesen eines Betriebes zu höheren Kosten und damit zu einer Gewinnschmälerung. Sorgt man jedoch für einen effektiven Einsatz der Mittel, so besteht die berechtigte Erwartung, dass sich diese Investitionen langfristig „auszahlen": steigende Leistungsbereitschaft, Identifikation mit dem Unternehmen und der Aufgabe, geringe Fluktuation und Fehlzeiten zu erreichen, führen zu einem Anstieg der Produktivität sowie einer hohen Produktqualität und liefern auf diese Weise ihren Beitrag zur Bestandssicherung des Unternehmens.

Es kommt also darauf an, dass in einem Unternehmen wirtschaftliche und soziale Ziele in angemessener Form ausgewogen sind und in Einklang stehen – in Abhängigkeit von

- der Konjunkturlage,
- der Wirtschaftslage des Unternehmens,
- dem Beschäftigungsgrad am Arbeitsmarkt,
- dem Wertegefüge der Mitarbeiter usw.

Mit anderen Worten: Betriebliche Personalarbeit ist also so zu gestalten, dass die Schnittmenge zwischen wirtschaftlichen und sozialen Zielen möglichst groß ist. In der Praxis wird dies für jeden Personalverantwortlichen eine tägliche Gratwanderung sein.

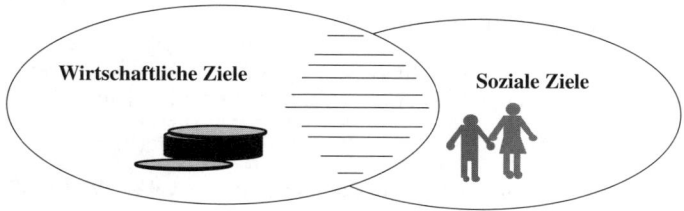

3.3 Beschäftigungsstrukturen und Personalbedarfe für Produktions- und Dienstleistungsprozesse analysieren und ermitteln

3.3.1 Menschliche Arbeitsleistung im Unternehmen

01. Welche Formen (auch: Arten) der Arbeit lassen sich unterscheiden?

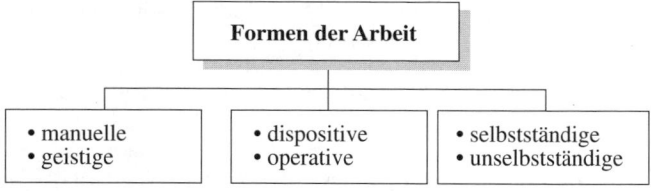

02. Welche Produktionsfaktoren unterscheidet die Betriebswirtschaftslehre?

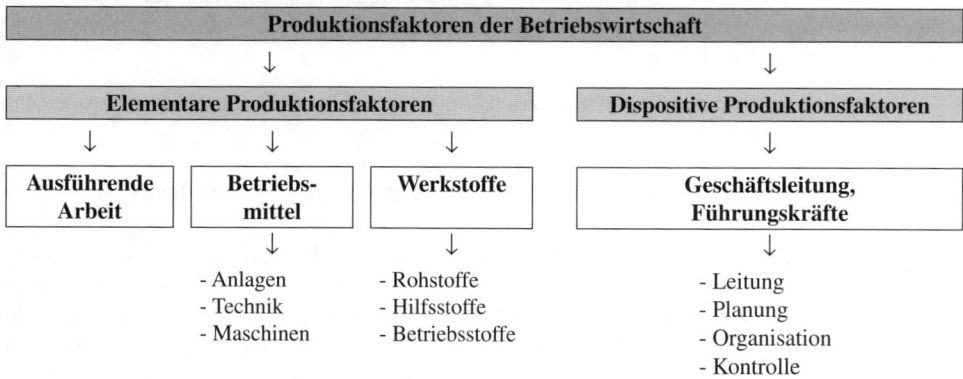

- *Elementare Faktoren:* Arbeit, Betriebsmittel (einschließlich Grund und Boden) und Werkstoffe werden als elementare Faktoren bezeichnet.

- *Dispositive Faktoren:* Unternehmensleitung, Zielsetzung, Planung, Organisation, Führung und Kontrolle sind so genannte dispositive Faktoren.

03. Welche Bedeutung hat der dispositive Faktor?

Der dispositive Faktor ist erforderlich, um die übrigen Produktionsfaktoren so miteinander zu kombinieren, dass ein optimaler Unternehmenserfolg erzielt werden kann.

04. Welchen Bedingungen unterliegt heute die menschliche Arbeitsleistung? Welche Veränderungen sind erkennbar?

Beispiele:

1. Die qualifizierte *Handarbeit* verliert an Bedeutung. Eine fortschreitende Mechanisierung, Automatisierung und Rationalisierung ist zu verzeichnen.

2. Der *Grad der Arbeitsteilung* wächst; ganzheitliche Arbeit ist zunehmend weniger vorhanden.

3. Der Faktor Arbeit ist für viele Unternehmen der *Kostenfaktor* Nr. 1. Damit wächst der Druck im Hinblick auf Rationalisierungsmaßnahmen und Ersatz des Faktors Arbeit durch Kapital. Ebenfalls ansteigend ist die Tendenz zur Intensivierung der Arbeit (Anstieg der Verrichtungen pro Zeiteinheit).

4. Neue *Formen der Arbeitsorganisation* entstehen (Teilzeit, Altersteilzeit, unterschiedliche Formen der Gruppenarbeit, Teamorganisation).

5. Die *Formen der Arbeitsstrukturierung* werden differenzierter.

05. Wie wirken sich die Arbeitsbedingungen industrieller Arbeitsplätze auf die Arbeitsmotivation und die Arbeitsleistung aus? Welche Aspekte muss der Vorgesetzte hier berücksichtigen?

Die Entwicklungen in der industriellen Fertigung waren und sind z. T. noch stark begleitet von hoher *Arbeitsteilung* und *Spezialisierung* – verbunden mit Gefahren, die den menschlichen Organismus negativ belasten können:

- Muskelverspannungen, Kopfschmerzen, Entzündungen aufgrund einseitiger Belastungen der Muskeln und des Skeletts,
- psychosomatische Erkrankungen durch Stress in den Arbeitsabläufen,
- Schädigungen der Augen, Ohren und anderer Organe durch Lärm, Staub, Hitze usw.

Abgesehen von der *Schädigung des menschlichen Organismus* beeinträchtigen diese Entwicklungen die unternehmerische Zielsetzung nach hoher Qualität und hoher Leistung und können damit das *Betriebsergebnis senken.* Eine der „Gegenbewegungen" zu diesem Trend trägt die Überschrift: „Ergonomische und humane Gestaltung" der Arbeitsplätze, der Maschinen und Werkzeuge, der Anlagen und Geräte, der Arbeitsmaterialien, der Arbeitsinhalte usw.

06. Welche Faktoren bestimmen grundsätzlich das Ergebnis menschlicher Arbeit?

Die Ergiebigkeit menschlicher Arbeit (das Leistungsergebnis) ist abhängig von dem Zusammenwirken drei zentraler Faktoren:

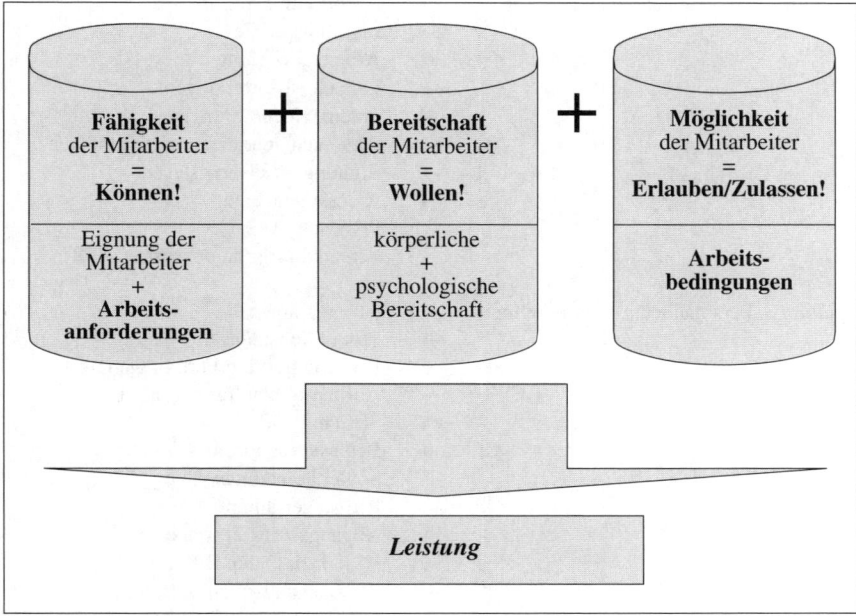

3.3.2 Instrumente der Personalbedarfsbestimmung

01. Welche Instrumente können bei der Personalbedarfsbestimmung eingesetzt werden?

Personalbedarfsbestimmung: *Instrumente[1], z. B.:*

• *Qualitative* Personalbedarfsbestimmung:
- → Anforderungsprofile
- → Eignungsprofile
- → Arbeitsbewertung
- → Leistungsbeurteilungen
- → Potenzialbeurteilungen
- → Personalakten, Personalstammdaten
- → Eignungs-/Leistungstests
- → Assessmentcenter
- → PE-Datei
- → Personalinformationssystem (PIS)

• *Quantitative* Personalbedarfsbestimmung:
- → Absatzpläne
- → Produktionspläne
- → Fertigungsstufen/Fertigungstiefe
- → Aufbau-/Ablauforganisation
- → Schichtpläne
- → Bedarfsprognosen
- → Stellenbesetzungspläne
- → REFA-Verfahren
- → Abgangs-/Zugangstabellen (vgl. dazu unten, Ziffer 3.4.1)
- → Personalstatistiken, z. B.:
  - Belegschaftsstruktur/Altersstruktur
  - Fluktuationsquote
  - Fehlzeiten/Absentismus

• *Räumliche* Personalbedarfsbestimmung:
- → Zentrale/dezentrale Struktur des Betriebes
- → Produktionsverfahren, z. B. Werkstättenfertigung, Baustellenfertigung usw.
- → Gebäudepläne/-grundrisse
- → Personaleinsatzpläne

• *Temporäre* Personalbedarfsbestimmung:
- → Produktionsverfahren, z. B. Einschichtbetrieb, Konti-Schicht
- → Absatzpläne, z. B. saisonale Absatzschwankungen
- → Auftragsbücher/Auftragsvorlauf
- → tarifliche/individuelle Arbeitszeiten, ggf. betriebliches Arbeitssystem (Wochen-, Monats-, Jahresarbeitszeit)

---

[1] Zwischen dem Einsatz dieser Instrumente hinsichtlich qualitativer, quantitativer, räumlicher und temporärer Bedarfsbestimmung gibt es Überschneidungen.

3.4 Personalbedarfs- und Entwicklungsplanung durchführen

3.4.1 Methoden der Personalbedarfsrechnung

01. Welche Arten des Personalbedarfs sind zu unterscheiden?

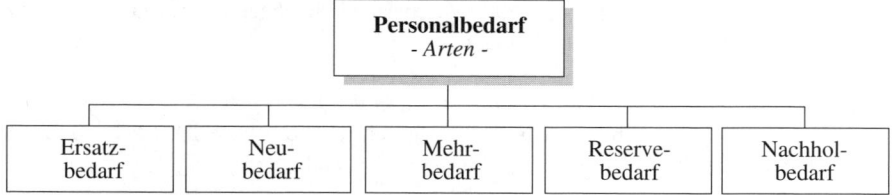

- *Ersatzbedarf*   = Bedarf aufgrund ausscheidender Mitarbeiter
- *Neubedarf*   = Bedarf aufgrund neu geplanter/genehmigter Stellen (→ Kapazitätserweiterung)
- *Mehrbedarf*   = Bedarf aufgrund gesetzlicher Veränderungen bei gleicher Kapazität (→ Verkürzung der Arbeitszeit; Fachkraft für Ökologie)
- *Reservebedarf* = Bedarf aufgrund von Ausfällen und Abwesenheiten (Urlaub, Erkrankung usw.)
- *Nachholbedarf* = Bedarf aufgrund noch offener Planstellen der zurückliegenden Planungsperiode

02. Aus welchen Berechnungsgrößen setzt sich der quantitative Personalbedarf zusammen?

Bruttopersonalbedarf	=	Stellenbestand +/- Veränderungen
– **fortgeschriebener**		
Personalbestand	=	Personalbestand +/- Veränderungen
= **Nettopersonalbedarf**		

Die Ermittlung erfolgt in drei Arbeitsschritten:

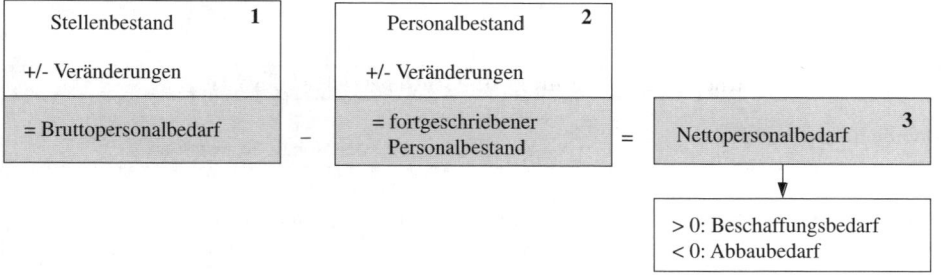

1. Schritt: Ermittlung des Bruttopersonalbedarfs (*Aspekt „Stellen"*):
Der gegenwärtige Stellenbestand wird aufgrund der zu erwartenden Stellenzu- und -abgänge „hochgerechnet" auf den Beginn der Planungsperiode. Anschließend wird der Stellenbedarf der Planungsperiode ermittelt.

2. Schritt: Ermittlung des *fortgeschriebenen Personalbestandes* (Aspekt *„Mitarbeiter"*):
Analog zu Schritt 1 wird der Mitarbeiterbestand „hochgerechnet" aufgrund der zu erwartenden Personalzu- und -abgänge.

3. Schritt: Ermittlung des *Nettopersonalbedarfs* (= *„Saldo"*):
Vom Bruttopersonalbedarf wird der fortgeschriebene Personalbestand subtrahiert. Man erhält so den Nettopersonalbedarf (= Personalbedarf i. e. S.).

Man verwendet folgendes Berechnungsschema, das hier durch ein einfaches Zahlenbeispiel ergänzt wurde:

Berechnungsschema zur Ermittlung des Nettopersonalbedarfs			
Lfd. Nr.:		*Berechnungsgröße:*	*Zahlenbeispiel:*
1		Stellenbestand	28
2	+	Stellenzugänge (geplant)	2
3	–	Stellenabgänge (geplant)	-5
4	=	**Bruttopersonalbedarf**	25
5		Personalbestand	27
6	+	Personalzugänge (sicher)	4
7	–	Personalabgänge (sicher)	-2
8	–	Personalabgänge (geschätzt)	-1
9	=	**Fortgeschriebener Personalbestand**	28
10		**Nettopersonalbedarf (Zeile 4 – 9)**	**-3**

Im dargestellten Beispiel ist also ein Personalabbau von drei Mitarbeitern (auf Vollzeitbasis) erforderlich.

03. Welche Verfahren werden zur Ermittlung des Bruttopersonalbedarfs eingesetzt?

Zur Prognose des Bruttopersonalbedarfs bedient man sich verschiedener Verfahren. Grundsätzlich unterscheidet man dabei zwei *Verfahrensarten*:

Methoden zur Ermittlung des Bruttopersonalbedarfs (1)	
Globale Bedarfsprognose	• Schätzverfahren • Kennzahlenmethode: globale Kennzahlen
Differenzierte Bedarfsprognose	• Stellenplanmethode • Verfahren der Personalbemessung • Kennzahlenmethode: differenzierte Kennzahlen

- Bei den *Verfahren zur globalen Bedarfsprognose* geht es um die Ermittlung von Unternehmens-Gesamtdaten, die „globalen" Charakter haben (z. B. Gesamtheit aller Planstellen eines Unternehmens oder eines Ressorts).

- Die Verfahren zur *differenzierten Bedarfsprognose* sind meist kurz- oder mittelfristig angelegt und beziehen sich auf detaillierte sowie begrenzte Personalbereiche/Einzelaufträge, in denen einigermaßen zuverlässige Datenrelationen hergestellt werden können.

Die Unterscheidung der Verfahren zur Ermittlung des Bruttopersonalbedarfs in globale und differenzierte Verfahren ist eine Form der Differenzierung; eine weitere Möglichkeit der Gliederung dieser Verfahren ist die Unterteilung in vergangenheitsorientierte Methoden, Schätzmethoden und arbeitswissenschaftliche Methoden wie sie im Rahmenplan der Personalfachkaufleute dargestellt ist (vgl. Ziffer 3.4.1 des Rahmenplanes):

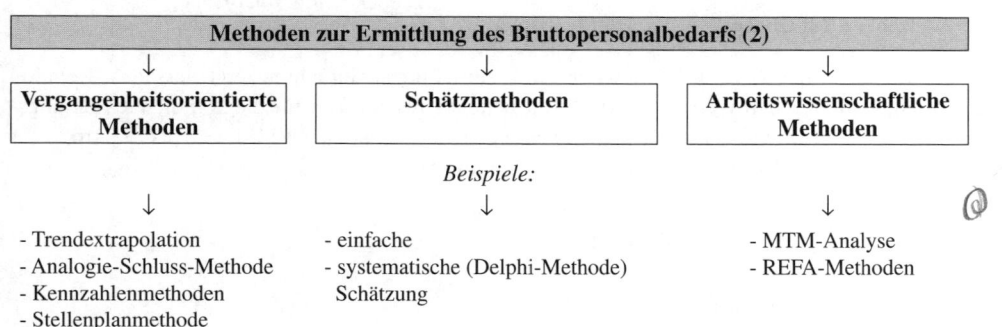

1. *Schätzverfahren* sind relativ ungenau, trotzdem – gerade in Klein- und Mittelbetrieben – sehr verbreitet.

   - Bei der *einfachen Schätzmethode* erfolgt die Ermittlung des Personalbedarfs aufgrund *subjektiver Einschätzung* einzelner Personen. In der Praxis werden meist *Experten* und/oder die kostenstellenverantwortlichen Führungskräfte gefragt, wie viele Mitarbeiter mit welchen Qualifikationen für eine bestimmte Planungsperiode gebraucht werden; die Geschäftsleitung gibt dazu in der Regel Eckdaten vor (Geschäftsentwicklung; Absatz-/Umsatzrelationen). Die Antworten werden zusammengefasst, einer Plausibilitätsprüfung unterworfen und dann in das Datengerüst der Unternehmensplanung eingestellt.

   - Bei der *systematischen Schätzmethode* werden interne und ggf. zusätzlich externe Experten mithilfe eines *Fragebogens* befragt (Delphi-Methode); die Ergebnisse der schriftlichen Befragung werden ausgewertet, zusammengefasst und zusammen mit den Analysen an die befragten Experten *zurückgemeldet*, die dann eine *erneute verfeinerte Schätzung* auf der Basis ihres neuen Informationsstandes abgeben. Der typische Ablauf der systematischen Schätzung erfolgt in folgenden Schritten:

     → 1. Schätzung mithilfe eines systematischen Fragebogens
     → Auswertung und Analyse der 1. Schätzung
     → Rückmeldung der zusammengefassten Ergebnisse an die Experten
     → 2. (verfeinerte) Schätzung auf der Basis der gewonnenen Ergebnisse (s. 1. Schätzung)
     → Analyse der 2. Schätzung und Ableitung des Personalbedarfs

2. *Die Kennzahlenmethode* kann sowohl als *globales Verfahren* aufgrund globaler Kennzahlen sowie als *differenziertes Verfahren* aufgrund differenzierter Kennzahlen durchgeführt werden. Bei der Kennzahlenmethode versucht man, Datenrelationen, die sich in der Vergangenheit als relativ stabil erwiesen haben, zur Prognose zu nutzen; infrage kommen z. B. Kennzahlen wie

- Umsatz : Anzahl der Mitarbeiter,
- Absatz : Anzahl der Mitarbeiter,
- Umsatz : Personalgesamtkosten,
- Arbeitseinheiten : geleistete Arbeitsstunden.

- *Beispiel 1* zur Kennzahlenmethode (*globales Verfahren*):
Das Maschinenbauunternehmen X-GmbH ermittelt in der *Berichtsperiode* die Relation

$$\frac{\text{Umsatz p.a}}{\text{Anzahl der Mitarbeiter}^{1)}} = \frac{61,2 \text{ Mio} \, \text{€}}{510 \text{ Mitarbeiter}} = 120.000 \, \text{€ pro Mitarbeiter}$$

Die Analyse der Vergangenheitswerte in den zurückliegenden Jahren zeigt, dass diese Relation recht stabil um den Wert 120.000 €/Mitarbeiter schwankt. Der für die kommende Planungsperiode angestrebte Umsatz von 67,32 Mio € (Umsatzanstieg = 10 %) wird als Zielgröße zur Ermittlung des Brutto-Personalbedarfs genommen:

$$\frac{67,32 \text{ Mio} \, \text{€}}{x} = 120.000 \, \text{€/Mitarbeiter}$$

$$\Rightarrow x = 561 \text{ Mitarbeiter}$$

d. h., es ergibt sich ein Bruttopersonalbedarf von 561 Stellen bzw. ein Mehrbedarf von 51 Stellen. Mit anderen Worten: Unterstellt man derart stabile Zahlenrelationen, entwickeln sich rein rechnerisch Bezugsgröße (hier: Umsatz) und Personalbedarf *proportional zueinander*, d. h. wenn der Umsatz um 10 % ansteigt, so ist beim Personalbedarf ebenfalls eine Zunahme von 10 % anzunehmen.

- *Beispiel 2* zur Kennzahlenmethode (*differenziertes Verfahren*):
Aus der Vergangenheit weiß man in einem Unternehmen, dass ein Lohn- und Gehaltssachbearbeiter rund 350 Mitarbeiter abrechnen und betreuen kann. Aufgrund der geplanten Umsatzausweitung wird die Zahl der zu betreuenden Mitarbeiter im Produktionsbereich/Abrechnungskreis um rund 280 ansteigen.

Daraus folgt: $\dfrac{1}{350} = \dfrac{x}{280}$

$$\Rightarrow x = 0,8$$

Ergebnis: Es besteht ein Mehrbedarf von 0,8 Mitarbeiter. Man entschließt sich, eine zusätzliche Stelle einzurichten – als Teilzeitstelle bei 80 % der Regelarbeitszeit.

---

[1] auf Vollzeitbasis

3. Bei der *Trendextrapolation* werden die Zukunftswerte einer Zeitreihe fortgeschrieben (extrapoliert = ergänzt) auf der Basis (dem Trend) der Vergangenheitswerte. Dabei wird unterstellt, dass die Rahmenbedingungen und Gesetzmäßigkeiten der Vergangenheit (der Trend) mehr oder weniger stabil auch für die Zukunft gelten. Dazu ein *einfaches Zahlenbeispiel*:

In einem Zulieferbetrieb der Kfz-Industrie hat sich die durchschnittliche Anzahl der Belegschaft pro Jahr (nach Vollzeitköpfen) folgendermaßen entwickelt:

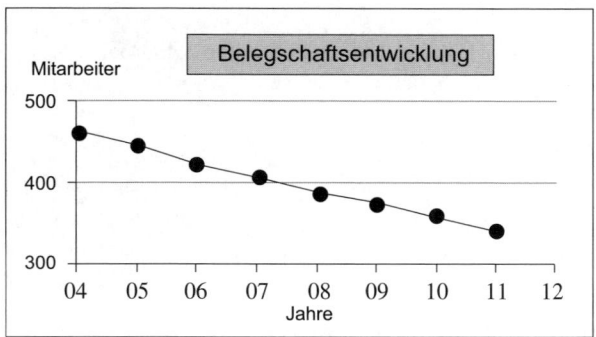

Zu ermitteln ist im Rahmen der mittelfristigen Personalplanung der durchschnittliche Bruttopersonalbedarf der Jahre 12 - 13:

Die Analyse der Daten zeigt folgende Gesetzmäßigkeit: Seit Jahr 04 bis zum Jahr 07 ist die Belegschaft gesunken und zwar jeweils um 5 % und im Folgejahr um 3 %. Bei unveränderten Bedingungen (z. B. Beibehaltung von Rationalisierungsinvestitionen, Marktentwicklung) kann davon ausgegangen werden, dass sich die Belegschaft wie folgt entwickelt:

Jahr 07:	Bestand:	412 Mitarbeiter
		(Vollzeitstellen)
Rückgang um	ø Bestand:	
Jahr 08: 5 %	391	
Jahr 09: 3 %	380	
Jahr 10: 5 %	361	
Jahr 11: 3 %	350	
Jahr 12: 5 %	333	
Jahr 13: 3 %	323	

4. Bei der *Trendanalogie* (Analogie-Schlussmethode) wird der Zusammenhang zwischen zwei oder mehreren Zeitreihen extrapoliert, z. B. der Zusammenhang zwischen „Zahl der Verkäufer + Anzahl der Kunden", „Zahl der Wartungsverträge + Anzahl der Servicetechniker". Meist werden dabei aus den Bezugsgrößen (Absatz, Umsatz, Mitarbeiter usw.) eine oder mehrere Kennziffern gebildet und der „wahrscheinlich zukünftige Wert" extrapoliert unter Berücksichtigung notwendiger Eckdaten wie z. B. Veränderung der tariflichen Arbeitszeit, Veränderung der Produktivitäten (Maschinen-/Arbeitsproduktivität) u. Ä.

5. *Verfahren der Personalbemessung (Arbeitsstudien)*:

Hier wird auf Erfahrungswerte oder arbeitswissenschaftliche Ergebnisse zurückgegriffen (REFA, MTM, Work-Factor). Zu ermitteln ist die Arbeitsmenge, die dann mit dem Zeitbedarf pro Mengeneinheit multipliziert wird („Zähler"). Im Nenner der Relation wird die übliche Arbeitszeit pro Mitarbeiter eingesetzt; der Bruttopersonalbedarf wird folgendermaßen berechnet:

$$\text{Personalbedarf (in Vollzeitkräften)} = \frac{\text{Arbeitsmenge} \cdot \text{Zeitbedarf pro Einheit}}{\text{übliche Arbeitszeit pro Mitarbeiter}}$$

Bei der REFA-Methode führt dies zu folgender Formel:

$$\text{Personalbedarf (in Vollzeitkräften)} = \frac{\text{Rüstzeit} + (\text{Einheiten/Auftrag} \cdot \text{Zeit/Einheit})}{\text{mtl. Regelarbeitszeit/Mitarbeiter} \cdot \text{Leistungsfaktor}}$$

Beispiel:

In einem Unternehmen existieren folgende Werte:

- Rüstzeit pro Auftrag X   = t_r 42 Stunden
- Anzahl der Fertigungseinheiten   = m 2.900 Stück
- Ausführungszeit pro Einheit   = t_e 1,31 Stunden
- tatsächlicher durchschnittlicher
  Leistungsgrad   = L_t 115 %
  $\Rightarrow$ Leistungsgradfaktor   = $L_t : 100$ 1,15
- monatliche Regelarbeitszeit   = Z 167 Stunden

Nach der REFA-Methode ergibt sich also für den Personalbedarf:

$$\text{Personalbedarf} = \frac{t_r + (m \cdot t_e)}{Z} \cdot \frac{1}{L_t}$$

$$= \frac{42 + (2.900 \cdot 1,31)}{167 \cdot 1,15}$$

$$= 20 \text{ (Vollzeit)Mitarbeiter}$$

Berücksichtigt man weiterhin eine *Fehlzeitenquote* der betreffenden Fertigungsabteilung z. B. in Höhe von 10 %, so ergibt sich folgender *Reservebedarf*:

(1) 20 Mitarbeiter · 167 Std.   =   3.340 Std. (Regelarbeitszeit gesamt)

(2) 10 % von 3.340   =   334 Stunden

(3) 334 Std. : 167   =   2 Vollzeitmitarbeiter

Mit anderen Worten:

Der Bruttopersonalbedarf (= Einsatzbedarf + Reservebedarf) liegt unter Berücksichtigung der Fehlzeitenquote bei diesem Auftrag bei 22 Vollzeitmitarbeitern.

Die Ermittlung der Daten bei den Verfahren der Personalbemessung kann erfolgen auf der Basis

- von Erfahrungswerten
- von Selbstaufschreibungen
- der REFA-Methode (siehe oben)
- des MTM-Verfahrens.

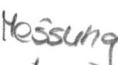

Beim *MTM-Verfahren* (<u>M</u>ethods of <u>T</u>ime <u>M</u>easurement) wird körperliche Arbeit in Grundbewegungen zerlegt; den Grundbewegungen werden *Normalzeitwerte* zugeordnet, die aufgrund systematischer Zeitstudien von Fachleuten ermittelt wurden. Die Abbildung zeigt die *Grundbewegungen* des MTM-Bewegungszyklusses:

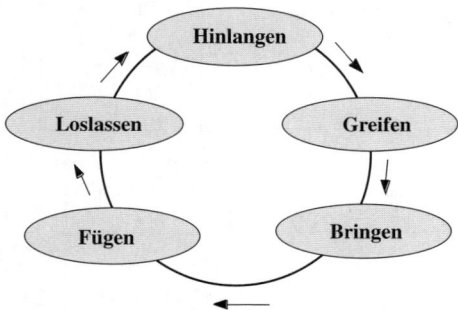

6. *Stellenplanmethode:*
Bei diesem Verfahren werden Stellenbesetzungspläne herangezogen, die sämtliche Stellen einer bestimmten Abteilung enthalten bis hin zur untersten Ebene – inkl. personenbezogener Daten über die derzeitigen Stelleninhaber (z. B. Eintrittsdatum, Vollmachten, Alter). Der Kostenstellenverantwortliche überprüft den Stellenbesetzungsplan i. V. m. den Vorgaben der Geschäftsleitung zur Unternehmensplanung für die kommende Periode (Absatz, Umsatz, Produktion, Investitionen) und ermittelt durch Schätzung/Erfahrung die erforderlichen personellen und ggf. organisatorischen Änderungen. Der weitere Verfahrensablauf vollzieht sich wie im oben dargestellten Schätzverfahren.

Beispiel:
Das nachfolgende Beispiel zeigt den Stellenbesetzungsplan der Hauptabteilung „Personal- und Sozialwesen" eines Unternehmens; die Zahlenangaben bedeuten: Lebensalter/Betriebszugehörigkeit; lt. Betriebsvereinbarung existiert eine Vorruhestandsregelung ab Alter 63. Das Unternehmen expandiert. Es ist der quantitative Personalbedarf für das kommende Jahr zu ermitteln. Er wird mit Ansätzen zur qualitativen Personalplanung verbunden.

Die Analyse des Stellenbesetzungsplanes sowie der anstehenden Personalveränderungen zeigt folgendes Bild:

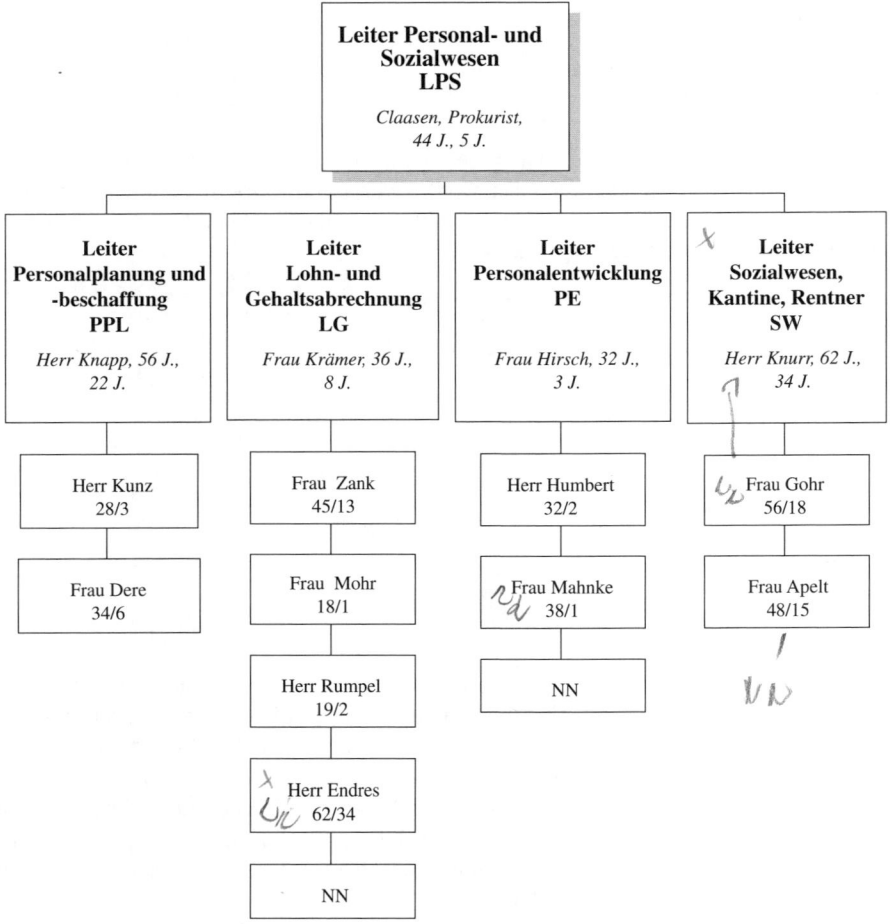

- Für die Gruppe „Sozialwesen" wurde eine neue Stelle bewilligt.
- Zwei Stellen sind noch nicht besetzt (Nachholbedarf).
- Hr. Endres und Hr. Knurr: → Vorruhestand.
- Fr. Gohr wird Nachfolgerin von Hr. Knurr.
- Fr. Mahnke wird das Unternehmen zum März n. J. verlassen (Aufhebungsvertrag).
- Rückkehr Mutterschutz und Bundeswehr: 2 Sachbearbeiter (nach: → LG).
- Übernahme nach der Ausbildung: 2 Sachbearbeiter (nach: → SW).

	LPS	PPL	LG	PE	SW	Σ
Stellenbestand	1	3	6	4	3	17
+ Zugänge	0	0	0	0	1	1
– Abgänge	0	0	0	0	0	0
= Bruttopersonalbedarf	1	3	6	4	4	**18**
Mitarbeiterbestand	1	3	5	3	3	15
+ Zugänge	0	0	2	0	2	4
– Abgänge	0	0	–1	–1	–1	–3
= fortgeschriebener Personalbestand	1	3	6	2	4	**16**
Nettopersonalbedarf	(18 ./.16)					**2**

Ergebnis:
Es ergibt sich ein *Nettopersonalbedarf von 2 Mitarbeitern*; diese sind für PE zu beschaffen, da bereits qualitative Entscheidungen vorgenommen wurden (Besetzungen in LG und SW). Im Anschluss daran ist die Planung der Personalbeschaffung der 2 Mitarbeiter/PE durchzuführen (Wann? Woher? Wie? Qualifikation?).

3.4.2 Methoden zur Ermittlung des Personalbestandes

Zur Wiederholung (zentrales Thema der Prüfung):
Der quantitative Personalbedarf setzt sich aus folgenden Berechnungsgrößen zusammen:

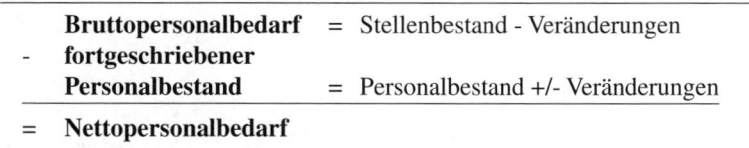

Die folgenden Fragestellungen behandeln einfache Methoden zur Ermittlung des fortgeschriebenen Personalbestandes (quantitative Personalbestandsplanung).

01. Welche Verfahren setzt man zur Ermittlung des Personalbestandes ein?

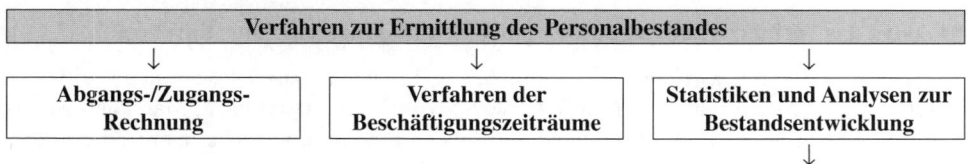

- Statistik der Personalbestände
- Altersstatistik
- Fluktuationsstatistik
- Aktivitätenstatistik

02. Wie wird die Abgangs-/Zugangsrechnung durchgeführt?

Bei der Methode der Abgangs-/Zugangsrechnung werden die Arten der Ab- und Zugänge möglichst stark differenziert. Die Aufstellung kann sich auf Mitarbeitergruppen oder Organisationseinheiten beziehen. Dabei sind die einzelnen Positionen mit einer unterschiedlichen Eintrittswahrscheinlichkeit behaftet. Man kann daher die einzelnen Werte der Tabelle noch differenzieren in

- feststehende Ereignisse und
- wahrscheinliche Ereignisse.

Abgangs-/Zugangsrechnung zur Ermittlung des Personalbestandes			
Veränderungen:		**Berichtsperiode:**	**Planungsperiode:**
	Bestand zu Beginn der Periode:	40	38
–	**Abgänge:**		
	Pensionierungen	-1	-2
	Bundesfreiwilligendienst	-2	-1
	Fortbildung	-1	0
	Kündigung, Arbeitgeber	0	-1
	Kündigung, Arbeitnehmer	-1	0
	Tod	-1	0
	Mutterschutz	0	-2
	Sonstige	0	0
=	**Summe Abgänge**	**-6**	**-6**
+	**Zugänge:**		
	Bundesfreiwilligendienst	1	2
	Versetzungen	1	1
	Fortbildung	0	0
	Mutterschutz	0	1
	Übernahmen (Ausbildung)	2	3
	Sonstige	0	1
=	**Summe Zugänge**	**4**	**8**
=	**Bestand zum Ende der Periode**	**38**	**40**

Im vorliegen Beispiel steigt der durchschnittliche Personalbestand von 38 Mitarbeiter (Berichtsperiode) auf 40 Mitarbeiter (Planungsperiode).

03. Wird das Verfahren zur Ermittlung der Beschäftigungszeiträume durchgeführt?

Bei diesem Verfahren wird die Frage betrachtet: „Wie lange dauert es, bis sich die Belegschaft aufgrund der Abgänge auf 75 % (bzw. 50 % o. Ä.) reduziert hat?" Man kann daraus Schlüsse ziehen, in welchem Rhythmus/in welcher Größenordnung sich in etwa der Belegschaftsbestand verringert. Nachteil: Man erfasst lediglich die Abgänge; die Zugänge bleiben unberücksichtigt.

Jahr	01	02	03	04	05	06	07	08	09	Durchschnitt
Bestand [1]	3.200	3.165	3.109	3.061	2.996	2.944	2.876	2.800	2.735	
Abgänge	−35	−56	−48	−65	−52	−68	−76	−65	−97	−562
	3.165	3.109	3.061	2.996	2.944	2.876	2.800	2.735	2.638	
Signalbestand										
= 75 % ≈ 2.400										

Das Beispiel (Rechenmodell) zeigt, dass ohne Berücksichtigung der Zugänge und bei relativ konstanter Entwicklung der Abgangszahlen von durchschnittlich 62,44 Mitarbeiter/Jahr (= 562 : 9) der Signalbestand von 75 % der Stammbelegschaft des Jahres 01 in ca. 13 Jahren – also im Jahr 14 erreicht wird. Daraus können Rückschlüsse auf notwendige Beschaffungs- oder Abbaumaßnahmen gezogen werden.

04. Welche Statistiken zur Bestandsentwicklung können zur Prognose des Personalbestandes herangezogen werden?

Infrage kommen zum Beispiel:

- Altersstatistiken
- Statistiken der Altersstruktur
- Fluktuationsstatistiken
- Statistiken der durchschnittlichen Verbleibenszeiträume
- Aktivitätenstatistik.

Nachfolgend ein Beispiel zur Altersstruktur nach Führungsebenen:

Ein Unternehmen hat vier Führungsebenen: Hauptabteilungsleiter, Abteilungsleiter, Gruppenleiter, Meister. Die selektive Suchabfrage (→ PIS) „Welche Führungskräfte werden in fünf Jahren aus Altersgründen ausscheiden?" liefert folgendes Ergebnis:

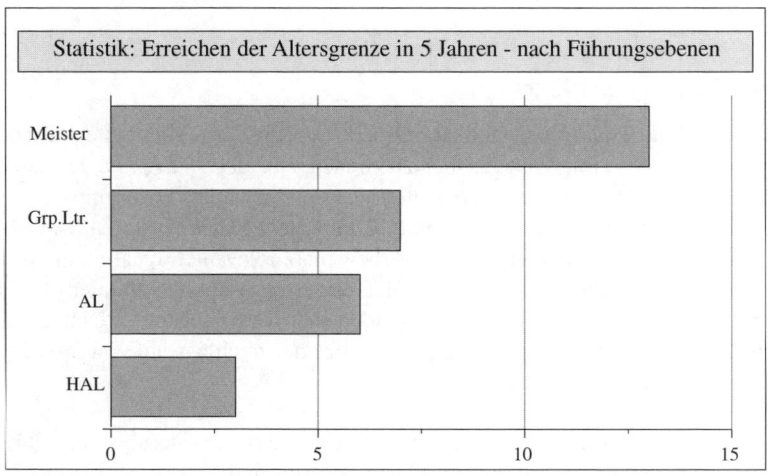

Unterstellt man, dass die Beschaffung und Einarbeitung einer Meisterstelle z.B. ca. vier Jahre dauert, so ist im vorliegenden Beispiel erkennbar, dass für das Unternehmen Handlungsbedarf besteht: → Beschaffung (extern/intern), Einarbeitungspläne, Nachfolgepläne usw.

---

[1] ohne Zugänge

3.4.3 Profile durch Arbeits(platz)bewertung

01. Was versteht man unter der Qualifikation eines Mitarbeiters?

Qualifikation ist das *individuelle Arbeitsvermögen* eines Mitarbeiters zu einem bestimmten Zeitpunkt; es wird i. d. R. erfasst durch folgende Merkmale:

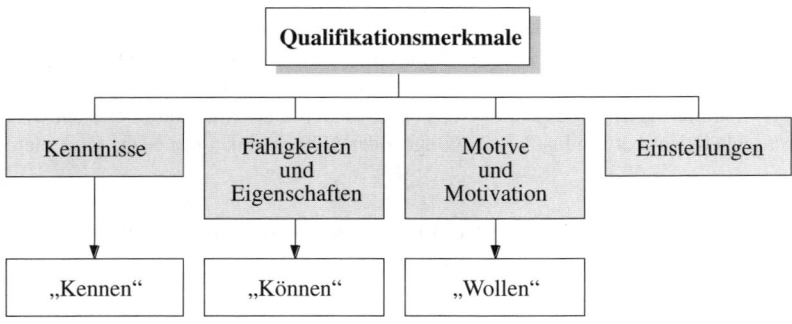

02. Was sind Fähigkeiten?

Fähigkeiten sind ein Teil der Qualifikation von Mitarbeitern. Man unterscheidet in geistige und körperliche Fähigkeiten:

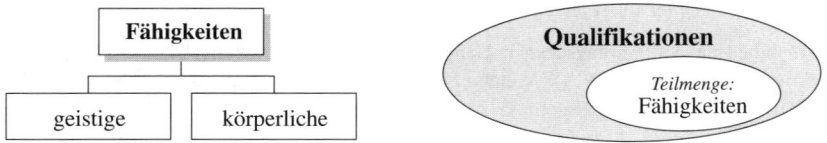

03. Was versteht man unter Eignung?

Eignung ist die Summe *derjenigen* Qualifikationsmerkmale, die einen Mitarbeiter dazu befähigen, eine bestimmte Tätigkeit erfolgreich ausüben zu können. *Der Begriff Eignung ist also immer in Relation zu den Anforderungen eines Arbeitsplatzes* (→ Arbeitsplatzbewertung) *zu sehen. Der Begriff der Eignung ist also mit dem der Qualifikation nicht gleich zu setzen.* Ein Mitarbeiter ist in dem Maße geeignet, wie seine für den Arbeitsplatz relevanten Qualifikationsmerkmale mit den Anforderungsmerkmalen (→ Arbeitsplatzbewertung) übereinstimmen. Die Eignung eines Mitarbeiters ist nicht statisch, sondern verändert sich: Verbesserung → Übung, Erfahrung, Weiterbildung; Verschlechterung → mangelnde Praxis, nachlassende Eignung aufgrund gesundheitlicher Veränderungen.

Weder in der Literatur noch in der Praxis gibt es einen Konsens darüber, mithilfe welcher Merkmale Eignungs- bzw. Anforderungsprofile zu erfassen sind:

1. Einen Ansatzpunkt bieten die Merkmale bzw. die *Anforderungsarten der Arbeitsbewertung.* Sie lauten

1.1	nach dem *Genfer Schema*[1]:	- Geistige Anforderungen	$\rightarrow$	1. Können
			$\rightarrow$	2. Belastung
		- Körperliche Anforderungen	$\rightarrow$	3. Können
			$\rightarrow$	4. Belastung
		- Verantwortung	$\rightarrow$	5. Belastung
		- Arbeitsbedingungen	$\rightarrow$	6. Belastung

1.2 nach *REFA:*

   1. Kenntnisse
   2. Geschicklichkeit
   3. Verantwortung
   4. geistige Belastung
   5. muskelmäßige Belastung
   6. Umgebungseinflüsse.

2. In der *Praxis* werden zum Teil (vereinfachte) Eignungs- bzw. Anforderungsmerkmale eingesetzt, z. B.:

2.1 Eignungsmerkmale

   * Fachlich: --------------
                      ----
   * Persönlich: --------------

2.2 Eignungsmerkmale

   * Geistige ...:   --------------
                      ----
   * Körperliche ...: --------------
                      ----
   * Persönlichkeit: --------------

2.3 Mitunter wird bei den Anforderungsmerkmalen noch zwischen Muss- und Kann-Merkmalen (notwendig/wünschenswert) unterschieden; dies zeigt z. B. der folgende Ausschnitt aus einem Anforderungsprofil:

Fachliche Merkmale	notwendig	wünschenswert
- Branchenkenntnisse		x
- Englischkenntnisse	x	x
- AEVO-Prüfung	x	
- Schweißerpass	x	
-		

---

[1] Vgl. dazu ausführlich unter Ziffer 2.3.8

04. Wie kann die Eignung eines Mitarbeiters ermittelt werden?

1. Auswahl geeigneter *Merkmale* (siehe oben)
2. Festlegung einer geeigneten *Skalierung* für die Ausprägung des Merkmals
   (im einfachen Fall · geeignet · bedingt geeignet · ungeeignet)
3. Auswahl eines geeigneten *Verfahrens* zur „Messung" der Merkmale
4. Durchführung des Verfahrens und *Ermittlung der Messwerte*
5. *Vergleich* des Eignungsprofils mit dem Anforderungsprofil

Profilvergleich				
Anforderungs-arten	**Ausprägung**			
	hoch	mittel	gering	nicht vorhanden
1. Können				
2. Verantwortung				
3. Belastung				
4. Arbeitsbedingungen				

———————   Anforderungsprofil

—·——·—   Eignungsprofil

zu 3. Folgende Verfahren können z. B. eingesetzt werden:
- Tests
- Beurteilung (Leistungs-/Potenzialbeurteilung)
- Interview
- Assessmentcenter

Grundsätzlich ist die Aufstellung von Eignungs- und Anforderungsprofilen subjektiv; es existieren immer Quantifizierungs-, Mess- und Bewertungsprobleme.

3.4.4 Maßnahmen zur Anpassung des Personalbedarfs

01. Welche Teilpläne werden der Personalanpassungsplanung zugerechnet?

Die Personalanpassungsplanung ist der Oberbegriff für Maßnahmen, die aufgrund der Ergebnisse der Personalbedarfsplanung eingeleitet werden müssen:

- bei Personalunterdeckung: → Beschaffung (Personalbeschaffungsplanung)
- bei Personalüberdeckung: → Abbau (mit oder ohne Reduzierung der Belegschaft; Perso-nalabbauplanung)
- bei Qualifikationsdefiziten: → Entwicklung, Förderung (Personalentwicklungsplanung)

Daneben kann man im weiteren Sinne die Einarbeitungs- und Einsatzplanung zu den Anpassungsmaßnahmen zählen.

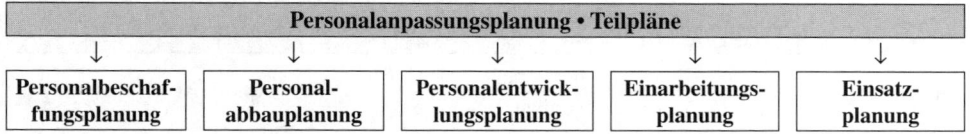

Personalanpassungsplanung • Teilpläne				
↓	↓	↓	↓	↓
Personalbeschaffungsplanung	Personalabbauplanung	Personalentwicklungsplanung	Einarbeitungsplanung	Einsatzplanung

02. Was versteht man unter Personalabbauplanung?

Die Personalabbauplanung beschäftigt sich mit der Reduzierung der personellen Kapazität. Diese Reduzierung kann *direkt* (= Reduzierung der Kopfzahlen) oder *indirekt* (= ohne Reduzierung der Kopfzahlen) erfolgen. Vor der Auswahl geeigneter Abbauinstrumente sollten grundsätzlich

- die Ursachen für den Personalüberhang
- die Auswahlkriterien für geeignete Maßnahmen

untersucht werden.

03. Welche Ursachen können den Personalüberhang bewirkt haben?

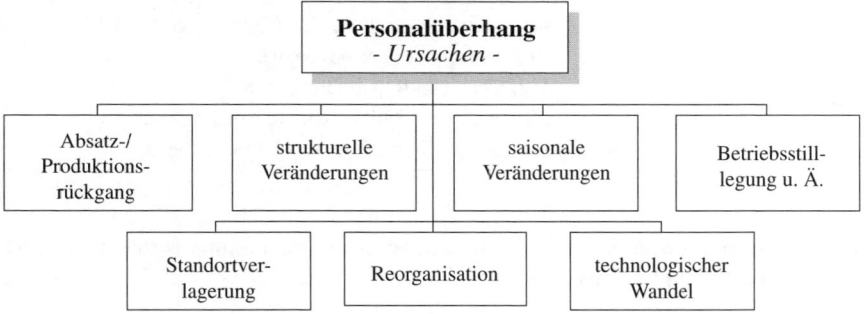

04. Welche rechtlichen Rahmenbedingungen sind ggf. beim Personalabbau zu berücksichtigen?

- Kündigungsschutzgesetz
- Tarifverträge
- Mutterschutzgesetz
- Arbeitsplatzschutzgesetz

- SGB
- Sozialplanpflichtigkeit
- Berufsbildungsgesetz
- Rationalisierungsschutzabkommen

05. Was versteht man unter Maßnahmen des indirekten Personalabbaus und welche Möglichkeiten lassen sich hier nennen?

Gemeint sind vorbeugende Maßnahmen, die nicht oder nicht kurzfristig zur Reduzierung der Belegschaft führen, d.h. alle Maßnahmen, die sich als Alternative zum „harten Instrument" der Entlassung anbieten:

Personalabbau ohne Reduzierung der Belegschaft • Indirekter Personalabbau	
Versetzung	- horizontal - vertikal
Langfristiger Stellenabbau ohne Kündigung	- Abbau der Leiharbeit - Auslaufen befristeter Verträge - Einstellungsstopp - Nichtersetzen der natürlichen Fluktuation
Arbeitszeitgestaltung	- Abbau von Schichtarbeit - Abbau von Überstunden - Vorgezogener Jahresurlaub - Gewähren von unbezahltem Urlaub - Veränderung der Regelarbeitszeit - Kurzarbeit - Umstellung von Vollzeit auf Teilzeit - Umstellung von Arbeitsvertrag auf Honorarvertrag - Förderung der Selbstständigkeit
Maßnahmen der Produktionsplanung	- erweiterte Lagerhaltung („Produktion auf Halde") - Reduzierung der Fremdvergabe - Vorziehen von Reparaturarbeiten - Aussetzen von Rationalisierungsmaßnahmen - kurzfristige Übernahme von Lohnaufträgen

06. Was versteht man unter direkten Maßnahmen des Personalabbaus und welche Möglichkeiten lassen sich hier nennen?

Direkte Maßnahmen sind alle Maßnahmen, die zu einer Reduzierung der Belegschaft führen, d. h., die „Kopfzahlen" senken:

Personalabbau mit Reduzierung der Belegschaft • Direkter Personalabbau	

- Anreize für Eigenkündigung
- Anreize für Aufhebungsverträge
- Vorruhestandsregelung („Frühpensionierung")
- Kündigungen:
  · Massenentlassung
  · Einzelkündigungen
  · ordentliche/außerordentliche Kündigung
	ggf. flankierende Maßnahmen, z. B.:
	
	- Outplacement-Beratung
	- Förderung der Selbstständigkeit
	- Honorarverträge
	- Rückkehrgarantie

07. Welche Beteiligungsrechte hat der Betriebsrat speziell bei Personalabbaumaßnahmen?

Naturgemäß sind die Beteiligungsrechte des Betriebsrates bei den direkten Maßnahmen wesentlich stärker ausgeprägt als bei den indirekten; überwiegend existiert für den Betriebsrat bei direkten Maßnahmen ein Mitbestimmungsrecht; insgesamt sind vor allem folgende Beteiligungsrechte zu berücksichtigen:

- Nach § 99 BetrVG hat der Betriebsrat u. a. jeder Versetzung (nach § 95 Abs. 3 BetrVG) und jeder Umgruppierung *zuzustimmen*.

- Nach § 95 BetrVG bedürfen Auswahlrichtlinien (Einstellungen, Kündigungen usw.) der *Zustimmung* des Betriebsrates.

- Nach § 102 BetrVG
  - ist der Betriebsrat vor jeder Kündigung *zu hören*. Eine ohne Anhörung des Betriebsrates erfolgte Kündigung *ist unwirksam*;
  - kann der Betriebsrat der ordentlichen Kündigung *widersprechen* aufgrund der im Gesetz genannten Tatbestände.

- Nach § 111 BetrVG hat der BR bei Betriebsänderungen ein Informations- und *Beratungsrecht*.

- Nach § 112 BetrVG hat der BR bei
  - der Aufstellung eines Interessensausgleichs ein *Mitwirkungsrecht* sowie
  - bei der Abfassung eines Sozialplans ein *Mitbestimmungsrecht*.

- Nach § 87 BetrVG hat der BR in allen sozialen Angelegenheiten ein *Mitbestimmungsrecht*. Dazu gehören auch Arbeitszeitregelungen.

- Bei den Personalabbaumaßnahmen im Bereich der Produktionsplanung (indirekt) hat der Betriebsrat in größeren Betrieben ein *Mitwirkungsrecht* nach §§ 106 ff. BetrVG (Unterrichtung in wirtschaftlichen Angelegenheiten; Wirtschaftsausschuss).

08. Welche Kriterien sind bei der Wahl der Abbauinstrumente maßgebend?

09. Was versteht man unter Outplacement?

Outplacement ist eine Maßnahme zur Verringerung der negativen Folgen beim Ausscheiden eines Mitarbeiters aus dem Unternehmen und geht über die arbeitsrechtlichen und finanziellen Aspekte hinaus. Mithilfe einer Outplacement-Beratung soll dem Gekündigten geholfen werden, über die Entlassung oder einen evtl. drohenden Karriereknick hinwegzukommen. Mithilfe von Outplacement-Maßnahmen sollen psychische und soziale Spannungen beim Betroffenen abgebaut, die künftige Arbeitsplatzsuche noch in der ungekündigten Stellung durch systematische

Karriereplanung gefördert und die berufliche Weiterentwicklung durch Training verbessert werden. Es wird also Hilfestellung bei der Vorbereitung auf einen Tätigkeitsbereich, bei der Suche nach einer neuen Stelle sowie Bewerbungsunterstützung geleistet. Für das Unternehmen entfällt durch das Outplacement in aller Regel ein Rechtsstreit und der freigesetzte Mitarbeiter erhält eine Schwachstellenanalyse sowie entsprechende Hilfen bei der Überwindung dieser Defizite, z. B. Bewerbertraining, Selbstpräsentation.

10. Welche Einzelmaßnahmen sind generell beim Personalaustritt zu erledigen?

11. Was ist das Ziel der Personaleinsatzplanung?

Durch die Personaleinsatzplanung ist die Personalressource (quantitativ und qualitativ) dem Arbeitsanfall anzupassen – kurz-, mittel- und langfristig:

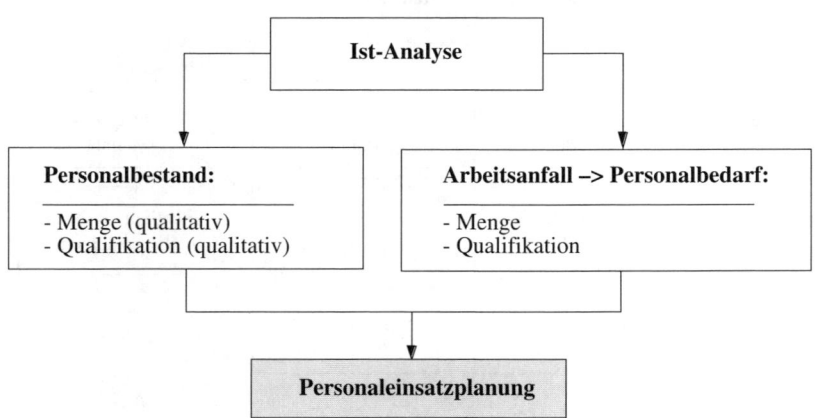

Mit diesen Hauptzielen werden verknüpft:

- Arbeits- und Gesundheitsschutz
- Senkung der Fluktuation
- Senkung der Fehlzeiten
- Verbesserung der Motivation

12. Welche Teilgebiete/Arten der Personaleinsatzplanung werden unterschieden?

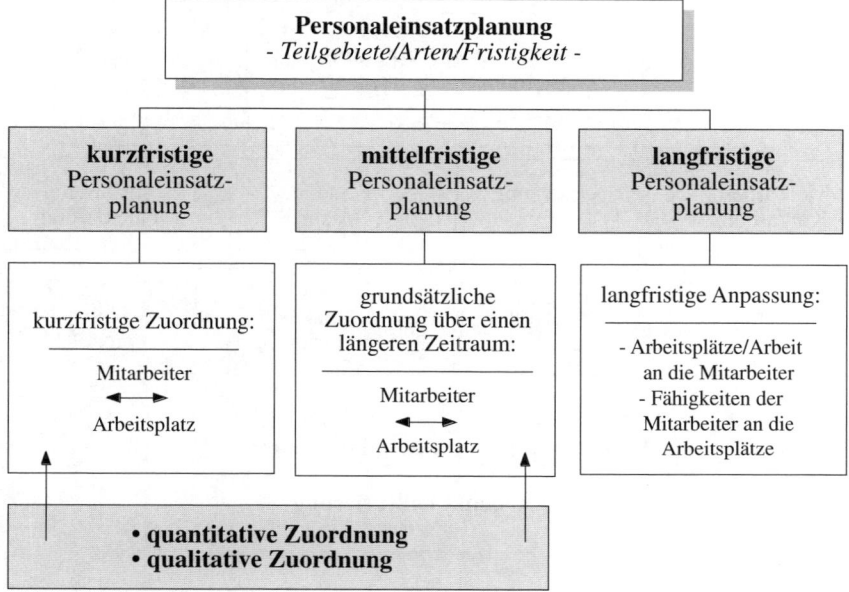

13. Welche Rahmenbedingungen sind bei der Personaleinsatzplanung zu berücksichtigen?

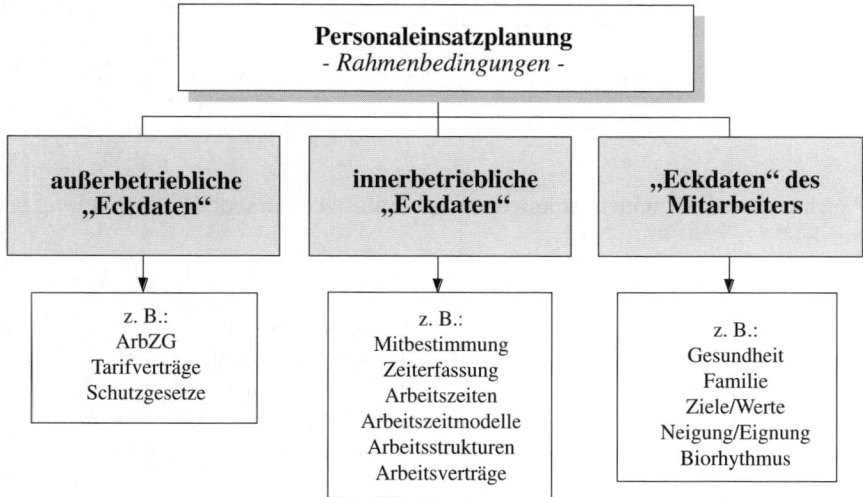

14. Welche Maßnahmen/Instrumente der Personaleinsatzplanung können betrieblich genutzt werden?

Die Maßnahmen/Instrumente der Personaleinsatzplanung überschneiden sich zum Teil mit denen der Personalplanung (generell) bzw. mit denen der Personalentwicklungsplanung. Zwischen quantitativer und qualitativer Zuordnung kann nicht immer exakt getrennt werden:

Beispiele:

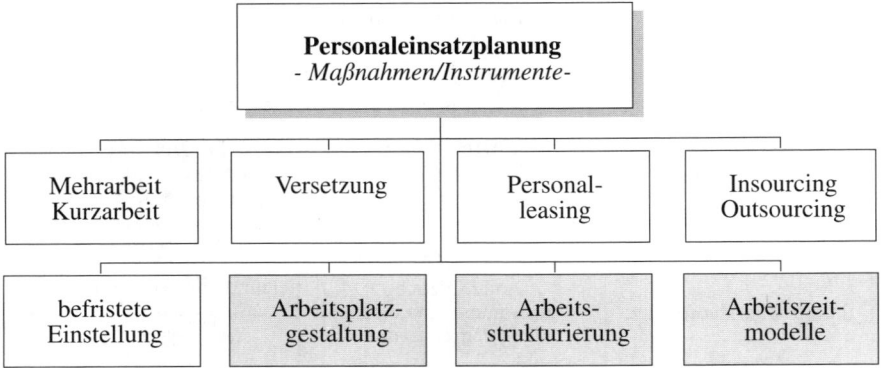

15. Welche Formen der Arbeitsstrukturierung sind denkbar?

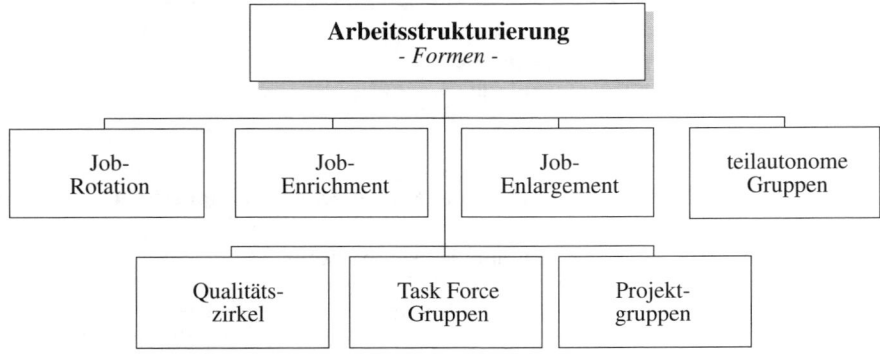

16. Welche Arbeitszeitmodelle können zur quantitativen Personaleinsatzplanung genutzt werden?

Beispiele:

- feste Arbeitszeiten
- rollierende Systeme
- Schichtarbeitmodelle
- Bandbreitenmodelle
- Sabbaticals
- Gleitzeitmodelle

- Baukasten-System
- Teilzeit/Job-Sharing
- Telearbeit/Heimarbeit
- Jahresarbeitszeit
- Cafeteriasystem
- Altersteilzeit

17. Was ist ein Sabbatical?

Ein Sabbatical ist ein längerer Sonderurlaub (aus dem biblischen Sabbatjahr; aus den USA), z. B. für (ein Jahr) Teilzeit, für (ein Jahr) Auszeit oder ein längeres Forschungssemester (für Hochschullehrer). Neben dem Sabbatical besteht weiterhin Anspruch auf bezahlten Urlaub. Die Gestaltung des Sabbaticals kann (vertraglich) erfolgen als

- genereller Verzicht auf Gehalt
- Abbau geleisteter Überstunden (Jahresarbeitszeitkonto).

Ebenfalls kann die Dauer von Auszeiten durch spezielle Verträge vereinbart werden.

Die Gründe für ein Sabbatical können sein, z. B.:

- Weiterbildung
- Forschung (in der Hochschule)
- berufliche Neuorientierung
- Vorbeugung von Burnout
- Familienphase
- Übergang in den vorgezogenen Altersruhestand zu gehen.

18. Welche Formen der Arbeitsplatzgestaltung werden unterschieden?

- *anthropometrische Arbeitsplatzgestaltung* (= die Lehre von den durchschnittlichen menschlichen Körpermaßen und Bewegungsbereichen), z. B. Arbeitsplatzhöhe, Griffbereiche, Gesichtsfeld

- *physiologische Arbeitsplatzgestaltung* (= Lehre von der geistigen und körperlichen Beanspruchung), z. B. Körperhaltung, Körperstellung, Wirkungsgrad, Klima, Lärm, Beleuchtung

- *psychologische Arbeitsplatzgestaltung,* z. B. Farbgestaltung, Temperatur, Raumgröße

- *sicherheitstechnische Arbeitsplatzgestaltung,* z. B. Betriebsmittelschutz, Brandschutz, Schutzkleidung

19. Wie können leistungsgeminderte und leistungsgewandelte Mitarbeiter eingesetzt werden? Welche Maßnahmen sind denkbar und geeignet?

Grundsätzlich sind bei derartigen Maßnahmen die kollektivrechtlichen sowie die individualrechtlichen Bestimmungen zu beachten; denkbar sind z. B. folgende Maßnahmen:

- Anpassung des Arbeitsplatzes, z. B. bei Schwerbehinderten
- Veränderung des Aufgabengebietes/Reduzierung der Anforderungen – mit/ohne Entgeltminderung; ständig oder zeitlich begrenzt
- Versetzung - mit/ohne Entgeltminderung
- flankierende Bildungsmaßnahmen
- Unterstützung durch den ärztlichen und den psychologischen Dienst sowie durch andere Stellen (Berufsgenossenschaft, Suchthilfe e. V.)
- Teilzeit, Altersteilzeit
- Kuren

20. Welche Qualifikationsmaßnahmen sind zur Wiedereingliederung Erfolg versprechend – insbesondere nach Berufspausen und Auslandseinsätzen?

Beispiele:

- besonders sorgfältige Einarbeitung und Einführung in das neue Aufgabengebiet
- Vermittlung fehlender Kenntnisse; Auffrischung und Aktualisierung

- Start über: Teilzeittätigkeit, in einer Projektaufgabe, Praktika
- Zuweisung eines Mentors/Tutors
- Finanzierung und/oder Freistellung für Basislehrgänge (Produktkenntnisse, PC-Kenntnisse usw.)
- Einarbeitungshilfen; Eingliederungsbeihilfen
- Förderprogramme (betrieblich, staatlich)

Speziell für Rückkehrer aus dem Ausland, z. B.:

- frühzeitige Planung des Einsatzes
- klare und verbindliche Zusagen
- Abgleich der betrieblichen Möglichkeiten mit den Erwartungen des Mitarbeiters
- Gehaltsrahmen und Entwicklungsmöglichkeiten
- speziell: Wie können die Auslandserfahrungen für beide Seiten nutzbringend verwertet werden?

21. Welche Bedeutung hat die Einarbeitungsplanung?

Nur aufgrund einer detaillierten Einarbeitungsplanung können neue Mitarbeiter den Anforderungen des Arbeitsplatzes gerecht werden. Im Einzelnen heißt das

- Kennen lernen des Unternehmens,
- Einarbeitung in spezielle Aufgaben,
- Kennen lernen der Mitarbeiter/Kollegen,
- Vertrautheit mit Regelungen und Usancen im Unternehmen

durch

- Informationsgespräche mit Mitarbeitern,
- Teilnahme an Konferenzen und Besprechungen,
- Teilnahme an Schulungen und Trainingsmaßnahmen,
- Teilnahme an Praktika,
- Besuche in eigenen Werken, Niederlassungen, bei Kunden.

Dadurch erhält der „Neue" die Gelegenheit, sich zügig und umfassend einzuarbeiten. Er erwirbt Sicherheit im Verhalten und die Einbindung in das soziale Gefüge („Vermittlung eines Fahrgefühls"). Eine sorgfältige Einarbeitungsplanung ist geeignet, Fluktuation und unnötige Kosten zu vermeiden.

3.4.5 Ziele, Inhalte und Notwendigkeit der Personalentwicklungsplanung

01. Welche Ziele hat die Personalentwicklungsplanung[1)]?

Der Personalentwicklungsplan (in der Praxis teilweise synonym: Fortbildungsplan) ist die Feststellung des Bildungsbedarfes und die Prognose der Bildungserfordernisse.

[1)] vgl. dazu ausführlich im 4. Handlungsbereich, Ziffer 4.2

Das „Herzstück" der Personalplanung sind die Personalbedarfsplanung und – daraus abgeleitet – die Personalkostenplanung. Auf der Basis dieser Ergebnisse erfolgt die Anpassungsplanung; insofern *hat der geplante Personalbedarf Zielcharakter für die anderen Felder der Personalplanung.*

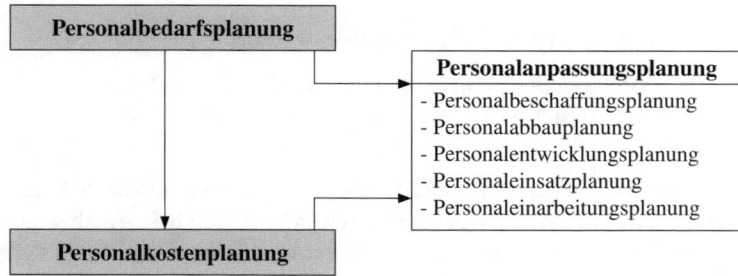

02. Welchen Inhalt haben Karriere- und Laufbahnpläne als Elemente der Personalentwicklungsplanung?

- *Laufbahnpläne* (in der Praxis synonym: *Karrierepläne*) enthalten Positionsstrukturen – unternehmens- oder bereichsbezogen – und beantworten die Frage: „Welche Positionen kann ein Mitarbeiter „normalerweise" schrittweise im Unternehmen erreichen, wenn er bestimmte Qualifikationsmerkmale (Fachwissen, Führungswissen, Praxiskenntnisse usw.) erfüllt. Man kann diesen Begriff auch grob mit „vorstrukturierte Karriereleiter im Unternehmen" umreißen. Man kann derartige Laufbahnpläne

  - rein *positionsbezogen* gestalten (*standardisierte Laufbahnpläne*; in dieser Form sind sie streng genommen ein Teilgebiet der Kollektivplanung) oder

  - auf einzelne Mitarbeiter „zuschneiden" (*individueller*, nicht standardisierter *Entwicklungs-/Karriereplan*).

- *Nachfolgepläne* sind gedanklich vorweggenommene Überlegungen zur zukünftigen Besetzung von Positionen – bezogen auf feste Termine. Die Fragestellungen lauten:

  - „Welcher Kandidat kommt für die Nachfolge der Position X, in welcher Zeit, ggf. bei welcher Zusatzqualifizierung infrage?"

  - „Welche Kandidaten kommen alternativ oder gleichrangig für eine bestimmte Position infrage?"

- *Stellenbesetzungspläne:* Eine Variante des Nachfolgeplans ist der Stellenbesetzungsplan. Er enthält alle Stellen des Unternehmens, ggf. gegliedert nach Mitarbeitern, Leitungsfunktionen, Ebenen, Projektstellen i.V.m. Überlegungen zur Nachfolge oder zeitlicher Vertretung. Im Idealfall kann der Organisationsplan eines Unternehmens – bei laufender Aktualisierung – für die Stellenbesetzungsplanung benutzt werden.

04. Welche Instrumente sind zur Erhebung und Analyse der Personalentwicklungsplanung geeignet?

Beispiele: Mitarbeiter-/Vorgesetztenbefragung, Beurteilungsverfahren (Leistungs-/Potenzialbeurteilung), 360°-Feedback, internes Assessmentcenter, PE-/Fördergespräch.

3.5 Personalcontrolling gestalten und umsetzen

3.5.1 Ziele des Personalcontrolling

01. Welche Zielsetzung verfolgt das Personalcontrolling?

* *Begriff:* Der Terminus „Controlling" stammt aus dem Rechnungswesen: Unter „to con-troll" versteht man im Englischen neben „kontrollieren" auch „steuern, lenken, regeln von Prozessen".

* *Zielsetzung:* Mithilfe des Personalcontrollings sollen personalpolitische Ziele anhand von Plan-daten, Kennziffern und Maßnahmen umgesetzt werden. Die Soll-Ist-Analyse liefert Maßstäbe für die Zielerreichung bzw. zeigt Notwendigkeiten der Zielkorrektur auf. In der betrieblichen Personalarbeit hat dieser Begriff bisher noch keinen festen Inhalt. Personalcontrolling als Steuerungsinstrument für den ökonomischen Einsatz des Faktors Personal wird jedoch eine der kommenden Schwerpunktaufgaben aller Führungskräfte werden. Gemeint ist nicht einfach nur die simple Betrachtung von Personalkosten und deren budgetmäßige Einhaltung, sondern die Frage: *„ Welche Personalkosten entstehen und welche Wertschöpfung steht diesen Kosten gegenüber?"*

* Das *strategische Personalcontrolling* ist überwiegend langfristig ausgerichtet und orientiert sich an Erfolgspotenzialen sowie grundsätzlichen Chancen und Risiken der Personalarbeit

* Das *operative Personalcontrolling* ist überwiegend kurzfristig ausgerichtet und befasst sich mit Aufwand und Leistungen (Kosten/Nutzen) der Personalarbeit.

* Die *internen Adressaten* des Personalcontrolling sind z. B. Aufsichtsrat, Vorstand/Geschäfts-leitung, Führungskräfte, Mitarbeiter, Betriebsrat.
  Die *externen Adressaten* des Personalcontrolling sind z. B. Arbeitgeberverband, Statistische Landesämter, Sozialversicherungsträger, Berufsgenossenschaft, Lieferanten, Kunden.

3.5.2 Aufgaben des Personalcontrolling

01. Welche Aufgaben hat das Personalcontrolling?

Die Aufgaben des Controlling (zukunftsorientiert) gehen über den Vorgang der reinen Kontrolle (vergangenheitsorientiert) hinaus: Aus dem Vergleich von Soll- und Ist-Werten sind *notwendige Korrekturmaßnahmen* abzuleiten; dabei können die Korrekturmaßnahmen darin bestehen, dass die formulierten Ziele ggf. korrigiert werden (Zielcontrolling) oder dass die Maßnahmen der Realisierung nachgebessert werden (Aktivitätscontrolling); denkbar sind aber auch Korrekturmaßnahmen bezüglich der Phasen „Planung" und „Organisation" (Planungscontrolling).

Von daher entsprechen die Aufgaben des Personalcontrollings in ihrer logischen Struktur dem *Management-Regelkreis*:

→ *Zielcontrolling:*
  Personalpolitische *Ziele* werden eigenständig *formuliert* oder aus den Zielen der anderen Funktionsbereiche abgeleitet und kontrolliert (Personalbestände, Qualifikation, Personalko-sten, Leistungen des Faktors Arbeit usw.).

→ *Planungscontrolling:*

Personalarbeit ist zu *planen* und zu *organisieren* (Arbeitsstrukturen, Organisation des Personalwesens usw.); die Planungsinstrumente selbst sind wiederum einer Kontrolle zu unterziehen.

→ *Aktivitätscontrolling:*

Der Prozess der Leistungserstellung ist zu *realisieren in Abhängigkeit von den gesetzten Zielen.* Die Führung der Mitarbeiter gewinnt dabei ihren besonderen Stellenwert (Konzentration der Ressourcen auf gesetzte oder vereinbarte Ziele).

→ *Erfolgscontrolling:*

Ziele und Maßnahmen sind zu *kontrollieren*; ebenso die Wirksamkeit der eingesetzten Kontrollinstrumente. Das Ergebnis des Gesamtprozesses führt in Verbindung mit *Lernprozessen* wiederum zu einer Formulierung *neuer Sollwerte* im Personalsektor.

Diese Aufgaben werden als abgeleitete (derivative) Aufgaben bezeichnet. Oberster Maßstab (*Hauptaufgabe*) aller Controllingaktivitäten ist jedoch die *Steuerung und Sicherung der Wertschöpfung* in einem Unternehmen:

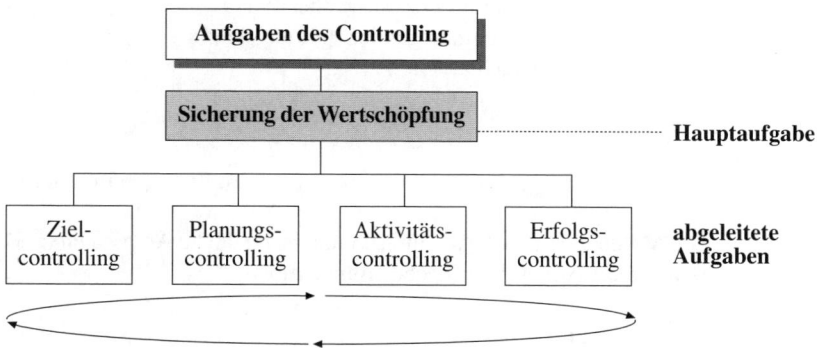

02. Wie lauten die Schlüsselfragen des Controlling?

Der Controller hat für die Steuerung des Personalsektors u. a. relevante Ist-Daten zu erheben und die Abweichung „Soll-Ist" zu analysieren. Die *Schlüsselfragen des Controllers* lauten dabei immer:

1. *Wo* war die Abweichung?
2. In welchem *Ausmaß*?
3. *Wann* war die Abweichung?
4. Welche *Konsequenze*n ergeben sich daraus?

3.5.3 Personalinformationssystem als Hilfsmittel

01. Was ist ein Personalinformationssystem (PIS) und wie kann es im Rahmen des Personalcontrollings genutzt werden?

- *Begriff:*
  Personalinformationssysteme (PIS) sind Systeme zur Gewinnung, Speicherung, Verarbeitung, Auswertung und Übertragung personal- und arbeitsplatzbezogener Informationen mithilfe technischer, methodischer und organisatorischer Mittel zur Versorgung der Führungskräfte, Personalsachbearbeiter und Arbeitnehmervertreter mit denjenigen relevanten Informationen, die eine zielorientierte Bewältigung der Führungs- und Administrationsaufgaben im Personalbereich unterstützen (Hentze).

- *Ziele:*
  - Verbesserung der Informationsbasis für (dispositive) personalwirtschaftliche Aufgaben,
  - Senkung der Personal- und Verwaltungskosten
  - qualifizierte Unterstützung personalwirtschaftlicher Funktionen
  - Verbesserung der Arbeitssituation für Personalsachbearbeiter
  - Bereitstellung von Entscheidungsgrundlagen für Führungskräfte
  - Verbesserung der Betreuung der Mitarbeiter.

- *Aufgaben:*
  Administrative Aufgaben, z. B:
  - Lohn- und Gehaltsabrechnungen inkl. Gleitzeitkonten, z. B. Erstellen interner Personalstatistiken
  - Bearbeitung von Meldungen und Auskünften an unterschiedliche Adressaten (z. B. Mitarbeiter, Bundesanstalt für Arbeit, Statistisches Bundesamt)
  - Personaldaten verwalten
  - Soziale Einrichtungen und Dienste
  - Terminüberwachung und Kontrollaufgaben (z. B. Probezeiten, Geburtstage/Jubiläen).

  Dispositive Aufgaben, z. B.:
  - Informationen über Mitarbeiter und Arbeitsplätze
  - Erstellen von nicht periodischen Berichten und Statistiken (z. B. offene Stellen, Selektion von Mitarbeiterkreisen)
  - Führungsinformationen durch Selektion und Verdichtung statistischer Daten
  - Personaleinsatz- und Arbeitsplatzbewertung (z. B. Vertretungspläne)
  - Personalbedarfsdeckung (Recherchen im internen Arbeitsmarkt, Mitarbeiterbeurteilung)
  - Personalplanung (z. B. Personalbedarfsprognose, Personalkostenplanung).

- *Probleme der Implementierung:*
  - Zu beachten ist:
    - jede Auswertung nur so gut ist, wie die Qualität der Datenbasis, von der man ausgeht
    - dass Pflegeaufwand und Nutzung im wirtschaftlichen Verhältnis stehen
    - derartige Systeme die Personalarbeit quantitativ unterstützen, aber nicht die Fach- und Führungskompetenz der Personalverantwortlichen ersetzen können.
  - Es besteht die Tendenz zu einer erhöhten Kontrolle der Arbeitsplätze (und Menschen).
  - Daher ist die Bewertung durch die Arbeitnehmervertretung meist ambivalent (rationelle Arbeitsweise/Privatsphäre der Mitarbeiter/Datenschutz).

Ein Personalinformationssystem verknüpft meist folgende Datenbanken:

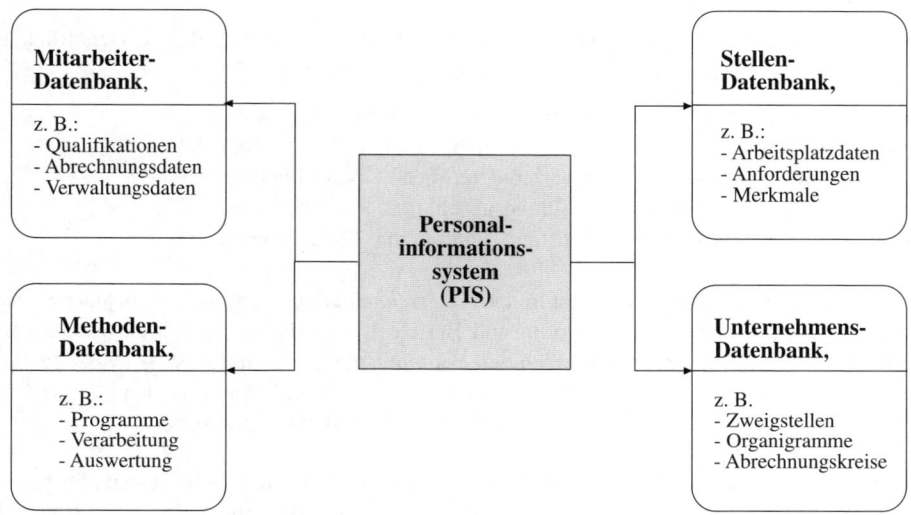

02. Welche Untersuchungsobjekte betrachtet das Personalcontrolling?

1. Ist-Daten, die sich auf bestimmte Zustände im Personalsektor beziehen:
   → *Zustandsanalysen*; Beispiel: Höhe der Personalkosten zum Zeitpunkt t_x

2. Ist-Daten, die sich auf die Relation „Kosten/Nutzen" beziehen:
   → *Nutzenanalysen*; Beispiele:
   - „Welche Kosten hat die Personalanzeige X verursacht und welche Wirkung/Nutzen hat sie erbracht?"
   - „Was kosten die freiwilligen betrieblichen Sozialeinrichtungen und welche Wirkung/ Nutzen entfalten sie?"
     Das Problem: Die Kosten können i. d. R. recht gut quantifiziert werden; die Zuordnung und Quantifizierbarkeit des Nutzens ist fast immer schwierig (vgl. z. B. die Ansätze im Bildungscontrolling).

3. Ist-Daten, die sich auf einen bestimmten Vorgang/Prozess beziehen:
   → *Vorgangsanalysen* (Prozesscontrolling); Beispiel:
   Wie erfolgt in diesem Unternehmen der Prozess der Personalbeschaffung? Zeitlicher Rahmen, Entscheidungsträger, Ablauf der Vorgänge, Wirksamkeit der Beschaffungs- und Auswahlinstrumente, Qualität der innerbetrieblichen Kommunikation usw. Mithilfe des Prozesscontrollings sollen zentrale Prozesse der Wertschöpfung im Personalsektor optimiert werden.

03. Welche Kennzahlen der Statistik können für Zwecke des Personalcontrollings genutzt werden?

Überwiegend werden im Personalsektor Verhältniszahlen zur Steuerung der Wirtschaftlichkeit und der Produktivität des Faktors Arbeit eingesetzt. Man analysiert

- *Mengendaten* (Kopfzahlen, Beschäftigte, Pensionäre, Abgänge usw.)
- *Strukturdaten* (Angestellte, Arbeiter, männlich, weiblich, Nationalität, Alter usw.)
- *Kostendaten* (fixe Personalkosten, variable, tarifliche, übertarifliche usw.)
- *qualitative Daten* (Qualifikation, Bildungsabschlüsse, Betriebszugehörigkeit usw.)
- *Verhaltens-/Ereignisdaten* (Krankenstand, Fluktuation, Versetzungen, Urlaub usw.)

Bei dieser Systematisierung gibt es zahlreiche *Überschneidungen*. Letztlich muss jeder Betrieb das personalstatistische Instrumentarium und Berichtswesen für sich selbst entwickeln. Beobachtet werden müssen besonders diejenigen *Eckdaten*, die *für die betriebliche Wertschöpfung* relevant sind. Im Handel sind beispielsweise die betrieblichen Funktionen „Einkauf", „Verkauf" und „Warenmanipulation" sowie die dortige Personalleistung von Interesse.

Daneben ist zu beachten, dass personalstatistische Kennzahlen nicht „stur auswendig gelernt werden können": Sie sind in ihrer Definition in Literatur und Praxis nicht einheitlich (vgl. z. B. die Definition „Fluktuation"; vgl. weiter unten). Letztlich ist jede Zahlenrelation sinnvoll, die zur Beantwortung einer bestimmten interessierenden Fragestellung führt.

Aus der Fülle der personalstatistischen Kennzahlen werden im Folgenden einige zentrale Berechnungen exemplarisch behandelt; dabei wird der Versuch einer Systematik unternommen; zum Teil werden die Kennzahlen mit 100 multipliziert oder nicht, je nachdem, ob die Basis gleich 100 gesetzt wird oder nicht:

1. Personalkosten-Kennzahlen:

1.1 Struktur der gesamten Personalkosten, z. B.:

$$\frac{Entgelt\ (Löhne\ und\ Gehälter)}{Personalkosten\ gesamt}$$

$$\frac{Personalzusatzkosten}{Personalkosten\ gesamt}$$

1.2 Struktur der Personalkosten nach Mitarbeitergruppen, z. B.:

$$\frac{Personalkosten\ Lohnempfänger}{Personalkosten\ gesamt}$$ Nenner sind 100 %

$$\frac{Personalkosten\ Angestellte}{Personalkosten\ gesamt}$$

1.3 Beziehung der Personalkosten verschiedener Mitarbeitergruppen, z. B.:

$$\frac{\textit{Personalkosten Gehaltsempfänger}}{\textit{Personalkosten Lohnempfänger}}$$

1.4 Personalkosten in Relation zu Daten der Bilanz und der GuV, z. B.:

$$\frac{\textit{Personalkosten}}{\textit{Umsatz}}$$

$$\frac{\textit{Personalkosten}}{\textit{Wert der Produktion}}$$

$$\frac{\textit{Personalkosten}}{\textit{geleistete Arbeitsstunden}}$$

1.5 Personalkosten „pro Kopf", z. B.:

- *Personalkosten gesamt/Kopf*
- *Personalzusatzkosten/Kopf*
- *Personalzusatzkosten, tariflich/Kopf*
- *Durchschnittslohn pro Lohnempfänger*
- *Durchschnittsgehalt pro Gehaltsempfänger*
- *Durchschnittsgehalt pro AT-Angestellter*
- *Mehrarbeitskosten pro Mitarbeiter*
- *Fortbildungskosten pro Mitarbeiter*
- *Fehlzeitenkosten pro Mitarbeiter*

2. Kennzahlen des Personalbestandes

dabei bedeutet: ø   =   durchschnittlich, im Durchschnitt

Σ =   Summe

2.1 Mittelwerte, z. B.:

$$\text{ø Personalbestand pro Jahr} = \frac{\Sigma \text{ der Monatsendbestände Jan. bis Dez.}}{12}$$

2.2 Strukturdaten, z. B. Gliederung nach folgenden Merkmalen:

- *Nationalität*
- *Vertragsverhältnis (befristet, unbefristet usw.)*
- *Berufsbild/-abschluss*
- *Alter, Geschlecht, Familienstand, Dienstzeit, Ebene, Funktion usw.*

2.3 spezielle Strukturquoten, z. B.:

$$Arbeiterquote\ in\ \% \ = \ \frac{Zahl\ der\ Arbeiter \cdot 100}{Personalbestand\ gesamt}$$

$$Ausländerquote\ in\ \% = \frac{Zahl\ der\ ausländ.\ Mitarbeiter \cdot 100}{Personalbestand\ gesamt}$$

$$Facharbeiterquote\ in\ \% = \frac{Zahl\ der\ Facharbeiter \cdot 100}{Anzahl\ der\ Arbeiter\ gesamt}$$

$$Nachwuchsquote\ in\ \% = \frac{Nachwuchsbedarf \cdot 100}{\varnothing\ Personalbestand\ pro\ Jahr}$$

dabei ist:

$$Nachwuchsbedarf = \frac{\varnothing\ Personalbestand\ pro\ Jahr}{\varnothing\ Berufstätigkeit\ in\ Jahren}$$

$$Fluktuationsquote\ in\ \% = \frac{Zahl\ der\ Personalabgänge \cdot 100^{1)}}{\varnothing\ Personalbestand}$$

$$= \frac{Zahl\ der\ ersetzten\ Personalabgänge \cdot 100^{\ 2)}}{\varnothing\ Personalbestand}$$

Analog zur Fluktuationsrate lässt sich die Versetzungsrate pro Abteilung ermitteln (hier nach BDA):

$$Versetzungsrate\ pro\ Abt.\ in\ \% = \frac{Zahl\ der\ Abgänge/Abt.\ X \cdot 100}{\varnothing\ Personalbestand\ der\ Abt.\ X}$$

---

[1] BDA-Formel, Bundesvereinigung der Deutschen Arbeitgeberverbände
[2] ZVEI-Formel, Zentralverband der Elektrotechnischen Industrie

3. Kennzahlen zur Arbeitszeit

$$\textit{effektive Arbeitszeit in } \% = \frac{\textit{Ist-Arbeitszeit (Std. oder Tage)} \cdot 100}{\textit{Sollarbeitszeit (Std. oder Tage)}}$$

$$\textit{Fehlzeitenquote in } \% = \frac{\textit{Summe der Fehlzeiten (Std. oder Tage)} \cdot 100}{\textit{Sollarbeitszeit (Std. oder Tage)}}$$

$$\frac{\textit{Krankenquote in } \%}{\textit{(pro Periode: Monat/Jahr)}} = \frac{\textit{Anzahl der erkrankten Mitarbeiter} \cdot 100}{\textit{ø Personalbestand (pro Periode)}}$$

$$\textit{Krankheitsausfallquote in } \% = \frac{\textit{Krankheitsausfallzeit (Std. oder Tage)} \cdot 100}{\textit{Sollarbeitszeit (Std. oder Tage)}}$$

$$\frac{\textit{Überstundenquote in } \%}{\textit{(Mehrarbeitsquote)}} = \frac{\textit{Summe der Überstunden gesamt} \cdot 100}{\textit{Sollarbeitszeit in Stunden}}$$

4. Kennzahlen der Personalbeschaffung

$$\frac{\textit{Quote der Personalbedarfsdeckung in } \%}{\textit{(pro Periode: Monat, Quartal, Jahr)}} = \frac{\textit{Gedeckter Bedarf (Stellenanzahl)} \cdot 100}{\textit{Geplanter Bedarf (Stellenanzahl)}}$$

$$\frac{\textit{Vorstellungsquote in } \%}{\textit{(pro Vorgang)}} = \frac{\textit{Anzahl der Vorstellungen} \cdot 100}{\textit{Anzahl der Bewerbungen}}$$

$$\frac{\textit{Einstellungsquote in } \%}{\textit{(pro Vorgang)}} = \frac{\textit{Anzahl der Einstellungen} \cdot 100}{\textit{Anzahl der Bewerbungen}}$$

$$\frac{\textit{Quote der internen Stellenbesetzung in } \%}{\textit{(i. d. R. pro Jahr)}} = \frac{\textit{Anzahl der Stellenbesetzungen aufgrund interner Besetzungen} \cdot 100}{\textit{Anzahl der Stellenbesetzungen gesamt}}$$

$$\frac{\textit{Verbleibquote in } \%}{\textit{(i. d. R. pro Jahr)}} = \frac{\textit{Anzahl der 20.. eingestellten und heute noch vorhandenen Mitarbeiter} \cdot 100}{\textit{Anzahl der 20.. eingestellten Mitarbeiter gesamt}}$$

5. Kennzahlen der Personalentwicklung:

$$\frac{\emptyset \ Anzahl \ der \ Weiterbildung}{pro \ Jahr \ pro \ Mitarbeiter} = \frac{Anzahl \ der \ Weiterbildungstage \ gesamt}{\emptyset \ Anzahl \ der \ Mitarbeiter \ pro \ Jahr}$$

$$\frac{Rendite \ eines}{Bildungsprojekts \ in \ \%} = \frac{[Wert/Einnahmen \ des \ Projekts^{1)} - Kosten] \ in \ € \ \cdot \ 100}{Kosten \ des \ Projekts \ in \ €}$$

04. Welche Aspekte sollten bei einer personalwirtschaftlichen Kennzahl jeweils geregelt werden?

Beispiel „Arbeiterquote":

Zweck	• Struktur des Personalbestandes ermitteln • Anteil der Arbeiter ermitteln • Basis für die Personalplanung (Arbeiter/Angestellte)
Definition	$\dfrac{\text{Anzahl der Arbeiter}}{\text{Anzahl der Mitarbeiter insgesamt}}$
Zeitpunkt der Erhebung	• pro Quartal • pro Jahr (Jahresende)
Basis für den Vergleich	• Vergleich mit Vorjahr • Vergleich mit anderen Betrieben (Benchmarking)

05. Mit welchen Kennzahlen lassen sich jeweils die Bereiche „Faktorcontrolling", „Prozesscontrolling" und „Servicecontrolling" erfassen?

Faktorcontrolling	Diese Kennzahlen erfassen das Verhältnis von Mitarbeiter und Arbeitsleistung, z. B. Produktivität, Fehlzeiten, Ist-Arbeitstage/Soll-Arbeitstage.
Prozesscontrolling	Mit diesen Kennzahlen können Prozesse im Personalwesen beurteilt werden, z. B. Beschaffungsprozesse, Abrechnungsprozesse; z. B. Verhältnis der mengeninduzierten Prozesse/Prozesse insgesamt.
Servicecontrolling	Mit diesen Kennzahlen kann man die Kundenorientierung des Personalwesens erfassen, z. B. Fachkompetenz von 01 bis 05, Geschwindigkeit der Bearbeitung von 01 bis 05 Tagen.

---

[1] Im Gegensatz zu den Kosten eines Bildungsprojekts (→ Personalkosten, Reisekosten, Sachmittelkosten) lassen sich die Einnahmen/Effekte einer Bildungsmaßnahme i. d. R. nur schwer quantifizieren (z. B. Führungstraining, Verkaufsschulung).

4. Personal- und Organisationsentwicklung steuern

Prüfungsanforderungen

Der Teilnehmer soll nachweisen, das er den Aufbau von fachlichen, sozialen und methodischen Kompetenzen im Unternehmen unterstützen, an entsprechenden Personalentwicklungsprojekten mitarbeiten, Zusammenarbeit und Führungsqualität fördern und betriebliche Veränderungsprozesse mitgestalten kann.

Qualifikationsschwerpunkte (Überblick)
4.1   **Mitarbeiter beurteilen, deren Potenziale erkennen und fördern**
4.2   **Konzepte für die Kompetenzentwicklung der Mitarbeiter sowie Qualifikationsanalysen und Qualifizierungsprogramme entwerfen und umsetzen**
4.3   **Zielgruppenspezifische Förderprogramme erarbeiten und umsetzen**
4.4   **Qualitätsmanagement in der Personal- und Organisationsentwicklung einsetzen**
4.5   **Führungsmodelle und Führungsinstrumente anwenden, Führungskräfte beraten**
4.6   **Betriebliche Arbeitsformen mitgestalten, Grundsätze moderner Arbeits- und Lernorganisation umsetzen**

4.1 Mitarbeiter beurteilen, deren Potenziale erkennen und fördern

4.1.1 Mitarbeiterbeurteilung

01. Warum sind Mitarbeiterbeurteilungen notwendig? Welche Ziele werden damit verbunden?

- *Aus betrieblicher Sicht* hat die Mitarbeiterbeurteilung (auch: Jahresgespräche) folgende Ziele/Notwendigkeiten:
  - Die Beurteilung soll zur *Objektivierung* beitragen. Durch systematische Beurteilungssysteme, Leistungsstandards, Festlegung von Leistungsmerkmalen und deren Ausprägung soll *ein klarer Maßstab* gewonnen werden, der die Vergleichbarkeit von Mitarbeiterleistungen ermöglicht.
  - Aufgrund von Mitarbeiterbeurteilungen sind Führungskräfte gehalten, sich mit Führungssituationen und Führungsergebnissen auseinander zu setzen. Dies kann *zur Verbesserung ihrer Führungsqualifikation* beitragen.
  - Die Beurteilung von Mitarbeitern kann dazu beitragen, *Potenziale zu erkennen und sie zu nutzen.*
  - *Leistungsdefizite können erkannt werden* und durch individuelle und der Situation angemessene Fördermaßnahmen beseitigt werden. *Die Erhaltung und Steigerung der Mitarbeiterleistung ist dadurch tendenziell besser möglich.*
  - Beurteilungen sind häufig *Grundlage für* Entlohnungen, Beförderungen, Versetzungen, Eingruppierungen, Laufbahnüberlegungen, Disziplinarmaßnahmen.
  - Nach *§ 84 BetrVG* kann der Mitarbeiter eine Beurteilung verlangen (Hinweis: auch wenn kein Betriebsrat existiert; sog. individualrechtliche Norm des BetrVG).

- *Aus der Sicht der Mitarbeiter* hat die Beurteilung folgende Ziele/Notwendigkeiten:
  - Neben der Kritik als der mehr spontanen Reaktion des Vorgesetzten auf das Verhalten seiner Mitarbeiter gibt der Vorgesetzte in der Beurteilung eine Aussage über die Leistung der Mitarbeiter während eines größeren Zeitraums (z. B. 1 Jahr). Die Beurteilung kann damit *Leistungsanreize* schaffen, sie bietet *Orientierungsmöglichkeiten* zur Veränderung und sie kann bei starken Leistungsdefiziten dem Mitarbeiter deutliche Hinweise geben, bevor es ggf. zu arbeitsrechtlichen Maßnahmen kommen muss (Abmahnungen, Kündigung).
  - Sozusagen *als „Spiegelfunktion"* erhält der Mitarbeiter die Information, wie er in diesem Unternehmen gesehen wird.
  - Ein systematisches Beurteilungsverfahren ist „ein gewisser Schutz vor subjektiver und willkürlicher Bewertung" durch den Vorgesetzten.
  - Verbesserung der eigenen Einschätzung durch *Fremdeinschätzung* und damit besseres Erkennen von Stärken und Schwächen im Verhalten.
  - Verbesserte *Einschätzung realer Aufstiegsmöglichkeiten*; dadurch werden tendenziell überzogene Erwartungen und ggf. spätere Enttäuschungen vermieden.

02. Welche Anlässe der Personalbeurteilung und welche Methoden der Leistungsmessung lassen sich unterscheiden (Arten der Personalbeurteilung)?

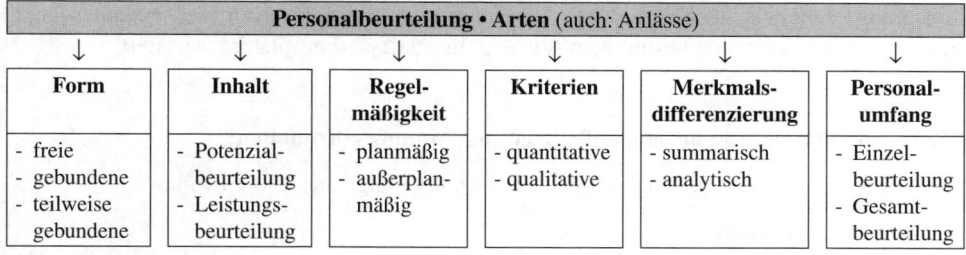

Form	Inhalt	Regel-mäßigkeit	Kriterien	Merkmals-differenzierung	Personal-umfang
- freie - gebundene - teilweise gebundene	- Potenzial-beurteilung - Leistungs-beurteilung	- planmäßig - außerplan-mäßig	- quantitative - qualitative	- summarisch - analytisch	- Einzel-beurteilung - Gesamt-beurteilung

(Personalbeurteilung • Arten (auch: Anlässe))

- *Planmäßige* (regelmäßige) *Beurteilungen* sind erforderlich:
  - vor Ablauf der Probezeit,
  - vor Beginn des Kündigungsschutzes (6-Monats-Frist; § 1 KSchG),
  - im Rahmen der jährlichen Gehaltsüberprüfung,
  - in bestimmten Zeitabständen (z. B. alle zwei Jahre – entsprechend dem Zeitraster im Beurteilungssystem).

- *Außerplanmäßige Beurteilungen* (im Einzelfall) können erforderlich werden:
  - bei Versetzungen, Beförderungen oder Wechsel des Arbeitsplatzes,
  - bei Wechsel des Vorgesetzten,
  - bei Beförderungen,
  - in Verbindung mit Fortbildungsmaßnahmen,
  - auf besonderen Wunsch des Vorgesetzten oder des Mitarbeiters,
  - bei außerplanmäßiger Entgeltanpassung,
  - beim Austritt des Mitarbeiters.

03. Welche Voraussetzungen muss eine Beurteilung erfüllen?

Beurteilungen müssen

- sich auf Beobachtungen stützen,
- sie müssen beschreibbar, bewertbar
- und vergleichbar sein.

04. Wie müssen die Beobachtungen gestaltet sein?

Die Beobachtungen müssen so erfolgen, dass sie das natürliche Verhalten des Mitarbeiters im Arbeitsprozess erfassen, d. h. die festgestellten Arbeitsergebnisse im Hinblick auf Arbeitstempo, Arbeitsergebnisse, Genauigkeit und Fertigkeiten umfassen und auch das Arbeitsverhalten berücksichtigen.

05. Was bedeutet Vergleichbarkeit der Beurteilung?

Die Beurteilungen müssen untereinander vergleichbar sein. Zur Bildung eines gültigen Urteils führt das Vergleichen von Merkmalen untereinander bei einer Person oder ein- und desselben Merkmals bei mehreren Personen.

06. Was bedeutet Bewertbarkeit?

Die Vergleichbarkeit beruht auf einem Bewertungsmaßstab, der eine qualitative und quantitative Abstufung ermöglicht. Die Beurteilung ist an einem Normalverhalten oder an einer durchschnittlichen Leistung gegenüber bestimmten Anforderungen des Arbeitsplatzes orientiert.

07. Welche Phasen sind bei einem Beurteilungsvorgang einzuhalten?

Ein wirksamer Beurteilungsvorgang setzt die Trennung folgender Phasen voraus:

- *Phase 1: Beobachtung*
  = gleichmäßige Wahrnehmung der regelmäßigen Arbeitsleistung und des regelmäßigen Arbeitsverhaltens

- *Phase 2: Beschreibung*
  = möglichst wertfreie Wiedergabe und Systematisierung der Einzelbeobachtungen im Hinblick auf das vorliegende Beurteilungsschema

- *Phase 3: Bewertung*
  = Anlegen eines geeigneten Maßstabs an die systematisch beschriebenen Beobachtungen

- *Phase 4: Beurteilungsgespräch*
  = Zweier-Gespräch zwischen dem Vorgesetzten und dem Mitarbeiter über die durchgeführte Beurteilung

- *Phase 5: Gesprächsauswertung*
  = Initiierung erforderlicher Maßnahmen (Verhaltensänderung, Schulung, Aufstieg usw.)

| 1 Beobachtung |
| 2 Beschreibung |
| 3 Bewertung |
| 4 Beurteilungsgespräch |
| 5 Auswertung |

Merkmale	Strukturierter Beurteilungsbogen (Beispiel)					
	Skalierung					
	Gewichtung	entspricht selten den Erwartungen	entspricht im Allgemeinen den Erwartungen	entspricht voll den Erwartungen	liegt über den Erwartungen	liegt weit über den Erwartungen
		1	2	3	4	5
Arbeitsquantität						
Arbeitsqualität						
Fachkenntnisse						
Arbeitseinsatz						
Zusammenarbeit						
...						

08. Welche Elemente enthält ein strukturiertes Beurteilungssystem?

Jedes Beurteilungssystem/-verfahren enthält *mindestens drei Elemente* – unabhängig davon, in welchem Betrieb oder für welchen Mitarbeiterkreis es eingesetzt wird:

Beurteilungssystem/-verfahren					
① Merkmalsgruppe	② Gewichtung	③ Merkmalsausprägungen/Bewertungsstufen			
		1	2	3	4
Merkmal 1	0,2				
Merkmal 2	0,2				
Merkmal 3	0,1				
...	...				

09. Wie kann ein Bewertungsschema (Skalierung) gestaltet sein?

Ein Bewertungsschema kann z. B. in fünf *Bewertungsstufen* mit folgender Einteilung untergliedert werden:

1. Stufe: Die Leistungen liegen *weit über dem Durchschnitt*, d. h. sie überragen in diesem Merkmal weit die mit vergleichbaren Aufgaben betrauten Mitarbeiter.

2. Stufe: Die Leistungen liegen *über dem Durchschnitt*, d. h. sie sind deutlich besser als die Mehrzahl der mit vergleichbaren Aufgaben betrauten Mitarbeiter.

3. Stufe: Die Leistungen entsprechen dem *Durchschnitt*, d. h. sie sind weder besser noch schlechter als die mit vergleichbaren Aufgaben betrauten Mitarbeiter.

4. Stufe: Die Leistungen liegen *unter dem Durchschnitt*, d. h. die Mehrzahl der mit gleichen Aufgaben betrauten Mitarbeiter erfüllt diese Aufgabe besser.

5. Stufe: Die Leistungen liegen *weit unter dem Durchschnitt*, d. h. sie werden den Anforderungen dieses Merkmals nicht gerecht.

10. Welche Merkmale können für eine Beurteilung herangezogen werden?

Im Allgemeinen werden das Arbeitsverhalten, das Denkverhalten und das mitmenschliche Verhalten beurteilt, wobei die zu bewertenden Beurteilungskriterien bei weniger qualifizierten Mitarbeitern mehr nach Leistungsmerkmalen und bei höher qualifizierten Mitarbeitern, insbesondere bei solchen mit Vorgesetztenfunktionen, mehr nach Persönlichkeitsmerkmalen ausgewählt werden.

11. Welche Kriterien können im Rahmen des Arbeitsverhaltens beurteilt werden?

Belastbarkeit, Arbeitsbereitschaft und Fleiß, Konzentration und Sorgfalt, Arbeitstempo, Zuverlässigkeit, Mobilität, Sozialverhalten, Loyalität, Innovation, Fehlzeiten.

12. Welche Beurteilungskriterien können im Rahmen des Denkverhaltens beurteilt werden?

Auffassen, Finden und Kombinieren, Denken und Urteilen, Organisations- und Dispositionsfähigkeit, Merken und Behalten.

13. Welche Kriterien sollen das mitmenschliche Verhalten erfassen?

Das Verhalten zu Vorgesetzten, zu Mitarbeitern, zu Besuchern und Kunden.

14. Welche Kriterien können zur Beurteilung geistiger Fähigkeiten herangezogen werden?

Auffassungsgaben, Ausdrucksvermögen, Dispositionsvermögen, Improvisationsvermögen, Kreativität, Organisationstalent, Selbstständigkeit, Verhandlungsgeschick.

15. Wie ist ein Beurteilungsgespräch vorzubereiten?

Beurteilungsgespräche müssen, wenn sie erfolgreich verlaufen sollen, *sorgfältig vorbereitet werden*. Dazu empfiehlt sich für den Vorgesetzten, folgende Überlegungen anzustellen bzw. Maßnahmen zu treffen:

- Dem Mitarbeiter rechtzeitig den *Gesprächstermin* mitteilen und ihn bitten, sich ebenfalls vorzubereiten.

- Den *äußeren Rahmen* gewährleisten: Keine Störungen, ausreichend Zeit, keine Hektik, geeignete Räumlichkeit, unter „4-Augen" usw.

- *Sammeln und Strukturieren der Informationen:*
  · Wann war die letzte Leistungsbeurteilung?
  · Mit welchem Ergebnis?
  · Was ist seitdem geschehen?
  · Welche positiven Aspekte?
  · Welche negativen Aspekte?
  · Sind dazu Unterlagen erforderlich?
- *Was ist das Gesprächsziel?* Mit welchen Argumenten? Was wird der Mitarbeiter vorbringen?

16. Wie ist das Beurteilungsgespräch durchzuführen?

Für ein erfolgreich verlaufendes Beurteilungsgespräch gibt es kein Patentrezept. Trotzdem ist es sinnvoll, dieses Gespräch in Phasen einzuteilen, das heißt, das Gespräch zu strukturieren und dabei eine Reihe von Hinweisen zu beachten, die sich in der Praxis bewährt haben:

1. *Eröffnung:*
   - sich auf den Gesprächspartner einstellen, eine zwanglose Atmosphäre schaffen
   - die Gesprächsbereitschaft des Mitarbeiters gewinnen, evtl. Hemmungen beseitigen
   - ggf. Verständnis für die Beurteilungssituation wecken

2. Konkrete Erörterung der *positiven Gesichtspunkte*:
   - nicht nach der Reihenfolge der Kriterien im Beurteilungsraster vorgehen
   - ggf. positive Veränderungen gegenüber der letzten Beurteilung hervorheben
   - Bewertungen konkret belegen
   - nur wesentliche Punkte ansprechen (weder „Peanuts" noch „olle Kamellen")
   - den Sachverhalt beurteilen, nicht die Person

3. Konkrete Erörterung der *negativen Gesichtspunkte:*
   - analog wie Ziffer 2
   - negative Punkte zukunftsorientiert darstellen (Förderungscharakter)

4. Bewertung der Fakten durch den *Mitarbeiter:*
   - den Mitarbeiter zu Wort kommen lassen, interessierter und aufmerksamer Zuhörer sein
   - aktives Zuhören, durch offene Fragen ggf. zu weiteren Äußerungen anregen
   - asymmetrische Gesprächsführung, d. h. in der Regel dem Mitarbeiter den größeren Anteil an Zeit/Worten überlassen
   - evtl. noch einmal einzelne Beurteilungspunkte genauer begründen
   - zeigen, dass die Argumente ernst genommen werden
   - eigene „Fehler" und betriebliche Pannen offen besprechen
   - in der Regel keine Gehaltsfragen diskutieren (keine Vermengung); falls notwendig, „abtrennen" und zu einem späteren Zeitpunkt fortführen.

5. Vorgesetzter und Mitarbeiter *diskutieren* alternative Strategien und *Maßnahmen* zur Vermeidung zukünftiger Fehler:
   - Hilfestellung nach dem Prinzip „Hilfe zur Selbsthilfe" („ihn selbst darauf kommen lassen")
   - ggf. konkrete Hinweise und Unterstützung (betriebliche Fortbildung, Fachleute usw.)
   - kein unangemessenes Eindringen in den Privatbereich
   - sich Notizen machen; den Mitarbeiter anregen, sich ebenfalls Notizen zu machen

6. *Positiver Gesprächsabschluss mit Aktionsplan:*
   - wesentliche Gesichtspunkte zusammenfassen
   - Gemeinsamkeiten und Unterschiede klarstellen
   - ggf. zeigen, dass die Beurteilung überdacht wird
   - gemeinsam festlegen:
   - Was unternimmt der Mitarbeiter?
   - Was unternimmt der Vorgesetzte?
   - ggf. Folgegespräch vereinbaren: Wann? Welche Hauptaufgaben/Ziele?
   - Zuversicht über den Erfolg von Leistungskorrekturen vermitteln
   - Dank für das Gespräch

17. Welches wirksame und auch weniger wirksame Gesprächsverhalten ist bei Vorgesetzten im Rahmen von Beurteilungsgesprächen zu beobachten?

- *Wirksames Gesprächsverhalten:*
  - Positive Gesprächseröffnung:
    „Ich bin der Meinung, Sie haben sich in der Probezeit sehr engagiert und mit großem Interesse in das neue Aufgabengebiet eingearbeitet. Dafür möchte ich Ihnen danken". (Möglichst in der Ich-Form sprechen – ich als Vorgesetzter – und nicht in der Wir-Form – wir als Betrieb; die Wir-Form wirkt weniger verbindlich).
  - Richtig formulierte Beanstandungen:
    „Ich sehe in Ihren Arbeitsergebnissen noch die Möglichkeit, sich in dem Gebiet „X,Y" zu verbessern, z. B. durch …
    „Mir ist aufgefallen, dass Ihnen bei folgenden Aufstellungen...... (konkret nennen) noch Fehler unterlaufen......."
  - Kritik an der Sache (nicht an der Person):
    „Ich musste feststellen, dass Sie im letzten Monat – wenn ich mir das Ergebnis ihrer Zeitsummenkarte betrachte – häufiger zu spät gekommen sind"; (nicht: „Sie kommen ständig zu spät.")

- Überleitung zur Stellungnahme durch den Mitarbeiter:
  „Ich habe Ihnen eine Reihe von Punkten genannt …, mich interessiert, wie sehen Sie das?".

- *Negativ wirkende Gesprächsführung:*
  - Die Person wird beanstandet:
    „Sie arbeiten fehlerhaft und nachlässig".
    „Ihre Bereitschaft, sich engagiert in die neu gebildete Gruppe einzubringen, lässt noch sehr zu wünschen übrig".
  - Suggestivfragen, Fangfragen verwenden:
    „Sie sind doch wohl mit mir auch der Meinung, dass …?"
    „Ich glaube kaum, dass Sie behaupten können, dass …."
  - Den anderen nicht durch unangemessene Unmutsäußerungen frustrieren: „Das kann man so doch wohl nicht sehen".
  - Auch unangemessen langes Schweigen (mit „Pokerface") kann den anderen frustrieren.

- *Allgemein gilt für jede Durchführung eines Beurteilungsgesprächs:*
  - Der Vorgesetzte sollte nicht versuchen, im Beurteilungsgespräch zu viel zu erreichen. Gegebenenfalls sollten sich beide Seiten mit Teilerfolgen zufrieden geben. Es kann unter Umständen notwendig sein, das Gespräch zu vertagen, weil eine oder beide Seiten im Moment nicht über die Gelassenheit verfügen, um das Gespräch erfolgreich bearbeiten zu können.
  - Das abschließende Gesprächsergebnis („Wie sehen beide die einzelnen Punkte, welche Vereinbarungen/Kontrakte werden getroffen?") sind der Grundstein für das nächstfolgende Gespräch.
  - Der Sinn des Beurteilungsgesprächs wird völlig verfehlt, wenn durch die Art der Gesprächsführung die zukünftige emotionale Basis der Zusammenarbeit nachhaltig gestört wird. Es ist dann besser, abzubrechen und zu vertagen.
  - Die objektive Dauer des Beurteilungsgesprächs ist weniger bedeutsam als die Vermittlung des subjektiven Gefühls „Zeit gehabt zu haben".
  - Auch bei harten Auseinandersetzungen und bei massiven Meinungsverschiedenheiten hinsichtlich der Leistungsbeurteilung ist der konstruktive Ausgang des Gesprächs anzustreben.
  - Ein unvorbereitetes Beurteilungsgespräch führt in der Regel zum Desaster. Dazu gehört auch, dem Mitarbeiter rechtzeitig den Gesprächstermin anzukündigen, und ihn zu bitten, sich selbst darauf vorzubereiten.
  - Ebenfalls zu vermeiden ist eine einseitige Entscheidung des Vorgesetzten über notwendige Aktionen (Fortbildung, Nachholen von Einarbeitungsschritten u. Ä.).
  - Ebenfalls fehlerhaft ist es, neue Informationen, die der Mitarbeiter bringt, in der Beurteilung einfach zu ignorieren.
  - Und „last but not least" ist eine „versteckte Beurteilung", die dem Mitarbeiter nicht bekannt ist bzw. nicht mit ihm besprochen wurde, abzulehnen.

18. Welche Beurteilungsfehler sind in der Praxis anzutreffen?

Beurteilungsfehler (1) • Fehleinschätzungen in der Wahrnehmung	
Halo-Effekt	Beim Halo-Effekt wird von einer Eigenschaft auf andere Merkmale geschlossen.
Nikolaus-Effekt	Beim Nikolaus-Effekt basiert die Beurteilung speziell auf Verhaltensweisen, die erst in jüngster Zeit beobachtbar waren bzw. stattgefunden haben.
Selektions-Effekt	Beim Selektions-Effekt erkennt der Vorgesetzte nur bestimmte Verhaltensweisen, die ihm relevant erscheinen.
Vorurteile	Z. B. „Mitarbeiter mit langen Haaren und nachlässiger Kleidung sind auch in der Leistung schlampig".
Primacy-Effekt	Die zuerst erhaltenen Informationen und Eindrücke werden in der Beurteilung sehr viel stärker berücksichtigt als spätere Verhaltensweisen.
Kleber-Effekt	Mitarbeiter, die über einen längeren Zeitraum nicht befördert wurden, werden unbewusst unterschätzt und entsprechend schlechter beurteilt.
Hierarchie-Effekt	Mitarbeiter einer höheren Hierarchiebene werden besser beurteilt als Mitarbeiter der darunter liegenden Ebenen.
Lorbeer-Effekt	In der Vergangenheit erreichte Leistungen (Lorbeeren) werden unangemessen stark berücksichtigt, obwohl sie sich in der jüngeren Vergangenheit nicht mehr bestätigt haben.
Erster Eindruck	Voreilige Schlussfolgerungen werden nicht weiter überprüft.

Beurteilungsfehler (2) • Fehlerquellen im Maßstab	
Tendenz zur Mitte	Der Vorgesetzte scheut sich, die Extremwerte einer Skalierung anzuwenden.
	1 sehr gut / 2 / 3 / 4 / 5 / 6 / 7 nicht ausreichend
Tendenz zur Milde	Der Vorgesetze scheut sich, unzureichende Leistung mit „schlecht" zu bewerten.
	1 sehr gut / 2 / 3 / 4 / 5 / 6 / 7 nicht ausreichend
Tendenz zur Strenge	Der Vorgesetzte legt als Maßstab der Bewertung ein zu hohes Niveau an.
	1 sehr gut / 2 / 3 / 4 / 5 / 6 / 7 nicht ausreichend
Sympathiefehler	Je nach dem, ob der Vorgesetzte den Mitarbeiter als sympathisch oder unsympathisch empfindet, wird seine Bewertung positiv oder negativ beeinflusst.
unangemessene Subjektivität	Der Vorgesetzte bewertet willkürlich bzw. legt unangemessen (nur) seinen eigenen (subjektiven) Maßstab zu Grunde.
Wegloben	Der Mitarbeiter wird überzogen positive beurteilt

19. Welche Rechte hat der Beurteilte?

Die Ergebnisse der Beurteilung müssen in jedem Fall dem Beurteilten vorgelegt werden. Sie sollten überdies zum Gegenstand eines Beurteilungsgesprächs gemacht werden, in dessen Verlauf der Beurteilte die Gründe für die Beurteilung erfährt und die Möglichkeit erhält, sich zu äußern und schriftlich zu dem Ergebnis Stellung zu nehmen. Der Beurteilte hat überdies das Recht, ein Betriebsratsmitglied hinzuzuziehen und Einsicht in seine Personalakten zu nehmen. Es empfiehlt sich daher, dem Beurteilten einen Durchschlag seiner Beurteilung auszuhändigen.

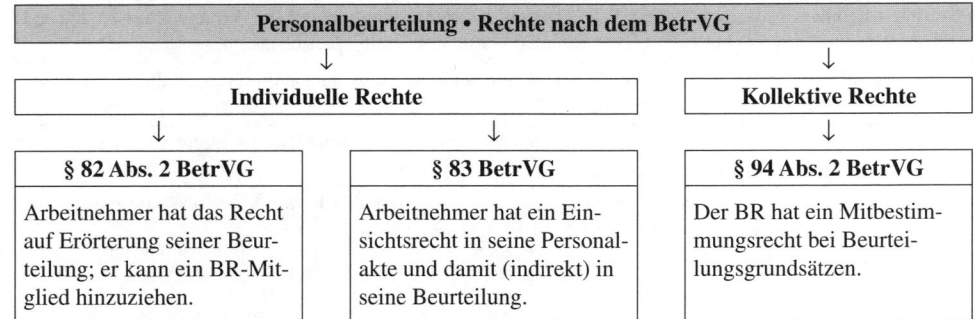

Personalbeurteilung • Rechte nach dem BetrVG		
↓		↓
Individuelle Rechte		**Kollektive Rechte**
↓	↓	↓
§ 82 Abs. 2 BetrVG	**§ 83 BetrVG**	**§ 94 Abs. 2 BetrVG**
Arbeitnehmer hat das Recht auf Erörterung seiner Beurteilung; er kann ein BR-Mitglied hinzuziehen.	Arbeitnehmer hat ein Einsichtsrecht in seine Personalakte und damit (indirekt) in seine Beurteilung.	Der BR hat ein Mitbestimmungsrecht bei Beurteilungsgrundsätzen.

4.1.2 Auswertung der Potenzialanalyse

01. Was versteht man unter dem Begriff „Personalentwicklung" (PE)?

Personalentwicklung ist die *systematisch* vorbereitete, durchgeführte und kontrollierte *Förderung* der Anlagen und Fähigkeiten des Mitarbeiters

- in Abstimmung mit seinen *Erwartungen* und
- den *Zielen* des Unternehmens.

02. Welche Ziele verfolgt die Personalentwicklung?

PE zielt ab auf die *Änderung menschlichen Verhaltens*. Zur langfristigen Bestandssicherung muss ein Unternehmen über die Verhaltenspotenziale verfügen, die erforderlich sind, um die gegenwärtigen (*operativer Ansatz* der PE) und zukünftigen Anforderungen (*strategischer Ansatz* der PE) zu erfüllen, die vom Betrieb und der Umwelt gestellt werden.

Mit „gegenwärtigem und zukünftigem Verhaltenspotenzial" ist zweierlei gemeint:

1. die Veränderung von Kenntnissen, Fähigkeiten und Fertigkeiten (= „*Können*") sowie
2. die Veränderung von Einstellungen, Motiven und Werthaltungen der Mitarbeiter (= „*Wollen*") in Richtung auf das geforderte Sollprofil.

Als *Unterziele* können daraus abgeleitet werden:

- firmenspezifisch qualifiziertes Personal entwickeln,
- Innovationen auslösen und systematisch fördern,
- Zusammenarbeit fördern,
- Organisations- und Arbeitsstrukturen motivierend gestalten,
- Mitarbeiter dazu motivieren, ihr Qualifikationsniveau (speziell Lernbereitschaft und -fähigkeit) anzuheben,
- Mitarbeiterpotenziale erkennen,
- Lernfähigkeit der Fach- und Führungskräfte verbessern,

- Flexibilität und Mobilität der Mitarbeiter erhöhen,
- Berücksichtigung des individuellen und sozialen Wertewandels,
- Hilfestellung bei der Sicherung der Personalbedarfsdeckung,
- Einrichten einer Personalreserve.

03. Welche Funktionen erfüllt die Personalentwicklung?

Aus den Zielen der Personalentwicklung lassen drei Funktionen ableiten:

- Mit *Versorgungsfunktion* ist vor allem ein betrieblicher Aspekt gemeint: Es geht um die Bereitstellung geeigneter und qualifizierter Mitarbeiter und das frühzeitige Erkennen und Fördern spezifischer Begabungen und Kenntnisse.

- *Motivierungsfunktion*: Die Information über betriebliche Entwicklungsmöglichkeiten, das Eingehen auf persönliche Entwicklungsvorstellungen sowie die generelle individuelle Beratung und Förderung des Einzelnen ist Motivation.

- *Abstimmungsfunktion*: Zwischen den Zielen und Möglichkeiten des Betriebes und den Erwartungen und Wünschen des Mitarbeiters wird im Allgemeinen eine Lücke bestehen. Es gilt, dieses Konfliktpotenzial zu reduzieren, indem das Maß der Übereinstimmung so groß wie möglich anzulegen ist, die betrieblichen Gegebenheiten realistisch eingeschätzt und dem Mitarbeiter plausibel dargestellt werden.

04. Was versteht man unter Organisationsentwicklung?

- *Begriff:*
Organisationsentwicklung (OE) ist ein *langfristig* angelegter *systemorientierter Prozess* zur *Veränderung der Strukturen* eines Unternehmens und *der* darin arbeitenden *Menschen*. Der Prozess beruht auf der Lernfähigkeit aller Betroffenen durch direkte Mitwirkung und praktische Erfahrung.

Damit gehören zur OE auch Einstellungs- und Verhaltensänderungen im Umgang mit Arbeitsanforderungen, der eigenen Leistungsfähigkeit, mit Gesundheit und Krankheit. Dies kann durch eine enge Verknüpfung der technischen, ergonomischen, arbeitsorganisatorischen und betriebsklimatischen Elemente bei der Verbesserung der Arbeitsbedingungen erfolgen.

- OE ist ein langfristig angelegter Entwicklungsprozess und zielt ab auf

  - die notwendige Anpassung bestehender Organisationsformen (**Hard facts**) sowie
  - die Veränderung der **Soft facts** (Organisationskultur).

- OE wird getragen vom **Gedanken der lernenden Organisation** (gemeinsames Lernen, Erleben und Umsetzen).

• *Ziel:*

Das Ziel besteht in einer gleichzeitigen *Verbesserung der Leistungsfähigkeit der Organisation* (Effektivität) und der *Qualität des Arbeitslebens.* Unter der Qualität des Arbeitslebens bzw. der Humanität versteht man nicht nur materielle Existenzsicherung, Gesundheitsschutz und persönliche Anerkennung, sondern auch Selbstständigkeit (angemessene Dispositionsspielräume), Beteiligung an den Entscheidungen sowie fachliche Weiterbildung und berufliche Entwicklungsmöglichkeiten.

05. Worin unterscheiden sich die Ansätze der klassischen Organisationslehre von denen der Organisationsentwicklung?

Die klassische Organisationslehre hat einen betriebswirtschaftlichen Ansatz und setzt an bei einer mehr formalen *Optimierung der Aufbau- und Ablaufstrukturen* (Linien-/Matrixorganisation, Gliederungsbreite/-tiefe, Zentralisation/Dezentralisation usw.), ohne in der Regel den Mitarbeiter selbst im Mittelpunkt von Veränderungsprozessen zu sehen.

Die OE hat einen *ganzheitlichen Ansatz:* Angestrebt wird eine Anpassung der formalen Aufbau- und Ablaufstrukturen *und* der Verhaltensmuster der Mitarbeiter an Veränderungen der Umwelt (Kunden, Märkte, Produkte).

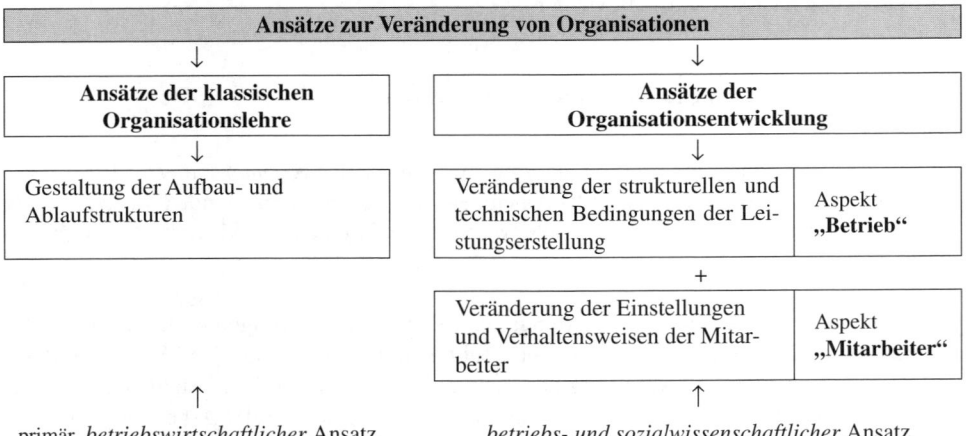

06. Welche Überlegungen stehen hinter dem Begriff „lernende Organisation"?

Nach Peter M. Senge[1], zeichnet sich die Learning Organization durch fünf Disziplinen aus:

1. **Personal Mastery** meint die Fähigkeit, seine persönlichen Ziele konsequent zu verfolgen, indem man sie kontinuierlich klärt und vertieft.

---

[1] Peter M. Senge (Direktor des Organization Learning Center am Massachusetts Institute of Technology, Cambridge) ist Schöpfer des Begriffs.

2. **Mentale Modelle** sind tief verwurzelte Annahmen, die das Denken und Handeln jedes Einzelnen und jeder Organisation bestimmen; sie zu erkennen und kritisch zu hinterfragen, ist eine wesentliche Voraussetzung für Veränderungen.

3. **Gemeinsame Vision:** Sie kann nicht verordnet werden, sondern muss gemeinsam von oben nach unten entwickelt werden, damit sie von allen Organisationsmitgliedern getragen wird.

4. **Team-Lernen:** Die elementare Lerneinheit im Unternehmen ist nicht das Individuum, sondern das Team.

5. **Systemdenken:** Jede Organisation ist gekennzeichnet durch ein Wechselspiel von Ursachen, Wirkungen und Abhängigkeiten; ihre integrative Verknüpfung mithilfe des Systemdenkens führt sie zu einer ganzheitlichen Betrachtung zusammen.

Lernen im Rahmen der Organisationsentwicklung heißt:

- Vom Kunden lernen, von Kollegen lernen, von der Konkurrenz lernen!
- Lernen erfolgt im Team!
- Lernen erfolgt im System (ganzheitliche Betrachtung)!

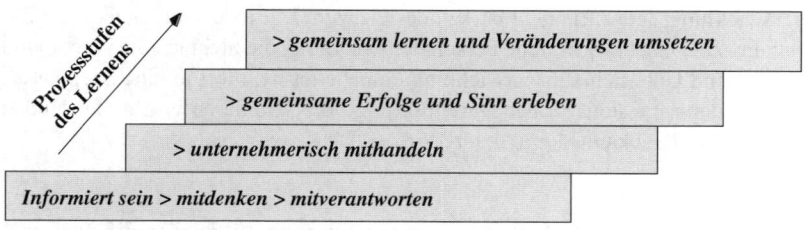

> *gemeinsam lernen und Veränderungen umsetzen*

> *gemeinsame Erfolge und Sinn erleben*

> *unternehmerisch mithandeln*

Informiert sein > mitdenken > mitverantworten

07. Welche Phasen hat ein Organisationszyklus?

Maßnahmen der Organisationsentwicklung müssen systematisch bearbeitet werden. Die Literatur enthält dazu eine kaum noch überschaubare Fülle an Phasenmodellen. Bei genauerer Betrachtung existieren kaum Unterschiede in den einzelnen Modellen: Mitunter variiert die Anzahl der Phasen sowie die Bezeichnung pro Phase (vgl. auch: Managementkreislauf).

Generell weist jedes der Phasenmodelle mehr oder weniger ausgeprägt den Zyklus des *Management-Regelkreises* auf:

Ziele setzen → planen → organisieren → realisieren → kontrollieren

Auf die Organisationsentwicklung übertragen bedeutet dies, dass OE-Prozesse sich permanent in folgenden Phasen wiederholen (= *Zyklus der OE*):

1. Situationsanalyse
2. Organisationsanalyse
3. Zielformulierung
4. Lösungsansätze

5. Bewertung
6. Entscheidung
7. Realisierung
8. Kontrolle

08. Worin unterscheiden sich Aus-/Fortbildung, Weiterbildung und Personalentwicklung?

Der Begriff Personalentwicklung *ist umfassender als der der Aus-/Fortbildung und Weiterbildung*. PE vollzieht sich innerhalb der *Organisationsentwicklung* und diese wiederum ist in die *Unternehmensentwicklung* eingebettet.

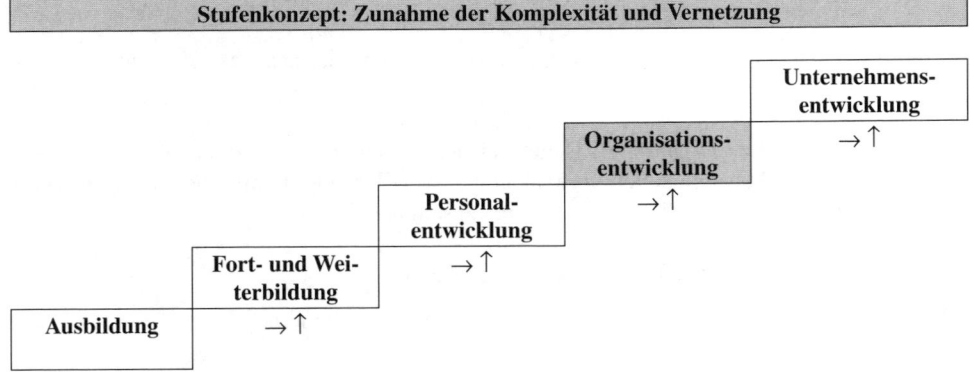

Betriebliche *Bildungsarbeit ist also ein Instrument der Personalentwicklung* bzw. der der Organisationsentwicklung. Jedes Element ist Teil des Ganzen. Mit jeder Stufe nehmen Komplexität und Vernetzung zu. Daneben gilt: Jede Personalentwicklung, die nicht in eine korrespondierende Organisations- und Unternehmensentwicklung eingebettet ist, führt in eine Sackgasse, da sich die Aktivitäten dann meistens in der Durchführung von Seminaren erschöpfen und lediglich Bildungsarbeit „per Gießkanne" praktiziert wird.

09. Welche Grundsätze und Aufgaben im Zusammenhang mit der Qualifizierung der Mitarbeiter müssen im Unternehmen von allen Führungskräften berücksichtigt werden?

- *Grundsätze:*
  „*Die Förderung der Mitarbeiter ist die zentrale Aufgabe aller Führungskräfte!*"

  „*Unterlassene Fortbildung und Potenzialunterdrückung ist eine Pflichtverletzung gegenüber dem Unternehmen!*"

- Der Vorgesetzte hat die *Aufgabe,*
  - zu ermitteln, *wo und bei welchen Mitarbeitern* Qualifizierungsbedarf besteht, (Bedarfsermittlung)
  - zu entscheiden, welche Maßnahmen *er veranlassen kann* bzw. *muss* (Versetzung, Teilnahme an Schulungen, Kursen und Lehrgängen, Umschulungsmaßnahmen, Aufgabenerweiterung usw.),
  - zu planen, *welche Unterstützung er selbst geben muss* (sorgfältige Einarbeitung, methodisch erfahrene Unterweisung, Lernstattmodelle innerhalb der Arbeitsgruppe, Kenntnis inner- und überbetrieblicher Aus- und Weiterbildungsmaßnahmen, Coaching der Mitarbeiter, Prägen durch Vorbildfunktion usw.) und *welche Verantwortung der Mitarbeiter übernehmen muss.*

10. Wie ist der Qualifizierungsbedarf zu ermitteln?

1. Schritt: Zunächst muss der Vorgesetzte den *quantitativen Personalbedarf* ermitteln, d. h., *wie viele Mitarbeiter* werden für die kommende Planungsperiode an welchem Ort benötigt. Überwiegend steht hier zunächst der Bedarf aus betrieblicher Sicht im Vordergrund. Daneben ist der Bedarf aus der Sicht der Mitarbeiter zu berücksichtigen (Erwartungen, Wünsche, Karriereziele).

2. Schritt: Anschließend ist pro Stelle und pro Stelleninhaber der Vergleich zwischen dem Anforderungsprofil und dem Eignungsprofil zu ziehen. Aus dieser Profilvergleichsanalyse sind die ggf. vorhandenen Defizite abzuleiten und als Bildungsziele zu formulieren (= *qualitativer Personalbedarf*).

Die Bedarfsermittlung hat immer von den beiden Eckpfeilern auszugehen

- den „Stellen-Daten" und
- den „Mitarbeiter-Daten".

Für die Ermittlung der Eignungsprofile („Was kann der Mitarbeiter?") gibt es eine Vielzahl von *Instrumenten* und *Informationsquellen:*

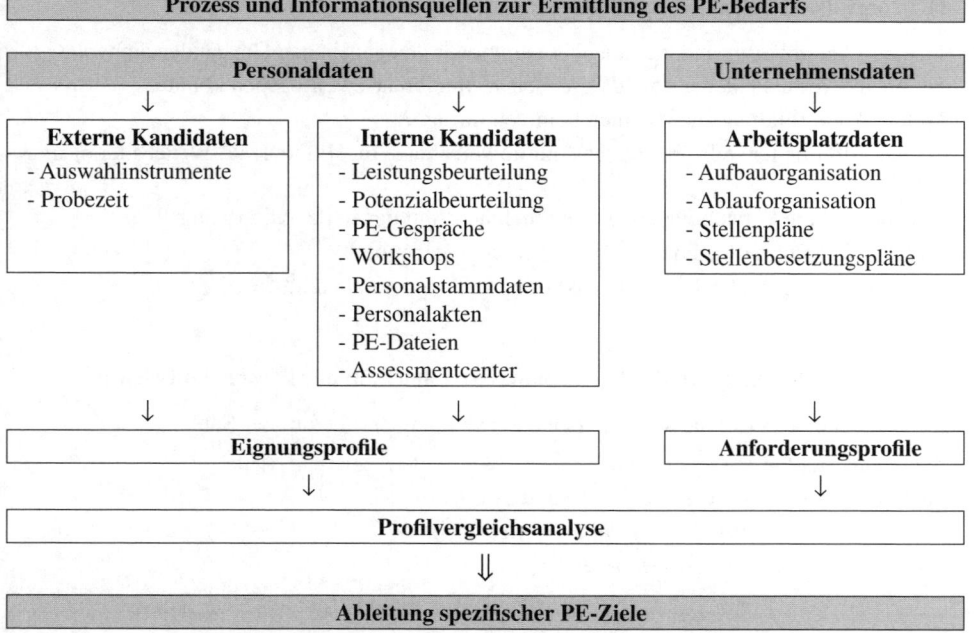

Der konkrete Qualifizierungsbedarf kann mithilfe folgender Maßnahmen ermittelt werden bzw. aufgrund spezieller Situationen ergeben:

- freie Abfrage im Gespräch,
- strukturierter Fragenkatalog,
- Bildungsworkshop,
- Personalentwicklungskonzept,

- Fördergespräche,
- gesetzliche Bestimmungen,
- Profilvergleichsanalysen (Anforderungs- und Eignungsprofile; siehe Abb.),
- Assessmentcenter,
- Investitionsprogramme.

11. Wie können Mitarbeitergespräche zur Abklärung des Bildungsbedarfs geführt werden?

Mitarbeitergespräche dienen im Hinblick auf die Abklärung des Bildungsbedarfs folgenden Feststellungen:

- Welche Leistungs-, Wissens- oder Verhaltensdefizite wurden festgestellt?
- Worin bestehen diese Defizite?

  a) Im Informationsrückstand,
  b) im Wissensmangel,
  c) in fehlender Anwendungserfahrung bzw. -unterstützung,
  d) in fehlender Durchsetzungsfähigkeit,
  e) in fehlenden Hilfsmitteln,
  f) in organisatorischen Beschränkungen.

- Ist eine Weiterbildungsmaßnahme überhaupt unter den gegebenen Umständen sinnvoll?
- Ist jemand vorhanden, der über das Wissen verfügt und es weitergeben könnte?
- Welche Weiterbildungsmaßnahmen kommen infrage?
- Hat der Mitarbeiter selbst bereits bestimmte Vorschläge im Hinblick auf Weiterbildungsmaß-nahmen?
- Decken sich die Vorstellungen des Unternehmens mit denen des Mitarbeiters?
- Welche Hemmnisse stehen einer Weiterbildung gegenüber?
- Welche weiteren Maßnahmen und Aktionen sind zu vereinbaren?

12. Welche Bedeutung hat die Potenzialanalyse innerhalb der Personalentwicklung?

Das Konzept einer systematischen Personalentwicklung beruht auf vier Säulen:
- dem festgestellten *Personalbedarf*
- dem *Potenzial* der Kandidaten (intern und extern),
- den eingesetzten *Methoden und Instrumenten* sowie
- den daraus abgeleiteten *PE-Maßnahmen.*

„Jedes Personalentwicklungskonzept ruht auf mindestens vier Säulen."			
Personalbedarf	**Potenzialerfassung**	**Methoden, Instrumente**	**Maßnahmen**

Die Erfassung der Mitarbeiterpotenziale ist also unverzichtbare Grundlage der Planung und Durchführung von Qualifizierungsmaßnahmen. Geht man hier nicht systematisch vor, so degeneriert die Personalentwicklung leicht zur „Aus-, Fort- und Weiterbildung per Gießkanne".

13. Welche Informationsquellen können zur Potenzialanalyse herangezogen werden?

Informationsquellen zur Potenzialerfassung	
Instrumente, Quellen:	**Mögliche Informationsaspekte:**
Personalakte	• persönliche Daten des Mitarbeiters • frühere Bewerbungsunterlagen • evt. „brachliegende" Interessen/Neigungen • frühere Beförderungen, Versetzungen • frühere Beurteilungen • Mobilitätshindernisse
Personalstammdaten	• Grunddaten • Veränderungsdaten
Personalinformations-system	selektive Suche nach Merkmalen (z. B. Alter, Betriebszugehörigkeit)
PE-Datei, -Kartei, PE-Gespräche	• durchgeführte Lehrgänge, Seminare • interne Qualifizierungsmaßnahmen • Interessen, Neigungen, Wünsche
Mitarbeiterbefragung	Wünsche, Neigungen, Erwartungen, Einstellungen
Vorgesetztenbefragung	Meinungen, Trends, Potenzialprognosen
Leistungsbeurteilung	• Beurteilung der gegenwärtigen und zurückliegenden Leistung • überwiegend merkmalsorientiert
Potenzialbeurteilung	• Prognose der Leistungsreserven • Prognose des Leistungsvermögens in der Zukunft
Tests	• Fähigkeitstests • Persönlichkeitstests
Assessmentcenter	• Eignungsprofile, Anforderungsprofile • Übungen, Mehrfachbeobachtungen, Gespräche

14. Welche Inhalte, Fragestellungen und Kategorien sind bei einer Potenzialbeurteilung relevant?

Potenzialbeurteilungen sind zukunftsorientiert. Sie stellen den Versuch dar, in systematischer Form Aussagen über zukünftiges, wahrscheinliches Leistungsverhalten zu treffen. Man ist bestrebt - ausgehend vom derzeitigen Leistungsbild sowie erkennbarer Leistungsreserven und ggf. unter Berücksichtigung ergänzender Qualifizierungsmaßnahmen – *das wahrscheinlich zu erwartende Leistungsvermögen (Potenzial) zu erfassen.* Die Potenzialaussage kann sich dabei auf die nächste hierarchische Stufe beziehen (*sequenzielle Potenzialanalyse*) oder generell langfristig (*absolute Potenzialanalyse*) angelegt sein.

- Im Mittelpunkt der Potenzialbeurteilung und -analyse stehen vor allem folgende *Fragestellungen*:

  - *Wohin* kann sich der Mitarbeiter entwickeln?
    → Entwicklungsrichtung
  - *Wie weit* kann er dabei kommen?
    → Entwicklungshorizont
  - Welche *Potenzialkategorien* sollen beurteilt werden?
    z. B. Fachpotenzial, Führungspotenzial
  - Welche *Veränderungsprognose* wird abgegeben?
  - Welche *Einsatzalternativen* sind denkbar?
  - Welche *Fördermaßnahmen* sind geeignet?

- *Kategorien der Potenzialbeurteilung*
  Hinsichtlich der Beurteilungskategorien gibt es keine allgemein gültige Klassifizierung. Von Interesse sind insbesondere folgende *Merkmale*:

  - *Fachkompetenz*,
  - *Führungskompetenz* (umfassender: Sozialkompetenz),
  - *Methodenkompetenz* sowie ggf.
  - *spezielle persönliche Eigenschaften* (Stärken/Schwächen) die als besonders leistungsfördernd oder leistungshemmend angesehen werden, z. B.:
  - Lernbereitschaft,
  - Leistungsbereitschaft (Antrieb),
  - intellektuelle Beweglichkeit,
  - Organisationsgeschick (sich selbst und andere organisieren).

  Die einzelnen Kategorien überlagern sich zum Teil. Welche Aspekte letztendlich in der betrieblichen Praxis einer durchgeführten Potenzialbeurteilung gewählt werden hängt z. B. ab

  - von der Wertestruktur des Unternehmens (Stichworte: Unternehmensleitlinien, -philosophie),
  - von der Wertestruktur der Führungskräfte (z. B. Offenheit und Bereitschaft zur Förderung und Freistellung bei Weiterbildung).
  - von den kurz- und mittelfristig zu besetzenden (Schlüssel-)Positionen und deren Anforderungsprofil,
  - von den prognostizierten Veränderungen im mittelbaren und unmittelbaren Umfeld des jeweiligen Unternehmens (z. B. politische Entwicklungen, Veränderung der Märkte).

- *Prozess der Potenzialerkennung und -nutzung:*
  Potenziale (auch: Talente, Young Turks) *erkennen* → Potenziale *fördern* → Potenziale *nutzen.*

15. Wie kann eine Potenzialbeurteilung konkret aussehen?

Das nachfolgende Beispiel einer strukturierten Potenzialbeurteilung stammt aus der Praxis und wurde für einen Handelskonzern mit dezentraler Struktur entwickelt – als Instrument zur Personalentwicklung der unteren und mittleren Führungsebene. Der Beurteilungsbogen ist nach folgendem Raster aufgebaut:

• *Potenzialbeurteilung* (Praxisbeispiel)

Gesellschaft/Stabsbereich   Vertraulich! handschriftlich!

Name, Vorname des Mitarbeiters   _____

Name des beurteilenden Vorgesetzten   _____

1   Versetzbarkeit
(Ausprägungen: stark - mittel - gering - keine Aussage möglich; Kommentierung)

1.1 Stärke, Neigungen
(persönliche Eigenschaften, die leistungsfördernd sind; ggf. auch besondere Kenntnisse und Fähigkeiten)

_____

_____

1.2 Schwächen, Abneigungen
(persönliche Eigenschaften, die leistungshemmend wirken)

_____

_____

1.3 Lernfähigkeit, Lernbereitschaft
(gemeint ist der Wille und die Fähigkeit, sich aktiv und selbstständig in neue Gebiete einzuarbeiten; Flexibilität im Verhalten; Fähigkeit zur kritischen Eigenanalyse)

_____

_____

1.4 Mobilität
(Ist der Mitarbeiter geografisch versetzbar? ja/nein; ggf. Kommentierung)

_____

_____

2   Potenzial
(Ausprägungen: stark - mittel - gering - keine Aussage möglich; Kommentierung)

2.1 Fachpotenzial
(Fähigkeit des Mitarbeiters, in seiner Spezialität/seinem Fachgebiet höherwertige Aufgaben zu übernehmen. Hinweis: Stützen Sie sich u.a. auf die in der jetzigen Stelle gezeigte Einarbeitungsgeschwindigkeit!)

_____

_____

2.2 Führungspotenzial
(Ausprägung der Fähigkeiten und Eigenschaften - nicht Fachkenntnisse/Fachfähigkeiten -, die die Übernahme von Führungsaufgaben bzw. höherwertigen Führungsaufgaben rechtfertigen; Ziele setzen, delegieren, beim Mitarbeiter Leistung erzeugen, kontrollieren, fördern - Durchsetzungsvermögen, Entschlusskraft, Kontaktfähigkeit, Personalautorität, Selbstvertrauen.)

_____

_____

2.3 Methodenpotenzial
(Fähigkeit des Mitarbeiters, eine gestellte Aufgabe selbstständig zu lösen und dabei Einzel-
fähigkeiten, Methoden und Techniken wie z. B. logisch-vernetztes Denken, Entscheidungs-,
Moderations- und Kommunikationstechniken einzusetzen.)

3   Förderungsprognose

3.1 Veränderungsprognose

A   Der Mitarbeiter ist seinen Fähigkeiten entsprechend ein- [ ]
    gesetzt. Eine Veränderung ist nicht wünschenswert.

B   Der Mitarbeiter ist mit seinem Aufgabengebiet zzt. voll [ ]
    ausgelastet - ohne jedoch die Grenze seiner Entwick-
    lungsmöglichkeit erreicht zu haben. Eine Veränderung
    ist langfristig denkbar.

C   Das derzeitige Aufgabengebiet lastet den Stelleninhaber [ ]
    auf die Dauer nicht aus. Der Mitarbeiter ist für die Über-
    nahme höherwertiger Aufgaben geeignet.

    Kommentar: _____

3.2 Einsatzalternativen
    (Welche andere oder höherwertige Position könnte der Mitarbeiter aus heutiger Sicht über-
    nehmen?
    z. B. Sparte, Funktion, Ebene; vertikal/horizontal; kurzfristig (0-2 Jahre), mittelfristig (3-5
    Jahre, zzt. keine konkrete Angabe möglich)

    _____

    _____

3.3 Förderungsmaßnahmen
    (Welche vorbereiteten Förderungsmaßnahmen werden empfohlen? z. B. Sonderaufgaben,
    Leitung von Projekten, Job-Rotation, individuelle Maßnahmen am derzeitigen Arbeitsplatz,
    interne Seminare, Selbststudium/Thema: ....; Oder/Und: ....)

    _____

    _____

Unterschrift der beurteilenden Vorgesetzten

_____

Äußerung des zuständigen Geschäftsführers/Stabsbereichsleiters, sofern dieser nicht selbst
beurteilt hat:

_____

**16. Welche Bedeutung hat das Personalentwicklungsgespräch im Rahmen der Potenzial-
analyse?**

Innerhalb des Mitarbeitergesprächs auf der Basis einer strukturierten Potenzialbeurteilung ist
die Potenzialerkennung ohnehin zentraler Gesprächsgegenstand. Aber auch in Verbindung mit
anderen Gesprächsanlässen lassen sich für den Vorgesetzten Erkenntnisse zu vermuteten Leistungsreserven und Veränderungswünschen des Mitarbeiters gewinnen, z. B.:

- allgemeine Förder- und Beratungsgespräche,
- Feedback-Gespräche *vor* und *nach* einer Qualifizierungsmaßnahme.

Auch wenn es im Unternehmen kein institutionalisiertes Fördergespräch gibt, sollte der Vorgesetzte

- mindestens einmal pro Jahr mit angemessenem Zeitrahmen,
- unter vier Augen,
- kooperativ,
- individuell,
- beratend,
- ziel- und entwicklungsorientiert.

ein sog. *Personalentwicklungs-Gespräch (auch: Qualifizierungsgespräch)* führen. Es dient u. a. der Rückkopplung über erreichte Qualifizierungsziele und schließt mit der Zielvereinbarung über den kommenden Zeitraum ab. Auch dieses Gespräch muss von beiden Seiten gut vorbereitet werden; zu empfehlen ist folgender Gesprächsleitfaden:

Leitfaden für das Personalentwicklungsgespräch (Qualifizierungsgespräch)

Vorbereitung

Termin, Ort, Zeit; Vorbeitung auf das Gespräch (Fakten, Erkenntnisse, Argumente; Gesprächsziel)

Durchführung

- Einstieg: Begrüßung, Atmosphäre, Gesprächsziel- und verlauf

- Mitarbeiter: schildert seine Sicht der Dinge: z.B. Hauptaufgaben, Störungen, Zusammenarbeit mit dem Vorgesetzten, Lernzuwächse, Wünsche/Erwartungen

- Vorgesetzter: schildert die gen. Aspekte aus seiner Sicht

- Dialog: Gemeinsamkeiten/Unterschiede; Diskussion tragfähiger Lösungsansätze; Maßnahmen:
  a) des Vorgesetzten
  b) des Mitarbeiters; Welche? Wie? Bis wann?

- Abschluss: Feedback über den Gesprächsverlauf: Was war positiv? Was kann noch verbessert werden? Ausblick

Nachbereitung/Follow-up

Überprüfung der Ziele und Maßnahmen. Was konnte realisiert werden? Was nicht? Warum nicht? → Lern- und Leistungstransfer

17. Welche Ziele und Arten von Qualifizierungsmaßnahmen lassen sich unterscheiden?

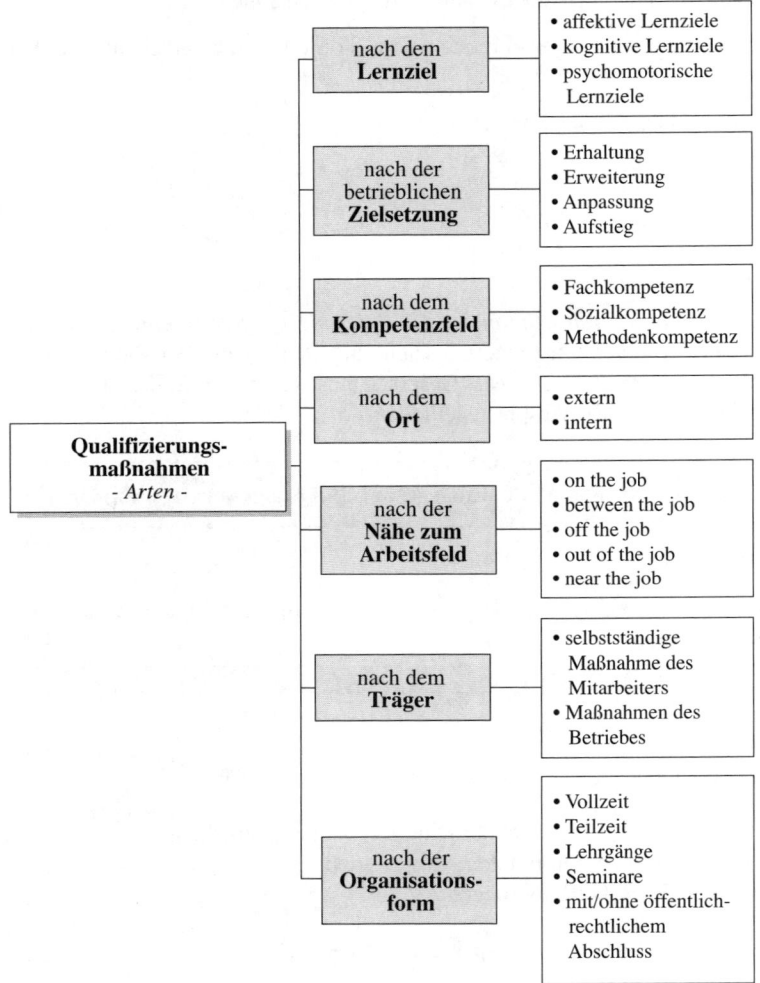

- *Die Erhaltungsqualifizierung* will
  mögliche Verluste von Kenntnissen und Fertigkeiten ausgleichen (z.B. Auffrischung von CNC-Kenntnissen, SPS-Kenntnissen, die über längere Zeit nicht eingesetzt werden konnten).

- *Die Erweiterungsqualifizierung* soll
  zusätzliche Berufsfähigkeiten vermitteln (z.B. Erwerb von „Elektronikzertifikaten" eines gelernten Elektrotechnikers).

- *Die Anpassungsfortbildung* hat zum Ziel
  eine Angleichung an veränderte Anforderungen am Arbeitsplatz sicherzustellen (z.B. Erwerb von Kenntnissen zur Maschinenbedienung beim Hersteller, wenn eine neue Maschinengeneration in Betrieb genommen wird).

- *Die Aufstiegsfortbildung* soll
auf die Übernahme höherwertiger Aufgaben oder Führungsaufgaben vorbereiten (z. B. Beförderung zum Teamsprecher, zum Vorarbeiter, zum Einrichter usw.).

18. Warum spielt die Arbeitsunterweisung im Rahmen der Mitarbeiterqualifizierung eine zentrale Rolle?

Die Arbeitsunterweisung ist eine spezifische Maßnahme der Mitarbeiterqualifikation – *am Arbeitsplatz, durch den Vorgesetzten*. Sie ist die *gesteuerte Weitergabe* von Erfahrungen des Vorgesetzten an den Mitarbeiter.

- Bewährte Methode der Unterweisung ist die *4-Stufen-Methode:*

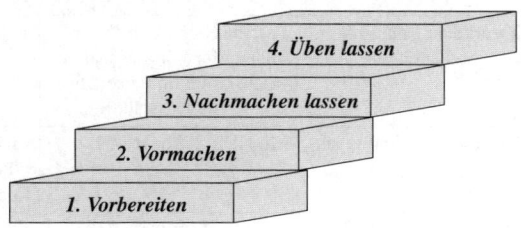

- *Vorteile/Bedeutung der Unterweisung:*
  - Kostengünstig,
  - praxisnah,
  - flexible Anpassung der Lerninhalte und -zeiten,
  - unmittelbare Kontrolle des Lernfortschritts,
  - der Vorgesetzte wird zum Coach,
  - Förderung der Zusammenarbeit zwischen dem Vorgesetzten und dem Mitarbeiter.

19. Welchen Inhalt können konkrete Qualifizierungspläne in der Praxis haben?

Beispiele:
- Nachfolgepläne
- Laufbahnpläne (individuelle oder kollektive)
- Rotationspläne
- Vertretungspläne („Vertretung" als Instrument der PE)
- spezielle Pläne zur Förderung von Nachwuchskräften
- spezielle Pläne zur Förderung der Auszubildenden

20. Was sind Laufbahnpläne?

Laufbahnpläne (vgl. dazu auch Ziffer 3.4.5) legen eine bestimmte Stellenfolge (horizontale oder vertikale) im betrieblichen Stellengefüge fest – im Hinblick auf eine bestimmte Zielposition (z. B. Verkaufsleiter, Verkaufsingenieur, Betriebsleiter). Sie können

- kollektiv → sog. *standardisierte Laufbahnpläne*
  oder

- individuell → sog. *individuelle Laufbahnpläne*
(= spezifische „Karriereleiter" eines Mitarbeiters)

angelegt sein. Nachfolgend das Beispiel eines Standard-Entwicklungsplanes für den Personalsektor:

Standard-Entwicklungsplan				Stand:	
Personal-Nr.:	Beruf:	Derzeitige Funktion:	Eintritt am:	Geb.-Datum:	
Entwicklungsziel: Führungsposition im mittleren Management, Personalwesen					
—————————————— Positionen im Job-Rotation-Programm ——————————————					
Ebene	Dauer in Jahren (ca.)	Bezeichnung der Tätigkeit/ Position	Flankierende Fördermaßnahmen, intern und extern	Beurteilung, Entscheidung	
SB	0,5	Sachbearbeiter Lohn- und Gehaltsabrechnung	Externes Seminar: Weiterbildung für Führungsnachwuchskräfte im Personalwesen", dgfp, Düsseldorf		
	0,5	Sachbearbeiter Sozialwesen	Modul 1: 2 Wochen	Zwischenbeurteilung, Fördergespräch, Entscheidungen	
	1,0	Sachbearbeiter Aus- und Fortbildung	Externes Seminar: Managementtechniken	Zwischenbeurteilung, Fördergespräch, Entscheidungen	
	1,0	Assistent des Leiters Personal- und Sozialwesen sowie Bearbeitung von Personalgrundsatzfragen	Modul 2: 2 Wochen	Zwischenbeurteilung, Fördergespräch, Entscheidungen	
GL	1,0	Personalbetreuung „Gewerbliche Mitarbeiter" (Personalreferent)	Modul 3: 3 Wochen		
	1,0	Personalbetreuung „Tarifangestellte" (Personalreferent)	Internes Seminar; Mitarbeiterführung, Teil 1	Zwischenbeurteilung, Fördergespräch, Entscheidungen	
AL	1,0	Kommissarische Leitung eines eigenen Personalbereiches	Teilnahme an der Abt.-Leiter-Konferenz, monatlich	Zwischenbeurteilung, Fördergespräch, Entscheidungen	
	Σ = ca. 6 J.		Internes Seminar; Mitarbeiterführung, Teil 2		
Zielposition		Übernahme einer Leitungsfunktion in der Linie	Teilnahme am Erfahrungsaustausch der Leitenden		
		z.B. Holding: Abteilungsleiter Personalbereich ...			
		z.B. Tochtergesellschaft: Personalleiter			
	Legende:	SB = Sachbearbeiter GL = Gruppenleiter AL = Abteilungsleiter			

21. Wie werden Nachfolgepläne gestaltet?

Nachfolgepläne sind gedanklich vorweggenommene Überlegungen zur zukünftigen Besetzung von Positionen – bezogen auf feste Termine, bei sich relativ deutlich abzeichnenden Vakanzen.

Als Grundregel gilt: Je knapper der Planungshorizont ist, desto konkreter sollten die Nachfolgeüberlegungen gestaltet und mit den Beteiligten schrittweise besprochen werden. Konkrete Nachfolgepläne (als Kartei oder Datei) enthalten überwiegend folgende Informationen:

- Stellendaten
- Angaben über den derzeitigen Stelleninhaber
- Angaben über (mehrere) Nachfolgekandidaten (meist inkl. einer Potenzialeinschätzung)
- ggf. erforderliche PE-Maßnahmen
- Vermerke/Kommentare zur Besetzungsentscheidung.

Nachfolgeplanung:		Stand: ....
hier: Austritte wegen Erreichen der Altersgrenze 65		Persönlich, vertraulich!
Geschäftsbereich		1
Stellenbezeichnung		Meisterbereich 3
Kurzzeichen der Stelle		MMo 3
Leitungsebene		4
Kostenstellen Nr.		77 9933
1. Stelleninhaber		
Name, Vorname		Mustermann, Franz
Alter in Jahren		58,5
Betriebszugehörigkeit in Jahren		12,3
Anzahl der Jahre bis zum Austritt		3,0
Kommentar zur Personalveränderung		
2. Nachfolger	Name, Vorname	Kommentar, Beurteilung
Nachfolger 1		
Nachfolger 2		
Nachfolger 3		
3. Besetzungsentscheidung		
Name, Vorname		
Termin		
Gehalt		
Kommentar zur Entscheidung		

22. Welche Zielsetzung haben Job-Rotation-Programme und welche Vorteile können damit verbunden sein?

a) *Job-Rotation* (= Arbeitsplatzringtausch) ist die systematisch gesteuerte Übernahme unterschiedlicher Aufgaben in Stab oder Linie bei vollgültiger Wahrnehmung der Verantwortung einer Stelle. Jedem Arbeitsplatzwechsel liegt eine Versetzung zu Grunde.

Entgegen der zum Teil häufig geübten Praxis ist also Job-Rotation nicht „das kurzfristige Hineinschnuppern in ein anderes Aufgabengebiet", das „Über-die-Schulter-schauen", sondern die vollwertige, zeitlich befristete Übernahme von Aufgaben und Verantwortung einer Stelle mit dem Ziel der Förderung bestimmter Qualifikationen.

b) *Vorteile von Job-Rotation*, z. B.:
  - das Verständnis von Zusammenhängen im Unternehmen wird gefördert;
  - der Mitarbeiter wird von Kollegen und unterschiedlichen Vorgesetzten „im Echtbetrieb" erlebt; damit entstehen Grundlagen für fundierte Beurteilungen;
  - Fach- und Führungswissen kann horizontal und vertikal verbreitert werden;
  - die Einsatzmöglichkeiten des Mitarbeiters werden flexibler; für den Betrieb wird eine personelle Einsatzreserve geschaffen; „Monopolisierung von Wissen" wird vermieden;
  - Lernen und Arbeiten gehen Hand in Hand; „Produktion und Information", d. h. die Bewältigung konkreter Aufgaben und die Aneignung neuer Inhalte sind eng verbunden.

4.2 Konzepte für die Kompetenzentwicklung der Mitarbeiter sowie Qualifikationsanalysen und Qualifizierungsprogramme entwerfen und umsetzen

4.2.1 Stellenwert der Kompetenzentwicklung

01. Welcher Unterschied besteht zwischen den Begriffen „Kompetenz" und „Qualifikation"?

- *Qualifikation* ist das *individuelle Arbeitsvermögen* eines Mitarbeiters zu einem bestimmten Zeitpunkt bezogen auf eine bestimmte Aufgabe (die betriebliche Verwendung steht im Vordergrund – im Gegensatz zur Kompetenz); sie wird i. d. R. erfasst durch folgende Merkmale:

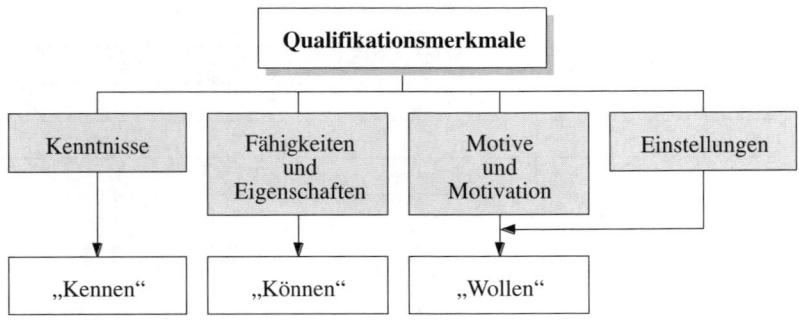

- *Schlüsselqualifikationen* lassen sich mit folgenden Merkmalen umreißen:
  - relativ positionsunabhängig
  - berufs- und funktionsübergreifend
  - langfristig verwertbar
  - übergeordnete Bedeutung
  - bilden häufig die Basis für den Erwerb spezieller Fachkompetenzen.

  Beispiele:
  Lernfähigkeit, Kommunikationsfähigkeit, Moderationsfähigkeit

- *Kompetenz* ist ein doppelwertiger Begriff:

  1. *Kompetenz ist die Befugnis* für ein bestimmtes Handeln, die einem Mitarbeiter im Rahmen der Delegation übertragen wurde, z.B. Entscheidungs-, Weisungskompetenz.

  2. *Kompetenz* im Sinne der Personalentwicklung beschreibt das individuelle Arbeitsvermögen eines Mitarbeiters und hebt ab auf die *allgemeine Disposition* zur Bewältigung von Aufgaben. Damit sind allgemeine Fähigkeiten, Methoden und Einstellungen gemeint, die sich auf die Lebenszeit eines Menschen beziehen.

02. Welche Kompetenzfelder werden heute unterschieden?

Kompetenz und Qualifikation sind zentrale Schlagworte in der Personalentwicklung. Es gibt heute einen Konsens darüber, dass Kompetenz in drei Kategorien zerfällt:

	Beispiele:
Fachkompetenz	Spezifisches Fachwissen, Kenntnis der Kernprozesse im Unternehmen
Methodenkompetenz	Entscheidungstechniken, Präsentationstechniken, Moderationstechnik, Zeitmanagement, Projektmanagement
Sozialkompetenz	Führungsfähigkeit, Kommunikationsfähigkeit, Teamfähigkeit, Überzeugungsfähigkeit

Alle drei zusammen bilden die *Handlungskompetenz*. Dabei wird hinsichtlich einzelner Lernziele zwischen kognitiven (Wissen; Kenntnisse), psychomotorischen (Können; Fertigkeiten) und affektiven (Verhalten) unterschieden. Die Fachkompetenz ist unbestritten notwendig. Der Erwerb von Sozial- und Methodenkompetenz hat zunehmende Bedeutung (Stichwort: Schlüsselqualifikationen wie z.B. Kommunikationsfähigkeit, moderatorische Kompetenz; vgl. oben).

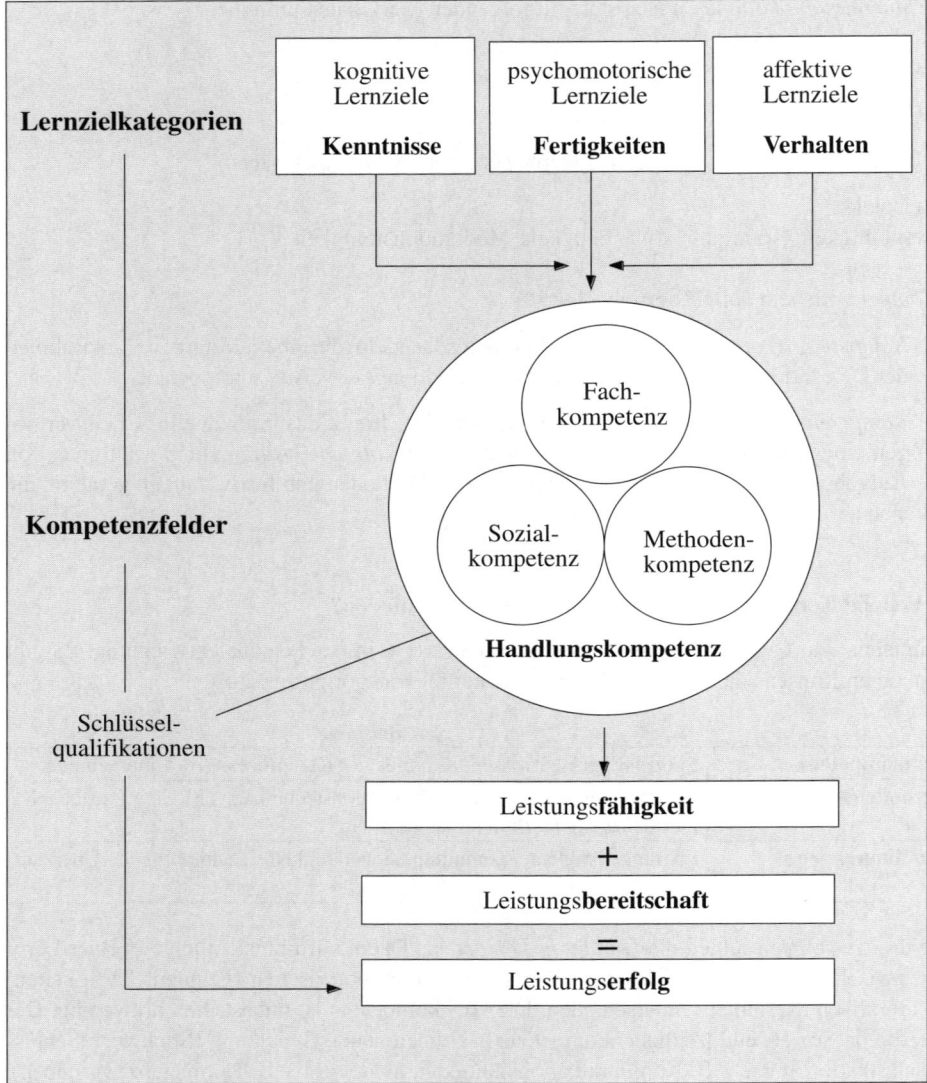

03. Welcher Zusammenhang besteht zwischen der Kompetenz der Mitarbeiter, deren Qualifikationsentwicklung und der Unternehmensentwicklung?

→ *Kompetenz ist die Grundlage von Leistungsfähigkeit.* Sie ist notwendig, aber nicht hinreichend. Hinzukommen muss die *Leistungsbereitschaft* (das Wollen) der Mitarbeiter und die *Motivation* durch den Vorgesetzten.

→ *Leistungsfähigkeit* auf der Basis von Handlungskompetenz verlangt die langfristige und kontinuierliche Förderung der Qualifikationen der Mitarbeiter, insbesondere die Ausbildung von *Schlüsselqualifikationen*, die relativ positionsunabhängig und beständig sind. Die Bedeutung der einzelnen Kompetenzfelder wird differieren z. B. je nach

- den konkreten Aufgaben,
- den langfristigen Zielen des Unternehmens,
- den Erfordernissen der spezifischen Situation,
- den betrieblichen Rahmenbedingungen.

→ Leistungsfähigkeit und Leistungsbereitschaft sind die Basis für *Leistungserfolg.*

→ Der *Leistungserfolg* der Mitarbeiter ist neben anderen Faktoren (Innovation, Kapitalkraft, Marktstellung usw.) *die tragende Säule für eine positive Unternehmensentwicklung.*

4.2.2 Lernen

01. Was ist Lernen?

Lernen ist jede Veränderung des Verhaltens und der Einstellung, die sich als Reaktion auf Reize der Umwelt ergibt (→ vgl. dazu auch Ziffer 4.6.3 Überschneidung im Rahmenplan).

02. Welche Lernarten werden unterschieden?

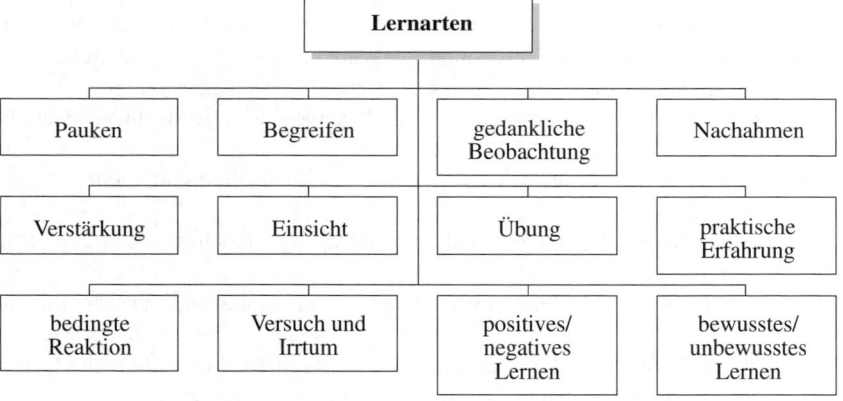

03. Wie kann der Vorgesetzte die Lernfähigkeit und die Lernbereitschaft fördern?

- *Lernfähigkeit* = Das Lernen *können*/beherrschen!
  → Förderungsmöglichkeiten, z. B.:
  - Vermittlung von *Lernarten* (vgl. oben) und *Lerntechniken* sowie Kenntnissen über eine effektive *Lernorganisation*, z. B.
    · immer über mehrere *Lernkanäle* lernen (Zuhören → Ohren, Lesen/Anschauen → Augen, Handeln/Tun → Hände, Körper),
    · Lesetechniken (SQ3R-Methode),
    · zweckmäßiges Mitschreiben,
    · Gedächtnistraining,
    · Lernorganisation (gliedern, portionieren, Helfer, Ordnungsmittel, Zeiteinteilung, Störungen vermeiden/Konzentration usw.),
    · Bereitstellung von Hilfsmitteln (Intranet, Buch, PC, Lieferanteninformation).

- *Lernbereitschaft* = Das Lernen *wollen*!
  → Förderungsmöglichkeiten, z. B.:
  - Lernziele/Lernnutzen vermitteln/bewusst machen.
  - Je höher der Lernnutzen, desto höher die Motivation, desto größer der Lernerfolg!
  - Unterstützung beim Lernen/bei Lernhemmnissen anbieten,
  - finanzielle/materielle Förderung.

04. Wie unterscheiden sich formales und informelles Lernen?

- *Formales Lernen* = von außen vorgegebenes, bewusstes und organisiertes Lernen, z. B. Unterweisung, Unterricht, Seminar

- *Informelles Lernen* = Lernen ohne äußere Vorgabe (z. T. unbewusstes Lernen), z. B. Lernen aufgrund praktischer Erfahrung, durch Vorgesetzte, durch Wahrnehmung.

05. Welche typischen Lern- und Transferhemmnisse können im Seminar eintreten?

- Der Teilnehmer hat keine Zeit, sich vorzubereiten oder ihm übergebene Unterlagen durchzuarbeiten.
- Der Teilnehmer empfindet den Seminarbesuch als Urlaub bzw. als Sozialleistung oder als Bestrafung wegen zwangsweiser Entsendung („Warum muss es gerade mich treffen?").
- Die Unterlagen sind nicht zum Selbststudium oder zum Nachschlagen geeignet.
- Vorkenntnisse der Teilnehmer wurden nicht ermittelt, sodass sie entweder unter- oder überfordert sind.
- Auf Probleme und offene Fragen des Teilnehmers wird im Seminar nicht eingegangen (Zeitmangel).
- Dem Teilnehmer sind die Seminarziele nicht klar, bzw. fragt er sich, weshalb er es besuchen soll.
- Im Seminar werden keine den Teilnehmer interessierende praktisch verwertbare Lösungen geboten.
- Der Teilnehmer fühlt sich nach der Rückkehr noch nicht reif zur Anwendung des Gelernten.
- Im Unternehmen ist niemand an der Umsetzung des Gelernten interessiert.
- Der Mitarbeiter muss nach der Rückkehr liegen gebliebene Arbeit selbst erledigen.
- Bildungsveranstaltungen werden nur punktuell und ohne ersichtliches Konzept durchgeführt.
- Die Veranstaltung findet zu einem für den Teilnehmer ungünstigen Zeitpunkt statt.

06. Welcher Wandel hat sich in den Lernauffassungen vollzogen?

Aus heutiger Sicht ist folgender Wandel in den Lernauffassungen feststellbar:

- von der Stoffvermittlung zum sozialen Lernen;
- von der Stoffzentrierung zur Teilnehmerorientierung;
- vom individuellen zum sozialen Lernen;
- vom vorstrukturierten, voll geplanten zum offenen, interaktionalem Lernen;
- vom frontalen Fremdlernen zum autonomen Lernen;
- vom Informationsvermitteln zum informationsverarbeitenden Lernen;
- vom analytischen zum mehrdimensionalen, ganzheitlichen Lernen;

- vom organischen zum natürlichen Lernen;
- vom tradierten zum innovativ-zukunftsorganisierten Lernen.

07. Welche Lerntypen werden unterschieden?

Bekanntlich lernt nicht jeder in gleicher Weise. Lernen ist dann besonders erfolgreich, wenn Lerntyp und Lernmethode übereinstimmen. Man unterscheidet:

a) den *visuellen Lerntyp*. Er lernt am besten *mithilfe der Augen*: Dias, Bilder, Tonbildschauen, Folien helfen ihm, den Lernstoff optimal zu erarbeiten und zu behalten.

b) den *auditiven Lerntyp*. Er lernt am besten *durch Hören* mithilfe von Vorträgen, Referaten, Lehrgesprächen, Diskussionen.

c) den *motorischen Lerntyp*. Er lernt am besten durch *Selbsttun*.

Aus den genannten Gründen empfiehlt sich heute ein aufgelockertes Lernen in Gruppen unter Zuhilfenahme verschiedener, auf die einzelnen Lerntypen zugeschnittenen Lernhilfsmittel. Der Dozent ist in diesen Fällen nur Moderator, der Lernende lernt anhand vorgegebener und strukturierter Unterlagen – Leittexten – und der Dozent greift korrigierend ein. Er wird dabei bei diesem Training unterstützt durch: interaktiven Fernunterricht, Multimedia-Lernmethoden mit Zugriff auf digitalisierte Bilder, Texte, grafische Darstellungen, Sprache und Musik. Der Dozent muss darauf achten, dass alle Teilnehmer durch aktive Mitarbeit in die Erarbeitung der Aufgabenstellung eingebunden sind.

08. Was versteht man unter Lernschwierigkeiten?

Lernschwierigkeiten drücken das Auseinanderfallen von tatsächlichem und erwartetem Leistungs- und Verhaltensniveau aus.

09. Was ist ein Lernziel?

Lernziel ist die Bezeichnung für das durch Lernen zu erreichende Ergebnis.

10. Welche Lehr- und Lernmethoden werden in der Weiterbildung angewandt?

Es sind zahlreiche Methoden üblich. Die gebräuchlichsten sind der Vortrag, die Tonbildschau, die Gruppenarbeit, das Rollenspiel, die Fallmethode, das Planspiel, die Projektmethode und die Programmierte Unterweisung.

- *Vortrag:*

Der Vortrag ist die älteste Form der Darbietung eines Stoffes, aber auch die umstrittenste, denn es ist erwiesen, dass der Hörer nur einen Bruchteil der Informationen eines Vortrages aufnimmt und behält, weil das Lerntempo, das ein Vortrag erfordert, viel zu schnell ist. Wissenschaftliche Untersuchungen haben ergeben, dass ein Mensch durchschnittlich 20 % dessen, was er hört, 30 % dessen, was er sieht, 50 % dessen, was er hört und sieht und 90 % dessen, was er selbst erarbeitet, behält. Der Lerneffekt eines Vortrages ist weitgehend vom Vortragsstil abhängig. Auch spielt es eine Rolle, ob die Teilnehmer über Vorkenntnisse verfügen.

- *Tonbildschau:*

Eine Tonbildschau hat gegenüber dem Film den Vorteil, dass sich das stehende Bild mit einer Worterklärung stärker einprägt. Eine Tonbildschau kann nur unter der Leitung eines Fachmannes zur Wissensvermittlung dienen. Die Schlussfolgerungen müssen gemeinsam erarbeitet werden.

- *Gruppenarbeit:*

Von Gruppenarbeit spricht man dann, wenn sich mehrere Teilnehmer zusammenfinden, von denen jeder zu seinem Teil zur Lösung eines bestimmten Problems beiträgt. In einer Gruppe kann der Einzelne in der Auseinandersetzung mit unterschiedlichen Beiträgen sein Wissen erweitern. Beim Lernen in der Gruppe kann das Lerntempo des Einzelnen besser berücksichtigt werden.

- *Rollenspiel:*

Das Rollenspiel setzt voraus, dass sich der Spieler in einen gegebenen Sachverhalt hineinversetzen kann, der ihm durch Stichworte über Vorgehen, zu behandelnde Probleme und eigene Verhaltensweisen bekannt gemacht wird. Durch das Rollenspiel kann geübt werden, Partner zu überzeugen.

- *Fallmethode:*

Bei der Fallmethode handelt es sich um die Untersuchung, Darstellung und Analyse eines tatsächlichen oder fingierten Falles. Die Teilnehmer sollen lernen, die Probleme zu erkennen, über sie zu diskutieren, die optimale Lösung zu finden bzw. verschiedene Lösungsmöglichkeiten miteinander zu vergleichen.

- *Planspiel:*

Das Planspiel wird sowohl für das Treffen von Entscheidungen im Bereich der Unternehmensführung als auch in der betrieblichen Aus- und Fortbildung angewandt. Die Fehler, die bei dieser Übungsmethode gemacht werden, helfen zum besseren Verständnis und tragen zum Lernen bei, ohne dass Zeit versäumt wird oder ein Schaden entsteht. Das Planspiel ist in jedem Bereich die kritische Durchführung einer Kette von Entscheidungen, von denen jede einzelne Entscheidung auf dem Ergebnis einer vorangegangenen aufbaut.

- *Projektmethode:*

Bei der Projektmethode werden in Form der Gruppenarbeit komplizierte, umfassende und in der Regel mehrere Fachgebiete betreffende Probleme bearbeitet. Die Projekt-Methode ist geeignet, Selbstständigkeit im Denken und Entscheiden zu fördern und die Teilnehmer zu motivieren.

- *Programmierte Unterweisung:*

Bei der programmierten Unterweisung erfolgt das Lernen anhand eines Programms mit genau festgelegten Lernschritten und ständiger Lernerfolgskontrolle. Ein solches Programm muss sich in logisch verknüpfter, lückenloser Folge von kleinsten Lernschritten nach einem vorausberechneten Ablauf auf ein Lernziel hin erstrecken.

- *Superlearning:*

Superlearning, auch als ganzheitliches Lernen bezeichnet, ist eine Methode des Schnelllernens, insbesondere von Fremdsprachen. Der Lernende kann hohe Lernleistungen erzielen, wenn er sich mit einer durch Atemtechnik und Musik unterstützten Entspannungstechnik in den sog.

Alpha-Zustand versetzt, Ängste und das Gefühl der Beanspruchung, die den Lernerfolg beeinträchtigen können, abbaut und dann den Lernstoff bei Barockmusik in einem bestimmten Rhythmus monoton, kontinuierlich bzw. von einer speziell gestalteten Lernkassette aufnimmt. Diese Methode beruht auf dem Versuch, die wenig genutzte rechte kreative Gehirnhälfte, in der der Sitz des Langzeitgedächtnisses vermutet wird, in den Lernprozess einzubeziehen. Dies ist nach Ansicht von Hirnforschern im Zustand körperlicher Entspannung und einem ganz nach innen gerichteten Bewusstsein am ehesten möglich.

- *Leittexte*

sind schriftliche Anleitungen zum Lernen. Sie führen durch Fragen und Aufgaben die Teilnehmer zur selbstständigen *Informationssuche* und zur Arbeit mit Medien, Quellen und Materialien. Die Intention liegt auf der systematischen Erkundung in der Praxis oder auf der Lösung konkreter Aufgaben. Das Grundprinzip der Leittext-Methode besteht darin, Auszubildende so anzuleiten, dass sie möglichst viel eigenständig lernen. Ein Leittext besteht in der Regel aus Leitfragen, Arbeitsplan, Kontrollbogen und Leitsatz.

- *Computerunterstütztes Lernen:*

Die computerunterstützte Weiterbildung mithilfe des Lernmittels Computer gewinnt mit der zunehmenden Verbreitung von Personalcomputern immer größere Bedeutung. Die Kosten der Weiterbildung können auf diese Weise reduziert werden, weil der Lernende zeitweise ohne Dozentenbetreuung arbeiten kann. Er kann ferner seinen Wissensstand selbst prüfen, seine Lernzeit individuell einteilen und entsprechend dem Stand seiner Vorkenntnisse, Auffassungsgabe und Gedächtniskapazität den Lernfortschritt selbst beeinflussen.

- *E-Learning*

ist der Oberbegriff für „Lernen unter Nutzung elektronischer Medien". Beispiele: Computer Based Training (CBT), Multimediales Lernen (MML), Computerunterstütztes Lernen (CUL). Weiterhin werden dazu Lern- und Studienprogramm hinzugerechnet, die von IHKn und anderen Bildungsträgern gegen Einschreibegebühren im Internet angeboten werden (→ www.ihk- e-learning.de). Die Einführung eines internen E-Learning-Systems lohnt sich nur für Großunternehmen. Die Implementierung sollte schrittweise und mit Augenmaß erfolgen. Der zeitliche und finanzielle Aufwand ist nicht unbeträchtlich. Es muss sichergestellt werden, dass die hardwaremäßigen Voraussetzungen gegeben sind. E-Learning bietet bei erfolgreicher Einführung Vorteile: individuelles Lernen (Lernzeit, Lernort und Lernfortschritt), Reduzierung der Trainer-/Dozentenkosten aufgrund des systemimmanenten „Lernmoderators", laufende Aktualisierung und Ergänzung der Lernprogramme.

- *Transfertraining:*

Transfertraining ist eine kombinierte Trainings- und Kommunikationsmethode, die es Vorgesetzten und Mitarbeitern ermöglicht, regelmäßig und problemorientiert miteinander zu reden. Es ist gewissermaßen die Fortentwicklung des Lernens am Arbeitsplatz mithilfe systematischer Lernmethoden. Die Mitarbeiter lernen, während sie arbeiten, und zwar wird der Stoff in kleine Lernschritte zerlegt, die sowohl auf die Interessen des Unternehmens als auch auf die Bedürfnisse und Lernfähigkeiten der Mitarbeiter ausgerichtet sein können.

11. Welche Aufgaben sollen mithilfe von Qualitätszirkeln erledigt werden?

Qualitätszirkel sind Kleingruppen von maximal 7 - 12 Mitarbeitern mit dem Ziel, unter Anleitung eines Moderators Schwachstellen im eigenen Arbeitsgebiet aufzudecken. Häufige Themen, die in Form von Qualitätszirkeln aufgegriffen werden, sind: Verbesserungsvorschläge zur Produktivitätssteigerung, das Ausschalten von Fehlern, die Qualitätssicherung, die Lernförderung, die Verbesserung von Kreativität, Mobilität, Arbeitszufriedenheit und Betriebsklima sowie die Entwicklung neuer Einstellungen und Verhaltensweisen.

12. Was versteht man unter Coaching?

Aus dem Sport ist der Begriff „Coach" als Bezeichnung für einen Betreuer oder Unterstützer bekannt. Dieser Begriff ist in die Personalarbeit übertragen worden, um neuartige Probleme zu lösen, die mit dem bisherigen, vorwiegend dem autoritären Führungsstil entstammenden Führungsmethoden nicht lösbar waren. Für viele Führungskräfte blieb die persönliche Situation, das Offenlegen eigener Fragestellungen ein nicht aus eigener Kraft zu lösendes Problem. Hierzu zählen:

- sachliche Probleme des Alltags, für die der Betreffende keine Lösung weiß, oder über die er vorerst nicht mit jemand anderem aus seinem Betrieb sprechen möchte.
- Schwierigkeiten mit Mitarbeitern und Mitarbeiterverhalten, die er trotz versuchter Problemlösungen nicht beseitigen konnte,
- persönliche Fragen, wie Karriereplanung, Entwicklungsaufgaben, Zukunftsplanung, Weiterbildungsgestaltung,
- rasches persönliches Fitmachen für neue Aufgaben und Herausforderungen,
- schwierige persönliche Situationen, die auf die eigene Leistungsbereitschaft und Leistungsfähigkeit abfärben und die der Betreffende ändern möchte,
- Spannungen entwirren und auflösen,
- Ängste abbauen, die sich aus veränderten Beziehungsstrukturen ergeben.

Coaching ist eine Trainingsform, in der ein Problemträger sich an eine geeignete Person wendet in der Absicht, von dieser eine Problemlösung zu erhalten. Ausgangspunkt ist immer eine Problem- oder Fragestellung des Betroffenen, die durch den Gesprächsprozess zu einem selbstgefundenen oder -entwickelten Lösungsweg hinführt. Der sich in individuelle Gegebenheiten einfühlende und sich darauf einstellende Coach und die Einbeziehung des sachlichen, beziehungsmäßigen und geistigen Umfeldes des Betroffenen sind wesentliche Säulen eines erfolgreichen Coachings.

13. Welche Vorteile bietet das Coaching?

- Es stellt sich auf die besonderen Bedürfnisse des Lernenden (Coaching-Teilnehmers) ein,
- die Art und Weise ermutigt Ideen, Innovationen und direktes Einbezogensein,
- es hilft, analytische und zwischenmenschliche Fähigkeiten zu entwickeln und einzusetzen,
- es schafft einen Probebehandlungsrahmen und mehr Vertrauen in eine erfolgreiche Anwendung,
- es fördert die Stärkung der Selbsthandlungskraft.

14. Welche Blockaden behindern ein erfolgreiches Coaching?

Der Lernende muss sich zunächst als sein eigener Einflussfaktor sehen und kann sich durch eine positive Einstellung zur Selbstentwicklung ebenso selbst fördern wie durch grundsätzliches Selbstvertrauen in seine Fähigkeiten und durch die Bereitschaft, an die wichtigen Fragen oder Probleme herangehen zu wollen. Behindernd wirken sich aus:

- Wahrnehmungsblockade: Der Lernende sieht das Problem nicht oder erkennt nicht, was geschehen ist;
- Kultur- und Mentalitätsblockade: Der Lernende ist fixiert auf einmal gelernte Normen und schließt andere mögliche Lösungen aus;
- Emotionale Blockade: negative Reaktionen und wenig hilfreiche Empfindungen zum Problem;
- Intellektuelle Blockade: Er besitzt nicht die notwendigen mentalen und geistigen Werkzeuge zur Problemlösung.

Weitere Einflüsse sind Selbstabwertung der Fähigkeit, eine Lösung zu finden oder selbst etwas zu tun, aber auch das Gefühl der Nichtakzeptanz durch die Umgebung, in der der Lernende die Lösungen und Lernvorhaben anwenden soll (vgl. dazu im Internet: [Suchmaschine + Netcoaching]).

15. Welche Fähigkeiten muss ein Coach besitzen?

- Begleiten und Anerkennen: Achtung, Interesse, Sorgsamkeit, Zuwendung, Akzeptieren,
- Aufmerksamkeit und Einfühlsamkeit,
- Gefühle wahrnehmen und ausdrücken,
- Beurteilungen und Entscheidungen durch den Lernenden treffen lassen,
- Ruhe ausstrahlen, Zeit geben, Stille aushalten können, nachdenken lassen und durch ruhige Sprache und Handlungen dem Lernenden seine Entscheidungen möglich machen,
- offene Fragen stellen, zum Erzählen einladen,
- Feed-back fördern und geben, auf Zusammenhänge achten,
- Schutz und Kompetenz ausstrahlen, sodass der Lernende auf den Coach vertrauen kann und einen Gesprächsfreiraum ohne negative Wirkungen erhält,
- Selbstreflexion, d. h. das Erkennen eigener Verhaltensweisen, ihrer Wirkungen und deren Überprüfung,
- Kenntnis der Persönlichkeitsentwicklung,
- Klarheit, Konkretheit und Stimmigkeit in seinem Tun,
- Breites Spektrum von Verhalten und Fähigkeiten,
- psychologische und kommunikative Kenntnisse und Fähigkeiten, d. h. Entwicklungsphasen, Verknüpfungen und psychologische Zusammenhänge, Gesprächsverläufe und -abhängigkeiten,
- Arbeitsmethoden beherrschen: Ziele vereinbaren, Fragetechniken, Vorgehensmethodik, Ablauforganisation, Zusammenfassung, Diagnosemethoden, Strategien.

16. Was ist Mentoring?

Mentoring (Mentor, lat.: Ratgeber, Berater) dient der Unterstützung und Anleitung neuer Mitarbeiter (z. B. Ausbildung, Führungsnachwuchskräfte). Der Mentor/die Mentorin geben ihr Wissen und ihre Erfahrung an weniger erfahrene Personen – die Mentees – weiter. Mentoren sind im Regelfall hierarchisch höhere Mitarbeiter mit langjähriger Erfahrung im Unternehmen (Fachabteilung, Personalabteilung, Experten).

- *Zielsetzung* ist
  - die Vermittlung formeller/informeller Regeln im Unternehmen
  - die Bildung von Netzwerken zur Stabilisierung und Orientierung (Vermittlung von „Fahrgefühl und Stallgeruch", wie man es z. B. im Hause RAAB KARCHER bezeichnete)
  - die Vermittlung praktischer Tipps im Rahmen der Tätigkeit und ggf. auch darüber hinaus.

- *Chancen/Vorteile* für den Mentee und den Mentor:

Chancen für den Mentee	Chancen für den Mentor
Erkennen und Einschätzen der eigenen Fähigkeiten und Potenziale	Einblick in neue Ansichten und Wissensentwicklungen (z. B. aus dem Studium des Mentees)
Unterstützung, Hinweise, Tipps	Reflexion über die eigene Arbeitsweise
Mut machen und Strategien entwickeln	Training der eigenen Sozialkompetenz
Einbinden in Netzwerke	Bestätigung durch Weitergabe von Erfahrung und Wissen

- *Formen* des Mentoring:

Informelles Mentoring	zufälliger Kontakt, i. d. R. nicht offen herausgestellt
Institutionalisiertes Mentoring	formal und bewusst eingerichtet, offiziell dargestellt
Internes Mentoring	innerhalb der Organisation, Mentor stammt aus dem Unternehmen
Externes Mentoring	Mentor stammt aus einer anderen Organisation
Individuelles Mentoring	für eine Einzelperson (one-to-one-Beziehung)
Team-Monitoring	Beratung eine Gruppe von Mentees (z. B. Auszubildende, Nachwuchskräfte)
Cross-Gender-Mentoring **Equal-Gender-Mentoring**	- gemischtgeschlechtlich - gleichgeschlechtlich
E-Mentoring	überwiegend Beratung per Internet/Intranet; wenig persönlichen Kontakt

17. Welcher Unterschied besteht zwischen Mentoring und Coaching?

Der Mentor ist Ratgeber, Ausbilder, Betreuer und (auch) ggf. Freund. Er ist (in vertretbarem Maße) parteiisch und persönlich für den Mentee (den Betreuten) engagiert.

Der Coach nimmt eine neutrale Position ein und hat Distanz zu wahren.

18. Was unterscheidet Coaching von Training?

Coaching ist eine individuelle Methode, während Training gruppenbezogen ist.

19. Was ist ein Assessmentcenter?

Aufgrund von Erfahrungen, dass die Auswahl von Führungs- und Nachwuchskräften mithilfe herkömmlicher Verfahren zur Auswahl durch Überbewertung persönlicher Eindrücke, Vorliebe für bestimmte Eigenschaften, Sympathie für den Bewerber oder das Gefühl, dass der neue Mitarbeiter keine ernsthafte Konkurrenz darstellt, häufig zu fehlerhaften Besetzungen führt, die auch durch Tests, grafologische Gutachten oder andere Verfahren nicht ausgeschaltet werden können, hat das in der Armee verschiedener Länder erprobte Assessment-Verfahren Eingang in die Wirtschaft gefunden. Dabei handelt es sich um ein systematisches Verfahren zur Auswahl und Entwicklung von Nachwuchs- und Führungskräften mit dem Ziel, in einem zwei- oder dreitägigen Auswahlseminar festzustellen, welche Teilnehmer sich für die entsprechenden Positionen am besten eignen.

Ein weiteres wesentliches Ziel des Assessmentcenters besteht darin, den Bildungs- und Entwicklungsbedarf der Teilnehmer zu ermitteln. Es handelt sich somit um ein Instrument der Personalbeurteilung, Personalauswahl und Personalförderung.

20. Was sind Merkmale des Assessmentcenters?

Es dient der Beurteilung von Leistungsfähigkeit, Arbeitstechnik und Potenzialvermögen der Teilnehmer.

Beurteilt wird jeweils eine Mehrzahl von Personen, die in Kleingruppen von jeweils vier bis sechs Personen geprüft werden.

Die Beurteilung erfolgt im Hinblick auf Merkmale der Person, die für die Erfüllung der infrage stehenden Aufgaben aufgrund ihres Anforderungsprofils als erheblich zu betrachten sind. Es kann sich dabei um Merkmale ihres Verhaltens, um solche ihrer Befähigung oder um die sie steuernden Antriebe handeln.

Die Beurteilung erfolgt durch eine Mehrzahl von Beurteilern, welche das Verhalten der zu Beurteilenden bei der Erfüllung der ihnen gestellten Aufgabe gleichzeitig beobachten und im Anschluss aufgrund einer Aussprache ein übereinstimmendes Gesamturteil erarbeiten.

Die Beurteilung erfolgt aufgrund einer Mehrzahl von Verfahren, die sich für die Eignungsbeurteilung herausgebildet haben.

21. Was ist die Zielsetzung eines Assessmentcenters?

Das Assessmentcenter bewertet, wie sich Bewerber in schwierigen Situationen verhalten. Die Übungen simulieren Entscheidungszwänge, Mitarbeiterkonflikte und Verhaltensprobleme, mit denen die Kandidaten in ihren späteren Berufstätigkeiten tatsächlich konfrontiert werden. Wenn geschulte Beobachter 2-3 Tage lang mehrere Bewerber anhand unterschiedlicher Kriterien einstufen, versprechen sich die Unternehmen davon objektivere Urteile über die Fähigkeiten der Kandidaten und daher fundiertere Personalentscheidungen, als diese mithilfe der bisherigen Einzelauswahlverfahren zu erwarten sind. Als Beurteiler sind Psychologen, Personalsachverständige und Führungskräfte tätig. Im Einzelnen sollen in solchen Beurteilungsseminaren getestet werden:

- Einstellungen und Verhaltensweisen im zwischenmenschlichen Bereich (= arbeitsplatzrelevantes Verhalten) erkennen,
- Arbeitspotenziale ermitteln,
- Weiterbildungsbedürfnisse feststellen (Karriereplanung).

In den Assessmentcentern werden mehrere Personalauswahlverfahren miteinander kombiniert, die bessere und zuverlässigere Ergebnisse liefern als Einzelverfahren. Sie zeichnen sich durch einen hohen Praxis- und Aufgabenbezug aus, da die Seminarinhalte der unmittelbaren betrieblichen

Praxis entnommen werden. Die Verhaltensbeurteilung soll Aufschluss geben über Entscheidungsfreude, Kollegialität, Teamgeist, Integrationsfähigkeit und weniger eine Beurteilung von Fach- und Spezialkenntnissen sein, sodass Rückschlüsse auf die personenbezogene Führungsqualifikation möglich sind. Die Beurteilungsverfahren finden in folgenden Übungsarten statt: Führerlose Gruppendiskussionen, Gruppenleitung, Problemlösungskonferenz, Überzeugungsvorträge mit anschließender Aussprache, Fallstudien, Planspiele, Postkorbübungen, Rollenspiele, Intelligenztests.

22. Wie kann man sich auf ein Assessmentcenter vorbereiten?

Wer als Teilnehmer zu einem Assessmentcenter eingeladen wird, soll sich zunächst fragen, welche Anforderungen in Bezug auf die zu besetzende Stelle erwartet werden. Er sollte prüfen, welche Eigenschaften er selbst für eine solche Stelle mitbringt, um Selbsteinschätzung und prognostizierte Anforderungen miteinander in Beziehung zu setzen. Nur dann, wenn beides weitgehend übereinstimmt, lohnt es sich, am Assessmentcenter teilzunehmen. Ein Assessmentcenter geht in der Regel für solche Bewerber negativ aus, die zwar objektiv den Anforderungen genügen würden, denen aber das dafür nötige Selbstvertrauen fehlt. Erwartet werden Aktivität, Kontaktfähigkeit, insbesondere die Kunst sich einerseits kooperativ gegenüber den Mitarbeitern zu verhalten und gleichzeitig auch aus der Gruppe herausragen, sich also der Konkurrenz gewachsen zu zeigen. Schließlich sollen in einem Assessmentcenter auch die emotionale Belastbarkeit und die Originalität der Beiträge unter Beweis gestellt werden.

23. Welche wichtigen Anforderungsdimensionen sind in einem Assessmentcenter festgelegt?

Problemlösungs- und Entscheidungsverhalten; Planungs- und Organisationsverhalten; Teamverhalten; Ausdrucksvermögen; Flexibilität; Eigenständigkeit; Durchsetzungsvermögen; Leistungsverhalten; Selbstkritik.

24. Wie können Qualifizierungsprogramme bzw. Bildungsziele on the job/off the job umgesetzt werden?

- Beispiele für *Qualifizierungsprogramme on the job* („am Arbeitsplatz"):
  - planmäßige Unterweisung am Arbeitsplatz mit definierten Lernzielen und vereinbarter Erfolgskontrolle,
  - Job-Rotation,
  - Job-Enlargement, Job-Enrichment,
  - Stellvertreter-/Nachfolger-Modell,
  - Assistentenfunktion,
  - Sonderaufgaben,
  - Teilnahme an Projekten,
  - gezieltes Einarbeitungsprogramm,
  - Auslandseinsatz,
  - Trainee-Programm,
  - Praktikum/Betreuung von Diplomarbeiten,
  - Lernstatt-Modell.

- Beispiele für *Qualifizierungsprogramme off the job* („außerhalb des Arbeitsplatzes"):
  - programmierte Unterweisung,
  - dv-gestützte Lernprogramme,
  - Vortrag, Lehrgespräch, Fallmethode, Planspiel,
  - Fernunterricht, Förderkreise,
  - Seminare (intern/extern),
  - gruppendynamisches Training.

4.2.3 Betriebliche Weiterbildung

01. Welche Elemente und Phasen enthält eine in sich geschlossene Personalentwicklungs-konzeption (Weiterbildungskonzeption)?

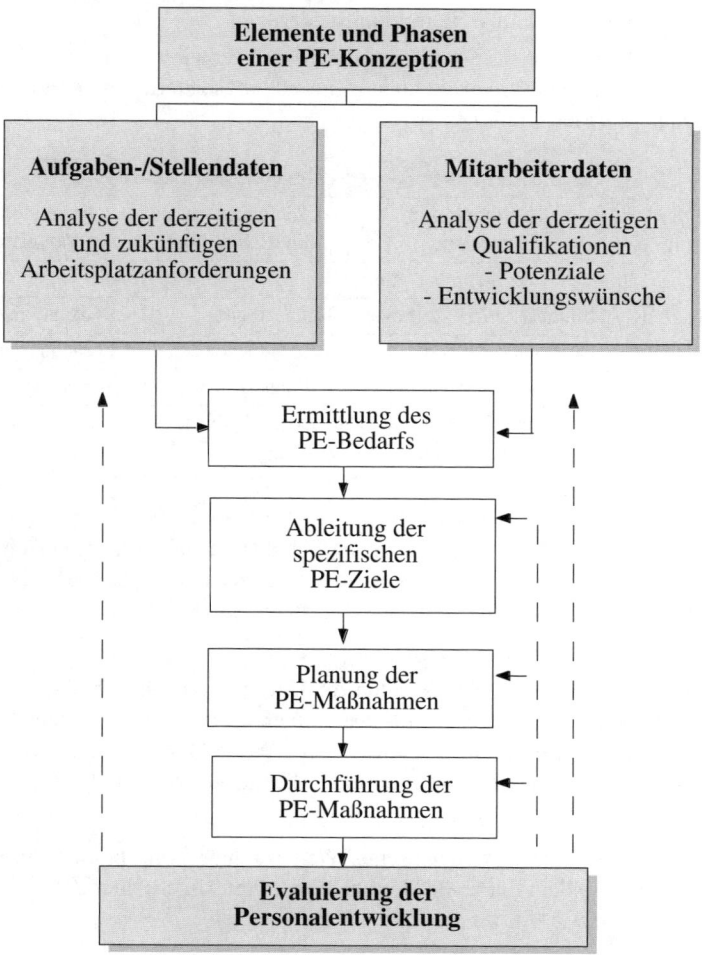

Die Ermittlung des *Weiterbildungsbedarfs* muss sich innerhalb einer Gesamtkonzeption voll-ziehen: Aus den Ergebnissen der quantitativen und qualitativen Personalplanung ist der *Weiter-bildungsbedarf* (im weiteren Sinn: der PE-Bedarf) zu ermitteln; dabei sind die *Maßnahmen* und *Methoden* aufeinander abzustimmen und auf die angestrebten *Weiterbildungsziele* auszurichten (*Konzeptgedanke*). Im Einzelnen sind folgende Schritte im Zusammenhang mit der Bedarfser-mittlung sachlogisch „abzuarbeiten":

- *Phase 1: Analyse der Ist-Situation*
  Jede Ermittlung des Bildungsbedarfs setzt die Erhebung eines Ist-Wertes und eines Soll-Zustandes voraus. Bildungsdefizite resultieren aus internen und/oder externen Einflussfaktoren (vgl. → Determinanten der Personalplanung).

- *Phase 2: Ermittlung des Bildungsbedarfs*
  Der Bildungsbedarf kann einmalig oder kontinuierlich ermittelt werden; dabei muss entschieden werden über: Form der Bedarfsermittlung, Zielgruppe der Erhebung sowie Art der Erhebung; es ist zu differenzieren nach dem Weiterbildungsbedarf.
  - aus der Sicht des Unternehmens (→ Unternehmensziele) sowie
  - aus der Sicht der Mitarbeiter (persönlicher Weiterbildungsbedarf: → individueller Erwar-tungen und Ziele, Karrierewünsche usw.)

Ermittlung des Fort- und Weiterbildungsbedarfs			
Inhalte der Erhebung	**Methoden der Erhebung**	**Zielgruppen der Erhebung**	**Dimensionen der Vermittlung**
Beispiele:			
fachlicher, betriebs-bezogener Bedarf	strukturierte/freie Abfrage	Sachbearbeiter	Grundkenntnisse
	schriftlich/mündlich	Auszubildende	Anwendungskenntnisse
Kompetenzen der Persönlichkeitsent-wicklung	einmalig/wiederkehrend	Führungskräfte	Expertenwissen
	Mitarbeiter/Experten	Funktionsbereiche	
	Primär-/Sekundärerhebung	Spezialisten	

- *Phase 3: Verdichten und Bewerten der Ergebnisse*
  Die Ergebnisse der Bedarfsermittlung sind zu verdichten und auf Zusammenhänge zu unter-suchen. Aus der Analyse von Soll-Werten und dem Ist-Zustand ergeben sich die Weiterbil-dungsinhalte („*Aktionsfelder*"). Sie sind nach Prioritäten zu gewichten.

- *Phase 4: Präsentation der Weiterbildungskonzeption*
  Eine Weiterbildungskonzeption ohne Akzeptanz im Unternehmen ist nicht das Geld wert, das die Maßnahmen kosten. Die Leitungsebene muss „hinter den geplanten Aktionen" stehen. Die Mitarbeiter andererseits müssen Sinn und Zweck der Weiterbildungsmaßnahmen kennen und bejahen. Ein auf das Unternehmen abgestimmtes Marketing der Weiterbildung ist unerlässlich.

- *Phase 5: Realisierung des Weiterbildungskonzeptes*
  Bei der Umsetzung der Einzelaktivitäten einer Weiterbildungskonzeption ist u.a. über fol-gende Fragen zu entscheiden: Lernziele? Lernzielkontrollen? intern oder extern? Methoden? Teilnehmer? Kosten? usw.

- *Phase 6: Kontrolle, Transfer und Weiterentwicklung*
  Weiterbildungsarbeit hat langfristig nur Bestand, wenn sie erfolgreich ist, d.h. also, wenn „Gelerntes" – gemessen am formulierten Lernziel – in die Praxis transferiert wurde. Der Er-

folg betrieblicher Bildungsarbeit ist selten präzise messbar. Außerdem muss das bestehende Weiterbildungskonzept kontinuierlich aktualisiert und weiterentwickelt werden.

02. Wie sind Qualifikationsanalysen vorzunehmen und was muss bei der Vereinbarung von Bildungsmaßnahmen berücksichtigt werden?

Innerhalb des PE-Gesprächs wird der Vorgesetzte/der Bildungsverantwortliche zu Beginn einer Qualifizierungsmaßnahme die Entwicklungsziele vereinbaren. Er wird gemeinsam mit dem Mitarbeiter vor allem festlegen:

- Welche *Entwicklungsziele* werden angestrebt (positions-/aufgabenbezogen oder potenzialorientiert)?
- Welche *Kompetenzfelder* sollen gefördert werden?
- Welcher *Lernzuwachs* ist besonders wichtig und muss in jedem Fall erreicht werden?
- Welche *Maßnahmen* werden ergriffen – wann, in welcher Zeit, mit welchen Mitteln?
- Welche *Führungsverantwortung* hat dabei der Vorgesetzte und welche *Handlungsverantwortung* muss der Mitarbeiter übernehmen?
- Welche Teilschritte der *Transferkontrolle* werden vereinbart? (Maßstabsbildung; Kategorien für den Erfolg).
- Termin für Feed-back-Gespräch

03. Welche Möglichkeiten der Weiterbildung (Maßnahmen und Abschlüsse) können geplant werden?

Die Möglichkeiten der Fort- und Weiterbildung lassen sich nach unterschiedlichen Gesichtspunkten klassifizieren.

- Geht man aus von der Fragestellung, „von wem geht die Initiative zu einer Weiterbildungsmaßnahme aus", so kann man folgende Unterscheidungen machen:

Möglichkeiten der Weiterbildung (Überblick 1)		
Maßnahmen des Betriebes		**Selbstständige Aktivitäten des Mitarbeiters**
Beispiele:		
Interne Maßnahmen:	**Externe Maßnahmen:**	berufsbegleitendes Studium
Fachliteratur, -zeitschriften	Messen	Akademiebesuch, Fernlehrgänge
Lehrgänge, Kurse	Seminare	Seminare
Unterweisungen	Fachtagungen	Fachbücher
Betriebsführungen	Erfahrungsaustausch (Erfa-Kreise)	Lehrgänge an Kammern, Instituten, Volkshochschulen
Workshops		

Die Eigeninitiative der Mitarbeiter kann der Betrieb unterstützen; z. B. durch

- finanzielle Zuschüsse zu den Fortbildungskosten,
- Empfehlungen an bestimmte Bildungsträger zur Durchführung spezieller Maßnahmen,
- unterschiedliche Formen der Freizeitgewährung,
- andere Formen der Unterstützung (Bereitstellung von Räumen, Lernmitteln u. Ä.).

- Stellt man ab auf *„Zielsetzung, Inhalt und Dauer"* einer bestimmten Weiterbildungsmaßnahme, so lassen sich z. B. folgende Differenzierungen nennen:

Möglichkeiten der Weiterbildung (Überblick 2)			
Maßnahmen zur Verbesserung der ...	**Maßnahmen zum Erwerb ...**	**Maßnahmen als ...**	**Maßnahmen in/als ...**
Fachkompetenz, z. B. - Fachwissen - Fremdsprachen	schulischer Abschlüsse, z. B. - Abitur, Realschule	- Seminare - Kurse - Lehrgänge	- Vollzeitform - Teilzeitform - Fernunterricht
Sozialkompetenz, z. B. - Führungswissen	beruflicher Abschlüsse, z. B. - Umschulung - Fachwirte - Fachkaufleute	- mit/ohne Zertifikat - mit/ohne Abschluss- prüfung - Kammerprüfung - staatliche Prüfung	
Methodenkompetenz, z. B. - Managementtechniken - Präsentationstechniken			

Für den Praktiker gestaltet sich die Suche nach geeigneten externen Anbietern von Weiterbildungsmaßnahmen nicht immer einfach. Daher werden an dieser Stelle eine Reihe von Informationsquellen über außerbetriebliche Weiterbildungsangebote exemplarisch aufgezählt; z. B.:

- Branchenverzeichnis
- Fachzeitschriften
- Fachbeiträge und Sonderdrucke des Deutschen Industrie- und Handelstages
- Veröffentlichungen und Monatszeitschriften der Kammern
- Vorlesungsverzeichnisse der Fachhochschulen und Universitäten
- Veröffentlichungen des Vereins Deutscher Ingenieure (VDI), VDI-Verlag, Düsseldorf
- Mitgliederverzeichnis des BDVT (Bund Deutscher Verkaufsförderer und Trainer e. V.), Köln
- Bundesinstitut für Berufsbildung (BIBB), Berlin
- Deutsches Institut für Normung e. V. (DIN), Berlin
- Institut für Auslandsbeziehungen, Stuttgart
- Rationalisierungskuratorium der deutschen Wirtschaft e. V. (RKW), Eschborn
- kommerzielle Verzeichnisse über Personal- und Unternehmensberater sowie Trainer in Deutschland
- Internet, z. B.: www.ihk.de; www.wis.de oder die Abfrage über: Suchmaschine + Stichwort.

04. Welche externen Weiterbildungsmöglichkeiten gibt es?

An Bildungsmaßnahmen im *außerbetrieblichen Sektor* werden vor allem angeboten:

- offene ein- oder mehrtägige Seminare,
- Lehrgänge mit Zertifikatsabschluss oder mit dem Ziel einer öffentlich-rechtlichen Prüfung,
- Maßnahmen zur Umschulung oder zur beruflichen Rehabilitation sowie
- Fernunterricht und Fernstudium.

05. Welche Bildungsträger sind am externen Markt von Interesse?

Infrage kommen z. B.:

- Angebote der Arbeitgeberverbände und Gewerkschaften
- Betriebe mit überbetrieblichen Maßnahmen und offenen Seminaren
- TÜV-Akademien
- Industrie- und Handelskammern
- Handwerkskammern
- private Bildungsträger
- öffentlich-rechtliche Träger
- Kirchen
- Krankenkassen
- Wohlfahrtseinrichtungen (z. B. DRK, Caritas)
- Volkshochschulen
- Berufsgenossenschaften (z. B. Berufsgenossenschaft Metall Süd; www.bgmetallsued.de).

06. Welche Argumente sprechen für externe Veranstaltungen?

- Es werden leichter Anregungen für interne Maßnahmen gewonnen;
- das Zusammentreffen mit Teilnehmern aus anderen Unternehmen wirkt ideenanregend für die eigene Arbeit;
- die Teilnehmer verhalten sich unbefangener, wenn sie nicht im Kreis bekannter Mitarbeiter oder im Beisein von Vorgesetzten argumentieren müssen;
- der organisatorische Aufwand ist geringer;
- externe Bildungsträger verfügen über bessere Ausrüstungen und Seminarräume.

07. Welche Argumente sprechen für innerbetriebliche Bildungsveranstaltungen?

- Es sollen u. a. Betriebsgeheimnisse erörtert werden.
- Die zu lösenden Aufgaben, die sich in Bildungsangeboten niederschlagen müssen, sind zu betriebsspezifisch.
- Es sind keine geeigneten außerbetrieblichen Angebote bekannt.
- Die Kosten sind geringer.
- Ort und Termin können vom Unternehmen nach innerbetrieblichen Gesichtspunkten festgelegt werden.
- In die Programmplanung können innerbetriebliche Probleme und aus dem Unternehmen stammende Fachleute als Dozenten eingesetzt werden.
- Es wird ein besserer Kontakt zwischen den Mitarbeitern angestrebt.

08. Welche Probleme müssen vor dem Besuch einer Bildungsveranstaltung geklärt werden?

- Was soll mit der Veranstaltung erreicht werden?
- Welches Verhalten wird durch die Veranstaltung angestrebt?
- Welche Mitarbeiter sind als Teilnehmer vorgesehen?
- Sind alle Vorgesetzten mit der Entsendung ihrer Mitarbeiter einverstanden?

- Wie sind die Kenntnisse, Fähigkeiten und Fertigkeiten der Teilnehmer auf dem Gebiet der Veranstaltung? Wie sind sie voraussichtlich motiviert?
- Welche Lehrmethoden werden eingesetzt, um die Ziele zu erreichen?
- Wer trägt die Kosten?
- Wann wird die Veranstaltung durchgeführt?
- Wer ist als Referent tätig?
- Sind geeignete Räumlichkeiten vorhanden?

09. Welche Informationen sind vor dem Besuch externer Veranstaltungen notwendig?

- Entspricht das Seminar den zu lösenden Problemen?
- Wird ein besonderes Vor- oder Einführungswissen benötigt?
- Zielt die Veranstaltung auf die Vermittlung neuen Wissens oder auf einen Erfahrungsaustausch?
- Hat der Teilnehmer Zeit, sich auf die Veranstaltung vorzubereiten?
- Werden verschiedene Lehr- und Lernmethoden eingesetzt?
- Arbeiten die Teilnehmer aktiv mit oder werden sie nur mit Vorträgen gefüttert?
- Ist es realistisch, dass die Themen in der vorgesehenen Zeit, in der notwendigen Tiefe und Vollständigkeit behandelt werden?
- Welche Unterlagen oder Bücher erhält der Teilnehmer? Fallen hierfür zusätzliche Kosten an?
- Wie liegen Beginn und Ende der Veranstaltung?
- Kann der Teilnehmer das Seminar von Anfang bis Ende besuchen?
- Wie hoch ist die Teilnehmergebühr, wie sind die Kosten für Unterkunft, Verpflegung und Pausengetränke geregelt?
- Wie sind die Stornobedingungen?

10. Welche Aspekte sind bei der Auswahl externer Dozenten/Trainer zu beachten?

Es empfiehlt sich folgende Vorgehensweise:

- Im *Vorgespräch* werden Ursachen der Probleme erörtert. Dabei sollte der Trainer vor Ort das Unternehmen und die Beteiligten kennen lernen und in der Lage sein, die „wunden Punkte" herauszufiltern und zu benennen. Anhand der Person, der Art der Gesprächsführung und der Präsentation möglicher Lösungsansätze lassen sich für das Unternehmen erste Erkenntnisse über die Qualifikation des Trainers gewinnen. Von Bedeutung ist auch die Frage nach Referenzen und nach dem beruflichen Background des Anbieters. Ein Gespräch, das sich nur um Preise und Termine dreht, ist fruchtlos. In der Regel sind Erstgespräche kostenlos, da sie Bestandteil der Akquisitionsarbeit des Trainers sind.

- Das Unternehmen erhält danach ein *Seminarangebot*, das auf seine speziellen Bedürfnisse zugeschnitten ist. In schriftlicher Form werden

  - Seminarziel,
  - Inhalte,
  - Methoden,
  - Medien,
  - Ort, Zeiten und Kosten

  dargestellt. Seminarangebote, die nach „serienmäßiger Standardware aussehen", sind abzulehnen und dequalifizieren den Trainer. In jedem Fall ist anzuraten, dass man den Trainer, der das Seminar durchführt, auch persönlich kennen lernt; ggf. ist zu prüfen, ob die Möglichkeit besteht, den Anbieter in einem Seminar „live" zu erleben. Eine sorgfältige Auswahl kann einem Unternehmen manche unliebsame Überraschung ersparen.

- Oft ist es zweckmäßig, sich das *Angebot* im eigenen Hause *präsentieren* zu lassen.

- *Seriöse Trainer*
  - werden sich auf die berechtigten Wünsche des Unternehmens einstellen oder – falls ihnen dies nicht möglich erscheint – lieber auf den Auftrag verzichten;
  - sind an einer langfristigen Zusammenarbeit interessiert;
  - wissen, dass Erfolge in der Bildungsarbeit nicht von heute auf morgen entstehen.

- Ebenfalls interessant bei der Auswahl des Trainers sind z. B. *folgende Aspekte*:
  - Gibt es Referenzen?
  - Sind die Unternehmensstandards eingehalten?
  - Ist die Qualität der Seminarunterlage in Ordnung?
  - Besteht die Möglichkeit der (kostenlosen) Nachbetreuung?
  - Gibt es eine Kostendegression bei Mehrfachseminaren bzw. bei längerfristiger Zusammenarbeit?
  - Gibt es eine (kostenlose) Nachbesprechung und Auswertung?

- *Kosten/Honorare:*
  Von daher ist der billigste Anbieter nicht immer der beste. Viele der regional arbeitenden Trainer haben Tagessätze, die zzt. zwischen 500 € und 1.500 € zuzüglich Mehrwertsteuer liegen.

11. Welche Argumente sprechen für und gegen den Einsatz innerbetrieblicher Referenten?

- Eigene Referenten bieten *Vorteile*:
  - die betriebsspezifischen Besonderheiten sind bekannt und können in die Gestaltung der Seminarinhalte exakt eingearbeitet werden; zeitaufwändiges „Briefing" externer Trainer entfällt;
  - die Kosten sind meist geringer als bei externen Referenten;
  - für innerbetriebliche Fach- und Führungskräfte bedeutet die Wahrnehmung von Referentenaufgaben eine Aufwertung; dies kann Zusatzmotivation zur Folge haben;
  - der Einsatz bei externen Fortbildungsmaßnahmen kann persönliche Anerkennung bedeuten und das Firmenimage sowie den Bekanntheitsgrad stärken;
  - der interne Referent ist auch später, nach der Maßnahme, als Ansprechpartner erreichbar.

- Mögliche *Nachteile*:
  Demgegenüber stehen mögliche Nachteile, die aber bei sorgfältiger Auswahl der internen Referenten und ggf. durch flankierende Maßnahmen (z. B. Train the Trainer) zum Teil gemildert werden können: – nicht jede Fach- und Führungskraft ist ein guter Pädagoge bzw. Andragoge;
  - mitunter fehlt es an der Lust, am Mut und an der Erfahrung, als Referent zu wirken;
  - Methodik und Medieneinsatz sind nicht immer adressatengerecht.

Trotzdem sollte der Einsatz interner Referenten bei der Planung von Bildungsmaßnahmen einen hohen Stellenwert haben, insbesondere bei Veranstaltungen mit stark kognitiven Inhalten. Bei Seminarinhalten mit überwiegend affektiven Lernzielen (z. B. Verkaufstraining, Führungstraining) bleibt vielfach nur der Einsatz externer Trainer, weil intern keine ausreichenden psychologischen und soziologischen Fachkenntnisse zur Verfügung stehen.

**12. Welche Methoden können im Rahmen der Personalentwicklung/Weiterbildung einge-
setzt werden (Überblick)?**

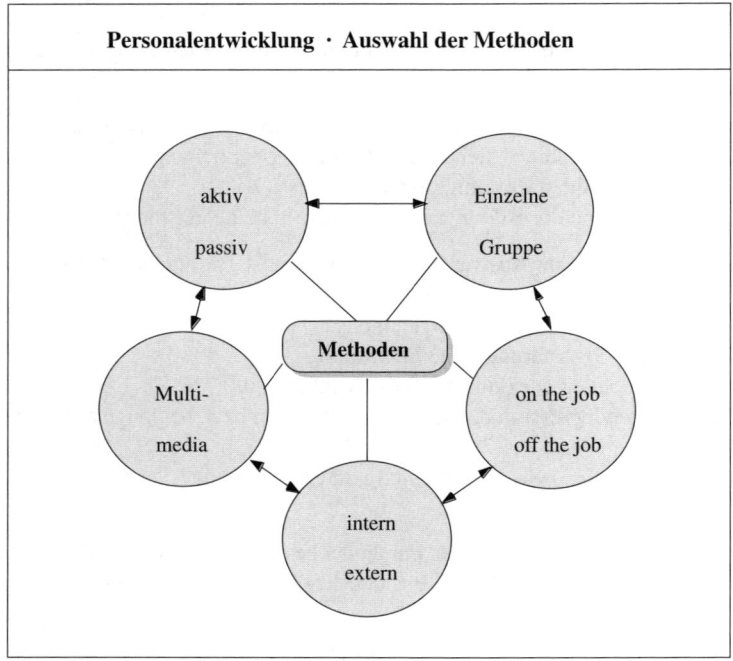

- Externe Maßnahmen:
  An *Maßnahmen im außerbetrieblichen Sektor* werden vor allem angeboten:

  - offene ein- oder mehrtägige Seminare,
  - Lehrgänge mit *Zertifikatsabschluss* oder mit dem Ziel einer *öffentlich-rechtlichen Prüfung*,
  - Maßnahmen zur Umschulung oder zur beruflichen Rehabilitation sowie
  - Fernunterricht und Fernstudium.

  Seminare sind – im Unterschied zu *Lehrgängen* – auf einen kurzen Zeitraum begrenzt; ein spe-
  zielles Thema wird besonders intensiv bearbeitet – mit überwiegend teilnehmer-aktivierenden
  Methoden.

- *Interne Maßnahmen:*
  Innerbetrieblich kann sich der Betrieb z. B. auf folgende Aktivitäten stützen:

  - interne Fach- und Führungsseminare,
  - Besuch von Messen, Ausstellungen und Kongressen,
  - Einrichtung einer innerbetrieblichen Fachbibliothek,
  - Training vor Ort (on the job),
  - Abonnement von Fachzeitschriften,
  - Beteiligung an Betriebsbesichtigungen.

13. Welche Modelle lebensbegleitenden Lernens gibt es? Wie können sie durch den Vorgesetzten gefördert werden?

Organisationsentwicklung (OE) ist der geplante Wandel im Unternehmen, der unter Anwendung verhaltenswissenschaftlicher Erkenntnisse einen organisationsumfassenden Veränderungsprozess einleitet und unterstützt. Mitarbeiter und Organisation müssen dazu befähigt werden, einerseits das notwendige Tagesgeschäft zu erledigen und andererseits den Brückenschlag zu erforderlichen Weichenstellungen für die Zukunft zu schaffen – ein ständiger Spagat zwischen Stabilität/Kontinuität und Flexibilität/Veränderung. Aus dieser Situation ergibt sich für Manager und Mitarbeiter die Notwendigkeit, Fähigkeiten und Methoden zu entwickeln und zu fördern, die ein lebensbegleitendes Lernen initiieren und unterstützen. Derartige Lernmodelle (= Agenten des Wandels) lassen sich nach drei Analyseebenen gliedern:

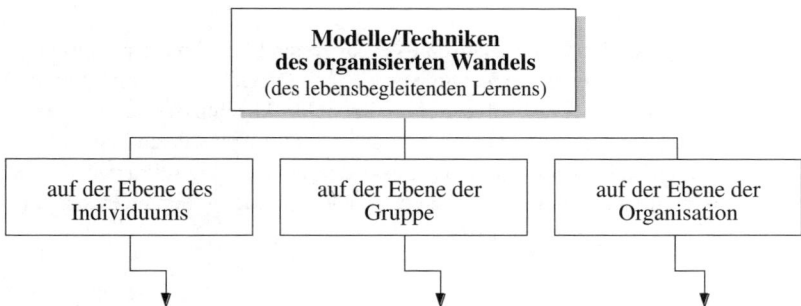

1. *Modelle/Techniken auf der Ebene des Individuums*, z. B.:
   - *Sensitivity Training:*
     Im Rahmen gruppendynamischer Übungen werden im Seminar alte Verhaltensweisen infrage gestellt (Verunsicherung) und neue, wirksamere Muster eingeübt und konsolidiert. Derartige Seminare verlangen einen speziell ausgebildeten Trainer/Psychologen.
   - *Encounter Gruppen:*
     Trainingsmethode zur Stabilisierung und Entwicklung der Persönlichkeit der Teilnehmer.
   - *Transaktionsanalyse*:
     Gruppentherapeutische Methode auf der Basis verschiedener Ich-Zustände (Eltern-Ich, Erwachsener-Ich, Kind-Ich).
   - Coaching:
     → siehe Ziffer 4.5.3

2. *Modelle/Techniken auf der Ebene der Gruppe*, z. B.:
   - *Prozessberatung*
     → siehe Ziffer 4.6.1 f.
   - *Teamentwicklung*
     → siehe Ziffer 4.6.1 f.
   - *Intergruppen-Intervention*:
     Methode zur Bearbeitung von Konflikten an der Schnittstelle zwischen Gruppen
   - *Lernstatt* (Lernen + Werkstatt):
     Methode des Lernens vor Ort; ursprünglich auf rein kognitive Inhalte bezogen; verzichtet weitgehend auf die klassische Lehrer-Schüler-Situation.

- *Arbeitsstrukturierung*:
  Job-Enrichment, Job-Enlargement, Job-Rotation, teilautonome Gruppen

3. *Modelle/Techniken auf der Ebene der Organisation*, z. B.:
   Management by Objectives (→ vgl. Ziffer 4.5.2).

13. Was ist neu an den Bachelor- und Masterstudiengängen?

Die Hochschulausbildung in Europa ist mittlerweile auf dem Weg zu einer einheitlichen Gestaltung. Das Ziel ist dabei: Transparenz, Austauschbarkeit und gegenseitige Anerkennung der Studienabschlüsse in Europa. Eines der Ergebnisse dieser Arbeit sind die Bachelor- und Masterstudiengänge.

* *Bachelor-Abschlüsse* sind die Studienabschlüsse der ersten Ebene: prägnant, praxisorientiert, modular und bereits nach drei bis vier Jahren erreichbar. Danach ist der unmittelbare Einstieg in die Wirtschaft möglich. Der Absolvent eines Bachelor-Abschlusses sammelt Punkte nach dem europa-einheitlichen System *ECTS* (European Credit Transfer and Accumulation System). Er kann damit sofort nach dem Abschluss oder nach gewissen Praxiserfahrungen sein Master-Studium beginnen – an der gleichen oder auch an einer anderen Hochschule oder an einer Hochschule im europäischen Ausland.

* *Master-Studiengänge* richten sich an Studierende, die im oberen Management oder in der Wissenschaft tätig sein wollen. Das Master-Studium kann unmittelbar im Anschluss an das Bachelor-Studium oder auch nach einiger Zeit der Berufspraxis erfolgen.

14. Was ändert sich aufgrund der Föderalismusreform in der Zuständigkeit von Bund und Länder für die Bildung?

1. Der Bund bleibt weiterhin zuständig für die betriebliche Bildung. Dies bedeutet u. a.: Die bundesweite Anerkennung und Vergleichbarkeit der Berufsabschlüsse bleibt bestehen.

2. Finanzhilfen des Bundes im Schulbereich werden abgeschafft (Sache der Länder). Dies erfordert eine effektivere Abstimmung in der Kultusministerkonferenz.

3. Die Zuständigkeit des Bundes für den Hochschulbereich wird deutlich eingeschränkt. Das Hochschulrahmengesetz wurde abgeschafft. Damit wird es auch weiterhin unterschiedliche Regelungen der Länder z. B. zur Hochschulzulassung (z. B. für Absolventen einer beruflichen Ausbildung) geben.

15. Welche Methoden können eingesetzt werden, um den Praxisbezug und die Handlungsorientierung von Weiterbildungsmaßnahmen zu erhöhen?

- Methoden zur *Verbesserung der Handlungsorientierung*, z. B.:
  - fallbezoge Aufgabenstellungen bearbeiten; dabei die Arbeitswelt der Teilnehmer berücksichtigen;
  - Arbeiten in Gruppen und Lösen kleinerer Projekte;
  - schrittweise den Input des Dozenten verringern und die Aktivität des Lernenden erhöhen.

- Methoden zur *Verbesserung des Praxisbezugs,* z. B.:
  - Vortrag/Input des Dozenten wird laufend durch Beispiele aus der betrieblichen Praxis veranschaulicht;
  - Materialien und Problemfälle aus der Praxis verwenden (ggf. vereinfacht, z. B. Kostenbudget-Formular, Stellenbeschreibungen und Stellenausschreibungen aus der Praxis usw.);
  - Dozenten sind keine Theoretiker sondern erfahrene Praktiker (möglichst mit pädagogischer Schulung/Befähigung);
  - externe Dozenten lernen bei einer betriebsinternen Schulung das Unternehmen kennen (Betriebsbesichtigung, Abläufe, Gespräche mit Fachabteilungen).

4.3 Zielgruppenspezifische Förderprogramme erarbeiten und umsetzen

4.3.1 Zielgruppen für Förderprogramme

01. Wie kann der Weiterbildungsbedarf systematisiert werden? Wie lassen sich zielgruppenspezifische Förderprogramme entwickeln?

Der im Unternehmen erkannte Weiterbildungsbedarf ($\rightarrow$ vgl. Ziffer 4.2.3) ist zu systematisieren: Es sind Schwerpunkte zu bilden z. B. nach Themen, nach speziellen Zielgruppen, nach Prioritäten, nach der Entscheidung „interne oder externe Maßnahme", nach maßgeschneiderten Seminaren bzw. Standardprogrammen, nach Einzel- oder Gruppenmaßnahmen. Dabei spielen u. a. Kosten-Nutzen-Gesichtspunkte, Engpassüberlegungen und Ressourcen (Finanzmittel, Trainer, Dozenten usw.) eine gewichtige Rolle. Entscheidend ist, dass für jedes Förderprogramm folgende Fragen sorgfältig geprüft und entschieden werden:

- Was? $\rightarrow$ Lernziele, Lerninhalte
- Warum? $\rightarrow$ Begründung, individueller/betrieblicher Nutzen
- Wer? $\rightarrow$ Gruppe/Gruppengröße, Individuum
- Wo? $\rightarrow$ Orte (extern/intern)
- Wann? $\rightarrow$ Termine, Dauer
- Wie? $\rightarrow$ Methoden, Hilfsmittel, Methoden der Lernerfolgskontrolle

Das nachfolgende Beispiel aus der Praxis eines Chemieunternehmens (ca. 3.500 Mitarbeiter) zeigt (verkürzt; in Ausschnitten) die Ableitung individueller und zielgruppenspezifischer Förderprogramme aus der schriftlich (Fragebogen) und in Einzelgesprächen erhobenen Bildungsbedarfsanalyse. Nach Schwerpunkten verdichtet nannten die Führungskräfte u. a. folgenden kurz- und mittelfristigen Weiterbildungsbedarf:

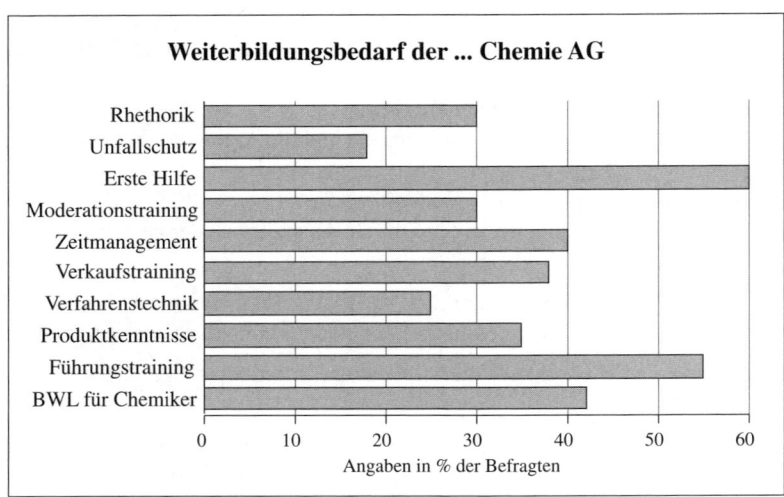

Nach weiteren Einzelgesprächen mit dem Vorstand und der zweiten Führungsebene wurde der „Grobbedarf" konkretisiert und detailliert. Im Laufe eines Zeitraums von ca. einem Jahr wurden die Förderprogramme für die kommenden drei Jahre fixiert und unternehmensintern in einer (einfachen) Weiterbildungsbroschüre veröffentlicht. Hinweis: Das Unternehmen liegt in einer strukturschwachen Region Norddeutschlands; die nächste Großstadt ist 90 km entfernt; es stehen nur begrenzte finanzielle Mittel zur Verfügung; die Stelle des Weiterbildungsleiters war zwei Jahre lang nicht besetzt; das Unternehmen ist Tochtergesellschaft eines großen Chemiekonzerns, der über umfangreiche Trainingsressourcen verfügt; der Betrieb hat einen alten Bauernhof zum Schulungszentrum (SZ) umgebaut. Nachfolgend ist ein Ausschnitt aus dem entwickelten Weiterbildungsprogramm wiedergegeben:

Weiterbildungsprogramm der ... Chemie AG (Ausschnitt)

Nr.	Inhalt	Zielgruppen	Trainer/Dozenten	Methoden	Termine	Orte
01	**BWL**	**Chemiker** Abt.Ltr., HAbt.Ltr.	interne Dozenten	Seminar, 3 Tg. Fallbeispiele	4 x p.a.	SZ
02	**Führungs- training**	**Meister**	Trainer der Muttergesellschaft	in 2 Stufen: Basis-, Aufbau- seminar	2 x 2 p.a.	SZ

Weiterbildungsprogramm der ... Chemie AG (Ausschnitt)

Nr.	Inhalt	Zielgruppen	Trainer/Dozenten	Methoden	Termine	Orte
03	**Lehrgang Industriemeister**	gewerbliche **Nachwuchskräfte** (Chemie, Metall, Elektrotechnik)	interne Dozenten in Kooperation mit der IHK und im Verbund mit 2 regional ansässigen Firmen	Lehrgang Lehrgespräch Übungen Klausurenkurs	Dauer: 2,5 Jahre 3 Lehrgänge	SZ
04	**Schichtwechselgespräche**	**Schichtmeister**	Ltr. der Weiterbildung	Beobachtung Gesprächsanalyse kurze Workshops	14-tägig, 6:45 - 7:15	vor Ort
05	**Verfahrenstechnik 1**	**Anlagenführer** (ca. 30)	Lieferant	Unterweisung selbst erstellter Videofilm	14-tägig	SZ + vor Ort

Legende:
SZ: Schulungszentrum

Die Ermittlung des Weiterbildungsbedarfs führte auch zu der Notwendigkeit von Einzelmaßnahmen; dazu drei ausgewählte Beispiele:

1. *Coaching:*
   Der Hauptabteilungsleiter Marketing hatte erkennbare Defizite in der Führung seiner Mitarbeiter, die aus Persönlichkeitsschwächen resultierten. Man entschied sich in Abstimmung mit dem Hauptabteilungleiter einen externen Coach zu beauftragen.

2. *Fachseminar und Hospitation:*
   Der Leiter der Weiterbildung sollte zukünftig auch personelle Grundsatzfragen mit bearbeiten. Dazu waren fachliche Defizite im Personalmanagement und im Arbeitsrecht aufzuarbeiten. Maßnahmen: Besuch von zwei Seminaren „Arbeits- und Sozialrecht" der dgfp, Düsseldorf und vier Wochen Hospitation bei einem Personalbereichsleiter der Muttergesellschaft.

3. *Traineeprogramm/Einrichtung von zwei Assistentenstellen:*
   Die Erfahrung zeigte, dass es schwierig war, für das ländliche Umfeld der Firma genügend qualifizierte Bewerber für kaufmännische Führungspositionen zu bekommen. Man entschied sich, ein Traineeprogramm zu etablieren und als zentrale Förderpositionen zwei Assistentenstellen zusätzlich einzurichten (beim kaufmännischen und beim technischen Vorstand).

4.3.2 Individuelle und gruppenbezogene Förderprogramme

01. Welche betrieblichen Förderprogramme sind denkbar?

Der Betrieb kann die Aus-, Fort- und Weiterbildung seiner Mitarbeiter fördern – u. a. durch

- bezahlte/unbezahlte *Freistellung* von der Arbeit,
- Maßnahmen der *Arbeitszeitflexibilisierung* (z. B. Veränderung der Kernarbeitszeiten),
- *Darlehen* und/oder *Zuschüsse* (mit/ohne Rückzahlungsklausel: unter bestimmten Voraussetzungen gesetzlich zulässig),

- unterstützende *Maßnahmen der Transfersicherung* (während oder nach einer Maßnahme; Versetzung, Sonderaufgaben, Beförderung, Gespräche mit Experten, Job-Rotation u. Ä.),

- *Beratungs- und Fördergespräche* (Bildungsträger, Maßnahmen, Fördermöglichkeiten, Lernmethoden/-techniken u. Ä.),

- Bereitstellung von *Lernmitteln* (Räume, Bücher, Medien, PC).

02. Welche staatlichen Förderprogramme der Aus- und Weiterbildung lassen sich nutzen?

1. *Prämiengutschein:*
   An beruflicher Weiterbildung Interessierte können einen Prämiengutschein für eine Weiterbildung in Höhe von maximal 500 € erhalten, wenn ihr zu versteuerndes Jahreseinkommen 20.000 € (bei gemeinsam Veranlagten 40.000 €) nicht übersteigt.

2. *Aufstiegsstipendium:*
   Mit der Unterstützung durch das Aufstiegsstipendium können berufserfahrene, begabte Frauen und Männer, die besonderes Talent und Engagement bewiesen haben, an einer staatlichen Hochschule studieren (Auswahl der Stipendiaten: Stiftung Begabtenförderungswerk berufliche Bildung, SBB).

3. *Jobstarter:*
   Das Programm unterstützt bundesweit Innovationen und Strukturentwicklungen in der beruflichen Bildung. Ziel ist die bessere regionale Versorgung Jugendlicher mit Ausbildungsplätzen, indem Unternehmen für deren Bereitstellung gewonnen werden.

4. *Das Bundesausbildungsförderungsgesetz (BAföG)*
   gewährt Privatpersonen für Maßnamen der Aus- und Weiterbildung eine Förderung in Form von Zuschüssen und Darlehen.

5. *Bildungskredit:*
   Das Bildungskreditprogramm der Bundesregierung bietet Schülerinnen und Schülern sowie Studierenden in fortgeschrittenen Ausbildungsphasen die Möglichkeit, einen Kredit zu erhalten. Im Gegensatz zur Ausbildungsförderung nach dem BAföG ist der Bildungskredit unabhängig vom eigenen Einkommen und Vermögen sowie dem der Eltern, der Ehegattin bzw. des Ehegatten/des Lebenspartners.

6. *Studienkredit der KfW:*
   Er dient Studierenden zur Finanzierung ihres Lebensunterhalts während des Erststudiums. Antragsberechtigt sind volljährige Studierende, die an einer staatlichen Hochschule in Deutschland immatrikuliert sind und zum Zeitpunkt der Antragstellung noch über keinen berufsqualifizierenden Hochschulabschluss verfügen.

7. *Meister-BAföG (= Aufstiegsfortbildungsförderungsgesetz):*
   Es ermöglicht die Förderung der beruflichen Fortbildung unabhängig davon, in welcher Form sie durchgeführt wird (Vollzeitkurse: Zuschüsse + zinsgünstige Darlehen; Teilzeitkurse: ausschließlich zinsgünstige Darlehen). Bei Bestehen der Prüfung wird ein Erlass von 25 % auf das auf die Lehrgangs- und Prüfungsgebühren entfallende Restdarlehen gewährt.

8. Leistungen nach dem *Sozialgesetzbuch (SGB) Drittes Buch (III):*
   • Viertes Kapitel: Leistungen an Arbeitnehmer
   • Fünftes Kapitel: Leistungen an Arbeitgeber
   • Sechstes Kapitel: Leistungen an Träger

9. *Begabtenförderung, z. B.:*
   • Begabtenförderung berufliche Bildung
   • Begabtenförderung im Hochschulbereich
   • Deutschlandstipendium
   • Stipendien der Deutschen Forschungsgemeinschaft

10. *Bildungsurlaub:*
    Das ist die bezahlte Freistellung von der Arbeit zum Zwecke der beruflichen und/oder politischen Weiterbildung in anerkannten Bildungsveranstaltungen. *Anspruchsberechtigte* sind Arbeiter und Angestellte, in Heimarbeit Beschäftigte (und ihnen Gleichgestellte), Hausfrauen, Arbeitslose, Rentner und Pensionäre. Keinen Anspruch haben Beamte und Auszubildende. *Anspruch:* In der Regel: fünf Arbeitstage im Jahr (z. B. NRW). Der Anspruch kann zusammengefasst werden (Vorgriffs- und Rückgriffszusammenfassung). Folgende Bundesländer haben <u>kein</u> Bildungsurlaubsgesetz: Baden-Württemberg, Bayern, Sachsen, Sachsen-Anhalt.

4.4 Qualitätsmanagement in der Personal- und Organisationsentwicklung einsetzen

4.4.1 Qualitätsstrategien

01. Was ist Qualität?

1. Qualität ist die Beschaffenheit einer Einheit bezüglich ihrer Eignung, festgelegte Erfordernisse zu erfüllen (Definition der DGQ).
   Einheiten können sein: - Ergebnisse von Tätigkeiten und Prozessen
                           - Tätigkeiten oder Prozesse selbst

2. Qualität ist die Erfüllung von Kundenanforderungen.

02. Welcher Wandel hat sich bis heute in der Qualitätssicherung vollzogen (Entwicklung der Qualitätsstrategien)?

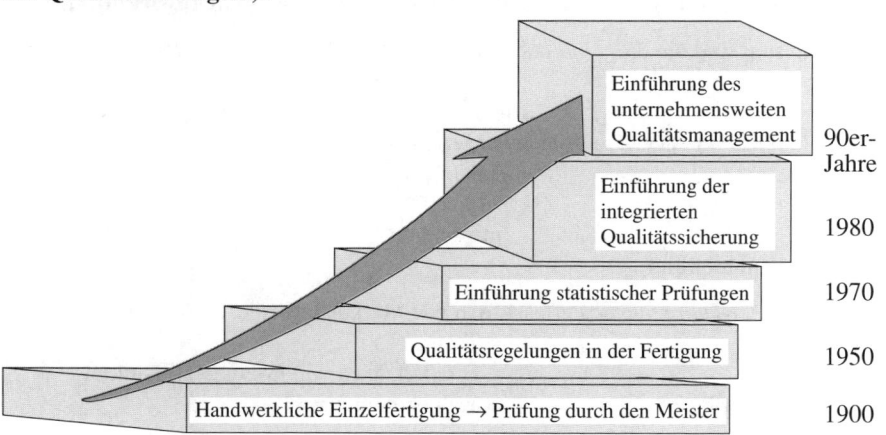

03. Welches Qualitätsverständnis ist heute vorherrschend?

Der Qualitätsbegriff/das Qualitätsdenken wird heute ganzheitlich verstanden und hat das gesamte Unternehmen zu erfassen (Total Quality Management; TQM); dieser Ansatz wird mithilfe von neun Punkten fixiert:

1. Kundenorientierung des gesamten Unternehmens
2. Strategisches Management und Führung mit Zielvereinbarung
3. Prozessorientiertes Denken und Handeln
4. Mitarbeiterorientierung durch angemessene Delegation von Verantwortung und Kompetenz
5. Kontinuierliche Verbesserung
6. Aktionärszufriedenheit durch angemessene Rendite
7. Aufbau und Einführung eines Umweltmanagementsystems
8. Aufbau partnerschaftlicher Beziehungen zu Lieferanten
9. Pflege soziokultureller Kontakte

04. Welche Bedeutung hat Qualität für den Unternehmenserfolg?

Auf lange Sicht resultiert der Erfolg eines Unternehmens aus der überlegenen Qualität seiner Produkte.

05. Wie lässt sich die Qualität einer personalwirtschaftlichen Dienstleistung messen?

Beispiele:

- fachliche Qualität der Beratung
- Qualität von Konzepten
- Ausmaß und Art der angebotenen Hilfestellung
- Verständnis für die vorliegenden Probleme
- Kosten und Zeitaufwand der Dienstleistung.

4.4.2 Qualitätsnormen/Zertifizierung

01. Welche Qualitätsnormen gelten in der Weiterbildung/Personalentwicklung?

Am bekanntesten sind die drei *Qualitätsdimensionen* des Wuppertaler Kreises für Fortbildung e. V., Wuppertal:

1. Die *Qualität des Inputs* erfasst folgende Merkmale/Felder:
   - Konzept   - Planung
   - Angebot   - Personal
   - Räume   - Information.
   - Erfahrungshintergrund

2. Die *Qualität der Durchführung* erfasst folgende Merkmale/Felder:
   - Organisation   - Technik
   - Personal   - Didaktik/Methodik/Medien/Hilfsmittel
   - Lernziele/Lehrpläne   - Teilnehmerauswahl.

3. Die *Qualität des Outputs* erfasst folgende Merkmale/Felder:
   - Zufriedenheit der Teilnehmer/der Kunden
   - Vermittlungsquoten (am Arbeitsmarkt)
   - Lernerfolg
   - Anwendungserfolg.

02. Welche Aufgabenfelder umfasst das Qualitätsmanagement?

- *Qualitätsmanagement* (Begriff) umfasst alle Tätigkeiten des Gesamtmanagements, welche die → *Qualitätspolitik*, die Ziele und Verantwortung festlegen sowie diese durch Mittel wie → *Qualitätsplanung*, → *Qualitätslenkung*, → *Qualitätssicherung* und → *Qualitätsverbesserung* verwirklichen.

- *Qualitätspolitik*: Absichten und Zielsetzungen einer Organisation, wie sie durch die oberste Leitungsebene formuliert werden.

- *Qualitätsplanung*: Festlegung der Qualitätsanforderungen und der notwendigen Ausführungsprozesse.

- *Qualitätslenkung*: Arbeitstechniken und Tätigkeiten zur Erfüllung der Qualitätsanforderungen.

- *Qualitätssicherung*: Schaffen eines angemessenen Vertrauens (intern/extern), dass die fixierten Qualitätsanforderungen erfüllt werden.

- *Qualitätsverbesserung*: Die in der gesamten Organisation ergriffenen Maßnahmen zur Erhöhung der Effektivität[1] und Effizienz der Tätigkeiten und Prozesse zur Erzielung von Nutzen für die Organisation und für den Kunden.

03. Was versteht man unter „Zertifizierung" und „Auditierung"?

Zertifizierung ist die Abnahme eines Managementsystems nach einer Norm (z. B. der Normenfamilie ISO 9000:2000).

Auditierung ist die eingehende Untersuchung des Gesamtbetriebes durch einen unabhängigen Gutachter im Hinblick auf die Erfüllung bestimmter Normen; *die Auditierung ist die Voraussetzung zur endgültigen Zertifizierung.*

Die Zielsetzung beim Audit ist z. B.:

- Analyse des Ist-Zustandes
- Vergleich der Zielsetzung mit den tatsächlich realisierten Zielen
- Erkennen von Fehlern
- Ermittlung und Dokumentation von Verbesserungsmöglichkeiten.

---

[1] Effektivität: Die richtigen Dinge tun! Effizienz: Die Dinge richtig tun!

04. Was ist ein Qualitätsmanagement-Handbuch (QMH)?

- Das QM-System muss in schriftlicher Form dokumentiert werden. Dies geschieht im so genannten QM-Handbuch, den QM-Verfahrens- und Arbeitsanweisungen.

- Im QM-Handbuch ist die Organisation und das QM-System beschrieben. Aufgelistet sind die für das Unternehmen gültigen Standards und Gesetze.

- Es werden für die einzelnen Bereiche des Unternehmens die Zuständigkeiten und Verantwortlichkeiten für qualitätsrelevante Tätigkeiten beschrieben. Diese Tätigkeiten sind z. B. Prüfanweisungen, Wareneingangsprüfungen, Wareneinkauf, Prüfmittelüberwachung, usw.

- Das Handbuch hat aber auch repräsentativen Charakter und kann beispielsweise Kunden zur Information überlassen werden.

05. Wie kann sich ein Betrieb die Qualitätssicherung seiner Weiterbildungsarbeit/Personalentwicklung zertifizieren lassen?

Als Gütesiegel für die Qualitätssicherung in der Weiterbildung hat sich die Zertifizierung nach der Normenreihe DIN EN ISO 9000 ff. durchgesetzt. Zwischenzeitlich wurde die Normenreihe überarbeitet (Normrevision ISO 9000:2005/8) und konzentriert sich stärker auf die Überprüfung der Geschäftsprozesse:

ISO 9000:2005   →   Qualitätsmanagementsysteme: Grundlagen und Begriffe

ISO 9001:2008   →   Qualitätsmanagementsysteme: Anforderungen

ISO 9004:2008   →   Qualitätsmanagementsysteme: Leitfaden zur Leistungsverbesserung

Ein Teil deutscher Weiterbildungsanbieter (so z. B. die Bildungs-GmbH des DIHK, Bonn und viele IHKn) hat die Zertifizierung ihrer Bildungsarbeit von der CERTQUA vornehmen lassen; die CERTQUA ist die „Gesellschaft der Deutschen Wirtschaft zur Förderung und Zertifizierung von Qualitätssicherungssystemen in der beruflichen Bildung".

06. Wie ist der Ablauf bei der Zertifizierung einer Bildungsabteilung?

Dazu wird die gesamte Aufbau- und Ablauforganisation (z. B. der Ausbildung, der Weiterbildung, der Personalentwicklung usw.) einschließlich der verwendeten Instrumente systematisiert und detailliert beschrieben. Dieser Vorgang wird heruntergebrochen bis zu den kleinsten Elementen wie z. B.

- Auswahlkriterien für Auszubildende,
- Tests, Berichtshefte,
- Leistungsüberprüfungen/Bewertungsbögen,
- Ausbildungsverträge,
- Verträge mit externen Dozenten,
- Seminarbewertungsbogen.

Nach der Überarbeitung und Festschreibung aller Qualitätsmerkmale und Qualitätsstandards im Qualitätshandbuch erfolgt eine interne Prüfung als Vorbereitung zur (externen) Auditierung. Nach erfolgreicher (externer) Auditierung ist die Bildungsabteilung zertifiziert im Sinne der ISO 9000:2005.

4.4.3 Kosten-Nutzen-Analyse

01. Was versteht man unter der Kosten-Nutzen-Analyse als Maßnahme der Qualitätssicherung in der Bildungsarbeit?

Die Kosten-Nutzen-Analyse ist eine Form der ökonomischen Erfolgskontrolle im Rahmen des Bildungscontrollings.Während sich das Personal-Controlling mit sämtlichen grundsätzlichen Problemstellungen des Personalbereichs befasst, die kostenwirksam sind, ist es Aufgabe des Kosten-Controlling im Bildungsbereich, die Steuerung des Kostenblocks zu überwachen und insbesondere zu einer Kosten-Nutzen-Analyse zu gelangen:

Es wird versucht, durch die *Bildung und Beobachtung geeigneter Kennzahlen* indirekte Aussagen zur Effektivität und Effizienz von Weiterbildungsmaßnahmen machen zu können. Infrage kommt die Erhebung von Leistungskennziffern – vor und nach der Maßnahme – wie z. B.:

- Produktivität,
- Ergebnisbeitrag pro Mitarbeiter,
- Umsatz pro Mitarbeiter,
- Fluktuationsquote,
- Anzahl der Leistungseinheiten pro Mitarbeiter,
- Veränderung der Reklamationsquote usw.

Außerdem werden *Hilfsgrößen im Zeitablauf* beobachtet, die einen gewissen Rückschluss über Kosten-Nutzen-Relationen in der Weiterbildung geben können; z. B.:

- Gesamt-Bildungsbudget in Relation zu
  · der Anzahl der durchgeführten Maßnahmen,
  · der Anzahl der Seminartage pro Mitarbeiter,
  · den durchschnittlichen Bildungskosten pro Tag pro Mann usw.
- Relation der Abwesenheit aufgrund von Bildungsmaßnahmen zur produktiven und bezahlten Arbeitszeit,
- Vergleich interner Maßzahlen der Weiterbildung mit geeigneten Kennzahlen von Betrieben der gleichen Branche und Größe u. Ä.

Bei der Erhebung und Analyse derartiger Orientierungsdaten

- müssen Aufwand und Nutzen, Kosten und Aussagewert in einem wirtschaftlichen Verhältnis stehen,
- darf der mögliche Einfluss anderer Parameter nicht vergessen werden.

02. Welche Bedeutung hat die Planung der Weiterbildungskosten?

Das Verhältnis von Kosten und Nutzen betrieblicher Weiterbildungsmaßnahmen ist nicht direkt messbar. Diese Problematik ist oft der Grund dafür, dass bei zurückgehender Ertragslage die Investitionen im Bildungssektor gekürzt werden. Die Ursachen für dieses Dilemma liegen z. B. in folgenden Tatbeständen:

- Weiterbildung verlangt Kontinuität;
- der Nutzen durchgeführter Bildungsmaßnahmen lässt sich überwiegend erst längerfristig erkennen;
- es gibt keine direkte Kausalbeziehung zwischen Bildungsaufwand und -erfolg.

Einen Ausweg aus dieser Problematik lässt sich indirekt nur finden, indem der Bildungsverantwortliche

- die Kosten der Weiterbildung differenziert erfasst (je nach Größe des Unternehmens und Umfang des Bildungsbudgets) und
- der Versuch unternommen wird, den Nutzen indirekt anhand geeigneter Hilfsgrößen zu erfassen.

Je nach betrieblicher Notwendigkeit sollten die Kosten der Weiterbildung nach Kostenarten und ggf. nach Kostenträgern (z. B. Fortbildungsprojekten) erfasst werden. Relevant sind vor allem folgende *Kostenarten*:

- Honorare für externe Trainer und Dozenten,
- Honorare/Gehälter für internes Trainingspersonal,
- Raum- und Lehrmittel,
- Reise- und Übernachtungskosten,
- Kosten der ausgefallenen Arbeitszeit,
- anteilige Kosten der Personalabteilung/der Weiterbildungsabteilung,
- Betriebsräteschulungen,
- Freistellung im Rahmen des Bildungsurlaubs.

03. Wie kann ein Bildungsbudget strukturiert sein?

Die Ansätze zur ökonomischen Bildungskontrolle umfassen auch Soll-Ist-Vergleiche in Form von *Bildungsbudgets*:

Der Begriff Budget kommt aus dem Französischen und bedeutet übersetzt „Haushaltsplan, Voranschlag". Im Controlling kann Budgetierung gleichgesetzt werden mit *Planung*. Es geht darum für das Gesamtunternehmen oder einen Teilbereich (hier: betriebliche Bildungsarbeit) ein Gerüst von Zahlen zu erstellen, das als Gradmesser für den angestrebten Erfolg anzusehen ist. Für die Struktur eines Budgets gibt es keine festen, allgemein gültigen Regeln. Es kann differieren

- in *zeitlicher* Hinsicht (Monats-, Quartals- oder Jahresbudget)
- in *sachlicher* Hinsicht (Struktur als Erfolgsbudget oder als Finanzbudget).

Im Bildungswesen ist das Finanzbudget vorherrschend, d. h. man vergleicht Ausgabenentwicklung hinsichtlich verschiedener *Kostenarten* mit Planzahlen (*Soll-Ist-Vergleich*) oder mit Werten der Vergangenheit (*Ist-Ist-Vergleich*); das Bildungsbudget kann sich auf unterschiedliche Zeiträume beziehen; es kann für das Unternehmen insgesamt erstellt oder nach Maßnahmenarten differenziert werden.

Das nachfolgende *Beispiel* zeigt den Ansatz eines Bildungsbudgets für das Gesamtunternehmen im Wege eines Soll-Ist-Vergleiches:

Bildungsbudget der X-GmbH			Jahr: ...	
Kostenarten	Soll	Ist	Ist-Soll	
	in 1.000 €		absolut	in %
Personalkosten, intern	740	680	-60	-8,0
Fremdhonorare	380	430	50	13,0
Lehr- und Lernmittel	190	190	0	0,0
Reisekosten, Spesen	75	100	25	33,0
Sonstige Kosten	15	5	-10	-66,0
Summe	1.400	1.405	5	0,4

Analyse:

Im vorliegenden Fall wurde das Bildungsbudget der X-GmbH für das Jahr ... insgesamt annähernd eingehalten (→ Abweichung gesamt: + 0,4 %). Es fällt jedoch auf, dass die internen Personalkosten für Bildungsarbeit um 8 % und die sonstigen Kosten um 66 % unterschritten wurden. Dagegen wurden die Fremdhonorare um 13 % und die Reisekosten/Spesen um 33 % überschritten.

Für das Personalcontrolling gelten dieselben Schlüsselfragen wie im Controlling generell:

- *Wo* war die Abweichung?
- *Wann* war die Abweichung?
- *In welchem Ausmaß* war die Abweichung?

Im vorliegenden Fall hat der Bildungsverantwortliche zu prüfen, ob z. B. die Abweichungen

- auf einer falschen Einschätzung der Plandaten beruhen (Fehler in der Planung) oder
- in einer Überschreitung der Ist-Werte liegen (Mengen-/Wertgrößen; z. B. wurden mehr Teilnehmer geschult, mehr Veranstaltungen durchgeführt als genehmigt u. Ä.).

Die Erkenntnisse der Budgetanalyse sind auf das Folgejahr zu übertragen.

4.4.4 Qualitätssichernde Maßnahmen in der Personalentwicklung

01. Welche qualitätssichernden Maßnahmen können im Ausbildungsbereich durchgeführt werden?

Dazu ausgewählte Beispiele:

1. Überprüfung und Verbesserung der *Eignung eines Arbeitsplatzes* für die Berufsbildung:
   Ein Arbeitsplatz ist dann für eine Berufsausbildung – insbesondere Jugendlicher – geeignet, wenn alle vorgeschriebenen Fertigkeiten und Kenntnisse vermittelt werden können und keine gesetzlichen oder gesundheitsgefährdeten Einschränkungen bestehen.

2. Berücksichtigung aller Einzelaspekte, *Vorgaben und Rahmenbedingungen* bei der Planung und Durchführung der Ausbildung:

   • *Ausbildungsfähigkeit* für den geplanten Ausbildungsberuf:
     - Eignung der Ausbildungsstätte (§ 27 BBiG)
     - Eignung der Ausbilder (§§ 28 ff. BBiG)

- *gesetzliche Vorgaben* für die betriebliche Ausbildung, u. a.:
  - Ausbildungsberufsbild
  - Ausbildungsordnung
  - Ausbildungsrahmenplan
  - Prüfungsordnung
  - Jugendarbeitsschutzgesetz
  - Betriebsverfassungsgesetz
  - Ausbilder-Eignungsverordnung

- Erstellung der *Ausbildungspläne*:
  - Ausbildungsinhalte
  - zeitliche Anpassung an die Gegebenheiten des Betriebes und der Berufsschule
  - Festlegung der Ausbildungs-Fachabteilungen

- *Didaktische Koordination* von praktischer Ausbildung im Betrieb und theoretischer Ausbildung in der Berufsschule; dabei sind die Formen des Unterrichts zu berücksichtigen (Blockunterricht, Unterricht an einzelnen Wochentagen).

- *Methoden und Medien* der Ausbildung, z. B.:
  - Unterweisung vor Ort, Lehrgespräch, Fallmethode, Lehrwerkstatt usw.
  - betrieblicher Ergänzungsunterricht
  - Lehr- und Lernmittel, Arbeitsmittel, Ausbildungshilfsmittel.

3. Planung, Durchführung und Kontrolle der Ausbildung als *Regelkreis*:

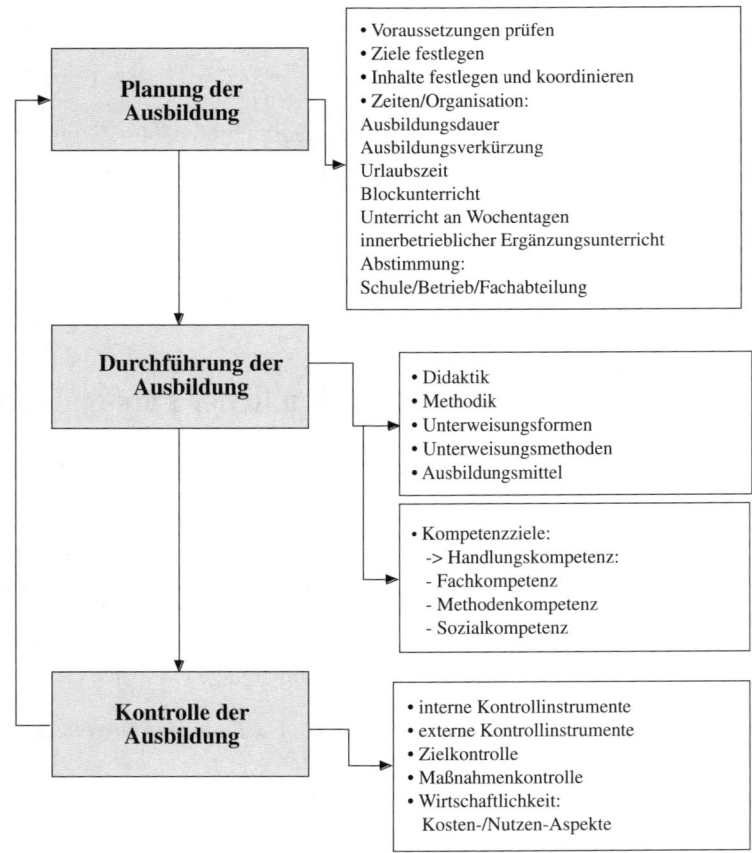

4. Strukturierung der Ausbildung in vier *Handlungsbereiche* lt. AEVO:

Die berufs- und arbeitspädagogische Eignung umfasst die Kompetenz zum selbstständigen Planen, Durchführen und Kontrollieren der Berufsausbildung in den vier Handlungsbereichen (Änderung vom Januar 2009):

Handlungsbereiche der AEVO	
Handlungsbereiche	**Inhalte/zu erledigen (Beispiele)**
1. Ausbildungsvoraussetzungen prüfen und Ausbildung planen	Gründe für die Ausbildung? Rahmenbedingungen? Ausbildungsberufe? Eignung? Organisation?
2. Ausbildung vorbereiten und bei der Einstellung von Auszubildenden mitwirken	Auswahlverfahren? Anmeldung/Eintragung bei IHK?
3. Ausbildung durchführen	Ausbildungsplätze? Lernerfolgskontrollen? Lern-/Arbeitstechniken? Kontakte halten? Kurzvorträge? Lehrgespräche? Teambildung?
4. Ausbildung abschließen	Prüfungsvorbereitung/-anmeldung? Zeugnis?

5. Richtige *Einführung* der Auszubildenden in die Ausbildungsstätte:

Ein Auszubildender darf insbesondere zu Beginn seiner Berufsausbildung nicht durch zu viele auf ihn einstürmende Ereignisse und Informationen überfordert werden. Er muss mit den für seine Ausbildung wichtigen Personen bekannt gemacht werden und in methodisch und pädagogisch sinnvoller Weise – vom Einfachen zum Schweren – die späteren Tätigkeiten, die in der Ausbildungsordnung vorgeschrieben sind, kennen lernen. Ein fester Ausbildungsplatz und ein bestimmter, jederzeit ansprechbarer Ausbilder müssen zur Verfügung stehen.

6. *Anwendung von Prinzipien der Kommunikation und Kooperation* zur Förderung des Lernerfolgs:

Der Ausbildende bzw. der Ausbilder hat den Lernerfolg in besonderer Weise dadurch zu fördern, dass er geeignete Prinzipien der Führung und Kommunikation einsetzt:

- Auszubildende von dem Entwicklungsstand aus fördern, auf dem sie jeweils sind (altersspezifisch und individuell; das sog. „Bahnhofsmodell", d.h., den anderen dort abzuholen, wo er sich befindet, gilt auch hier);
- für zunehmend schwierigere und komplexere Aufgaben Verantwortung übergeben; dabei den Lernprozess unterstützen, ohne dem Auszubildenden vorschnell Lösungen anzubieten;
- Vertrauen entgegenbringen;
- mit den Auszubildenden reden und ihnen zuhören;
- Lob aussprechen;
- klare, eindeutige Verhaltens- und Leistungsziele setzen;
- konstante Rückmeldung über die Leistung auf dem Weg zum vereinbarten Ziel geben (Feedback geben und holen);
- Wissen vermitteln und informieren (z.B. Zweck, Bedeutung und Ablauf eines Arbeitsprozesses erklären).

7. Einsatz wirksamer *Methoden und Medien* bei der Durchführung der Ausbildung:

Als geeignete Methoden und Medien der Ausbildung kommen z.B. infrage:

- Unterweisung vor Ort,
- Lehrgespräch,
- Fallmethode,

- Lehrwerkstatt,
- Gruppenarbeit,
- Projektmethode,
- Leittextmethode,
- betrieblicher Ergänzungsunterricht,
- Lehr- und Lernmittel, Arbeitsmittel, Ausbildungshilfsmittel.

8. *Laufende Lernkontrolle:*

Am Ende eines jeden Ausbildungsabschnittes ist mit dem Auszubildenden ein *Beurteilungsgespräch* zu führen. Dabei soll gemeinsam herausgearbeitet werden, ob die Ausbildungsinhalte vermittelt wurden/vermittelt werden konnten, welches Lern- und Arbeitsverhalten zu beobachten war und ob ggf. ergänzende Fördermaßnahmen erforderlich sind.

Neben diesen wiederkehrenden – mehr kurzzeitigen Kontrollgesprächen – ist i. d. R. einmal pro Ausbildungsjahr ein generelles Beurteilungsgespräch zu führen, dessen Ergebnis schriftlich festzuhalten ist (meist in Verbindung mit einem standardisierten Beurteilungsbogen; vgl. das Beispiel unten).

Dieses Beurteilungsgespräch ist als *Dialog* zu betrachten: Gegenstand des Gesprächs kann auch die Frage sein, ob in dem betreffenden Ausbildungsabschnitt alle notwendigen personellen, methodisch-didaktischen Voraussetzungen zur Vermittlung der Ausbildungsinhalte geschaffen wurden. Für die Vorbereitung und Durchführung der Beurteilungsgespräche mit Auszubildenden gelten die allgemeinen Grundsätze für Beurteilungsverfahren, die speziell in Kapitel 5.3 behandelt werden.

Insofern muss eine umfassende Erfolgskontrolle der Ausbildung folgende Aspekte umfassen:

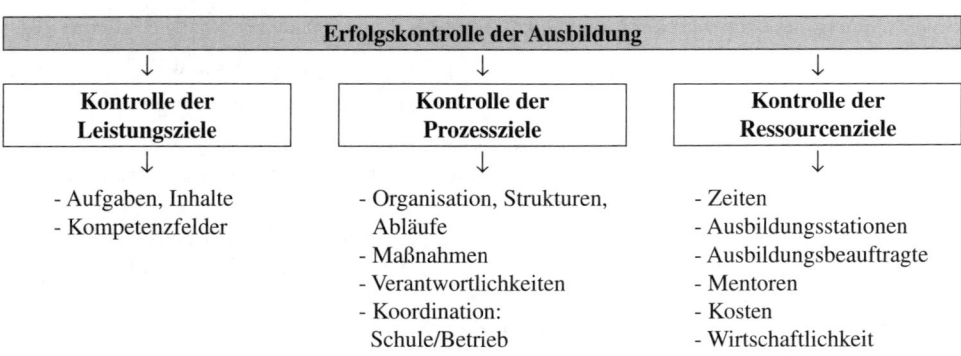

Erfolgskontrollen sind notwendig:

- *Aus der Sicht des Betriebes*, z. B.:
  - Probezeit = „Ausprobierzeit"
  - Verkürzung/Verlängerung der Ausbildungszeit
  - Prüfen der Übernahme im Anschluss an die Ausbildung
  - Überprüfung der Ausbildungsorganisation und -prozesse

- *Aus der Sicht des Auszubildenden*, z. B.:
  - Feststellen der Eignung für den Ausbildungsberuf
  - Feedback und „Kontrast" zu seiner eigenen Einschätzung
  - Beurteilung = Anerkennung und Wertschätzung sowie Steuerungsmöglichkeit

9. *Wahl geeigneter Standards als Maßstäbe der Erfolgskontrolle:*

Maßstab für die Erfolgskontrolle der Ausbildung sind vor allem folgende Rechtsquellen:

- der Ausbildungsvertrag (§§ 10 ff. BBiG),
- die Ausbildungsordnung (§ 5 BBiG),
- der Prüfungsgegenstand (§ 38 BBiG),
- die Prüfungsordnung (§ 47 BBiG).

Geeignete Instrumente der Erfolgskontrolle sind z. B. folgende Maßnahmen:

- Auswertung der Abschlussprüfungen, die vor der Kammer abgelegt wurden,
- Auswertung der Berichtshefte,
- schriftliche und/oder mündliche Lernerfolgskontrollen,
- fachpraktische Prüfungen im Labor, in der Lehrwerkstatt usw.,
- Projektarbeiten,
- Anfertigen von Arbeitsproben,
- Einsetzen der Fähigkeiten und Fertigkeiten innerhalb von Planspielen, Simulationen, Übungsfirmen usw.

10. *Einsatz geeigneter Beurteilungssysteme:*

Der Beurteilungsbogen enthält Beurteilungsmerkmale bzw. Gruppen von Beurteilungsmerkmalen sowie eine plausible Skalierung der Merkmalsausprägungen. Das Verfahren ist mitbestimmungspflichtig, muss hinreichend beschrieben sein und verlangt eine Schulung der Beurteiler. Der nachfolgende Beurteilungsbogen (Auszug) kann nur beispielhaften Charakter haben:

Beurteilungsbogen für Auszubildende										
	Ausprägung der Merkmale									
	sehr gering									sehr hoch
Beurteilungsmerkmale	–4	–3	–2	–1	0	1	2	3	4	
1. Interesse										
Lernbereitschaft										
Zielstrebigkeit										
...										
2. Auffassungsgabe										
geistige Beweglichkeit										
logisches Denken										
...										
3. Praktische Leistungen										
Qualität										
Quantität										
Menge/Tempo										
Systematik										
...										

Beurteilungsbogen für Auszubildende									
	Ausprägung der Merkmale								
	sehr gering								sehr hoch
Beurteilungsmerkmale	–4	–3	–2	–1	0	1	2	3	4
4. Theoretische Leistungen									
Fachkunde/Fachwissen									
Betriebliche Zusammenhänge									
Produktkenntnisse									
...									
5. Eigenschaften/Verhalten									
Offenheit									
Kommunikationsverhalten									
Initiative									
Kooperationsbereitschaft									
...									
Zusammenfassung/Gesamtaussage: ...									
Vereinbarte Maßnahmen: ...									

02. Welche Inhalte hat die Novellierung der AEVO?

Eine fachlich und pädagogisch hochwertige Arbeit der AusbilderInnen soll die Wiedereinführung der überarbeiteten Ausbilder-Eignungsverordnung (AEVO) leisten. In der neuen Rechtsverordnung ist geregelt, dass all diejenigen, die während der Aussetzung der AEVO als Ausbilder tätig waren, auch in Zukunft von der Verpflichtung, ein Prüfungszeugnis nach der AEVO vorzulegen, befreit sind. Dies gilt nur dann nicht, wenn die bisherige Ausbildertätigkeit zu gravierenden Beanstandungen durch die zuständige Stelle geführt hat. Mit dieser Vorschrift wird den Betrieben ein praktikabler Übergang auf die neue Rechtslage ermöglicht. Andere Befreiungsvorschriften stellen weiterhin sicher, dass auch vergleichbare Qualifikationen das AEVO-Zeugnis ersetzen können.

03. Welche qualitätssichernden Maßnahmen können in der Fort- und Weiterbildung durchgeführt werden?[1]

Dazu ausgewählte Beispiele:

1. *Pädagogische Ansätze des Bildungs-Controlling (auch: Evaluierung)*:

   In der Praxis existieren gute Erfahrungen mit einigen pädagogisch ausgerichteten *Einzelmaßnahmen zur Erfolgskontrolle von Fort- und Weiterbildungsmaßnahmen*, die gerade für den Praktiker empfehlenswert sind:

   - *Vor dem Seminar* mit dem Mitarbeiter über die Maßnahme sprechen und Lernziele festlegen;

---

[1] Frage 03. ist häufig Gegenstand der Prüfung.

- im Seminar eine abschließende Befragung der Teilnehmer (freie Form und/oder über Fragebogen) zur Seminarbewertung durchführen;
- *unmittelbar nach dem Seminar* mit dem Mitarbeiter sprechen:
  - sein Eindruck,
  - seine Erkenntnisse u. Ä. und
  - seine Schritte zur Umsetzung des Gelernten am Arbeitsplatz;
- *in der Folgezeit* den Lerntransfer des Mitarbeiters zu vereinbarten Terminen unterstützen und kontrollieren (nach vier Wochen, nach zwei Monaten usw.; Stichworte: Transferplanung, Transfergespräche, ggf. Follow-up);
- bei internen Seminaren und Lehrgängen ist ggf. zu entscheiden, ob Prüfungen oder Leistungskontrollen durchgeführt werden können (ist u. a. auch eine Frage der Akzeptanz durch die Teilnehmer).

Mitarbeiter und Vorgesetzter sind gemeinsam verantwortlich für den Transfer in den betrieblichen Alltag. Fort- und Weiterbildung ohne Transferkontrolle heißt betriebliche Ressourcen vergeuden.

2. *Klärung wichtiger Fragen vor einem Seminarbesuch*:

- Was ist der Grund für die Entsendung?
- Feststellung, ob die der Vorbereitung dienenden Unterlagen brauchbar sind und ob der Teilnehmer mit diesen Unterlagen zurecht kommt,
- Klärung der Kosten und Abrechnungsmodalitäten,
- Feststellung, welche Inhalte des Seminars auch für den Teilnehmer persönlich von Interesse sind,
- Feststellung, welche konkreten betrieblichen Probleme mithilfe des Seminarbesuchs gelöst werden sollen,
- Festsetzung der Vorbereitungszeit,
- Regelung der Stellvertretung,
- Vereinbarung eines Berichtstermins über das Seminarergebnis.

3. *Klärung wichtiger Fragen nach einem Seminarbesuch*:

- Wie war der erste Eindruck vom Seminar?
- Gab es Abweichungen gegenüber den Vorinformationen?
- Wie praxisnah wurde das Seminar erlebt?
- Was war aus der Sicht der eigenen Arbeitsplatzprobleme besonders anwendungsbezogen und was nicht und aus welchen Gründen?

4. *Überprüfung von Bildungsveranstaltungen anhand konkreter Ziele*, z. B.:
   A. Zielinhalt:

- Überprüfung des Lernfortschritts;
- Förderung der Anwendung des Gelernten am Arbeitsplatz;
- Sammlung von Informationen über das Programm, die Dozenten, den Veranstalter, um eine Entscheidungsgrundlage für die Entsendung weiterer Mitarbeiter zu bekommen;
- Einschätzung des Nutzens der Veranstaltung.

B. Zeitpunkt:

- Vor Seminaren mit dem Ziel, ob an alles gedacht wurde,
- während des Seminars, um evtl. Abweichungen kontrollieren zu können,
- am Seminarende durch Manöverkritik,
- nach dem Seminar, um weitere Schlussfolgerungen ziehen zu können.

5. *Festlegung eines geeigneten Maßstabes für den Erfolg von Bildungsmaßnahmen*, z. B.:

- Der Zufriedenheitserfolg der Teilnehmer,
- der Lernerfolg der Teilnehmer,
- der Arbeitserfolg (auch: Transfererfolg) der Teilnehmer, der darin besteht, was letztlich am Arbeitsplatz realisiert wird,
- der Kosten-Nutzen-Erfolg.

6. *Entwicklung eines Schemas zur Beurteilung von externen Bildungsveranstaltungen*, z. B.:

Beurteilung externer Bildungsveranstaltungen	Punktsystem 1 2 3 4 5
A. Schulungsinhalte - In welchem Maße sind die gesetzten Ziele bzw. Inhalte erreicht worden? - In welchem Umfang entsprach die Maßnahme dem Programm? - Wie sind die praktischen Beispiele zu beurteilen?	
B. Referent(en) - Entsprach die Qualität des Referenten den Erwartungen? - Wie ist die Sachkenntnis des Referenten zu beurteilen? - Wie waren Inhalte und methodisches Vorgehen aufeinander abgestimmt?	
C. Organisation - Wie sind Form, Ablauf und Teilnehmerunterlagen zu bewerten?	
D. Atmosphäre - Wie sind Seminarort, Räumlichkeiten, Unterbringung, Verpflegung und Freizeitmöglichkeiten zu bewerten?	
E. Gesamteindruck - Inwieweit wurde der Lernerfolg durch den Kenntnisstand der Teilnehmer beeinflusst? - Ist diese Bildungsmaßnahme zu empfehlen? (ggf. für welche Zielgruppe?).	
Bewertung: 1 = sehr empfehlenswert, 2 = gut zu empfehlen, 3 = empfehlenswert, 4 = bedingt empfehlenswert, 5 = nicht empfehlenswert	

7. *Durchführung von Bildungs-Controlling durch Benchmark-Vergleiche:*

Benchmarking lässt sich auch in der Weiterbildung nutzen. Sinnvolle Ansätze zum Bildungs-Controlling können z. B. über geeignete Fragestellungen gewonnen werden:

- Welche Zielsetzungen in der Weiterbildung verfolgen wir/die anderen?
- Wie ermitteln wir/die anderen den Weiterbildungsbedarf?
- Welche Inhalte werden vermittelt?
- Wie werden die Teilnehmer ausgewählt? usw.

8. *Durchführung von Maßnahmen zur Transfersicherung:*

Qualifizierungsergebnisse der Mitarbeiter müssen vom Vorgesetzten festgehalten und analysiert werden. Sie müssen langfristig zu richtigen und aufbauenden Entscheidungen im Sinne der Unternehmensziele und der (berechtigten) Erwartungen der Mitarbeiter führen. Folgende Fragen stehen im Vordergrund:

- Wie können *Qualifizierung*serfolge des Einzelnen langfristig durch entsprechende Einsatzplanung abgesichert und als Potenzial *genutzt werden*?

- Werden positive *Resultate* angemessen im Rahmen von Überlegungen wie Stellvertretung, Job-Enrichment, Nachfolgeplanung, Einrichtung neuer Stellen *etabliert*?

- Welcher Art sind die *Qualifizierungserfolge*? Zeigen sich persönliche Stärken im Lernzuwachs – z. B. hinsichtlich der Lernfelder Methodenkompetenz, Sozialkompetenz, Fachkompetenz? Lassen sich daraus längerfristige Karriereüberlegungen ableiten – als Generalist oder Spezialist, innerhalb der Führungs- oder der Fachlaufbahn?

- Ist die derzeitige Aufgabenstellung langfristig geeignet, die neu erworbene *Qualifizierung on the job* zu trainieren? (Problem z. B. bei Qualifikationen, die nur selten, dann aber intensiv anzuwenden sind, z. B.: → Analyse von Firmenerwerben, z. T. Sprachkenntnisse, spezielle Elektronik).

- Welche längerfristigen Maßnahmen zur Stabilisierung des Lerntransfers und der praktischen Erfahrungszuwächse sowie der Ergänzung müssen ggf. ergriffen werden? (z. B. Sonderaufgaben, Projektleitung, Auffrischung/Follow-up nach zwei Jahren, Auslandsaufenthalt, Einsatz in einer Tochtergesellschaft, Assessmentcenter nach einem Jahr als Feedback und Transferanalyse).

- Welche Methoden der *Qualifizierung* und der *Transfersicherung* haben sich rückschauend in diesem Unternehmen bewährt und welche nicht – unter Zeit- und Kostengesichtspunkten?

Daneben darf nicht vergessen werden: Nicht jeder Mitarbeiter ist gleichermaßen lernbereit. Es können Lernhemmnisse vorliegen; die Angst vor Veränderungen kann nicht immer ausreichend abgebaut werden. Außerdem lässt sich nicht jeder Mitarbeiter „beliebig weiterentwickeln". Grenzen im „Wollen und Können", intellektuell oder im Verhalten oder aufgrund gesundheitlicher Verfassung sind zu berücksichtigen. Insofern müssen Qualifizierungsergebnisse auch hinsichtlich folgender Fragen bewertet werden:

- Welche Potenziale, welche Risiken und Grenzen der Entwicklung des Einzelnen werden aufgrund der durchgeführten Qualifizierungsmaßnahmen sichtbar (z. B. Geschwindigkeit und Umsetzung des Gelernten, Systematik des Lernens; Veränderungsbereitschaft)?

- Wie wird das derzeitige Entwicklungspotenzial langfristig eingeschätzt? (eher gering, eher groß? In welchem Zeitraum? In welche Richtung? Ggf. bis zu welcher hierarchischen Ebene?

- Reichen die betrieblichen Möglichkeiten aus, um das Entwicklungspotenzial des Mitarbeiters zu befriedigen – im positiven wie im negativen Fall?

- Welche Personalentscheidungen sind demzufolge längerfristig vorzubereiten?

9. *Durchführung von Maßnahmen zur Förderung der Bildungsmotivation:*

- Durch Einbeziehung der Mitarbeiter in die Gestaltung der Bildungsarbeit,

- durch Einführung kontinuierlicher Bildungsaktivität, wie z. B. die Einführung von Seminarveranstaltungen oder die Entsendung von Mitarbeitern zu solchen Seminaren anderer Veranstalter,

- durch Abbau bildungshemmender Rahmenbedingungen, wie z. B. die Übernahme von Kosten, klare Zeitregelungen (Freizeit, Überstunden für Kursbesuche, Vertretungsregelungen für die Dauer von Kursbesuchen),

- durch verbesserte Informationen über Bildungsangebote (Sammlung und Weitergabe externer Angebote, bzw. Hinweise durch Umläufe oder in Form von Aushängen).

10. *Schaffung lernfördernder Strukturen:*

- Durch Job-Rotation, Aufgabenerweiterung und -anreicherung;

- durch die Vergabe von Spezialaufträgen, die den Erwerb zusätzlichen Wissens voraussetzen;

- durch die Einführung regelmäßiger Arbeitsbesprechungen über die Lösung betrieblicher Aufgaben;

- durch die Schaffung abwechslungsreicher Arbeitsplätze;

- durch die Einführung von Arbeitsgruppen mit selbstverantwortlichem Arbeitsbereich.

- Dabei sollten die Führungskräfte den Mitarbeiter nicht überfordern, ihm Zeit geben und die Rolle des „Lernbegleiters" übernehmen. Von den Führungskräften wird erwartet: Offenheit, Vertrauen, Information, Delegationsbereitschaft und die sichere Beherrschung der Kommunikationsregeln.

Die nachfolgende Abbildung zeigt einen Überblick der Methoden und Maßnahmen des Bildungscontrolling:

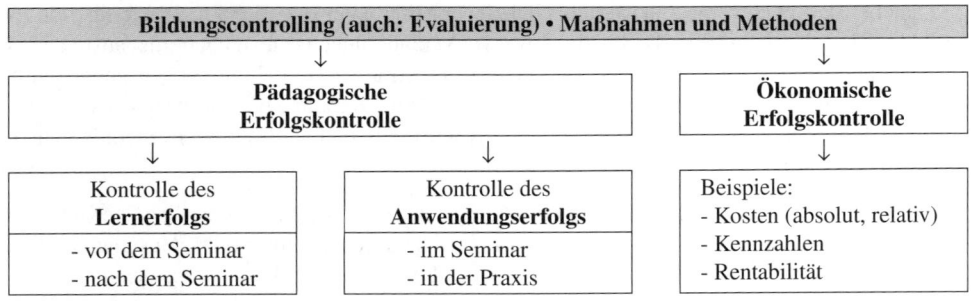

4.5 Führungsmodelle und Führungsinstrumente anwenden, Führungskräfte beraten

4.5.1 Führungsmodelle

01. Was heißt „Mitarbeiter führen"?

- *Begriff:*
  Führen heißt, das Verhalten der Mitarbeiter zielorientiert beeinflussen, sodass die betrieblichen Ziele erreicht werden – unter Beachtung der Ziele der Mitarbeiter.

- *Ziel* der Führungsarbeit ist:

  a) betrieblicher Aspekt (*Zielerfolg*)
     - Leistung zu erzeugen,
     - Leistung zu erhalten und
     - Leistung zu steigern.

  b) Mitarbeiteraspekt (*Individualerfolg*)
     - Erwartungen und Wünsche der Mitarbeiter zu berücksichtigen in Abhängigkeit von den betrieblichen Möglichkeiten
     - Mitarbeiter zu motivieren.

- Der allgemeine Führungsauftrag an alle Vorgesetzten besteht also darin, die Unternehmensziele – global und im Detail – gemeinsam mit den Mitarbeitern zu realisieren und dabei die Rahmenbedingungen zu beachten.

02. Welche Ziele müssen Führungskräfte beachten? Welche Aufgaben ergeben sich daraus?

a) Die Leistung der Mitarbeiter muss sich stets *zielorientiert* entfalten, d. h., Führung hat die Aufgabe, alle Kräfte des Unternehmens zu bündeln und auf den Markt zu konzentrieren (Führung → Ziele → zielorientierte Aufgabenerfüllung → Leistung → Wertschöpfung → Zielerreichung).

b) Die Ziele des Unternehmens werden aus der *Wechselwirkung von Betrieb und Markt/Kunde* gewonnen. Sie werden „heruntergebrochen" in Zwischen- und Unterziele für nachgelagerte Führungsebenen.

c) Führung bildet dabei die Funktion der *Klammer, der Koordination und der Orientierung.*

d) Führung muss dabei den „Spagat" zwischen der Beachtung ökonomischer und sozialer Ziele herbeiführen:

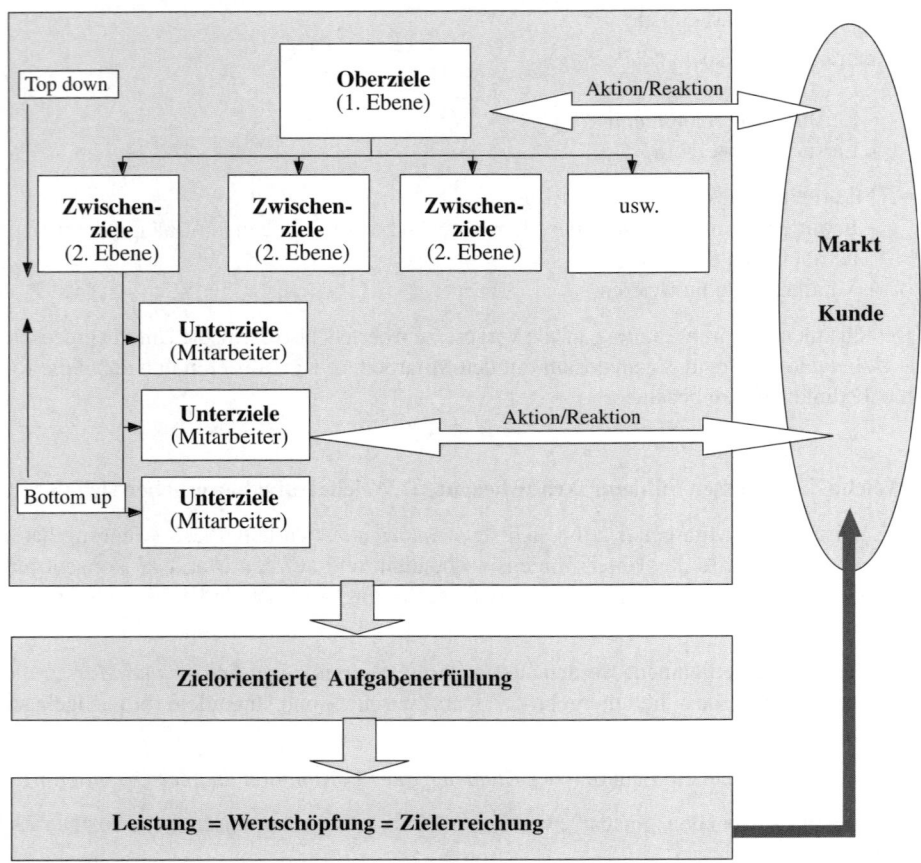

Das heißt also: **Konzentration der Kräfte auf zielorientierte Leistung!**
Dies bedeutet: • Zielvereinbarung-/Zielerreichungsgespräche
              • keine Widersprüche zwischen:
                Zielen, Organisation, Ressourcenzuteilung,
                Mitarbeiteranforderung/-eignung

e) Zielorientierte Führung schafft durch *geeignete Maßnahmen/Instrumente* die Voraussetzungen für Leistung: Fähigkeit + Bereitschaft + Möglichkeit.

f) Zielorientierte Führung orientiert sich am *Management-Regelkreis*.

g) Ziele müssen *messbar* sein, d. h., sie müssen eine Festlegung enthalten in den Punkten:

Zielelement:	Beispiel:
- Inhalt:	„die Anzahl der Schichtmitarbeiter verringern"
- Ausmaß:	„um 6 Personen"
- Zeit:	„bis zum Ende dieses Quartals"

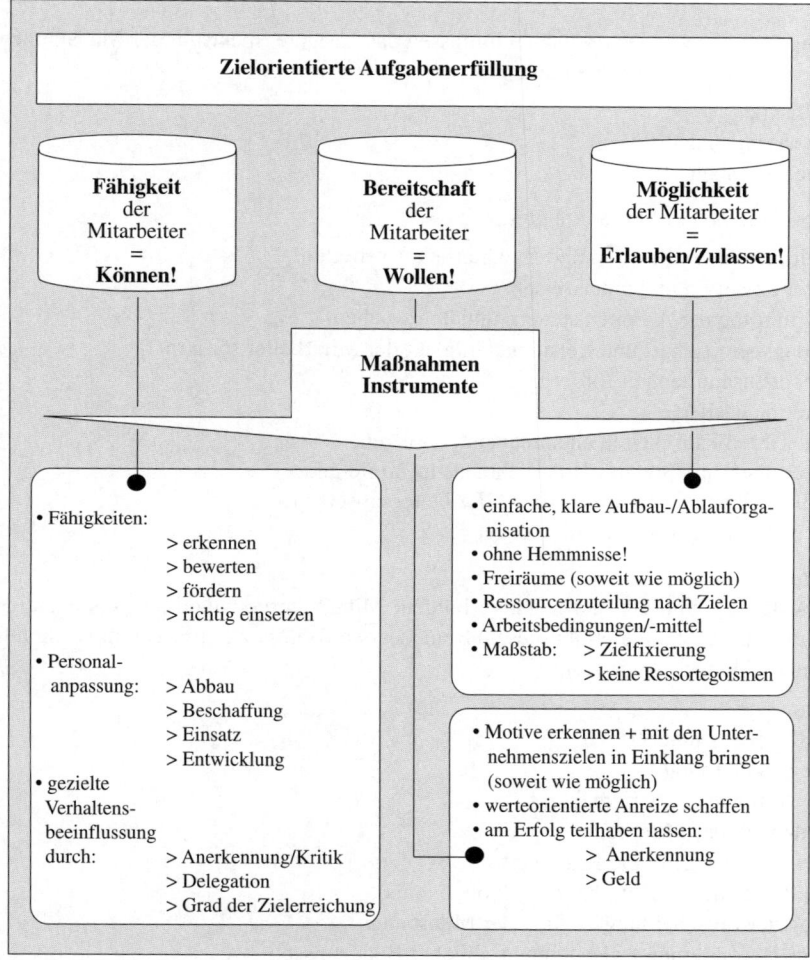

Zielorientierte Aufgabenerfüllung

Fähigkeit
der
Mitarbeiter
=
Können!

Bereitschaft
der
Mitarbeiter
=
Wollen!

Möglichkeit
der Mitarbeiter
=
Erlauben/Zulassen!

**Maßnahmen
Instrumente**

• Fähigkeiten:
> erkennen
> bewerten
> fördern
> richtig einsetzen

• Personal-
anpassung:
> Abbau
> Beschaffung
> Einsatz
> Entwicklung

• gezielte
Verhaltens-
beeinflussung
durch:
> Anerkennung/Kritik
> Delegation
> Grad der Zielerreichung

• einfache, klare Aufbau-/Ablauforga-
nisation
• ohne Hemmnisse!
• Freiräume (soweit wie möglich)
• Ressourcenzuteilung nach Zielen
• Arbeitsbedingungen/-mittel
• Maßstab: > Zielfixierung
                 > keine Ressortegoismen

• Motive erkennen + mit den Unternehmenszielen in Einklang bringen
(soweit wie möglich)
• werteorientierte Anreize schaffen
• am Erfolg teilhaben lassen:
                 > Anerkennung
                 > Geld

**03. Welche Konsequenzen ergeben sich daraus für Rolle, Aufgaben und Verantwortung
des Vorgesetzten?**

Der Vorgesetzte/der Personalfachmann hat einerseits die von der Unternehmensleitung vorgegebenen Ziele und die damit verbundenen Aufgaben wahrzunehmen und gleichzeitig – im Rahmen
dieser Ziele – die Erwartungen der Mitarbeiter zu berücksichtigen.

• Daraus erwächst seine *Rolle* als

- Vorgesetzter,
- Koordinator,
- Mittler,
- Coach und Berater seiner Mitarbeiter.

→ vgl. dazu auch Ziffer 4.5.3

- *Aufgaben:*
  Die Führungsaufgaben des Vorgesetzten umfassen das gesamte Spektrum der Management-
  funktionen und lassen sich grob einteilen in:
  - fachspezifische,
  - organisatorische und
  - personelle Aufgaben.

  Im Betriebsalltag heißt das u. a. konkret:
  - Die Arbeit planen, vorbereiten und an Mitarbeiter verteilen,
  - Mitarbeiter anweisen und unterweisen,
  - die Durchführung der Arbeiten steuern und überwachen,
  - die Leistungsbereitschaft und Leistungsfähigkeit der Mitarbeiter fördern,
  - den Gruppenzusammenhalt fördern,
  - Mitarbeiter beurteilen,
  - Mitarbeiter ihren Fähigkeiten entsprechend einsetzen,
  - Mitarbeiter über die Ziele des Unternehmens informieren,
  - sich für die Belange und Anliegen der Mitarbeiter einsetzen.
  → vgl. dazu „Führungsinstrumente", Ziffer 4.5.2

- *Verantwortung:*
  Schlechte Mitarbeiterführung hat negative Folgen: Mitarbeiterverhalten ist stets auch eine
  Reaktion auf Führungsverhalten. In diesem Sinne ist der Vorgesetzte (mit)verantwortlich für
  negative Entwicklungen – wie z. B.:
  - Fluktuation,
  - mangelhafte Koordination,
  - geringere Produktivität,
  - geringere Aktivität der Mitarbeiter,
  - Unzufriedenheit der Mitarbeiter,
  - Flucht der Mitarbeiter in die Krankheit,
  - seelische Probleme der Mitarbeiter (Alkoholismus),
  - Einengung der Entscheidungsfreiheit der Mitarbeiter,
  - mangelnde Befriedigung zwischenmenschlicher Bedürfnisse,
  - mangelnder Wille zur Zusammenarbeit,
  - mangelnde/keine Identifikation der Mitarbeiter mit den betrieblichen Zielen,
  - Verunsicherung der Mitarbeiter,
  - nachlassendes Qualitätsbewusstsein
  - Vernachlässigung von Umweltschutz, Arbeitssicherheit u. Ä.,
  - schlechtes Betriebsklima.

04. Wie lassen sich die Begriffe Führungsprinzip, Führungsstil, Führungskonzeption, Führungsmodell, Führungsmittel und Führungstechnik theoretisch voneinander abgrenzen und welche Bedeutung hat diese Unterscheidung in der Praxis?

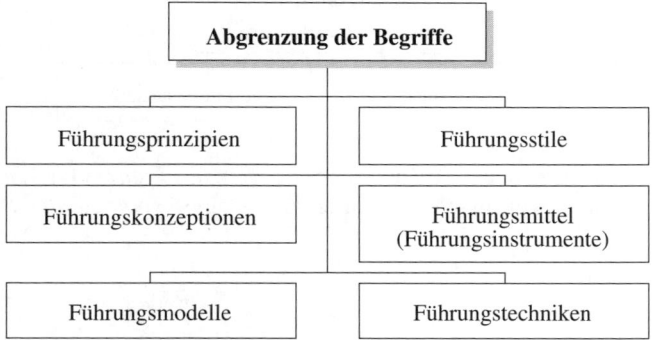

- *Führungsprinzip* ist der am wenigsten umfassende Begriff. Er beschreibt den Sachverhalt, dass sich eine Führungskraft in ihrem konkreten Verhalten *an* einem oder mehreren *Grundsätzen orientiert* – z. B. dem Prinzip der Delegation.

- Mit *Führungsstil* will man das *Führungsverhalten eines Vorgesetzten* beschreiben, dass durch eine einheitliche Grundhaltung gekennzeichnet ist. Der Führungsstil *ist also ein Verhaltensmuster*, dass sich aus mehreren Orientierungsgrößen zusammensetzt (Werte, Normen, Grundsätze), zeitlich *relativ überdauernd* und in unterschiedlichen Situationen *relativ konstant* ist (z. B. kooperativer Führungsstil).

- *Führungskonzeptionen* basieren auf den Erkenntnissen über Führungsstile, bringen diese in Beziehung zueinander und ergänzen sie durch weitere Dimensionen. In der Regel haben Führungskonzepte eine Leitidee (z. B. Delegation) und integrieren diese in (unterschiedlich ausgestaltete) Regelkreise der Planung, Durchführung und Kontrolle.

- *Führungsmodelle* erheben den Anspruch, praxisorientierte Konzeptionen mit normativem oder idealtypischem Charakter zu sein.

Alle o. g. Begriffe haben Folgendes gemeinsam:
Sie versuchen, konkretes Führungsverhalten zu beschreiben, zu erklären und Handlungsempfehlungen für den Führungsprozess zu geben. In der Praxis werden diese Begriffe kaum voneinander getrennt; in der Literatur werden *Konzeptionen* und *Modelle* oft synonym verwendet.

- *Führungsmittel* sind Mittel und Verfahren, die zur Gestaltung des Führungsprozesses eingesetzt werden (z. B. Delegation, Beurteilung usw.). Der Begriff Führungs*instrumente* wird synonym verwendet.

- *Führungstechniken:* Die meisten Autoren verwenden Führungstechniken im Sinne von Managementtechniken (z. B. Analysetechniken, Planungstechniken, Entscheidungstechniken) – vor dem Hintergrund des allgemeinen Managementprozesses (Ziele setzen → planen → organisieren → realisieren → kontrollieren).

05. Zu welchen Ergebnissen sind der „Eigenschaftsansatz" und der „Verhaltensansatz" in der Führungsstillehre gekommen?

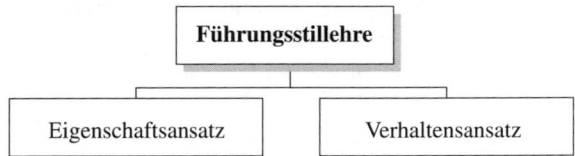

- Der *Eigenschaftsansatz* geht aus von den *Eigenschaften des Führers* (z. B. Antrieb, Energie, Durchsetzungsfähigkeit usw.). Es wurde daraus eine *Typologie der Führungskraft* entwickelt:
  - autokratischer Führer
  - demokratischer Führer
  - laissez faire Führer.

Andere Erklärungsansätze nennen unter der Überschrift „Tradierte Führungsstile" (= überlieferte Führungsstile):
  - patriarchalisch (= väterlich)
  - charismatisch (= Persönlichkeit mit besonderer Austrahlung)
  - autokratisch (= selbstbestimmend)
  - bürokratisch (= nach Regeln).

Der Eigenschaftsansatz impliziert, dass Führungserfolg von den Eigenschaften des Führers abhängt. Der Eigenschaftsansatz konnte empirisch nicht bestätigt werden.

- Der *Verhaltensansatz* basiert in seiner Erklärungsrichtung auf den *Verhaltensmustern der Führungskraft* innerhalb des Führungsprozesses. Im Mittelpunkt stehen z. B. Fragen: „Wie kann Führungsverhalten beschrieben werden?". Ergebnis dieser Forschungen sind die Führungsstile und Führungsmodelle mit ihren unterschiedlichen Orientierungsprinzipien, wie sie in der nachfolgenden Darstellung abgebildet sind:

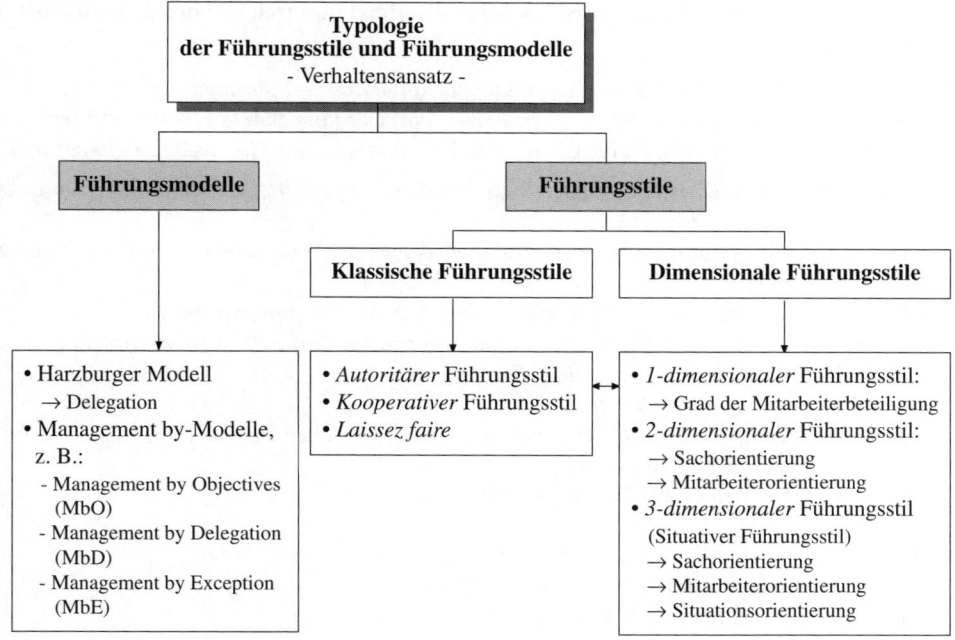

- Die *klassischen Führungsstile* können mit den 1-dimensionalen gleichgesetzt werden. Das Orientierungsprinzip (Unterscheidungs-) ist der *Grad der Mitarbeiterbeteiligung*.

Ein Führungsstil ist eindimensional, wenn zur Beschreibung und Beurteilung von Führungsverhalten nur ein Kriterium herangezogen wird. Daher gehören „Klassische Führungsstile" typologisch zu den eindimensionalen. Bei den zwei- und mehrdimensionalen Führungsstilen ist der Erklärungsansatz von zwei oder mehr Kriterien (= Orientierungsprinzipien) geprägt.

- Das *2-dimensionale Verhaltensmodell* wählt „Sache" und „Mensch" als Orientierungsprinzipien (Grid-Konzept).

- Das *3-dimensionale Verhaltensmodell* wählt „Mitarbeiter", „Vorgesetzter" und „betriebliche Situation" als Orientierungsprinzipien.

- Die *managementorientierten Führungsmodelle* wählen ein spezifisches Führungsinstrument bzw. ein Element des Management-Regelkreises zum tragenden Kern eines mehr oder weniger geschlossenen Verhaltensmodells.

Beispiele:

- MbO; Management by Objectives: „Kern" → Ziele vereinbaren
- MbD; Management by Delegation: „Kern" → Verantwortung delegieren
- Harzburger Modell: „Kern" → Regelwerk von Führungsanweisungen mit dem Kernprinzip Delegation.

06. Nach welchen Grundsätzen wird kooperativ geführt und welche Vorteile bietet dieser Führungsstil?

- *Grundsätze und charakteristische Merkmale des kooperativen Führungsstils:*
  Kooperieren heißt, *zur Zusammenarbeit bereit sein.* Der kooperative Führungsstil bedeutet „Führen durch Zusammenarbeit". Charakteristisch sind folgende Grundsätze und Merkmale:

  - Die betrieblichen *Aktivitäten werden* zwischen dem Vorgesetzten und den Mitarbeitern *abgestimmt.*
  - Der kooperative Führungsstil ist *zielorientiert* (Ziele des Unternehmens und Erwartungen der Mitarbeiter).
  - Der Vorgesetzte bezieht die Mitarbeiter in den *Entscheidungsprozess mit ein.*
  - Die Zusammenarbeit ist geprägt von *Kontakt, Vertrauen, Einsicht und Verantwortung.*
  - Formale *Machtausübung* tritt in den *Hintergrund.*
  - Es gilt das Prinzip der *Delegation.*
  - Fehler werden *nicht bestraft*, sondern es werden die Ursachen analysiert und behoben. Der Vorgesetzte gibt dabei Hilfestellung.
  - Es werden die *Vorteile der Gruppenarbeit* genutzt.

- *Vorteile,* z. B.:
  - ausgewogene Entscheidungen auf Gruppenbasis;
  - Kompetenzen der Mitarbeiter werden genutzt;
  - Entlastung der Vorgesetzten;
  - Motivation und Förderung der Mitarbeiter.

07. Wie lässt sich das Grid-Konzept erklären?

Aus der Reihe der mehrdimensionalen Führungsstile hat der Ansatz von Blake/Mouton in der Praxis starke Bedeutung gefunden: Er zeigt, dass sich Führung grundsätzlich an den beiden Werten „Mensch/Person" bzw. „Aufgabe/Sache" orientieren kann. Daraus ergibt sich ein zweidimensionaler Erklärungsansatz:

Ordinate des Koordinatensystems:	→	Mitarbeiter
Abszisse des Koordinatensystems:	→	Sache

Teilt man beide Achsen des Koordinatensystems in jeweils neun „Intensitätsgrade" ein, so ergeben sich insgesamt 81 Ausprägungen des Führungsstils bzw. 81 Variationen von Sachorientierung und Menschorientierung. Die Koordinaten 1.1 („Überlebenstyp") bis 9.9 („Team"/ „Partizipation") zeigen die fünf dominanten Führungsstile, die sich aus dem Verhaltensgitter ableiten lassen.

Kurz gesagt:
Das Managerial Grid spiegelt die Überzeugung wider, dass der 9.9-Stil (hohe Sach- und Mensch-Orientierung) der effektivste ist.

Das zweidimensionale Verhaltensgitter (Managerial Grid) nach Blake/Mouton hat folgende Struktur:

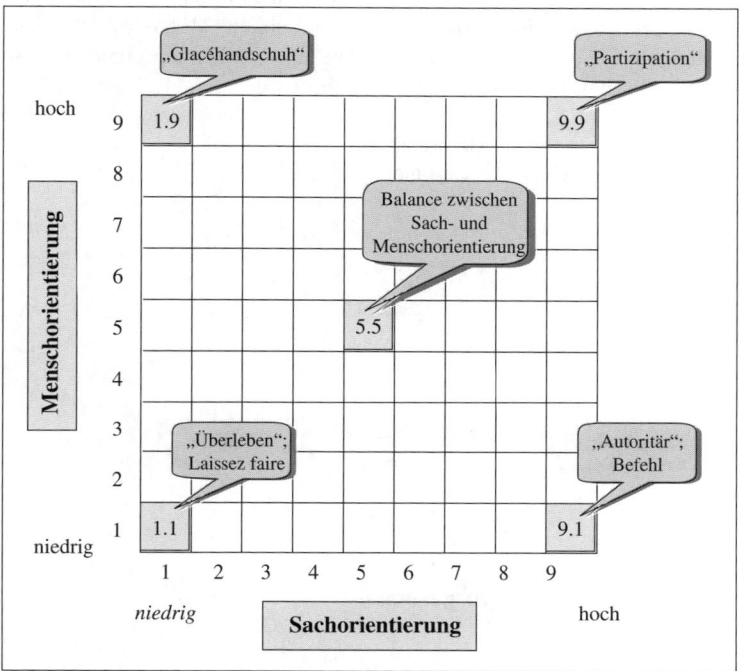

08. Was versteht man unter dem situativen Führungsstil?

Die Erklärungsansätze „1-dimensionaler und 2-dimensionaler Führungsstil" haben Lücken und führen zu Problemen:

- Zwischen Führungsstil und Führungsergebnis besteht nicht unbedingt ein lineares Ursache-Wirkungs-Verhältnis.

- Führungsstil und Mitarbeiter„typus" stehen miteinander in Wechselbeziehung. Andere Mitarbeiter können (müssen) zu einem veränderten Führungsverhalten bei ein und demselben Vorgesetzten führen.

- Die äußeren Bedingungen (die Führungssituation), unter denen sich Führung vollzieht, verändern sich und beeinflussen den Führungserfolg.

Diese Einschränkungen haben dazu geführt, dass *heute Führung als das Zusammenwirken mehrerer Faktoren* (im Regelfall werden drei genannt) *betrachtet wird, die insgesamt ein „Spannungsfeld der Führung" ergeben:*

- dem Führenden
- dem Mitarbeiter/der Gruppe
- der spezifischen Führungssituation.

Man bezeichnet diesen Ansatz als *situatives Führen*. Es ist Aufgabe der Führungskraft, die jeweils spezifische Führungssituation (Führungskultur, Zeitaspekte, Besonderheit der Aufgabe usw.) zu erfassen, die Wahl und Ausgestaltung der Führungsmittel auf die jeweilige Persönlichkeit des Mitarbeiters abzustellen (Erfahrung, Persönlichkeit, Motivstruktur, seine WEZs = Wünsche, Erwartungen, Ziele usw.) und dabei die Vorzüge/Stärken der eigenen Persönlichkeit (Entschlusskraft, Sensibilität, Systematik o.Ä.) einzubringen:

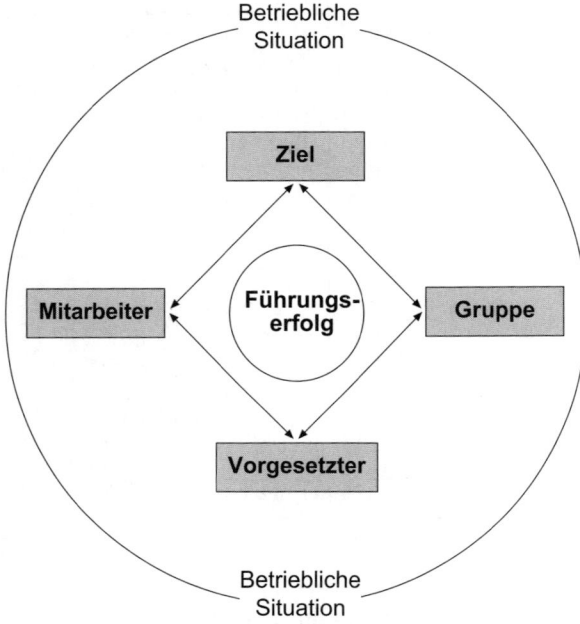

Beispiel 1:
Bei einer eilig auszuführenden Nacharbeit (einfache Tätigkeiten) für einen Kundenauftrag kann der Vorgesetzte tendenziell mehr autoritär führen (klare, terminierte Anweisungen).

Beispiel 2:
Eine Arbeitsgruppe von erfahrenen Mitarbeiter soll die Qualitätsmängel am Produkt X untersuchen und Maßnahmen zur Qualitätsverbesserung vorschlagen. Hier ist der kooperative Führungsstil mit einem hohen Maß an Delegation zweckmäßig.

09. Wie lassen sich die vorherrschenden drei Erklärungsansätze der Führungsstillehre im Vergleich darstellen?

Bezeichnung in der Praxis/Theorie:	Dimension(en):	Bild:
1. Führungskontinuum	• **Grad der Mitarbeiter- beteiligung** **1-D**	autoritär kooperativ laissez faire Vorgesetzter trifft die Ent- scheidung allein. / Hohe Beteili- gung der Mit- arbeiter bei Ent- scheidungen. / Keine Füh- rung der Mit- arbeiter
2. Grid-Modell	• **Sache** • **Mitarbeiter** **2-D**	Sache / 9.9 / Mitarbeiter
3. Situativer Führungsstil	• **Mitarbeiter/ Gruppe** • **Vorgesetzter** • **Situation** **3-D**	Vorgesetzter / Situation / Mitarbeiter

10. Welche Management-by-Techniken gibt es?

Die Management-by-Modelle (= Mb-Techniken) werden auch als Führungstechniken, Führungskonzeptionen, Managementtechniken, Managementprinzipien oder Management-Konzeptionen bezeichnet – um die Begriffsverwirrung vollständig zu machen.

Alle Begriffe haben gemeinsam: Sie versuchen, konkretes Führungsverhalten zu beschreiben, zu erklären und *Handlungsempfehlungen* für den Führungsprozess zu geben. In der Praxis werden diese Begriffe kaum voneinander getrennt; in der Literatur werden Konzeptionen und Modelle oft synonym verwendet.

In den 60er und 70er Jahren tauchten eine Vielzahl von „Management-by's ..." auf, die teilweise „als das Non plus Ultra" verkauft wurden. Keine dieser Konzepte ist für sich allein genommen ein geschlossenes Führungsmodell. Sie ergänzen und überlappen sich und bedürfen in der praktischen Anwendung einer sorgfältigen Abwägung der jeweiligen Vor- und Nachteile.

Von Bestand für die heutige Praxis haben im Wesentlichen nur MbO (= Management by Objectives = Führen durch Zielvereinbarung) und MbD (= Management by Delegation) erlangt. Die anderen Management-by-Modelle spielen als eigenständige Konzeptionen kaum noch eine Rolle.

Die „Flut der Management-bys" folgt einer Grundregel: Es wird i. d. R. eine bestimmte Phase im Managementprozess favorisiert: Ziele setzen → Planen → Organisieren → (Durch-) Führen → Kontrollieren. Man kann die Modelle nach sachbezogenen und personenbezogenen unterscheiden:

- *sachbezogene Mb-Modelle*, z. B.:
  - MbE   Management by Exception
            Führen nach dem Ausnahmeprinzip
  - MbDR   Management by Decision Rules
            Führen anhand von Entscheidungsregeln
  - MbO   Management by Objectives
            Führen durch Zielvereinbarung
  - MbR   Management by Results
            Führen durch Ergebnisorientierung

- *personenbezogene Mb-Modelle*, z. B.:
  - MbI   Management by Information
            Führen durch gezielte Information
  - MbM   Management by Motivation
            Führen durch Motivation
  - MbD   Management by Delegation
            Führen nach dem Delegationsprinzip

Einige dieser Mb-Modelle werden im Folgenden kurz erläutert:

- *Management by Exception:*
  Hauptinhalt ist die Delegation der Entscheidungskompetenz. Nicht alle Vorgänge sind Füh-rungsaufgaben und werden daher auf die Mitarbeiter zur selbstständigen Erledigung delegiert. Alle im normalen Ablauf anfallenden Entscheidungen werden von der jeweils nachgeordneten Entscheidungsebene getroffen. Der Entscheidungsspielraum wird durch generelle Anweisungen bestimmt. Die Mitarbeiter handeln selbstständig in definierten Handlungsspielräumen. Die Kompetenz zur Entscheidung ist entweder auf die Aufgabe oder das zu erreichende Ziel bezogen. *Nur in Ausnahmefällen kann sich der Mitarbeiter an den Vorgesetzten wenden.* Die Entscheidungskompetenz kann nur dann rückdelegiert werden, wenn die Erreichung des Ziels gefährdet ist. Zu beachten ist die Gefahr nichtausreichender gegenseitiger Information. Da die Mitarbeiter weitgehend selbstständig arbeiten, bedarf das MbE der qualifizierten Motivation (MbM). Evtl. Misserfolge müssen mit Unterstützung der Führungskraft verarbeitet werden.

  Vorteile:
  Der Vorgesetzte wird von Routineaufgaben entlastet. Die Mitarbeiter können selbstständig handeln – innerhalb eines bestimmten Rahmens.

  Nachteile:
  Da sich die Handlungsfreiheit im Wesentlichen auf Routinebereiche beschränkt, besteht beim Mitarbeiter die Gefahr der Demotivation. Die Festlegung der Handlungs- und Entscheidungsgrenzen kann schwierig sein. Dieses Führungsprinzip erfasst nur einen Teilbereich des gesamten Führungsfeldes.

- *Management by Decision Rules:*
  Dieses Führungsmodell kann als Sonderfall des MbE charakterisiert werden. Ebenso wie für das MbE werden auch hier Entscheidungs- bzw. Rückkoppelungsregeln definiert. Der Unterschied zum MbE-Konzept liegt in einer stärkeren Reglementierung und höheren Restriktionsdichte, da nicht nur für Ausnahmefälle, sondern generell Entscheidungsregeln fixiert werden.

- *Management by Delegation:*
  Hauptinhalt ist die Delegation der zur Aufgabe gehörenden Verantwortung. Anliegen des MbD ist es, durch Motivation und Aufgabenverteilung in die unteren Ebenen den Gesamtbetrieb effektiver zu gestalten. Zuständigkeiten, Verantwortung und Entscheidungsbefugnis sind – soweit möglich – auf untere Ebenen zu delegieren; Einzelheiten zum Prinzip der Delegation vgl. unter Ziffer 4.5.2.

- *Management by Objectives:*
  Die Entscheidungsebenen arbeiten gemeinsam an der Zielfindung. Dabei legen Vorgesetzter und Mitarbeiter gemeinsam das Ziel fest, überprüfen es regelmäßig und passen das Ziel an. Da das Gesamtziel der Unternehmung und die daraus abgeleiteten Unterziele ständig am Markt orientiert sind, ist MbO durch kontinuierliche Zielpräzisierung ein Prozess. Die Wahl der einzusetzenden Mittel zur Zielerreichung bleibt den Mitarbeitern überlassen. Diese Methode wirkt Formalismus, Bürokratie, Unbeweglichkeit und Überbetonung der Verfahrenswege direkt entgegen. Kriterium sind Effektivität und Zweck. Die Zielerreichung ist der Erfolg. Die Leistung wird im Soll-Ist-Vergleich beurteilt (→ vgl. auch Ziffer 4.5.2).

  Vorteile:
  - Entlastung der Vorgesetzten von Routinetätigkeiten,
  - Identifikation der Mitarbeiter mit den Zielen des Unternehmens,
  - Transparenz der am Zielvereinbarungsprozess Beteiligten,
  - Leistungsbereitschaft und Initiative der Mitarbeiter aufgrund von Delegation,
  - verbesserte Arbeitsergebnisse,
  - mehr Handlungsspielraum und ggf. Entscheidungsspielraum für die Mitarbeiter,
  - mehr Entscheidungsspielraum für die Vorgesetzten,
  - höhere Effizienz,
  - höhere Motivation durch persönliche Erfolgserlebnisse.

  Nachteile:
  - Benachteiligung qualitativer Ziele gegenüber quantitativen,
  - Schwierigkeiten und Konflikte bei der Zielvereinbarung,
  - Konflikte bei der Zielanpassung im Rahmen einer Abweichungsanalyse,
  - schwierige Koordination der Ziele oberhalb der Abteilungsebene,
  - Erhöhung des Leistungsdruckes auf den einzelnen Mitarbeiter,

  Hinweis: MbO ist häufig Gegenstand der Prüfung.

- *Management by Results:*
  MbR ist eine Modifikation aus Mb-Objectives und Mb-Delegation. Hauptinhalt ist die *Vorgabe von Ergebnissen*. Die nachfolgende Ebene ist nicht ausdrücklich an der Zielfindung beteiligt. Es ist jedoch vorteilhaft, gemeinsam mit den Mitarbeitern Ergebnisse zu analysieren und daraus zukünftige Ziele abzuleiten.

11. Welcher Zusammenhang besteht zwischen Führungsmodell/Führungsstil und Organisationsentwicklung?

Die Antwort zu dieser Fragestellung ist komplex; eine kurzgefasste „Musterlösung" dazu gibt es nicht. Nachfolgend sind einige Thesen zu diesem Thema dargestellt:

1. Zur Wiederholung/Erläuterung der Begriffe:

- Der *Führungsstil*
  ist das *konkrete Führungsverhalten eines Vorgesetzten; er ist ein Verhaltensmuster*, das sich aus mehreren Orientierungsgrößen zusammensetzt (Werte, Normen, Grundsätze) und zeitlich *relativ überdauernd* ist (z. B. kooperativer Führungsstil). Man unterscheidet (vereinfacht): kooperative/autoritäre Führung, sach-/menschorientierte Führung (Grid) und situatives Führen (→ vgl. Frage 09.)

- *Führungskonzeptionen/-modelle*
  haben in der Regel eine Leitidee (z. B. Delegation) und integrieren diese in (unterschiedlich ausgestaltete) Regelkreise der Planung, Durchführung und Kontrolle (→ vgl. Frage 10.).

- Die OE hat einen *ganzheitlichen Ansatz:* Angestrebt wird eine Anpassung der formalen Aufbau- und Ablaufstrukturen *und* der Verhaltensmuster der Mitarbeiter an Veränderungen der Umwelt, z. B. Kunden, Märkte, Produkte (→ vgl. 4.1.2).

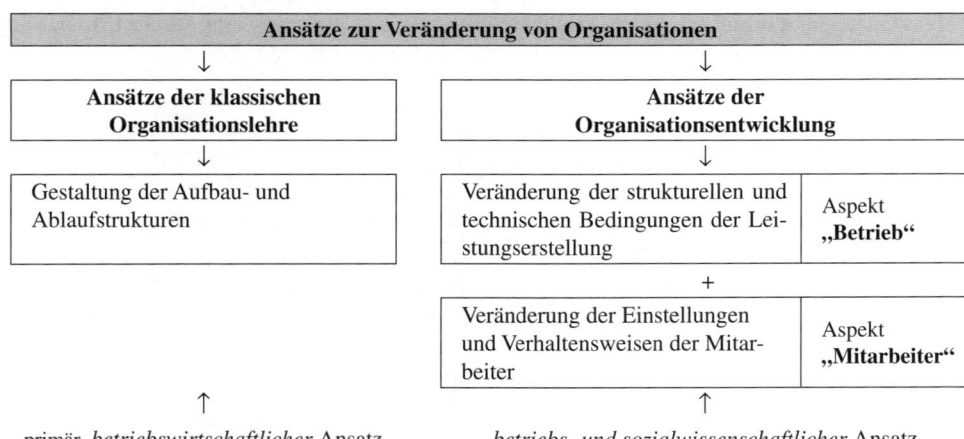

2. *Veränderungen im Selbstverständnis der Führungskräfte:*

Das Selbstverständnis der Führungskräfte hat sich gewandelt. In der Tendenz galt *früher* die Auffassung:

- Es ist alles von oben herab machbar,

- Eine perfekte Organisation und Bürokratie sind der Schlüssel zum Erfolg, z. B. direktes und indirektes Führen über Richtlinien und Systemen schriftlich fixierter Anweisungen – mit den bekannten Negativerscheinungen der Bürokratisierung und Verkrustung.

- Eine „starke Hand" mit direktiven Anweisungen führt „mechanistisch-linear" zum Erfolg.

Heute stehen mehr folgende Erkenntnisse im Vordergrund, z. B.:

- die zunehmende Komplexität erfordert *mehr Vertrauen* in die Fähigkeit der Mitarbeiter, sich selbst zu organisieren;
- es ist Aufgabe der Führungskraft, diese Fähigkeit zu *fördern*;
- es ist unmöglich, alle Prozesse als Führungskraft selbst zu beherrschen;
- die Regelung im Detail ist nicht möglich; richtig ist, rahmenbestimmende Regeln mit „Freiräumen" zu schaffen.

3. *Zusammenhang zwischen Führungsstil und Führungskultur:*

Die Wirkung des eigenen *Führungsstils* ist immer auch abhängig von der *Führungskultur* des Unternehmens. Das Führungsverhalten des Einzelnen, der sich z. B. an den Prinzipien Kooperation und Delegation orientiert, kann in einem Unternehmen mit überwiegend autoritärer Führungskultur nicht gedeihen. Um den Erfolg gemeinsamer Führungsarbeit zu verstärken, sind insbesondere Großunternehmen dazu übergegangen, sog. *Führungsgrundsätze* oder *Leitlinien der Führung und Zusammenarbeit* zu formulieren. Derartige Führungsgrundsätze verfolgen keine „Gleichschaltung der Führungskräfte", sondern die *Verständigung auf gemeinsame Grundwerte*.

4. *Wechselbeziehungen zwischen Unternehmenskultur und Projektmanagement:*

- Die Gesamtheit von Werten, Normen, Verhaltensmustern und Einstellungen nennt man Kultur (z. B. Landeskultur, *Unternehmenskultur*, Führungskultur, Kultur des Individuums).
- Projektmanagement verlangt von den Mitarbeitern und Führungskräften kritische Kreativität, Disziplin sowie die Bereitschaft zur Veränderung. Andererseits stärkt erfolgreiches Projektmanagement genau diese individuellen „Kulturelemente", durch die es gestützt wird. Eine Führungskultur, die Werte, Normen und Einstellungen wie Individualität, Beteiligung der Mitarbeiter, sachorientierte Lösung von Konflikten usw. präferiert, bietet also eine gute Basis für Projektarbeit.
- Je stärker die Werte, Normen und Einstellungen zwischen Unternehmenskultur, Führungskultur, Individualkultur und „Projektmanagement-Kultur", kongruent sind, desto
  · geringer ist das Konfliktpotenzial,
  · desto stärker wirkt die „Keilidee" (Konzentration der Kräfte auf den Markt),
  · desto effektiver ist das Projektmanagement.

Schlussfolgerungen:

Aus der oben dargestellten Begriffsklärung und den formulierten Thesen können z. B. folgende Zusammenhänge zwischen Führungsmodell und Organisationsentwicklung abgeleitet werden:

→ *Organisationsentwicklung* ist in der Praxis nur dann durchführbar, wenn das vorherrschende *Führungsmodell* im Unternehmen so angelegt ist, dass die Mitarbeiter (von sich aus) bereit sind, sich mit den Veränderungen am Markt und der Umwelt kritisch auseinander zu setzen und gemeinsam mit den Führungskräften nach neuen Lösungen zu suchen.

→ Von daher muss die im Unternehmen praktizierte Führungskultur getragen werden von Prinzipien wie Eigendisziplin, Eigeninitiative der Mitarbeiter sowie Kooperation und Delegation.

→ Im Idealfall werden im Betrieb die starren Strukturen der Linienorganisation zurückweichen und flexibleren Modellen wie Matrix-, Team- und Projektorganisation Raum geben. Eine Verringerung der Leitungsspanne bzw. flachere hierarchische Strukturen (Lean Management) ermöglichen eine schnellere Anpassung des Systems „Betrieb" an die sich wandelnden Umweltbedingungen.

→ Zentrale Voraussetzung dieser lernenden Organisation ist jedoch ein Mitarbeitertypus, der eigenständig, kritisch kreativ und diszipliniert seinen Verantwortungsbereich ausfüllt, über Notwendigkeiten der Anpassung nachdenkt und die Führungskräfte einen Führungsstil praktizieren, der diesen Mitarbeitertypus prägt und fördert.

4.5.2 Führungsinstrumente

01. Wie lassen sich die Führungsinstrumente (-mittel) systematisch gliedern?

Führungsinstrumente (synonym: Führungsmittel) sind Mittel und Verfahren zur Gestaltung des Führungsprozesses. Sie lassen sich nach unterschiedlichen Merkmalen systematisieren:

1. Eine Form der *Unterscheidung* ist die Differenzierung *nach Oberbegriffen*:

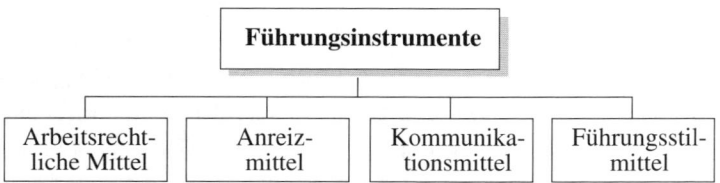

- *Arbeitsrechtliche Mittel:* Aus dem Arbeitsvertrag ergeben sich für den Mitarbeiter u. a. Pflichten (Leistungspflicht, Gehorsamspflicht, Pflicht zur Vertraulichkeit, Schweigepflicht usw.). Aufseiten des Vorgesetzten stehen dem gegenüber u. a. das Weisungsrecht, das Recht zur Anordnung und zum Festlegen von Richtlinien (z. B. im Bereich des Unfallschutzes). Der Vorgesetzte kann diese arbeitsrechtlichen Führungsmittel gezielt zur Gestaltung des Führungsprozesses einsetzen (*Anweisungen treffen, sich auf Richtlinien berufen, Ermahnen, Abmahnen* usw.).

- *Anreizmittel:* Die Anreizmittel haben innerhalb der Führungsmittel besondere Bedeutung, da von ihnen im Allgemeinen eine starke Motivationswirkung ausgeht. Infrage kommen z. B. *monetäre Anreize* (Entgelt, geldwerte Leistungen), *Statusanreize* (Titel, Essen im Kasino, Club-Mitgliedschaft) und *Entwicklungsanreize* (Position, besondere Förderungsmaßnahmen, Laufbahn, Stellvertretung).

- *Kommunikationsmittel:* Kommunikation ist die Übermittlung von verbalen (sprachlichen) und nonverbalen (nichtsprachlichen) Reizen vom Sender zum Empfänger. Der Vorgesetzte hat gegenüber seinen Mitarbeitern Informationspflichten und -rechte.

- *Führungsstilmittel:* Der vom Unternehmen propagierte Führungsstil bzw. die Führungskultur eines Unternehmens muss nicht unbedingt deckungsgleich mit dem Führungsstil des einzelnen Vorgesetzten sein. Er kann davon abweichen oder einzelne Elemente z. B. der „Führungsleitlinien" besonders betonen. Infrage kommen als besonderes Stilmittel die *Wertschätzung, das Fördern und Unterweisen der Mitarbeiter, die Delegation* usw. Die Wahl des Stilmittels wird vermutlich von der Persönlichkeit des Vorgesetzten, seiner Ausbildung und seiner Erfahrung abhängen; so wird beispielweise eine pädagogisch ausgebildete Führungskraft die Elemente „Fördern" und „Unterweisen" stark in den Mittelpunkt stellen.

2. Eine weitere, in der Literatur vorherrschende *Unterscheidung* ist die *Einzeldarstellung der zentralen Führungsinstrumente (= Einzelaufgaben einer Führungskraft)*:

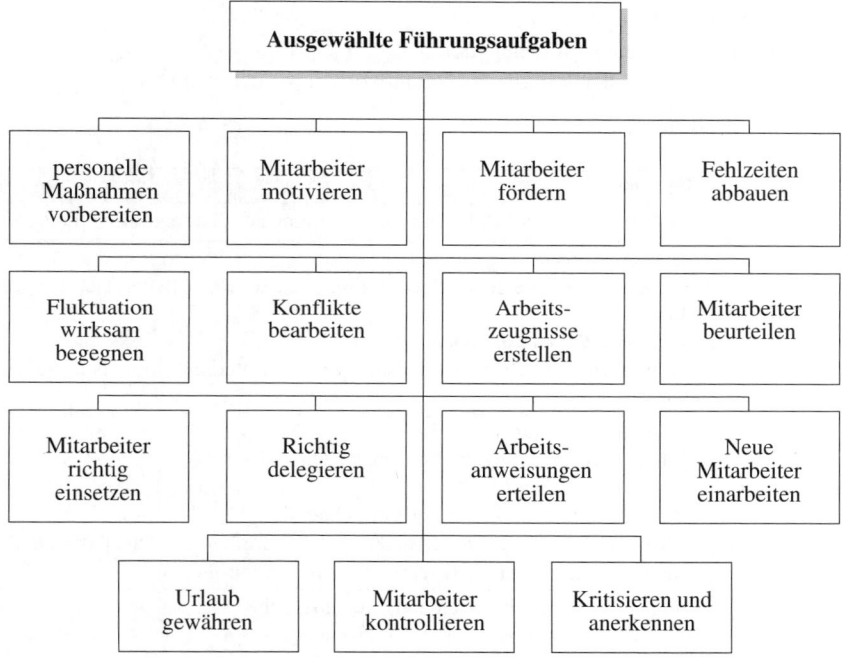

3. Eine dritte Form der Unterscheidung ist die (neuere) *Differenzierung der Führungsinstrumente in Prozesse,* wie sie im Rahmenplan der Personalfachkaufleute vorgenommen wurde, z. B.:

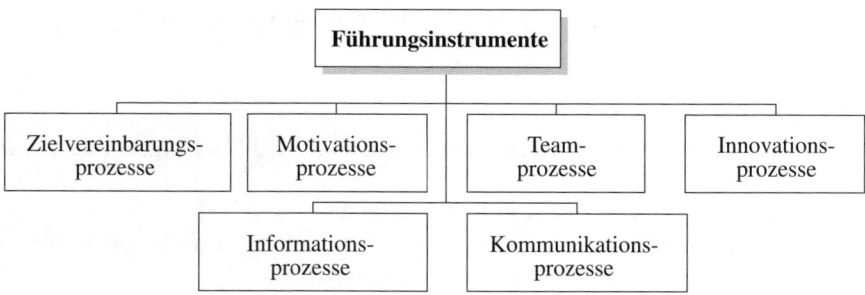

02. Wie sind Zielvereinbarungsprozesse zu gestalten?

Führen durch Zielvereinbarung (Management by Objectives; MbO; vgl. auch S. 463) bedeutet: Die Entscheidungsebenen arbeiten gemeinsam an der Zielfindung. Dabei legen Vorgesetzter und Mitarbeiter zusammen das Ziel fest, überprüfen es regelmäßig und passen das Ziel an. Da das

Gesamtziel der Unternehmung und die daraus abgeleiteten Unterziele ständig am Markt orientiert sein müssen, ist „Führen durch Zielvereinbarung" aufgrund kontinuierlicher Zielpräzisierung ein Prozess.

- Als Voraussetzungen von MbO müssen u. a. geschaffen werden:

  - ein System hierarchisch abgestimmter und klar formulierter Ziele,
  - klare Abgrenzung der Kompetenzen,
  - Bereitschaft der Vorgesetzten zur Delegation,
  - Fähigkeit und Bereitschaft der Mitarbeiter, Verantwortung zu übernehmen.

- *Beachtung der Zielkategorien:*

Zielkategorien	Beispiele[1]
Arbeitsziele	„Erstellen der Personalplanung für das kommende Jahr bis Ende Oktober"
Entwicklungs- ziele	*Personenbezogen:* „Verbesserung der eigenen Präsentationstechnik innerhalb der nächsten sechs Monate" *Abteilungs-/Bereichsbezogen:* „Verbesserung der Zusammenarbeit zwischen Abteilung X und dem Außen- dienst"
Messbarkeit der Ziele	*Operationalisierung:* - Inhalt, z. B. „Senkung der Personalkosten" - Ausmaß, z. B.: „um 10 %" - Zeitaspekt, z. B. „bis zum Ende des Quartals" Messbare Ziele sind eindeutig und damit überprüfbar. Zwischenkontrollen sollten vereinbart werden (Eigen- oder Fremdkontrolle).
Realitätsbezug der Ziele	Ziele müssen praxisbezogen und erreichbar sein. Ziele sollten vereinbart werden (Akzeptanz).
Quantitative Ziele	„Verbesserung der Produktivität um 12 % innerhalb von sechs Monaten" „ Abbau von drei Planstellen innerhalb von drei Monaten"
Qualitative Ziele	„Verbesserung des Auswahlverfahrens für Auszubildende innerhalb von drei Monaten" „Verbesserung der Delegationsfähigkeit im Laufe eines Jahres"

- *Vorteile* von MbO:

  - Entlastung der Vorgesetzten,
  - das Streben der Mitarbeiter nach Eigenverantwortlichkeit und selbstständigem Handeln wird unterstützt,
  - das Konzept ist auf allen hierarchischen Ebenen anwendbar,
  - die Beurteilung kann am Grad der Zielerreichung fixiert werden und wird damit unabhängig von den Schwächen merkmalsorientierter Bewertungsverfahren,
  - die Mitarbeiter werden gefördert.

- *Zielvereinbarungsgespräch*

Das Zielvereinbarungsgespräch ist Bestandteil des Führungsprinzips MbO. Vorgesetzter und Mitarbeiter haben eine Reihe von Aspekten zu berücksichtigen – und zwar vor, während und nach dem Gespräch:

---

[1] Zwischen den Beispielen gibt es Überschneidungen.

→ *Vor dem Gespräch*:

Der *Vorgesetzte* soll
- Mitarbeiter auffordern, einen Zielkatalog für die zu planenden Perioden zu erstellen (evtl. vor dem Gespräch als schriftliche Kopie vorlegen lassen),
- eine eigene Position über die zu vereinbarenden Ziele erarbeiten,
- Gesprächstermin vereinbaren,
- Rahmenbedingungen klären und organisieren (Raum, Getränke),
- möglichst jegliche Störungen des Gespräches schon im Vorfeld ausschließen.

Der *Mitarbeiter* soll
- eigene Zielvorstellungen erarbeiten und eventuell als Kopie dem Vorgesetzten übergeben,
- Argumente erarbeiten und festhalten,
- Fragen und Probleme, die besprochen werden sollen, aufschreiben.

→ *Während des Gesprächs*:

Der *Vorgesetzte* soll
- zu Beginn den Kontakt zum Mitarbeiter herstellen, eine entspannte Gesprächsatmosphäre schaffen, nicht mit der Tür ins Haus fallen,
- den Mitarbeiter seine Zielvorstellungen detailliert erklären lassen; hierbei nicht unterbrechen oder frühzeitig bewerten,
- nicht die eigene Meinung an den Anfang stellen,
- sich auf die Zukunft konzentrieren und dem Mitarbeiter Vertrauen in sich selbst und in die Unterstützung durch den Vorgesetzten vermitteln,
- zu einer gemeinsamen Entscheidung „moderieren" und festhalten; vom Vorgesetzten dominierte Ziele motivieren eher wenig.

Der *Mitarbeiter* soll
- die eigene Zielkonzeption ausführlich darlegen,
- seine Wünsche an den Vorgesetzten offen äußern,
- die Meinung des Vorgesetzten erfassen und überdenken (respektieren),
- selbst auf eine konkrete tragfähige Vereinbarung achten.

→ *Nach dem Gespräch*:

Der *Vorgesetzte* soll
- mit Interesse das Vorankommen des Mitarbeiters verfolgen,
- Hilfsmittel erarbeiten, um den Grad der Zielerreichung zu erfassen und um den Mitarbeiter unterstützen zu können.

Der *Mitarbeiter* soll
- für sich selbst ein Kontrollsystem installieren,
- bei Änderungen der Rahmenbedingungen das Gespräch über Zielmodifikationen suchen,
- bei Problemen den Vorgesetzten informieren,
- bei schlechtem Vorankommen den Vorgesetzten um Unterstützung bitten.

03. Wie wird richtig delegiert?

Die Bereitschaft der Führungskräfte zur Delegation ist unabdingbare Voraussetzung für die Gestaltung von Zielvereinbarungsprozessen (vgl. oben). Delegation wird in der Praxis nicht immer richtig gehandhabt. Oft genug wird dem Mitarbeiter *lediglich Arbeit übertragen* –

ohne klare Zielsetzung und ohne Entscheidungsrahmen (Kompetenz). Richtig delegieren heißt, dem Mitarbeiter ein (möglichst messbares und damit überprüfbares)

- *Ziel* zu setzen sowie ihm
- die *Aufgabe* und
- die *Kompetenz* zu übertragen.

Hinweis:
Der Begriff „Kompetenz" hat einen doppelten Wortsinn:
a) Kompetenz im Sinne von Befähigung/eine Sache beherrschen (z. B. Führungskompetenz)
b) Kompetenz im Sinne von Befugnis/eine Sache entscheiden dürfen (z. B. die Kompetenz/ Vollmacht zur Unterschrift)

Aus der Verbindung dieser *drei Bausteine der Delegation* erwächst für den Mitarbeiter die *Handlungsverantwortung* – nämlich seine Verantwortung für die Aufgabenerledigung im Sinne der Zielsetzung sowie die Nutzung der Kompetenz innerhalb des abgesteckten Rahmens. Verantwortung übernehmen heißt, für die Folgen einer Handlung einstehen.

Die Führungsverantwortung bleibt immer beim Vorgesetzten: Er trägt als Führungskraft immer die Verantwortung für Auswahl, Einarbeitung, Aus- und Fortbildung, Einsatz, Unterweisung, Kontrolle usw. des Mitarbeiters (*Voraussetzungen der Delegation*).

Diese Unterscheidung von Führungs- und Handlungsverantwortung ist insbesondere immer dann wichtig, wenn Aufgaben schlecht erfüllt wurden und die Frage zu beantworten ist: „Wer trägt für die Schlechterfüllung die Verantwortung? Der Vorgesetzte oder der Mitarbeiter?"

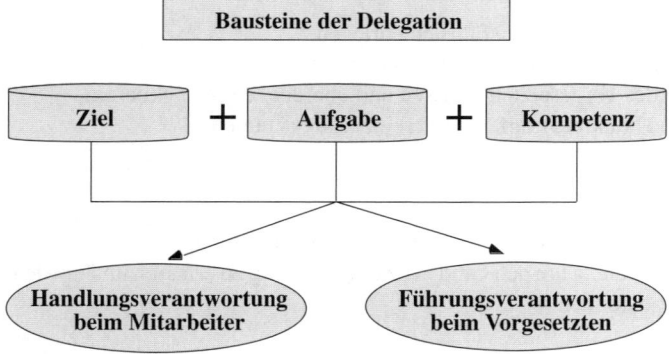

04. Welche Ziele werden mit der Delegation verbunden?

- Beim Vorgesetzten: →   Entlastung, Prioritäten setzen,
                           →   Know-how der Mitarbeiter nutzen

- Beim Mitarbeiter: →   Förderung der Fähigkeiten („Fordern heißt fördern!"),
                           →   Motivation, Arbeitszufriedenheit

05. Welche Grundsätze müssen bei der Delegation eingehalten werden?

a) Ziel, Aufgabe und Kompetenz müssen sich entsprechen (*Äquivalenzprinzip* der Delegation).

b) Der Vorgesetzte muss die *Voraussetzungen* schaffen:
 - bei sich selbst: Bereitschaft zur Delegation, Vertrauen in die Leistung des Mitarbeiters
 - beim Mitarbeiter: das Wollen (Motivation) + das Können (Beherrschen der Arbeit)
 - beim Betrieb: organisatorische Voraussetzungen (Werkzeuge, Hilfsmittel, Information, dass der Mitarbeiter für diese Aufgabe zuständig ist)

c) *Keine Rückdelegation* zulassen!

d) Festlegen, *welche Aufgaben delegiert werden können* und welche nicht!
 Hinweis: Führungsaufgaben können i. d. R. nicht delegiert werden.

e) *Hintergrund* der Aufgabenstellung erklären!

f) Formen der Kontrolle festlegen/vereinbaren (z. B. Zwischenkontrollen)!

g) Genaue Arbeitsanweisungen geben!

h) Die richtige Fehlerkultur praktizieren:
 Fehler können vorkommen!
 Aus Fehlern lernt man!
 Einmal gemachte Fehler sind zu vermeiden!

06. Welche Handlungsspielräume kann der Vorgesetzte seinen Mitarbeitern bei der Delegation einräumen?

Das Maß/den Umfang der Delegation kann der Vorgesetzte unterschiedlich gestalten: Betrachtet man die „Bausteine der Delegation" (vgl. Frage 03.), so ergeben sich für ihn folgende Möglichkeiten, das Maß der Delegation „eng zu gestalten" oder „weit zu fassen". Dementsprechend gering oder umfangreich sind die sich daraus ergebenden Handlungsspielräume für die Mitarbeiter:

a) Der Vorgesetzte kann das Ziel

    aa) vorgeben: →   einseitige Festlegung:
                                            Zielvorgabe, Arbeitsanweisung

    ab) vereinbaren: →   Zielfestlegung im Dialog:
                                            Zielvereinbarung (MbO)

b) Er kann den Umfang und   →   *Art + Umfang* der Aufgabe:
    die Art der delegierten Aufgabe   leicht/schwer bzw. klein/groß
    unterschiedlich gestalten:

c) Er kann den Umfang der Kompetenzen   →   *Kompetenzumfang:*
    weit fassen oder begrenzen   gering/umfassend

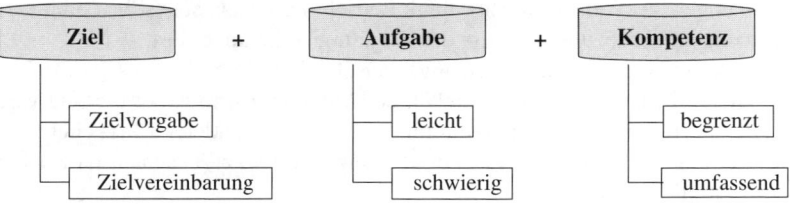

Welchen Handlungsspielraum der Vorgesetzte dem Mitarbeiter einräumt, muss im Einzelfall entschieden werden und hängt ab

- von der Erfahrung, der Fähigkeit und der Bereitschaft des Mitarbeiters und
- von der betrieblichen Situation und der Bedeutung der Aufgabe (wichtig/weniger wichtig; dringlich/weniger dringlich; Folgen bei fehlerhafter Ausführung).

07. Welche Kriterien muss der Vorgesetzte bei einem effektiven Mitarbeitereinsatz berücksichtigen?

Die Gestaltung des Mitarbeitereinsatzes durch den Vorgesetzten kann dem Bereich „Informations- und Kommunikationsprozesse gestalten" zugeordnet werden. Weiterhin ist richtiger Mitarbeitereinsatz (auch im Sinne der Erwartungen des Mitarbeiters) zugleich immer mit dem Aspekt der Motivation verbunden (→ Gestaltung von Motivationsprozessen).

Der Vorgesetzte kann den Personaleinsatz seiner Mitarbeiter nicht dem Zufall überlassen; er muss ihn *planen* – kurzfristig und auch mittelfristig. Seine Hauptverantwortung besteht darin, *eine Gesamtaufgabe zu erfüllen – mit der ihm zur Verfügung stehenden Gruppe.* Außerdem wird er seine *Mitarbeiter entsprechend ihrer Eignung einsetzen.* Dies vermeidet Über- und Unterforderung, verbessert die Motivation und beugt Fehlzeiten und Fluktuation vor.

Der effektive *Mitarbeitereinsatz* muss sich an folgenden *Kriterien* orientieren:

a) *Quantitative Zuordnung:*
   - die täglich und wöchentlich anfallenden Arbeiten; *das Arbeitsvolumen im Verhältnis zur Anzahl der Mitarbeiter*

b) *Qualitative Zuordnung:*
   - die Anforderungen der einzelnen Arbeitsplätze
     (Stellenbeschreibung und Anforderungsprofil)
   - Eignung und Neigung der Mitarbeiter - „das Können und das Wollen"
     (Eignungsprofil, Mitarbeiterbeurteilung).
   - Beim Eignungsprofil sind speziell zu prüfen:
     · *Allgemeine und persönliche Merkmale:*
       Alter, Geschlecht, Familienstand, körperliche Merkmale (Größe, Kraft, Motorik, Hören, Sehen, physische und psychische Belastbarkeit, Arbeitstempo, Selbstständigkeit, Teamfähigkeit, Sozialverhalten, Verhalten gegenüber Vorgesetzten)
     · *Fachliche Merkmale:*
       Aus- und Fortbildung, Erfahrung, Wissen, Können

c) *Zeitlich-organisatorische Zuordnung:*
   - Zu welchen Terminen in welchen Arbeitsgruppen werden Mitarbeiter benötigt?
   - Müssen für den Einsatz Vorbereitungen geplant werden?

d) *Rechtliche Rahmenbedingungen:*
   - Einschränkungen des Weisungsrechts durch Betriebsvereinbarungen, Tarif oder Gesetz.
   - Bei Versetzungen/Umsetzungen bleibt die Vergütungsseite unberührt.
   - Enthält der Arbeitsvertrag eine Versetzungsklausel?
   - Grundsätzlich gilt: Je genauer die Tätigkeit des Mitarbeiters im Arbeitsvertrag vereinbart wurde, um so geringer ist der Spielraum für die Zuweisung anderer Tätigkeiten
   - Die Mitbestimmung des Betriebsrates bei Versetzungen ist zu beachten (Ausnahme: betriebliche Notfallsituation).

Diese Merkmale sind nicht für jeden Arbeitsplatz gleich wichtig. Es empfiehlt sich daher, die *Kriterien je Arbeitsplatz zu gewichten* (z.B. Ausprägung: gering, mittel, hoch). Die ausgewogene und planmäßige Berücksichtigung dieser Merkmale bildet die Basis für einen optimalen Personaleinsatz nach dem Motto:

„Der richtige Mann am richtigen Platz!"

Dem Vorgesetzten stehen beim flexiblen Einsatz seiner Mitarbeiter Instrumente zur Verfügung, die er unterschiedlich kombinieren kann, z.B.:

- flexible Handhabung der *Arbeitszeiten*
  wie z.B. Überstunden, kurzfristige Schichtänderungen u.Ä.
- *Leiharbeitnehmer*
- *Umsetzungen* und
- *Versetzungen*.

Der Vorgesetzte kann die Maßnahmen des Personaleinsatzes gegenüber den Mitarbeitern anordnen; er hat das *Weisungsrecht*. Seine Grenzen findet das Weisungsrecht

- in den *individual-rechtlichen Bestimmungen* des jeweiligen Arbeitsvertrages
- in den *kollektiv-rechtlichen Bestimmungen* (z.B. Mitbestimmung des Betriebsrates in den Fällen des § 87 BetrVG, Mitbestimmung bei Versetzungen, § 95 Abs. 3 BetrVG)
- in der Frage, wie die geplante Maßnahme unter dem *Aspekt der Führung* zu bewerten ist (Aspekt der Motivation).

08. Was ist Kontrolle? Welche Einzelaspekte enthält die Arbeitskontrolle?

Kontrolle ist ein wichtiges Element innerhalb der Führungsaufgaben des Vorgesetzten. Es ist sehr eng mit den Themen Anerkennung, Kritik und Beurteilung sowie mit der Delegation verknüpft: In allen Fällen muss ein brauchbarer *Maßstab* vorliegen und es sind *Formen der Rückmeldung* (Feedback-Maßnahmen).

Kontrolle ist der Vergleich eines Ist-Zustandes mit einem Soll-Zustand und ggf. die Ableitung erforderlicher (Korrektur-)Maßnahmen.

Insofern besteht der Vorgang der Kontrolle aus den Schritten:

1. *Soll-Wert* festlegen/vereinbaren:

   Es muss ein *Soll-Wert*, d. h. ein Maßstab existieren; z.B. „Erledigung der Arbeit bis Do, 16:00 Uhr" oder „Beherrschen der Maschine X innerhalb der Einarbeitungszeit von zwei Wochen".

2. *Ist-Wert* ermitteln:

   Kontrolle setzt weiterhin voraus, dass ein *Ist-Wert* ermittelt wurde, d. h. der Vorgesetzte muss das reale Leistungsverhalten des Mitarbeiters erfassen – und zwar möglichst wertfrei.

   Kontrolle umschließt notwendigerweise die Festlegung *korrigierender Maßnahmen aufgrund der Ursachen-Analyse*.

3. *Ursachen* analysieren.

09. Warum ist Kontrolle notwendig?

Kontrolle ist erforderlich,

- um die *Zielerreichung* zu gewährleisten bzw. um eine Abweichung vom Ziel festzustellen,
- um dem Mitarbeiter ein *Feedback* über sein Leistungsverhalten zu geben,
- um Ursachen für Abweichungen zu ermitteln und zu beheben.

10. Welches Kontrollverfahren hat welche Wirkung?

- *Selbstkontrolle*:
  - hohe Motivationswirkung
  - wenn das Ergebnis dem Vorgesetzten nicht mitgeteilt wird:
    Korrektur kann nicht oder zu spät erfolgen

- *Fremdkontrolle:*
  - hoher Sicherheitsgrad
  - kann motivationshemmend wirken

- *Vollkontrolle:*
  - totale Sicherheit
  - wirkt demotivierend
  - Abweichungen sind sofort korrigierbar
  - hoher Aufwand
  - widerspricht dem Delegierungsprinzip

- *Stichprobenkontrolle:*
  - Abweichungen sind sofort korrigierbar
  - bewirkt unter Umständen Misstrauen

- *Ergebniskontrolle:*
  - hohe Motivationswirkung
  - bei Abweichungen kann nicht mehr korrigiert werden
  - kein Hinweis, mit welchen Mitteln das Ergebnis erreicht wurde

- *Zwischen- oder Tätigkeitskontrolle*:
  - laufende Einwirkungsmöglichkeiten
  - zeitaufwändig
  - i.d.R. geringe Motivationsbeeinträchtigung

Empfehlung:

Langfristig gesehen ist es besser, das *Maß der Eigenkontrolle* durch den Mitarbeiter zu *erweitern* und sich verstärkt auf die *Kontrolle von Ergebnissen* zu konzentrieren. Dies setzt beim Mitarbeiter einen hohen Ausbildungstand sowie einen gut entwickelten Reifegrad voraus.

11. Welche Grundsätze sollten für ein angemessenes Kontrollverhalten berücksichtigt werden?

- *Alles was delegiert wurde, muss auch kontrolliert werden!*
  (Aber: das Maß der Kontrolle ist der Situation anzupassen; vgl. Frage 10.)

• *Regel „O-S-K-A-R":*

O *ffen*
S *achlich*
K *lar, kritisch*
A *bgesprochen*
R *ücksichtsvoll*

12. Was ist Anerkennung und welche Bedeutung hat sie als Führungsmittel?

Anerkennung ist die *Bestätigung positiver (erwünschter) Verhaltensweisen*; sie ist der Gestaltung von Motivationsprozessen zuzuordnen. Da jeder Mensch nach Erfolg und Anerkennung durch seine Mitmenschen strebt, verschafft die Anerkennung dem Mitarbeiter ein Erfolgsgefühl und bewirkt eine Stabilisierung positiver Verhaltensmuster. Wichtig ist: Anerkennung und Kritik müssen sich die Waage halten; besser noch: häufiger richtiges Verhalten bestätigen, als (nur) falsches kritisieren.

Zur Unterscheidung:

→ *Anerkennung* bezieht sich auf die *Leistung*:
„Dieses Werkstück ist passgenau angefertigt. Danke!"

Nur in seltenen Fällen ist Lob angebracht.
→ *Lob* ist die Bestätigung der (ganzen) *Person*:
„Sie sind ein sehr guter Fachmann!"

Merke: - Mehrmaliger Erfolg führt zur Stabilisierung des Verhaltens.
            - Mehrmaliger Misserfolg führt zu einer Änderung des Verhaltens.

13. Welche Grundsätze sind bei der Anerkennung einzuhalten?

- *Auch* (scheinbare) *Selbstverständlichkeiten* bedürfen der Anerkennung. Der Grundsatz „Wenn ich nichts sage, war das schon o. k." ist falsch.
- Die beste Anerkennung kommt *aus der Arbeit selbst*. Arbeit und Leistung müssen *wichtig* sein und *Sinn* geben.
- Anerkennung muss *verdient* sein.
- Anerkennung soll   - anlassbezogen,   - zeitnah,
                        - sachlich,   - eindeutig,
                        - konstruktiv,   - konkret sein.
- Anerkennung muss sich an einem klaren *Maßstab* orientieren. (Was ist erwünscht/was ist unerwünscht?)
- Das *Maß der Anerkennung* muss sich am Zielerfolg und dessen Bedeutung orientieren (wichtige/weniger wichtige Aufgabe).
- Anerkennung *unter vier Augen* ist i. d. R. besser, als Anerkennung vor der Gruppe.
- Anerkennung und Kritik sollten sich auf lange Sicht die *Waage* halten.

14. Welche Formen der Anerkennung sind denkbar?

Dazu einige Beispiele:

- *Nonverbal* (ohne Worte): Kopfnicken, Zustimmung signalisieren, Daumen nach oben, „Hm, hm, ...

- *Verbal:*
  a) in *einzelnen Worten*
     „Ja!", „Prima"!, „Klasse!", „Freut mich!"
  b) in *(ganzen) Sätzen:*
     „Klasse, das wir den Termin noch halten können!"
     „Scheint gut geklappt zu haben?"

- Unter *vier Augen*/vor der *Gruppe* (vgl. dazu Frage 13.)

- Anerkennung der *Einzel*leistung/der *Gruppen*leistung

- Anerkennung *verbunden mit einer materiellen/immateriellen Zuwendung:*
  Prämie, Geschenk, Sonderzahlung; Beförderung, Erweiterung des Aufgabengebietes u. Ä.

15. Welches Ziel verfolgt das Kritikgespräch?

Hauptziel des Kritikgesprächs ist die Überwindung des fehlerhaften Verhaltens eines Mitarbeiters in der Zukunft. Es gilt, sich nicht in der Vergangenheit aufzuhalten, sondern positiv nach vorne zu schauen. Um dieses Hauptziel zu erreichen, werden zunächst die folgenden zwei *Unterziele* verfolgt:

(1) *Die Ursachen* des fehlerhaften Verhaltens werden im gemeinsamen 4-Augen-Gespräch sachlich und nüchtern erforscht. Dabei ist mit emotionalen Reaktionen auf beiden Seiten zu rechnen. Der Mitarbeiter wird die Kritik nur dann akzeptieren, wenn seine Gefühle vom Vorgesetzten ausreichend berücksichtigt werden und das Gespräch in einem allgemein ruhigen Rahmen verläuft.

(2) *Bewusstwerden und Einsicht* in das fehlerhafte Verhalten durch den Mitarbeiter zu erreichen, ist das nächste Unterziel. Eine besonders schwierige Führungsaufgabe im Kritikgespräch ist es, die Affekte zu bewältigen und Einsicht in die notwendige Verhaltensänderung zu erzielen.

16. Welche Voraussetzungen müssen vorliegen, damit das Ziel des Kritikgespräches erreicht werden kann?

1. *Der Maßstab* für das kritisierte Verhalten *muss o. k. sein*, d. h.

- er muss *existieren:* z. B.:	Gleitzeitregelung aufgrund einer Betriebsvereinbarung
- er muss *bekannt* sein: z. B.:	dem Mitarbeiter wurde die Gleitzeitregelung ausgehändigt
- er muss *akzeptiert* sein: z. B.:	der Mitarbeiter erkennt die Notwendigkeit dieser Regelungen
- die *Abweichung* ist eindeutig: z. B.:	der Mitarbeiter verstößt nachweisbar gegen die Gleitzeitregelung (Zeugen, Zeiterfassungsgerät)

2. Kritik muss *mit Augenmaß* erfolgen (sachlich, angemessen, konstruktiv, zukunftsorientiert).

3. Das Kritikgespräch muss vorbereitet und strukturiert geführt werden.

4. Nicht belehren, sondern *Einsicht erzeugen* (fragen statt behaupten!).

5. Kritik
   - an der Sache/nicht an der Person
   - sprachlich einwandfrei (keine Beschimpfung)
   - nicht vor anderen
   - nicht über Dritte
   - nicht bei Abwesenheit des Kritisierten
   - nicht per Telefon.

6. Die Wirkung des negativen Verhaltens aufzeigen.

7. Bei der Sache bleiben, nicht abschweifen! Keine ausufernde Kritik! Keine „Nebenkriegs-schauplätze" (z. B.: „... und überhaupt, was ich immer schon mal sagen wollte ...").

17. Welche Formen der Kritik sind denkbar?

- Nicht jede unerwünschte Verhaltensweise erfordert eine ausführliche Kritik in Verbindung mit einem Kritikgespräch. Oft wird die *Verhaltenskorrektur mit „einfachen Mitteln"* erreicht:

  „Bitte noch einmal überarbeiten!"; „Am Werkstück X ist die Toleranz zu groß!"; „An Ihrer Maschine fehlt die Sicherheitsvorrichtung. Bitte sofort korrigieren!"

- Sprachliche bzw. arbeitsrechtliche *Sonderformen* der Kritik sind: Ermahnung, Abmahnung, Verweis, Betriebsbuße (aufgrund einer Arbeitsordnung).

18. Wie sollte das Kritikgespräch geführt werden (Gesprächsphasen)?

1. Phase: Der Vorgesetzte: → *Kontakt/Begrüßung, Sachverhalt*

   Sachlich-nüchterne, präzise Beschreibung des Gesprächs- und Kritikanlasses durch den Vorgesetzten. Dabei soll er auf eine klare, prägnante und ruhige Sprache achten.

2. Phase: Der Mitarbeiter: → *Seine Sicht der Dinge.*

   Der Mitarbeiter kommt zu Wort. Auch wenn die Sachlage scheinbar klar ist, der Mitarbeiter muss zu Wort kommen. Nur so lassen sich Vorverurteilungen und damit Beziehungsstörungen vermeiden. Diese Phase darf nicht vorschnell zu Ende kommen. Erst wenn die Argumente und Gefühle vom Mitarbeiter bekannt gemacht wurden, ist fortzufahren.

3. Phase: *Vorgesetzter/Mitarbeiter:* → *Ursachen erforschen*

   Gemeinsam die Ursachen des Fehlverhaltens feststellen – liegen sie in der Person des Mitarbeiters oder der des Vorgesetzten, oder in der betrieblichen Situation usw.

4. Phase: *Vorgesetzter/Mitarbeiter:* → *Lösungen/Vereinbarungen für die Zukunft*

   Wege zur zukünftigen Vermeidung des Fehlverhaltens vereinbaren. Erst jetzt erreicht das Gespräch seine produktive, zukunftsgerichtete Stufe. Auch hier gilt es, die Vorschläge des Mitarbeiters mit einzubeziehen.

19. Was ist bei der Gestaltung von Informationsprozessen zu beachten?

Information und Kommunikation sind heute für den Unternehmenserfolg unerlässlich. Information ist eine der Grundvoraussetzungen für Leistung und Leistungsbereitschaft. Information schafft Motivation, bedeutet Anerkennung und verhindert Gerüchte. Anders gesagt:

- *Mitarbeiten kann nur, wer mitdenken kann.*
- *Mitdenken kann nur, wer informiert ist.*
- *Nur informierte Mitarbeiter sind wirklich gute Mitarbeiter.*

Dieser Tatsache hat bereits das Betriebsverfassungsgesetz Rechnung getragen, indem es nicht nur dem Betriebsrat Informationsrechte einräumt, sondern „schwarz auf weiß" die individuelle und kollektive Mitarbeiterinformation festschreibt (vgl. u. a. §§ 81, 82 BetrVG). Für die Führungskraft ist heute unbestritten, dass *Information Chefsache ist.* Information gehört zu den tragenden Führungsinstrumenten.

20. Welche Gefahren und Grenzen der innerbetrieblichen Kommunikation lassen sich aufzeigen?

Die Fülle an Informationen nimmt permanent zu (Informationsflut). Dieser Zustand wird sich wohl kaum umkehren (lassen). Der Einzelne ist dazu aufgefordert, den richtigen (d. h. effektiven und effizienten) Umgang mit der Information zu lernen.

Informationen werden in Computern gespeichert und vernetzt. Die Gefahr des Informations- und damit auch Machtmissbrauchs wächst und muss durch Zugriffssicherungen sowie Mitarbeiteraufklärung begrenzt werden.

21. Welche Regeln sollte der Vorgesetzte bei der Gestaltung von Kommunikationsprozessen beachten?

Kommunikation ist die Übermittlung von verbalen (sprachlichen) und nonverbalen (nichtsprachlichen) Reizen vom Sender zum Empfänger. Jede Führungskraft sollte die Instrumente wirksamer Kommunikation kennen und erfolgreich einsetzen:

1. dem Gesprächspartner Feed-back geben
2. Vorgänge wahrnehmen und sich konzentrieren
3. aktives Zuhören einsetzen und Interesse zeigen
4. Körpersprache und Sprache beachten
5. sachlich und kooperativ kommunizieren
6. mehr fragen statt behaupten
7. keine Wiederholungen und Redundanzen („so viel wie nötig, so wenig wie möglich")
8. über die Zielerreichung der Gesprächsführung reflektieren
9. die Ergebnisse dokumentieren

22. Welche Aussagen lassen sich aus dem Sender-Empfänger-Modell der Kommunikation ableiten?

Jeder Kommunikation liegt das Sender-Empfänger-Modell zu Grunde:

• *Der Sender* gibt einen Reiz/eine Information. Dabei sagt er nicht unbedingt alles, was er wirklich sagen will, er *filtert*. Er versieht seine Botschaft mit Wertungen und Normen. Die Aussage „Der Schlips von Herrn Müller ist mal wieder unmöglich!" impliziert z. B. beim Sender die Norm, wie ein „guter" Schlips auszusehen hat.

• *Der Empfänger* verhält sich ähnlich: Auch er nimmt nicht (unbedingt) den gesamten Inhalt der Nachricht auf; er filtert. Auch er versieht die angekommene Nachricht mit seinen Wertungen/Normen. So kann die Aussage über den Schlips auf die Gesamtperson bezogen werden, sodass der Empfänger interpretiert „die mögen mich nicht". Außerdem verkettet der Empfänger jede Nachricht mit *Assoziationen*. „Möchten Sie eine Tasse Kaffee" kann z. B. mit Wohlbefinden und Aufmerksamkeit verknüpft sein.

Dies führt zu der Erkenntnis: *Es gibt keine objektive Information, keine objektive Nachricht, keinen objektiven Reiz.*

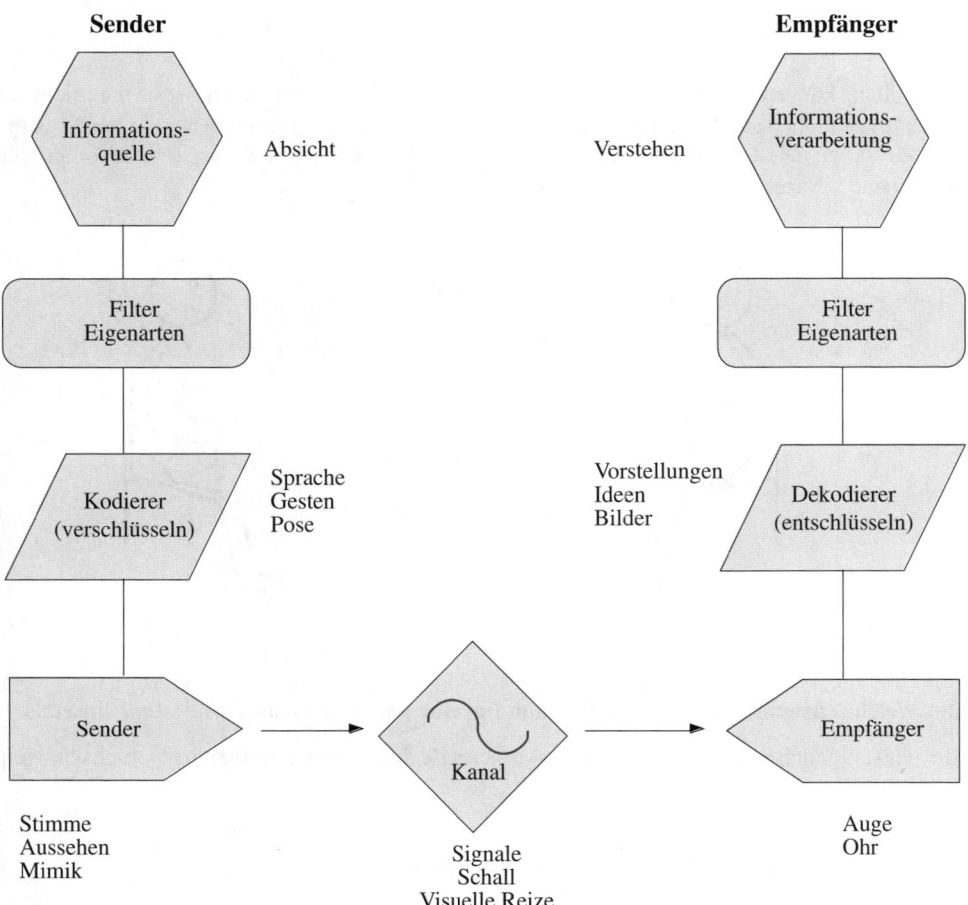

23. Welche Bedeutung hat Feedback für die Kommunikation?

Sender und Empfänger sollten die Möglichkeit nutzen, sich *Rückmeldung* (Feedback) zu geben bzw. zu holen: „Habe ich Sie richtig verstanden? Sie meinen also …?" „Wie ist das bei Ihnen angekommen? Wie sehen Sie das?" Feedback zeigt, wie etwas angekommen ist und eröffnet damit *Steuerungsmöglichkeiten:* „Stopp, ich glaube wir haben uns da missverstanden. In Wirklichkeit meinte ich Folgendes: …"

24. Welches Ziel wird mit der Technik des aktiven Zuhörens verfolgt?

Beim aktiven Zuhören ist es das Ziel, den Mitarbeiter zum Weiterreden zu animieren und ihm zu zeigen, dass man bewusst zuhört. Dies kann durch Reaktionen geschehen wie „hm, hm", durch Bestätigen/Kopfnicken bzw. durch Wiederholen seiner letzten Aussage („Sie meinen also ...").

25. Welche Bedeutung hat die Beziehungsebene für die Kommunikation?

Kommunikation findet immer auf zwei Ebenen statt:

- der Sachebene und
- der Beziehungsebene.

Sachinhalte können nur „ankommen", wenn die Beziehungsebene intakt ist. Ist sie dies nicht, so hat jedes Bemühen auf der „Sachschiene" („er muss mich doch verstehen") nur weitere Frustration zur Folge. Die Beziehungsebene muss also erst (wieder) hergestellt werden, bevor auf der Sachebene Informationen transportiert werden können.

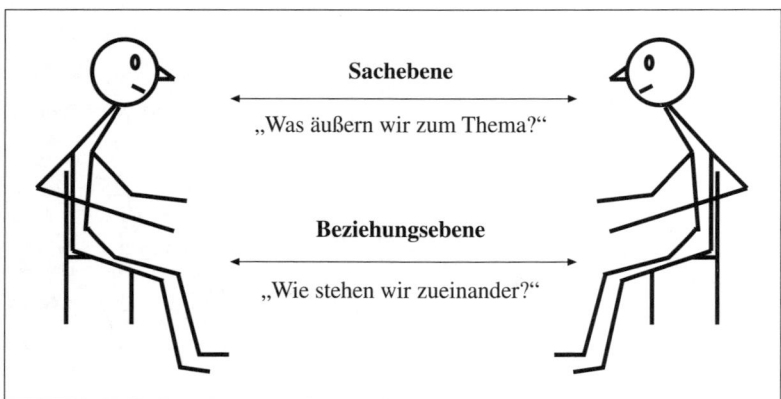

26. Welche sprachlichen Mittel sollte man für eine wirksame Kommunikation einsetzen?

Bei der sprachlichen Gestaltung sollte der Vorgesetzte die bekannten Prinzipien berücksichtigen wie z. B.:

- Hauptsätze benutzen
- kkkp = kurz, knapp, konkret und präzise formulieren
- keine Redundanzen (überflüssige Wiederholungen)

- keine vagen, unbestimmten Äußerungen (vielleicht, evt., könnte, würde, ...)
- Fragetechnik einsetzen („wer fragt, der führt"):
  · offene oder geschlossene Fragen
  · W-Fragen: was, wer, wann, wie, wieso, wo, worüber, womit etc.
  · Moderator-Tugend Nr. 1: „Fragen, statt (selbst)sagen!"
- Terminologie der Zuhörerschaft beachten
- Bilder und Vergleiche benutzen
- deutlich, akzentuiert und mit passender Lautstärke sprechen
- treffende Modulation einsetzen.

27. In welcher Weise kann die Körpersprache das gesprochene Wort unterstützen?

Eine geeignete Körpersprache kann das gesprochene Wort unterstützen und verstärken. Im Allgemeinen steuert der Mensch die Sprache seines Körpers nicht bewusst; der geübte Moderator kann sich jedoch die Besonderheiten/Stärken seiner Körpersprache bewusst machen und sie gezielt einsetzen. Dazu einige Aspekte:

- Die Intensität der Körpersprache *(Gestik, Mimik)* sollte der Situation angemessen sein (kleiner/ großer Teilnehmerkreis, Anlass der Moderation – Appell, Kritik usw.).

- Der *Augenkontakt* zu den Teilnehmern ist vorhanden; kein Fixieren einzelner Teilnehmer, sondern gleichmäßige Blickanteile. Eine Rede oder Moderation ohne Blickkontakt gleicht einem „Blindflug".

- Die *Hände* unterstützen durch Gesten, Zeigen, Formen usw. das gesprochene Wort; nicht zweckmäßig: Hände auf dem Rücken („Lehrerhaltung"), Hände vor dem Körper („Fußballer beim Elfmeter"), vor der Brust verschränkt, Hände ständig im Gesicht, an der Nase, in den Hosentaschen usw.

- *Arme und Hände* zeigen eine offene Körperhaltung und signalisieren Zuwendung und Interesse.

- Die *Füße* stehen fest auf dem Boden; kein „Kippeln", „Wippeln", Auf- und Ab auf den Zehenspitzen usw.

- Das *Gesicht* ist entspannt; die Mimik entspricht dem Gesprächsverlauf (fragend, erstaunt, zustimmend, ...).

28. Welche Aufgaben gehören zur „Einführung neuer Mitarbeiter"?

Die Einführung neuer Mitarbeiter ist dem Bereich „Informations-, Kommunikations- und Motivationsprozesse gestalten" zuzurechnen und umfasst zum einen *formale Vorgänge* wie Übergabe der Arbeitspapiere an die Personalabteilung, Untersuchung durch den Werksarzt, Kontakt mit dem Betriebsrat und Aushändigen betrieblicher Unterlagen/Broschüren.

Daneben muss der neue Mitarbeiter mit seiner *Arbeitsumgebung, seinem Arbeitsplatz, den Kollegen und den zuständigen Vorgesetzten* bekannt gemacht werden. Diese Aufgabe ist im Regelfall Sache des Vorgesetzten oder kann an einen besonders geeigneten Mitarbeiter delegiert werden (Stichwort: Patenmodell).

29. Warum muss die Einführung neuer Mitarbeiter einen hohen Stellenwert haben?

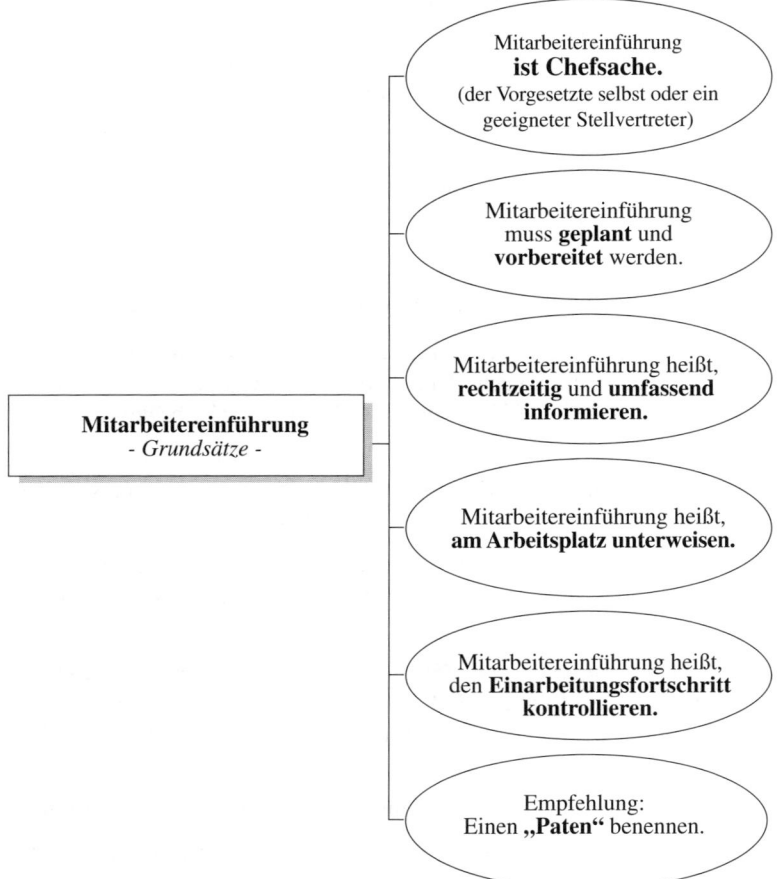

Für den neuen Mitarbeiter sind die ersten Arbeitstage von nachhaltiger Bedeutung. Die Eindrücke, die er hier gewinnt, *bestimmen nachhaltig seine Einstellung zu seiner Tätigkeit und zu dem Betrieb.* Er muss das Gefühl vermittelt bekommen, dass er wichtig ist, dass man ihn erwartet und sich um ihn kümmert. Man weiß heute, dass eine nachlässige und fehlerhafte Einführung und Einarbeitung neuer Mitarbeiter ein häufiger Kündigungsgrund ist bzw. Ursache später auftretender Konflikte. *Im Einzelnen* lassen sich folgende Aspekte nennen, die eine sorgfältige Einführung neuer Mitarbeiter begründen:

- Die Personalanwerbung neuer Mitarbeiter ist *teuer.*

- Nur eine erfolgreiche Integration des „Neuen" in die bestehende Arbeitsgruppe führt zu einem positiven *Klima* und damit zu einer stabilen *Leistung.*

- Eine gut vorbereitete und durchgeführte Einführung vermeidet *Ängste* beim neuen Mitarbeiter und kann ihm die *Zuversicht* vermitteln, dass er den Anforderungen und Erwartungen gerecht wird.

- Nach *§ 81 BetrVG hat der Mitarbeiter ein Recht* darauf, „über die Art seiner Tätigkeit und ihre Einordnung in den Arbeitsablauf des Betriebes" unterrichtet zu werden. Dieses Recht gehört zu den so genannten Individualrechten des Betriebsverfassungsgesetzes und gilt unabhängig davon, ob ein Betriebsrat existiert oder nicht.

30. Welche Einzelschritte sind bei der Einführung und Integration neuer Mitarbeiter empfehlenswert?

1. Vorbereiten
Sich persönlich auf den Neuen vorbereiten; Einführung und Einsatz planen und den Arbeitsplatz herrichten.

2. Empfangen
Freundlich und persönlich begrüßen; zum Ausdruck bringen, dass man über die fachliche und persönliche Qualifikation des neuen Mitarbeiters im Bilde ist; ihm die Befangenheit nehmen, die er als „Neuer" empfindet.

Die Begrüßung ist wesentlich mitbestimmend für den ersten Eindruck vom neuen Betrieb, von der neuen Arbeitsgruppe und vom neuen Vorgesetzten.

3. Bekanntmachen
Den neuen Mitarbeiter mit allen Betriebangehörigen persönlich bekannt machen, mit denen er es in erster Linie zu tun hat, auch mit Vorgesetzten und Betriebsrat – allerdings schrittweise, nicht unbedingt „alle und sofort"; ihm helfen, mit seinen Arbeitskollegen Kontakt zu finden; dafür sorgen, dass er alle wichtigen Betriebseinrichtungen und -gepflogenheiten kennen lernt.

4. Informieren
Eine Vorstellung von der Organisation und der Arbeit des Betriebes vermitteln; die Funktion des neuen Mitarbeiters im Arbeitszusammenhang aufzeigen; ihm die wichtigsten Arbeitsregeln vermitteln.

5. Einarbeiten, korrigieren und kontrollieren
Den neuen Mitarbeiter mit seiner Arbeit vertraut machen, sich in der ersten Zeit häufig um ihn kümmern, einschließlich periodischer Fortschrittskontrollen; ihm einen Kollegen als „Paten" zur Seite geben; Einzelheiten im Arbeitszusammenhang erklären, vormachen und tun lassen.

31. Welche psychologischen Grundlagen sollte der Vorgesetzte bei der Gestaltung von Motivationsprozessen beachten?

Das *Motiv ist der Beweggrund für ein bestimmtes Handeln und Denken.* Typisch menschliche Motive sind: Befriedigung existenzieller Bedürfnisse wie Durst, Hunger; Befriedigung sozialer Bedürfnisse wie Kontakt zu anderen, Befriedigung von Machtbedürfnissen (→ vgl. Maslow/ Herzberg).

Mitarbeiter motivieren bedeutet demnach, den Mitarbeitern konkrete Beweggründe für ein bestimmtes Handeln oder Denken geben, ihnen also *Handlungsanreize liefern.*

Vereinfacht gesagt kann man auch formulieren: *Mitarbeiter motivieren heißt, Mitarbeiter durch Anreize zu veranlassen, das zu tun, was sie tun sollen.*

Man unterscheidet zwei Arten der Motivation:

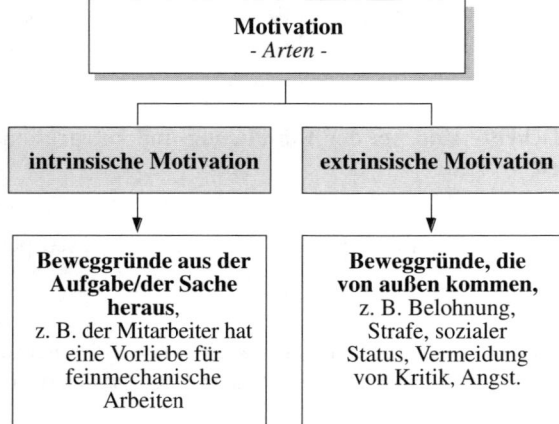

32. Wie kann durch Motivation das Leistungsverhalten des Mitarbeiters gefördert werden?

Von Motivation spricht man dann, wenn in konkreten Situationen aus dem Zusammenwirken verschieden aktivierter Motive ein bestimmtes Verhalten bewirkt wird. Das menschliche Verhalten wird jedoch nicht nur allein durch eine Summe von Motiven bestimmt. Wesentlich hinzu kommen als Antrieb die persönlichen Fähigkeiten und Fertigkeiten. Eine entscheidende Rolle für das menschliche Verhalten spielt auch die gegebene Situation. Bei konstanter Situation (beispielsweise am Arbeitsplatz) kann man sagen, dass sich *das Verhalten aus dem Zusammenwirken von Motivation mal Fähigkeiten plus Fertigkeiten ergibt.* Das Leistungsverhalten des Einzelnen kann durch Verbesserung der Fähigkeiten und Fertigkeiten bei hoher Motivation verbessert werden.

33. Wie unterscheiden sich Manipulation und Motivation?

Als Abgrenzung zur Motivation ist die Manipulation die bewusste Verhaltensbeeinflussung von Mitarbeitern durch den Vorgesetzten *mit unlauteren und/oder egoistischen Zielen* der Führungskraft.

34. Welche Aussagen liefert die Motivationstheorie von Maslow?

Maslow hat die menschlichen Bedürfnisse strukturiert und in eine hierarchische Ordnung gefasst; seine „Bedürfnispyramide" – unterteilt in Wachstumsbedürfnisse und Defizitbedürfnisse – war die Grundlage für eine Reihe von Theorien über Bedürfnisse und Motivation (z. B. ERG-Theorie; Zwei-Faktoren-Theorie nach Herzberg mit der Unterscheidung in Motivatoren und Hygienefaktoren) sowie den Motivationsbestrebungen in der Praxis:

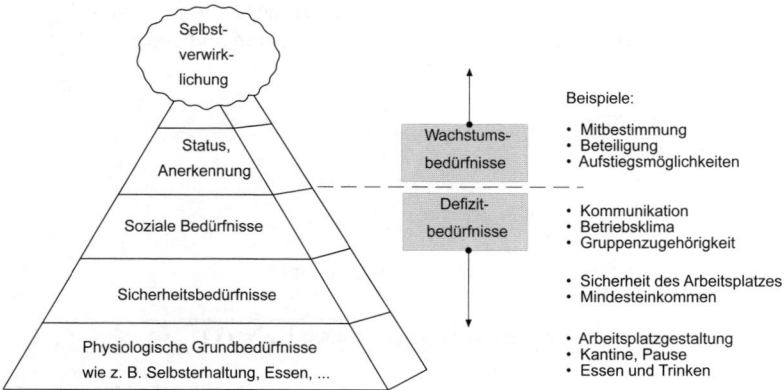

Stufe 1 als Basis: • physiologische Grundbedürfnisse, wie Selbsterhaltung, Hunger, Durst
Stufe 2 aufbauend: • Sicherheitsbedürfnisse, längerfristige Sicherung der Befriedigung der
                                    Grundbedürfnisse; hier: Mindesteinkommen, Pension, Versicherung usw.
Stufe 3:   • soziale Bedürfnisse, wie Gruppeneinordnung, Kommunikation, Harmonie
Stufe 4:   • Statusbedürfnisse, wie Aufstieg, Titel, Anerkennung, Kompetenzen, Grup-
                                    penstellung,
Stufe 5:   • Bedürfnis nach Bestätigung, Liebe, Kreativität, Persönlichkeitsentfaltung.

Hieraus können Hauptmotive der Arbeitnehmer abgeleitet werden:

- Geldmotiv   - Sicherheitsmotiv
- Kontaktmotiv   - Kompetenzmotiv
- Statusmotiv   - Leistungsmotiv.

35. Was kennzeichnet die 2-Faktoren-Theorie nach Herzberg?

Die Ergebnisse von Untersuchungen des amerikanischen Psychologen Frederick Herzberg wurden auch für den deutschen Sprachraum bestätigt. Nach Herzberg hat der Mensch ein zweidimensionales Bedürfnissystem:

Er hat *Entlastungsbedürfnisse* und *Entfaltungsbedürfnisse*.

Das heißt, er möchte alles vermeiden, was die Mühsal des Lebens ausmacht. Die zivilisatorischen Errungenschaften nimmt er als selbstverständlich hin. Sie sind für ihn *kein Grund zu besonderer Zufriedenheit*.

Dazu gehören auch die äußeren Arbeitsbedingungen wie z. B.

- die Organisationsstruktur   - das Führungsklima
- das Entgelt   - die zwischenmenschlichen Beziehungen
- die Arbeitsbedingungen

Diese Faktoren werden nach Herzberg *Hygienefaktoren* genannt. Mit Hygienefaktoren kann man Mitarbeiter nicht zu einer besonderen Leistung motivieren. Sie sind aber für die positive Grundstimmung bei der Arbeit unerlässlich und bewirken, dass sich der Mitarbeiter gut in den Betrieb eingebettet fühlt. Die Hygienefaktoren bilden somit die Grundlage für ein gesundes Betriebsklima.

Für die *Entfaltungsbedürfnisse* bedeutet das, dass der einzelne Mitarbeiter sich als Person entfalten möchte. Werden diese Bedürfnisse befriedigt, entsteht echte und andauernde Zufriedenheit. Dazu gehört u. a. die Arbeit (an sich) wie z. B.

- das Gefühl, etwas zu schaffen
- sachliche Anerkennung
- Verantwortung
- Vorwärtskommen.

Diese Faktoren werden nach Herzberg *Motivatoren* genannt.

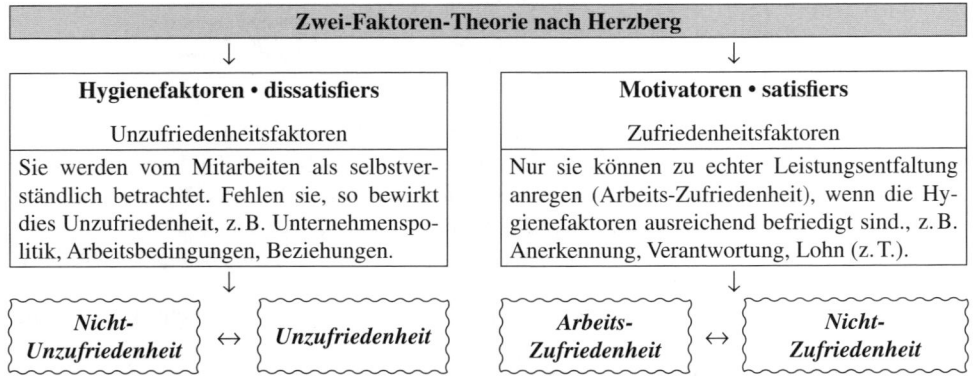

Motivatoren sind mit Erwartungsspannung und Erfolgserlebnissen verknüpft. Sie regen zur Eigenaktivität an und führen zu echter Leistungsmotivation. Für den Vorgesetzten bedeutet das, einerseits dazu beizutragen, dass die Entlastungsbedürfnisse befriedigt werden, andererseits seine Führungsfähigkeiten so einzusetzen, dass die Entfaltungsbedürfnisse Anreize erfahren.

36. Welche Bedeutung hat die XY-Theorie für den Führungserfolg?

Die XY-Theorie nach McGregor besagt:

• Der Mensch besteht aus *negativen Grundhaltungen X* und

• *positiven Grundhaltungen Y* gegenüber seinen Mitmenschen.

  - Die X-Haltung sieht den Menschen negativ: er ist arbeitsscheu, träge, will keine Verantwortung übernehmen. Die Haltung ist eher mit dem autoritären Führungsstil gepaart.

  - Die Y-Haltung sieht den Menschen positiv: er ist motiviert, arbeitswillig und verantwortungsbereit. Diese Haltung ermöglicht eher einen kooperativen Führungsstil.

McGregor fordert daher eine schrittweise Entwicklung der Führungskräfte und Mitarbeiter hin zur Y-Grundhaltung. Diese Haltung verbessert das Ergebnis der Führungsprozesse.

37. Welche Erkenntnisse muss der Vorgesetzte bei der Gestaltung von Teamprozessen beachten?

Teams sind formelle Arbeitsgruppen mit einer relativ kleinen Mitgliederzahl und einem ausgeprägten Gefühl der Zusammengehörigkeit. Teamprozesse kann nur derjenige Vorgesetzte gestalten, der über einige Grundlagen der Gruppensoziologie verfügt. Die nachfolgenden Fragen liefern dazu Hinweise.

38. Welche Merkmale sind für eine soziale Gruppe charakteristisch?

Eine soziale Gruppe sind mehrere Individuen mit einer bestimmten Ausprägung sozialer Integration. In diesem Sinne hat eine Gruppe folgende Merkmale:

- direkte Kontakte zwischen den Gruppenmitgliedern (Interaktion)
- physische Nähe
- Wir-Gefühl (Gruppenbewusstsein)
- gemeinsame Ziele, Werte, Normen
- Rollendifferenzierung, Statusverteilung
- gegenseitige Beeinflussung
- relativ langfristiges Überdauern des Zusammenseins.

39. Was verbindet man im betrieblichen Alltag mit dem Begriff „Gruppenarbeit"?

Im Unternehmen wird unter Gruppenarbeit eine Arbeitsform verstanden, bei der ein höheres Leistungsniveau (qualitativ, quantitativ) dadurch erreicht werden soll,

- dass sich mehrere Mitarbeiter zusammenschließen um eine gemeinsame Aufgabe durch solidarische Anstrengung zu lösen oder
- dass eine begrenzte Anzahl von Arbeitskräften planmäßig zusammengefasst wird zur koordinierten Verrichtung einer Arbeit über einen bestimmten Zeitraum hinweg (formelle Gruppe).

40. Welchen Sachverhalt kennzeichnet man mit den soziologischen Grundbegriffen Rolle, Status und Norm?

- Die *(soziale) Rolle* ist zum einen
  - die Summe der Erwartungen, die dem Inhaber einer Position entgegengebracht werden und zum anderen
  - ein gleichmäßiges und regelmäßiges Verhaltensmuster, das mit einer Position verbunden wird.

  Grundsätzlich erwartet die Gruppe, dass eine Rolle in etwa einem Status/einer Position entspricht. Wer seine „Rolle nicht spielt" – sprich dem Verhaltensmuster seiner Position nicht gerecht wird – muss mit dem Verlust dieser Position rechnen.

- *Status* bezeichnet den Platz (die Stellung), den ein Individuum in einem sozialen System einnimmt und an den bestimmte Rollenerwartungen geknüpft werden. Der formelle Status ergibt sich aus der Betriebshierarchie und ist oft mit Statussymbolen verbunden (weißer Kittel, eigener Parkplatz, eigene Toilette, Reisen in der Business-Class). Der informelle Status bildet sich ungeplant in der Gruppe heraus (z. B. Status „Außenseiter").

- (Gruppen)*Normen* sind inhaltlich festgelegte, relativ konstante und verbindliche Regeln für das Verhalten der Gruppe und das Verhalten in der Gruppe. Normen sind also Ausdruck für die Erwartungen einer Gruppe, wie in bestimmten Situationen zu handeln ist. Diese Erwartungen bedeuten zum einen Zwang, zum anderen aber auch Entlastung (in schwierigen Situationen „hält die Gruppennorm Verhaltensmuster bereit"). Das Einhalten bzw. das Verletzen von Normen wird von der Gruppe mit positiven bzw. negativen Sanktionen belegt (Lob, Anerkennung, Zuwendung bzw. Missachtung, „Schneiden" sowie auch „Mobbing").

41. Was versteht man unter Gruppendynamik und Gruppendruck?

- Mit *Gruppendynamik* bezeichnet man die Kräfte, durch die Veränderungen innerhalb einer Gruppe verursacht werden (z. B. Prozesse der Meinungs- und Entscheidungsbildung); andererseits meint dieser Begriff auch die Kräfte, die von einer Gruppe nach außen hin wirken (z. B. Ausübung von Macht nach außen aufgrund eines starken „Wir-Gefühls"). Daneben wird dieser Begriff zur Beschreibung von Trainingsmaßnahmen verwendet, die soziale Fertigkeiten fördern sollen (z. B. Selbsterfahrungsgruppen).

- *Gruppendruck*: Abweichende Ansichten, Argumente oder Arbeitsweisen werden offen oder latent durch den Erwartungsdruck anderer maßgeblicher Gruppenmitglieder unterdrückt – obwohl der Einzelne bewusst oder unbewusst eine andere Überzeugung hat. Ein bestimmtes Arbeitsverhalten kann dadurch verhindert, gezielt gesteuert oder auch positiv beeinflusst werden (Beispiel: Eine betriebliche Arbeitsgruppe „veranlasst" zwei Gruppenmitglieder zur Nachahmung eines bestimmten Arbeitsverhaltens.).

42. Welches typische Rollenverhalten einzelner Mitglieder einer Gruppe lässt sich im betrieblichen Alltag feststellen?

Zum Teil zeigen einzelne Gruppenmitglieder typische Rollen/Verhaltensmuster, die in der Praxis mit plakativen Begriffen wie „der Star", „der Anführer", „der Freche", „der Clown" usw. gekennzeichnet werden. Wichtig ist hier für den Vorgesetzten, Möglichkeiten der Führung solcher Gruppenmitglieder zu entwickeln, die geeignet sind, solche z. T. „problembehafteten Mitarbeiter" so zu führen, dass sie in der Gruppe integriert bleiben und sich ihr Leistungsverhalten positiv entwickelt. Fingerspitzengefühl im Einzelfall ist gefragt. Patentrezepte gibt es i. d. R. nicht.

43. Welche Ziele real existierender Gruppenarbeit können verfolgt werden?

Die Ziele real existierender Gruppenarbeit können sein:

- Qualifizierung (Teamentwicklung, Lernstatt),
- Problemlösung vor Ort,
- Entwicklung optimaler Arbeits- und Fertigungsstrukturen,
- Veränderung von Denkhaltung, Arbeitseinstellung und Arbeitsausführung der Mitarbeiter und Führungskräfte (Qualitätsmanagement).

44. Nach welchen Aspekten können unterschiedliche Formen der Gruppenarbeit unterschieden werden?

Die Formen der Gruppenarbeit unterscheiden sich im Wesentlichen in folgenden Aspekten:

- Wer leitet die Gruppe (z. B. Gruppenmitglied oder Vorgesetzter)?
- Ist die Teilnahme freiwillig oder angeordnet?
- Erfolgt die Arbeit in der speziellen Gruppe parallel zur Hauptaufgabe des Mitarbeiters oder ist er „freigestellt"?
- Wurden der Gruppe Entscheidungskompetenzen übertragen?
- Welche Arbeitsziele werden verfolgt?

45. Welche klassischen Grundformen der Gruppenarbeit gibt es?

- *Problemlösegruppen* dienen der Problembewältigung (Aufgabenorientierung). Ihr Ziel ist das Aufzeigen von Lösungen und Verbesserungen.

- *Werkstattgruppen* dienen der Verbesserung der Arbeitsorganisation (technische Ablauf-Orientierung). Sie sollen die Nachteile der Fließfertigung vermeiden.

- *Lernstattgruppen* befassen sich mit Lernvorgängen und Qualifizierung; sie sind damit ein Instrument der Personalentwicklung.

46. Welche neueren Formen der Gruppenarbeit werden heute unterschieden?

Bereits die Werkstattorganisation der ersten Automobilhersteller und selbst die Handwerkszünfte des Mittelalters kannten bereits Gruppenarbeitsmodelle. Die heutigen Konzepte der Team- und Gruppenarbeit bzw. „Arbeit in Gruppen" stammen aus den Vereinigten Staaten der 70er-Jahre. Die nachstehend behandelten Gruppenkonzepte „Teamarbeit", „teilautonome Arbeitsgruppen" sowie „Gruppenarbeit/Arbeit in Gruppen" verfolgen im Kern die gleichen Ziele wie Lean Production.

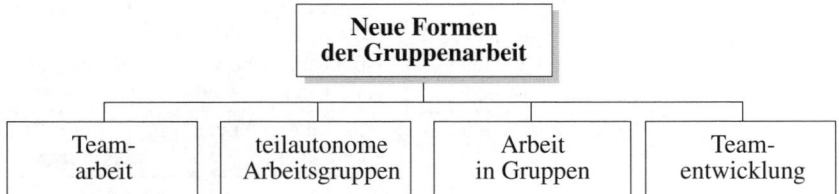

Teams (Teamarbeit) sind Gruppen, die sich vor allem nach außen hin abgrenzen (Außenskelett). Die Arbeitsteilung im Inneren bleibt offen. Zumeist wird allerdings in der Praxis der Qualifikationsbedarf erhöht, da Personen mehrere Arbeitsplätze zu beherrschen haben (Stellvertretung, Rotation). Im Extremfall verrichtet jeder jeden Arbeitsgang im Teambereich. Oberstes Ziel der Teamarbeit ist die Kommunikation vor Ort und die Verkürzung von Entscheidungsprozessen. „Echte Teams" zeichnen sich durch eine hohe Verbundenheit zwischen den Gruppenmitgliedern aus.

- *Teilautonome Arbeitsgruppen* sind ein mehrstufiges Teammodell, das den Mitgliedern Entscheidungsfreiräume zugesteht; u. a.:

  - selbstständige Verrichtung, Einteilung und Verteilung von Aufgaben (inklusive Anwesenheitsplanung, Qualifizierung, Urlaub, Zeitausgleich usw.),

- selbstständige Einrichtung, Wartung, teilweise Reparatur der Maschinen und Werkzeuge,
- selbstständige (Qualitäts-)Kontrolle der Arbeitsergebnisse.

• *Gruppenarbeit/Arbeit in Gruppen* ist eine spezifische Form von teilautonomen Gruppen als Methode der Innenorganisation von Teams, die durch den schwedischen Automobilhersteller *VOLVO vor*geprägt wurde. In der Praxis wird seither die neutrale Bezeichnung „Arbeit in Gruppen" bevorzugt. Gruppenarbeit soll – wie oben am Beispiel der teilautonomen Gruppen gezeigt – der direkten Kommunikation (Kontakte), Entscheidungsfindung vor Ort (Beteiligung) und der Motivation dienen. Neben diesen menschlichen Aspekten stehen aber auch Produktivitätssteigerungen, mehr Flexibilität und Kostensenkungen dahinter.

• *Teamentwicklung* ist ein Begriff, der nicht in das Gebiet der Arbeitsorganisation von Fertigungsbereichen fällt, sondern ein Instrument der Personalentwicklung ist: Die Gruppe (z. B. Mitarbeiter der Abteilung Verkaufsförderung) geht zusammen mit einem „Berater/Trainer" einige Tage „in Klausur" und bearbeitet gruppeneigene Fragestellungen. Beispiele:
- „Was behindert die Effektivität unserer Arbeit?"
- „Welche Ziele haben wir für das nächste Jahr?"
- „Welchen Stellenwert hat unsere Arbeit im Gesamtunternehmen?"
- „Wie wollen wir welche Probleme bis wann lösen?"

47. Welche Phasen der Teamentwicklung werden unterschieden?

Wenn eine Arbeits- oder Projektgruppe gebildet wird, so benötigen Menschen immer eine hinreichende Entwicklungszeit, um zu einer effizienten Zusammenarbeit zu gelangen. Der amerikanische Psychologe Tuckmann teilt den Prozess der Gruppenbildung in vier Phasen ein:

Der Gruppenentwicklungsprozess – Phasen der Teamentwicklung nach Tuckmann			
Forming	**Storming**	**Norming**	**Performing**
Kontaktaufnahme, Kennenlernen, Höflichkeit, Unsicherheiten	Machtkämpfe, Egoismen, Frustrationen, Konflikte, Statusdemonstrationen	Lernprozesse, Spielregeln, Vertrauen und Offenheit, sachliche Auseinandersetzung	Reifephase: Entwicklung zu einem leistungsfähigen Team
Formende Phase	Stürmische Phase	Regelungsphase	Phase der Zusammenarbeit

Der Vorgesetzte und Moderator muss diese Entwicklungsphasen kennen; die Prozesse sind bei jeder Gruppenbildung mehr oder weniger ausgeprägt und gehören zur „Normalität". Der Zeitaufwand, „bis die Gruppe sich gefunden hat" ist notwendig und muss eingeplant werden.

Es kann in der Praxis auch vorkommen, dass Gruppen die Phasen 1 bis 2 nicht überwinden und sehr ineffizient arbeiten; ggf. muss dann die Gruppe neu gebildet werden, wenn die Voraussetzungen einer Teamarbeit nicht gegeben sind.

48. Wie kann der Vorgesetzte den Gruppenbildungsprozess fördern?

Der Vorgesetzte/der Moderator kann z. B. in der

Phase 1 → den Kontakt, das Kennenlernen fördern (Übungen, Vorstellungsrunde),

Phase 2 → die Ursachen und Hintergründe von Machtkämpfen bewusst machen und die Konsensbildung fördern (→ Konfliktmanagement),

Phase 3 → motivieren, Fortschritte in der Kooperation verdeutlichen, bei der Erarbeitung von Spielregeln der Zusammenarbeit helfen,

Phase 4 → der Gruppe mehr Freiräume zugestehen; Selbststeuerung zulassen; die Gruppe fordern; Sachziele realisieren und Erfolge erleben lassen.

49. Welche „Signale" können Hinweise auf Störungen im Gruppenprozess sein?

Störungen im Gruppenprozess sind u. a. erkennbar an folgenden „Signalen":

- unverhältnismäßig hoher Zeitaufwand bei der Bearbeitung gestellter Aufgaben
- geringe Produktivität der Leistung
- nicht ausreichende Qualität der Leistung
- Beschwerden der Gruppenmitglieder und Unzufriedenheit
- verbale Aggression, Streit
- Cliquenbildung
- Absonderung
- fehlende Mitarbeit
- Absentismus.

50. Welche Arten von Störungen im Gruppenprozess können auftreten?

Störungen im Gruppenprozess lassen sich folgenden Ebenen zuordnen (Variablen = Störungsursachen):

Störungen im Gruppenprozess · Ebenen und Variablen			
Ebene:			Variablen, z. B.:
1		Persönlichkeit des Einzelnen	Persönlichkeit einzelner Gruppenmitglieder; Persönlichkeit des Moderators: Interrollenkonflikte
2		Beziehung zwischen zwei Gruppenmitgliedern	Sympathie; Antipathie; Rivalität; Konkurrenz; Sachkonflikte; Beziehungskonflikte; Kommunikation; Vorurteile
3		Beziehung zwischen dem Einzelnen und der Gruppe	Rollen; Intrarollenkonflikte; Erwartungen; Normen; Kommunikation; Einzelziele versus Gruppenziele

Störungen im Gruppenprozess · Ebenen und Variablen		
Ebene:		**Variablen, z.B.:**
4	Beziehung zwischen der Gruppe und dem Moderator	Personale und fachliche Autorität; gegenseitige Erwartungen; Kommunikation; Befugnisse; informeller Führer
5	Beziehung von Gruppen untereinander	Konflikte zu anderen Gruppen; Konflikte innerhalb der Gruppe; Cliquenbildung; Gruppengröße
6	Beziehung der Gruppe zur Organisation (Unternehmen)	Werte; Normen; Erwartungen; Ziele; Stellung der Gruppe in der Organisation; Restriktionen, Auflagen; Führungskultur

51. Wie lassen sich Störungen in der Gruppenarbeit bearbeiten/lösen?

Der Vorgesetzte/Moderator hat verschiedene *Instrumente* und *Verhaltensweisen*, um Störungen im Gruppenprozess zu bearbeiten; es folgen ausgewählte Beispiele:

Ebene 1: z.B.: *Einzelgespräch*; Einsicht in fehlerhaftes Verhalten erzeugen;

Ebene 2: z.B.: vgl. *Strategien der Konfliktbearbeitung*;

Ebene 3: z.B.: *Einzelgespräch*; Klären und Vermitteln; vgl. Strategien der Konfliktbearbeitung;

Ebene 4: z.B.: *Reflexion über das eigene Verhalten*; Sichern der fachlichen Autorität; Beherrschen der Techniken; Aussprache mit der Gruppe: Konflikt thematisieren (*Methode „Blitzlicht"*);

Ebene 5: z.B.: *Gemeinsame Sitzung* der rivalisierenden Teams: Konflikt thematisieren, Erwartungen klären, Regeln der Zusammenarbeit vereinbaren;

Ebene 6: z.B.: *Erwartungen der Gruppe* an das Management *formulieren* und vortragen; unterschiedliche Werthaltungen thematisieren und Konsens anstreben; Stellung der Gruppe in der Organisation klären; Unterstützung im Management suchen.

52. Warum muss der Vorgesetzte über das Ergebnis von Gruppenprozessen reflektieren?

Über den Ablauf der Arbeit in Gruppen zu reflektieren, heißt sich Gruppenprozesse bewusst zu machen. Stärken bzw. Schwachstellen im Gruppenprozess zu erkennen und zu analysieren bietet die Möglichkeit, bewusst positive Entwicklungen zu stärken und bei negativen gegen zu steuern. Dazu wird der Vorgesetzte/der Moderator sein *Instrumentarium* einsetzen, z.B.:

- seine Persönlichkeit und Erfahrung,
- das Beherrschen der Moderations- und Kommunikationstechniken,
- Kenntnis über Gruppenprozesse und die „Gütekriterien" erfolgreicher Gruppenarbeit,
- Strategien zur Konfliktbearbeitung.

53. Was versteht man unter „Innovation"?

Innovation (Begriffsklärung):
Es gibt bisher keinen allgemein gültigen Innovationsansatz bzw. keine allgemein akzeptierte Begriffsdefinition. Allen vorliegenden Definitionsversuchen gemeinsam sind folgende Merkmale:

- *Neuheit* bzw. Erneuerung eines Objekts oder einer Handlungsweise,
- *Veränderung* im Unternehmen und durch das Unternehmen,
- *Innovation* ist ein Prozess: sie muss
  · entdeckt,
  · eingeführt/genutzt und
  · institutionalisiert werden.

54. Welche Grundsätze muss der Personalfachkaufmann bei der Gestaltung von Innovationsprozessen berücksichtigen?

- *Innovationserfordernisse* müssen
  → re*chtzeitig* erkannt werden (kein blinder Fleck!) und
  → im Einklang mit den Unternehmenszielen stehen (strategische Einbindung)

- *Innovationsprozesse* müssen
  → mit den „Betroffenen" entwickelt werden, d. h. der Kreis der betroffenen Führungskräfte und Mitarbeiter ist rechtzeitig und umfassend einzubeziehen („Mache die Betroffenen zu Beteiligten!"; siehe auch → Projektmanagement, Ziffer 1.4),
  → eigenbestimmt und nicht fremdbestimmt umgesetzt werden,
  → unter Einsatz der Techniken der Motivation und der Kreativität entwickelt werden.

55. Was ist Kreativität?

Als Kreativität bezeichnet man die Fähigkeit eines Menschen, *neue Problemlösungen hervor zu bringen*. Voraussetzung dafür ist die Fähigkeit/Bereitschaft, von *alten Denkweisen abzurücken* und zwischen bestehenden Erkenntnisse neue Verbindungen herzustellen. Man unterscheidet zwei Arten der Kreativität:

- Beispiel für ass*oziative Kreativität:*
  Der Mitarbeiter verbessert den Ablauf bei der Motormontage und stützt sich dabei auf seine bisherige Erfahrung und betriebliche Erkenntnisse.

- Beispiel für *originäre Kreativität:*
  Der Mitarbeiter einer Druckerei entwickelt ein völlig neues Verfahren, um bei der Bearbeitung und dem Transport von Papierbögen die elektromagnetische Aufladung des Papiers zu verringern.

56. Welche Bedeutung haben Motivation und Kreativität für das Leistungsergebnis des Mitarbeiters?

Die Leistung eines Mitarbeiters, also sein Arbeitsergebnis in mengen- und qualitätsmäßiger Hinsicht, ergibt sich aus dem Zusammenwirken von drei Faktoren:

- der Leistungsbereitschaft → dem „Wollen",
- der Leistungsfähigkeit   → dem „Können",
- der Leistungsmöglichkeit   → dem „Erlauben" (auch: „Zulassen/Ermöglichen").

- Die *Leistungsbereitschaft eines Mitarbeiters kann also durch Maßnahmen der Motivation verbesssert werden.* Der Vorgesetzte kann durch gezielte Anreizmaßnahmen auf ein erwünschtes Verhalten der Mitarbeiter hinwirken. Dazu einige Beispiele:

erwünschtes Verhalten:	Anreize/Motivation, z. B.:
- Pünktlichkeit	→ Anerkennung, Lob, Prämie
- Sorgfalt in der Arbeitsausführung	→ Anerkennung, Lob, Prämie
- Übernahme neuer Aufgaben	→ Bestätigen, ermuntern, unterstützen

- Die *Leistungsfähigkeit eines Mitarbeiters kann durch kreativitätsfördernde Maßnahmen verbessert werden.* Der Vorgesetzte kann durch gezielte Maßnahmen zur Förderung der Kreativität die Leistungsfähigkeit des Mitarbeiters erhöhen, indem er Kreativitätstechniken einsetzt, vermittelt und neue Ideen der Mitarbeiter aufgreift und unterstützt.

  Kreativität im Sinne „sich mit neuen Ideen engagieren", „was könnte an meinem Arbeitsplatz besser gemacht werden" ist eine Quelle langfristiger Unternehmenssicherung. Kreative Mitarbeiter zu gewinnen, zu fördern und zu erhalten muss ein Leitgedanke in der Führungsarbeit sein.

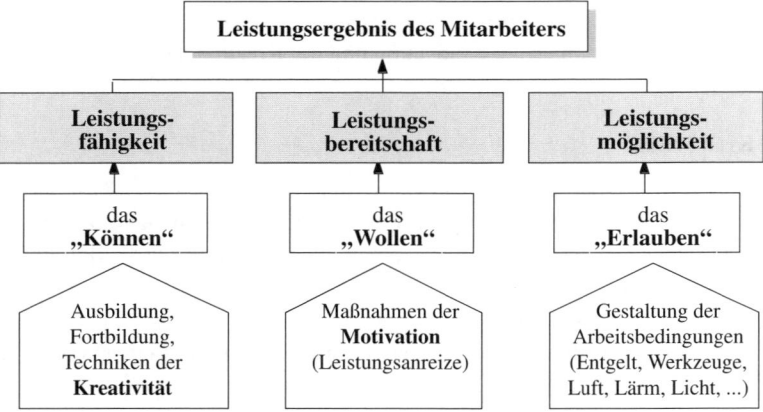

57. Welche kreativitätsfördernden Techniken und Maßnahmen kann der Vorgesetzte zur Verbesserung der Mitarbeiterleistung einsetzen?

- Beispiele für *Maßnahmen zur Förderung der Kreativität:*
  - Einführung des betrieblichen Vorschlagswesens (BVW)
  - kreativitätsfördernder Führungsstil: kooperativ, anerkennend, wertschätzend
  - Einrichtung von Qualitätszirkeln
  - Verbesserung der Teamarbeit
  - Einrichtung teilautonomer Gruppen
  - Prozess der kontinuierlichen Verbesserung (KVP).

- Beispiele für *Techniken zur Förderung der Kreativität:*

Begriff: Kreative Techniken sind gekennzeichnet durch folgende Eigenschaften:
- spontane Reaktionen von „Kopf" und „Bauch" (Verstand und Gefühl),
- Betrachtung des Problems aus verschiedenen Blickwinkeln,
- Herstellen von Analogien,
- Assoziieren/Zuordnen.

Aus der Fülle der Kreativitätstechniken werden hier einige Beispiele genannt:

- *Ideenzettel:*
  Die Teilnehmer sammeln gezielt Informationen und Erfahrungen zum Thema.

- *Brainstorming/Brainwriting (= „Gedankensturm"):*
  Brainstorming bedeutet, einen freien, unzensierten Ideenfluss erzeugen. Dabei werden die Ideen gesammelt, geordnet, bewertet und später in Gruppenarbeit eingehender bearbeitet.

- *Synektik:*
  Durch geeignete Fragestellungen werden Analogien gebildet. Durch Verfremdung des Problems will man zu neuen Lösungsansätzen kommen. Beispiel: „Wie würde ich mich als Kolben in einem Dieselmotor fühlen?"

- *Bionik:*
  Ist die Übertragung von Gesetzen aus der Natur auf Problemlösungen. Beispiel: „Echo-Schall-System der Fledermaus → Entwicklung des Radarsystems".

- *Morphologischer Kasten:*
  Die Hauptfelder eines Problems werden in einer Matrix mit x Spalten und y Zeilen dargestellt. Zum Beispiel erhält man bei einer „4 x 4-Matrix" 16 grundsätzliche Lösungsfelder.

- *Wertanalyse:*
  Die Wertanalyse (WA) basiert auf folgender Grundüberlegung: Ein Produkt erfüllt bestimmte Funktionen und hat damit für den Verbraucher einen bestimmten Wert/Nutzen. Beispiel: Ein Feuerzeug erfüllt u. a. die Funktion Feuer, Wärme oder Licht zu spenden. Jede Funktion eines Produktes verursacht in der Herstellung spezifische Kosten. Die Wertanalyse verfolgt nun das Ziel, den vom Verbraucher erwarteten Wert eines Produkts mit den geringsten Kosten herzustellen. Die Vorgehensweise ist stark normiert und orientiert sich an quantifizierten Zielen (vgl. DIN 1325-1 und DIN 12973).

- *Assoziieren:*
  Einem Vorgang/einem Begriff werden einzeln oder in Gruppenarbeit weitere Vorgänge/ zugeordnet; z. B.: „Lampe": Licht, Schirm, Strom, Birne, Schalter, Fuß, Hitze.

58. Was versteht man unter „Fluktuation"?

Der Begriff ist nicht einheitlich definiert:

a) Fluktuation im weiteren Sinne: = *alle Formen von Personalabgängen*

b) Fluktuation im engeren Sinne: = *freiwillige Personalabgänge der Mitarbeiter*

Überwiegend ist im Sprachgebrauch der Praxis die engere Begriffsfestlegung gemeint: Es geht um die Vermeidung unerwünschter Kündigungen durch Belegschaftsmitglieder, speziell um das Abwandern guter Mitarbeiter in andere Betriebe.

Als Fluktuationsquote eines Betriebsjahres wird meist folgender Quotient verwendet:

$$\text{Fluktuationsquote} = \frac{\text{Anzahl der Personalabgänge} \; \cdot \; 100}{\text{ø Personalbestand}}$$

59. Wie lassen sich die Fluktuationsursachen systematisieren?

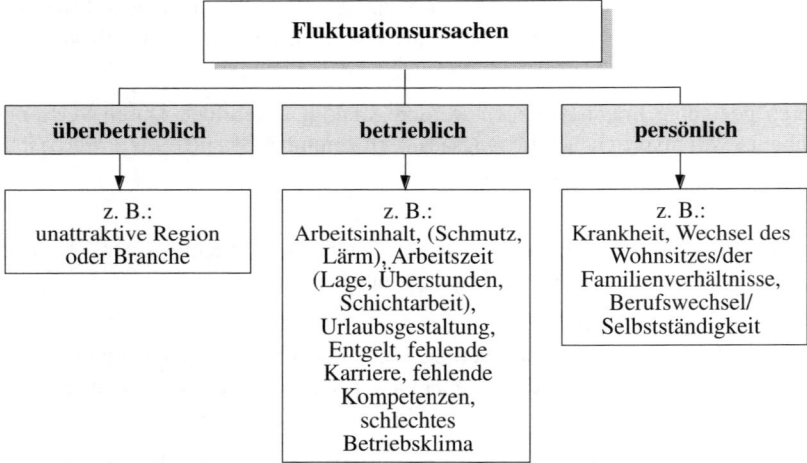

Ein Gespräch mit dem ausscheidenden Mitarbeiter kann Aufschluss über die Ursachen des Weggangs geben (sog. *Austrittsinterview*). Hierbei kommt es allerdings darauf an, dass es dem Vorgesetzten gelingt, eine Vertrauensbasis herzustellen, sodass der Mitarbeiter sich überhaupt äußert und dabei die „wirklichen Gründe" für seine Kündigung nennt. Ursachen im persönlichen Bereich sind vom Betrieb nur selten beeinflussbar.

Bei den betrieblichen Fluktuationsursachen gibt es folgende „Spitzenreiter":

- fehlende Karriere,
- als ungerecht empfundene Entlohnung,
- nicht ausreichender Freiraum,
- Unzufriedenheit mit der Arbeit selbst,
- Unzufriedenheit mit dem Führungsstil und/oder der Person des Vorgesetzten.

60. Welche Folgen kann unerwünschte Fluktuation haben?

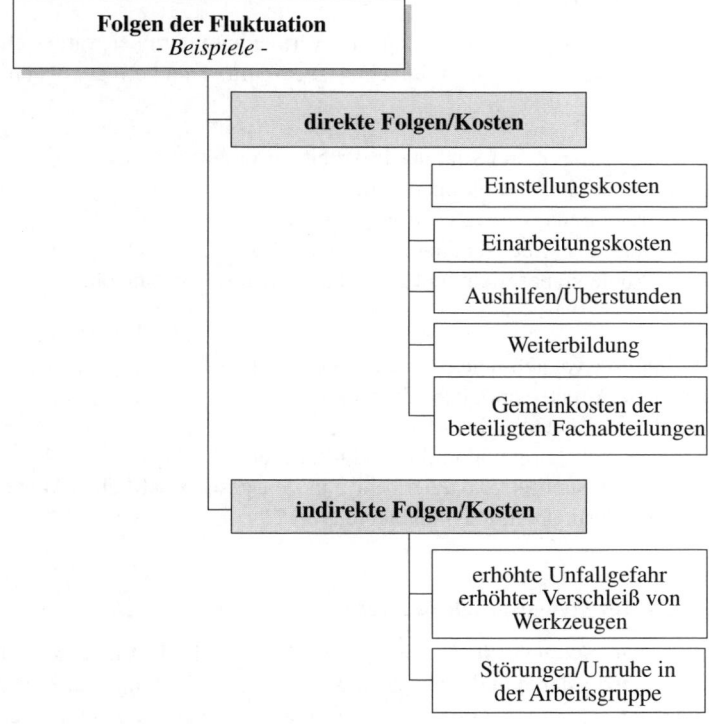

61. Was bezeichnet man als „Fehlzeiten"?

Als Fehlzeiten bezeichnet man alle Abwesenheitstage eines Mitarbeiters, an denen er „normalerweise" arbeiten müsste (lt. Arbeitsvertrag, Betriebsvereinbarung, Tarifvertrag). Man bezeichnet Fehlzeiten auch als *Ausfallzeiten* oder *Absentismus*.

62. Welche Arten/Ursachen von Fehlzeiten gibt es?

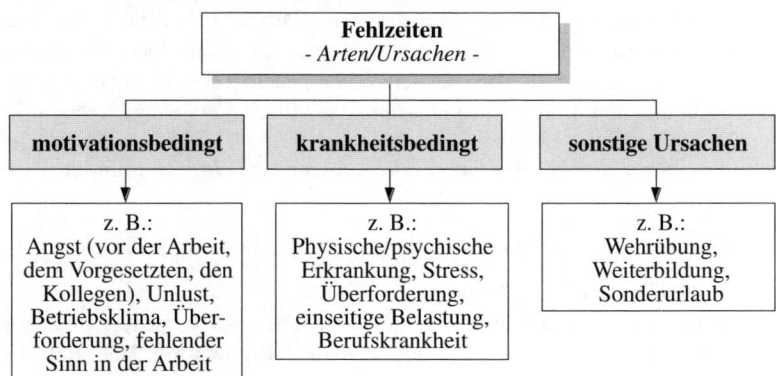

63. Welche Möglichkeiten haben der Betrieb und der Vorgesetzte, um Fluktuation und Fehlzeiten zu reduzieren?

Die Antwort auf diese Frage ergibt sich aus der Vermeidung der oben dargestellten Ursachen. Fluktuation und Fehlzeiten sind – vereinfacht gesagt – u. a. dann geringer, wenn

- der *Vorgesetzte*
    - klare Anweisungen gibt und Sinn in der Arbeit vermittelt,
    - Arbeitsgruppen „richtig" zusammensetzt,
    - Leistung anerkennt und zur Delegation bereit ist,
    - die Verbesserung der Arbeitsbedingungen unterstützt,
    - auftretende Probleme bespricht und Konflikte konstruktiv behandelt.

- der *Betrieb*
    - die Weiterbildungsvorstellungen der Mitarbeiter aufgreift,
    - für transparente Aufstiegsmöglichkeiten sorgt,
    - die Lohnpolitik „nachvollziehbar" gestaltet,
    - die Mitarbeiter rechtzeitig und umfassend informiert,
    - eine Unternehmenspolitik praktiziert, die mit den gesellschaftlichen Werten in Einklang steht (Familie, Gesundheit, Persönlichkeit, Umwelt).

64. Wie ist das Fehlzeitengespräch zu führen?

Das *Fehlzeitengespräch* (auch: *Rückkehrgespräch*) ist eines der Instrumente, um die Ursachen von Fehlzeiten zu analysieren und ihnen dort, wo es möglich ist, entgegen zu wirken. Der Vorgesetzte sollte dabei weder den Krankenstand als unvermeidbare Entwicklung betrachten noch sollte er unterschwellig allen Arbeitnehmern pauschal eine sinkende Arbeitsmoral unterstellen.

Bei der Detailanalyse von Fehlzeiten gilt es festzustellen:

- Wann	→	Zeitpunkt, Zeitraum
- Wo	→	Arbeitsbereich/-gruppe
- bei wem	→	Mitarbeiter
- in welchem Ausmaß	→	Häufigkeit, Dauer

traten Fehlzeiten auf und wie kann ihnen wirksam begegnet werden?

Der Vorgesetzte kann dazu sog. *Rückkehrgespräche* mit Mitarbeitern führen, die länger bzw. häufiger erkrankt waren. Er sollte dabei keinen psychischen Druck ausüben, sondern dem Mitarbeiter das Gefühl vermitteln, dass Abwesenheitszeiten beachtet werden, man sich Gedanken über Abhilfen macht und dem Betrieb die Genesung des Mitarbeiters nicht gleichgültig ist.

Für die Durchführung des „*Rückkehrgespräches*" ist folgender *Leitfaden* hilfreich:

1. *Gesprächsvorbereitung:*
   Analyse der Fehlzeiten, ausreichend Zeit, richtiger Zeitpunkt, Gesprächsziel.

2. *Gesprächsdurchführung und -abschluss:*
   Begrüßung/Klima, Frage nach den Ursachen, Stellungnahme des Mitarbeiters, Lösungsansätze, Verhalten in der Zukunft, Unterstützungsmöglichkeiten (Betriebsarzt, Hausarzt), Gespräch positiv beenden. Der Gesprächsinhalt ist zu protokollieren.

Sonderfälle:

Ergibt die Fehlzeitenanalyse den Eindruck/Nachweis, dass die Abwesenheiten ganz oder teilweise vermeidbar gewesen wären, so ist die *Kontrolle* des zukünftigen Mitarbeiterverhalten *besonders nachdrücklich durchzuführen* (ggf. 2. oder 3. Gespräch).

Beruht die Abwesenheit auf einem Fehlverhalten des Mitarbeiters sind *Sanktionen* erforderlich, z. B. Lohnabzug, Ermahnung, Abmahnung, Kündigung.

4.5.3 Beraten der Führungskräfte

01. Wie muss der Personalfachkaufmann/Personalleiter heute seine Rolle als Change-Agent und Coach wahrnehmen?

1. Grundgedanke:
   Personalarbeit – heute – *ist Personalentwicklungsarbeit*, die von Dienstleistern im Sinne von Beratung, Betreuung, Wegbereitung und Coaching für alle Führungskräfte und Mitarbeiter ohne Eitelkeit und hierarchischem Denken, dafür aber mit hohem Engagement, Situations- und Menschengefühl vorangebracht wird. Verwaltungsakteure mit hoheitlichem Denken sind heute fehl am Platze.

2. *Notwendigkeit der Fachkompetenz und des Hintergrundwissens:*
   Der Personalfachmann hat die aufbau-, ablauf- und verfahrenstechnischen Hintergründe in seinem Unternehmen zu kennen (z. B. Ablauf der Personalplanung, Genehmigungsverfahren zur Einrichtung einer Planstelle, Organigramme). Sicher wird er nicht primär als Organisator auftreten. Soll er jedoch als Change-Agent und Coach, als Berater, Vermittler und Mitentscheider vor der Unternehmensleitung, den Führungskräften und den Mitarbeitern mitwirken, muss er in diesem Sinne mitdenken können, wollen und dürfen.

   Der Personalfachmann muss die Meinungen der Führungskräfte über deren Mitarbeiter kennen, diese Meinung in Relation zum Typus des Vorgesetzten interpretieren können und sich darüber hinaus eine eigene Vorstellung zu den Führungskräften und deren Mitarbeiter bilden.

   Der Personalfachmann ist fachkompetenter Gesprächspartner und erfahrener Moderator von Einzel- und Gruppengesprächen. Er ist weder Pfarrer oder Hobby-Psychologe noch Vollstrecker arbeitsrechtlicher Notwendigkeiten.

02. Welche Konzepte kann der Personalfachmann bei seiner Beratungsarbeit einsetzen und nutzen?

Die Fachliteratur bietet zum Thema „Strategie, Management und Führungstheorie" eine außerordentliche Fülle von Ansätzen zur Verbesserung der Unternehmensgesamtleistung. Wohlklingende Vokabeln versprechen scheinbar viel; manchmal sind sie jedoch nur Modeerscheinungen.

Derzeit sind folgende Konzepte der Beratung/Managementphilosophien im betrieblichen Einsatz:

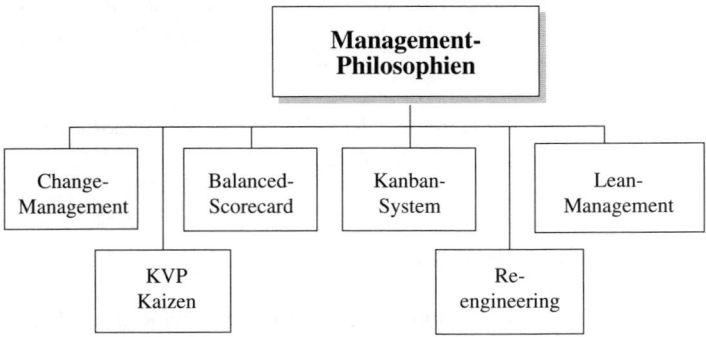

Welchen Nutzen diese Konzepte in der konkreten Praxis liefern, hängt von vielen Faktoren ab. Die Erfahrung zeigt jedoch, dass die von vielen Managementberatern versprochenen Ziele in der Praxis nur bedingt erreicht werden – schon gar nicht auf Knopfdruck.

03. Welcher gedankliche Ansatz wird mit dem Konzept „Change-Management" verbunden?

Die Märkte, die Anforderungen der Kunden und die Produkte ändern sich heute mit rasanter Geschwindigkeit. Das Unternehmen muss sich den gegebenen Veränderungen anpassen.

Change-Management bedeutet übersetzt *„Veränderungsmanagement"* und setzt sich zusammen aus den Worten „change" (verändern, wandeln oder umstellen) und „manage" (behandeln, führen, steuern). Change-Management bedeutet also, Veränderungen möglich machen und beinhaltet die systematisch-konzeptionelle, flexible Anpassung des Unternehmens an die ständigen Veränderungen der Umwelt.

04. In welchen Phasen sollte der Beratungsprozess durchgeführt werden?

Es gilt auch hier die logische Struktur des Management-Regelkreises:

(1) *Probleme erkennen* und gewichten:
z. B. wichtig/dringlich, operativ/strategisch

(2) Klare *Ziele vereinbaren*:
z. B. quantitative/qualitative Ziele, MbO

(3) *Maßnahmen und Methoden entwickeln und umsetzen*:
- Effektivität der Maßnahmen (ABC-Analyse, Pareto)
- Mitarbeiter einbinden, begleiten und coachen („Mache die Betroffenen zu Beteiligten!")
- ggf. kompetente externe Unterstützung suchen
- Veränderungen organisatorische einbinden (= institutionalisieren und implementieren)

(4) *Controlling der Maßnahmen, Methoden und der Zielaspekte:*
Lernzuwachs der Mitarbeiter und der Organisation sichern

4.6 Betriebliche Arbeitsformen mitgestalten, Grundsätze moderner Arbeits- und Lernorganisation umsetzen

4.6.1 Moderne Arbeitsorganisation[1]

01. Welche Maßnahmen der Arbeitsstrukturierung/-organisation kann der Vorgesetzte gezielt einsetzen?

• *Begriff:*
Unter Arbeitsstrukturierung/-organisation versteht man die zeitliche, örtliche und logische Anordnung/Zuordnung von Arbeitsvorgängen nach grundlegenden Prinzipien.

Es gibt folgende Möglichkeiten, die auszuführende Arbeit anzuordnen und zu gliedern:

• *Arten:*

- nach dem *Umfang der Delegation:*
  Aufteilung in ausführende und entscheidende Tätigkeit

- nach dem *Interaktionsspielraum*, den die Mitarbeiter haben:
  Einzelarbeitsplatz, Gruppenarbeitsplatz, Teamarbeit

- nach der *Arbeitsfeldvergrößerung/-verkleinerung:*
  · Job-Enlargement
  · Job-Enrichment
  · Job-Rotation
  · teilautonome Gruppe

- Prinzipien der *Art- und Mengenteilung:*
  · Arbeitsteilung
  · Arbeitszerlegung
  · Flussprinzip
  · Verrichtungsprinzip
  · Objektprinzip

- Prinzip der *Bildung von Einheiten:*
  · soziale Einheiten
  · funktionale Einheiten

---

[1] vgl. dazu auch 1.1.4 → Taylorismus

02. Welche neueren Formen der Arbeitsorganisation lassen sich von traditionellen Ansätzen unterscheiden?

Formen der Arbeitsorganisation			
Traditionelle Ansätze	Job-Rotation	Job-Enlargement	Job-Enrichment
	Problemlösegruppen	Lernstattgruppen	Werkstattgruppen: - Fertigungsinseln - Boxenfertigung - Sternfertigung
Neuere Ansätze in Verbindung mit Lean Production	Teamarbeit	Teilautonome Gruppen	

03. Welche charakteristischen Merkmale weist die Teamarbeit auf?

Bereits die Werkstatt-Organisation der ersten Automobil-Hersteller und selbst die Handwerkszünfte des Mittelalters kannten bereits Gruppenarbeits-Modelle. Die heutigen Konzepte der Team- und Gruppenarbeit stammen aus den Vereinigten Staaten der 70er-Jahre.

Zur Unterscheidung:

• Teamarbeit bildet die *Außenstruktur* von Gruppen.

• Teilautonome Arbeitsgruppen sind spezifische, *teaminterne Struktur-Lösungen*.

Teams sind Gruppen, die sich vor allem nach außen hin abgrenzen (Außenskelett). Die Arbeitsteilung im Inneren bleibt offen. Zumeist wird allerdings in der Praxis der Qualifikationsbedarf erhöht, da die Mitarbeiter mehrere Arbeitsplätze zu beherrschen haben (Stellvertretung, Rotation). Im Extremfall tut jeder jeden Arbeitsgang im Teambereich. Dabei wird in der Regel das Lohnniveau für alle Team-Mitglieder gehoben, bis hin zur Höhe des am höchsten bewerteten Arbeitsplatzes im Teambereich. Da die Menschen natürlicherweise unterschiedlich beweglich, groß, schnell, geschicklich und qualifiziert sind, ist Rotation nur dort sinnvoll, wo das Gesamtergebnis nicht beeinträchtigt wird. Oberster Zweck der Teamarbeit sind die Ermöglichung von Kommunikation vor Ort und die Verkürzung von Entscheidungsprozessen.

04. Welche Arten betrieblicher Arbeitsgruppen lassen sich unterscheiden?

Betriebliche Arbeitsgruppen unterscheiden sich hinsichtlich ihrer *Größe*, *Zielsetzung* und *Struktur*. Möglich ist folgende Differenzierung; sie enthält Überschneidungen:

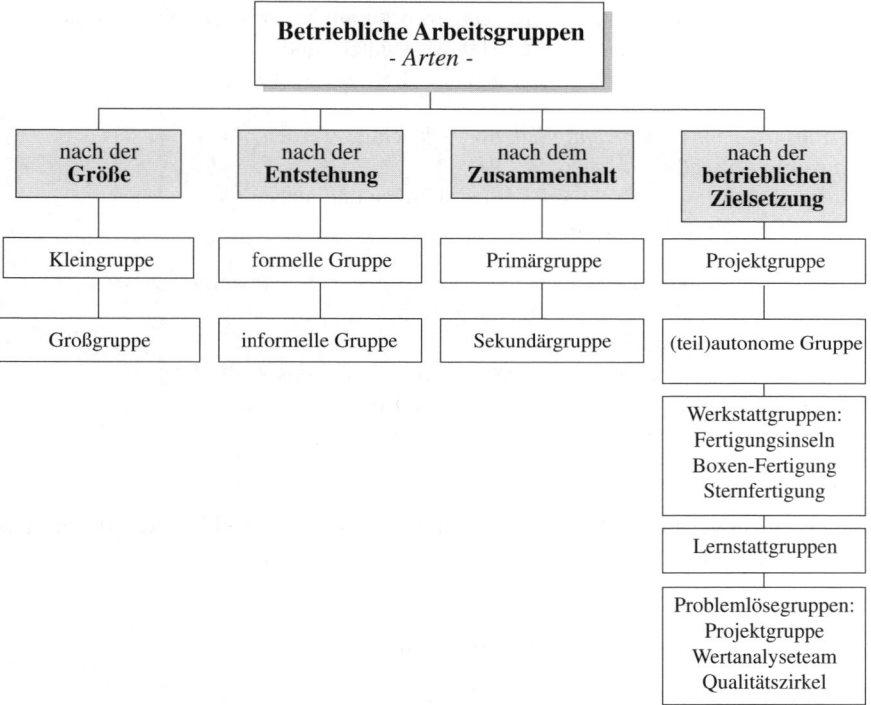

05. Welche Grundsätze sind bei der Zusammensetzung betrieblicher Arbeitsgruppen zu beachten?

Zunächst ist die Frage zu stellen, wann ist Gruppenarbeit erfolgreich? Wie lässt sich der „Erfolg" von Gruppenarbeit definieren?

Die Antwort lautet:

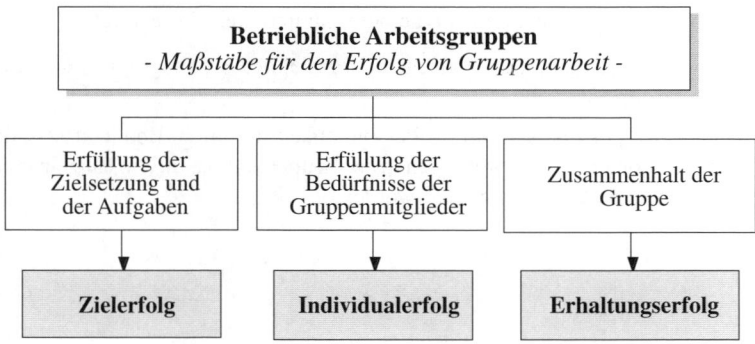

Damit also betriebliche Arbeitsgruppen erfolgreich sein können, müssen

1. die *Ziele* messbar formuliert sowie die *Aufgabenstellung* klar umrissen sein, z. B.
   - Kompetenz der Gruppe
   - Kompetenz der Gruppenmitglieder
   - ausgewogene fachliche Qualifikation der Gruppenmitglieder im Hinblick auf die Gesamtaufgabe (Alter, Geschlecht, Erfahrungshintergrund)
   - laufende Information über Veränderungen im Betriebsgeschehen.

2. die *Bedürfnisse der Gruppenmitglieder* berücksichtigt werden, z. B.
   - Sympathie/Antipathie
   - bestehende informelle Strukturen berücksichtigen und nutzen
   - gegenseitiger Respekt und Anerkennung.

3. Maßnahmen zum inneren *Zusammenhalt der Gruppe* gesteuert werden, z. B.
   - Größe der Gruppe (i. d. R. zwischen 6 und 12 Mitarbeiter)
   - Solidarität untereinander
   - Bekanntheit und Akzeptanz der Gruppe im Betrieb (Teamsprecher)
   - Arbeitsstrukturierung (Mehrfachqualifikation, Rotation, Springer)
   - Förderung der Lernbereitschaft und der Teamfähigkeit.

06. Welches Sozialverhalten der Gruppenmitglieder ist für eine effiziente Zusammenarbeit erforderlich?

Vorab zur Klarstellung:

- *Effektiv* heißt, die richtigen Dinge tun! *(Hebelwirkung)*

- *Effizient* heißt, die Dinge richtig tun!   *(Qualität)*

Eine formell gebildete Arbeitsgruppe ist nicht grundsätzlich „aus dem Stand heraus" effizient in ihrer Zusammenarbeit. *Teamarbeit entwickelt sich nicht von allein, sondern muss gefördert und erarbeitet werden.* Neben den notwendigen *Rahmenbedingungen* der Teamarbeit (Ziel, Aufgabe, Kompetenz, Arbeitsbedingungen) müssen die Mitglieder einer Arbeitsgruppe *Verhaltensweisen* beherrschen/erlernen, um zu einer echten Teamarbeit zu gelangen:

Jedes Teammitglied

a) muss nach dem *Grundsatz* handeln:
   „Nicht jeder für sich allein, sondern alle gemeinsam und gleichberechtigt!"

b) muss die *Ausgewogenheit/Balance* zwischen dem Ziel der Arbeitsgruppe, der Einzelperson und der Gesamtgruppe anstreben!

   Beispiel: Die Einzelperson darf in ihrer Persönlichkeit und ihren Bedürfnissen nicht in der Gruppe „untergehen". Störungen in der Gruppenarbeit, die ein Einzelner empfindet, müssen respektiert und geklärt werden.

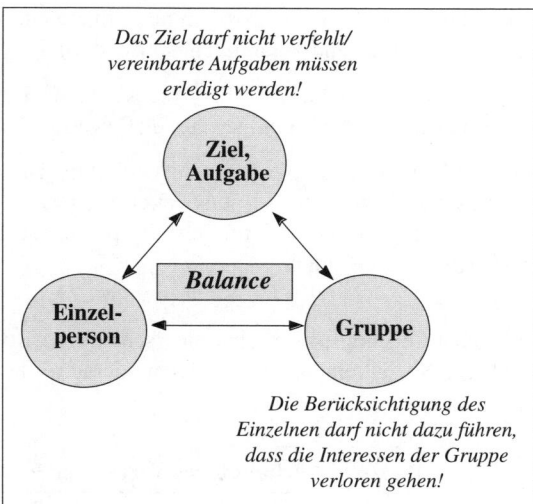

c) respektiert das andere Gruppenmitglied im Sinne von *„Ich bin o. k., du bist o. k.!"*

d) erarbeitet mit den anderen schrittweise *Regeln* der Zusammenarbeit und der Kommunikation, die eingehalten werden, solange sie gelten.

Beispiele: - Vereinbarte Termine und Zusagen werden eingehalten!
- Jeder hat das Recht, auszureden!
- Jede Meinung ist gleichberechtigt!
- Kritik wird konstruktiv und in der Ich-Form vorgebracht!

e) verfügt über/erlernt die Bereitschaft/Fähigkeit, notwendige *Veränderungen mitzutragen.*

07. Welche unterschiedlichen Rollen muss der Vorgesetzte bei der Führung von Arbeitsgruppen berücksichtigen?

Der Vorgesetzte ist verantwortlich für die Erreichung der Ziele seiner Abteilung. An dieser grundlegenden Verantwortung hat auch die Veränderung des Führungsstils und der neueren Formen von Gruppenarbeit nichts geändert.

a) In dieser Rolle ist der Vorgesetzte *Chef* und gegenüber der Gruppe weisungs- und kontrollberechtigt. *„Die Gruppe braucht einen Chef!"*

Die zunehmende Demokratisierung der Arbeitsprozesse und Arbeitsstrukturen verbunden mit einer verstärkten Delegation von Aufgaben und Kompetenzen (z. B. teilautonome Gruppen) hat dazu geführt, dass der Vorgesetzte auch andere Rollen wahrnehmen muss: An den Vorgesetzten werden z. B. bei Opel Eisenach weniger fachliche und leitende Aufgabenansprüche gestellt. Dafür muss er stärker als früher über *soziale Kompetenz* verfügen.

b) Er dient als *Trainer und Coach* seinen Teams (z. B. Verbesserung der Kommunikationsfähigkeit, Vermittlung von Besprechungstechniken, Optimierung der Arbeitsabläufe).

c) Er *koordiniert* die Zusammenarbeit zwischen den einzelnen Teams und den benachbarten betrieblichen Abteilungen (z. B. Fragen der Aufgabenverteilung, der Materialversorgung, Terminkoordination).

d) Er ist *Moderator* (= „Steuermann") der Prozesse in der Gruppe und zwischen den Gruppen (z. B. Bewältigung von Konflikten und Veränderungsprozessen).

e) Für den einzelnen Mitarbeiter im Team sollte der Vorgesetzte auch die Rolle eines *Beraters* wahrnehmen (z. B. persönliche Probleme, falls gewünscht; Fragen der Fortbildung und Karriere).

f) Da die „Personaldecke" heute in allen Betrieben äußerst knapp ist, kann es in Einzelfällen sogar vorkommen, dass der Vorgesetzte bei personellen Engpässen kurzzeitig „zurück ins Glied muss", d. h. er muss für begrenzte Zeit im Leistungsprozess aushelfen. Man kann diese Rolle als *„Springerfunktion"* bezeichnen.

Fazit:
Der Vorgesetzte im heutigen Leistungsprozess hat unterschiedliche Rollen gleichzeitig wahr-zunehmen. Hinsichtlich der Sozialkompetenz und der moderatorischen Kompetenz sind die Anforderungen an ihn gestiegen:

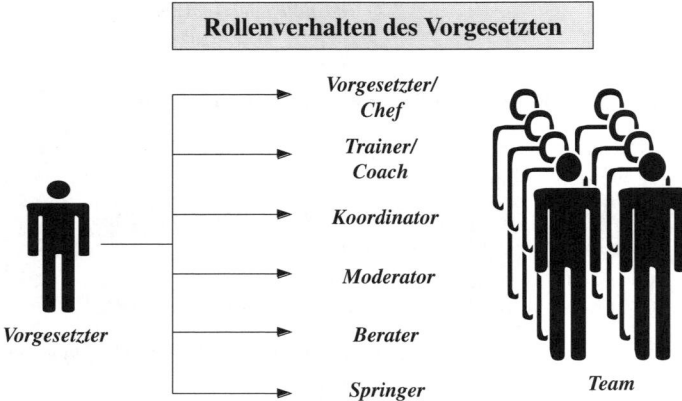

08. Welche Stellung und Rolle hat der Vorgesetzte als Moderator von Gruppenprozessen?

Moderation ist ein Handwerk und die Kunst zur Verbesserung der Kommunikation in betrieb-lichen Gruppenarbeiten. Der Vorgesetzte als Moderator hat von daher folgende *Stellung und Rolle* innerhalb der Arbeits-/Besprechungsgruppe:

1. Er ist der erste *Diener* der Gruppe:
   Vorbereitung der Gruppenarbeit, Rahmenbedingungen schaffen

2. Er ist *Partner* der Gruppe:
   sich einfühlen, zusammenfassen, auf alle eingehen

3. Er ist *„Geburtshelfer"* der Problemlösung:
   zielorientierte Fragen vorbereiten, Hilfestellung bei der Formulierung, durch Fragen die „Gruppe selbst darauf kommen lassen"
   (Mäeutik = Hebammentechnik)

4. Er ist *Transformator und Change Agent*:
   Prozessbegleiter, Helfer bei Lernprozessen, Überwindung von Stockungen in der Gruppen-arbeit

5. Er ist *„Gärtner" und Förderer.*
   „bereitet den Boden für die Problemlösung vor": ermuntern, ermutigen, Wissen bereitstellen, die Fähigkeiten der Gruppenmitglieder fördern

6. Er ist *„Steuermann auf der Brücke":*
   hat den Überblick (Thema, Prozess, Gruppe, Gruppenmitglieder), setzt Prioritäten, erkennt „Sackgassen" der Problembearbeitung

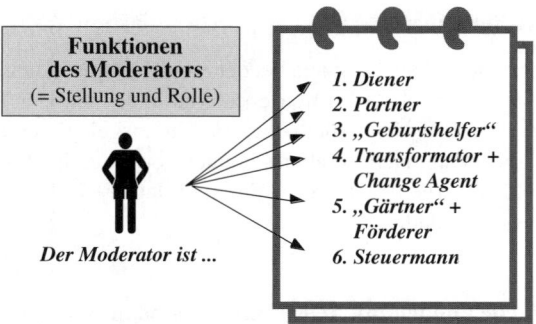

Funktionen des Moderators (= Stellung und Rolle)

Der Moderator ist ...

1. *Diener*
2. *Partner*
3. *„Geburtshelfer"*
4. *Transformator + Change Agent*
5. *„Gärtner" + Förderer*
6. *Steuermann*

09. Welche Veränderungen in der Arbeitsorganisation werden sich zunehmend etablieren müssen angesichts der Globalisierung der Märkte und rasch fortschreitender Veränderungsprozesse in der Umwelt?

Die Einführung von Lean Management und Business Process Reengineering (Reorganisation der geschäftlichen Kernprozesse) sowie der permanente Wandel der Umfeldbedingungen verlangt *moderne Formen der Arbeitsorganisation und Zusammenarbeit* und damit eine Abkehr von starren, hierarchisch geprägten Strukturen. Folgende *Entwicklungstendenzen* bzw. -notwendigkeiten sind erkennbar (Überblick):

1. Flache Unternehmenshierarchie, flexible Strukturen

2. Interdisziplinäre Strukturen und Partnerschaften (Produzent - Kunde - Lieferant)

3. Überwindung funktionaler Barrieren

4. Veränderung wird zum Bestandteil der täglichen Arbeit; Lernen wird zur notwendigen Bedingung für Erfolg.

5. Neue Denk- und Handlungsmuster der Führungskräfte und Mitarbeiter:
   → Entwicklung einer Kultur der Verantwortung
   → Führungskräfte sind mehr Coach und weniger Chef (vgl. oben)

6. Neben der Fachkompetenz sowie der Methodenkompetenz rückt die Sozialkompetenz zunehmend in den Vordergrund (Stichwort: Emotionale Intelligenz).

7. Wissensmanagement wird zum Bestandteil der lernenden Organisation.

8. Neben der formalen Orga-Struktur des Unternehmens, die längerfristigen Bestand hat, existieren Formen der Parallelorganisation als Motor für Veränderung bzw. als spezielle Antwort auf Erfordernisse des Marktes, z. B. Projektorganisation, Teamorganisation.

9. Die Qualität der Prozesse, Produkte und Leistungen wird zum zentralen Merkmal für den Erfolg eines Unternehmens. TQM muss das gesamte Unternehmen – also auch den Personalsektor – erfassen.

10. Outsourcing durch Telependel (Telefon + Pendeln) bzw. Telearbeit/Heimarbeit nimmt tendenziell zu (vgl. dazu unten).

10. Was versteht man unter Telearbeit?

Unter Telearbeit versteht man jede Art der Tätigkeit, bei der ein Arbeitsplatz durch elektronische Kommunikationsmittel mit der „Zentrale" (des Betriebes) verbunden ist. Der Telearbeitsplatz kann dabei z. B. die private Wohnung des Arbeitnehmers, ein ausgelagertes Büro oder eine Telezentrale sein. Die Telearbeit kann auch in alternierender Form durchgeführt werden: Ein Telearbeitsplatz zu Hause und ein Arbeitsplatz in der Firma (Telependel). Die Zahl der Telearbeitsplätze in Deutschland wächst ständig.

11. Welche Vor- und Nachteile können mit Telearbeit verbunden sein? Welche Produktivitätssteigerungen können realisiert werden?

* *Vorteile*, z. B.:
  - weniger Belastungen durch täglichen Berufsverkehr
  - stärkere Anpassung der Arbeitszeiten an die Wünsche und Erfordernisse des Arbeitnehmers sowie an seinen Biorhythmus
  - bessere Vereinbarkeit von Familie und Beruf
  - weniger Raumbedarf für Büroflächen; ggf. kostengünstiger
  - verbesserte Motivation, da ein höheres Maß an Eigenbestimmung praktiziert wird

* *Nachteile*, z. B.:
  - Trennung von Berufs- und Arbeitswelt (räumlich und zeitlich) gelingt nicht
  - ggf. Fehlen der sozialen Kontakte mit den Arbeitskollegen (Isolation)
  - Probleme beim Datenschutz
  - Probleme in der Führung der Telemitarbeiter
  - ggf. Auftreten von Informationsdefiziten

* *Produktivitätssteigerungen*, z. B.:
  - effektivere Nutzung der tatsächlich bezahlten Arbeitszeit (keine Reibungsverluste, kein Mobbing, keine Störungen während der Arbeit, kein Leerlauf aufgrund von Privatplaudereien mit Kollegen)

  - klare, messbare Vereinbarungen von bezahlter Arbeitszeit und zu erbringender Leistung (bei der Telearbeit) im Gegensatz zur herkömmlichen Bezahlung als Zeitlohn.

12. Welche Aspekte muss eine Betriebsvereinbarung über Telearbeit enthalten?

Z. B.:
* Generelle Festlegungen der Voraussetzungen, z. B.:
  - Eignung der Mitarbeiter
  - Art und Eignung der Tätigkeit

- Überprüfung von Aufwand und Nutzen
- Vorhandensein geeigneter Räumlichkeiten beim Arbeitnehmer
• Zutrittsregelung zum Telearbeitsplatz (Arbeitgeber, Arbeitgeberbeauftragter, Arbeitnehmervertretung)
• Dauer und Lage der Telearbeitszeit
• Vereinbarung über Maßnahmen der Qualifizierung
• Nennung und Bereitstellung der erforderlichen Arbeitsmittel
• Herstellen des betrieblichen Kommunikationsflusses („Bring- und Holschuld")
• Einhaltung der Vorschriften des Datenschutzes
• Festlegung der Aufwandsentschädigung (Miete, Strom, Heizung)
• Regelung der Haftungsfragen sowie der versicherten Risiken
• einheitliche Software bei den Telearbeitsplätzen
• Grundsatz der Freiwilligkeit
• Rückkehrmöglichkeiten

4.6.2 Lernförderliche Arbeitsgestaltung

01. Wie wirken sich die Arbeitsbedingungen industrieller Arbeitsplätze auf die Arbeitsmotivation und die Arbeitsleistung aus? Welche Aspekte muss der Vorgesetzte hier berücksichtigen?

Die Entwicklungen in der industriellen Fertigung waren und sind z. T. noch stark begleitet von hoher *Arbeitsteilung* und *Spezialisierung* – verbunden mit Gefahren, die den menschlichen Organismus negativ belasten können:

- Muskelverspannungen, Kopfschmerzen, Entzündungen aufgrund einseitiger Belastungen der Muskeln und des Skeletts,
- psychosomatische Erkrankungen durch Stress in den Arbeitsabläufen,
- Schädigungen der Augen, Ohren und anderer Organe durch Lärm, Staub, Hitze usw.

Abgesehen von der *Schädigung des menschlichen Organismus* beeinträchtigen diese Entwicklungen die unternehmerische Zielsetzung nach hoher Qualität und hoher Leistung und können damit das *Betriebsergebnis senken*. Eine der „Gegenbewegungen" zu diesem Trend trägt die Überschrift: „Ergonomische und humane Gestaltung" der Arbeitsplätze, der Maschinen und Werkzeuge, der Anlagen und Geräte, der Arbeitsmaterialien, der Arbeitsinhalte usw.

• *Ergonomie* ist die Lehre von der Erforschung der menschlichen Arbeit; untersucht werden die Eigenarten und Fähigkeiten des menschlichen Organismus (z. B.: Wann führt dauerndes Heben von Lasten zu gesundheitlichen Schäden?). Die Ergebnisse dienen dem Bestreben, die Arbeit dem Menschen anzupassen und die menschlichen Fähigkeiten wirtschaftlich einzusetzen.

• *Humanisierung der Arbeit* ist die umfassende Bezeichnung für alle Maßnahmen, die auf die Verbesserung der Arbeitsinhalte und der Arbeitsbedingungen gerichtet sind.

Im Zusammenhang mit der Gestaltung der Arbeitsplätze, der Arbeitsmittel und der Arbeitsumgebung sind die Unfallverhütungs- und Arbeitsschutzvorschriften der Berufsgenossenschaften sowie zahlreiche gesetzliche Auflagen zu beachten, z. B.:

- Gestaltung der Maschinen und Werkzeuge,
- Elektrische Anlagen und Geräte (GS-Zeichen; Geprüfte Sicherheit),
- Gestaltung von Bildschirmarbeitsplätzen (z. B. Augenuntersuchung; keine Überbeanspruchung der Augen, des Rückens, der Nerven; vgl. Bildschirmarbeitsverordnung aus dem Jahr 2000),
- Arbeitsmaterialien (z. B. Heben und Tragen von Lasten),
- Umgang mit gefährlichen Stoffen (z. B. Gefahrstoffdatenblätter der Hersteller und Lieferanten; ggf. Einhaltung arbeitsmedizinischer Vorsorgeuntersuchungen),
- präventive Vermeidung von Berufskrankheiten: vgl. Arbeitsschutz,
- Vermeidung psychomentaler (nervlich-seelischer) Belastungen,
- Ausgabe persönlicher Schutzausrüstungen.

Die Arbeitsgestaltung umfasst drei Bereiche:

- Bei der *Arbeitsplatzgestaltung* sind u. a. zu berücksichtigen:
  - die Körpermaße des Mitarbeiters
  - der Raumbedarf – im Sitzen und im Stehen
  - die Arbeitsflächen, -sitze und -stühle
  - der Greifraum und der Sehbereich.

Einzelheiten der dazu erforderlichen *Arbeitsanalyse* können der DIN 33407 entnommen werden. Die Kriterien der Arbeitsplatzgestaltung sind im Einzelfall umzusetzen auf die unterschiedlichen *Arten von Arbeitsplätzen* – wie:

- Maschinenplätze
- Handarbeitsplätze (Werkbank)
- Steuerstände
- Zusammenbauplätze (Montage)
- Büroarbeitsplätze
- Transportarbeiten.

Im konkreten Fall muss der Vorgesetzte z. B. auf folgende *Punkte der Arbeitsplatzgestaltung* achten:

- ausreichende Bewegungsfläche (mindestens 1,5 qm; nicht unter 1 m Breite)
- Beachtung der Mindestflächen, des Mindestluftraums, Mindestraumhöhe von 2,5 m
- Anordnung der Arbeitsplätze, sodass sozialer Kontakt möglich ist (psychische Erfordernisse, Sicherheitsaspekt bei Unfallgefährdung)
- Vermeidung einseitiger Belastungen (dauerndes Stehen, einseitige Sitzhaltung, körperliche Zwangshaltungen)
- Vermeidung von Stoßverletzungen (z. B. scharfe Kanten)
- keine Leitungen und Kabel auf Verkehrswegen (Stolpergefahr)

Der Vorgesetzte kann sich auf diesen Gebieten sachkundig machen durch die Lektüre der einschlägigen Rechtsvorschriften bzw. er kann ggf. im Betrieb fachkompetente Beratung einholen

(z. B. Betriebsarzt, Gewerbeaufsicht, Berufsgenossenschaft, Feuerwehr, Sicherheitsingenieur, Krankenkasse).

- Bei der *Gestaltung der Arbeitsumgebung* sind zu berücksichtigen:

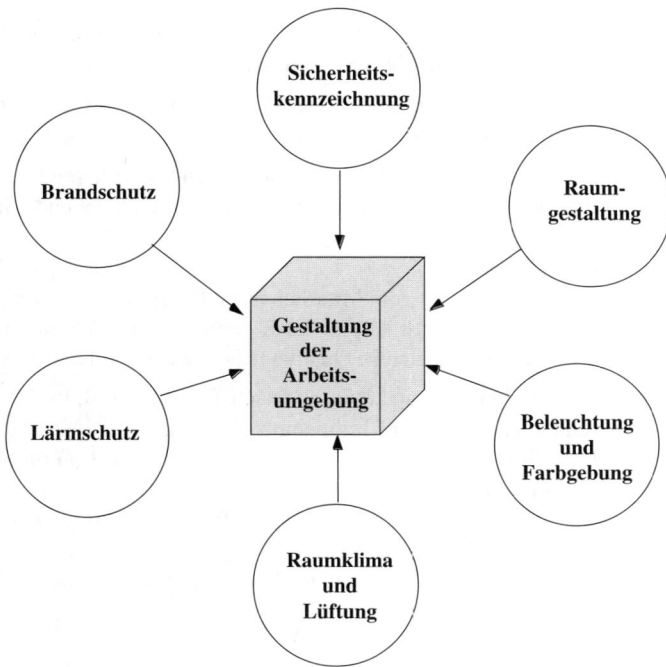

a) Wichtige Aspekte der *Raumgestaltung* sind:
   - sicher begehbare Böden (Stichworte: leicht zu reinigen, keine Rutsch- oder Stolpergefahr)
   - ausreichende Wärmedämmung
   - Glaswände aus bruchsicherem Werkstoff
   - Schutz gegen direkte Sonneneinstrahlung
   - Türen mit Glasflächen müssen bruchsicheres Glas haben (Drahtfadenglas oder Sicherheitsglas)
   - Pendeltüren müssen durchsichtig sein oder Glasausschnitte haben.

b) *Beleuchtung:*
   Die richtige Beleuchtung und Farbgebung ist wichtig für die Sicherheit und die Leistungsfähigkeit der Mitarbeiter, u. a.:
   - Tageslicht oder angemessene Beleuchtung in Abhängigkeit von der Tätigkeit oder der Funktion des Raumes z. B.

   Lagerräume   50 Lux
   Kantine   200 Lux
   Großraumbüro   1000 Lux

   - bei älteren Mitarbeitern ggf. stärkere Beleuchtung
   - regelmäßige Kontrolle der Beleuchtungskörper (Verschmutzung, Ausfall einzelner Lampen usw.)

c) Richtige *Farbgebung*
   ist keine „Spielerei in Sachen Geschmack", sondern erfüllt wichtige Funktionen:
   Ordnung, Orientierung, Leitfunktion, Konzentration, Leistungsbereitschaft, betriebliches
   Image, Hinweis auf Gefahrenstellen, Kennzeichnung von Transportwegen, Rettungs-/
   Fluchtwege, Kennzeichnung von Etagen oder Gebäudebereichen; im Einzelnen:

   - Kennfarben an Werkzeugen und Arbeitsgeräten zum Erkennen von Zugehörigkeiten zu
     Betriebsabteilungen verhindern Streit und Diebstahl;

   - Die Aufstellung eines „Farbplanes" für die im Betrieb verwendeten Farben (Fertigung,
     Verwaltung usw.) erleichtert spätere Anstriche;

   - Wände und Decken von Arbeitsräumen sollten eher in ruhigen Farbtönen gehalten sein;
     bei sehr monotoner Arbeit können Farbakzente jedoch belebend wirken.

d) *Raumklima und Lüftung:*
   Eine gute Arbeitsleistung ist vom Mitarbeiter auf Dauer nur zu erbringen, wenn das Raumklima der Tätigkeit angepasst ist und der Raum ausreichend belüftet wird. Die Raumluft
   soll vom Grundsatz her die gleiche Qualität haben wie die Außenluft. Weitere Einzelheiten:

   - Einhaltung der Mindesttemperaturen je nach Tätigkeit; z. B. in Büroräumen 20° C
   - In allen Räumen keine höhere Temperatur als 26° C
   - Zum Austausch der Innenluft ist eine bestimmte Luftbewegung erforderlich, die aber
     nicht als Zugluft empfunden werden darf;
   - regelmäßige Wartung von Klimaanlagen (z. B. Filter, Luftbefeuchter, Vermeidung von
     Keimbildung in den Rohrleitungen);
   - das „Einheitsklima" einer Klimaanlage kann in der Belegschaft zu Problemen führen.

e) *Lärmschutz:*
   Lärm belastet, vermindert die Konzentration, macht krank und kann zur Schwerhörigkeit
   führen; weitere Einzelaspekte:

   - die akustische Verständigung wird durch Lärm behindert
   - Schreckreaktionen können zu Unfällen führen
   - die kritische Grenze liegt bei 80 dB(A) (unterer Auslösewert)
   - ab 80 dB(A) sind Gehörschutzmittel zu verwenden; außerdem besteht die Verpflichtung
     zu Gehörvorsorgeuntersuchungen.
   - beim Neukauf von Anlagen: nur lärmarme Maschine
   - Kontrolle, ob die Gehörschutzmittel getragen werden
   - Einsatz von Schallschutzhauben.

f) *Brandschutz:*
   Gewissenhafte Einhaltung der Brandschutzbestimmungen vermeidet, dass es zu längeren
   Produktionsstörungen kommen kann. Außerdem dokumentiert der Arbeitgeber damit u. a.,
   wie wichtig ihm Leben, Gesundheit und Eigentum seiner Mitarbeiter ist (Fürsorgegedanke).
   Zum Brandschutz gehören Maßnahmen wie:

   - Sichtbares Anbringen/Aufstellen von Feuerlöschern und Erstellen eines Alarmplanes
     („Was ist zu tun, wenn ..?")
   - Zu empfehlen sind gelegentliche Übungen mit der Belegschaft
   - Hinweise auf Rauchverbot und besondere Gefahrenquellen
   - Unterweisung im Umgang mit Feuerlöschern.

g) *Sicherheitskennzeichnung:*

Auf Gefahrenstellen und Gebote muss mit genormten Sicherheitschildern hingewiesen werden. Die Verwendung einer Farbfestlegung hat sich dabei bewährt:

Rot	$\rightarrow$	Gefahr, Verbot, Brandschutz
Gelb	$\rightarrow$	Warnung, Vorsicht
Blau	$\rightarrow$	Gebot
Grün	$\rightarrow$	Hilfe, Rettung

Der Vorgesetzte sollte darauf achten, dass

- Verkehrs-/Transportwege mit gelb-schwarzer Markierung versehen sind,
- kleinere Baustellen o.Ä. eine rot-weiße Markierung haben,
- Rettungswege grüne Hinweisschilder erhalten,
- auf Brandschutzmittel in Rot hingewiesen wird.

• Bei der *Gestaltung der Arbeitsmittel* ist zu berücksichtigen:
Handwerkzeuge sollen ergonomisch geformte Griffmulden haben (Sicherheit und Kraftübertragung). Elektrowerkzeuge müssen ausreichend isoliert sein; Fußpedalen zur Bedienung von Anlagen müssen eine ausreichende Trittbreite haben und eine rutschfreie Oberfläche (z.B. Riffelung) aufweisen; Druckknöpfe und Drehknöpfe müssen durch farbliche Kennzeichnung leicht erkennbar sein und dürfen keine Ecken, Kanten oder Grate besitzen.

02. Welche Möglichkeiten einer lernförderlichen Arbeitsgestaltung lassen sich nutzen?

Beispiele/Thesen:

- Arbeit soll abwechslungsreich sein und einen Forderungscharakter haben: Fördern heißt fordern!

- Der Einsatz der Mitarbeiter soll soweit wie möglich die Anforderungen der Stelle und die Eignung der Mitarbeiter in Einklang bringen (weder überfordern, noch unterfordern).

- Lernen am Arbeitsplatz (PE on the job) ist die effektivste und preiswerteste Form des Lernens mit den geringsten Transferverlusten (Lernen vom Vorgesetzten, vom Kollegen, Lernen durch Selbertun usw.).

- Jede Arbeit ist mit Handlungsspielräumen ($\rightarrow$ Kompetenzumfang im Rahmen der Delegation) auszustatten – gemessen an den Risiken der Arbeit sowie in Abhängigkeit vom Anforderungs- und Eignungsprofil.

- Lernen am Arbeitsplatz verlangt eine neue Fehlerkultur: Fehler dürfen vorkommen, aus Fehlern ist zu lernen, derselbe Fehler soll sich nicht wiederholen.

4.6.3 Moderne Lernorganisation

01. Was ist Lernen? Was ist soziales Lernen?

- *Lernen ist jede Veränderung des Verhaltens und der Einstellung*, die sich als Reaktion auf Reize der Umwelt ergibt.

  Beispiel: Das Kind verbrennt sich an der Herdplatte den Finger. Die Mutter erklärt, dass die Herdplatte heiß ist, wenn eine rote Lampe „Restwärme" anzeigt. Das Kind ändert sein Verhalten: Es fasst nicht mehr an die Herdplatte, wenn die rote Lampe brennt.

- *Soziales Lernen ist die Aneignung von Verhaltensnormen und Wissensbeständen*, die ein Mensch braucht, um in der Gesellschaft zu existieren.

  Beispiel: Ein Stadtmensch zieht in ein Dorf. Im Laufe der Zeit ändert er sein Verhalten in Bezug auf die Mitbewohner des Dorfes: Er gibt dem Drängen nach, doch endlich dem örtlichen Schützenverein beizutreten; er sorgt peinlich genau dafür, dass der Vorgarten gepflegt aussieht; jeden Freitag wird die Straße gekehrt usw. Dies wird von den Dorfbewohnern erwartet und belohnt mit einem freundlichen „Na, mal wieder fleißig!"

02. Welche Phasen des Lernprozesses sind beim sozialen Lernen zu berücksichtigen?

In der Lerntheorie kennt man zwei Grundrichtungen:

a) *Aneignung von Wissensinhalten:*
   Lernen findet z. B. durch „Versuch und Irrtum" statt; bekannt geworden sind hier die „4-Stufen-Methode des Lernen" (vgl. AEVO) und die „6 Lernstufen nach H. Roth".

b) *Aneignung von Werten und Verhaltensmustern:*
   Im Bereich des sozialen Lernens, d. h. der Veränderung von Verhalten und Einstellungen eines Menschen, hat sich die Ansicht durchgesetzt, dass *Lernen die Folge von Konsequenzen ist*. Dazu drei grundsätzliche Erkenntnisse:

   1. Der Mensch tut das, womit er Erfolg hat/was ihm angenehm ist.
      Mehrmaliger Erfolg führt also zu einer Stabilisierung des Verhaltens.

   2. Der Mensch vermeidet das, womit er Misserfolg hat/was ihm unangenehm ist.
      Mehrmaliger Misserfolg führt zu einer Änderung des Verhaltens.

   3. Erfolg ist das, was der einzelne Mensch als angenehm empfindet.
      Angenehm ist alles, was zur Befriedigung von Bedürfnissen führt (vgl. Maslow).

   Dazu ein **Beispiel:**

Aktion:	Ein Mitarbeiter kommt häufiger zu spät zu einer Besprechung. Dieses Verhalten ist unerwünscht; es ist dem Mitarbeiter aber angenehm (hat keine Lust zur Besprechung).
Reaktion 1:	Der Vorgesetzte unternimmt nichts. Folge: Der Mitarbeiter kommt weiterhin zu spät. Das unerwünschte Verhalten ist erfolgreich/wird als angenehm empfunden und stabilisiert sich daher.

Reaktion 2: Der Vorgesetzte kritisiert das Fehlverhalten des Mitarbeiters. Wenn nun

a) pünktliches Erscheinen belohnt wird („ist angenehm" → Stabilisierung)

oder

b) bei weiterem unpünktlichen Erscheinen eine „Strafe" droht (erneute, aber scharfe Kritik o. Ä.; „ist unangenehm" → Vermeidung/Misserfolg), so kann unerwünschtes Verhalten geändert werden.

03. Was versteht man unter „Habitualisierung"?

Habitus bedeutet Gewohnheit. Mit Habitualisierung bezeichnet man also den Vorgang, dass ein bestimmtes Verhalten zur Gewohnheit wird; es wird verinnerlicht. Vorgesetzte müssen insbesondere die Qualifikationen verinnerlichen, die eine zentrale Bedeutung im Führungsprozess besitzen.

Beispiel:
Es reicht nicht aus, die Phasen eines Kritikgespräches „kopfmäßig" (kognitiv) zu lernen. Das wissensmäßige Erlernen ist nur der erste Schritt. Hinzukommen muss die permanente Übung mit ggf. notwendigen Korrekturen, bis sich das Verhaltensmuster „einschleift", verinnerlicht wird und dann im Laufe der Zeit auch ohne Anstrengung (unbewusst) abrufbar ist. Verdeutlichen kann man sich die Verinnerlichung motorischer Vorgänge, wenn man sich daran erinnert, wie lange es gedauert hat, bis ein „Führerscheinneuling" ohne Anstrengung fehlerfrei Auto fahren konnte.

04. Wie kann der Vorgesetzte auf Einstellungen und Verhaltensweisen der Mitarbeiter Einfluss nehmen?

1. Der Vorgesetzte kann unterschiedliche *Arten des Lernens* (der Mitarbeiter) gezielt fördern:

- Lernen durch Einsicht
- Lernen durch Nachahmung (der Vorgesetzte ist ein Vorbild)
- Lernen durch Versuch und Irrtum (den Mitarbeiter selbst darauf kommen lassen, allerdings nur bei ungefährlichen Vorgängen)

2. Der Vorgesetzte kann/muss

- erwünschtes Verhalten stabilisieren (Anerkennung, Sinn der Arbeit, Folgen bei Fehlverhalten)
- unerwünschtes Verhalten für den Mitarbeiter „unangenehm machen" (vgl. Frage 02.: Kritik, Sanktion, Einsicht erzeugen, Vereinbarungen treffen).

05. Welche Einzelschritte umfasst der gesamte Lernvorgang?

1. Vorarbeiten → Lernziel, Eigenmotivation

2. Aufnahme der Information

3. Verstehen der Information

4. Einprägen der Information

5. Beherrschen der Information → Verhaltensänderung

06. Welche Formen des Lernens sind grundsätzlich möglich (Überblick)?

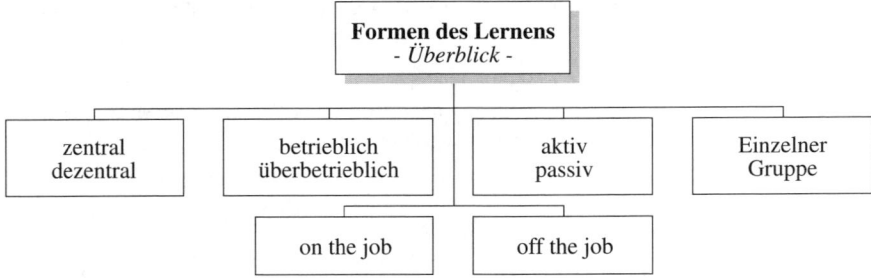

07. Welche Formen des zentralen und dezentralen Lernens kann der Betrieb nutzen?

• *Zentrales Lernen*, z. B. Lernen
   - im Werksunterricht/in der Lehrwerkstatt im Rahmen der Ausbildung,
   - im internen/externen Seminar/Lehrgang,
   - im Rahmen von Lernstattmodellen oder Projektgruppen (innerbetriebliche Lerngruppen).

• *Dezentrales Lernen*, z. B. Lernen
   - im Rahmen der Einzelunterweisung am Arbeitsplatz,
   - durch Einzelarbeit zu Hause (Lesen eines Buches, Suchvorgänge im Internet),
   - im Gespräch mit Kollegen/Vorgesetzten.

08. Welche Formen des überbetrieblichen und betrieblichen Lernens können entwickelt werden?

• *Überbetriebliches Lernen*, z. B. Lernen
   - im Rahmen eines Ausbildungsverbundes
   - im Rahmen von externen Seminaren/Lehrgängen (betriebliche Veranlassung)
   - in Kooperation mit Kunden/Lieferanten
   - aufgrund von Eigeninitiative der Mitarbeiter außerhalb des Betriebes
     (Weiterbildung bei der VHS, IHK und anderen Bildungsträgern)

• *Betriebliches Lernen*, z. B. Lernen
   - am Arbeitsplatz (on the job bzw. near the job)
   - im Rahmen von Qualitätszirkel, Übungsfirmen, Projektgruppen, Rotationsmodellen, Stellvertreter-Modellen, Einarbeitungsprogrammen usw.

09. Welche Möglichkeiten des Lernens bietet das Internet bzw. das Intranet?

Dazu ausgewählte Beispiele:

• *Lernen via Intranet*, z. B.:
   - Installation von eigener/gekaufter Lernsoftware, von Planspielen usw.,
   - Verknüpfung von Intranet und Internet mit Hinweis auf Wissensdatenbanken (z. B. Ministerien, Datenbanken, Arbeits-, Steuerrecht),

- Links zum Internet, die für den Betrieb relevant sind,
- Zugang zum betrieblichen Wissensmanagement via Intranet (vgl. oben),
- innerbetriebliche Foren (z. B. Erfahrungsaustausch von Außen- und Innendienst bei stark dezentralen Unternehmen),
- Abbildung der Organigramme und Mitarbeiter sowie der Produktpalette,
- Präsentation
  · von Veröffentlichungen des Unternehmens,
  · des innerbetrieblichen Weiterbildungsangebots,
  · der Werkszeitung usw.

• *Lernen via Internet, z. B.:*

- E-Lerning (siehe z. B. www.ihk.de/Online-Akademie),
- Aktualisierung von Wissen (z. B. Download von Softwareaktualisierungen),
- Austausch mit ausländischen Tochtergesellschaften,
- Versand von Lehrbriefen per E-Mail,
- Suche nach Sachverhalten/neueren Entwicklungen über geeignete Suchmaschinen (z. B. www.wikipedia.de),
- Zugang zu Weiterbildungsdatenbanken (z. B. www.wis.de).

10. Welche Aufgaben hat das Unternehmen bei der Gestaltung des Wissensmanagements zu bewältigen?

Jedes Unternehmen verfügt über Wissen in Bezug auf Prozesse, Fakten, Märkte, Technologien, Anwendungen usw. Die Erzeugung, Verdichtung, Speicherung, Weitergabe und Nutzung von betrieblichem Wissen ist ein Produktionsfaktor von hohem Wert: Die Nichtinanspruchnahme vorhandenen Wissens ist heute eine Ressourcenverschwendung, die schnell zu Wettbewerbsnachteilen führt.

- Betriebliches Wissen ist *explizit vorhanden* in Form von Dokumenten, Berichten und Daten/ Datenbanken (Prozesse, Kultur, Infrastruktur).

- *Implizites Wissen* umfasst Erfahrungen und Erkenntnisse, das von Personen mehr oder weniger bewusst bei der Lösung betrieblicher Probleme eingesetzt wird. Es ist nicht dokumentiert und wird nur bedingt artikuliert (Weitergabe an Kollegen).

- Es kommt also für Unternehmen darauf an, *explizites Wissen* zu erfassen und systematisch zu dokumentieren. Weiterhin muss es (idealerweise) gelingen, relevantes implizites Wissen zu erkennen und in explizites Wissen zu transformieren.

11. Welche Verfahren zum Aufbau eines Wissensmanagementsystems gibt es?

1. *Erfassung, Speicherung, Weitergabe und Nutzung des expliziten Wissens, z. B.:*

- Einrichtung eines zentralen Dokumentenarchivs (Dokumentenrepositorium); wichtig ist dabei die *Kontextualisierung* (Strukturierung des Inhalts einer Datenbank nach geeigneten Schlüsselwörtern, dem „Kontext").

- Einrichtung eines Informationsdienstes (z. B. Führungskräftebrief, Rubriken in der Firmenzeitschrift, Rundbrief, Zeitschriftenumlauf, Weiterleitung von Informationen per Intranet, ggf. Aufbau eines unternehmensspezifischen „Wikipedias" und Einrichtung eines internen „FAQ-Portals" u. Ä.).

- Qualifizierung und Information der Mitarbeiter über betriebliche Fakten, Prozesse, Entwicklungen und Regelungen (Lehrgänge, Betriebsversammlung, Meetings),
- Vernetzung des expliziten Wissens (z. B. Aufbau eines Managementinformationssystems).
- Prozesssicherheit herstellen, z. B.:
  · Verantwortlichen für das Wissensmanagement benennen,
  · Wissensmanagement als kontinuierlichen Prozess begreifen,
  · Sicherung und geeignete Dokumentation des Wissens bei Personalabgängen,
  · die Weitergabe von Wissen wird als „Kultur" begriffen.

2. *Erkennen, Erfassen, Dokumentieren und Weiterleiten des impliziten Wissens:*
Hier besteht die zentrale Aufgabe darin, das implizit vorhandene Wissen zu lokalisieren, daraus die betrieblich relevanten Informationen zu filtern und in explizit vorhandenes Wissen zu transformieren.

Einen Ansatz dazu liefert das *SECI-Modell* der Japaner Nonaka und Takeuchi (1995). Wissen entsteht und kann sich in einem Kreislauf mit folgenden Phasen vermehren:

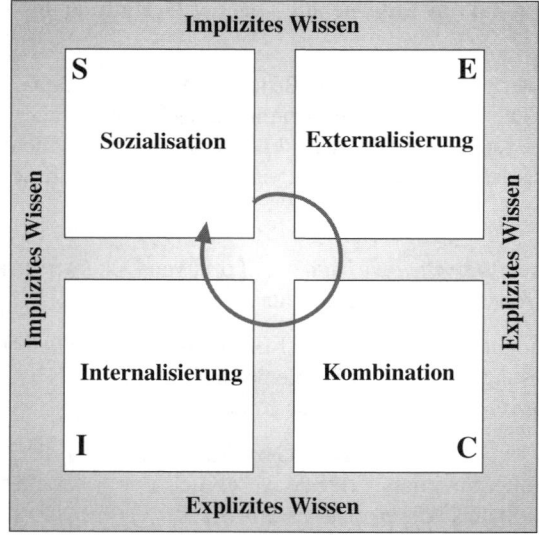

Sozialisation:
Wissen wird in der betrieblichen Zusammenarbeit erworben und ist implizit vorhanden.

Externalisierung (lat.: Verlagerung nach außen):
Implizit vorhandenes Wissen wird erfasst, dokumentiert und damit in explizites Wissen transferiert (Berichte, Regeln, Handbücher, Betriebsanweisungen).

Kombination (engl.: Combination):
Das durch Externalisierung neu geschaffene, explizite Wissen wird mit vorhandenem, expliziten Wissen kombiniert. Dadurch entsteht eine Vermehrung des Wissens (Gewinnen neuer Erkenntnisse durch Wissenskombination).

Internalisierung (lat.: Verinnerlichen):
Neues Wissen wird von Personen verinnerlicht. Es ist als implizites Wissen vorhanden und kann im Wege der Sozialisation an andere weitergegeben werden.

Das SECI-Modell fand auch Skeptiker. Trotzdem unterstützt es die praktischen Erfahrungen im Umgang mit Wissen und Wissensträgern, z. B.:

1. Mitarbeiter sollten generell Anreize erhalten, ihr Wissen an andere weiterzugeben.

2. Es darf keine Monopolisierung von Wissen geben. Die bewusste Zurückhaltung von Wissen ist eine Pflichtverletzung des Arbeitnehmers.

3. Wissenszuwächse müssen in geeigneter Weise erfasst, dokumentiert und zugänglich gemacht werden (z. B. Ergebnisse von Projekten, Ursachen von Kundenreklamationen). Dies verlangt eine standardisierte Erfassung und Verwaltung des Wissens.

4. Der informelle Erfahrungsaustausch unter Kollegen hat einen hohen Stellenwert im Unternehmen. Er kann auch durch ein noch so ausgefeiltes Informationssystem nicht ersetzt werden.

12. Welche Faktoren können die Implementierung und Nutzung eines Wissensmanagements beeinträchtigen?

Beispiele:

• Vorhandenes Wissen wird nicht erfasst und/oder weitergegeben (fehlende Möglichkeit, Zeitbedarf).

• Vorhandenes Wissen wird nicht weitergegeben, sondern als „Machtfaktor" genutzt (Problem der „Wissenskultur", Egoismus der Fachbereiche)

• Die IT-Landschaft ist zur Speicherung von Wissen ungeeignet.

5. Situationsbezogenes Fachgespräch

───── *Prüfungsanforderungen* ─────

Der Teilnehmer soll nachweisen, dass er in der Lage ist, sein Berufswissen in betriebstypischen Situationen anzuwenden und sachgerechte Lösungen vorzuschlagen. Insbesondere soll er nachweisen, dass er angemessen mit Gesprächspartnern innerhalb und außerhalb des Unternehmens oder der Organisation sprachlich kommunizieren kann und dabei argumentations- und präsentationstechnische Instrumente sach- und personenorientiert einzusetzen versteht.

01. Welche Bedeutung hat das situationsbezogene Fachgespräch im Rahmen der Prüfung?

Das situationsbezogene Fachgespräch ist das *Kernstück* innerhalb der IHK-Prüfung:

1. Die Prüfungsleistung wird als *Einzelnote* ausgewiesen.

2. Der Teilnehmer muss *mindestens eine ausreichende Leistung* erbringen.

3. Die Prüfungsanforderungen sind *komplex* und *handlungsorientiert*. Im Gegensatz zur „alten" Prüfungsordnung liegt ein wesentlicher Schwerpunkt in der Überprüfung von *verhaltensorientierten Lernzielen* (§ 4 Abs. 5, § 6 der Verordnung). Der Teilnehmer soll

   - sein *Berufswissen* anwenden in betriebstypischen Situationen,
   - sachgerechte *Lösungen* vorschlagen,
   - sprachlich *kommunizieren* können,
   - Argumentations- und *Präsentationstechniken* wirksam einsetzen können.

02. Welche Gesichtspunkte und Rechtsbestimmungen sind bei der Wahl des Themas zu berücksichtigen?

1. *Das Thema stellt der Prüfungsausschuss* 14 Kalendertage vor der Prüfung; er soll dabei die Vorschläge des Teilnehmers berücksichtigen.

2. *Der Teilnehmer reicht* dazu rechtzeitig[1] *zwei Themenvorschläge*[2] mit einer Grobgliederung *ein.*

03. Wie ist der Themenvorschlag zu wählen?

1. Die Themenstellung ist als *betrieblicher Beratungsauftrag* zu verstehen. Gehen Sie also von folgender Grundsituation aus:

   Ihr Unternehmen hat ein personalpolitisches *Problem* (z. B. Personalüberhang, Qualifizierungsdefizite, Einführung von strukturellen Veränderungen mit weitreichenden personellen Konsequenzen). Sie sollen dazu einen *Lösungsvorschlag* erarbeiten (Konzept) und der Geschäftsleitung *präsentieren* (der Prüfungsausschuss übernimmt die Rolle der Geschäftsleitung).

---

[1] Beachten Sie die Hinweise der Kammer; meist wird zur Anfertigung der Themenvorschläge und zur Durchführung des Fachgesprächs ein gesondertes Merkblatt herausgegeben.
[2] Zur Gestaltung des Themenvorschlags vgl. S. 813 ff.

2. Der Themenvorschlag soll folgende Merkmale erfüllen:

- *konkret* und *praxisbezogen* (keine Theorie; aus Ihrer betrieblichen Praxis),
- *abgegrenzt* (die Lösung muss in der Prüfungssituation darstellbar sein,
- *komplex* (z. B. Berücksichtigung der betrieblichen Aspekte, der Auswirkungen für die Arbeitnehmer, der Beteiligungsrechte des Betriebsrates, der internen/externen Einflussfaktoren usw.).

04. Wie ist der Themenvorschlag einzureichen?

Der Teilnehmer reicht *zwei Vorschläge* ein. In der Regel soll jeder Vorschlag folgende Punkte enthalten (vgl. Sie in jedem Fall die Hinweise/das Merkblatt der zuständigen Kammer):

(1) *Situationsbeschreibung* (Ausgangslage)

(2) *Aufgabenstellung* (Thema)

(3) *Grobgliederung*.

Anhand dieser Darstellung wird dann der zuständige Prüfungsausschuss das Thema bewerten und eine Entscheidung treffen,

- ob er „Vorschlag 1" oder „Vorschlag 2" zulässt (ggf. mit Veränderung der Themenstellung),
- oder zur Änderung auffordert,
- oder beide Themen verwirft und zur Neuformulierung auffordert,
- bzw. ein Thema nach eigenem Ermessen stellt.

Jeder Themenvorschlag

- wird in Maschinenschrift,
- auf maximal einer DIN-A4-Seite,
- mit Unterschrift versehen (Anschrift, Prüfungs Nr.)

abgegeben.

Hinweise:

zu (1): Die *Situationsbeschreibung* soll prägnant sein und muss die wesentlichen Fakten nennen, die zur Bearbeitung der Problemlösung relevant sind (Größe des Betriebes, Branche, Markt, ggf. Ertragslage usw.); in der Regel wird dafür maximal eine Drittel Seite DIN-A 4 ausreichen.

zu (2): Die *Aufgabenstellung* ist als Konzept (Projekt) anzulegen (also „keine schmalspurigen Einzelfragen").

zu (3): Die *Grobgliederung* dient der Information des Prüfungsausschusses. Sie soll ihm zeigen, wie die Aufgabenlösung strukturiert werden soll. Wichtig: Mit der „Verabschiedung" des Themas übernimmt der Prüfungsausschuss keine Gewähr für die eingereichte Grobgliederung. Eine oft gestellte Frage von Teilnehmern lautet: „Kann ich von der eingereichten Grobgliederung abweichen?". Die Antwort lautet: „Ja!". Entscheidend ist, dass der Teilnehmer die Themenstellung zutreffend bearbeitet und sachlogisch richtig gliedert.

In der Regel wird die Grobgliederung der Logik des Management-Regelkreis folgen:

1. Analyse der Ausgangslage
2. Zielsetzung/Sollkonzept
3. Maßnahmen (ggf. inkl. einer Diskussion der Alternativen)
4. Instrumente zur Kontrolle der Maßnahmen.

Ihre Themenvorschläge an die zuständige IHK enthalten also folgende Punkte (Muster):

Industrie- und Handelskammer zu Neubrandenburg
z. Hd. Frau/Herrn ...
Postfach 11 02 53
17042 Neubrandenburg

Werner Mustermann
Lessingstr. 2
17235 Neustrelitz   03.06.2007

Themenvorschlag 1
für das situationsbezogene Fachgespräch im Rahmen der Prüfung zur/m
„Geprüften Personalfachkauffrau/Geprüften Personalfachkaufmann"

Situationsbeschreibung

_____
_____
_____

Aufgabenstellung

_____
_____

Grobgliederung

_____
_____
_____

[Datum, Unterschrift]

05. Welche Methoden zur Themenfindung und Themenbearbeitung können im Lehrgang eingesetzt werden?

Oft beginnt die Suche nach geeigneten Themenstellungen und deren Gliederung im Lehrgang recht schwerfällig („den Teilnehmern fällt nichts ein"). Den Prozess der Themenfindung kann man gut unterstützen durch folgende Methoden, die sich im Lehrgangsalltag bewährt haben:

- *Der Dozent* schildert geeignete Themen und deren Strukturierung und weist auf mögliche Probleme in der Bearbeitung hin.

- *Die Teilnehmer* schildern im Plenum oder in Kleingruppenarbeit Einzelheiten über ihr Unternehmen, ihre Tätigkeit, die Besonderheiten der Fertigung, des Marktes usw. und beschreiben, welche Zukunftsaufgaben das Unternehmen zu bewältigen hat. Spätestens hier „entdecken" die Teilnehmer in der gemeinsamen Diskussion erste Ansätze für Themenstellungen, die dann verfeinert werden können.

- *Die Teilnehmer* erhalten innerhalb des Lehrgangs die Gelegenheit, das situationsbezogene Fachgespräch zu üben:

  - Die Teilnehmer formulieren und bearbeiten ihr Thema (entsprechend den gen. Vorgaben), sie präsentieren ihren Lösungsvorschlag im Lehrgang,

  - Plenum und Dozent bewerten den Vorschlag anhand festgelegter Kriterien,

  - es werden Empfehlungen gegeben:
    Was war wirksam?
    Was sollte noch verbessert werden?

06. Wie ist der Ablauf im Prüfungsteil „Fachgespräch"?

Das situationsbezogene Fachgespräch soll *maximal 30 Minuten* dauern. In etwa zehn Minuten präsentiert der Teilnehmer seinen Lösungsvorschlag mithilfe geeigneter Medien (Flipchart, Tafel, Overheadfolien u. Ä.). Davon ausgehend führt der Prüfungsausschuss in der verbleibenden Zeit ein Prüfungsgespräch (§ 3 Abs. 5 der Verordnung). Es wird daher empfohlen, sich auf folgende *zeitliche Gliederung* einzustellen:

1.	Der Teilnehmer stellt sich kurz vor: Firma, Branche, Erfahrung, derzeitige Funktion	ca.	2 Minuten
2.	Präsentation des Lösungsvorschlages	ca.	8 Minuten
3.	Prüfungsgespräch	ca.	20 Minuten
		max.	30 Minuten

07. Nach welchen Kriterien bewertet der Prüfungsausschuss das Fachgespräch?

1. *Bewertung der Präsentation* (eigene Person + Lösungsvorschlag):

→ *Zeitmanagement:*
Teilen Sie Ihre Präsentationszeit so ein, dass Sie die vorgegebenen 10 Minuten nicht überschreiten!

→ *Visualisierung:*
Veranschaulichen Sie Ihre Aussagen in geeigneter Weise durch Text- und Bilddarstellungen (Flipchart und/oder Tafel und/oder Overheadprojektor mit vorbereiteten Folien). Merke: *Eine Präsentation ohne Visualisierung ist keine Präsentation!*

→ *Persönliche Wirkungsmittel: Sprache + Körpersprache*
Unterstützen Sie das gesprochene Wort (klare Sprache, Satzbau, Wortwahl usw.) durch geeignete Gestik und Mimik!

→ *Überzeugung, Nutzen:*
Überzeugen Sie den Zuhörer; bieten Sie Nutzen an!

→ *Inhalt und Struktur:*
- Gestalten Sie den Inhalt sachlich zutreffend und gliedern Sie Ihre Darbietung.
- Ist die Problemstellung erfasst und praxisnah gelöst worden?
- Ist die Lösung plausibel?
- Wurden Zusammenhänge erkannt und Randgebiete abgegrenzt?
- usw.

2. *Bewertung des Prüfungsgesprächs:*

→ Wird auf die Fragestellung des Prüfers präzise eingegangen?
(selbstständige, vollständige, sachlich zutreffende und begründete Antworten)
→ Werden Einwände berücksichtigt?
→ Werden die Antworten persönlich überzeugend vertreten?

08. Wie sollten Sie sich auf das Fachgespräch vorbereiten?

1. *Nachdem Ihnen das Thema des Fachgesprächs vom Prüfungsausschuss gestellt wurde*, haben Sie 14 Kalendertage Zeit zur Bearbeitung. Vermeiden Sie Stress und teilen Sie sich diese Zeit ein für folgende Bearbeitungsvorgänge:

Tätigkeit:	*Zeit, z. B. ca.:*
• Information, Stoffsammlung	2 Tage
• Informationsbewertung (Muss, Kann) und Gliederung	2 Tage
• Vorbereitung der Präsentation:	
-Stichwortmanuskript (z. B. auf DIN A 5-Karten)	4 Tage
-Visualisierungsmittel (z. B. Erstellen der OH-Folien)	2 Tage
• Üben der Präsentation (geeigneter Ort, z. B. Vortrags-raum in Ihrer Firma; Helfer/Publikum suchen und um Bewertung bitten)	2 Tage
• Pufferzeit	2 Tage
max.	14 Tage

2. *Bevor Ihnen das Thema gestellt wird*: Nutzen Sie diese Zeit, um die für das Fachgespräch besonders relevanten Inhalte des Lehrgangs zu wiederholen. Wir empfehlen, folgende Lehrgangsabschnitte erneut zu lesen (Skript, Buch, Ihre eigenen Aufzeichnungen):

Ziffer:	*Inhalt:*
1.4	Grundlagen des Projektmanagements
1.6.1	Grundlagen der Beratungsmethodik
1.6.3	Gesprächsführungstechnik
1.7.2	speziell: Aufbereitungstechniken
1.7.3	Umgang mit Präsentationsmedien
1.8.2	Allgemeines Zeitmanagement
4.5.3	Beraten der Führungskräfte

Daneben sollten Sie sich inhaltlich besonders mit dem Stoff auseinander setzen, der den Kern Ihres Thema ausmacht, damit Sie in dem theoretischen Background Ihrer Präsentation fit sind (z. B. Personalplanung + Personalabbau + Beteiligung des Betriebsrates + externe Rahmenbedingungen).

Lesen Sie außerdem vor der mündlichen Prüfung aufmerksam den *Wirtschaftsteil der Tageszeitung*, damit Sie ggf. auf aktuelle Gesetzesänderungen oder Veränderungen in der Wirtschaft eingehen können.

3. Unmittelbar vor der Prüfung:
Lesen Sie dazu die Prüfungstipps auf den Seiten 823 ff.

Hinweis: Das Beispiel eines *Themenvorschlages und Lösungshinweise* zur Bearbeitung und zur Präsentation finden Sie im „Blauteil" dieses Buches auf den Seiten 813 ff.

Einen weiteren Themenvorschlag mit Lösungsansätzen enthält der Rahmenplan des DIHK auf S. 31 ff.

Klausurtypischer Teil

Klausurtypischer Teil

Die Rechtsverordnung sieht für die schriftliche Prüfung der Personalfachkaufleute in folgenden *Handlungsbereichen je eine Aufsichtsarbeit* vor:

1. Handlungsbereich:
Personalarbeit organisieren und durchführen

2. Handlungsbereich:
Personalarbeit auf Grundlage rechtlicher Bestimmungen durchführen

3. Handlungsbereich:
Personalplanung, -marketing und -controlling gestalten und umsetzen

4. Handlungsbereich:
Personal- und Organisationsentwicklung steuern

5. Die mündliche Pflichtprüfung ist in Form eines situationsbezogenen **Fachgesprächs** (maximal 30 Minuten) durchzuführen.

1. Prüfungsfach: Personalarbeit organisieren und durchführen

1.1 Personalbereich in die Gesamtorganisation des Unternehmens einbinden

01. Zielkonflikte in der Organisation

Nennen Sie Beispiele für Zielkonflikte in der Organisation und erklären Sie, in welcher Weise derartige Zielkonflikte „gelöst" werden können.

02. Organisation, Disposition, Improvisation

a) Bilden Sie je ein Praxisbeispiel aus Ihrer betrieblichen Erfahrung für die Regelungsarten „Organisation, Improvisation, Disposition". Verdeutlichen Sie dabei Begriff, Abgrenzung und ggf. Überschneidungen innerhalb dieser Regelungsarten.

b) Aufgrund des stürmischen Wachstums Ihrer Firma fehlten in der Vergangenheit klare Arbeitshinweise und -anordnungen. Dadurch kam es vermehrt zu einer unterschiedlichen Bearbeitung von Vorgängen; teilweise verzögerte sich die Bearbeitung von Aufträgen der Fachabteilungen.

Ihr Vorgesetzter möchte dies ändern; Sie erhalten daher als ersten Arbeitsschritt die Aufgabe, die Vor- und Nachteile einheitlicher Arbeitsanweisungen gegenüber zu stellen.

03. Anpassung der Organisation

In einem großen Automobilkonzern wurde ein neues Produktionswerk in Chemnitz eröffnet. In der Pressemitteilung des Vorstands heißt es dazu: „ ... sind in diesem Werk bereits die Weichen gestellt für das nächste Jahrtausend. Durch die Reduzierung der Hierarchien und veränderte Produktionsverfahren sowie neue Strukturen der Arbeitsorganisation sind wir flexibler in Bezug auf Marktveränderungen. Entscheidungswege werden vereinfacht und effizienter gestaltet."

a) Welche Zielsetzungen verbergen sich (können sich verbergen) im Detail hinter diesen Schlagworten? Geben Sie vier konkrete Beispiele.

b) Angenommen, das Unternehmen hatte in der alten Struktur folgende Leitungsebenen: Vorstand, Ressortleiter, Direktoren, Hauptabteilungsleiter, Abteilungsleiter, Gruppenleiter/ Meister. Wie könnte eine Reduzierung der Hierarchien konkret aussehen (drei Beispiele) und zu welchen Konsequenzen würde dies führen (drei Beispiele)?

04. Einordnung und Gliederung des Personalwesens

Beschreiben Sie, welche organisatorische Einordnung und Gliederung des Personalwesens heute vorherrschend ist. Unterscheiden Sie dabei

- hierarchische Eingliederung in Kleinbetrieben sowie Mittel- und Großbetrieben
- Gliederung des Personalwesens nach der Funktion (Verrichtung), dem Objekt, dem Referentenmodell.

05. Gliederung der Personalabteilung

Entwerfen Sie für einen Mittelbetrieb die Gliederung der Personalabteilung

a) nach dem Objektprinzip,

b) nach dem Verrichtungsprinzip (Funktionalorganisation).

Stellen Sie bei Ihrem Entwurf zwei Ebenen dar.

06. Organisation der Personalwirtschaft

Innerhalb eines Job-Rotation-Programms arbeiten Sie in der Zentrale einer Handelskette. Sie haben die Aufgabe sich mit der Organisationsstruktur der Firma vertraut zu machen. Dazu lassen Sie sich verschiedene Organigramme der Handelskette zeigen. Abb. 1 zeigt den Auszug des Organigramms aus dem Jahre 01. Abb. 2 stellt den Organigramm-Auszug Ihrer Handelskette im Jahre 02 dar.

a) Vergleichen Sie beide Organigramme miteinander und erläutern Sie dabei die Eingliederung des Personalwesens.

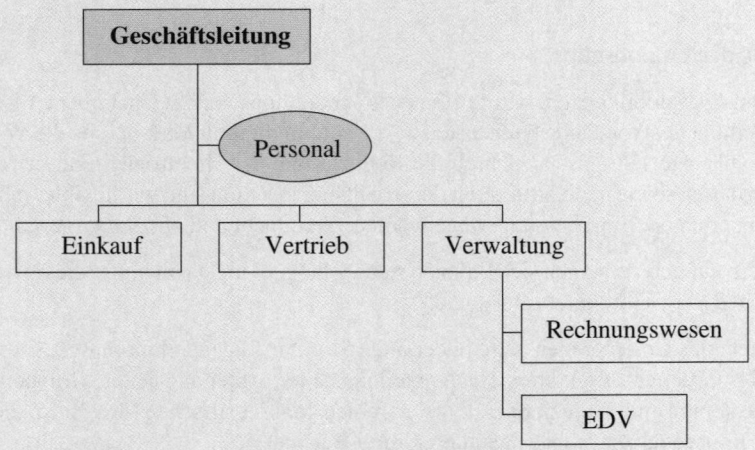

Abb. 1

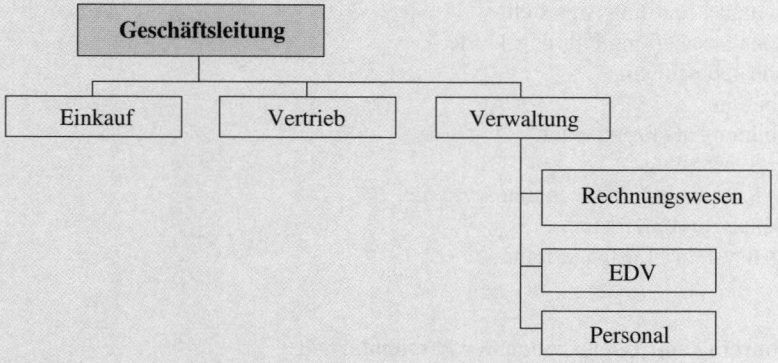

Abb. 2

b) Die Abbildung 3 zeigt eine Erweiterung von Abbildung 2 und stellt im Detail die Gliederung des Personalwesens dar:

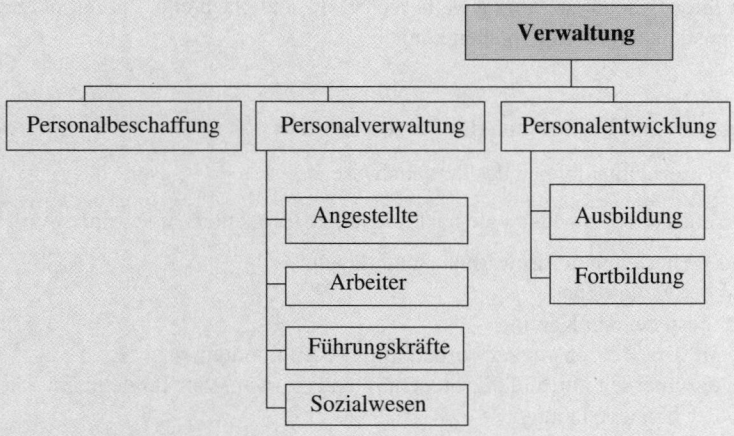

Abb. 3

Nehmen Sie Stellung zur Gliederung des Personalwesens mithilfe der Kriterien:

- stark/schwach gegliedert
- objekt-/funktionsorientiert gegliedert.

c) Das Unternehmen hat insgesamt 23 Niederlassungen. Es plant die Personalarbeit zukünftig in Form eines dezentralen Referentensystems zu organisieren.

c1) Erläutern Sie, was Sie unter einem dezentralen Referentensystem verstehen.

c2) Nachfolgend sind eine Reihe von Teilfunktionen der Personalwirtschaft wiedergegeben. Entscheiden Sie, welche dieser Teilaufgaben zentral und welche dezentral wahrgenommen werden sollten. Begründen Sie Ihre Entscheidung am Beispiel der Teilfunktion „Altersversorgung".

- Personalbeschaffung Angestellte,
- Personalbeschaffung Führungskräfte,
- Personalabrechnung,
- Ausbildung,
- Fortbildung als Profitcenter,
- Altersversorgung,
- EDV-Koordination/Abrechnungssysteme,
- Personalgrundsatzfragen,
- Entgeltsysteme Tarifangestellte.

07. Outsourcing von Teilaufgaben der Personalarbeit

Im Zuge der Neustrukturierung wird in Ihrem Unternehmen auch über Outsourcing von Teilbereichen der Personalarbeit nachgedacht.

a) Nennen Sie acht Beispiele für Leistungen der Personalarbeit, die dafür besonders infrage kommen. Wer kann dabei der externe Dienstleister sein?

b) Nennen Sie Ihrer Geschäftsleitung jeweils sechs Vor- und Nachteile, die mit outgesourcten Personal-Dienstleistungen einhergehen können.

08. Hauptaufgaben und Funktionen des Personalwesens

a) Nennen Sie zehn Hauptaufgaben des Personalwesens.

b) Welcher Personalfunktion können die nachfolgenden Tätigkeiten zugeordnet werden:

- Prüfen und Weiterleiten der Bewerbungsunterlagen
- Ermittlung des Nettolohnes
- Umbau der bestehenden Kantine
- Gespräch mit dem Betriebsrat zur Vorbereitung einer Kündigung
- Erstellung der internen Fortbildungsbroschüre und Auswahl von Teilnehmern
- Erstellung der Urlaubsplanung

09. Funktionen der Personalarbeit

Die unterschiedlichen Hauptaufgaben des Personalwesens lassen sich hinsichtlich ihrer Funktion in drei Aufgabenbereiche unterscheiden: Aufgaben, die sich

- aus der Stabsfunktion,
- aus der Linienfunktion sowie
- aus der Beteiligung an überbetrieblichen Tätigkeiten

ergeben.

Erläutern Sie die unterschiedlichen Funktionsarten und geben Sie jeweils zwei Beispiele.

10. Personalabteilung: Struktur und personelle Ausstattung

Seit drei Tagen sind Sie in der Glanz GmbH (700 Mitarbeiter) als Referent tätig. Die Personalabteilung hat folgende Struktur:

- Ihrem Chef (Abteilungsleiter) sind drei Gruppen unterstellt:
  - Personal
  - Rechnungswesen
  - Verwaltung.

- In der Gruppe Personal existieren:
  - Entgeltabrechnung: vier Teilzeitkräfte mit 50 %
  - Referent 1 (Ihre Stelle)
  - Referent 2 und eine Teilzeitkraft zu 50 %
  - Aus- und Weiterbildung: eine Teilzeitkraft zu 50 %.

Beurteilen Sie Struktur und personelle Ausstattung der Personalabteilung der Glanz GmbH.

1.2 Personalwirtschaftliches Dienstleistungsangebot gestalten

01. Bedeutung der Personalarbeit

Welche Bedeutung hat die betriebliche Personalarbeit heute? Welche Ursachen für den erkennbaren Bedeutungswandel lassen sich nennen?

02. Entwicklungsphasen der Personalarbeit

Betrachtet man den historischen Bedeutungswandel der Personalarbeit, so lassen sich im Wesentlichen vier Entwicklungsphasen unterscheiden. Charakterisieren Sie diese Phasen, indem Sie typische Hauptfunktionen aus der täglichen Personalpraxis, die jeweils vorherrschende Philosophie sowie ungefähre Jahreszeiträume nennen.

03. Ziele der Personalarbeit

Welche Ziele verfolgt das Personalwesen? Nennen Sie zwei Zielkategorien und deren Abhängigkeiten.

04. Personalpolitische Ziele

Als Assistent des Personalleiters erhalten Sie den Entwurf der „Personalpolitischen Ziele für die Jahre 2011-2015". In diesem Papier lesen Sie u. a. folgende Zielsetzungen:

(1) „ ... wird eine nachhaltige Senkung der Personalkosten angestrebt".

(2) „ ... sollen Arbeitszeitmodelle entwickelt und eingesetzt werden, die sich an den Erfordernissen des Marktes ausrichten".

(3) „ ... ist für einen optimalen Mitarbeitereinsatz zu sorgen, der sich an dem Können und der Neigung der Mitarbeiter orientiert".

(4) „ ... muss für eine Senkung der Fluktuation durch geeignete Maßnahmen gesorgt werden".

a) Welche dieser Zielsetzungen haben für Sie kurzfristig mehr wirtschaftlichen und welche mehr sozialen Charakter? Begründen Sie Ihre Antwort.

b) Erläutern Sie am Beispiel der Zielsetzung (4) „Senkung der Fluktuation", dass dieses Ziel langfristig sowohl wirtschaftlichen als auch sozialen Charakter haben kann.

c) Die oben dargestellten Ziele haben einen Mangel: Sie sind nicht messbar. Formulieren Sie die Beschreibung in (1) „Senkung der Personalkosten" so um, dass daraus ein messbares Ziel wird.

05. Personalwirtschaftlicher Dienstleistungsprozess, Stärken-Schwächen-Analyse

„Qualität und Wirtschaftlichkeit der Leistungen des Personalsektors sind in den nächsten zwei Jahren nachhaltig zu verbessern", so lautet der Auftrag des Vorstands. Ihr Chef (Leiter Personal- und Sozialwesen) und Ihre zwei Kollegen teilen sich die einzelnen Arbeitspakete dieses Projekts.

Sie erhalten dabei folgende Aufgaben:

a) Stellen Sie zusammen, wer Ihre wichtigsten Kunden sind.

b) Erarbeiten Sie eine Liste der zentralen Personaldienstleistungen.

c) Entwerfen Sie einen Fragebogen, um die Erwartungen Ihrer Kunden in Erfahrung zu bringen. Berücksichtigen Sie dabei Bewertungskriterien und Gewichtungsfaktoren.

d) Nennen Sie vier Erfolgskriterien für die Planung der Befragung.

e) Um das Leistungsprofil der Personalabteilung beurteilen zu können, zieht Ihr Chef eine Stärken-Schwächen-Analyse in Erwägung.
   1) Beschreiben Sie die einzelnen Arbeitsschritte bei der Erstellung dieser Analyse.
   2) Nennen Sie drei geeignete Vergleichsmöglichkeiten.
   3) Nennen Sie vier Risiken dieses Analyseinstruments.

06. Zukunftsorientierte Personalarbeit

Nennen Sie sieben Merkmale, an denen sich zukunftsorientierte Personalarbeit ausrichten sollte.

1.3 Prozesse im Personalwesen gestalten

01. Optimierung eines personalwirtschaftlichen Supportprozesses

Seit einem Monat sind Sie u.a. zuständig für die Personalbeschaffung der Führungskräfte Ihres Unternehmens. Sie haben diese Aufgabe in enger Abstimmung mit den Ressortleitern durchzuführen. Die kürzlich durchgeführten zwei Beschaffungsaktionen zeigen erhebliche Schwachstellen auf, die bereits bei der Gestaltung und Veröffentlichung von Personalanzeigen auftreten:

Es ist unklar,

- wer den Anzeigentext verfasst und wer ihn „verabschiedet",
- wie sichergestellt werden kann, dass der Text keine Fehler enthält,
- in welchem Printmedium der Text veröffentlicht werden soll,
- wer und in welcher Weise die Wirksamkeit der Anzeige kontrolliert,
- wer die Kosten der Anzeige trägt.

a) Stellen Sie den Prozess der Anzeigenschaltung (Supportprozess) grafisch dar und verwenden Sie dabei folgende Symbole:

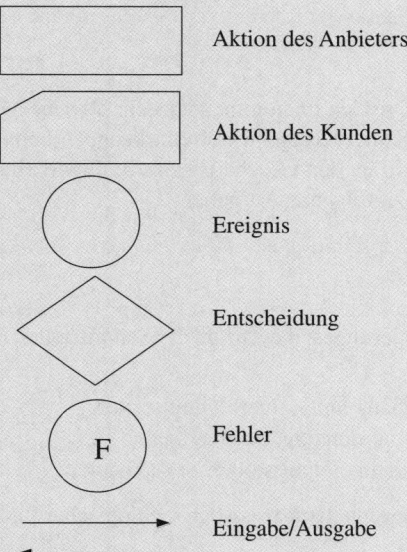

Aktion des Anbieters

Aktion des Kunden

Ereignis

Entscheidung

F   Fehler

Eingabe/Ausgabe

Ihre Prozessdarstellung sollte mindestens die oben beschriebenen Aktionen/Entscheidungen enthalten.

b) Beschreiben Sie drei Ziele, die Sie mit der Optimierung dieses Prozesses verfolgen.

02. Personalbereichsprozess

Sie arbeiten als Personalreferent in einem Betrieb der Automobilzulieferindustrie. Der Betrieb hat ca. 400 Mitarbeiter, die Auftragslage ist gut. Vor einem Monat hat Ihr neuer Chef, Leiter des Personal- und Sozialwesens, seine Arbeit aufgenommen. Eine seiner strategischen Aufgaben ist die Optimierung aller Prozesse im Personalbereich.

a) Zur Vorbereitung eines Meetings werden Sie gebeten, die Prozesse im Personalbereich ansatzweise darzustellen. Stützen Sie sich bei Ihrem Konzept auf die bekannten Funktionen des Personalwesens.

b) Bei der Analyse des Personalbereichsprozesses stellen Sie eine Reihe von Schwachstellen fest, die in mehreren Teilprojekten angegangen werden sollen. Das Generalziel lautet: Mehr Prozessqualität bei geringeren Prozesskosten.

Mit welchen Widerständen müssen Sie bei der Prozessveränderung und -verbesserung rechnen? Nennen Sie jeweils vier Argumente, die sich beziehen auf

- die Mitarbeiterebene
- die Organisationsebene.

03. Einzelprozess

Stellen Sie den Einzelprozess der „Zeitlohnabrechnung mit Mehrarbeit/Überstunden" mit vier Aktivitäten dar.

04. Beschreibung eines Geschäftsprozesses

Ihr Unternehmen wird in dem Zweigwerk in Dresden im kommenden Jahr 80 neue Mitarbeiter einstellen, da das neue Produkt „Cabrio 200ZX" hervorragend vom Markt angenommen wurde. Sie erhalten von der Geschäftsleitung den Auftrag, den Geschäftsprozess „Einarbeitung neuer Mitarbeiter" zu optimieren. Bearbeiten Sie dazu folgende Aufgaben:

a) Nennen Sie Prozessanfang und -ende.

b) Nennen Sie zwei Prozessziele.

c) Im Sinne einer ganzheitlichen Prozessorientierung ist die Anzahl der Schnittstellen möglichst gering zu halten.

　1) Was versteht man in diesem Zusammenhang unter einer Schnittstelle?
　2) Nennen Sie vier Schnittstellen bezogen auf den o. g. Sachverhalt.
　3) Beschreiben Sie zwei Möglichkeiten, um die Schnittstellen zu reduzieren.

d) Nennen Sie fünf Aktivitäten des genannten Geschäftsprozesses in sachlogischer Reihenfolge.

05. Prozessimplementierung

In Ihrem Unternehmen wurde beschlossen ein Ideenmanagement einzuführen. Beschreiben Sie den Prozess der Implementierung in drei Phasen.

1.4 Projekte planen und durchführen

01. Das Projekt der Motor OHG

Die Firma Motor OHG beschäftigt sich als mittelständisches Unternehmen mit der Herstellung von Motoren. Das Unternehmen besitzt bisher keine eigene EDV-Anlage. Die gesamte Datenverarbeitung wird von einem externen Rechenzentrum erledigt. Die Anschaffung einer eigenen EDV-Anlage wurde vor einiger Zeit von der Geschäftsleitung als strategisches Ziel definiert. Zur Realisierung dieses Zieles hat die Geschäftsleitung vor etwa einem halben Jahr die Stelle „Organisation" neu geschaffen. Die Stelle ist bis heute zwar nur mit einem einzigen Mitarbeiter besetzt, doch wird durch die Bezeichnung „Leiter Organisation" der strategischen Bedeutung der Stelle Rechnung getragen.

Bei der Besetzung der Stelle gab es neben Herrn Hubertus noch mehrere Bewerber. Wie Sie inzwischen erfahren haben, fiel damals die Wahl auf Herrn Hubertus wegen seiner guten EDV-Kenntnisse. Auch hat er die Geschäftsleitung beim Einstellungsgespräch durch sein Auftreten und seine Bereitschaft, an diesem strategischen Ziel mitzuarbeiten, überzeugt. Zu seinen bisherigen Tätigkeiten in der Firma Motor OHG gehörte u. a. die Koordination zwischen den einzelnen Fachabteilungen und dem externen Rechenzentrum. Dabei hat er bereits einige ausgewogene Entscheidungen getroffen. Es stellte sich allerdings im Laufe der Zeit heraus, dass sich der „Leiter Verwaltung" nicht gerade kooperativ verhält.

Herr Hubertus hat nunmehr aus eigener Initiative ein Konzept erarbeitet, wie das Ziel „eigene EDV-Anlage" umgesetzt werden soll. Nach diesem Konzept soll zunächst die Verwaltung und anschließend die Produktion auf die eigene EDV umgestellt werden. Die Geschäftsleitung ist mit diesem Konzept einverstanden, hat jedoch die Durchführung mit Auflagen versehen.

So darf die Unternehmensleitung nicht mit Detailentscheidungen belastet werden. Außerdem soll die laufende Aufgabenerfüllung in den Funktionsabteilungen weitgehend unberührt von der Durchführung des Projektes bleiben, da bereits wegen der knappen Personaldecke die Erfüllung der laufenden Aufgaben nur durch einen hohen Überstundenanteil der Mitarbeiter erreicht wird. Falls Neueinstellungen von zusätzlichen EDV- bzw. Organisationsmitarbeitern für die Dauer des Projektes notwendig sein sollten, sind diese zu berücksichtigen. Die Projektarbeit ist von abteilungs- bzw. ressortpolitischen Gesichtspunkten freizuhalten.

Da Sie bereits über fundierte Erfahrungen im Projektmanagement verfügen, sollen Sie Herrn Hubertus für ein halbes Jahr bei der Durchführung unterstützen.

a) Begründen Sie, warum der dem Leiter der Organisation übertragene Auftrag die Kriterien für die Durchführung in Form einer Projektorganisation erfüllt.

b) Schlagen Sie die zu realisierende Form der Organisation des anstehenden Projektes vor. Begründen Sie den Vorschlag detailliert aufgrund der betriebsinternen Gegebenheiten und weisen Sie nach, dass die von der Unternehmensleitung gesetzten Restriktionen in Ihrer Organisationsform berücksichtigt wurden.

c) Legen Sie fest, wer die Projektleitung übernehmen soll und erläutern Sie anhand der Ausgangssituation, welche allgemeinen persönlichen Auswahlkriterien bei dieser Wahl erfüllt sein müssen.

d) Der Kostenbericht der Arbeitspakete stellt einen wichtigen Teil des Berichtswesens eines Projektes dar. Entwerfen Sie ein Formular für einen solchen Kostenbericht mit den notwendigen Informationen und ordnen Sie diese Informationen in Ihrem Formular sinnvoll an.

e) Ein neues Projekt muss vor Beginn der Arbeiten sorgfältig geplant werden. Erstellen Sie die allgemeine chronologische Vorgehensweise bei einer Projektplanung.

f) Diskutieren Sie die Aussage: „Ein Standardstrukturplan steht im Widerspruch zu dem Begriff Projekt, aus diesem Grund sollte ein Standardstrukturplan bei der Projektplanung keine Verwendung finden."

1.5 Informationstechnologie im Personalbereich nutzen

01. Echtzeitbetriebssysteme

Erläutern Sie den Unterschied zwischen Real-time-Processing und Batch-Processing.

02. Vergleich Standard-/Individual-Software

In Ihrem Unternehmen, einem Versandhaus, soll eine neue Software zur Auftragsbearbeitung ausgewählt werden. Sie sind Mitglied im Projektteam, da mit der Neugestaltung auch zahlreiche Personalfragen tangiert sind. Als grundsätzliche Fragestellung ergibt sich, ob diese Software eine Standard-Software sein kann oder ob es sinnvoller ist, eine Individual-Software entwickeln zu lassen. Welche Vorteile sprechen bei einer Auftragsbearbeitung für eine Standard-Software und welche Vorteile sprechen für eine Individual-Software? Erwartet werden jeweils vier Argumente.

03. Änderungen an Individual-Software

Welche Voraussetzungen müssen erfüllt sein, um Änderungen von Unternehmensabläufen in der eingesetzten Individual-Software auch viele Jahre nach der Entwicklung des Programms vornehmen zu können? Erwartet werden vier Aspekte.

04. Auswahl von Software und Lieferanten

Für die Anschaffung einer neuen Personalabrechnungs-Software in einem Unternehmen soll ein Anbieter ausgesucht werden, der neben dem Verkauf der Software auch Installation und Service anbieten kann. Da die Firma keine eigene IT-Abteilung unterhält, ist die Auswahl des Anbieters eine wichtige Aufgabe. Als Personalfachkaufmann mit entsprechenden EDV-Kenntnissen sollen sie für die Einkaufsabteilung des Unternehmens Kriterien für eine Angebotsbewertung erstellen. Welche Merkmale sind für die Bewertung der unterschiedlichen Angebote auch in Bezug auf Installation und Service wichtig? Erwartet werden sechs Merkmalsgruppen mit jeweils drei Merkmalen.

05. Passwörter

Der Datenschutz im Personalbereich soll noch weiter verbessert werden; dazu erhalten Sie von Ihrem Chef den Auftrag, ein Informationsblatt zur Auswahl von Passwörtern für die Mitarbeiter zu erstellen. Welche Ratschläge sollte das Informationsblatt enthalten? Beschreiben Sie sechs Aspekte.

06. Schutzmaßnahmen (1)

Welche Maßnahmen können zum Schutz von Unternehmensdaten vor möglichen Gefahrenquellen getroffen werden? Erwartet werden fünf Aspekte.

07. Schutzmaßnahmen (2)

In der Forschungsabteilung eines Unternehmens werden alle Forschungsberichte und -protokolle mittels EDV erfasst und verwaltet.

a) Welche Möglichkeiten haben Industriespione, um an solche geheimen Daten zu gelangen? Erwartet werden drei Beispiele.

b) Welche technischen und organisatorischen Maßnahmen können getroffen werden, um die für das Unternehmen wertvollen Daten vor Industriespionage zu schützen? Beschreiben Sie jeweils vier Aspekte der Zugangs- und Benutzerkontrolle.

08. Datenschutz- und Datensicherheitskonzept

Erläutern Sie acht technische und organisatorische Maßnahmen, die im Rahmen eines Datenschutz- und Datensicherheitskonzeptes realisiert werden sollen.

09. Virenschutzkonzept

Beschreiben Sie acht technische und organisatorische Maßnahmen, die im Rahmen eines Virenschutzkonzeptes realisiert werden sollen. Nennen Sie drei Möglichkeiten der Schadensbehebung.

10. Kopplung zwischen Internet und Intranet

Wie können Internet und Intranet gekoppelt werden, damit Mitarbeiter innerhalb Ihres Unternehmens auf Informationen und Dienste des Internets zugreifen können und gleichzeitig Mitarbeiter im Außendienst oder in Heimarbeit zum Intranet des Unternehmens Zugang erhalten?

11. Kosten der Internetpräsenz

Ihr Unternehmen plant die Entwicklung einer firmeneigenen Homepage. Welche Kosten sind mit der Präsenz im Internet verbunden? Erwartet werden drei Beispiele.

12. Datenschutzbeauftragter

In Ihrem Kleinbetrieb werden an verschiedenen Stellen personenbezogene Daten an Bildschirmarbeitsplätzen verarbeitet. Insgesamt sind 19 Mitarbeiter unter anderem mit einer solchen Aufgabe betraut.

a) Welche Stelle muss in Bezug auf den Datenschutz auf jeden Fall vorhanden sein?

b) Wem ist diese Stelle im Unternehmen direkt unterstellt?

c) Welche Alternativen stehen der Unternehmensleitung bei der Besetzung dieser Stelle zur Auswahl?

d) Welche Aufgaben hat diese Stelle in Bezug auf den Datenschutz zu erfüllen?

e) Hat der Datenschutzbeauftragte einen besonderen Kündigungsschutz?

13. Voraussetzungen eines Datenschutzbeauftragten

Welche Voraussetzungen/Eignung sollte ein Beauftragter für den Datenschutz erfüllen? Beschreiben Sie zwei Aspekte.

14. Prüfung einer Individualsoftware

Ihrem Unternehmen liegen verschiedene Angebote für eine Individual-Software vor. Die Anbieterfirmen nennen unterschiedliche Verkaufsargumente für ihre Software. Welche Vorteile bieten die folgenden Verkaufsargumente? Wählen Sie dazu sechs der genannten Argumente aus und geben Sie eine Erläuterung:

(1) einheitliche Benutzeroberfläche aller Software-Module
(2) integrierte Anwendungen in allen Unternehmensbereichen
(3) für alle gängigen Betriebssysteme verfügbar
(4) regelmäßige Updates zur Software
(5) Auslieferung im Quellcode
(6) Programmierung in einer höheren Programmiersprache
(7) Fernwartbarkeit der Software
(8) Support-Hotline

15. Projekt „Neue EDV"

Ihr Unternehmen verzeichnete in den letzten Jahren eine erfreuliche Geschäftsentwicklung. Die Zahl der Mitarbeiter ist von 140 auf fast 400 angestiegen. Aufgrund des überproportionalen Wachstums sind die im Betrieb vorhandenen EDV-Lösungen quantitativ und qualitativ zum Teil veraltet bzw. genügen nicht mehr den betrieblichen Anforderungen. Aus diesem Grunde hat die Geschäftsleitung das auf $1\frac{1}{2}$ Jahre festgesetzte Projekt „Neue EDV" installiert, dem Sie als Mitglied angehören. Zur Unterstützung der Projektbearbeitung wurde ein externes Beratungsunternehmen aus Neubrandenburg eingeschaltet. In der nächsten Teamsitzung sollen einige grundlegenden Entscheidungen getroffen werden. Bereiten Sie sich auf diese Sitzung vor, indem Sie folgende Sachverhalte stichwortartig beantworten:

a) In den Funktionsbereichen Fertigung, Rechnungswesen, Marketing, Einkauf und Verwaltung existieren bisher unterschiedliche Betriebssysteme und Softwarelösungen; die Verarbeitung der Daten erfolgt im Stapelbetrieb.

Formulieren Sie fünf zentrale Fragen an das EDV-Beratungsunternehmen, über die hinsichtlich der neuen EDV-Konfiguration zu beraten ist.

b) Eine der Forderungen der Geschäftsleitung besteht darin, dass die Daten in der Fertigung zukünftig im Echtzeitbetrieb verarbeitet werden sollen.

b1) Welche Systemvoraussetzungen sind dafür erforderlich?
b2) Welche Nachteile sind mit einer Echtzeitverarbeitung verbunden?

c) In Zusammenarbeit mit dem Betriebsrat und der Personalabteilung sollen zukünftig die Ausfallzeiten erfasst und ausgewertet werden. Unter anderem möchte das Rechnungswesen die Anzahl der bezahlten Arbeitsstunden den geleisteten Arbeitsstunden gegenüber stellen.

Welche Daten über die Ausfallzeiten dürfen im Betrieb unter dem Aspekt „Datenschutz" veröffentlicht werden und welche nicht?

d) Die PC-Einzelarbeitsplätze sollen zukünftig vernetzt werden (LAN). Welche Vorteile und welche Risiken können damit verbunden sein?

16. Employee Selfservice

Sie sind im Gespräch mit Herrn Kerner, dem neuen Leiter der Informationstechnologie Ihres Unternehmens. Herr Kerner schlägt Ihnen vor: „Verbessern Sie doch die Zusammenarbeit mit den Fachabteilungen durch die Implementierung eines Employee Selfservice."

a) Beschreiben Sie, was man unter einem Employee Selfservice versteht.

b) Nennen Sie jeweils drei Chancen und Risiken dieser Dv-gestützten Organisation der Zusammenarbeit zwischen Personal- und Fachabteilung.

c) Beschreiben Sie das Konzept „Manager Self Service".

17. Portale

Beschreiben Sie jeweils ein Portal für Führungskräfte und für Bewerber, das die Zusammenarbeit mit diesen Kundengruppen erleichtern kann.

18. Maßnahmen zur Kostensenkung durch den Einsatz von IT-Systemen

Aufgrund des verschärften Wettbewerbs ist Ihr Unternehmen gezwungen, in allen Funktionsbereichen Kostensenkungsprogramme zu entwickeln und umzusetzen. Ein Teilprojekt zur Senkung der Kosten im Personalbereich wird der verstärkte Einsatz von IT-Systemen sein.

Nennen Sie vier personalwirtschaftliche Kernprozesse und beschreiben Sie, wie durch den Einsatz geeigneter IT-Systeme Personal- und Sachkosten reduziert werden können.

19. FAQ-Portal

Um die Informationsbasis der Mitarbeiter zu verbessern und zur Entlastung der Mitarbeiter der Personalabteilung soll im Intranet ein Portal mit FAQs (frequently aksked questions – häufig gestellte Fragen) eingerichtet werden.

Nennen Sie sieben mögliche Inhalte dieses Portals.

1.6 Beraten und Fachgespräche führen

01. Konflikte in der Kargen GmbH

Hinweis:
Die nachfolgende Aufgabe ist komplex und anspruchsvoll in der Bearbeitung. Sie überschreitet von daher den Bearbeitungsumfang einer klausurtypischen Fragestellung in der Prüfung. Der Sinn dieser Aufgabenstellung liegt in dem hohen Praxisbezug und der breiteren Lernmöglichkeit zum Thema „Konfliktmanagement".

Ausgangslage:

Wir befinden uns in der Kargen GmbH, einem mittelständischen Hersteller eingelegter Konser-
venprodukte (süß-saure Gurken, Kürbis, Artischocken usw.) im Raum Mönchengladbach. Das
Unternehmen ist in den zurückliegenden Jahren stark gewachsen und konnte sich erfreulich gegenüber dem Hauptkonkurrenten, der Firma Kühne, behaupten. In den letzten Monaten häuften
sich jedoch die Probleme:

Es kommt zu Stockungen in der Materialversorgung; dies führt zu Stillstandszeiten der Verpa-
ckungsanlage. Die Belegschaft in der Fertigung beschwert sich zunehmend über ungerechte
Vorgabezeiten. Terminüberschreitungen bei Kundenaufträgen häufen sich. Außerdem geht in der
Belegschaft das Gerücht um, die Firmenleitung wolle den Standort nach Thüringen verlegen,
weil dort bessere Produktionsbedingungen angeboten würden. Insgesamt hat sich die Ertragslage
der Kargen GmbH verschlechtert.

Der Meisterbereich 1 wird seit sechs Jahren von Herrn Knabe geleitet; er berichtet an Herrn
Kurz, Leiter der Fertigung. Herr Knabe ist ein erfahrener Meister. Aufgrund seiner betriebswirtschaftlichen Weiterbildung machte er sich bis vor kurzem Hoffnung, Nachfolger von Herrn Kurz
zu werden, der im nächsten Jahr altersbedingt seine Tätigkeit beenden wird. Vor zwei Wochen
hat die Geschäftsleitung entschieden, die Stelle extern zu besetzen. Herr Knabe erfuhr davon
auf Umwegen.

Herrn Knabe sind unmittelbar vier Mitarbeiter unterstellt: Frau Balsam ist Werkstattschreiberin
und „Mädchen für Alles". Sie ist gutmütig und arbeitet pflichtbewusst. Leider gibt es häufiger
„Zusammenstöße" mit dem Vorarbeiter, Herrn Merger, der wenig Kontakt mit den Kollegen
pflegt; außerdem findet er, „dass Frauen in der Fertigung nichts zu suchen haben". Herr Knabe
wird vertreten durch Herrn Kern, der vor kurzem von außen eingestellt wurde; er befindet sich
noch in der Probezeit und ist der zukünftige Schwiegersohn des Inhabers. Die Mitarbeiter in
der Fertigung beschweren sich zunehmend über seinen rüden Umgangston; es zeichnen sich
Führungsprobleme ab. Herr Kern scheint recht isoliert im Meisterbereich zu sein. Keiner „wird
mit ihm richtig warm". Herr Hurtig ist ebenfalls Vorarbeiter. Von seiner bisher zügigen Art, auftretende Probleme anzupacken, ist kaum noch etwas zu merken; er vernachlässigt seine Arbeit
und wälzt Aufgaben an Frau Balsam ab. Zwischen den Herren Hurtig und Merger klappt die
Vertretung bei kurztägigen Abwesenheiten nicht.

Die Geschäftsleitung beauftragt Sie, „sich der Sache doch endlich mal anzunehmen und Ruhe
zu schaffen", wie sie sich ausdrückt.

Bearbeiten Sie im Einzelnen folgende Aufgaben:

a) Zeichnen Sie das Organigramm der Kargen GmbH und tragen Sie alle personenbezogenen
   Angaben lt. Sachverhalt ein (Darstellung der formellen Strukturen).

b) Skizzieren Sie ein Soziogramm, das die Beziehungen/Konflikte im Meisterbereich 1 grafisch/
   verbal veranschaulicht (Darstellung der informellen Strukturen).

c) Erstellen Sie eine Übersicht (Matrix) mit allen Konfliktfeldern der Kargen GmbH. Unterscheiden Sie dabei,

   - welche Konflikte kurzfristig und welche langfristig gelöst werden können/müssen und

- welche Konflikte tendenziell mehr „Sachkonflikte" und welche mehr „Beziehungskonflikte" sind.

d) Beschreiben Sie in Stichworten, wie die vorhandenen Konflikte zu bearbeiten sind (Ansätze zur Konfliktlösung).

e) Erläutern Sie den beteiligten Mitarbeitern, dass Konflikte im Unternehmen nicht grundsätzlich negativ zu bewerten sind, sondern dass von ihnen auch positive Wirkungen ausgehen können (vier Beispiele).

02. Gerüchte

Im Rahmen eines Betreuungsauftrages sind Sie derzeit häufiger in der Abteilung Anwendungstechnik, AWT, tätig. Ihnen fällt auf, dass das Arbeitsklima in der Abteilung nicht gut ist und Sie bei Ihren Analysen von den Mitarbeitern der Abteilung des Öfteren falsch informiert werden. Es kursieren Gerüchte, „die Abteilung werde umstrukturiert und wahrscheinlich gäbe es sogar einen neuen Chef."

Was ist häufig die Ursache von Gerüchten und welche Folgen können damit verbunden sein? Nennen Sie jeweils fünf Beispiele.

1.7 Präsentations- und Moderationstechniken einsetzen

01. Moderation

In ca. zwei Monaten werden Sie das Projekt „Qualitätsverbesserung" als Projektleiter übernehmen. Ihre erste Aufgabe ist die Unterweisung der vier Teamleiter aus den Fachabteilungen in die Techniken der Moderation. Bearbeiten Sie dazu folgende Fragestellungen:

a) Welche Ziele lassen sich mit der Moderation realisieren?

b) Welche Rolle hat der Moderator wahrzunehmen? Über welche persönlichen Eigenschaften sollte er verfügen?

c) In welchen Fällen ist die Moderation einsetzbar?

d) Wie ist der Ablauf der Moderation zu strukturieren? Erläutern Sie fünf Aspekte.

02. Pareto-Prinzip

Am Jahresende sind Sie dabei, Ihre persönlichen und beruflichen Ziele für das kommende Jahr zu notieren.

a) Welche Bedeutung haben Ziele für das persönliche Zeitmanagement?

b) Eines Ihrer persönlichen, beruflichen Ziele für das nächste Jahr heißt: „Aufstieg innerhalb der Firma in eine höher bezahlte Tätigkeit mit mehr Gestaltungsfreiraum und mehr Führungsverantwortung". Erstellen Sie eine Liste mit fünf geeigneten Aktionen zur Erreichung dieses Zieles. Erläutern Sie das Pareto-Prinzip und wenden Sie es auf Ihren Maßnahmenkatalog an.

03. Präsentation und Kritikgespräch

Ihr Mitarbeiter Hubertus hat von Ihnen den Auftrag erhalten, für die nächste Abteilungsleiterbesprechung die Ausfallzeiten auszuwerten. Der Datenschutzbeauftragte ist informiert und Hubertus (und nur er) hat Zugriffsberechtigung auf die Zeitsummenkonten; der Zugang zu den Daten ist über Passwort geschützt. In der Bedienung der Software ist nur Hubertus unterwiesen. Hubertus ist gerade dabei, die Stammdaten aufzurufen, die erste Bildschirmmaske erscheint, als der Pförtner anruft und ihm mitteilt: „Ihre Frau ist am Tor und muss Sie unbedingt sofort sprechen; es ist dringend." Etwas in Sorge macht sich Hubertus auf den Weg zum Tor.

Kurz danach betreten Sie den Raum von Hubertus, weil Sie sich nach dem Stand der Arbeiten erkundigen wollen und sehen, dass der PC eingeschaltet und das Programm „Zeiterfassung und -auswertung" aufgerufen ist.

a) Was unternehmen Sie?

b) Sie nehmen den Vorfall zum Anlass, um generell mit Ihren Mitarbeitern im nächsten Meeting über diese Angelegenheit zu sprechen. Einleitend werden Sie dazu eine 5-Minuten-Präsentation zum Thema Datenschutz halten. Beantworten Sie im Zusammenhang damit folgende Fragen:

   1) Wie bereiten Sie die Präsentation vor?
   2) Welche Gliederungspunkte enthält Ihre Präsentation?
   3) Welche Hilfsmittel/Unterlagen/Handouts bereiten Sie vor?
   4) Wer kann Sie bei der anschließenden Diskussion unterstützen?

04. Wertanalyse

Als Leiter einer Arbeitsgruppe, die sich mit der Analyse von Prozessen beschäftigt, sollen Sie den Mitgliedern eine Kurzinformation über das Instrument „Wertanalyse" geben. Erläutern Sie Formen und Ziele der Wertanalyse.

05. Präsentation

Als Leiter des Projekts „Prozessveränderung im Personalbereich" haben Sie in einer Woche Ihre Abschlusspräsentation vor der Geschäftsleitung. Zur Vorbereitung darauf beantworten Sie bitte folgende Fragen:

a) Welche Hauptaspekte müssen bei einer wirksamen Präsentation generell beachtet werden?

b) Welche Einzelaspekte sind bei der Vorbereitung der Präsentation zu berücksichtigen?

c) Welche Einzelaspekte sind bei der Durchführung der Präsentation zu berücksichtigen?

d) Wie ist eine Präsentation nachzubereiten?

Erwartet werden jeweils vier Aspekte.

1.8 Arbeitstechniken und Zeitmanagement anwenden

01. Umgang mit anderen

Formulieren Sie als Führungskraft sechs Regeln für eine effektive Zeitverwendung „im Umgang mit anderen".

02. Informationskanäle, Körbe-System

Nach Rückkehr von einer längeren Dienstreise finden Sie auf Ihrem Schreibtisch einen Postberg von ca. 25 cm vor. Der Postberg ist unsortiert und enthält alle Schriftstücke, wie Sie sie aus der Praxis kennen (Telefonnotizen mit Bitte um Rückruf, interne Post, externe Post, Werbung usw.).

a) Erläutern Sie das „3-Körbe-System" sowie die „6 Informationskanäle" und zeigen Sie, wie Sie damit die Post bearbeiten – anhand von sieben typischen Beispielen.

b) Nennen Sie sechs weitere Regeln im Umgang mit „Papier".

03. Telefonmanagement

Formulieren Sie neun Regeln für ein effektives Telefonmanagement.

04. Zeitplanung

Nennen Sie fünf Vorteile der schriftlichen Zeitplanung.

05. Tagesplanung

Vor Ihnen liegt ein Auszug aus dem Terminkalender von Hubert Kernig, dem neuen Assistenten, den Sie zurzeit als Mentor betreuen. Der Firmensitz ist Hilden (im Großraum Düsseldorf). Kernig ist verheiratet (ohne Kinder; seine Frau heißt Lisa) und bewohnt ein Reihenhaus im Norden von Leverkusen (ca. 30 Min. Fahrtzeit zur Arbeit).

Montag	05. September 20..		Hubert Kernig
Zeit	Termine	erledigt	Notizen
7:00			- Tel. Müller & Co./Reklamation
8:00	Besprechung mit Dr. Ohnesorge, Werk, Raum 5		- Tel. Lisa/Geschenk Jochen
9:00	Meeting Projektgruppe K, ca. 2 bis 2,5 Std., Konferenzraum, Verwaltung		- Brief Fr. Strackmann/Mietminderung!
10:00			- Tel. Dr. Zahl/EDV-Liste, Budget „nächstes Jahr"
11:00	Postbesprechung mit Sekretärin Fr. Knurr, ca. 30 Min.		- Auto abholen von Inspektion

Montag	05. September 20..		Hubert Kernig
Zeit	Termine	erledigt	Notizen
12:00	Mittagessen mit Dr. Endres; neue Marketingstudie, neueste Verkaufs-zahlen		
13:00			
14:00	Präsentation für Verkaufsleiter-tagung am Mi. vorbereiten		
15:00	Einweisung von Herrn Grundlos		
16:00	Budgetplanung „nächstes Jahr", Vorbereitung der Unterlagen für Di.-Morgen, 9:00 bis 10:30 h		
17:00			
18:00			
19:00	Privat: Einweihungsfete bei Jochen in Ratingen		
20:00			
21:00			

Es folgen Hinweise zu einzelnen Vorgängen/Sachverhalten:

- Herr Grundlos ist ein neuer Mitarbeiter; es geht um die Vermittlung von Einblicken in Be-triebsabläufe; dafür sind mehrere Gespräche angesetzt.

- Herr Dr. Ohnesorge ist der technische Berater einer Consulting-Firma, der „auf der Durchreise" ist und ein neues Konzept vortragen möchte. Herr Dr. Ohnesorge hatte Kernig vor drei Wochen bei einem Termin „versetzt".

a) Nennen Sie sieben Prinzipien der Tagesplanung, gegen die Kernig verstößt und geben Sie ein Beispiel für eine „kritische Terminplanung" (= vorhersehbare Verzögerung bzw. Unver-einbarkeit von Vorgängen bzw. Terminkollision).

b) Gestalten Sie eine neue Tagesplanung aufgrund der Ihnen vorliegenden Informationen und berücksichtigen Sie dabei die in Frage a) geschilderten Prinzipien. Nennen Sie beispielhaft sechs markante Veränderungen Ihrer Wahl.

c) Übertragen Sie die Termine und Vorhaben von Hubert Kernig in die 4-Felder-Matrix nach Eisenhower.

2. Prüfungsfach: Personalarbeit auf Grundlage rechtlicher Bestimmungen durchführen

2.1 Individuelles und kollektives Arbeitsrecht anwenden

01. Personalauswahl

Nennen Sie zehn Methoden (= Instrumente) der Personalauswahl.

02. Handlungsschritte der Personalauswahl

a) Für den Leiter des Finanz- und Rechnungswesens sollen Sie eine Personalvorauswahl durchführen und dann geeignete Bewerber präsentieren. Für die zu besetzende Stelle „Sachbearbeiter in der Finanzbuchhaltung" existiert eine Stellenbeschreibung. Die Stelle wurde intern und extern ausgeschrieben. Es liegen zahlreiche Bewerbungen vor.

Nennen Sie alle wesentlichen Handlungsschritte der Personalauswahl – in sachlogischer Reihenfolge – und berücksichtigen Sie dabei geeignete Auswahlverfahren.

b) Stellen Sie den möglichen Prozess der Beweberauswahl grafisch dar – vom Eingang der Bewerbungen bis zur Einladung zum Bewerbungsgespräch.

03. Analyse der Bewerbungsunterlagen

Nennen Sie sechs Aspekte, nach denen Sie den Lebenslauf eines Bewerbers analysieren.

04. Analyse der Bewerbungsunterlagen, Auswahlinterview

Die Brotland GmbH sucht zur Verstärkung ihrer Mannschaft einen Bäcker; Auszug aus der Anzeige: „... Vollkornbrote und Feingebäck; einige Jahre Berufserfahrung als Geselle; Erfahrung in der Unterweisung von Auszubildenden; selbstständiges Arbeiten ...".

a) Analysieren Sie das Bewerbungsschreiben sowie den Lebenslauf des Bewerbers Herbert Kahl; gehen Sie dabei auf vier wichtige Aspekte des Anschreibens und drei Aspekte des Lebenslaufes ein.

Anschreiben von Herbert Kahl:

Herbert Kahl
Mirgelgasse 200
41000 Aachen   15. März 2010

Brotland GmbH
Personalabteilung
Frau Haber
Postfach 13 12 10
41888 Heinberg

Ihre Anzeige in der Aachener Volkszeitung vom 8. März 2013

Sehr geehrte Damen und Herren,

am letzten Wochenende habe ich Ihre Anzeige mit großer Freude gelesen.
Ihr Stellenangebot, in dem Sie einen Bäcker suchen, interessiert mich außerordentlich und ich möchte mich darauf bewerben.

Ich bin seit langen Jahren in der Bäckerei Waffeleisen in Aachen tätig.
Meine Spezialität ist das Backen von Vollkornbroten und die Herstellung
von Feingebäck, besonders aus Blätterteig.

Augenblicklich arbeite ich in ungekündigter Stellung, daher könnte ich
meine neue Arbeit frühestens ab dem 1. Mai aufnehmen.

Mit freundlichen Grüßen

gez. Herbert Kahl

Anlagen:
- Lebenslauf
- Lichtbild
- Zeugniskopien

Lebenslauf von Herbert Kahl:

Lebenslauf

Name:	Herbert Kahl
Anschrift:	Mirgelgasse 200
	41000 Aachen
Geburtsdatum:	20.12.1967
Familienstand:	verh., 1 Kind

Schulbesuch: August 1974 - Juli 1984, Hauptschule

Berufsausbildung: August 1984 - Juli 1987, Ausbildung zum
Bäcker, Bäckerei Waffeleisen, Aachen

Wehrdienst: Oktober 1987 - September 1989

Berufstätigkeit: Okt. 1989 - März 1991
als Bäcker mit Spezialisierung
auf Vollkornprodukte, Bäckerei
Waffeleisen, Aachen

April 1991 - 20. Mai 1991,
Großbäckerei Kornblume, Köln

Juli 1991 bis heute (ungekündigt),
Bäckerei Waffeleisen, Aachen

b) Werden Sie Herrn Kahl zum Gespräch einladen? Begründen Sie Ihre Entscheidung.

05. Zeugnisanalyse (1)

a) Nennen Sie zwölf Aspekte, auf die man sich bei der Analyse von Arbeitszeugnissen stützen kann. Bilden Sie dazu jeweils drei konkrete Beispiele.

b) Im Rahmen einer Personalbeschaffungsaktion lesen Sie in Arbeitszeugnissen die nachfolgenden Aussagen; geben Sie eine begründete Bewertung ab.

    1. „... Frau Selig hat sich mit großem Fleiß und Interesse den ihr gestellten Aufgaben gewidmet ...“

    2. „... war Herr Kerner bei uns als Controller tätig ... und konnten ihm auch Aufgaben in der Personalabrechnung übertragen, die er in der Regel erfolgreich erledigte ...“

    3. „... war als Projektingenieur erfolgreich bei der Bewältigung überschaubarer Aufgaben, die nicht termingebunden waren ...“

    4. „... nahm im Rahmen seiner Einarbeitung an EDV-Kursen teil, die er regelmäßig besuchte ...“

06. Zeugnisanalyse (2)

Bei der Analyse eines Bewerberzeugnisses fällt Ihnen auf, dass im Text keine Aussagen über die Führungsqualifikation enthalten sind. Nach eigener Darstellung ist der Bewerber derzeit als Meister in einem kleinen Familienunternehmen tätig und hat eine Personalverantwortung für 25 gewerbliche Mitarbeiter. Wie ist dieser Sachverhalt zu werten?

07. Zeugniscodierung

Im Arbeitszeugnis eines Bewerbers lesen Sie u.a.: „Herr Kernig war tüchtig und wusste sich zu verkaufen. ... Seine Leistungen stellten uns voll zufrieden." Das Zeugnis wurde von der Personalabteilung eines großen Unternehmens verfasst und gegengezeichnet. Wie sind diese Aussagen zu werten?

08. Analyse von Schulzeugnissen

Der 48-jährige Hubert Kernig ist derzeit als Meister tätig und bewirbt sich auf die Stelle des stellvertretenden Betriebsleiters. Sein Realschulzeugnis und das Zeugnis der Berufsschule zeigen überwiegend ausreichende Leistungen. Im Fach „Sport" und im Fach „Technik" hat er in beiden Zeugnissen die Note „gut". Welche Schlussfolgerungen sind zulässig?

09. Assessmentcenter

Nennen Sie acht typische Merkmale eines Assessmentcenters (AC) und geben Sie fünf Beispiele für geeignete Übungen innerhalb eines ACs.

10. Testverfahren

Testverfahren können im Rahmen der Personalauswahl zur Absicherung der Entscheidung eingesetzt werden.

a) Nennen Sie vier Anforderungen, die ein Testverfahren als eignungsdiagnostisches Instrument erfüllen muss.

b) Erläutern Sie drei unterschiedliche Testverfahren.

11. Ärztliche Eignungsuntersuchung

Erläutern Sie, welche Bedeutung die ärztliche Eignungsuntersuchung im Rahmen der Bewerberauswahl hat.

12. Bewerbungsgespräch (1)

Nennen Sie sechs Grundsätze, die bei der Durchführung eines Bewerbungsgesprächs (= Auswahlinterview) zu berücksichtigen sind.

13. Bewerbungsgespräch (2)

Nennen Sie fünf Phasen eines Bewerbungsgesprächs in sachlogischer Reihenfolge und geben Sie für jede Phase zwei inhaltliche Beispiele.

14. Bewerbungsgespräch (3)

Beim Bewerbungsgespräch lassen sich Fragen nach verschiedenen Themenfeldern unterscheiden. Nennen Sie sechs Beispiele für die unterschiedlichen Fragenfelder.

15. Auswertung des Bewerbungsgesprächs

In der letzten Woche haben Sie fünf Auswahlinterviews zur Besetzung der Stelle eines technischen Angestellten in der Arbeitsvorbereitung durchgeführt. Am kommenden Donnerstag sind Sie mit dem Fachbereich verabredet, um die abschließende Auswahlentscheidung zu besprechen. Erläutern Sie, wie Sie sich auf dieses Gespräch vorbereiten. Nennen Sie Arbeitsschritte der Durchführung.

16. Vorläufige personelle Maßnahme

Bei der SCHLUNZ AG ist der Leiter des Projekts „Zukunft in Deutschland" tödlich verunglückt, da er die Motorisierung seines neuen Pkws TX 3,8 l VdCi in einer nassen Kurve unterschätzte. Eine sofort eingeleitete Personalbeschaffungsaktion konnte den erfahrenen Dipl.-Ing. Hubertus Mayer-Klett für die Firma gewinnen. Beim Einstellungsverfahren kommt es zu Schwierigkeiten, da der Betriebsrat die Zustimmung nach § 99 BetrVG verweigert.

a) Die Geschäftsleitung der SCHLUNZ AG beabsichtigt, eine vorläufige personelle Maßnahme nach § 100 BetrVG durchzuführen. Beschreiben Sie die notwendigen rechtlichen Schritte.

b) Beurteilen Sie die Rechtslage unter der Voraussetzung, dass Herr Mayer-Klett leitender Angestellter ist.

17. Personalleasing/Arbeitnehmerüberlassung

Sie sind im Metallbauunternehmen „Stettin Metallbau GmbH" beschäftigt und haben derzeit die Verantwortung übernommen, für den Vertrieb von speziellen Frequenzumrichtern eine Interessen- und Kundendatei aufzubauen. Wegen der Fülle der neu anzulegenden Datensätze ist die Aufgabe mit Ihren eigenen Mitarbeitern nicht termingerecht zu schaffen. Die befristete Einstellung zusätzlicher Arbeitskräfte wurde von der Geschäftsleitung nicht zugelassen. Aus diesen Gründen setzen Sie sich mit dem Zeitarbeitsunternehmen „RentaMan" in Verbindung und ersuchen um zwei geeignete Mitarbeiter für einen Monat. Die Kosten dafür wurden bewilligt.

a) Stellen Sie dar, welche Rechtsbeziehungen bestehen
   - zwischen Ihrer Firma und der Firma „RentaMan",
   - zwischen Ihrer Firma und den beiden Leiharbeitnehmern,
   - zwischen den Leiharbeitnehmern und der Firma „RentaMan".

Beschreiben Sie weiterhin, wer das Weisungsrecht gegenüber den beiden Leiharbeitnehmern hat.

b) Bevor Sie noch dazu kommen, den Betriebsrat zu informieren, meldet sich dieser bei Ihnen und weist darauf hin, dass er auch bei der Beschäftigung von Leiharbeitnehmern ein Mitbestimmungsrecht habe. Wie ist die Rechtslage?

c) Unter Umständen kann es erforderlich sein, den befristeten Einsatz der beiden Leiharbeitnehmer zu verlängern. Ist dies rechtlich möglich? Begründen Sie Ihre Antwort.

d) Die Geschäftsleitung hat bisher noch keine Erfahrung mit dem Einsatz von Leiharbeitnehmern.

Sie werden daher gebeten, in einer knappen Übersicht die Vor- und Nachteile der Arbeitnehmerüberlassung darzustellen. Nennen Sie jeweils drei Argumente.

18. Anfechtung des Arbeitsvertrages

Die Schwangere Luise Herrlich verschweigt auf Befragen des Arbeitgebers ihre Schwangerschaft im Rahmen des Einstellungsgesprächs. Man schließt einen Arbeitsvertrag. Als der Arbeitgeber nach einem Monat von der Schwangerschaft erfährt, ficht er den Arbeitsvertrag an und beruft sich auf § 123 BGB. Zu Recht?

19. Direktionsrecht (Weisungsrecht)

Nennen Sie sechs Sachverhalte, die der Arbeitgeber aufgrund seines Direktionsrechts inhaltlich näher bestimmen kann.

20. Rechte und Pflichten des Arbeitgebers und des Arbeitnehmers

Der Blumeneinzelhändler Tulip hat mit der 17-jährigen Verkäuferin Bärbel Lempe folgende Arbeitszeiten vereinbart:

Mo–Fr: *09:00 - 18:00 Uhr*   (Pausen: 20 Min. + 30 Min.)
Samstag: *frei*

Werden die gesetzlichen Bestimmungen eingehalten?

21. Urlaub

A hat mit seinem Arbeitgeber im Arbeitsvertrag einen Jahresurlaub von 21 Werktagen vereinbart, der Tarifvertrag sieht 25 Werktage vor, während in der Betriebsvereinbarung 28 Werktage geregelt sind. Welchen Urlaubsanspruch hat A?

22. Entgeltfortzahlung

Luise Herbst ist bei der Stahl GmbH als Putzhilfe mit 10 Stunden pro Woche bei einem Stundenlohn von 10,00 € beschäftigt. Im letzten Monat war sie an zwei Arbeitstagen arbeitsunfähig erkrankt. Die Bescheinigung des behandelnden Arztes liegt dem Arbeitgeber vor. Luise Herbst verlangt Fortzahlung des Entgelts für die Zeit der Arbeitsunfähigkeit.

Die Stahl GmbH lehnt ihre Forderung ab mit dem Hinweis, dass für geringfügig Beschäftigte keine Entgeltfortzahlung zu leisten sei. Beurteilen Sie die Rechtslage.

23. Abmahnung

Die Mitarbeiterin Frau Ortrud Spät, Abt. PLM, Personalnummer 34008 hat eine Regelarbeitszeit von 08:00 - 16:30 Uhr täglich. Im Oktober dieses Jahres kam sie an mehreren Tagen zu spät und wurde deshalb von ihrem Vorgesetzten, Herrn Huber, am 03.11. mündlich ermahnt. Trotzdem kommt Frau Ortrud Spät auch im November unpünktlich zur Arbeit. Die elektronische Zeiterfassung weist folgende Zeiten des Arbeitsbeginns aus:

08:07 Uhr	am 02.11.	08:18 Uhr	am 09.11.
08:22 Uhr	am 11.11.	08:13 Uhr	am 13.11.
08:09 Uhr	am 16.11.		

Herr Huber führt am 17.11. erneut ein Gespräch mit Ortrud Spät. Sie erklärt, dass sie an den genannten Tagen leider verschlafen hätte. Huber erklärt ihr, dass das Folgen haben werde und bittet Sie eine Abmahnung zu verfassen. Außerdem möchte er bei dieser Gelegenheit „gleich einmal wissen, was denn eine rechtlich einwandfreie Abmahnung enthalten müsse".

24. Nachzahlung von Arbeitnehmeranteilen zur Sozialversicherung

Der Arbeitnehmer Anton Huber scheidet zum 30.06. bei der X-AG aus. Die X-AG versäumt es, bei der im Juni fälligen Sonderzahlung die SV-Anteile zu berechnen. Aufgrund einer Betriebsprüfung im Nov. d. J. muss der Arbeitgeber die Beiträge an die AOK nachentrichten. Die X-AG fordert daher den Huber auf, seine AN-Anteile zur SV zu erstatten. Zu Recht?

25. Arbeitszeugnis (1)

a) Im Zeugnis Ihres ehemaligen Nachtwächters, der wegen Diebstahls fristlos entlassen wurde, haben Sie geschrieben: „Im Großen und Ganzen waren wir mit seinen Leistungen zufrieden. Er war immer pünktlich und zuverlässig". So ganz wohl war Ihnen zwar bei der Abfassung des Zeugnisses nicht, aber Sie wollten „dem Mann ja nicht das ganze Leben verbauen". Welche Folgen könnte solch ein Zeugnis für Ihren Betrieb haben?

b) Nennen Sie vier Rechtsgrundsätze, die für die Zeugniserstellung gelten.

26. Arbeitszeugnis (2)

Sie arbeiten bei der Maschinenfabrik G.K. Wagner & Co. als Personalreferent für den Personalbereich 3. Nach Rückkehr aus einer Besprechung liegt auf Ihrem Schreibtisch eine Notiz von Herrn Bracker, Führungskraft im Bereich Außenmontagen.

a) Herr Bracker bittet Sie um Formulierung eines qualifizierten Zeugnisses für Herrn Kantig nach folgenden Angaben (leider im Telegrammstil):

- Kantig, Roland, geb. 04.01.77
- interne Lehre als Maschinenschlosser
- seit 07.2008 als Monteur, weltweit
- Stationen: - 3-wöchige Grundausbildung, Drahtbiegemaschine AUTOMIRA XXL09
  - Modernisierung von Kundenanlagen (angeleitet), BRD u. Italien
  - Neuanlagen, eigenständig + Unterweisungen beim Kunden

- Verhalten: o. k.; Leistung: befriedigend
- will wechseln wegen seiner Frau (ständiger Außendienst); keine Besonderheiten

b) Außerdem müssen Sie noch schnell das einfache Zeugnis für Lieselotte Herb (09.09.70) diktieren, die vom 01. - 28.02.2013 bei Ihnen ausgeholfen hat (Ablage, Personalakten- und Zeitkontenpflege) und nun ohne jeden Grund keine Lust mehr hat.

27. Beendigung des Arbeitsverhältnisses

a) Nennen Sie fünf Gründe, aus denen das Arbeitsverhältnis endet.

b) Nennen Sie fünf Pflichten des Arbeitgebers bei der Beendigung von Arbeitsverhältnissen.

28. Kündigungsschutz (1)

a) Der Schuheinzelhändler Grob kündigt dem langjährig beschäftigten Schwerbehinderten Karl Kaufmann am 08.02. zum 31.03. aus betrieblichen Gründen. Ist die Kündigung wirksam?

b) Was können „wichtige Gründe" für eine fristlose Kündigung durch den Arbeitgeber sein? Nennen Sie vier Beispiele.

c) Welche Kündigungsarten kennen Sie?

d) Geben Sie eine Übersicht über die Kündigungsfristen bei ordentlicher Kündigung.

e) Ein Lagerhilfsarbeiter wird am 2. Februar d. J. eingestellt. Am 24. Juli wird ihm zum 8. August gekündigt. Der Arbeiter pocht auf das Kündigungsschutzgesetz. Mit Recht?

29. Kündigungsschutz (2)

Stellen Sie den Ablauf dar, der bei einer ordentlichen Kündigung zur Beendigung eines Arbeitsverhältnisses führen kann.

30. Kündigung von Langzeitkranken

Der in Ihrem Betrieb seit 15 Jahren tätige, ältere Buchhalter Z ist langzeitkrank. Welche Fragen haben Sie zu prüfen, wenn Sie eine Kündigung in Betracht ziehen? Nennen Sie die Tatbestände nach Maßgabe der geltenden BAG-Rechtsprechung.

31. Verdachtskündigung

Neben der Kündigung wegen eines erwiesenen Tatbestandes gibt es die Kündigung aufgrund von Verdachtsmomenten.

a) Was versteht man unter einer Verdachtskündigung? Geben Sie eine Erläuterung.

b) Nennen Sie fünf Tatbestände, die bei einer Verdachtskündigung vorliegen müssen.

c) Nennen Sie die möglichen Rechtsfolgen, die sich aus einem Freispruch des Beschuldigten im betreffenden Strafverfahren ergeben.

32. Fristlose Kündigung eines Ausbildungsverhältnisses

Der Auszubildende Kerner (Ausbildung als Industriekaufmann) lässt nach Ablauf der Probezeit ganz erheblich in seinen Leistungen nach – sowohl in der Berufsschule als auch im Betrieb. Weiterhin sind häufige Verspätungen an der Tagesordnung. Da mündliche Ermahnungen nicht helfen, spricht der Ausbildende eine Abmahnung aus. Kerner zeigt sich jedoch in seinem Verhalten unbeeindruckt von diesen Maßnahmen. Zwei Wochen nach Erteilung der Abmahnung kündigt der Betrieb das Ausbildungsverhältnis fristlos.

a) Erläutern Sie die Grundsätze, die bei einer außerordentlichen Kündigung von Ausbildungsverhältnissen zu berücksichtigen sind und nehmen Sie zum vorliegenden Fall Stellung.

b) Was kann Kerner gegen die fristlose Kündigung unternehmen?

33. Fristlose Kündigung eines Betriebsratsmitglieds?

Die SCHLUNZ AG hat seit längerem eine Regelung für Privattelefonate: Wenn der Mitarbeiter privat telefonieren will, wählt er vor der eigentlichen Verbindungsnummer eine „9", bei Diensttelefonaten vorher eine „0". Die Gebühren für Privattelefonate werden in einer Datei erfasst (die letzten drei Ziffern sind verschlüsselt) und mit der Gehaltsabrechnung einbehalten.

Beim Betriebsratsmitglied Kern wurde festgestellt, dass er heimlich und unerlaubt Privattelefonate auf Kosten der SCHLUNZ AG führte. Die Geschäftsleitung kündigte darauf hin das Arbeitsverhältnis mit Kern außerordentlich. Zu Recht?

34. Betriebsänderung, Interessenausgleich, Sozialplan

Die Geschäftsleitung der Karl Holzmann GmbH (65 Mitarbeiter) informiert am 6.10. den Betriebsrat über eine beabsichtigte Betriebsänderung aufgrund anhaltender Absatzschwierigkeiten. Mit wirtschaftlichen Nachteilen für die Belegschaft ist durch die geplante Maßnahme zu rechnen: Unter anderem sollen 24 Stellen am Standort abgebaut werden.

a) Geben Sie vier Beispiele für Maßnahmen, die als „Betriebsänderung im Sinne des BetrVG" gelten.

b) Welche Nachteile könnten für die Belegschaft entstehen? Nennen Sie fünf Möglichkeiten.

c) Geben Sie fünf Beispiele für den Inhalt eines Interessenausgleichs und eines Sozialplans und erläutern Sie die Beteiligungsrechte des Betriebsrates.

d) Welche rechtlichen Schritte muss die Geschäftsleitung beim Abbau der 24 Stellen einhalten?

35. Betriebsübergang

Welche Rechtsfolge ergibt sich für ein bestehendes Arbeitsverhältnis beim Betriebsübergang?

36. Mitbestimmung und Änderungskündigung

Die Konservenfabrik KÜNAST GmbH beabsichtigt Teile ihrer Fertigung in den Spreewald zu verlegen, weil sie dort bessere Produktionsbedingungen vorfindet: Die Abwassergebühren an den Zweckverband sind um 150 % niedriger; außerdem liegt der Gewerbesteuer-Hebesatz um 60 % unter dem der jetzigen Kommune.

Die KÜNAST GmbH ist interessiert daran, 15 Mitarbeiter am neuen Standort zu übernehmen – allerdings zu geänderten Arbeitsbedingungen.

a) Welche rechtlichen Möglichkeiten hat die KÜNAST GmbH, die Arbeitsverhältnisse der 15 Mitarbeiter den neuen Bedingungen anzupassen? Welche Beteiligungsrechte des Betriebsrates müssen dabei beachtet werden? Begründen Sie Ihre Antwort.

b) Welche rechtlichen Möglichkeiten stehen den 15 Mitarbeitern als Reaktion auf die geplante Veränderung offen? Beschreiben Sie drei Varianten.

37. Mutterschutz (1), Urlaub

Die Mitarbeiterin A ist schwanger und kündigt ihr Arbeitsverhältnis zum Ende der Schutzfrist nach § 6 MuSchG. Das Kind wird im Mai d. J. geboren. Da Frau A ihr Kind gut versorgt weiß, möchte sie möglichst bald wieder arbeiten und fragt bei ihrem früheren Arbeitgeber nach. Dieser stellt sie zum 1.10. des Jahres wieder ein. Im November d. J. beantragt Frau A Urlaub. Der Urlaubsantrag wird vom Arbeitgeber abgelehnt mit dem Hinweis, dass die Wartezeit nach dem BUrlG noch nicht erfüllt sei. Zulässig?

38. Schutz besonderer Personengruppen

Bestimmte Personengruppen genießen im Arbeitsrecht einen besonderen Kündigungsschutz, da sie nach Meinung des Gesetzgebers aufgrund ihrer persönlichen Umstände anderen Arbeitnehmern gegenüber benachteiligt sind.

Nennen Sie sechs dieser Personengruppen sowie die entsprechenden Schutzgesetze.

39. Zusatzurlaub für schwerbehinderte Menschen

Nach § 125 SGB IX haben schwerbehinderte Menschen Anspruch auf Zusatzurlaub. Entscheiden Sie in den nachfolgenden Fällen, ob der Anspruch auf Zusatzurlaub für das Jahr 2013 begründet ist und wenn ja, in welcher Höhe. Gehen Sie bei Ihrer Beantwortung von einer 5-Tage-Woche aus.

a) Der Arbeitnehmer X erhält am 15.11.2013 den Bescheid des Versorgungsamtes über seine Schwerbehinderung in Höhe von 50 v. H.

b) Der Schwerbehinderte Y (Behinderung 50 v. H.) wird zum 01.07.2013 eingestellt.

c) Wie ist der Fall a) zu beantworten, wenn im Jahre 2013 an sechs Tagen in der Woche gearbeitet wird?

d) Der Arbeitnehmer Z erhält im Januar 2014 seine Anerkennung als Schwerbehinderter – rückwirkend für das Jahr 2013. Er beantragt im Zusammenhang mit dem noch ausstehenden, restlichen Jahresurlaub für 2013 die Gewährung von fünf Tagen Zusatzurlaub.

40. Beschäftigungsverbot nach dem Mutterschutzgesetz

Erläutern Sie das relative und das absolute Beschäftigungsverbot nach dem Mutterschutzgesetz.

41. Kündigung eines schwerbehinderten Menschen

Herbert S. ist schwerbehindert. Am 01.04. d.J. tritt S. seine Stelle als Aufsicht in einer Messwartenstation an. Die Probezeit beträgt sechs Monate – bei einer Kündigungsfrist von einem Monat zum Monatsende während dieser Zeit. Am 25.05. d.J. kündigt der Betrieb zum 30.06. d.J. – nach ordnungsgemäßer Anhörung des Betriebsrates.

Herbert S. ist erbost. Er meint, die Kündigung sei rechtswidrig, weil sie ohne Einschaltung der Integrationsstelle erfolgte. Nehmen Sie zum Argument von Herbert S. Stellung und begründen Sie Ihre Antwort.

42. Jugendarbeitsschutz und Berufsschule

Hubertus Clausius ist 17 Jahre und bei der Spedition Transeuropa-Express als Arbeiter im Lager beschäftigt. Er ist berufschulpflichtig. Die Vergütung ist auf Stundenlohnbasis vereinbart.

Am Montag besucht Hubertus wie immer die Berufsschule um 8:00 Uhr. Zur Freude aller Schüler eröffnet die Schulleitung nach der zweiten Schulstunde, um 9:30 Uhr, dass der weitere Unterricht heute ausfallen müsse, da die Lehrkraft erkrankt sei. Ursprünglich wäre bis 14:30 Uhr Unterricht gewesen. Hubertus entschließt sich, in der nahegelegenen Freizeitanlage erst einmal auszuspannen, da das Wochenende infolge eines Diskothekenbesuchs recht anstrengend war. Seine Firma rechne heute ja sowieso nicht mehr mit ihm.

Umso erstaunter ist er, als er bei der folgenden Monatsabrechnung erkennen muss, dass ihm die Firma die am Montag versäumte Arbeitszeit vom Lohn abgezogen hat. Er beschwert sich bei seinem Vorgesetzten und verlangt den ausstehenden Lohn. Zu Recht?

43. Gesundheitliche Betreuung Jugendlicher

Jugendliche, die in das Berufsleben eintreten, dürfen nur beschäftigt werden, wenn die vorgeschriebenen Untersuchungen durchgeführt wurden. Stellen Sie dar, wann bestimmte Untersuchungen vorgeschrieben sind.

44. Mutterschutz (2)

Werdende Mütter, die in einem Arbeitsverhältnis stehen, genießen den besonderen Schutz der Gemeinschaft. Stellen Sie diese besonderen Schutzbestimmungen – nach Themenbereichen zusammengefasst – dar.

Klausurtypischer Teil · Aufgaben

45. Alkoholabhängigkeit

Abteilungsleiter Kantig hat ein Problem und bittet Sie um Unterstützung; es ist jetzt Montag, 10:30 Uhr: Einer seiner Mitarbeiter, Herr Kerner, fehlte in der Vergangenheit häufiger wegen Kurzerkrankungen. Die Zahl der Fehltage hat zugenommen. Das mit Herrn Kerner vor mehreren Tagen geführte Gespräch brachte „kein richtiges Ergebnis", ließ aber den Verdacht aufkommen, dass er ein Alkoholproblem hat. Aussagen seiner Kollegen scheinen das zu bestätigen. Heute morgen kam Herr Kerner verspätet zur Arbeit; sein Atem roch nach Alkohol.

Was werden Sie Herrn Kantig vorschlagen? Welche Unterstützung leisten Sie?

46. Arbeitnehmerschutzrechte

Luise Selig wurde am 1. Januar d. J. bei der X-GmbH als Vertretung für die erkrankte Selma Harthöf befristet eingestellt. Sie ist im 3-Schicht-Betrieb tätig und montiert in der Halle 3 Halbleiterbaugruppen im Akkord. Im April wird Frau Selig in den Betriebsrat gewählt.

Im Oktober d. J. teilt Frau Harthöf der X-GmbH mit, dass sie ihre Arbeit am 1. Dezember d. J. wieder aufnehmen kann, da die Erkrankung ausgeheilt ist. Darauf hin teilt die X-GmbH der Frau Selig am 20. Okt. d. J. mit, dass das bestehende Arbeitsverhältnis zum 30. November d. J. endet.

Am 25. Oktober d. J. erscheint Frau Selig in der Personalabteilung und legt einen Schwerbehindertenausweis (GdB > 50 %) sowie eine Schwangerschaftsbescheinigung (6. Schwangerschaftswoche) ihres Hausarztes vor. Mit einem „gewissen Lächeln" bemerkt sie nebenbei: „Damit dürfte ja wohl die Kündigung zum 30.11. hinfällig sein."

a) Welche arbeitsorganisatorischen Maßnahmen und Vorkehrungen muss die X-GmbH durchführen aufgrund der Schwerbehinderteneigenschaft sowie der Schwangerschaft von Frau Selig?

b) Endet das Arbeitsverhältnis von Frau Selig zum 30.11. d. J.? Erläutern Sie die Rechtslage.

47. Ausbildungsvergütung

Die drei Auszubildenden Kirst, Huber und Peters haben bei der Maschinenbau GmbH einen Ausbildungsvertrag zum Industriekaufmann abgeschlossen.

Kirst hatte vorher eine 2-jährige Berufsfachschule absolviert. Diese Ausbildung wird ihm angerechnet; seine Ausbildungszeit wurde vertraglich von drei Jahren auf zwei Jahre verkürzt.

Huber ist Abiturient. Seine Ausbildungszeit wurde auf Antrag bei der IHK vertraglich auf zwei Jahre verkürzt, da zu erwarten ist, dass er innerhalb dieser Zeit das Ausbildungsziel erreichen wird.

a) Beide Auszubildenden, Kirst und Huber, erwarten von der Maschinenbau GmbH die Vergütung für das 2. Ausbildungsjahr von Beginn an. Nehmen Sie dazu Stellung.

b) Der Auszubildende Peters besteht die Abschlussprüfung nicht. Er fordert daraufhin eine Verlängerung der Ausbildungszeit und die Vergütung des 4. Ausbildungsjahres. Was ist zu tun?

c) Wie ist der Fall unter b) zu beurteilen, wenn Peters eines groben Täuschungsversuchs überführt wurde und deshalb die Prüfung nicht bestanden hat?

48. Ausbildungsvertrag und Formvorschriften

Anette Tronto, 19 Jahre, hat sich bei der Chemikalien AG in Leipzig für eine Ausbildung als Chemielaborantin beworben. Am 22.05. d. J. ist sie dort zu einem Bewerbungsgespräch eingeladen. Das Gespräch verläuft für beide Seiten positiv und man wird sich einig, dass Anette die Ausbildung am 01.08. des Jahres beginnen wird. Am 29.05. erhält Anette den Ausbildungsvertrag, den sie unterzeichnet. Der Vertrag geht der Chemikalien AG am 02.06. zu.

Wann ist der Ausbildungsvertrag zu Stande gekommen? Geben Sie eine Erläuterung.

49. Ausbildungsvergütung und Aufrechnung

Der Auszubildende Kuno hat von seinem Betrieb ein Darlehen zur Anschaffung eines Mopeds erhalten, das er mit monatlich 100 € zurückzahlt. Als er die vereinbarte monatliche Rückzahlung nicht einhält, behält der Ausbildende die 100 € von der Ausbildungsvergütung ein und beruft sich auf sein Recht zur Aufrechnung gegenüber seiner Darlehensforderung.

Zu Recht?

50. Beendigung des Ausbildungsverhältnisses

In der kommenden Woche haben Sie wieder eine Unterweisung der Ausbildungsbeauftragten Ihres Betriebes. Diesmal sollen Sie die Möglichkeiten der Beendigung von Ausbildungsverhältnissen darstellen.

a) Bereiten Sie eine Präsentation vor, in der Sie die unterschiedlichen Möglichkeiten der Beendigung erläutern.

b) Erläutern Sie den Ausbildungsbeauftragten die Rechtssituation in dem folgenden Fall:

Der Auszubildende Herb legt am 10.06. d. J. seine Prüfung zum Kraftfahrzeugmechaniker mit Erfolg ab. Im Ausbildungsvertrag ist als Ende der Ausbildung der 30.06. d. J. genannt. In den zurückliegenden Wochen hat Herb im Betrieb bereits bewiesen, dass er die Arbeiten eines Facharbeiters beherrscht. Herb unterrichtet noch am 10.06. den Betrieb davon, dass er „bestanden" hat. In den folgenden Wochen arbeitet er wie bisher weiter im Betrieb. Zur Freude seines Meisters leistet er fachkundige Arbeit. Ärger taucht erst auf, als Herb Ende des Monats auf seine Gehaltsabrechnung schaut und feststellen muss, dass ihm für den gesamten Monat Juni „nur" seine Ausbildungsvergütung gezahlt wurde. Herb ist verärgert und droht mit Klage.

- Kann er den Lohn eines Facharbeiters verlangen?
- Ab welchem Zeitpunkt?

51. Aushändigung der Arbeitspapiere

Der Montagemechaniker Hans Kerner hat zum Ende des Monats sein Arbeitsverhältnis gekündigt, weil er sich beruflich verändern möchte. Am letzten Arbeitstag bittet er um Aushändigung seiner Arbeitspapiere. Der Arbeitgeber verweigert seine Bitte mit dem Hinweis, dass Herr Kerner seinen Monteurkoffer noch nicht abgegeben hätte. Kerner bestreitet dies erbost: Er habe den Monteurkoffer schon längst abgegeben, es aber versäumt, sich dies bestätigen zu lassen.

a) Kann Herr Kerner die Herausgabe der Arbeitspapiere trotzdem verlangen? Beurteilen Sie die Rechtslage.

b) Nennen Sie drei Beispiele für „Arbeitspapiere".

52. Arbeitsförderung

Das Dritte Buch Sozialgesetzbuch (SGB III) löste das Arbeitsförderungsgesetz (AFG) mit Wirkung vom 01.01.1998 ab.

Nennen Sie jeweils vier Beispiele für Leistungen der Arbeitsförderung an Arbeitgeber bzw. Arbeitnehmer.

53. Nebentätigkeit

Seit kurzem sind Sie Personalreferent bei der Metallbau GmbH (ca. 250 Mitarbeiter) und berichten direkt der Geschäftsleitung. In der letzten Sitzung wurde Ihnen mitgeteilt, dass es zwischen einem Meister und seinem Mitarbeiter zum Streit über „Feierabendarbeit" gekommen ist. „Das verbiete ich Ihnen, Nebentätigkeiten sind nicht zulässig!" – so die Anweisung des Meisters. Die Geschäftsleitung möchte die Angelegenheit generell geklärt wissen.

Nehmen Sie Stellung zum Sachverhalt. Was empfehlen Sie der Geschäftsleitung?

54. Bedeutung des Betriebsverfassungsgesetzes

Charakterisieren Sie in Stichworten Wesen und Bedeutung des Betriebsverfassungsgesetzes.

55. Beteiligungsrechte des Betriebsrates (Übersicht)

Erläutern Sie die Beteiligungsrechte des Betriebsrates. Unterscheiden Sie dabei personelle, soziale, wirtschaftliche und arbeitsorganisatorische Angelegenheiten und differenzieren Sie zwischen Mitwirkung und Mitbestimmung.

56. Betriebsverfassungsgesetz und Geltungsbereich

Nennen Sie sechs Tatbestände zum Geltungsbereich des Betriebsverfassungsgesetzes.

57. Gebot der vertrauensvollen Zusammenarbeit

Erläutern Sie das Gebot der vertrauensvollen Zusammenarbeit. Nennen Sie fünf weitere Grundsätze für die Zusammenarbeit im Betrieb lt. BetrVG.

58. Betriebsverfassungsrechtliche Organe

Geben Sie einen Überblick über die Organe der Arbeitnehmervertretung nach dem Betriebsverfassungsgesetz. Erwartet werden zehn Nennungen.

59. Versetzung und Mitbestimmung

Als zuständiger Personalreferent betreuen Sie die beiden Tochtergesellschaften in Krefeld und Erkelenz. Beide Tochtergesellschaften sind rechtlich selbstständig, haben 80 bzw. 120 Mitarbeiter; es existiert in beiden Gesellschaften ein Betriebsrat. Sie haben die Aufgabe, die Versetzung von zwei Montagemitarbeitern von Krefeld nach Erkelenz durchzuführen. Welche kollektivrechtlichen Schritte müssen Sie einleiten?

60. Geschäftsführung der Betriebsratsarbeit („innere Organisation")

Nennen Sie zehn wesentliche Tatbestände zur („inneren") Organisation der Betriebsratsarbeit.

61. Lohnpolitik und Mitbestimmung

Nennen Sie vier Gestaltungsbereiche der betrieblichen Lohnpolitik, in denen der Betriebsrat ein Mitbestimmungsrecht hat.

62. Abbau von Sozialleistungen

Bei anhaltend schlechter Ertragslage wird in Betrieben häufig über den Abbau betrieblicher Sozialleistungen nachgedacht.

a) Welche Wirkung entsteht tendenziell bei den Mitarbeitern, wenn

- Erfolgsbeteiligungen und
- betriebliche Weiterbildungseinrichtungen

abgebaut werden sollen?

b) Welche Beteiligungsrechte hat der Betriebsrat in beiden Fällen?

63. Beurteilung und Mitbestimmung

In der letzten Woche war Ihr Mitarbeiter Ali Gynseng bei Ihnen mit der Bitte ihn zu beurteilen, da er jetzt seit über zwei Jahren in Ihrer Gruppe arbeitet. Sie haben diese Bitte freundlich, aber bestimmt abgelehnt mit dem Hinweis, der Betrieb habe kein Beurteilungssystem und im Übrigen gebe es auch keinen Betriebsrat.

Zu Recht? Begründen Sie Ihre Antwort.

64. Mitbestimmung bei personellen Einzelmaßnahmen

Die Geschäftsleitung möchte von Ihnen wissen, ob in den nachfolgenden zwei Fällen die Mitbestimmung des Betriebsrates nach § 99 BetrVG anzuwenden ist:

a) Umwandlung eines befristeten Arbeitsverhältnisses in ein unbefristetes,

b) Übergang eines Probearbeitsverhältnisses in ein unbefristetes Arbeitsverhältnis (entsprechend der Vereinbarung mit dem Arbeitnehmer und gleichlautender Mitteilung an den Betriebsrat zum Zeitpunkt des Abschlusses des Probearbeitsverhältnisses).

65. Beteiligungsrechte in Fragen der Berufsbildung

Seit kurzem sind Sie in der Metall AG, Oberhausen für die Aus- und Weiterbildung zuständig. Es stehen eine Reihe von Veränderungen an, bei denen die Beteiligung des Betriebsrates zu berücksichtigen ist.

Nennen Sie die Beteiligungsrechte des Betriebsrates in Fragen der Berufsbildung.

66. Koalitionsrecht

Das Recht der Koalitionen ist in Art. 9 Abs. 3 GG festgeschrieben. Die konkrete Ausgestaltung dieses Rechts erfolgte weitgehend durch die Rechtsprechung. Bearbeiten Sie zum Koalitionsrecht folgende Fragestellungen:

a) Was sind Koalitionen? Geben Sie eine Erläuterung.

b) Was versteht man in diesem Zusammenhang unter „Gegnerfreiheit"?

c) Die Gewerkschaft unterstützt einen rechtswidrigen Streik. Als der Arbeitnehmer Kurz (er ist Mitglied der betreffenden Gewerkschaft) sich nicht aktiv am Streik beteiligen will, plant die Gewerkschaft den Ausschluss „des Streikbrechers" aus der Vereinigung. Ist dies zulässig? Begründen Sie Ihre Antwort.

d) Nach Abschluss des Streiks kandidiert Kurz aus Verärgerung über seine Gewerkschaft auf einer Betriebsratsliste, die von seiner Gewerkschaft nicht unterstützt wird. Die Gewerkschaft will Kurz nun aus diesem Grunde von der Vereinigung ausschließen. Zulässig?

e) Die Gewerkschaft X plant in einem Haustarif mit der T-AG eine Organisationsklausel zu vereinbaren, nach der die T-AG bei der Personalbeschaffung Mitglieder der X-Gewerkschaft bevorzugt berücksichtigen soll. Zulässig?

f) Im Rahmen einer Einstellungsverhandlung äußert der Personalleiter eines Unternehmens gegenüber dem Kandidaten, dass „er einer Einstellung positiv gegenüberstehen würde, wenn der Bewerber nicht in der Gewerkschaft wäre". Bewerten Sie die Aussage.

g) Der Gewerkschaftsbeauftragte Hitzig nimmt an der Betriebsversammlung der Z-AG teil. Im Anschluss an die Versammlung verteilt er an alle Anwesenden Handzettel der Gewerkschaft, in denen zur Wahl eines Gewerkschaftsvertreters in der kommenden Kommunalwahl aufgerufen wird. Die Geschäftsleitung untersagt Hitzig daraufhin für die Zukunft den Zutritt zum Betrieb. Zulässig?

67. Tarifgebundenheit

a) Die X-GmbH ist Mitglied des entsprechenden Arbeitgeberverbandes. Der Mitarbeiter Huber ist nicht Mitglied der entsprechenden Gewerkschaft. Sein Arbeitsvertrag enthält keine Klausel, nach der er Ansprüche auf tarifliche Leistungen einfordern kann. Trotzdem begehrt er von der X-GmbH tarifliche Leistungen und beruft sich dabei auf den Grundsatz der arbeitsrechtlichen Gleichbehandlung. Nehmen Sie zum Sachverhalt der Tarifgebundenheit bei Inhaltsnormen ausführlich Stellung.

b) Die Metallbau GmbH ist Mitglied im Arbeitergeberverband. Den neuen Tarifabschluss im Frühjahr des Jahres hält die Geschäftsleitung für völlig überzogen und erwägt die Aufhebung der Tarifgebundenheit. Sie werden gebeten, die Sache zu prüfen.

68. Verrechnung tariflicher Leistungen

Frau Luise Bracker schließt mit ihrem neuen Arbeitgeber, der Blumen-Corso-GmbH, einen Arbeitsvertrag, in dem u. a. 30 Tage Urlaub und ein Bruttogehalt von 1.400 € monatlich vereinbart werden. Der betreffende Tarifvertrag, an den beide Parteien gebunden sind, legt 26 Tage Urlaub fest sowie ein Tarifgehalt von 1.500 €. Die Öffnungsklausel im Tarifvertrag lässt ausdrücklich zu, dass andere Vereinbarungen getroffen werden können, wenn sie für den Arbeitnehmer günstiger sind. Frau Bracker stimmt der vertraglichen Regelung ausdrücklich zu, da ihr „ein Mehr an Urlaubstagen" wichtiger ist als das Gehalt.

Nach sieben Monaten Tätigkeit bei ihrem neuen Arbeitgeber erfährt Luise Bracker von ihrem neuen Freund, einem Gewerkschaftssekretär, dass „ihr Verzicht auf Gehalt zu Gunsten von Urlaub wohl nichtig sei". Frau Bracker fordert daher von ihrer Firma für die Zukunft ein Gehalt in Höhe von 1.500 € sowie die entsprechende Nachzahlung für den zurückliegenden Zeitraum. Die Blumen-Corso-GmbH weigert sich und verweist auf die einzelvertragliche Vereinbarung. Nehmen Sie Stellung zum Sachverhalt.

69. Tarifliches Übergangsgeld und Grundgesetz

Ein Tarifvertrag sieht folgende Regelung vor:

- Frauen haben einen Anspruch auf Übergangsgeld, wenn sie mit 60 Jahren in Rente gehen.
- Männer erhalten diesen Anspruch erst, wenn sie mit 65 Jahren in Rente gehen.

Ist diese Regelung ein Verstoß gegen Art. 119 EGV sowie gegen Art. 3 GG?

Nehmen Sie Stellung.

70. Arbeitskampfrecht

Das Arbeitskampfrecht ist in seinen wesentlichen Grundzügen durch die Rechtsprechung des BAG ausgestaltet worden.

a) Nennen Sie vier Grundsätze, die bei einem rechtmäßigen Arbeitskampf lt. BAG-Rechtsprechung von den Parteien zu berücksichtigen sind.

b) Skizzieren Sie den Ablauf eines Arbeitskampfes
   - vom Scheitern der Tarifverhandlungen bis hin
   - zum Abschluss eines neuen Tarifvertrages.

71. Betriebliche Übung

Beantworten Sie folgende Fragestellungen zum Themenbereich „betriebliche Übung" (= Betriebsübung).

a) Beschreiben Sie den Rechtscharakter der betrieblichen Übung.

b) Ein Arbeitgeber gewährt eine Weihnachtsgratifikation. Erläutern Sie, wann für die Arbeitnehmer ein Anspruch auf diese Gratifikation aufgrund betrieblicher Übung erwächst.

c) Ein Arbeitgeber möchte die Zahlung von Gratifikationen nach bestimmten Merkmalen sachlich differenzieren und zwar

   (1) nach Vollzeit- und Teilzeitkräften,
   (2) wegen Gewerkschaftszugehörigkeit,
   (3) in Abhängigkeit von Ausfallzeiten wegen Krankheit.

   Sind diese Differenzierungen zulässig?

d) Ein Arbeitgeber zahlte an den Kläger in drei aufeinander folgenden Jahren eine Weihnachtsgratifikation in Höhe von 1.000, 1.100 und 1.400 €. Generell entschied der Arbeitgeber in dieser Zeit über die Höhe der Gratifikation nach Gutdünken; z. B. erhielten kurzzeitig Beschäftigte keine oder nur eine geringe Gratifikation. Der Vorbehalt der Freiwilligkeit wurde nicht gemacht.

   In den beiden darauf folgenden Jahren wurde die Weihnachtsgratifikation in Abhängigkeit von der Bruttojahreslohnsumme gezahlt – mit dem Vermerk: „Auf diese Gratifikation besteht kein Rechtsanspruch." Dagegen klagte der betreffende Arbeitnehmer mit der Begründung, für die Gewährung der Gratifikation sei eine betriebliche Übung entstanden. Wie beurteilen Sie die Rechtslage?

72. Arbeitsunfähigkeit, Europarecht

a) Die spanische Staatsangehörige Dolores della Casandra arbeitet bei der STRICK-GmbH. Derzeit ist sie für vier Wochen in Urlaub – wie immer in ihrem Heimatland. Nach Ablauf von zwei Wochen meldet sie sich arbeitsunfähig für zwei Wochen unter Vorlage einer entsprechenden Arbeitsunfähigkeitsbescheinigung ihres spanischen Hausarztes. Der Geschäftsführer der STRICK-GmbH ist verärgert und verweigert die Entgeltfortzahlung. Er hat Zweifel an der Arbeitsunfähigkeit der Dolores – zumal dies bereits das dritte Jahr ist, in dem sie sich aus dem Urlaub arbeitsunfähig meldet. Frau della Casandra klagt daraufhin beim Arbeitsgericht. Mit Erfolg?

b) Erläutern Sie allgemein, welche besonderen Pflichten der Arbeitnehmer hat, wenn er während seines Urlaubs im Ausland arbeitsunfähig erkrankt.

73. Kurzarbeit

Ihr Unternehmen möchte für fünf Monate Kurzarbeit einführen (kurzfristiger Absatzrückgang in erheblichem Umfang wegen der bestehenden Wirtschaftskrise).

a) Beschreiben Sie die arbeitsrechtliche Voraussetzung zur Einführung der Kurzarbeit.

b) Nennen Sie vier Voraussetzungen, die sozialrechtlich erfüllt sein müssen, damit die Arbeitnehmer Anspruch auf Kurzarbeitergeld haben.

c) Stellen Sie dar für welchen Zeitraum und in welcher Höhe Anspruch auf Kurzarbeitergeld besteht.

d) Stellen Sie dar, wer die Sozialversicherungsabgaben während der Kurzarbeit trägt.

2.2 Rechtswege kennen und das Prozessrisiko einschätzen

01. Beendigung arbeitsgerichtlicher Verfahren

Ein Rechtsstreit vor dem Arbeitsgericht kann in unterschiedlicher Weise beendet werden. Nennen Sie fünf Möglichkeiten.

02. Klagearten

Erläutern Sie den Unterschied zwischen der Feststellungs- und der Leistungsklage im Rahmen arbeitsgerichtlicher Verfahren. Nennen Sie jeweils ein Beispiel.

03. Urteilsverfahren und Beschlussverfahren

Bei arbeitsgerichtlichen Verfahren wird zwischen zwei Verfahrensgrundsätzen differenziert,

- dem Urteilsverfahren und
- dem Beschlussverfahren.

Erläutern Sie den Unterschied zwischen beiden Verfahrensgrundsätzen.

04. Arbeitsgerichtsbarkeit

Erläutern Sie den dreistufigen Aufbau der Arbeitsgerichtsbarkeit.

05. Sozialgerichtsbarkeit

Welche Klagearten sind vor dem Sozialgericht möglich? Nennen Sie vier Beispiele.

2.3 Einkommens- und Vergütungssysteme umsetzen

01. Wertschöpfungsrechnung im Unternehmen

Ihr Unternehmen hat vor zwei Jahren eine Niederlassung in Chemnitz eröffnet. Als Personalreferent der Konzernzentrale betreuen Sie diese Niederlassung. Ihr Chef möchte wissen, wie sich die Wertschöpfung in der Niederlassung entwickelt hat. Das Rechnungswesen stellt Ihnen dazu folgende Zahlen zur Verfügung (Angaben in T€):

	Jahr 01	Jahr 02 (hochgerechnet)
Umsatzerlöse	200	240
Bestandsveränderungen	15	10
Eigenleistungen	5	5
sonstige Erträge	13	10
Materialaufwand	90	130
Personalaufwand	60	70
Kapitalaufwand	20	20
Raumkosten	10	12
Kfz-Kosten	10	15
sonstige Kosten	5	3

Stellen Sie die Wertschöpfung der beiden Jahre gegenüber und erläutern Sie die Ursachen der Entwicklung.

02. Rangfolge der Rechtsnormen

Geben Sie einen Überblick über die Rechtsquellen des heutigen Arbeitsrechts und nennen Sie jeweils drei Beispiele.

03. Bürgerliches Gesetzbuch (Überblick)

Geben Sie einen Überblick über die arbeitsrechtlich relevanten Normen des Bürgerlichen Gesetzbuches.

04. Betriebsvereinbarung und Regelungsabrede (Abgrenzung)

Erläutern Sie die Regelungsabrede im Unterschied zur Betriebsvereinbarung.

05. Abtretungsverbot in einer Betriebsvereinbarung

Die X-GmbH hat eine Betriebsvereinbarung abgeschlossen, nach der privatrechtliche Gehaltsabtretungen der Arbeitnehmer unzulässig sind (sog. Abtretungsverbot).

Die Mitarbeiterin Plessen kauft eine Küche auf Ratenzahlung bei der Firma Küchen-Design OHG. Zur Sicherung der Kaufpreisforderung tritt sie ihre Gehaltsansprüche an die Möbelfirma ab. Als sie in Zahlungsverzug gerät, fordert die Küchen-Design OHG von der X-GmbH Pfändung und Überweisung der pfändbaren Gehaltsbestandteile. Zu Recht?

06. Pensumlohn

Im Fertigungsbereich II werden im nächsten Jahr die CNC-Maschinen durch eine vollautomatische Fertigungsstraße ersetzt. Dadurch verringern sich die vom Mitarbeiter noch zu beeinflussenden Produktionszeiten erheblich. Der Vorstand möchte die Einführung eines Pensumlohns prüfen. In dem von Ihnen zu erarbeitenden Konzept erwartet er Antwort auf die folgenden Fragen:

a) Welche Vorteile und Risiken können mit der Einführung verbunden sein – aus der Sicht der Belegschaft und des Unternehmens? Nennen Sie jeweils zwei Argumente.

b) Skizzieren Sie in einem Ablaufdiagramm die Vereinbarung des Pensumlohns zwischen dem Vorgesetzten und dem Mitarbeiter (Prozess der Leistungsvereinbarung).

07. Zuschläge

a) Nennen Sie acht Beispiele für Lohnzuschläge.

b) Welche Besonderheiten gelten für die Gewährung von Mehrarbeitszuschlägen? Geben Sie vier Beispiele.

08. Akkordlohnberechnung

a) An einem Anlassergehäuse sind 40 Bohrungen durchzuführen. Die Vorgabezeit je Leistungseinheit ist vier Minuten; die Rüstzeit beträgt 20 Minuten. Der Tariflohn liegt bei 10,00 € pro Stunde und der Akkordzuschlag bei 25 %. Zu berechnen sind:

   - die gesamte Vorgabezeit für den Auftrag,
   - der Akkordbruttolohn für den Auftrag,
   - der Akkordbruttolohn pro Stunde sowie der Zeitgrad bei einer tatsächlichen Arbeitszeit für den Auftrag von 160 Minuten.

b) Es liegen folgende Angaben vor:

   Zeitlohn   = 12,00 €/Stunde
   Akkordzuschlag = 20 %
   Vorgabezeit   = 7,5 Min./Stück
   Ist-Leistung   = 9 Stück/Std.

   Zu berechnen sind:

   b1) der Akkordbruttolohn pro Stunde
        - auf Zeitakkordbasis
        - auf Stückakkordbasis

   b2) der Leistungsgrad.

09. Prämienlohnberechnung

Es liegen folgende Daten vor:

Stundenlohn	= 12,50 €	Ist-Zeit	= 5 Std.
Vorgabezeit	= 7 Std.	eingesparte Zeit	= 2 Std.
Prämie	= 50 %		

Zu berechnen ist der Ist-Stundenlohn.

10. Leistungsorientierte Entlohnung für Führungskräfte

Ihr Unternehmen hat in der Produktion eine Vergütung auf Akkordlohnbasis und in der Verwaltung auf Zeitlohnbasis. Für die Führungskräfte im Unternehmen ist eine leistungsorientierte Vergütung in der Diskussion.

a) Beschreiben Sie zwei Varianten einer leistungsorientierten Vergütung für die Führungskräfte.

b) Beschreiben Sie, in welcher Form der Betriebsrat an einer leistungsorientierten Vergütung der Führungskräfte zu beteiligen ist.

c) Empfehlen Sie einen Prozess zur Umsetzung der gewählten Variante.

11. Arbeitsbewertung

In der Packerei Ihres Betriebes soll der Leistungslohn eingeführt werden. Sie haben die Aufgabe, den zuständigen Lagermeister dabei zu unterstützen.

a) Beschreiben Sie die summarische und die analytische Methode der Arbeitsbewertung und nennen Sie jeweils zwei Verfahren.

b) Vergleichen Sie beide Methoden hinsichtlich folgender Merkmale:
   - Fachwissen über die Methode
   - Beschreibung der relevanten Tätigkeiten
   - Grad der Objektivität
   - Aufwand
   - Notwendigkeit der lfd. Aktualisierung.

c) Müssen Sie den Betriebsrat in Ihre Überlegungen einbeziehen? Geben Sie eine begründete Antwort.

12. Akkordlohn

Erläutern Sie die Begriffe „Akkordfähigkeit", „Akkordreife" und „Akkordbeeinflussbarkeit".

2.4 Sozialversicherungsrecht anwenden

01. Rückerstattung von Krankengeld

Der Arbeitnehmer Listig hat von der Krankenkasse zu viel Krankengeld erhalten, da sein Arbeitgeber die Höhe seines Entgelts schuldhaft falsch berechnet hat. Listig kannte den Fehler. Die Krankenkasse bemerkt später die Falschberechnung und fordert vom Arbeitgeber den zu viel bezahlten Betrag zurück. Dieser weigert sich und verweist die Krankenkasse an Listig.

Muss der Arbeitnehmer den überzahlten Betrag zurückerstatten?

02. Versicherungspflicht zur Sozialversicherung (1)

Das Autohaus Mühren & Hoowenen KG hat ein Geschäftskapital von 400.000 €. Komplementär ist Walter M. Der Kommanditist W. G. hat Prokura, bezieht ein monatliches Gehalt von 4.000 € und ist mit einer Einlage von 10.000 € beteiligt. Lt. Vertrag ist eine Arbeitszeit von 38 Stunden pro Woche vereinbart.

Sind die beiden Gesellschafter versicherungspflichtig zur Kranken-, Pflege-, Renten- und Arbeitslosenversicherung? Begründen Sie Ihre Antwort.

03. Versicherungspflicht zur Sozialversicherung (2)

Die Hausfrau Marianne J. freut sich. Sie ist als Urlaubsaushilfe vom 01.07. bis zum 30.08. beim SB-Möbelhaus „Pack-mit-an" eingestellt worden. Lt. Arbeitsvertrag wurden 1.000 € brutto bei 30 Stunden pro Woche vereinbart. Am 02.08. bittet sie der Arbeitgeber um eine Verlängerung der Aushilfstätigkeit bis zum 20.09. Marianne ist einverstanden.

Ist Marianne J. versicherungspflichtig zur Kranken-, Pflege-, Renten- und Arbeitslosenversicherung? Begründen Sie Ihre Antwort.

04. Versicherungspflicht zur Sozialversicherung (3)

In der Regel beginnt die Versicherungspflicht zur Sozialversicherung mit dem Tag des Eintritts in die Beschäftigung – vorausgesetzt, es liegt keine geringfügige Beschäftigung vor und das Einkommen liegt unterhalb der Beitragsbemessungsgrenze.

Von diesem Grundsatz sind in der Rechtsprechung zwei Ausnahmen zugelassen worden. Geben Sie eine Erläuterung.

05. Beitragsbemessungsgrenze

Der Prokurist der Handels OHG Schwertfeger wird zum Geschäftsführer der neu gegründeten Tochtergesellschaft in Greifswald befördert. Seine Gehaltsanhebung ist recht erfreulich, sodass er zukünftig dauerhaft über der Beitragsbemessungsgrenze sein wird. Er fragt Sie, welche möglichen Veränderungen sich daraus für ihn ergeben (können)? Geben Sie eine begründete Antwort.

06. Rentenarten

Die Leistungen der gesetzlichen Rentenversicherung bestehen u. a. in der Gewährung von Renten. Nennen Sie jeweils drei Beispiele für spezielle Rentenarten.

07. Ansprüche bei Arbeitsunfällen

Erleidet ein Arbeitnehmer einen Arbeitsunfall, so haben er bzw. seine Erben unter bestimmten Voraussetzungen Anspruch auf verschiedene Geld- und/oder Sachleistungen. Nennen Sie in diesem Zusammenhang zehn Beispiele und stellen Sie dar, wer diese Leistungen zu erbringen hat bzw. darüber entscheidet.

08. Arbeitsunfall (1)

Hansi ist ein erfahrener Gabelstaplerfahrer im Lager der Speditionsfirma Trans-Europa-Express. Am Montagmorgen – gleich nach Arbeitsbeginn – fährt er mit voller Wucht gegen ein Hochregallager, obwohl im Lager keine Behinderung erkennbar ist (vorgeschriebene Breite der Transportwege; freie Sicht usw.). Einige Paletten fallen herunter und verletzen Hansi schwer. Die von der Polizei angeordnete Blutprobe ergibt eine Alkoholkonzentration von 2,2 Promille. Hansi wird sofort in das nahegelegene St. Hubertinus-Krankenhaus in Rath-Anhoven eingeliefert und kann erst nach fünf Wochen die Arbeit wieder aufnehmen.

a) Handelt es sich im vorliegenden Fall um einen Arbeitsunfall?

b) Hat Hansi Anspruch auf Entgeltfortzahlung?

Geben Sie eine begründete Stellungnahme.

09. Arbeitsunfall (2)

Entscheiden Sie in den nachfolgenden Fällen, ob ein Arbeitsunfall vorliegt. Geben Sie eine kurze Begründung je Fall. Nennen Sie außerdem die generellen vier Voraussetzungen, die erfüllt sein müssen um Ansprüche aus der Unfallversicherung herzuleiten. Welche Leistungen können im Versicherungsfall zum Tragen kommen?

• *Fall 1:*
Der Mitarbeiter sägt nach Feierabend Brennholz und sägt sich dabei in den linken Daumen (offene Knochenfraktur).

• *Fall 2:*
Der Mitarbeiter erstellt im Lager der Firma weisungsgemäß eine Versandpalette. Dabei sägt er sich in den linken Daumen (offene Knochenfraktur).

• *Fall 3:*
Der Mitarbeiter erstellt im Lager der Firma weisungsgemäß eine Versandpalette. Ihm wird dabei körperlich unwohl, er fällt und gerät mit seinem linken Daumen in die Säge (offene Knochenfraktur).

10. Wegeunfall

Frau Selig ist seit drei Wochen bei der Metallbau GmbH beschäftigt. Am Morgen fährt sie mit ihrem Pkw zur Arbeit und nimmt dabei einen kleinen Umweg, um ihre Tochter in die Kinderkrippe zu bringen. An einem Kreisverkehr kommt es zu einem Verkehrsunfall. Der Unfallgegner hat die Vorfahrt missachtet. Polizeilich wird allerdings festgestellt, dass die Geschwindigkeit von Frau

Selig nicht den Witterungsbedingungen angepasst war. Es wird ihr eine Teilschuld von 30 % angelastet. Aufgrund einer komplizierten Fußfraktur ist Frau Selig für acht Wochen arbeitsunfähig.

a) Kann Frau Selig für die Zeit der Arbeitsunfähigkeit Lohn bzw. Lohnersatzleistungen beanspruchen?

b) Kann Frau Selig den verbleibenden Pkw-Schaden von 30 % ersetzt bekommen?

2.5 Sozialleistungen des Betriebs gestalten

01. Ziele der betrieblichen Sozialpolitik

Nennen Sie neun Ziele der betrieblichen Sozialpolitik.

02. Struktur der betrieblichen Sozialpolitik

a) Auf welchen vier Hauptsäulen ruht die betriebliche Sozialpolitik?

b) Wie lassen sich die Maßnahmen der betrieblichen Sozialpolitik gliedern?

03. Altersversorgung

Unterscheiden Sie vier wichtige Arten der betrieblichen Altersversorgung, indem Sie in einer Tabelle jeweils

- Eigenleistung der Arbeitnehmer,
- Rechtsanspruch und
- Träger der Versorgungseinrichtung

gegenüberstellen. Nennen Sie vier wichtige Bestimmungen des Betriebsrentengesetzes.

04. Sozialbericht

Nennen Sie sieben Möglichkeiten der Information über die betriebliche Sozialpolitik nach innen und außen.

2.6 Personalbeschaffung durchführen

01. Stellenbeschreibung

Erstellen Sie für die Position des Einkaufsleiters eine Stellenbeschreibung.

02. Interne Personalbeschaffung

Nennen Sie jeweils sieben Vor- und Nachteile der internen Personalbeschaffung.

03. Interne Stellenausschreibung (1)

Welche Einzelpunkte müssen in einer innerbetrieblichen Stellenausschreibung genannt werden? Nennen Sie fünf Beispiele.

04. Interne Stellenausschreibung (2)

Sie arbeiten in einem Chemieunternehmen. Ihre Firma muss die Stelle eines Chemielaboranten für das Tintenlabor neu besetzen. Die Aufgabe besteht in der Entwicklung und Qualitätssicherung von Tinten für verschiedene Anwendungen. Der Bewerber soll Chemielaborant sein, möglichst über Kenntnisse in der Farbstoffchemie verfügen und Englischkenntnisse besitzen. Entwerfen Sie eine interne Stellenausschreibung.

05. Interne Stellenausschreibung (3)

Entwerfen Sie eine interne Stellenausschreibung für die Stelle eines Service-Technikers (Produktpflege, Kundenschulung und Reklamationen – weltweit; speziell: Montage, Wartung und Inbetriebnahme).

06. Interne Stellenausschreibung und Mitbestimmung

Welche Beteiligungsrechte hat der Betriebsrat bei der innerbetrieblichen Stellenausschreibung? Beschreiben Sie zwei Aspekte.

07. Versetzung

a) Was versteht man unter einer Versetzung im Sinne des Betriebsverfassungsgesetzes?

b) Geben Sie vier Beispiele für den Tatbestand der „erheblichen Änderung der Umstände".

08. Externe Personalbeschaffung

Nennen Sie zehn Möglichkeiten der externen Personalbeschaffung.

09. Interne versus externe Personalbeschaffung

Nennen Sie acht Faktoren, die bestimmend sind für die Entscheidung, ob ein Betrieb seine Personalvakanzen intern oder extern abdeckt.

10. Personalanzeige (1)

Nach welchem inhaltlichen Grundschema werden Personalanzeigen im Allgemeinen gestaltet? Geben Sie eine Erläuterung.

11. Personalanzeige (2)

Nennen Sie zehn formale (technisch-organisatorisch) und inhaltliche Aspekte, die bei der Gestaltung und Veröffentlichung einer Personalanzeige zu berücksichtigen sind.

12. Personalanzeige (3)

Sie arbeiten seit einigen Tagen in der Personalabteilung eines mittelständischen Unternehmens. Ihre Firma hatte in der regionalen Tageszeitung eine Personalanzeige geschaltet, die wenig Resonanz hatte.

> Mittelständisches Unternehmen der Metallbranche
> mit ca. 350 Mitarbeitern
> sucht kurzfristig einen
>
> *Technischen Angestellten*
> für die
> *Arbeitsvorbereitung*.
>
> Zuschriften sind erbeten unter PA KRA 50003211 an die
> Rheinland Presse, Pf 1554, 40003 Düsseldorf

a) Nennen Sie fünf Argumente für den Misserfolg der Anzeigenaktion, die in der inhaltlichen Gestaltung der Anzeige begründet sein können.

b) Nennen Sie sechs Medien, in denen die Stellenausschreibung *außerdem* veröffentlicht werden könnte.

13. Personalanzeige (4)

Die GWF – Systemteile GmbH, Hagelstr. 99, 41999 Ebersbusch (fertigt Präzisionsteile für die Automobilindustrie) sucht einen Software-Ingenieur als Projektleiter (Aufbau und Betreuung der Arbeitsgruppe „Steuerung von Fertigungsprozessen").

a) Entwerfen Sie den Text für die Personalanzeige im Stellenteil der regionalen Tageszeitung.

b) Nennen Sie zehn Gesichtspunkte, auf die Sie bei der Gestaltung der Anzeige achten werden.

2.7 Administrative Aufgaben einschließlich der Entgeltabrechnung bearbeiten

01. Aufgaben der Personalverwaltung

Die Personalverwaltung hat u. a. *administrative*, *informative* sowie *rechtliche* Aufgaben zu erfüllen. Geben Sie eine Erläuterung und nennen Sie jeweils drei Beispiele.

02. Personalakte

a) Der Mitarbeiter Mutig kommt zu Ihnen und verlangt Einblick in seine Personalakte. Es kommt darüber zum Streit. M. holt deshalb das Betriebsratsmitglied Kühn dazu und verlangt außerdem, dass eine Gegendarstellung zu der kürzlich erteilten Abmahnung in die Personalakte aufgenommen wird. Wie ist die Rechtslage? Hat das Betriebsratsmitglied K. ein Einsichtsrecht in die Personalakte?

b) Nennen Sie fünf Grundsätze für die Führung von Personalakten. Ist der Arbeitgeber zur Führung von Personalakten verpflichtet?

c) Skizzieren Sie die „innere Gliederung" einer Personalakte und geben Sie wesentliche Inhalte der von Ihnen gebildeten Rubriken wieder.

d) Der Verkäufer K. nimmt Einsicht in seine Personalakte und möchte sich „in aller Ruhe" Kopien von zwei Schriftstücken machen. Zulässig? Außerdem meint er, dass hier „Unterlagen fehlen".

03. Arbeitsordnung

Nennen Sie sechs typische Inhalte einer Arbeitsordnung.

04. Datenschutzkontrolle der Betriebsratsarbeit

An der letzten Betriebsratssitzung hat Ihr Chef zeitweise als Gast teilgenommen und die Grundzüge der neuen Personalplanung erläutert. Dabei kam es zu einer unterschiedlichen Auffassung darüber, ob die Arbeit des Betriebsrates der Datenschutzkontrolle unterliegt. Ihr Chef bejaht diese Fragestellung – ebenso der Datenschutzbeauftragte – und bittet Sie dazu ein kurzes Argumentationspapier zu erstellen.

05. Datenschutz

Personenbezogene Daten müssen besonders geschützt werden.

a) Nennen Sie vier Risiken, die mit der elektronischen Verarbeitung personenbezogener Daten verbunden sein können.

b) Geben Sie beispielhaft vier organisatorische und vier technische Maßnahmen an, die geeignet sind derartige Risiken zu vermeiden.

06. Pfändung

Für Ihren Mitarbeiter Müller geht ein Pfändungs- und Überweisungsbeschluss ein.

a) Nennen Sie die Rechtsgrundlage.

b) Nennen Sie fünf unpfändbare Bezüge.

c) Stellen Sie die Berechnung des pfändbaren Arbeitseinkommens dar.

3. Prüfungsfach: Personalplanung, -marketing und -controlling gestalten und umsetzen

3.1 Konjunktur- und Beschäftigungspolitik bei der Personalplanung und beim Personalmarketing berücksichtigen

01. Arbeitslosenquote (1)

Die Arbeitslosenquote wird in der Regel folgendermaßen definiert:

$$\text{Arbeitslosenquote (in \%)} = \frac{\text{registrierte Arbeitslose} \cdot 100}{\text{abhängig Beschäftigte} + \text{Arbeitslose}}$$

oder:

$$\text{Arbeitslosenquote (in \%)} = \frac{\text{registrierte Arbeitslose} \cdot 100}{\text{Erwerbspersonen}}$$

a) Welche Arbeitslosenquote ergibt sich jeweils anhand der nachfolgenden Daten?

Erwerbspersonen	35.847	[Angaben in Tsd.]

davon:
abhängig Beschäftigte   29.376
Arbeitslose   3.788

b) Warum ist die Arbeitslosenquote als Messgröße für die Arbeitslosigkeit einer Volkswirtschaft kritisch zu beurteilen? Nennen Sie fünf Beispiele.

c) Angenommen, die ermittelte Arbeitslosenquote entspräche exakt der realen Beschäftigungssituation einer Volkswirtschaft; warum wäre dennoch die Aussage dieser Quote ungenau und pauschal?

Wie könnte die konkrete Arbeitslosenstatistik aussagekräftiger gestaltet werden?

02. Arbeitslosenquote (2)

Warum ist die Arbeitslosenquote (allein) als Indikator für die Beschäftigungssituation einer Volkswirtschaft nicht ausreichend?

03. Stabilität und Wachstum

Welches sind die wichtigsten Instrumente des „Gesetzes zur Sicherung der Stabilität und des Wachstums"? Nennen Sie vier Beispiele.

04. Unternehmensgewinne, Löhne und Preise in der Hochkonjunktur?

Wie entwickeln sich in der Hochkonjunktur die Unternehmensgewinne, die Löhne und die Preise? Beschreiben Sie jeweils kurz die Entwicklung.

05. Aufschwung

Welche charakteristischen Merkmale kennzeichnen die erste Hälfte des Aufschwungs unter Berücksichtigung von Indikatoren der Güter-, Arbeits- und Kreditmärkte?

06. Arbeitsmarktpolitik

Die Arbeitsmarktpolitik umfasst alle staatlichen Maßnahmen zur Beeinflussung, Regulierung und Ordnung des Arbeitsmarktes.

a) Nennen Sie beispielhaft vier Maßnahmen der aktuellen Arbeitsmarktpolitik.

b) Die derzeitige Diskussion der Sozialsysteme in Deutschland enthält auch Ansätze zu einer Veränderung/Verbesserung der Arbeitsmarktpolitik. Erläutern Sie vier geeignete Konzepte aus Ihrer Sicht.

07. Einflüsse konjunktureller und saisonaler Schwankungen auf die Personalplanung

In Zeiten konjunktureller oder saisonaler Schwankungen sind die Auswirkungen auf die betriebliche Personalplanung besonders deutlich zu erkennen. Beschreiben Sie je drei Wirkungszusammenhänge

a) in Zeiten der Hochkonjunktur,

b) in Zeiten der Rezession,

c) beim Vorliegen saisonaler Schwankungen.

08. Leitzins

Die Europäische Zentralbank (EZB) hat den Leitzins gesenkt.

a) Erläutern Sie unter Berücksichtigung der gesamtwirtschaftlichen Situation im Euroraum, warum diese geldpolitische Maßnahme durchgeführt wurde.

b) Beschreiben Sie drei gesamtwirtschaftliche Auswirkungen dieser Maßnahme.

c) Beurteilen Sie die Wirksamkeit dieser Maßnahme.

d) Nennen Sie drei weitere, hoheitliche Aufgaben der EZB.

09. Entwicklung des Euro

Der Euro hat seit seiner Einführung nach einem zeitweiligen Tief in den Jahren 2002 und 2003 deutlich an Wert gegenüber dem US-Dollar gewonnen.

Beschreiben Sie drei Auswirkungen für die deutsche Wirtschaft, die mit dieser Entwicklung verbunden sind.

10. Aufgaben (Teilgebiete) der Personalplanung

Nennen Sie fünf Aufgaben (Teilgebiete) der Personalplanung.

11. Bedeutung der Personalplanung

Erläutern Sie jeweils drei Argumente zur Bedeutung der Personalplanung aus der Sicht der Arbeitgeber und der Arbeitnehmer.

12. Einflussfaktoren der Personalplanung

Nennen Sie jeweils sieben externe und interne Bestimmungsgrößen (Determinanten) der Personalplanung.

13. Personalplanung als Bestandteil der Unternehmensplanung

Die Personalplanung ist integraler Bestandteil der Unternehmensgesamtplanung.

a) Erläutern Sie in Worten oder mithilfe eines Schaubildes die Abhängigkeiten zwischen der Personalbedarfsplanung und den Teilplänen der anderen Funktionsbereiche eines Industriebetriebes.

b) Zeigen Sie den Zusammenhang zwischen der Personalbedarfsplanung und den anderen Teilplänen der Personalplanung (Skizze oder in Worten).

14. Personalplanung bei schwieriger Auftragslage

Die RENTaMAN AG ist ein Unternehmen mit mehreren hundert Mitarbeitern und Niederlassungen in fast allen deutschen Großstädten, das gewerbsmäßig Arbeitnehmerüberlassung betreibt. Das Unternehmen arbeitet eng mit den regionalen Agenturen für Arbeit zusammen. Die Beschäftigungslage ist von folgender Entwicklung geprägt: Die Niederlassungen im Norden sowie im Osten des Bundesgebietes sind überwiegend nicht ausgelastet, während im Süden die Nachfrage nach Kunden – insbesondere im Bereich der Ingenieurfachkräfte und der IT-Spezialisten – nicht befriedigt werden kann. Außerdem schwankt die Nachfrage nach Leihpersonal sehr stark in Abhängigkeit von der konjunkturellen Entwicklung und den arbeitsmarktpolitischen Förderungsmaßnahmen der Bundesagentur für Arbeit. Weiterhin bleibt das Unternehmen nicht von einem generellen Problem der Branche der Zeitarbeitsfirmen verschont: Permanent werden gut ausgebildete Fach- und Führungskräfte von den Auftraggebern (Entleihfirmen) abgeworben.

Analysieren Sie die Ausgangssituation und leiten Sie daraus jeweils zwei operative und strategische Ziele der Personalplanung und des Personalmarketings ab.

15. Instrumente der Personalplanung

Nennen Sie neun Instrumente der Personalplanung und beschreiben Sie in Stichworten deren Verwendung (Aussagekraft, Einsatzmöglichkeiten) bei vier Beispielen.

16. Personalplanung und Mitbestimmung (1)

Erläutern Sie drei Beteiligungsrechte, die der Betriebsrat im Rahmen der Personalplanung hat.

17. Personalplanung und Mitbestimmung (2)

Als Assistent des Personalleiters sind Sie für die Personalplanung der gewerblichen Mitarbeiter zuständig. Dazu gehört auch, dass Sie in diesen Fragen den Kontakt zum Betriebsrat halten. Den schriftlichen Planungsansatz für 2014 haben Sie bereits erstellt. Der Betriebsrat hat in der kommenden Woche eine Sitzung. Sie erhalten von ihm folgendes Schreiben:

> Von: Betriebsrat
> an: Personalleitung, Herrn Neu
> am: 23.10.20. .
>
> Betr.: Personalplanung 20. .
>
> Wir bitten Sie den Betriebsrat in der BR-Sitzung am 29.10.20. . über die Personalplanung zu informieren. Im Detail erwarten wir Aussagen zu folgenden Sachverhalten:
>
> TOP 1: Unterrichtung über den Personalbedarf 20. . hinsichtlich der Auszubildenden, Arbeiter, Angestellten (inkl. der außertariflichen Angestellten)
> TOP 2: Unterrichtung über die sich aus der Personalplanung ergebenden Maßnahmen (Entlassungen, Bildungsmaßnahmen usw.)
> TOP 3: Überlassung geeigneter Informationsunterlagen (Stellenbesetzungspläne, Krankenstände usw.)
> TOP 4: Nachweis, dass das vom BR vorgelegte Konzept zur Systematik der Personalplanung umgesetzt wurde.

Beurteilen Sie, ob dem Betriebsrat die in TOP 1 - 4 genannten Rechte zustehen.

3.2 Personalwirtschaftliche Ziele aus der strategischen Unternehmensplanung ableiten

01. Personalstrategie (1)

In den unternehmenspolitischen Grundsätzen Ihrer Firma findet sich die Aussage: „Die Personalstrategie ist ein integrativer Bestandteil der Unternehmensstrategie." Erläutern Sie diesen konzeptionellen Ansatz.

02. Personalstrategie (2)

Nennen Sie die vier Prozessstufen (in sachlogischer Reihenfolge) zur Entwicklung einer Strategie des Personalmanagements und geben Sie für jede Stufe ein anschauliches Beispiel.

03. Shareholder Value und Stakeholder Value

a) Erklären Sie vor dem Hintergrund der Konfliktsituation zwischen wirtschaftlichen und sozialen Zielen die Begriffe „Shareholder Value" und „Stakeholder Value".

b) Im März des lfd. Jahres stehen in einem großen Konzern der Automobilindustrie (AG) Verhandlungen über die neuen Lohntarife an (Haustarif). Die Ertragslage des Unternehmens ist vorzüglich. Der Anstieg der Lebenshaltungskosten im zurückliegenden Jahr betrug 2,5 %. Die innerbetriebliche Produktivität ist um 3 % verbessert worden (Inbetriebnahme einer neuen Fertigungsstraße). Die im Betrieb vertretene Gewerkschaft fordert mit Nachdruck eine Anhebung der Löhne und Gehälter um 6,5 %. Die Unternehmensleitung lehnt dies strikt ab und hält eine Anpassung der Löhne und Gehälter in Höhe von 2,8 % gerade noch für machbar.

Formulieren Sie jeweils vier Argumente, die von Vertretern des Shareholder Value-Ansatzes und des Stakeholder Value-Ansatzes vorgebracht werden könnten, um die bestehenden Forderungen zu untermauern.

04. Ableitung personeller Maßnahmen aus der Unternehmensstrategie

Sie sind zusammen mit zwei weiteren Personalreferenten in der TECHNIK GmbH tätig. Diese fertigt mit ca. 400 Mitarbeitern Bauteile für die Automobilindustrie. Es existiert ein Betriebsrat. Im Frühjahr 20.. erfährt die Geschäftsleitung, dass ein Großkunde seine langfristigen Verträge mit Ihrem Unternehmen gekündigt hat. Begründung: Die Zahl der PKW-Neuzulassungen liegt deutlich unter dem Vorjahr.

a) Beschreiben Sie drei externe Marktfaktoren, die zu dieser Entwicklung geführt haben können.

b) Die Geschäftsleitung der TECHNIK GmbH informiert den Kreis der Leitenden über folgende Strategie: Die Fertigungstiefe soll bei einigen Bauteilen verringert werden. Außerdem sollen zukünftig bestimmte Bauteile über den Zubehörhandel vertrieben werden. Zum Aufbau dieser Kontakte sollen zehn Planstellen für Reisende neu geschaffen werden. Insgesamt wird mit einer notwendigen Reduzierung des Personalbestandes von 15 % gerechnet.

Beschreiben Sie anhand von drei Beispielen, welche personalpolitischen Zielkonflikte mit der Umsetzung der oben formulierten Unternehmensstrategie verbunden sein können.

c) Weiterhin hat die Geschäftsleitung verkündet: „Die Wertschöpfung muss verbessert werden. Eine Maßnahme dazu ist die Steigerung der Mitarbeiterleistung. Alles kommt auf den Prüfstand."

Als Vorbereitung zur Ausweitung einer leistungsorientierten Entlohnung im Unternehmen sollen Sie eine Auflistung erstellen, wie die Arbeitsleistung quantitativ erfasst werden kann – in der Fertigung, in der Verwaltung, im Außendienst (Reisende) sowie für den Führungskräftebereich.

3.3 Beschäftigungsstrukturen und Personalbedarfe für Produktions- und Dienstleistungsprozesse analysieren und ermitteln

01. Dispositiver Faktor

Bei den betrieblichen Produktionsfaktoren unterscheidet man elementare und dispositive Faktoren.

a) Welcher Unterschied besteht zwischen den Faktorarten?

b) Welche Funktion hat der dispositive Faktor?

c) Warum lassen sich ausführende und dispositive Arbeit nicht immer exakt trennen?

d) Erklären Sie den Begriff „Substitution der Produktionsfaktoren" und geben Sie zwei Beispiele.

02. Produktivität

Erläutern Sie Gemeinsamkeiten und Unterschiede der Kenngrößen „Arbeitsproduktivität" und „Maschinenproduktivität" und geben Sie jeweils zwei Beispiele, wie diese Kenngrößen verbessert werden können.

03. Bestimmungsfaktoren der Arbeitsleistung

Die Arbeitsproduktivität in der Montage Ihres Betriebes ist im letzten Halbjahr unerfreulich gesunken. Als Moderator einer Task Force, die diese Entwicklung untersuchen und Abhilfe schaffen soll, bereiten Sie sich auf das erste Meeting vor:

Erstellen Sie eine Systematik der Bestimmungsfaktoren der menschlichen Arbeitsleistung und geben Sie jeweils zwei Beispiele.

3.4 Personalbedarfs- und Entwicklungsplanung durchführen

01. Informationsquellen der Personalbedarfsplanung

Entwerfen Sie eine Checkliste zur Personalbedarfsplanung, die nach

- internen Stellendaten,
- internen Mitarbeiterdaten sowie
- nach sonstigen internen und externen Rahmenbedingungen

strukturiert ist und nennen Sie dabei jeweils mindestens vier Faktoren (= Informationsquellen).

02. Arten des Personalbedarfs

Bei der Personalplanung Ihres Betriebes für das kommende Jahr ermitteln Sie folgende Vakanzen, die einen Personalbedarf auslösen:

Anzahl der Stellen	wegen
2	Erreichen der Altersgrenze
4	Neugründung einer Niederlassung
1	Nichtbesetzung im zurückliegenden Planungszeitraum
3	Arbeitszeitverkürzung
2	eines geschätzten Arbeitsausfalls infolge Urlaub und Krankheit

Nennen Sie für die einzelnen Personalbedarfsarten den zutreffenden Fachbegriff und ermitteln Sie den Personalbedarf.

03. Nettopersonalbedarf

Im Rahmen eines Job-Rotation-Programms sind Sie für drei Monate in einer Tochtergesellschaft tätig. Aus diesem Betrieb liegen per 30.06.01 folgende Angaben vor:

- Mitarbeiterbestand per   30.06.01:   255
- feststehende Mitarbeiterabgänge in   01/02:   16
- Stellenbestand per   30.06.01:   258
- entfallende Stellen in   01/02:   22
- feststehende Mitarbeiterzugänge in   01/02:   8
- neue Planstellen in   01:   3
- geschätzte Mitarbeiterabgänge in   01/02:   5

Ermitteln Sie den Nettopersonalbedarf des Jahres 02.

04. Globale und differenzierte Prognose des Bruttopersonalbedarfs

Erläutern Sie den Unterschied zwischen der globalen und der differenzierten Prognose des Bruttopersonalbedarfs und geben Sie jeweils zwei Beispiele.

05. Ermittlung des Bruttopersonalbedarfs

a) In einem Verkaufsgebiet sind derzeit 20 Reisende eingesetzt. Man erzielt einen Umsatz von 5,0 Mio €. Für das kommende Jahr rechnet man mit einem Umsatzanstieg von 20 %, da einer der Hauptkonkurrenten in Insolvenz gegangen ist. Im Übrigen geht man für das kommende Jahr von gleichen Planungseckdaten aus. Wie viele Mitarbeiter werden für die Verkaufsregion im neuen Jahr zusätzlich benötigt?

b) In einer Niederlassung beträgt das Gesamtarbeitsvolumen 800 Stunden pro Monat. Die derzeitige Arbeitszeit ist von 8:00 - 16:30 Uhr. Die Mittagspause ist eine halbe Stunde. Die Regelarbeitszeit laut Tarif ist 35 Std./Woche.

b1) Wie viele Arbeitskräfte müssen – bei Einhaltung der Regelarbeitszeit – eingesetzt werden? Gehen Sie bei der Berechnung von vier Wochen pro Monat aus.

b2) Wie viele Mitarbeiter müssen eingesetzt werden, wenn jeder Mitarbeiter von 8:00 - 16:30 Uhr arbeitet?

b3) Vergleichen Sie die Lohnkosten aus Frage b1) und b2) – bei folgenden Eckdaten:

- Std. Lohn lt. Tarif: 14,00 €
- Mehrarbeitszuschlag 25 %
- Personalzusatzkosten 35 %
- Zuschlag auf den Tariflohn für Verwaltungsmehraufwand bei Teilzeitkräften 10 % der Bruttolohnsumme

Welche Empfehlung sprechen Sie aus?

c) Das Maschinenbauunternehmen X-GmbH ermittelt in der Berichtsperiode 02 die Relation Umsatz p. a. : Anzahl der Mitarbeiter = 106 Mio € : 530 = 200.000 €.

Die Analyse der Vergangenheitsdaten in den Jahren 01 - 02 zeigt, dass diese Relation recht stabil um den Wert 200 T€/Mitarbeiter schwankt. Der für 03 angestrebte Umsatz von 118,72 Mio. € wird als Zielgröße angenommen.

Wie hoch ist der Bruttopersonalbedarf?

06. Personalbemessung

In Ihrem Unternehmen ist die Produktionskapazität zurzeit nicht ausgeschöpft. Aus diesem Grunde nimmt die Geschäftsleitung einen Auftrag herein, von dem sie sich eine Auslastung der Kapazität verspricht.

a) Da der neue Meister noch nicht eingearbeitet ist, erhalten Sie die Aufgabe, den Personalbedarf für diesen Auftrag zu ermitteln. Dazu erhalten Sie folgende Daten:

Anzahl der bestellten Bauteile:	500 Stück
Rüstzeit:	140 Stunden
Ausführungszeit je Bauteil:	22 Stunden
Monatsarbeitszeit je Mitarbeiter:	167 Stunden
durchschnittlicher Leistungsgrad:	115 %

b) Welcher Personalbedarf ergibt sich, wenn mit einer durchschnittlichen Fehlzeit von 5 % gerechnet werden muss?

07. Kennzahlenmethode

Sie erhalten die Aufgabe, die Personalbedarfsplanung für die gewerblichen Mitarbeiter in der Produktion für das Jahr 02 aufgrund der Datenrelationen des Jahres 01 zu erstellen. Ihre Recherchen ergeben, dass für 01 folgende Planungsdaten vorgegeben sind:

- Produktionsmenge in Einheiten im Jahr 01: 850.000
- ø Anzahl der Mitarbeiter im Jahr 01: 220
- Anzahl der Arbeitswochen 01/02: 45

- geplante Steigerung der Produktionsmenge: 10 %
- geplante Produktivitätssteigerung: 5 %
- Verkürzung der wöchentlichen Regelarbeitszeit: von 37,5 auf 35 Std.

08. Stellenplanmethode

Am kommenden Freitag haben Sie mit Herrn Mergen, Hauptabteilungsleiter Montage, einen Gesprächstermin in Sachen Personalplanung für das Jahr 02. Herr Mergen erwartet von Ihnen konkrete Vorschläge für die erforderlichen Personalanpassungsmaßnahmen bezüglich der ihm unterstellten Ebenen 3 und 4, die sich in seinem Bereich abzeichnen. Dazu liegt Ihnen der Stellenbesetzungsplan (Stand: 30.06.01) der Montage der Ebenen 3 und 4 vor sowie einige Notizen über Veränderungen, die Herr Mergen anstrebt. Außerdem sollen Sie einen Entwurf des neuen Organigramms vorlegen, das Ihre Vorschläge und Überlegungen veranschaulicht.

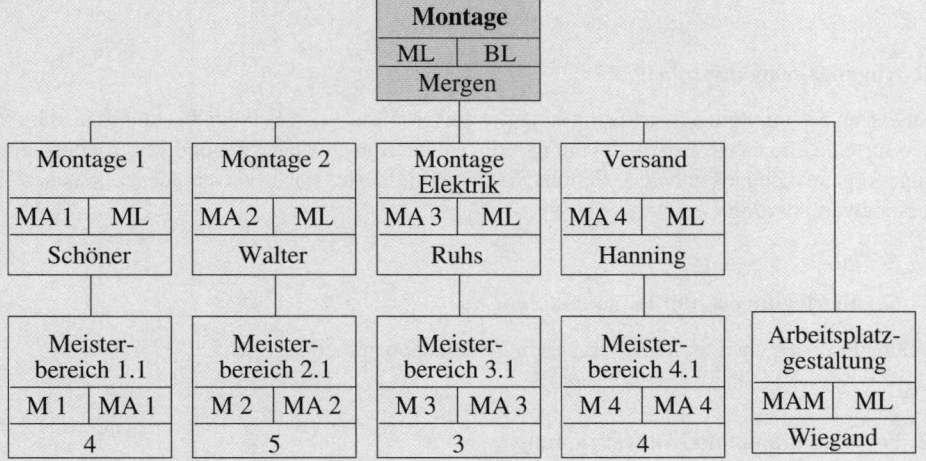

Veränderung „Stellen"			Veränderung „Mitarbeiter"			
Ebene	Abt.	Kommentar	Ebene	Abt.	Name des Mitarbeiters	Kommentar
3	MA 2	Stelle entfällt ab 01.01. 02 wegen veränderter Montagestruktur	3	MA 3	Walter	Frühpensionierung mit Alter 59
4	MAM	Stelle entfällt ersatzlos, da die Stelle als zeitlich befristetes Projekt innerhalb der Linie angelegt war	3	MA 4	Hanning	vor 2 Wochen tödlich verunglückt; Ersatzbedarf erforderlich
4	MA 4	1 Meisterstelle wird ersatzlos gestrichen	4	M 1		1 Nachholbedarf aus dem Jahr 01, 1 Ersatzbedarf
Stab	MLA	Genehmigung einer Assistentenstelle für ML				

09. Planung der Personalveränderung

Vor kurzem haben Sie als Personalreferent die Abteilung PA 3 übernommen, die die Geschäftsbereiche Technik und Vertrieb betreut. Derzeit sind in Ihrer Abteilung sechs Sachbearbeiter/
Lohn und Gehalt, zwei Mitarbeiter/Aus- und Fortbildung (A + F) sowie zwei Mitarbeiter/So-
zialwesen und Statistik. Die Geschäftsentwicklung ist positiv. Für das kommende Jahr wurden
Ihnen zwei neue Stellen genehmigt: eine Sachbearbeiterstelle/Lohn und Gehalt sowie eine neu
einzurichtende Stelle/EDV-Koordination. In der Gruppe Sozialwesen/Statistik soll eine Stelle
eingespart werden.

In der Gruppe Lohn und Gehalt scheiden zwei Mitarbeiter im Laufe des nächsten Jahres aus, ein
Mitarbeiter wird nach Abschluss der Ausbildung übernommen. In der Gruppe A + F wird ein
Mitarbeiter ausscheiden aufgrund einer Versetzung zur Tochtergesellschaft.

Erstellen Sie den Personalbeschaffungs- und freisetzungsplan für das kommende Jahr.

10. Abgangs-/Zugangstabelle

Entwerfen Sie ein Schema zur Ermittlung des fortgeschriebenen Personalbestandes als Grundlage für eine einjährige Personalplanung – differenziert nach Abteilung und Mitarbeitergruppe
(sog. Abgangs-Zugangstabelle). Führen Sie dabei mindestens acht verschiedene Ursachen für
Personalveränderungen auf.

11. Vorüberlegungen zum Personalabbau

Welche Fragen stehen im Mittelpunkt von Personalabbauüberlegungen?

12. Personalabbau und Mitbestimmung

Welche Beteiligungsrechte hat der Betriebsrat bei der Durchführung von Personalabbaumaßnahmen?

13. Checkliste Personalabbau

Die Auftragslage Ihres Betriebes verschlechtert sich zunehmend. Die Aussichten für das kommende Jahr sind derzeit wenig positiv. Die Geschäftsleitung möchte auf einen drastischen Personalabbau frühzeitig vorbereitet sein und bittet Sie für die Führungskräfte eine Checkliste zu
erstellen, die konkret alle denkbaren Maßnahmen des direkten und indirekten Personalabbaus
enthält. Die Maßnahmen des indirekten Personalabbaus sollen Sie strukturieren nach

- Maßnahmen im Produktionsbereich
- Maßnahmen der Arbeitszeitgestaltung
- personelle Einzelmaßnahmen.

14. Einarbeitungsplan

Innerhalb eines Job-Rotation-Programms – zur Vorbereitung auf die Übernahme einer Referentenposition – arbeiten Sie zurzeit bei Meister Ernst in der Montage. Am kommenden Montag beginnt bei Meister Ernst ein neuer Mitarbeiter, Herr Hubert Klein (Facharbeiter in der Montage). Entwerfen Sie für ihn einen Einarbeitungsplan für die ersten zwei Tage.

15. Laufbahnplanung

Die mittelfristige Personalplanung Ihres Maschinenbauunternehmens zeigt, dass in den nächsten Jahren ein erhöhter Bedarf an Ingenieuren im Konstruktionsbereich zu verzeichnen ist. Nach Auskünften staatlicher Stellen wird das Angebot an extern verfügbaren Ingenieuren zurückgehen.

a) Sie erhalten vom Ressortleiter Technik den Auftrag, einen Standard-Laufbahnplan für den Konstruktionsbereich zu entwerfen.

b) Außerdem sollen Sie jeweils zwei Chancen und Risiken dieses Instruments nennen.

c) Beschreiben Sie vier flankierende Maßnahmen, die zur Einführung der Standard-Laufbahnplanung erforderlich sind.

16. Gleitende Arbeitszeit

Ihr Betrieb plant die gleitende Arbeitszeit einzuführen.

a) Beschreiben Sie kurz den Sachverhalt bei der gleitenden Arbeitszeit (GLAZ; Skizze oder in Worten).

b) Nennen Sie jeweils drei mögliche Vorteile der GLAZ aus der Sicht der Arbeitnehmer/aus der Sicht der Arbeitgeber.

c) Nennen Sie vier arbeitsrechtliche Quellen, die ggf. bei der Gestaltung der GLAZ zu berücksichtigen sind.

17. Arbeitszeitflexibilisierung (1)

Nennen Sie drei Grundmodelle der flexiblen Arbeitszeitgestaltung und geben Sie jeweils zwei Beispiele. Beschreiben Sie dabei vier grundsätzliche Formen des Flexibilisierungsausgleichs.

18. Arbeitszeitflexibilisierung (2)

Die Rahmenbedingungen zur flexiblen Gestaltung der Arbeitszeit haben sich verändert. Nennen Sie jeweils zwei Veränderungstendenzen

- im betrieblichen Sektor
- aus der Sicht der Mitarbeiter
- aus dem Bereich der gesetzgeberischen Aktivitäten.

3.5 Personalcontrolling gestalten und umsetzen

01. Kostenarten im Rahmen der Personalkostenplanung

Im Rahmen der Personalkostenplanung sind u. a. die Personalkosten nach Kostenarten zusammenzufassen. Nennen Sie sechs Hauptkostenarten und jeweils drei Unterkostenarten.

02. Personalkostenplanung und EDV

Erläutern Sie, in welcher Form die EDV zur Durchführung der Personalkostenplanung eingesetzt werden kann.

03. Personalbudget

Sie haben vor kurzem in einem Industriebetrieb mit ca. 180 Mitarbeitern als Personalreferent begonnen. Erstellen Sie einen Vorschlag für das Personalbudget (Kostenbudget) des Personal- und Sozialwesens (insgesamt 3,5 Mitarbeiter). Das Papier soll nach Kostenarten gegliedert sein (nennen Sie mindestens zehn Kostenarten) und jeweils pro Monat

- die Ist-Kosten,
- die Soll-Kosten (lt. Personalplanung) und
- die Abweichung Soll-Ist (in Euro und in Prozent vom Soll)

bezogen auf den Monat sowie die entsprechend aufgelaufenen Werte ausweisen. Tragen Sie beispielhaft plausible Daten für drei Kostenarten in das von Ihnen entworfene Berichtsformular ein.

04. Kosten-Controlling

Die Geschäftsleitung ist der Auffassung, dass die Höhe der Fortbildungskosten im zurückliegenden Jahr „aus dem Ruder gelaufen sind". Sie erhalten daher die Aufgabe das Controlling der Bildungskosten zu verbessern. Als ersten Schritt dazu erwartet das Rechnungswesen von Ihnen eine detaillierte Aufstellung aller möglichen Fortbildungskosten – gestaffelt nach Kostenarten. Liefern Sie ansatzweise diese Aufstellung.

05. Bildungsbudget

Erläutern Sie drei Ansätze, die zur Planung der Höhe des Bildungsbudgets herangezogen werden können.

06. Relative Häufigkeit bei gruppierten Daten

Die Altersstruktur Ihres Betriebes hat folgendes Bild:

Altersklassen	Anzahl der Personen
15 bis unter 20	5
20 bis unter 30	10
30 bis unter 40	35
40 bis unter 50	30
50 bis unter 60	15
60 bis unter 65	15

a) Errechnen Sie die kumulierten relativen Häufigkeiten in Prozent und ermitteln Sie, wie viel Prozent der Betriebsangehörigen jünger als 50 Jahre sind.

b) Errechnen Sie mithilfe der kumulierten Häufigkeiten, wie viel Betriebsangehörige jünger als 60 Jahre sind.

07. Gliederungszahlen, Beziehungszahlen, Messzahlen

Für die Zweirad-Müller GmbH liegen folgende Zahlenwerte vor:

Jahr	Arbeiter	Angestellte	Umsatz in Mio EUR
01	40	80	24
02	30	70	20
03	25	60	18
Σ	95	210	62

Berechnen Sie folgende Verhältniszahlen:

- Anteil der Arbeiter zur Gesamtbelegschaft in Prozent der Jahre 01 - 03 (Gliederungszahlen),
- Entwicklung des Umsatzes pro Mitarbeiter von 01 - 03 (Beziehungszahlen),
- Anteil der Arbeiter zu den Angestellten der Jahre 01 - 03 (Messzahlen).

08. Kennzahlen (1)

In Ihrem Betrieb liegen folgende Daten vor:

Angaben	Jahr 1	Jahr 2	Jahr 3 (hochgerechnet)
Gesamtbelegschaft	520	470	420
davon: Angestellte	140	130	96
davon: Arbeiter	360	330	320
davon: Auszubildende	20	10	4
Umsatz in 1.000	105.000	96.000	100.000

Angaben	Jahr 1	Jahr 2	Jahr 3 (hochgerechnet)
Absatz (in Leistungseinheiten)	35.000	32.000	34.000
Sollarbeitszeit in Std.	825.000	759.000	686.400
Fehlzeiten gesamt; in Std.	80.730	60.200	40.800
Unfälle gesamt	45	51	55

Berechnen Sie folgende Kennzahlen für den dargestellten Zeitraum (auf eine Stelle nach dem Komma) und interpretieren Sie die Ergebnisse insgesamt:

a) Anteil der Arbeiter in Prozent
b) Änderung der Gesamtbelegschaft in Prozent
c) Ausbildungsquote in Prozent
d) Arbeitsproduktivität
e) durchschnittliche Fehlzeitenquote
f) durchschnittliche Unfallquote

09. Kennzahlen (2)

Ihr Betrieb weist für das zurückliegende Geschäftsjahr die nachfolgenden Zahlenwerte aus:

Umsatz	50 Mio €
Gewinn	6 Mio €
Personalaufwand	8,2 Mio €
Anzahl der Personalabgänge	30 Mitarbeiter
Ø Personalstand	200 Mitarbeiter

a) Ermitteln Sie aus diesen Angaben folgende personalpolitische Kennzahlen:

- Produktivität des Faktors Arbeit
- Rentabilität des Faktors Arbeit
- durchschnittliches Lohnniveau
- Fluktuationsquote.

b) Die Fluktuationsquote (vgl. Fragestellung a)) ist überproportional hoch – im Verhältnis zu den zurückliegenden Jahren. Die Geschäftsleitung bittet Sie Vorschläge zur Reduzierung der Fluktuationsquote zu unterbreiten. Beschreiben Sie kurz, welche personalpolitischen Sachverhalte („Themenfelder") Sie untersuchen werden, um daraus ggf. geeignete Maßnahmen abzuleiten. Gehen Sie auf sechs Beispiele ein.

10. Verbesserung der Wertschöpfung

Die Ertragslage Ihres Unternehmens hat sich in den letzten zwei Jahren drastisch verschlechtert. Nennen Sie mengen- und wertbezogene Ansätze zur Verbesserung der Wertschöpfung des Faktors Arbeit.

4. Prüfungsfach: Personal- und Organisationsentwicklung steuern

4.1 Mitarbeiter beurteilen, deren Potenziale erkennen und fördern

01. Mitarbeiterbeurteilung

Die Beurteilung der Mitarbeiter gehört ebenfalls mit zu den wichtigen Instrumenten der Personalführung.

a) Geben Sie einen Überblick über die verschiedenen Arten der Beurteilung, die in der Praxis anzutreffen sind, indem Sie nach folgenden Aspekten differenzieren:
- Form,
- Inhalt,
- Merkmalsarten (Kriterienarten),
- Merkmalsdifferenzierung,
- Personalumfang,
- Regelmäßigkeit.

b) Als Anlässe bei der Leistungsbeurteilung kommen grundsätzlich infrage:
- die regelmäßige Leistungsbeurteilung,
- die außerplanmäßige Leistungsbeurteilung.

Nennen Sie zu jeder Fallunterscheidung vier Beispiele aus der Praxis.

c) Erläutern Sie fünf Phasen der Personalbeurteilung.

d) Sie bereiten sich auf das Beurteilungsgespräch mit einem Mitarbeiter Ihrer Gruppe vor.
- Beschreiben Sie vier Phasen, die Sie bei der Durchführung des Gesprächs einhalten werden.
- Nennen Sie zu jeder Phase zwei mögliche Gesprächsinhalte.

e) Die Beurteilung kann mit Fehlern behaftet sein. Grundsätzlich sind folgende Fehlerquellen möglich:
- Fehleinschätzungen in der Wahrnehmung,
- Fehlerquellen im Maßstab.

Geben Sie jeweils drei konkrete Beispiele für mögliche Beurteilungsfehler.

f) Nennen Sie zwei Rechte, die dem einzelnen Mitarbeiter im Rahmen von Beurteilungsverfahren aufgrund des Betriebsverfassungsgesetzes zustehen.

g) Beschreiben Sie die Mitbestimmung des Betriebsrates bei Verfahren der Personalbeurteilung.

h) Es ist geplant, in Ihrem Unternehmen ein systematisches Beurteilungsverfahren einzuführen.
1) Bei der Entwicklung eines Beurteilungssystems sind die Beteiligungsrechte des Betriebsrates zu beachten. Nennen Sie fünf weitere Gesichtspunkte/Verfahrensregeln, die Sie bei der Entwicklung des Beurteilungssystems berücksichtigen müssen.

2) Beschreiben Sie vier Maßnahmen, die erforderlich sind, damit die Führungskräfte in die Lage versetzt werden, das System in der Praxis richtig anzuwenden.

02. Mitarbeiterpotenzialeinschätzung

Was versteht man unter der Mitarbeiterpotenzialeinschätzung? Geben Sie eine Erläuterung und nennen Sie sechs Ansätze (Maßnahmen/Instrumente) zur Erfassung von Mitarbeiterpotenzialen.

03. Zielorientierte Mitarbeiterbeurteilung

Merkmalsorientierte Beurteilungssysteme weisen Schwachstellen auf. Einige Großunternehmen sind daher dazu übergegangen, zielorientierte Beurteilungsverfahren – insbesondere für den Führungskreis – einzuführen.

a) Beschreiben Sie diesen Systemansatz und nennen Sie zwei Schwierigkeiten, die in der praktischen Umsetzung auftreten.

b) Generell kann das Ergebnis von Beurteilungsverfahren durch eine Schulung der beurteilenden Führungskräfte verbessert werden. Nennen Sie vier Inhalte eines Beurteilertrainings.

4.2 Konzepte für die Kompetenzentwicklung der Mitarbeiter sowie Qualifikationsanalysen und Qualifizierungsprogramme entwerfen und umsetzen

01. Personalentwicklungskonzeption

Die SEIKERT Bekleidungs-GmbH hat sich in den letzten Jahren erfreulich entwickelt. Per 31.12. d. J. hatte das Unternehmen 280 Mitarbeiter. Auch für die Zukunft wird mit einer stabilen Auftragslage und einem verhaltenen Wachstum gerechnet. Um die künftige Entwicklung auch von der Personalseite her auf ein sicheres Fundament zu stellen, erwartet die Geschäftsleitung von Ihnen eine Personalentwicklungskonzeption für die nächsten drei Jahre. Derzeit existieren keine personalpolitischen Instrumente. Die Lohn- und Gehaltsabrechnung wird intern über SAP-Software durchgeführt. Präsentieren Sie in Ihrem Strategiepapier acht konkrete Arbeitsschritte in sachlogischer Reihenfolge, die im Rahmen der zukünftigen Personalentwicklung angegangen werden sollen.

02. Lernende Organisation

Welchen Sachverhalt kennzeichnet man mit den Stichworten „Organisationsentwicklung" und „lernende Organisation"? Geben Sie für beide Konzeptionsansätze eine Beschreibung.

03. Soziales Lernen, Lernarten

Der Vorgesetzte kann sein Führungsverhalten selbst positiv beeinflussen durch soziales Lernen. Erläutern Sie drei Beispiele für unterschiedliche Lernarten, die es einer Führungskraft ermöglichen ihr Führungsverhalten zu verbessern.

04. Entwicklung des Selbstwertgefühls

Geben Sie zwei Beispiele dafür, welche Erlebnisse und Faktoren die Entwicklung des Selbstwertgefühls im Kindesalter positiv festigen können und welche sich negativ auswirken.

05. Förderung des Lernerfolgs

Der Ausbilder kann den Lernerfolg fördern, indem er geeignete Prinzipien der Führung und Kommunikation einsetzt. Gemeint sind hier Prinzipien wie z. B. „dem Auszubildenden Geduld, Verständnis und Einfühlungsvermögen entgegenbringen". Nennen Sie in diesem Zusammenhang sechs weitere Prinzipien dieser Art.

06. Anpassungs- und Aufstiegsbildung

Das Berufsbildungsgesetz nennt in § 1 Abs. 4 die Erhaltungs-, die Erweiterungs-, die Anpassungs- sowie die Aufstiegsfortbildung.

a) Erläutern Sie jede dieser Fortbildungsarten und geben Sie ein konkretes Beispiel.

b) Grenzen Sie die Begriffe „Fortbildung" und „Weiterbildung" voneinander ab.

07. Schlüsselqualifikationen

Bei der Diskussion über die Personalentwicklungsmaßnahmen der kommenden Jahre hält Ihnen der Geschäftsführer vor: „Wir haben es bisher versäumt, insbesondere Schlüsselqualifikationen zu fördern."

a) Erläutern Sie, was man unter Schlüsselqualifikationen versteht.

b) Nennen Sie drei Beispiele für Schlüsselqualifikationen und beschreiben Sie jeweils eine geeignete Fördermaßnahme.

08. Job-Rotation

Am kommenden Montag sollen Sie den Führungskräften Auszüge aus der neuen Personalentwicklungs-Konzeption präsentieren. Unter anderem werden Sie auch über Job-Rotation sprechen.

a) Beschreiben Sie den Führungskräften Ihres Hauses Job-Rotation als Instrument der Personalentwicklung.

b) Beschreiben Sie vier Vorteile von Job-Rotation, um die Führungskräfte von der Notwendigkeit der Implementierung zu überzeugen.

09. Bildungsbedarfserhebung und -analyse

Erläutern Sie die Notwendigkeit der Bildungsbedarfsanalyse und geben Sie sechs Beispiele für unterschiedliche Arten der Bildungsbedarfserhebung.

10. Bildungsplanung und der Einsatz interner Dozenten

Betriebliche Fortbildungsmaßnahmen können grundsätzlich mit internen oder mit externen Dozenten durchgeführt werden.

a) Nennen Sie fünf Aspekte, die bei dieser Entscheidung (intern/extern) zu berücksichtigen sind.

b) Erläutern Sie drei Vor- und drei Nachteile, die sich aus dem Einsatz interner Dozenten ergeben können.

11. Auswahl externer Trainer

Die Auswahl externer Trainer kann dann zu unliebsamen Überraschungen führen, wenn sie nicht mit der erforderlichen Sorgfalt durchgeführt wird. Erläutern Sie fünf Aspekte in sachlogischer Reihenfolge, die Sie bei der Auswahl externer Trainer überprüfen werden.

12. Außerbetriebliche Weiterbildungsmöglichkeiten, externe Bildungsträger

Der Weiterbildungsmarkt in Deutschland ist – trotz der bereits existierenden Weiterbildungsdatenbanken und des Internets – kaum überschaubar.

a) Nennen Sie sechs unterschiedliche Formen für außerbetriebliche Weiterbildungsmöglichkeiten, die für die betriebliche Praxis von Interesse sein können.

b) Geben Sie zehn unterschiedliche Beispiele für externe Bildungsträger.

13. Formen von Weiterbildungsmaßnahmen

Im Rahmen der betrieblichen Fortbildung werden in der Praxis eine Fülle unterschiedlicher Methoden angewandt – z. B. Job-Rotation, Projektmanagement, Fallmethode und Planspiel.

a) Nennen Sie vier Inhalte eines Rotationsplanes.

b) Erläutern Sie an einem Beispiel, warum sich Arbeitspakete innerhalb eines Projektes besonders effektiv zur Förderung von Führungsnachwuchskräften eignen.

c) Wie unterscheidet sich die Fallmethode vom Planspiel? Geben Sie eine Beschreibung.

14. Laufbahnpläne

Als Referent arbeiten Sie derzeit im Personalwesen eines Industriebetriebes und beschäftigen sich mit Fragen der Mitarbeiterförderung. Entwerfen Sie einen Standard-Entwicklungsplan für Nachwuchskräfte im Personalwesen, der dann innerbetrieblich für individuelle Entwicklungspläne genutzt werden kann. Der Entwicklungsplan soll Hinweise zu folgenden Punkten enthalten:

Stand/Datum	...	Ebene/Stationen	...
Personal Nr.	...	Pos. Bezeichnung	...
Beruf	...	Dauer (in Jahren)	...
Eintritt am	...	Fördermaßnahmen	...
Geb. Datum	...	Beurteilung	...
Einstiegsposition	Sachbearbeiter, Lohn- u. Gehaltsabrechnung	Legende der Kurz-bezeichnungen	...
Zielposition	Mittleres Management, Personalwesen		

15. Nachfolgepläne

Erläutern Sie die Zielsetzung von Nachfolgeplänen im Rahmen der Mitarbeiterförderung und entwerfen Sie ansatzweise einen Musterbogen zur Nachfolgeplanung.

16. Förderung von Nachwuchskräften (Trainee-Ausbildung)

Ihr Vorgesetzter bittet Sie ein Konzept zur Förderung von Nachwuchskräften zu erstellen. Insbesondere werden Antworten auf folgende Fragen erwartet:

a) Welcher Mitarbeiterkreis ist mit „Nachwuchskräften" gemeint? Geben Sie eine Erläuterung.

b) Welche Schulungsmaßnahmen stehen inhaltlich bei der Nachwuchsförderung im Vordergrund? Geben Sie fünf Beispiele.

c) Nennen Sie beispielhaft sechs PE-Instrumente, die sich besonders für die Förderung von Nachwuchskräften eignen.

d) Bei der Laufbahnplanung für Nachwuchskräfte kann man zwischen der Führungslaufbahn („mehr Generalist") und der Fachlaufbahn („mehr Spezialist") unterscheiden. Entwickeln Sie ein Laufbahnkonzept für den Geschäftsbereich Vertrieb, das

- für Absolventen von Fachhochschulen/Universitäten sowie
- für Auszubildende im Anschluss an die erfolgreich bestandene Prüfung

eine Perspektive als

- Generalist oder als
- Spezialist

aufzeigt.

Das Laufbahnkonzept soll außerdem Hinweise zu folgenden Aspekten geben:

- Darstellung der Förderungsstufen orientiert an den „klassischen Hierarchien" (Sachbearbeiter, Gruppenleiter, Abteilungsleiter, Hauptabteilungsleiter),
- Dauer der einzelnen Förderungsstufen in Jahren sowie
- Hinweise zu geeigneten Maßnahmen/Methoden je Förderungsstufe.

17. Informationsquellen und Materialien zur Weiterbildung

Bei der Planung spezifischer Weiterbildungsmaßnahmen entstehen oft Fragen wie:

- Wer kann „fertiges" Schulungsmaterial liefern?
- Welcher Dozent ist geeignet?
- Welche ggf. kostenlosen Materialien, Dokumentationen und Schriften gibt es von staatlicher Seite? u. Ä.

Einen ersten Überblick kann das Branchenverzeichnis liefern.

a) Nennen Sie acht weitere, einschlägige Informationsquellen, die Sie bei Ihrer Recherche heranziehen können.

b) Beschreiben Sie drei Beispiele für Informationen/Beratungsleistungen, die Sie in diesem Zusammenhang von der Arbeitsagentur bzw. der Bundesagentur für Arbeit erhalten können.

18. Weiterbildungsdatenbanken

Welche Weiterbildungsdatenbanken existieren derzeit? Beschreiben Sie zwei Beispiele.

19. IHK Aufstiegsfortbildung

Ihr Unternehmen mit Sitz im ländlichen Raum der Lüneburger Heide ist verstärkt darauf angewiesen, die Aufstiegsfortbildung der Mitarbeiter aus eigenen Reihen zu organisieren.

a) Nennen Sie jeweils zwei Weiterbildungsabschlüsse für den kaufmännischen, für den technischen Bereich und für den IT-Bereich aus der Systematik der IHK Aufstiegsfortbildung im Anschluss an die erfolgreich absolvierte Ausbildung in einem anerkannten Ausbildungsberuf.

b) Beschreiben Sie zwei Berufsbilder der von Ihnen genannten Fortbildungsmaßnahmen.

4.3 Zielgruppenspezifische Förderprogramme erarbeiten und umsetzen

01. Planung der betrieblichen Ausbildung

Nennen Sie beispielhaft fünf grundsätzliche Einzelfragen (Voraussetzungen), die vor Beginn einer Ausbildung im Lernort Betrieb zu klären sind.

02. Phasen einer Fortbildungskonzeption

Ihr Betrieb hat bisher keine systematische Fortbildung betrieben. Dies soll sich ändern. Als ersten Schritt erhalten Sie dazu die Aufgabe von der Geschäftsleitung ein (allgemeines) systematisches Fortbildungskonzept vorzulegen, in dem die wichtigen Phasen zur Planung und Realisierung von Fortbildungsmaßnahmen dargestellt sind.

4.4 Qualitätsmanagement in der Personal- und Organisationsentwicklung einsetzen

01. Erfolgskontrolle (1)

Nennen Sie vier Rechtsquellen, die als Maßstab bei der Erfolgskontrolle der betrieblichen Ausbildung heranzuziehen sind.

02. Erfolgskontrolle (2)

Der Ausbilder hat den Erfolg der durchgeführten Ausbildungsmaßnahmen zu überprüfen. Nennen Sie sechs geeignete Maßnahmen (inner-/überbetrieblich) zur Erfolgskontrolle in der Ausbildung.

03. Kosten-Nutzen-Überlegungen der betrieblichen Ausbildung

Die Kosten der betrieblichen Ausbildung lassen sich – im Gegensatz zum Nutzen – bei hinreichender Kostentransparenz einigermaßen quantifizieren. So sprechen z. B. Erhebungen in der Industrie von Ausbildungskosten in der Größenordnung von 70 - 140 T€ – bei einem Ausbildungsberuf mit einer 3,5-jährigen Ausbildungsdauer.

Diesen Kosten stehen Nutzenüberlegungen gegenüber, die in ihrer Wertigkeit von Betrieb zu Betrieb schwanken und gerade in Zeiten sinkender Erträge auch massiv infrage gestellt werden. Versachlichen Sie diese Diskussion, indem Sie ein konkretes Zahlengerüst erstellen über die Summe der Ausbildungskosten bei einem Ausbildungsberuf mit 3,5-jähriger Ausbildungszeit.

04. Transferkontrolle

Effizienz und Effektivität von Fortbildungsmaßnahmen sind eng verbunden mit der Frage, ob das „Gelernte in die Praxis umgesetzt werden kann". Erläutern Sie vier konkrete Maßnahmen einer geeigneten Transferkontrolle beim Besuch externer Seminare.

4.5 Führungsmodelle und Führungsinstrumente anwenden, Führungskräfte beraten

01. Das Umfeld des Führungsprozesses

Der Erfolg der betrieblichen Führungsarbeit wird nachhaltig von einer Vielzahl von Faktoren beeinflusst, die untereinander in mehr oder weniger starker Wechselwirkung stehen. Sie werden auch als Rahmenbedingungen der Personalführung bezeichnet und lassen sich in

- interne und
- externe

Faktoren gliedern.

Innerhalb der internen Faktoren betrachtet man vor allem die Wirkungen auf den Erfolg der betrieblichen Personalführung, die

- vom Mitarbeiter und
- vom Vorgesetzten ausgehen sowie
- diejenigen, die sich aufgrund betriebsspezifischer Rahmenbedingungen ergeben.

a) Nennen Sie zu jedem der dargestellten Wirkungsfelder vier Beispiele für Faktoren, die den Erfolg der betrieblichen Führungsarbeit maßgeblich bestimmen.

b) Wählen Sie in diesem Zusammenhang einen Einflussfaktor aus den betrieblichen Rahmenbedingungen aus (z. B. Formen der Arbeitsorganisation) und erläutern Sie hier mögliche Wirkungen auf das Ergebnis der betrieblichen Führungsarbeit.

02. Führungsphilosophie, Führungsgrundsätze

Das Selbstverständnis der Führungskräfte hat sich gewandelt. Tendenziell galt früher mehr die Auffassung:

- es ist alles von oben herab machbar,
- eine perfekte Organisation und Bürokratie sind der Schlüssel zum Erfolg,
- eine „starke Hand" mit direktiven Anweisungen führt „mechanistisch-linear" zum Ergebnis.

Welche Erkenntnisse über den Zusammenhang von Führung und Führungserfolg stehen heute im Vordergrund? Beschreiben Sie in diesem Zusammenhang drei Tendenzen, die auch bei der Formulierung von Führungsgrundsätzen ihren Niederschlag finden.

03. Führungsgrundsätze, Führungsrichtlinien

Ihre Geschäftsleitung erwägt die Einführung von Führungsgrundsätzen. In den kommenden Wochen sollen dazu grundlegende Auffassungen mit den Führungskräften Ihres Unternehmens diskutiert werden. Sie haben die Aufgabe ein Diskussionspapier zu erarbeiten.

a) Formulieren Sie sechs Thesen zum Zweck von Führungsgrundsätzen.

b) Die Umsetzung von Führungsgrundsätzen im betrieblichen Alltag kann mit Schwierigkeiten verbunden sein. Beschreiben Sie dazu vier Beispiele und geben Sie jeweils einen Lösungsansatz.

04. Betriebsorganisation und Personalführung

Der Erfolg der Führungsarbeit ist u. a. abhängig von den organisatorischen Bedingungen des Betriebes.

a) Beschreiben Sie dazu zwei Beispiele, in denen negative Wirkungen auftreten.

b) Nennen Sie vier Grundsätze einer wirksamen Betriebsorganisation, die der einzelne Vorgesetzte selbst gestalten kann.

05. Management-Konzeptionen

Management-Konzeptionen – auch als „Management by"-Modelle oder „Führungsmodelle" bezeichnet – sind Konzepte zur Führung eines Unternehmens und geben mehr oder weniger präzise Aussagen über Ziele, Voraussetzungen, Wirkungen und Handlungsempfehlungen im Rahmen des Führungsmodells.

Vergleichen Sie „Management by Objectives" und „Management by Delegation" anhand der Kriterien:

- Voraussetzungen des Modells,
- Chancen des Modells,
- Risiken des Modells.

06. Führungskultur und Führungsgrundsätze (Führungsrichtlinien)

Welche Bedeutung haben Führungskultur und Führungsgrundsätze eines Unternehmens für den Erfolg der Führungsarbeit?

a) Erläutern Sie in diesem Zusammenhang zwei Tendenzen.

b) Geben Sie drei Beispiele für Führungsgrundsätze(-richtlinien) aus der Praxis.

07. Die Eigenschaftstheorie der Führung

Innerhalb der Führungslehre gibt es verschiedene Ansätze zur Erklärung konkreter Verhaltensmuster der Mitarbeiterführung (sog. Führungsstillehre). So wird z. B. zwischen

- dem Eigenschaftsansatz und
- dem Verhaltensansatz

unterschieden.

a) Zu welchen Ergebnissen sind der „Eigenschaftsansatz" und der „Verhaltensansatz" in der Führungsstillehre gekommen? Geben Sie eine Erläuterung.

b) Beschreiben Sie drei von Ihnen gewählte Führungsstile.

08. Grid-Konzept (Fallbeispiel)

In einer Abteilungsleiterbesprechung geht es um die Schließung des Profitcenters in Hameln, das „rote Zahlen schreibt". Sie hören u. a. folgende Aussagen:

Müller: „Ich denke nicht, dass wir hier noch lange diskutieren müssen. Die Sachlage ist eindeutig. Meine Entscheidung steht."

Huber: „Bevor wir übereilte Entscheidungen treffen, schlage ich vor, dass wir eine Projektgruppe bilden – unter Beteiligung der betroffenen Mitarbeiter – und sehen, was dabei herauskommt. Außerdem sollten wir uns das Know-how eines externen Beraters zu Nutze machen und hören, wie unsere Marktforschung die Sache sieht.

Meier: „Ich fürchte, dass das die Mitarbeiter auf die Barrikaden bringt. Wir sollten sie fragen, was sie darüber denken. Zu beachten sind auch die einschneidenden Folgen für die privaten Lebensumstände der Mitarbeiter. Das Profitcenter lief doch früher gut."

Charakterisieren Sie die im Gesprächsverhalten angedeuteten Führungsstile mithilfe des Grid-Konzeptes. Positionieren Sie dabei die Führungsstile der Herren Müller, Huber und Meier im Managerial Grid.

09. Führungsstile (1)

Unterscheiden Sie den autoritären, den kooperativen Führungsstil sowie den Führungsstil „laissez faire" nach folgenden Gesichtspunkten: Grad der Mitarbeiterbeteiligung, Delegationsumfang, Art der Kontrolle, Art der Information und Art der Motivation.

10. Führungsstile (2)

Nennen Sie jeweils zwei Vor- und Nachteile des kooperativen, des autoritären und des laissez-faire-Führungsstils.

11. Führungspersönlichkeit und Autorität

Sie haben vor kurzem eine Arbeitsgruppe übernommen. Im Gespräch mit Ihren „neuen" Mitarbeitern hören Sie am Rande die Aussage: „Der alte Chef – das war noch einer – so was gibt es heute kaum noch – eine echte Autorität, kann ich da nur sagen. Schade, dass er weg ist."

a) Was meinen Sie, was Ihre Mitarbeiter unter einer „echten Autorität" verstehen? Geben Sie drei Begründungen.

b) Nennen Sie zwei mögliche Konsequenzen, die sich aus der Meinung der Mitarbeiter über ihren „alten Chef" für Ihr Führungsverhalten ergeben.

c) Geben Sie eine begründete Antwort, in welchen Erscheinungsbildern/Verhaltensmustern sich eine „falsche Autorität" zeigen kann.

12. Verbesserung des Führungsverhaltens

a) Welche Ansätze gibt es, um das eigene Führungsverhalten zu erkennen und zu verbessern? Beschreiben Sie drei Möglichkeiten.

b) Ihr Unternehmen hat drei Führungsebenen mit insgesamt 120 Führungskräften. Entwickeln Sie ein Konzept für ein unternehmensspezifisches Seminar „Führungstraining" (Teilnehmeranzahl, Dauer, Zeiten usw.).

13. Führungsaufgaben und Führungsinstrumente (Überblick)

Die Anforderungen an Vorgesetzte, die ihre Führungsverantwortung effektiv wahrnehmen wollen, sind hoch. In der Praxis hat der Vorgesetzte eine Fülle von Führungsaufgaben – oft in wechselnden Situationen – wahrzunehmen. Nennen Sie zehn dieser Führungsaufgaben aus der täglichen Praxis.

14. Führungstechnik/Führungsprinzip

In einem Presseartikel lesen Sie folgende Auffassung zur Mitarbeiterführung:

„Wir brauchen einen neuen Mitarbeitertypus. Nicht mehr der „NvD", der „Nicker vom Dienst" ist gefragt, der Arbeitsanweisungen erledigt, sondern der eigenverantwortlich handelnde, gut ausgebildete Mitarbeiter ist die Leistungssäule der Zukunft. Nicht die Arbeitsweise des Einzelnen steht im Vordergrund der Betrachtung, sondern die Arbeitsergebnisse, die im Dialog mit ihm verabschiedet wurden. Aufgabe der Führungskräfte wird es primär sein die Voraussetzungen für die angestrebten Ziele zu schaffen."

a) Wie nennt man die im Presseartikel angesprochene Managementtechnik (Führungstechnik)?

b) Nennen Sie vier Voraussetzungen zur Einführung dieses Führungsprinzips.

15. Rechtsfragen der Personalführung

Führungsinstrumente sind Mittel und Verfahren zur Gestaltung des Führungsprozesses. Sie lassen sich unterscheiden in:

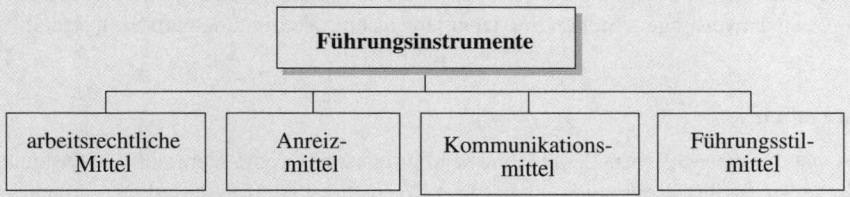

a) Geben Sie drei Beispiele für arbeitsrechtliche Führungsmittel, die der Vorgesetzte zur Gestaltung des Führungsprozesses einsetzen kann.

b) Nennen Sie in diesem Zusammenhang jeweils zwei Beispiele für

- Anreizmittel,
- Kommunikationsmittel und
- Führungsstilmittel.

16. Prinzipien der Gesprächsführung (sog. „BAR-Checkliste")

Das Gespräch mit dem Mitarbeiter ist das zentrale Instrument der Führung. Die Anlässe dazu können unterschiedlich sein: Förderung des Mitarbeiters (das sog. PE-Gespräch), das Beurteilungsgespräch, das Kritikgespräch u. Ä. Unabhängig vom speziellen Gesprächsanlass gibt es drei Prinzipien der Gesprächsführung, die der Vorgesetzte immer beachten sollte. Dies sind die Grundsätze:

- **B**eteiligen,
- **A**nteil nehmen,
- **R**espektieren.

Bereiten Sie sich auf ein künftiges Mitarbeitergespräch vor, indem Sie zu jedem dieser drei Prinzipien zwei Schlüsselfragen (= W-Fragen) formulieren, die Ihnen helfen, diese Prinzipien bei der Gesprächsdurchführung zu beachten.

Beispiel „**B**eteiligen": → W-Frage: „Wie bringe ich den Mitarbeiter dazu, offen mit mir zu sprechen?"

17. Arbeitsanweisungen erteilen

Als Personalreferent betreuen Sie einen Teilbereich der Fertigung. Sie befinden sich gerade in der Werkhalle im Gespräch mit Meister Kantig. Es geht um eine anstehende Versetzung. Sie bekommen dabei mit, wie Meister Kantig zwischendurch eine eilige Arbeitsanweisung an seinen Vorarbeiter gibt:

„Machen Sie mal eben die Teile von Maschine III noch fertig. Denken Sie daran, morgen brauche ich dafür die Fehlerliste, damit wir ..., na, Sie wissen schon. Wenn Sie fertig sind – zu mir ins Büro, wir müssen die Sache mit der Lüftung nochmal durchsprechen."

Sie runzeln etwas die Stirn. Meister Kantig bemerkt das. Da Sie beide einen guten Kontakt haben, fragt er Sie: „Was ist? Habe ich was falsch gemacht?"

a) Was versteht man unter einer Arbeitsanweisung? Geben Sie eine Beschreibung.

b) Empfehlen Sie Meister Kantig sechs Leitsätze als Hilfestellung zur gedanklichen Vorbereitung von Arbeitsanweisungen. Stellen Sie dabei jeweils eine Verbindung zum Sachverhalt her.

18. Motivation

Maslow hat die menschlichen Bedürfnisse strukturiert und in eine hierarchische Ordnung gefasst. In seiner Bedürfnispyramide unterteilt er Wachstumsbedürfnisse und Defizitbedürfnisse in insgesamt fünf Stufen:

1. physiologische Grundbedürfnisse (als Basis der Bedürfnispyramide),
2. Sicherheitsbedürfnisse (längerfristige Sicherung der Befriedigung der Grundbedürfnisse),
3. soziale Bedürfnisse,
4. Statusbedürfnisse,
5. Bedürfnis nach Bestätigung, Liebe, Kreativität, Persönlichkeitsentfaltung u. Ä.

a) Erläutern Sie die Begriffe Motiv und Motivation.

b) Mitunter wird in der Praxis eine vereinfachte Kausalkette beim Thema Motivation unterstellt, indem man meint, „ein bestimmtes Motiv führe immer zu einer bestimmten Handlung – und das bei jedem Mitarbeiter". Erläutern Sie drei Kritikansätze zu dieser Auffassung.

c) Leiten Sie aus den Stufen der Bedürfnispyramide beispielhaft vier Motive ab, die Sie im Allgemeinen bei der Mehrzahl Ihrer Mitarbeiter unterstellen können und geben Sie jeweils ein konkretes Beispiel für eine Verhaltensweise des Mitarbeiters, in der dieses Motiv zum Ausdruck kommt.

d) Maslow selbst hat dazu aufgefordert, seine Theorie der Bedürfnispyramide nicht unkritisch zu verallgemeinern. Erläutern Sie beispielhaft zwei Argumente zur Kritik an seiner Theorie.

e) Nennen Sie beispielhaft fünf konkrete Führungsmaßnahmen des Management, die geeignet sind die nach Maslow bekannten Bedürfnisse zu befriedigen.

19. Motivation und Arbeitszufriedenheit

Die 2-Faktoren-Theorie nach Herzberg spricht von Faktoren, die zu besonderer Arbeitszufriedenheit führen können (Motivatoren) bzw. von Faktoren, die – wenn sie nicht vorhanden sind – zur Arbeitsunzufriedenheit führen (Hygienefaktoren).

a) Nennen Sie je drei Beispiele aus Ihrem betrieblichen Alltag für Motivatoren und Hygienefaktoren.

b) Welche Konsequenzen können Sie – trotz mancher Kritik an diesem Modell – aus der Theorie von Herzberg für Ihre betriebliche Führungsarbeit ziehen? Schildern Sie drei Argumente.

20. Bestätigen und Anerkennen

Kritik ist die eine Seite der Medaille, Anerkennung die andere. Beides sind gleichgewichtige Führungsinstrumente für den Vorgesetzten.

Beschreiben Sie *zwei Grundsätze*, die Sie als Vorgesetzter bei der Anerkennung von Mitarbeiterleistungen berücksichtigen sollten. Geben Sie dazu *jeweils ein sprachlich konkretes Beispiel*.

21. Korrektur und Kritik

a) Welche Zielsetzung hat ein Kritikgespräch generell? Geben Sie eine Erläuterung.

b) Die Kritik fehlerhafter Verhaltensweisen beim Mitarbeiter setzt voraus, dass ein Verhaltensmaßstab existiert. Nennen Sie die vier Voraussetzungen, die dieser Maßstab erfüllen muss.

c) Für morgen, 16:00 Uhr, haben Sie Ihren Mitarbeiter Henze zu sich gebeten. Sie wollen in diesem Gespräch erreichen, dass er zukünftig die wöchentlich zu erstellende Personalstatistik fehlerfrei anfertigt. Hinweise und Ermahnungen von Ihnen in der Vergangenheit führten bisher nicht zum Erfolg. Bereiten Sie sich auf dieses Kritikgespräch vor, indem Sie stichwortartig vier Phasen der Gesprächsdurchführung schriftlich beschreiben.

22. Delegation

Delegation wird in der Praxis nicht immer richtig gehandhabt.

a) Nennen Sie zwei Ziele der Delegation.

b) Am kommenden Montag hat einer Ihrer Mitarbeiter Geburtstag. Sie erklären Frau Huber, die ebenfalls seit vielen Jahren in Ihrer Gruppe arbeitet: „Bitte besorgen Sie doch für Montagmorgen einen Blumenstrauß – Farbe rot, Nelken, zu 14,50 €, beim Blumenhändler vorn an der Ecke, ohne umweltschädliche Verpackung. Der Strauß muss frisch sein. Ich brauche ihn um 8:15 Uhr."

Unter dem Aspekt der Delegation läuft hier Einiges falsch. Nennen Sie drei Verbesserungsansätze und begründen Sie Ihre Antwort.

c) Unterscheiden Sie anhand des Sachverhaltes aus Fragestellung b)
   - die Handlungsverantwortung von
   - der Führungsverantwortung.

23. Förderungs- und Entwicklungsgespräche

Welches Ziel verfolgen Förderungs- und Entwicklungsgespräche? Nennen Sie vier Beispiele für Fragestellungen, die hier im Vordergrund stehen.

24. Kontrolle der Mitarbeiter

Kontrolle ist ein wichtiges Element innerhalb der Führungsaufgaben des Vorgesetzten. Kontrolle ist sehr eng mit den Instrumenten Kritik und Beurteilung verknüpft.

a) Erläutern Sie den Prozess der Kontrolle als Instrument der Mitarbeiterführung

   - allgemein und
   - anhand eines Praxisbeispiels.

b) Warum kann der Vorgesetzte auf das Instrument der Kontrolle nicht verzichten? Nennen Sie vier Aspekte zur Bedeutung der Kontrolle.

c) Hinsichtlich der Art und Weise, wie die Kontrolle durchgeführt werden kann, lassen sich verschiedene *Arten der Kontrolle* unterscheiden:

   - Selbstkontrolle,
   - Fremdkontrolle,
   - Vollkontrolle,
   - Stichprobenkontrolle,
   - Ergebniskontrolle,
   - Zwischen- oder Tätigkeitskontrolle.

   Der Vorgesetzte muss sich bei der Wahl der jeweiligen Kontrollart bewusst sein, welche Wirkung damit im Führungsprozess verbunden sein kann. Beschreiben Sie in diesem Zusammenhang *zu jeder Kontrollart zwei spezifische Wirkungen*, die auftreten können.

d) Welche Kontrollart sollte langfristig angestrebt werden? Geben Sie eine Handlungsempfehlung und begründen Sie Ihre Antwort.

4.6 Betriebliche Arbeitsformen mitgestalten, Grundsätze moderner Arbeits- und Lernorganisation umsetzen

01. Bedeutung der Arbeitsgruppe

Die Bildung von Arbeitsgruppen wird im betrieblichen Führungsalltag überwiegend positiv gesehen. Es können jedoch auch Risiken damit verbunden sein. Nennen Sie jeweils vier Beispiele für Vor- und Nachteile, die mit der Bildung von Arbeitsgruppen verbunden sein können.

02. Informeller Führer

Geben Sie ein Beispiel dafür, wann sich innerhalb einer formalen Gruppe ein informeller Führer herausbilden wird und dadurch die formale Leitungsfunktion des Vorgesetzten gestört werden kann.

03. Merkmale einer Gruppe

Sie führen eine Abteilung mit zwölf Mitarbeitern. Vier dieser Mitarbeiter treffen sich regelmäßig beim Mittagessen in der Kantine.

a) Nennen Sie fünf generelle, charakteristische Merkmale einer *sozialen* Gruppe.

b) Im Sachverhalt sind zwei Gruppen angesprochen:

- Arbeitsgruppe der zwölf Mitarbeiter
- Gruppe der vier Kollegen beim Mittagessen.

Mit welchen soziologischen Fachbegriffen werden diese beiden Gruppen unterschieden? Nennen Sie für jede Gruppe drei charakteristische Unterschiede.

c) Welche Bedeutung kann die „Gruppe beim Mittagessen" für Ihren Führungserfolg haben? Nennen Sie beispielhaft vier Aspekte.

04. Phasen der Gruppenbildung

Eine Gruppe hat in der Regel nicht sofort eine feste Struktur mit bestimmten Verhaltensmustern. Es lassen sich im Wesentlichen vier Phasen der Gruppenbildung unterscheiden:

- formende Phase,
- stürmische Phase,
- Zusammenhaltsphase,
- Vollzugsphase.

Beschreiben Sie zwei dieser Phasen.

05. Gruppenprozesse

In real existierenden sozialen Gruppen lassen sich bestimmte Verhaltensmuster der Gruppen-mitglieder beobachten. Zum Beispiel besagt die Angleichungsregel:

> „Mit längerem Bestehen einer Gruppe gleichen sich Ansichten und Verhaltensweisen der Einzelnen an. Die Normen der Gruppe stehen im Vordergrund."

Erläutern Sie in diesem Zusammenhang zwei weitere Regeln für Gruppenprozesse:

- die Interaktionsregel,
- die Distanzierungsregel.

06. Gruppenbeziehungen

Der Aspekt „Gruppenbeziehungen" wurde soziologisch vor allem aus drei Blickrichtungen untersucht:

a) Wie gestalten sich die Beziehungen einer Gruppe zu anderen Gruppen?

b) Welche Verhaltensphänomene sind innerhalb einer Gruppe zu beobachten?

c) Welche Störungen können innerhalb einer Gruppe auftreten?

Erläutern Sie zu jeder dieser drei Fallunterscheidungen ein charakteristisches Beispiel und geben Sie jeweils eine Handlungsempfehlung für die tägliche Führungsarbeit.

07. Besondere Rollen in Gruppen und ihre Bedeutung für die Führungsarbeit

Innerhalb einer Gruppe werden mitunter von einzelnen Gruppenmitgliedern besondere „Rollen" wahrgenommen oder ihnen zugewiesen (z. B. der „Star", der „Anführer", der „Clown" u. Ä.). Hier ist der Vorgesetzte in seiner Führungsfähigkeit besonders gefordert, um auch bei diesen Mitarbeitern Leistungsbereitschaft und -fähigkeit zu erhalten und zu fördern. Es gibt keine Patentrezepte, wie derartige Mitarbeiter zu führen sind. Trotzdem lassen sich einige Führungsstilmittel nennen, die Erfolg versprechender sind als andere. Geben Sie für die nachfolgenden „Gruppenmitglieder mit besonderer Rolle" jeweils eine kurzgefasste Handlungsempfehlung für Vorgesetzte (Hinweis: Die jeweilige Rolle, die vom Gruppenmitglied wahrgenommen wird, ist nicht zu erläutern. Sie wird als bekannt vorausgesetzt.):

- der „Star",
- der „Freche",
- der „Intrigant",
- der „Ehrgeizling".

08. Besonderheiten der Führung ausgewählter Adressatengruppen (1)

Mitunter begegnet man in der betrieblichen Praxis der pauschalen Aussage: „Ältere Menschen sind weniger leistungsfähig".

a) Geben Sie zu dieser Behauptung eine differenzierte Aussage, indem Sie jeweils fünf konkrete Beispiele bilden für Komponenten der Leistungsfähigkeit,

- die sich mit dem Alter tendenziell verringern,
- die weitgehend altersbeständig sind,
- die mit dem Alter i. d. R. wachsen.

b) Nennen Sie beispielhaft drei Konsequenzen, die sich daraus für Ihre tägliche Führungspraxis ergeben.

c) Eine rückläufige Geburtenziffer sowie eine nach wie vor steigende Lebenserwartung werden das Durchschnittsalter der Bevölkerung in Deutschland auch weiterhin erhöhen. Geben Sie einen Überblick über mögliche personalpolitische Maßnahmen, die geeignet sind die Arbeitsbedingungen für ältere Mitarbeiter zu erleichtern bzw. einen „gleitenden" Übergang in den Ruhestand zu ermöglichen.

09. Besonderheiten der Führung ausgewählter Adressatengruppen (2)

Besonders die Führung ausländischer Mitarbeiter verläuft nicht immer konfliktfrei. Die Quellen können darin liegen, dass der Vorgesetzte bestimmte Besonderheiten dieser Zielgruppe nicht beachtet oder nicht kennt.

Beschreiben Sie beispielhaft sechs Aspekte, die bei der Führung ausländischer Mitarbeiter zu berücksichtigen sind um den potenziellen Besonderheiten dieser Adressatengruppe gerecht zu werden. Geben Sie dabei begründete Handlungsempfehlungen.

10. Besonderheiten der Führung ausgewählter Adressatengruppen (3)

a) Erläutern Sie, welche gesetzlichen Pflichten der Arbeitgeber bei der Beschäftigung behinderter Menschen zu beachten hat.

b) Wie sollten nach Ihrer Meinung behinderte Menschen geführt werden? Begründen Sie Ihre Antwort.

11. Besonderheiten der Führung ausgewählter Adressatengruppen (4)

Nennen Sie drei Handlungsempfehlungen zur Führung jugendlicher Mitarbeiter.

12. Zusammenarbeit von Frauen und Männern

Mehr als ein Drittel aller Erwerbstätigen in Deutschland sind Frauen. Die Vorurteile gegenüber Frauen im Berufsleben sind bekannt und halten sich dennoch hartnäckig; hier drei der am häufigsten geäußerten Aussagen:

- „Frauen sind weniger leistungsfähig!"
- „Frauen sind häufiger krank."
- „Die Berufsentwicklung bei Frauen ist immer mit Unterbrechungen belastet."

Die Benachteiligung von Frauen in der beruflichen Entwicklung beschreibt anschaulich der nachfolgende Presseartikel:

Frauen zahlen hohen Preis für Berufserfolg
Zu wenig Förderung und flexible Arbeitszeiten

München. Frauen zahlen noch immer einen hohen Preis für ihren beruflichen Erfolg: Im Privatleben und in der Partnerschaft müssten sie hohe Abstriche machen, sagte Professor Jürgen Schultz-Gambard (München) am Mittwoch auf dem 40. Kongress der deutschen Gesellschaft für Psychologie in München. Männern bleibe dagegen alles: Karriere, Ehefrau, Kinder und ein Zuhause. Gleichzeitig hätten deutsche Unternehmen Programme zur Förderung von Frauen in den vergangenen Jahren deutlich verringert.
Der Psychologe hatte ... berufstätige Männer und Frauen befragt, wer für die Kinder zuständig sei: 94 % der Männer antworteten: „Meine Frau". 100 % der Frauen: „Ich selbst". „Die Balance zwischen Familie und Beruf bleibt eine zentrale Lebensaufgabe der Frau", erläuterte der Psychologe Gerhard Blicke (Erlangen).
Ergebnis: Für Frauen existierten kaum Quotierungen, weder bei Einstellungen noch bei der Weiterbildung. Auch bei flexiblen Arbeitszeitmodellen machten die Firmen seit Jahren kaum Fortschritte.
Der Anteil der Frauen im Management stagniert ... bei 2 bis 3 % „Es gibt keine Besserung, sondern im Gegenteil Stagnation bis Rückgang", sagte Schultz-Gambard. Die Gehälter von Frauen und Männern in der Führungsebene entwickelten sich nach 4 bis 5 Berufsjahren deutlich auseinander.   (dpa)

Gibt es nach Ihrer Auffassung Unterschiede in der Leistungsfähigkeit und Leistungsbereitschaft von Frauen und Männern, die der Vorgesetzte in seiner täglichen Führungspraxis berücksichtigen sollte? Geben Sie eine begründete Antwort anhand von vier Aspekten.

13. Arbeitsorganisation in Gruppen

Beschreiben Sie eine der neueren Formen der Arbeitsorganisation von Gruppen (z. B. Teamarbeit, teilautonome Gruppen).

14. Teamentwicklung (1)

Welche (idealtypischen) Phasen der Teamentwicklung lassen sich unterscheiden und welche Rolle muss der Teamleiter überwiegend je Phase wahrnehmen?

15. Teamentwicklung (2)

Wie kann der Vorgesetzte gruppendynamische Prozesse bewusst wahrnehmen und dabei versuchen, die Teamentwicklung zu stärken? Beschreiben Sie sechs geeignete „Steuerungsmöglichkeiten".

16. Zielvereinbarung (MbO)

Ihr international tätiges Unternehmen plant für den Bereich der Führungskräfte, das System der traditionellen Leistungsbeurteilung durch ein Zielvereinbarungssystem zu ersetzen.

a) Nennen Sie fünf Aspekte, die bei der Einführung besonders zu beachten sind.

b) Zu Beginn des kommenden Jahres sollen die weltweit tätigen 800 Führungskräfte des Unternehmens mit dem konzeptionierten Zielvereinbarungssystem vertraut gemacht werden.

   Nennen Sie sechs Trainingsinhalte für diese Seminarreihe.

c) Nennen Sie jeweils drei Chancen und Risiken des Systems „Zielvereinbarung".

17. Organisationspsychologie: Veränderungskurve nach Streich

Menschen reagieren in der Regel auf (extreme) Veränderungssituationen in einer bestimmten Weise. Diese Reaktion lässt sich nach R. Streich in sieben Phasen einteilen. Die erste Phase bezeichnet man als „Schock" (= großer Unterschied zwischen eigenen und fremden, meist hohen Erwartungen und eingetroffener Realität).

Skizzieren Sie die Veränderungskurve nach Streich und beschreiben Sie die weiteren sechs Phasen. Auf der Abzisse ist der Aspekt „Zeit" und auf der Ordinate die „(wahrgenommene) Kompetenz zur Veränderung" abzutragen.

5. Situationsbezogenes Fachgespräch

Hinweis: Zur Vorbereitung auf den Prüfungsteil „Situationsbezogenes Fachgespräch" finden Sie nachfolgend eine „Situationsanalyse" und die entsprechende „Aufgabenstellung", die von uns bereits vorgegeben wurden. Ihre Aufgabe besteht nun darin,

I. den Themenvorschlag zu komplettieren, d. h.
    die *Grobgliederung* zu erstellen und

II. den *Lösungsvorschlag zu präsentieren*

Diese Übung soll Ihnen Sicherheit vermitteln, wenn Sie in der Echtsituation zwei Themenvorschläge selbst formulieren und an die IHK einreichen sollen bzw. sich auf das Fachgespräch vorbereiten.

Zur Wiederholung:

I. Der komplette *Themenvorschlag* besteht aus drei Teilen:

    1. Situationsbeschreibung (Ausgangslage)
    2. Aufgabenstellung (Thema)
    3. Grobgliederung

II. Das *Fachgespräch* ist gegliedert in:

    1. Der *Teilnehmer stellt sich kurz vor*:
        Firma, Branche, Erfahrung, derzeitige Funktion   ca. 2 Minuten
    2. *Präsentation* des Lösungsvorschlages   ca. 8 Minuten
    3. *Prüfungsgespräch*   ca. 20 Minuten

                 max. 30 Minuten

Bitte lesen Sie vor der Bearbeitung dieser Übung die entsprechenden Instruktionen zum Situationsbezogenen Fachgespräch im „Weißteil" dieses Buches auf S. 521 ff.

(1) Situationsbeschreibung (Ausgangslage)

Die Zenit GmbH ist ein mittelständischer Betrieb des Werkzeugmaschinenbaus mit rund 400 Mitarbeitern in einer ländlichen Region des Bergischen Landes. Das Unternehmen wird von einem technischen und einem kaufmännischen Geschäftsführer (seit drei Monaten im Unternehmen) geleitet. Ihnen berichten drei Hauptabteilungsleiter (Fertigung, Absatz, Verwaltung). Die operative Personalarbeit wird von einem Referenten wahrgenommen, der von zwei Mitarbeitern unterstützt wird. Seit einiger Zeit existiert ein Betriebsrat. Die Ertragslage des Unternehmens ist gut; der Auftragsvorlauf beträgt ca. sechs Monate.

Im Bereich der Facharbeiter und Meister fehlt es an geeignetem Nachwuchs. Externe Kandidaten erwiesen sich nicht immer als geeignet; außerdem war der Einarbeitungsaufwand sehr hoch, da das Unternehmen Präzisionskomponenten aus Edelstahl herstellt. Bisher gab es im Unternehmen außer einer gewerblichen Ausbildung keine nennenswerten Bildungsaktivitäten. Im letzten Jahr betrug die Ausbildungsquote 3 %.

(2) Aufgabenstellung

Sie sind Personalreferent bei der Zenit GmbH und erhalten den Auftrag, innerhalb von sechs Monaten ein kostengünstiges Aus- und Fortbildungskonzept zu präsentieren und danach umzusetzen, das insbesondere geeignet ist, die anstehenden Nachwuchsprobleme zu lösen.

Lösungen

1. Prüfungsfach: Personalarbeit organisieren und durchführen

1.1 Personalbereich in die Gesamtorganisation des Unternehmens einbinden

01. Zielkonflikte in der Organisation

Organisation ist eine ständige Gratwanderung zwischen Aufwand und Nutzen, zwischen Betriebserfordernissen und den Wünschen bzw. Erwartungen der Mitarbeiter, zwischen Aufbau- und Ablauforientierung, zwischen Zentralisation und Dezentralisation, zwischen generellen und fallweisen Regelungen – um nur einige Aspekte zu nennen.
Im Allgemeinen gilt:

- Je größer der Betrieb, desto klarer und eindeutiger muss der Organisationsgrad sein (mehr Organisation, weniger Improvisation).
- Je mehr Technik (DV, Textverarbeitung, Electronic mail usw.) eingesetzt wird, umso mehr sollten fallweise Regelungen zu Gunsten genereller Regelungen abgebaut werden.
- Generelle Regelungen schaffen Stabilität; es besteht aber die Gefahr der Überorganisation, der mangelnden Flexibilität und der Demotivation der Mitarbeiter.
- Disposition und Improvisation geben Freiraum und ermöglichen Flexibilität; es besteht aber das Risiko der Unterorganisation und zunehmender Fehlentscheidungen.

Die Lösung dieser Probleme wird dort liegen, wo das Prinzip der Wirtschaftlichkeit erreicht wird bzw. erhalten bleibt.

02. Organisation, Disposition, Improvisation

a) *Organisieren* ist ein Hilfsmittel zum Erreichen von Zielen. Die Betriebsorganisation legt (generell oder vorübergehend) fest, wie die Faktoren Arbeitskräfte, Arbeitsmittel (Maschinen, Geräte, Geld usw.) und Arbeitsstoffe (Zement, Steine, Dachziegel usw.) so miteinander kombiniert werden, dass das Unternehmensziel ökonomisch und effizient erreicht werden kann. Organisation bezeichnet sowohl die Tätigkeit des Organisierens als auch den Zustand, d. h. das Ergebnis der organisatorischen Tätigkeit, das in Regelungen festgelegt ist.

Disposition ist die situationsabhängige Regelung eines Einzelfalls im Rahmen genereller Regelungen. Beispiel: Der Einkaufsleiter disponiert, d. h. er entscheidet über Einkaufsmengen und -preise innerhalb vorgegebener Grenzen.

Improvisation: Mitunter müssen Entscheidungen „aus dem Stand heraus" getroffen werden. Man spricht in diesem Fall von Improvisation. Improvisation kann immer dann effizient sein, wenn eine auf Dauer angelegte Regelung nicht möglich oder nicht erforderlich erscheint.

b)

Organisation statt Improvisation	
Vorteile, z. B.:	Nachteile, z. B.:
• Gleiche Arbeiten werden gleich behandelt.	• Flexibilität und Anpassen an neue Bedingungen werden erschwert.
• Häufig wiederkehrende Arbeiten werden strukturiert; immer wiederkehrendes Durchdenken des Problems entfällt.	• Richtlinien hemmen die Motivation der Mitarbeiter für eigene Lösungsansätze.
• Für die Einarbeitung und das Training der Mitarbeiter existieren klare Vorgaben.	• Kreativität der Mitarbeiter nimmt ab.
• Richtlinien schaffen Orientierung und Sicherheit für die Mitarbeiter.	• Tendenz zur Überorganisation und Gefahr der Schwerfälligkeit.

03. Anpassung der Organisation

a) z. B.:
  • *Ausrichtung des Unternehmens* auf veränderte politische und wirtschaftliche Bedingungen (Standortdiskussion in Deutschland, hohes Niveau der Lohn- und Lohnnebenkosten, Internationalisierung der Märkte, EU, Euro u. Ä.).
  • *Reduzierung der Hierarchien:* Lean Management, Lean Production mit den Einzelzielen:
    - Verbesserung der Produktqualität und der Kundenbeziehungen
    - Reduzierung der Kosten durch verbesserte Wertschöpfung („Wofür der Kunde bereit ist zu zahlen")
    - Beschleunigung der Produktentwicklungen und der Arbeitsabläufe in Produktion und Administration
    - Eliminierung von Verschwendungen („Wofür der Kunde nicht bereit ist zu zahlen")
  • *neue Strukturen der Arbeitsorganisation:* autonome/teilautonome Gruppen, Teamarbeit/ Teamorganisation, Kontinuierliche Verbesserungsprozesse (KVP), Qualitätsmanagement (QM, TQM)
  • *Steigerung der Flexibilität* durch Gruppenarbeit
  • *leistungswirksame Motivation* durch angereicherte Arbeit
  • *Vorbereitung und Durchführung von Zertifizierungsmaßnahmen* (DIN 9000:2000)

b) • *Reduzierung der Hierarchien:*
    - Reduzierung von sechs auf vier Leitungsebenen; z. B. Wegfall der Ebenen „Direktoren" und „Gruppenleiter"
    - Neuordnung von Aufgabenbereichen, veränderte Stellenzuordnung, Reduzierung von Stellen
    - Erweiterung der Leitungsspanne in geeigneten Bereichen
  • *Konsequenzen:*
    - Reduzierung der Anzahl der Führungskräfte (Vorruhestand u. Ä.)
    - verstärkte Delegation von Verantwortung bis „hinunter" zur Ausführungsebene (Sachbearbeiter, Gewerbliche) und damit Anreizwirkung
    - Frustration bei den Führungskräften; ggf. Eigenkündigungen

04. Einordnung und Gliederung des Personalwesens

(1) *Die hierarchische Einordnung* des Personalwesens sowie die *Gliederung* erfolgen sinnvollerweise nach Zweckmäßigkeitsüberlegungen. In der Praxis lassen sich hinsichtlich der hierarchischen Einordnung des Personalwesens zwei grundsätzliche Fälle unterscheiden:

- *In Kleinbetrieben* behält sich i. d. R. der Firmeninhaber bzw. die Geschäftsleitung die Wahrnehmung der Personalentscheidungen selbst vor:

- *In Mittel- und Großbetrieben* sind in der Praxis unterschiedliche organisatorische Einbindungen der Personalfunktion anzutreffen. Als Grundprinzip gilt: Je höher die hierarchische Einbindung, desto höher ist i. d. R. der Stellenwert der Personalarbeit in diesem Unternehmen anzusehen. Nachfolgend werden drei mögliche Fälle abgebildet:

- Fall 1: Unterstellung der Personalfunktion unter einen Ressortleiter

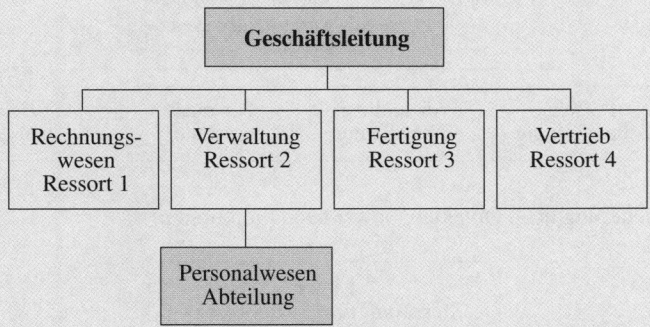

- Fall 2: Unterstellung der Personalfunktion unter die Geschäftsleitung (Vorstand):

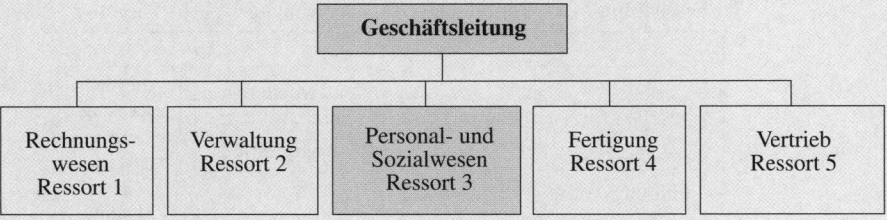

• Fall 3: Personalleiter als Mitglied der Geschäftsleitung (Vorstand):

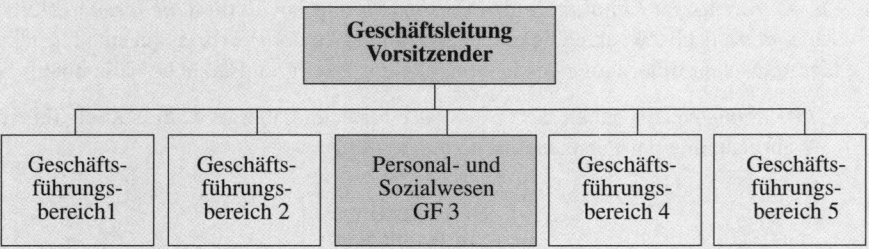

Daneben ist zu beachten, dass für Kapitalgesellschaften ab 2.000 Mitarbeitern sowie für Unternehmen der Montanindustrie die Personalfunktion als Mitglied der Unternehmensleitung zwingend vorgeschrieben ist (Stichwort: Arbeitsdirektor).

(2) *Die interne Gliederung des Personalwesens* ist vorwiegend abhängig von der Größe des Unternehmens. Vom Prinzip her gilt: Je größer das Unternehmen, desto stärker ist die Personalfunktion gegliedert. Bei Konzernen spielen außerdem Überlegungen der Zentralisierung bzw. Dezentralisierung eine wichtige Rolle. Unabhängig davon sind heute drei Grundprinzipien der Gliederung des Personalwesens anzutreffen, die hier anhand von drei Fällen schematisch dargestellt sind:

• Fall 1: Gliederung nach Funktionen

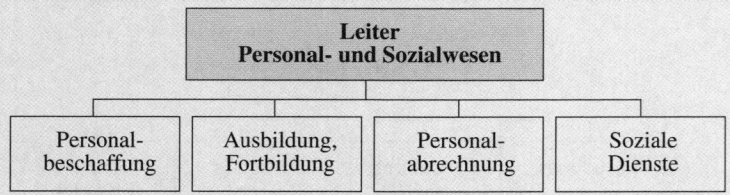

• Fall 2: Gliederung nach Objekten (sowie nach Funktionen)

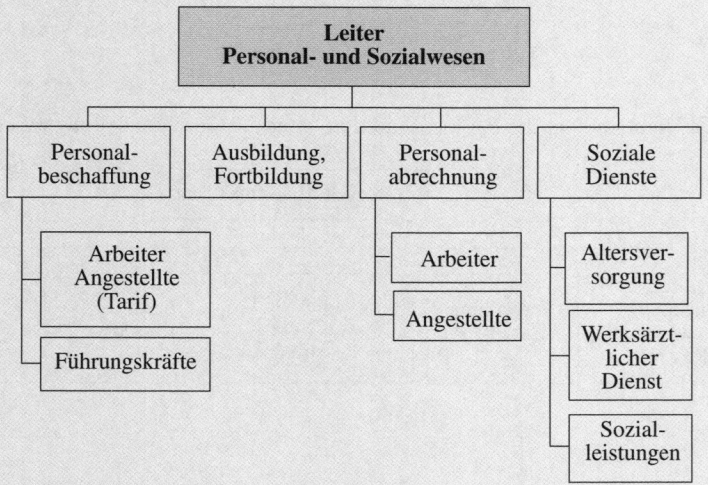

• Fall 3: Referentenmodell

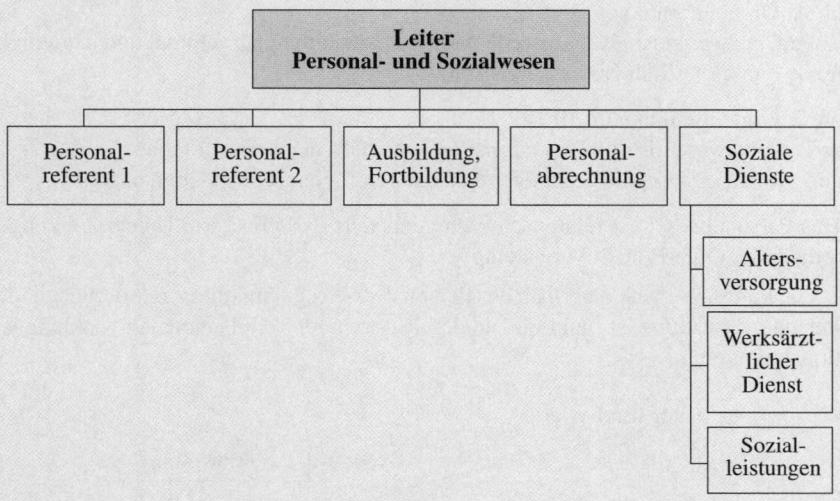

Die Gliederung nach Funktionen sowie nach Objekten kann als klassische Aufteilung der Personalarbeit bezeichnet werden. In der Praxis sind Mischformen vorherrschend. Das Referentenmodell ist eine neuere Form der Strukturierung: Der „Personalleiter im Kleinen" betreut eigenständig einen bestimmten Mitarbeiterbereich (z. B. alle Mitarbeiter des Geschäftsbereichs Fertigung) in allen Fragen der Personalarbeit. Er wird dabei meist von Spezialisten unterstützt (Altersversorgung, Abrechnung). Der Leiter Personal- und Sozialwesen trifft die grundsätzlichen Entscheidungen und „bildet die Klammer" der gemeinsamen Arbeit.

05. Gliederung der Personalabteilung

a) nach dem *Objektprinzip*, z. B.:

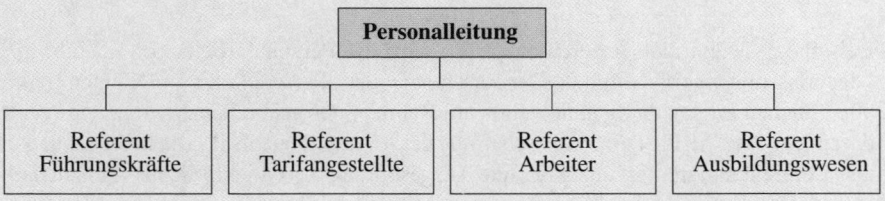

b) nach dem *Funktionsprinzip*, z. B.:

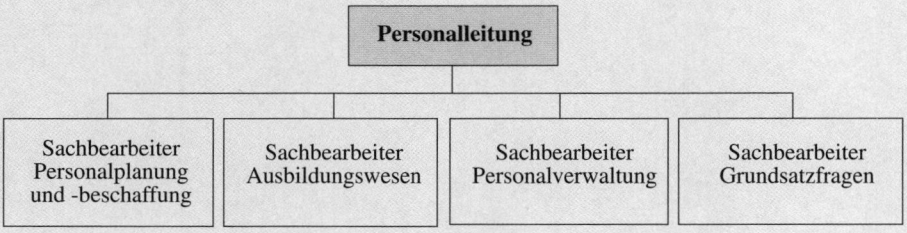

06. Organisation der Personalwirtschaft

a) Abb. 1 (Organigramm von 2000):
Das Personalwesen ist als Stabsstelle der Geschäftsleitung ausgebildet und hat lediglich beratende Funktion (Stab-Linien-Organisation).

Abb. 2 (Organigramm von 2011):
Das Personalwesen ist als Linienfunktion innerhalb der Verwaltung ausgebildet – hat also eigene Weisungsbefugnis gegenüber den anderen Linien (Linien-Organisation).

b) • Das Personalwesen ist relativ schwach gegliedert (lediglich drei Untergliederungen „unterhalb der Orga-Einheit Verwaltung").

• Die 2. Führungsebene innerhalb des Personalwesens ist funktionsorientiert gegliedert. Die Personalverwaltung ist funktions- und objektorientiert; die Personalentwicklung ist funktionsorientiert.

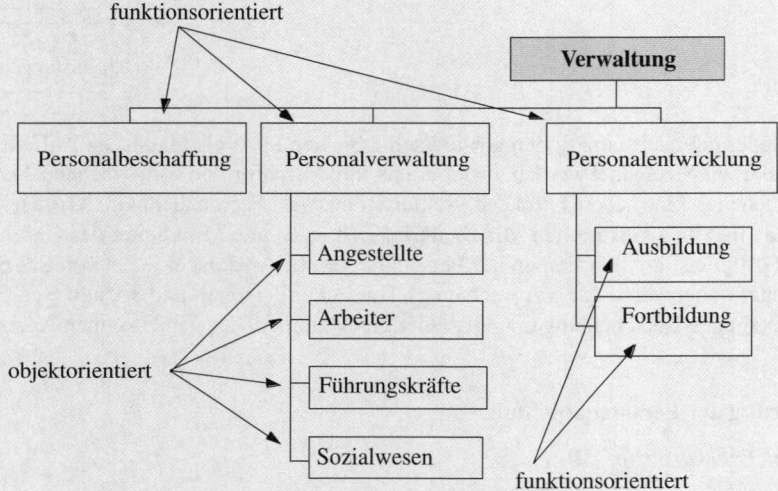

c) 1) Bei einem dezentralen Referentensystem wird die Personalarbeit vor Ort, d.h. in der Niederlassung wahrgenommen. Der Referent (= der „Personalleiter im Kleinen") nimmt alle üblichen Personalaufgaben wahr – im Rahmen der generellen Abgrenzung (zentral/dezentral) – so z. B. die Personalbeschaffung der Angestellten, die Personalabrechnung usw. Das Referentensystem ist eine konkrete Ausgestaltung des Objektprinzips (Personalarbeit orientiert sich am Objekt „Niederlassung").

2)

Teilfunktion	zentral	dezentral
Personalbeschaffung Angestellte		x
Personalbeschaffung Führungskräfte	x	
Personalabrechnung[1]		x
Ausbildung		x
Fortbildung als Profitcenter	x	
Altersversorgung[2]	x	
EDV-Koordination/Abrechnungssysteme	x	
Personalgrundsatzfragen	x	
Entgeltsysteme Tarifangestellte		x

07. Outsourcing von Teilaufgaben der Personalarbeit

a) - Personalauswahl und -beschaffung   →   Personalberater
   - Gestaltung und Schalten von Personalanzeigen   →   Anzeigenagenturen
   - Entgeltabrechnung   →   Abrechnungszentren
   - Werksärztlicher Dienst   →   Ärztezentrum
   - Kantine   →   Pächter oder Caterer
   - Altersversorgung   →   Pensionskasse
   - Personalfreisetzung   →   Outplacementberater
   - Fortbildung   →   Ausgliederung als Profitcenter

b) • *Mögliche Vorteile:*
   - Einsparpotenziale (Personal-, Raum-, Kommunikationskosten)
   - termingebundene Realisierung von Aufgaben
   - klare Qualitätsstandards
   - Übernahme der Haftung für Qualitätsstandards
   - Vermeidung von Leerlauf/mangelnder Auslastung
   - aktualisiertes Know-how
   - Vorteile der Spezialisierung

   • *Mögliche Nachteile:*
   - Verlust von Know-how
   - Verlust zusammenhängender Funktionsabläufe
   - Abhängigkeit vom externen Dienstleister
   - nicht unbeträchtliche Risiken bei fehlenden Kontrollinstrumenten
   - Koordinationsaufwand
   - Demotivation der Mitarbeiter

Hinweis: Die Vor- und Nachteile des Outsourcing sind die Nach- und Vorteile des Insourcing (Rückverlagerung in das Unternehmen).

---

[1] Möglich ist auch eine zentrale Abrechnung im Online-Betrieb. Hier ist nach Kosten-Nutzen-Gesichtspunkten abzuwägen.

[2] Die Altersversorgung sollte zentral gesteuert und geregelt sein, damit es innerhalb der Handelskette zu einheitlichen Gestaltungsformen kommt (Vermeidung von „Wildwuchs" unterschiedlicher Versorgungssysteme).

08. Hauptaufgaben des Personalwesens

a) Die Hauptaufgaben des Personalwesens sind:

- Personalpolitik,   - Personalplanung,
- Personalbeschaffung,   - Personaleinsatz,
- Personalentwicklung,   - Personalfreisetzung (-abbau),
- Personalbetreuung,   - Personalführung,
- Personalverwaltung,   - Personalorganisation,
- Personalcontrolling.

Der Grad der Aufgliederung sowie das „Gewicht" der einzelnen Funktionen ist im Unternehmen abhängig von

- der Größe des Betriebes,
- der Branche,
- dem „Entwicklungsstand" und
- der Aufbaustruktur/Organisationsform.

b) Zuordnung von Tätigkeiten und Personalfunktionen:

- Prüfen und Weiterleiten der   → Beschaffungsfunktion
  Bewerbungsunterlagen
- Ermittlung des Nettolohnes   → Entlohnungsfunktion
- Umbau der bestehenden Kantine   → Betreuungsfunktion
- Gespräch mit dem Betriebsrat zur   → Freistellungsfunktion
  Vorbereitung einer Kündigung
- Erstellung der internen Fortbildungs-
  broschüre und Auswahl von Teilnehmern → Entwicklungsfunktion
- Erstellung der Urlaubsplanung   → Einsatzfunktion

09. Funktionen der Personalarbeit

- *Stabsfunktion:*
  Von der Stabsfunktion der betrieblichen Personalarbeit spricht man dann, wenn das Personalwesen eine *beratende Aufgabenstellung* hat; die Entscheidungskompetenz liegt hier allein bei den Fachabteilungen. Die Personalabteilung wird sich hier als Berater anbieten. Inwieweit sie dabei in der Praxis Erfolg hat, hängt wesentlich von Faktoren wie Fachkompetenz, Überzeugungsfähigkeit, Informationspolitik und nicht zuletzt von der „Chemie" zwischen Personal- und Fachabteilung ab. Gute Personalarbeit der Personalleiter und Referenten kann sich hier nur im Wege langfristig angelegter, solider Arbeit – auch im Detail – ihren Stellenwert im Betrieb erobern. Typische Themenfelder der Stabsfunktion sind z. B.:

  - Vorauswahl interner Nachfolgekandidaten,
  - Beratung bei speziellen Entlohnungsfragen vor Ort,
  - Einzelfragen der Personal- und Organisationsentwicklung.

- *Linienfunktion:*
  Bei den Linienaufgaben liegt die *alleinige Entscheidungskompetenz* beim Aufgabenträger – in diesem Fall also beim Personalwesen. Die Linienfunktion der Personalabteilung wird deutlich in den Themenfeldern wie z. B.:

- grundsätzliche Entlohnungskonzepte,
- Lohn- und Gehaltsabrechnung,
- Berichtswesen der Personalarbeit,
- Sozialverwaltung.

• *Beteiligung an überbetrieblichen Tätigkeiten:*
In diesem Sektor der Personalarbeit *repräsentiert das Personalwesen den Betrieb in überbetrieblichen Gremien, Ausschüssen* u. Ä. Typische Beispiele sind:

- Teilnahme an überbetrieblichen Erfahrungsaustausch-Treffen (vgl. z. B. die Erfa-Treffen der Deutschen Gesellschaft für Personalführung, Düsseldorf),
- Teilnahme an personalpolitischen Gremien auf Konzern- und/oder Verbandsebene,
- Tätigkeiten von Mitarbeitern des Personalwesens als Mitglieder von Prüfungsausschüssen der Kammern oder als Laienrichter beim Arbeitsgericht u. Ä.

10. Personalabteilung: Struktur und personelle Ausstattung

1. *Personelle Ausstattung:*

Nach Erhebung der dgfp (Deutsche Gesellschaft für Personalführung) sollte die Personalkapazität ein Prozent der Belegschaft nicht überschreiten. Es sollten also maximal sieben Mitarbeiter im Personalwesen ausreichend sein (= 1 % von 700).

Derzeit hat die Personalabteilung der Glanz GmbH folgende Kapazität (in Vollzeitkräften):

Stelle	Istkapazität	Vollzeitkräfte
Ihr Chef (Leiter Personal, Rechnungs- wesen und Verwaltung)	0,3	0,3
Entgeltabrechnung	4 · 0,5	2,0
Referent 1	1,0	1,0
Referent 2 und Halbtagskraft	1,0 + 0,5	1,5
Aus- und Weiterbildung	0,5	0,5
Summe Ist		**5,3**

2. Struktur und personelle Sollausstattung:

	Istausstattung	Sollausstattung
Ihr Chef: Die Leitungsfunktion sollte bei 700 Mitarbeitern als eigenständige Abteilungsleiterstelle geschaffen werden.	0,3	1,0
Entgeltabrechnung: Ein Mitarbeiter kann ca. 450 Arbeitnehmer „abrechnen" (Quelle: eigene Erfahrung und dgfp).	2,0	1,5
Referent 1 Referent 2 und Halbtagskraft: Da die Funktion „Personalleiter" als eigenständige Stelle geschaffen wird, reicht ein Referent und eine Halbtagskraft bei 700 Mitarbeitern aus.	2,5	1,5

	Istausstattung	Sollausstattung
Aus- und Weiterbildung: Die Stelle wird wegen der Bedeutung der Funktion auf eine Vollzeitkraft verstärkt.	0,5	1,0
Fehlende Funktionen: Es fehlende bei der Glanz GmbH wichtige Personalfunktionen, z. B. - Sozialwesen - Personalmarketing - Personalplanung - Personalcontrolling Es werden dafür zwei neue Stellen geschaffen mit geeigneter Kompetenzbündelung.	–	2,0
Summe	**5,3**	**7,0**

Hinweis: Auch ähnlich schlüssige Antworten sind gültig.

1.2 Personalwirtschaftliches Dienstleistungsangebot gestalten

01. Bedeutung der Personalarbeit

Aus der früheren, rein verwaltenden Funktion der Personalarbeit entwickelt sich heute die Tendenz und Notwendigkeit zum gestaltenden, unternehmerisch agierenden Personalmanagement mit zunehmend hoher Einbindung in die Entscheidungen der Unternehmensleitung. Die Ursachen für den Wandel, den die Personalarbeit in ihrer Bedeutung erfahren hat, sind vor allem folgende:

- Bedeutung und Entwicklung des Arbeitsrechts (Fachwissen ist unbestritten notwendig),
- wachsende Veränderungen in den Technologien und damit wachsende Erfordernisse der Personalschulung und -entwicklung (Anpassungsleistung),
- Wertewandel der Mitarbeiter (z. B.: das Anspruchsniveau an Führung und Zusammenarbeit steigt),
- Veränderungen am Arbeitsmarkt (sinkende Mobilität, Spezialisten fehlen z. T. trotz hoher Arbeitslosigkeit usw.),
- der Personalkostenblock entscheidet wesentlich (mit) über die wirtschaftliche Lage des Unternehmens,
- starre Formen der Arbeitsorganisation (Linienorganisation) weichen zu Gunsten flexiblerer Formen (Projektorganisation, Einrichtung von „Netzwerken" mit Verzicht auf starre Kompetenzen),
- Unternehmen werden heute u. a. auch daran gemessen, welchen Stellenwert bei ihnen der Faktor Arbeit hat (Ausrichtung der Personalpolitik).

Die wachsende und veränderte Bedeutung der Personalarbeit in den deutschen Unternehmen zeigt sich auch deutlich in den gestiegenen und interdisziplinären Anforderungen an Personalleiter (früher: i. d. R. Jurist; heute: Moderator, Initiator von Veränderungsprozessen, Kundenorientierung, Aufbau von Qualitätsstandards, Change Manager).

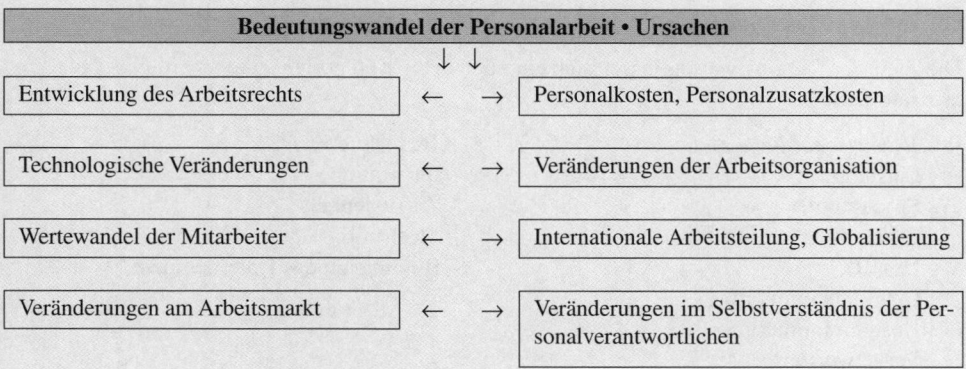

02. Entwicklungsphasen der Personalarbeit

Obwohl die Praxis meist Mischformen aufweist, werden von den Fachleuten i. d. R. vier ideal-typische Entwicklungsphasen der Personalarbeit beschrieben:

Entwicklungsphasen der Personalarbeit	Zeitraum	Philosophie	Hauptfunktionen, z. B.:
Administration	bis Ende der 60er-Jahre	Aufbau und Pflege der Personalverwaltung	Verwaltung der Personalakten, meist arbeitsrechtliche Konfliktlösung; z. T. als Nebenfunktion wahrgenommen
Humanisierung	ab 1970	Ausrichtung auf die Mitarbeiter	Humanisierung von Arbeitszeiten, Arbeitsplätzen; Ergonomie; Tendenz zur Personalbetreuung; Aufbau von Personalentwicklungskonzepten
Ökonomisierung	ab 1980	Ausrichtung nach Wirtschaftlichkeitsgesichtspunkten	Flexibilisierung, Rationalisierung; Überprüfung von Sozialleistungen; Idealtypische Effizienzsteigerung des Faktors Arbeit
Unternehmerische Funktion	ab 1990	Personalabteilung und Mitarbeiter sind „Mitunternehmer"	Zentralisierung der strategischen Personalarbeit; Dezentralisierung der operativen Personalarbeit; Stärkung der Mitarbeiterrolle als „Mitdenker", „Mitunternehmer" (KVP, Lean Management)

03. Ziele der Personalarbeit

Die Ziele des Personalwesens lassen sich einteilen in die Kategorien „wirtschaftliche Ziele" und „soziale Ziele".

- z. B. *wirtschaftliche Ziele*:
  - Leistung
  - Produktivität
  - Ergebnis
  - Umsatz
  - Gewinnmaximierung
  - Kostenminimierung
  - Verantwortung
  - Zusammenarbeit

- z. B. *soziale Ziele*:
  - Integration
  - Zufriedenheit
  - Motivation
  - Bindung an das Unternehmen

Die Verfolgung dieser Ziele ist selbstverständlich nicht nur Aufgabe der Personalabteilung, sondern auch der Unternehmensleitung, der Vorgesetzten, der Mitarbeiter und des Betriebsrats. Zwischen beiden Zielsetzungen besteht eine Interdependenz sowie ein ständiges Spannungsfeld; die Zielsetzungen stehen kurzfristig oft konträr zueinander. Es kommt also darauf an, dass in einem Unternehmen „wirtschaftliche" und „soziale Ziele" in angemessener Form ausgewogen sind und in Einklang stehen – in Abhängigkeit von

- der Konjunkturlage,
- der Wirtschaftslage des Unternehmens,
- dem Beschäftigungsgrad am Arbeitsmarkt,
- dem Wertegefüge der Mitarbeiter

usw.

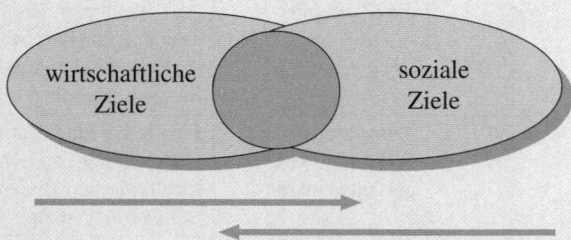

Die Schnittmenge bedeutet die Übereinstimmung der Ziele. Je größer die Schnittmenge, desto mehr stehen beide Ziele in Einklang zueinander.

Insgesamt darf jedoch nicht vergessen werden, dass ein Unternehmen kein „Sozialverein" ist, sondern eine „wirtschaftliche Veranstaltung" mit dem Ziel der Gewinnmaximierung. Der Zielkonflikt zwischen wirtschaftlichen und sozialen Zielen ist nicht generell zu lösen. Die relative Ausgewogenheit ist ein ständiger Prozess. Neben der Personalabteilung haben auch die Führungskräfte die Verpflichtung dazu beizutragen, dass sich wirtschaftliche und soziale Ziele ergänzen bzw. Synergiewirkungen entstehen können – und zwar überall dort, wo es sachlich möglich ist. Schematisch dargestellt heißt dies die „Schnittmenge beider Ziele" im Tagesgeschäft zu maximieren.

04. Personalpolitische Ziele

a) Überwiegend kurzfristig sind z. B.
- *wirtschaftliche Ziele:*
  - Senkung der Personalkosten:
    Im Mittelpunkt steht die Ergebnisverbesserung durch Kostensenkung.
  - Arbeitszeitmodelle:
    Zentrales Anliegen ist die Ausrichtung an den Erfordernissen des Marktes.
  - Fluktuation:
    Bei diesem Ziel fehlt die Ausrichtung/Präzisierung. Vermutlich ist eine wirtschaftliche Zielsetzung gemeint – mit der Absicht der Kostensenkung. Erschwerend kommt hinzu, dass der Begriff Fluktuation in der Fachliteratur uneinheitlich definiert wird.

- *soziale Ziele:*
  - Optimaler Mitarbeitereinsatz:
  Der Einsatz der Mitarbeiter sollte sich an „dem Können und der Neigung" orientieren.

b) Definiert man „Fluktuation = Summe der Personalabgänge" (vgl. dazu in der Literatur die BDA-Formel), so lassen sich über die Senkung der Fluktuation und den damit verbundenen Maßnahmen (direkt und indirekt) realisieren:

- z. B. *wirtschaftliche Ziele* wie
- Senkung der Personalbeschaffungskosten
- Verbesserung des Firmenimage (intern und extern) u. Ä.

sowie

- z. B. *soziale Ziele* wie
  - Erhöhung der Mitarbeiterzufriedenheit durch Stabilität bestehender Arbeits- und Sozial-strukturen
  - Verbesserung der Zusammenarbeit durch Kontinuität in der Mitarbeiterzusammensetzung u. Ä.

c) *Ziele sind dann messbar*, wenn sie präzisiert sind hinsichtlich
hier:

- Inhalt	Senkung der Personalkosten	in der Formulierung o. k.
- Ausmaß	um 25 %	fehlt im Beispiel
- Zeitraum	im Jahr 20..	fehlt im Beispiel.

Eine messbare Zielformulierung wäre z. B.:
„Die Personalkosten sollen bis Ende 20.. um 25 % gesenkt werden".

05. Personalwirtschaftlicher Dienstleistungsprozess, Stärken-Schwächen-Analyse

a) Ihre *wichtigsten Kunden* sind u. a.:
- alle Mitarbeiter und Führungskräfte des Unternehmens,
- Ihre Kollegen im eigenen Fachbereich,
- die Mitglieder der Geschäftsleitung/des Vorstandes,
- alle Mitglieder des Betriebsrates bzw. der Ausschüsse/Organe nach dem BetrVG,
- externe Stellen.

b) *Liste der zentralen Personaldienstleistungen,* u. a:

Bildungswesen	Fördermaßnahmen
Personalabrechnung	Entgeltpolitik
Personalinformation	Personalbetreuung
Personalführung	Administration

c) *Fragebogen* (Ansatz/Entwurf) zur Erwartungsabfrage der Mitarbeiter (= „Kunden"):

Fragebogen   **Erwartungsabfrage der Mitarbeiter**

1. Gewichtung:

• *Für wie wichtig halten Sie die folgenden Personaldienstleistungen?*

	sehr wichtig	*weniger wichtig*	*unwichtig*
	5	3	1

Bildungswesen

Fördermaßnahmen

Entgeltpolitik

...

2. Bewertung:

• *Wie bewerten Sie diese Personaldienstleistungen?*

	gut	*befriedigend*	*schlecht*

Bildungswesen

Fördermaßnahmen

Entgeltpolitik

...

3. Ergänzende Angaben:

• *Welche Personaldienstleistung sollte zusätzlich erbracht werden?*

    Freie Antwort: ....

• *Was ist gut und sollte beibehalten werden?*

    Freie Antwort: ....

• *Was ist nicht wirksam und sollte verbessert werden?*

    Freie Antwort: ....

Hinweis:

In der Praxis kann eine Mitarbeiterbefragung nur von Spezialisten erarbeitet und durchgeführt werden. Gute Erfahrungen und Know-how haben auf diesem Gebiet die Deutsche Gesellschaft für Personalführung, dgfp, Düsseldorf sowie eine Reihe von Universitäten.

d)   Erfolgskriterien für die Planung der Befragung, z. B.:

* Die Befragung muss anonym sein.
* Die Mitarbeiter müssen über den Zweck der Befragung informiert werden.
* Der Betriebsrat muss beteiligt werden.
* Der Befragungsbogen muss einfach auszufüllen und auszuwerten sein.
* Es sollte ein Anreiz zur Rückgabe des Bogens bestehen (z. B. Prämie).

d1) Stärken-Schwächen-Analyse, Arbeitsschritte:
   - Festlegen der relevanten Merkmale
   - ggf. Gewichtung der Merkmale
   - Festlegen der Skalierung („Punkterahmen")
   - Datenerhebung (extern, intern)
   - Bewertung der Merkmale („Zuordnung der Punkte")
   - ggf. Kommentar zur Bewertung der Merkmale
   - Erstellen des Stärken-Schwächen-Profils
   - ggf. Vergleich mit einem relevanten Wettbewerber (Benchmarking)
   - Bewertung und Interpretation des Ergebnisses
   - Ableitung von Maßnahmen

d2) Geeignete Vergleichsmöglichkeiten:
   - Benchmarking („sich an dem Besten orientieren")
   - Vergleich mit einem Wettbewerber
   - Vergleich mit den Erhebungsergebnissen der Deutschen Gesellschaft für Personalführung (dgfp), Düsseldorf

d3) Risiken der Stärken-Schwächen-Analyse, z. B.:
   - Auswahl der Merkmale ist subjektiv
   - Gefahr, dass relevante Merkmale nicht erfasst werden
   - Bewertung der Merkmale ist subjektiv
   - erfasst nur die Istsituation, zukünftige Entwicklungen werden nicht berücksichtigt.

06. Zukunftsorientierte Personalarbeit

Die Antwort kann mit den „7S" gegeben werden. Dies sind Faktoren, die generell für den Erfolg von Unternehmen maßgeblich sind:

- **S**truktur (klare Organisation)
- **S**trategie (zukunftsgerichtete Strategie)
- **S**ysteme (Ordnung als Ganzes)
- **S**uperordinate Goals (übergreifende Unternehmensziele)
- **S**kills (Entwicklung relevanter Kompetenzen, z. B. Lernfähigkeit)
- **S**taffing (klare Regeln für Entscheidungen, z. B. Versetzung)
- **S**tyle (Führungsstil, Unternehmenskultur).

1.3 Prozesse im Personalwesen gestalten

01. Optimierung eines personalwirtschaftlichen Supportprozesses

a) *Prozess der Anzeigenschaltung* (Ausschnitt):

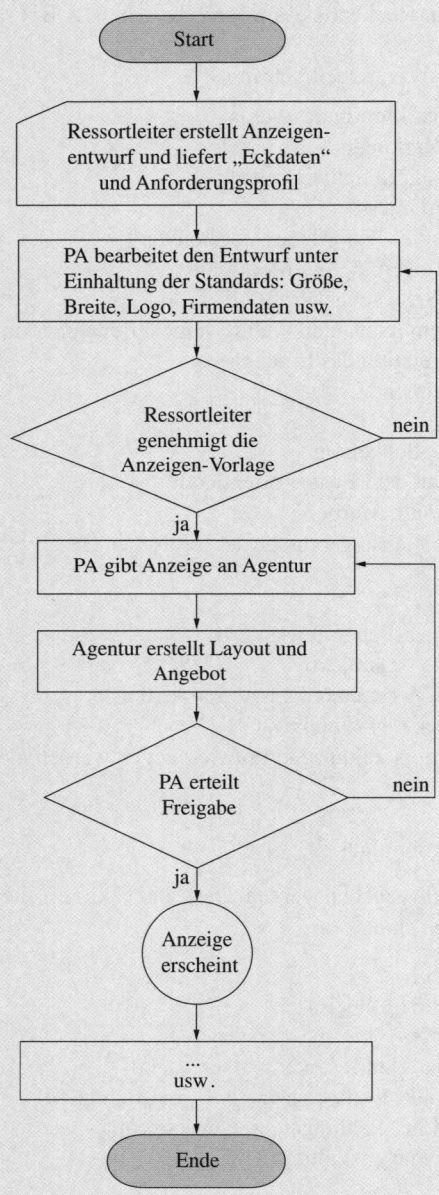

b) *Ziele der Prozessorganisation/-reorganisation:*
  - Verbesserung der Prozessqualität
  - Verkürzung der Prozesszeit
  - Reduzierung der Prozesskosten
  - Überprüfung bestehender Prozesse → Optimierung, Innovation

02. Personalbereichsprozess

a) • Ein Bereichsprozess ist ein Ablauf in einer betrieblichen Abteilung, z. B. Personalwesen. Er ist ein Teil eines Geschäftsprozesses.

  • Der Personalbereichsprozess ist ein personalwirtschaftlicher Prozess innerhalb der Abteilung Personalwesen, z. B.:

  - Personalplanungsprozess
  - Personalbeschaffungsprozess
  - Personalentwicklungsprozess
  - Personaleinsatzprozess
  - Personalfreisetzungsprozess
  - Personalentlohnungsprozess
  - Personalcontrollingprozess.

b) Widerstände auf der Mitarbeiterebene, z. B.:
  - Gewohnheit (Bekanntes, Vertrautes wird bevorzugt)
  - Vorurteile, selektive Wahrnehmung
  - innere Werthaltungen
  - Zweifel, Ängste

  Widerstände auf der Organisationsebene, z. B.:
  - Normen der Organisation bzw. von Gruppen sowie Tabus ("Haben wir immer so gemacht!")
  - Abhängigkeit der Änderungen (Änderungen im Personalbereich führen zu Änderungen in anderen Fachbereichen)
  - Privilegien, Besitzstände

03. Einzelprozess

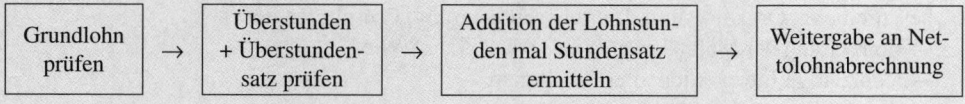

04. Beschreibung eines Geschäftsprozesses

a) *Prozessanfang* („Auslöser"): Rechtsverbindlicher Abschluss des Arbeitsvertrages und Zustimmung durch den Betriebsrat

    Prozessende: 1. Stufe (fester Termin):
Abschluss der geplanten Einarbeitungsmaßnahmen und Beurteilung des Mitarbeiters rechtzeitig vor Ende der Probezeit.

                         2. Stufe (offener Termin):
Die Einarbeitung ist dann abgeschlossen, wenn der Mitarbeiter die geforderte Leistung fehlerfrei erbringt und sich in das Arbeitsteam integriert hat.

b) Prozessziele:
- Reduzierung der Einarbeitungskosten
- Reduzierung der Einarbeitungszeit, d. h. der neue Mitarbeiter erbringt schneller die geforderte Leistung
- Reduzierung der Zeit, die der Mitarbeiter zur Integration in das Team braucht

c) 1) Schnittstellen im Rahmen der ganzheitlichen Prozessorientierung sind Übergänge von einem Funktionsbereich zu einem anderen – verbunden mit: Übergabe der Aufgabe, der Information, der Abstimmung und Rückkopplung.

    2) Schnittstellen im Geschäftsprozess „Einarbeitung ...", z. B.:

Personalreferent	$\rightarrow$	Fachabteilung
Fachabteilung	$\rightarrow$	Personalreferent
Personalreferent	$\rightarrow$	Betriebsrat
Fachabteilung	$\rightarrow$	Aus- und Fortbildung
Fachabteilung	$\rightarrow$	Lohn-/Gehaltsabrechnung

    3) Möglichkeiten zur Reduzierung der Schnittstellen, z. B.:
- Verantwortlichkeiten für die Einarbeitung werden gebündelt, z. B. ein Verantwortlicher im Personalsektor, ein Verantwortlicher in der Fachabteilung.

- Einzelvorgänge werden zu Teilprozessen zusammengefasst, z. B.: Übergabe aller Arbeitspapiere + Erläuterung der Abrechnung + Betriebsbegehung/Kantine/Werkzeugausgabe u. Ä.

d) Aufgaben des Geschäftsprozesses „Einarbeitung ..." in sachlogischer Reihenfolge, z. B.:
Start
Festlegung der Zeiten/Termine + Verantwortlichkeiten + Informationsmittel (z. B. Funktionsbeschreibung, Organigramm, Betriebsvereinbarung, Broschüren usw.)
$\rightarrow$ Erarbeitung der Maßnahmen (Wer? Was? Wann? Wie?)
$\rightarrow$ rechtzeitige Information aller Beteiligten
$\rightarrow$ Durchführung der Maßnahmen
$\rightarrow$ Evaluierung/Kontrolle der Maßnahmen und Optimierung des Prozesses
Ende

05. Prozessimplementierung

Phase 1
- Dokumentation der Istprozesse
- kritische Analyse und Bewertung der Istprozesse

↓

Phase 2
- notwendige, neue Prozesse erarbeiten
- Erstellen des Prozessgerüsts (Haupt- und Teilprozesse, Aktivitäten)
- Beschreiben der Schnittstellen
- Zuordnen der Ressourcen
- Erprobung der Neuprozesse

↓

Phase 3
- Einführung der Neuprozesse nach Genehmigung
- innerbetriebliches Marketing
- Kontrolle mithilfe von Kennzahlen und Benchmarks
- Prozessoptimierung

1.4 Projekte planen und durchführen

01. Das Projekt der Motor OHG

a) *Merkmale eines Projekts*, z. B.:
   Das Thema „eigene EDV"
   - ist komplex, keine Routine,
   - muss interdisziplinär gelöst werden,
   - ist zeitlich begrenzt,
   - soll unabhängig von ressortpolitischen Egoismen angegangen werden.

b) *Organisatorische Einbindung des Projekts:*
   Im vorliegenden Fall ist die Festlegung als „reine Projektorganisation" sinnvoll. „Einfluss-Projektorganisation" bzw. „Matrix-Projektorganisation" scheiden aus. Begründung u. a.:

   - die laufende Aufgabenerfüllung der Fachabteilung darf nicht gestört werden,
   - der Projektleiter benötigt Vollkompetenz gegenüber der Linie (Stichworte: Bedeutung des Projekts, ablehnende Haltung des Verwaltungsleiters),
   - die Integration und Führung neuer, befristet eingestellter Mitarbeiter ist leichter,
   - das Projekt hat strategische Bedeutung.

c) • *Entscheidung*: Als Projektleiter sollte der „Leiter der Organisation" eingesetzt werden.

   • *Gründe/Auswahlkriterien*, z. B.:

Fachliche Eignung:	- fundierte Kenntnisse in Organisation und EDV
Persönliche Eignung:	- Kompetenz als Moderator
	- Initiative, Ausdauer
	- Durchsetzungsfähigkeit

d)

Kostenbericht	Monat ...		Arbeitspaket Nr. ...		
Kostenart	Plan	Ist	Plan ./. Ist	Kommentar	Plan neu
Personal					
Material					
Fremdleistungen					
Fahrtkosten					
Kommunikationskosten					

e) *Vorgehensweise bei der Projektplanung*, z. B.:
- Planung der *Projektphasen*,
- Festlegung der *Projektstruktur* (Funktionen, Objekte, Teilprojekte, Arbeitspakete),
- Darstellung des *Projektstrukturplans* (Netzpläne, Meilensteindiagramme o. Ä.),
- *Termine* ermitteln,
- *Kosten* ermitteln,
- *Kapazitäten* ermitteln,
- *Projektcontrolling* sicherstellen.

f) *Standardstrukturplan* impliziert die Bedeutung von „generell", „allgemein", „für alle Fälle verwendbar". Dagegen haben Projekte den Charakter von „Einmaligkeit", „spezifischer Besonderheit". Von daher ergibt sich ein Widerspruch. Jedes Projekt ist einzeln und in seiner Besonderheit zu bearbeiten. Trotzdem können oft einzelne Elemente von Standardstrukturplänen (modifiziert) genutzt werden bzw. ihre (generelle) Gliederung kann zur Anfertigung jeweils spezifischer Projektstrukturen verwendet werden.

1.5 Informationstechnologie im Personalbereich nutzen

01. Echtzeitbetriebssysteme

Bei der Echtzeitverarbeitung (Real-time-Processing) werden die Daten vom Betriebssystem in einem engen zeitlichen Zusammenhang zur realen Entstehung verarbeitet (im Gegensatz zur Stapelverarbeitung; Batch-Processing); findet seine Anwendung hauptsächlich bei der Steuerung von technischen Prozessen.

02. Vergleich Standard-/Individual-Software

- *Vorteile einer Standard-Software:*
  - geringer Preis
  - direkte Verfügbarkeit der Software
  - meist wird die Software weiterentwickelt und dann als Update preiswert angeboten
  - häufig ist Lernliteratur verfügbar, die Anwendungen über das Handbuch hinaus gut beschreibt
  - Angebot mehrerer Lieferanten

- *Vorteile einer Individual-Software:*
  - Leistungsumfang wird individuell definiert
  - Anpassung an betriebliche Gegebenheiten
  - direkter Kontakt zum Software-Hersteller
  - schnelle Reaktionsmöglichkeit im Falle einer Fehlerbehebung
  - Möglichkeit der nachträglichen Programmänderung

Abschließend kann man für eine Auftragsbearbeitung sicherlich nicht pauschal sagen, ob eine Standard- oder Individual-Software besser geeignet ist. Für diese Entscheidung sind weitere betriebliche Daten erforderlich.

03. Änderungen an Individual-Software

Individual-Software wird in der Regel durch eine Software-Firma oder durch eigene Programmierer eines Unternehmens entwickelt. Wenn diese Software auf Änderungen in Unternehmensabläufen angepasst werden muss, so müssen in beiden Fällen

- der Quellcode des Programms vorliegen,
- das Programm so dokumentiert sein, dass man den Programmablauf nachvollziehen und Änderungen vornehmen kann,
- Kenntnisse zur verwendeten Programmiersprache vorliegen und
- ein Compiler für die Übersetzung des Quellcodes verfügbar sein.

04. Auswahl von Software und Lieferanten

Folgende Kriterien sollten in die Bewertung der Angebote einfließen:

- *Bewertung der Anbieterfirma:*
  - Marktposition und Ruf des Anbieters
  - Größe des Anbieters (z. B. Umsatz, Anzahl Mitarbeiter, Anzahl Niederlassungen etc.)
  - Kerngeschäftsfeld(er) des Anbieters
  - Referenzen des Anbieters
  - Zertifizierung nach DIN 9000:2005
  - Erfahrungen des Anbieters
  - Ausbildung und Fachkompetenz der Mitarbeiter
  - eigener subjektiver Eindruck von der Firma
  - Akzeptanz des Anbieters im eigenen Unternehmen

- *Kosten:*
  - Lizenzkosten der Software
  - Installationskosten
  - Kosten für Service-Leistungen
  - Kosten für mögliche Updates
  - weitere zu erwartende Folgekosten

- *Zeiten:*
  - Lieferzeit
  - Dauer der Installation
  - möglicher Zeitpunkt für die Installation (außerhalb der üblichen Arbeitszeiten)
  - zugesicherte Reaktionszeit im Service-Fall

- *Service-Leistungen:*
  - Hotline (Zeiten, Kosten, Erreichbarkeit etc.)
  - Vor-Ort-Service
  - Fernwartung der Software

- *Dokumentation:*
  - Qualität der Handbücher
  - angebotene Sprachen der Handbücher (deutsch verfügbar?)
  - Dokumentation auf Papier oder Datenträger
  - Lernsoftware
  - Online-Hilfe

- *Technische Kriterien:*
  - Erfüllungsgrad des Pflichtenheftes
  - Hardware-Mindestanforderungen
  - Betriebssystem-Unterstützung
  - Datensicherheit
  - Performance des Gesamtsystems
  - Reifegrad der Software
  - Ergonomie der E-Mail-Software (intuitive Bedienung, grafische Benutzeroberfläche, betriebssystemkonforme Bedienung, Hilfe-Funktionen etc.)

Abschließend kann nach der Ermittlung der Kriterien zur Angebotsbewertung auch noch eine Gewichtung der einzelnen Kriterien erfolgen. Damit ließe sich schließlich für die Auswahl des Anbieters einer E-Mail-Software eine Entscheidungsmatrix erstellen.

05. Passwörter

Ein Informationsblatt zur Auswahl von Passwörtern sollte z. B. folgende Hinweise enthalten:

- Ein Passwort sollte grundsätzlich von Zeit zu Zeit geändert werden. Geeignete Zeiträume bewegen sich zwischen drei und sechs Monaten. Bei einem konkreten Verdacht sollte unverzüglich ein neues Passwort gewählt werden.

- Das ausgewählte Passwort sollte nicht zu kompliziert sein.

- Wegen der unterschiedlich verwendeten Zeichensätze in Computern sollte ein Passwort keine nationalen Umlaute oder nationale Sonderzeichen beinhalten.

- Man sollte nicht überall dasselbe Passwort verwenden. Würde es anderen bekannt werden, wären somit alle Systeme, in denen sich jemand über ein und dasselbe Passwort authentifiziert, gefährdet.

- Das ausgewählte Passwort sollte kein vollständiges Wort sein, das man aus einem Duden oder Lexikon entnehmen kann. Solche Wörter können beim Versuch des Knackens von Passwörtern sehr einfach von Datenträgern wie CDs eingelesen werden.

- Passwörter sollten keine Namen von Personen oder Firmen darstellen.

- Auch Zahlen wie eigene oder bekannte andere Geburtstage sind als Passwort nicht zu verwenden.

- Ein Passwort sollte nicht zu kurz sein, es sollte mindestens acht Zeichen haben.

- Man sollte bei Passwörtern Sonderzeichen (z. B. Satzzeichen) an beliebigen Stellen einbauen.

- Vertauscht man in einem Passwort gewisse Stellen (z. B. den ersten mit dem letzten Buchstaben eines normalen Wortes) und fügt z. B. für Vokale Sonderzeichen oder Ziffern ein, so erhöht dies wesentlich den Passwortschutz und ist trotzdem leicht zu behalten.

06. Schutzmaßnahmen (1)

Folgende Maßnahmen können zum Schutz von Daten getroffen werden:

- Safes mit Schutz gegen Feuer und Wasser
- Feuermelder und Löschanlage
- Klimaanlage
- Alarmanlage
- unterbrechungsfreie Stromversorgung
- Videoüberwachung
- Zugangskontrollen
- Virenschutzkonzepte
- Firewall
- Kryptografie (Datenverschlüsselung)
- Schulung der Mitarbeiter
- kritische Mitarbeiterauswahl.

07. Schutzmaßnahmen (2)

a) *Industriespionage* kann z. B. in folgender Art und Weise erfolgen:

1. Über einen möglichen Remote-Zugang oder eine WAN-Anbindung besteht grundsätzlich die Möglichkeit, eine physikalische Verbindung auf das LAN des Unternehmens zu erhalten und auf diesem Wege einzudringen.
2. Einbruch und Diebstahl von Datenträgern
3. Einschleusen eines spionierenden Mitarbeiters

b) Folgende *Maßnahmen* können ergriffen werden, um die Unternehmensdaten vor den beschriebenen Gefahren zu schützen:

1. Im Rahmen der *Benutzerkontrolle* sollten in einem LAN Benutzerprofile erstellt werden. Diese beschreiben, welcher Benutzer auf welchem Weg Zugriff auf welche Daten haben muss. Dies hat zur Folge, dass nur bestimmte Benutzer über einen Remote-Zugang oder eine WAN-Anbindung Zugang zum LAN erhalten. Darüber hinaus lassen sich Zugangsmechanismen wie Auswertung von ISDN-Rufnummern und Rückruf für den Remote-Zugang und die WAN-Anbindung sehr einfach einrichten.

2. Im Rahmen der *Zugangskontrolle* gilt es, Unbefugten den Zugang zu den geheimen Unternehmensdaten zu verwehren. Um Einbruch und Diebstahl zu verhindern, können mehrere bauliche Maßnahmen getroffen werden:

   - Alarmanlage
   - Videoüberwachung
   - EDV-Räume ohne Fenster und mit wenig Türen
   - Sicherheitsschlösser
   - Verwendung von Panzerglas-Safes

   Weitere organisatorische und technische Maßnahmen erhöhen den Schutz:

   - Zutrittsregelungen nur in speziellen Zeiträumen
   - Mitarbeiterausweise
   - Verwahrung von Datenträgern nur in Safes gestatten
   - Codierung der Daten auf den Datenträgern (insb. externe Datenträger und Notebooks)

3. Hierzu müssen entsprechende personelle und organisatorische Maßnahmen getroffen werden:
   - kritische Mitarbeiterauswahl
   - Taschenkontrolle (werden Dokumente/Ausdrucke/Fotos oder sogar Datenträger entwendet?)
   - Protokollierung der Anwesenheit (wer ist von wann bis wann anwesend)
   - Protokollierung der Systemnutzung (wer, wann, welches Terminal, welches EDV-System)
   - Protokollierung der Datennutzung (wer, wann, welcher Datensatz, Lesen, Schreiben, Drucken etc.)

08. Datenschutz- und Datensicherheitskonzept

Die Auswahl der Maßnahmen für ein Datenschutz- und Datensicherheitskonzept liegt im Ermessen der speichernden Stelle. Dabei ist zu berücksichtigen, dass der Aufwand der Maßnahmen in einem angemessenen Verhältnis zum angestrebten Schutzzweck steht (BDSG § 9). Erst ein ganzheitliches Konzept kann Datenschutz und Datensicherheit erzielen. Die Anlage zu § 9 im Bundesdatenschutzgesetz (BDSG) gibt Maßnahmen vor, die zu treffen sind, um ein Datenschutz- und Datensicherheitskonzept zu realisieren, unabhängig davon, ob ausschließlich personenbezogene Daten oder auch nicht-personenbezogene Daten verarbeitet werden.

Es sind folgende Maßnahmen zu treffen[1]:

1. *Zutrittskontrolle:*
   Unbefugten den Zutritt zu Datenverarbeitungsanlagen, mit denen personenbezogene Daten verarbeitet oder genutzt werden, zu verwehren

2. *Zugangskontrolle:*
   zu verhindern, dass Datenverarbeitungssysteme von Unbefugten genutzt werden können

3. *Zugriffskontrolle:*
   zu gewährleisten, dass die zur Benutzung eines Datenverarbeitungssystems Berechtigten ausschließlich auf die ihrer Zugriffsberechtigung unterliegenden Daten zugreifen können, und dass personenbezogene Daten bei der Verarbeitung, Nutzung und nach der Speicherung nicht unbefugt gelesen, kopiert, verändert oder entfernt werden können

4. *Weitergabekontrolle:*
   zu gewährleisten, dass personenbezogene Daten bei der elektronischen Übertragung oder während ihres Transports oder ihrer Speicherung auf Datenträger nicht unbefugt gelesen, kopiert, verändert oder entfernt werden können, und dass überprüft und festgestellt werden kann, an welche Stellen eine Übermittlung personenbezogener Daten durch Einrichtungen zur Datenübertragung vorgesehen ist

5. *Eingabekontrolle:*
   zu gewährleisten, dass nachträglich überprüft und festgestellt werden kann, ob und von wem personenbezogene Daten in Datenverarbeitungssysteme eingegeben, verändert oder entfernt worden sind

6. *Auftragskontrolle:*
   zu gewährleisten, dass personenbezogene Daten, die im Auftrag verarbeitet werden, nur entsprechend den Weisungen des Auftraggebers verarbeitet werden können

---

[1] Quelle: in Anlehnung an: Anlage zu § 9 Satz 1

7. *Verfügbarkeitskontrolle:*
   zu gewährleisten, dass personenbezogene Daten gegen zufällige Zerstörung oder Verlust geschützt sind

8. *Zweckkontrolle:*
   zu gewährleisten, dass zu unterschiedlichen Zwecken erhobene Daten getrennt verarbeitet
   werden können.

09. Virenschutzkonzept

Ein Virenschutzkonzept sollte Präventivmaßnahmen und Verfahrensanweisungen für den Fall
des Virenbefalls beinhalten. Bei den Maßnahmen zur Vorsorge wie auch zur Schadensbehebung
handelt es sich sowohl um technische wie auch um organisatorische Maßnahmen.

* *Mögliche Präventiv-Maßnahmen sind:*
  - PCs ohne CD-ROM-Laufwerke
  - Verbot des Aufspielens von Software und des Einbringens von Datenträgern für PC-Benutzer
  - alle ein- und ausgehenden Datenträger auf Virenbefall überprüfen
  - Datei-Downloads aus Online-Diensten oder dem Internet auf Virenbefall überprüfen
  - Datei-Anhänge von E-Mails auf Virenbefall überprüfen
  - Original-Software auf Virenbefall überprüfen
  - eingeschränktes Rechtesystem für PC-Anwender: nicht jeder darf und kann Software instal-
    lieren und Daten aufspielen
  - regelmäßige Datensicherungen, sodass man auf den Datenbestand vor Virenbefall zurück-
    greifen kann
  - Rechner und Datenträger vor unbefugter Benutzung schützen
  - bei CD-ROM-Laufwerken das „Autorun" (selbstständiger Programmstart nach dem Einlegen
    einer CD) deaktivieren
  - Erstellen von Notfall-CDs
  - Mitarbeiter durch Schulungen bezüglich Virengefahr sensibilisieren
  - Virenspezialisten ausbilden (lassen)

* *Verfahrensanweisungen und Möglichkeiten der Schadensbehebung sind:*
  - Richtlinie erstellen, dass bei Feststellen eines Virenbefalls direkt und unverzüglich ein Vi-
    renspezialist (Netzwerkadministrator oder PC-Betreuer) informiert werden muss
  - Einsatz eines residenten Anti-Viren-Programms, das im Hintergrund wacht
  - regelmäßiger Einsatz von Anti-Viren-Software in einer aktuellen Version, z. B. direkt nach
    dem Hochfahren eines Rechners

10. Kopplung zwischen Internet und Intranet

Aus Gründen der Datensicherheit ist auf jeden Fall eine *Firewall* zur Kopplung von Internet und
Intranet einzusetzen. Diese gewährleistet jedoch auch gleichzeitig die physikalische Trennung
dieser beiden Netze. Die Firewall ist definierter Übergangspunkt und kann nicht umgangen
werden. Ein solches Konzept stellt sicher, dass nur zugangsberechtigte Benutzer über eine Identifizierung und Authentifizierung Zugang vom Internet auf entsprechend freigeschaltete Dienste
des Intranets erhalten. Umgekehrt kann jeder Mitarbeiter mit entsprechenden Rechten aus dem
Unternehmen heraus auf die Angebote des Internets zugreifen. Die Firewall bietet darüber hinaus
auch die Möglichkeit, Zugänge in beiden Richtungen zu protokollieren.

11. Kosten der Internetpräsenz

- Erstellung sowie Pflege und Entwicklung der Homepage (Web-Design)
- Providerkosten
- Netzzugangskosten

12. Datenschutzbeauftragter

a) In diesem Unternehmen werden personenbezogene Daten *automatisiert* verarbeitet. Da in der Regel damit 19 (also mehr als neun Personen) Arbeitnehmer beschäftigt sind, muss ein Datenschutzbeauftragter existieren (spätestens innerhalb eines Monats nach Aufnahme der Unternehmenstätigkeiten) (§ 4 f BDSG).

b) Der Datenschutzbeauftragte ist dem Inhaber, dem Vorstand, dem Geschäftsführer oder dem sonstigen gesetzlichen oder nach der Verfassung des Unternehmens berufenen Leiter unmittelbar zu unterstellen (§ 4 f BDSG).

c) Bei der Auswahl eines Datenschutzbeauftragten kann die Unternehmensleitung entscheiden, ob sie einen externen Datenschutzbeauftragten oder einen Mitarbeiter des Unternehmens zum Datenschutzbeauftragten bestellt. Das Bundesdatenschutzgesetz schreibt in § 4 f nicht vor, dass der Datenschutzbeauftragte eines Unternehmens ein Mitarbeiter sein muss.

d) Zu den Aufgaben eines Datenschutzbeauftragten gehören:
   - Überwachung der ordnungsgemäßen Anwendung der Datenverarbeitungsprogramme, mit deren Hilfe personenbezogene Daten verarbeitet werden sollen (§ 4 g BDSG),
   - Mitarbeiter, die personenbezogene Daten verarbeiten, durch geeignete Maßnahmen mit den Vorschriften des Bundesdatenschutzgesetzes sowie anderen Vorschriften über den Datenschutz vertraut zu machen (§ 4 g BDSG).

e) Ja: Nach § 4 f BDSG kann das Arbeitsverhältnis eines Datenschutzbeauftragten während der Amtszeit und ein Jahr nach der Abberufung nur außerordentlich (§ 630 Wichtiger Grund) gekündigt werden. Eine ordentliche (fristgerechte) Kündigung ist während dieser Zeit ausgeschlossen.

13. Voraussetzungen eines Datenschutzbeauftragten

Das BDSG schreibt in § 4 f vor:

„Zum Beauftragten für den Datenschutz darf nur bestellt werden, wer die zur Erfüllung seiner Aufgaben erforderliche Fachkunde und Zuverlässigkeit besitzt.”

„Der Beauftragte für den Datenschutz ist zur Verschwiegenheit über die Identität des Betroffenen sowie über Umstände, die Rückschlüsse auf den Betroffenen zulassen, verpflichtet, soweit er nicht davon durch den Betroffenen befreit wird.”

Er sollte also verschwiegen, zuverlässig und fachkundig sein. Eine erforderliche Ausbildung oder das Absolvieren einer Prüfung ist nicht erforderlich. Aufgrund der Tätigkeit sollte ein Datenschutzbeauftragter

- Rechtsvorschriften anwenden können,
- über Kenntnisse über die Organisation seines Unternehmens verfügen,
- Fachwissen bezüglich Computer besitzen und
- gelernt haben, mit Konfliktsituationen umzugehen.

14. Prüfung einer Individualsoftware

Die aufgeführten Verkaufsargumente bieten bei einer Individual-Software folgende Vorteile:

(1) Es entsteht ein geringer Schulungsaufwand. Es ist eine schnelle Einarbeitung in die unterschiedlichen Software-Module möglich. Die Mitarbeiter können mit ihren Kenntnissen zur Software-Bedienung flexibel für verschiedene Module in unterschiedlichen Bereichen eingesetzt werden.

(2) Daten müssen nur einmal erfasst werden und stehen zentral im ganzen Unternehmen zur Verfügung. Es erfolgt keine Doppelarbeit und es müssen keine redundanten Datenbestände gepflegt werden.

(3) Die einzelnen Arbeitsplatzrechner müssen nicht alle mit dem selben Betriebssystem eingesetzt werden.

(4) Korrekturen von Programmfehlern und Programmverbesserungen können schnell in die Software einfließen.

(5) Es besteht keine Abhängigkeit von der Entwicklerfirma der Individual-Software. Sollen zu einem späteren Zeitpunkt Änderungen bzw. Anpassungen in der Software vorgenommen werden, ist das Unternehmen nicht ausschließlich auf den damaligen Anbieter angewiesen. Die Programmierung kann von eigenen Programmierern oder von einem anderen Anbieter vorgenommen werden.

(6) Software ist leichter zu ändern oder zu erweitern und somit kostengünstiger. Dies gilt besonders in Verbindung mit der Auslieferung des Quellcodes.

(7) Die Fernwartung ermöglicht, auftretende Störungen beim Ablauf der Software aus der Ferne, z. B. über eine ISDN-Verbindung, zu analysieren. Konfigurationsänderungen oder das Aufspielen von Updates können über einen Fernzugriff vorgenommen werden und erfordern keinen Techniker-Einsatz vor Ort.

(8) Über eine Support-Hotline können die Mitarbeiter eines Unternehmens bei auftretenden Fragen zur Software schnell Unterstützung erhalten.

15. Projekt „Neue EDV"

a) *Zentrale Fragen* an das EDV-Beratungsunternehmen hinsichtlich der neuen EDV-Konfiguration, z. B.:

- Gibt es eine Software, die einheitlich (mit verschiedenen Modulen) für alle betrieblichen Funktionsbereiche angeschafft werden kann/muss?

- Kann die neue Software auf der bestehenden Hardwareausstattung betrieben werden? Welche Hardwareausstattung muss ggf. durch neue Komponenten ersetzt werden?

- Ist bei Einführung der neuen Lösungen an eine sequenzielle Vorgehensweise gedacht und ist ein Parallelbetrieb („Alt-/Neusystem") möglich?

- Ist ein LAN geplant bzw. notwendig? Welche Netzwerkkonfiguration (z. B. Bus- oder Ringnetz) ist zweckmäßig?

- Welche einheitlichen Standards sollen zukünftig für die Hard- und Software im Unternehmen gelten?

- Welche Kosten sind für neue Hard- und Software je Funktionsbereich zu erwarten?

- Welcher Schulungsbedarf und welche Schulungskosten bestehen?

b) *Echtzeitverarbeitung*:

1) Systemvoraussetzungen, z. B.: Multiuser-/Multitasking-System; geeignetes Betriebssystem (Unix, OS-9 o. Ä.)

2) Nachteile, z. B.: hohe Anschaffungs- und Wartungskosten, höhere Rechnerkapazitäten, Risiken beim Systemausfall

c) *Ausfallzeiten/Datenschutz*:

Vorbehaltlich der Mitbestimmung des Betriebsrates dürfen z. B. veröffentlicht werden: ø Ausfalltage pro Monat/pro Mitarbeiter/pro Funktionsbereich, Ausfallkosten in Euro, Ausfallart (Urlaub, Krankheit, Weiterbildung usw.) u. Ä. (→ anonyme Daten).

Nicht veröffentlicht werden dürfen personenbezogene Daten (Ausfallzeit eines namentlich genannten Mitarbeiters).

d) Einführung eines LAN:

- *Vorteile*, z. B.:

Verbesserung und Beschleunigung der innerbetrieblichen Kommunikation, gemeinsame Nutzung bestimmter Peripheriegeräte

- *Risiken*, z. B.:

erhöhte Risiken der Datensicherheit und des Datenschutzes (Diebstahl, Viren), Kontrolle ist aufwändiger

16. Employee Selfservice

a) *Employee Selfservice* ist eine Groupware, bei der ein autorisierter Personenkreis auf ausgewählte Datenbestände des Personalwesen Zugriff hat und diese ggf. sogar aktualisieren kann; Beispiele: Zeitkontenpflege, Änderung ausgewählter Personalstammdaten.

b)

Employee Selfservice	
Chancen	**Risiken**
• Entlastung der Mitarbeiter des Personalwesens	• ggf. Beeinträchtigung des Datenschutzes
• Direkte Eingabe von Datenänderungen durch die Fachabteilung; dadurch Vermeidung von Übermittlungsfehlern	• ggf. Störungen im Abrechnungskreis bei Fehleingaben bzw. unzureichender Schulung der Anwender in der Fachabteilung
• Aktualisierung von Stammdaten erfolgt zeitnah	• ggf. missbräuchliche Verwendung der Informationen bei mangelhafter Kontrolle der Anwender
• Laufende Rückfragen der Fachabteilungen erübrigen sich	

c) *Manager Self Service* ist ein Konzept, bei dem es der Führungskraft möglich ist, Daten ihrer Mitarbeiter abzurufen. Außerdem kann die Führungskraft Anträge wie Urlaub, Dienstreisen, Schulungen usw. freigeben oder ablehnen. Weiterhin können Auswertungen und Statistiken erstellt werden.

17. Portale

Führungskräfte-Portal	Bewerber-Portal
Führungskräfte können	Bewerber können
- Daten über ihre Mitarbeiter abrufen (z. B. Entgelt) - Daten über Mitarbeiter eingeben (z. B. Beurteilung) - Suchläufe über Mitarbeiter vornehmen (z. B. Alter)	- Bewerbungsangaben eintragen - Informationen zum Stand der Bewerbung erhalten

18. Maßnahmen zur Kostensenkung durch den Einsatz von IT-Systemen

Personalwirtschaftlicher Kernprozess	Maßnahmen zur Kostensenkung durch den Einsatz von IT-Systemen
Personalplanung und -beschaffung	• Implementierung eines Personalinformationssystems (PIS) • Einrichten selektiver Suchabfragen • Einrichten eines Portals für externe Bewerbungen • Auf- und Ausbau von Textbausteinen zur Abwicklung und Betreuung interner und externer Bewerber • Aufbau einer Bewerberdatenbank (Eignungsprofile) • Errichten einer Stellen-Datenbank (Anforderungsprofile) Möglichkeit zum Abgleich mit den Eignungsprofilen interner und externer Daten
Personaleinsatz	• Dv-gestützte Bearbeitung von Einsatzplänen, Schicht- und Urlaubsplänen; Verknüpfung mit der Produktionsplanung • elektronische Zeiterfassung (Fehlzeitenmanagement) • Employee Selfservice (vgl. oben, Frage 16.)
Personalentwicklung	• Datenbank für interne/externe Kurse und Lehrgänge (Teilnehmer, Maßnahmen) • Verknüpfung mit Personalstammdatenbank • Entwicklung von E-Learning per Intranet • Zugang zu externen E-Learning-Programmen und Abschluss von Lizenzverträgen
Personalverwaltung und -betreuung	• Personalabrechnung • Bescheinigungswesen (Urlaubsbescheinigung, Zeugniserstellung u. Ä.) • Informationspolitik, Mitteilungen per Intranet • Elektronische Personalakte • Dv-gestützte Kontrolle des Kostenbudgets

19. FAQ-Portal

Beispiele für Inhalte:

- Unternehmensgrundsätze, Leitbild
- Führungsgrundsätze
- betriebliche Regelungen, Betriebsvereinbarungen (z. B. Arbeitszeit, Fehlzeiten)
- Überblick über die Sozialleistungen und -einrichtungen

- Beurteilungsverfahren
- Ansprechpartner des Betriebsrates
- Regelungen zur internen Bewerbung
- Weiterbildungsangebot.

1.6 Beraten und Fachgespräche führen

01. Konflikte in der Kargen GmbH

a) *Organigramm der Kargen GmbH:*

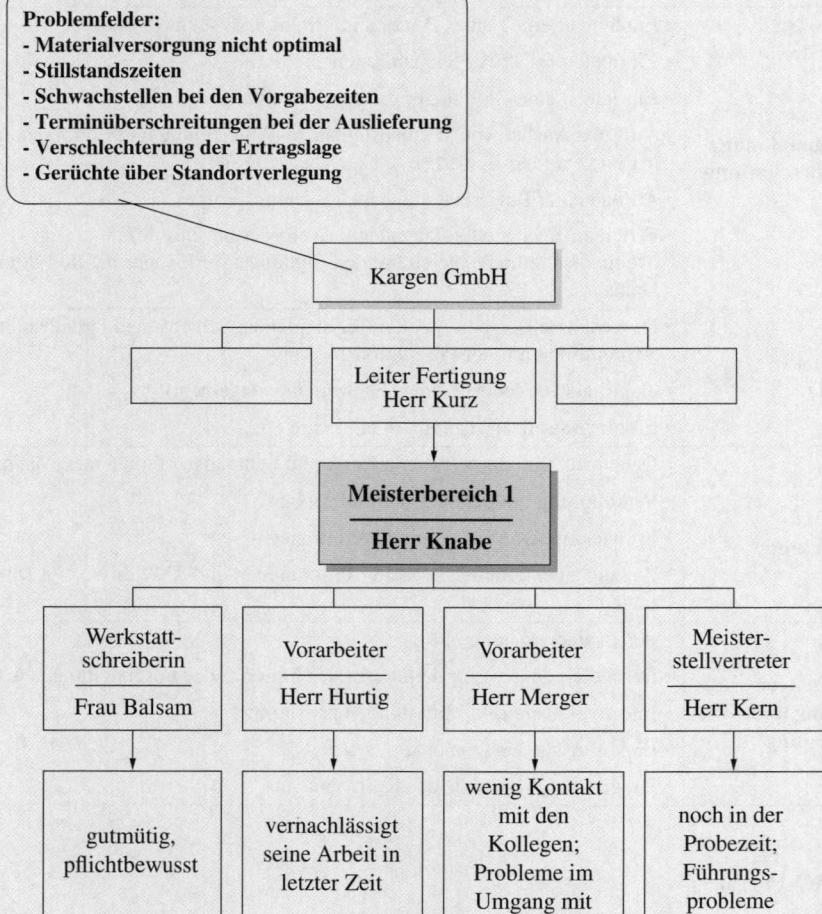

b) *Soziogramm* (ansatzweise):

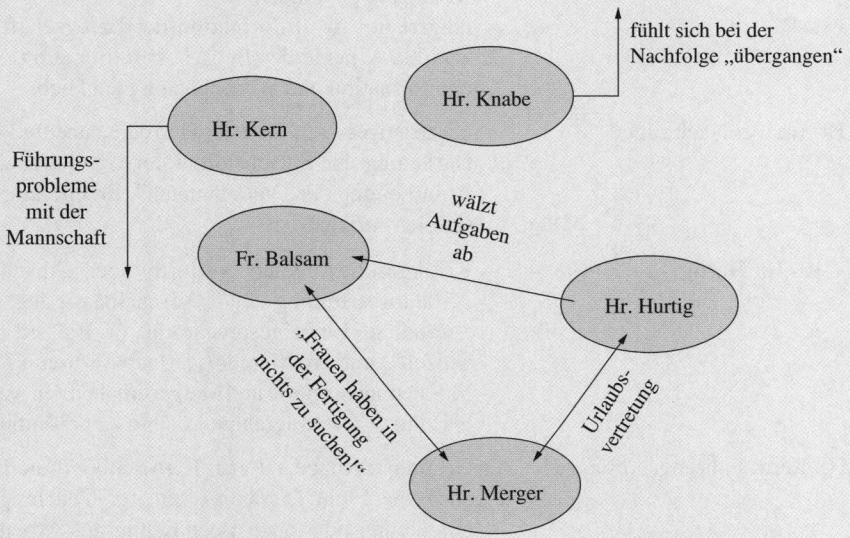

c) *Konfliktfelder* der Kargen GmbH:

Konfliktfelder	kurz-fristig	länger-fristig	Sach-konflikt	Beziehungs-konflikt
1) Materialversorgung?	x		x	
2) Stillstandszeiten?	x		x	
3) Vorgabezeiten?		x	x	
4) Terminüberschreitung/Auslieferung?	x		x	
5) Gerüchte über Standortverlegung?	x	x	x	x
6) Hr. Knabe: bei Nachfolge übergangen?	x		x	x?
7) Hr. Hurtig: Arbeitsweise/Abwälzen?		x	x	x?
8) Hr. Kern: Führungsprobleme/Isolation		x		x
9) Hr. Merger: Einstellung zu Frauen?		x		x
10) Hurtig/Meyer: Urlaubsvertretung?	x		x	x?

d) *Lösungsansätze:*

   1) bis 4) Materialversorgung usw.:   - Meeting der Verantwortlichen (evt. Task force)
                                                 - Suche nach Ursachen
                                               - Lösung
                                               - Umsetzung
                                               - Kontrolle der Wirksamkeit und Umsetzung

5) Gerüchte über Standortverlegung: - kurzfristig: Mitteilung der Geschäftsleitung, ob eine Verlegung geplant ist
- langfristig: lfd. Information der Belegschaft über zentrale Aspekte des Betriebes; Information ist Sachinformation und Wertschätzung zugleich

6) Hr. Knabe: Nachfolge? - kurzfristiges Gespräch der Herren Knabe und Kurz: Darlegung der Entscheidung der Geschäftsleitung, Aufarbeitung der „Verletzungen", Erneuerung einer stabilen Arbeitsbasis

7) + 10) Hr. Hurtig: - Kritikgespräch: Knabe + Hurtig über „Abwälzen", „Urlaubsvertretung" und „Vernachlässigung"; ggf. zusätzliche Einzelgespräche mit Fr. Balsam („Abwälzen") und Hr. Merger („Urlaubsvertretung"). Möglich auch: Hurtig und Merger erhalten den Auftrag, bis zum ... eine tragfähige Lösung zu präsentieren

8) Hr. Kern: Führungsprobleme? - Gespräch: Knabe + Kern; Kern schildert die Dinge aus seiner Sicht; Ergebnis offen: ggf. Coaching, Unterstützung oder auch Beendigung des Arbeitsverhältnisses, falls gravierender Fehler bei der Personalauswahl; Problemlösung ist erschwert (angehender Schwiegersohn)

9) Hr. Merger: Haltung zu Frauen? - Gespräch: Knabe + Merger; Einsicht erzeugen bei Merger, dass hier Vorurteile bestehen und wie diese wirken; ggf. Dreiergespräch: Knabe + Merger + Balsam; führt dieses nicht zum Ergebnis: Ermahnung, Anordnung, ggf. Abmahnung bei frauenfeindlichen Äußerungen (vgl. AGG, Grundgesetz, EG-Gesetz)

e) Positive Wirkung von Konflikten im Unternehmen:
Konflikte sind etwas völlig Normales, sie gehören zum Alltag. Konflikte haben auch einen positiven Ansatz in sich; sie bieten folgende Chancen:

- Offene Konflikte weisen auf Meinungsunterschiede, Gegensätze, Klärungsbedarf o. Ä. hin.

- Konfliktbehandlung ist die Chance zur offenen Kommunikation, zum Lernen, zur Veränderung/Innovation u. Ä.

02. Gerüchte

Gerüchte	
Mögliche Ursachen	**Mögliche Folgen**
• fehlende oder unzureichende Information (Geschäftsleitung, Vorgesetzter, Kollege) • Angespannte Ertragslage des Unternehmens	• Nachlassende Leistung der Mitarbeiter • Verlust der Wertschätzung (fehlende Information) und ggf. innere Kündigung

Gerüchte	
Mögliche Ursachen	**Mögliche Folgen**
• Erhöhter Leistungsdruck und übertriebene Konkurrenz unter den Mitarbeitern	• Störung der Zusammenarbeit und der Arbeitsabläufe
• Neid, Missgunst	• Fluktuation (intern/extern)

• Angst
  - vor Verlust des Arbeitsplatzes,
  - vor Kompetenzverlust u. Ä.
	• Zeiteffizienz geht verloren: Mitarbeiter beschäftigen sich mit dem Inhalt von Gerüchten und nicht mit ihrer Sachaufgabe

• Mobbing (Wechselwirkung mit Gerüchten sowie anderen Faktoren des Betriebsklimas)	• Verunsicherung der Mitarbeiter; Zunahme von Fehlentscheidungen

1.7 Präsentations- und Moderationstechniken einsetzen

01. Moderation

a) Moderation dient der

- Problemlösung,
- Themenbearbeitung und
- Zielerreichung

in

- Einzelgesprächen,
- Besprechungen und
- Gruppenarbeiten (Lern- und Arbeitsgruppen).

Der Grund für die Anwendung von Moderationstechniken in der Unternehmenspraxis liegt in den folgenden Überlegungen:

- Der Erfolg eines Unternehmens hängt entscheidend von der Kreativität der Mitarbeiter ab.
- Kreativität wächst durch Gespräche von Menschen.
- Moderierte Zusammenarbeit bildet die Triebfeder des Unternehmenserfolgs.

b) • An die Rolle des Moderators werden besondere Ansprüche gestellt:

- „Übereifrige, Schnelle" zu bremsen und „Langsame, Vorsichtige" zu aktivieren,
- „Spaltungen" (sprich Gedanken/Ideen der Einzelnen) zu ermöglichen,
- Spannungen zu entschärfen und
- Konsens unter den Beteiligten im Rahmen der Zielsetzung herzustellen.

• Daraus ergibt sich, dass der Moderator über eine Reihe wichtiger Eigenschaften verfügen muss:

- Ausgeglichenheit – Verkörperung von Einstellung und Verhalten (Glaubwürdigkeit, Vorbild)
- Partizipation und Verantwortung
- Ernst-nehmen und (aktiv) Zuhören
- Offenheit für Menschen, Ideen und Entwicklungen
- Verbundenheit mit Umfeld und Umwelt
- Durchsetzungsstärke durch persönliche Akzeptanz.

- Umstritten ist, ob der Moderator sich selbst mit einbringen oder „nur" gruppenaktivierende und -steuernde Funktionen übernehmen soll. Grundsätzlich gilt für Moderatoren die Regel: „Fragen, statt (selbst) sagen!". In der Praxis hat es sich bewährt, wenn der Moderator selbst auch Ideen einbringt, je nach fachlicher Eignung für das Moderationsthema mehr oder weniger. Er muss allerdings darauf achten, die Gruppe nicht zu dominieren und seine exponierte Stellung nicht auszunutzen: Er hat auf der Sachebene auch nur eine Stimme (gleichberechtigt zu den anderen). Auf der Gruppenlenkungsebene (Zielverfolgung) ist er allerdings höher angesiedelt. Beides gilt es, stets auseinander zu halten. Es ist gleich, ob der Moderator Vorgesetzter, Coach, Prozessbegleiter oder Projektleiter ist – grundsätzlich ist er der Motor und Steuermann der Moderation.

c) Moderation wird bei Einzelgesprächen, Besprechungen und Gruppenarbeiten eingesetzt. Sie ist ein zentrales Instrument zur Gesprächssteuerung. Dabei nimmt der vom Moderator zu beherrschende Schwierigkeitsgrad – angefangen beim Einzelgespräch über Besprechungen bis hin zu Gruppenarbeiten – zu. Die höchsten Anforderungen werden an den Moderator bei der Projektleitung gestellt.

d) Eine Moderation sollte grundsätzlich nach folgendem Raster ablaufen:

- _Problemdefinition_ (Anlass)
  - „Was ist der Anlass der Moderation?"
  - „Wo drückt der Schuh usw.?"

  Nach der Klärung des Problems ist zu berücksichtigen, ob ein Einzelgespräch, ein Gruppengespräch (z. B. Konferenz) oder Lern- und Arbeitsgruppen zu moderieren sind.

- _Zielsetzung:_ Die wichtigste Regel der Moderation lautet:
  - Kein Gespräch, keine Moderation ohne Zielsetzung!

  Im Einzelgespräch kann die Zielsetzung heißen: „Welche Verhaltensänderung soll beim Mitarbeiter im Rahmen eines Kritikgesprächs bewirkt werden?" In der Moderation eines Workshops erfolgt die Zielsetzung i. d. R. über abgestufte Schlüsselfragen: „Was behindert in unserer Firma den Erfolg unserer Arbeit?" „Welcher dieser Faktoren hat davon die stärkste Wirkung?" usw.

- _Vorbereitung der Moderation:_ Im Rahmen der Vorbereitung sind folgende Felder zu planen:
  - Zeiten (Arbeitszeiten, Pausen, Gesamtdauer)
  - Raum und Gestaltung (nach Größe des Teilnehmerkreises, den erforderlichen Materialien und Medien)
  - Einladung (Personenkreis)
  - Rollenverteilung
  - Themen und Themenfolge
  - Materialien und Medien
  - Eröffnung (Moderationseinstieg).

  Empfehlenswert ist die frühzeitige Ausarbeitung einer persönlichen, detaillierten Checkliste zu diesen Punkten.

- _Durchführung:_ Bei der Durchführung ist stets das Moderationsziel zu verfolgen. Dabei muss die angesprochene Balance zwischen Individuum, Thema und Gruppe erreicht werden. Der Moderator hat also seine Konzentration und seine Kraft auszurichten auf das _Thema_, die _Gruppe_, den _Prozess_ und auf _sich selbst_. Eine Aufgabe, die Erfahrung verlangt und Kraft kostet. Bei der Durchführung können verschiedene Techniken der

Ideensammlung, der Kreativität und der Problemlösung eingesetzt werden (z. B. Meta-plan-Technik, Brainstorming, morphologischer Kasten usw.).

*   *Abschluss (Präsentation):* Das erarbeitete Resultat der Moderation wird festgehalten und unter Berücksichtigung des betroffenen Personenkreises präsentiert (Flipchart, Folien, Metaplan-Wände, Szenario-Technik).

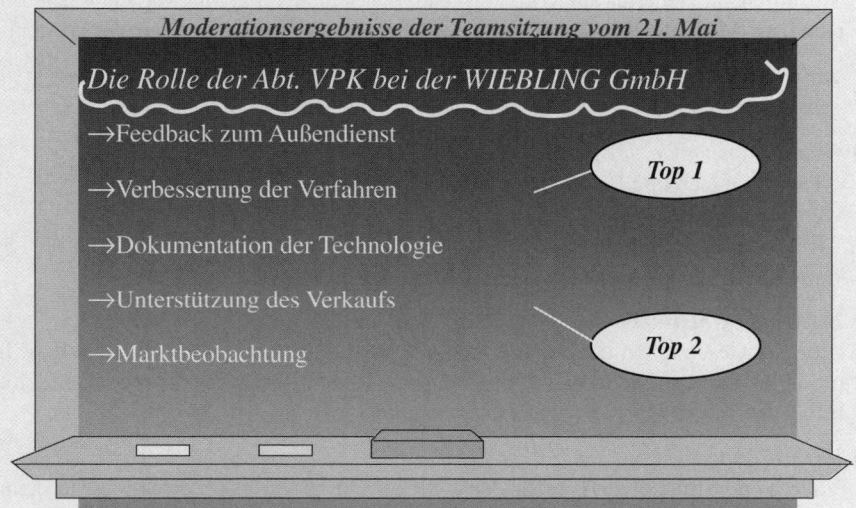

02. Pareto-Prinzip

a) Ziele bilden den Maßstab für menschliches Handeln.
   Wer klar umrissene Ziele hat, weiß wohin er will.

b) Das Pareto-Prinzip (auch: 80:20-Regel) besagt u. a., dass 80 % des Zeiteinsatzes nur 20 % Ergebnisbeitrag bringen. Daraus folgt in der Umkehrung: In der Regel bringen 20 % des Kräfte- und Zeiteinsatzes bereits einen Ergebnisbeitrag von 80 %.
   z. B.:
   *   Liste: - ....

            - ....

            (individuelle Lösung)

Im genannten Beispiel heißt dies, nicht einen zeit- und kräfteverzehrenden Aktionismus zu entfalten, sondern die 20 % der Maßnahmen herauszufiltern, die bereits 80 % Zielbeitrag ergeben. Beispiel: Man entscheidet sich aus der Fülle geeigneter Fortbildungsmaßnahmen zunächst nur für eine Veranstaltung „Konferenztechnik/Moderation von Gesprächen", da man der Auffassung ist, dass man mit dem Erwerb dieser Schlüsselqualifikation den stärksten Zielerreichungsbeitrag gewinnt.

03. Präsentation und Kritikgespräch

a) Ihre *Maßnahmen*:
1. Zum Schutz der Daten vor unbefugtem Zugriff schließen Sie den Raum von Hubertus ab. (Ein Eingriff in das Programm ist nicht zulässig – z. B. Herunterfahren des PC –, da Sie in der Bedienung der Software nicht unterwiesen sind.)
2. Sie führen mit Hubertus ein Kritikgespräch; Ziel: Pflichtverletzung verdeutlichen, Einsicht erzeugen, Maßnahmen vereinbaren zur zukünftigen Vermeidung derartiger Versäumnisse.

b) 1) *Vorbereitung*, u. a.:
   geeigneter Raum, Zeit, Dauer, Information an die Mitarbeiter, Medieneinsatz usw.

2) *Gliederungspunkte*, z. B.:
   - Thema nennen und Behandlung begründen (Motivation/Interesse)
   - Folgen schildern
   - Rechtsgrundlagen nennen
   - abschließende Diskussion + Vereinbarung von Kontrakten

3) *Hilfsmittel/Unterlagen/Handouts*, z. B.:
   aktueller Gesetzestext des BDSG, Auszüge des Gesetzestextes als Handout bzw. in vergrößerter Form als Folie, ggf. betriebsinterne Richtlinien, ggf. Ansicht eines Zeitkontos mit „Schwärzen" der personenbezogenen Daten

4) *Unterstützung:*
   - durch den Mitarbeiter Hubertus, da er sich im Programm „Zeiterfassung" auskennt
   - durch den Datenschutzbeauftragten.

04. Wertanalyse

Die Wertanalyse ist ein systematischer Ansatz zum Vergleich von Funktionsnutzen und Funktionskosten. Zentrales Element der wertanalytischen Untersuchung ist die Vorgehensweise in sechs Hauptschritten (Arbeitsplan nach DIN 69910, VDI-Richtlinie 2800).

• Man unterscheidet im Allgemeinen vier *Formen der Wertanalyse*:

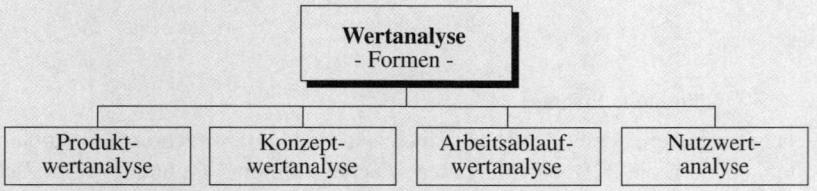

Die Wertanalyse verfolgt u. a. folgende *Ziele:*

• Entwicklung und Verbesserung (Produkte, Prozesse)
• Zeitersparnis (planmäßige und zielgerichtete Bearbeitung)
• Motivationssteigerung durch Einbeziehen der Betroffenen in die Problemlösung („Mache die Betroffenen zu Beteiligten.")
• Stimulation der Kreativität durch den Einsatz entsprechender Methoden
• Förderung der Zusammenarbeit

- Knowhow-Steigerung der Teammitglieder
- Verbesserung der teamorientierten Arbeit
- Qualitätssteigerung, Kosteneinsparung, Rationalisierung, Kundenorientierung.

05. Präsentation

a) Neben den fachlichen und inhaltlichen Aspekten sind die Hauptmerkmale einer wirksamen Präsentation generell:

- interessanter Einstieg („Sie-Ansprache") (Übersichten, Gliederung)
- Zeit einhalten
- Visualisieren, Medieneinsatz
- überzeugende Sprache

- den „roten Faden" zeigen
- dem Zuhörer „Nutzen" anbieten
- richtig vor- und nachbereiten
- Gestik, Mimik, Blickkontakt.

b) Einzelaspekte der *Vorbereitung* einer Präsentation:

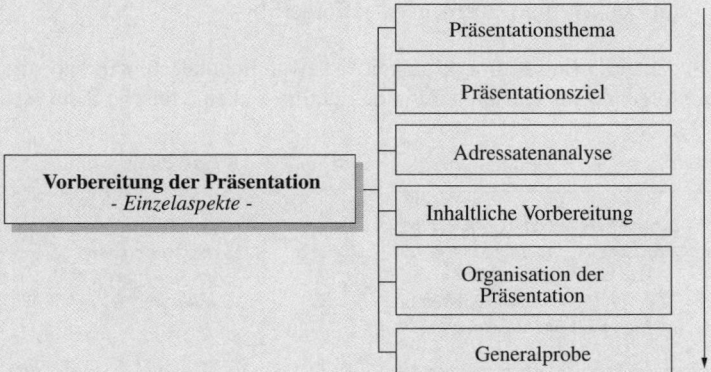

c) Einzelaspekte der *Durchführung* einer Präsentation:

Jede erfolgreiche Präsentation ruht auf zwei Ebenen:

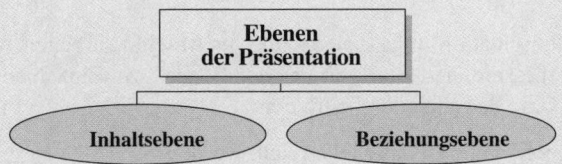

Die äußere Ebene bildet der Inhalt, das Thema; die innere Ebene wird durch die Beziehung zum Zuhörer gebildet. Daher sind vom Ablauf her folgende Punkte bei der Durchführung einer Präsentation zu beachten:

1. Vor dem Beginn:
   „Spannungspause" und Blickkontakt aufnehmen; erst zu sprechen beginnen, wenn sich alle Teilnehmer zugewandt haben. Den Beginn der Präsentation signalisieren!

2. Sich persönlich vorstellen:
   Name, Funktion, Bezug zum Thema (kkp)

3. Thema und Ziel nennen sowie Gliederung aufzeigen

4. Zusammenfassungen geben

5. Präsentation richtig abschließen

Es empfiehlt sich vor dem Beginn, die Teilnehmer persönlich zu begrüßen; dies schafft Kontakt. Überprüfen, ob das „Outfit" o.k. ist. Die Kleidung sollte dem Anlass und der Zielgruppe entsprechen.

Anschließend hat der Präsentator Gelegenheit, seine Sprech- und Visualisierungstechnik unter Beweis zu stellen.

Der Schluss einer Präsentation hat besonderen Stellenwert. Der Präsentator sollte hierzu eine geeignete Formulierung eingeübt haben. Generell lautet die Aussage am Schluss immer:

„Zum Handeln, zum Denken, zum Überdenken auffordern!"

Die Aussage „ich danke für Ihre Aufmerksamkeit" ist zwar nicht falsch, wirkt aber müde und abgegriffen. Nachfolgend zwei Beispiele für eine richtige und eine falsche Schlussaussage:

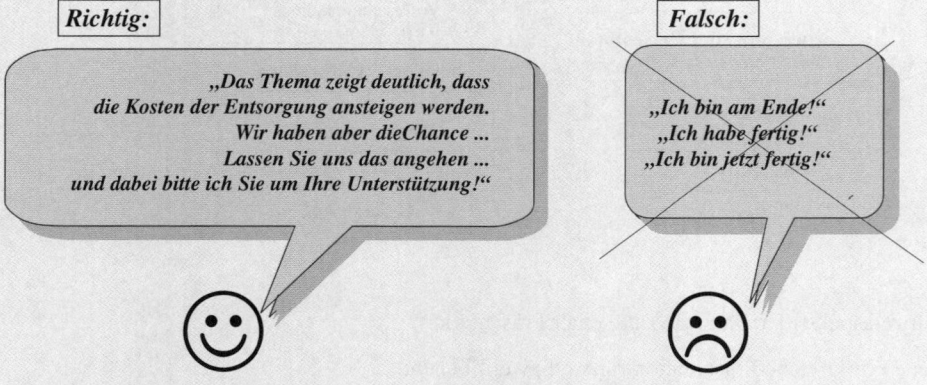

Richtig:

„Das Thema zeigt deutlich, dass die Kosten der Entsorgung ansteigen werden. Wir haben aber dieChance ... Lassen Sie uns das angehen ... und dabei bitte ich Sie um Ihre Unterstützung!"

Falsch:

„Ich bin am Ende!"
„Ich habe fertig!"
„Ich bin jetzt fertig!"

d) Die *Nachbereitung* der Präsentation umfasst eine Reihe von Anschlussarbeiten. Außerdem steht sie im Zeichen der „Verbesserung zukünftiger Präsentationen". Im Einzelnen sind folgende Fragen zu beantworten bzw. Arbeiten durchzuführen:

- War die Präsentation wirksam? Ist das Ziel erreicht worden?

- Was kann bei zukünftigen Präsentationen wirksamer gestaltet werden?

  Hier hilft die Bitte an die Teilnehmer, ein unmittelbares Feedback zu geben. Feedback erfolgt immer als „Ich-Botschaft" und muss sich an der Sache orientieren.

- Müssen die Teilnehmer ggf. ein Protokoll der anschließenden Diskussion erhalten?

- Welche Aktionen sollen/müssen aufgrund der Präsentation ausgelöst werden? Wer macht was, wie bis wann?

1.8 Arbeitstechniken und Zeitmanagement anwenden

01. Umgang mit anderen

Z. B.: - Ich lerne „Nein" sagen.
- Ich stelle Fragen, statt permanent Antworten zu geben.
- Ich führe meine Mitarbeiter über Delegation und Zielvereinbarung.
- Ich nehme mir Zeit für Führungsgespräche.
- Ich setze mich nur dort ein, wo es sich lohnt (Einsparen gefühlsmäßiger und geistiger Energie).
- Ich diskutiere nicht über Behauptungen, sondern frage nach den Gründen.

02. Informationskanäle, Körbe-System

a) 3-Körbe-System: - Eingangskorb
- Ausgangskorb
- Papierkorb (groß; ggf. zwei)

6 Informationskanäle: - Kanal 1: lesen und vernichten
- Kanal 2: lesen und weiterleiten
- Kanal 3: lesen und delegieren
- Kanal 4: Wiedervorlage
- Kanal 5: laufende Vorgänge
- Kanal 6: sofort selbst erledigen

• *Beispiele:*

Lfd. Nr.	Vorgang	Kanal ...	Korb ...	Bemerkungen
1	unwichtige Werbung	ggf. K 1	Papierkorb	
2	interessante, wichtige Werbung	K 4, K 5		
3	Anrufe, mit der Bitte um Rückruf - wichtig und dringlich - wichtig, nicht dringlich - nicht wichtig, nicht dringlich	 K 6 K 6 K 2, K 3	 Ausgangskorb	
4	Einladung zum Meeting	K 4		Termin not.
5	interne Schreiben mit der Bitte um Stellungnahme	K 2, K 6	Ausgangskorb	
6	Fachzeitschriften (interner Umlauf)	K 2, K 3	Ausgangskorb	
7	interne Schreiben (zur Kenntnisnahme)	K 1	Papierkorb	

K 1 = Kanal 1
K 2 = Kanal 2
usw.

b) Regeln im Umgang mit Papier, z. B.:

- Der Papierkorb ist das wichtigste Arbeitsmittel – er ist „der Freund des Menschen".
- Auf dem Schreibtisch liegt nur der Vorgang, der gerade bearbeitet wird.
- Ich lese nur das, was mich meinen Zielsetzungen näher bringt.

- Beim Lesen verwende ich einen Textmarker.
- Meine Post bearbeite ich täglich, so entstehen keine „Berge".
- Leerlaufzeiten, Wartezeiten u.Ä. nutze ich für Notizen und Ideensammlungen für meine A-Ziele.

03. Telefonmanagement

Beispiele:

- Kein Telefonat ohne Vorbereitung (Ziele, Einzelpunkte, Unterlagen usw.).
- Ich nutze moderne Telefontechnik (Wahlwiederholung, Konferenzschaltung usw.).
- Ich verzichte beim Telefonieren auf Wiederholungen und Redundanzen (zeitbewusstes Telefonieren).
- Ich prüfe Alternativen zum Telefonieren (Telefax, Kurzbrief, E-Mail usw.).
- Ich bilde Telefon-Blockzeiten.
- Ich organisiere meine Rückruf-Aktionen.
- Falls notwendig, bilde ich „telefonlose" Zeiten (Umstellen zur Zentrale, zum Kollegen usw).
- Ich benutze immer die Durchwahl. Dies erspart Wartezeiten.
- Am Schluss: Ergebnisse zusammenfassen, Termine nennen, den anderen mit Namen verabschieden.

04. Zeitplanung

Vorteile der schriftlichen Zeitplanung, z.B.:

- entlastet den „Kopf",
- schafft Überblick,
- schafft Eigenmotivation,
- erlaubt eine Konzentration auf das Wesentliche,
- erlaubt einen permanenten Soll-Ist-Vergleich (erledigt?/unerledigt?),
- bildet in „gesammelter" Form eine Dokumentation der Ziel- und Maßnahmenpläne,
- erlaubt ein besseres Aufspüren von „Zeit- und Ressourcenverschwendern".

05. Tagesplanung

a) • *Sieben Prinzipien der Tagesplanung*, z.B.:

1. Nicht den ganzen Tag verplanen (50:50-Regel).
2. „Stille Minute" zum Arbeitsbeginn fehlt (Einstimmung und Tagesplan einprägen/überprüfen).
3. Termin mit Dr. Ohnesorge liegt ungünstig (8:00 h!; z.B. Verspätung wegen Stau usw.).
4. Zum Teil keine Pufferzeiten (Termin Dr. Ohnesorge/Projektgruppe K).
5. Die einzelnen Aktivitäten haben keine Prioritäten-Kennzeichnung (A, B, C).
6. Keine Kennzeichnung von
   - Termine „mit mir selbst",
   - Termine mit anderen.
7. Keine Kennzeichnung von Vorgängen, die an die Sekretärin, Frau Knurr delegiert werden können.

- *Kritische Terminplanung,* z. B.:
  - sehr später Beginn der Vorbereitung zur Budgetsitzung; ab 17:00 Uhr evtl. interne Ansprechpartner nicht mehr im Hause; A-Priorität für Di.-Morgen!
  - kaum Zeitpuffer zwischen 16:00 bis 19:00 Uhr
  - Vorbereitung Budget: Zeitbedarf?
  - Auto von der Inspektion abholen: Zeitbedarf?
  - Fahrt nach Hause: 30 Min.
  - Umziehen, Duschen: 30 Min.
  - Fahrt von Leverkusen nach Ratingen: ca. 30 Min.

b)

Montag			05. September 20..		Hubert Kernig
Zeit	A, B, C		Termine	erl.	Notizen
7:00					
8:00	B		Stille 15 Min. + Postbesprechung bis 8:45 h		
9:00	A		Meeting Projektgruppe K, ca. 2 – 2,5 Std., Konferenzraum, Verwaltung		
10:00					
11:00			Puffer		
12:00	A		Mittagessen mit Dr. Endres; neue Marketingstudie, neueste Verkaufszahlen		- Tel. Dr. Zahl/ EDV-Liste, Budget „nächstes Jahr"
13:00	B		Budgetplanung „nächstes Jahr", Vorbereitung der Unterlagen für Di.-Morgen, 9:00 bis 10:30 h		- Tel. Müller & Co. Reklamation
14:00	A				- Brief Fr. Strackmann Mietminderung!
15:00					- Tel. mit Autohaus + Lisa
16:00					
17:00					
18:00			(bis ca. 17:30/18:00 h)		
19:00					
20:00	C		Privat: Einweihungsfete bei Jochen in Ratingen; ab 20:00 h		
21:00					
22:00			(ca. 22:30 h: Rückfahrt)		
23:00			(Schlafen)		

Montag		05. September 20..		Hubert Kernig
Zeit	A, B, C	Termine	erl.	Notizen
Veränderungsvorschläge (z. B.):				
Lfd. Nr.		Aktion		Maßnahme
1	C	Besprechung mit Dr. Ohnesorg, Werk, Raum 5		vertagen oder delegieren
2	B	Postbesprechung Sekretärin Fr. Knurr, ca. 30 Min.		verlegen auf 8:15 h oder kurz vor dem Mittagessen
3	A	Präsentation für Verkaufsleitertagung am Mi. vorbereiten		verlegen auf Di. ab 14:00 h
4	C	Einweisung von Herrn Grundlos		vertagen oder delegieren
5	A	- Auto abholen von Inspektion		Tel. mit Autohaus: Auto bringen lassen, ggf. gegen Aufpreis
6	C	- Tel. mit Lisa/Geschenk Jochen		Lisa bitten, Geschenk zu besorgen und bei Jochen anrufen wegen evtl. Verspätung
Agenda:		Termin mit anderen		Termine mit mir selbst

c)   Eisenhower-Prinzip

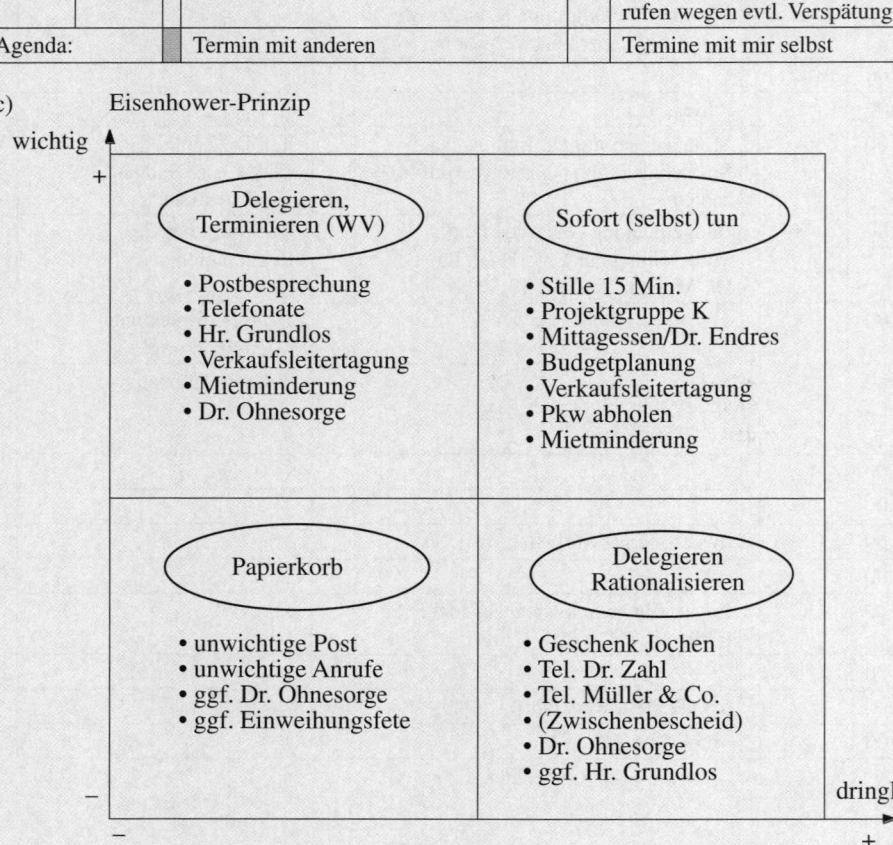

2. Prüfungsfach: Personalarbeit auf Grundlage rechtlicher Bestimmungen durchführen

2.1 Individuelles und kollektives Arbeitsrecht anwenden

01. Personalauswahl

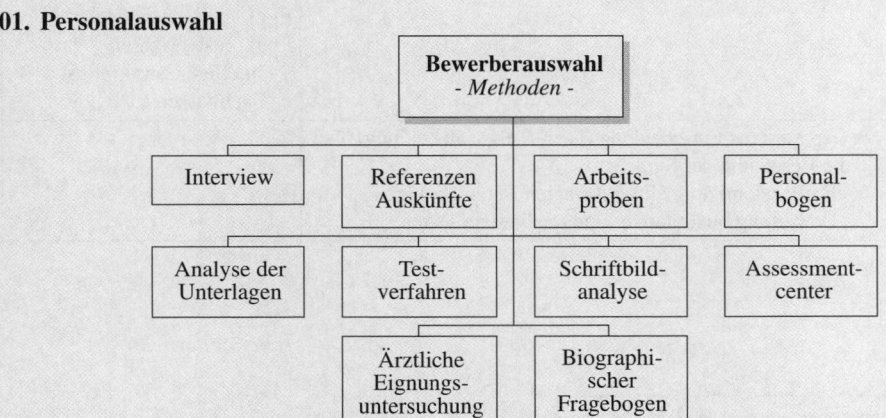

02. Handlungsschritte der Personalauswahl

a) Zu dieser Frage gibt es keine eindeutige Musterlösung. Die Beantwortung muss in etwa folgendem Gedankengerüst entsprechen:

	Handlungsschritte	Auswahlinstrumente

1	• Vorauswahl anhand der Unterlagen
	• Bildung von „Bewerberklumpen" („Grobauswahl")
	  - geeignet
	  - bedingt geeignet („Reserve")
	  - Absage (mit Rücksendung der Unterlagen)
		• Bewerbungsunterlagen

2	• Zwischenbescheide, ggf. Absagen
	  - intern
	  - extern	

3	• Erstellen einer Qualifikationsübersicht für die Kandidaten
	  - („geeignet")
	  - relevante Merkmale lt. Stellenbeschreibung
	  - Musskriterien, Soll-, Kann- (z. B.)
	  - Fachkompetenz, Sozialkompetenz
		• Checkliste,
		  Entscheidungsmatrix

4	• Entscheidung über „Einladung zum Gespräch"
	  - Personalabteilung
	  - Fachabteilung
	  - gemeinsame Entscheidung	

	Handlungsschritte	Auswahlinstrumente
5	• Korrespondenz: Einladung zum Gespräch - ggf. Informationsmaterial - Angabe der erstattungsfähigen Vorstellungskosten	
6	• Organisation und Durchführung der Auswahlgespräche	• Auswahlgespräch
7	• Ggf. Einsatz flankierender Auswahlinstrumente	• Arbeitsproben • Fallsituationen • ggf. Assessmentcenter • ggf. Testverfahren - Intelligenzstrukturtest - Fachwissen u. Ä.
8	• Gemeinsame Entscheidung (Fach-/Personalabteilung) über die Besetzung der Stelle - Berücksichtigung aller relevanten Beobachtungen - Bewertung quantitativer und qualitativer Daten	

b)

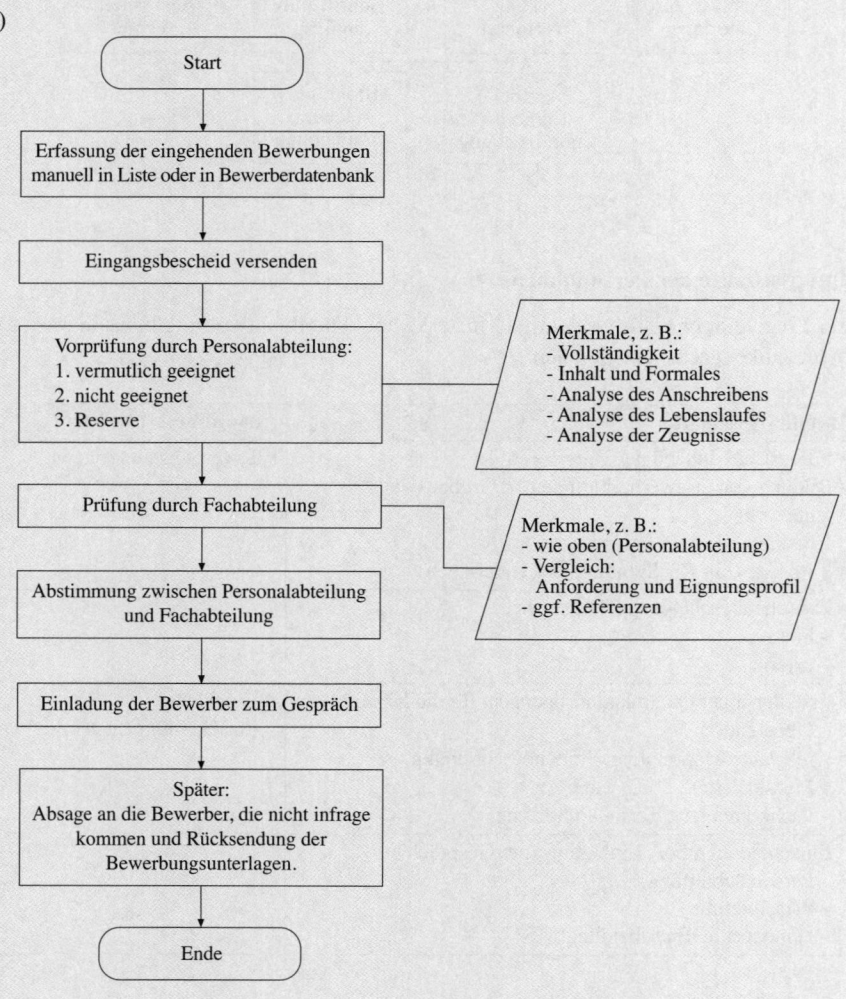

03. Analyse der Bewerbungsunterlagen

Es gelten für die Lebenslaufanalyse die folgenden Anhaltspunkte:

1. *Lückenanalyse*:
   Zeigen die Daten im Lebenslauf des Bewerbers vom Tag der Geburt bis zum Tag der Bewerbung einen *lückenlosen Verlauf*? Bestehen evtl. irgendwo zeitliche Lücken, um deren Erklärung der Bewerber gebeten werden muss? *Stimmen alle Daten* des Bewerbungsanschreibens, des Lebenslaufs und der dokumentierten Zeugnisse und Bescheinigungen im Hinblick auf Tag, Monat, Jahr und Zeitdauer überein?

2. *Analyse der Aus- und Weiterbildung*:
   Wurden begonnene *Ausbildungen* auch mit entsprechenden Prüfungen, Prüfungsnachweisen und Ausbildungsabschlüssen beendet? Wurde evtl. vieles versucht und wenig *abgeschlossen*?

3. *Leistungsanalyse*:
   Wie wurden Verhalten und Leistung während der Ausbildungszeit und der anschließenden Zeit der Berufstätigkeit beurteilt? Gibt es eine gewisse Kontinuität in den Beurteilungen oder schwanken die Beurteilungen?

4. *Analyse der Zeiträume*:
   Wurden die früheren Tätigkeiten bei den verschiedenen Arbeitgebern zu den üblichen Kündigungszeiten beendet? Wurden Arbeitsverhältnisse schon während der Probezeit beendet? Gibt es zwischen den einzelnen Beschäftigungszeiten Zeiten der Arbeitslosigkeit und wie sind diese begründet? (Insolvenz, Personalabbau oder vorzeitige Beendigung aus wenig einleuchtenden Gründen)

5. *Entwicklungsanalyse*:
   Ist aus der Berufstätigkeit im Ablauf der Zeit eine gewisse Karriereplanung ersichtlich? Ist ein Aufstieg erkennbar oder erfolgte die Beschäftigung ziemlich planlos und unsystematisch?

6. Branchenanalyse:
   Wurde die Branche (häufig) gewechselt?

04. Analyse der Bewerbungsunterlagen, Auswahlinterview

a) • *Analyse des Anschreibens:*

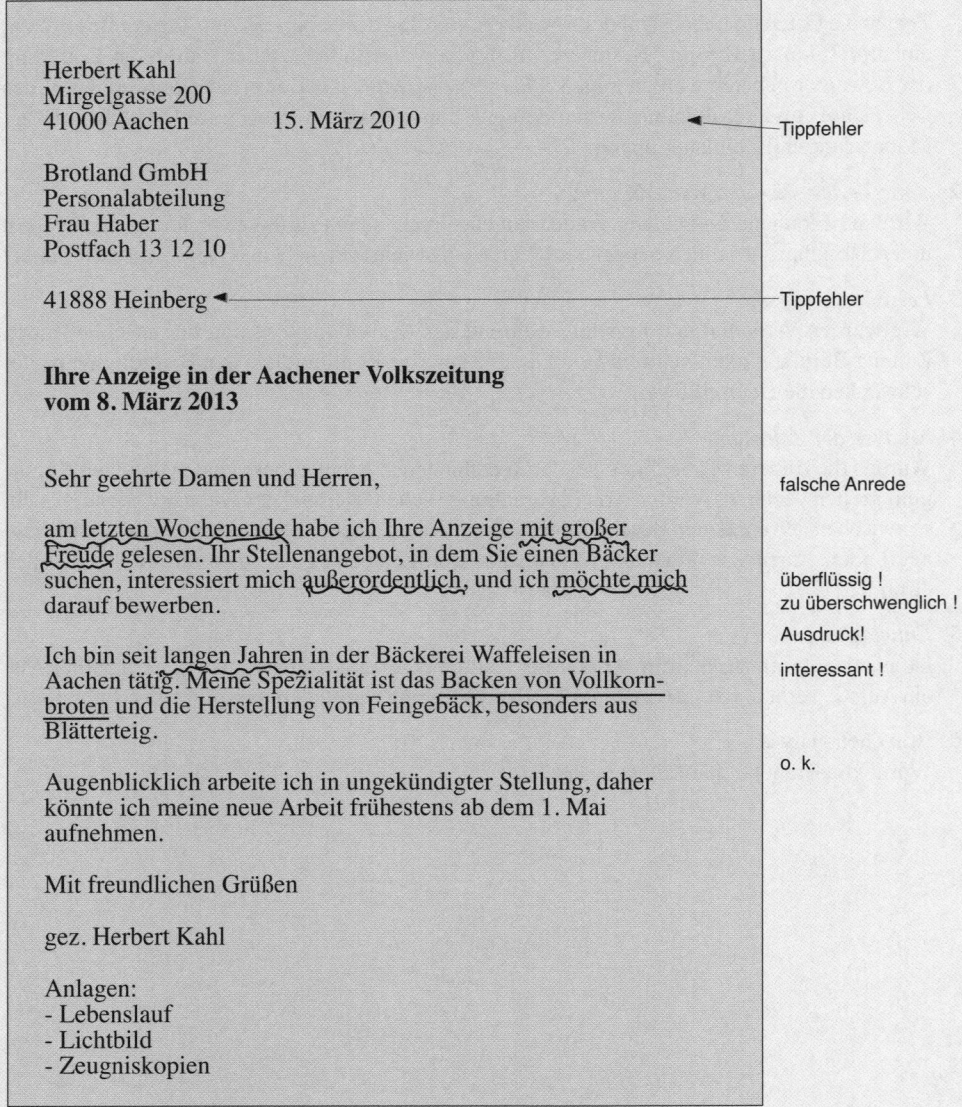

Herbert Kahl
Mirgelgasse 200
41000 Aachen   15. März 2010   ◄────── Tippfehler

Brotland GmbH
Personalabteilung
Frau Haber
Postfach 13 12 10

41888 Heinberg ◄─────────────────────────────────── Tippfehler

**Ihre Anzeige in der Aachener Volkszeitung
vom 8. März 2013**

Sehr geehrte Damen und Herren,   falsche Anrede

am letzten Wochenende habe ich Ihre Anzeige mit großer
Freude gelesen. Ihr Stellenangebot, in dem Sie einen Bäcker   überflüssig !
suchen, interessiert mich außerordentlich, und ich möchte mich zu überschwenglich !
darauf bewerben.   Ausdruck!
                                                            interessant !
Ich bin seit langen Jahren in der Bäckerei Waffeleisen in
Aachen tätig. Meine Spezialität ist das Backen von Vollkorn-
broten und die Herstellung von Feingebäck, besonders aus
Blätterteig.

Augenblicklich arbeite ich in ungekündigter Stellung, daher   o. k.
könnte ich meine neue Arbeit frühestens ab dem 1. Mai
aufnehmen.

Mit freundlichen Grüßen

gez. Herbert Kahl

Anlagen:
- Lebenslauf
- Lichtbild
- Zeugniskopien

Weitere Aspekte zum Anschreiben sind u. a.:
- Bewerber geht z. T. nicht auf den Anzeigentext ein (Erfahrung in der Unterweisung, selbst-
  ständiges Arbeiten, ...)
- Das „Bewerbungsmotiv" wird nicht genannt.

• *Analyse des Lebenslaufs:*

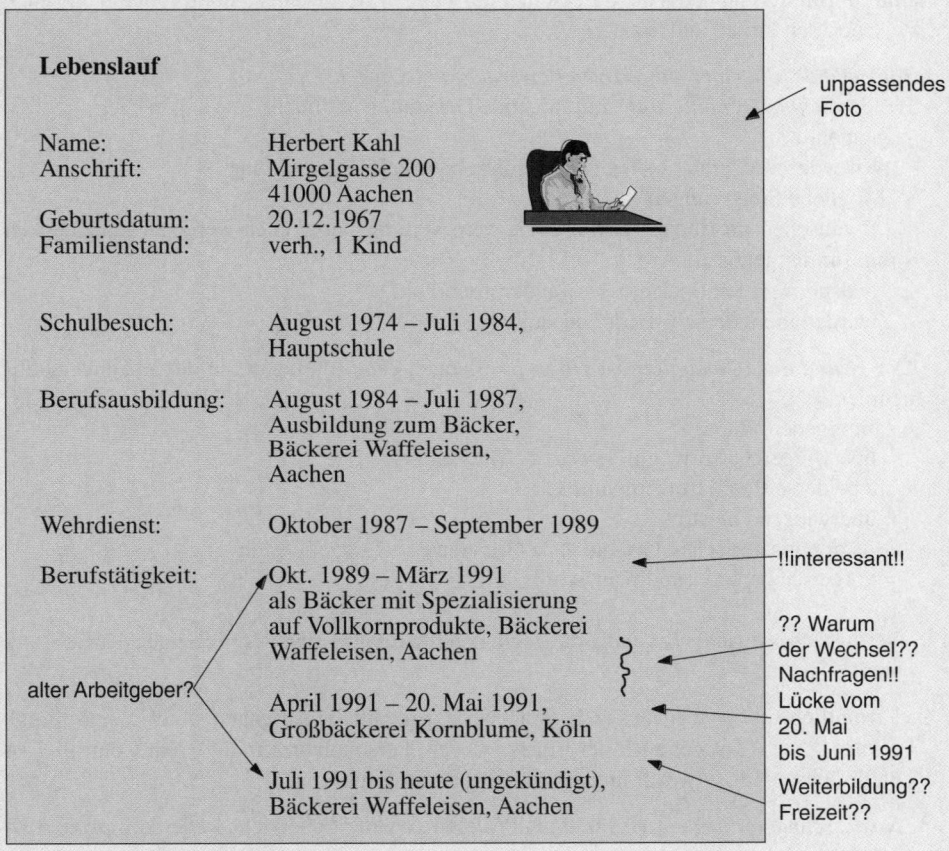

b) *Einladung zum Gespräch:* ja; es gibt zwar einige „Ungeschicklichkeiten" im Anschreiben sowie zu klärende Sachverhalte aufgrund des Lebenslaufes – trotzdem erscheint ein Gespräch sinnvoll.

05. Zeugnisanalyse (1)

a) Die Analyse erstreckt sich auf
   • *objektive Tatbestände*:
   - persönliche Daten,
   - Dauer der Tätigkeit,
   - Tätigkeitsinhalte,
   - Komplexität, Umfang der Aufgaben,
   - Anteil von Sach- und Führungsaufgaben,
   - Vollmachten wie Prokura, Handlungsvollmacht,
   - Plausibilitätsüberprüfung von Positionsbezeichnungen und Firmenart/-größe sowie von Aufgabenumfang und Erfahrungshintergrund des Kandidaten,
   - Termin der Beendigung.

Daneben wird der Leser die Passagen Führung und Leistung, Grund der Beendigung sowie Schlussformulierung betrachten. Er ist hier gezwungen zu werten, zu interpretieren und auch „zwischen den Zeilen zu lesen".

- *Tatbestände, die einer subjektiven Bewertung unterliegen*:
- Bei der *Schlussformulierung* sind folgende Gestaltungen üblich:
  - „Standard":
    „Wir wünschen Frau ... alles Gute für ihre berufliche Entwicklung."
  - „Mögliche Steigerungen:
    „... wünschen wir Herrn ... Erfolg bei seinem weiteren beruflichen Werdegang und danken ihm für die geleistete Arbeit."
    „... bedauern seinen Entschluss ... (außerordentlich) ..."
    „... würden ihn jederzeit wieder einstellen ..."

- *Der Grund der Beendigung* ist nur auf Verlangen des Mitarbeiters in das Zeugnis aufzunehmen:
  - „auf eigenen Wunsch"
    = überwiegend positiv, ggf. aber mit „Macken"
  - „in beiderseitigem Einvernehmen"
    = überwiegend negativ
  - „aus organisatorischen Gründen/aus Gründen der Reorganisation"
    = vorgeschobener Grund oder echt?

b) 1. Vermutlich *schwache Leistung*, da „Fleiß und Interesse" keine Beurteilungen der Leistung sind.

   2. Vermutlich *sehr schwache Leistung*: Über das eigentliche Aufgabengebiet „Controlling" erfolgt keine Aussage; auch der Einsatz in der „Personalabrechnung" (ein Controller ist dafür überqualifiziert) war nur „in der Regel" erfolgreich.

   3. *Niederschmetterndes Urteil* für einen Projektingenieur: beherrscht weder komplexe Aufgaben, noch kann er unter Zeitdruck arbeiten.

   4. *Keine Leistung erkennbar*: Selbstverständliches/Triviales („Regelmäßigkeit des Seminarbesuchs") wird hervorgehoben.

06. Zeugnisanalyse (2)

Sind die Aussagen über den Mitarbeiter „wenig schmeichelhaft" bzw. will man direkt negative Aussagen vermeiden, so ist es weit verbreitet,

- unwichtige Eigenschaften und Merkmale unangemessen hervorzuheben sowie
- wichtige Aspekte zu verschweigen (weil negativ) – insbesondere Eigenschaften und Verhaltensweisen, die bei einer bestimmten Tätigkeit von besonderem Interesse sind.

Im vorliegenden Fall liegt der Schluss nahe, dass entweder die Aussage über die Führungsqualifikation vergessen wurde (unprofessionelle Zeugniserstellung; kleines Familienunternehmen) oder dass der Bewerber bisher keine besonderen (positiven) Führungseigenschaften gezeigt hat.

07. Zeugniscodierung

Die Erwähnung negativer Aspekte im Arbeitszeugnis ist rechtlich problematisch. Aus diesem Dilemma befreien sich die Arbeitgeber meist durch folgende zwei „Strategien":

- *Anwenden einer Formulierungsskala* („Zeugniscode"):
  - sehr gut   = „stets zur vollsten Zufriedenheit"
  - gut   = „stets zur vollen Zufriedenheit"
  - befriedigend = „zur vollen Zufriedenheit"
  - ausreichend = „zur Zufriedenheit"
  - mangelhaft   = „im Großen und Ganzen zur Zufriedenheit"
  - ungenügend = „hat sich bemüht"

- *Der Gebrauch von Spezialformulierungen* ist in der Rechtsprechung umstritten und heute nur noch selten anzutreffen; z. B.:
  „... war sehr tüchtig und wusste sich zu verkaufen" = war unangenehm, unbequem u. Ä.

  Im vorliegenden Fall ist davon auszugehen, dass die Formulierungen bewusst gewählt wurden (Großunternehmen; Personalabteilung). Bei Herrn Kernig liegt der Schluss nahe, dass es sich um einen Mitarbeiter mit eher durchschnittlicher Leistung handelt, der weiß, wie man sich gut darstellt.

08. Analyse von Schulzeugnissen

Die Bedeutung von Schulzeugnissen nimmt mit zunehmendem beruflichen Alter ab. Vorsichtige Anhaltspunkte können u. U. – speziell beim Quervergleich mehrerer Bildungsabschlüsse – über Neigung, Fleiß und Interessenschwerpunkte gewonnen werden. Bei Lehrstellenbewerbern sind sie zunächst die einzigen Leistungsnachweise, die herangezogen werden können.

Im vorliegenden Fall liegen die Schulnoten fast 30 Jahre zurück und sind daher bei der Analyse nicht mehr relevant. Im Vordergrund stehen beim Bewerber Kernig die Analyse der Arbeitszeugnisse, das Ergebnis der beruflichen Erstausbildung, die Meisterqualifizierung u. Ä.

09. Assessmentcenter

- Charakteristisch für ein Assessmentcenter (AC) sind folgende *Merkmale*:
  - Mehrere Beobachter (z. B. sechs Führungskräfte des Unternehmens) beurteilen mehrere Kandidaten (i. d. R. 8 bis 12) anhand einer Reihe von Übungen über ein bis drei Tage.

  - Aus dem Anforderungsprofil werden die markanten Persönlichkeitseigenschaften abgeleitet; dazu werden dann betriebsspezifische Übungen entwickelt.
    - Die „Regeln" lauten:
    - jeder Beobachter sieht jeden Kandidaten mehrfach
    - jedes Merkmal wird mehrfach erfasst und mehrfach beurteilt
    - Beobachtung und Bewertung sind zu trennen
    - die Beobachter müssen geschult sein (werden)
    - in der „Beobachterkonferenz" erfolgt eine Abstimmung der Einzelbewertungen
    - das AC ist zeitlich exakt zu koordinieren
    - jeder Kandidat erhält am Schluss im Rahmen eines Auswertungsgesprächs sein Feedback.

- *Typische Übungsphasen* beim AC sind:
  - Gruppendiskussion mit Einigungszwang
  - Einzelpräsentation
  - Gruppendiskussion mit Rollenverteilung

  - Einzelinterviews
  - Postkorb-Übung
  - Fact-finding-Übung.

10. Testverfahren

a) Testverfahren im strengen Sinne des Wortes sind wissenschaftliche Verfahren zur Eignungs-diagnostik. Testverfahren müssen folgenden Anforderungen genügen:
  - Die Testperson muss ein typisches Verhalten zeigen können.
  - Das Verfahren muss gleich, erprobt und zuverlässig messend sein.
  - Ergebnisse müssen für das künftige Verhalten typisch (gültig) sein.
  - Die Anwendung bedarf grundsätzlich der Zustimmung des Bewerbers.
  - I. d. R. ist die Mitbestimmung des Betriebsrates zu berücksichtigen.

b) Man unterscheidet folgende Testverfahren:
  - *Persönlichkeitstests* erfassen Interessen, Neigungen, charakterliche Eigenschaften, soziale Verhaltensmuster, innere Einstellungen usw.
  - *Leistungstests* messen die Leistungs- und Konzentrationsfähigkeit einer Person in einer bestimmten Situation.
  - *Intelligenztests* erfassen die Intelligenzstruktur in Bereichen wie Sprachbeherrschung, Re-chenfähigkeit, räumliche Vorstellung usw.

  Testverfahren können – bei richtiger Anwendung – das Bewerberbild abrunden oder auch Hinweise auf Unstimmigkeiten geben, die dann im persönlichen Gespräch hinterfragt wer-den sollten. Der Aufwand ist i. d. R. nicht unbeträchtlich und rechtfertigt sich nur bei einer großen Anzahl von Kandidaten und homogenem Anforderungsprofil.

  Daneben gibt es im betrieblichen Alltag eine Reihe von Auswahlmethoden, die sich mehr oder weniger stark an Prüfungsverfahren anlehnen; z. B. Rechenaufgaben, Rechtschreib-übungen, Fragen zum Allgemeinwissen u. Ä., die vor allem bei der Auswahl von Lehr-stellenbewerbern eingesetzt werden; fälschlicherweise hat sich auch hier die Bezeichnung „Test" eingebürgert.

11. Ärztliche Eignungsuntersuchung

- Die ärztliche Eignungsuntersuchung überprüft, ob der Bewerber den Anforderungen der Tätig-keit physisch und psychisch gewachsen ist. In Groß- und Mittelbetrieben wird der Werksarzt die Untersuchung vornehmen, ansonsten übernimmt dies der Hausarzt des Bewerbers auf Kosten des Arbeitgebers.

  Das Ergebnis der Untersuchung wird dem Bewerber und dem Arbeitgeber anhand eines For-mulars oder Kurzgutachtens mitgeteilt und enthält wegen der ärztlichen Schweigepflicht nur die Aussage
  - geeignet
  - nicht geeignet
  - bedingt geeignet.

  Der untersuchende Arzt muss sich präzise über die Anforderungen des Arbeitsplatzes infor-mieren – u. U. vor Ort. Der Wert der ärztlichen Untersuchung ist vor allem darin zu sehen, dass ein Fachmann die gesundheitliche Tauglichkeit für eine bestimmte Tätigkeit überprüft; so können Fehleinschätzungen und mögliche spätere gesundheitliche Schäden bereits im Vorfeld vermieden werden.

• Daneben ist für bestimmte Tätigkeiten die Untersuchung gesetzlich vorgeschrieben (z. B. Arbeiten im Lebensmittelbereich).

• Hinzu kommt, dass Jugendliche nur beschäftigt werden dürfen, wenn sie innerhalb der letzten 14 Monate von einem Arzt untersucht worden sind (Erstuntersuchung) und dem Arbeitgeber eine von diesem Arzt ausgestellte Bescheinigung vorliegt (§§ 32 ff. JArbSchG).

12. Bewerbungsgespräch (1)

Grundsätze, z. B.:
- Der Hauptanteil des Gesprächs liegt beim Bewerber.
- Überwiegend öffnende Fragen verwenden, geschlossene Fragen nur in bestimmten Fällen, Suggestivfragen vermeiden.
- Zuhören, Nachfragen und Beobachten, sich Notizen machen, zur Gesprächsfortführung ermuntern usw.
- In der Regel: Keine ausführliche Fachdiskussion mit dem Bewerber führen.
- Die Dauer des Gesprächs der Position anpassen.
- Äußerer Rahmen: keine Störungen, kein Zeitdruck, entspannte Atmosphäre.

13. Bewerbungsgespräch (2)

Phasenverlauf beim Personalauswahlgespräch		
Phase	**Inhalt**	**z. B.**
I	Begrüßung	• gegenseitige Vorstellung • Anreisemodalitäten • Dank für Termin
II	Persönliche Situation des Bewerbers	• Herkunft • Familie • Wohnort
III	Bildungsgang des Bewerbers	• Schule • Ausbildung • Weiterbildung
IV	Berufliche Entwicklung des Bewerbers	• erlernter Beruf • bisherige Tätigkeiten • berufliche Pläne
V	Informationen über das Unternehmen	• Größe, Produkte • Organigramm der Arbeitsgruppe
VI	Informationen über die Stelle	• Arbeitsinhalte • Anforderungen • Besonderheiten
VII	Vertragsverhandlungen	• Vergütungsrahmen • Zusatzleistungen
VIII	Zusammenfassung, Verabschiedung	• Gesprächsfazit • ggf. neuer Termin

Hinweis: Die Reihenfolge einiger Phasen kann verändert werden – je nach Gesprächssituation und Erfahrung des Interviewers. Denkbar ist auch die Darstellung in fünf Phasen – bei geeigneter, thematischer Zusammenfassung.

14. Bewerbungsgespräch (3)

Grob unterteilt lassen sich beim Bewerbungsgespräch z. B. folgende Fragenfelder unterscheiden:

- Fragen zur Gesprächseröffnung,
- Fragen zur persönlichen Situation des Bewerbers,
- Fragen zur Ausbildung,
- Fragen zur Berufserfahrung,
- Fragen zur Selbsteinschätzung,
- Fragen zur Vertragsverhandlung,
- Fragen zum Abschluss des Gesprächs.

15. Auswertung des Bewerbungsgesprächs

1. Abschließende Sichtung aller Kandidaten der „engsten Wahl": Sind die Auswahlgespräche abgeschlossen, werden alle Informationen über die infrage kommenden Kandidaten verdichtet. Fachbereich und Personalbereich werden sich darüber verständigen, welchen Kandidaten sie für den geeignetsten halten. Dies wird in einem Abschlussgespräch erfolgen und kann z. B. anhand eines Entscheidungsbogens geführt werden.

2. Vorbereitung eines Entscheidungsbogens: Sollte ein derartiger Auswertungs- und Entscheidungsbogen eingesetzt werden, so lassen sich hier die maßgeblichen Kriterien (fachliche, persönliche Eignungsmerkmale; z. B.: Alter, Ausbildung, berufliche Erfahrung, Termin der Verfügbarkeit, Gehaltsniveau u. Ä.; Muss- und Wunschkriterien) sowie die dazugehörige Eignung der Kandidaten in einer Matrix festhalten. Beispielsweise könnten in einem derartigen Auswertungs- und Entscheidungsbogen Unterschiede im Eignungsprofil festgehalten werden durch ein Ranking der Bewerber in Form von

   – = nicht erfüllt,
   + = erfüllt,
   ++ = sehr gut erfüllt.

3. Durchführung des Abschlussgesprächs mit dem Fachbereich: Auf der Basis aller relevanten Kriterien treffen Fachbereich und Personalabteilung eine abschließende Entscheidung. Bei unterschiedlicher Auffassung über die endgültige Entscheidung für einen Kandidaten sollte der Fachbereich „das letzte Wort sprechen", denn er muss – bei aller Sachkompetenz des Personalwesens – mit dem Kandidaten zusammenarbeiten.

Hinweis: Vielfach werden an dieser Stelle in der Literatur Empfehlungen gegeben, die „Muss- und Kann-Kriterien" zu quantifizieren, d. h. mit Wertziffern zu versehen. Die Autoren empfehlen diese Vorgehensweise nicht, da sie zu einer Quasiobjektivität führt. Persönliche Eigenschaften und oft auch fachliche Eignungen entziehen sich der Möglichkeit sie kardinal zu messen. Besser ist es, wenn sich Fachbereich und Personalwesen über eine ordinale Skalierung – im Sinne von „besser oder schlechter" – verständigen.

16. Vorläufige personelle Maßnahme

a) Rechtliche Einzelschritte bei einer vorläufigen personellen Maßnahme:

- die SCHLUNZ AG stellt Herrn Mayer-Klett vorläufig ein;
- sie hat ihn über die Sach- und Rechtslage zu informieren;
- der BR ist unverzüglich zu unterrichten;
- hält der BR seine Nicht-Zustimmung aufrecht, so hat der Arbeitgeber innerhalb von drei Tagen den Antrag auf Ersetzung der Zustimmung beim Arbeitsgericht zu beantragen;
- lehnt das Arbeitsgericht den Antrag ab, so endet die vorläufige personelle Maßnahme zwei Wochen nach Rechtskraft der Entscheidung – der mit Mayer-Klett geschlossene Arbeitsvertrag endet mit diesem Zeitpunkt.

b) Wenn Herr Mayer-Klett leitender Angestellter nach § 5 Abs. 3 BetrVG ist, ist die Zustimmung des Betriebsrats zur geplanten Einstellung nicht erforderlich; der BR muss lediglich informiert werden.

17. Personalleasing/Arbeitnehmerüberlassung

a) Rechtsbeziehungen bei der Arbeitnehmerüberlassung nach dem AÜG:

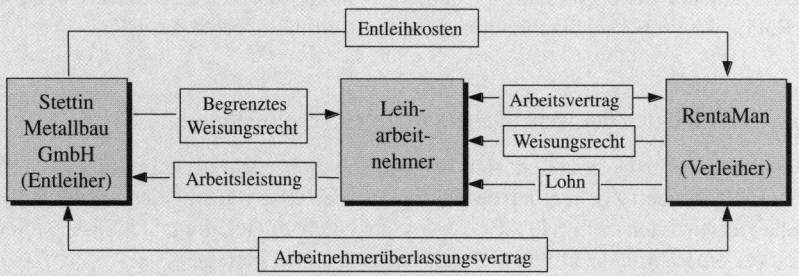

b) Die Beschäftigung der beiden Leiharbeitnehmer ist zustimmungspflichtig nach § 99 Abs. 1 BetrVG.

c) Die Entleihfrist ist nicht mehr begrenzt (vgl. Hartz I vom Jan. 2003, Erstes Gesetz für moderne Dienstleistungen am Arbeitsmarkt).

d) Mögliche Vor- und Nachteile der Arbeitnehmerüberlassung aus der Sicht des Entleihers:

Vorteile, z.B.:	Nachteile, z.B.:
• Kurzfristige Überbrückung von Personalengpässen	• Risiko der unzureichenden Qualifikation
• unbürokratisch; geringe Beschaffungskosten	• ggf. fehlende Motivation
• ohne arbeitsrechtliche Risiken	• fehlende Kenntnisse über die Entleihfirma
• bedarfsorientiert	• höhere Kosten
	• i.d.R. Einarbeitungsaufwand

18. Anfechtung des Arbeitsvertrages

Nein! Die Frage nach dem Bestehen einer Schwangerschaft im Rahmen der Einstellungsverhandlungen ist grundsätzlich unzulässig. Wird die Frage trotzdem unzulässigerweise gestellt, ist die unwahre Beantwortung erlaubt. Von daher kann der Arbeitsvertrag nicht angefochten werden (mehrfach durch das BAG bestätigt).

Etwas anderes gilt nur, wenn die Beschäftigung mit Gefahren für die werdende Mutter bzw. das Kind verbunden ist oder wenn die Tätigkeit unmöglich ist (z. B. Mannequin).

19. Direktionsrecht (Weisungsrecht)

Z. B. Festlegung
- der Arbeitsinhalte (im Rahmen des vertraglich festgelegten Aufgabengebietes)
- der Arbeitsabläufe
- von Terminen
- der eingesetzten Arbeitsmittel
- des Arbeitsplatzes
- von Maßnahmen des Arbeitseinsatzes

soweit anders lautende Schutzvorschriften dem nicht entgegenstehen (z. B. JArbSchG, MuSchG, tarifliche Rationalisierungsschutzabkommen, Mitbestimmungsrechte des BR).

20. Rechte und Pflichten des Arbeitgebers und des Arbeitnehmers

Nein! Gemäß § 8 Abs. 1 JArbSchG dürfen Jugendliche nicht mehr als acht Stunden täglich und nicht mehr als 40 Stunden wöchentlich beschäftigt werden. Das wäre hier jedoch der Fall. Außerdem sind die Pausenzeiten nach § 11 Abs. 1 JArbSchG nicht eingehalten. Sie müssen mindestens 60 Minuten bei einer Arbeitszeit von mehr als sechs Stunden betragen.

21. Urlaub

Entsprechend dem Günstigkeitsprinzip stehen dem Arbeitnehmer 28 Tage Urlaub aufgrund der Betriebsvereinbarung zu.

22. Entgeltfortzahlung

Die Forderung der Luise Herbst auf Entgeltfortzahlung besteht zu Recht. Eine Ausnahme von der Entgeltfortzahlungspflicht für geringfügig beschäftigte Arbeitnehmer besteht nach dem EFZG nicht (vgl. § 1 Abs. 2 EFZG).

23. Abmahnung

An: Frau Ortrud Spät   Kopie: BR [1]
      Abt.: PLM
      PN: 34008

Von: PL3, Krause

am: 19.11. ....

Sehr geehrte Frau Spät,

leider sind Sie trotz der am 03.11. .... durch Ihren Vorgesetzten Herrn Huber erfolgten mündlichen Ermahnung in diesem Monat an folgenden Tagen erst zu den aufgeführten Uhrzeiten zur Arbeit erschienen – lt. elektronischem Zeitnachweis:

08:07 Uhr   am 02.11.   08:18 Uhr   am 09.11.
08:22 Uhr   am 11.11.   08:13 Uhr   am 13.11.
08:09 Uhr   am 16.11.[2]

In dem am 17.11. .... mit Ihrem Vorgesetzten geführten Gespräch haben Sie erklärt, Sie hätten an den genannten Tagen verschlafen.

Es ist Ihnen bekannt, dass die Art Ihrer Tätigkeit absolute Pünktlichkeit erfordert. Durch Ihr Verhalten haben Sie gegen diese arbeitsvertragliche Verpflichtung verstoßen.[3] Wir fordern Sie daher nachdrücklich auf, zukünftig die für Sie geltenden Arbeitszeiten einzuhalten.[4] Sollten Sie erneut schuldhaft unpünktlich zur Arbeit erscheinen, sind wir zu unserem Bedauern gezwungen, das Arbeitsverhältnis zu kündigen.[5]

Wir hoffen, dass Sie aus diesem Schreiben die notwendigen Schlüsse ziehen und sich die Maßnahme der Kündigung ersparen.

zu [1] Der Betriebsrat muss bei einer Abmahnung nicht informiert werden; es existiert kein Mitbestimmungsrecht. In der Praxis erfolgt häufig eine Mitteilung an den Betriebsrat um ein evtl. Kündigungsverfahren schon im Vorfeld vorzubereiten.

zu [2] Es ist exakt anzugeben, wann genau, in welcher Form gegen welche arbeitsrechtlichen Pflichten verstoßen wurde. Der Arbeitgeber hat die Soll-Ist-Abweichung zu belegen (Zeugen, Dokumente).

zu [3] Erneute Nennung der arbeitsrechtlichen Pflicht, gegen die verstoßen wurde.

zu [4] Aufforderung zur korrekten Erfüllung.

zu [5] Androhung der Kündigung; die pauschale Formulierung "... wird Ihr Verhalten arbeitsrechtliche Konsequenzen haben ..." ist nicht ausreichend.

24. Nachzahlung von Arbeitnehmeranteilen zur Sozialversicherung

Nein! Der Anspruch kann nur durch Abzug vom Lohn geltend gemacht werden; ein versäumter Abzug kann im Regelfall nur innerhalb der nächsten drei Lohnabrechnungen nachgeholt werden; danach nur dann, wenn den Arbeitgeber kein Verschulden trifft. Diese Tatbestände sind im vorliegenden Fall nicht gegeben.

25. Arbeitszeugnis (1)

a) Das Zeugnis entspricht nicht den Tatsachen. Der nächste Arbeitgeber, der den Nachtwächter
   aufgrund des geschönten Zeugnisses einstellt, kann von Ihrer Firma Schadenersatz verlangen,
   wenn der Nachtwächter auch dort stiehlt.

b) Das Zeugnis muss
   - *wahrheitsgemäß* und
   - *wohlwollend* sein,
   - *darf das berufliche Fortkommen des Arbeitnehmers nicht unangemessen beeinträchtigen,*
   - *muss die Interessen* Dritter (z. B. zukünftige Arbeitgeber) *berücksichtigen.*
   - im Zweifelsfall gilt: *„Wahrheit vor Wohlwollen".*

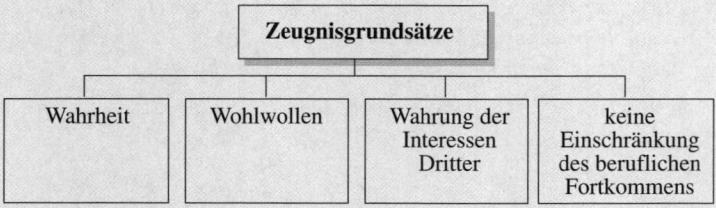

26. Arbeitszeugnis (2)

a)

Zeugnis

Herr Roland Kantig, geb. am 4. Januar 1977, wurde nach seiner Lehre als Maschinenschlosser
in unserem Unternehmen ab dem 1. Juli 2008 als Monteur für den weltweiten Einsatz im Außendienst beschäftigt.

Er erhielt zunächst eine dreiwöchige Grundausbildung an unserer vollautomatischen Drahtbiegemaschine, Typ AUTOMIRA XXL09. Direkt im Anschluss daran führte er Modernisierungsar-
beiten unter Anleitung erfahrener Kollegen an Kundenanlagen – zunächst in der Bundesrepublik
Deutschland und danach überwiegend in Italien – durch. Nach einigen Monaten erwarb Herr
Kantig auch die erforderlichen Fähigkeiten, eigenverantwortlich die Installation von Neuma-
schinen durchführen zu können. Neben der Montage und Inbetriebnahme der Maschinen gehörte
die Unterweisung des Wartungs- und Bedienungspersonals unserer Kunden ebenfalls zu seinen
Aufgaben.

Herr Kantig führte die ihm übertragenen Arbeiten umsichtig und zu unserer vollen Zufriedenheit
aus.

Sein Verhalten gegenüber Kunden, Vorgesetzten und Kollegen war stets einwandfrei.

Herr Kantig verlässt uns aus privaten Gründen zum 28. Februar 20.. auf eigenen Wunsch. Für
seine weitere berufliche Zukunft wünschen wir ihm alles Gute.

G.K. Wagner & CO.

ppa. (Krause)   i. A.   (Bracker)

b)

Zeugnis

Frau Lieselotte Herb, geb. am 9. September 1970, ist in der Zeit vom 1. Februar 2013 bis zum 28. Februar 2013 in unserem Unternehmen beschäftigt gewesen.

In unserem „Personalbereich 3" unterstützte Frau Herb die Mitarbeiter der Gehaltsabrechnung und übernahm folgende „Entlastungsarbeiten":

- Organisation der Ablage,
- Pflege der Personalakten,
- Bearbeitung der Zeitkonten mithilfe des Systems IZEV.

Frau Herb schied zum 28. Februar 2013 auf eigenen Wunsch aus unserem Unternehmen aus. Für die weitere berufliche Zukunft wünschen wir ihr alles Gute.

G.K. Wagner & CO.

ppa. (Krause)   i. A.   (Konkel)

---

27. Beendigung des Arbeitsverhältnisses

a) - Tod des Arbeitnehmers
   - Pensionierung (Erreichen der Altersgrenze)
   - Kündigung (fristgerecht oder fristlos)
   - Aufhebung des Vertrages
   - Fristablauf (bei befristeten Verträgen)

b) Pflicht
   - zur Zeugniserteilung
   - zur Erstellung der Urlaubsbescheinigung
   - Aushändigung der Arbeitspapiere
   - Freistellung für Bewerbungen
   - Gewährung noch ausstehender Leistungen (z. B. Resturlaub)

28. Kündigungsschutz (1)

a) Nein; nach § 85 SGB IX bedarf die Kündigung eines Schwerbehinderten der vorherigen Zustimmung des Integrationsamtes.

b) Beispiele für eine fristlose Kündigung:
   - nachhaltige Arbeitsverweigerung   - Ehrverletzung und Beleidigung vor anderen
   - Diebstahl, Betrug   - vorsätzliche Fahrlässigkeit

   Zu beachten sind jedoch immer
   - die Abwägung der Interessenslage und
   - die Umstände des Einzelfalles.

c)

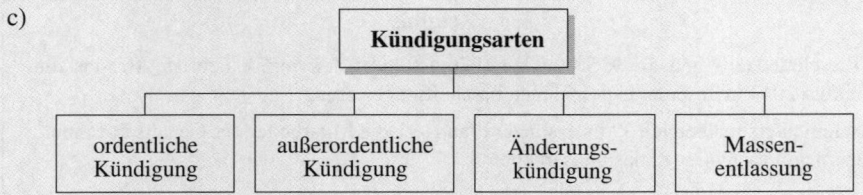

d) Kündigungsfristen (Übersicht):

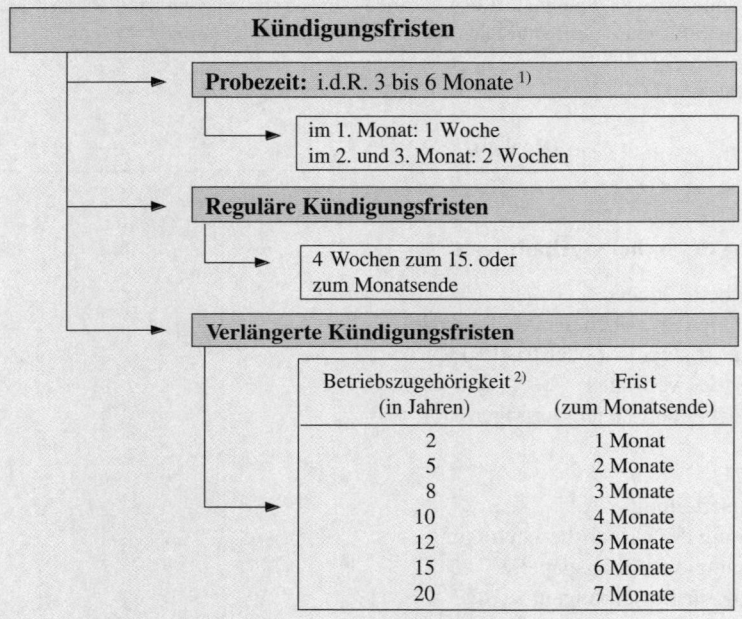

e) Nein! Dauer des Arbeitsverhältnisses < 6 Monate; vgl. § 1 Abs. 1 KSchG.

---

[1] Die Dauer der Probezeit ist individuell zu vereinbaren je nach Aufgabengebiet des Arbeitnehmers; das Richtmaß beträgt sechs Monate. Danach gelten die normalen Kündigungsfristen. Viele Tarifverträge sehen kürzere Fristen vor. Die Probezeit kann mit Zustimmung des Arbeitnehmers verlängert werden.

[2] Neu: Bei der Berechnung längerer Kündigungsfristen ist das Alter des Arbeitnehmers nicht mehr zu beachten (vgl. § 622 BGB; so der Europäische Gerichtshof im Jan. 2010).

29. Kündigungsschutz (2)

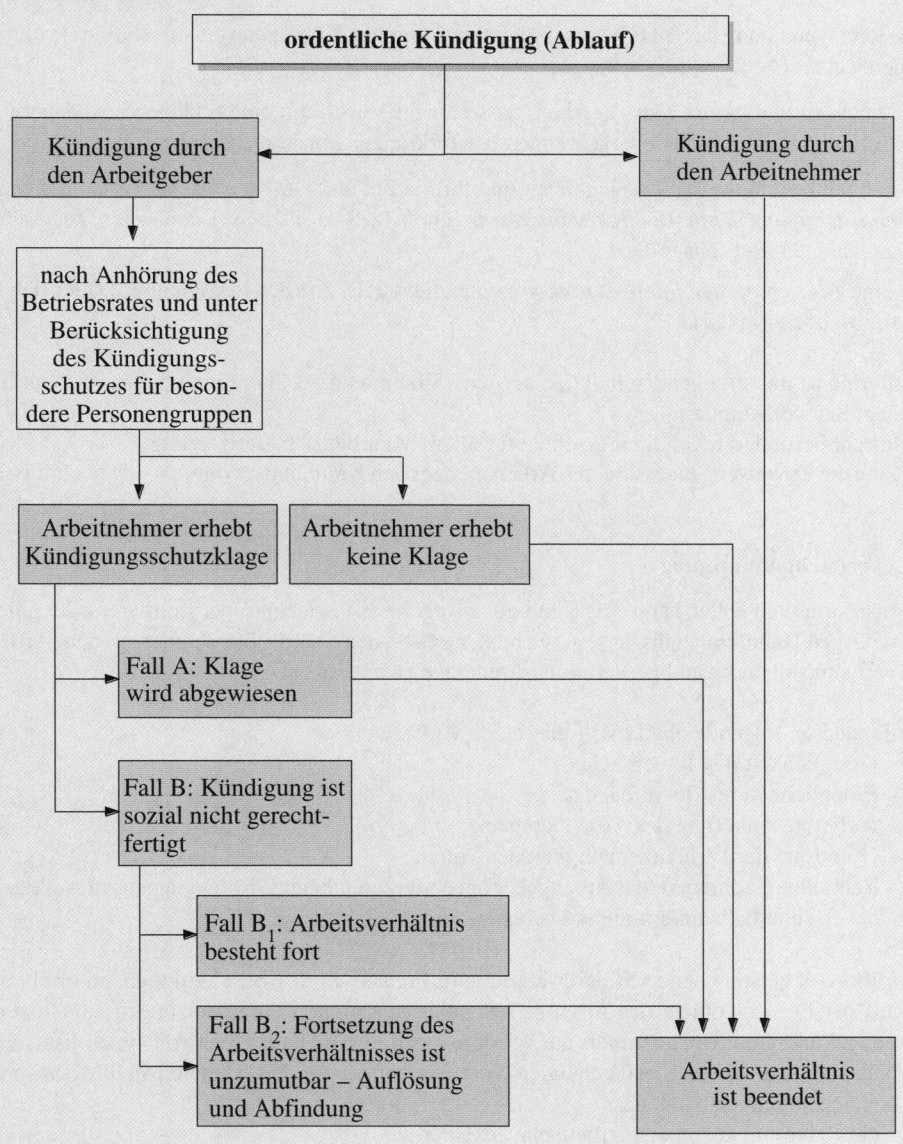

30. Kündigung von Langzeitkranken

Die Rechtsprechung des BAG hat zur krankheitsbedingten Kündigung ein dreistufiges Prüfungsschema entwickelt:

1. Die *Negativprognose* muss ergeben, dass entweder noch mit einem längeren Andauern der Erkrankung oder mit wiederkehrenden Kurzerkrankungen zu rechnen ist.

2. Die Fehlzeiten (in der Vergangenheit und für die Zukunft) müssen zu einer *erheblichen Beeinträchtigung der betrieblichen Interessen* führen (z. B. zusätzliche Lohnkosten; zu beachten ist dabei die Betriebsgröße).

3. Eine *Abwägung der Interessen* ist vorzunehmen (z. B. Art der Erkrankung, Dauer der Betriebszugehörigkeit).

Weiterhin ist im vorliegenden Fall („... der seit 15 Jahren tätige, ältere Buchhalter...") zu prüfen:
- Liegt Schwerbehinderung vor?
- Besteht besonderer Kündigungsschutz für ältere Mitarbeiter lt. Tarifvertrag?
- Kann die Zuweisung eines anderen Arbeitsplatzes den Krankheitsverlauf positiv beeinflussen?

31. Verdachtskündigung

a) In bestimmten Fällen kann eine Kündigung wegen des Verdachts einer strafbaren oder pflichtwidrigen Handlung zulässig sein, wenn der entstandene Verdacht geeignet ist, dem Arbeitsverhältnis die notwendige Vertrauensgrundlage zu entziehen.

b) Es müssen folgende objektive Tatbestände vorliegen:
- Dringlichkeit des Tatverdachts,
- Erheblichkeit des Tatverdachts,
- vorherige Anhörung des Arbeitnehmers,
- Grundsatz der Verhältnismäßigkeit der Mittel,
- Beurteilungszeitpunkt (der Arbeitgeber muss alle zumutbaren Anstrengungen zur Aufklärung des Sachverhalts unternommen haben).

c) Führt das entsprechende Strafverfahren zum Freispruch des Beschuldigten, so ergibt sich aus der Fürsorgepflicht des Arbeitgebers unter bestimmten Voraussetzungen ein Anspruch des gekündigten Arbeitnehmers auf Wiedereinstellung. Im Falle eines Freispruchs ist das Arbeitsgericht an dieses Urteil gebunden. Voraussetzungen für den Wiedereinstellungsanspruch des Arbeitnehmers sind, dass
- ein freier und geeigneter Arbeitsplatz existiert,
- der Arbeitnehmer nicht durch sein eigenes Verhalten erhebliche Verdachtsmomente schuldhaft geliefert hat,
- keine sonstigen gewichtigen Gründe gegen die Wiedereinstellung sprechen.

32. Fristlose Kündigung eines Ausbildungsverhältnisses

a) Die außerordentliche Kündigung (a. o. K.) von Ausbildungsverhältnissen ist nach § 22 Abs. 2 Nr. 1 BBiG möglich, wenn (analog zu der a. o. K. von Arbeitsverhältnissen) dem Kündigenden unter Abwägung aller Umstände des Einzelfalles die Fortführung des Ausbildungsverhältnisses nicht mehr zuzumuten ist. Bei der a. o. K. eines Ausbildungsverhältnisses kommt hinzu, dass der Ausbildende *die zusätzliche Pflicht hat, alle Möglichkeiten der Erziehung und der Fürsorge auszuschöpfen* (z. B. Zusammenarbeit mit der Berufsschule, Einzelgespräche usw.) um dem Auszubildenden die Chance zu geben sein Verhalten zu bessern. Erst wenn alle Maßnahmen ausgeschöpft sind und keine Aussicht mehr besteht, dass das Ausbildungsziel erreicht wird, kann als „letztes Mittel" außerordentlich gekündigt werden. Gerade die „Ausschöpfung aller Möglichkeiten" seitens des Ausbildenden ist im vorliegenden Fall nicht erkennbar, sodass die a. o. K. unwirksam sein dürfte.

b) Nach § 111 Abs. 2 ArbGG können von der zuständigen Stelle sog. Schlichtungsausschüsse zur Beilegung von Streitigkeiten zwischen Ausbildenden und Auszubildenden gebildet werden. In der Regel sind diese in der Praxis auch vorhanden. Im vorliegenden Fall ist der Schlichtungsausschuss der betreffenden IHK zuständig. Der Auszubildende Kerner *muss* also vor Erhebung einer Klage beim Arbeitsgericht zunächst den Schlichtungsausschuss der Kammer einschalten (= unverzichtbare Prozessvoraussetzung). Die Erhebung der Klage ohne Einschaltung eines existierenden Ausschusses ist unzulässig. Eine Frist zur Einschaltung des Ausschusses existiert nicht. Eine unangemessene Dauer könnte jedoch zur Verwirkung des Rechts auf Einschaltung nach sich ziehen. Hat der Schlichtungsausschuss eine Entscheidung durch Spruch getroffen, so kann Kerner den Spruch *innerhalb einer Woche* anerkennen. Ist er mit dem Spruch des Ausschusses nicht einverstanden, so kann er binnen zwei Wochen nach ergangenem Spruch Klage beim Arbeitsgericht erheben.

33. Fristlose Kündigung eines Betriebsratsmitglieds?

Die Kündigung des BR-Mitglieds Kern ist inhaltlich berechtigt. Nach § 103 Abs. 1 BetrVG bedarf jedoch die a. o. Kündigung eines BR-Mitglieds der Zustimmung des BR. Die fehlende Zustimmung des BR kann auf Antrag vom Arbeitsgericht ersetzt werden (§ 103 Abs. 2 BetrVG).

34. Betriebsänderung, Interessenausgleich, Sozialplan

a) Beispiele für Betriebsänderung im Sinne des § 111 BetrVG:
  - Einschränkung oder Stilllegung des ganzen Betriebes oder von wesentlichen Betriebsteilen
  - Verlegung
  - Zusammenschluss mit anderen Betrieben/Spaltung von Betrieben
  - Änderung der Betriebsorganisation
  - Einführung grundlegend neuer Arbeitsmethoden und Fertigungsverfahren.

b) Mögliche Nachteile für die Belegschaft:
  Kündigung, Änderungskündigung, Versetzung, veränderte Eingruppierung, Probleme bei der Einarbeitung in neue Aufgabengebiete.

c)

Inhalt eines Interessenausgleichs (beispielhafte Formulierungen)

1. Zielsetzung sowie persönlicher, sachlicher und zeitlicher Geltungsbereich;

2. Begründung des Unternehmers;

3. Einzelheiten zu den geplanten Veränderungen;

4. Personelle Konsequenzen:
   - Wie viele Mitarbeiter?
   - Werden wann?
   - Wo freigesetzt?

5. Darstellung der Einzelmaßnahmen:
   - Teilzeit?
   - Veränderung des Urlaubs?
   - Arbeitszeitverkürzung?
   - Anzahl der Freisetzungen?
   - Übernahmen (in andere Gesellschaften)?

6. Unterstützungsmaßnahmen für freizusetzende Mitarbeiter:
   - Umschulung
   - Fortbildung
   - Beratung (Outplacement-Beratung)
   - Outsourcing.

7. Unterstützungsmaßnahmen für verbleibende Mitarbeiter:
   - Maßnahmen der Qualifizierung
   - Versetzung, Umsetzung.

8. Hinweise auf Sozialplan.

```
┌─────────────────────────────────────────────────────────────────────┐
│          Inhalt eines Sozialplans (beispielhafte Formulierungen)      │
├─────────────────────────────────────────────────────────────────────┤
```

1. Geltungsbereich:
   - für wen?
   - für wen nicht?
   - wo?
   - in welchem Betrieb?

2. Freistellung bei Arbeitsplatzverlust:
   - Freistellungsregelung?
   - Abfindung und Höhe der Abfindung?
   - Ausnahmen?
   - Fälligkeit der Abfindungen?
   - Rückzahlungsklauseln bei Wiedereinstellung?
   - Sozialauswahl / Punktesystem?

3. Reduzierung der Arbeitskapazität:
   - Ausgleich für Arbeitsplatzverlust?
   - Ausgleich für Versetzung?
   usw.

4. Sonstige Bestimmung:
   - Sicherung von Ansprüchen (Weihnachtsgeld, Urlaubsgeld,
     Altersversorgung, Firmendarlehen, Werkswohnungen usw.)
   - Härtefälle
   - Übernahme von Bewerbungskosten

5. Schlussbestimmungen:
   - Schlichtungsregel bei Streitfällen
   - Schriftform
   - salvatorische Klausel
   - Inkrafttreten

```
└─────────────────────────────────────────────────────────────────────┘
```

- Interessenausgleich → Mitwirkung: Unterrichtung und Beratung (§ 111 BetrVG)
- Sozialplan → Mitbestimmung (§ 112 BetrVG i.V.m. § 323 Abs. 2 UmwG)

d) → Interessenausgleich, § 111 BetrVG
   → Information des Wirtschaftsausschusses
   → Sozialplan, § 112 BetrVG
   → Anzeige beim Arbeitsamt, § 17 KSchG
   → Sozialauswahl, § 1 Abs. 3 KSchG (die Sozialauswahl entfällt, wenn der Betrieb insgesamt
     geschlossen wird)
   → ggf. Prüfung einzel- oder tarifvertraglicher Bestimmungen
   → Anhörung des Betriebsrates, § 102 BetrVG

35. Betriebsübergang

Der neue Inhaber tritt in die Rechte und Pflichten der zum Zeitpunkt des Übergangs bestehenden Arbeitsverhältnisse ein.

36. Mitbestimmung und Änderungskündigung

a) Die KÜNAST GmbH kann die geplante Veränderung einleiten, indem sie eine Änderungskündigung gegenüber den 15 Mitarbeitern ausspricht (§ 2 KSchG). Die Änderungskündigung
ist fristgerecht zu erteilen unter Anhörung des Betriebsrates (§ 102 BetrVG).

b) Rechtliche Möglichkeiten des Arbeitnehmers bei einer Änderungskündigung:

1. Der Arbeitnehmer kann die Kündigung *annehmen*; Rechtsfolge: Es wird ein neuer Arbeitsvertrag zu geänderten Bedingungen geschlossen.

2. Der Arbeitnehmer kann den neuen Arbeitsvertrag *unter Vorbehalt annehmen* und vor dem
Arbeitsgericht klagen. Außerdem kann er *Einspruch* beim Betriebsrat einlegen (§ 3 KSchG).
Rechtsfolge: Das Arbeitsgericht entscheidet darüber, ob die Änderungskündigung sozial
gerechtfertigt ist.

3. Der Arbeitnehmer *nimmt* das Angebot des Arbeitgebers *nicht an*. Außerdem kann er *Einspruch* beim Betriebsrat einlegen (§ 3 KSchG). Rechtsfolge: Das Arbeitsverhältnis ist durch
Kündigung beendet. Der Arbeitnehmer kann gegen die Kündigung Klage erheben.

37. Mutterschutz (1), Urlaub

Die Ablehnung des Urlaubsantrags ist unzulässig und verstößt gegen § 10 Abs. MuSchG. Da Frau
A *innerhalb eines Jahres* wieder eingestellt wurde, gilt ihr Arbeitsverhältnis hinsichtlich der Rechte,
die von der Dauer der Betriebszugehörigkeit abhängen (hier: Wartezeit), als nicht unterbrochen.

38. Schutz besonderer Personengruppen

Personengruppe	Schutzgesetze
jugendliche Arbeitnehmer	JArbSchG
Frauen	Art. 3, 6 GG FFG MuSchG AGG BeschSchG
schwerbehinderte Menschen	SGB IX
Inhaber des Bergmannsversorgungsscheins	BergmannversorgungsscheinG der Länder Nord- rhein-Westfalen, Niedersachsen und Saarland
Auszubildende	BBiG
Personen, die ein Kind erziehen	BEEG
ältere Arbeitnehmer	AltTzG
Mitglieder einer Arbeitnehmervertretung	KSchG, BetrVG
Mitglieder des Bundes- bzw. Landtages u. Ä.	GG, Abgeordnetengesetz

39. Zusatzurlaub für schwerbehinderte Menschen

a) Der Arbeitnehmer X hat für das Jahr 2013 Anspruch auf anteiligen Zusatzurlaub: Es gilt ein voller Monat; daraus folgt: 1/12 von 5 Tagen = 0,42 Tage; ist nicht aufzurunden, da nicht mindestens ein halber Tag. Im Ergebnis (rechnerisch): kein Zusatzurlaub für Arbeitnehmer X (§ 125 Abs. 2 SGB IX).

b) Dem Arbeitnehmer Y stehen nach § 125 SGB IX i.V.m. § 5 Abs. 1 BUrlG 3,0 Tage Zusatzurlaub zu.

c) Der Anspruch erhöht sich auf sechs Tage Zusatzurlaub (§ 125 SGB IX).

d) Der Zusatzurlaub für 2013 ist auf 2014 übertragbar nach den urlaubsrechtlichen Regelungen (§ 125 Abs. 3 SGB IX).

40. Beschäftigungsverbot nach dem Mutterschutzgesetz

- *Relatives Beschäftigungsverbot:*
  Nach § 3 Abs. 2 MuSchG dürfen *werdende Mütter* in den letzten sechs Wochen vor der Entbindung nicht beschäftigt werden. Dieses Verbot richtet sich in erster Linie an den Arbeitgeber. Für die Arbeitnehmerin lässt das Gesetz eine Ausnahme dann zu, wenn sie sich ausdrücklich zur Arbeitsleistung bereit erklärt.

- *Absolutes Beschäftigungsverbot:*
  Nach § 6 Abs. 1 MuSchG besteht für *Wöchnerinnen* bis zum Ablauf von acht Wochen nach der Entbindung ein absolutes Beschäftigungsverbot. Das Gesetz lässt keine Ausnahmen zu. Auch bei Zustimmung der Arbeitnehmerin darf während dieser Schutzfrist nach der Entbindung keine Beschäftigung erfolgen.

41. Kündigung eines schwerbehinderten Menschen

Die Auffassung von Herbert S. ist unrichtig. Das SGB IX legt im § 90 Abs. 1 Nr. 1 fest, dass der besondere Kündigungsschutz für schwerbehinderte Menschen erst greift, wenn das Arbeitsverhältnis länger als sechs Monate besteht.

42. Jugendarbeitsschutz und Berufsschule

Nach § 9 JArbSchG hat die Firma den Jugendlichen Clausius für die Teilnahme am Berufsschulunterricht freizustellen. Nach Abs. 3 der Bestimmung darf durch den Besuch der Berufsschule kein Entgeltausfall eintreten. Diese Freistellung entfällt jedoch, falls der Unterricht nicht stattfindet. Da noch nicht der „Schwellenwert" von mehr als fünf Unterrichtsstunden erreicht war (vgl. § 9 Abs. 1 Nr. 2 JArbSchG), war Hubertus verpflichtet unmittelbar nach der zweiten Unterrichtsstunde in der Firma zu erscheinen. Er hat dies schuldhaft unterlassen, sodass die anteilige Lohnkürzung zu Recht besteht.

43. Gesundheitliche Betreuung Jugendlicher

Die gesundheitliche Betreuung Jugendlicher, die in das Berufsleben eintreten, ist geregelt in den §§ 32 ff. JArbSchG. Danach sind vor allem folgende Untersuchungen erforderlich:

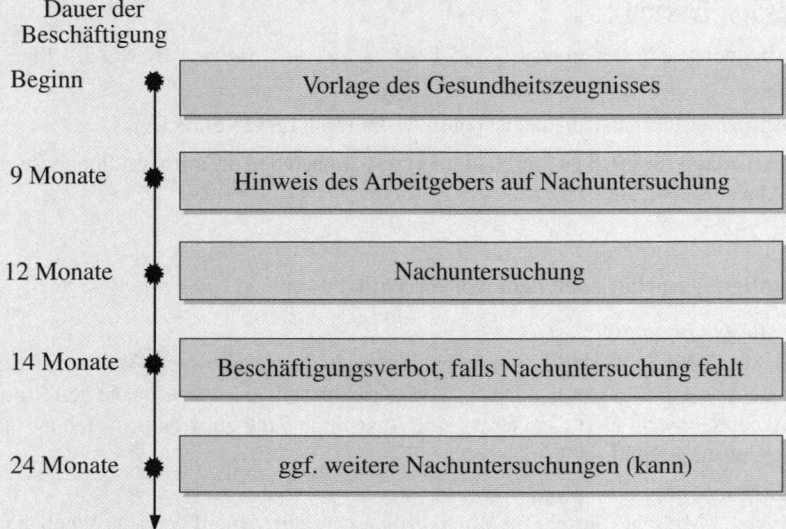

Dauer der
Beschäftigung

Beginn	Vorlage des Gesundheitszeugnisses
9 Monate	Hinweis des Arbeitgebers auf Nachuntersuchung
12 Monate	Nachuntersuchung
14 Monate	Beschäftigungsverbot, falls Nachuntersuchung fehlt
24 Monate	ggf. weitere Nachuntersuchungen (kann)

44. Mutterschutz (2)

Gesetze	Mutterschutzgesetz (MuSchG), Verordnung zum Schutz der Mütter am Arbeitsplatz (MuSchArbV)
Kündigungsschutz	Ab Beginn der Schwangerschaft bis zum Ablauf von vier Monaten nach der Entbindung ist die Kündigung des Arbeitsverhältnisses i. d. R. unzulässig (§ 9 MuSchG). Nimmt die Mutter nach der Geburt des Kindes Elternzeit, so verlängert sich der Kündigungsschutz über die Frist des Mutterschutzgesetzes hinaus bis zum Ablauf der Elternzeit.
Beschäftigungsverbot	Werdende Mütter dürfen in den letzten sechs Wochen vor der Entbindung nicht arbeiten, es sei denn, dass sie sich ausdrücklich dazu bereit erklären. Nach der Niederkunft dürfen die Wöchnerinnen bis zum Ablauf von acht Wochen nicht beschäftigt werden, bei Früh- und Mehrlingsgeburten wird diese Zeit auf zwölf Wochen ausgedehnt (§§ 3, 9 MuSchG). Werdende und stillende Mütter dürfen nicht mit Mehrarbeit, Nacht- und Sonntagsarbeit beschäftigt werden (§ 8 MuSchG). Werdende Mütter dürfen nicht mit schweren körperlichen Arbeiten und nicht mit Arbeiten beschäftigt werden, bei denen sie schädlichen Einwirkungen ... ausgesetzt sind (Weitere Beschäftigungsverbote, § 4 MuSchG).
Mutterschaftsgeld	§§ 13, 14 MuSchG
Mutterschaftshilfe	§ 15 MuSchG
Recht auf Teilzeitarbeit	§ 8 TzBefG
Elterngeld	§§ 1 - 6 BEEG
Gestaltung des Arbeitsplatzes	§ 2 MuSchG

45. Alkoholabhängigkeit

Unterstützung für Abteilungsleiter Kantig:

1. Es besteht erheblicher Verdacht, dass Herr Kerner ein „Alkoholproblem hat" bzw. alkoholabhängig ist. In einem derartigen Fall ist grundsätzlich sachkundige Unterstützung einzuholen – über den Werksarzt bzw. den Facharzt, der diesen Betrieb betreut. Alkoholismus kann nicht von Ihnen oder dem Abteilungsleiter beurteilt werden. (Sie sind medizinische Laien.)

2. Alkoholabhängigkeit ist vom BAG als Krankheit eingestuft worden, die bei langer Dauer oder erheblichen Schüben zur Kündigung berechtigt.

3. Bestätigt sich der Verdacht der Alkoholabhängigkeit bei Herrn Kerner, ist ihm Gelegenheit zu einer Therapie („Entziehungskur") zu geben. Der Betrieb sollte ihn bei der Suche nach einem Reha-Träger unterstützen (z. B. in Zusammenarbeit mit der Krankenkasse).

4. Ist der Mitarbeiter nicht therapiebereit, rechtfertigt dies in der Regel die Kündigung des Arbeitsverhältnisses, da der Mitarbeiter von der Alkoholkrankheit in absehbarer Zeit nicht geheilt werden kann (negative Prognose).

46. Arbeitnehmerschutzrechte

a) • Maßnahmen aufgrund der Schwangerschaft von Frau Selig:
   - relatives Beschäftigungsverbot nach § 4 MuSchG
   - absolutes Beschäftigungsverbot nach §§ 4 Abs. 3, 8 Abs. 1 MuSchG: Verbot der Akkordarbeit und Verbot der Nachtarbeit zwischen 20 und 6 Uhr

   • Maßnahmen aufgrund der Schwerbehinderteneigenschaft von Frau Selig:
   - Einschaltung des Integrationsamtes, der Gewerbeaufsicht und der Schwerbehindertenvertretung (§§ 81 ff. SGB IX);
   - Schaffung eines behindertengerechten Arbeitsplatzes (§§ 81 ff. SGB IX).

b) Das Arbeitsverhältnis von Frau Selig endet zum 30.11. d. J. Es liegt ein zweckbefristeter Arbeitsvertrag nach §§ 14, 15 TzBfG vor. Er „endet frühestens zwei Wochen nach Zugang der schriftlichen Unterrichtung des Arbeitnehmers (Mitteilung am 20. Okt.) über den Zeitpunkt der Zweckerreichung". Der mehrfachfache, besondere Kündigungsschutz (Mitglied des Betriebsrates, Schwerbehinderung, Schwangerschaft) hat bei einem befristeten Vertrag keine Relevanz, da keine Kündigung vorliegt und auch nicht erforderlich ist.

47. Ausbildungsvergütung

a) Bei einer Verkürzung der Ausbildungszeit ist § 7 BBiG zu berücksichtigen:
   Bei einer Verkürzung nach § 7 BBiG (Verkürzung aufgrund einer Rechtsverordnung) richtet sich die *Vergütung nach dem Beginn der gesamten Berufsausbildung*. Insofern hat Kirst bei 12-monatiger Anrechnung Anspruch auf die Vergütung für das 2. Ausbildungsjahr.

Eine Verkürzung auf Antrag bei der Kammer *führt nicht zu einer Vorverlegung des Ausbildungsbeginns* (§ 8 BBiG). Huber kann daher nicht die Vergütung für das 2. Ausbildungsjahr verlangen.

b) Nach § 8 Abs. 2 BBiG hat Peters einen Anspruch auf Verlängerung der Ausbildungszeit (bis zur nächstmöglichen Wiederholungsprüfung, höchstens für ein Jahr).

Peters und die Maschinenbau GmbH müssen einen Verlängerungsvertrag abschließen, der als Niederschrift bei der IHK einzutragen ist.

Durch die Verlängerung gelangt Peters jedoch nicht in ein höheres Ausbildungsjahr (er wiederholt de facto das 3. Ausbildungsjahr) und kann demzufolge keine erhöhte Ausbildungsvergütung verlangen.

c) Auch ein Täuschungsversuch rechtfertigt nicht die Ablehnung einer Verlängerung der Ausbildungszeit. Insofern behält Peters das Recht nach § 8 Abs. 2 BBiG.

48. Ausbildungsvertrag und Formvorschriften

Der Ausbildungsvertrag kommt am 22.5. d. J. rechtswirksam zu Stande (übereinstimmende Willenserklärung; vgl. §§ 145 ff. BGB). Anette Tronto ist voll geschäftsfähig.

Die Vertragsniederschrift hat lediglich deklaratorischen Charakter (vgl. § 11 BBiG). Ein Verstoß gegen die Schriftform würde (lediglich) eine Ordnungswidrigkeit nach § 102 BBiG darstellen.

49. Ausbildungsvergütung und Aufrechnung

Nein! Die Ausbildungsvergütung ist weder pfändbar noch abtretbar noch kann gegen sie aufgerechnet werden (vgl. § 850 ZPO, § 400 BGB, § 394 BGB).

50. Beendigung des Ausbildungsverhältnisses

Präsentieren heißt immer auch „visualisieren". Die Lösung ist daher in geeigneter Form optisch aufzubereiten, z. B.:

a)

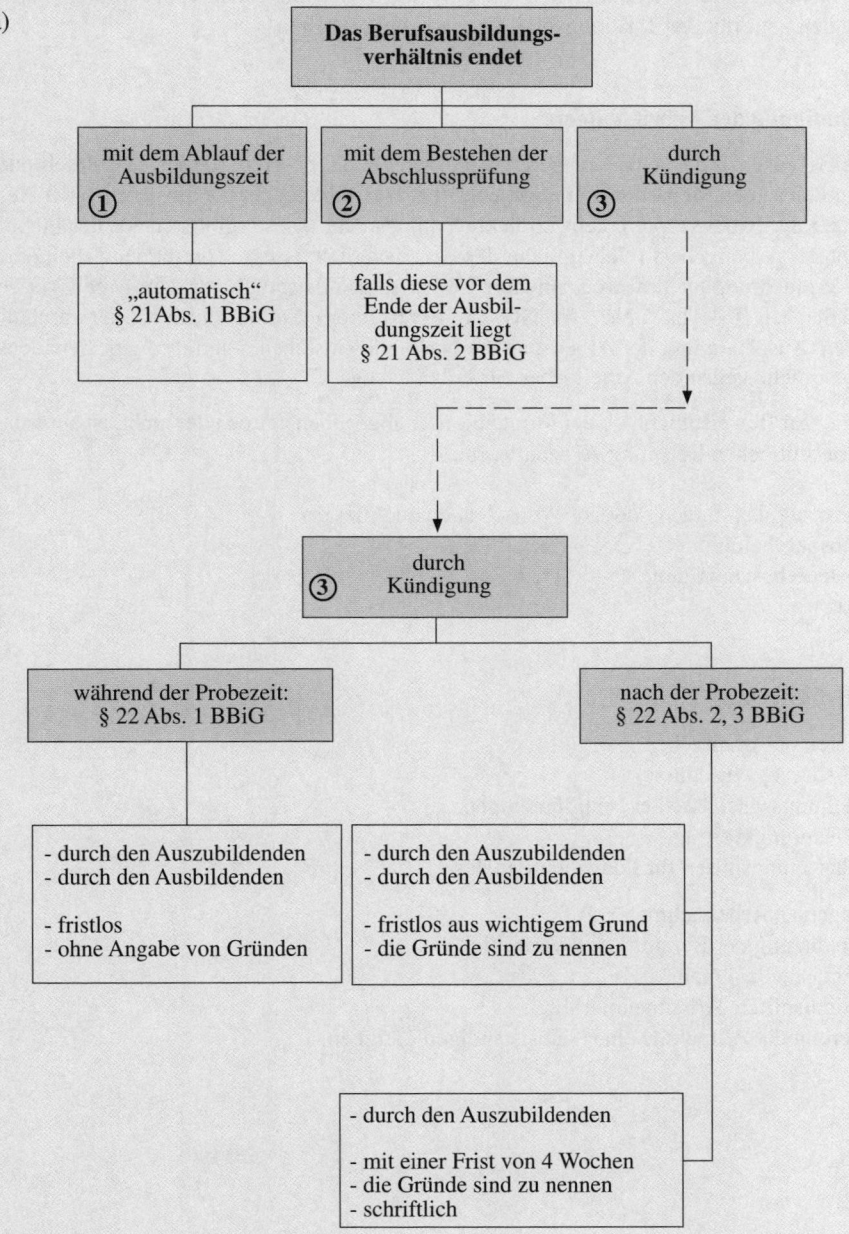

Hinweis:

Das Ausbildungsverhältnis endet mit dem Ablauf der Ausbildungszeit. Dieser Grundsatz gilt auch dann, wenn z. B. die Prüfung erst einige Wochen nach Ablauf der Ausbildungszeit abgelegt wird.

b) Nach § 24 BBiG ist im Fall des Auszubildenden Herb ein Arbeitsverhältnis auf unbestimmte Zeit begründet worden. Herb hat seine Arbeitskraft angeboten, der Meister hat nicht widersprochen.

Da die Ausbildungszeit mit dem Bestehen der Prüfung endet, muss Herb vom 11.06. bis 30.06. anteilig den zutreffenden Tariflohn eines Facharbeiters erhalten.

51. Aushändigung der Arbeitspapiere

a) Für die Herausgabe der Arbeitspapiere ist es unerheblich, ob Herr Kerner tatsächlich oder vermeintlich seinen Monteurkoffer abgegeben hat. Der Arbeitgeber hat hinsichtlich der Aushändigung der Arbeitspapiere kein Zurückbehaltungsrecht. Dies ergibt sich aus der Fürsorgepflicht des Arbeitgebers (Nebenpflicht des Arbeitsverhältnisses). Kommt der Arbeitgeber seiner Verpflichtung nicht nach, kann Herr Kerner seinen Anspruch vor dem Arbeitsgericht geltend machen (§ 2 Abs. 1 Nr. 3 ArbGG, Urteilsverfahren). Sollten Herrn Kerner durch die verspätete Aushändigung der Arbeitspapiere Nachteile entstehen, kann dies ggf. Schadensersatzansprüche gegen den Arbeitgeber zur Folge haben.

Die Frage zur Beweispflicht, ob der Monteurkoffer abgegeben wurde oder nicht, ist aufgrund der betriebsüblichen Regelung zu beantworten.

b) - Arbeitszeugnis (einfach oder auf Wunsch auch qualifiziert)
   - Urlaubsbescheinigung
   - Lohnsteuerbescheinigung
   - SV-Ausweis

52. Arbeitsförderung

• Leistungen an Arbeitgeber, z. B.:
   - Eingliederungszuschüsse,
   - Einstellungszuschüsse bei Neugründungen,
   - Eingliederungsvertrag,
   - Beschäftigungshilfen für Langzeitarbeitslose,

• Leistungen an Arbeitnehmer, z. B.:
   - Unterstützung der Beratung und Vermittlung,
   - Trainingsmaßnahmen,
   - Mobilitätshilfen, Arbeitnehmerhilfen,
   - Förderung der Aufnahme einer selbstständigen Tätigkeit.

53. Nebentätigkeit

Im Rahmen des Direktionsrechts ist eine Untersagung von Nebentätigkeiten nicht möglich. Die Ausübung von Nebentätigkeiten ist grundsätzlich zulässig (Freiheit der Berufsausübung). Ausnahme: Die Erfüllung der Haupttätigkeit wird durch die Nebentätigkeit beeinträchtigt: Wettbewerbstätigkeit; Ausmaß der Nebentätigkeit führt zu körperlicher Erschöpfung, sodass die Haupttätigkeit nur eingeschränkt verrichtet werden kann; Verstoß gegen ein gesetzliches Verbot. Eine Nebentätigkeit während des Urlaubs verstößt i. d. R. gegen § 8 BUrlG.

Also: Empfehlung an die Geschäftsleitung: In die Arbeitsverträge sollte ein Zusatz aufgenommen werden, nachdem Nebentätigkeiten durch die Metallbau GmbH vorab zu genehmigen sind. Diese ist allerdings zu erteilen, wenn die Nebentätigkeit die Haupttätigkeit nicht beeinträchtigt.

54. Bedeutung des Betriebsverfassungsgesetzes

- Das BetrVG schränkt das Direktionsrecht des Arbeitgebers ein. Dazu werden dem Betriebsrat als dem Repräsentanten der Arbeitnehmer verschiedene Beteiligungsrechte mit unterschiedlicher Qualität eingeräumt.

- Außerdem erhalten die Arbeitnehmer in den §§ 81-86 unmittelbare Rechte gegenüber dem Arbeitgeber – unabhängig davon, ob ein Betriebsrat existiert oder nicht.

- Das Betriebsverfassungsgesetz stammt von 1952, wurde 1972 wesentlich geändert und zum 5.7.2001 novelliert. Es enthält acht Teile:

Betriebsverfassungsgesetz - Inhaltsübersicht -		
Teil	§§	Inhalt
1	1–6	Allgemeine Vorschriften
2	7–59	Betriebsrat, Betriebsversammlung, Gesamt- und Konzernbetriebsrat
3	60–73	Jugend- und Auszubildendenvertretung
4	74–113	Mitwirkung und Mitbestimmung der Arbeitnehmer
5	114–118	Besondere Vorschriften für einzelne Betriebsarten
6	119–121	Straf- und Bußgeldvorschriften
7	122–124	Änderung von Gesetzen
8	125–132	Übergangs- und Schlussvorschriften

55. Beteiligungsrechte des Betriebsrates (Übersicht)

Die Beteiligungsrechte des Betriebsrates sind von unterschiedlicher Qualität – von schwach bis sehr stark ausgeprägt – und lassen sich in die beiden Felder

- Mitwirkung und
- Mitbestimmung

klassifizieren.

Dabei bedeutet:

- *Mitwirkungsrecht (MWR):*
  Die Entscheidungsbefugnis des Arbeitgebers bleibt unberührt.

- *Mitbestimmungsrecht (MBR):*
  Der Arbeitgeber kann eine Maßnahme nur im gemeinsamen Entscheidungsprozess mit dem Betriebsrat regeln.

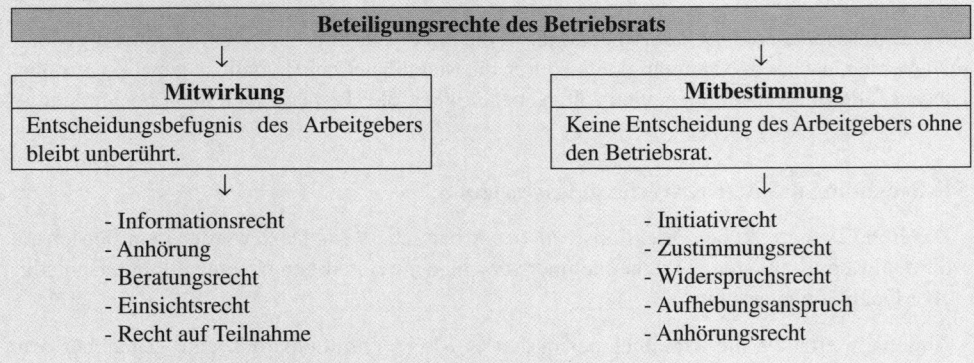

Beteiligungsrechte des Betriebsrats	
↓	↓
Mitwirkung	**Mitbestimmung**
Entscheidungsbefugnis des Arbeitgebers bleibt unberührt.	Keine Entscheidung des Arbeitgebers ohne den Betriebsrat.
↓	↓
- Informationsrecht - Anhörung - Beratungsrecht - Einsichtsrecht - Recht auf Teilnahme	- Initiativrecht - Zustimmungsrecht - Widerspruchsrecht - Aufhebungsanspruch - Anhörungsrecht

Im Einzelnen hat der Betriebsrat folgende Beteiligungsrechte:

- *Das Informationsrecht* ist das schwächste Recht des Betriebsrats. Es ist jedoch die unverzichtbare Voraussetzung für die Wahrnehmung aller Rechte und oft die Vorstufe zur Mitbestimmung. Neben einzelnen Fällen der Information formuliert das Gesetz in § 80 einen allgemeinen Anspruch des Betriebsrats auf „rechtzeitige und umfassende Information".

- *Das Beratungsrecht* ermöglicht dem Betriebsrat von sich aus Gedanken und Anregungen zu entwickeln. Der Arbeitgeber ist gehalten sich mit diesen Meinungen ernsthaft auseinander zu setzen.

- *Beim Recht auf Anhörung* ist der Arbeitgeber unbedingt verpflichtet vor seiner Entscheidung die Meinung des Betriebsrats einzuholen. Die Anhörung muss „ordnungsgemäß" sein. Im Fall der Kündigung führt eine Missachtung des Anhörungsrechts bereits aus formalrechtlichen Gründen zur Unwirksamkeit der Maßnahme.

- *Beim Vetorecht* kann der Betriebsrat die Maßnahme des Arbeitgebers verhindern bzw. bestimmte Rechtsfolgen einleiten (z. B. gerichtliche Ersetzung). Der Betriebsrat ist also nicht völlig gleichberechtigt am Entscheidungsprozess beteiligt, kann aber eine „Sperre" einlegen – aus den im Gesetz genannten Gründen.

- *Das Zustimmungsrecht* – auch als obligatorische Mitbestimmung bezeichnet – ist das qualitativ stärkste Recht. Der Arbeitgeber kann ohne die Zustimmung des Betriebsrats keine Entscheidung treffen. Bei fehlender Zustimmung kann er diese nicht gerichtlich ersetzen lassen, sondern muss den Weg über die Einigungsstelle gehen. Die Fälle der obligatorischen Mitbestimmung lassen sich im Gesetz leicht erkennen: Die jeweiligen Normen enthalten immer den Satz: „Der Spruch der Einigungsstelle ersetzt die Einigung zwischen Arbeitgeber und Betriebsrat".

Insofern lassen sich zwei Wege der Konfliktlösung bei den Mitbestimmungsrechten unterscheiden:

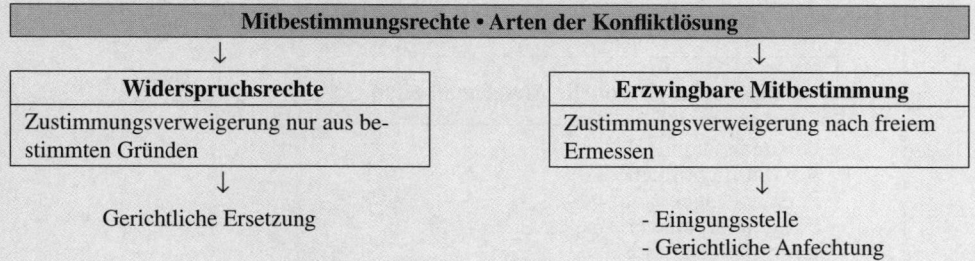

• Schließlich ist das *Initiativrecht* im Mitbestimmungsrecht enthalten: Der Betriebsrat kann von sich aus in den Fällen der erzwingbaren Mitbestimmung vom Arbeitgeber die Regelung einer bestimmten Angelegenheit verlangen. Das Initiativrecht findet seine Grenzen in den Fällen, in denen es um den Kern der unternehmerischen Entscheidung geht (z. B. Produktpolitik, Standortpolitik u. Ä.).

• Die Beteiligung des Betriebsrats in *personellen Angelegenheiten* zerfällt in drei Unterabschnitte:
- allgemeine personelle Angelegenheiten
- Berufsbildung
- personelle Einzelmaßnahmen.

Dabei sind die Beteiligungsrechte überwiegend in Form der Mitbestimmung ausgeprägt.

Die Mitbestimmungsrechte bei den vier personellen Einzelmaßnahmen

- Einstellung
- Versetzung
- Eingruppierung
- Umgruppierung

stehen selbstständig und unabhängig voneinander und sind demzufolge separat zustimmungs-bedürftig.

Beteiligungsrechte des Betriebsrats in personellen Angelegenheiten		

Allgemeine personelle Angelegenheiten	MWR	MBR
• Personalplanung	√	
• Auswahlrichtlinien		√
• Personalfragebogen		√
• Formulararbeitsverträge		√
• Beurteilungsgrundsätze		√
• Innerbetriebliche Ausschreibung von Arbeitsplätzen		√

Berufsbildung		
• Förderung der Berufsbildung	√	
• Errichtung und Ausstattung betrieblicher Einrichtungen	√	
• Durchführung von Maßnahmen		√
• Auswahl von Teilnehmern		√
• Bestellung und Abberufung von Personal der Berufs- bildung		√
• Durchführung sonstiger betrieblicher Bildungsmaß- nahmen		√

20 und mehr Arbeitnehmer Personelle Einzelmaßnahmen		
• Einstellung, Versetzung, Eingruppierung, Umgruppierung		√
• Kündigung		√
• Außerordentliche Kündigung von Mitgliedern des Betriebs- rates, der Jugend- und Auszubildendenvertretung ... usw.		√
• Entfernung betriebsstörender Arbeitnehmer		√
• Einstellung/personelle Veränderung bei leitenden Angestellten	√	

• Bei der Beteiligung in *sozialen Angelegenheiten* ist zu unterscheiden zwischen
  - sozialen Angelegenheiten,
     · die obligatorisch der Mitbestimmung unterliegen (§ 87),
     · die durch freiwillige Betriebsvereinbarung geregelt werden können (§ 88) sowie
  - der Mitwirkung bei der Gestaltung des Arbeitsschutzes (§ 89).

In sozialen Angelegenheiten des § 87 BetrVG ist die Beteiligung des Betriebsrats am stärksten ausgeprägt. Die Ziffern 1 - 12 enthalten eine abschließende Aufzählung von Tatbeständen. Entsprechend dem Eingangssatz gilt das Mitbestimmungsrecht jedoch nur, soweit keine gesetzliche oder tarifliche Regelung besteht. In allen Fällen des § 87 BetrVG kann also der Arbeitgeber eine Regelung nur mit dem Einverständnis des Betriebsrats treffen.

Nach ständiger Rechtsprechung setzen die Normen des § 87 I Nr. 1 - 12 einen kollektiven Regelungstatbestand voraus (z. B. alle Arbeitnehmer eines Betriebes betreffend). Lediglich in den Ziffern 5 (Urlaub) und 9 (Werkswohnungen) greift die Mitbestimmung auch im Einzelfall.

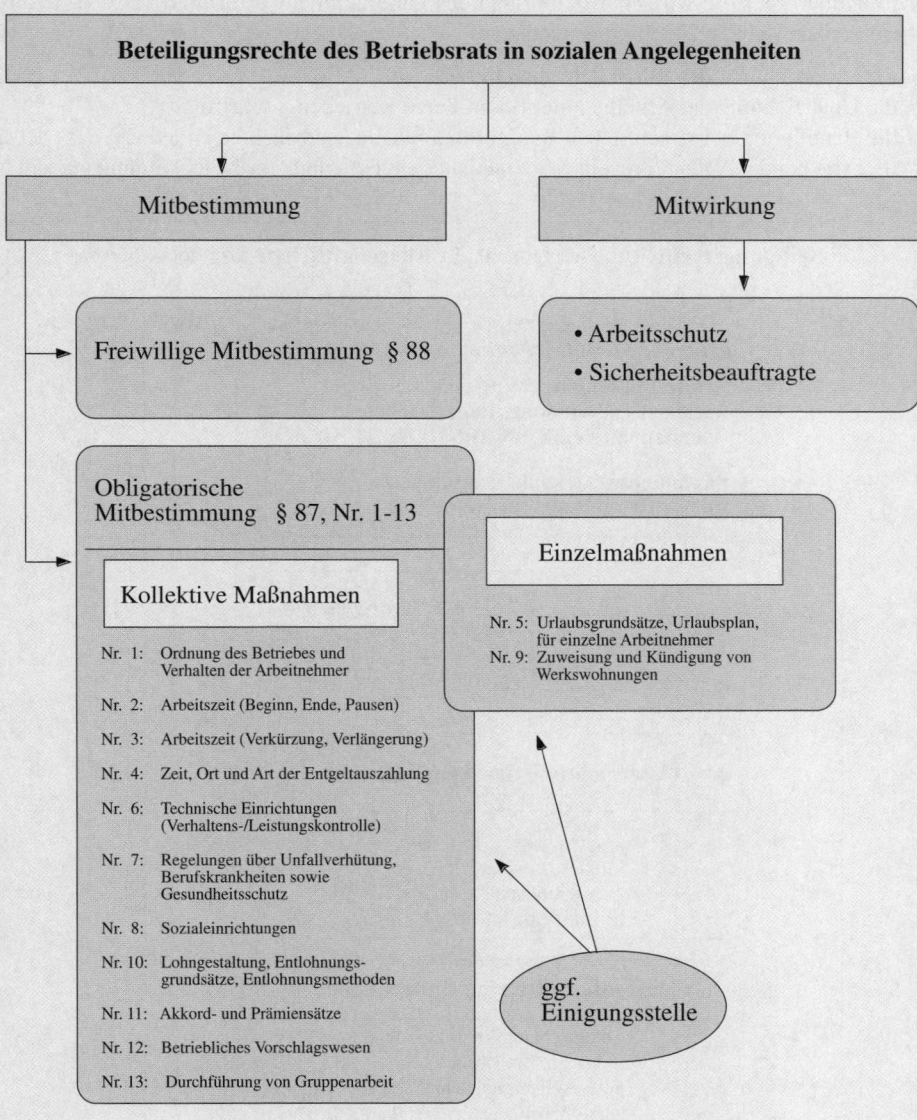

- In *wirtschaftlichen Angelegenheiten* ist die Beteiligung des Betriebsrats qualitativ am schwächsten ausgeprägt. Nach dem Willen des Gesetzgebers soll hier die unternehmerische Entscheidungsfreiheit nicht eingeschränkt werden, sondern lediglich sichergestellt sein, dass die Arbeitnehmer über die wirtschaftliche Lage des Unternehmens informiert werden. Insofern beschränken sich die Beteiligungsrechte auf

- die Unterrichtung des Wirtschaftsausschusses
- die Unterrichtung der Arbeitnehmer (in größeren Betrieben – schriftlich)
- die Beteiligung bei wesentlichen Betriebsänderungen. Zu beachten ist jedoch, dass der Betriebsrat bei der Aufstellung eines Sozialplanes ein erzwingbares Mitbestimmungsrecht hat.

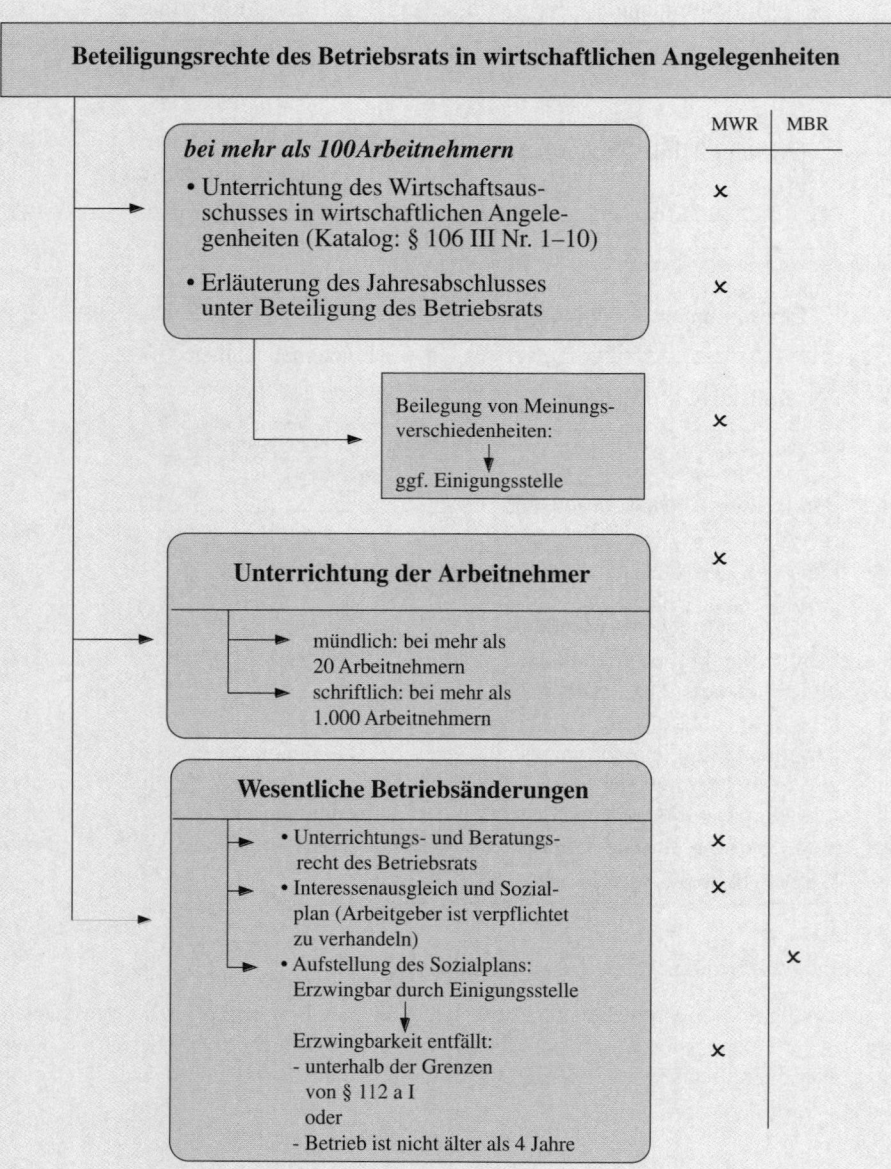

- Bei der Beteiligung in *arbeitsorganisatorischen Angelegenheiten*
  kommt dem Betriebsrat lediglich ein Unterrichtungs- und Beratungsrecht zu. Der Arbeitgeber
  bleibt also letztlich in seiner Entscheidung frei. Im Einzelnen existiert ein Mitwirkungsrecht
  bei der Planung von
  - Neu-, Um- und Erweiterungsbauten
  - technischen Anlagen
  - Arbeitsverfahren, -abläufen
  - Arbeitsplätzen.

Eine Ausnahme bildet der § 91 BetrVG: Wenn der Arbeitgeber „gegen gesicherte, arbeitswissenschaftliche Erkenntnisse verstößt", steht dem Betriebsrat ein „korrigierendes Mitbestimmungsrecht" zu: Er kann angemessene Maßnahmen zur Abwendung, Minderung oder zum Ausgleich
der Belastung der Arbeitnehmer *verlangen*. Im Konfliktfall entscheidet die Einigungsstelle.

Der einzelne Arbeitnehmer kann Vorschläge zur Gestaltung des Arbeitsplatzes und -ablaufes
machen.

56. Betriebsverfassungsgesetz und Geltungsbereich

- In Betrieben mit mindestens fünf wahlberechtigten Arbeitnehmern, von denen drei wählbar
  sind, werden Betriebsräte gewählt (§ 5 BetrVG).

  Anmerkung: Eine Verpflichtung zur Wahl eines Betriebsrates besteht nicht.

- *Das Gesetz gilt* für alle betriebsratsfähigen Betriebe innerhalb der Bundesrepublik Deutschland.

- *Es gilt nicht* für Betriebe des öffentlichen Dienstes.

- *Es gilt eingeschränkt* oder z. T. gar nicht für sog. Tendenzbetriebe.

- *Persönlich gilt das BetrVG* für alle Arbeiter und Angestellten einschließlich der zu ihrer Berufsbildung Beschäftigten. Dies umfasst auch Aushilfskräfte, befristet Beschäftigte, Teilzeitkräfte
  und Arbeitnehmer, deren Arbeitsverhältnis ruht.

- *Das Gesetz gilt nicht* für leitende Angestellte – soweit nicht in einzelnen Normen etwas anderes geregelt ist. Die Gruppe der leitenden Angestellten wird also nicht durch den Betriebsrat
  vertreten, sondern wählt ihre eigene Interessenvertretung, den „Sprecherausschuss für leitende
  Angestellte" – auf der Basis des Sprecherausschussgesetzes vom 23.12.1988. § 5 BetrVG
  klassifiziert den Kreis der leitenden Angestellten.

57. Gebot der vertrauensvollen Zusammenarbeit

Nach dem Willen des Gesetzgebers ist der Leitgedanke des Betriebsverfassungsgesetzes das
„Gebot der vertrauensvollen Zusammenarbeit" zwischen Arbeitgeber und Betriebsrat. Dieses
Gebot ist als Generalklausel zu verstehen, die als unmittelbares Recht auf alle anderen Normen
des Gesetzes wirkt.

Im Einzelnen heißt dies für beide Seiten:

- Offenheit und Ehrlichkeit,
- Ausgleich statt Konfrontation.

Nicht gemeint ist:

- Nachgeben um jeden Preis,
- Aufgeben gesicherter Rechtspositionen.

Als Konsequenz daraus kann man interpretieren: Der Arbeitgeber, die Geschäftsleitung, die betriebliche Führungskraft usw. sollten gegenüber dem Betriebsrat eine positive Grundhaltung einnehmen:

- Betriebsratsarbeit ist eine betriebliche Notwendigkeit,
- Betriebsratsarbeit nützt beiden Seiten.

Grundsätze für die Zusammenarbeit im Betrieb
• Gebot der vertrauensvollen Zusammenarbeit
• Friedenspflicht
• Verbot der parteipolitischen Betätigung
• Aufgabentrennung zwischen Betriebsrat und Gewerkschaft
• Verbot der Benachteiligung/Bevorzugung von Betriebsratsmitgliedern
• Besonderer Kündigungsschutz für Betriebsratsmitglieder
• Einhaltung der Grundsätze von Recht und Billigkeit

• Die Friedenspflicht bedeutet für den Arbeitgeber:
  Im Streitfall mit dem Betriebsrat darf er *nicht aussperren.*

• Für den Betriebsrat bewirkt die Friedenspflicht:
  Er darf die Arbeitnehmer im Streitfall *nicht zum Streik aufrufen.*

58. Betriebsverfassungsrechtliche Organe

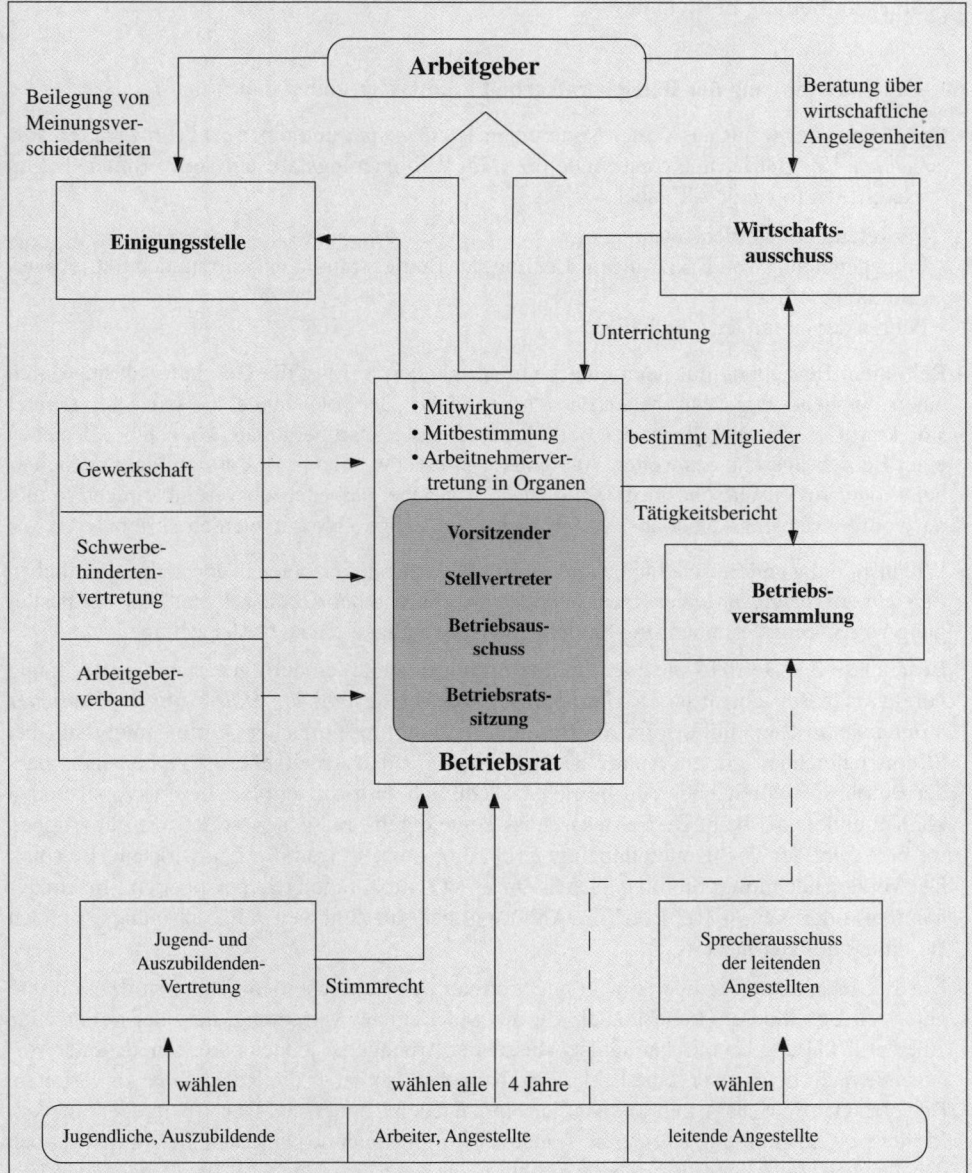

59. Versetzung und Mitbestimmung

- Es liegt eine mitbestimmungspflichtige Versetzung i. S. des § 95 Abs. 3 BetrVG vor.
- Der Betriebsrat in Krefeld muss der Versetzung nach § 99 Abs. 1 BetrVG zustimmen (abgebender Betrieb; Versetzung).

- Der Betriebsrat in Erkelenz muss der Einstellung nach § 99 Abs. 1 BetrVG zustimmen (aufnehmender Betrieb; Einstellung).

60. Geschäftsführung der Betriebsratsarbeit („innere Organisation")

- Der Betriebsrat wählt aus seiner Mitte einen *Vorsitzenden* und einen *stellvertretenden Vorsitzenden.* Der Betriebsratsvorsitzende (bzw. im Verhinderungsfall sein Stellvertreter) hat im Wesentlichen folgende Aufgaben:
  - Vertretung des Betriebsrates,
  - Entgegennahme von Erklärungen, Leitung der Betriebsratssitzungen und der Betriebsversammlungen sowie
  - Führen der laufenden Geschäfte.

- Bei einem Betriebsrat mit neun oder mehr Mitgliedern erfolgt die Geschäftsführung durch einen zwingend vorgeschriebenen *Betriebsausschuss.* Der Vorsitzende und sein Stellvertreter sind kraft Gesetzes Mitglieder des Betriebsausschusses. Darüber hinaus können bei Bestehen eines Betriebsausschusses weitere Ausschüsse gebildet werden (z. B. Berufsbildungs-, Sicherheits- oder Arbeitsausschuss). Wichtig ist die Tatsache, dass Betriebsvereinbarungen immer nur vom Betriebsrat – nicht aber von Ausschüssen – abgeschlossen werden dürfen.

- Willensbildung und Entscheidungsfindung des Betriebsrates erfolgen in den nicht-öffentlichen *Betriebsratssitzungen.* In der Regel finden diese während der Arbeitszeit statt. Bei der Festlegung von Sitzungsterminen sind betriebliche Notwendigkeiten zu berücksichtigen.

Beschlüsse des Betriebsrates setzen eine ordnungsgemäß einberufene Betriebsratssitzung voraus. Der Betriebsrat ist *beschlussfähig, wenn mindestens die Hälfte seiner Mitglieder teilnimmt.* Im Regelfall erfolgt die Beschlussfassung mit einfacher Stimmenmehrheit; bei Stimmengleichheit gilt ein Antrag als abgelehnt. Für den Arbeitgeber ist zu beachten, dass der Betriebsratsvorsitzende den Betriebsrat lediglich vertritt. Dem Betriebsratsvorsitzenden können anders als beim Betriebsausschuss keine eigenständigen Kompetenzen übertragen werden. Gibt der Vorsitzende unbefugt Erklärungen ab, so sind diese unwirksam. Beispiel: Der Vorsitzende nimmt Stellung nach § 99 BetrVG (Zustimmung zu personellen Einzelmaßnahmen) oder nach § 102 BetrVG (Anhörung bei Kündigungen) ohne ordnungsgemäßen Beschluss des Betriebsrats.

Der Betriebsratsvorsitzende ist also nur Vertreter des Betriebsrats im Rahmen der von ihm gefassten Beschlüsse. Grundsätzlich gilt die widerlegbare Vermutung, dass der Vorsitzende zu einer Erklärung bevollmächtigt ist. Musste der Arbeitgeber jedoch erkennen, dass der Vorsitzende nicht befugt war, eine Erklärung abzugeben, so hat er die Rechtsfolge zu vertreten. Beispiel: Der Betriebsrat tagt wöchentlich einmal jeden Donnerstag. Der Arbeitgeber bittet am Montag um Zustimmung zu einer personellen Einzelmaßnahme und erhält diese am Mittwoch der gleichen Woche (der Betriebsrat konnte noch nicht getagt haben). Im vorliegenden Fall kann sich der Arbeitgeber nicht auf die Zustimmung des Betriebsratsvorsitzenden berufen. Die Erklärung des Vorsitzenden war erkennbar ohne Bevollmächtigung.

- Weiterhin existieren für die Betriebsratsarbeit die folgenden wesentlichen Bestimmungen:
  - für die Betriebsratsarbeit besteht ein Rechtsanspruch auf Arbeitsbefreiung ohne Entgeltminderung;
  - für Betriebsratsarbeit außerhalb der Regelarbeitszeit ist Arbeitsbefreiung zu gewähren, ansonsten ist der Zeitaufwand wie Mehrarbeit zu vergüten;

- das Arbeitsentgelt von Mitgliedern des Betriebsrates darf nicht geringer als das Arbeitsentgelt vergleichbarer Arbeitnehmer bemessen werden; dies gilt sowohl während der Amtszeit als auch ein Jahr danach;
- für Schulungs- und Bildungsveranstaltungen erfolgt Freistellung bei Weiterzahlung der Bezüge;
- der Arbeitgeber trägt die Kosten der Betriebsratsarbeit;
- Mitglieder des Betriebsrates dürfen in ihrer Amtsführung weder gestört noch behindert werden; eine Benachteiligung oder Bevorzugung aufgrund der Tätigkeit ist unzulässig;
- während der Amtszeit und ein Jahr danach besteht erhöhter Kündigungsschutz;
- in Betrieben ab 200 Arbeitnehmern ist eine bestimmte Zahl von Betriebsratsmitgliedern gänzlich von der Arbeit freizustellen;
- einmal im Kalendervierteljahr ist eine Betriebsversammlung einzuberufen;
- der Betriebsrat hält während der Arbeitszeit Sprechstunden ab, die von den Arbeitnehmern ohne Lohnausfall besucht werden können.

61. Lohnpolitik und Mitbestimmung

1. Nach *§ 87 Abs. 1 Nr. 4 BetrVG* hat der Betriebsrat ein *Mitbestimmungsrecht* bei der Frage
   - der Zeit (z. B. Auszahlung des Gehaltes bis spätestens zum 3. Werktag des Folgemonats),
   - des Ortes (Bank oder Betrieb) und
   - der Art (bar oder bargeldlos)

   soweit

   - eine gesetzliche oder tarifliche Regelung nicht besteht oder
   - die betriebliche Regelung günstiger ist.

2. Nach *§ 87 Abs. 1 Nr. 10 und 11 BetrVG* erstreckt sich das *Mitbestimmungsrecht* ferner auf
   - Fragen der betrieblichen Lohngestaltung,
   - die Aufstellung und Änderung von
     · Entlohnungsgrundsätzen,
     · Entlohnungsmethoden,
   - die Festsetzung von
     · Akkord- und Prämiensätzen,
     · vergleichbaren leistungsbezogenen Entgelten sowie
   - die Durchführung der Arbeitsbewertung.

3. Nach *§ 87 Abs. 1 Nr. 6 BetrVG* existiert ein *Mitbestimmungsrecht* bei
   der Einführung und Anwendung technischer Einrichtungen, die dazu geeignet sind, das Verhalten oder die Leistung der Arbeitnehmer zu überprüfen (z. B. Zeitmessschreiber, Mengenschreiber, elektronische Zeiterfassung, „Stempelkarte" u. Ä.). Kommt eine Einigung über diese Fragen nicht zu Stande, so entscheidet die Einigungsstelle verbindlich.

4. *§ 77 Abs. 3 BetrVG* schränkt die Zulässigkeit von Betriebsvereinbarungen über Arbeitsentgelte und sonstige Arbeitsbedingungen ein: Derartige Fragestellungen können über Betriebsvereinbarungen nur bei Vorliegen einer tariflichen Öffnungsklausel geregelt werden.

62. Abbau von Sozialleistungen

a) • *Erfolgsbeteiligungen:*
Beim Abbau oder der Streichung von Erfolgsbeteiligungen in wirtschaftlich schwachen Zeiten kann man davon ausgehen, dass die Gründe für die Mitarbeiter nachvollziehbar sind, weil ein unmittelbarer Kausalzusammenhang besteht. Bei rechtzeitiger und klarer Information durch die Unternehmensleitung kann mit weitgehender Akzeptanz der Mitarbeiter gerechnet werden.

• *Betriebliche Weiterbildungseinrichtungen:*
Die Reduzierung betrieblicher Weiterbildungseinrichtungen wird von den Mitarbeitern wohl überwiegend als negativ bewertet werden. Es ist damit zu rechnen, dass die allgemeine Arbeitszufriedenheit sinkt und die Leistungsmotivation nachlässt. Längerfristig kann dies zu einem Absinken der Arbeitsproduktivität führen.

b) • Im Fall der Erfolgsbeteiligung besteht kein Mitbestimmungsrecht des Betriebsrates, – allenfalls ein Mitwirkungsrecht im Wege der Information und Beratung.

• In Fragen der Berufsbildung hat der Betriebsrat nach §§ 96 - 98 BetrVG Mitwirkungs- und Mitbestimmungsrechte (vgl. Frage 65.).

63. Beurteilung und Mitbestimmung

Sie haben die Bitte des Mitarbeiters auf eine Beurteilung zu Unrecht abgelehnt. Die §§ 81 - 86 des BetrVG enthalten sog. individualrechtliche Normen des einzelnen Arbeitnehmers. Sie haben generelle Geltung, unabhängig davon, ob ein Betriebsrat existiert oder nicht. Dazu gehört auch das Recht des Mitarbeiters auf die Beurteilung seiner Leistung (§ 82 Abs. 2 BetrVG).

Daneben besteht nach § 83 BetrVG das Einsichtsrecht in die eigene Personalakte. Damit hat der Mitarbeiter die Möglichkeit auch eine Beurteilung, die nicht mit ihm besprochen wurde, in Erfahrung zu bringen.

64. Mitbestimmung bei personellen Einzelmaßnahmen

a) Bei der Umwandlung eines befristeten Arbeitsverhältnisses in ein unbefristetes ist der Betriebsrat *erneut zu beteiligen* – er muss der Umwandlung zustimmen. Begründung: Dem Betriebsrat steht das erneute Mitbestimmungsrecht zu, da seit der Zustimmung zum vorliegenden befristeten Arbeitsverhältnis geraume Zeit vergangen ist. Es ist bei der Umwandlung erneut zu prüfen, ob z.B. den beschäftigten Mitarbeitern Nachteile durch die Umwandlung erwachsen können.

b) Der Betriebsrat ist in diesem Fall *nicht erneut zu beteiligen*, da er bereits bei der Zustimmung zum Probearbeitsverhältnis erkennen konnte, dass der Arbeitgeber den Übergang in ein unbefristetes Arbeitsverhältnis beabsichtigte.

65. Beteiligungsrechte in Fragen der Berufsbildung

Beteiligungsrechte des Betriebsrates in Fragen der Berufsbildung			
§§ BetrVG	**Inhalt**	**Mitwirkung**	**Mitbestimmung**
§ 96 Abs. 1	Förderung der Berufsbildung	Förderung Vorschläge	
§ 96 Abs. 2	Berücksichtigung älterer Arbeitnehmer Teilzeitbeschäftigter usw.	Förderung	
§ 97 Abs. 1	Errichtung und Ausstattung betrieblicher Einrichtungen	Beratung	
§ 97 Abs. 2	Einführung von Maßnahmen der betrieblichen Berufsbildung bei Änderung der Arbeitsinhalte		Mitbestimmung
§ 98 Abs. 1	Durchführung von Maßnahmen		Mitbestimmung
§ 98 Abs. 2	Bestellung von Personen		Mitbestimmung
§ 98 Abs. 3	Teilnahme von Arbeitnehmern		Vorschlagsrecht
§ 87 Abs. 1	Grundsätze für Teamarbeit		Mitbestimmung

66. Koalitionsrecht

a) Koalitionen sind freiwillige und demokratische Vereinigungen von Arbeitgebern oder Arbeitnehmern, die die Wirtschafts- und Arbeitsbedingungen ihrer Mitglieder wahren und fördern sollen. Sie müssen auf den Gegner Druck ausüben können; die Bereitschaft zum Arbeitskampf ist nicht erforderlich. Koalitionen müssen gegnerfrei und unabhängig sein. Die Verfassung garantiert die positive und auch die negative Koalitionsfreiheit. Koalitionen genießen eine Bestands- und Betätigungsgarantie.

b) Gegnerfreiheit bedeutet, dass in den Vereinigungen entweder nur Arbeitnehmer oder nur Arbeitgeber zusammengeschlossen sein dürfen.

c) Der Ausschluss von Kurz ist unzulässig. Die Koalitionen sind in Regelungsfragen zum Ausschluss von Mitgliedern aus der Vereinigung an die allgemeinen Grundsätze

   - der Rechtswidrigkeit,
   - der Sittenwidrigkeit und
   - der offenbaren Unbilligkeit

   gebunden.

d) Nein! Der Ausschluss wäre ein Verstoß gegen die positive Koalitionsfreiheit.

e) Nein! Der Abschluss einer derartigen Organisationsklausel wäre ein Verstoß gegen die negative Koalitionsfreiheit sowie eine Beeinträchtigung des Rechts auf freie Berufswahl nach Art. 12 GG.

f) Die Aussage ist unzulässig. Das Verlangen eines Arbeitgebers seine Entscheidung zur Einstellung eines Kandidaten von dessen Austritt aus der Gewerkschaft abhängig zu machen, verstößt gegen die Bestandsgarantie von Koalitionen.

g) Ja! Der Arbeitgeber kann in besonderen Ausnahmefällen einem bestimmten Gewerkschaftsbeauftragten den Zutritt zum Betrieb verweigern, wenn hierfür Gründe in der Person des Vertreters vorliegen. Im vorliegenden Fall ist dies gegeben, da Hitzig keine Werbung für die Gewerkschaft durchführt, sondern für eine Partei.

67. Tarifgebundenheit

a) Im vorliegenden Fall ist nur eine Partei des Arbeitsvertrages tarifgebunden – die X-GmbH. Wegen § 3 TVG besteht keine gesetzliche Bindung des Arbeitsverhältnisses an die Inhaltsnormen des Tarifvertrages. Also hat Huber, da er nicht in der entsprechenden Gewerkschaft organisiert ist, keine Ansprüche auf tarifliche Leistungen. Nach der BAG-Rechtsprechung kann er sich auch nicht auf den Grundsatz der Gleichbehandlung gegenüber den organisierten Arbeitnehmern berufen.

   Etwas anderes gilt, wenn tarifliche Leistungen zu gewähren sind

   - aufgrund einzelvertraglicher Abrede oder
   - aufgrund betrieblicher Übung.

   Im vorliegenden Fall existiert keine einzelvertragliche Abrede; eine Betriebsübung ist im Sachverhalt nicht erwähnt.

   Einen Anspruch auf tarifliche Leistungen könnte Huber nur dann herleiten, wenn der betreffende Tarifvertrag eine sog. Außenseiterklausel enthält, nach der die nichtorganisierten Arbeitnehmer mit den organisierten gleichzubehandeln sind. Derartige Außenseiterklauseln sind zulässig.

b) Die Metallbau GmbH kann ihre Mitgliedschaft im Arbeitgeberverband kündigen. Zu beachten ist dabei jedoch § 3 Abs. 3 TVG: „Die Tarifgebundenheit bleibt bestehen, bis der Tarifvertrag endet." Die Metallbau GmbH hat lediglich als Sofortmaßnahme die Möglichkeit, bei Neueinstellung andere Bedingungen zu vereinbaren, wenn diese Arbeitnehmer nicht Mitglied in der Gewerkschaft sind.

68. Verrechnung tariflicher Leistungen

Enthält der Tarifvertrag – wie im vorliegenden Fall – eine Öffnungsklausel, so können auch abweichende Vereinbarungen getroffen werden, sofern sie dem Günstigkeitsprinzip entsprechen. Dabei sind *die Leistungen nach Sachgruppen zusammenzufassen und zu vergleichen*. Im Fall von Frau Bracker dienen jedoch Urlaub und Gehalt unterschiedlichen Zwecken, gehören damit *zu unterschiedlichen Sachthemen und können demzufolge nicht miteinander verrechnet werden*. Demzufolge ist ein Einzelvergleich zwischen einzelvertraglicher und tariflicher Festlegung durchzuführen. Er führt im „Aspekt Gehalt" dazu, dass die tarifliche Regelung für die Arbeitnehmerin günstiger ist. Somit hat Frau Bracker Anspruch auf 30 Tage Urlaub (aufgrund einzelvertraglicher Regelung) und auf ein Monatsgehalt von 1.500 € (aufgrund tarifvertraglicher Regelung).

69. Tarifliches Übergangsgeld und Grundgesetz

Ja! Das BAG hat in seinem Urteil vom 07.11.1995 (3 AZR 1064/94) u. a. ausgeführt, dass eine derartige Regelung mit Art. 119 EGV und Art. 3 GG insofern unvereinbar ist, soweit sie Männer, die mit 63 Jahren in Rente gehen, vom Bezug des Übergangsgeldes ausschließt.

70. Arbeitskampfrecht

a) Das BAG hat in seiner Rechtsprechung u. a. folgende Grundsätze für einen rechtmäßigen Arbeitskampf aufgestellt:

- die Parteien müssen *tariffähig* sein,

- das Ziel der Arbeitskampfmaßnahme kann nur durch *Abschluss eines Tarifvertrages* erreicht werden,

- alle denkbaren *Einigungsmöglichkeiten* wie z. B. Verhandlungen müssen vor Einleitung eines Arbeitskampfes *ausgeschöpft* werden; kurze Warnstreiks – z. B. während der Verhandlungen – sind jedoch zulässig,

- *Grundsatz der „Verhältnismäßigkeit"* und Fairness; die Maßnahmen des Arbeitskampfes und seine Ziele müssen einander entsprechen.

b) „Spielregeln" für den Arbeitskampf (Übersicht):

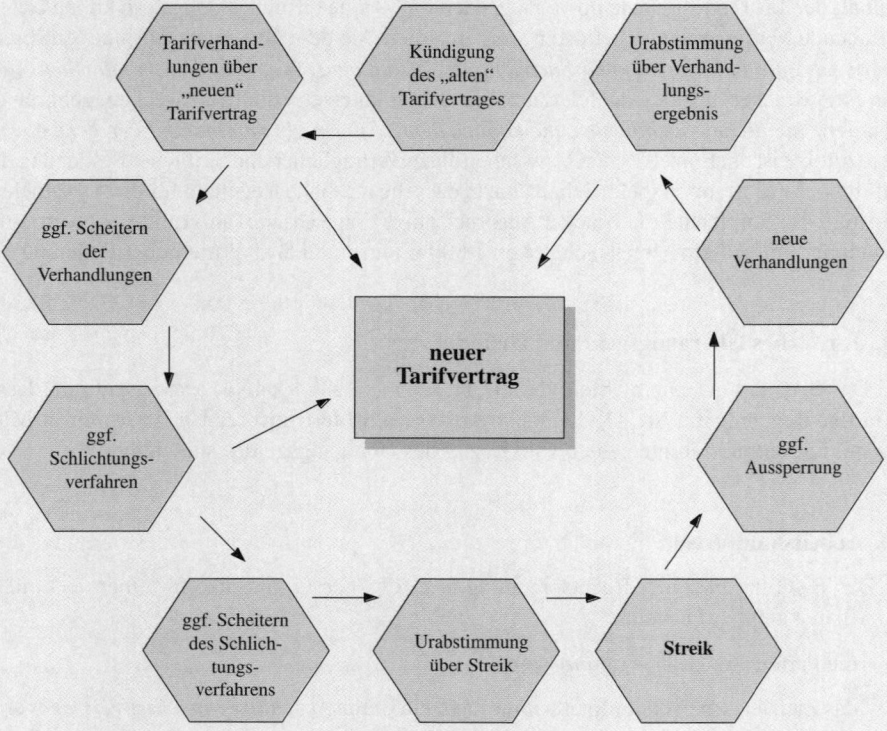

71. Betriebliche Übung

a) Gewährt der Arbeitgeber während einer nicht unerheblichen Zeit bestimmte betriebliche Leistungen, zu denen er aufgrund einzelvertraglicher oder tarifvertraglicher Festlegung nicht verpflichtet ist, so erwächst daraus für die Zukunft ein Rechtsanspruch auf weitere Gewährung – es sei denn, dass der Arbeitgeber einen Vorbehalt geltend macht.

b) Voraussetzung für den Anspruch ist die Wiederholung, nach der Rechtsprechung des BAG die mindestens dreimalige vorbehaltlose Auszahlung der Weihnachtsgratifikation.

c) In den Fällen (1) und (2) ist die Differenzierung unzulässig, weil willkürlich und nicht sachlich begründet.

Im Fall (3) handelt es sich um eine erlaubte Differenzierung. Voraussetzung ist, dass die Regelung in einer Vereinbarung klar und eindeutig festgelegt ist.

d) Die Klage wurde in allen drei Instanzen abgewiesen. Zur Begründung:
Aus der Art und Weise, wie die Gratifikation gezahlt wurde, kann der Arbeitnehmer keinen Vertrauenstatbestand ableiten („nach Gutdünken", „in unterschiedlicher Höhe je Jahr", „Differenzierung nach Betriebszugehörigkeit"). Der Arbeitnehmer konnte erkennen, dass die Zahlung der Gratifikation nur für das jeweilige Jahr beabsichtigt war. Für die Zukunft reicht die Formulierung „... kein Rechtsanspruch" aus; die Formulierung „unter Vorbehalt der Freiwilligkeit" ist nicht unbedingt erforderlich.

72. Arbeitsunfähigkeit, Europarecht

a) Ja, die Klage hat Aussicht auf Erfolg. Der Arbeitgeber muss eine Arbeitsunfähigkeitsbescheinigung eines Mitgliedstaates der EU anerkennen – so der EuGH. Zweifel an der Rechtmäßigkeit der AU-Bescheinigung reichen nicht aus. Der Arbeitgeber müsste konkrete Beweise vorlegen können.

b) § 5 Abs. 2 Entgeltfortzahlungsgesetz bestimmt:
   - Der Arbeitnehmer hat die Arbeitsunfähigkeit (AU) und die voraussichtliche Dauer dem Arbeitgeber schnellstmöglich mitzuteilen.
   - Der Arbeitnehmer hat die AU und die voraussichtliche Dauer seiner Krankenkasse unverzüglich mitzuteilen.
   - Dauert die AU länger als angezeigt, so ist die Fortdauer der Krankenkasse mitzuteilen.
   - Kehrt der arbeitsunfähig erkrankte Arbeitnehmer in das Inland zurück, so muss er dies dem Arbeitgeber und der Krankenkasse unverzüglich mitteilen.

73. Kurzarbeit

a) Arbeitsrechtliche Voraussetzung zur Einführung der Kurzarbeit:

   Die Arbeitszeit der Mitarbeiter muss reduziert werden. Dies ist mitbestimmungspflichtig nach § 87 Abs. 1 Nr. 3. In der Regel wird die Reduzierung der Arbeitszeit (Kurzarbeit) im Wege der Betriebsvereinbarung (§ 77 Abs. 4 BetrVG) geregelt. Der Inhalt der Betriebsvereinbarung gilt zwingend für alle Mitarbeiter. Im Streitfall entscheidet die Einigungsstelle nach § 76 BetrVG.

b) Arbeitnehmer haben nach § 169 Abs. 1 SGB III Anspruch auf Kurzarbeitergeld, wenn
   - ein erheblicher Arbeitsausfall mit Entgeltausfall vorliegt (§ 170 SGB III)
   - die betrieblichen Voraussetzungen vorliegen (§ 171 SGB III)
   - die persönlichen Voraussetzungen erfüllt sind (§ 172 SGB III) und
   - der Arbeitsausfall der Agentur für Arbeit angezeigt worden ist (§ 173 SGB III).

c) Zeitraum: sechs Monate; wurde für 2013 und 2014 auf 12 Monate verlängert.
   - Höhe: 60/67 % der Nettoentgeltdifferenz (§§ 178, 179 SGB III)
     (Nettoentgeltdifferenz =   pauschaliertes Nettoentgelt aus dem Sollentgelt
                                – pauschaliertes Nettoentgelt aus dem Istentgelt)
   - Das *Sollentgelt* entspricht dem bisherigen Bruttoeinkommen vor Anmeldung von Kurzarbeit durch den Betrieb.
   - Das *Istentgelt* entspricht dem aktuellen (zum Zeitpunkt von Kurzarbeit) ausgezahlten Gehalt.

d) Grundsätzlich tritt keine Änderung im Versicherungsverhältnis während der Kurzarbeit ein (in der Kranken-, Pflege-, Renten- und Arbeitslosenversicherung bleibt das Versicherungsverhältnis bestehen).

   Für das während der Kurzarbeit reduzierte Gehalt (sog. Kurzlohn) zahlen Arbeitgeber und Arbeitnehmer ihre Beiträge für Kranken-, Renten- und Pflegeversicherung weiter anteilig (Ausnahme: Sonderbeitrag von 0,9 % zur Krankenversicherung und Beitragszuschlag von 0,25 % zur Pflegeversicherung bei Kinderlosen, die jeweils alleine vom Versicherten zu zahlen sind.).

   Die Beiträge zur Arbeitslosenversicherung sind bei Beziehern von Kurzarbeitergeld ausschließlich nach dem tatsächlich erzielten Arbeitsentgelt zu bemessen.

2.2 Rechtswege kennen und das Prozessrisiko einschätzen

01. Beendigung arbeitsgerichtlicher Verfahren

Z. B.: - Vergleich,   - Rücknahme der Klage,
      - Urteil,   - Erledigung der Hauptsache.
      - Klageverzicht,

02. Klagearten

• *Bei der Feststellungsklage* will der Kläger vom Arbeitsgericht ermitteln lassen, ob ein bestimmtes Rechtsverhältnis besteht oder nicht; z. B.: Kündigungsschutzklage.

• *Die Leistungsklage* zielt ab auf die Durchsetzung eines Anspruches und ist gerichtet auf ein bestimmtes Tun oder Unterlassen; z. B.: Klage wegen ausstehender Lohnzahlung.

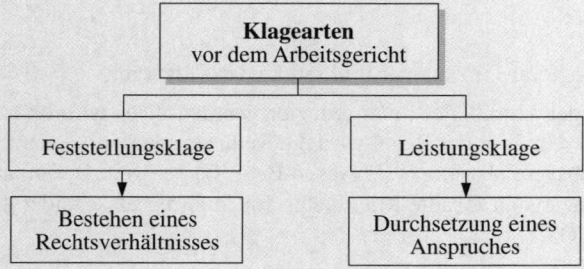

03. Urteilsverfahren und Beschlussverfahren

• *Urteilsverfahren:* Im Urteilsverfahren sind die Gerichte für Arbeitssachen insbesondere zuständig für Rechtsstreitigkeiten
  - aus dem Arbeitsverhältnis und
  - aus Tarifverträgen.

Es gilt die sog. Verhandlungsmaxime, d. h. der Streitgegenstand wird nicht von Amts wegen untersucht, sondern richtet sich im Wesentlichen nach dem Vortrag der Prozessparteien. Es gilt das Zivilprozessrecht.

• *Beschlussverfahren:*
Es findet statt in Angelegenheiten
  - aus dem Betriebsverfassungsgesetz,
  - aus dem Mitbestimmungsergänzungsgesetz sowie
  - bei der Entscheidung über Tariffähigkeit und Tarifzuständigkeit.

Zur Durchführung bedarf es eines besonderen Rechtsschutzinteresses. Es gilt die sog. Offizialmaxime, d. h. es wird im Wesentlichen von Amts wegen ermittelt. Die Arbeitsrichter sind nicht an den Vortrag der Prozessparteien gebunden, sondern können von sich aus den Rechtsgegenstand untersuchen.

04. Arbeitsgerichtsbarkeit

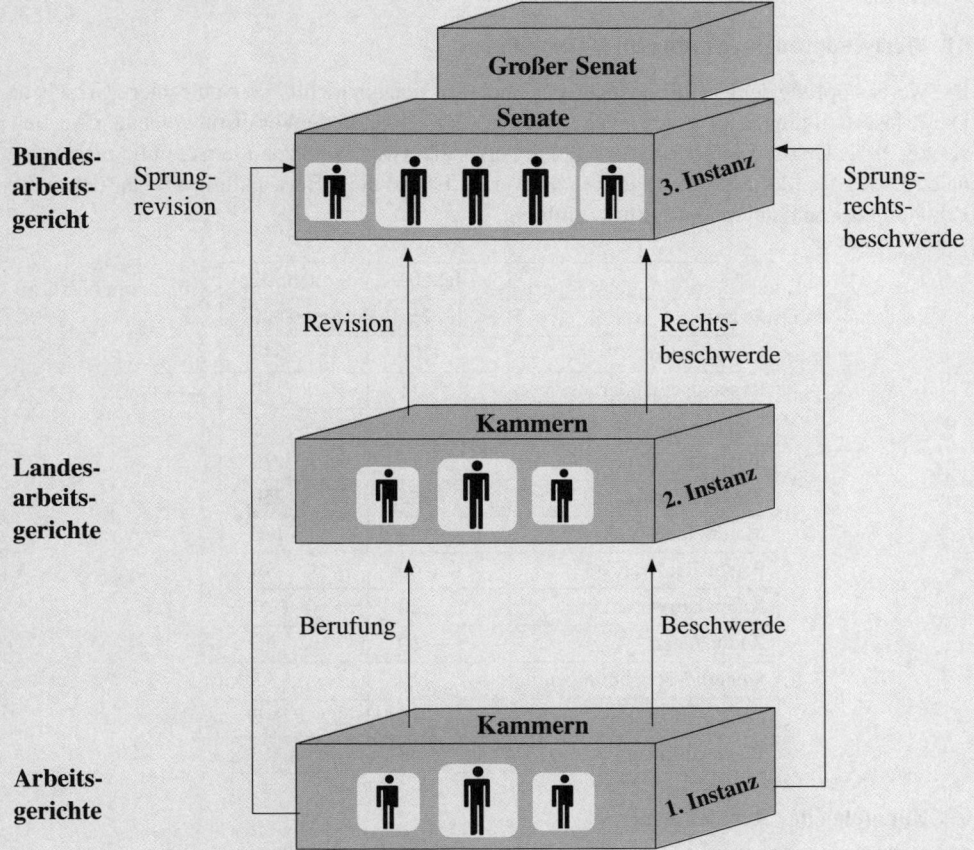

05. Sozialgerichtsbarkeit

Klagearten vor dem Sozialgericht:

- *Anfechtungsklage:*
  → Aufhebung oder Änderung eines Verwaltungsaktes

- *Verpflichtungsklage:*
  → Verpflichtung eines Sozialleistungsträgers zur Leistung

- *Nichtigkeitsklage:*
  → Nichtigkeit eines Verwaltungsaktes

- *Feststellungsklage:*
  → Feststellung des zuständigen Sozialleistungsträgers

- *Ersatzleistungsklage:*
  → Streitigkeiten zwischen Sozialleistungsträgern

- *Aufsichtsklage:*
  → Klage eines Sozialleistungsträgers gegen die Aufsichtsbehörde

2.3 Einkommens- und Vergütungssysteme umsetzen

01. Wertschöpfungsrechnung im Unternehmen

Die Wertschöpfung der Niederlassung in Chemnitz hat sich um rd. 60% verschlechtert. Ursachen: Die Erlöse sind um ca. 14% gestiegen; dagegen verzeichneten die Vorleistungen einen Anstieg von rd. 28%. Ursache war der leicht erhöhte Personalaufwand und vor allem der überproportionale Anstieg des Materialaufwandes (44%). Vermutlich ist diese Entwicklung auf eine deutliche Erhöhung der Einkaufspreise zurückzuführen.

	Jaht 01	Jahr 02
Erlöse	**233**	**265**
Umsatzerlöse	200	240
Bestandsveränderungen	15	10
Eigenleistungen	5	5
Sonstige Erträge	13	10
Vorleistungen	**-195**	**- 250**
Materialaufwand	- 90	- 130
Personalaufwand	- 60	-70
Kapitalaufwand	- 20	- 20
Raumkosten	- 10	- 12
Steuern/Versicherungen	- 10	- 15
Sonstige Kosten	- 5	- 3
Wertschöpfung	**38**	**15**

02. Rangfolge der Rechtsnormen

	Rechtsquellen des Arbeitsrechts	Rangprinzip		
1	Internationale Rechtsquellen			
2	Europarecht (Europäische Union)			↑
3	Grundgesetz			
4	Bundesgesetze			
5	Verordnungen auf Bundesebene			
6	Landesverfassung			
7	Landesgesetze			
8	Landesverordnungen			
9	Tarifverträge			
10	Betriebsvereinbarungen			
11	Betriebliche Übungen	↓		
12	Arbeitsverträge			Günstigkeitsprinzip

- *zu 1:*

  Hier sind vor allem die Übereinkommen der Internationalen Arbeitsorganisation (IAO) zu nennen. Es handelt sich hier um Gesetzes*vorschläge* an die Mitgliedsstaaten – für den einzelnen Arbeitgeber nicht bindend; z. B. wurden von der BRD ratifiziert (vom Grundsatz her bereits als nationales Recht realisiert):

  - Nr. 138 Mindestalter, 1973
  - Nr. 140 Bezahlter Bildungsurlaub, 1974
  - Nr. 159 Berufliche Rehabilitation und die Beschäftigung der Behinderten, 1983.

- *zu 2:*

  Sind dem Grunde nach völkerrechtliche Bestimmungen und binden die Mitgliedsstaaten – nicht den einzelnen Arbeitgeber; z. B.:

  - Europäische Menschenrechtskonvention (EMRK).
  - Europäische Sozialcharta (ESC).
  - Ausnahmen davon sind die Bestimmungen des EG-Vertrages in Verbindung mit der Rechtsprechung des Europäischen Gerichtshofes (EuGH) – insbesondere Art. 119 Abs. 1 EGV, der die Gleichbehandlung von Mann und Frau bei der Entlohnung behandelt; hier: unmittelbare Anwendung auf das Verhältnis Arbeitgeber/Arbeitnehmer.

- *zu 3*, z. B.:
  - Art. 1,   Menschenwürde – Menschenrechte
  - Art. 2,   Allgemeines Freiheitsrecht
  - Art. 3,   Gleichheit vor dem Gesetz
  - Art. 6,   Schutz der Ehe und Familie
  - Art. 9,   Vereins- und Koalitionsfreiheit
  - Art. 11,   Freizügigkeit
  - Art. 12,   Berufsfreiheit

- *zu 4*, z. B.:
  - Begründung und Inhalt des Arbeitsverhältnisses (z. B.: BGB, NachwG, TzBfG, HGB, GewO, BUrlG, EFZG, ArbZG, ArbNErfG, BDSG, ZPO, MuSchG, JArbSchG, SGB III, HAG, BetrVG)
  - Beendigung des Arbeitsverhältnisses (z. B.: BGB, KSchG, HGB, BetrVG)
  - Berufsausbildung und Ausbildungsförderung (z. B.: BBiG, SGB III)
  - Betriebsverfassung (z. B.: BetrVG, SprAuG)
  - Tarif- und Arbeitskampfrecht (z. B.: GG, Art. 9, TVG, SGB III)
  - Arbeitsgerichtsbarkeit (z. B.: ArbGG, ZPO)

- *zu 5 - 8*, z. B.:
  - Regelungen zum Bildungsurlaub (z. B. Berlin, Brandenburg, Bremen, Hamburg, Hessen, Niedersachsen, Nordrhein-Westfalen)
  - Feiertagsregelungen (in allen Bundesländern)
  - Regelungen zur Freistellung für Jugendarbeit (in einigen Bundesländern)

- *zu 9*, z. B.:
  - Lohn- und Gehaltstarifverträge
  - Rahmentarifverträge
  - Manteltarifverträge
  - Verbandstarifverträge
  - Firmentarifverträge

- *zu 10*, z. B.:
  - BV über Arbeitszeiten
  - BV über Prämien
  - BV über die interne Stellenausschreibung

- *zu 11*, z. B.:
  - zusätzliches Urlaubsgeld
  - zusätzliches Weihnachtsgeld
  - Sozialleistungen

- *zu 12*, z. B.:
  - Arbeitsbeginn
  - Entgelthöhe
  - Urlaubsanspruch

03. Bürgerliches Gesetzbuch (Überblick)

Die arbeitsrechtlich relevanten Normen des BGB finden sich im Ersten und Zweiten Buch:

Bürgerliches Gesetzbuch		
• Erstes Buch. Allgemeiner Teil (§§ 1-240)		
- Titel -		- Stichworte zum Inhalt -
§ 113	Minderjährige Arbeitnehmer	Eingehung oder Aufhebung eines Arbeitsverhältnisses
§ 194	Verjährung	Ansprüche unterliegen der Verjährung
§ 199	Beginn der Verjährung	... mit dem Schlusse des Jahres ...
§ 212	Neubeginn der Verjährung	... beginnt neu, wenn der ... anerkennt.
• Zweites Buch. Recht der Schuldverhältnisse (§§ 241-853)		
§ 242	Leistung nach Treu und Glauben	... nach Treu und Glauben ... die Verkehrssitte
§ 611	Grundpflichten aus dem Dienstvertrag	... Dienste ... Vergütung ...
§ 612	Stillschweigende Vergütungsvereinbarung	... die übliche Vergütung als vereinbart anzusehen.
§ 612a	Maßregelungsverbot	... darf nicht benachteiligen, weil ... seine Rechte ausübt.
§ 613	Persönliche Pflicht und Berechtigung	... im Zweifel in Person zu leisten.
§ 613a	Betriebsübergang	... anderen Inhaber über, so tritt dieser ... ein.
§ 614	Fälligkeit der Vergütung	... ist nach der Leistung der Dienste zu entrichten.

Bürgerliches Gesetzbuch	
• Zweites Buch. Recht der Schuldverhältnisse (§§ 241 - 853)	
- Titel -	- Stichworte zum Inhalt -
§ 615 Vergütung bei Annahmeverzug	... die vereinbarte Vergütung verlangen. ... anrechnen lassen ...
§ 616 Vergütung trotz vorübergehender Verhinderung	... nicht verlustig ... durch einen in seiner Person ...
§ 618 Pflicht zu Schutzmaßnahmen	... gegen Gefahr für Leben und Gesundheit ... geschützt ist ...
§ 620 Beendigung des Dienstverhältnisses	... endigt mit ... der Zeit, für die es eingegangen ist.
§ 626 Außerordentliche Kündigung	... aus wichtigem Grund ...
§ 629 Freizeit zur Stellungssuche	Nach der Kündigung ... auf Verlangen angemessene Zeit ...
§ 630 Zeugnis	Bei Beendigung ... kann fordern.

Vereinfacht gesagt gibt es zwei Teile des Bürgerlichen Gesetzbuches, die maßgeblich das Arbeitsrecht bestimmen:

(1) Die §§ 611 ff. des Bürgerlichen Gesetzbuches wurden zur *Grundlage des Individualarbeitsrechts.*

(2) Daneben ist der allgemeine Teil (Erstes Buch) des Bürgerlichen Gesetzbuches *sinngemäß auf das Arbeitsrecht anzuwenden;* insbesondere sind dies die

§§ 104 bis 113	Geschäftsfähigkeit
§§ 116 bis 144	Willenserklärungen
§§ 145 bis 157	Zustandekommen von Verträgen
§§ 186 bis 193	Fristen und Termine
§§ 194 bis 218	Verjährung.

04. Betriebsvereinbarung und Regelungsabrede (Abgrenzung)

Regelungsabreden begründen Rechte und Pflichten zwischen Arbeitgeber und Betriebsrat. Sie müssen nicht schriftlich geschlossen werden und ihre Wirkung entfällt sofort mit der Kündigung. In der Praxis werden Regelungsabreden überwiegend dann geschlossen, wenn es um organisatorische Fragen geht (zum Beispiel Materialbestellung für den Betriebsrat), während dessen Wirkungen auf die Arbeitsverhältnisse eines Betriebes vorwiegend über *Betriebsvereinbarungen* entfaltet werden.

05. Abtretungsverbot in einer Betriebsvereinbarung

Nein! Die Gehaltsabtretung der Mitarbeiterin Plessen ist unwirksam. Das Abtretungsverbot in der Betriebsvereinbarung ist wirksam und muss von der Küchen-Design OHG hingenommen werden (BAG-Rechtsprechung).

06. Pensumlohn

a)

Pensumlohn		
Aus der Sicht der	*Vorteile*	*Risiken*
Arbeitgeber	• einfache Berechnung (Pauschalierung) • Identifikation der Mitarbeiter • Ansätze zur Zielvereinbarung	• Qualifizierung der Vorgesetzten • Clearingstelle erforderlich
Arbeitnehmer	• berechenbares, festes Entgelt • relativ freie zeitliche Einteilung	• keine unmittelbare Beziehung zwischen Leistung und Entgelt • enge Kontrolle durch den Vorgesetzten

b) Prozess der Leistungsvereinbarung beim Pensumlohn:

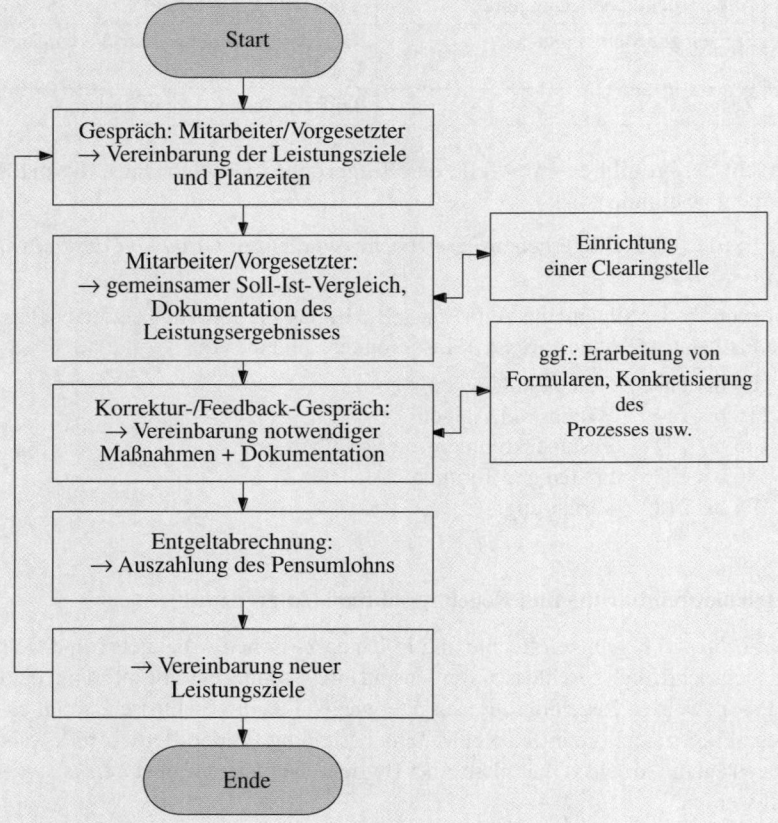

07. Zuschläge

a) Beispiele:
- Nachtzuschläge,
- Feiertagszuschläge,
- Trennungsentschädigungen,
- Kinderzuschläge,

- Sonntagszuschläge,
- Gefahrenzuschläge,
- Auslösungen,
- Mehrarbeitszuschläge.

b) Voraussetzung für Mehrarbeitszuschläge sind:
  - die Mehrarbeit wurde angeordnet oder
  - vom Arbeitgeber geduldet,
  - bei der Anordnung der Mehrarbeit hat der Arbeitgeber die Mitbestimmungsrechte des Betriebsrates (eine fehlende Zustimmung des Betriebsrates kann nur durch die Einigungsstelle ersetzt werden) sowie
  - die einschlägigen Gesetze zu beachten (z. B. ArbZG).

08. Akkordlohnberechnung

a) • Auftragszeit   = Rüstzeit + Ausführungszeit pro Stück · Stückzahl
     T $= t_r + t_e \cdot m = 20 + 4 \cdot 40$ = 180 min

  • Akkordrichtsatz $= 10{,}00 \cdot 1{,}25$ = 12,50 €

  • Minutenfaktor   = Akkordrichtsatz : 60   = 0,2083 €/min

  • Akkordbruttolohn $= 180 \cdot 0{,}2083$ = 37,49 €
     (des Auftrags)

  • Akkordbruttolohn/Std. $= 37{,}49 : 160 \cdot 60$ = 14,06 €/Std.
     (Istzeit = 160)

  • Zeitgrad   = Vorgabezeit : Istzeit · 100 $= 180 : 160 \cdot 100$
       = 112,50 %

b1) Tariflohn   = 12,00 €
     + Akkordzuschlag = 2,40 €
     = Akkordrichtsatz = 14,40 €

  • *Zeitakkord*:
     Minutenfaktor   = Akkordrichtsatz : 60
       $= 14{,}40 : 60$ = 0,24
     Akkordlohn (pro Stunde) $= 0{,}24 \cdot 7{,}5 \cdot 9$ = 16,20 €

  • *Stückakkord*:
     Normalleistung   = 60 min : 7,5 min pro Stk.   = 8
     Stückakkordsatz   = Akkordrichtsatz : Normalleistung
       $= 14{,}40 : 8$ = 1,8
     Stückakkord   = Stückzahl · Stückakkordsatz
     Akkordlohn (pro Stunde) $= 9 \cdot 1{,}8$ = 16,20 €

b2) Leistungsgrad = Istleistung : Normalleistung · 100
       $= 9 : 8 \cdot 100$ = 112,50 %

09. Prämienlohnberechnung

Prämie $= 2 \text{ Std.} \cdot 12{,}50 \cdot 50\%$ = 12,50 €

Gesamtlohn   = Grundlohn + Prämie
       $= 5 \cdot 12{,}50 + 12{,}50$ = 75,00 €

Ist-Stundenlohn = 75,00 : 5 Std.   = 15,00 €

10. Leistungsorientierte Entlohnung für Führungskräfte

a) *Varianten*, z. B.:

• *Zielvereinbarung und variable Einkommensanteile* bei Zielerreichung: Neben operativen Zielen wie Umsatz, Deckungsbeitrag, Produktivität und Qualität kann auch die Erreichung strategischer Ziele vergütet werden. Die Projektverantwortlichkeit der Führungskräfte schlägt sich in Projektzielen nieder, deren Realisierung Eingang in die leistungsorientierte Vergütung finden kann. Der variable Einkommensanteil kann zwischen 15 % und 40 % vom Gesamteinkommen liegen. Die leistungsorientierte Vergütung sorgt für eine stärkere Bindung der Führungskräfte an das Unternehmen.

• *Prämien*, z. B.
bei Einhaltung bestimmter (messbarer) Vorgaben, z. B. Mengen, Ausschussquoten, Budgetrahmen, Qualitätsstandards.

b) *Beteiligung des Betriebsrates:*
Der Betriebsrat hat ein Mitbestimmungsrecht nach § 87 Abs. 1, Nr. 10 und 11 BetrVG (Anmerkung: nicht alle Führungskräfte sind „Leitende Angestellte").

c) *Prozess zur Umsetzung*, z. B.:
Istanalyse → Zielsetzung formulieren (evt. in Verbindung mit Benchmarking) → Projektteam bilden (Diskussion und Vorschlag zur Entscheidung) → Genehmigung durch die Geschäftsleitung → Information an die Mitarbeiter→ Implementierung des Modells (Pilotphase, evtl. Korrekturen, laufende Kontrolle)

11. Arbeitsbewertung

a) • Summarische Methode: Die Tätigkeit wird als Ganzes bewertet („en bloc").

• Analytische Methode: Es wird der Schwierigkeitsgrad je Anforderungsart ermittelt
(Basis: Genfer Schema, REFA-Schema).

b) Vergleich:

	Vergleich	
Merkmale	**Summarische Methode**	**Analytische Methode**
• Fachwissen über die Methode	gering	hoch
• Beschreibung der relevanten Tätigkeit	als Ganzes; en bloc	je Anforderungsart
• Grad der Objektivität	gering; subjektiv	hoch; weniger Subjektivität
• Aufwand	gering	hoch
• Notwendigkeit der lfd. Aktualisierung	gering; nur bei großer Änderung der Tätigkeitsinhalte	Änderung der Tätigkeitsinhalte

c) Die Mitbestimmung des Betriebsrates in Fragen der Arbeitsbewertung ergibt sich aus:

§ 87 (1) Nr. 10. BetrVG   Fragen der betrieblichen Lohngestaltung ...

§ 99 (1) BetrVG   ... vor jeder Eingruppierung, Umgruppierung ... zu unterrichten
... die Zustimmung ... einzuholen.

12. Akkordlohn

Akkordfähigkeit	Der Arbeitsablauf ist im Voraus bekannt, gleichartig, regelmäßig und messbar.
Akkordreife	Der Arbeitsablauf weist keine Mängel auf und wird von der Arbeitskraft in ausreichendem Maße beherrscht.
Akkordbeeinflussbarkeit	Der Mitarbeiter muss die Leistungsmenge direkt und in erheblichem Maße beeinflussen können.

2.4 Sozialversicherungsrecht anwenden

01. Rückerstattung von Krankengeld

Ja! Der Arbeitnehmer ist zur Rückzahlung des überzahlten Krankengeldes verpflichtet, da er sich nicht in „gutem Glauben" befand. Er kannte den Berechnungsfehler. Insofern muss Listig seinen Arbeitgeber vom Regressanspruch der Krankenkasse freistellen (Treuepflicht).

02. Versicherungspflicht zur Sozialversicherung (1)

*   Der *Komplementär Walter M. ist versicherungsfrei* (Vollhafter, Arbeitgeberfunktion, Unternehmerrisiko).

*   Der *Kommanditist ist Arbeitnehmer* (weisungsgebunden, gegen Entgelt, feste Arbeitszeit) und daher *versicherungspflichtig* zu allen Zweigen der Sozialversicherung. Daran ändert auch nichts seine Leitungsfunktion als Prokurist bzw. seine (vergleichsweise) geringe Einlage im Geschäft (12 T€ zu 400 T€).

03. Versicherungspflicht zur Sozialversicherung (2)

Zu Beginn der Tätigkeit war Marianne J. nicht versicherungspflichtig zu allen Zweigen der Sozialversicherung aufgrund der 2-Monats-Grenze des § 8 Abs. 2 SGB IV.

Mit der Verlängerung der Aushilfstätigkeit wird die genannte Zeitgrenze überschritten. Frau J. ist somit versicherungspflichtig ab dem Tage der Vereinbarung (hier: der 02.08.).

Für den zurückliegenden Zeitraum (01.07.-01.08.) bleibt es bei der Versicherungsfreiheit.

04. Versicherungspflicht zur Sozialversicherung (3)

*   *Fall 1: Erkrankung vor Beginn der Beschäftigung*
    Erkrankt ein Arbeitnehmer vor Beginn der geplanten Arbeitsaufnahme und kann deshalb das Arbeitsverhältnis nicht in Vollzug gesetzt werden, so entsteht keine versicherungspflichtige Tätigkeit, selbst wenn der Arbeitgeber das Entgelt zahlt. Erst mit dem Tag der *tatsächlichen Arbeitsaufnahme* entsteht die Versicherungspflicht.

*   *Fall 2: sog. missglückter Arbeitsversuch*
    Gibt der Arbeitnehmer nach kurzer Zeit der Tätigkeit seine Arbeit wieder auf – wegen Erkrankung oder wegen drohender Gefährdung seiner Gesundheit, so ist diese „wirtschaftlich nicht ins Gewicht fallende Tätigkeit" versicherungsfrei.

05. Beitragsbemessungsgrenze

Überschreiten der Beitragsbemessungsgrenze → Rechtsfolgen:

1. Der Prokurist hat zukünftig Wahlfreiheit zwischen gesetzlicher Versicherung in der KV/PV oder einer privaten Versicherung.

2. Die Beitragszahlung zur SV erfolgt jeweils hälftig nur bis zur Beitragsbemessungsgrenze.

3. Die Leistungen der SV-Träger richten sich nach der Beitragsbemessungsgrenze; Differenzen müssen ggf. vom Arbeitnehmer selbst aufgefangen werden (vgl. z. B. Krankentagegeld).

06. Rentenarten

- *Renten wegen Erwerbsminderung*

- *Renten wegen Alters:*
  - Regelaltersrente,
  - Altersrente nach Arbeitslosigkeit oder Altersteilzeit,
  - Altersrente für Frauen,
  - Altersrente für langjährig unter Tage Beschäftigte.

- *Renten wegen Todes:*
  - Witwenrente/Witwerrente (kleine/große),
  - Waisenrente,
  - Erziehungsrente.

07. Ansprüche bei Arbeitsunfällen

Im Einzelfall können bei Arbeitsunfällen Ansprüche auf folgende Leistungen gegeben sein:

Art der Leistung	Leistungspflichtiger
Entgeltfortzahlung	Arbeitgeber
Heilbehandlung	Träger der Unfallversicherung (UV)
Berufshilfe	UV
Übergangsgeld	UV
Verletztengeld	UV
Verletztenrente	UV
Erwerbsminderungsrente	Träger der Rentenversicherung (RV)
Sterbegeld	UV
einmalige Beihilfe	UV
Witwenrente	UV oder RV
Waisenrente	UV oder RV

08. Arbeitsunfall (1)

a) Nein! Das SGB VII legt in § 8 fest, dass bei einem Arbeitsunfall eine *doppelte Kausalität* vorliegen muss:

- Zwischen der versicherten Tätigkeit und dem Unfallereignis sowie
- zwischen dem Unfallereignis und dem Körperschaden

muss eine kausale Beziehung bestehen.

Im vorliegenden Fall kann die „erste Kausalität" nicht unterstellt werden, da anzunehmen ist, dass einem erfahrenen Gabelstaplerfahrer in nüchternem Zustand unter den gleichen Bedingungen dieser Unfall nicht passiert wäre. Von daher ist der Alkoholgenuss (und nicht die versicherte Tätigkeit) der allein wesentliche Grund für den Unfall. Dies führt zum Wegfall des Versicherungsschutzes.

b) Nein! Die Entgeltfortzahlung setzt voraus, dass kein Verschulden vorliegt. Hansi hat jedoch grob fahrlässig gehandelt: Er hätte wissen müssen, dass man in alkoholisiertem Zustand kein Flurförderfahrzeug bedienen darf.

09. Arbeitsunfall (2)

- *Fall 1:*
  Der Mitarbeiter sägt nach Feierabend Brennholz und sägt sich dabei in den linken Daumen (offene Knochenfraktur). → kein Arbeitsunfall, private Handlung.

- *Fall 2:*
  Der Mitarbeiter erstellt im Lager der Firma weisungsgemäß eine Versandpalette. Dabei sägt er sich in den linken Daumen (offene Knochenfraktur). → Arbeitsunfall.

- *Fall 3:*
  Der Mitarbeiter erstellt im Lager der Firma weisungsgemäß eine Versandpalette. Ihm wird dabei körperlich unwohl, er fällt und gerät mit seinem linken Daumen in die Säge (offene Knochenfraktur). → kein Arbeitsunfall, da „innere Ursache".

- *Voraussetzungen für den Versicherungsfall:*
  - versicherte Person erleidet
  - eine körperliche Schädigung
  - während einer versicherten Tätigkeit (Arbeits- oder Wegezeit)
  - durch ein zeitlich begrenztes Ereignis, das sich nicht auf innere Ursachen begründet.

- *Mögliche Leistungen* (je nach Sachverhalt: und/oder):
  - Verletztengeld (= 80 % des Regelentgelts, maximal 100 % des Nettoentgelts, § 47 SGB VII),
  - Übergangsgeld,
  - Übergangsleistungen (z. B. Reha-Maßnahmen),
  - Schmerzensgeldansprüche (Schadensersatzansprüche) bei Arbeitsunfällen gegenüber dem Arbeitgeber sind nur bei vorsätzlichem Handeln des Arbeitgebers möglich – ansonsten sind sie ausgeschlossen (§ 104 SGB VII).
  - Verletztenrente,
  - Pflegegeld.

  beim Todesfall:
  - Sterbegeld,
  - Witwen-/Witwerrente,
  - Waisen-/Elternrente.

10. Wegeunfall

a) - Die Arbeitsunfähigkeit ist unverschuldet (Verkehrsunfall mit leichter Fahrlässigkeit).
   - Für die 4. Woche besteht kein Anspruch auf Entgeltfortzahlung; der Anspruch entsteht erst nach vierwöchiger ununterbrochener Dauer des Arbeitsverhältnisses (§ 3 Abs. 3 EntgelfortzahlungsG).
   - Der Unfall ist ein Wegeunfall; dieser ist dem Arbeitsunfall gleichgesetzt; der Umweg zum Kindergarten ist zulässig (§ 8 Abs. 1 Nr. 2 SGB VII).

Frau Selig erhält daher für die 1. Woche der Arbeitsunfähigkeit Verletztengeld nach Maßgabe der §§ 45 ff. SGB VII (Unfallversicherung, zuständige Berufsgenossenschaft).

Für die 2. bis 7. Woche der Arbeitsunfähigkeit erhält Frau Selig Entgeltfortzahlung nach Maßgabe der §§ 3 ff. EntgeltfortzahlungsG. Der Arbeitgeber kann vom Unfallgegner der Frau Selig anteiligen Schadensersatz wegen Verdienstausfall beanspruchen (70 %). Frau Selig muss hierzu die erforderlichen Angaben machen (§ 6 EntgeltfortzahlungsG).

Nach Auslaufen der Entgeltfortzahlung erhält Frau Selig für die 8. Woche der Arbeitsunfähigkeit wiederum Verletztengeld.

Kalenderwoche										
1.	2.	3.	4.	5.	6.	7.	8.	9.	10.	11.
versicherungspflichtige Beschäftigung			**Wege- unfall**	Anspruch auf Entgeltfortzahlung für die Dauer von sechs Wochen						
Anspruch auf Entgeltfortzahlung ruht										
Arbeitsentgelt			Verletz- tengeld	Entgeltfortzahlung						Verletz- tengeld

Die Übersicht dient nur der Veranschaulichung des Falles.

b) Den verbleibenden Schadensanteil von 30 % muss Frau Selig selbst tragen, wenn sie keine Kfz-Vollkaskoversicherung abgeschlossen hat. Für den Arbeitgeber besteht keine Leistungspflicht; die gesetzliche Unfallversicherung übernimmt keine Leistungen für Sachschäden.

2.5 Sozialleistungen des Betriebs gestalten

01. Ziele der betrieblichen Sozialpolitik

Betriebliche Sozialpolitik verfolgt heute (ebenso wie andere Einzelpolitiken der Personalarbeit)
- wirtschaftliche und
- soziale Ziele.

Die unternehmerseitige Motivation Maßnahmen betrieblicher Sozialpolitik zu gestalten, ist unterschiedlich. Richtigerweise muss von einem Motivbündel bzw. Zielbündel ausgegangen werden. Im Einzelnen lassen sich u. a. folgende Ziele der betrieblichen Sozialpolitik nennen:

- höhere Arbeitsmotivation und Leistungsverbesserung
- Stabilisierung der Leistungskraft der Mitarbeiter
- Erarbeiten von Vorteilen am Arbeitsmarkt (Beitrittsfunktion)
- stärkere Bindung der Mitarbeiter an das Unternehmen (Bindungsfunktion)

- Förderung der Mitarbeiter (Entwicklungsfunktion)
- Wahrnehmung von Steuer- und Finanzvorteilen
- Ausgleich sozialer Härten
- ethische Motivation (Fürsorgegedanke)
- Verbesserung des Unternehmensimage.

02. Struktur der betrieblichen Sozialpolitik

a) Man kann sagen, dass die betriebliche Sozialpolitik auf vier Säulen ruht:

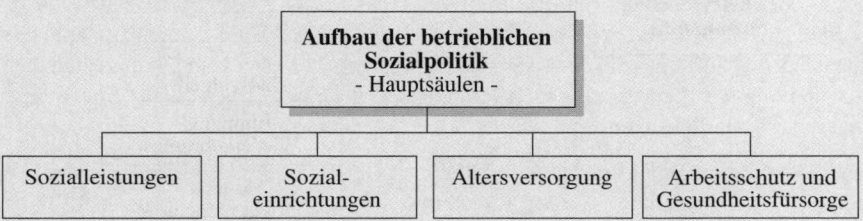

- *Betriebliche Sozialleistungen* kann der Mitarbeiter *direkt* in Anspruch nehmen; z. B.:
  - Arbeitskleidung,
  - Arbeitgeberbeiträge zur Sozialversicherung,
  - Darlehen für den Wohnungsbau,
  - Beihilfen bei Heirat, Geburten, im Todesfall,
  - erweiterte Lohnfortzahlung,
  - Fahrgeldzuschuss.

- Bei *betrieblichen Sozialeinrichtungen* entsteht die Wirkung für die Mitarbeiter *indirekt*, ist nicht personengebunden und i. d. R. mit einer *organisatorisch-räumlichen Einrichtung* verbunden; z. B.:
  - Mitarbeiterzeitschriften,
  - Erholungszentrum,
  - Kantine,
  - Psychologischer Dienst,
  - Werkswohnungen.

b) Zum Beispiel:

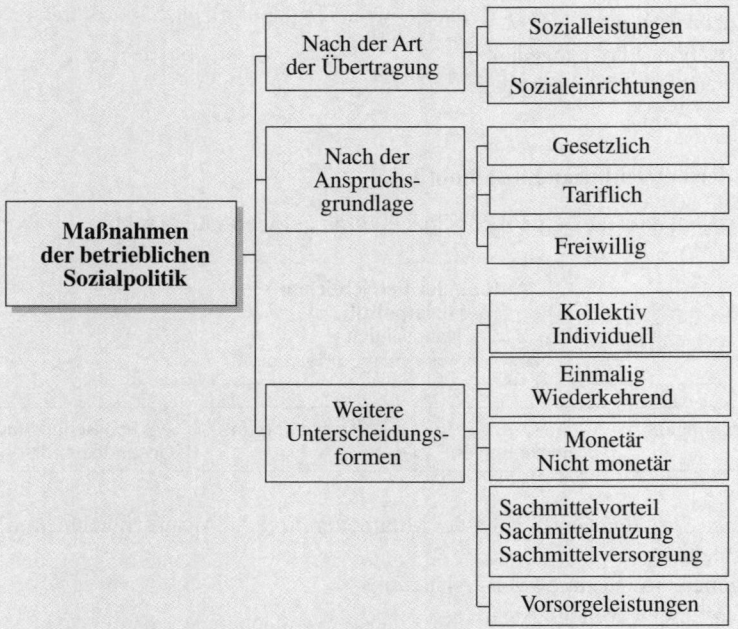

03. Altersversorgung

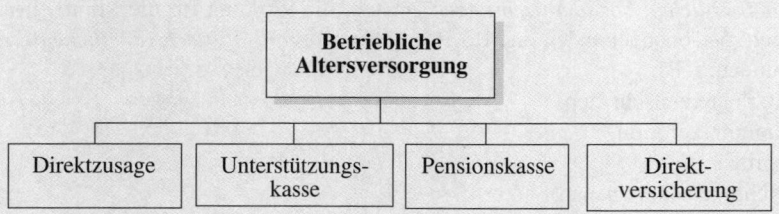

Wichtige Bestimmungen des Betriebsrentengesetzes:
- Unverfallbarkeit unter bestimmten Voraussetzungen
- Anpassungspflicht (Dynamisierung)
- Insolvenzsicherung über den Pensionssicherungsverein
- flexible Altersgrenze.

04. Sozialbericht

Möglichkeiten der Information über die betriebliche Sozialpolitik nach innen und außen:
- Sozialbericht (Sozialbilanz)
- Artikel, Statistiken in der Firmenzeitschrift
- Mitarbeiterbroschüren
- Betriebsratsarbeit
- Beilagen zur Lohnabrechnung
- Pressemitteilungen
- Ergänzungen zum Geschäftsbericht.

Personal- und Sozialbericht
KARGEN AG, Fördertechnik

Vorwort

Liebe Mitarbeiterinnen, liebe Mitarbeiter!

Licht und Schatten kennzeichnen für die KARGEN AG das Jahr 2013. Keine Frage, unser neues Standbein, die innovative Bohrtechnik „ELAN BOHRIX XXL", konnte einen imposanten Start im Weltmarkt aufweisen. Leider haben wir die Rechnung ohne den Wirt – sprich den Preis – gemacht. ....

- Berichte aus dem Unternehmen
- Entgelte
- Personalstruktur und Belegschaftswesen
- Aus- und Fortbildung
- Gesundheitsvorsorge, Arbeitssicherheit, Umweltschutz
- Soziale Einrichtungen und Leistungen
- Summary
- Tabellen

2.6 Personalbeschaffung durchführen

01. Stellenbeschreibung

1 *Stellenbezeichnung:*
Leiter Einkauf, Ebene Abteilungsleiter

2 *Unterstellung:*
Der Stelleninhaber berichtet an den kaufmännischen Geschäftsführer

3 *Überstellung:*
Gruppenleiter Einkauf, Gruppenleiter Disposition

4 *Stellvertretung:*
In allgemeinen Fragen durch den Gruppenleiter Einkauf
In besonderen Fragen durch den kaufmännischen Geschäftsführer

5 *Ziel der Stelle:*
Optimierung des Einkaufs, Nutzen neuer Einkaufsquellen, Führung der Mitarbeiter, unternehmerische Beiträge zum Gesamtergebnis

6 *Hauptaufgaben:*
- Erforschung, Beobachtung und Analyse des Einkaufsmarktes.
- Das methodische Umsetzen von Marktchancen in Bezug auf den gesamten Einkaufsmarkt mit seinen bestehenden und potenziellen Lieferantenbeziehungen.
- Das Anbahnen und die Pflege von Lieferantenbeziehungen.
- Die Auswahl und die Beurteilung von Lieferanten.
- Das Eingehen von rechtlichen und finanziellen Verpflichtungen der Unternehmung gegenüber den Lieferanten nach den Kriterien: Bezugsmenge, Kosten, Zeitraum, Zeitpunkt, Qualität und Lieferbedingungen.
- Die Koordinierung aller direkten Kontakte der Unternehmensmitarbeiter mit Lieferanten.
- Die Vertragserfüllung durch beide Vertragspartner.
- Die Initiative für das Einbringen von Kaufalternativen.
- Die Entscheidung, ob aufgrund von Beanstandungen bei den Lieferungen andere Lieferanten gewählt werden müssen.
- Führung und Förderung der unterstellten Mitarbeiter.

7 *Anforderungsprofil, fachlich:*
- Hochschul- oder Fachhochschulabschluss oder gleichwertig mit Schwerpunkt Einkauf und Materialwirtschaft
- mindestens fünf Jahre Erfahrung in einer Führungsposition im Einkauf
- Fundierte EDV-Kenntnisse
- Erfahrung in Qualitätsmanagement
- Englisch: verhandlungssicher

8 *Anforderungsprofil, persönlich:*
- Überzeugungsfähigkeit
- Verhandlungsgeschick
- zielorientierte Arbeitsweise
- Teamorientiert
- Mitarbeitermotivation

02. Interne Personalbeschaffung

- *Argumente für eine interne Personalbeschaffung:*
  - zügige Stellenbesetzung
  - geringere Einarbeitungszeit
  - geringeres Auswahlrisiko
  - kaum Kosten der Personalauswahl
  - Motivation und Förderung der Mitarbeiter (günstiges Personalentwicklungs-Klima)
  - arbeitsrechtliches Risiko, das mit externen Bewerbern verbunden ist, wird vermieden
  - Gehalt ist passend zum Entgeltniveau

- *Argumente gegen eine interne Personalbeschaffung:*
  - „Aufreißen von Lücken" (Personalbedarf wird verlagert)
  - „Betriebsblindheit"
  - Frustration bei abgewiesenen Bewerbern
  - Verschlechterung der Altersstruktur
  - Abschottung nach außen (kein „frisches Blut")
  - Negativimage am externen Arbeitsmarkt
  - geringere Auswahlmöglichkeiten
  - ggf. relativ hohe Fortbildungskosten
  - Kollege wird zum Chef (Gefahr der „Verkumpelung")

03. Interne Stellenausschreibung (1)

Eine generelle Festlegung über den Inhalt interner Stellenausschreibungen gibt es nicht – es sei denn, dass dieser Aspekt in einer Betriebsvereinbarung verbindlich geregelt ist. Im Allgemeinen wird man über folgende Einzelpunkte in einer innerbetrieblichen Stellenausschreibung Aussagen machen:

- Nummerierung des „Stellentelegramms",
- Bezeichnung der ausgeschriebenen Stelle,
- Kurzbeschreibung der Einzelaufgaben,
- Anforderungen an den Bewerber,
- Gehalts-/Lohngruppe[1],
- Abteilung/Bereich,
- Beschreibung der erforderlichen Unterlagen,
- ggf. Hinweis auf Formular „Innerbetriebliche Bewerbung".

04. Interne Stellenausschreibung (2)

Siehe hierzu Abb. nächste Seite.

05. Interne Stellenausschreibung (3)

Siehe hierzu Abb. nächste Seite.

---

[1] Die Eingruppierung (nicht die konkrete Lohnhöhe) muss immer genannt werden, da der Betriebsrat ein Mitbestimmungsrecht in Sachen Arbeitsbewertung und Eingruppierung hat – u. a nach § 87 Abs. 1 Nr. 10 BetrVG.

11.02.20..

Innerbetriebliche Stellenausschreibung

Kenn-Nr.:   Labor 003/13
Aufgabe: Entwicklung und Qualitätssicherung von Tinten
                   für die Anwendungen Prozessschreiber, Druck-
                   köpfe, Plotter und Tintenstrahldrucker.

Kennwort: **Chemielaborant für das Tintenlabor (m/w)**

Einstufung: T 4/1

Anforderungen: • Ausbildung zum Chemielaboranten (m/w)
                   • Kenntnisse und Interesse an physikalisch-
                     chemischen Arbeiten: u. a. Messung und
                     Auswertung von physikalischen Kennwerten wie
                     Viskosität, Oberflächenspannung, elektrische
                     Leitfähigkeit.
                   • vorteilhaft sind Kenntnisse in der Farbstoffchemie
                   • kreatives, flexibles Arbeiten
                   • Englischkenntnisse sind erforderlich
                   • Zuverlässigkeit, Einsatzfreude und Bereitschaft
                     zur Einarbeitung in die bestehende Gruppe.

Bewerbungen sind im Sekretariat der Geschäftsleitung bei Frau Ohligs
bis zum 28.02.20.. einzureichen. Bitte verwenden Sie dafür das Formular „Interne Bewerbung". Rückfragen bitte an Herrn Feldmann, Tel. 1554.

Innerbetriebliche Stellenausschreibung

Stellentelegramm · Stellentelegramm · Stellentelegramm · Stellentelegramm

Kenn Nr.: **GVME 16**	**Aufgabenstellung** Montage, Wartung und Inbetriebnahme von Reinigern beim „Autodika II". Produktpflege im weltweiten Servicenetz; Kundenschulungen und Reklamationsbearbeitung – weltweit.
Kennwort:	**Service-Techniker**
Einstufung: **K6**	**Anforderungen:** • Energiegeräte-Elektroniker o. Ä. • staatlich geprüfter Techniker • gute Kenntnisse in Elektronik • flexible Arbeitsweise • Grundlagen in Englisch • Bereitschaft zum weltweiten Außendienst

Bewerbungen nimmt die Abteilung PSL 3 bis zum 15.03.20.. entgegen. Für Rückfragen erreichen Sie Herrn Krause unter Tel. 2345.

06. Interne Stellenausschreibung und Mitbestimmung

- *Nach § 93 BetrVG* „kann der Betriebsrat verlangen, dass Arbeitsplätze, die besetzt werden sollen, allgemein oder für bestimmte Arten von Tätigkeiten vor ihrer Besetzung innerhalb des Betriebes ausgeschrieben werden" (in Betrieben mit in der Regel mehr als 20 wahlberechtigten Arbeitnehmern). Es existiert also ein Mitbestimmungsrecht bei innerbetrieblichen Stellenausschreibungen. Diese Bestimmung gilt nicht für Positionen von Leitenden.

- *Nach § 99 Abs. 2 Ziffer 5 BetrVG* „kann der Betriebsrat die Zustimmung zur geplanten Einstellung verweigern, wenn eine nach § 93 BetrVG erforderliche Ausschreibung im Betrieb unterblieben ist".

07. Versetzung

a) Nach § 95 Abs. 3 BetrVG ist eine Versetzung „... die Zuweisung eines anderen Arbeitsbereichs, die voraussichtlich die Dauer von *einem Monat* überschreitet *oder* die mit einer *erheblichen Änderung der Umstände* verbunden ist ...".

b) Beispiele: - geringerwertige Tätigkeit
- Wegfall einer Funktionszulage
- Verringerung der Verantwortung
- Eingliederung in einen grundsätzlich anderen Arbeitsablauf

08. Externe Personalbeschaffung

- Personalanzeige (externe Stellenausschreibung),
- Personalleasing,
- private Arbeitsvermittler,
- Personalberater,
- Internet/Intranet,
- Anschlag am Werkstor,
- Auswertung von Stellengesuchen in Tageszeitungen,
- Auswertung unaufgeforderter („freier") Bewerbungen,
- Arbeitsagenturen,
- Messen,
- über Mitarbeiter (Bekannte, Freunde, Angehörige usw.),
- Kontaktpflege zu
  · Schulen,
  · Bildungseinrichtungen,
  · IHKn, Handwerkskammern u.Ä.,
  · Universitäten, Fachhochschulen,
  · Diplomanden, Praktikanten,
  · Werkstudenten,
- Einrichten studentischer Förderkreise,
- Unternehmensbesichtigungen, „Tag der offenen Tür",
- Werbung in regionalen Rundfunksendern
usw.

09. Interne versus externe Personalbeschaffung

Für die Entscheidung, ob der Bedarf intern oder extern gedeckt werden soll, gibt es keine allgemein gültige Regel. Maßgeblich dafür sind u. a. die Faktoren:

- Potenzial der Märkte (intern/extern; latent oder offen),
- Fragen der Zeit und der Verfügbarkeit,
- Dringlichkeit der Stellenbesetzung,
- interne und externe Gehaltsstrukturen,
- Standort des Unternehmens,
- Höhe der Beschaffungskosten,
- Erfahrungswerte und Erfolgsaussichten,
- Anforderungsprofil und Bedeutung der zu besetzenden Stelle.

Oftmals ist ein Mix von Methoden der internen und der externen Beschaffung besonders Erfolg versprechend. Die Unternehmen gehen heute stärker dazu über dem innerbetrieblichen Weg der Personalbeschaffung den Vorzug zu geben. Eine Reihe von Betrieben haben diesen Grundsatz der „Besetzung aus den eigenen Reihen" in ihren Führungsgrundsätzen festgeschrieben. Es besteht im Allgemeinen die Überzeugung, dass bei der innerbetrieblichen Stellenbesetzung im Regelfall die Vorteile überwiegen.

10. Personalanzeige (1)

Zur Gestaltung des bewerberorientierten Anzeigenaufbaus wird in der Praxis die AIDA-Formel vom Verkaufsmarketing übernommen:

- A = Attention   Aufmerksamkeit des Lesers erregen
- I = Interest   Interesse des Lesers festhalten
- D = Desire   Drang verstärken, sich über die Anzeige zu informieren
- A = Action   Aktion des Lesers herbeiführen (sich bewerben)

Der inhaltliche Aufbau einer Stellenanzeige folgt meist dem Grundschema:

- *Wir sind:* Werbende Information über das inserierende Unternehmen (Image!), z. B.:
    - Firmenname, Firmenzeichen
    - Standort des Unternehmens
    - Größe des Unternehmens
    - Mitarbeiterzahl
    - Führungsstil

- *Wir haben:* Aussagen über die freie Stelle, z. B.:
    - Bezeichnung der Stelle
    - Grund der Stellenvakanz
    - Aufgabenbereich
    - Verantwortung und Kompetenzen der ausgeschriebenen Position
    - Entwicklungsmöglichkeiten

- *Wir suchen:* Aussagen über erforderliche Voraussetzungen, z. B.:
    - Berufsbezeichnung
    - Anforderungen an den Bewerber, wie Alter, Eigenschaften und Ausbildung, Kenntnisse, Fähigkeiten, Berufserfahrung

- *Wir bieten:* Aussagen über Leistungen des inserierenden Unternehmens, z. B.:
    - Lohn- bzw. Gehaltshöhe
    - soziale Leistungen
    - Arbeitszeitregelungen

- *Wir bitten:* Angaben über Bewerbungsart und -technik, z. B.:
    - erwünschte Bewerbungsunterlagen
    - Eintrittstermin
    - Beachtung der Firmenanschrift

11. Personalanzeige (2)

Bei der Veröffentlichung einer Personalanzeige sind inhaltliche und technisch-organisatorische Aspekte relevant, z. B.:

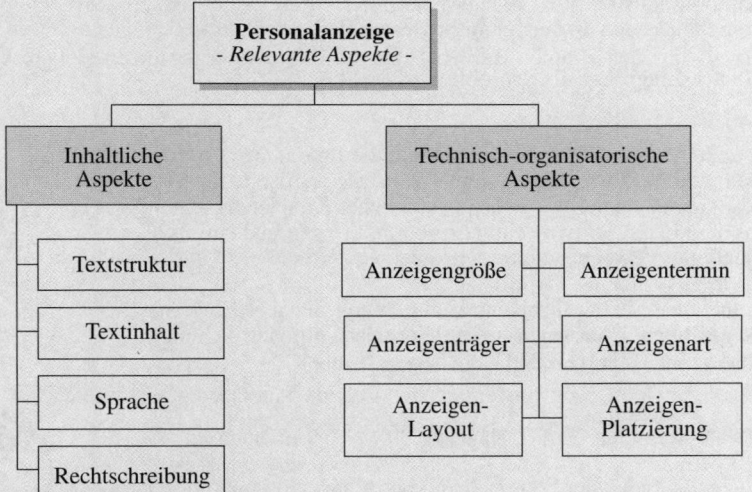

12. Personalanzeige (3)

a) - Ausschreibung erfolgte nicht für weibliche Bewerber (m/w)
   - Problematik der Chiffren-Anzeige (i. V. m. fehlendem Ansprechpartner)
   - geringe oder fehlende Information über
     · die Firma
     · die Stellenanforderungen
     · die exakten Aufgaben der Stellen
     · die Konditionen
     · die Gründe für die Vakanz
   u. Ä.

b) - überregionale Presse
   - Internet
   - Anschlag am Werkstor

- Werbung im regionalen Rundfunk
- Videotext
- Schwarzes Brett in Bildungseinrichtungen (z. B. IHK)
- Fachzeitschriften

13. Personalanzeige (4)

a) Die Personalanzeige könnte folgendes Aussehen haben:

Entwicklung von Prozessleitsystemen

Wir sind ein modernes, expandierendes Unternehmen mit ca. 800
Mitarbeitern und fertigen Präzisionsteile als Zulieferer der
Automobilindustrie. Wir erweitern unseren Betrieb. Daher suchen wir
für die Steuerung von Fertigungsprozessen den

Software-Ingenieur als Projektleiter (m/w)

Ihre erste Aufgabe wird der Aufbau und die Betreuung der
Arbeitsgruppe „Prozessleitsysteme" sein. Sie werden in dieser Aufgabe
Erfolg haben, wenn Sie – neben persönlicher Kompetenz – mehrjährige
Erfahrung in der Softwareentwicklung mitbringen und bereits als
Projektleiter gearbeitet haben.

Bitte nehmen Sie mit uns Kontakt auf – entweder schriftlich mit
aussagefähigen Unterlagen – oder telefonisch mit Herrn Günter
Horezky, Tel. 02111/112233.

GWF - Systemteile GmbH, Hagelstr. 99, 41999 Ebersbusch

---

b) *Anzeigenaspekte*:
  - keine stereotypen Texte
  - schlichte Sprache, klarer Satzbau
  - kein „Befehlston" („Bewerbungen sind zu richten an ...")
  - ehrliche Aussagen über die Firma
  - Strukturierung des Textes („Wir sind..., Wir wollen... usw.)
  - im Allgemeinen: für Frauen und Männer ausschreiben
  - passender Anzeigentermin
  - passende Anzeigengröße
  - keine „Trauerränder"
  - klares Layout
  - passender Anzeigenträger
  usw.

2.7 Administrative Aufgaben einschließlich der Entgeltabrechnung bearbeiten

01. Aufgaben der Personalverwaltung

- *Administrative Aufgaben* sind vor allem verwaltungstechnische und abwicklungstechnische (Routine-)Aufgaben wie z. B.:
  - Formalitäten bei der Einstellung, Versetzung, Entlassung
  - Führen der Personalakten
  - Pflege der Entgeltsysteme, Entgeltabrechnungen
  - Entwicklung und Pflege des personalspezifischen Formularwesens.

- Bei den *informativen Aufgaben* geht es vor allem um die Gewinnung, Aufbereitung und zielgruppenspezifische Weitergabe (Behörden, Mitarbeiter, Entscheidungsgremien) von Daten, Kennzahlen und Entwicklungen wie z. B.:
  - Entwicklung und Pflege eines Personalinformationssystems
  - Erfassung und Pflege der Personaldaten
  - Entwicklung und Pflege von Personalstatistiken und -reports
  - Mitwirkung und Pflege von Mitarbeiterbroschüren, Personalhandbüchern u. Ä.

- Im Rahmen der *rechtlichen Aufgaben* hat die Personalverwaltung für die Einhaltung der Rechts- und Ordnungsvorschriften zu sorgen wie z. B.:
  - Berücksichtigung der Arbeitnehmerschutzgesetze
  - Berücksichtigung der geltenden Tarifbestimmungen
  - Erstellung der Arbeitsverträge, Zeugnisse u. Ä. nach den einschlägigen Rechtsvorschriften
  - Entwicklung und Pflege von Arbeitsordnungen, betrieblichen Regelungen.

02. Personalakte

a) • Nach § 83 Abs. 1 BetrVG hat jeder Mitarbeiter das Recht,
  - in die über in geführten Personalakten Einsicht zu nehmen. Er kann hierzu ein Mitglied des Betriebsrats hinzuziehen.

  - Das Einsichtsrecht erstreckt sich auch auf alle per EDV gespeicherten Daten sowie auf evtl. Nebenakten, die sich auf die Person des Arbeitnehmers beziehen (z. B. individuelle Nachfolgeplanung, Unterlagen zur Beurteilung, Aufzeichnungen des Fachvorgesetzten).

  - dass eigene Erklärungen zum Inhalt der Akte beigefügt werden (z. B. Gegendarstellung zu einer Abmahnung).

  • Nein! Ein eigenständiges Recht auf Akteneinsicht hat der Betriebsrat nicht.

b) - Der Arbeitgeber ist gesetzlich nicht zur Führung von Personalakten verpflichtet; jedoch kann praktisch kein Betrieb darauf verzichten.

  - Alle Informationen, die sich persönlich auf einen Mitarbeiter beziehen, sind Bestandteil der Personalakte.

  - Die Personalakte hat Urkundencharakter. Neben- oder Schattenakten sind nicht zulässig. Sog. Sachakten, in denen Unterlagen über mehrere Mitarbeiter geführt werden, sind keine Personalakten.

- Der Inhalt ist meist sachlich gegliedert (Mitteilungen des Arbeitgebers, Gehaltsentwicklung, Veränderung der persönlichen Daten usw.) und dann wird innerhalb dieser Gliederung chronologisch abgeheftet.

- Personalakten müssen gewissenhaft angelegt und präzise aktualisiert werden.

- Der Arbeitgeber hat die Verpflichtung von sich aus nachteilige Angaben über das Verhalten des Arbeitnehmers nach einer angemessenen Zeit zu überprüfen und bei Bewährung des Arbeitnehmers derartige Schriftstücke aus der Akte zu entfernen. Bei Abmahnungen nennt die Rechtsprechung einen Zeitraum von 2 Jahren und weniger.

c)

Innere Gliederung der Personalakte (Beispiel)	
1. Informationen zur Person	- Daten - Lichtbild - Änderungen
2. Informationen zur Personalauswahl	- Bewerbungsunterlagen - Auskünfte - Auswahlergebnisse
3. Informationen zum Arbeitsvertrag	- Arbeitsvertrag - Änderungen
4. Empfangsbestätigungen	- z. B. Betriebsordnung - Unfallschutz
5. Informationen zur Personalentwicklung	- Beurteilungen - Fortbildungsmaßnahmen - Nachfolgeplanung etc.
6. Entgeltinformationen	- Gehaltsmitteilungen - Prämien - Erfindervergütungen
7. Informationen zu Abwesenheitszeiten	- Urlaub - Krankheit - Wehrdienst - Mutterschaftsurlaub - Kuren
8. Informationen zur Beendigung	- Kündigung - Aufhebungsvertrag - Ausgleichsquittung - Zeugnis - Laufzettel

d) Der Mitarbeiter hat das Recht,
- dass objektiv falsche Unterlagen entfernt werden (z. B. ein Verdacht auf Diebstahl, der sich später als gegenstandslos erweist).

- sich Notizen und Abschriften handschriftlich anzufertigen.

- Das Recht auf Akteneinsicht bedeutet nicht Überlassen der Akte (quasi als „Heimlektüre"); das Recht auf Anfertigung von Kopien wird im Allgemeinen von der Rechtsprechung verneint; Ausnahme: Unterlagen, die dem Mitarbeiter ohnehin zustehen (z. B. formalisierter Beurteilungsbogen).

- In der Praxis erfolgt die Akteneinsicht auf Antrag und im Beisein eines Beauftragten der Personalabteilung. Ein vorheriges sog. „Flöhen" der Akte (Entfernen bestimmter Teile) durch Arbeitgebervertreter ist unzulässig.

03. Arbeitsordnung

Typische Inhalte einer Arbeitsordnung sind z. B.:
- Fragen der Ordnung im Betrieb (Torkontrolle, Rauchverbot, Alkoholverbot u. Ä.)
- Verhalten der Arbeitnehmer am Arbeitsplatz
- Rechte und Pflichten aus dem Arbeitsverhältnis
- Arbeitszeiten und Pausen
- Entgeltformen und Entlohnungsmethoden
- gesetzliche und tarifliche Bestimmungen
- Urlaubsregelungen
- Arbeitsschutz.

04. Datenschutzkontrolle der Betriebsratsarbeit

Wenn der Betriebsrat personenbezogene Daten verarbeitet (z. B. Lohn- und Gehaltslisten, Inkassomaßnahmen in Sachen Belegschaftsverkauf u. Ä.) existiert ein Kontrollrecht (eine Kontrollverpflichtung) nach dem Bundesdatenschutzgesetz. Im Einzelnen sind vom Arbeitgeber folgende Maßnahmen zu veranlassen:

- Verpflichtung der Mitglieder des Betriebsrates auf den Datenschutz

- der Datenschutzbeauftragte erhält einmal jährlich eine Aufstellung über die beim Betriebsrat verwendete Hard- und Software sowie über die verarbeiteten personenbezogenen Dateien

- der Datenschutzbeauftragte und der Betriebsrat treffen sich in regelmäßigen Abständen zum Informationsaustausch (vertrauensbildende Maßnahme).

05. Datenschutz

a) - Datenzugriff durch unberechtigte Personen
   - Verlust von Daten
   - Manipulation von Daten
   - ungewollte Veränderung von Daten aufgrund fehlerhafter Bearbeitung.

b) • *Technische Maßnahmen:*
   - Zugangskontrollen (Räume, PC)
   - Zugriffsbeschränkung (Passwort)
   - Kopierschutz
   - automatische Nutzungsdokumentation

   • *Organisatorische Maßnahmen:*
   - Instruktion der User
   - Verpflichtung auf den Datenschutz
   - Kontrolle der User
   - Sicherungsroutinen

06. Pfändung

a) Pfändung, Rechtsgrundlagen:
   §§ 829, 850 ZPO

b) Unfändbare Bezüge (§ 850a ZPO), z. B.:

   - Einkommen aus Mehrarbeit nur zu 50 %
   - Urlaubsgeld ist nicht pfändbar
   - Die Jahresgratifikation (Weihnachtsgeld) ist bis zur Hälfte des monatlichen Arbeitseinkommens, maximal aber bis 500 €, unpfändbar.
   - Elterngeld
   - Aufwandsentschädigungen
   - Blindenzulage.

c) Berechnung des pfändbaren Arbeitseinkommens (§ 850e ZPO):

	Bruttoeinkommen
−	unpfändbare Bezüge nach § 850a ZPO
−	Lohnsteuer und Solidaritätszuschlag
−	ggf. Kirchensteuer
−	Sozialversicherungsabgaben des Arbeitnehmers (RV, AV, KV PV)
=	pfändbares Nettoeinkommen
−	Pfändungsbetrag unter Beachtung der Pfändungsgrenzen nach § 850c ZPO
=	Auszahlungsbetrag an den Mitarbeiter

3. Prüfungsfach: Personalplanung, -marketing und -controlling gestalten und umsetzen

3.1 Konjunktur- und Beschäftigungspolitik bei der Personalplanung und beim Personalmarketing berücksichtigen

01. Arbeitslosenquote (1)

a) $\dfrac{3.788 \cdot 100}{33.164} = 11,42\,\%$ $\qquad\qquad \dfrac{3.788 \cdot 100}{35.847} = 10,57\,\%$

b) Die Aussagefähigkeit der Arbeitslosenquote ist aus verschiedenen Gründen eingeschränkt. Es werden nur diejenigen Arbeitsuchenden erfasst, die arbeitslos gemeldet sind.

Nicht erfasst werden:

- freigesetzte Arbeitskräfte, die an Umschulungsmaßnahmen teilnehmen,
- Studenten und Schüler, die mangels Beschäftigungsmöglichkeit im Bildungssystem verbleiben,
- Ausländer, die in ihre Heimatländer zurückkehren (exportierte Arbeitslosigkeit),
- Arbeitskräfte, die sich gar nicht erst beim Arbeitsamt melden, weil sie sich keine Beschäftigungsmöglichkeiten ausrechnen,
- Arbeitskräfte, die der sonst sicheren Entlassung durch Frühpensionierung entgehen,
- Kurzarbeiter, die eine volle Beschäftigung anstreben.

Andererseits wirken sich aus:

- Schwarzarbeit,
- arbeitslos Gemeldete, die eigentlich keine Beschäftigung anstreben.

c) Die Arbeitslosenstatistik müsste weiter differenziert werden, z. B. in:

- regionaler,
- sektoraler,
- altersbedingter,
- ausbildungsbedingter und
- geschlechtsspezifischer Hinsicht.

02. Arbeitslosenquote (2)

Neben der Arbeitslosenquote, die ohnehin nur die registrierten Arbeitslosen erfasst, benötigt man weitere Indikatoren um die Situation auf dem Arbeitsmarkt exakt zu beschreiben. Hierzu zählen etwa die Zahl der Kurzarbeiter und/oder das Verhältnis zwischen der Zahl der Arbeitslosen und den offenen Stellen und/oder die absolute Zahl der Beschäftigten.

03. Stabilität und Wachstum

- Informationen durch den Jahreswirtschaftsbericht und durch den Subventionsbericht,
- Verbesserung der Planungsinstrumente durch mittelfristige Finanz- und Investitionsplanung,
- Verbesserung der Koordination der öffentlichen Haushalte von Bund, Ländern und Gemeinden,
- beschleunigter antizyklischer Einsatz der Einnahmen-, Ausgaben- und Schuldenpolitik,
- Abstimmung der Stabilitätspolitik zwischen Gebietskörperschaften, Wirtschaftsverbänden und Gewerkschaften im Rahmen der sog. konzertierten Aktion.

04. Unternehmensgewinne, Löhne und Preise in der Hochkonjunktur?

In der Phase der Hochkonjunktur nehmen die Unternehmergewinne langsamer zu, in der Spätphase können sogar stagnierende oder schrumpfende Gewinne auftreten. Die Löhne und Preise steigen im Boom wegen eines hohen Nachholbedarfs und günstiger Arbeitsmarktlage durchaus stärker als die Unternehmergewinne.

05. Aufschwung

Kennzeichen der ersten Hälfte des Aufschwungs sind:
- *an den Gütermärkten*: steigende Nachfrage (Auftragseingang), steigende Produktion, höhere Kapazitätsauslastung, keine oder geringe Preiserhöhung, Gewinnsteigerung durch Mengenkonjunktur;
- *am Arbeitsmarkt*: steigende Beschäftigung, steigende Zahl der offenen Stellen, sinkende Arbeitslosigkeit, geringe Lohnsteigerung (Lohn-Lag);
- *am Kreditmarkt*: steigende Kreditnachfrage, Abbau der Liquidität, konstanter Zins (Zins-Lag).

06. Arbeitsmarktpolitik

a) *Maßnahmen der Arbeitsmarktpolitik*:

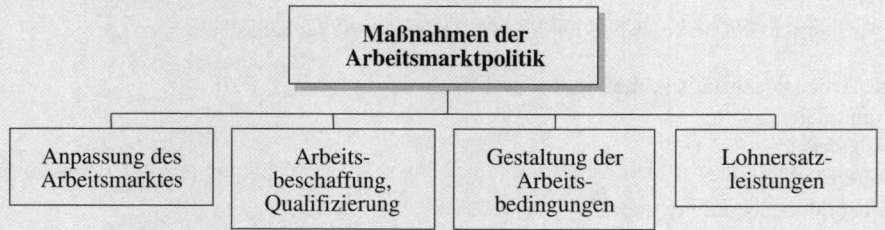

b) *Ansätze zu einer Veränderung/Verbesserung der Arbeitsmarktpolitik, z.B.*:

→ *Senkung der Lohnzusatzkosten*, z.B. durch
  - Herausnahme versicherungsfremder Leistungen aus der Rentenversicherung
  - Reduzierung der Feiertage in Deutschland
  - Erhöhung der Eigenleistungen der Arbeitnehmer bei der Krankenversicherung
  - Reduzierung des Arbeitslosengeldes (Höhe und Dauer)

→ *Vergrößerung des Abstandes zwischen Nettolohn und AlG II*, z. B. durch
  - Reduzierung von AlG II (Höhe)
  - verbesserte Anreize zum Wiedereinstieg in das Erwerbsleben
  - Anheben der Hinzuverdienstgrenze

→ *Nachhaltige Verbesserung der Qualifikation der Arbeitssuchenden* durch speziell zugeschnittene Maßnahmen (kein Gießkannenprinzip mehr)

07. Einflüsse konjunktureller und saisonaler Schwankungen auf die Personalplanung

Auswirkungen auf die betriebliche Personalplanung:

a) In Zeiten der *Hochkonjunktur*:
   Hier besteht insbesondere die Notwendigkeit, für eine ausreichende Personaldeckung (quantitativ und qualitativ) zu sorgen. Maßnahmen: spezielle Beschaffungsmaßnahmen, verstärktes Personalmarketing, Aus- und Weiterbildung „auf Vorrat", Übergang auf geeignete Arbeitszeitmodelle (Jahresarbeitszeit) usw.

b) In Zeiten der *Rezession*:
   - Reduzierung der Budgets, z. B. im Bereich der Fort- und Weiterbildung
   - bisherige Planungen werden verworfen/nicht weiter verfolgt
   - Sachinvestitionen und damit auch Personalinvestitionen werden verschoben
   - Abbau von Stellen
   - Vorziehen von Rationalisierungsmaßnahmen (Substitution von Arbeit durch Kapital)
   - Einleiten von kurz- und mittelfristigen Personalabbaumaßnahmen

c) Beim Vorliegen *saisonaler Schwankungen*:
   - verstärkter Einsatz flexibler Arbeitszeitsysteme (Anpassung von Arbeitsanfall und Personalverfügbarkeit)
   - Veränderung der Schichtzeiten (Einführung einer Samstags-Schicht bzw. Herausnahme der Freitags-Schicht)
   - Mehrarbeit oder vorgezogener Jahresurlaub in Verbindung mit Einführung einer Jahresarbeitszeit
   - vermehrter Einsatz von Leiharbeitern, Teilzeitkräften und befristeten Verträgen

08. Leitzins

a) Die Preisstabilität war nicht gefährdet (unter 2 %). Mit der Senkung des Leitzinses soll die Wirtschaft im Euroraum angeregt werden.

b) • Die Senkung der Leitzinsen führt zu einer Senkung der Kreditzinsen (Erleichterung für die Schuldner) und zu einer Senkung der Zinsen für Spareinlagen (diese Entwicklung ist besonders für Anleger von Kapitalanlagen besonders problematisch, z. B. bei Lebensversicherungen).

   • Maßnamen des Staates, die durch eine Nettokreditaufnahme finanziert sind, werden günstiger.

   • In der Folge kann dies zu einem Anstieg des Konsums und zu einer erhöhten Investitionstätigkeit führen.

c) 1. Dieses geldpolitische Instrument wirkt (wenn überhaupt) nur sehr langfristig.

    2. Die Praxis zeigt, dass die Banken die Zinsen für Spareinlagen sofort senken, während sie die Zinsen für Kredite erst mit einer gewissen Verzögerung senken (oder auch nicht).

    3. Die Sparneigung der Haushalte ist nicht nur vom Zinsniveau abhängig sondern z. B. auch vom Vorsichtsmotiv.

    4. Ebenso ist auch die Investitionstätigkeit der Unternehmen von den Konjunkturerwartungen und nicht nur von den Kreditkosten abhängig.

d) Weitere Aufgaben der EZB:
- Emission von Zentralbankgeld
- Regulierung des Zahlungsverkehrs zwischen Geschäftsbanken und Bankenaufsicht
- Verwaltung der Gold- und Währungsreserven

09. Entwicklung des Euro

Zu beschreiben sind z. B. folgende Entwicklungen, die sich aus einem Kursanstieg des Euro gegenüber dem US-Dollar ergeben:

1. Deutsche Produkte werden auf dem US-Markt teurer: Verschlechterung der Marktsituation für deutsche Unternehmen in den USA.

2. Für Deutschland verbilligen sich die Importe aus den USA: Gefahr einer importierten Inflation; ggf. Rückgang der inländischen Nachfrage nach heimischen Produkten.

3. Urlaubsreisen werden für Deutsche nach den USA billiger; für US-Bürger verteuert sich der Urlaub in Deutschland.

10. Aufgaben (Teilgebiete) der Personalplanung

Zu den wichtigsten Aufgaben der Personalplanung gehören:

- die Planung des Personal*bedarfs* (quantitativ und qualitativ),
- die Planung der Personal*beschaffung* (intern und extern),
- die Planung der Personal*anpassung* (z. B. Abbau und/oder Beschaffung und/oder Personalentwicklung),
- die Planung des Personal*einsatzes* sowie
- die Planung der Personal*kosten*.

Dabei werden die Personalbedarfsplanung und die Personalkostenplanung als Hauptsäulen der Personalplanung angesehen.

11. Bedeutung der Personalplanung

- *Für die Arbeitgeberseite* ist die Personalplanung geeignet folgende Interessensgebiete abzudecken:
  - Notwendigkeiten der Personalentwicklung werden erkennbar;
  - eingeleitete Maßnahmen der Personalentwicklung können als Motivationsinstrument genutzt werden;
  - frühzeitig werden Notwendigkeiten des Personalabbaus oder der Personalbeschaffung aufgezeigt;

- Personalbeschaffung aus den eigenen Reihen kann systematisch und rechtzeitig eingeleitet werden und hilft die Beschaffungskosten einzugrenzen;
- Veränderungen im Personaleinsatz sowie damit verbundene Qualifizierungsmaßnahmen werden deutlich;
- Da das Arbeitsrecht durch zahlreiche Beschränkungen einen schnellen Personalabbau erschwert, können bei systematischer Personalplanung Abbaumaßnahmen rechtzeitiger und damit i. d. R. auch kosten- und sozialverträglicher eingeleitet werden.

• *Aus der Sicht der Arbeitnehmer* ist die Personalplanung aus folgenden Gründen bedeutsam:
   - Minderung sozialer Härten bei Personalabbau, Umstrukturierung und Rationalisierung;
   - verbesserte Chancen der Personalentwicklung und des internen Aufstiegs; damit mehr Sicherheit und Planbarkeit der eigenen Karriere;
   - mehr Transparenz und Vertrauen in personalpolitischen Entscheidungen.

12. Einflussfaktoren der Personalplanung

Man unterscheidet interne und externe Determinanten der Personalplanung. Zu den wichtigsten gehören:

Determinanten der Personalplanung	
• Externe Faktoren	• Interne Faktoren
• Marktentwicklung	• Unternehmensziele
• Technologie	• Investitionen
• Arbeitsmarkt	• Fluktuation
• Sozialgesetze	• interne Altersstruktur
• Tarifentwicklung	• Fehlzeiten
• Personalzusatzkosten	• Fertigungspläne
• Alterspyramide	• Rationalisierungen
... usw.	• Personal-Ist-Bestand
	• Arbeitszeitsysteme
	• Personalkostenstruktur
	... usw.

13. Personalplanung als Bestandteil der Unternehmensplanung

a)

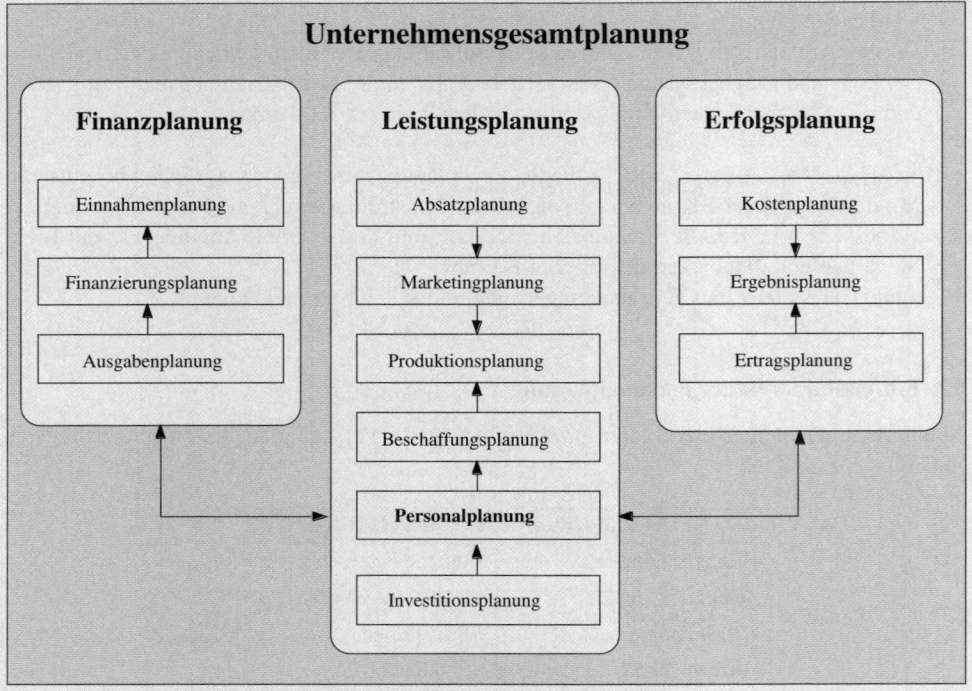

Die Personalplanung wird meist als abgeleiteter Bestandteil innerhalb der Unternehmensplanung dargestellt. Die Erfolgs- und Finanzplanung werden dabei als originäre Größen gesehen.
Daneben ist zu beachten, dass der Personalsektor zum Engpass für die Pläne der anderen
Unternehmensbereiche werden kann (z. B. bei nicht ausreichender Qualifikation der Personalressource). Insofern bedürfen die anderen Teilplanungen einer Bestätigung (ggf. Korrektur)
durch die Personalplanung.

b)

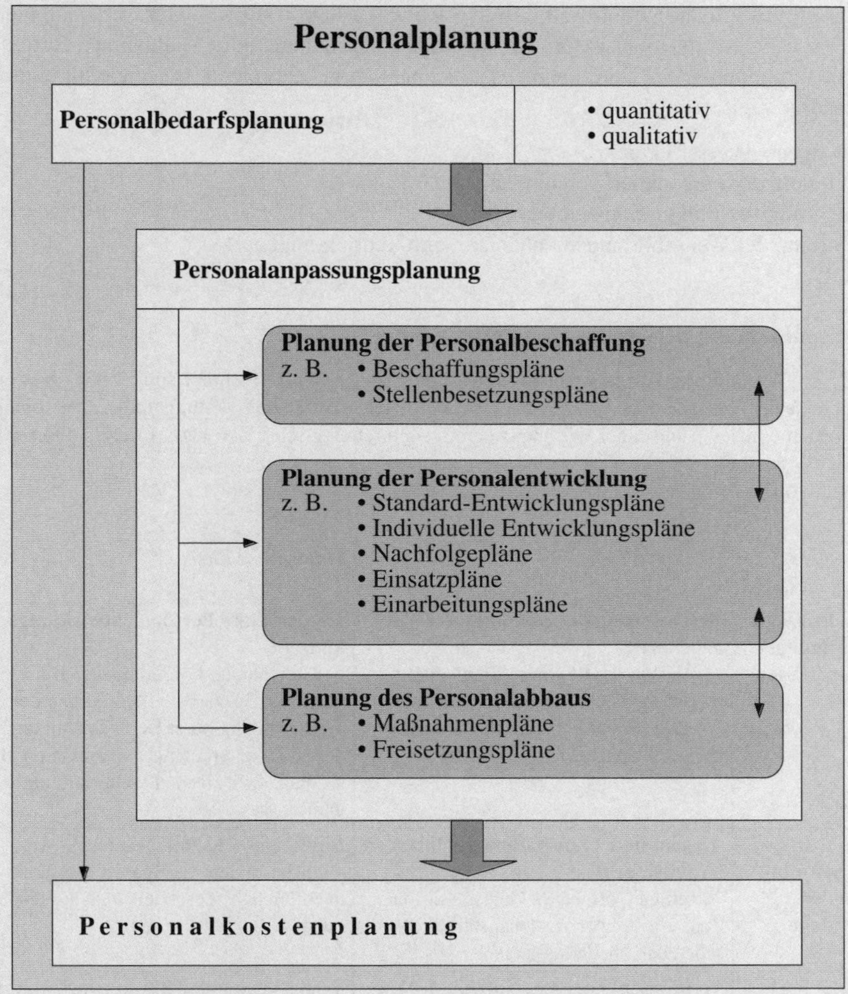

Personalplanung
Personalbedarfsplanung
• quantitativ
• qualitativ
Personalanpassungsplanung
Planung der Personalbeschaffung
z. B. • Beschaffungspläne
• Stellenbesetzungspläne
Planung der Personalentwicklung
z. B. • Standard-Entwicklungspläne
• Individuelle Entwicklungspläne
• Nachfolgepläne
• Einsatzpläne
• Einarbeitungspläne
Planung des Personalabbaus
z. B. • Maßnahmenpläne
• Freisetzungspläne
Personalkostenplanung

Die Personalbedarfsplanung ist das „Herzstück" der Personalplanung. Sie stellt die Verbindung zwischen der Umsatz-, Ergebnis- und Produktionsplanung einerseits und der Anpassungs- und Kostenplanung andererseits her. Der geplante Personalbedarf hat Zielcharakter für die anderen Felder der Personalplanung.

Personal-
bedarfsplanung
Personal-
anpassungsplanung
• Beschaffungsplanung
• Abbauplanung
• Entwicklungsplanung
• Einsatzplanung
• Einarbeitungsplanung
• Nachfolgeplanung
• .... usw.
Personal-
kostenplanung

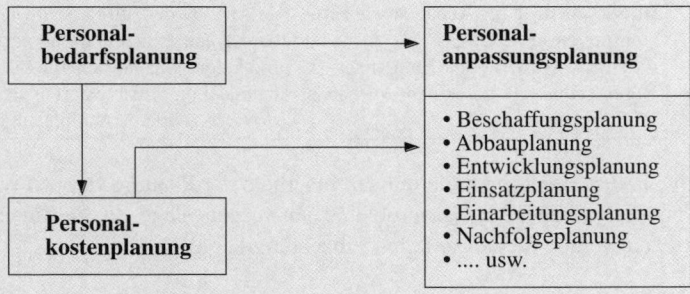

Daneben gibt es z.T. in Mittel- und Großbetrieben Ansätze von originärer Personalplanung, d. h. es werden vom Personalsektor eigenständige Zielsetzungen und Maßnahmen formuliert, die die Gesamtplanung des Unternehmens gleichberechtigt bestimmen. Beispiele für derartige, eigenständige Zielsetzungen sind:

- ausgewogene Altersstruktur,
- Reduzierung der Personalaufwendungen,
- Verringerung der Fluktuationsquote,
- Outsourcing der Weiterbildungsmaßnahmen und -einrichtungen u.Ä.

14. Personalplanung bei schwieriger Auftragslage

Hinweis: Es gibt zu dieser Aufgabe keine eindeutige Lösung. Der Teilnehmer soll zeigen, dass er die Kernprobleme der Ausgangslage erkennt, angemessene Ziele der Personalplanung und des Personalmarketings formulieren kann und dabei zwischen operativer und strategischer Zielsetzung richtig differenziert.

Lösungsvorschlag:

Kernprobleme der Ausgangslage:	Operative Ziele:	Strategische Ziele:
Unterschiedliche Beschäftigungslage Nord/Osten und Süd	**Verbesserung der Mobilität der Mitarbeiter:** → Ausbau des internen Arbeitsmarktes zwischen Osten/Norden und Süden; Anreize für zeitlich befristeten, überregionalen Einsatz der Mitarbeiter.	**Langfristiges Personalentwicklungskonzept:** → Gewinnung, Förderung und Bindung von Spezialisten; Förderung der Weiterbildung unter Berücksichtigung der Mitarbeiterbelange/-interessen; ggf. Aufbau einer eigenen Weiterbildungsorganisation.
Konjunkturbedingte Schwankungen der Auftragslage	**Ausbau und Transparenz des internen Arbeitsmarktes:** → Intranet, offene Stellen, Konditionen, Zusatzleistungen; Datenaustausch zwischen den Niederlassungen.	**Bindungswirksamer Vertrags-Mix:** → insbesondere für Spezialistenfunktionen (Gehalt, Zusatzleistungen, Perspektiven)
Fehlendes Fachpersonal (Ingenieure/ IT-Spezialisten)	**Verbesserung der Attraktivität des Unternehmens am externen Arbeitsmarkt:** → Erscheinungsbild, Image, Vertragsbedingungen, Bewerber- und Kontaktpflege, Rekrutierung bei Bildungseinrichtungen, Internetauftritt.	**Verbesserung der Bindungswirkung:** → Imageverbesserung, Corporate Identity, Vertrags-Mix (vgl. oben), kooperativer Führungsstil (Freiräume), Unternehmenskultur.
Abwerbung/ Fluktuation bei Spezialistenpositionen	**Intensivierung der Kontakte mit der Bundesagentur für Arbeit sowie Einrichtungen der EU:** → Trends, Fördermittel (Empfänger, Höhe, Zeitpunkt), gesetzliche Vorhaben im Euroraum.	**Forschungs- und Planungs-Mix:** → Analyse der Auftragsentwicklung der Vergangenheit und Entwicklung von Indikatoren zur Absicherung der Personalplanung; Flexibilisierung der Planung (Ersatzplanung, Notfallplanung).

Hinweis: Operative und strategische Ziele müssen innerhalb der Planung vernetzt werden. Die Gegensteuerung auf die vorliegenden Kernprobleme der Ausgangslage muss als integrierte Gesamtlösung entwickelt werden (keine isolierten Einzelaktivitäten).

15. Instrumente der Personalplanung

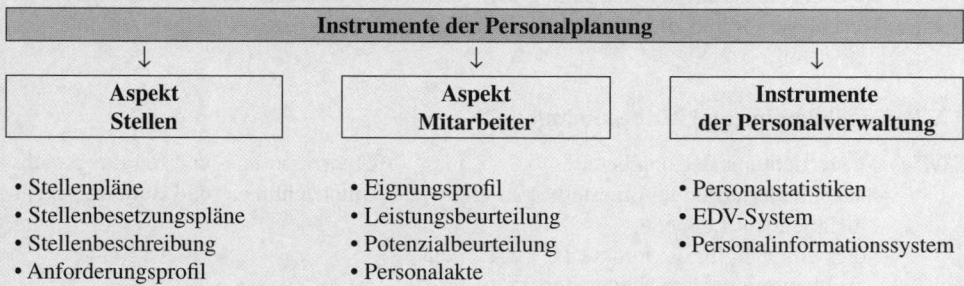

- *Der Stellenplan* zeigt alle (genehmigten) Stellen eines Unternehmens bezogen auf einen bestimmten Zeitpunkt. Er hat Soll-Charakter.

- *Der Stellenbesetzungsplan* basiert auf dem Stellenplan und zeigt, ob und von wem die betreffende Stelle besetzt ist. Die bereits vorliegenden Stellenangaben werden um wichtige Angaben über den Stelleninhaber ergänzt (z. B. Name, Alter, Eintrittsdatum, Vollmachten).

- *Die Stellenbeschreibung* enthält die wichtigsten Zuständigkeiten einer Stelle (meist inkl. dem Anforderungsprofil).

- *Das Eignungsprofil* zeigt die fachliche und persönliche Eignung eines Mitarbeiters bzw. eines Stellenbewerbers und bildet das Gegenstück zum Anforderungsprofil.

16. Personalplanung und Mitbestimmung (1)

Im Gegensatz zur Mitbestimmung bei personellen Einzelmaßnahmen hat der Betriebsrat im Rahmen der Personalplanung nur eingeschränkte Rechte:

- Nach *§ 92 Abs. 1 BetrVG* hat der Arbeitgeber „den Betriebsrat über die Personalplanung, insbesondere über den gegenwärtigen und künftigen Personalbedarf sowie über die sich daraus ergebenden personellen Maßnahmen und Maßnahmen der Berufsbildung anhand von Unterlagen rechtzeitig und umfassend *zu unterrichten*. Er hat mit dem Betriebsrat über Art und Umfang der erforderlichen Maßnahmen und über die Vermeidung von Härten *zu beraten*."

- Nach *§ 92 Abs. 2 BetrVG* kann der Betriebsrat „dem Arbeitgeber *Vorschläge* für die Einführung einer Personalplanung und ihre Durchführung *machen*."

  - Die Unterrichtung hat rechtzeitig, umfassend und anhand von Unterlagen zu erfolgen. Sie erstreckt sich auf die Personalplanung, auf die sich daraus ergebenden Maßnahmen (wie z. B. Einstellungen, Entlassungen und Bildungsmaßnahmen) sowie auf die Vermeidung von Härten.
  - Insbesondere ist vom Arbeitgeber der gegenwärtige und zukünftige Personalbedarf darzulegen.
  - Der Zeitpunkt der Unterrichtung ist in der Rechtsprechung streitig.
  - Nach überwiegender Meinung hat der Arbeitgeber dem Betriebsrat geeignete „Unterlagen" zu überlassen (z. B. Stellenbesetzungspläne, Statistiken, Krankenstände usw.).
  - Das Mitwirkungsrecht ist ohne Rücksicht auf die Betriebsgröße gegeben.

- Neu eingefügt wurde § 92a BetrVG, Beschäftigungssicherung. Danach kann der Betriebsrat Vorschläge zur Sicherung und Förderung der Beschäftigung machen und der Arbeitgeber hat diese Vorschläge mit ihm zu beraten (bitte lesen!).

17. Personalplanung und Mitbestimmung (2)

TOP 1: - Unterrichtung/Personalbedarf   ja   → Unterrichtungs- und Beratungsrecht
       - auch: außertarifliche Angestellte   ja   → Unterrichtungs- und Beratungsrecht
       - nicht jedoch: Leitende;
         dies gilt auch für die Punkte TOP 2-4 nein
       - problematisch: Herr Neu ist nur für
         die Personalplanung der Arbeiter zu-
         ständig; hier: Weiterleitung des
         BR-Schreibens an die zuständige
         Stelle.
TOP 2: - Unterrichtung/Maßnahmen   ja   → Unterrichtungs- und Beratungsrecht
       - Bildungsmaßnahmen   ja   → Achtung: Neu eingefügt wurde § 97
                                                         Abs. 2 BetrVG: Mitbestimmung bei
                                                         der Einführung von Maßnahmen der
                                                         betrieblichen Berufsbildung (bitte
                                                         lesen!); der BR hat hier ein (er-
                                                         zwingbares) → Mitbestimmungsrecht
TOP 3: - Überlassung von Unterlagen   ja   → Unterrichtungs- und Beratungsrecht
TOP 4: - Umsetzung des BR-Vorschlags   nein   → Vorschlagsrecht: ja; jedoch keine
                                                         (erzwingbare) Mitbestimmung

3.2 Personalwirtschaftliche Ziele aus der strategischen Unternehmensplanung ableiten

01. Personalstrategie (1)

Bei dieser Variante beeinflussen sich strategische Personalplanung und strategische Unternehmensplanung gegenseitig. Sie stehen in wechselseitiger Abhängigkeit. Dabei wird die strategische Personalplanung simultan zur strategischen Unternehmensplanung entwickelt.

02. Personalstrategie (2)

Die vier Prozessstufen zur Entwicklung einer Strategie des Personalmanagements:

1. *Entwicklung von Visionen und strategischer Stoßrichtung:*
   z. B.: Einstieg des Unternehmens in den USA-Markt/Raum Ostasien; Verlagerung von Produktionsstätten

2. *Ermittlung der strategischen Geschäftseinheiten (SGE) und der strategischen Geschäftsfelder (SGF):*
   z. B.: SGE → F + E, Produktion, Marketing; SGF → Entwicklung von Automobilen für den Freizeitbereich (z. B. Offroader + passender Anhänger)

3. *Formulierung der Unternehmensstrategie:*
   z. B. Positionierung am Weltmarkt als Automobilhersteller mit Produkten, die „hohe Technik + Qualität" miteinander verbindet und als kompetenter Produzent von Automobilen für den Freizeitsektor am Markt akzeptiert wird; Ausweitung des Umsatzes und Verbesserung der Rentabilität innerhalb der nächsten fünf Jahre um x %.

4. *Ableitung der Strategie des Personalmanagements aus der Unternehmensstrategie:*
   z. B.: Von der Funktionsorientierung zur Prozessorganisation; Outsourcing von Personaldienstleistungen; Verflachung der Hierarchie im Personalmanagement; Umsetzung der Kundenorientierung; Aufbau eines Qualitätsmanagements im Personalwesen; Förderung von Schlüsselqualifikationen für den Auslandseinsatz; Einrichtung von Kreativitätsinseln zur Verbesserung der F + E-Leistungen.

03. Shareholder Value und Stakeholder Value

a) *Shareholder Value* = Wert des Unternehmens für die Anteilseigner, Aktionäre. Betonung der Realisierung wirtschaftlicher Ziele wie Gewinnmaximierung, Marktanteilserhöhung, Aktienkurs.

   Stakeholder Value = Wert eines Betriebes unter Einbeziehung der Interessen der Belegschaft. Betonung der sozialen Ziele wie Lohnniveau, Sozialleistungen, Firmenkultur.

   Kurzfristig ist der Zielkonflikt nicht überwindbar. Langfristig besteht die Möglichkeit, dass beide Ziele sich ergänzen.

b) *Argumente aus der Sicht der Gewerkschaft:*
   - Die Arbeitnehmer tragen zur guten Ertragslage des Unternehmens bei und sollten deswegen auch daran teilhaben.
   - Die Arbeitnehmer benötigen einen Ausgleich für den Anstieg der Lebenshaltungskosten.
   - Die Produktivitätsverbesserung ist auch dem Faktor Arbeit zuzurechnen.
   - Eine angemessene Lohnanhebung dient als Leistungsanreiz/Motivation.

   Argumente aus der Sicht der Unternehmer:
   - Die Lohnsteigerungen führen „automatisch" zu Kostensteigerungen; dies mindert den Gewinn und damit auch die Finanzkraft des Unternehmens (Finanzierung zukünftiger Investitionen aus Überschussanteilen).
   - Der Absatzmarkt lässt eine Überwälzung steigender Lohnkosten auf die Preise nicht zu.
   - Lohnsteigerungen haben eine negative Wirkung auf den Aktienkurs.
   - Die Produktivitätssteigerung ist allein dem Faktor Kapital (Neuinvestition: neue Fertigungsstraße) zuzurechnen.

04. Ableitung personeller Maßnahmen aus der Unternehmensstrategie

a) *Externe Marktfaktoren* (Beispiele):
- Die vorangegangenen Jahre waren für den Arbeitnehmersektor durch Reallohnverluste gekennzeichnet. Erst ab Sommer 20.. sind höhere Tarifabschlüsse zu verzeichnen.
- Gerade die Automobilindustrie beherrscht das Instrumentarium des weltweiten Einkaufs von Waren und Leistungen (Global Sourcing). Anbieter aus Indien und China liegen im Preisniveau unter dem deutscher Hersteller.

Hinweis: Die Lösung zu dieser Aufgabe kann nur beispielhaften Charakter haben und ist auf eine aktuelle Situation bezogen. Sie soll auch veranschaulichen, dass es für den Teilnehmer wichtig ist, aktuelle Entwicklungen der Inlandskonjunktur und der Weltwirtschaft zu verfolgen (bitte Wirtschaftsteil der Tagespresse lesen).

b) Mögliche personalpolitische Zielkonflikte bei der Umsetzung der Unternehmensstrategie:

Personal-politisches Ziel	*Strategische Planung der Geschäftsleitung:*	*Konkurrierende(s) Ziel(e):*
Reduzierung der Personalkosten	Die Verringerung der Fertigungstiefe führt zu einem Anstieg der Zukaufteile und zu einer Personalreduktion in der Fertigung.	**Know-how-Verlust** in der Fertigung; Abhängigkeit von Lieferanten
		Der Personalabbau führt zu **ungeplanten Kosten:** Sozialplan, Abfindungen, Aufhebungsverträge u.Ä.
Reduzierung der Personalkosten	Die Schaffung von zehn Planstellen für Reisende hat zur Folge: Personalbeschaffung, Einarbeitung/Personalentwicklung	**ungeplante Kosten für Beschaffung, neue Planstellen** und PE-Maßnahmen
Kurzfristige **Anpassung der Personalplanung**	Der Personalabbau von 15 % der Belegschaft führt zur Verunsicherung. Leistungsträger werden überlegen, ob sie das Unternehmen verlassen sollten.	**Motivation** der Mitarbeiter
		Vertrauen in die Kontinuität der Personalplanung

c) Instrumente zur Messung der Personalleistung in unterschiedlichen Unternehmensbereichen (Beispiele)

Fertigung	Mengengrößen und/oder Qualitätsgrößen; Leistungsgradermittlung, Vergleich mit Systemen vorbestimmter Zeiten (SvZ), REFA-Zeitermittlung; teilautonome Gruppen mit Gruppenleistungslohn
Verwaltung	Mengengrößen (z. B. Anzahl der Lohnabrechnungen, Anzahl der Buchungen pro Zeiteinheit u. Ä.)
	Indirekte Messung: Einhaltung vorgegebener Kostengrößen und/oder Zeitgrößen
Außendienst	Anzahl der Besuche pro Zeiteinheit, Anzahl der Vertragsabschlüsse pro Kundenbesuch pro Monat, Zielvorgaben: Verkaufsumsatz pro Monat u. Ä.
Führungskräfte	Zielvereinbarung: - Arbeitsziele - Entwicklungsziele
	Bildung von Profitcentern: Ergebnis/Gewinn pro Profitcenter pro Quartal/Jahr

3.3 Beschäftigungsstrukturen und Personalbedarfe für Produktions- und Dienstleistungsprozesse analysieren und ermitteln

01. Dispositiver Faktor

a) *Unterschied zwischen den Faktorarten:*
Der dispositive Faktor entscheidet über den optimalen Einsatz der Elementarfaktoren.

b) *Funktion des dispositiven Faktors:*
Leitung, Planung, Organisation und Kontrolle

c) *Trennung von ausführender und dispositiver Arbeit:*
In jedem Unternehmen gibt es Mitarbeiter, die sowohl ausführende als auch dispositive Arbeit verrichten. Zum Beispiel trifft ein Abteilungsleiter für seinen Verantwortungsbereich eigenständige Entscheidungen und verantwortet diese, während er aber auch Anweisungen der übergeordneten Organisationseinheit ausführen muss.

d) *Begriff „Substitution der Produktionsfaktoren":*
Ein Produktionsfaktor kann durch andere Produktionsfaktoren ersetzt (substituiert) werden; Beispiele: Bisher wurde die Lackierung von Blechteilen manuell durchgeführt, zukünftig erfolgt dies in einer vollautomatischen Lackieranlage. Folge: Die Produktivität steigt, der Einsatz des Faktors Arbeit wird deutlich geringer, die Kapitalintensität erhöht sich, die Kostenart und -höhe verändert sich (statt Lohnkosten → AfA); weiteres Beispiel: Wachpersonal → Substitution → Alarmsystem.

02. Produktivität

Gemeinsamkeiten und Unterschiede der Kenngrößen „Arbeitsproduktivität" und „Maschinenproduktivität":

$$\textit{Produktivität} \; = \; \frac{\text{Produktionsergebnis (in Stk.)}}{\text{Faktoreinsatzmenge}}$$

$$\Rightarrow \textit{Arbeitsproduktivität} \; = \; \frac{\text{Produktionsergebnis (in Stk.)}}{\text{Anzahl der eingesetzten Arbeitsstunden}}$$

$$\Rightarrow \textit{Maschinenproduktivität} \; = \; \frac{\text{Produktionsergebnis (in Stk.)}}{\text{Anzahl der eingesetzten Maschinenstunden}}$$

- Allgemein: *Verbesserung der Produktivität*
  - bei gleichem Faktoreinsatz wird die Ausbringungsmenge erhöht
  - bei gleicher Ausbringung wird der Faktoreinsatz verringert

- Speziell: *Verbesserung der Arbeitsproduktivität*; z. B. durch folgende Maßnahmen:
  - Optimierung der Arbeitsbedingungen/der Arbeitsumgebung
  - Verbesserung der Werkzeuge, der Arbeitstechnik

- Förderung der Leistungsfähigkeit durch Ausbildung, Fortbildung, Standardisierung von Abläufen
- Verbesserung der Leistungsbereitschaft durch Anreize (monetäre oder andere Anreize)

03. Bestimmungsfaktoren der Arbeitsleistung

Systematik der Bestimmungsfaktoren der menschlichen Arbeitsleistung:

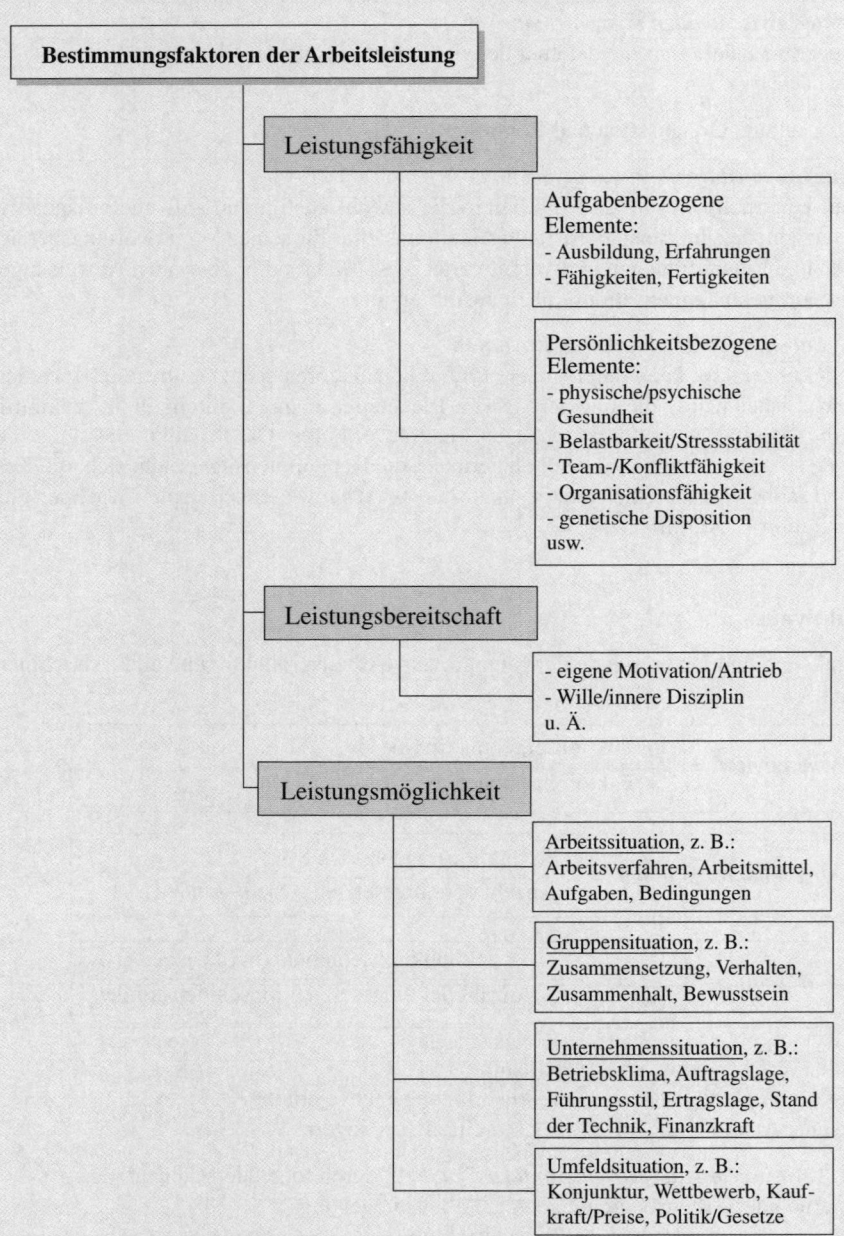

3.4 Personalbedarfs- und Entwicklungsplanung durchführen

01. Informationsquellen der Personalbedarfsplanung

Checkliste: Informationsquellen zur Personalbedarfsplanung			
I.	**Stellendaten**	ja/nein	Kommentar
	• Organigramme • Stellenpläne • Stellenbeschreibungen • Anforderungsprofile		
II.	**Mitarbeiter-Daten**		

	• Eignungsprofile
	 • Leistungsbeurteilungen
	 • Potenzialbeurteilungen
	 • Stellenbesetzungspläne
	 • Personalakten
	 • Personalstatistiken
	     - Belegschaftsstruktur (Alter, Geschlecht, Qualifikation, ...)
	     - Fehlzeiten, Fluktuation usw.		

III.	**Sonstige Rahmenbedingungen (intern, extern)**		

	• EDV-/Informationssysteme
	 • Eckdaten der Unternehmensplanung
	     - Strategische Pläne
	     - operative Pläne usw.
	 • Marktprognosen
	     - Beschaffungsmarkt
	     - Absatzmarkt
	     - Arbeitsmarkt
	     - Bildungsmarkt
	 • Gesetzliche Eckdaten
	 • Altersentwicklung der Gesellschaft
	 • Regionale Tendenzen
	 • Arbeitszeitsysteme		

02. Arten des Personalbedarfs

Anzahl der Stellen	wegen	Bedarfsarten
2	Erreichen der Altersgrenze	Ersatzbedarf
4	Neugründung einer Niederlassung	Neubedarf
1	Nichtbesetzung i. zurückliegenden Planungszeitraum	Nachholbedarf
3	Arbeitszeitverkürzung	Mehrbedarf
2	eines geschätzten Arbeitsausfalls infolge Urlaub und Krankheit	Zusatzbedarf
12		Personalbedarf

03. Nettopersonalbedarf

Man verwendet folgendes Berechnungsschema:

Berechnungsschema zur Ermittlung des Nettopersonalbedarfs			
Lfd. Nr.	Berechnungsgröße	Anzahl	Σ
1	Stellenbestand per 30.06.01	258	
2	neue Planstellen in 02:	3	
3	entfallende Stellen 01/02:	– 22	
4	Bruttopersonalbedarf:		239
5	Mitarbeiterbestand per 30.06.01:	255	
6	feststehende Mitarbeiterabgänge in 01/02:	– 16	
7	feststehende Mitarbeiterzugänge in 01/02:	8	
8	geschätzte Mitarbeiterabgänge in 01/02:	– 5	
9	fortgeschriebener Personalbestand:		– 242
10	Nettopersonalbedarf:	(239 – 242)	– 3

04. Globale und differenzierte Prognose des Bruttopersonalbedarfs

- **Bei den Verfahren zur globalen Bedarfsprognose** werden Unternehmens-Gesamtdaten der Vergangenheit, die globalen Charakter haben, der Ermittlung des Stellenbedarfs zu Grunde gelegt (z. B.: Umsatz pro Mitarbeiter gesamt, Umsatz pro Mitarbeiter pro Geschäftsbereich).

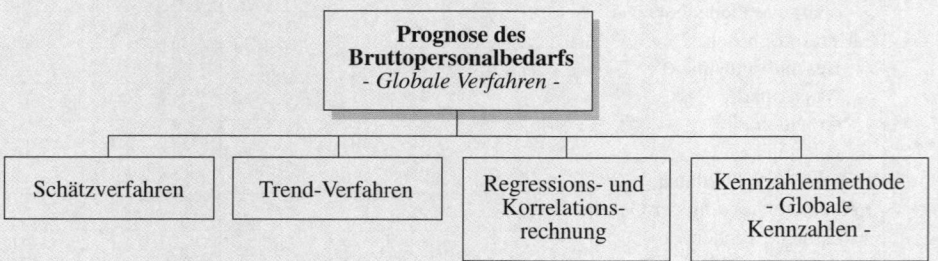

- **Die Verfahren zur differenzierten Bedarfsprognose** sind meist kurz- oder mittelfristig angelegt und beziehen sich auf detaillierte und begrenzte Personalbereiche, in denen einigermaßen zuverlässige Datenrelationen hergestellt werden können (z. B. Mengenleistung pro Mitarbeiter in der Montage, verkaufte Stück pro Mitarbeiter in der Region Süd).

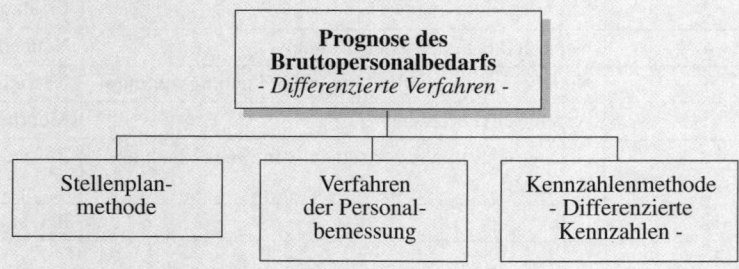

05. Ermittlung des Bruttopersonalbedarfs

a) 5,0 Mio € · 1,2 = 6,0 Mio € (geplanter Umsatz)

$$\frac{\begin{array}{l}5,0 - 20 \text{ MA}\\6,0 - \text{ x MA}\end{array}}{x}$$ = 24 Mitarbeiter

Für den im kommenden Jahr geplanten Umsatzzuwachs von 20 % werden zusätzlich vier neue Mitarbeiter benötigt.

b1) 35 Std. · 4 Wo = 140 Std. Regelarbeitszeit
800 Std. : 140 Std. = 5,7143 Mitarbeiter
71,43 % von 140 Std. = ca. 100 Std. pro Monat

Die Niederlassung benötigt 5 Vollzeitkräfte und 1 Teilzeitkraft mit ca. 100 Stunden pro Monat bei Einhaltung der Regelarbeitszeit.

b2) 8 Std. · 5 Tg. · 4 Wo = 160 Std. Istarbeitszeit
800 Std. : 160 Std. = 5 Mitarbeiter

b3) Zu vergleichen sind die Lohnkosten bei 100 Std. Mehrarbeit mit denen bei einer Teilzeitkraft von 100 Std.:

Berechnungsposition	Lohnkosten „Mehrarbeit"	Lohnkosten „Teilzeitarbeit"
Grundlohn: 100 Std. · 14,00 €	1.400,00	1.400,00
Mehrarbeitszuschlag, 25 %	350,00	0,00
Zwischensumme	1.750,00	1.400,00
Personalzusatzkosten, 35 %	612,50	490,00
Zwischensumme	2.362,50	1.890,00
Verwaltungsmehraufwand, 10 %	0,00	189,00
Bruttolohnaufwand	2.362,50	2.079,00
Saldo		283,50

Ein Kostenvergleich auf Basis der o. g. Eckdaten fällt zu Gunsten der Lösung „Teilzeitkraft" aus. Diese Aussage lässt sich wohl für langfristig durchgeführte Mehrarbeit unterstellen. Kurzfristig können Argumente wie
- arbeitsrechtliches Risiko bei der Teilzeitkraft (Arbeitnehmerschutzrechte u. Ä.)
- Kosten der Personalauswahl
- Kosten des Arbeitsplatzes u. Ä.
dagegen sprechen.

c) 118,72 Mio € : 200.000 E/Mitarbeiter = 594 Stellen.

Der Zielumsatz ergibt einen Bruttopersonalbedarf von 594 Stellen.

06. Personalbemessung

a) Bei der Methode der Personalbemessung wird der exakt ermittelte Arbeitsanfall (z. B. in Stunden) dem verfügbaren Arbeitspotenzial eines Mitarbeiters je Zeiteinheit (z. B. verfügbare Arbeitszeit je Mitarbeiter je Monat) gegenübergestellt:

$$\text{Personalbedarf} \quad = \frac{\text{Zeitbedarf des Auftrags}}{\text{verfügbare Arbeitszeit je Mitarbeiter je Periode}}$$

Im vorliegenden Fall ergibt sich:

$$\text{Personalbedarf} \quad = \frac{\text{Rüstzeit} + (\text{Ausführungszeit je Bauteil} \cdot \text{Anzahl der Bauteile})}{\text{Monatsarbeitszeit je Mitarbeiter} \cdot \text{Leistungsgrad}}$$

$$= \frac{140 + (500 \cdot 22)}{167 \cdot 1,15}$$

$$= \frac{11.140}{192,05}$$

$$= 58 \text{ Mitarbeiter pro Monat}$$

b) 58 Mitarbeiter · 1,05 = 60,9 Mitarbeiter ≅ 61 Mitarbeiter

07. Kennzahlenmethode

Eckdaten	Jahr 01 Ist	Jahr 02 Plan	Hinweise zur Berechnung
Produktionsmenge in Einheiten	850.000	935.000	1)
ø Anzahl der gewerbl. Mitarbeiter in der Produktion	**220**	**?**	
Anzahl der Arbeitswochen	45	45	
Tarifliche Wochenarbeitszeit je Mitarbeiter in Std.	37,5	35	
Verfügbare Gesamtstd.zahl in der Produktion	371.250	–	
Erforderliche Gesamtstd.zahl in der Produktion	–	389.538	3)
Produktivität (Mengeneinheiten je Arbeitsstunde)	2,29	2,4	2)
Arbeitsstunden pro Mitarbeiter pro Jahr		1.575	4)
Personalbedarf (Anzahl der Mitarbeiter)		**247**	5)

Der Personalbedarf für die gewerblichen Mitarbeiter in der Produktion liegt für 02 bei rund 247; es besteht also ein Zusatzbedarf von rund 27 Mitarbeitern („Vollzeitköpfe").

1)	850.000 · 1,1	=	935.000
2)	2,29 · 1,05	=	2,40
3)	935.000 : 2,4	=	389.583
4)	35 · 45	=	1.575
5)	389.583 : 1.575	=	247

08. Stellenplanmethode

Der Vorschlag zur Lösung der anstehenden Anpassungsmaßnahmen könnte folgendermaßen aussehen:

Veränderung „Stellen"			Veränderung „Mitarbeiter"			
Ebene	Abt.	Kommentar	Ebene	Abt.	Name des Mitarbeiters	Kommentar
3	MA 2	Stelle entfällt ab 01.01.02 wegen veränderter Montagestruktur	3	MA	Walter	Frühpensionierung mit Alter 59
4	MAM	Stelle entfällt ersatzlos, da die Stelle als zeitlich befristetes Projekt innerhalb der Linie angelegt war	3	MA	Hanning	vor 2 Wochen tödlich verunglückt; Ersatzbedarf erforderlich
4	MA 4	1 Meisterstelle wird ersatzlos gestrichen	4	M 1		1 Nachholbedarf aus dem Jahr 01, 1 Ersatzbedarf
Stab	MLA	Genehmigung einer Assistentenstelle für ML				

extern

intern aus den Reihen der Facharbeiter

- Walter wird frühpensioniert
- Hanning wird durch Wiegand ersetzt
- 1 Meister von M4 wechselt nach M1
- 1 Facharbeiter „rückt nach" auf eine Meisterposition in M1; wird ersetzt durch einen „Auslerner" (Azubi nach bestandener Prüfung)
- 1 Assistentenstelle wird extern beschafft

Der Stellenbesetzungsplan nach Durchführung der Maßnahmen hätte folgendes Aussehen:

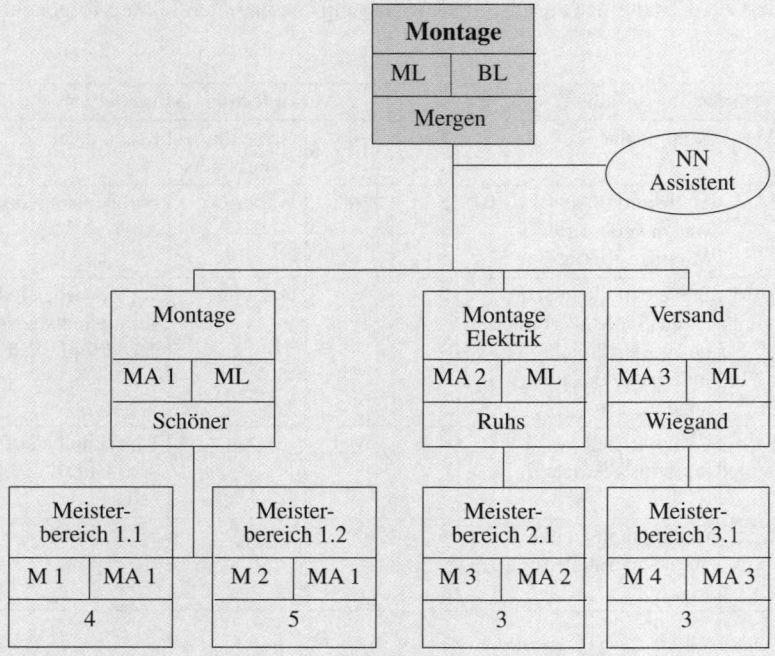

09. Planung der Personalveränderung

	Gruppe			
	Lohn u. Gehalt	A + F	Sozialw./Statistik	EDV-Koordination
Stellenbestand	6	2	2	0
Stellenzugang	1	0	0	1
Stellenabgang	0	0	-1	0
Bruttopersonalbedarf	**7**	**2**	**1**	**1**
Mitarbeiterbestand	6	2	2	0
Mitarbeiterzugang	1	0	0	0
Mitarbeiterabgang	-2	-1	0	0
Fortgeschriebener Personalbestand	**5**	**1**	**2**	**0**
Nettopersonalbedarf	**2**	**1**	**-1**	**1**
Beschaffungsbedarf:				1
Freisetzungsbedarf:	2	1	1	

10. Abgangs-/Zugangstabelle

Ermittlung des Personalbestandes					
Abteilung			Mitarbeitergruppe		
			Veränderungen		
		Stichtag 30.06.20..	Berichtsperiode 01.07.-31.12.20..	Planungsperiode 01.01.-31.12.20..	gesamt Σ
1	Personalbestand per ... - Abgänge				
2	Pensionierung				
3	Invalidität				
4	Kündigungen				
5	Bundesfreiwilligendienst				
6	Versetzungen				
7	Tod				
8	Fortbildung, längerfristig				
9	Befristete Verträge				
10	Mutterschutz				
11	Sonstige				
12	Σ Abgänge (2 bis 11) + Zugänge (geplant, feststehend)				
13	Bundesfreiwilligendienst				
14	Rückkehr Fortbildung				
15	Rückkehr Mutterschutz				
16	Versetzungen				
17	Versetzung in die Abteilung				
18	Übernahme von Azubis				
19	Einstellungen				
20	Sonstige				
21	Σ Zugänge (13 bis 20)				
23	fortgeschriebener Personalbestand (1 -12 + 21)				

11. Vorüberlegungen zum Personalabbau

Im Mittelpunkt der Überlegungen zur Planung und Durchführung von Personalabbaumaßnahmen stehen vor allem folgende Fragen:

- Wie kann der Personalabbau erfolgen (direkt, indirekt)?
- Wie kann er sozial verträglich und kostenmäßig vertretbar gestaltet werden?
- Zu welchem Zeitpunkt und in welchem Ausmaß ist der Abbau erforderlich?

- Sind flankierende Maßnahmen erforderlich und geeignet, wirtschaftliche, soziale und arbeitsmarktpolitische Härten zu mildern (Interessenausgleich, Sozialplan, Information der Arbeitsämter usw.)?
- Welche rechtlichen Rahmenbedingungen sind zu beachten (z. B. SGB III, KSchG, BetrVG usw.)?

12. Personalabbau und Mitbestimmung

- Nach § 102 BetrVG
  - ist der Betriebsrat vor jeder Kündigung **zu hören**. Eine ohne Anhörung des Betriebsrates erfolgte Kündigung ist unwirksam;

  - kann der Betriebsrat der ordentlichen Kündigung **widersprechen** aufgrund der im Gesetz genannten Tatbestände.

- Nach § 95 BetrVG
  bedürfen Auswahlrichtlinien (Einstellungen, Kündigungen usw.) der **Zustimmung** des Betriebsrates.

13. Checkliste Personalabbau

Legende: IPA = Indirekter Personalabbau
                  DPA = Direkter Personalabbau

Checkliste Planung der Maßnahmen zum Personalabbau	
1 Indirekter Personalabbau	Kurzbezeichnung
1.1 Maßnahmen im Produktionssektor	IPA 1.1
• Erweiterte Lagerhaltung	
• Reduzierung der Fremdvergabe	
• Vorziehen von Reparatur-, Wartungs- und Erneuerungsarbeiten	
• Kurzfristige Erweiterung des Produktionsprogramms	
• Kurzfristige Verschiebung von Rationalisierungsmaßnahmen	
• Kurzfristige Übernahme von Lohnaufträgen	
• Veränderte Arbeitsorganisation	
• Vorgezogene Durchführung v. Projekten/Verbesserungsvorschlägen	
1.2 Maßnahmen der Arbeitszeitgestaltung	IPA 1.2
• Umwandlung von Vollzeit- in Teilzeitstellen	
• Abbau von Überstunden	
• Kurzarbeit	
• Abbau von Schichten	
• Gezielte Urlaubsplanung, z.B. unbezahlter Urlaub, Betriebsferien	
• Veränderung der Regelarbeitszeit	
• Sabbatjahr; unbezahlte Freistellung für Weiterbildung	

Checkliste Planung der Maßnahmen zum Personalabbau	
• Umstellung auf Jahresarbeitszeit-Konto	
1.3 Personelle Maßnahmen	IPA 1.3
• Umsetzung/Versetzung (horizontal/vertikal)	
• Abbau von Leiharbeit	
• Einstellungsstopp (generell oder modifiziert)	
• Auslaufen befristeter Verträge	
• Nichtersetzen der natürlichen Fluktuation	
2 Direkter Personalabbau	DPA
• Frühpensionierungen/Vorruhestand	
• Aufhebungsverträge	
• Anreize zur Eigenkündigung	
• Überleitung in eine Beschäftigungsgesellschaft (ABM-Projekte)	
• Entlassungen	
• Einzelkündigungen durch den AG	
• Massenentlassungen	
• Entlassungen aufgrund von Betriebsänderungen	
• Entlassungen nach Betriebsübergang	
• Entlassungen aufgrund von Insolvenz	

14. Einarbeitungsplan

Der Einarbeitungsplan könnte folgendermaßen aussehen (Beispiel):

Einarbeitungsplan			
Mitarbeiter: Hubert Klein			
Tag	Zeit	Wer? Gesprächspartner	Was? Maßnahmen
Montag	07:30 h	Meister, Herr Ernst	Begrüßung; Kennen lernen der Kollegen Begehung des Betriebes
	08:30 h	Verwaltung, Frau Knapp	Einstellungsformalitäten Information über Regelungen des Betriebes
	09:30 h	Meister, Herr Ernst	Information über Maßnahmen zum Unfallschutz Kennen lernen des Arbeitsplatzes, der Sozialräume, der Werkzeugausgabe usw.
	12:00 h	Mentor, Herr Kurz	Gespräch, Zusatzinformationen, soziale Integration („Klima"), gemeinsames Mittagessen
	14:00 h	Betriebsarzt, Dr. Grausam	Ärztliche Untersuchung

Einarbeitungsplan			
Mitarbeiter: Hubert Klein			
Tag	Zeit	Wer? Gesprächspartner	Was? Maßnahmen
	15:30 h	Betriebsratsmitglied, Frau Hurtig	Kennen lernen, persönliches Gespräch, Fragen, Zusatzinformationen usw.
	...	...	...
Dienstag	07:00 h	Kollege, Herr Knick	Einweisung am Arbeitsplatz, Maschinenbedienung usw.
	...	...	...

15. Laufbahnplanung

a) Standard-Laufbahnplan in der Konstruktion (Beispiel):

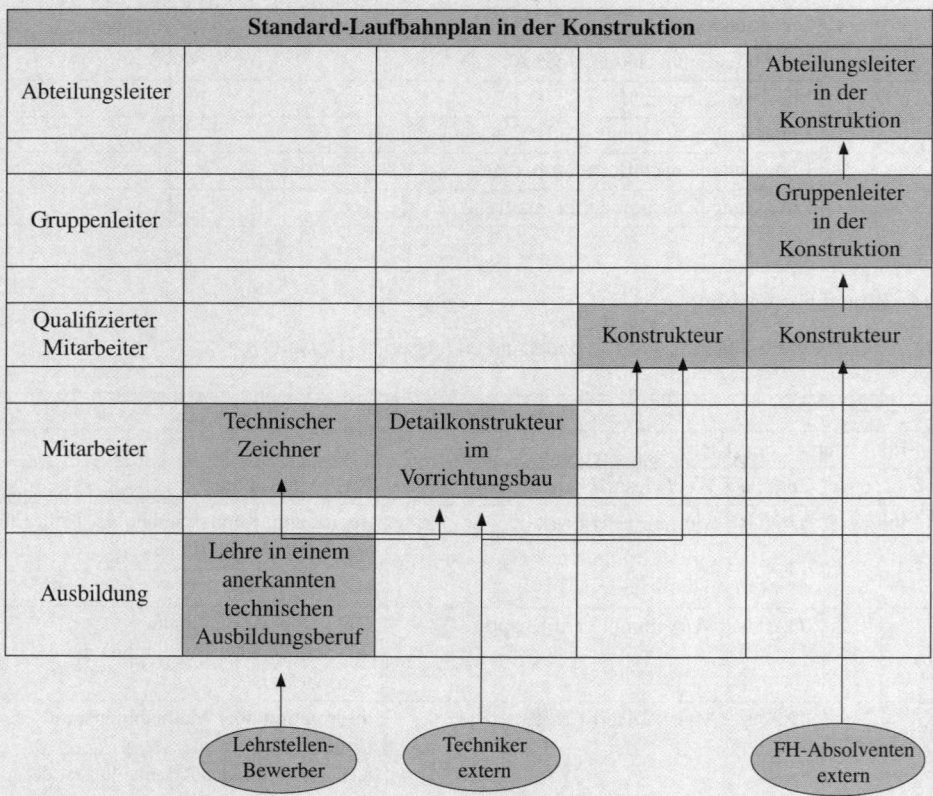

b) • Chancen:
- Verbesserung und Transparenz über „interne Karriere"
- Sicherung und Motivation des Nachwuchses

• Risiken:
- Enttäuschung seitens der Mitarbeiter bei nichterfüllten Erwartungen
- ggf. fehlende Flexibilität für Quereinsteiger

c) Flankierende Maßnahmen, die zur Einführung der Standard-Laufbahnplanung erforderlich sind, z. B.:
- Veröffentlichung und Transparenz im Unternehmen
- Berücksichtigung bei Versetzungen und PE-Gesprächen
- Personalmarketing-Maßnahmen, z. B.:
  Kontakt zu Techniker-Schulen/zu Fachhochschulen, Praktikumsplätze, Unterstützung bei Diplomarbeiten, ggf. finanzielle Förderung von Studenten
- Einrichtung technischer Ausbildungsberufe und geeigneter Auswahlverfahren

16. Gleitende Arbeitszeit

a) z. B.:

Gleitzeit			Kernzeit							Gleitzeit			
6:00	7:00	8:00	9:00	10:00	11:00	12:00	13:00	14:00	15:00	16:00	17:00	18:00	19:00

b)

Gleitende Arbeitszeit (GLAZ)	
Vorteile aus der Sicht der Arbeitnehmer	Vorteile aus der Sicht der Arbeitgeber
• Flexible Anpassung der Arbeitszeit an persönliche Bedürfnisse und Lebensumstände • höheres Maß an Eigenbestimmung • Möglichkeit der Stressverminderung (Verkehrssituation; Zeitintervall statt Fixtermin usw.) • Ansätze zur Arbeitszufriedenheit und zu verbesserter Lebensqualität • Möglichkeiten zur beruflichen Fortbildung, Behördengänge usw.	• Tendenziell geringere Fehlzeiten wegen persönlicher Verhinderung (Arztbesuch usw.) • Ansätze zur Arbeitszufriedenheit; positive Beeinflussung der Leistungsmotivation • grundsätzlich: Möglichkeit zur Gestaltung der Kernzeit nach den Erfordernissen des Marktes • Flexibilisierungspotenzial: z. B. Aufbau/ Abbau von Gleitzeit-Guthaben

c) z. B.: - Arbeitszeitgesetz
- Mitbestimmung lt. BetrVG (speziell: § 87 Abs. 1 BetrVG)
- ggf. Manteltarifvertrag
- ggf. bestehende Betriebsvereinbarung über die bisher betrieblich geltende Arbeitszeit
- ggf. einzelvertragliche Regelungen zur Arbeitszeit.

17. Arbeitszeitflexibilisierung (1)

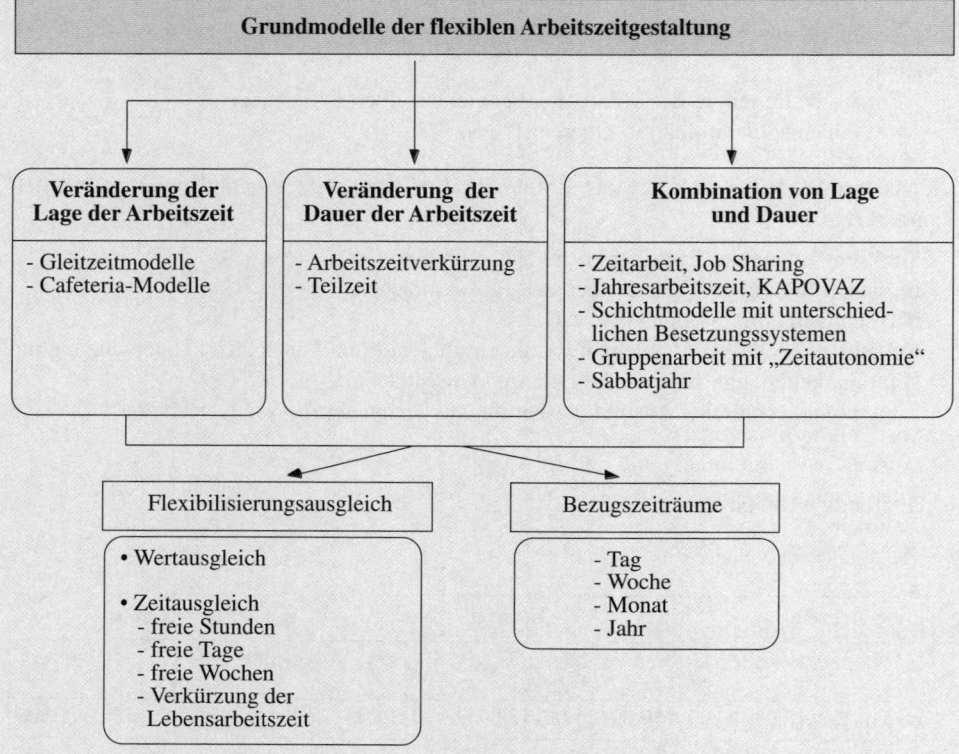

18. Arbeitszeitflexibilisierung (2)

Veränderungstendenzen:

- die **Betriebe**
  - streben nach maximaler Maschinennutzungszeit bei kapitalintensiven Betrieben
  - wollen eine optimale Anpassung des Arbeitskräftepotenzials an Schwankungen der Nachfrage erreichen
- die **Mitarbeiter**
  - wünschen sich verstärkt eine flexiblere Gestaltung der Lage der Arbeitszeit und der Arbeitsdauer
  - suchen nach verbesserten Möglichkeiten der Vereinbarkeit von Beruf und Familie
- der **Gesetzgeber**
  - verbessert tendenziell die Möglichkeiten zur Gestaltung der Arbeitszeitflexibilisierung
  - z. B.: ArbZG, TzBfG.

3.5 Personalcontrolling gestalten und umsetzen

01. Kostenarten im Rahmen der Personalkostenplanung

Die Personalkostenplanung kann z. B. nach folgenden Haupt- und Unterkostenarten gegliedert werden:

1. Löhne, z. B.
- Akkordlöhne
- Zeitlöhne
- sonstige

2. Gehälter, z. B.
- Tarifgehälter
- AT-Gehälter
- sonstige

3. Sonstige Lohnkosten, z. B.
- Ausbildungsvergütungen
- Praktikantenvergütungen
- Prämien
- Zuschläge für Mehrarbeit, Nachtarbeit u. Ä.
- Provisionen

4. Gesetzliche, tarifliche und betriebliche Lohnzusatzkosten, z. B.
- Arbeitgeberanteile zur SV
- Berufsgenossenschaft
- Ausgleichsabgabe nach dem SGB IX
- bezahlte Ausfallzeiten (Urlaub, Feiertage, Entgeltfortzahlung)
- betriebliche Altersversorgung
- Kantine
- sonstige Sozialleistungen

5. Kosten der Personalbeschaffung, z. B.
- Personalanzeigen
- Personalauswahlkosten
- Fremdleistungen, Honorare

6. Kosten der Personalentwicklung, z. B.
- Honorare, externe
- Honorare, interne
- Reise- und Übernachtungskosten
- Lehr- und Lernmittel
- Ausfallkosten.

02. Personalkostenplanung und EDV

Es gibt heute eine Vielzahl ausgereifter Softwareprogramme mit unterschiedlichen Ausbaustufen zur Durchführung der Personalkostenplanung. Es gibt isolierte Programme zur Planung der Personalkosten oder solche, die in ein Personalinformationssystem integriert sind. Generell ist auf eine funktionsfähige Schnittstelle zum Host zu achten.

In der Regel wird zur Personalkostenplanung das **Lohnkonto** aus dem Host herangezogen und in einer gesonderten Datei bearbeitet:

- Zuschläge je Lohnart
- Veränderung der gesetzlichen Zuschläge

usw.

Daneben gibt es recht komfortable Softwareprogramme, die es gestatten aus den im Host gespeicherten Eckdaten ein **Zukunftslohnkonto** aufzubauen, in dem alle zu erwartenden Veränderungen berücksichtigt werden:

- Berücksichtigung von Zeitfaktoren (Voll-/Teilzeitkräfte; Eintritte/Austritte in der Planungsperiode)
- erwartete Tarifabschlüsse
- Lohnumgruppierungen
- neue Krankenkassensätze

usw.

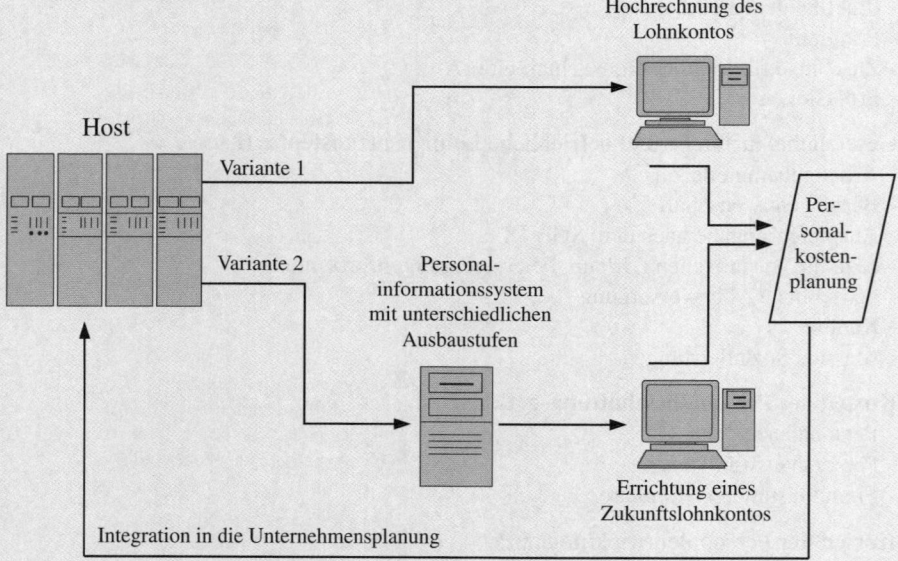

Beim Thema „EDV und Personalarbeit" ist ein genereller Trend zum Einsatz intelligenter Client-Server-Technologien zu beobachten. Der Hauptcomputer (Host; Server) übernimmt die klassischen EDV-Arbeiten wie Entgeltabrechnung, DÜVO-Meldungen und Fortschreibung der Lohnkonten. Der Arbeitsplatzcomputer (Client) übernimmt die interessanteren, fachspezifischen Teilaufgaben wie Bewerberverwaltung, Teilpläne der Personalplanung, Überwachung der Krankheitstage für die Lohnfortzahlung usw. Es gibt hier – ebenso wie bei den existierenden Personalinformationssystemen – unterschiedlich hohe Ausbaustufen.

Für die Personalplanung kann die EDV – je nach Hardware/Software-Konfiguration, mit oder ohne Personalinformationssystem und je nach Ausbaustufe – im Wesentlichen folgende Leistungen erbringen:

- Bereitstellung von Instrumenten und Eckdaten der Personalplanung (z. B. Kennziffern)
- Bereitstellung der Personalstammdaten
- Bereitstellung der Lohnkonten
- Bereitstellung von Ergebnissen der Betriebsdatenerfassung
- Bereitstellung von internen und externen Planungseckdaten, ggf. über Internet und Intranet.

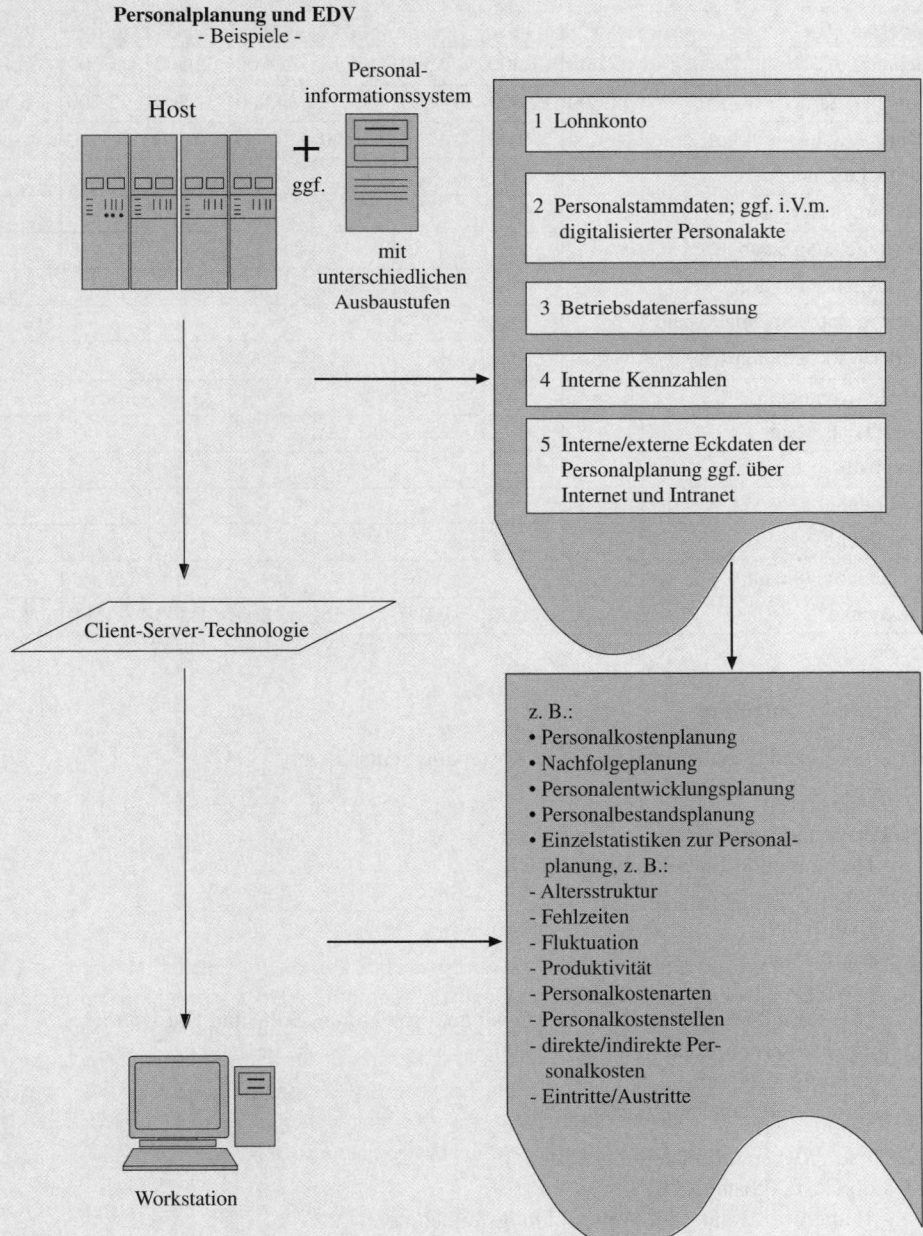

Personalplanung und EDV
- Beispiele -

Host   Personal-
informationssystem

+

ggf.

mit
unterschiedlichen
Ausbaustufen

1 Lohnkonto

2 Personalstammdaten; ggf. i.V.m.
   digitalisierter Personalakte

3 Betriebsdatenerfassung

4 Interne Kennzahlen

5 Interne/externe Eckdaten der
   Personalplanung ggf. über
   Internet und Intranet

Client-Server-Technologie

z. B.:
• Personalkostenplanung
• Nachfolgeplanung
• Personalentwicklungsplanung
• Personalbestandsplanung
• Einzelstatistiken zur Personal-
  planung, z. B.:
- Altersstruktur
- Fehlzeiten
- Fluktuation
- Produktivität
- Personalkostenarten
- Personalkostenstellen
- direkte/indirekte Per-
  sonalkosten
- Eintritte/Austritte

Workstation

03. Personalbudget

Personalbudget								Monat: ...
	Monat, laufender				Monat, aufgelaufen			
			Abweichung Ist-Soll				Abweichung Ist-Soll	
Kostenarten	Soll	Ist	€	in %	Soll	Ist	€	in %
Gehälter, AT	7.000	7.500	500	7,14	21.000	22.500	1.500	7,14
Gehälter, Tarif	11.600	10.000	-1.600	- 13,79	34.800	32.800	-2.000	- 5,75
Löhne	0	0	0	0,0	0	0	0	0,0
Tarifliche Zulagen								
Mehrarbeitsvergütung								
Gesetzliche Sozialabgaben								
Betr. Altersversorgung								
Sonst. gesetzl. Sozialaufwand								
Werksärztlicher Dienst								
Arbeitssicherheit								
Betriebsratsarbeit								
Personalbeschaffung								
Ausbildung								
Fortbildung								
Sozialeinrichtungen								
Summen	18.600	17.500	-1.100	-6,65	55.800	55.300	-500	1,39

04. Kosten-Controlling

An Fortbildungskosten können folgende Kostenarten entstehen:

A. *Direkte Kosten:*
1. Personalkosten, z. B.
   - Honorare und Entgelte für Dozenten
2. Sachkosten, z. B.
   - Lehrmittel,
   - Lernmittel,
   - Raumkosten,
   - Hilfsmittel, Medien (z. B. Metaplanwände, Projektoren, Soft- und Hardware).
3. Sonstige Kosten, z. B.
   - Prüfungsgebühren,
   - Reise- und Unterbringungskosten.

B. *Indirekte Kosten* („Freistellungskosten"):
1. Lohnausfallkosten, z. B.
   - Entgeltfortzahlung für Weiterbildungsteilnehmer,
   - Mitarbeiter, die z. B. als Seminarleiter eingesetzt werden,

2. Kosten für Hilfskräfte, z. B.
- Personal- und Personalnebenkosten, soweit sie mit der Planung, Durchführung und Nachbereitung der Weiterbildung zusammenhängen,
- Verwaltungs- und Sachkosten, soweit sie ursächlich mit der Weiterbildung zusammenhängen (z. B. Telefon, Porto, Papier, Reinigung).

05. Bildungsbudget

Die Höhe des Bildungsbudgets kann planerisch von unterschiedlichen Ansätzen ausgehen:

- die Budgethöhe orientiert sich *an Kenngrößen* (z. B. ein bestimmter Prozentsatz vom Gewinn)

- die Budgethöhe ergibt sich aufgrund der Summe der exakt geplanten, *anstehenden Bildungsmaßnahmen,*

- die Weiterbildungskosten *der Vorperiode* werden fortgeschrieben.

Neben diesen systematischen Ansätzen ist die Höhe des Bildungsbudgets untrennbar mit den „Weiterbildungserfolgen" aus der Sicht der „internen Kunden" verbunden. Insofern ist die Höhe des Bildungsbudgets immer auch eine „Verhandlungssache".

06. Relative Häufigkeit bei gruppierten Daten

Altersklassen	Anzahl der Personen	Relative Häufigkeiten in %	Relative kumulierte Häufigkeiten in %
15 bis unter 20	5	5	5
20 bis unter 30	10	10	15
30 bis unter 40	35	35	50
40 bis unter 50	30	30	80
50 bis unter 60	15	15	95
60 bis unter 65	5	5	100

a) 80 % der Betriebsangehörigen sind unter 50 Jahre.

b) 95 % der Betriebsangehörigen sind jünger als 60 Jahre.

07. Gliederungszahlen, Beziehungszahlen, Messzahlen

$\rightarrow$ *Gliederungszahlen*:   Anteil Arbeiter : Gesamtbelegschaft · 100
            z. B.:   40 : 120 · 100   = 33,3 %

$\rightarrow$ *Beziehungszahlen:*   Umsatz pro Mitarbeiter
            z. B.:   24.000.000 : 120 = 200 T€

$\rightarrow$ *Messzahlen*:   Arbeiter : Angestellte
            z. B.:   40 : 80   = 0,50

Insgesamt ergeben sich folgende Zahlenrelationen:

Jahr	Anteil Arbeiter an der Belegschaft in %	Umsatz pro Mitarbeiter in T€	Verhältnis Arbeiter/Angestellte
01	33,3	200,0	0,50
02	30,0	200,0	0,43
03	29,4	211,8	0,42

08. Kennzahlen (1)

a) *Anteil der Arbeiter in Prozent:*

$$\frac{360 \cdot 100}{520} = 69,2\%$$

b) *Änderung der Gesamtbelegschaft in Prozent:*

$$\frac{(470 - 520) \cdot 100}{520} = -9,6\%$$

c) *Ausbildungsquote in Prozent:*

$$\frac{20 \cdot 100}{520} = 3,8\%$$

d) *Arbeitsproduktivität:*
Die Produktivität ist eine Mengengröße; sie ist das Verhältnis von Faktoreinsatzmenge zu Ergebnis der Faktoreinsatzkombination. Als geeignete Größen können im vorliegenden Fall die Werte „Absatz " (in Leistungseinheiten = LE) und „Gesamtbelegschaft" genommen werden. Die Kennzahl Arbeitsproduktivität ist nur im Zeitvergleich aussagefähig.

$$\frac{35.000}{520} = 67,3 \text{ LE pro Mitarbeiter}$$

e) *Fehlzeitenquote:*

$$\frac{80.730 \cdot 100}{825.000} = 9,79\%$$

f) *ø Unfallquote:*

$$\frac{45 \cdot 100}{520} = 8,65\%$$

Insgesamt ergeben sich folgende Kennzahlen:

Kennzahlen	Angaben in	Jahr 1	Jahr 2	Jahr 3 (hochgerechnet)
Anteil der Arbeiter	%	69,2	70,2	76,2
Änderung der Gesamtbelegschaft	%	-	- 9,6	- 10,6
Ausbildungsquote	%	3,8	2,1	1,0
Produktivität	LE/Mitarb.	67,3	68,1	81,0
Fehlzeitenquote	%	9,8	7,9	5,9
Unfallquote	%	8,7	10,8	13,1

Interpretation, z. B.:

1) Die *Produktivität* konnte – trotz z.T. rückläufiger Absatzwerte – durch den Personalabbau gesteigert werden.
2) Beim *Personalabbau* wurde beachtet, dass der Anteil der Arbeiter unterproportional reduziert wurde.
3) Die *Ausbildungsquote* wurde von einem noch vertretbaren Wert von 3,8 % auf 1,0 % zurückgenommen; für die Imagewirkung ist dies negativ; ebenso für die langfristige Personalentwicklungsarbeit.
4) Die hohe *Fehlzeitenquote* konnte deutlich abgebaut werden.
5) Signifikant zugenommen hat die *Unfallquote*; hier ist nach den Ursachen zu forschen.

09. Kennzahlen (2)

a) $$\text{Produktivität} = \frac{\text{Umsatz}}{\text{Ø Personalstand}} = \frac{50 \text{ Mio €}}{200 \text{ Mitarbeiter}}$$

$$= 250 \text{ T€ pro Mitarbeiter}$$

$$\text{Rentabilität}^{1)} = \frac{\text{Gewinn}}{\text{Ø Personalstand}} = \frac{6 \text{ Mio €}}{200 \text{ Mitarbeiter}}$$

$$= 30 \text{ T€ pro Mitarbeiter}$$

$$\text{Ø Lohnniveau} = \frac{\text{Personalaufwand}}{\text{Ø Personalstand}} = \frac{8,2 \text{ Mio €}}{200 \text{ Mitarbeiter}}$$

$$= 41 \text{ T€ pro Mitarbeiter}$$

$$\text{Fluktuationsquote} = \frac{\text{Anzahl der Personalabgänge}}{\text{Ø Personalstand}} \cdot 100$$

$$= 30 \cdot 100 : 200$$

$$= 15 \%$$

---

[1] Rentabilität des Faktors „Arbeit"

b) Interessante Hinweise zu den möglichen Ursachen der Fluktuation können u. a. aus der Analyse folgender „Felder der Personalpolitik" gewonnen werden (die Aspekte sind zu erläutern):

- Führungsverhalten der Vorgesetzten (Führungskultur)
- Vergütungssystem
- Informationspolitik
- Aufstiegs- und Weiterbildungsmöglichkeiten
- Arbeitsbedingungen
- Sozialleistungen
- Sicherheit des Arbeitsplatzes (Beschaffungspolitik des Unternehmens)
usw.

10. Verbesserung der Wertschöpfung

- *Mengenbezogen* kann eine Verbesserung durch eine Anhebung der
  Produktivität (= Leistung pro Zeiteinheit : Anzahl der Std.) erreicht werden, z. B.:
  - Senkung der Arbeitsstunden bei gleicher Ausbringung
  - Erhöhung der Leistung pro Zeiteinheit

  Merke: Die Produktivität ist eine Mengenkennzahl!

- *Wertbezogen* kann eine Verbesserung durch Anhebung der Wirtschaftlichkeit (= Leistung : Kosten) erreicht werden, z. B.:
  - Senkung der Personalkosten bei gleichem ø Personalbestand
    (Änderung der Tarife, Wegfall von Zusatzkosten u. Ä.)
  - Senkung der Personalkosten durch Reduzierung des ø Personalbestandes unter Konstanz der Gesamtleistung

  Merke: Die Wirtschaftlichkeit ist eine Wertkennzahl!

4. Prüfungsfach: Personal- und Organisationsentwicklung steuern

4.1 Mitarbeiter beurteilen, deren Potenziale erkennen und fördern

01. Mitarbeiterbeurteilung

a)

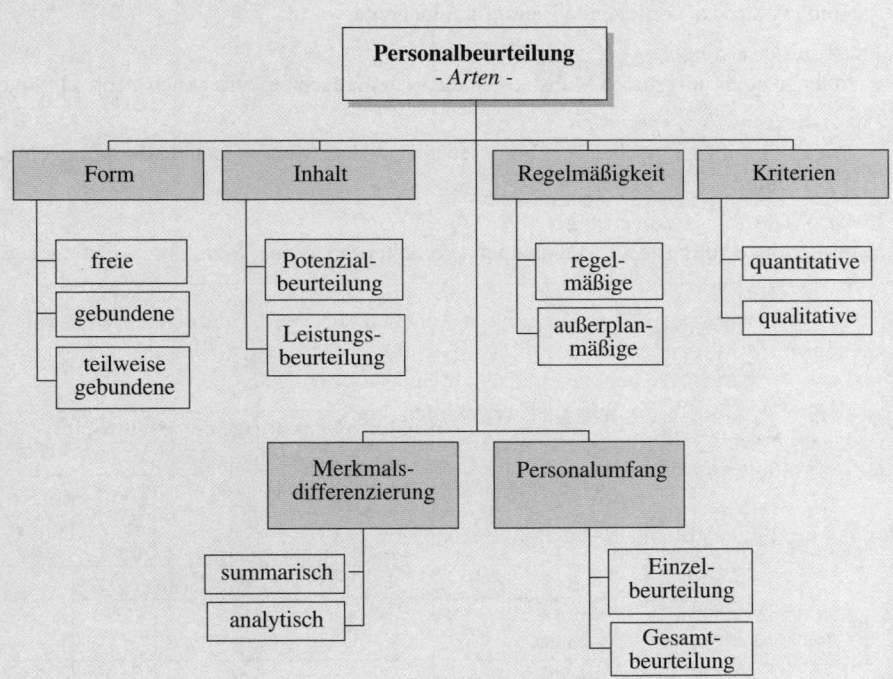

b) Als Anlässe der Beurteilung kommen infrage

- *regelmäßige* Leistungsbeurteilungen
  - vor Ablauf der Probezeit,
  - vor Beginn des Kündigungsschutzes, d.h. vor dem Ablauf des 6. Monats nach Eintritt in das Unternehmen,
  - im Rahmen der (meist) jährlichen Entgeltüberprüfung oder
  - in bestimmten Zeitabständen, z.B. alle zwei Jahre wegen der Festlegung des jeweiligen Beurteilungsverfahrens sowie

- *außerplanmäßige* Leistungsbeurteilungen, d.h. im jeweiligen Einzelfall
  - bei Versetzungen oder beim Wechsel des Aufgabengebietes,
  - bei Disziplinarmaßnahmen,
  - beim Wechsel des Vorgesetzten,
  - bei Beförderungen,

- im Zusammenhang mit Fortbildungsmaßnahmen,
- auf Wunsch des Vorgesetzten oder des Mitarbeiters,
- bei außerplanmäßigen Entgeltüberprüfungen sowie
- beim Ausscheiden des Mitarbeiters als Grundlage für die Zeugniserteilung.

c) Ein wirksamer Beurteilungsvorgang setzt die Trennung folgender Phasen voraus:

- Phase 1: *Beobachtung*
  = gleichmäßige Wahrnehmung der regelmäßigen Arbeitsleistung und des regelmäßigen Arbeitsverhaltens;

- Phase 2: *Beschreibung*
  = möglichst wertfreie Wiedergabe und Systematisierung der Einzelbeobachtungen im Hinblick auf das vorliegende Beurteilungsschema;

- Phase 3: *Bewertung*
  = Anlegen eines geeigneten Maßstabs an die systematisch beschriebenen Beobachtungen;

- Phase 4: *Beurteilungsgespräch*
  = Zweier-Gespräch zwischen dem Vorgesetzten und dem Mitarbeiter über die durchgeführte Beurteilung;

- Phase 5: *Gesprächsauswertung*
  = Initiierung erforderlicher Maßnahmen (Verhaltensänderung, Schulung, Aufstieg usw).

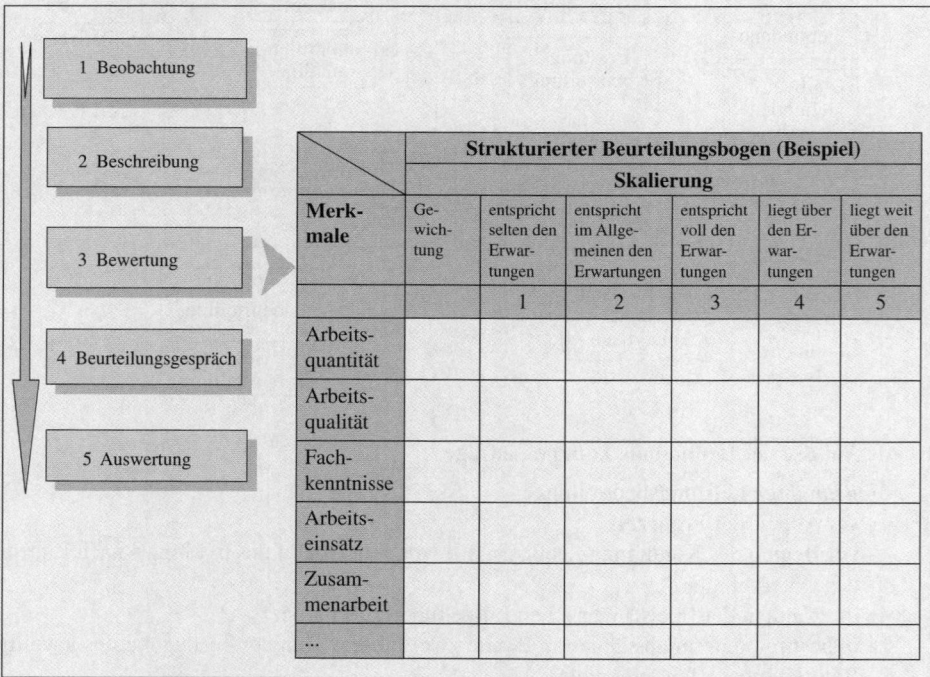

d) • Phase 1: *Eröffnung*
  - sich auf den Gesprächspartner einstellen,
  - eine zwanglose Atmosphäre schaffen,

- Phase 2: *konkrete Erörterung der positiven Gesichtspunkte*
  - nicht nach der Reihenfolge der Kriterien im Beurteilungsrahmen vorgehen,
  - ggf. positive Veränderungen gegenüber der letzten Beurteilung hervorheben,
  - Bewertungen konkret belegen,
  - nur wesentliche Punkte ansprechen,
  - den Sachverhalt beurteilen, nicht die Person,

- Phase 3: *konkrete Erörterung der negativen Gesichtspunkte*
  - analog wie Phase 2,
  - negative Punkte zukunftsorientiert darstellen (Förderungscharakter),

- Phase 4: *Bewertung der Fakten durch den Mitarbeiter*
  - zu Wort kommen lassen („Schnauze laufen lassen"),
  - interessierter und aufmerksamer Zuhörer sein,

- Phase 5: *Vorgesetzter und Mitarbeiter diskutieren alternative Maßnahmen*
  - Hilfestellung nach dem Prinzip „Hilfe zur Selbsthilfe" leisten („ihn selbst darauf kommen lassen"),
  - ggf. konkrete Hinweise geben und Unterstützungsbereitschaft zeigen,

- Phase 6: *positiver Gesprächsabschluss mit Aktionsplan*
  - wesentliche Gesichtspunkte zusammenfassen,
  - Gemeinsamkeiten und Unterschiede klarstellen,
  - ggf. zeigen, dass die Beurteilung überdacht wird,
  - gemeinsam festlegen: - Was unternimmt der Mitarbeiter?
    - Was unternimmt der Vorgesetzte?

e) • *Fehleinschätzungen in der Wahrnehmung:*
  - beim Halo-Effekt wird von einer Eigenschaft auf andere Merkmale geschlossen;
  - beim Nikolaus-Effekt basiert die Beurteilung speziell auf Verhaltensweisen, die erst in jüngster Zeit beobachtbar waren bzw. stattgefunden haben;
  - beim Selektions-Effekt erkennt der Vorgesetzte nur bestimmte Verhaltensweisen, die ihm relevant erscheinen;
  - Vorurteile;
  - Primacy-Effekt: Die zuerst erhaltenen Informationen werden in der Beurteilung sehr viel stärker berücksichtigt;
  - Kleber-Effekt: Mitarbeiter, die über einen längeren Zeitraum nicht befördert wurden, werden unbewusst unterschätzt und entsprechend schlechter beurteilt;
  - Hierarchie-Effekt: Mitarbeiter einer höheren Hierarchieebene werden besser beurteilt als Mitarbeiter der darunterliegenden Ebenen;
  - Lorbeer-Effekt: In der Vergangenheit erreichte Leistungen werden unangemessen stark berücksichtigt, obwohl sie in der jüngeren Vergangenheit nicht mehr bestätigt wurden;
  - Phänomen des ersten Eindrucks;

- *Fehlerquellen im Maßstab:*
  - Sympathiefehler;
  - Tendenz zur Milde, ... zur Mitte, ... zur Strenge.

f) • Nach § 82 Abs. 2 BetrVG
  kann der Arbeitnehmer verlangen, dass mit ihm die Beurteilung seiner Leistungen erörtert wird. Der Mitarbeiter kann zu diesem Gespräch ein Mitglied des Betriebsrates hinzuziehen.

- Nach § 83 BetrVG

  hat der Mitarbeiter ein Einsichtsrecht in seine Personalakte. Damit hat der Mitarbeiter die Möglichkeit auch eine Beurteilung, die nicht mit ihm besprochen wurde, in Erfahrung zu bringen.

g) • Nach § 94 Abs. 2 BetrVG

  hat der Betriebsrat ein Mitbestimmungsrecht für die Aufstellung allgemeiner Beurteilungsgrundsätze. Damit soll sichergestellt werden, dass ein Beurteilungsverfahren möglichst objektiv gestaltet wird und Kriterien gewählt werden, die für die einzelnen Arbeitsverhältnisse wirklich relevant sind. Kommt eine Einigung nicht zu Stande, so entscheidet die Einigungsstelle.

h1) *Verfahrensregeln*, die bei der Entwicklung eines Beurteilungssystems zu berücksichtigen sind:
   - die Führungskräfte des Unternehmens beteiligen
   - unterschiedliche Zielgruppen bei der Entwicklung der Beurteilungsmerkmale und der Gewichtung der Merkmale berücksichtigen
   - klären, ob bereits im Unternehmen Erfahrung mit Beurteilungssystemen besteht
   - klären, ob der Tarifvertrag Vorgaben für ein Beurteilungsverfahren enthält
   - alle Mitarbeiter über die Zielsetzung und das Verfahren des Beurteilungssystems informieren
   - Erprobung des neuen Beurteilungssystems

h2) Maßnahmen zum Training der Führungskräfte, z. B.:
   - allgemeine Informationsveranstaltung für alle Führungskräfte
   - spezielle Beobachter- und Bewerterschulung
   - Training der Gesprächsführung
   - Entwicklung von Verfahrensregeln, wie die Ergebnisse zu verwerten sind, z. B.: Beurteilungsgespräch (Zeitraum, Dauer, Ablauf), Personalakte, resultierende PE-Maßnahmen, Überprüfung/Anpassung der Entgelte

02. Mitarbeiterpotenzialeinschätzung

- *Potenzialeinschätzungen* (Potenzialbeurteilungen) sind zukunftsorientiert und stellen den Versuch dar, Aussagen über zukünftiges, wahrscheinliches Leistungsverhalten zu treffen. Man ist bestrebt – ausgehend vom derzeitigen Leistungsbild und ggf. unter Berücksichtigung ergänzender Weiterbildungsmaßnahmen – das wahrscheinlich zu erwartende Leistungsvermögen (Potenzial) zu erfassen. Die Potenzialaussage kann sich dabei auf die nächste hierarchische Stufe beziehen oder generell langfristig angelegt sein.

- Als *Ansätze zur Gewinnung von Potenzialeinschätzungen* können folgende Ansätze (einzeln oder kombiniert) genutzt werden:
   - strukturierte Interviews,
   - Beratungs- und Fördergespräche,
   - Stärken-Schwächen-Analysen,
   - Einzeltests und Testbatterien,
   - Assessmentcenter,
   - Qualifikationsspiegel und Zeugnisse,
   - Arbeitsproben und -ergebnisse,
   - Analyse der Personalunterlagen (Stammdaten, Bildungsgang usw.).

03. Zielorientierte Mitarbeiterbeurteilung

a)

Beschreibung:	Probleme in der praktischen Umsetzung:
Zwischen dem Vorgesetzten und dem Mitarbeiter werden Arbeitsziele vereinbart – pro Quartal oder pro Jahr. Der Grad der Zielerreichung ist Maßstab für die Beurteilung. Der Systemansatz beruht auf der Einführung von MbO.	• Ziele im Verwaltungs- und Führungsbereich lassen sich nur schwer quantifizieren bzw. messbar gestalten (Operationalisierung der Ziele). • Bei nicht eindeutiger Operationalisierung der Ziele ist der Grad der Zielerreichung schwer messbar. Bewertungskonflikte zwischen dem Mitarbeiter und dem beurteilenden Vorgesetzten sind „vorprogrammiert". • Mängel in der Organisation, die eine effektive Zielerreichung behindern, werden (meist) nicht berücksichtigt; Beispiel: unzureichende Ressourcenzuweisung. • Es fehlt ein systemübergreifender Vergleichsmaßstab: Ziele mit unterschiedlich hohen Anforderungen (Abteilung A im Verhältnis zu Abteilung B) führen zu unterschiedlichen Zielerreichungsgraden.

b) Inhalte eines Beurteilertrainings, z. B.:
- Generelle Bedeutung der Mitarbeiterbeurteilung – aus der Sicht des Unternehmens und aus der Sicht der Mitarbeiter,
- Erläuterung des betrieblichen Beurteilungsverfahrens (Merkmale, Beschreibung der Merkmale, Skalierung, Beobachtung und Bewertung)
- Diskussion typischer Umsetzungsprobleme in der Praxis (Zeitproblem, Bewertungsproblem, Beurteilungsfehler, Konfliktsituationen Vorgesetzter/Mitarbeiter),
- Training des Gesprächsverhaltens (Rollenspiel, Demonstration)

4.2 Konzepte für die Kompetenzentwicklung der Mitarbeiter sowie Qualifikationsanalysen und Qualifizierungsprogramme entwerfen und umsetzen

01. Personalentwicklungskonzeption

Die PE-Konzeption der SEIKERT Bekleidungs-GmbH sollte z. B. folgende Arbeitsschritte enthalten:
- Erarbeitung personalpolitischer Instrumente (z. B. Stellenbeschreibungen, Anforderungsprofile, Beurteilungssystem usw.),
- Eckdaten zur quantitativen und qualitativen Personalplanung der nächsten drei Jahre aufstellen,
- in Abstimmung mit den Unternehmenszielen; Feinplanung der qualitativen Erfordernisse in Gesprächen mit den Ressortleitern,
- frühzeitige Einbindung des Betriebsrates,
- Ermittlung von Potenzialdaten anhand von
  · Auswertungen aus dem Abrechnungssystem,
  · PE-Gesprächen mit den Mitarbeitern,
- Schaffung geeigneter PE-Instrumente (z. B. Stellvertretung, Bildung von Förderkreisen, Leitung von Projektgruppen, Traineeausbildung einrichten u. Ä.),

- Entwicklung des externen Arbeits- und Bildungsmarkts erkunden,
- Planung und Genehmigung eines Bildungsbudgets durchführen,
- Durchführung der Maßnahmen sicherstellen,
- Controlling der Maßnahmen gewährleisten.

02. Lernende Organisation

• *Organisationsentwicklung* ist ein Sammelbegriff für systematische Maßnahmen zur Verbesserung der Leistungsfähigkeit ganzer Orga-Einheiten (Abteilung, Bereich) unter Einsatz sozialwissenschaftlicher Methoden. Die bisher bekannten Ansätze konzentrieren sich dabei
  - auf die Veränderung von Organisationsstrukturen und die sich daraus ergebenden Konsequenzen für das Mitarbeiterverhalten (struktureller Ansatz) oder
  - auf die Einleitung direkter Lernprozesse beim Mitarbeiter (personeller Ansatz).

• *Eine lernende Organisation* ist ein Unternehmen, das sich laufend den relevanten Umweltveränderungen anpasst und dadurch anstrebt, seine Wettbewerbsfähigkeit auf Dauer zu erhalten. Dieser Vorgang ist niemals beendet, sondern wird als permanenter Prozess des Lernens begriffen. Abläufe und Strukturen sind im Wandel; Mitarbeiter und Teams unterziehen sich einem kontinuierlichen Lern- und Anpassungsprozess an sich verändernde Bedingungen.

03. Soziales Lernen, Lernarten

Z. B.: - Lernen durch Imitation (z. B. von einem Vorgesetzten),
       - Lernen durch Reflexion (Nachdenken über zurückliegende Ereignisse),
       - Lernen durch Feedback von anderen (Rückmeldung im Seminar oder im betrieblichen Alltag),
       - Lernen durch zufällige Erkenntnisse (ein bestimmtes Verhalten wird unbewusst praktiziert und führt zum Erfolg; z. B.: „Als Vorgesetzter (mehr) Fragen stellen als ständig Antworten parat zu haben."

04. Entwicklung des Selbstwertgefühls

Beispiel (1): Ein Kind baut am Strand eine Burg. Der Vater ermutigt das Kind, lobt es und bestaunt das Ergebnis. Auf diese Weise erfährt das Kind Anerkennung. Es fühlt sich angenommen („positives Mosaiksteinchen im Puzzle Selbstwertblock").

Beispiel (2): Der Vater kommt missgelaunt nach Hause – wie immer – und findet keine Zeit die Laubsägearbeit, die der 12-jährige Sohn im Werkunterricht gemacht hat, zu bestaunen („negatives Mosaikbausteinchen im Puzzle Selbstwertblock").

Auf diese Weise – schematisch dargestellt – entsteht im Laufe der Entwicklung ein eher positiv oder ein eher negativ geprägter Selbstwertblock. Er ist – neben der aktuellen Stimmungslage - prägend für das Selbstwertgefühl.

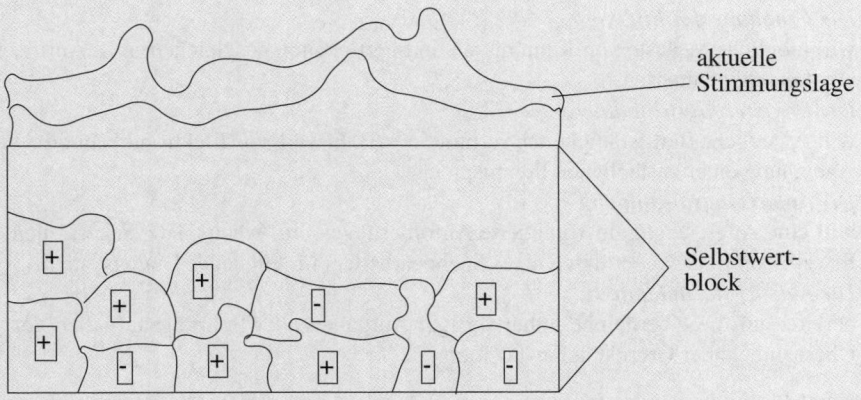

aktuelle
Stimmungslage

Selbstwert-
block

05. Förderung des Lernerfolgs

Infrage kommen z. B. Prinzipien der Führung und Kommunikation wie:

- Auszubildende von dem Entwicklungsstand aus fördern, auf dem sie jeweils sind (altersspezifisch und individuell; das sog. „*Bahnhofsmodell*", d. h. den anderen dort abzuholen, wo er
sich befindet, gilt auch hier)
- für zunehmend schwierigere und komplexere Aufgaben *Verantwortung übergeben*; dabei den
Lernprozess unterstützen ohne dem Auszubildenden vorschnell Lösungen anzubieten,
- Vertrauen entgegenbringen,
- mit den Auszubildenden *reden* und ihnen *zuhören*,
- Lob aussprechen,
- klare, eindeutige *Ziele* setzen,
- konstante *Rückmeldung* über die Leistung auf dem Weg zum vereinbarten Ziel (Feedback geben
und holen)
- Wissen vermitteln und *informieren* (z. B. Zweck, Bedeutung und Ablauf eines Arbeitsprozesses
erklären).

06. Anpassungs- und Aufstiegsbildung

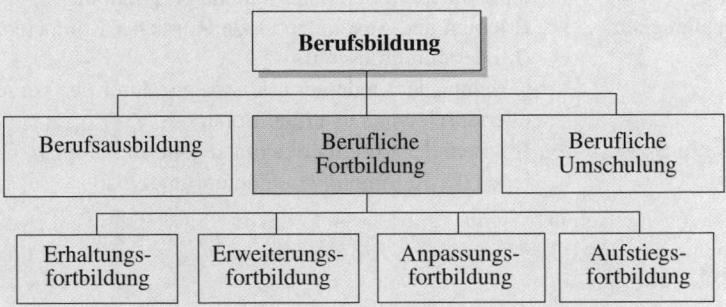

a) • *Die Erhaltungsfortbildung*
will mögliche Verluste von Kenntnissen und Fertigkeiten ausgleichen; z. B. Auffrischung von Sprachkenntnissen.
 • *Die Erweiterungsfortbildung*
will zusätzliche Berufsfähigkeiten vermitteln; z. B. Erwerb von Elektronikkenntnissen oder Aneignung einer zusätzlichen Fremdsprache.
 • *Die Anpassungsfortbildung*
will eine Angleichung an veränderte Anforderungen am Arbeitsplatz sicherstellen; z. B. Erwerb von EDV-Kenntnissen eines Sachbearbeiters für ein neues Dialogsystem.
 • *Die Aufstiegsfortbildung*
bereitet auf die Übernahme höherwertiger Aufgaben oder Führungsaufgaben vor; z. B. Übernahme einer Gruppenleiter-Position.

b) • Unter *Fortbildung*
versteht man die Fortsetzung der fachlich-beruflichen Ausbildung im Anschluss an eine Berufsbildung in Verbindung mit mehrjähriger Berufspraxis (Begriff nach dem BBiG).
 • Der Begriff *Weiterbildung*
charakterisiert die generelle Erweiterung der Bildung über die berufsspezifischen Bereiche der Fortbildung hinaus in Richtung auf ein allgemeines Verständnis komplexer Probleme; z. B. eine Führungskraft erlernt generelle Fähigkeiten des Zeitmanagements oder eignet sich allgemeine Zusammenhänge der Ökologie an.

07. Schlüsselqualifikationen

a) Begriff:
Schlüsselqualifikationen lassen sich mit folgenden Stichworten umreißen:
- relativ positionsunabhängig
- berufs- und funktionsübergreifend
- langfristig verwertbar
- übergeordnete Bedeutung
- bilden häufig die Basis für den Erwerb spezieller Fachkompetenzen

b) Beispiele:

		geeignete Fördermaßnahmen:
• Lernfähigkeit	→	Einsatz in Projektgruppen teilnehmeraktivierende Methoden im Seminar
• Moderationsfähigkeit	→	Erlernen und Anwenden moderatorischer Kompetenz (Moderatorentraining) Coaching der Moderationskompetenz durch den Vorgesetzten oder durch einen externen Berater
• Kommunikations- fähigkeit	→	Erlernen der Kommunikationsregeln im Seminar Üben der Kommunikation unter Supervision

08. Job-Rotation

a) Job-Rotation (= Arbeitsplatzringtausch) ist die systematisch gesteuerte Übernahme unterschiedlicher Aufgaben in Stab oder Linie bei vollgültiger Wahrnehmung der Verantwortung einer Stelle. Jedem Arbeitsplatzwechsel liegt eine Versetzung zu Grunde.

Entgegen der zum Teil häufig geübten Praxis ist also Job-Rotation nicht „das kurzfristige Hineinschnuppern in ein anderes Aufgabengebiet", das „Über-die-Schulter-schauen", sondern die vollwertige, zeitlich befristete Übernahme von Aufgaben und Verantwortung einer Stelle mit dem Ziel der Förderung bestimmter Qualifikationen.

b) Vorteile, z. B.:
- das Verständnis von Zusammenhängen im Unternehmen wird gefördert;
- der Mitarbeiter wird von Kollegen und unterschiedlichen Vorgesetzten „im Echtbetrieb" erlebt; damit entstehen Grundlagen für fundierte Beurteilungen;
- Fach- und Führungswissen kann horizontal und vertikal verbreitert werden;
- die Einsatzmöglichkeiten des Mitarbeiters werden flexibler; für den Betrieb wird eine personelle Einsatzreserve geschaffen; „Monopolisierung von Wissen" wird vermieden;
- Lernen und Arbeiten gehen Hand in Hand; „Produktion und Information", d. h. die Bewältigung konkreter Aufgaben und die Aneignung neuer Inhalte sind eng verbunden.

09. Bildungsbedarfserhebung und -analyse

Betriebliche Bildungsarbeit hat sich an den Zielen des Unternehmens zu orientieren und soll dabei weitgehend die Interessen der Mitarbeiter einbeziehen. Fortbildung soll vom Ansatz her mehr „proaktiv" als reaktiv sein. Die unterschiedlichen Formen der Bildungsbedarfsanalyse geben Antworten auf die Frage „Wo drückt der Schuh?". Infrage kommen vor allem folgende Arten der Bedarfserhebung, z. B.:

- freie Abfrage im Gespräch,
- strukturierter Fragenkatalog,
- Bildungsworkshop,
- Personalentwicklungskonzept,
- Fördergespräche,
- gesetzliche Bestimmungen,
- Profilvergleichsanalysen (Anforderungs- und Eignungsprofile),
- Assessmentcenter sowie
- Investitionsprogramme.

10. Bildungsplanung und der Einsatz interner Dozenten

a) Grundsätzlich ist die Entscheidung darüber eine Frage von
- Kosten,
- Man-Power,
- Zeit,
- Effektivität,
- Zielen sowie dem
- Umfang der Zielgruppe.

b) Innerbetriebliche Fortbildungsveranstaltungen können auch von internen Fach- und Führungskräften durchgeführt werden.
- Eigene Referenten bieten *Vorteile*; z. B.:
  - die betriebsspezifischen Besonderheiten sind bekannt und können in die Gestaltung der Seminarinhalte exakt eingearbeitet werden; zeitaufwändiges „Briefing" externer Trainer entfällt;

- die Kosten sind meist geringer;
- für innerbetriebliche Fach- und Führungskräfte bedeutet die Wahrnehmung von Referentenaufgaben eine Aufwertung;
- der interne Referent ist auch „später", nach der Maßnahme, als Ansprechpartner erreichbar.

- Demgegenüber stehen mögliche *Nachteile*, die aber zum Teil gemildert werden können bei sorgfältiger Auswahl der internen Referenten und ggf. der flankierenden Maßnahmen (z. B. Train the Trainer):
  - nicht jede Fach- und Führungskraft ist ein guter Pädagoge bzw. Andragoge;
  - mitunter fehlt es an der Lust, am Mut und an der Erfahrung;
  - Methodik und Medieneinsatz sind nicht immer adressatengerecht.

Trotzdem sollte der Einsatz interner Referenten bei der Planung von Bildungsmaßnahmen einen hohen Stellenwert haben – insbesondere bei Veranstaltungen mit stark kognitiven Inhalten. Bei Seminarinhalten mit überwiegend affektiven Lernzielen (z. B. Verkaufstraining, Führungstraining) bleibt vielfach nur der Einsatz externer Trainer, weil intern keine ausreichenden psychologischen und soziologischen Fachkenntnisse zur Verfügung stehen.

11. Auswahl externer Trainer

Bei der Auswahl externer Trainer kann die folgende Checkliste (Phasenmodell) Hilfestellung leisten:

(1) Im *Vorgespräch* werden die Problemursachen erörtert. Dabei sollte der Trainer vor Ort das Unternehmen und die Beteiligten kennen lernen und in der Lage sein die „wunden Punkte" herauszufiltern. Anhand der Person, der Art der Gesprächsführung und der Präsentation möglicher Lösungsansätze lassen sich für das Unternehmen erste Erkenntnisse über die Qualifikation des Trainers gewinnen. Von Bedeutung ist auch die Frage nach Referenzen und nach dem beruflichen Background des Anbieters. In der Regel sind derartige Gespräche ohne Kosten, da sie Bestandteil der Akquisitionsarbeit des Trainers sind.

(2) Das Unternehmen erhält ein *Seminarangebot*, das auf seine speziellen Bedürfnisse zugeschnitten ist. In schriftlicher Form werden

- Seminarziel
- Inhalte
- Methoden
- Medien
- Ort, Zeiten und Kosten

dargestellt.

Seminarangebote, die nach „serienmäßiger Standardware riechen" sind abzulehnen und dequalifizieren den Trainer. In jedem Fall ist anzuraten, dass man den Trainer, der das Seminar durchführt, auch persönlich kennen lernt; ggf. ist zu prüfen, ob die Möglichkeit besteht, den Anbieter in einem Seminar „live" zu erleben. Eine sorgfältige Auswahl kann einem manche unliebsame Überraschung ersparen.

(3) Oft kann es zweckmäßig sein, sich das *Angebot* im eigenen Hause *präsentieren* zu lassen.

(4) *Seriöse Trainer*
- werden sich auf die berechtigten Wünsche des Unternehmens einstellen oder – falls ihnen dies nicht möglich erscheint – lieber auf den Auftrag verzichten;
- sind an einer langfristigen Zusammenarbeit interessiert;
- wissen, dass Erfolge in der Bildungsarbeit nicht von heute auf morgen aufgrund einer „Eintagsfliege" entstehen.

(5) Ebenfalls interessant sind folgende *Aspekte:*
- Ist die Qualität der Seminarunterlage o. k.?
- Besteht die Möglichkeit der (kostenlosen) Nachbetreuung?
- Gibt es eine Kostendegression bei Mehrfachseminaren bzw. bei längerfristiger Zusammenarbeit?
- Gibt es eine (kostenlose) Nachbesprechung und Auswertung? Von daher ist der billigste Anbieter nicht immer der beste.
- Am Rande: Viele der regional arbeitenden Trainer haben Tagessätze, die zwischen 800 € und 1.200 € zuzüglich Mehrwertsteuer liegen.

12. Außerbetriebliche Weiterbildungsmöglichkeiten, externe Bildungsträger

a) An außerbetrieblichen Weiterbildungsmöglichkeiten werden im Wesentlichen folgende Aktivitäten angeboten:

- offene ein- oder mehrtägige Seminare,
- Lehrgänge mit Zertifikatsabschluss oder mit dem Ziel einer öffentlich-rechtlichen Prüfung,
- Maßnahmen zur Umschulung oder zur beruflichen Rehabilitation,
- Fernunterricht und Fernstudium.

Der Besuch von

- Messen, Ausstellungen und Kongressen wie auch
- das Abonnement von Fachzeitschriften und
- die Beteiligung an Betriebsbesichtigungen

kann ebenfalls zu den außerbetrieblichen Weiterbildungsmöglichkeiten gerechnet werden.

b) Es konkurrieren z. B. folgende externe Bildungsträger miteinander:

- Angebote/Bildungseinrichtungen der Arbeitgeberverbände und Gewerkschaften,
- Betriebe mit überbetrieblichen Maßnahmen und offenen Seminaren,
- sonstige Verbände,
- private Weiterbildungseinrichtungen,
- öffentlich-rechtliche Träger
  wie z. B.:
  · Industrie- und Handelskammern,
  · Handwerkskammern,
  · TÜV-Akademien,
  · Deutsche Angestellten Akademie,
  · regionale Schulen der DGB-Bildungswerke,
  · Bildungswerke der Arbeitgeberverbände,

    - Weiterbildungsangebote der
      · Kirchen
      · Krankenkassen
      · Wohlfahrtseinrichtungen (z. B. DRK, Caritas)
  - Volkshochschulen,
  - Berufsgenossenschaften,
  - Bundesanstalt für Arbeitsschutz, Dortmund.

13. Formen von Weiterbildungsmaßnahmen

a) Z. B.:
  - Einsatzdauer,
  - Einsatzbereich,
  - Entwicklungsziele,
  - (flankierende) Lehrgänge und Trainingsmaßnahmen.

b) Die Übernahme zeitlich befristeter Fragestellungen innerhalb eines Projekts erfordert/fördert Qualifikationen, die innerhalb einer Linienposition eher seltener angesprochen werden können. Beispiele:

  - Einsatz und Beherrschung kreativer Methoden,
  - Präsentationsfähigkeit,
  - Moderationsfähigkeit,
  - Entwicklung der Analysefähigkeit.

c) • Das *Planspiel* verläuft meist über mehrere Spielperioden. Der Teilnehmer ist gezwungen, im Team Entscheidungen zu verschiedenen Parametern abzugeben. Der weitere Spielverlauf zeigt ihm die Auswirkungen seiner Entscheidung. Lernen im Team und Denken in Zusammenhängen im Rahmen eines dynamischen Modells werden gefördert.

   • Die *Fallmethode* bietet ähnliche Ansätze. Die Methode ist jedoch statisch angelegt und meist weniger komplex als ein Planspiel.

14. Laufbahnpläne

Der Standard-Entwicklungsplan könnte folgendes Aussehen haben (Beispiel):

Individueller Entwicklungsplan für Herrn/Frau				Stand: ....
Personal-Nr.:	Beruf:	Derzeitige Funktion	Eintritt am:	Geb.-Datum:
Entwicklungsziel: Führungsposition im Mittleren Management, Personalwesen				
Positionen im Job-Rotation-Programm				
Ebene	Dauer in Jahren (ca.)	Bezeichnung der Tätigkeit/Position	Flankierende Fördermaßnahmen, intern und extern	Beurteilung, Entscheidung
SB	0,5	Sachbearbeiter Lohn- und Gehaltsabrechnung	Ext. Seminar: „Weiterbildung für Führungsnachwuchskräfte im Personalwesen", dgfp, Düsseldorf	–
	0,5	Sachbearbeiter Sozialwesen	Modul 1: 2 Wochen	Zwischenbeurteilung, Fördergespräch, Entscheidungen
	1,0	Sachbearbeiter Aus- und Fortbildung	Ext. Seminar: „Managementtechniken"	–
	1,0	Assistent des Leiters Personal- und Sozialwesen sowie Bearbeitung von Personalgrundsatzfragen	Modul 2: 2 Wochen	Zwischenbeurteilung, Fördergespräch, Entscheidungen
GL	1,0	Personalbetreuung „Gewerbliche Mitarbeiter" (Personalreferent)	Modul 3: 3 Wochen	
	1,0	Personalbetreuung „Tarifangestellte" (Personalreferent)	Internes Seminar: „Mitarbeiterführung, Teil 1"	Zwischenbeurteilung, Fördergespräch, Entscheidungen
AL	1,0	Kommissarische Leitung eines eigenen Personalbereichs	Teilnahme an der Abt.-Leiter-Konferenz, monatlich	Zwischenbeurteilung, Fördergespräch, Entscheidungen
	Σ= ca. 6 J.		Internes Seminar: „Mitarbeiterführung, Teil 2"	
Zielposition		Übernahme einer Leitungsfunktion in der Linie z. B. Holding: Abteilungsleiter, Personalbereich ... z. B. Tochtergesellschaft: Personalleiter	Teilnahme am Erfahrungsaustausch der Leitenden	
	Legende:	SB = Sachbearbeiter GL = Gruppenleiter AL = Abteilungsleiter		

15. Nachfolgepläne

Nachfolgepläne sind gedanklich vorweggenommene Überlegungen zur Besetzung von Positionen – bezogen auf feste Termine – bei sich relativ deutlich abzeichnenden Vakanzen. Als Grundregel gilt: Je knapper der Planungshorizont ist, desto konkreter sollten die Nachfolgeüberlegungen gestaltet und mit den Beteiligten schrittweise besprochen werden.

Nachfolgeplanung der Firma		Stand: ....
hier: Austritte wegen Erreichen der Altersgrenze 65		Persönlich, vertraulich !
Geschäftsbereich		1
Stellenbezeichnung		Leiter Programmierung
Kurzzeichen der Stelle		PRO
Leitungsebene		3
Kostenstellen Nr.		74883
1. Stelleninhaber		
Name, Vorname		Mustermann, Franz
Alter in Jahren		58,5
Betriebszugehörigkeit in Jahren		12,3
Anzahl der Jahre bis zum Austritt		6
Kommentar zur Personalveränderung		
2. Nachfolger	Name, Vorname	Kommentar, Beurteilung
Nachfolger 1		
Nachfolger 2		
Nachfolger 3		
3. Besetzungsentscheidung		
Name, Vorname		
Termin		
Gehalt		
Kommentar zur Entscheidung		

16. Förderung von Nachwuchskräften (Trainee-Ausbildung)

a) Mit „Nachwuchskräften" wird i. d. R. der „Führungs"nachwuchs bezeichnet, d. h. es geht vorwiegend um die Vorbereitung von Mitarbeitern zur Übernahme von Führungspositionen im Unternehmen.

b) Im Vordergrund stehen die Vermittlung von

- Führungsfähigkeiten und
- Managementtechniken.

Daneben sind häufig unternehmensspezifische Gegebenheiten ein Thema innerbetrieblicher Schulungen für Nachwuchskräfte, z. B.:

- Betriebspolitik,
- Führungsprinzipien,
- Geschäftsprinzipien,
- Budgetierung und Ergebnisrechnung,
- Controlling.

c) Maßnahmen und Methoden der Nachwuchskräfteförderung sind in ein ganzheitliches Konzept einzubinden, damit die Instrumente sich gegenseitig ergänzen und ihre volle Wirkung entfalten können. Als Methoden bieten sich hier z. B. besonders an:

- Traineeausbildung (als Generalist oder Spezialist; Dauer: meist 6 Monate bis 2 Jahre),
- Übernahme von Sonderaufgaben,
- Auslandsentsendung,
- Leitung von Projekten und Quality circle,
- Stellvertretung; oft in Verbindung mit Job rotation,
- Assistenten-Funktion,
- Leiter einer Junioren-Firma (Junior board).

d)

	Ebene	Führungslaufbahn		Fachlaufbahn			Dauer i. Jahren
1	Geschäfts-leitung, Mutter-gesellschaft	Geschäfts-führer einer Tochterge-sellschaft (Inland, Ausland)	Mitglied der Geschäfts-leitung, Mutter-gesellschaft		Selbst-ständiger Senior-berater		
2	Hauptabtei-lungsleiter	Ressortver-antwortung: Vertrieb und/oder Technik			Verkaufs-ingenieur, Seniorver-käufer		ca. 4
3	Abteilungs-leiter	Führungs-verantwor-tung i. mind. 2 Positionen, Vertrieb u. Technik				Schrittweise Erweiterung der Ver-kaufsver-antwortung	ca. 4
4	Gruppen-leiter, Meister	Projekt-leiter	Mitglied in verschiede-nen Projekt-teams	Kunden-dienst	Auslands-montage	Seminare, Sprach-kurse	ca. 2-3
5	Sach-bearbeiter	Assistent: GF Vertrieb	Assistent: GF Technik	Nachwuchs-verkäufer, Hospitation beim Senior-verkäufer	Job-Rotation	Verkauf Ersatzteile	ca. 2-3
		Trainee: FH, TH, Uni		Zusatzaus-bildung: z.B Technischer Betriebswirt	Trainee: FH, TH, Uni		
				Kfm./techn. Ausbildung			ca. 3

17. Informationsquellen und Materialien zur Weiterbildung

a) Es lassen sich z. B. folgende Informationsquellen und Materialien nutzen:
   - Fachzeitschriften,
   - Fachbeiträge und Sonderdrucke des DIHK,
   - Vorlesungsverzeichnisse der Fachhochschulen und Universitäten,
   - Veröffentlichungen des Vereins Deutscher Ingenieure (VDI),
   - Mitgliederverzeichnis des BDVT (Bund Deutscher Verkaufsförderer und Trainer e. V., Köln),
   - Handbuch zur Berufswahlvorbereitung, Bundesagentur für Arbeit,
   - Bundesinstitut für Berufsbildung (BIBB), Berlin,
   - Institut für Auslandsbeziehungen, Stuttgart,
   - Rationalisierungskuratorium der deutschen Wirtschaft e. V. (RKW), Eschborn.
   - Internet [Suchmaschine + Suchbegriff], z. B. www.google.de/Zeitmanagement

b) • *Speziell: Arbeitsagenturen*
     Die Ausbildungsberater der Arbeitsagenturen kennen die Lage am Arbeitsmarkt – insbe-
     sondere in der jeweiligen Region und können daraus Empfehlungen unterschiedlichster
     Art ableiten (z. B. regional oder überregional auftretende Engpässe oder Überangebote
     bestimmter Ausbildungsberufe oder bestimmter Berufserfahrungen). Über Publikationen
     oder im persönlichen Gespräch informieren sie detailliert über alle Ausbildungsberufe,
     über regional ansässige Träger von Fortbildungs- und Umschulungsmaßnahmen sowie über
     Förderungsmöglichkeiten nach dem SGB III.

   • *Speziell: Die Bundesagentur für Arbeit* vermittelt ihr Informationsangebot
     - über jährlich erscheinende Verzeichnisse und Broschüren sowie
     - über kontinuierlich aktualisierte Datenbanken bzw. elektronische Medien (Internet).

     Es erscheinen jährlich z. B. folgende Schriften:
     - „Bildung und Beruf"
     - Bundesweite Schriften mit ca. 40 Titeln zu Themen wie Arbeitsschutz, Bau usw.
     - Regionale Schriften mit ca. 180 Titeln über regionale Bildungsangebote am Wohnort.

     Herausgeber aller Schriften ist die
     Bundesagentur für Arbeit
     Regensburger Str. 104 · Referat II/BID · 90478 Nürnberg

     Internetadresse: www.arbeitsagentur.de

   • *Speziell: Der Deutsche Industrie- und Handelskammertag (DIHK)* sowie deren Bildungs-
     GmbH bieten ständig laufend aktualisierte Informationen über neue Rechtsverordnungen,
     Texte, Broschüren und Lehrgangsmaterialien (sog. Textbände), die zum Teil frei verkäuflich
     sind oder über die örtlich zuständige IHK bezogen werden können.

     Internetadresse: www.dihk.de

18. Weiterbildungsdatenbanken

• *WIS* ist das Weiterbildungs-Informations-System der Industrie- und Handelskammern und der
  Handwerkskammern. Die Datenbank umfasst folgende Angebotsbereiche:
  - WIS-Seminare und Lehrgänge mit jährlich 40.000 Veranstaltungen,
  - WIS-Trainer und Dozenten mit aktuell 1.200 Themen und über 300 Referenten,

- WIS-IHK-Weiterbildungsprüfungen mit über 2.000 Eintragungen zur Frage „Welche Kammer prüft was in der Weiterbildung?",

Internetadresse: www.dihk.de/wis

• *KURSNET* ist die weltweit größte Datenbank für Aus- und Weiterbildung der Bundesagentur für Arbeit und steht als Beratungshilfe den Fachleuten der Arbeitsämter zur Verfügung. Jede Privatperson hat über die örtlichen Fachberater des Arbeitsamtes bzw. die Berufsinformationszentren (BIZ) die Möglichkeit, sich über die in KURSNET verzeichneten Bildungsangebote zu informieren.

Internetadresse: www.kursnet.arbeitsagentur.de

• Weiterhin bieten *die IHKn* zahlreiche Informationsmöglichkeiten über das Internet an; meist haben die IHKn eine Internetadresse, die sich aus dem Städtenamen und dem Zusatz [ihk.de] zusammensetzt, z. B. www.neubrandenburg.ihk.de; www.duesseldorf.ihk.de

19. IHK Aufstiegsfortbildung

a)

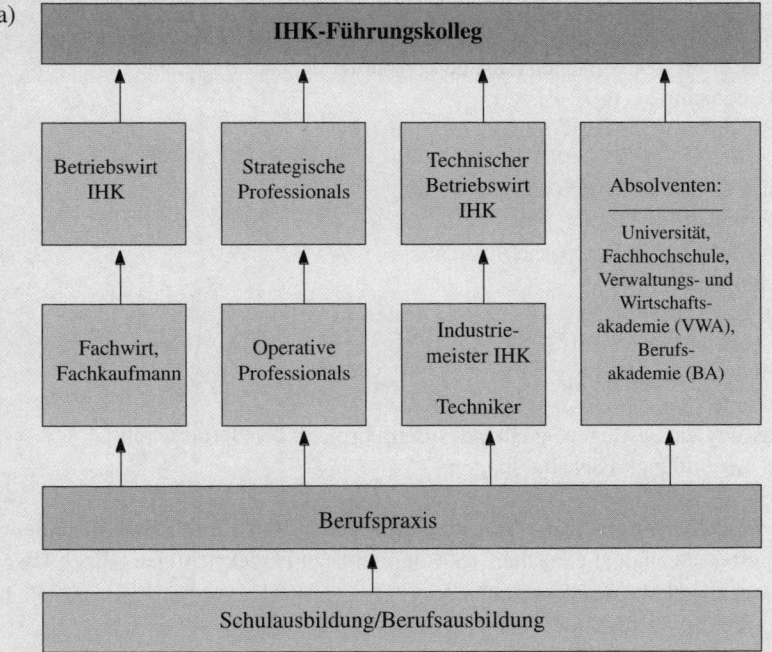

• Maßnahmen im *kaufmännischen Bereich*:
  - Fachwirte
  - Fachkaufleute
  - Betriebswirt IHK

• Maßnahmen im *IT-Bereich*:
  - Operative Professionals
  - Strategische Professionals

- Maßnahmen im *technischen Bereich*:
  - Techniker
  - Industriemeister
  - Technischer Betriebswirt IHK

b) 1. Technischer Betriebswirt: Mittlerer bis oberer Manager an der Schnittstelle zwischen
           technischen und kaufmännischen Funktionen
   2. Fachkaufmann: Mittlere Führungsebene; Funktionsspezialist
   3. Fachwirt: Mittlere Führungsebene; Branchenspezialist

4.3 Zielgruppenspezifische Förderprogramme erarbeiten und umsetzen

01. Planung der betrieblichen Ausbildung

Bei der Planung und Durchführung der betrieblichen Ausbildung hat der Betrieb eine Reihe von
Einzelaspekten zu berücksichtigen:

1. *Ausbildungsfähigkeit* für den geplanten Ausbildungsberuf:
   - Eignung des Unternehmens (§ 27 BBiG)
   - Eignung der Ausbilder (§ 28 BBiG)

2. *Gesetzliche Vorgaben* für die betriebliche Ausbildung:
   - Ausbildungsberufsbild
   - Ausbildungsordnung
   - Ausbildungsrahmenplan
   - Prüfungsordnung

3. *Erstellung der Ausbildungspläne*:
   - Ausbildungsinhalte
   - zeitliche Anpassung an die Gegebenheiten des Betriebes und der Berufsschule
   - Festlegung der Ausbildungs-Fachabteilungen

4. *Didaktische Koordination* von praktischer Ausbildung im Betrieb und theoretischer Ausbildung
   in der Berufsschule; dabei sind die Formen des Unterrichts zu berücksichtigen (Blockunterricht, Unterricht an einzelnen Wochentagen)

5. *Methoden und Medien* der Ausbildung, z. B.:
   - Unterweisung vor Ort, Lehrgespräch, Fallmethode, Lehrwerkstatt usw.
   - betrieblicher Ergänzungsunterricht
   - Lehr- und Lernmittel, Arbeitsmittel, Ausbildungshilfsmittel.

02. Phasen einer Fortbildungskonzeption

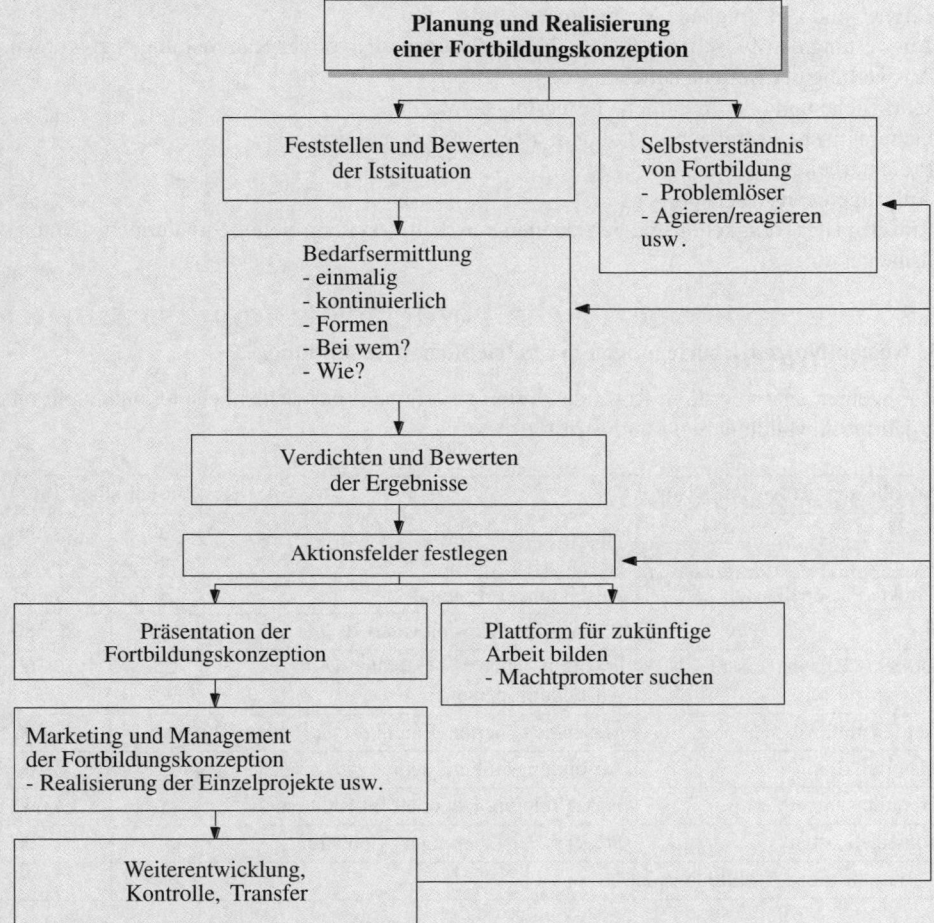

4.4 Qualitätsmanagement in der Personal- und Organisations-entwicklung einsetzen

01. Erfolgskontrolle (1)

Maßstab für die Erfolgskontrolle der Ausbildung sind vor allem folgende Rechtsquellen:

- der Ausbildungsvertrag (§§ 10 ff. BBiG),
- die Ausbildungsordnung (§§ 5 ff. BBiG),
- der Prüfungsgegenstand (§ 38 BBiG),
- die Prüfungsordnung (§ 47 BBiG).

02. Erfolgskontrolle (2)

Geeignet sind z. B. folgende Maßnahmen:
- Auswertung der Zwischen- und Abschlussprüfungen, die vor der Kammer abgelegt wurden,
- Auswertung der Berichtshefte,
- schriftliche und/oder mündliche Lernerfolgskontrollen,
- fachpraktische Prüfungen im Labor, in der Lehrwerkstatt usw.,
- Projektarbeiten,
- Anfertigen von Arbeitsproben,
- Einsetzen der Fähigkeiten und Fertigkeiten innerhalb von Planspielen, Simulationen, Übungsfirmen usw.

03. Kosten-Nutzen-Überlegungen der betrieblichen Ausbildung

Im Einzelnen sind vor allem folgende Kosten zu erfassen (das Zahlenbeispiel unterstellt eine 3,5-jährige Ausbildung in der Industrie):

Ausbildung als Kostenfaktor		Zahlenbeispiel	
		mtl. in €	gesamt in €
Direkte Personalkosten	Ausbildungsvergütung	700	29.400
	Personalzusatzkosten von ø 70 %	490	20.580
Indirekte Personalkosten	anteilige Löhne und Gehälter des Ausbildungspersonals	250	10.500
Betriebsmittelkosten	Maschinen, Geräte, Raumkosten, Raumausstattung		4.000
Materialkosten	Ausbildungsmittel, Medien		3.000
Fremdleistungen	Porto, Telefon, Honorare für Referenten		4.000
Sonstige Kosten	Steuern, Versicherungen, Gebühren		1.500
Gesamtkosten je Ausbildungsplatz			72.980

04. Transferkontrolle

Es gibt kein schlüssiges, überzeugendes Gesamtkonzept zur Erfolgskontrolle von Fortbildungsmaßnahmen. Trotzdem existieren gute Erfahrungen mit einigen Einzelmaßnahmen zur Erfolgskontrolle, die gerade für den Praktiker, den Fachvorgesetzten, empfehlenswert sind:

- *Vor dem Seminar* mit dem Mitarbeiter über die Maßnahme sprechen und Lernziele festlegen.

- *Im Seminar* eine abschließende Befragung der Teilnehmer (freie Form und/oder über Fragebogen) zur Seminarbewertung durchführen.

- *Unmittelbar nach dem Seminar* mit dem Mitarbeiter sprechen (sein Eindruck, seine Erkenntnisse u. Ä.) und Schritte zur Umsetzung des Gelernten am Arbeitsplatz formulieren (Was? Wie? Bis wann?).

- *In der Folgezeit* den Lerntransfer des Mitarbeiters zu beiderseits vereinbarten Terminen unterstützen und kontrollieren (nach vier Wochen, nach zwei Monaten usw.).

- Bei internen Seminaren und Lehrgängen ist ggf. zu prüfen, ob *Prüfungen* oder Leistungskontrollen anderer Art durchgeführt werden können und sollen; dies ist u. a. auch eine Frage der Akzeptanz durch die Teilnehmer.

Mitarbeiter und Vorgesetzter sind gemeinsam verantwortlich für den Transfer in den betrieblichen Alltag. Fortbildung ohne Transferkontrolle heißt, betriebliche Ressourcen vergeuden.

4.5 Führungsmodelle und Führungsinstrumente anwenden, Führungskräfte beraten

01. Das Umfeld des Führungsprozesses

a) • Als e*xterne Einflussfaktoren* (=gesellschaftliche, gesamtpolitische) lassen sich z. B. anführen:
  - Struktur der Absatz- und der Beschaffungsmärkte,
  - gesetzliche Eckdaten; Maßnahmen des Staates (z. B. Ordnungspolitik, Subventionen),
  - Bildungsniveau der betreffenden Region,
  - Wettbewerbssituation,
  - gesellschaftlicher Wertewandel.

• Als *interne Einflussfaktoren* lassen sich z. B. nennen:

Diese Auflistung kann nur unvollständig sein. Entscheidend ist dabei, dass diese Faktoren in gegenseitiger Abhängigkeit und Wirkung stehen. Maßgebend im betrieblichen Führungsprozess ist also nicht, ob beispielsweise kooperativ oder situativ geführt wird, sondern dass die Führungsmaßnahmen unter Beachtung der Rahmenbedingungen zum Erfolg führen.

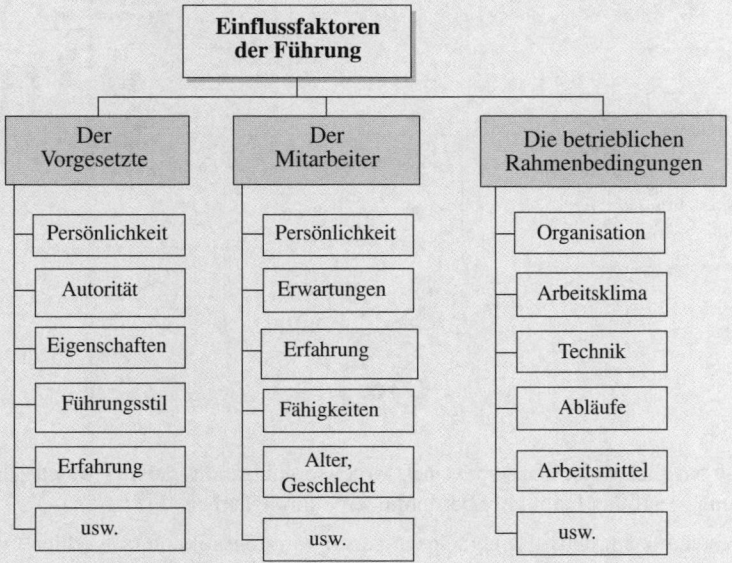

b) In erweiterter Form dargestellt beeinflussen vor allem folgende betriebliche Rahmenbedingungen den Erfolg der Führungsarbeit:

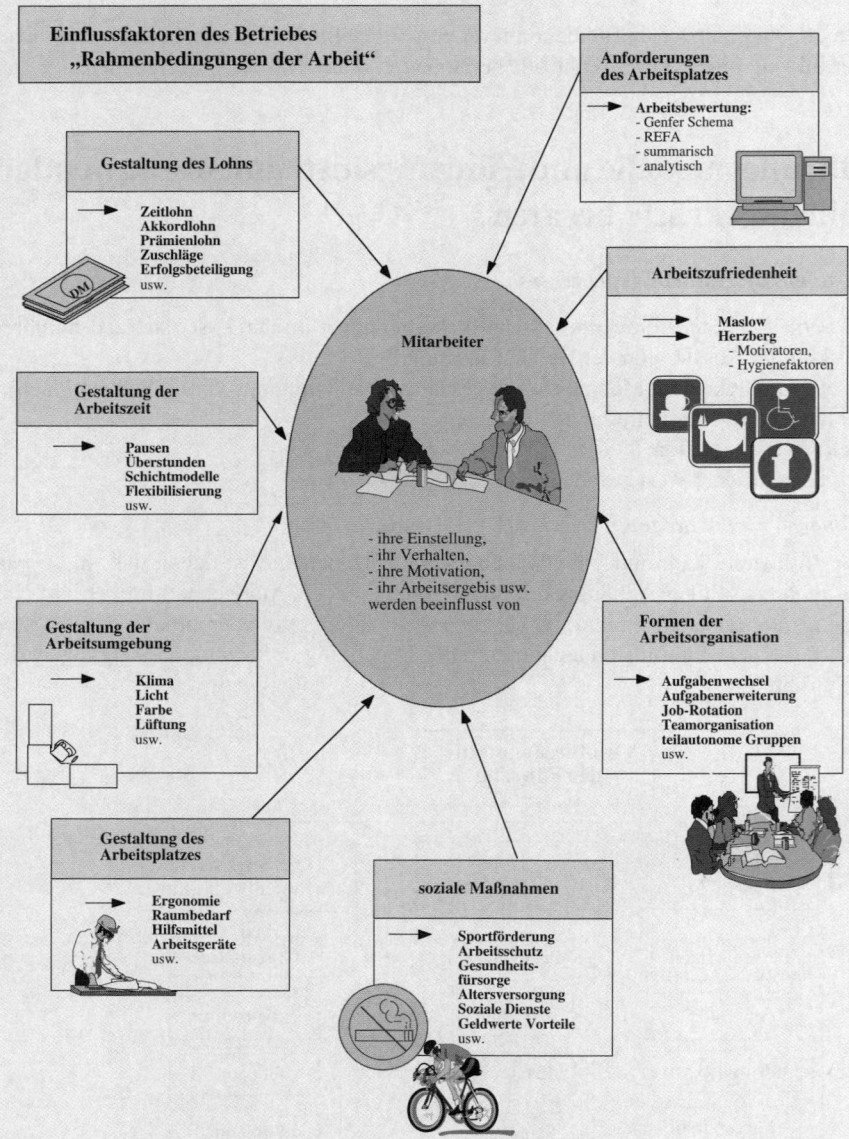

Wählt man beispielsweise den Aspekt der „Arbeitsorganisation", so lassen sich z. B. folgende Auswirkungen auf den Erfolg der betrieblichen Führungsarbeit skizzieren:

Der Vorgesetzte kann neben seinem spezifischen Führungsstil unterschiedliche Formen der Arbeitsorganisation einsetzen. Er kann durch

- *Job-Enrichment, Job-Enlargement* und ähnlich bekannte Maßnahmen die Mitarbeiter motivieren und ihren persönlichen Fähigkeiten und Wünschen Rechnung tragen,

- *Job-Rotation* die Einsatzflexibilität der Mitarbeiter verbreitern,
- Bildung *teilautonomer Gruppen* den Entscheidungsspielraum der Mitarbeiter vergrößern.

Insgesamt sind derartige Maßnahmen geeignet die Leistungsbereitschaft und -fähigkeit der Mitarbeiter zu erhöhen. Derartige Maßnahmen einer einzelnen Führungskraft können jedoch nur „greifen", wenn sie in seinem Unternehmen grundsätzlich möglich sind und in die Führungs- und Organisationskultur seiner Firma „passen".

02. Führungsphilosophie, Führungsgrundsätze

Heute stehen im Vordergrund mehr Erkenntnisse wie z. B.:
- die zunehmende Komplexität erfordert mehr *Vertrauen* in die Fähigkeit der Mitarbeiter sich selbst zu organisieren;
- es ist Aufgabe der Führungskraft *diese Fähigkeit zu fördern;*
- es ist unmöglich alle Prozesse als Führungskraft selbst *zu beherrschen;*
- die Regelung im Detail ist nicht möglich; richtig ist rahmenbestimmende Regeln mit „Freiräumen" zu schaffen.

03. Führungsgrundsätze, Führungsrichtlinien

a) Zweck von Führungsgrundsätzen, z. B.:
- sie sollen im Einklang mit den generellen Unternehmenszielen stehen und diese unterstützen,
- sie sollen die Wertvorstellungen des Unternehmens in Worte fassen,
- sie sollen die generellen Erwartungen des Managements und der Mitarbeiter artikulieren,
- sie legen für alle Mitarbeiter des Unternehmens relativ verbindliche Verhaltensnormen fest,
- sie sollen das Führungsgeschehen im Alltag unterstützen,
- sie sollen zu einer „gemeinsamen Sprache im Führungsgeschehen" verhelfen und so Reibungsverluste abbauen.

b) • Die Einführung kann zu Verwirrung, Unruhe und Überreaktionen der Mitarbeiter führen.
  → Diskussion mit allen Beteiligten in abgestufter Form auf allen Ebenen; Workshops u. Ä.

 • Die Führungskräfte fühlen sich „gegängelt" und betrachten die Führungsgrundsätze als „bloßes Disziplinierungsinstrument" der Geschäftsleitung.
  → Den Charakter der Führungsgrundsätze im Sinne von Führungs*leitlinien* in der gemeinsamen Diskussion herausarbeiten. Aufzeigen, dass keine Gleichschaltung der Führungskräfte beabsichtigt ist.

 • Das tatsächlich praktizierte Führungsverhalten der (einiger) Führungskräfte steht in krassem Gegensatz zu den formulierten Grundsätzen.
  → Training, Diskussion und Coaching mit den Führungskräften; Herausarbeiten der Widersprüche und gemeinsame Diskussion von Lösungsansätzen.

04. Betriebsorganisation und Personalführung

a) Z. B.:
- es fehlen klare Kompetenzabgrenzungen,
- die Informationspolitik der Firma ist unzureichend,
- die Organisationsstruktur ist nicht transparent.

Dadurch kommt es zu Reibungen im Betriebsablauf. Die Führungsarbeit des einzelnen Vorgesetzten wird negativ beeinflusst.

b) Z. B.:
- die unterstellten Mitarbeiter haben klar zugewiesene Aufgaben,
- Arbeitsanweisungen und sonstige Regelungen sind klar, verständlich und auch bekannt,
- die Organisation der Arbeit ist sinnvoll und plausibel (die Arbeit der Mitarbeiter und die eigene),
- die Arbeitsabläufe sind wirtschaftlich und transparent gestaltet.

05. Management-Konzeptionen

Bei einer vergleichenden Gegenüberstellung von MbO und MbD lassen sich folgende Aspekte anführen:

	Management by Objectives	Management by Delegation
Voraussetzungen	• messbare Ziele setzen • Aufgaben delegieren • Kompetenzen delegieren • Handlungsverantwortung übertragen	• Ziele setzen • Aufgaben delegieren • Kompetenzen delegieren • Handlungsverantwortung übertragen • keine Rückdelegation • Mitarbeiter „willens und fähig" machen (Motivation und Ausbildung) • Vertrauen an die Mitarbeiter
Chancen	• Entlastung der Vorgesetzten • verbesserte Identifikation • Beurteilung am Grad der Zielerreichung • unternehmerisches Denken und Handeln	• Entlastung der Vorgesetzten • verbesserte Identifikation • „Fordern heißt Fördern" • verbesserte Motivation
Risiken	• hoher Leistungsdruck • Problem bei unrealistischen Zielen • Problem bei fehlender Kongruenz der Einzelziele	• ggf. Delegation von wenig interessanten Aufgabenbereichen • ggf. fehlende Abgrenzung von Handlungs- und Führungsverantwortung

06. Führungskultur und Führungsgrundsätze (Führungsrichtlinien)

a) • Die Wirkung des eigenen Führungsstils ist immer auch abhängig von der Führungskultur des Unternehmens. Das Führungsverhalten des Einzelnen, der sich z. B. an den Prinzipien Kooperation und Delegation orientiert, kann in einem Unternehmen mit überwiegend autoritärer Führungskultur nicht gedeihen

• Um den Erfolg gemeinsamer Führungsarbeit zu verstärken, sind insbesondere Großunternehmen dazu übergegangen, sog. Führungsgrundsätze oder Leitlinien der Führung und Zusammenarbeit zu formulieren. Derartige Führungsgrundsätze verfolgen keine „Gleichschaltung der Führungskräfte", sondern die Verständigung auf gemeinsame Grundwerte.

b) Vom Tenor her gibt es bei der Formulierung von Führungsgrundsätzen bei vielen Firmen inhaltliche Gemeinsamkeiten – zum Beispiel:

- dem Mitarbeiter Freiraum geben und Grenzen festsetzen,
- fördern und fordern,
- Beurteilung als Feedback und Motivation usw.

So formulierte z. B. die X AG, Essen, in ihren Führungsleitlinien:

- „Führungsbefähigung und Führungsverhalten haben entscheidenden Einfluss auf die Verwirklichung der Unternehmensziele."

- „Führungskräfte müssen sich der Bedeutung ihrer Führungsaufgabe bewusst sein: Ihr persönliches Vorbild, die fachliche Kompetenz und Leistung, Identifikation mit dem Unternehmen und Loyalität bestätigen sie in ihrer Funktion und beeinflussen dadurch wesentlich Leistung und Erfolg ihrer Mitarbeiter und damit auch den Erfolg ihres Verantwortungsbereiches."

- „Führungskräfte wirken auf ergebnisorientiertes Handeln mit Energie und Disziplin, kritischer Kreativität und Initiative hin. ..."

07. Die Eigenschaftstheorie der Führung

a) • *Der Eigenschaftsansatz* geht aus von den *Eigenschaften des Führers* (z. B. Antrieb, Energie, Durchsetzungsfähigkeit usw.). Es wurde daraus eine *Typologie der Führungskraft* entwickelt:

- autokratischer Führer
- demokratischer Führer
- laissez faire Führer.

Das konkrete Führungsverhalten wird dargestellt auf dem Kontinuum zwischen „autokratisch und demokratisch":

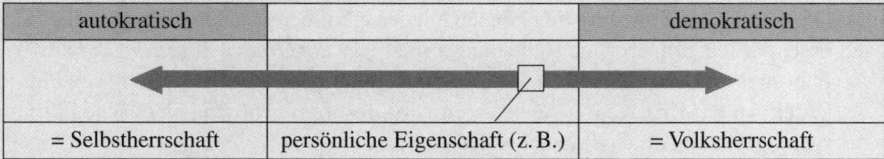

autokratisch		demokratisch
= Selbstherrschaft	persönliche Eigenschaft (z. B.)	= Volksherrschaft

Der Eigenschaftsansatz impliziert, dass Führungserfolg von den Eigenschaften des Führers abhängt. Der Eigenschaftsansatz konnte empirisch nicht bestätigt werden. Andere Theoretiker nennen unter der Überschrift „tradierende Führungsstile" (= überlieferte Führungsstile) folgende Differenzierung:

- patriarchalisch (= väterlich)
- charismatisch (= übernatürliche Persönlichkeit)
- autokratisch (= selbstbestimmend)
- bürokratisch (= nach Regeln).

- *Der Verhaltensansatz* basiert in seiner Erklärungsrichtung auf den *Verhaltensmustern der Führungskraft* innerhalb des Führungsprozesses. Im Mittelpunkt steht die Frage „Wie kann Führungs*verhalten* beschrieben werden?". Das konkrete Führungsverhalten wird dargestellt auf dem Kontinuum zwischen „autoritär und kooperativ":

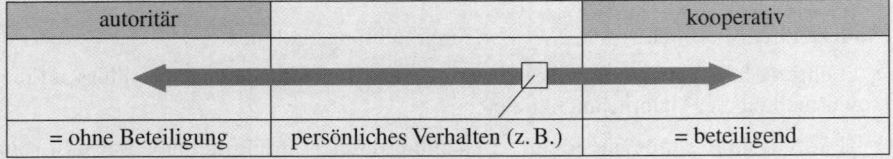

autoritär		kooperativ
= ohne Beteiligung	persönliches Verhalten (z. B.)	= beteiligend

Ergebnis dieser Forschungen sind die Führungsstile und Führungsmodelle mit ihren unterschiedlichen Orientierungsprinzipien, wie sie die nachfolgende Darstellung zeigt:

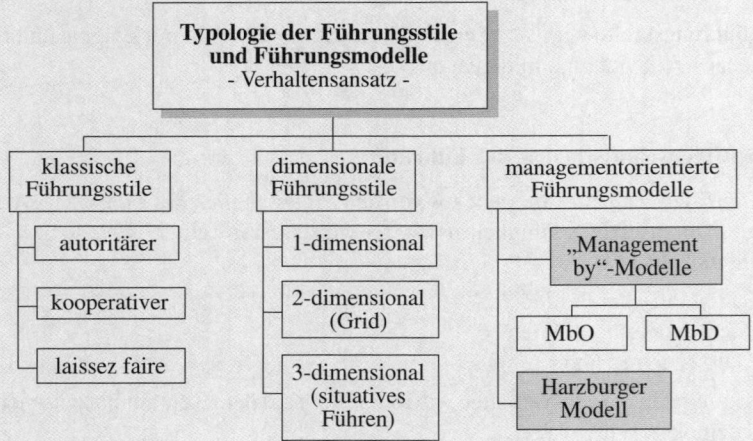

b) • Die *klassischen Führungsstile* können mit den eindimensionalen gleichgesetzt werden. Das Orientierungsprinzip (Unterscheidungsprinzip) ist der *Grad der Mitarbeiterbeteiligung*. Ein Führungsstil ist eindimensional, wenn zur Beschreibung und Beurteilung von Führungsverhalten nur ein Kriterium herangezogen wird. Insofern gehören „klassische Führungsstile" typologisch zu den eindimensionalen.

Bei den zwei- und mehrdimensionalen Führungsstilen ist der Erklärungsansatz von zwei oder mehr Kriterien (= Orientierungsprinzipien) geprägt.

• Das *zweidimensionale Verhaltensmodell* wählt „Sache" und „Mensch" als Orientierungsprinzipien (Grid-Konzept). Teilt man beide Achsen eines Koordinatensystems ein in jeweils neun „Intensitätsgrade", so ergeben sich insgesamt 81 Ausprägungen des Führungsstils bzw. 81 Variationen von Sachorientierung und Menschorientierung. Die Koordinaten 1.1 („Überlebenstyp") bis 9.9 („Team") zeigen die fünf dominanten Führungsstile, die sich aus dem Verhaltensgitter ableiten lassen.

Kurz gesagt: Das *Managerial Grid* spiegelt die Überzeugung wider, dass der 9.9-Stil (hohe Sach- und Mensch-Orientierung) der effektivste ist.

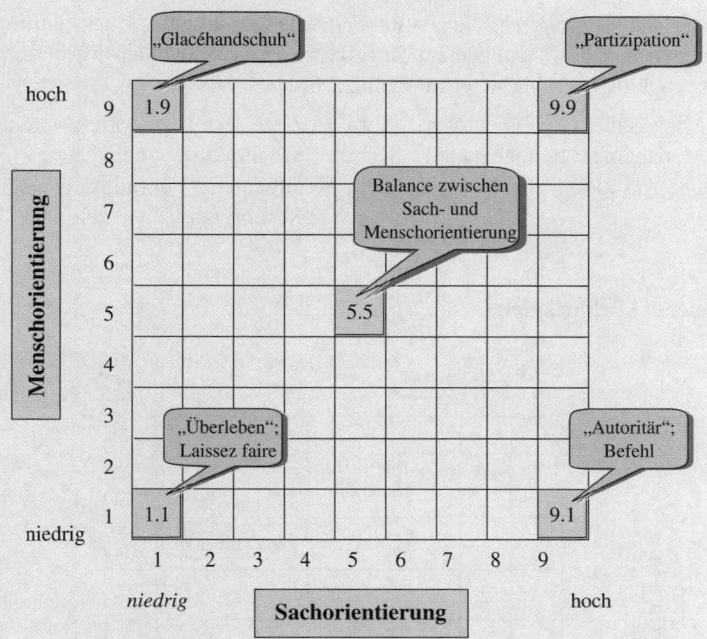

- Das *dreidimensionale Verhaltensmodell* wählt den „Mitarbeiter", den „Vorgesetzten" und die „betriebliche Situation" als Orientierungsprinzipien. Es ist Aufgabe der Führungskraft die jeweils spezifische Führungssituation (Führungskultur, Zeitaspekte, Besonderheit der Aufgabe usw.) zu erfassen, die Wahl und Ausgestaltung der Führungsmittel auf die jeweilige Persönlichkeit des Mitarbeiters abzustellen (Erfahrung, Persönlichkeit, Motivstruktur) und dabei die Vorzüge/Stärken der eigenen Persönlichkeit (Entschlusskraft, Sensibilität, Systematik o. Ä.) einzubringen.

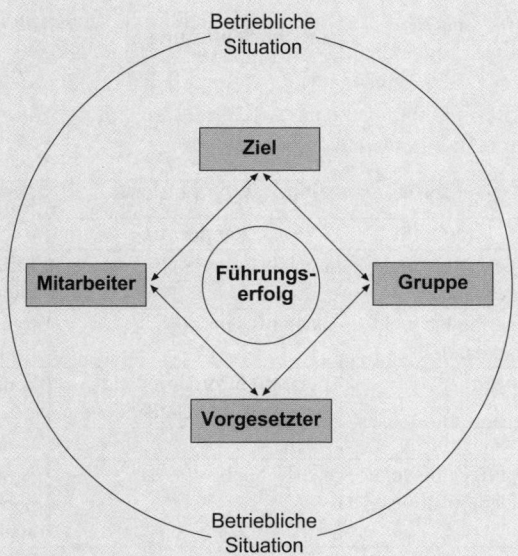

- Die *managementorientierten Führungsmodelle* wählen ein spezifisches Führungsinstrument bzw. ein Element des Management-Regelkreises zum tragenden Kern eines mehr oder weniger geschlossenen Verhaltensmodells; z. B.:

  - MbO Management by Objectives „Kern": Ziele setzen bzw. Ziele vereinbaren
  - MbD Management by Delegation „Kern": Verantwortung delegieren
  - Harzburger Modell   „Kern": allgemeine Führungsanweisung mit dem Kernprinzip „Delegation".

08. Grid-Konzept (Fallbeispiel)

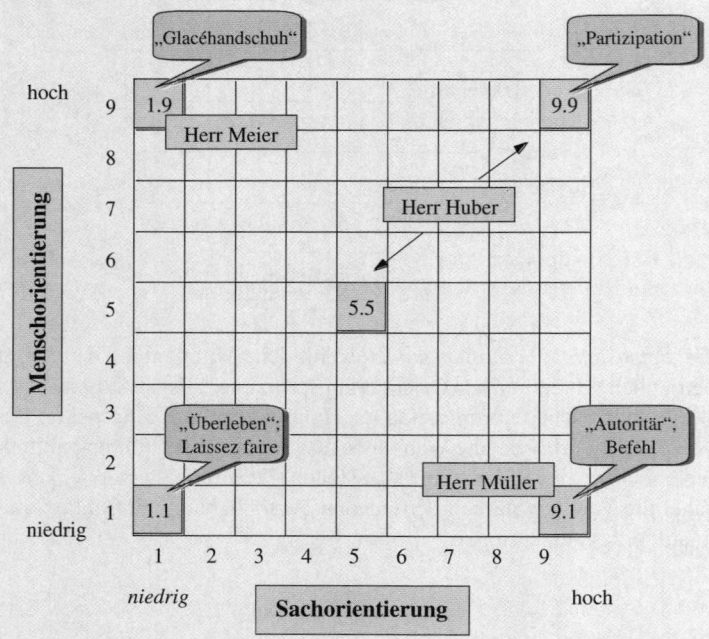

09. Führungsstile (1)

Führungsstil			
Aspekte	**autoritär**	**kooperativ**	**laissez faire**
Grad der Mitarbei-terbeteiligung	gering bis nicht vorhanden	hoch bis sehr hoch	Mitarbeiter entscheidet allein
Delegationsumfang	gering bis nicht vorhanden	hoch bis sehr hoch	total
Art der Kontrolle	hoch	dort, wo erforderlich als Feedback und Unterstützung	keine
Art der Information	wenig, begrenzt	hoch	wenig bis keine
Art der Motivation	geringe bis totale Demotivation	i. d. R. hoch	je nach Fallsituation: von hoch bis sehr gering; u. U. auch hohe Demotivation

10. Führungsstile (2)

- *autoritärer Führungsstil:*
  - Die wesentlichen *Vorteile* des autoritären Führungsstils, z. B.:
    - hohe Entscheidungsgeschwindigkeit sowie
    - effektiv bei Routinearbeiten.

  - Die wichtigsten *Nachteile* des autoritären Führungsstils, z. B.:
    - i. d. R. schlechte Motivation der Mitarbeiter,
    - fehlende Selbstständigkeit der Mitarbeiter sowie
    - Risiko von „einsamen" Entscheidungen.

- *kooperativer Führungsstil:*
  - Die wesentlichen *Vorteile* des kooperativen Führungsstils, z. B.:
    - hohe Motivation der Mitarbeiter,
    - keine „einsamen" Entscheidungen des Führenden,
    - Entlastung der Führungskraft,
    - Förderung der Mitarbeiter.

  - Die wichtigsten *Nachteile* des kooperativen Führungsstils, z. B.:
    - geringere Entscheidungsgeschwindigkeit,
    - bei geringem Reifegrad der Mitarbeiter nicht zu empfehlen.

- *laissez-faire-Stil:*
  - *Vorteile*: Der laissez-faire-Stil (frz.: laissez = lasst, faire = machen) ist z. B. durch
    - den absoluten Freiheitsgrad,
    - die Selbstkontrolle sowie
    - die Selbstbestimmung der Mitarbeiter gekennzeichnet.

  - Die *Nachteile* dieses Stils überwiegen, z. B.:
    - Ausnutzen der Situation durch unreife Mitarbeiter,
    - oft fehlerhafte Leistungen,
    - mangelnde Systematik, Synergie und Zielorientierung,
    - Gefahr der Heranbildung informeller Führer.

11. Führungspersönlichkeit und Autorität

a) *Echte Autorität* wird in der Praxis erlebt als Mischform von Amts-, Personal- und Fachautorität – mit unterschiedlichem Gewicht der einzelnen Komponenten. Echte Autorität drückt sich im Wesentlichen aus durch

  - Konsequenz im Handeln,
  - situationsgerechtes Reagieren,
  - Durchsetzungsstärke und die Fähigkeit zur Kommunikation,
  - auf der Basis innerer Sicherheit und Stabilität. Führungskräfte mit echter Autorität „sind sich selbst treu", sind konsequent und damit „kalkulierbar.

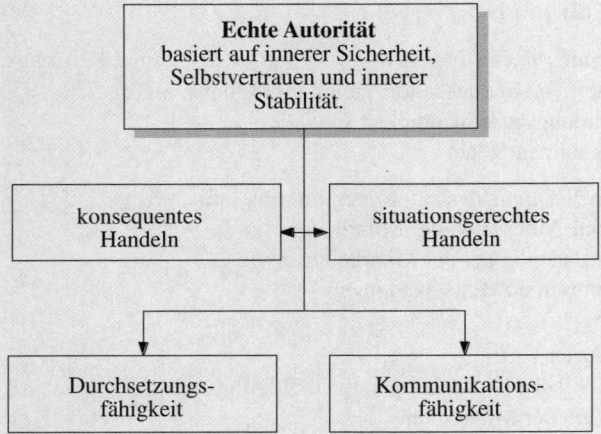

b) Z. B.:
  - Die Mitarbeiter werden Ihr Führungsverhalten noch lange am Beispiel des „alten Chefs" messen (Maßstabsbildung).
  - Sie müssen Ihren „eigenen" Führungsstil konsequent und überzeugend prägen (den „alten Chef schlecht machen" wäre mit Sicherheit falsch).

c) *Falsche Autorität*, die langfristig auch zum Führungs*misserfolg* führt, zeigt sich im Fehlen von personaler und fachlicher Autorität („das Amt macht den Mann" und nicht „der Mann macht das Amt") oder im Fehlen jeglicher Autorität.

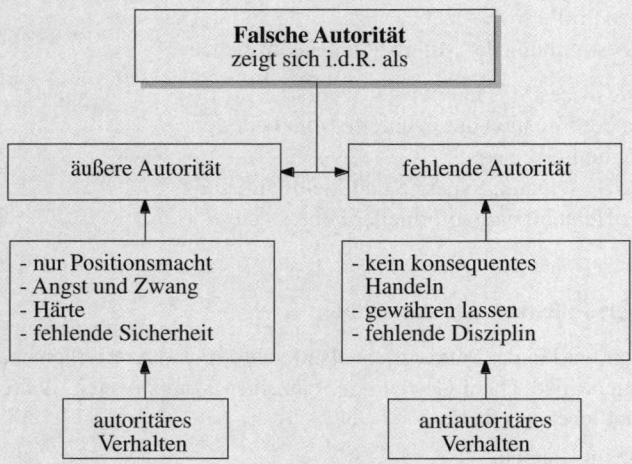

Der Mitarbeiter erlebt falsche Autorität
  - als Ausübung von (lediglich) Macht mit den Wirkungen Zwang, Angst, unbegründete Härte oder
  - als Führungslosigkeit, Weichheit, Inkonsequenz, Maßstabslosigkeit, Ziellosigkeit.

12. Verbesserung des Führungsverhaltens

a) Jede Führungskraft, die ernsthaft gewillt ist Führung als Lernprozess zu begreifen, sollte die *Bereitschaft und Fähigkeit* entwickeln ihren eigenen Führungsstil zu erkennen und zu trainieren. Die Schlüsselfragen lauten:

- Wie bin ich?
- Wie verhalte ich mich?
- Wie wirke ich?

Die Antworten darauf können durch

- *Fremdbeobachtung* (z. B. Vorgesetzter, Mentor, Trainer),

- *Eigenbeobachtung* (Eigenanalyse anhand eines Fragebogens oder durch Selbstaufschreibung)

oder durch

- *Feedback der Mitarbeiter* (z. B. Feedback-Gespräch oder auch generelle Mitarbeiterbefragung) gewonnen werden. Führungskräfte, die sich die Wirksamkeit ihres Führungsverhaltens bewusst gemacht haben, sind auch in der Lage ihre Führungsbefähigung durch Training zu verbessern.

Führungskräfte sollten also

- den eigenen Führungsstil *erkennen*,

- sich *bewusst machen*, an welchen Prinzipien und Normen sie sich in ihrem Führungsverhalten orientieren,

- *reflektieren*, welche positiven und negativen Wirkungen ihr Führungsstil entfaltet,

- *bereit sein* den eigenen Führungsstil kritisch aus der Sicht „Eigenbild" und „Fremdbild" zu betrachten sowie Stärken herauszubilden und Schwachstellen zu mildern.

b)

	Entwicklung eines unternehmensspezifischen Seminars „Führungstraining" (Beispiel)	
1	**Suche und Auswahl des/der Trainers/Trainerin**	Trainerbörse, Internet, Verband, befreundete Firmen; Präsentation des Trainers vor der Geschäftsleitung und Diskussion der internen Führungsleitlinien; Trainer/Trainerin unterbreitet das abgestimmte Seminarkonzept.
2	**Feldarbeit des Trainers**	Gespräche des Trainers mit einer „hinreichenden Anzahl" von Führungskräften; Kennenlernen des Unternehmens und des „Führungsalltags".
3	**Kick off-Meeting**	Geschäftsleitung, Trainer und Führungskräfte diskutieren einen Tag lang die Thematik (Führungsverständnis, Leitlinien u. Ä.).
4	**Seminarstruktur**	10 Seminare à drei Tage à 12 Teilnehmer; nach Ebenen eingeteilt; **Basistraining** im ersten Jahr.
		Seminare à drei Tage à 12 Teilnehmer; nach Ebenen eingeteilt; **Aufbautraining** im Folgejahr.
5	**Evaluierung, Feedback**	Auswertung der Seminarreihe (Teilnehmer, Trainer); ggf. Follow up; ggf. Coaching einzelner Führungskräfte.

13. Führungsaufgaben und Führungsinstrumente (Überblick)

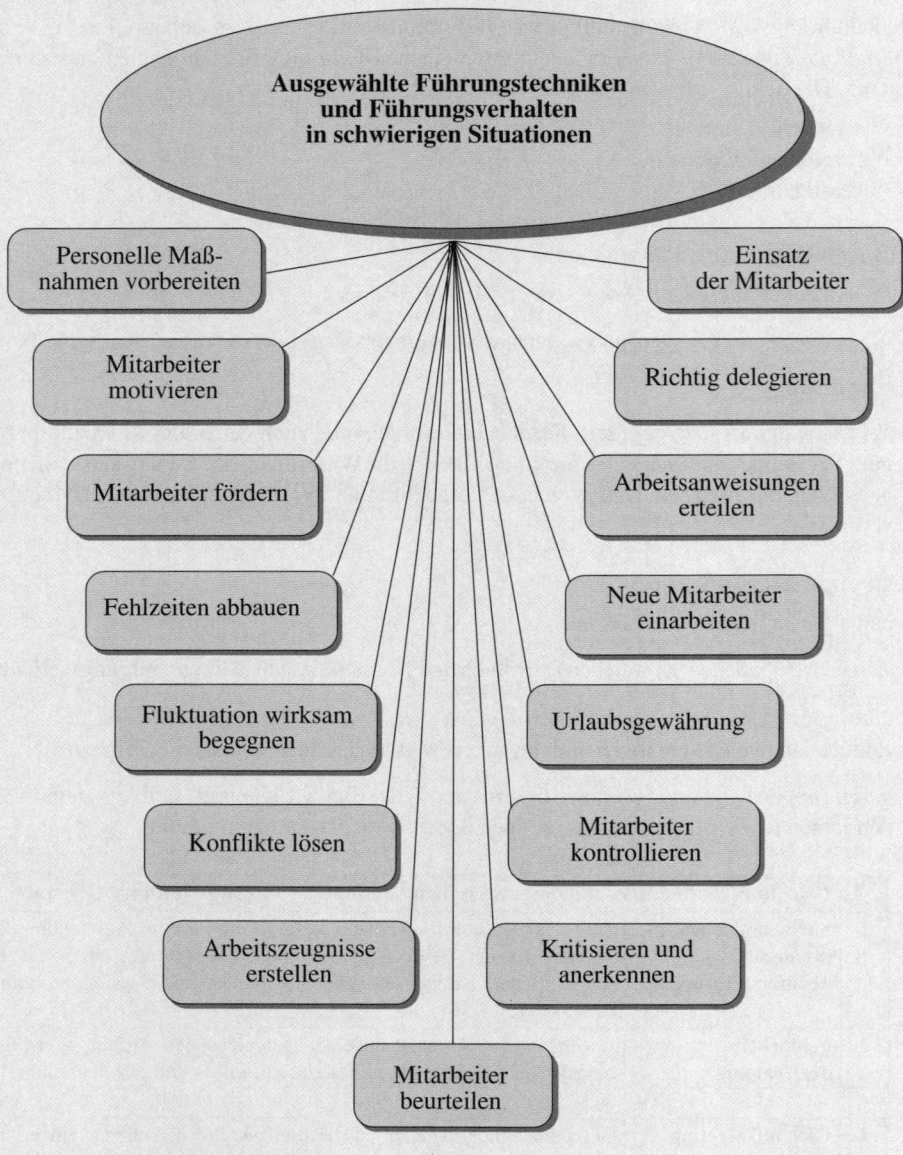

14. Führungstechnik/Führungsprinzip

a) Management by Objectives (Führen durch Zielvereinbarung)

b) Voraussetzungen, z. B.:
  → Vorliegen einer abgestimmten Zielhierarchie; Ableitung der Ressortziele aus dem Unternehmensgesamtziel,
  → eindeutige Abgrenzung der Aufgabengebiete,
  → Vereinbarung der Ziele im Dialog (kein Zieldiktat),
  → Festlegung von messbaren Zielgrößen, d. h. Bestimmung von
    - Ziel*inhalt,* z. B. „Fluktuation senken"
    - Ziel*ausmaß,* z. B. „um 5 %"
    - und *zeitlicher* Bezugsbasis, z. B. „innerhalb eines Jahres",
  → gemeinsame Überprüfung der Zielerreichung.

15. Rechtsfragen der Personalführung

a) Insbesondere aus dem Arbeitsvertrag ergeben sich für den Mitarbeiter u. a. Pflichten (Leistungspflicht, Gehorsamspflicht, Pflicht zur Vertraulichkeit, Schweigepflicht usw.). Aufseiten des Vorgesetzten stehen dem gegenüber u. a.

- das Weisungsrecht,
- das Recht zur Anordnung und
- das Recht zum Festlegen von Richtlinien (z. B. im Bereich des Unfallschutzes).

Der Vorgesetzte kann diese *arbeitsrechtlichen Führungsmittel* gezielt zur Gestaltung des Führungsprozesses einsetzen (Anweisungen treffen, sich auf Richtlinien berufen, ermahnen, abmahnen usw.). Er kann sich dabei auf die unterschiedlichen, bekannten Rechtsquellen des Arbeitsrechts berufen bzw. muss diese beachten – wie z. B.:

- geltende Gesetze,
- geltende Tarifbestimmungen,
- geltende Betriebsvereinbarungen,
- Regelungen aufgrund betrieblicher Übung
usw.

b) • *Anreizmittel,* z. B.:
    - monetäre Anreize (Zulagen, leistungsorientierte Entlohnung),
    - Status-Anreize (Ernennung zum leitenden Angestellten, zum „Direktor"),
    - Entwicklungsanreize (Aufzeigen von Entwicklungschancen).

  • *Kommunikationsmittel,* z. B.:
    - informieren,
    - mit dem Mitarbeiter reden,
    - präsentieren.

  • *Führungsstilmittel,* z. B.:
    - beteiligen,   - wertschätzen,
    - motivieren,   - fördern,
    - delegieren,   - kontrollieren.

Im Ansatz und in der Wirkung gibt es oft Überschneidungen bei den einzelnen Führungsmitteln.

16. Prinzipien der Gesprächsführung (sog. „BAR-Checkliste")

BAR-Checkliste zur Vorbereitung des Mitarbeitergesprächs		
Gesprächsziel: „Was will ich konkret erreichen?"...		
Meine Regeln	Meine W-Fragen	Was will ich konkret sagen?
Beteiligen	Wie bringe ich ihn zum offenen Sprechen? Wie vermeide ich Behauptungen? Wie lasse ich ihn selbst darauf kommen? Welche Entscheidungen kann ich ihm über-lassen?	
Anteil nehmen	Wie ist seine Lage, sein Standpunkt? Wie zeige ich ihm Verständnis für ...? Was kann er begreifen? Was nicht? Was könnte ihm Angst machen?	
Respektieren	Wie zeige ich ihm Respekt - vor seiner Person - seiner Leistung - seinem guten Willen?	

17. Arbeitsanweisungen erteilen

a) Unklare Arbeitsanweisungen können zu Terminüberschreitungen, fehlerhafter Arbeit und ähnlichen Störungen des Arbeitsablaufs führen – oft verbunden mit fruchtlosen Diskussionen „wer nun die Schuld trägt". Arbeitsanweisungen werden vom Vorgesetzten dann gegeben, wenn die Arbeitsweise, in der der Mitarbeiter eine Aufgabe erledigen soll, genau vorgeschrieben werden muss.

b) Der Vorgesetzte trägt in jedem Fall die Verantwortung dafür, dass seine Arbeitsanweisungen ausgeführt werden. Dies setzt voraus, dass sie verstanden wurden.

- Die nachfolgenden *Leitsätze* können als Hilfestellung bei der Formulierung von Arbeits-anweisungen eingesetzt werden:
    1. Knapp, präzise formulieren; dabei
        - die Arbeit genau bezeichnen
        - Mengen und Termine nennen
        - Qualitätsvorgaben machen
    2. nicht zu schnell reden und – vor allem – nicht schreien;
    3. zum Nachdenken ermuntern;
    4. keine Redewendungen von sich geben wie: „Das sagte ich schon" oder „Wie oft soll ich das noch sagen". Diese Äußerungen helfen in der Sache nicht weiter, sie verärgern den Mitarbeiter höchstens. Geduld zeigen;
    5. Anweisungen nicht über Dritte geben;
    6. Anweisungen begründen;
    7. die Mitarbeiter mit Herr bzw. Frau ansprechen (nicht: „Huber, holen Sie mal die Vor-richtung").
    8. die Anweisungen in Form einer Bitte äußern („Der Ton macht die Musik"; nicht: „Zu mir ...").
    9. die „Sprache" des Mitarbeiters sprechen.

18. Motivation

a) Die Frage nach der Motivation ist die Frage nach den Beweggründen menschlichen Verhaltens und Erlebens. Man unterscheidet dabei das Motiv von der Motivation:

- *Von einem Motiv* spricht man immer dann, wenn man einen isolierten Beweggrund des Verhaltens erkennt.

- *Von Motivation* spricht man dann, wenn in konkreten Situationen aus dem Zusammenwirken verschiedener aktivierter Motive ein bestimmtes Verhalten entsteht.

b) • Das menschliche Verhalten wird nicht nur durch eine Summe von Motiven allein bestimmt. Wesentlich hinzu kommen als *Antrieb* für eine bestimmte Verhaltensweise die persönlichen *Fähigkeiten* und *Fertigkeiten*.

- Eine entscheidende Rolle hinsichtlich des menschlichen Verhaltens spielt auch die gegebene Situation.

- Bei konstanter Situation (beispielsweise am Arbeitsplatz) kann man sagen, dass das Verhalten das Produkt aus Motivation mal Fähigkeiten plus Fertigkeiten ist. Das Leistungsverhalten des Einzelnen kann durch Verbesserung der Fähigkeiten und Fertigkeiten bei hoher Motivation verbessert werden.

> Leitgedanke:
>
> **Verhalten = Motivation · (Fähigkeiten + Fertigkeiten)**

- Ein bestimmtes Verhalten entsteht i. d. R. nicht allein aufgrund eines Motivs, sondern aufgrund eines *Bündels an Motiven*. Die Wertigkeit der Einzelmotive kann dabei je nach Situation wechseln. Beispiel:
Der Mitarbeiter entschließt sich zu einer Versetzung aufgrund der Motive: Geldmotiv, Statusmotiv, Kontaktmotiv u. Ä.

c) Aus den einzelnen Stufen der Bedürfnispyramide können z. B. folgende Motive abgeleitet werden:
- Geldmotiv, z. B.:
der Mitarbeiter reagiert auf Lohnanreize mit einer höheren Leistungsbereitschaft;
- Sicherheitsmotiv, z. B.:
der Mitarbeiter bittet um eine vertraglich abgesicherte Verlängerung der Kündigungsfrist;
- Kontaktmotiv, z. B.:
der Mitarbeiter trifft sich in der Mittagspause regelmäßig mit einigen Kollegen;
- Kompetenzmotiv, z. B.:
der Mitarbeiter möchte die Leitung einer Projektgruppe übernehmen.

d) • Die Begriffe, die Maslow verwendet, sind teilweise nicht scharf zu trennen (z. B.: Was heißt für das einzelne Individuum „Selbstverwirklichung"?).

- Die Bedingungen, „wann liegt ein bestimmtes Bedürfnis vor und wann wird es auf welche Art aktiviert", sind nicht beschrieben.

- Das Verhalten von Menschen wird i. d. R. von einem „Bedürfnis-(Motiv-)Bündel" bestimmt; die einzelnen Bedürfnisse beeinflussen und überlagern sich, und zwar in Abhängigkeit von der jeweiligen wirtschaftlichen und gesellschaftlichen Situation des Einzelnen. Beispiel: Das Erwerbsstreben basiert im Allgemeinen auf den Bedürfnissen Selbsterhaltung, Streben nach Anerkennung, ggf. Streben nach Macht, Sinnerfüllung usw. Ein wirtschaftlich „abgesicherter" Mitarbeiter kann das Motiv „Sinnerfüllung" bei seiner Erwerbstätigkeit eher in den Vordergrund stellen als ein Mitarbeiter ohne finanziellen Rückhalt.

e) Folgende konkrete Führungsmaßnahmen können geeignet sein, Motivanreize für die Bedürfnisstufen nach Maslow zu bilden:

- *physiologische Bedürfnisse:* - Beachtung des Tages-, Wochen- und Jahresrhythmusses; z. B.: Arbeitszeit, Pausen, Überstunden, Schichtarbeit, Freizeit

- *Sicherheitsbedürfnisse:*
  - sicheres Einkommen
  - krisen- und unfallsicherer Arbeitsplatz
  - firmeneigene Altersversorgung
  - Kompetenzen (auch) im Alter
  - Betriebskrankenkasse
  - Mitwirkung bei Neuerungen
  - Kündigungsschutz

- *soziale Bedürfnisse:*
  - Konferenzen und Mitarbeitergespräche
  - Teamarbeit, Gruppenarbeit
  - Betriebsausflüge
  - Kollegentreffen
  - Werkszeitung
  - Verständigung am Arbeitsplatz
  - Weiterbildung
  - gleitende Arbeitszeit

- *Ich-bezogene Bedürfnisse:*
  - übertragene Zuständigkeiten
  - Ehrentitel
  - Statussymbole
  - Einkommenshöhe
  - Art des Firmenfahrzeugs
  - Firmenparkplatz
  - Berufserfolg, Aufstiegsmöglichkeiten
  - Mitsprache

- *Bedürfnis nach Selbstverwirklichung:*
  - Befriedigung durch spezielle, sehr verantwortliche Tätigkeit
  - Entscheidungsspielraum
  - Zielvereinbarungen
  - Vollmachten
  - Verantwortung
  - Unabhängigkeit

19. Motivation und Arbeitszufriedenheit

a) • Beispiele für *Motivatoren*:
  - Selbstbestätigung,
  - Anerkennung,
  - Arbeitsinhalte.

- Beispiele für *Hygienefaktoren*:
  - Organisation,
  - Führungsverhalten,
  - Arbeitsbedingungen.

b) Konsequenzen aus der Theorie von Herzberg für die tägliche Führungspraxis; z. B.:
  - Das effektive und situationsangemessene Führungsverhalten des Vorgesetzten ist eine wichtige Quelle für die Arbeitszufriedenheit der Mitarbeiter.
  - Der Vorgesetzte muss sich für angemessene und ergonomische Arbeitsbedingungen einsetzen.
  - Der Vorgesetzte muss seinen Verantwortungsbereich klar und transparent organisieren u. Ä.

20. Bestätigen und Anerkennen

Z. B.:
- Der Grundsatz „Wenn ich nichts sage, war das (gemeint ist die Leistung des Mitarbeiters) schon o. k." ist falsch. Menschen brauchen Anerkennung von ihrer Umwelt.
- Anerkennung soll anlassbezogen, sachlich und konkret sein; überschwengliches Loben ist meist fehl am Platze. Oft genügt ein Kopfnicken, eine kurze Bemerkung oder eine Geste der Wertschätzung („Ja, prima!"; „Scheint gut geklappt zu haben?"„Klasse, dass wir den Termin noch halten können" oder ähnlich).

21. Korrektur und Kritik

a) Hauptziel des Kritikgesprächs ist die Überwindung des fehlerhaften Verhaltens eines Mitarbeiters in der Zukunft. Es gilt sich nicht in der Vergangenheit aufzuhalten, sondern positiv nach vorne zu schauen. Um dieses Hauptziel zu erreichen, werden zunächst die folgenden zwei Unterziele verfolgt:

  1. *Die Ursachen* des fehlerhaften Verhaltens werden im gemeinsamen 4-Augen-Gespräch sachlich und nüchtern erforscht. Dabei ist mit emotionalen Reaktionen des Mitarbeiters zu rechnen. Er wird zur Akzeptanz der Kritik nur dann bereit sein, wenn seine Gefühle vom Vorgesetzten ausreichend berücksichtigt werden und das Gespräch in einem allgemein ruhigen Rahmen verläuft.

  2. *Bewusstwerden und Einsicht* in das fehlerhafte Verhalten aufseiten des Mitarbeiters zu erreichen, ist das nächste Unterziel. Die besonders schwierige Führungsaufgabe im Kritikgespräch besteht in der Bewältigung der Affekte und der Erzielung von Einsicht in die notwendige Verhaltensänderung.

b)

> In jedem erfolgreichen Kritikgespräch müssen folgende Voraussetzungen erfüllt sein:
>
> 1. Ein Maßstab existiert und ist bekannt.
> 2. Es liegt eine Soll-Ist-Abweichung vor.
> 3. Die Abweichung ist vom anderen gedanklich nachvollziehbar.
> 4. Der Maßstab ist akzeptiert worden.

c) Für den Ablauf eines Kritikgespräches lassen sich vier Phasen formulieren:

- 1. Phase: Sachlich-nüchterne, präzise Beschreibung des Gesprächs- und Kritikanlasses durch den Vorgesetzten. Dabei soll er auf eine klare, prägnante und ruhige Sprache achten.

- 2. Phase: Der Mitarbeiter kommt zu Wort. Auch wenn die Sachlage scheinbar klar ist, der Mitarbeiter muss zu Wort kommen. Nur so lassen sich Vorverurteilungen und damit Beziehungsstörungen vermeiden. Diese Phase darf nicht zu vorschnell zu Ende kommen. Erst wenn die Argumente und Gefühle vom Mitarbeiter bekannt gemacht wurden, ist fortzufahren.

- 3. Phase: Gemeinsam die Ursachen des Fehlverhaltens feststellen – liegen sie in der Person des Mitarbeiters oder in der des Vorgesetzten oder in der betrieblichen Situation usw.

- 4. Phase: Wege zur zukünftigen Vermeidung des Fehlverhaltens vereinbaren („Kontrakte für die Zukunft schließen"). Erst jetzt erreicht das Gespräch seine produktive, zukunftsgerichtete Stufe. Auch hier gilt es die Vorschläge des Mitarbeiters mit einzubeziehen.

22. Delegation

a) Z.B.:
- Motivation der Mitarbeiter,
- Entlastung der Vorgesetzten.

b) Verbesserungsansätze, z.B.:
- Das *Ziel* der delegierten Aufgabe wird nicht genannt; z.B. „... einen Blumenstrauß zu besorgen um dem Mitarbeiter X eine Freude zu bereiten."

- Es wird *nur die Aufgabe delegiert.* Kompetenzen, d.h. Entscheidungsbefugnisse werden nicht übertragen. Diese Art der Delegation ist oft die Quelle von Demotivation beim Mitarbeiter. Im vorliegenden Fall ist dies besonders kritisch, weil es sich um eine langjährige, erfahrene Mitarbeiterin handelt.

c) • Richtig delegieren heißt,
- dem Mitarbeiter ein (möglichst messbares und damit überprüfbares) *Ziel* zu setzen sowie
- ihm die *Aufgabe* und die *Kompetenz* zu übertragen.

Aus der Verbindung dieser drei Bausteine der Delegation erwächst für den Mitarbeiter die *Handlungsverantwortung* – nämlich seine Verantwortung für die Aufgabenerledigung im Sinne der Zielsetzung sowie die Nutzung der Kompetenz innerhalb des abgesteckten Rahmens.

• Die *Führungsverantwortung* bleibt immer beim Vorgesetzten: Er trägt als Führungskraft immer die Verantwortung für Auswahl, Einarbeitung, Aus- und Fortbildung, Einsatz, Unterweisung, Kontrolle des Mitarbeiters usw. (Voraussetzungen der Delegation).

Diese Unterscheidung von Führungs- und Handlungsverantwortung ist insbesondere immer dann wichtig, wenn Aufgaben schlecht erfüllt wurden und die Frage zu beantworten ist: „Wer trägt für die Schlechterfüllung die Verantwortung? Der Vorgesetzte oder der Mitarbeiter?"

23. Förderungs- und Entwicklungsgespräche

Bei diesem Thema geht es für den Vorgesetzten in erster Linie darum, dass er erkennt,
- wo und bei welchen Mitarbeitern Qualifizierungsbedarf besteht,
- welche Potenziale erkennbar sind,
- welche Maßnahmen er veranlassen kann (Versetzung, Teilnahme an Schulungen, Kursen, Lehrgängen und Umschulungsmaßnahmen, Arbeitserweiterung usw.),
- welche Unterstützung er selbst geben muss (sorgfältige Einarbeitung, methodisch erfahrene Unterweisung, Lernstattmodelle innerhalb der Arbeitsgruppe, Kenntnis inner- und überbetrieblicher Aus- und Weiterbildungsmaßnahmen, Coaching der Mitarbeiter, Prägen durch Vorbildfunktion usw.),
- welche Erwartungen der Mitarbeiter hat.

24. Kontrolle der Mitarbeiter

a) • Kontrolle ist der Vergleich eines Ist-Zustandes mit einem Soll-Zustand und ggf. die Ableitung erforderlicher (Korrektur-)Maßnahmen. Insofern besteht der Vorgang der Kontrolle aus vier Schritten:
  - Soll-Wert: Es muss ein Soll-Wert, d. h. ein Maßstab existieren; z. B. „Erledigung der Arbeit bis Do, 16:00 Uhr" oder „Beherrschen der Maschine X innerhalb der Einarbeitungszeit von 2 Wochen".
  - Ist-Wert: Kontrolle setzt weiterhin voraus, dass ein Ist-Wert ermittelt wurde, d. h. der Vorgesetzte muss das reale Leistungsverhalten des Mitarbeiters erfassen – und zwar möglichst wertfrei.
  - Soll-Ist-Analyse: Vergleich von Ist- und Sollwert.
  - Maßnahmen: Kontrolle umschließt notwendigerweise die Festlegung korrigierender Maßnahmen aufgrund der Ursachen-Analyse; z. B.:

  • Beispiel:
  Soll-Wert: - Termin Do, 16:00 Uhr
  Ist-Wert: - Termin nicht eingehalten; um einen Tag überschritten
  Analyse: - Dem Mitarbeiter war die Notwendigkeit der Termineinhaltung nicht deutlich; er nahm an, „man könne auch etwas verschieben."
  Maßnahme: - Mitarbeiter und Vorgesetzter vereinbaren: Bei wichtigen Terminen wird der Vorgesetzte ausdrücklich darauf hinweisen; im Zweifelsfall wird der Mitarbeiter nachfragen; droht eine Termingefährdung, wird der Mitarbeiter rechtzeitig „rotes Licht" geben; beide werden nach einer Lösung suchen (o. Ä.).

b) Kontrolle ist erforderlich,
  - um die Zielerreichung zu gewährleisten bzw. um eine Abweichung vom Ziel festzustellen,
  - um dem Mitarbeiter ein Feedback über sein Leistungsverhalten zu geben.
  - Kontrolle gibt dem Mitarbeiter
    · Sicherheit,
    · Orientierung und
    · das Gefühl, dass seine Arbeit wichtig ist,
  - Kontrolle bedeutet Anerkennung oder konstruktive Kritik,
  - Kontrolle ist ihrem Sinn nach zukunftsorientiert; sie soll richtiges Verhalten festigen und Fehlverhalten für die Zukunft vermeiden.

c) Welches Kontrollverfahren hat welche Wirkung?
  * *Selbstkontrolle:*
    - hohe Motivationswirkung,
    - wenn das Ergebnis dem Vorgesetzten nicht mitgeteilt wird, so kann ggf. die Korrektur nicht oder zu spät erfolgen.

  * *Fremdkontrolle:*
    - hoher Sicherheitsgrad,
    - kann motivationshemmend wirken.

  * *Vollkontrolle:*
    - totale Sicherheit,
    - wirkt demotivierend,
    - Abweichungen sofort korrigierbar,
    - hoher Aufwand,
    - widerspricht dem Delegationsprinzip.

  * *Stichprobenkontrolle:*
    - Abweichungen sofort korrigierbar,
    - bewirkt unter Umständen Misstrauen.

  * *Ergebniskontrolle:*
    - hohe Motivationswirkung,
    - bei Abweichungen kann nicht mehr korrigiert werden,
    - kein Hinweis, mit welchen Mitteln das Ergebnis erreicht wurde.

  * *Zwischen- oder Tätigkeitskontrolle:*
    - laufende Einwirkungsmöglichkeiten,
    - zeitaufwändig,
    - i. d. R. geringe Motivationsbeeinträchtigung.

d) Langfristig gesehen ist es besser das Maß der Eigenkontrolle durch den Mitarbeiter zu erweitern und sich verstärkt auf die Kontrolle von Ergebnissen zu konzentrieren. Dies setzt beim Mitarbeiter einen hohen Ausbildungsstand sowie einen gut entwickelten Reifegrad voraus.

4.6 Betriebliche Arbeitsformen mitgestalten, Grundsätze moderner Arbeits- und Lernorganisation umsetzen

01. Bedeutung der Arbeitsgruppe

* Mögliche *Vorteile*; z. B:
  - mehr Leistungs-, Informations- und Kreativitätspotenzial;
  - Förderung der Akzeptanz von Lösungen;
  - Verständnis für Entscheidungen wird gefördert;
  - der Einzelne kann seine Leistung besser einschätzen, erhält Feedback von der Gruppe und kann seine Sozialkompetenz verbessern.

* Mögliche *Nachteile*; z. B:
  - Konformitätsdruck,
  - Gefahr von „Extrementscheidungen" („zu vorsichtig" oder „zu risikobereit"),

- höherer Zeit- und Kostenaufwand,
- Aufgabenverantwortung ist nicht mehr einem Einzelnen direkt zuordenbar (Verantwortungs-diffusion).

02. Informeller Führer

Beispiel: Eine Führungskraft nimmt ihre Vorgesetztenrolle nur unzureichend wahr – mit dem Ergeb-nis, dass der informelle Führer die „eigentliche Lenkung" der Gruppe übernimmt. Konflikte werden vor allem dann entstehen, wenn der informelle Führer subjektive und egoistische Ziele verfolgt.

03. Merkmale einer Gruppe

a) - direkter Kontakt,
   - Wir-Gefühl,
   - gemeinsame Ziele/Normen,
   - relativ langfristige Dauer,
   - Verteilung von Rollen und Status,
   - gegenseitige Beeinflussung.

b) • Arbeitsgruppe   =   formell
     Gruppe beim Mittagessen   =   informell

   • Merkmale der formellen Gruppe; z. B.:
     - bewusst geplant,
     - rational organisiert,
     - Effizienz steht im Vordergrund.

   • Merkmale der informellen Gruppe; z. B.:
     - spontan, eher ungeplant,
     - Ziele, Normen weichen oft von der formellen Gruppe ab,
     - entscheidend sind die Bedürfnisse der Mitglieder.

c) Informelle Gruppen können z. B.
   - Lücken schließen   (+)
   - die Meinungsbildung in der formellen Gruppe dominieren   (+ / −)
   - andere isolieren   (−)
   - Informationen beeinflussen (z. B. Gerüchte, Intrigen)   (+ / −)

04. Phasen der Gruppenbildung

- *formende Phase:*   Ausprobieren von Verhaltensmustern, erste Orientierung über Ziele, Wege und Widerstände;

- *stürmische Phase:*   Konflikte, Machtkämpfe, Positionskämpfe, emotionale Widerstände bei Einschränkung der Freiheit des Einzelnen, Normenunterschiede;

- *Zusammenhaltsphase:*   der Gruppenzusammenhalt entwickelt sich; die einzelnen Gruppen-mitglieder arbeiten auf den Bestand der Gruppe hin;

- *Vollzugsphase:*   Gruppenziele und konkrete Aufgaben werden in Angriff genommen; Rollen, Positionen und Normen festigen sich.

05. Gruppenprozesse

- *Interaktionsregel*: Im Allgemeinen gilt: Je häufiger Interaktionen zwischen den Gruppen-mitgliedern stattfinden, umso mehr werden Kontakt, „Wir-Gefühl" und oft sogar Zuneigung/Freundschaft gefördert. Die räumliche Nähe der Gruppenmitglieder untereinander gewinnt an Bedeutung.

- *Distanzierungsregel*: Sie besagt, dass eine Gruppe sich nach außen hin abgrenzt – bis hin zur Feindseligkeit gegenüber anderen Gruppen (vgl. dazu die Verhaltensweisen von sog. Fußballfan-Gruppen). Zwischen dem „Wir-Gefühl" (Solidarität) und der Distanzierung besteht oft eine Wechselwirkung. „Wir-Gefühl" entsteht oft über die Abgrenzung zu anderen (z. B. „Wir nach dem Kriege, wir wussten noch ..., aber heute - die junge Generation ...").

06. Gruppenbeziehungen

- *Beziehungen einer Gruppe zu anderen Gruppen* können sich positiv oder negativ gestalten. Die Unterschiede hinsichtlich der Normen und Verhaltensmuster können gravierend oder gering sein – bis hin zu Gemeinsamkeiten. Von Bedeutung ist auch die Stellung einer Gruppe innerhalb des Gesamtbetriebes (z. B. Gruppe der Leitenden).

  Im Allgemeinen beurteilen Menschen das Verhalten der eigenen Gruppenmitglieder positiver als das fremder Gruppenmitglieder. Auch die Leistung der Fremdgruppe wird im Allgemeinen geringer bewertet (z. B. Mitarbeiter der „Personalabteilung Angestellte" versus Mitarbeiter der „Personalabteilung Arbeiter"). Die Bedrohung der eigenen Sicherheit kann zu feindseligem Verhalten gegenüber der anderen Gruppe oder einzelnen Mitgliedern dieser Gruppe führen. Der Vorgesetzte sollte hier dazu beitragen, dass die Kontakte zwischen betrieblichen Gruppen ggf. verbessert werden, dass Auffassungsunterschiede versachlicht und „Spielregeln" der Zusammenarbeit vereinbart werden.

- *Beziehungen innerhalb der Gruppe:* Innerhalb einer Gruppe, die über längere Zeit existiert, entwickelt sich neben der formellen Rangordnung (z. B. Vorgesetzter – Mitarbeiter) eine informelle Rangordnung (z. B. informeller Führer). Die informelle Rangordnung ist geeignet die formelle Rangordnung zu stören.

  Beispiel: Die Führungskraft nimmt ihre Vorgesetztenrolle nur unzureichend wahr – mit dem Ergebnis, dass der informelle Führer die „eigentliche Lenkung" der Gruppe übernimmt. Innerhalb einer länger bestehenden Gruppe kann es zu einer Rangabstufung kommen, die in Anlehnung an die Tierwelt als „Hackordnung" bezeichnet wird. Geprägt werden Gruppenränge und „Hackordnung" u. a. durch Persönlichkeit, Autorität, Erfahrung, Fähigkeiten, Eigenschaften und Verhaltensweisen.

- *Störungen innerhalb der Gruppe:* Massive Störungen in der Gruppe (z. B. u. a. erkennbar an häufigen Beschwerden über andere Gruppenmitglieder, verbale Aggressionen, Cliquenbildung, Absonderung, Streit, Fehlzeiten) sollten vom Vorgesetzten bewusst wahrgenommen werden. Er muss die Störungsursache „diagnostizieren" und ihr entgegenwirken. Zunehmende Störungen und nachlassender Zusammenhalt können zum Zerfall einer Gruppe führen. Die Gründe dafür können sein:

  - Über- oder Unterforderung einer Gruppe durch den Vorgesetzten (es fehlt z. B. das gemeinsame Sachziel),
  - unüberwindbare Gegensätzlichkeiten (z. B. Einstellungen von „Alt" und „Jung").
  - gravierende Führungsfehler des Vorgesetzten (Fehler in der Kritik, mangelnder Kontakt, unangemessene Vertraulichkeit u. Ä.).

07. Besondere Rollen in Gruppen und ihre Bedeutung für die Führungsarbeit

- der „Star": Fördernder Führungsstil, Anerkennung, tragende Rolle des Gruppen-„Stars" nutzen und einbinden in die eigene Führungsarbeit, Vorbildfunktion des Vorgesetzten ist wichtig.

- der „Freche": Es handelt sich hier meist um extrovertierte Menschen mit Verhaltenstendenzen wie Provozieren, Aufwiegeln, Quertreiben, unangemessenen Herrschaftsansprüchen (Besserwisser, Angeber, Wichtigtuer usw.). Daher: sorgfältig beobachten, Grenzen setzen, mitunter auch Strenge und vor allem Konsequenz zeigen; Humor und Geduld nicht verlieren.

- der „Intrigant": Negatives Verhalten offen im Dialog ansprechen, bremsen und unterbinden, auch Sanktionen „androhen", Ursachen für negatives Verhalten erforschen.

- der „Ehrgeizling": Ehrgeiz und Kraft sinnvoll in Ziele und Aufgaben einbinden, überzogenes Egoverhalten aufzeigen und notfalls bremsen, Sozialverhalten bessern, ohne dass die Leistung darunter leidet.

Im Überblick:

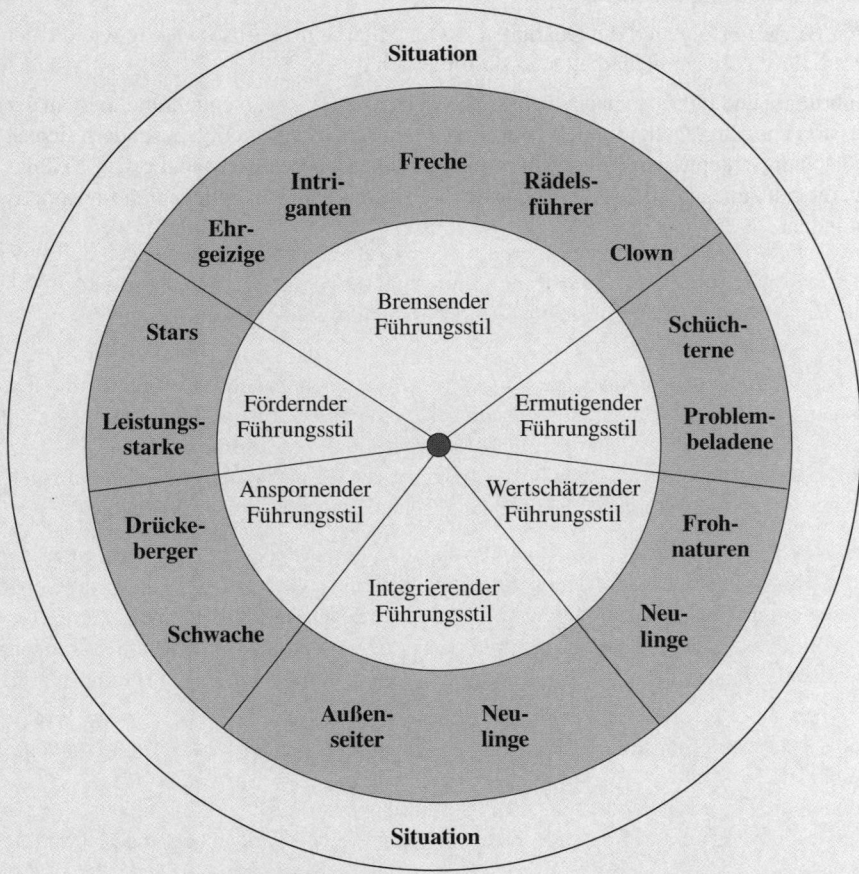

08. Besonderheiten der Führung ausgewählter Adressatengruppen (1)

a)

Faktoren der Leistungsfähigkeit älterer Mitarbeiter		
Mit dem Alter verringern sich tendenziell u. a.	**Weitgehend altersbeständig sind u. a.**	**Mit dem Alter wachsen in der Regel u. a.**
• die geistige Wendigkeit • die Wahrnehmungsgeschwindigkeit • die Abstraktionsfähigkeit • das Kurzzeitgedächtnis • die Muskelkraft • die Leistungsfähigkeit der Sinnesorgane	• der Wissensumfang • die Konzentrationsfähigkeit • die sprachlichen Kenntnisse • die Widerstandsfähigkeit bei normaler Belastung • die Fähigkeit Alltagsprobleme zu lösen	• die Arbeits- und Berufserfahrung • die Urteilsfähigkeit • die Sozialkompetenz • Verantwortungsbewusstsein und Zuverlässigkeit • Ausgeglichenheit und Kontinuität • das Streben nach Sicherheit

b) • Auf die Beschäftigung älterer Menschen kann nicht verzichtet werden. Ihr Leistungsbild ist gegenüber jüngeren Mitarbeitern nicht grundsätzlich geringwertiger, sondern in vielen Bereichen nur qualitativ anders.

  • Für den Betriebserfolg sind die Qualitäten älterer Mitarbeiter ebenso wichtig wie die der jüngeren, für die Zusammenarbeit sind sie förderlich.

  • Für Führungs- und Führungsnachwuchskräfte ist es wichtig, sich nicht unreflektiert an der Diskussion über das „Defizitmodell vom älteren Menschen" zu beteiligen, sondern sich an den Forschungserkenntnissen über Altersveränderungen zu orientieren und gewisse Fähigkeiten, die mit zunehmendem Alter sogar wachsen, effektiv in die tägliche Führungspraxis einzubinden.

c)

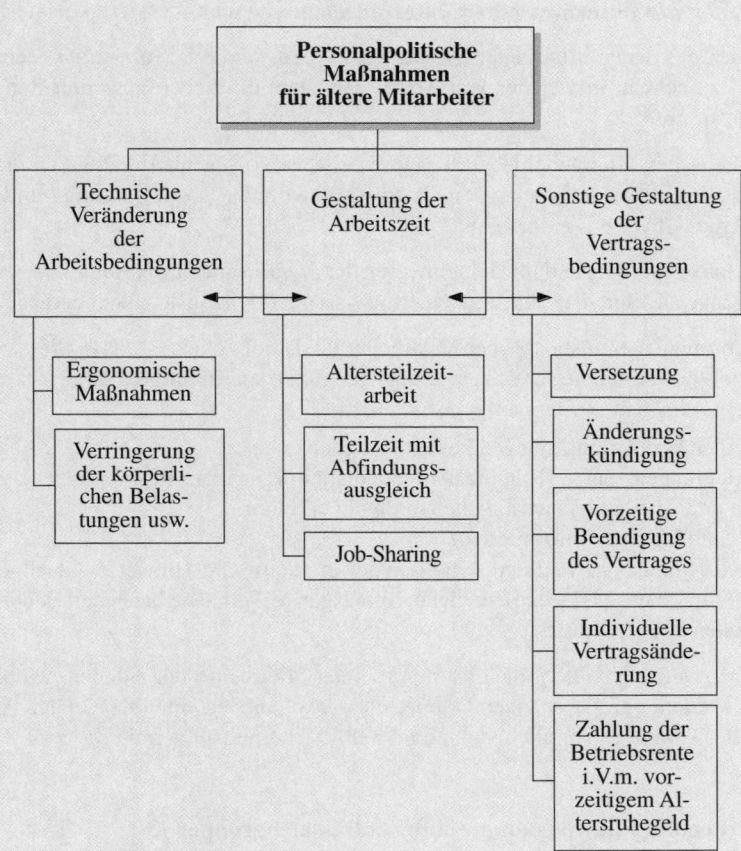

09. Besonderheiten der Führung ausgewählter Adressatengruppen (2)

Die Besonderheiten der Führung ausländischer Mitarbeiter können sich z. B. aus folgenden Aspekten ergeben:

- Die *sprachliche Barriere* ist oft ein Hindernis, da für einen gewissen Teil der ausländischen Mitarbeiter Deutschland nur Zwischenstation ist, sodass sich für sie das systematische Erlernen der Sprache nicht lohnt, es sei denn, sie sind als sog. 2. oder 3. Generation hier aufgewachsen. Das Informationsbedürfnis ist dann nicht sehr stark ausgeprägt. Gewisse sprachliche Missverständnisse sind häufig unvermeidbar:
  - manche deutschen Worte sind gleichklingend mit ausländischen Schimpfworten
  - wohlgemeinter Spaß und Humor kann, wenn nicht richtig verstanden, auf sehr empfindliche Reaktionen stoßen
  - Dolmetscher im Betrieb und die Übersetzung wichtiger betriebstechnischer Informationen sowie der Unfallverhütungsvorschriften sollten selbstverständlich sein; eine fremdsprachige Rubrik in der Werkszeitung könnte zur wirksamen Integration ein Übriges tun.

- *Klimatische Unterschiede* und veränderte *Essgewohnheiten* können Schwierigkeiten bereiten.

- Manche Länder, aus denen Mitarbeiter beschäftigt werden, sind z. B. vom *Islam* beeinflusst. Es gilt darauf zu achten, in welcher Weise z. B. der Islam die Lebensgewohnheiten dieser Mitarbeiter bestimmt.

- Manche ausländischen Mitarbeiter leben zu Hause teilweise noch in überlieferten *Traditionen*. Hier müssen sie sich an höhere Arbeitsdisziplin gewöhnen (Zeiterfassung) und einen bestimmten Arbeitsrhythmus einhalten.

- Sie leben zu Hause überwiegend im Gemeinwesen der *Familie* und des *Freundeskreises*. Hier gehen sie, solange sie ohne Familie sind, einer gewissen Beziehungslosigkeit entgegen.

- Bei der Einführung neuer ausländischer Mitarbeiter ist darauf zu achten, dass alles, was mit dem menschlich-persönlichen Bereich zusammenhängt, an den Anfang gestellt wird; es muss zuerst eine *persönliche Beziehung* aufgebaut werden:
  - mit Landsleuten und Arbeitskollegen bekannt machen,
  - soziale Einrichtungen zeigen (Kantine, Aufenthaltsräume, sanitäre Einrichtungen),
  - Lohnsystem und Abzüge erläutern, Arbeitsordnung erklären,
  - über Rechte und Pflichten informieren,
  - dann erst den Arbeitsplatz und den Arbeitsablauf erläutern und Hinweise auf allgemeine Unfallverhütung geben (Meldeeinrichtungen, Notausgänge, Verhalten bei Feuer, Handhabung der elektrischen Einrichtungen).

- Die Arbeitsunterweisung sollte möglichst durch einen Mitarbeiter der eigenen *Nationalität* durchgeführt werden; ggf. durch einen Dolmetscher, etwa anhand einer übersetzten Arbeitsgliederung. Hier kommt es vor allem darauf an, Selbstsicherheit zu vermitteln.

10. Besonderheiten der Führung ausgewählter Adressatengruppen (3)

a) • Der Arbeitgeber ist in seinem Betrieb verpflichtet die *Arbeitsräume, Betriebsvorrichtungen, Maschinen und Gerätschaften* unter besonderer Berücksichtigung der Unfallgefahr so einzurichten und zu unterhalten und den Betrieb so zu regeln, dass wenigstens die vorgeschriebene Zahl Schwerbehinderter in seinem Betrieben dauernde Beschäftigung finden kann.

- Die Einrichtung von *Teilzeitarbeitsplätzen* ist zu fördern.

- Der Arbeitgeber ist ferner verpflichtet den Arbeitsplatz mit den erforderlichen *technischen Arbeitshilfen* auszustatten. Diese Verpflichtung besteht nicht, soweit ihre Durchführung für den Arbeitgeber mit unverhältnismäßigen Aufwendungen verbunden wäre oder soweit die staatlichen oder berufsgenossenschaftlichen Arbeitsschutzvorschriften ihnen entgegenstehen. Bei Durchführung dieser Maßnahmen haben die Arbeitsagenturen und Integrationsämter den Arbeitgeber unter Berücksichtigung der für die Beschäftigung wesentlichen Eigenschaften des schwerbehinderten Menschen zu unterstützen (vgl. § 80 SGB III).

b) Bei der Führung behinderter Mitarbeiter sollte der Vorgesetzte darauf achten, Spott oder unangemessenes Mitleid zu vermeiden. *Behinderte wollen weitgehend wie „normale Mitarbeiter" behandelt werden.*

11. Besonderheiten der Führung ausgewählter Adressatengruppen (4)

- Die Bestimmungen des *Jugendarbeitsschutzgesetzes* sind zu beachten, z. B.:
  - Gefahr der Überlastung,
  - Arbeitsplatzgestaltung,
  - begrenzte Arbeitszeiten,
  - erhöhte Pausenzeiten,
  - besondere Arbeitsschutzbestimmungen.

- Arbeitsunterweisungen z. B. in Sachen Arbeitssicherheit müssen ggf. wiederholt werden (Stichwort *„jugendlicher Leichtsinn"*).

- Die Form der Arbeitsunterweisung soll den Jugendlichen positiv unterstützen, ihn anregen und ihm *Erfolge* in seiner Entwicklung *vermitteln*.

- Aktivierende und motivierende *Lehrmethoden* sind zu bevorzugen.

12. Zusammenarbeit von Frauen und Männern

Im Gegensatz zu den in der Fragestellung geschilderten Vorurteilen sind z. B. folgende Fakten richtig, die der Vorgesetzte in seinem Führungsverhalten berücksichtigen sollte – dabei sind die nachfolgenden Aussagen zu verstehen im Sinne von – „im Allgemeinen", „in der Regel", „im Durchschnitt":

- Frauen haben i. d. R. eine geringere *Körperkraft* als Männer; ihre Geschicklichkeit bei fein-motorischen Arbeiten ist meist höher. Es gibt Untersuchungen, die die Vermutung stützen, dass Frauen sich schneller erholen und psychisch auf Dauer stärker belastbar sind; die Gründe werden in einem anderen Stoffwechsel sowie in einem veränderten Hormonhaushalt als bei Männern gesehen.

- Die allgemeine *Intelligenz* von Frauen und Männern ist gleich. In den Punkten „Einfüh-lungsvermögen" und „sprachliche Fähigkeiten" schneiden Frauen etwas besser – bei den Segmenten „Abstraktion, mathematisch/physikalische Vorgänge" – etwas schlechter ab als ihre männlichen Kollegen. Dabei darf jedoch der Einfluss der erziehungsbedingten Prägung und der gesellschaftlichen Rollenfestlegung nicht übersehen werden.

- Unterschiede zwischen Frauen und Männern ergeben sich auch aus der *gesellschaftlichen Rol-lenzuweisung* der Frau und der biologischen Tatsache, dass Frauen die Kinder gebären. So ist das Arbeitseinkommen der Frau öfter ein „Zweiteinkommen" als bei Männern. Durch die Geburt und die Erziehung der Kinder ergeben sich Unterbrechungen in der Berufsentwick-lung. U. a. aus diesen Gründen sind Frauen eher bereit ggf. auf berufliche Erfolge zeitweise zu verzichten – oft zu Gunsten „der Familie und der beruflichen Karriere" des Mannes. Die Zahl der Frauen, die eine Doppelfunktion wahrnehmen (Familie und Beruf), ist wesentlich höher als bei Männern.

- Interessant ist, dass neuere Untersuchungen davon ausgehen, dass Frauen eine stärkere *mo-deratorische Kompetenz* haben. Sie sind in ihrem Verhalten weniger auf Rivalität und Domi-nanz angelegt als ihre männlichen Kollegen. Dies hat in der Führung und Zusammenarbeit den Vorteil, dass betriebliche Themen mit mehr Einfühlungsvermögen und einer stärkeren Bereitschaft zum tragfähigen Kompromiss angegangen werden.

• Frauen legen tendenziell mehr Wert auf äußere Erscheinung, freundliche und korrekte Umgangsformen, ansprechende Arbeitsräume und auf *„Wertschätzungen im Alltag"* (begrüßen, zuhören, Aufmerksamkeit und Interesse zeigen).

• Nicht vergessen werden darf die Tatsache, dass in der Zusammenarbeit zwischen Männern und Frauen auch die *geschlechterspezifische*, natürliche *Spannungssituation* eine Rolle spielt. Befragungen aus dem Berufsalltag zeigen immer wieder das Bild, dass „Mann" und „Frau" lieber in Arbeitsgruppen tätig sind, in denen beide Geschlechter vertreten sind.

13. Arbeitsorganisation in Gruppen

Bereits die Werkstatt-Organisation der ersten Automobil-Hersteller und selbst die Handwerkszünfte des Mittelalters kannten bereits Gruppenarbeits-Modelle. Die heutigen Konzepte der Team- und Gruppenarbeit bzw. „Arbeit in Gruppen" stammen aus den Vereinigten Staaten der 70er-Jahre. Sie erleben derzeit – ausgelöst durch die zurückliegende Rezession in den USA und dem daraus resultierenden Konzept der „schlanken Produktion" – einen regelrechten „Boom". Die Gruppenkonzepte „Teamarbeit", „teilautonome Arbeitsgruppen" sowie „Gruppenarbeit/ Arbeit in Gruppen" verfolgen die gleichen Ziele wie Lean Production.

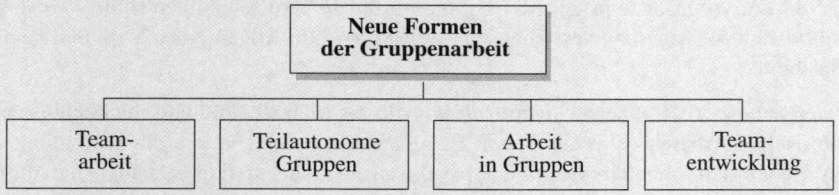

• *Teams (Teamarbeit)* sind Gruppen, die sich vor allem nach außen hin abgrenzen (Außenskelett). Die Arbeitsteilung im Inneren bleibt offen. Zumeist wird allerdings in der Praxis der Qualifikationsbedarf erhöht, da Personen mehrere Arbeitsplätze zu beherrschen haben (Stellvertretung, Rotation). Im Extremfall verrichtet jeder jeden Arbeitsgang im Teambereich. Oberstes Ziel der Teamarbeit ist die Kommunikation vor Ort und die Verkürzung von Entscheidungsprozessen.

• *Teilautonome Arbeitsgruppen* sind ein mehrstufiges Team-Modell, das den Mitgliedern Entscheidungsfreiräume zugesteht; u. a.:

- selbstständige Verrichtung, Einteilung und Verteilung von Aufgaben (inklusive Anwesenheitsplanung, Qualifizierung, Urlaub, Zeitausgleich usw.),
- selbstständige Einrichtung, Wartung, teilweise Reparatur der Maschinen und Werkzeuge,
- selbstständige (Qualitäts-)Kontrolle der Arbeitsergebnisse.

Teilautonome Gruppen dienen in erster Linie der Entscheidungsfindung vor Ort und der Steigerung der Motivation. Sie sind kein universell einsetzbares Mittel der Arbeitsorganisation. In der industriellen Fertigung sind sie dann wirkungsvoll, wenn sie von klaren Rollen-Absprachen begleitet werden.

- *Gruppenarbeit/Arbeit in Gruppen* ist eine spezifische Form von teilautonomen Gruppen als Methode der *Innenorganisation von Teams*, die durch VOLVO vorgeprägt wurde. In der Praxis wird seither die neutrale Bezeichnung „Arbeit in Gruppen" bevorzugt. Gruppenarbeit soll – wie oben am Beispiel der teilautonomen Gruppen gezeigt – der direkten Kommunikation (Kontakte), Entscheidungsfindung vor Ort (Beteiligung) und Motivation dienen. Neben diesen menschlichen Aspekten stehen aber auch Produktivitätssteigerungen, mehr Flexibilität und Kostensenkungen dahinter.

- *Teamentwicklung* ist ein Begriff, der nicht in das Gebiet der Arbeitsorganisation von Fertigungsbereichen fällt, sondern ein Instrument der Personalentwicklung ist: Die Gruppe (z. B. Mitarbeiter der Abteilung Verkaufsförderung) geht zusammen mit einem „Berater/Trainer" einige Tage in Klausur und bearbeitet gruppeneigene Fragestellungen. Beispiele:

  - „Was behindert die Effektivität unserer Arbeit?"
  - „Welche Ziele haben wir für das nächste Jahr?"
  - „Welchen Stellenwert hat unsere Arbeit im Gesamtunternehmen?"
  - „Wie wollen wir welche Probleme bis wann lösen?"

- *Die schlanke Produktion (Lean Production)* ist in der heutigen Fassung ein Produktionskonzept aus den Vereinigten Staaten, das aus der überwundenen Rezessionszeit stammt. Ursprünglich wurde es bei TOYOTA von Tauchi Ohno entwickelt. Schlanke Produktion bedeutet:

  - die Konzentration auf den Wertschöpfungsprozess in der Produktion („wofür der Kunde bereit ist zu bezahlen") und

  - die Eliminierung von Verschwendungen („wofür der Kunde nicht bereit ist zu bezahlen"). Ausgangspunkt war die Erkenntnis, dass amerikanische und europäische Firmen einen Produktivitätsnachteil von bis zu 30 % gegenüber dem japanischen Wettbewerb hatten.

Traditionelle Denkansätze	Lean Management – neue Denkansätze
• nicht Wettbewerb „schlagen", sondern	• Kunden gewinnen
• nicht fertigungsorientiert, sondern	• marktorientiert
• nicht Wettbewerb zwischen den Abteilungen, sondern	• Prinzip „interner Kunde"
• nicht Prinzip „Feuerwehr", sondern	• planvoll, strategisch
• nicht nur kurzfristiges Ergebnis, sondern	• ebenso langfristige Prozessorientierung
• nicht wer, sondern	• was und wie
• nicht Fehler, sondern	• Lernquelle
• Mitarbeiter ist nicht Kostenfaktor, sondern	• Potenzialquelle

14. Teamentwicklung (1)

Der Gruppenentwicklungsprozess – Phasen der Teamentwicklung nach Tuckmann

Forming	Storming	Norming	Performing
- Kontaktaufnahme - Kennenlernen - Höflichkeit - Unsicherheiten	- Machtkämpfe - Egoismen - Frustrationen - Konflikte - Statusdemonstrationen	- Lernprozesse - Spielregeln - Vertrauen und Offenheit - sachliche Auseinandersetzung	- Reifephase: - Entwicklung zu einem leistungsfähigen Team
Formende Phase	**Stürmische Phase**	**Regelungsphase**	**Phase der Zusammenarbeit**

↑	↑	↑	↑
	- Moderation - Integration - Information - Koordination	- Rollen„findung" - Zielbestimmung - Konflikt- und Beschwerdemanagement	- Kontrolle - Steuerung - Innovation
Rolle des Teamleiters			

15. Teamentwicklung (2)

Gruppendynamische Prozesse können negative oder positive Wirkungen entfalten (Zusammenhalt oder innerer Zerfall einer Gruppe). Der Vorgesetzte muss positive Entwicklungen erkennen und fördern und negativen Tendenzen entgegenwirken. Negativ sind alle Entwicklungen zu bewerten, die die Erreichung der Ziele stören oder verhindern, z. B. Nichterreichen der betrieblichen Ziele, Stören der persönlichen Bedürfnisse der Gruppenmitglieder u. Ä.

Gruppendynamische Prozesse (Veränderungsprozesse) *kann der Vorgesetzte über folgende Signale* der Mitarbeiter/der Gruppe *„diagnostizieren"* und damit bewusst in eine positive Richtung steuern:

* *Kontakt*
  - zwischen den einzelnen Gruppenmitgliedern
  - zu anderen Gruppen

* *Sympathie/Antipathie*
  - zwischen den einzelnen Gruppenmitgliedern
  - zu anderen Gruppen

* *Aktivität*
  - zwischen den einzelnen Gruppenmitgliedern
  - zu anderen Gruppen

* Entwicklung eines *informellen Führers* in der Gruppe

* *Beschwerden und Konflikte*

* Veränderung
  - der *Gruppenleistung*
  - der *Leistung* einzelner Gruppenmitglieder
  - der Kommunikation (Art, Häufigkeit, Intensität)

- Entwicklung eigener *Gruppennormen* (konstruktive/destruktive)

- *Wettbewerb* untereinander (in der Gruppen/innerhalb von Gruppen)

Bei der Führung von Gruppen haben sich folgende Prinzipien bewährt:

- *„Nicht gegen die Gruppe arbeiten, sondern mit ihr!"*

- *„Die positiven Kräfte nutzen!"*
  - wie z. B. Gruppenzusammenhalt

- *„Den negativen Kräften entgegenwirken!"*
  - wie z. B. Bildung informeller Normen, die sich destruktiv auswirken

16. Zielvereinbarung (MbO)

a) - Information und Schulung der Führungskräfte,
   - Akzeptanz des Systems bei den Führungskräften
   - Hierarchie der Ziele
   - Vergleichbarkeit der Ziele
   - Überleitung von alten zum neuen System (traditionelle Leistungsbeurteilung → Zielvereinbarung),
   - ggf. Überwindung der Sprachbarrieren („international tätig").

b)

	Seminar „Zielvereinbarung" • Inhalte, z. B.:	
1	System-erläuterung	Darstellung des gewählten Zielvereinbarungssystems (Gründe, Vorteile, Risiken, Bedenken usw.)
2	Zeitfenster	Meilensteine der Einführung, Umsetzung und Kontrolle
3	Übung 1	Formulieren operationaler Ziele und ihre Bewertung, z. B. nach der „SMART-Regel": Spezifisch, Messbar, Angemessen, Relevant, Terminiert.
4	Übung 2	Kommunikation der vereinbarten Ziele
5	Übung 3	Modifikation der Ziele
6	Übung 4	Analyse von Zielabweichungen, Diskussion von Maßnahmen
7	Übung 5	Fähigkeit erlangen, Zielvereinbarungsgespräche mit den Mitarbeitern zu führen.

c)

Zielvereinbarung	
Chancen, z. B.:	Risiken, z. B.:
- einheitliche Ausrichtung des Unternehmens - Bündelung der Kräfte in Richtung „Markt" - Anreiz der Führungskräfte - Transparenz der Führungsarbeit - überprüfbarer Maßstab für Leistung („Zielerreichung")	- unrealistische, „überzogene" Ziele - Ressourcen zur Erfüllung der Ziele sind nicht ausreichend - Abstimmungsprozesse gelingen nicht und verbrauchen unangemessen viele Ressourcen

17. Organisationspsychologie: Veränderungskurve (nach Streich)

Veränderungskurve (nach Streich)		
1.	Schock	großer Unterschied zwischen eigenen und fremden, meist hohen Erwartungen und eingetroffener Realität
2.	Verneinung	falsches Sicherheitsgefühl, überhöhte Einschätzung der Verfahrens- und Verhaltenskompetenz
3.	Einsicht	in die Notwendigkeit von neuen Verfahrens-und Verhaltensweisen
4.	Akzeptanz	der Realität, Loslassen alter Verfahrens- und Verhaltensweisen
5.	Ausprobieren	und Suchen neuer Verfahrens-und Verhaltensweisen; Erfolge, Misserfolge, Ärger, Frustration
6.	Erkenntnis	warum gewisse Verfahrens-und Verhaltensweisen zum Erfolg führen und andere zum Misserfolg
7.	Integration	Übernahmeerfolgreicher Verfahrens- und Verhaltensweisen ins aktive Handlungsrepertoire

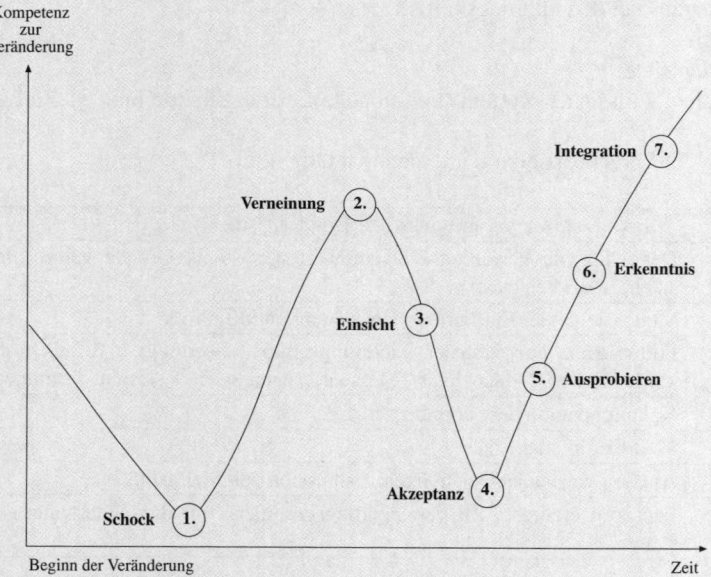

Quelle: in Anlehnung an Streich, R.: Lust und Frust im Changeprozess. Wie Firmen den konstanten Wandel beherrschen können; in: io New Management (Zeitschrift für Unternehmenswissenschaften und Führungspraxis, Nr. 10, Zürich 2003, S. 22

5. Situationsbezogenes Fachgespräch

Der erste Teil der Aufgabenstellung besteht in der Komplettierung des Themenvorschlages: Dazu ist die *Grobgliederung* zu formulieren:

Grobgliederung (als Teil der Themenstellung)

1   Feststellen und bewerten der Ist-Situation
- fehlender Nachwuchs (Facharbeiter, Meister)
- keine nennenswerten Bildungsaktivitäten
- Ausbildungsquote: 3 %
- keine Aus- und Fortbildungskonzeption

2   Soll-Situation (Zielsetzung)
- Vorlage einer Aus- und Fortbildungskonzeption innerhalb von sechs Monaten
- Berücksichtigung der Kosten

3   Planung der Maßnahmen und Methoden
- Ermittlung des Aus- und Fortbildungsbedarfs
- Verdichten der Ergebnisse der Bedarfsermittlung
- Festlegen der Aktionsfelder und Methoden
- Präsentation der Aus- und Fortbildungskonzeption
- Genehmigung durch die Geschäftsleitung
- Innerbetriebliches Marketing der Konzeption

4   Durchführung und Kontrolle der Maßnahmen und Methoden
- Realisierung und Implementierung der Einzelprojekte
- Weiterentwicklung, Evaluierung und Transfersicherung

Hinweise:

Natürlich gibt es zu dieser komplexen Aufgabenstellung innerhalb der Zenit GmbH keine Musterlösung. Bitte beachten Sie trotzdem folgende Erläuterungen:

Die Geschäftsleitung möchte de facto zwei Fragen beantwortet haben: Erstens ist ein schlüssiges Aus- und Fortbildungskonzept vorzulegen, *das den bereits erkannten Bedarf an Facharbeitern und Meistern in den nächsten Jahren abdeckt*; außerdem ist der im Unternehmen *latent vorhandene Bedarf* zu ermitteln und dafür sind geeignete Maßnahmen zu installieren.

Die Struktur der Grobgliederung folgt der Logik des *Management-Regelkreises*: Ziele setzen → planen → organisieren → durchführen → kontrollieren. Die Grobgliederung zeigt nur die „ungefähre Struktur" Ihrer Bearbeitung der Aufgabenstellung; deshalb ist keine weitergehende Nummerierung erforderlich (also nicht: 1.1, 1.2 usw.). Außerdem können Sie bei Ihrer tatsächlichen Präsentation der Lösung in vertretbarem Maße von der Grobgliederung abweichen.

Fachgespräch

(1) Der Teilnehmer stellt sich kurz vor:

„Mein Name ist Gerd Mustermann. Ich bin 27 Jahre, verheiratet und habe eine Tochter von vier Jahren. Nach dem Abitur schloss ich bei der Firma Klatt OHG, einem Handelsunternehmen in Köln, die Ausbildung als Kaufmann im Groß- und Außenhandel ab und war danach im selben Unternehmen als Sachbearbeiter im Personalwesen tätig – Schwerpunkt, Lohn- und Gehaltsabrechnung und Personalbetreuung. Seit zwei Jahren arbeite ich bei der Zenit GmbH als Personalreferent und unterstütze den Leiter der Verwaltung in allen Tagesfragen der Personalarbeit. Ich habe mich für die Weiterbildung „Geprüfter Personalfachkaufmann" entschieden, weil ich durch diese Maßnahme meine praktische Erfahrung in der Personalarbeit theoretisch festigen möchte und das Unternehmen mir eine attraktive Entwicklungsmöglichkeit in Aussicht gestellt hat."

(2) Möglicher Präsentationsvorschlag:

Bild 1

> Vorschlag für ein
> ## Aus- und
> ## Fortbildungskonzept
> der
> **Zenit GmbH**

Bild 2

> # Analyse der Ist-Situation
>
> - **Ausbildungsquote: 3 % = 12 Ausbildungsplätze im gewerblichen Bereich**
>
> - **Ansonsten: Keine nennenswerten Bildungsaktivitäten**
>
> - **Offener Bedarf: Facharbeiter + Meister**
>
> - **Latenter/verdeckter Bedarf: ? ? ?**

Bild 3

Zielsetzung

▶ **Vorlage einer Konzeption in 6 Monaten**

▶ **Abdeckung des offenen und verdeckten Bedarfs**

Bild 4

Ermittlung des Aus- und Fortbildungsbedarfs

A. <u>Offener Bedarf:</u>

- **Zielgruppe: → Facharbeiter**
    - ▶ **Ermittlung der Fachrichtung**
    - ▶ **Quantitativen Bedarf ermitteln**

- **Zielgruppe: → Meister**
    - ▶ **Ermittlung der Fachrichtung z. B. Metall/Elektrotechnik**
    - ▶ **Quantitativen Bedarf ermitteln**

Bild 5

Ermittlung des Aus- und Fortbildungsbedarfs

B. <u>Latenter/verdeckter Bedarf:</u>

- ▶ **Bedarfsermittlung über Bildungs-workshop; Teilnehmer: GL, BR, ausgewählte Führungskräfte**

- ▶ **Verdichten der Ergebnisse**

Bild 6

Planung der Maßnahmen und Methoden

A 1 → <u>Meister:</u>

Organisation von Meisterkursen

▶ in Verbindung mit der IHK Köln

▶ im Verbund mit Unternehmen der Region

▶ Unterstützung der Teilnehmer:
  ▶ zeitlich → Schichtpläne
  ▶ finanziell → Darlehen

Bild 7

Planung der Maßnahmen und Methoden

A 2 → <u>Facharbeiter:</u>

Einrichtung der notwendigen Aus-bildungsplätze

▶ mit Unterstützung der IHK Köln + der Arbeitsagentur

▶ im Verbund mit Unternehmen der Region

▶ ggf. im Ausbildungsverbund

Bild 8

Planung der Maßnahmen und Methoden

B 1 → <u>Latenter/verdeckter Bedarf:</u>

Festlegen der Aktionsfelder

→ **Inhalte · Maßnahmen · Methoden:**

- ▶ Ausbildung/Fortbildung
- ▶ on the job/off the job
- ▶ intern/extern
- ▶ aktiv/passiv
- ▶ Einzelne/Gruppen

Bild 9

■ Präsentation und Genehmigung durch die Geschäftsleitung

■ Information und Akzeptanzsicherung im Unternehmen

■ Realisierung der Einzelprojekte

Bild 10

Evaluierung + Transfersicherung

- ▶ pädagogische Erfolgskontrolle

- ▶ ökonomische Erfolgskontrolle

- ▶ „Pflege" der Maßnahmen

- *Hinweise zur Präsentationstechnik:*

Der hier dargestellte Lösungsvorschlag ist eine der „möglichen Lösungsvarianten". Wichtig ist dabei, dass Sie bei der Vorbereitung „Ihrer Lösung" folgende Aspekte berücksichtigen:

- Klar erkennbar und sachlogisch zutreffend *gliedern* (vgl. Management-Regelkreis);

- die Präsentationsmittel (hier: Overhead-Folien) *inhaltlich nicht überfrachten*: der Lösungsvorschlag enthält zehn Schaubilder; für eine 10-Minuten-Präsentation sollte diese Anzahl nicht wesentlich überschritten werden (kein „Folien-Film");

- Empfehlung: Erstellen Sie sich parallel zu den Overhead-Folien *Kartei-Karten*, die die wichtigsten Ergänzungen zu den einzelnen Schaubildern enthalten und an denen Sie sich inhaltlich in Ihrer Vortragsweise orientieren können; achten Sie dabei trotzdem auf eine weitgehend freie und lebendige Vortragsweise;

- Halten Sie die *Zeitvorgabe* von 10 Minuten ein.

- Falls Sie während der Präsentation von den Prüfern durch Fragen unterbrochen werden: Bitte abwägen, ob Sie die Frage sofort beantworten oder im Anschluss an Ihre Präsentation darauf eingehen. In der Regel ist es nicht üblich, die Präsentation zu unterbrechen („Die Präsentation ist eine Einweg-Kommunikation und kein Dialog.")

- Weitere Hinweise zur Präsentationstechnik entnehmen Sie bitte dem Weißteil des Buches unter Ziffer 1.7.

- *Hinweise zum Fachgespräch:*

Nachdem Sie sich persönlich vorgestellt und Ihren Lösungsvorschlag präsentiert haben, können Sie wieder vor den Prüfern Platz nehmen und sich auf das (eigentliche) Fachgespräch konzentrieren. Im Verlauf dieses Gespräches werden die Prüfer in der Regel zunächst auf Ihre Präsentation eingehen (Hintergrund-/Verständnisfragen, Ergänzungen): Zeigen Sie bei Ihren Antworten, dass Sie das Thema sachlich beherrschen und argumentieren Sie treffsicher. Stellen Sie sich darauf ein, dass sich die Prüfer auch „relativ weit" von Ihrem Thema entfernen und z. B. auf aktuelle Personalsachverhalte Ihres Betriebes oder aktuelle Ereignisse aus der Tagespresse eingehen können. Also: Bereiten Sie sich auch dadurch auf das Fachgespräch vor, indem Sie vor der Prüfung aufmerksam den Wirtschaftsteil Ihrer Tageszeitung lesen und den theoretischen Hintergrund Ihres Themas (im vorliegenden Fall: Entwicklung einer Aus- und Fortbildungskonzeption) sorgfältig aufbereiten: Nochmals die entsprechenden Passagen dieses Buches bzw. Ihre Unterrichtsmitschriften lesen und ggf. Sekundärliteratur zu Rate ziehen.

Nach Abschluss des Fachgesprächs (maximal 30 Minuten) wird der Prüfungsausschuss beraten und Ihnen anschließend die Note dieses Prüfungsteiles bekannt geben.

Musterprüfung

1. Prüfungsanforderungen der Personalfach-kaufleute

Die Prüfung der Personalfachkaufleute basiert auf der aktuellen Rechtsverordnung vom 11. Februar 2002 und dem neuen Rahmenplan mit Lernzielen des DIHK vom März 2002. Die erfolgreich abgelegte Prüfung führt zum Abschluss „Geprüfter Personalfachkaufmann/Geprüfte Personalfachkauffrau". Im Einzelnen enthält die Rechtsverordnung folgende Regelungen:

1.1 Zulassungsvoraussetzungen

(1) Zur Prüfung ist zuzulassen (§ 2 Abs. 1 der Rechtsverordnung), wer

1. eine mit Erfolg abgeschlossene Ausbildung in einem anerkannten *kaufmännischen* oder *verwaltenden* Ausbildungsberuf und danach eine *mindestens zweijährige Berufspraxis** oder

2. eine mit Erfolg abgeschlossene Ausbildung *in einem anderen anerkannten Ausbildungsberuf* und danach eine *mindestens dreijährige Berufspraxis** oder

3. eine *mindestens fünfjährige Berufspraxis** nachweist.

    * Die Berufspraxis muss wesentliche Bezüge zu den in § 1 Abs. 2 der Rechtsverordnung genannten Funktionen haben (verantwortliche Funktionen in der Personalwirtschaft, in der Personalberatung sowie bei Projekten der Personal- und Organisationsentwicklung).

(2) Abweichend von § 2 Abs. 1 der Rechtsverordnung *ist zuzulassen, wer durch Zeugnisse oder auf andere Weise glaubhaft macht,* dass er die Kenntnisse, Fertigkeiten und Erfahrungen erworben hat, die die Zulassung rechtfertigen (*Generalklausel*).

1.2 Gliederung und Durchführung der Prüfung

(1) Eine *schriftliche Prüfung* (Klausur)
ist *in* den folgenden *vier Handlungsbereichen* durchzuführen:

Handlungsbereiche	Bearbeitungszeit	Hilfsmittel, z.B.
1. Personalarbeit organisieren und durchführen	120 min	keine
2. Personalarbeit auf Grundlage rechtlicher Bestimmungen durchführen	150 min	Arbeitsgesetze
3. Personalplanung, -marketing und -controlling gestalten und umsetzen	150 min	keine
4. Personal- und Organisationsentwicklung steuern	150 min	keine

In der Regel wird *an zwei Tagen* schriftlich geprüft – jeweils zwei Handlungsbereiche pro Tag. Die bundeseinheitlichen Prüfungstermine liegen im *März* und *Oktober* eines Kalenderjahres. Aufgrund der neuen Rechtsverordnung sind die *Prüfungssätze bundeseinheitlich* und werden von einem Erstellungsausschuss der DIHK-Bildungs-GmbH erarbeitet.

Die jeweiligen exakten Prüfungstermine können über das Internet (www.dihk-bildungs-gmbh.de) oder bei der zuständigen IHK abgefragt werden; außerdem gibt jede IHK ein zusätzliches *Merkblatt* für die Prüfung heraus.

(2) Die *mündliche* (Pflicht)*Prüfung*
    wird in Form eines situationsgebundenen *Fachgesprächs* durchgeführt (vgl. dazu die ausführlichen Erläuterungen und Übungen in Kapitel 5 dieses Buches).

(3) Eine *mündliche Ergänzungsprüfung*
    ist dem Teilnehmer *in dem Handlungsbereich* anzubieten, in dem er eine mangelhafte Leistung (*Note 5*) erbracht hat.

Erzielt der Teilnehmer schriftlich mehr als *eine* mangelhafte Leistung oder eine ungenügende Leistung (Note 6) besteht die Möglichkeit der Ergänzungsprüfung nicht.

Die mündliche Ergänzungsprüfung soll in der Regel nicht länger dauern als *20 Minuten*. Das Ergebnis der schriftlichen Prüfung und der mündlichen Ergänzungsprüfung werden zu einer Note zusammengezogen; dabei ist die schriftliche Leistung doppelt zu gewichten.

Beispiel:

schriftliche Leistung	→	40 Punkte [Note 5] · 2	=	80 Punkte
mündliche Leistung	→	70 Punkte [Note 3] · 1	=	70 Punkte
Gesamtnote:		150 Punkte : 3	=	50 Punkte [Note 4]

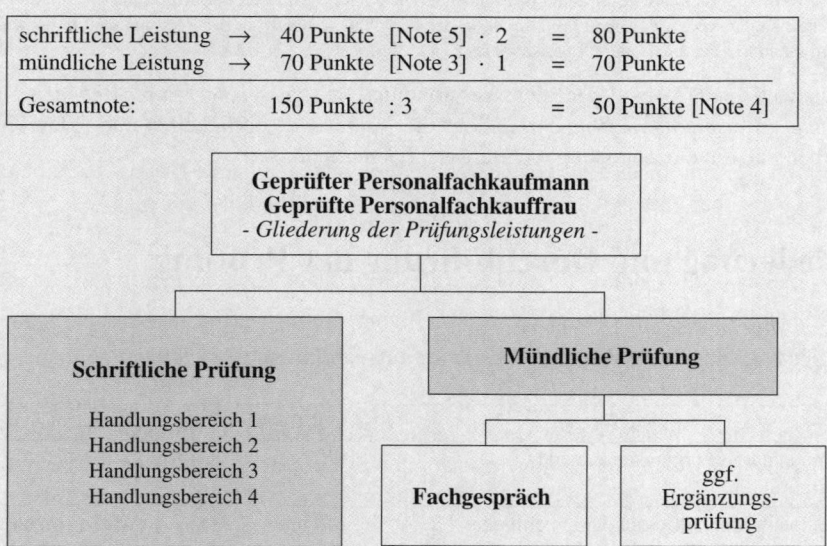

(4) *Hilfsmittel:*
    Seit Frühjahr 2013 wird Ihnen mit den Prüfungsaufgaben von der IHK eine bundeseinheitliche Formelsammlung zur Verfügung gestellt. In der Regel sind auch unkommentierte Gesetzestexte und nicht programmierbare Taschenrechner zugelassen. Informieren Sie sich bitte rechtzeitig vor der Prüfung bei Ihrer zuständigen Industrie- und Handelskammer.

1.3 Bestehen der Prüfung

In der Rechtsverordnung heißt es dazu in den §§ 6, 7:

(1) Die Prüfungsleistungen in den Handlungsbereichen und im Fachgespräch sind einzeln zu bewerten. Mit anderen Worten: Das Zeugnis über die bestandene Prüfung weist fünf Einzelnoten aus.

(2) Die Prüfung ist nur dann bestanden, wenn in allen Handlungsbereichen und im Fachgespräch mindestens die Note 4 erreicht wurde.

(3) Eine nicht bestandene Prüfung kann zweimal wiederholt werden. Dabei besteht die Möglichkeit, sich „bestandene Prüfungsleistungen" anrechnen zu lassen (mindestens: Note 4; innerhalb von zwei Jahren).

(4) Der Punkteschlüssel der Kammer lautet:

100–92 Punkte = Note 1
 91–81 Punkte = Note 2
 80–67 Punkte = Note 3
 66–50 Punkte = Note 4
 49–30 Punkte = Note 5
 29–10 Punkte = Note 6

2. Tipps und Techniken zur Prüfungsvorbereitung

Über die Frage der optimalen Prüfungsvorbereitung lassen sich ganze Bücher schreiben. An dieser Stelle sollen nur einige Schlaglichter ins Gedächtnis gerufen werden:

→ *Vor der Prüfung:*
- Sorgen Sie vor der Prüfung für ausreichend *Schlaf*. Stehen Sie rechtzeitig auf, sodass Sie „aufgeräumt" und ohne Stress beginnen können.

- *Akzeptieren* Sie eine gewisse *Nervosität* und beschäftigen Sie sich nicht permanent mit Ihren Stresssymptomen.

- Beginnen Sie *frühzeitig* mit der *Vorbereitung auf die Prüfung*. Portionieren Sie den Lernstoff und wiederholen Sie wichtige Lernabschnitte. Setzen Sie inhaltliche Schwerpunkte: Insbesondere sollten Sie die Gebiete des Rahmenplanes mit hoher Lernzieltaxonomie beherrschen. Lernen Sie nicht „bis zur letzten Minute vor der Prüfung". Dies führt meist nur zur „Konfusion im Kopf". Lenken Sie sich stattdessen vor der Prüfung ab und unternehmen Sie etwas, das Ihnen Freude bereitet.

→ *Während der Prüfung:*

- *Lesen Sie jede Fragestellung konzentriert* und in Ruhe durch – am besten zweimal. Beachten Sie die Fragestellung, die Punktgewichtung und die Anzahl der geforderten Argumente.

  Beispiel:

  - „*Nennen* Sie fünf Verfahren der Personalauswahl ...“ bedeutet, dass Sie fünf (!) Argumente auflisten - am besten mit Spiegelstrichen - ohne Erläuterung.
  - „*Erläutern* Sie zwei Verfahren der Marktforschung und geben Sie jeweils ein Beispiel“ heißt, dass Sie zwei Verfahren nennen, jedes der Verfahren mit eigenen Worten beschreiben (als Hinweis über den Umfang der erwarteten Antwort kann die Punktzahl nützlich sein) und zu jedem Argument ein eigenes Beispiel (keine Theorie) bilden.

- Wenn Sie eine Fragestellung nicht verstehen, *bitten Sie die Prüfungsaufsicht um Erläuterung.* Hilft Ihnen das nicht weiter, „definieren“ Sie selbst, wie Sie die Frage verstehen; z. B.: „Personalplanung wird hier verstanden als abgeleitete Planung innerhalb der Unternehmensgesamtplanung ...“.

  Es kann auch vorkommen, dass eine Fragestellung recht allgemein gehalten ist und Sie zu der Aufgabe keinen Zugang finden. „Klammern“ Sie sich nicht an diese Aufgabe – Sie verlieren dann wertvolle Prüfungszeit –, sondern bearbeiten Sie die anderen Fragen, die Ihnen leichter fallen.

- Hilfreich kann mitunter auch folgendes *Lösungsraster* sein:
  Sie strukturieren die Antwort nach einem allgemeinen Raster, das für viele Antworten passend ist:

  - interne/externe Betrachtung (Faktoren)
  - kurzfristig/langfristig
  - hohe/geringe Bedeutung
  - Arbeitgeber-/Arbeitnehmersicht
  - Vorteile/Nachteile
  - sachlogische Reihenfolge nach dem „Management-Regelkreis“: Ziele setzen, planen, organisieren, durchführen, kontrollieren
  - Unterschiede/Gemeinsamkeiten

- Beachten Sie die *Bearbeitungszeit*: Da für die Handlungsbereiche 120 bzw. 150 Minuten zur Verfügung stehen, ergibt sich ein Verhältnis von 1,2 bzw. 1,5 Min. je 1 Punkt.

- *Speziell für die mündliche Prüfung gilt:*
  - *Üben* Sie zu Hause „laut“ die Beantwortung von Fragen.
  - Bitten Sie den Dozenten, die *Prüfungssituation/das Fachgespräch zu simulieren.*
  - Gehen Sie ausgeglichen in die mündliche Prüfung. Sorgen Sie für *emotionale Stabilität*, denn – die Psyche ist die Plattform für eine angemessene Rhetorik.
  - Kurz vor der Prüfung: „Sprechen Sie sich frei“ z. B. durch lautes „Frage- und Antwort-Spiel“ im Auto auf dem Weg zur Prüfung. Damit werden die Stimmbänder aktiv und der Kopf übt sich in der Bildung von Argumentationsketten.

→ *Zum Schluss:*
Wenn Sie sich gezielt und rechtzeitig vorbereiten und einige dieser Tipps ausprobieren, ist ein zufriedenstellendes Punkteergebnis fast unvermeidbar. Die nachfolgenden „Musterprüfungen“ geben dazu reichlich Stoff zum Üben.

Viel Erfolg bei der Vorbereitung sowie in der bevorstehenden Prüfung.

Aufgaben

1. Personalarbeit organisieren und durchführen

Bearbeitungszeit:	*120 Minuten*
Punkte	
Hilfsmittel:	*keine*

Aufgabe 1

Das betriebliche Personal- und Sozialwesen kann u. a.

- nach dem Objektprinzip oder
- nach dem Funktionsprinzip

gegliedert sein.

a) Entwerfen Sie zu jedem Prinzip ein mögliches Organigramm.   6

b) Vergleichen Sie die beiden Gliederungsprinzipien anhand von vier Aspekten (Chancen/Risiken).   8

Aufgabe 2

Ihr Unternehmen hat 400 Mitarbeiter. Es produziert und vertreibt zwei Produktgruppen (Waschmaschinen und Kühlschränke). Das Unternehmen ist derzeit als Linienorganisation strukturiert. Neben der Fertigung gibt es die betrieblichen Funktionen

- Materialwirtschaft,
- Vertrieb und
- Verwaltung.

Die Personalabteilung ist dem Leiter der Verwaltung unterstellt. Es existiert ein Betriebsrat. Im Zuge der Reorganisation ist geplant, die Produktspezialisierung zu verstärken und das Unternehmen als Matrixorganisation weiterzuführen. Jeder Produktlinie wird ein Personalreferent zur Durchführung der operativen Personalarbeit zugeordnet. Die zentrale Personalabteilung wird direkt der Geschäftsleitung unterstellt.

a) Zeichnen Sie ein Organigramm der neuen Aufbaustruktur, das die zukünftige „Einbindung der Personalarbeit" in die Organisation erkennen lässt.   9

b) Entscheiden Sie, welche der nachfolgenden Aufgaben von der zentralen Personalabteilung bzw. von den Personalreferenten wahrgenommen werden sollen: 8

- Einstellung und Entlassung tariflicher Mitarbeiter
- Personalgrundsatzfragen
- Mitgliedschaft im regionalen, externen Arbeitskreis „Tagesfragen der Personalarbeit"

- Projekt „Betriebliche Zugangskontrolle"
- betriebliche Altersversorgung.

Begründen Sie jeweils Ihre Entscheidung.

Aufgabe 3

Die Betriebsorganisation verwendet zur Darstellung von Aufbau- und Ablaufstrukturen zahlreiche Techniken/Instrumente/Mittel/Methoden – zum Beispiel das
Organigramm zur Darstellung von Aufbaustrukturen.

a) Nennen Sie acht weitere Instrumente/Techniken/Mittel/Methoden.   8

b) Erläutern Sie zwei davon.   8

Aufgabe 4

Sie arbeiten als Personalreferent in der Sparte A eines größeren Maschinenbauunternehmens. Ihr Unternehmen ist stark exportorientiert. Aufgrund des gestiegenen
Wechselkurses des Euro zum amerikanischen Dollar und der schwachen Nachfrage
in den USA muss das Unternehmen Stellen abbauen und freiwillige Sozialmaßnahmen des Betriebes zurückführen. Das Betriebsklima verschlechtert sich in der
Folgezeit zunehmend; außerdem häufen sich die Konflikte in den Arbeitsgruppen.
Die Unternehmensleitung plant, ein geeignetes Konfliktmanagement innerbetrieblich zu implementieren. Zur Vorbereitung einer Strategiesitzung erwartet man von
Ihnen ein Diskussionspapier, das u. a. folgende Fragen beantwortet:

a) Können Konfliktsignale auch positiven Charakter haben und dem Unternehmen   4
   Chancen eröffnen? Beschreiben Sie vier Argumente.

b) Offene und im Unternehmen nicht bearbeitete Konflikte können unbestritten zu   5
   negativen Folgen führen. Nennen Sie fünf Beispiele.

c) Vorgesetzte müssen in der Lage sein, auftretende Konflikte in ihrem Verantwor- 12
   tungsbereich effektiv zu bearbeiten. Geben Sie eine Handlungsempfehlung
   (mindestens sechs Schritte) zur Bearbeitung innerbetrieblicher Konflikte durch
   die Vorgesetzten.

d) Ein innerbetriebliches Konfliktmanagement kann nur dann erfolgreich sein, wenn 4
   es sich auf anerkannte Werte/Grundsätze stützt (Präambel bzw. Zielsetzung des
   Konfliktmanagements).

   Nennen Sie dafür vier geeignete Grundsätze.

e) Die Einführung eines innerbetrieblichen Konfliktmanagements ist auch immer   10
   verbunden mit der Einrichtung organisatorischer Maßnahmen (Institutionalisie-
   rung), die die Bearbeitung der Konfliktbewältigung effektiv unterstützen.

   Beschreiben Sie dazu zwei geeignete Maßnahmen.

Aufgabe 5

Seit kurzem sind Sie in einem IT-Unternehmen als Personalreferent tätig. Die Geschäftsentwicklung ist positiv. Das Unternehmen führt zzt. zahlreiche Personalbeschaffungsaktionen durch. Im Zuge dieser Maßnahmen stellen Sie zahlreiche Schwachstellen fest: Die Dokumentation der eingehenden Bewerbungen ist lückenhaft; der Vorgang der Bewerbervorauswahl dauert lange; es kommt zu Anrufen von Bewerbern, die sich über ausbleibende Zwischenbescheide oder nicht erfolgte Rücksendung ihrer Unterlagen beschweren.

a) Veranschaulichen Sie grafisch (als Flussdiagramm oder mithilfe des Blueprintings) den Prozess der Auswahl externer Bewerber (Soll-Situation). | 10

b) Nennen Sie vier Zielsetzungen einer effektiven Prozess(re)organisation. | 4

Aufgabe 6 | 4

In der letzten Woche kam es zu einem heftigen Streit zwischen dem Datenschutzbeauftragten und dem Betriebsratsvorsitzenden: Der Betriebsrat verweigerte eine Kontrolle der verwendeten Dateien durch den Datenschutzbeauftragten. Die Beteiligten bitten Sie zu einem Gespräch, um Klarheit in die Angelegenheit zu bringen.

Erklären Sie den Beteiligten die Rechtslage und schlagen Sie geeignete Maßnahmen zur Durchführung des Datenschutzes der Betriebsratsarbeit vor.

100

2. Personalarbeit auf Grundlage rechtlicher Bestimmungen durchführen

Bearbeitungszeit:	*150 Minuten*	**Punkte**
Hilfsmittel:	*Arbeitsgesetze, Sozialgesetzbuch (unkommentierte Fassung)*	

Aufgabe 1

Marianne Jost kündigt bei der Z-GmbH zum 31.03.2013. Im April fordert sie die Z-GmbH auf ein anteiliges Urlaubsgeld, das ihr rechtmäßig zusteht, zu überweisen. Die Z-GmbH reagiert nicht – auch nicht auf die weiteren Mahnschreiben der Frau Jost im Mai und Juni d.J.

a) Wann verjährt der Anspruch von Marianne Jost? | 4

b) Wie kann sie erreichen, dass die Verjährung gehemmt wird?

Nennen Sie vier Möglichkeiten. | 4

Aufgabe 2   6

Das Betriebsratsmitglied Krause fährt für drei Tage zur Gewerkschaftsschulung „Kommentar zur Reform des Betriebsverfassungsgesetzes" und verlangt vom Arbeitgeber Lohnfortzahlung und Übernahme der Schulungskosten sowie der Spesen. Zu Recht?

Aufgabe 3   14

Die Müll GmbH zahlte ihren Mitarbeitern in den letzten zehn Jahren neben dem tariflichen Urlaubsgeld einen „Urlaubszuschuss" in Höhe von 600,– €. Aufgrund der verschlechterten Ertragslage ist geplant diesen Urlaubszuschuss für das kommende Jahr nicht zu zahlen. Es ist unstrittig, dass es sich um eine betriebliche Übung handelt. Die Geschäftsleitung erteilt Ihnen die Aufgabe zu prüfen, ob die Zahlung des Urlaubszuschusses rechtlich einwandfrei eingestellt werden kann.

Im Einzelnen sollen Sie dabei auf folgende Aspekte eingehen:

- Kündigung der bestehenden betrieblichen Übung
- Abschluss einer Betriebsvereinbarung über den „Urlaubszuschuss" bzw. sonstige rechtliche Gestaltungsmöglichkeiten zur zukünftigen Regelung des „Urlaubszuschusses".

Beziehen Sie ausführlich Stellung.

Aufgabe 4   12

Die Geschäftsleitung plant individuelle Fortbildungsmaßnahmen der Arbeitnehmer auf dem externen Bildungsmarkt finanziell zu unterstützen. Sie möchte jedoch in den Fällen, in denen die Maßnahme nicht betriebsbezogen ist, sondern dem Arbeitnehmer einen allgemeinen beruflichen Vorteil bringt, eine Rückzahlungsklausel vertraglich vereinbaren. Sie werden aufgefordert ein entsprechendes Vertragsmuster vorzubereiten.

Nennen Sie beispielhaft sechs inhaltliche Gesichtspunkte, die ein derartiger Vertrag enthalten muss.

Aufgabe 5   12

Herr Martin ist Mitarbeiter der Arbeitsvorbereitung. Wegen wiederholter nachweisbarer Verspätungen erhält er am 20.06.20.. eine Abmahnung. Trotzdem kommt es in der Folgezeit erneut zu Verspätungen. Herr Martin erhält am 26.07.20.. eine zweite Abmahnung von der Personalabteilung. Nachdem er am 27.07.20.. erneut zu spät kommt, „platzt dem zuständigen Vorgesetzten der Kragen". Auf sein Verlagen hin wird von der Personalabteilung die Abmahnung zurückgenommen und das Kündigungsverfahren mit Anhörung des Betriebsrates eingeleitet. Der Betriebsrat äußert sich innerhalb der Wochenfrist nicht. Als Herr Martin daraufhin die fristgerechte Kündigung erhält, reicht er Klage ein.

Hat die Klage Aussicht auf Erfolg? Begründen Sie Ihre Antwort.

Aufgabe 6

Bei Zahlungen in Verbindung mit der Beendigung des Arbeitsverhältnisses ist zu klären, wie sie sozialversicherungsrechtlich (SV) zu behandeln sind. Geben Sie in den nachfolgenden Fällen eine begründete Antwort, ob die Zahlungen der Beitragspflicht zur SV unterliegen.

a) Der Arbeitgeber kündigt das Arbeitsverhältnis des AN. Es wird vereinbart, dass der Arbeitnehmer bis zum Kündigungstermin arbeitet. Der Arbeitnehmer erhält für den nicht in Anspruch genommenen Urlaub eine Abfindung von 2.200 €. Dies entspricht 10 Urlaubstagen.   5

b) Der Arbeitgeber kündigt das Arbeitsverhältnis des Arbeitnehmers und zahlt für den Verlust des Arbeitsplatzes und die damit wahrscheinlich verbundenen zukünftigen Verdiensteinbußen eine Abfindung von 10.000 €.   5

c) Der AG spricht gegenüber dem AN eine Änderungskündigung aus. Für die mit der Änderungskündigung dauerhaft verbundene Verdiensteinbuße zahlt er dem AN eine Abfindung von 8.000 €.   5

Aufgabe 7

Bisher wird in der Fertigung auf Zeitlohnbasis gearbeitet. Der Mitarbeiter Hurtig (besonderer Fachspezialist) verdiente zum Beispiel im zurückliegenden Monat 2.700 € brutto. Dieser Verdienst ergibt sich aufgrund einer Regelarbeitszeit von 165 Std. und 10 Std. Mehrarbeit mit 50 % Zuschlag. Es wurde festgestellt, dass Hurtig und seine Kollegen im Durchschnitt fünf Leistungseinheiten pro Stunde fertigen. Die Geschäftsleitung möchte die Entlohnung leistungsorientierter gestalten. Dazu soll in einer Pilotphase von einigen Monaten der Akkordlohn bei einer bestimmten Fertigungsgruppe eingeführt werden.

Der Akkordrichtsatz wird 12 % über dem Zeitlohn sein. Bevor Ihr REFA-Fachmann die notwendigen Vorbereitungen ergreift, möchte die Geschäftsleitung folgende Fragen beantwortet haben:

a) Wie hoch ist der Zeitlohn eines Mitarbeiters pro Stunde und ohne Überstundenberechnung, wenn man den Verdienst des Mitarbeiters Hurtig als „typisch" betrachtet?   4

b) Welcher Leistungsgrad müsste im Modellfall mindestens zu Grunde liegen, damit sich die Lohnstückkosten bei der Akkordentlohnung im Vergleich zur Zeitentlohnung nicht erhöhen? Die „Durchschnittsleistung der Gruppe Hurtig" ist als Bezugsleistung zu nehmen.   7

c) Welche gesetzlichen Personalzusatzkosten müssen vom Arbeitgeber getragen werden? Nennen Sie vier.   4

d) Erläutern Sie den Unterschied zwischen dem Zeit- und dem Stückakkord.   4

Aufgabe 8

Bisher wurden in Ihrer Firma freiwerdende Stellen innerbetrieblich nicht generell ausgeschrieben. Zu diesem Thema soll jetzt eine Betriebsvereinbarung geschlossen werden. Im Zusammenhang damit sind eine Reihe von Fragen zu beantworten bzw. Arbeitsschritte einzuleiten:

a) Zukünftig erwarten Sie von allen Führungskräften eine einheitliche und systematische Bearbeitung der eingehenden Bewerbungen auf innerbetriebliche Stellenausschreibungen. Beschreiben Sie dazu sechs Arbeitsschritte in sachlogischer Reihenfolge – vom Aushang der Stelle bis hin zur innerbetrieblichen Besetzung.   **10**

b) Im Herbst nächsten Jahres wird der Leiter Marketing ausscheiden. Es handelt sich um eine Hauptabteilungsleiterstelle, die direkt an die Geschäftsleitung berichtet. Der Stelleninhaber ist zur selbstständigen Einstellung und Entlassung von Mitarbeitern berechtigt.

   b1) Kann der Betriebsrat die innerbetriebliche Ausschreibung dieser Stelle verlangen?   **2**

   b2) Hat der Betriebsrat bei der Neubesetzung dieser Stelle ein Beteiligungsrecht?   **2**

   Geben Sie in beiden Fällen eine begründete Antwort.

100

3. Personalplanung, -marketing und -controlling gestalten und umsetzen

		Punkte
Bearbeitungszeit:	*150 Minuten*	
Hilfsmittel:	*keine*	

Aufgabe 1

Sie sind Personalleiter in der Zentrale eines Handelskonzerns für Food-Artikel. Als Pilotprojekt sollen ab dem kommenden Monat die Öffnungszeiten in einer Filiale erneut den Verbrauchergewohnheiten angepasst werden und zwar:

montags–freitags   9:00-20:00 Uhr
samstags   9:00-14:00 Uhr

Derzeit arbeiten zehn Mitarbeiter in dieser Filiale mit folgenden individuellen Arbeitszeiten:

7 Mitarbeiter	Vollzeit	5 Tage pro Woche	jeweils 8 Stunden pro Tag
4 Mitarbeiter	Teilzeit	5 Tage pro Woche	jeweils 6 Stunden pro Tag
4 Mitarbeiter	Teilzeit	3 Tage pro Woche	jeweils 4 Stunden pro Tag

Hinweis:

1 Vollzeitkraft entspricht 40 Stunden pro Woche. Die Filiale muss montags – freitags mit 8, am Samstag mit 11 Vollzeitkräften besetzt sein. Die durchschnittliche Fehlzeitquote beträgt 12 %.

a) Berechnen Sie den zukünftigen Mehrbedarf in Vollzeitkräften für diese Filiale.   12
   Ihre Rechnung soll Modellcharakter für die übrigen Niederlassungen haben.

b) Nennen Sie fünf Besonderheiten, die bei der Personaleinsatzplanung im Einzel-   5
   handel zu berücksichtigen sind.

Aufgabe 2

Die Planung des Personalbedarfs hat in quantitativer und qualitativer Hinsicht zu erfolgen. Weichen im Planungsergebnis Personalbestand und -bedarf voneinander ab, so sind Anpassungsmaßnahmen erforderlich. Infrage kommen hier:

- Maßnahmen der Personalentwicklung (kurz: Entwicklung)
- Maßnahmen der Personalbeschaffung (kurz: Beschaffung)
- Maßnahmen des Personalabbaus (kurz: Abbau).

a) Ergänzen Sie in diesem Zusammenhang in der folgenden Matrix die durchzu-   8
   führenden Personalanpassungsmaßnahmen.

Ergebnis der quan-titativen Planung	Ergebnis der qualitativen Planung		
	Bestand < Bedarf	Bestand = Bedarf	Bestand > Bedarf
Bestand < Bedarf	Beschaffung, Entwicklung		
Bestand = Bedarf			
Bestand > Bedarf			

b) Nennen Sie vier Beispiele für betriebliche Teilpläne, mit denen die Personal-   4
   planung eines Industriebetriebes besonders eng verknüpft ist.

c) Die Personalplanung ist abhängig von der Entwicklung der externen Märkte.   4

   Welche Märkte sind hier gemeint? Geben Sie vier Beispiele.

Aufgabe 3   10

Bei der Planung der Personalkosten lassen sich zwei Planungsansätze unterscheiden:

- Planung auf Basis der Vorperiode (sog. Fortschreibungsplanung)

- Planung aufgrund des spezifizierten, zukünftigen Bedarfs (sog. Nullbasis-Planung).

Vergleichen Sie beide Planungsansätze anhand von zwei Aspekten und begründen Sie Ihre Auffassung.

Aufgabe 4

Das Gesetz zur Förderung eines gleitenden Übergangs in den Ruhestand, kurz Altersteilzeitgesetz genannt (AltTzG), trat am 23.07.1996 in Kraft.

a) Nennen Sie fünf Kerninhalte des Gesetzes.   5

b) Nennen Sie drei Teilpläne der Personalplanung (z. B. Personalbedarfsplanung)   12
   und beschreiben Sie, inwieweit die Inanspruchnahme von Altersteilzeit Auswirkungen auf diese Teilpläne haben kann.

Aufgabe 5

Ihre Geschäftsleitung plant die Einrichtung einer zentralen Stelle „Personalcon-trolling".

a) Welche Aufgaben hat das Personalcontrolling? Unterscheiden Sie dabei auch   15
   die untergeordneten Aufgaben: Zielcontrolling, Planungscontrolling, Aktivitätscontrolling, Erfolgscontrolling.

b) Erläutern Sie drei Problemfelder (Voraussetzungen), die mit der Einrichtung   9
   eines zentralen Personalcontrollings verbunden sind.

Aufgabe 6

Sie sind Personalcontroller in einem Unternehmen der Kfz-Industrie. Für die nächste Planungssitzung erhalten Sie die Aufgabe, ein Grundsatzreferat über Konjunktur-verläufe und Konjunkturindikatoren zu halten.

a) Nennen Sie sechs Indikatoren, mit denen die wirtschaftliche Entwicklung in   8
   Ihrer Branche gemessen werden kann und beschreiben Sie davon einen.

b) Warum muss eine Einschätzung des vermutlichen Konjunkturverlaufs vorge-   8
   nommen werden?

   Erläutern Sie jeweils zwei Argumente aus betriebswirtschaftlicher und aus
   volkswirtschaftlicher Sicht.

                                                                                  100

4. Personal- und Organisationsentwicklung steuern

	Punkte
Bearbeitungszeit: 150 Minuten	
Hilfsmittel: keine	

Aufgabe 1

Vielfach formulieren Unternehmen in ihren Führungsgrundsätzen u.a. das Prinzip „Aufstieg aus den eigenen Reihen".

a) Nennen Sie acht Aspekte, die für dieses Prinzip sprechen. 8

b) Beschreiben Sie zwei mögliche Risiken, die mit der ausschließlichen Anwendung dieses Grundsatzes verbunden sein können. 4

Aufgabe 2 10

Der Regelkreis der Führungsarbeit (Management-Regelkreis) umfasst die Phasen:

- Ziele setzen   - durchführen
- planen   - kontrollieren.
- organisieren

Sie führen eine Gruppe von acht Mitarbeitern; darunter sind u.a. ein Gruppenleiter sowie zwei „Altgediente, Erfahrene". Ab Montag der nächsten Woche werden zwei neue Mitarbeiter die Arbeit in Ihrer Gruppe aufnehmen (Lohn- und Gehaltsabrechnung).

Erstellen Sie ein Einarbeitungsprogramm für die „Neuen" (konkret und situationsbezogen). Sagen Sie, was Sie tun werden und ordnen Sie die einzelnen Maßnahmen der jeweiligen „Phase des Regelkreises" zu.

Aufgabe 3

Zu Ihrem Personalbetreuungsbereich gehört u. a. der Vertrieb Ihres Unternehmens. Nach längeren Bemühungen wurde endlich der neue Produktmanager für Spezialfilteranlagen gefunden. Er wird seine Arbeit in zwei Monaten aufnehmen. Der neue Mann, Herr Graber, ist Diplom-Ingenieur der RWTH Aachen. Aufgrund der geführten Gespräche wird er als guter Fachmann des Maschinenbaus gesehen. Von der Persönlichkeit her wirkt Graber überzeugend, initiativ und scheint in seiner Arbeitsweise eher pragmatisch zu sein. Führungs- und Vertriebserfahrung hat er bisher noch wenig. Graber soll mit seiner Mannschaft von acht Mitarbeitern vorrangig folgende Projekte angehen:

- Ausbau des Vertriebsnetzes in Europa
- Neuentwicklung von Produktvariationen
- Erstellung aktualisierter Kalkulationsunterlagen für Spezialpumpen
- Erschließung neuer Absatzmärkte und Anwendungsgebiete für Spezialfilteranlagen
- Aufbau eines QS-Systems und Verbesserung der Wertschöpfung.

Der Vertriebsvorstand erwartet von Ihnen in wenigen Tagen ein Konzept zur individuellen Personalentwicklung von Graber. Ein internes Fortbildungsprogramm existiert nicht. Lediglich Produktschulungen werden in Zusammenarbeit mit Lieferanten durchgeführt.

a) Gehen Sie vom Sachverhalt aus und nennen Sie konkret fünf notwendige interne   5
   Maßnahmen der Personalentwicklung.

b) Welche externen Weiterbildungsmaßnahmen erscheinen Ihnen bei Graber erfor-   7
   derlich zu sein? Geben Sie sieben aus dem Sachverhalt abgeleitete Beispiele.

Aufgabe 4

Der Vorgang der Leistungsbeurteilung umfasst mehrere Phasen, die sachlogisch aufeinander folgen müssen.

a) Beschreiben Sie allgemein drei dieser Beurteilungsphasen.   6

b) Sie haben einen Gesprächstermin mit Herrn Altig, Abteilungsleiter in der   12
   Arbeitsvorbereitung. Als Sie an die Tür klopfen, werden Sie von Herrn Altig
   hereingebeten und mit den Worten begrüßt: „Noch einen kleinen Moment, nehmen Sie schon mal Platz – dort drüben am Besprechungstisch, ich komme gleich
   zu Ihnen." Vor dem Schreibtisch sitzt Herr Korn, ein Mitarbeiter von Altig. Sie
   werden Zeuge des weiteren Gesprächs.

   „Also, Herr Korn, wieder zu Ihnen. Nachdem wir zum Glück die leidige Repa-
   ratursache mit der Hallenbelüftung geklärt haben, lassen Sie uns noch schnell
   Ihre Beurteilung machen, die ja turnusmäßig ansteht – Sie wissen schon. Dass
   Sie ein guter Mitarbeiter sind, wissen Sie ja selbst, das brauche ich Ihnen nicht
   zu erzählen. Ich habe deshalb - wie immer – ein Kreuz bei der „4" gemacht;
   das ist eine gute, durchschnittliche Leistung – eben so, wie das zum Glück bei
   fast allen meinen Mitarbeitern so ist. Wäre ja auch gelacht, wenn das bei mir
   anders wäre. Also o.k., unterschreiben Sie bitte hier. Noch Fragen? Nein? Na
   ist ja prima, dann hätten wir das auch vom Tisch. Also, – dann noch ein schönes
   Wochenende und bis Montag in alter Frische."

   In diesem Gespräch läuft Einiges falsch. Beschreiben Sie in Stichworten sechs
   fehlerhafte Verhaltensweisen des Vorgesetzten.

Aufgabe 5

Sie sind zu Besuch bei einer kleineren Betriebsstätte Ihrer Gesellschaft und nehmen an einer eilig einberufenen Sitzung teil, die der Betriebsleiter, Herr Maternus, mit seinen fünf Führungskräften durchführt. Hintergrund des Meeting ist folgende Situation: Herr Maternus hat gestern einen eiligen Sonderauftrag eines Kunden hereingenommen, der an seine Mitarbeiter (langjährig erfahrene Führungskräfte) vorübergehend hohe Anforderungen stellt.

Herr Maternus eröffnet die Sitzung: „Ich nehme an, meine Herren, dass Ihnen die Sache mit dem neuen Vertrag schon zu Ohren gekommen ist. Also, man kann mir gratulieren, er ist zu Stande gekommen. Ich habe unterschrieben. Ich weiß, es wird anstrengend die nächsten Wochen. Aber wenn wir die Liefertermine einhalten – und ich weiß, dass wir das können – brauchen wir uns über die Ergebnislage des ersten Halbjahres keine Sorgen mehr zu machen. Damit geht es uns sehr viel besser als der Konkurrenz – wie Sie ja selbst wissen. Vertrauen Sie Ihrer Erfahrung, motivieren Sie Ihre Leute und es wird klappen. Sie sollten sich zu dieser Sitzung ja bereits eigene Gedanken machen. Und im Übrigen, ich bin ja auch noch da und Sie wissen, ich habe Sie noch nie im Stich gelassen. Ich habe ja selbst in Ihren Abteilungen gearbeitet und kenne daher Ihre Arbeit. Also, seien Sie zuversichtlich und machen Sie sich an Ihre Arbeit. Vielen Dank, meine Herren."

a) Charakterisieren Sie den Führungsstil von Herrn Maternus. Unterscheiden Sie dabei Aspekte aus dem Eigenschaftsansatz und dem Verhaltensansatz der Führungsstillehre sowie dem Grid-Verhaltensgitter. Begründen Sie Ihre Antwort mit konkreten Hinweisen auf den Sachverhalt.   9

b) Warum ist der dargestellte Führungs- und Gesprächsstil der Situation nicht angemessen? Geben Sie drei begründete Erläuterungen.   9

Aufgabe 6   20

Sie sind Abteilungsleiter innerhalb der Hauptabteilung „Personal- und Sozialwesen" eines größeren Unternehmens. Ihnen ist u. a. der Gruppenleiter „Lohn- und Gehaltsabrechnung", Herr Kalle unterstellt. Herr Kalle wird innerhalb der nächsten drei Monate das Unternehmen aus persönlichen Gründen verlassen. Seine Ehefrau ist Lehrerin und hat sich nach Mecklenburg-Vorpommern versetzen lassen.

Herr Schmied ist Mitarbeiter von Herrn Kalle, seit fünf Jahren im Unternehmen, ein äußerst versierter Fachmann, der auch Sonderaufgaben problemlos löst. Er hat außerdem Herrn Kalle einige Male bei dessen Abwesenheit vertreten. Fachlich gab es dabei keine Beanstandungen.

Herr Schmied zeigte jedoch deutliche Führungsschwächen, die sich nach Auskunft von Herrn Kalle nicht grundsätzlich beheben lassen. Herr Schmied geht davon aus, dass er Nachfolger von Herrn Kalle werden wird und hat diese Erwartung bereits geäußert. Nach reiflicher Überlegung entscheiden Sie sich dafür, die frei werdende Stelle von Herrn Kalle mit einem externen Bewerber zu besetzen, der überzeugende Fach- und Führungskompetenzen nachweisen kann. In der nächsten Woche ist ein Gespräch zwischen Ihnen und Herrn Schmied angesetzt, in dem Sie ihm Ihre Entscheidung mitteilen wollen. Sie wollen Herrn Schmied in jedem Fall behalten.

Entwickeln Sie einen Leitfaden für dieses schwierige Gespräch und beschreiben Sie dabei Lösungsansätze für die erkennbare Konfliktsituation.

Aufgabe 7   10

Die Art und Weise, in der ein Unternehmen mit Fehlern umgeht, kann man als „Fehlerkultur" bezeichnen. Sie ist ein wesentliches Element der Unternehmenskultur.

Beschreiben Sie fünf Grundsätze einer positiv gestalteten „Fehlerkultur".

100

Lösungen

1. Personalarbeit organisieren und durchführen

Aufgabe 1	Punkte
a) • *Objektprinzip*, z.B.:	6

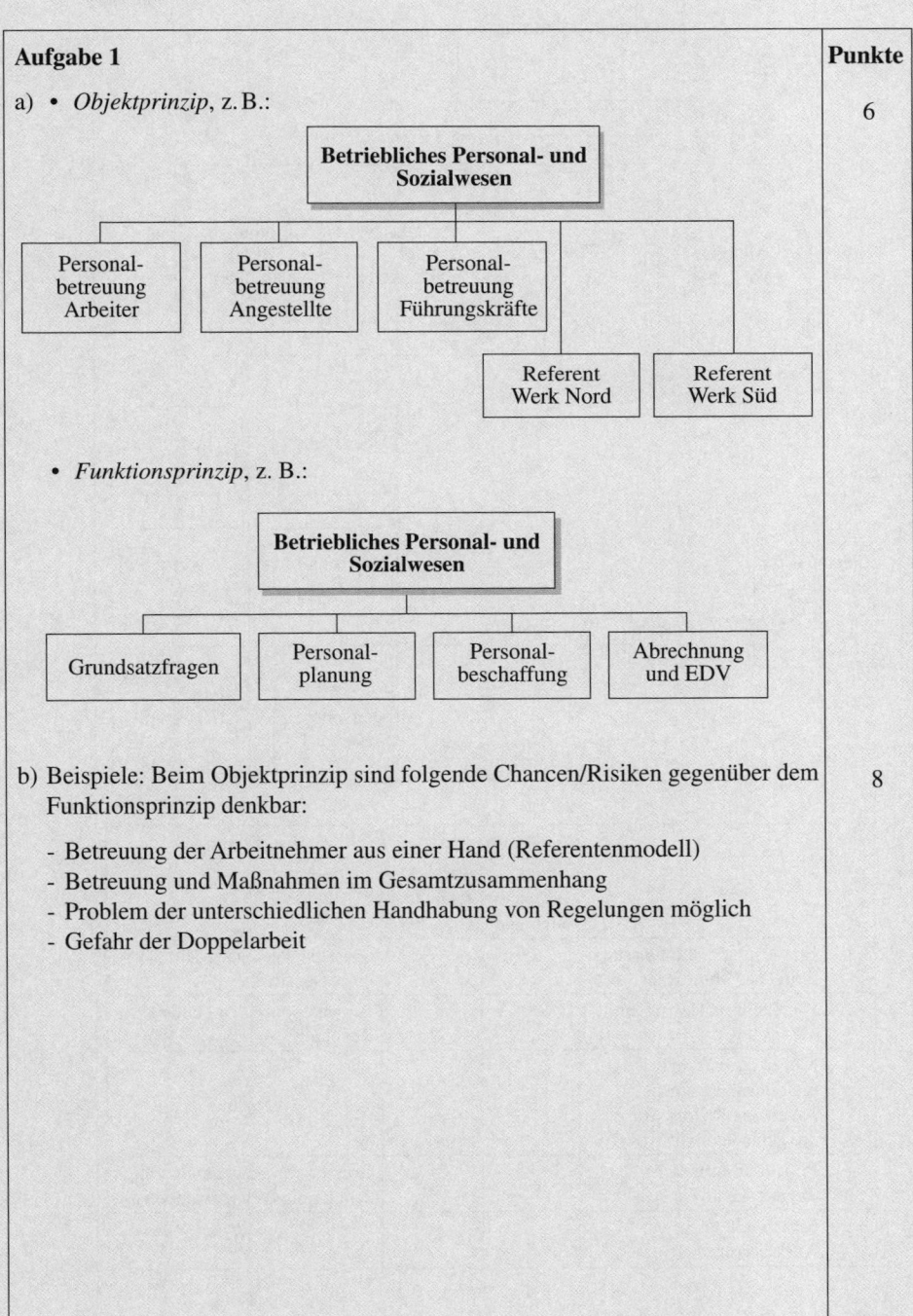

• *Funktionsprinzip*, z. B.:

b) Beispiele: Beim Objektprinzip sind folgende Chancen/Risiken gegenüber dem Funktionsprinzip denkbar:	8

- Betreuung der Arbeitnehmer aus einer Hand (Referentenmodell)
- Betreuung und Maßnahmen im Gesamtzusammenhang
- Problem der unterschiedlichen Handhabung von Regelungen möglich
- Gefahr der Doppelarbeit

Aufgabe 2

a)   9

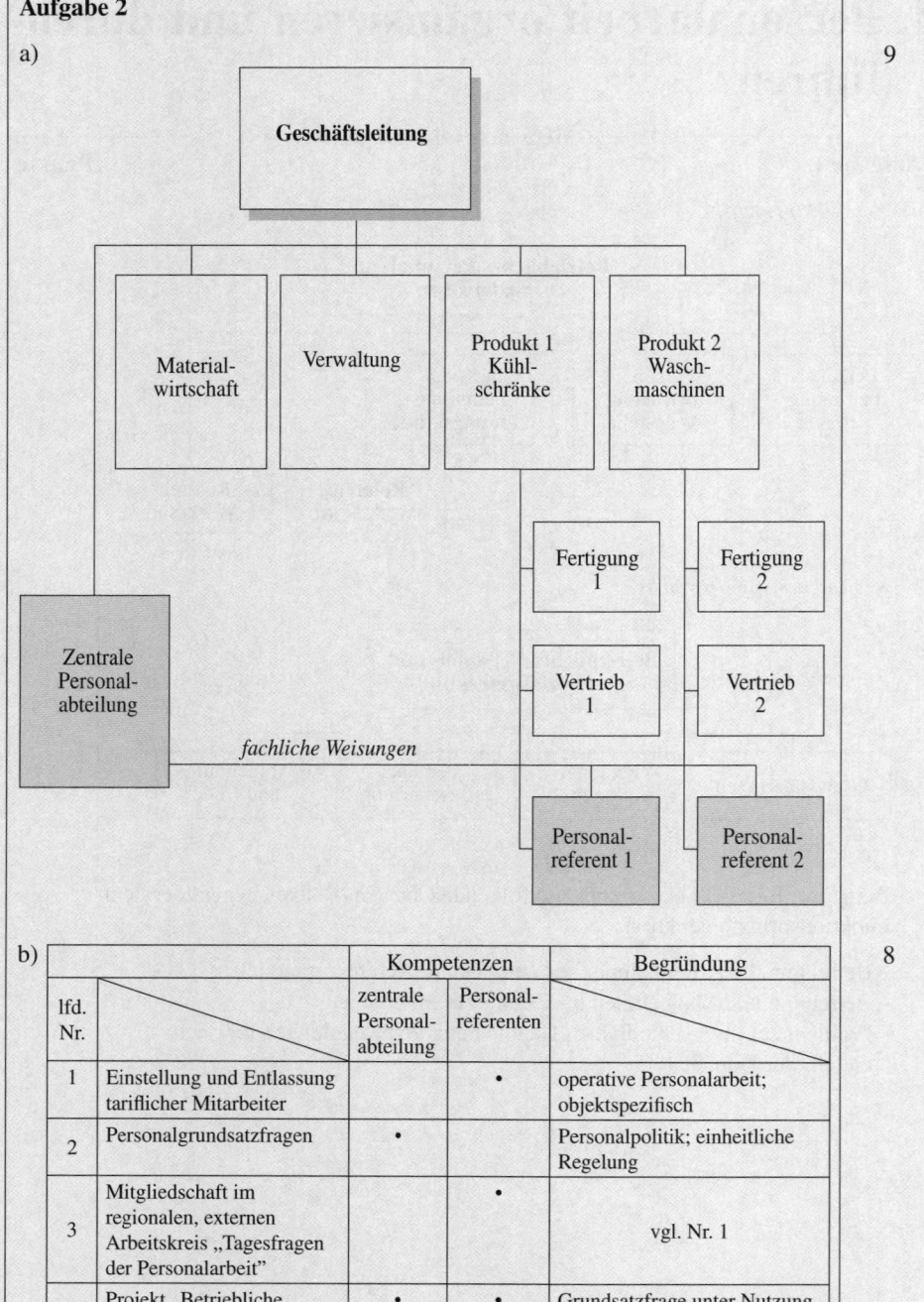

b)   8

lfd. Nr.		Kompetenzen		Begründung
		zentrale Personal- abteilung	Personal- referenten	
1	Einstellung und Entlassung tariflicher Mitarbeiter		•	operative Personalarbeit; objektspezifisch
2	Personalgrundsatzfragen	•		Personalpolitik; einheitliche Regelung
3	Mitgliedschaft im regionalen, externen Arbeitskreis „Tagesfragen der Personalarbeit"		•	vgl. Nr. 1
4	Projekt „Betriebliche Zugangskontrolle"	•	•	Grundsatzfrage unter Nutzung der operativen Fachkompetenz
5	betriebliche Altersversorgung	•		vgl. Nr. 2

Aufgabe 3

a) Instrumente/Techniken/Mittel/Methoden, z. B   8

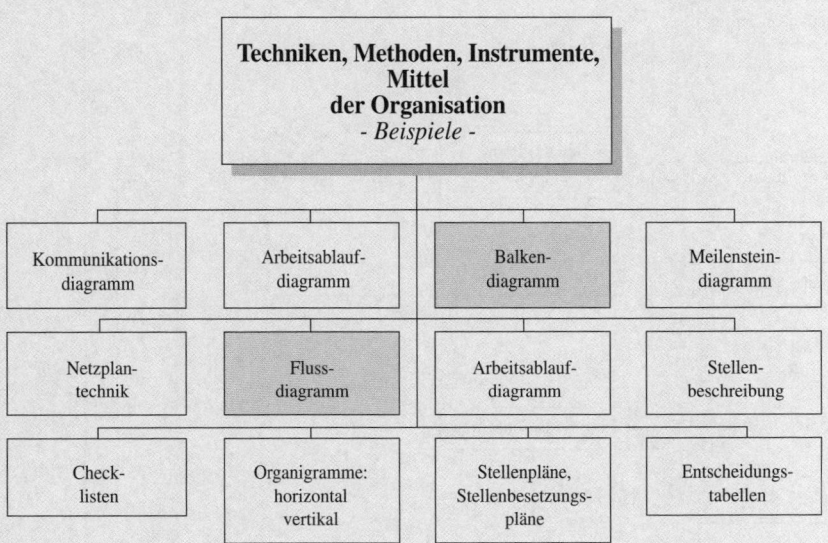

b) Beispielhaft werden hier das Balkendiagramm und das Flussdiagramm näher   8
erläutert:

- Das *Balkendiagramm* ist eine grafische Darstellung der Dauer bestimmter Vorgänge. Die Länge des jeweiligen Balkens zeigt die Dauer des Vorgangs. Man unterscheidet die Gantt- und die Plannet-Technik. Nachfolgend das Beispiel eines Urlaubsplanes mit Darstellung der Plan- und Ist-Zeiten:

Vorgangsname	Gepl. Start	Dauer in Tagen	20.. Jun	Jul	Aug	Sep	Okt	Nov
Hr. Derichs	18.06.20..	12						
Fr. Klamm	08.07.20..	23						
Hr. Peters	28.06.20..	14						
Fr. Demeter	22.07.20..	28						
Fr. Dahmen	12.08.20..	18						
Hr. Krekel	12.10.20..	12						

- Das *Flussdiagramm* zeigt den logischen Ablauf von Arbeitsvorgängen unter Verwendung feststehender Symbole nach DIN (Start, Ende, Tätigkeit, Entscheidungsraute, Pfeile für sequenzielle und parallele Tätigkeiten). Das nachfolgende Beispiel zeigt ansatzweise den Ablauf bei der Personalbeschaffung:

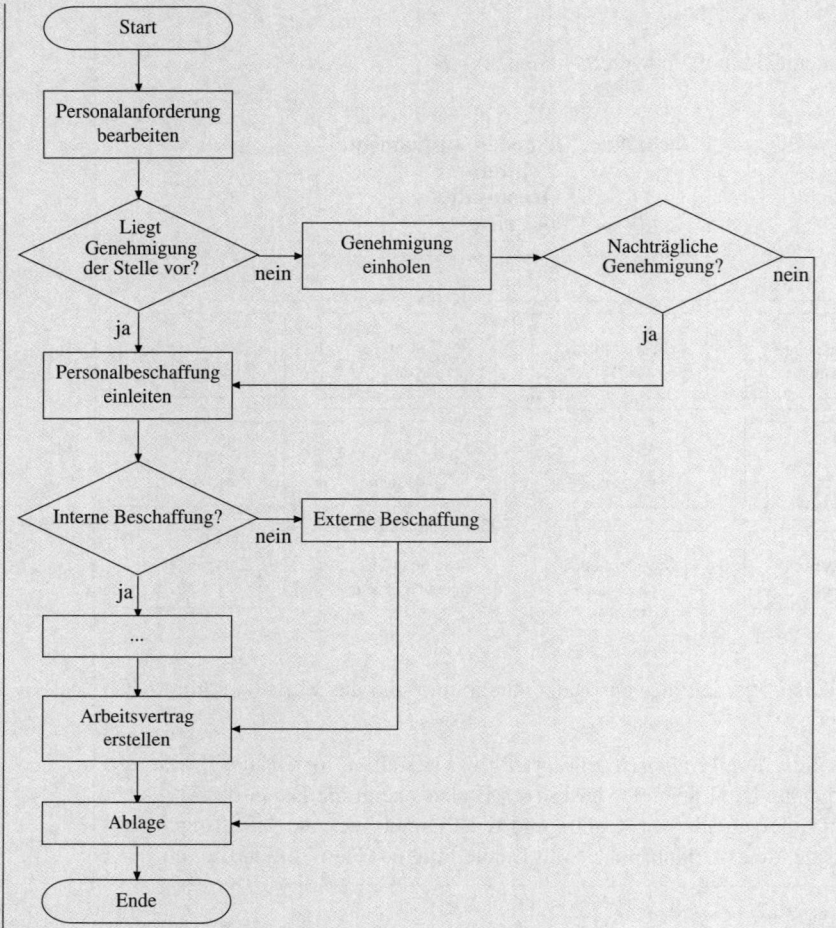

Aufgabe 4

a) Konfliktsignale: → Chancen, z. B.:   4

  - Konflikte fördern den Wettbewerb im Unternehmen und weisen auf Störungen
    hin.
  - Konflikte kündigen Veränderungen an.
  - Konflikte fördern Innovation und Kreativität und bewahren vor Verkrustung.
  - Konfliktbearbeitung fördert den Zusammenhalt von Gruppen und führt zu
    Lernprozessen.

b) Beispiele für negative Folgen unbearbeiteter Konflikte: 5

- Instabilität und Verwirrung in Arbeitsgruppen und in der Organisation,
- Stress und Unzufriedenheit bei den Mitarbeitern,
- Störungen in den Arbeitsabläufen,
- Störungen in der Kommunikation,
- Vergeudung von Ressourcen.

c) Handlungsempfehlung zur Bearbeitung innerbetrieblicher Konflikte durch den Vorgesetzten: 12

1. Wer mit wem?	→	Erkennen der Beteiligten
2. Worum geht es?	→	Erkennen des Problems
3. Was war die Ursache?	→	Objektive, unparteiische Analyse der Ursachen
4. Was denken die Beteiligten?	→	Analyse der subjektiven Meinung der Beteiligten
5. Welche Lösungsansätze?	→	Bearbeitung objektiver Konfliktursachen denkbar?
	→	Bearbeitung subjektiver Konfliktursachen
6. Welche Vereinbarungen?	→	Kontrakte formulieren und festschreiben
	→	Kontrakte bekannt geben (bei den Beteiligten, in den Arbeitsgruppen)

d) Grundsätze (Präambel) eines erfolgreichen Konfliktmanagements, z. B.: 4

- Jeder hat ein Recht auf seine Meinung!
- Jeder wird angehört und darf seine Meinung äußern!
- Jeder respektiert (nicht: akzeptiert) die Meinung des anderen!
- Jeder versetzt sich in die Lage des anderen!
- Jeder hält die vereinbarten „Spielregeln" (Kontrakte) für die Zukunft ein!

e) Organisatorische Maßnahmen im Rahmen des Konfliktmanagements, z. B.: 10

- Einrichtung der Funktion eines „Schlichters/Moderators" (Stichwort: Mediation):
  - Formulierung von Regeln der Kommunikation für die Bearbeitung von Konflikten
  - Festschreibung einer Konfliktkultur: Offenheit, Transparenz, Kooperation
  - Ausbildung der Führungskräfte in Mediationsverfahren
- Training der Führungskräfte/Mitarbeiter:
  - In Rollenspielen werden „alte Verhaltensmuster" abgebaut und neue, wirksame Formen der Konfliktbearbeitung/Kommunikation geübt.
  - Die Rollen und Situationen entstammen dem betrieblichen Alltag.
  - Vertauschen der Rollen („die Schuhe des anderen anziehen"), um die Dinge aus der Sicht des anderen zu erleben.

Aufgabe 5

a) Prozess der Auswahl externer Bewerber (möglicher Lösungsansatz mithilfe des Flussdiagramms):   10

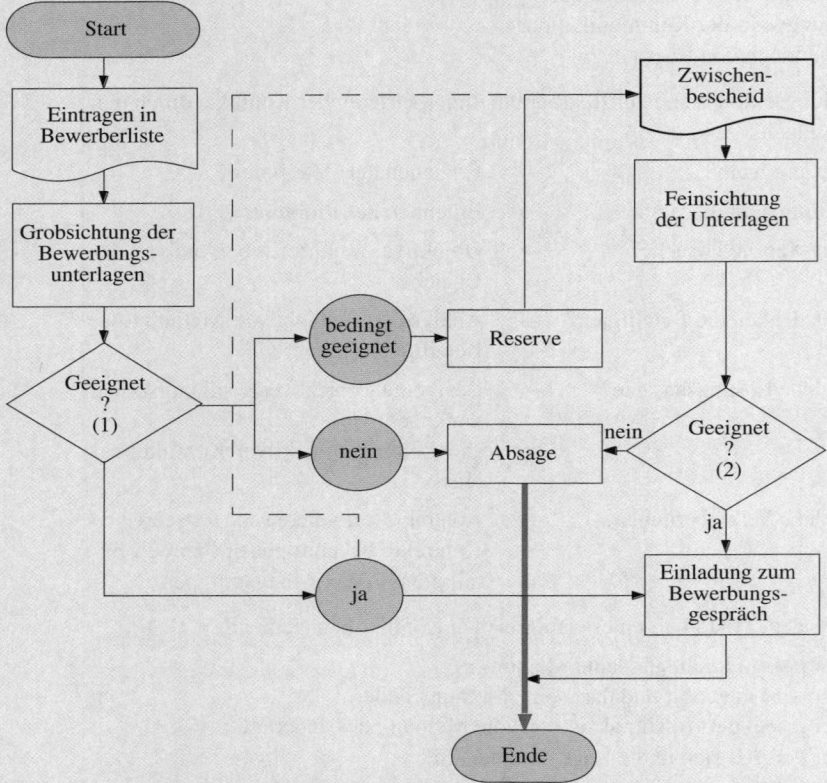

b) Ziele der Prozessorganisation: 4

- Verkürzung der Prozesszeiten
- Verbesserung der Prozessqualität
- Reduzierung der Prozesskosten
- Verbesserung der Innovationsfähigkeit

Aufgabe 6   4

Das BAG kommt zu dem Ergebnis, dass die vom BetrVG geforderte Unabhängigkeit der Betriebsräte eine Kontrolle durch den betrieblichen Datenschutzbeauftragten (verlängerter Arm des Arbeitgebers) ausschließt (strittig).

100

2. Personalarbeit auf Grundlage rechtlicher Bestimmungen durchführen

Aufgabe 1	Punkte
a) Der Anspruch verjährt am 31.12.2016 (§§ 195, 199 BGB).	4
b) Die Verjährung wird gehemmt z. B. durch:	4

- Klage beim Arbeitsgericht
- Einleitung eines gerichtlichen Mahnverfahrens beim Arbeitsgericht
- Abgabe eines Schuldanerkenntnisses durch die Z-GmbH
- Teilzahlung durch die Z-GmbH.

Aufgabe 2	6

Die Veranstaltung ist nach § 37 Abs. 6 BetrVG zu behandeln; danach trägt der Arbeitgeber die Kosten der Entgeltfortzahlung, die Seminarkosten und die Spesen (in angemessener Höhe).

Aufgabe 3	14

Fall 1:
Eine Kündigung der betrieblichen Übung ist nicht möglich, da sie unmittelbarer Bestandteil der individuellen Arbeitsverträge wird – im Gegensatz zu Betriebsvereinbarungen, die einwirkenden Rechtscharakter haben.

Fall 2:
Der Abschluss einer Betriebsvereinbarung, die einer betrieblichen Übung nachfolgt und diese verdrängen soll, ist nur dann möglich, wenn sie für den Arbeitnehmer günstiger ist. Im vorliegenden Fall soll aber gerade die Zahlung des Urlaubszuschusses eingestellt werden, sodass auch dieser Ansatz nicht zur angestrebten Lösung führt.

Fall 3:
Sonstige Vorgehensweisen: Die aufgrund der betrieblichen Übung vorliegenden einzelvertraglichen Ansprüche können nur im Wege der

→ Einigung mit den Arbeitnehmern (z. B. in Verbindung mit einer generellen Neugestaltung der Sozialleistungen) oder
→ Änderungskündigung der Einzelarbeitsverträge aufgehoben werden.

Aufgabe 4   12

- Festlegung, welche Maßnahmen gefördert werden, in welchem Umfang und wann
  eine Rückzahlungsklausel vereinbart werden darf (vgl. BAG-Rechtsprechung)
- Ziel und Dauer der Maßnahme
- Umfang und Kosten der Maßnahme
- Höhe des Rückzahlungsbetrages
- Modalitäten der Rückzahlung bei Eigenkündigung (zeitanteilig; 1/12 oder 1/24
  oder 1/36 pro Monat; lt. BAG-Rechtsprechung bei länger andauernden Maßnah-
  men mit nicht unerheblichen Kosten)
- Darstellung, welche allgemeinen wirtschaftlichen Vorteile die Maßnahme für den
  Arbeitnehmer bringt

Aufgabe 5   12

Ja, die Klage hat Aussicht auf Erfolg. Der AG hat im zweiten Verspätungsfall eine
weitere Abmahnung ausgesprochen und damit seine rechtlichen Möglichkeiten ausgeschöpft. Die Vertragsverletzung (= Zuspätkommen) kann nicht damit „geahndet"
werden, indem eine erfolgte Abmahnung zurückgezogen und durch eine Kündigung
ersetzt wird. Es bleibt dem AG nichts anderes übrig, als auf eine neue kündigungs-
rechtlich relevante Vertragsverletzung des Mitarbeiters „zu warten" und dann die
Kündigung auszusprechen.

Aufgabe 6

Für die Beantwortung der Frage, ob die jeweils bezogene Abfindung der SV-Pflicht
unterliegt, ist zu prüfen, *ob die Zahlung Bestandteil des Entgelts ist.*

a) Abfindung für nicht in Anspruch genommenen Urlaub: Ja! Urlaubsabgeltungen   5
   sind Bestandteile des Entgelts und daher *sv-pflichtig.*

b) Abfindung für Verlust des Arbeitsplatzes + wahrscheinlich zukünftige Verdienst-   5
   einbußen:

   Nein! Die Abfindung ist kein Bestandteil des Entgelts („Verlust des Arbeitsplatzes") und daher *nicht sv-pflichtig.* Diese so genannten „echten Abfindungen"
   sind nicht dem Arbeitsentgelt zuzurechnen, weil sie für eine Zeit nach dem Ende
   der Beschäftigung und der Versicherungspflicht gezahlt werden.

c) Abfindung i. V. m. Änderungskündigung + Verdiensteinbuße: Ja! Diese Abfindung   5
   ist beitragspflichtig. Es handelt sich um eine so genannte „unechte Abfindung":
   Das Beschäftigungsverhältnis wird fortgesetzt und begründet somit auch die
   Fortdauer der Beitragspflicht in der Sozialversicherung.

   Damit ist die Zahlung Entgeltbestandteil, da sie mit der Beschäftigung und der
   Leistungstätigkeit ursächlich und unmittelbar zusammenhängt.

Aufgabe 7   4

a) [Grundlohn] + [Mehrarbeitsvergütung]   = 2.700 €

$\quad$ (x € · 165 Std.) + [x € · 10 + x € · 10 · 0,5])   = 2.700 €

$\quad \Rightarrow \qquad\qquad\qquad\qquad$ 165 x + 10 x + 5 x   = 2.700 €

$\quad \Rightarrow \qquad\qquad\qquad\qquad\qquad\qquad$ 180 x   = 2.700 €

$\quad \Rightarrow \qquad\qquad\qquad\qquad\qquad\qquad\qquad$ x   = 15,00 €

Der Bruttoverdienst pro Stunde auf Zeitlohnbasis beträgt 15,00 €.

b) → *Zeitlohnbetrachtung:*   7

Bei der Zeitentlohnung beträgt die Zahl der Leistungseinheiten (LE) durchschnittlich 825 [= 5 LE · 165 Std.]. Daraus ergeben sich durchschnittliche Stückkosten von 3 € pro LE [= 2.475,– € : 825].

→ *Akkordlohnbetrachtung:*

Der Akkordrichtsatz beträgt: 15,– € + Akkordzuschlag = 15,– € + 12 % ⇒ Akkordrichtsatz = 16,80 €

Es soll gelten:
[Stückkosten beim Akkordlohn] ≤ [Stückkosten beim Zeitlohn]

$$\frac{16,80 \cdot 165}{x} \quad \le \quad 3 \text{ €/Stk.}$$

⇒ x ≥ 924 Stk.

→ *Leistungsgrad = Istleistung : Bezugsleistung · 100*
Im vorliegenden Fall also:

$$\ge 924 : 825 \cdot 100$$
$$\ge 112\%$$

Der Leistungsgrad muss mindestens bei 112 % liegen, damit sich die Lohnstückkosten bei der Akkordentlohnung nicht erhöhen.

Hinweis: Auch andere Berechnungswege sind möglich.

c) Gesetzliche Personalzusatzkosten, z. B.:   4

- Rentenversicherung
- Krankenversicherung
- Arbeitslosenversicherung
- Pflegeversicherung
- Berufsgenossenschaft

d) Stückakkord und Zeitakkord unterscheiden sich lediglich in der Art der Berechnung: 4

- *Stückakkord:* pro Leistungseinheit wird ein bestimmter Geldbetrag vergütet
- *Zeitakkord:* pro Leistungseinheit wird eine bestimmte Anzahl von Zeiteinheiten „vergütet".

Aufgabe 8   10

a) *Arbeitsschritte bei der Bearbeitung interner Bewerbungen*, z. B.:

- [Aushang der Stelle]
- Erfassung der eingehenden Bewerbungen (Eingangsstempel, Liste o. Ä.)
- Zwischenbescheid an den Bewerber
- Sichtung und Auswertung aller Unterlagen
- Absagen bzw. Gespräche
- Auswertung der Gespräche
- Stellungnahme des „abgebenden" Vorgesetzten
- Entscheidungsfindung
- Einschaltung des Betriebsrates (Zustimmungserfordernis zur Versetzung)
- Entfernen des Aushangs
- [Durchführung der innerbetrieblichen Besetzung/Versetzung]

b1) *Nein!* Die Ausschreibung von Stellen für Leitende kann der Betriebsrat nicht   2
   verlangen. Die Stelle „Leiter Marketing" erfüllt die Funktion „Leitender"
   (Einstellung und Entlassung von Mitarbeitern); vgl. § 5 BetrVG.

b2) *Ja!* Der Betriebsrat hat zwar kein Mitbestimmungsrecht, ihm ist jedoch die   2
   beabsichtigte Einstellung rechtzeitig *mitzuteilen* (§ 105 BetrVG).

                                                                                     100

3. Personalplanung, -marketing und -controlling gestalten und umsetzen

Aufgabe 1	**Punkte**
a) I. *Erforderliches Arbeitsvolumen (Öffnungszeiten):*	12

montags – freitags 9:00-20:00 Uhr
= 11 Std. · 8 MA · 5 Tage   =   440 Std.

samstags
= 5 Std. · 11 MA · 1 Tag   =   55 Std.

$\sum$ Arbeitsvolumen   =   495 Std.
                        : 40 Std.   =   12,375 Vollzeitkräfte

II. *Arbeitskräftepotenzial (Arbeitszeiten):*
7 MA · 5 Tage · 8 Std.   =   280 Std.
4 MA · 5 Tage · 6 Std.   =   120 Std.
4 MA · 3 Tage · 4 Std.   =   48 Std.

$\sum$ Arbeitskräftepotenzial, alt   =   448 Std.
                        : 40 Std.   =   11,20 Vollzeitkräfte

Daraus folgt:

(1) Personalbedarf, netto = Summe Arbeitsvolumen

(2) Personalbedarf, netto = Personalbedarf, brutto ./. Fehlzeit

$$x - 0{,}12\,x = 12{,}375$$
$$x = 14{,}0625 = \text{Personalneubedarf, brutto}$$

Daraus folgt:

$$
\begin{array}{rl}
 & 14{,}0625 \\
./. & 11{,}2000 \\
\hline
= & 2{,}8625 \quad = \text{Personalmehrbedarf, brutto} = \text{rd. 3 Mitarbeiter}
\end{array}
$$

Probe:

$$
\begin{array}{rll}
 & 11{,}2000 & \text{Personalbestand, alt} \\
+ & 2{,}8625 & \text{Mehrbedarf} \\
\hline
= & 14{,}0625 & \\
./. & 1{,}6875 & 12\,\%\ \text{Fehlzeit} \\
\hline
= & 12{,}3750 & \text{Summe Arbeitsvolumen} = \text{Personalbedarf, netto}
\end{array}
$$

b) Z. B.:   5

- unregelmäßiger Arbeitsanfall aufgrund der Verbrauchergewohnheiten (z. B. vor Feiertagen, Urlaubszeit)
- höhere Fluktuation als in Industriebetrieben
- höhere Fehlzeitenrate als im Angestelltenbereich von Industriebetrieben
- bestimmte Arbeitsplätze müssen ständig – auch bei geringer Kundenfrequenz besetzt sein (z. B. Fleischtheke)
- Abkopplung der individuellen Arbeitszeiten von den Öffnungszeiten
- saisonale Schwankungen in bestimmten Branchen (z. B. Unterhaltungselektronik, Weihnachtsgeschäft).

Aufgabe 2

a)   8

Ergebnis der quantitativen Planung	Ergebnis der qualitativen Planung		
	Bestand < Bedarf	Bestand = Bedarf	Bestand > Bedarf
Bestand < Bedarf	Beschaffung, Entwicklung	Beschaffung	Beschaffung, Entwicklung
Bestand = Bedarf	Entwicklung	ggf. Entwicklung im Sinne von Erhaltungsfortbildung	ggf. qualitativer Austausch (Abbau und Beschaffung)
Bestand > Bedarf	Abbau u. Beschaffung i.V.m. Entwicklung	Abbau	Abbau

b) Beispiele für betriebliche Teilpläne, mit denen die Personalplanung eines In-   4
dustriebetriebes besonders eng verknüpft ist, insbesondere:

- Fertigungspläne
- Finanzpläne
- Ergebnispläne
- Vertriebspläne

c) Die Personalplanung ist abhängig von der Entwicklung der folgenden externen   4
Märkte:

- Beschaffungsmärkte (z. B. Rohstoffe)
- Absatzmärkte
- Kapitalmärkte
- Arbeitsmärkte

Aufgabe 3   10

Z. B.:

- *Aspekt „Planungsaufwand":* Die Planung auf Fortschreibungsbasis ist i. d. R. mit weniger Aufwand verbunden, da im Wesentlichen nur die personellen Veränderungen quantifiziert werden müssen.

- *Aspekt „Planungsgenauigkeit":* Die Planung auf Fortschreibungsbasis ist analytisch ungenauer als beim Nullbasis-Ansatz; es bestehen Risiken der Fortschreibung von Planungsfehlern.

Aufgabe 4

a) • *Zweck:*   5
Älteren Arbeitnehmern soll ein gleitender Übergang vom Erwerbsleben in den Ruhestand ermöglicht werden.

- *Anspruchsberechtigte:*
Arbeitnehmer, die das 55. Lebensjahr vollendet haben und die innerhalb der letzten fünf Jahre vor Beginn der Altersteilzeit mindestens 1.080 Kalendertage versicherungspflichtig beschäftigt waren.

- *Voraussetzung:*
Vereinbarung zwischen Arbeitgeber und Arbeitnehmer über die Reduzierung der Arbeitszeit auf die Hälfte der tariflichen regelmäßigen wöchentlichen Arbeitszeit. Die Ausgestaltung der Arbeitszeit bleibt Arbeitgeber und Arbeitnehmer überlassen.

- *Förderung:*
Voraussetzung für die Förderung durch die Arbeitsagentur ist die Einstellung eines Arbeitslosen oder die Übernahme eines Auszubildenden auf den freigemachten Arbeitsplatz.

- *Neu:*
Aufgrund der Novellierung ist auch für Teilzeitbeschäftigte die Möglichkeit gegeben, in die Altersteilzeit zu wechseln.

b) Auswirkungen auf Teilgebiete der Personalplanung, z. B.: 12

- *Personalbedarfsplanung*, z. B.:
  - Ermittlung aller Mitarbeiter, die 55 Jahre und älter sind
  - Berechnung des Potenzials an gesamter „Altersteilzeit"
  - Berechnung des so gewonnenen Ersatzbedarfs

- *Personalkostenplanung*, z. B.:
  - Kosten der geplanten Altersteilzeit
  - Kosten für Personalbeschaffung/Neugestaltung der Arbeitsplätze
  - Berechnung der Fördermittel der Bundesagentur für Arbeit

- *Personaleinsatzplanung*, z. B.:
  - Vereinbarung von Beginn und Dauer der Altersteilzeitmaßnahmen
  - Übernahmeplanung für „Auslerner/Auszubildende"

Aufgabe 5

a) Aufgaben des Personalcontrollings: 15

- *Hauptaufgabe*
  aller Controllingaktivitäten ist die Steuerung und Sicherung der Wertschöpfung in einem Unternehmen.

- *Abgeleitete Aufgaben* (Unteraufgaben):
  - → *Zielcontrolling:*
    Personalpolitische *Ziele* werden eigenständig *formuliert* oder aus den Zielen der anderen Funktionsbereiche abgeleitet und kontrolliert (Personalbestände, Qualifikation, Personalkosten, Leistungen des Faktors Arbeit usw.).

  - → *Planungscontrolling:*
    Personalarbeit ist zu *planen* und zu *organisieren* (Arbeitsstrukturen, Organisation des Personalwesens usw.); die Planungsinstrumente selbst sind wiederum einer Kontrolle zu unterziehen.

  - → *Aktivitätscontrolling:*
    Der Prozess der Leistungserstellung ist zu *realisieren in Abhängigkeit von den gesetzten Zielen*. Die Führung der Mitarbeiter gewinnt dabei ihren besonderen Stellenwert (Konzentration der Ressourcen auf gesetzte oder vereinbarte Ziele).

  - → *Erfolgscontrolling:*
    Ziele und Maßnahmen sind zu *kontrollieren*; ebenso die Wirksamkeit der eingesetzten Kontrollinstrumente. Das Ergebnis des Gesamtprozesses führt in Verbindung mit *Lernprozessen* wiederum zu einer Formulierung *neuer Sollwerte* im Personalsektor.

b) Problemfelder, die mit der Einrichtung eines zentralen Personalcontrollings | 9
verbunden sind, z. B.:

1. *Personalressourcen:*
   Die Einrichtung einer Stelle sowie die im Betrieb gebundene „Zuarbeit"
   zu dieser Stelle verlangt/bindet Personalressourcen und verursacht Kosten.
   Effektives Personalcontrolling ist nicht zum Nulltarif zu haben.

2. *Aufwand und Nutzen eines Personalinformationssystems (PIS):*
   Ein effektives Personalcontrolling ist i. d. R. nicht ohne ein PIS durchführ-
   bar. Dabei müssen Aufwand (Installation, Pflege) und Nutzen (Statistiken,
   Reports) gegeneinander abgewogen werden.

3. *Akzeptanz im Unternehmen*:
   Die Einrichtung eines zentralen Personalcontrollings führt zu einer Veränderung der Zuständigkeiten und bedeutet auch immer „Zuarbeit" der Linie
   an das zentrale Controlling. Das zentrale Controlling muss daher in offener
   Kommunikation und durch Darstellung des Nutzens Überzeugungsarbeit bei
   den Linienvorgesetzten leisten.

Aufgabe 6

a) Konjunkturindikatoren, z. B.: | 8

- Auftragseingang/Auftragsbestand („Beschreibung"):
  Er gibt Auskunft über die zukünftige Auslastung/Beschäftigung des Betriebes.

- Weitere Indikatoren („Nennen"):
  Kapazitätsauslastung, Investitionsniveau, Überstundenvolumen der Branche,
  Entwicklung der offenen Stellen, Entwicklung der Rohstoffpreise, Kurzarbeit,
  Konsumentenverhalten (z. B. Sparverhalten), Veränderung des Preisindexes
  für die Lebenshaltung (Konsumneigung).

b) Notwendigkeit der Vorhersage des vermutlichen Konjunkturverlaufs:

- *Aus betriebswirtschaftlicher Sicht*, z. B.:
  Der Auftragseingang von heute ist das Fertigungsvolumen von morgen und | 4
  bestimmt damit die zukünftige Kapazitätsauslastung, den zukünftigen Um-
  satz/die zukünftigen Kosten/den zukünftigen Gewinn. Diese Plandatenbasis
  muss vorliegen, um darauf u. a. die Personal-, Investitions- und Finanzplanung
  auszurichten.

- *Aus volkswirtschaftlicher Sicht*:
  Die Träger der Beschäftigungspolitik benötigen Vorhersagen über den vo- | 4
  raussichtlichen Konjunkturverlauf, um ihre Planungen und Entscheidungen
  darauf abzustimmen: z. B. benötigt der Staat diese Planungsdaten, um seine
  Schätzungen der Steuereinnahmen vornehmen zu können. Das Ergebnis
  dieser Schätzungen bestimmt wiederum Teile der zukünftigen Steuerpolitik
  (Erhöhung von Verbrauchssteuern, Abbau von Subventionen u. Ä.).

100

4. Personal- und Organisationsentwicklung steuern

Aufgabe 1	Punkte
a) Argumente für das Prinzip „Aufstieg aus den eigenen Reihen", z. B.:	8

- geringere Personalbeschaffungskosten als bei externer Beschaffung des Fach- und Führungskräftenachwuchses
- geringere Einarbeitungskosten
- qualitativ bessere Planbarkeit des mittel- und langfristig erforderlichen Bedarfs an Nachwuchskräften
- Aufzeigen von Entwicklungsperspektiven für die Mitarbeiter und damit tendenziell:
  - · geringere Fluktuation
  - · positive Entwicklung des Firmenimage
  - · Motivationsanreize und verbesserte innerbetriebliche Mobilität
  - · geringeres Risiko bei der Auswahl potenzieller Stellvertreter und Nachfolger

	Punkte
b) Mögliche Risiken des Prinzips „Aufstieg aus den eigenen Reihen, z. B.:	4

- Akzeptanzprobleme des „Aufsteigers aus den eigenen Reihen" gegenüber ehemaligen Kollegen
- Gefahr der Betriebsblindheit; Chancen zum „Einkauf neuer Ideen" von außen werden nicht genutzt; kritisch insbesondere dann, wenn bestimmte Erfahrungen in einem Unternehmen nicht vorhanden sind (z. B. Erfahrungen im Projektmanagement)

Aufgabe 2	10

(1)	Ziele setzen:	Die Neuen sollen z. B. in einer Woche alle standardmäßigen Arbeiten des Dialogprogramms „Lohn und Gehalt" beherrschen o. Ä.
(2)	Planen:	Was? Wer? Wann? In welcher Zeit? z. B. Einzelinhalte der Einarbeitung; Gruppenleiter und/oder erfahrene Mitarbeiter usw.
(3)	Organisieren:	Gruppenleiter informieren; Zeiten vorsehen; Vorkehrungen treffen o. Ä.
(4)	Durchführen:	Einarbeitungsplan mit den Neuen besprechen; Zuweisen von „Tutoren/Mentoren"; Räumlichkeiten, Orte zeigen; Einarbeitung starten und durchführen
(5)	Kontrollieren:	Eigenkontrolle der Mitarbeiter organisieren; Kontrolle der Lernabschnitte; „Endkontrolle" und Abschlussgespräch o. Ä.

Hinweis:
Bei Phase (2)-(4) kann es Überschneidungen geben. Entscheidend ist: Es soll gezeigt werden, dass das Thema „Einarbeitung" beherrscht wird und nach den Phasen des Management-Regelkreises gearbeitet werden kann.

Aufgabe 3

a) Interne Maßnahmen der Personalentwicklung für Herrn Graber. z. B.: 5
  - Teilnahme an Produktschulungen der Lieferanten
  - Kennenlernen der derzeitigen Vertriebsstruktur
  - Hospitation im Rechnungswesen zum Kennenlernen der firmeninternen Kalkulationsstruktur
  - Hospitation im Bereich Forschung und Entwicklung sowie Anwendungstechnik
  - Kennenlernen der internen Führungskräfte, mit denen der Produktmanager Spezialfilteranlagen eng zusammenarbeiten muss

b) Besuch externer Seminare sowie geeigneter Messen und Veranstaltungen zu folgenden Themen, z. B.: 7
  - Projektmanagement
  - Führung und Zusammenarbeit
  - Vertriebsstrategie
  - Zeitmanagement, Selbstmanagement, persönliche Arbeitstechniken
  - Qualitätsmanagement
  - Wertanalyse
  - Entwicklung der Märkte in Europa im Sektor Spezialfilteranlagen

Aufgabe 4

a) 1 Beobachtung 6
  = gleichmäßige Wahrnehmung der regelmäßigen Arbeitsleistung und des regelmäßigen Arbeitsverhaltens

  2 Beschreibung
  = möglichst wertfreie Wiedergabe und Systematisierung der Einzelbeobachtungen

  3 Bewertung
  = Anlegen eines geeigneten Maßstabs an die systematisch beschriebenen Beobachtungen (Beurteilungsschema)

  4 Beurteilungsgespräch
  = Zweier-Gespräch zwischen dem Vorgesetzten und dem Mitarbeiter über die durchgeführte Beurteilung

  5 Gesprächsauswertung
  = Initiierung erforderlicher Maßnahmen (Verhaltensänderung, Schulung usw.)

b) Fehler im Beurteilungsgespräch (Altig/Korn), z. B.: 12
  - kein Vier-Augen-Gespräch
  - Gespräch wird in Verbindung mit anderen Sachverhalten geführt (hier: Hallenbelüftung)
  - unter Zeitdruck
  - falsche Sitzanordnung; Mitarbeiter sitzt vor dem Schreibtisch („Barriere") anstatt am Besprechungstisch
  - kein Dialog; Mitarbeiter kommt nicht zu Wort

- Beurteilungsfehler (Tendenz zur Mitte u. Ä.)
- Vorgesetzter wird der Bedeutung der Beurteilung nicht gerecht („... die ja turnusmäßig ...")
- Vorgesetzter redet von sich, anstatt von der Leistung des Mitarbeiters
- Gesprächsabschluss ohne Maßnahmenplan, ohne Ergebnisvereinbarung

Aufgabe 5

a) • *Eigenschaftsansatz*, z. B.:   9
   - Maternus ist egozentriert (Ich-bezogen)
   - väterlich-fürsorglich (Ich weiß, dass wir das können.")

• *Verhaltensansatz*, z. B.:
   - autoritär; keine Beteiligung der Mitarbeiter
     nutzt nicht das Fachwissen der Mitarbeiter

• *Grid-Verhaltensgitter*, z. B.:
   - sachorientiert, ohne jedoch klare Ziele zu nennen
   - gibt Sicherheit („Vollbeschäftigung"); motiviert – insofern im Ansatz mitarbeiterorientiert, jedoch mit unterschwelliger Drohung („geht es uns sehr viel besser als der Konkurrenz").

b) Führungs- und Gesprächsstil ist der Situation nicht angemessen, z. B.:   9
   - Dringlichkeit des eiligen Auftrages wird nicht herausgestellt
   - Vorschläge und Meinungen der Mitarbeiter werden nicht einbezogen, obwohl sie gefordert wurden („sollten sich zu dieser Sitzung ja bereits eigene Gedanken machen")
   - Demotivation, da keine Beteiligung der Mitarbeiter (Bevormundung), obwohl langjährige Erfahrung vorliegt
   - macht die „Betroffenen nicht zu Beteiligten", sondern redet von sich, obwohl gerade bei diesem Auftrag der hohe Einsatz seiner Mitarbeiter gesichert sein muss
   - schiebt indirekt die Gesamtverantwortung auf die Mitarbeiter („und im Übrigen").

Aufgabe 6   20

Hinweis zur Lösung:
Der Lösungsansatz sollte eine Strukturierung des Gesprächsablaufes sowie eine Beschreibung der Konfliktbewältigung erkennen lassen.

(A) Einstieg:
   - Atmosphäre schaffen
   - Gesprächsanlass und Zielsetzung nennen
   - Zielsetzung:
     Verständnis für die Entscheidung erreichen, Mitarbeiter für die zukünftige Arbeit behalten und gewinnen

(B) Hauptteil:
  - Rückschau und Anerkennung der guten fachlichen Leistung in der Vergangenheit
  - Hintergrund für die Entscheidung „Stellenbesetzung" sachlich erläutern
  - Verständnis für Herrn Schmied zeigen
  - Herr Schmied erhält Gelegenheit zur Stellungnahme
  - Sieg-und-Niederlage-Situation vermeiden
  - Zielsetzung der Firma und Erwartungshaltung des Mitarbeiters aufarbeiten und nach Lösungsansätzen suchen, z. B.: die besondere fachliche Qualifikation von Herrn Schmied wird „honoriert": Sonderaufgaben, Job-Enrichment o. Ä.

(C) Abschluss:
  - sich gegenseitig versichern, dass für die Zukunft eine tragfähige Arbeitsbeziehung besteht
  - dass Herr Schmied bereit ist, mit dem neuen Gruppenleiter loyal zusammen zu arbeiten
  - dass er seine Interessen einbringen konnte
  - freundliche Verabschiedung

Aufgabe 7   10

Beispielhafte Formulierungen der Grundsätze einer positiv gestalteten „Fehlerkultur":

  - „Wer arbeitet macht auch Fehler."
  - „Aus Fehlern kann man lernen."
  - „Nicht der Fehler ist entscheidend, sondern was man daraus lernt."
  - „Die Darlegung der Fehler ist wichtig, um die Abweichung von Ist und Soll zu erkennen."
  - „Jeder Mitarbeiter hat zu seinen Fehlern zu stehen und sie offen zu legen."
  - „Jeder Mitarbeiter ist für seine Fehler selbst verantwortlich."
  - „Fehlerquellen sind zu beseitigen."

                                                                                          100

Anhang 1:   Berufsausbildung von A bis Z

(Besonderheiten der Ausbildung)

Abschlussprüfungen

werden in anerkannten → *Ausbildungsberufen* durchgeführt. Ein Prüfungsausschuss stellt fest, ob der Prüfling die → *berufliche Handlungsfähigkeit* erworben hat. Nach bestandener Abschlussprüfung erhält der Prüfling ein → *Prüfungszeugnis*. Bei Nichtbestehen kann die A. zweimal wiederholt werden. In der → *Ausbildungsordnung* kann vorgesehen werden, dass die Abschlussprüfung in zwei zeitlich auseinander fallenden Teilen durchgeführt wird. Ausbildende müssen → *Auszubildende* für die Abschlussprüfung freistellen. Jugendliche haben zudem einen Freistellungsanspruch für den Arbeitstag, der der Prüfung unmittelbar vorausgeht. Die Abschlussprüfung ist für die Auszubildenden gebührenfrei. (→ *§§ 15, 37ff. BBiG*)

Anrechnung beruflicher Vorbildung

Die bisherigen Verordnungen zur Anrechnung sind am 01.8.2006 außer Kraft getreten. Die Landesregierungen können seit dem 1.4.2005 in einem Übergangszeitraum bis 31.7.2009 neue Anrechnungsverordnungen erlassen. Ab 1.8.2006 müssen bei Vertragsabschlüssen keine BGJ bzw. BFS-Jahre, die in Bundesverordnungen geregelt sind, mehr angerechnet werden. Dann müssen aber die Landesverordnungen dahingehend geprüft werden, ob sie eine Anrechnung vorsehen. Ab 1.8.2009 muss die Anrechnung von → *Ausbildenden* und → *Auszubildenden* gemeinsam beantragt werden. Verweigert der → *Ausbildende* dies, findet keine Anrechnung statt. (→ § 7 BBiG)

Ausbildender

Ausbilder sind natürliche oder juristische Personen, die andere zur Berufsausbildung einstellen. (→ § 10, Abs. 1 BBiG; → Eignung der Ausbildungsstätte)

Ausbilder

Personen, die vom → *Ausbildenden* beauftragt wurden, die → *Berufsausbildung* tatsächlich durchzuführen. Sie müssen zu ihrer → *fachlichen Eignung* formale Voraussetzungen erfüllen.

Ausbildungsberuf

Spezieller Begriff des → *BBiG* für rund 345 Berufe, die staatlich anerkannt und für die → *Ausbildungsordnungen* erlassen worden sind. Ausbildungsbereiche sind Industrie und Handel, Handwerk, Land-

wirtschaft, Öffentlicher Dienst, Hauswirtschaft und Freie Berufe. Jeder Ausbildungsbereich besteht aus mehreren Berufsgruppen. Beispielsweise werden in der Berufsgruppe 68 die Warenkaufleute (Kaufmann im Einzelhandel, Kaufmann im Groß- und Außenhandel, Buchhändler usw.) zusammengefasst. Jugendliche dürfen nur in staatlich anerkannten Ausbildungsberufen ausgebildet werden. Fast 60 Prozent aller → *Ausbildungsverträge* wurden mit Unternehmen aus Industrie und Handel abgeschlossen. Über ein Viertel der neuen Auszubildenden erlernte einen Handwerksberuf.

Die fünf am stärksten besetzten Ausbildungsberufe zeigt die Globus Infografik aus 2013:

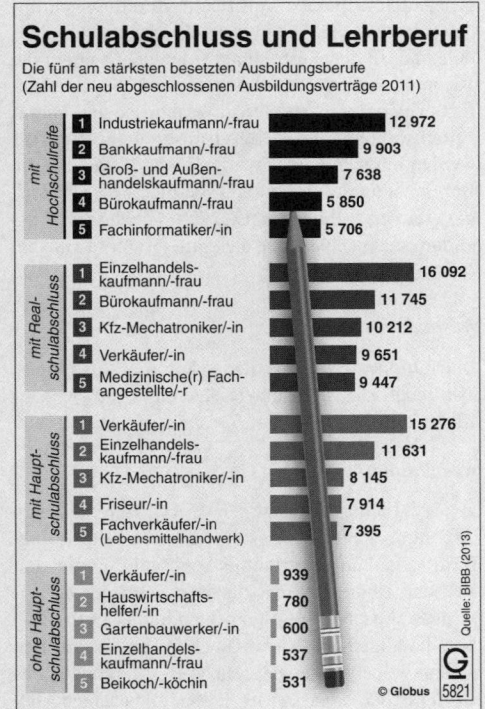

Ausbildungsdauer

Die Ausbildungsdauer ist im Regelfall auf höchstens drei Jahre zu begrenzen. Hierbei handelt es sich um eine Sollvorschrift („Soll heißt nicht „muss"), d. h. eine 3,5-jährige Ausbildung ist unter bestimmten Voraussetzungen möglich. (→ *§ 5 Abs. 1 Nr. 2 BBiG*)

Ausbildungsnachweis

Neuer Begriff für „Berichtsheft". Dadurch soll klargestellt werden, dass der Nachweis zwar schriftlich, jedoch nicht in Form eines Heftes zu führen ist. Vordrucke werden i. d. R. auf den Webseiten der IHK zum Download bereitgestellt. Das Führen eines A. ist in allen → *Ausbildungsordnungen* vorgeschrieben. Die Auszubildenden müssen sie ordnungsgemäß führen und regelmäßig vorlegen. Der Ausbildende muss die Auszubildenden zur Führung des Ausbildungsnachweises anhalten und diese durchsehen. Ausbildungsnachweise sind eine Zulassungsvoraussetzung für die → *Abschlussprüfung.* (→ *§ 14 Abs. 1 Nr. 4 BBiG*)

Ausbildungsordnung

Für jeden der rund 345 staatlich anerkannten → *Ausbildungsberufe* erlässt das zuständige Fachministerium im Einvernehmen mit dem Bundesministerium für Bildung und Forschung Ausbildungsordnungen. Es handelt sich dabei um Rechtsverordnungen mit Gesetzescharakter, die in ganz Deutschland verbindlich sind. In den Ausbildungsordnungen werden die Ausbildungsberufe beschrieben und konkret festgelegt, welche → *Fertigkeiten*, Kenntnisse und Fähigkeiten während der → Berufsausbildung vermittelt werden müssen. Ferner wird in ihnen festgelegt: die Bezeichnung des Ausbildungsberufs, die → *Ausbildungsdauer*, sachliche und zeitliche Gliederung (Ausbildungsrahmenplan) und die Prüfungsanforderungen. (→ *§§ 4, 5 BBiG*)

Ausbildungsstätte

Betrieb oder Betriebsteil, in dem die Ausbildung stattfindet. Die Ausbildungsstätte muss nach Art und Einrichtung für die → *Berufsausbildung* geeignet sein.

Ausbildungsvertrag

zivilrechtlicher, zweiseitiger Vertrag zwischen dem Arbeitgeber und dem → *Auszubildenden*, der ein Berufsausbildungsverhältnis begründet. Es handelt sich dabei um einen Arbeitsvertrag, für dessen Abschluss, Ausgestaltung und Beendigung grundsätzlich die allgemeinen arbeitsrechtlichen Vorschriften gelten, wobei spezialgesetzliche Bestimmungen des → *Berufsbildungsgesetzes* (BBiG) zu beachten sind. Der Ausbildungsvertrag ist vor Ausbildungsbeginn schriftlich auszufertigen und muss folgende Mindestangaben enthalten:

1. Art, sachliche und zeitliche Gliederung sowie Ziel der → *Berufsausbildung*, insbesondere die Berufstätigkeit, für die ausgebildet werden soll,
2. Beginn und Dauer der Berufsausbildung (→ *Ausbildungsdauer*),
3. Ausbildungsmaßnahmen außerhalb der → *Ausbildungsstätte*,
4. Dauer der regelmäßigen täglichen Ausbildungszeit,
5. Dauer der → *Probezeit*,
6. Zahlung und Höhe der → *Vergütung*,
7. Dauer des → *Urlaubs*,
8. Voraussetzungen, unter denen der Berufsausbildungsvertrag gekündigt werden kann,
9. ein in allgemeiner Form gehaltener Hinweis auf die → *Tarifverträge*, Betriebs- oder Dienstvereinbarungen, die auf das Berufsausbildungsverhältnis anzuwenden sind.

Im Jahr 2012 wurden rund 550.000 neue Ausbildungsverträge registriert.

Ausbildungsziel

Das Ausbildungsziel wird in den → *Ausbildungsordnungen* sowie dem → *Ausbildungsvertrag* geregelt. Die Ausbildungsbetriebe müssen dafür sorgen, dass den Auszubildenden die → *berufliche Handlungsfähigkeit* vermittelt wird. Die → *Auszubildenden* müssen an der → *Berufsausbildung* aktiv mitwirken und sich bemühen, das Ausbildungsziel zu erreichen.

Auslandsaufenthalt

Das neue → *BBiB* reagiert auf die zunehmende Europäisierung bzw. Globalisierung und bietet die Möglichkeit, einen zeitlich begrenzten Teil seiner → *Berufsausbildung* im Ausland zu absolvieren, „wenn dies dem Ausbildungsziel dient". Ein Auslandsaufenthalt ist auf ein Viertel der in der → *Ausbildungsordnung* festgeschriebenen Ausbildungszeit begrenzt. Bei einer dreijährigen Ausbildung ist also ein bis zu neunmonatiger Auslandsaufenthalt möglich. Auslandsaufenthalt bedarf der Zustimmung des → *Ausbildenden*. Der → *Auszubildende* hat keinen Rechtsanspruch auf einen Auslandsaufenthalt Ein Auslandsaufenthalt ist in den → *Ausbildungsvertrag* aufzunehmen, wird er während der Ausbildung vereinbart, muss die → *IHK* unverzüglich informiert werden. Während eines Auslandsaufenthalts muss der Auszubildende keine → *Berufsschule* besuchen. (→ *§ 2 Abs. 3 BBiG*)

Auszubildender

Personen, die auf der Grundlage eines →*Ausbildungsvertrages* im Rahmen eines geordneten Ausbildungsgangs eine → *Berufsausbildung* absolvieren.

Beendigung des Ausbildungsverhältnisses

Bei Bestehen der → *Abschlussprüfung* vor dem Ende der vertraglich vereinbarten Ausbildungszeit endet das Ausbildungsverhältnis mit Bekanntgabe des Prüfungsergebnisses durch den Prüfungsausschuss. Wird dem → Auszubildenden das → *Zeugnis* nicht persönlich überreicht, sondern mit der Post zugeschickt, so endet das Ausbildungsverhältnis erst mit Zugang des Zeugnisses. *(→ § 21 Abs. 2 BBiG)*

Berichtsheft

→ *Ausbildungsnachweis, schriftlicher*

Berufsausbildung

Die Berufsausbildung muss die für die Ausübung einer qualifizierten beruflichen Tätigkeit notwendigen → *Fertigkeiten*, Kenntnisse und Fähigkeiten (→ *Handlungsfähigkeit*) in einem geordneten Ausbildungsgang vermitteln.

Die rechtlichen Grundlagen einer Berufsausbildung sind im Wesentlichen 1. das → *BBiG*, 2. die → *Ausbildungsverordnung* und 3. der → *Ausbildungsvertrag*.

Berufsbildung

Unter Berufsbildung versteht man die Berufausbildungsvorbereitung, die Berufsausbildung, die berufliche Fortbildung und die berufliche Umschulung.

Berufsbildungsgesetz (BBiG)

Das BBiG ist die gesetzliche Grundlage für den betrieblichen und außerbetrieblichen Teil der → *Berufsausbildung*. Das BBiG ist am 01.04.2005 in Kraft getreten; zugleich sind das alte BBiG von 1969 und das alte Berufsbildungsförderungsgesetz von 1994 außer Kraft getreten. Das BBiG enthält u. a. Vorschriften zu den Ausbildungsinhalten, zur Gestaltung des → *Ausbildungsvertrages*, zu den Pflichten der → *Auszubildenden* und der → *Ausbildenden*, zur → *Kündigung*, zur Berufsschulpflicht (→ *Berufsschule*, → *Duales System*) und zum Prüfungswesen (→ *Abschlussprüfung*, → *Zwischenprüfung*).

Berufsfachschule

Die Berufsfachschule ist eine berufliche Vollzeitschulform, die nach Erfüllung der allgemeinen oder Vollzeitschulpflicht freiwillig besucht werden kann. Es gibt verschiedene Organisationsformen mit einjähriger (Berufsgrundschuljahr), zweijähriger (Fachschulreife) und drei- bzw. dreieinhalbjähriger Dauer (Berufsbildungsabschluss). Sie vermittelt allgemein bildende und berufliche Lerninhalte.

Berufsschule

Durch das → *„Duale System"* der → *Berufsausbildung* ergibt sich für → *Auszubildende* die Pflicht zum Besuch der Berufsschule, die nach beruflichen Fach-

richtungen gegliedert sind: gewerblich, kaufmännisch, hauswirtschaftlich, landwirtschaftlich, gemischt. Der → *Auszubildende* besucht die für den Beschäftigungsort zuständige Berufsschule. Der Unterricht findet je nach Bundesland und Ausbildungsberuf einmal wöchentlich mit bis zu neun Stunden oder zweimal in der Woche mit etwa 12 bis 16 Stunden oder für einige Wochen als Blockunterricht statt (Teilzeit). Aufgabe des Berufsschulunterrichts ist es, die betriebliche Ausbildung fach-theoretisch zu fördern und zu ergänzen und die Allgemeinbildung zu vertiefen.

Bundesinstitut für Berufsbildung (BIBB)

Selbstbeschreibung des Instituts: „Das BIBB ist das nationale und internationale Kompetenzzentrum zur Erforschung und Weiterentwicklung der beruflichen Aus- und Weiterbildung. Ziele seiner Forschungs-, Entwicklungs- und Beratungsarbeit sind, Zukunftsaufgaben der Berufsbildung zu identifizieren, Innovationen in der nationalen wie internationalen Berufsbildung zu fördern und neue, praxisorientierte Lösungsvorschläge für die berufliche Aus- und Weiterbildung zu entwickeln.

Das BIBB wurde 1970 gegründet und untersteht der Rechtsaufsicht des Bundesministeriums für Bildung und Forschung (BMBF). Seine heutige Rechtsgrundlage ist das Berufsbildungsgesetz vom 23. März 2005, das die Aufgaben des Instituts beschreibt." (www.bibb.de)

Duales System

Die → *Berufsausbildung* in Deutschland findet an zwei → *Lernorten* statt; zum überwiegenden Teil im Betrieb und zum anderen in der → *Berufsschule*. Der Betrieb bildet praktisch und berufsbezogen aus, die Berufsschule theoretisch berufsbezogen und auch berufsübergreifend. Zwischen den beiden Lernorten ist eine Abstimmung erforderlich. So wird z. B. in der → *Ausbildungsordnung* festgelegt, dass die

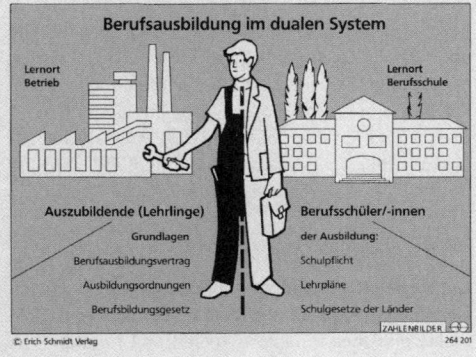

Prüfungsinhalte der Zwischen- und → *Abschlussprü-fung* sich auch auf den in der → *Berufsschule* vermittelten Lehrstoff beziehen. Auch in anderen Punkten, wie beispielsweise Urlaubszeiten und Schulische Fehlzeiten, müssen sich beide Lernorte miteinander abstimmen. Für den betrieblichen Part der Ausbildung gilt Bundesrecht, für den schulischen Teil gelten die Schulgesetze der Länder. → *Auszubildende* sind zum Besuch der → Berufsschule verpflichtet. (→ *Schaubild Berufsausbildung im Dualen System*, Quelle: Erich Schmidt Verlag)

Eignung der Ausbildungsstätte

Die → *Ausbildungsstätte* ist geeignet, wenn die Voraussetzungen erfüllt sind, um die nach der Ausbildungsordnung vorgeschriebenen → b*eruflichen Fertigkeiten*, Kenntnisse und Fähigkeiten in vollem Umfang zu vermitteln. Auch ist es möglich, dass die Teile, die ein Betrieb nicht abdecken kann, in anderen (überbetrieblichen) Ausbildungsstätten vermittelt werden.

Fachliche Eignung

Grundsätzlich müssen die Ausbilder eine Abschlussprüfung in einer dem Ausbildungsberuf entsprechenden Fachrichtung bestanden haben und eine „angemessene Zeit" praktisch in diesem Beruf tätig gewesen sein. Statt einer Abschlussprüfung nebst Praxiserfahrung gilt auch eine Meisterprüfung oder ein Hochschulexamen mit Berufserfahrung als fachliche Eignung.

Der → *Ausbilder* muss zudem eine gewisse persönliche Reife erlangt haben. Das Mindestalter von 24 Jahren ist im neuen BBiG weggefallen.

Fertigkeiten und Kenntnisse

Der Begriff Fertigkeiten beschreibt ein inhaltlich bestimmbares Können; Fertigkeiten sind automatisiert, sodass sie ohne Einschalten des Bewusstseins vollzogen werden können (z. B. lesen, schreiben). Unter dem Begriff Kenntnisse versteht man das in Lernvorgängen erworbene Wissen über Sachverhalte und soziale Zusammenhänge. Kenntnisse bedürfen zur ständigen Verfügbarkeit der häufigen Übung und Wiederholung. Das Begriffspaar aus dem alten → *Berufsbildungsgesetz* wird seit 2005 um den Begriff der „Fähigkeiten" ergänzt. Neu eingeführt wird der Begriff der → *„beruflichen Handlungsfähigkeit"*.

Handlungsfähigkeit, berufliche

Der Begriff der beruflichen Handlungsfähigkeit (auch Handlungskompetenz) geht von einer ganzheitlichen Sichtweise menschlicher Arbeits- und Lerntätigkeit

aus. Er umfasst → *Fertigkeiten*, Kenntnisse und Fähigkeiten, die für die Ausübung einer qualifizierten beruflichen Tätigkeit in einer sich wandelnden Arbeitswelt notwendig sind.

Industrie- und Handelskammer (IHK)

Die IHK ist eine gesetzlich bestimmte Einrichtung (Körperschaft des öffentlichen Rechts), die als regionale Selbstverwaltungsorganisation organisiert ist. In Deutschland bestehen 81 IHK. Sie vertritt die Interessen der Unternehmen aus den Bereichen Handel, Industrie und Verkehr. Alle im Kammerbezirk tätigen Gewerbetreibenden (außer Handwerk, Landwirtschaft und freie Berufe) gehören der IHK als Pflichtmitglied an. Zu den Aufgaben der IHK gehören die Wahrnehmung der Interessen ihrer Mitglieder, die Förderung der Wirtschaft, Unterstützung und Beratung sowie die Mitwirkung an der gewerblichen und kaufmännischen → *Berufsausbildung*, in denen sie auch die → *Abschlussprüfungen* vornimmt. Die IHK finanziert sich durch die Beiträge ihrer Mitglieder.

Jugendarbeitsschutzgesetz (JArbSchG)

Das JArbSchG vom 12.4.1976 schützt junge Menschen unter 18 Jahren vor körperlichen, seelischen, geistigen und sittlichen Gefährdungen im Rahmen einer Beschäftigung. Wer noch keine 15 Jahre alt ist, gilt als Kind, wer zwischen 15 und 18 Jahre alt ist, gilt als Jugendlicher. Das JarbSchG gilt für jede Form der Beschäftigung (Praktikum, Berufsausbildung, Arbeitsverhältnis und sonstige Formen) von Kindern und Jugendlichen.

Wichtigste Regelungen: Grundsätzliches Verbot von Kinderarbeit; 40-Stunden-Woche bei fünf Arbeitstagen; die tägliche Höchstarbeitszeit soll 8 Stunden nicht überschreiten, allerdings sind Ausnahmen vorgesehen; Beschäftigung nur zwischen 6 Uhr und 20 Uhr; Urlaubsanspruch je nach Alter zwischen 25 und 30 Tagen; Verbot von Akkordarbeit.

Kenntnisse

→ *Fertigkeiten und Kenntnisse*

Kündigung

Das Ausbildungsverhältnis kann während der → *Probezeit ohne Angabe* von Gründen von beiden Vertragspartnern gekündigt werden. Nach der Probezeit ist eine Kündigung nur aus → *„wichtigem Grund"* möglich. Der → *Auszubildende* kann nach der Probezeit mit einer Kündigungsfrist von vier Wochen kündigen, wenn er die Ausbildung aufgibt oder sich für einen anderen Beruf entscheidet. Die → Kündigung bedarf der Schriftform. *(→ § 22 BBiG)*

Lehrplan

(Syn. *Rahmenplan, Rahmenlehrplan, Rahmenricht-linien*) Eine vom Kultusministerium erlassene Verwaltungsvorschrift oder Rechtsverordnung, die der pädagogischen Arbeit in Schule und Unterricht einen verbindlichen Rahmen gibt. Der Lehrplan ist auf bestimmte Schularten, Schulstufen, Lernbereiche und oder Schulfächer bezogen. Der Lehrplan für den Berufsschulunterricht ist nach Lernfeldern geordnet. Der Lehrplan enthält Aussagen über Ziele, Themen, Inhalte und Vorschläge zur Umsetzung des Unterrichts. Lehrer haben aufgrund ihrer pädagogischen Freiheit das Recht, den Unterricht in der konkreten Situation eigenverantwortlich zu gestalten.

Lernorte

Zu den Lernorten innerhalb des → *dualen Systems* zählen 1. Betriebe der Wirtschaft und Einrichtungen des öffentlichen Dienstes und der freien Berufe, 2. berufbildende Schulen und 3. sonstige Berufsbildungseinrichtungen außerhalb von 1) und 2). Die Lernorte sind aufgefordert, bei der → *Berufsausbildung* zum Zwecke der Qualitätsverbesserung und Effizienzsteigerung zu kooperieren. (§ 2 BBiG)

Noten

Notenspiegel der IHK:
100 - 92 Punkte = 1; unter 92 - 81 Punkte = 2; unter 81 - 67 Punkte = 3; unter 67 - 50 Punkte = 4; unter 50 - 30 Punkte = 5; unter 30 - 0 Punkte = 6

Probezeit

In der Probezeit hat der → *Auszubildende* die Möglichkeit, zu prüfen, ob er die richtige Berufswahl getroffen hat. Der → *Ausbildende* prüft in dieser Phase, ob der Auszubildende für den Beruf geeignet ist. Während der mindestens einmonatigen und höchstens viermonatigen Probezeit kann das Ausbildungsverhältnis von jedem Vertragspartner ohne Angabe von Gründen schriftlich gekündigt (→ *Kündigung*) werden. *(→ § 20 BBiG)*

Prüfungsgegenstand

Nach dem neuen → *BBiG* hat der Prüfling in der → Abschlussprüfung den „zu vermittelnden Lehrstoff" des Berufsschulunterrichts (→ Berufsschule) nachzuweisen. Im alten → *BBiG* wurde der Begriff „vermittelten Lehrstoff" verwendet. Dies macht einen großen Unterschied. Denn durch die neue Formulierung will der Gesetzgeber klarstellen, dass es nicht auf den im Einzelfall tatsächlich vermittelten Lehrstoff ankommt, sondern auf den Lehrstoff, der nach dem → Lehrplan vermittelt werden soll. *(→ § 38 BBiG)*

Prüfungsordnung

Die Prüfungsordnung regelt Inhalte und Durchführungsbestimmungen zur „Zwischenprüfung" und „Abschlussprüfung" in anerkannten Ausbildungsberufen". Sie wird vom Berufsbildungsausschuss der jeweils → *zuständigen Stelle* beschlossen und von der zuständigen obersten Landesbehörde genehmigt. In ihr werden Inhalt und Gliederung der Prüfung, die Leistungsbewertung sowie Regelungen zur Wiederholung festgehalten. *(→ § 37 BBiG)*

Prüfungszeugnis

→ *Zeugnis*

Schriftlicher Ausbildungsnachweis

→ *Ausbildungsnachweis*

Tarifvertrag

In Deutschland werden die Lohn- und Arbeitsbedingungen nicht vom Staat festgelegt, sondern autonom von den → *Tarifvertragsparteien* ausgehandelt. Dies wird als Tarifautonomie bezeichnet; sie ist im Artikel 9 des Grundgesetzes verankert. Rechtliche Grundlage bildet das Tarifvertragsgesetz (TVG). Man unterscheidet verschiedene Arten von Tarifverträgen:

• In den *Entgelttarifverträgen* wird die Lohnhöhe bei Zeit- und Akkordlohn geregelt. Bezugsgröße ist die Lohngruppe, in die der Arbeitnehmer eingeordnet ist.
• In den *Rahmentarifverträgen* werden die Lohn- und Gehaltsgruppen festgelegt.
• In den *Manteltarifverträgen* werden die sonstigen Arbeitsbedingungen (Arbeitszeit, Erholungs- und Sonderurlaub, Überstunden, Kündigungsfristen u. a. m) geregelt.

Tarifverträge gelten nur für die Mitglieder der Tarifvertragsparteien.

Tarifvertragsparteien

Tarifvertragsparteien sind 1. die Arbeitgeberverbände und 2. die einzelnen Gewerkschaften, die die Interessen der Arbeitnehmer der jeweiligen Branche vertreten. Die Tarifvertragsparteien handeln die → *Tarifverträge* aus. Die Arbeitgeberverbände sind in der Bundesvereinigung der Deutschen Arbeitgeberverbände zusammengeschlossen. Dachorganisation der Gewerkschaften ist der Deutsche Gewerkschaftsbund (DGB). Rund 70 % aller Mitglieder des DGB sind in den beiden Einzelgewerkschaften IG Metall und ver.di organisiert.

Urlaub

Der Urlaub bestimmt sich nach den Vorschriften des Bundesurlaubsgesetzes (BUrlG) und des → *Jugendarbeitschutzgesetzes (JarbSchG)*. Für Auszubildende unter 18 Jahren finden die Vorschriften des JarbSchG Anwendung. Für erwachsene Auszubildende gilt das BurlG, das jedem Arbeitnehmer mindestens 24 Werktage Urlaub im Jahr zusichert. Die Dauer des Urlaub muss schriftlich im Berufsausbildungsvertrag festgelegt werden. *(→ § 11 Abs. 1 Nr. 7 BBiG, §19 JarbSchG, § 3 BUrlG)*

Vergütung

Auszubildende erhalten eine „angemessene Vergütung". Das Bundesarbeitsgericht geht davon aus, dass bei tarifgebundenen Betrieben der Tariflohn „angemessen" sei. Nicht tarifgebundene Betriebe müssen sich am Tariflohn orientieren und dürfen diesen um 20 % unterschreiten.

Was Azubis verdienen

Durchschnittliche tarifliche Ausbildungsvergütungen* pro Monat in Euro

Beruf	West	Ost
Maurer	968 €	772
Mechatroniker	909	885
Medientechnologe (Druck)	905	905
Industriemechaniker	904	859
Kaufmann f. Versicherungen u. Finanzen	896	896
Industriekaufmann	875	802
Verwaltungsfachangestellter	795	795
Einzelhandelskaufmann	753	674
Dachdecker	710	710
Gebäudereiniger	672	532
Kfz-Mechatroniker	670	535
Medizin. Fachangestellter	653	653
Koch	638	505
Bürokaufmann	636	577
Metallbauer	614	430
Gärtner	606	488
Maler und Lackierer	528	528
Bäcker	500	500
Florist	460	312
Friseur	454	269

*Durchschnitt aller Ausbildungsjahre in ausgewählten Berufen

5461 © Globus   Stand 2012   Quelle: BIBB

Die Vergütung richtet sich nach dem Alter der → *Auszubildenden* und der Dauer der → *Berufsausbildung*. Sie ist so zu bemessen, dass sie jährlich ansteigt. Sie muss spätestens am letzten Arbeitstag des Monats gezahlt werden. Im Krankheitsfall wird die V. bis zu sechs Wochen weitergezahlt. *(→ §§ 17, 19 BBiG; → Schaubild Was Azubis verdienen*, Quelle: Globus Infografik)

Vertrag

→ *Ausbildungsvertrag*

Wichtiger Grund

Grundsätzlich gelten für das Berufsausbildungsverhältnis die Rechtsvorschriften, die auch für ein „normales" Arbeitsverhältnis gelten. Allerdings werden zum Vorteil der → *Auszubildenden* teilweise strengere Maßstäbe angelegt. Das Bundesarbeitsgericht entschied, dass ein wichtiger Grund, der den → *Ausbildenden* berechtigt, das Berufsausbildungsverhältnis nach der Probezeit zu kündigen, (nur) dann gegeben ist, wenn Tatsachen vorliegen, aufgrund derer dem Ausbildenden unter Berücksichtigung aller Umstände des Einzelfalls und unter Abwägung der Interessen des Ausbildenden und des Auszubildenden die Fortsetzung des Berufsausbildungsverhältnisses bis zum Ablauf der Ausbildungszeit nicht zugemutet werden kann. An das Vorliegen eines wichtigen Grundes sind aber umso strengere Anforderungen zu stellen, je länger das Ausbildungsverhältnis bereits bestanden hat.

Wiederholungsprüfung

→ *Auszubildende* können nur eine nicht bestandene → *Abschlussprüfung* wiederholen. Eine Möglichkeit der Wiederholung mit dem Ziel der Notenverbesserung (→ *Noten*) gibt es nicht. (§ 37 Abs. 1 Satz 2 BBiG)

Zeugnis

Auszubildende erhalten drei Zeugnisse: 1. das der Berufsschule, 2. das Zeugnis der Abschlussprüfung von der → *IHK* (das sog. Kammerzeugnis) und 3. das Zeugnis des Ausbildenden. Wird die Abschlussprüfung in zwei auseinander fallenden Teilen durchgeführt, erhält der Prüfling erst nach dem letzten Teil ein Zeugnis. Auf Antrag des → *Auszubildenden* sind dem Zeugnis auch eine englischsprachige und eine französischsprachige Übersetzung beizufügen. *(→ §§ 16, 37 Abs. 2 BBiG; → Noten)*

Zuständige Stelle

Zuständige Stellen sind in den meisten Fällen die zuständigen Kammern, für kaufmännische Ausbildungsberufe beispielsweise die → *IHK*. Das → *BBiG* weist den zuständigen Stellen vielfältige Aufgaben bei der Organisation und Durchführung der Berufsausbildung zu (Feststellung der Eignung von Ausbildungspersonal, Durchführung der → Prüfung usw.). Den → Auszubildenden dient sie als auch als Auskunfts- und Beschwerdestelle. *(→ § 71 BBiG)*

Zwischenprüfung

I. d. R. ist während der → **Berufsausbildung** eine Zwischenprüfung zur Ermittlung des Ausbildungsstandes durchzuführen. Inhalte und Zeitraum der Zwischenprüfung werden in den → *Ausbildungsordnungen* geregelt. Die Teilnahme (nicht das Bestehen) an der Z. ist Zulassungsvoraussetzung für die → **Abschlussprüfung**. Der → *Ausbildende* hat den → **Auszubildenden** hierfür frei zu stellen. *(→ § 48 BBiG)*

Quelle: mit freundlicher Genehmigung des Autors: Herrn Dipl. Hdl. Lars Wächter, Kassel

Anhang 2:   Mini-Glossar

(Besonders prüfungsrelevante Fachbegriffe des Personalmanagements)

AEVO, Novellierung	Eine fachlich und pädagogisch hochwertige Arbeit der AusbilderInnen soll die Wiedereinführung der überarbeiteten Ausbilder-Eignungsverordnung (AEVO), die zum 01.08.2009 in Kraft trat, leisten. In der neuen Rechtsverordnung ist geregelt, dass all diejenigen, die während der Aussetzung der AEVO als Ausbilder tätig waren, auch in Zukunft von der Verpflichtung, ein Prüfungszeugnis nach der AEVO vorzulegen, befreit sind. Dies gilt nur dann nicht, wenn die bisherige Ausbildertätigkeit zu gravierenden Beanstandungen durch die zuständige Stelle geführt hat. Mit dieser Vorschrift wird den Betrieben ein praktikabler Übergang auf die neue Rechtslage ermöglicht. Andere Befreiungsvorschriften stellen weiterhin sicher, dass auch vergleichbare Qualifikationen das AEVO-Zeugnis ersetzen können.
Anpassungs- fortbildung	Sie hat zum Ziel, eine Angleichung der Kenntnisse an veränderte Anforderungen am Arbeitsplatz sicherzustellen (z. B. Erwerb von Kenntnissen zur Maschinenbedienung beim Hersteller, wenn eine neue Maschinengeneration in Betrieb genommen wird).
Arbeitszeit	Zeit, in der der Arbeitnehmer seine Arbeitskraft vertraglich gegen Entgelt zur Verfügung stellt. Man unterscheidet: tarifliche A., flexible A., Gleitzeitarbeit, variable Gleitzeitarbeit, Tages-, Wochen-, Monats-, Jahres-, Lebensarbeitszeit, Teilzeit-, Vollzeitarbeit, Mehrarbeit, Kurzarbeit.
Assessmentcenter	Systematisches Verfahren zur Personalauswahl und -entwicklung, in dem Verhaltensmuster in einem ein- bis dreitägigen Auswahlseminar qualifiziert erfasst werden. In einem straff organisierten Verlauf werden mit sechs bis acht Teilnehmern verschiedene Übungen absolviert, z. B. Postkorb, Factfinding, Gruppendiskussion mit Einigungszwang, Rollenspiel, Präsentation, Einzelinterview, Gruppenarbeit.
Aufstiegsfortbildung	Sie soll auf die Übernahme höherwertiger Aufgaben oder Führungsaufgaben vorbereiten (z. B. Beförderung zum Teamsprecher, zum Vorarbeiter, zum Einrichter, zum Gruppenleiter usw.).

Ausbildung, Erfolgskontrolle	Kontrolle der Leistungsziele	Kontrolle der Prozessziele	Kontrolle der Ressourcenziele
	↓	↓	↓
	- Aufgaben, Inhalte - Kompetenzfelder	- Organisation, Strukturen, Abläufe - Maßnahmen - Verantwortlichkeiten - Koordination: Schule/Betrieb	- Zeiten - Ausbildungsstationen - Ausbildungsbeauftragte - Mentoren - Kosten - Wirtschaftlichkeit

Bedürfnispyramide	(nach Maslow) Sie stellt eine hierarchische Ordnung der menschlichen Bedürfnisse dar und unterteilt diese in Defizitbedürfnisse (die Nichterfüllung bereitet körperliche und seelische Probleme) und Wachstumsbedürfnisse (sind latent vorhanden, werden aber erst nachrangig – nach den Defizitbedürfnissen – befriedigt). *Selbstverwirklichung* · *Status, Anerkennung* · *soziale Bedürfnisse, Kommunikation* · *Sicherheitsbedürfnisse* · *physiologische Grundbedürfnisse wie z.B. Selbsterhaltung, Essen, ...* — Wachstumsbedürfnisse / Defizit-Bedürfnisse
Benchmarking	Bestimmte Produkte oder Dienstleistungen/Prozesse werden über mehrere Betriebe (meist Branchenführer) hinweg kontinuierlich verglichen.
Beschaffungspotenzial	Personenkreis, der für die Personalbeschaffung infrage kommt. Man unterscheidet: - Offenes Beschaffungspotenzial: arbeitsuchende Arbeitslose, arbeitsuchende Beschäftigte und Personen, die erstmalig in den Arbeitsprozess eintreten. - Latentes Beschaffungspotenzial: Personen, die (eigentlich) nicht wechselwillig sind und nur durch besondere Maßnahmen zu einer Bewerbung motiviert werden können (Abwerbung, Headhunting, besondere Angebote).
Beteiligungsrechte des Betriebsrats	**Mitwirkung** — Entscheidungsbefugnis des Arbeitgebers bleibt unberührt. ↓ - Informationsrecht - Anhörung - Beratungsrecht - Einsichtsrecht - Recht auf Teilnahme **Mitbestimmung** — Keine Entscheidung des Arbeitgebers ohne den Betriebsrat. ↓ - Initiativrecht - Zustimmungsrecht - Widerspruchsrecht - Aufhebungsanspruch
Beurteilungsfehler in der Wahrnehmung	**Halo-Effekt** Beim Halo-Effekt wird von einer Eigenschaft auf andere Merkmale geschlossen. **Nikolaus-Effekt** Beim Nikolaus-Effekt basiert die Beurteilung speziell auf Verhaltensweisen, die erst in jüngster Zeit beobachtbar waren bzw. stattgefunden haben. **Selektions-Effekt** Beim Selektions-Effekt erkennt der Vorgesetzte nur bestimmte Verhaltensweisen, die ihm relevant erscheinen. **Vorurteile** Z. B. „Mitarbeiter mit langen Haaren und nachlässiger Kleidung sind auch in der Leistung schlampig". **Primacy-Effekt** Die zuerst erhaltenen Informationen und Eindrücke werden in der Beurteilung sehr viel stärker berücksichtigt als spätere Verhaltensweisen. **Kleber-Effekt** Mitarbeiter, die über einen längeren Zeitraum nicht befördert wurden, werden unbewusst unterschätzt und entsprechend schlechter beurteilt.

	Hierarchie-Effekt	Mitarbeiter einer höheren Hierarchiebene werden besser beurteilt als Mitarbeiter der darunter liegenden Ebenen.
	Lorbeer-Effekt	In der Vergangenheit erreichte Leistungen (Lorbeeren) werden unangemessen stark berücksichtigt, obwohl sie sich in der jüngeren Vergangenheit nicht mehr bestätigt haben.
	Erster Eindruck	Voreilige Schlussfolgerungen werden nicht weiter überprüft.
Beurteilungsfehler im Maßstab	**Tendenz zur Mitte**	Der Vorgesetzte scheut sich, die Extremwerte einer Skalierung anzuwenden.
	Tendenz zur Milde	Der Vorgesetze scheut sich, unzureichende Leistung mit „schlecht" zu bewerten.
	Tendenz zur Strenge	Der Vorgesetzte legt als Maßstab der Bewertung ein zu hohes Niveau an.
	Sympathie-fehler	Je nach dem, ob der Vorgesetzte den Mitarbeiter als sympathisch oder unsympathisch empfindet, wird seine Bewertung positiv oder negativ beeinflusst.
	unangemessene Subjektivität	Der Vorgesetzte bewertet willkürlich bzw. legt unangemessen (nur) seinen eigenen (subjektiven) Maßstab zu Grunde.
	Wegloben	Der Mitarbeiter wird überzogen positiv beurteilt.

Bildungscontrolling, Maßnahmen	

Bruttopersonalbedarf	= Stellenbestand + Stellenzugänge - Stellenabgänge
Cafeteria-System	Durch die Individualisierung von betrieblichen Leistungen hat der Mitarbeiter die Möglichkeit, diejenigen Entgelt- und Sozialleistungskomponenten kostenneutral zu wählen, die seinen Bedürfnissen oder seiner finanziellen Situation am ehesten entsprechen – wie bei einer Menueauswahl in einer Cafeteria.
Deferred Compensation	(aufgeschobene Vergütung) ist eine neuere Form der betrieblichen Altersversorgung: Der Mitarbeiter verzichtet einmalig oder laufend auf die Barauszahlung von Gehaltselementen (z. B. Tantiemen, Sonderzahlungen, Gehaltserhöhungen). Der Arbeitgeber gewährt ein wertgleiches Versprechen auf Versorgungsleistungen (Abschluss einer Lebens- oder Rentenversicherung) und bildet für diese Zusage entsprechende Bilanzrückstellungen. Die Besteuerung erfolgt für den Arbeitnehmer erst im Versorgungsfall. Außerdem partizipiert er am Zinses-Zins-Effekt.
Erhaltungs-fortbildung	Sie will mögliche Verluste von Kenntnissen und Fertigkeiten ausgleichen (z. B. Auffrischung von CNC-Kenntnissen, SPS-Kenntnissen), die über längere Zeit nicht eingesetzt werden konnten.
Erweiterungs-fortbildung	Sie soll zusätzliche Berufsfähigkeiten vermitteln (z. B. Erwerb von „Elektronikzertifikaten" eines gelernten Elektrotechnikers).

Individual-planung	Hier steht der einzelne, namentlich genannte Mitarbeiter im Mittelpunkt. Für eine wirksame Gestaltung muss sich die Individualplanung nicht nur an den Unternehmenszielen orientieren, sondern maßgeblich auch die Wünsche, Erwartungen und Ziele der Mitarbeiter berücksichtigen.
Job-Enlargement	Aufgabenerweiterung durch neue, qualitativ gleich- oder ähnlichwertige Aufgaben.
Job-Enrichment	Anreicherung der Tätigkeit eines Mitarbeiters mit Aufgaben, die gegenüber der derzeitigen Zusammenstellung zu einer höheren Qualifikationsebene gehören.
Job-Rotation	(Arbeitsplatzringtausch) ist die systematisch gesteuerte Übernahme unterschiedlicher Aufgaben in Stab oder Linie bei vollgültiger Wahrnehmung der Verantwortung einer Stelle. Jedem Arbeitsplatzwechsel liegt eine Versetzung zu Grunde. Entgegen der zum Teil häufig geübten Praxis ist also Job-Rotation nicht „das kurzfristige Hineinschnuppern in ein anderes Aufgabengebiet", das „Über-die-Schulter-schauen", sondern die vollwertige, zeitlich befristete Übernahme von Aufgaben und Verantwortung einer Stelle mit dem Ziel der Förderung bestimmter Qualifikationen.
Job-Sharing	Das Volumen einer Stelle wird auf zwei oder mehrere Personen gleichmäßig oder ungleichmäßig verteilt.
Kollektiv-planung	Hier geht es um die Planungsfragen der Gesamtbelegschaft oder einer bestimmten Teilgesamtheit.
Kompetenz	Kompetenz ist ein doppelwertiger Begriff: 1. Kompetenz ist die Befugnis für ein bestimmtes Handeln, die einem Mitarbeiter im Rahmen der Delegation übertragen wurde, z.B. Entscheidungs-, Weisungskompetenz. 2. Kompetenz im Sinne der Personalentwicklung ist weitgehend identisch mit dem Begriff „Qualifikation" und beschreibt das individuelle Arbeitsvermögen eines Mitarbeiters – erfasst anhand unterschiedlicher Qualifikationsmerkmale.
Laufbahn-planung	Laufbahnpläne (synonym: Karrierepläne) enthalten Positionsstrukturen – unternehmens- oder bereichsbezogen – und beantworten die Frage: „Welche Positionen kann ein Mitarbeiter „normalerweise" schrittweise im Unternehmen erreichen, wenn er bestimmte Qualifikationsmerkmale (Fachwissen, Führungswissen, Praxiskenntnisse usw.) erfüllt?" Man kann diesen Begriff auch grob mit „vorstrukturierte Karriereleiter im Unternehmen" umreißen. Man kann derartige Laufbahnpläne - rein positionsbezogen gestalten (standardisierte Laufbahnpläne; in dieser Form sind sie streng genommen ein Teilgebiet der Kollektivplanung) oder - auf einzelne Mitarbeiter „zuschneiden" (individueller, nicht standardisierter Entwicklungsplan).
Lernen	Lernen ist jede Veränderung des Verhaltens und der Einstellung, die sich als Reaktion auf Reize der Umwelt ergibt. Man unterscheidet: - Formales Lernen: von außen vorgegebenes, bewusstes und organisiertes Lernen, z.B. Unterweisung, Unterricht, Seminar - Informelles Lernen: Lernen ohne äußere Vorgabe (z.T. unbewusstes Lernen), z.B. Lernen aufgrund praktischer Erfahrung, durch Vorgesetzte, durch Wahrnehmung.

Management by Delegation	(MbD) Führen nach dem Delegationsprinzip: Hauptinhalt ist die Delegation der zur Aufgabe gehörenden Verantwortung. Anliegen des MbD ist es, durch Motivation und Aufgabenverteilung in die unteren Ebenen den Gesamtbetrieb effektiver zu gestalten. Zuständigkeiten, Verantwortung und Entscheidungsbefugnis sind – soweit möglich – auf untere Ebenen zu delegieren;
Management by Exception	(MbE) Führen nach dem Ausnahmeprinzip: Hauptinhalt ist die Delegation der Entscheidungskompetenz. Nicht alle Vorgänge sind Führungsaufgaben und werden daher auf die Mitarbeiter zur selbstständigen Erledigung delegiert. Alle im normalen Ablauf anfallenden Entscheidungen werden von der jeweils nachgeordneten Entscheidungsebene getroffen. Der Entscheidungsspielraum wird durch generelle Anweisungen bestimmt. Die Mitarbeiter handeln selbstständig in definierten Handlungsspielräumen. Die Kompetenz zur Entscheidung ist entweder auf die Aufgabe oder das zu erreichende Ziel bezogen.
	Nur in Ausnahmefällen kann sich der Mitarbeiter an den Vorgesetzten wenden. Die Entscheidungskompetenz kann nur dann rückdelegiert werden, wenn die Erreichung des Ziels gefährdet ist. Zu beachten ist die Gefahr nicht ausreichender gegenseitiger Information. Da die Mitarbeiter weitgehend selbstständig arbeiten, bedarf das MbE der qualifizierten Motivation (MbM, Management by Motivation). Evt. Misserfolge müssen mit Unterstützung der Führungskraft verarbeitet werden.
Management by Objectives	(MbO) Führen durch Zielvereinbarung: Die Entscheidungsebenen arbeiten gemeinsam an der Zielfindung. Dabei legen Vorgesetzter und Mitarbeiter gemeinsam das Ziel fest, überprüfen es regelmäßig und passen das Ziel an. Da das Gesamtziel der Unternehmung und die daraus abgeleiteten Unterziele ständig am Markt orientiert sind, ist MbO durch kontinuierliche Zielpräzisierung ein Prozess. Die Wahl der einzusetzenden Mittel zur Zielerreichung bleibt den Mitarbeitern überlassen. Diese Methode wirkt Formalismus, Bürokratie, Unbeweglichkeit und Überbetonung der Verfahrenswege direkt entgegen. Kriterien sind Effektivität und Zweck. Die Zielerreichung ist der Erfolg. Die Leistung wird im Soll-Ist-Vergleich beurteilt.
Nachfolgepläne	sind gedanklich vorweggenommene Überlegungen zur zukünftigen Besetzung von Positionen – bezogen auf feste Termine. Die Fragestellungen lauten:
	- „Welcher Kandidat kommt für die Nachfolge der Position X, in welcher Zeit, ggf. bei welcher Zusatzqualifizierung infrage?"
	- „Welche Kandidaten kommen alternativ oder gleichrangig für eine bestimmte Position infrage?"
Outplacement	Outplacement ist eine Maßnahme zur Verringerung der negativen Folgen beim Ausscheiden eines Mitarbeiters aus dem Unternehmen und geht über die arbeitsrechtlichen und finanziellen Aspekte hinaus. Mithilfe einer Outplacement-Beratung soll dem Gekündigten geholfen werden, über die Entlassung oder einen evtl. drohenden Karriereknick hinwegzukommen. Mithilfe von Outplacement-Maßnahmen sollen psychische und soziale Spannungen beim Betroffenen abgebaut, die künftige Arbeitsplatzsuche noch in der ungekündigten Stellung durch systematische Karriereplanung gefördert und die berufliche Weiterentwicklung durch Training verbessert werden. Es wird also Hilfestellung bei der Vorbereitung auf einen Tätigkeitsbereich, bei der Suche nach einer neuen Stelle sowie Bewerbungsun-

terstützung geleistet. Für das Unternehmen entfällt durch das Outplacement in aller Regel ein Rechtsstreit und der freigesetzte Mitarbeiter erhält eine Schwachstellenanalyse sowie entsprechende Hilfen bei der Überwindung dieser Defizite.

Personalabteilung, Aufgaben	

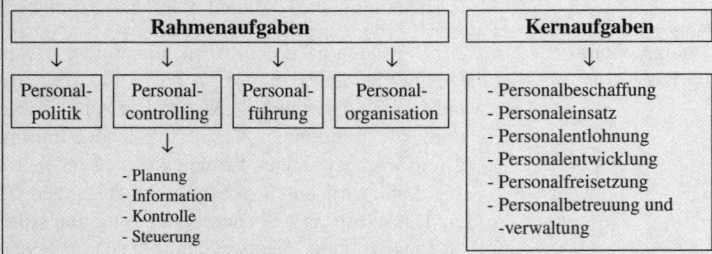

Rahmenaufgaben	Kernaufgaben
↓ ↓ ↓ ↓	↓
Personal-politik · Personal-controlling · Personal-führung · Personal-organisation ↓ - Planung - Information - Kontrolle - Steuerung	- Personalbeschaffung - Personaleinsatz - Personalentlohnung - Personalentwicklung - Personalfreisetzung - Personalbetreuung und -verwaltung

Personalanpassungs-planung	

Die Personalanpassungsplanung ist der Oberbegriff für Maßnahmen, die aufgrund der Ergebnisse der Personalbedarfsplanung eingeleitet werden müssen:

- bei Personalunterdeckung: Beschaffung
- bei Personalüberdeckung: Abbau (mit/ohne Reduzierung der Belegschaft)
- bei Qualifikationsdefiziten: Entwicklung, Förderung.

Daneben kann man die Einarbeitungs- und Einsatzplanung zu den Anpassungsmaßnahmen zählen.

Personalbeschaffungsplanung:
- Beschaffungswege (intern/extern)
- Methoden der Personalauswahl

Die Planung der Personalbeschaffung gibt Antwort auf die Fragen:
- Wann entsteht der Bedarf?
- In welcher Höhe?
- Mit welcher Qualifikation?
- Wann müssen welche Beschaffungsmaßnahmen eingeleitet werden?
- Wie kann das interne und externe Beschaffungspotenzial effektiv genutzt werden?

Aufgabe der **Personaleinsatzplanung** ist die Zuordnung von Stellen und Arbeitskräften unter Berücksichtigung ökonomischer Ziele und Bedingungen sowie mitarbeiterbezogener Ziele und Erwartungen.

Personalentwicklungsplanung:
- Entwicklungspläne (Standardpläne, individuelle Pläne)
- Nachfolgepläne

Personalabbauplanung:
Ergibt sich aus der Personalbedarfsplanung die Feststellung, dass für die kommende Periode ein Personalüberhang zu erwarten ist, so ist im Wege der Personalabbauplanung der Personalbestand den zukünftigen Erfordernissen anzupassen.

	Phase	Inhalt	Beispiele
Personalauswahl, Phasenverlauf	I	Begrüßung	- gegenseitige Vorstellung - Anreisemodalitäten - Dank für Termin
	II	Persönliche Situation des Bewerbers	- Herkunft - Familie - Wohnort
	III	Bildungsgang des Bewerbers	- Schule - Weiterbildung
	IV	Berufliche Entwicklung des Bewerbers	- erlernter Beruf - bisherige Tätigkeiten - berufliche Pläne
	V	Informationen über das Unternehmen	- Größe, Produkte - Organigramm der Arbeitsgruppe
	VI	Informationen über die Stelle	- Arbeitsinhalte - Anforderungen - Besonderheiten
	VII	Vertragsverhandlungen	- Vergütungsrahmen - Zusatzleistungen
	VIII	Zusammenfassung, Verabschiedung	- Gesprächsfazit - ggf. neuer Termin

Personalbedarfs-planung	Die Personalbedarfsplanung ist das „Herzstück" der Personalplanung. Sie stellt die Verbindung zwischen der Umsatz-, Ergebnis- und Produktionsplanung einerseits und der Anpassungs- und Kostenplanung andererseits her. Der geplante Personalbedarf hat Zielcharakter für die anderen Felder der Personalplanung Die quantitative Personalplanung ermittelt das zahlenmäßige Mengengerüst der Planung (Anzahl der Stellen/Mitarbeiter je Bereich, Vollzeit-/Teilzeit-„Köpfe" usw.). Bei der qualitativen Personalplanung geht es um die Qualifikationserfordernisse des festgestellten Mitarbeiterbedarfs.
Personalcontrolling	Mithilfe des P. sollen personalpolitische Ziele anhand von Plandaten, Kennziffern und Maßnahmen umgesetzt werden. Die Soll-Ist-Analyse liefert Maßstäbe für die Zielerreichung bzw. zeigt Notwendigkeiten der Zielkorrektur auf. In der betrieblichen Personalarbeit hat dieser Begriff bisher noch keinen festen Inhalt. Personalcontrolling als Steuerungsinstrument für den ökonomischen Einsatz des Faktors Personal wird jedoch eine der kommenden Schwerpunktaufgaben aller Führungskräfte werden. Gemeint ist nicht einfach nur die simple Betrachtung von Personalkosten und deren budgetmäßige Einhaltung, sondern die Frage: „Welche Personalkosten entstehen und welche Wertschöpfung steht diesen Kosten gegenüber?"
Personalcontrolling, strategisches	Das strategische P. ist überwiegend langfristig ausgerichtet und orientiert sich an Erfolgspotenzialen sowie grundsätzlichen Chancen und Risiken der Personalarbeit.
Personalcontrolling, operatives	Das operative P. ist überwiegend kurzfristig ausgerichtet und befasst sich mit Aufwand und Leistungen (Kosten/Nutzen) der Personalarbeit.

Personalentwicklung	ist die systematisch vorbereitete, durchgeführte und kontrollierte Förderung der Anlagen und Fähigkeiten des Mitarbeiters in Abstimmung mit seinen Erwartungen und den Zielen des Unternehmens.
Personalkosten-planung	Die Personalkostenplanung ist neben der Personalbedarfsplanung der wichtigste Eckpfeiler der Planungen im Personalbereich. Basis für eine sachgerechte Planung der Personalkosten ist die systematische Erfassung aller Personalkosten. Die Analyse der Personalkosten muss folgende Fragen beantworten: - Entstehung der Kosten (Welche? Wo? Wann? In welchem Ausmaß?) - Wie werden sich diese Kosten entwickeln? - Wie sind sie zu beeinflussen? - Durch welche Controllinginstrumente können die Kosten innerhalb der geplanten Grenzen gehalten werden? - Über welche systematischen Schritte erfolgt die Planung der Personalkosten – von der Detailplanung pro Unternehmenseinheit bis hin zur Einbindung in die Unternehmensplanung?
Personalmanagement, Ziele	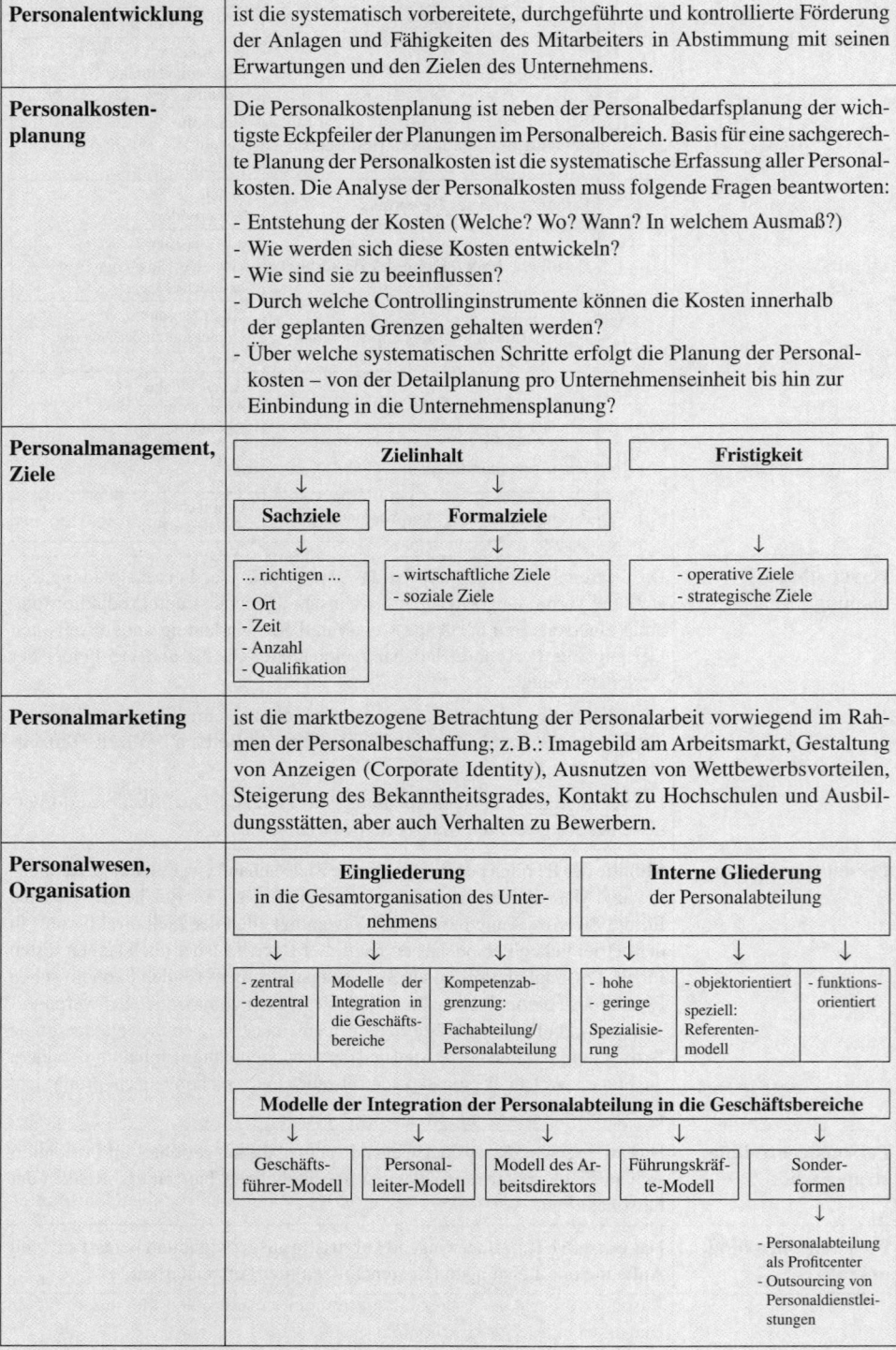
Personalmarketing	ist die marktbezogene Betrachtung der Personalarbeit vorwiegend im Rahmen der Personalbeschaffung; z. B.: Imagebild am Arbeitsmarkt, Gestaltung von Anzeigen (Corporate Identity), Ausnutzen von Wettbewerbsvorteilen, Steigerung des Bekanntheitsgrades, Kontakt zu Hochschulen und Ausbildungsstätten, aber auch Verhalten zu Bewerbern.
Personalwesen, Organisation	

The "Personalmanagement, Ziele" diagram contains:

Zielinhalt → **Fristigkeit**

Zielinhalt → **Sachziele** / **Formalziele**

Sachziele → ... richtigen ...
- Ort
- Zeit
- Anzahl
- Qualifikation

Formalziele → - wirtschaftliche Ziele / - soziale Ziele

Fristigkeit → - operative Ziele / - strategische Ziele

The "Personalwesen, Organisation" diagram contains:

Eingliederung in die Gesamtorganisation des Unternehmens

- zentral
- dezentral

Modelle der Integration in die Geschäftsbereiche

Kompetenzabgrenzung: Fachabteilung/Personalabteilung

Interne Gliederung der Personalabteilung

- hohe
- geringe Spezialisierung

- objektorientiert speziell: Referenten-modell

- funktionsorientiert

Modelle der Integration der Personalabteilung in die Geschäftsbereiche

Geschäftsführer-Modell | Personalleiter-Modell | Modell des Arbeitsdirektors | Führungskräfte-Modell | Sonderformen → - Personalabteilung als Profitcenter / - Outsourcing von Personaldienstleistungen

Potenzialbeurteilung	Potenzialbeurteilungen sind zukunftsorientiert. Sie stellen den Versuch dar, in systematischer Form Aussagen über zukünftiges, wahrscheinliches Leistungsverhalten zu treffen. Man ist bestrebt – ausgehend vom derzeitigen Leistungsbild sowie erkennbarer Leistungsreserven und ggf. unter Berücksichtigung ergänzender Qualifizierungsmaßnahmen – das wahrscheinlich zu erwartende Leistungsvermögen (Potenzial) zu erfassen. Die Potenzialaussage kann sich dabei auf die nächste hierarchische Stufe beziehen (sequentielle Potenzialanalyse) oder generell langfristig (absolute Potenzialanalyse) angelegt sein.
Qualitätszirkel	sind Kleingruppen von maximal 7 - 12 Mitarbeitern mit dem Ziel, unter Anleitung eines Moderators Schwachstellen im eigenen Arbeitsgebiet aufzudecken. Häufige Themen, die in Form von Qualitätszirkeln aufgegriffen werden, sind: Verbesserungsvorschläge zur Produktivitätssteigerung, das Ausschalten von Fehlern, die Qualitätssicherung, die Lernförderung, die Verbesserung von Kreativität, Mobilität, Arbeitszufriedenheit und Betriebsklima sowie die Entwicklung neuer Einstellungen und Verhaltensweisen.
Sensitivity Training	Im Rahmen gruppendynamischer Übungen werden im Seminar alte Verhaltensweisen infrage gestellt (Verunsicherung) und neue, wirksamere Muster eingeübt und konsolidiert. Derartige Seminare verlangen einen speziell ausgebildeten Trainer/Psychologen.
Servicequalität, Merkmale	**Zuverlässig-keit** z. B. Einhaltung von Zusagen, Terminen; fehlerfreie Abrechnung **Reaktions-zeiten** z. B. persönliche/telefonische Erreichbarkeit; Bearbeitungszeiten **Kompetenz** z. B. umfassendes Fachwissen; hohe Problemlösefähigkeit **Individualität** z. B. situations- und personenadäquates Verhalten, auch bei „Sonderwünschen" **Höflichkeit** z. B. angemessene Reaktion auch bei Fehlern/Reklamationen
Stellen-besetzungs-planung	Eine Variante des Nachfolgeplans ist der Stellenbesetzungsplan. Er enthält alle Stellen des Unternehmens, ggf. gegliedert nach Mitarbeitern, Leitungsfunktionen, Ebenen, Projektstellen i. V. m. Überlegungen zur Nachfolge oder zeitlicher Vertretung. Im Idealfall kann der Organisationsplan eines Unternehmens – bei laufender Aktualisierung – für die Stellenbesetzungsplanung benutzt werden.
Superlearning	(auch: ganzheitliches Lernen) ist eine Methode des Schnelllernens, insbesondere von Fremdsprachen. Der Lernende kann hohe Lernleistungen erzielen, wenn er sich mit einer durch Atemtechnik und Musik unterstützten Entspannungstechnik in den sog. Alpha-Zustand versetzt, Ängste und das Gefühl der Beanspruchung, die den Lernerfolg beeinträchtigen können, abbaut und dann den Lernstoff bei Barockmusik in einem bestimmten Rhythmus monoton, kontinuierlich bzw. von einer speziell gestalteten Lernkassette aufnimmt. Diese Methode beruht auf dem Versuch, die wenig genutzte rechte kreative Gehirnhälfte, in der der Sitz des Langzeitgedächtnisses vermutet wird, in den Lernprozess einzubeziehen. Dies ist nach Ansicht von Hirnforschern im Zustand körperlicher Entspannung und einem ganz nach innen gerichteten Bewusstsein am ehesten möglich.

Teams	(Teamarbeit) sind Gruppen, die sich vor allem nach außen hin abgrenzen (Außenskelett). Die Arbeitsteilung im Inneren bleibt offen. Zumeist wird in der Praxis der Qualifikationsbedarf erhöht, da Personen mehrere Arbeitsplätze zu beherrschen haben (Stellvertretung, Rotation). Im Extremfall verrichtet jeder jeden Arbeitsgang im Teambereich. Oberstes Ziel der Teamarbeit ist die Kommunikation vor Ort und die Verkürzung von Entscheidungsprozessen. „Echte Teams" zeichnen sich durch eine hohe Verbundenheit zwischen den Gruppenmitgliedern aus.
Teamentwicklung	ist ein Instrument der Personalentwicklung: Die Gruppe geht zusammen mit einem „Berater/Trainer" einige Tage „in Klausur" und bearbeitet gruppeneigene Fragestellungen. Beispiele: - „Was behindert die Effektivität unserer Arbeit?" - „Welche Ziele haben wir für das nächste Jahr?" - „Welchen Stellenwert hat unsere Arbeit im Gesamtunternehmen?" - „Wie wollen wir welche Probleme bis wann lösen?"

Teamentwicklung, Phasen der ...

(nach Tuckmann)

Forming	Storming	Norming	Performing
- Kontaktaufnahme - Kennenlernen - Höflichkeit - Unsicherheiten	- Machtkämpfe - Egoismen - Frustrationen - Konflikte - Statusdemonstrationen	- Lernprozesse - Spielregeln - Vertrauen und Offenheit - sachliche Auseinandersetzung	- Reifephase: - Entwicklung zu einem leistungsfähigen Team
Formende Phase	**Stürmische Phase**	**Regelungsphase**	**Phase der Zusammenarbeit**

Telearbeit	ist jede Art von Tätigkeit, bei der ein Arbeitsplatz durch elektronische Kommunikationsmittel mit der „Zentrale" (des Betriebes) verbunden ist. Der Telearbeitsplatz kann dabei z. B. die private Wohnung des Arbeitnehmers, ein ausgelagertes Büro oder eine Telezentrale sein. Die Telearbeit kann auch in alternierender Form durchgeführt werden: Ein Telearbeitsplatz zu Hause und ein Arbeitsplatz in der Firma (Telependel). Die Zahl der Telearbeitsplätze in Deutschland wächst ständig.
Traineeprogramm	Unternehmensspezifisches Ausbildungsprogramm als Berufseinstieg für Hochschulabsolventen über ein bis zwei Jahre, das z. T von einigen Firmen auch als Personalauswahlprogramm verstanden wird.
Transaktionsanalyse	(TA) Gruppentherapeutische Methode auf der Basis verschiedener Ich-Zustände (Eltern-Ich, Erwachsener-Ich, Kind-Ich).
Wissensmanagement	Jedes Unternehmen verfügt über Wissen in Bezug auf Prozesse, Fakten, Märkte, Technologien, Anwendungen usw. Die Erzeugung, Verdichtung, Speicherung, Weitergabe und Nutzung von betrieblichem Wissen ist ein Produktionsfaktor von hohem Wert: Die Nichtinanspruchnahme vorhandenen Wissens ist heute eine Ressourcenverschwendung, die schnell zu Wettbewerbsnachteilen führt. - Betriebliches Wissen ist in jedem Unternehmen explizit vorhanden in Form von Dokumenten, Berichten und Daten/Datenbanken (Prozesse, Kultur, Infrastruktur).

	- Implizites Wissen umfasst Erfahrungen und Erkenntnisse, das von Personen mehr oder weniger bewusst bei der Lösung betrieblicher Probleme eingesetzt wird. Es ist nicht dokumentiert und wird nur bedingt artikuliert (Weitergabe an Kollegen). - Es kommt also für Unternehmen darauf an, explizites Wissen zu erfassen und systematisch zu dokumentieren. Weiterhin muss es (idealerweise) gelingen, relevantes implizites Wissen zu erkennen und in explizites Wissen zu transformieren.
XY-Theorie	von McGregor: Der Mensch besteht aus negativen Grundhaltungen X und positiven Grundhaltungen Y gegenüber seinen Mitmenschen. McGregor fordert eine schrittweise Entwicklung zur Y-Grundhaltung. - Die X-Haltung sieht den Menschen negativ: er ist arbeitsscheu, träge, will keine Verantwortung übernehmen. - Die Y-Haltung sieht den Menschen positiv: er ist motiviert, arbeitswillig und verantwortungsbereit.

Anhang 3:   Themen der zurückliegenden IHK-Prüfungen

Hinweis: Wiederholung von Themen im dargestellten Zeitraum sind fett gedruckt.

Legende: AG   Arbeitgeber
             AN   Arbeitnehmer
             BR   Betriebsrat

- *Herbst 2008* (Die Zahlenangaben in der rechten Spalte nennen die Punktzahl.)

1. Personalarbeit organisieren und durchführen		
Aufgabe 1	a) Service und Dienstleistungsqualität der Personalabteilung b) Kennzahlen der Leistungsqualität	8 9
Aufgabe 2	a) Referentensystem (Zielsetzung) b) Auswahl von Ausbildungsplatzbewerbern (Prozessoptimierung)	8 12
Aufgabe 3	a) Projekt (charakteristische Merkmale) b) Projektplanung (Erläuterung)	4 12
Aufgabe 4	Schnittstellen des PIS zu anderen Unternehmensbereichen (5 Beschreibungen)	10
Aufgabe 5	Langzeitkranke: a) Maßnahmen zur Feststellung und Wiedereingliederung b) Vorteile des Rückkehrgesprächs für das Unternehmen c) Begründung, warum Teilnahme des Betriebsrats sinnvoll ist	 10 4 6
Aufgabe 6	Nutzwertanalyse: a) allgemeiner Aufbau b) Informationsquellen für die Bewertung einer Software	 10 4

2. Personalarbeit auf der Grundlage rechtlicher Bestimmungen durchführen		
Aufgabe 1	Nebentätigkeit: a) Unfall in der Nebentätigkeit und Entgeltfortzahlung vom „Haupt"arbeitgeber b) Nebentätigkeit im Urlaub und Kündigung	 6 7
Aufgabe 2	Diskriminierung wegen Geschlecht und Alter (AGG) und Schadensersatz	14
Aufgabe 3	Kündigungsschutzklage: a) Klageart und Arbeitsgericht b) verlängerte Kündigungsfrist nach § 622 BGB c) fehlerhafte Sozialauswahl mit Begründung	 2 2 10
Aufgabe 4	Betriebsvereinbarung (BV) über „Kantine": a) Kündigung der „alten" BV und neue BV mit BR aushandeln b) Kündigung der BV ohne neue BV (ohne Beteiligung des BR)	 5 3
Aufgabe 5	Akkordlohn: a) Vorteile für den Arbeitgeber b) Akkordfähigkeit und Akkordreife (Begriffsklärung) c) Geldakkord und Zeitakkord (Unterschied, Berechnungsvarianten, Vorteil)	 6 4 6
Aufgabe 6	Sozialversicherungspflicht: a) Führungskraft, Angestellte, Teilzeitkräfte, Aushilfen b) Beitragssätze und Beitragsbemessungsgrenzen in allen Zweigen der SV c) Einzugsstelle für SV, UV und Pauschalabgaben	 8 8 3

| Aufgabe 7 | Betriebliche Altersversorgung:
a) Steuer- und Sozialversicherungsfreiheit, Riester-Rente
b) Vergleich der Formen (fallbezogen) | 4
4 |
| Aufgabe 8 | Kriterien (4) für die Auswahl eines Personalberaters | 8 |

3. Personalplanung, -marketing und -controlling gestalten und umsetzen

Aufgabe 1	Personalplanung: a) Ablauf b) Risiken erläutern (3) c) bei Hochkonjunktur und bei Rezession	6 6 8
Aufgabe 2	Personalwirtschaftliche Ziele: a) im Rahmen der strategischen Unternehmenplanung (5 nennen) b) 2 Beispiele zur Senkung der Beschäftigungskosten (beschreiben)	5 8
Aufgabe 3	Bedürfnispyramide, Maslow: a) beschreiben und darstellen b) Fall „Fusion" und Bezug zu Maslow (5 Beispiele)	5 10
Aufgabe 4	Bruttopersonalbedarfsplanung, Methoden erläutern: a) Schätzverfahren, Kennzahlenverfahren, Stellenplanmethode b) Nettopersonalbedarf ermitteln (fallbezogen) c) Auswirkungen einer Fusion auf den Nettopersonalbedarf	9 7 4
Aufgabe 5	Personalentwicklungsplanung (Ablauf beschreiben)	12
Aufgabe 6	Personalcontrolling: a) Prozess des Personalcontrolling beschreiben am Beispiel Personalabbau b) relevante Merkmale beim Personalabbau (z. B. Kosten, Dauer) c) Instrumente des Personalcontrolling (z. B. Risikoanalyse, Berichtswesen)	6 6 8

4. Personal- und Organisationsentwicklung steuern

Aufgabe 1	a) Instrumente zur Analyse der Führungsqualifikationen (z. B. Potenzialanalyse) b) Auswahlkriterien für einen externen Trainer c) Vorschlag zur Gestaltung eines Führungstrainigs	6 6 8
Aufgabe 2	a) zielgruppenbezogene Förderprogramme (Seminare) b) Planung der Personalentwicklung (Ablauf erläutern in 5 Schritten)	6 15
Aufgabe 3	Beurteilungssystem: a) Aufgaben einer Mitarbeiterbeurteilung (3 erläutern) b) Anlässe (5 nennen) c) 3 Hauptkriterien und jeweils 1 Unterkriterium einer Mitarbeiterbeurteilung	9 5 6
Aufgabe 4	Übernahme von Führungsaufgaben im Ausland (Maßnahmen der Unterstützung)	12
Aufgabe 5	Führungsstile und Delegation: a) eindimensionale Führungsstile (2 erläutern) b) Delegationsprinzip erläutern c) Vorteile der Delegation (5 nennen)	6 3 5
Aufgabe 6	Wissensmanagement: a) 3 Bausteine nennen (z. B. Inhalt, Kontext, Prozesse, Kultur) b) Kontextualisierung (Notwendigkeit begründen) c) Transfer an die Mitarbeiter (z. B. Unternehmenswiki, FAQs) d) Möglichkeiten der Pflege	3 3 4 3

Frühjahr 2009 (Die Zahlenangaben in der rechten Spalte nennen die Punktzahl.)

1. Personalarbeit organisieren und durchführen		
Aufgabe 1	strategische und operative Aufgaben eines Personalreferenten der Zentrale (jeweils 5 nennen)	10
Aufgabe 2	a) Maßnahmen zur Verbesserung des Image der Pesronalarbeit	8
	b) überregionales Unternehmensplanspiel (4 Argumente für den Imagegewinn)	8
Aufgabe 3	3 Analysetechniken erläutern (z. B. ABC, Eisenhauer, Flussdiagramm)	12
Aufgabe 4	Projektarbeit:	
	a) Bedeutung im Unternehmen	3
	b) Projektorganisation vorschlagen und erläutern	6
	c) erforderliche Kompetenzen im Projekt „Prämiensystem"	8
	d) Aufgaben des Projektleiters	3
Aufgabe 5	a) Vorteile von Personalbeschaffung via Internet (E-Recruiting)	5
	b) Weitere Vorteile von E-Recruiting (z. B. BR-Anhörung per E-Mail)	6
Aufgabe 6	a) 5 Regeln für Gestaltung von OH-Folien (z. B. Schriftgröße).	10
	b) 2 Medien zur Ergänzung der Folienpräsentation (z. B. Pinnwand, Handout)	5
Aufgabe 7	a) 5 Kommunikationsregeln nennen	5
	b) Phasen eines Konfliktgesprächs erläutern	12

2. Personalarbeit auf der Grundlage rechtlicher Bestimmungen durchführen		
Aufgabe 1	a) Zulässigkeit der Verlängerung eines befristeten Vertrages mit sachgrundloser Befristung nach Ablauf des Vertrages und höheres Gehalt (= Neueinstellung)	5
	b) „Entfristungsklage" nach § 17 TzBefG	5
Aufgabe 2	Fall: A. o. Kündigung, hilfsweise o. K. ohne schriftliche Abmahnung (im Ergebnis: Kündigungsschutzklage hat Erfolg).	15
Aufgabe 3	Outsourcing der Kantine:	
	a) Betriebsübergang nach § 613a BGB (es gelten die kollektivrechtlichen Bedingungen des neuen Eigentümers)	8
	b) Aufgabe des „alten" AG: Information; Rechte der Mitarbeiter: Widerspruchsrecht	7
Aufgabe 4	Unfall im Urlaub:	
	a) Entgeltfortzahlung, Urlaubsentgelt, Krankengeld	14
	b) Urlaubsanspruch (verfällt nicht)	2
	c) Kündigungsfrist während der Probezeit (= 2 Wochen, § 622 Abs. 3 BGB)	4
Aufgabe 5	Betriebliche Kinderbetreuung:	
	a) Möglichkeiten (2 beschreiben)	4
	b) je einen Vor- und Nachteil (beschreiben)	4
	c) Einrichtung Kindergarten (= Sozialeinrichtung = mitbestimmungspflichtig; aber: die finanzielle Ausgestaltung ist mitbestimmungsfrei)	4
Aufgabe 6	Aufbau und Inhalt eines Online-Bewerbungsformulars	8
Aufgabe 7	Einrichtung einer elektronischen Personalakte und Datenschutz (5 erläutern)	10
Aufgabe 8	Arbeiten beim Jahresabschluss in der Lohnbuchhaltung (5 erläutern)	5

3. Personalplanung, -marketing und -controlling gestalten und umsetzen		
Aufgabe 1	Personalmarketing: a) Ziele (3 nennen) b) Möglichkeiten des Hochschulmaketing (3 erläutern) c) Vorteile der internen Personalbeschaffung (4 nennen)	3 9 4
Aufgabe 2	Leistungsfaktoren: a) „Wollen" und „Ermöglichen" (erläutern) b) Arbeitsverhalten (z. B. Sozial-, Innovation- Fehlzeitenverhalten; erläutern)	6 9
Aufgabe 3	Personalbedarfsplanung: a) Ziel und Ergebnis b) Bruttopersonalbedarf: Kennzahlenverfahren, Schätzverfahren, arbeitswissenschaftliche Methoden (MTM, REFA); (je 3 nennen) c) Fallbezoge Anwendung der Kennzahlenmethode („Setzlinge")	5 6 10
Aufgabe 4	Analyseinstrumente der Personalentwicklungsplanung (z. B. Potenzialanalyse, Mitarbeiterbeurteilung 360°-Feedback, Fördergespräch); (4 erläutern)	12
Aufgabe 5	a) Nachfolge- und Laufbahnplanung erläutern b) Beispiel einer Laufbahnplanung darstellen	12 6
Aufgabe 6	Personalcontrolling: a) Ziel (beschreiben) b) strategisches und operatives Personalcontrolling (Unterschied erläutern) c) Kennzahlen (3 erläutern)	6 6 6

4. Personal- und Organisationsentwicklung steuern		
Aufgabe 1	Personalentwicklungsgespräch: a) Ziele (3 erläutern) b) Gesprächsführung (3 Aspekte beschreiben)	9 6
Aufgabe 2	a) internationales Traineeprogramm (4 Ziele nennen) b) Qualifikation und Schlüsselqualifikation (Begriffe erläutern) c) Begründung für die Förderung von Schlüsselqualifikationen d) Methoden-, Fach- und Sozialkompetenz im Traineeprogramm (je 2 Beispiele nennen)	4 6 3 6
Aufgabe 3	Nachwuchsförderung: a) Zielgruppen (3 nennen) und Auswahlinstrumente (3 nennen) b) Inhalte eines Förderprogramms (6 beschreiben)	6 12
Aufgabe 4	a) die 4 Phasen der Gruppenentwicklung (Tuckmann) b) Nutzen eines Teamentwicklungsworkshops	12 3
Aufgabe 5	Zielvereinbarungssystem: a) kritische Erfolgsfaktoren bei europaweiter Einführung (z. B. Akzeptanz, Sprachen) b) Vorteile und Probleme (je 3 beschreiben) c) Inhalte von Trainings zur Zielvereinbarung (z. B. messbar, Bewertung)	4 6 10
Aufgabe 6	Evaluierung von PE: a) Möglichkeiten (5 beschreiben) b) Lerntransfer sichern (z. B. Mitarbeiter, Vorgesetzter, PE-Abteilung, Geschäftsleitung)	10

Herbst 2009 (Die Zahlenangaben in der rechten Spalte nennen die Punktzahl.)

1. Personalarbeit organisieren und durchführen

Aufgabe 1	a) Notwendigkeit zukunftsorientierter Personalarbeit (darstellen)	8
	b) Veränderung der Kompetenzabgrenzung von Fachabteilung/Personabteilung	6
	c) Personalleiter als Buisinesspatner (5 Aufgaben nennen)	5
Aufgabe 2	a) interne Kundengruppen der personalwirtschaftlichen Dienstleistung (3 nennen)	3
	b) Instrumente der Kundenzufriedenheit (3, Beschreibung und Zielsetzung nennen)	6
	c) Kriterien für die Qualität der Personalarbeit (z. B. Fachwissen, Verlässlichkeit)	6
Aufgabe 3	Implementierung eines Ideenmanagements (Prozess beschreiben)	8
Aufgabe 4	Projekt:	
	a) Elemente eines Projektauftrags (5 nennen)	5
	b) Elemente des Unternehmensleitbilds auf den Personalbereich übertragen	9
	c) Ziele des Kick-off-Meeting (5 nennen)	5
Aufgabe 5	a) Reflexionstechnik (beschreiben)	4
	b) Inhalte einer Auftaktveranstaltung „Personalarbeit heute und morgen" (Konzept)	10
	c) spezielle Rollen von Gruppenmitgliedern (5 beschreiben)	10
Aufgabe 6	a) Personal-Portale (z. B. Mitarbeiterportal – ESS, Führungskräfteportal – MSS, Bewerberportal)	9
	b) Nutzen der Portale (Begründung)	6

2. Personalarbeit auf der Grundlage rechtlicher Bestimmungen durchführen

Aufgabe 1	a) Entgeltfortzahlung und Krankengeld nach legalem Schwangerschaftsabbruch und Unfall beim Fallschirmspringen (keine Risikosportart)	10
	b) Anspruch auf Schadensersatz des AG bei fehlerhafter Behandlung durch den Arzt	4
	c) zuständige Gerichte (Entgeltfortzahlung – Arbeitsgericht; Krankengeld – Sozialgericht)	2
Aufgabe 2	a) Lohnanspruch ohne Arbeitsleistung bei Ausfall einer Maschine (= Betriebsrisiko des AG)	
	b) Urlaubsanrechnung (= mitbestimmungspflichtig, § 87 Abs. 1 Nr. 5 BetrVG)	
Aufgabe 3	a) Mitbestimmung bei Einstellung (§§ 93, 99 BetrVG)	8
	b) vorläufige personelle Maßnahme (§ 100 BetrVG)	8
	c) Information an den Bewerber bei § 100 BetrVG	2
Aufgabe 4	Arbeitsplatzbewertung und neues Gehaltssystem (Übersicht der Verfahren)	18
Aufgabe 5	a) Unfall, Arbeitsweg und Tanken (= kein Arbeitsunfall bei Abweichen vom direkten Weg; Tanken = Privatsache)	5
	b) Sicherung bei Arbeitsunfähigkeit (= Entgeltfortzahlung und Krankengeld)	5
Aufgabe 6	a) Möglichkeiten der Betreuung bei Alkoholproblemen (3 erläutern)	9
	b) Mitbestimmung des BR (z. B. § 87 Abs. 1 Nr. 1, Nr. 8)	5
Aufgabe 7	Abweichungen vom 50/50-Prinzip bei der SV (z. B. + 0,9 % bei KV für AN)	10

3. Personalplanung, -marketing und -controlling gestalten und umsetzen

Aufgabe 1	Internes und externes Personalmarketing (Akquisitions-, Motivations- und Profilierungsfunktion erläutern)	12
Aufgabe 2	a) Instrumente der strategischen Unternehmensplanung (4 nennen)	4
	b) Change Management als Prozess (5 Schritte erläutern)	10
Aufgabe 3	Instrumente des Personalbedarfs (quantitativ, qualitativ, räumlich, zeitlich)	12

Aufgabe 4	Einflussfaktoren des Personalbedarfs:	
	a) 5 Einflussfaktoren nennen	5
	b) 2 Einflussfaktoren erläutern	6
Aufgabe 5	Konzept der Stellenbeschreibung (z. B. Aufgabenanalyse, Stellenbeschreibungen, Anforderungsanalysen, Auswertung, Genehmigung, Stellenplan, Organisationsplan)	15
Aufgabe 6	a) Anforderungen an Führungskräfte (3 erläutern)	9
	b) Instrumente des Personalentwicklungsbedarfs (3 erläutern)	9
Aufgabe 6	Personalcontrolling, je 2 Kennzahlen für	
	a) Personalbestand/Personalbestandsveränderung	6
	b) Personalkosten	6
	c) Arbeitszeiten	6

4. Personal- und Organisationsentwicklung steuern		
Aufgabe 1	Mitarbeitergespräch:	
	a) Vorbereitung der Führungskräfte (2 beschreiben)	4
	b) Ziele (4 beschreiben)	8
	c) Regeln der Durchführung (5 nennen)	5
Aufgabe 2	Schlüsselqualifikationen:	
	a) Begriff erläutern	6
	b) Kompetenzarten (3 Erläuterungen mit Bespiel)	12
Aufgabe 3	a) Aspekte eines Personalentwicklungskonzepts (6 nennen)	6
	b) Informationsquellen zur Vorinformation über Teilnehmer (3 nennen)	3
	c) Trainerauswahl (5 nennen)	5
Aufgabe 4	Qualitätssichernde Maßnahmen der Personalentwicklung (6 beschreiben)	12
Aufgabe 5	Personalabbau:	
	a) Informationspolitik	3
	b) Unterstützende Maßnahmen für Führungskräfte (2 erläutern)	6
	c) Schlüsselfunktion der Führungskräfte (erläutern)	3
	d) Wirksames Führungsverhalten (4 Beispiele beschreiben)	8
Aufgabe 6	Telearbeit:	
	a) Formen (3 erläutern)	9
	b) Rahmenbedingungen (5 beschreiben)	10

Frühjahr 2010 (Die Zahlenangaben in der rechten Spalte nennen die Punktzahl.)

1. Personalarbeit organisieren und durchführen		
Aufgabe 1	a) Fall: Fehlende Personalfunktionen (z. B. Personalbeschaffung, Sozialwesen)	3
	b) Personalkapazität der Personalabteilung (= 1 % der Stammbelegschaft)	10
	c) Aspekte bei Outsourcing (5 Fragestellungen)	5
Aufgabe 2	Erhebungsmethoden zur Kundenmeinung über die Personalarbeit (4 erläutern)	12
Aufgabe 3	a) Stufenmodell zur Prozessneugestaltung (z. B. 6-Stufen-Modell nach REFA)	6
	b) Prozess „Bewerbungsmanagement" als grafische Darstellung	8
Aufgabe 4	Projekt:	
	a) Merkmales eines Projekts (5 nennen)	5
	b) Auswahlkriterien für das Projektteam (3 beschreiben)	6
Aufgabe 5	Themenbereiche für das Intranet/FAQs (6 erläutern)	18
Aufgabe 6	a) Gesprächsvorbereitung, -durchführung, -nachbereitung (erläutern)	9
	b) Regeln der Gesprächsführung (4 nennen)	4
Aufgabe 7	a) Vorteile eines Workshops/Gruppenarbeit (6 nennen)	6
	b) Bedeutung des Workshops für den Außendienst	4
	c) Einstieg in das Workshop (z. B. Kartenabfrage, Spielregeln)	4

2. Personalarbeit auf der Grundlage rechtlicher Bestimmungen durchführen		
Aufgabe 1	Abmahnung:	
	a) Begriff (erläutern)	5
	b) konkretes Beispiel	5
Aufgabe 2	Versetzung:	
	a) Maßnahmen des AG bei Nichtwollen des AN (z. B. Änderungskündigung)	8
	b) Beteiligungsrechte des BR (z. B. § 95 Abs. 3 BetrVG)	8
Aufgabe 3	Fristlose verhaltensbedingte Kündigung bei bei Vortäuschung von AU und Nebentätigkeit in erheblichem Umfang ist wirksam	15
Aufgabe 4	Kurzarbeit:	
	a) arbeits- und sozialrechtliche Voraussetzungen	10
	b) Höhe und Dauer (60/67 %, max. 24 Monate)	5
	c) Aufwendungen des AG	6
	d) Vor- und Nachteile für den AG (je 1 beschreiben)	4
Aufgabe 5	Rückenbeschwerden der AN:	
	a) Maßnahmen des AG (4 nennen)	4
	b) Beteiligungsrechte des BR (z. B. § 87 Abs. 1 Nr. 7, 10)	6
Aufgabe 6	Auswahlkriterien für Leiharbeitsfirma (6 nennen)	6
Aufgabe 7	Pfändungs- und Überweisungsbeschluss:	
	a) Rechtsgrundlage (nennen)	2
	b) pfändbare und unpfändbare Bezüge (je 4 nennen)	8
	b) Berechnungsweg des pfändbaren Einkommens	8

3. Personalplanung, -marketing und -controlling gestalten und umsetzen		
Aufgabe 1	Personalpolitische Instrumente für mehr Flexibilität bei Stammbelegschaft und saisonalen Arbeitskräften	14
Aufgabe 2	Personalwirtschaftliche Ziele (4 erläutern)	12
Aufgabe 3	Objektive und subjektive Bestimmungsgrößen der Arbeitsleistung (je 3 beschreiben)	12

Aufgabe 4	Job-Rotation: a) Pro und Kontra eines standortübergreifenden Systems b) Möglichkeiten zur Akzeptanz bei den AN (5 nennen)	10 5
Aufgabe 5	5-stufiges PE-Konzept	10
Aufgabe 6	Kosten und Nutzen der Berufsbildung: a) Zahlenansatz (6 Angaben) b) schwer quantifizierbare Nutzeffekte (5 nennen)	12
Aufgabe 7	Personalmarketing: a) Instrumente, die auch international einsetzbar sind b) internationale Aspekte des Personalmarketing (z.B. Sprache, Kultur)	5 15

4. Personal- und Organisationsentwicklung steuern		
Aufgabe 1	Kommunikation: a) Bedeutung der Kommunikation im Rahmen der Zusammenarbeit b) Regeln der Kommunikation (5 nennen) c) Folgen schlechter Kommunikation (3 beschreiben)	6 5 6
Aufgabe 2	Qualifizierungsprogramm in 5 Stufen mit je 2 Instrumenten	20
Aufgabe 3	Traineeprogramm: a) Gründe b) Strukturbeispiel mit on the job- und off the job-Aktivitäten c) Rolle des Mentors (z.B. Feedback, Kontakt, „no-gos")	6 10 4
Aufgabe 4	Weiterbildungsziele (5 beschreiben)	10
Aufgabe 5	a) positives Feedback und Nutzen für AN b) Feedback-Regeln (9 nennen)	4
Aufgabe 6	Qualitätsverbesserung: a) Bedeutung von Eigenverantwortung und Beteiligung der AN b) Begriff „Coaching" c) Implementierung von „Qualitätscoaches" (Prozessbeschreibung)	8 4 8

Herbst 2010 (Die Zahlenangaben in der rechten Spalte nennen die Punktzahl.)

1. Personalarbeit organisieren und durchführen

Aufgabe 1	a) Stellenbeschreibung Personalleiter (Zentrale) und Kompetenzabgrenzung	12
	b) personalwirtschaftliche Kompetenz der Niederlassungsleiter (6 nennen)	6
Aufgabe 2	a) Zielgruppen der Erhebung für die Qualität der Personalarbeit (3 nennen)	3
	b) Durchführung der schriftlichen Erhebung (z. B. schriftliche Befragung, Einzelinterview)	6
	c) Merkmale der Qualität der Service- und Dienstleistungsqualität (je 4 beschreiben)	8
Aufgabe 3	a) Prozessanalyse der Personalbetreuung (5 Schritte beschreiben)	10
	b) Begründung der Dezentralisierung der Personalarbeit	9
Aufgabe 4	a) Aufgaben der Projektplanung (3 beschreiben)	6
	b) Zusammensetzung des Projektteams (3 mit Begründung)	9
Aufgabe 5	a) Einsatzmöglichkeiten für E-Learning-Plattform (2 erläutern)	6
	b) Aufgaben des Datenschutzbeauftragten (3 nennen)	3
	c) Anforderungen an den Datenschutzbeauftragten (2 erläutern)	6
Aufgabe 6	a) wirksame gruppendynamische Verhaltensweisen (3 mit Begründung)	8
	b) Regeln der Gruppenarbeit (4 nennen)	4
	c) Medien der Visualisierung (4 nennen)	4

2. Personalarbeit auf der Grundlage rechtlicher Bestimmungen durchführen

Aufgabe 1	Stellenausschreibung verstößt gegen AGG	15
Aufgabe 2	Fehlerhafte Befristung eines Vertrages („endet, wenn Frau Müller wiederkehrt"; Ist: Frau Müller geht in Rente)	
	a) befristeter Vertrag endet nicht	12
	b) zuständiges Gericht, Klageart, Klagefrist (§ 17 TzBefG)	5
Aufgabe 3	a) Betriebsratswahl: Kündigungsschutz für Wahlvorstand, nicht gewählte Bewerber, Betriebsratsmitglieder (§ 15 Abs. 3 KSchG, § 626 BGB, § 102 BetrVG)	9
	b) fallbezogene Auswahl (Wahlvorstand, Wahlbewerber: 6-Monats-Frist ist abgelaufen)	6
Aufgabe 4	a) Organe der Sozialversicherung (2 beschreiben)	4
	b) Rentenarten der RV (4 nennen)	4
	c) Finanzierung der RV (erläutern)	4
Aufgabe 5	a) Übernahme der Kosten für Kinderbetreuung (z. B. steuer- und sv-frei)	8
	b) dafür kein Mitbestimmungsrecht (= Einzelmaßnahme)	8
Aufgabe 6	Interne Stellenbeschreibung nach Vorgaben erstellen	7
Aufgabe 7	Mutterschutz:	
	a) Zeitraum (§§3, 6 MuSchG)	4
	b) Mutterschaftsgeld (berechnen)	8
	c) Voraussetzungen der Elternzeit (§ 16 BEEG)	3
	d) Verlängerung der Elternzeit auf 2 Jahre?	3

3. Personalplanung, -marketing und -controlling gestalten und umsetzen

Aufgabe 1	a) konjunkturelle Entwicklung in der BRD und Auswirkungen auf die Beschäftigung	6
	b) Leistungen nach SGB III	6
Aufgabe 2	personalwirtschaftliche Ziele (4 nennen und 1 erläutern)	6

Aufgabe 3	a) objektive und subjektive Bestimmungsfaktoten der Arbeitsleistung (je 1 erläutern)	6
	b) 2 Arten der Arbeit erläutern (= dispositiv und operativ)	6
Aufgabe 4	a) vergangenheitsbezogene Methoden der Personalbedarfsberechnung	9
	b) verlorener Kundenauftrag führt zu einem Personalminderbedarf	
Aufgabe 5	a) indirekter Personalabbau ohne Kündigung in der Produktion	8
	b) generell: indirekter und direkter Personalabbau	8
	c) Problematik der Umsetzung von b)	6
Aufgabe 6	a) Zielsetzung von Personalmarketing (erläutern)	6
	b) Konzept zur Gewinnung von Auszubildenden	6
Aufgabe 7	Instrumente, um die zukünftige Kompetenz der Führungskräfte zu verbessern	9
Aufgabe 8	Personalcontrolling	
	a) Begriff und Ziel (erläutern)	5
	b) Aufgaben (4 erläutern)	8

4. Personal- und Organisationsentwicklung steuern

Aufgabe 1	Leistungsbeurteilung:	
	a) Vorteile (6 nennen)	6
	b) Anlässe (3 nennen)	3
	c) Beurteilungsfehler (3 erläutern)	9
Aufgabe 2	a) Konzept zur visuellen Lehrmethode (z.B. Dia, Flipcharts, Video)	4
	b) weitere Lerntypen (z.B. auditiv, kommunikativ, motorisch)	
Aufgabe 3	a) Inhalte der interkulturellen Sensibilität (5 nennen)	5
	b) weitere Seminarinhalte für internationale Außendienstmitarbeiter (z.B. Sprache, Produktschulung)	12
	c) Maßnahmen zum Lerntransfer in die Praxis	6
Aufgabe 4	a) Ziele der Personalentwicklungskosten (z.B. Transparenz, Höhe, Struktur)	4
	b) direkte Kosten der Weiterbildung (5 nennen)	5
	c) Formen der Verrechnung von Weiterbildungskosten (z.B. keine, Verursachung, Schlüssel, PE als Profitcenter, Outsourcing)	9
Aufgabe 5	Führungsgrundsätze:	
	a) Sinn und Zweck	5
	b) mögliche Inhalte (5 beschreiben)	10
Aufgabe 6	a) Kompetenzen von Telearbeit (z.B. Methoden-, Selbstkompetenz)	4
	b) Seminarbaustein zu a) (z.B. 1 Tag, Ziel, Methoden)	6
	c) Verbesserung der Beschaffung von Fachpersonal (z.B. Ausbildung)	6

* *Frühjahr 2011* (Die Zahlenangaben in der rechten Spalte nennen die Punktzahl.)

1. Personalarbeit organisieren und durchführen		
Aufgabe 1	a) Organigramm fallbezogen zeichnen	3
	b) dezentrale/zentrale Personalarbeit abgrenzen	6
	c) Outsorcing von Teilprozessen der Personalbeschaffung (z.B. P.marketing, P.werbung, Vorauswahl)	8
Aufgabe 2	a) Themen einer Mitarbeiterbefragung (z.B. Umfeld, Führung, Aufgabe, PE)	5
	b) unterschiedliche Antworten von Mitarbeitergruppen hervorheben (z.B. Bewertung nach Bedeutung/Wichtigkeit)	4
	c) Möglichkeiten des Gesundheitsmanagements	6
Aufgabe 3	QM:	
	a) Ziele eines Audits (5 nennen)	5
	b) Nutzen eines Audits (5 nennen)	5
	c) Inhalte eines QM-Handbuchs (5 beschreiben)	10
Aufgabe 4	a) Inhalte der Initiierungsphase eines Projekts (z.B. Ist-Zustand, Projektziele, grobe Ablaubplanung)	6
	b) Inhalte eines Projektauftrags (3 erläutern)	9
	c) Aufgaben von Auftraggeber, Projektleiter, Teammitgliedern (je 2 nennen)	6
Aufgabe 5	a) Employee Self Service, ESS (erläutern)	3
	b) Gründe für ESS (3, nennen)	3
	c) Voraussetzungen für ESS (z.B. Schulung, Datensicherheit, zugänglicher PC)	3
	d) Management Self Service, MSS (erläutern)	3
Aufgabe 6	a) Teamsitzung im Personalbereich, Erwartungen des Personalleiters	8
	b) Anforderungen an einen Moderator (7 nennen)	7

2. Personalarbeit auf der Grundlage rechtlicher Bestimmungen durchführen		
Aufgabe 1	Schadensersatz bei Verstoß gegen betriebliche Übung	6
Aufgabe 2	Schließung einer Niederlassung:	
	a) Beteiligungsrechte des BR (§§ 106, 111, 112, 112a BetrVG)	6
	b) Sozialauswahl	4
Aufgabe 3	a) Vertragsarten beschreiben: Dienst-, Werkvertrag, Arbeitnehmerüberlassung	6
	b) je 2 Beispiele zu a)	4
	c) Vorteile der Arbeitnehmerüberlassung	4
Aufgabe 4	a) Beteiligungsrechte (z.B. Information, Beratung, Anhörung, Widerspruch, Mitbestimmung)	10
	b) Änderung des Arbeitsplatzes und der Arbeitszeit – Beteiligung (§§ 87, 90 BetrVG)	7
Aufgabe 5	Entgeltfindung:	
	a) Prinzipien (3 nennen)	3
	b) Aspekte (z.B. objektiv, Messbarkeit, Überprüfbarkeit, Klarheit)	3
	c) Einflussfaktoren (z.B. Anforderung, Qualifikation, Leistung, Ertrag, Markt)	6
	d) Entgeltkonzept vorschlagen (z.B. Bezahlung nach Leistung und Markt, Zielvereinbarung)	

Aufgabe 6	Leistungen nach Arbeitsunfall:	
	a) Verunfallter (Entgelt bis Todestag), Witwe (Sterbegeld, Überführung, Witwenrente), Kinder (Waisenrente)	6
	b) Weiterer Verletzter (Entgeltfortzahlung, Verletztengeld (89 % – § 47 SGB VI), BG: Krankenhaus, Reha)	8
	c) evtl. Widerspruch vor dem Sozialgericht	3
	d) Schmerzensgeld vom AG nur bei vorsätzlicher Handlung	4
Aufgabe 7	a) Gestaltung der betrieblichen Altersversorgung (Direktzusage, Pensionskasse, Unterstützungskasse, Direktversicherung, Pensionsfond)	10

3. Personalplanung, -marketing und -controlling gestalten und umsetzen

Aufgabe 1	a) Auswirkungen nach Ankauf von Firma auf den Personalbestand (z. B. Personalabbaubedarf, Rationalisierung)	8
	b) Vorteile der internen/externen Personalbeschaffung (je 2 beschreiben)	8
Aufgabe 2	Personalwirtschaftliche Ziele (5 erläutern)	15
Aufgabe 3	a) Problem der Personalbedarfsermittlung nach Fusion	8
	b) Problematik der Bedarfsermittlung nach Kennzahlen nach Fusion	
Aufgabe 4	Ziel der Personalplanung und 3 Probleme nach Fusion	10
Aufgabe 5	a) Informationsquellen des Personalbedarfs (4 nennen)	4
	b) Nettopersonalbedarf ermitteln (3 Schritte erläutern)	9
	c) qualitative Bewertung des Personalbestands (Leistungs-, Potenzialbeurteilung)	6
Aufgabe 6	a) Regelungsaspekte von Kennzahlen (Zweck, Beschreibung, Erhebung, Vergleichsbasis)	12
	b) Kennzahlen, Beispiele (2 erläutern)	10

4. Personal- und Organisationsentwicklung steuern

Aufgabe 1	a) Training on the job (3 erläutern)	9
	b) PE-Maßnahmen (into, off, near, out of the job)	3
Aufgabe 2	a) Instrumente zur Potenzialerkennung (Assessment, Vorgesetztenkonferenz, Interview, Fragebogen, 360°-Feedback)	9
	b) Zweck und Inhalte des PE-Gesprächs	10
Aufgabe 3	Bausteine eines Führungsnachwuchstrainings (Führungstraining, Methodenkompetenz, Hospitation, Rotation, Fachkompetenzen, Sozialkompetenz, Einzelcoaching)	12
Aufgabe 4	a) Lernen am Arbeitsplatz fördern (z. B. Kommunikation, Delegation, Informieren, Offenheit, Kooperation)	5
	b) Lernen am Arbeitsplatz ermöglichen/Rahmenbedingungen (Freiräume, neue Aufgaben, nicht überfordern, Zeit geben, Zusammenhänge)	10
Aufgabe 5	a) Orientierung des Bildungsbudgets (z. B. %-Satz von der Gehaltssumme, %-Satz vom Gewinn, Betrag pro Mitarbeiter, bedarfsbezogen)	5
	b) eine Variante von a) begründen	5
	c) Evaluierung (Zufriedenheitserfolg, Lern-, Transfer-, Geschäftserfolg)	12
Aufgabe 6	a) Organisationsveränderung vorbereiten (Info über Changemanagement, Projekt)	6
	b) Aufgaben des Coach	6
	c) Anforderungen an den Coach	4

Literaturhinweise

Grundlagen

Krause/Krause: Die Prüfung der Industriefachwirte, 12. Aufl., Herne 2012

Krause/Krause/Peters: Die Prüfung der Technischen Betriebswirte, 7. Aufl., Herne 2012

Krause/Krause: Die Prüfung der Handelsfachwirte, 17. Aufl., Herne 2013

Krause/Krause: Die Prüfung der Industriemeister, 9. Aufl., Herne 2012

Krause/Krause: Klausurentraining Personalwirtschaft, Herne 2011

Krause/Krause: Klausurentraining Führung und Zusammenarbeit – Kommunikation und Ko-operation, Herne 2011

Oechsler, W.: Personal und Arbeit, 8. Aufl., München 2006

Olfert, K.: Bücherpaket Personalwirtschaft, 4. Aufl., Herne 2012

Olfert, K.: Kompakt-Training Personalwirtschaft, 8. Aufl., Herne 2012

Olfert/Rahn: Einführung in die Betriebswirtschaftslehre, 11. Aufl., Herne 2013

Olfert/Rahn: Lexikon der Betriebswirtschaftslehre, 8. Aufl., Herne 2013

Scholz, Ch.: Personalmanagement, 6. Aufl., München 2013

Staehle, W. H.: Management – Eine verhaltenswissenschaftliche Perspektive, 8. Aufl., München 1999

Wöhe, G.: Einführung in die allgemeine Betriebswirtschaftslehre, 25. Aufl., München 2013

Internet

www.arbeitszeitberatung.de

www.bar-frankfurt.de

www.bkk-stjb.de

www.bfa-berlin.de

www.bitkom.org/de/publikationen/38336_50372.aspx (Leitfaden)

www.bma.de

www.bma.bund.de/arbeitszeitmodelle

www.bundesarbeitsgericht.de

www.bundesfinanzministerium.de

www.dgfp.de

www.dihk.de

www.dihk.de/online-akademie

www.dihk/wis

www.duesseldorf.ihk.de

www.google.de/[Suchbegriff]

www.inforunner.de

www.ihk.de

www.juris.de

www.kiehl.de

www.lfd.niedersachsen.de (Schutzstufenkonzept des LfD Niedersachsen)

www.pay-roll-info.de

www.steuernetz.de (Online-Rechner)

www.teilzeit-info.de

www.vdak-aev.de

Handlungsbereich 1:
Personalarbeit organisieren und durchführen

Crisand/Rahn: Psychologie der Gesprächsführung, 9. Aufl., Heidelberg 2010
Olfert, K.: Kompakt-Training Projektmanagement, 8. Aufl., Herne 2012
Olfert, K.: Organisation, 16. Auflage, Herne 2012
Schulz von Thun, F.: Miteinander reden, 3 Bände, 4. Aufl., Hamburg 2011
Seiwert, J. L.: Zeitmanagement mit Outlook, 13. Aufl., München 2013
Stroebe, R. W.: Arbeitsmethodik I: Grundeinstellung zum Zeit- und Energiemanagement – Zielbildung – Bewältigen der Aufgaben – Delegation von Aufgaben, 9. Aufl., Heidelberg 2010
Stroebe, R. W.: Kommunikation I: Grundlagen – Gerüchte – Schriftliche Kommunikation, 6. Aufl., Heidelberg 2001
Stroebe, R. W.: Kommunikation II: Verhalten und Techniken in Besprechungen, 8. Aufl., Heidelberg 2002
Weisbach, Ch. R.: Professionelle Gesprächsführung, 8. Aufl., München 2013

Handlungsbereich 2:
Personalarbeit auf Grundlage rechtlicher Bestimmungen durchführen

Arbeitsgesetze, Beck'sche Textausgabe, 82. Aufl., München 2013
DiHK (Hrsg.): Der betriebliche Datenschutzbeauftragte, Bonn 2013
Hau, W.: Grundlagen der Rechtslehre, 8. Aufl., Herne 2010
Küfner-Schmitt, I.: Arbeitsrecht, Prüfungswissen, Multiple-Choice-Tests, Klausurfälle, 10. Aufl., Berlin 2013
Schaub, G.: Arbeitsrechts-Handbuch, 15. Aufl., München 2013
Schweizer, R.: Die Prüfung der Steuerfachwirte, 14. Aufl., Herne 2013
Schwind/Hasenpflug/Hauptmann: Arbeitsrecht leicht gemacht, 6. Aufl., Berlin 2010
Steckler/Schmidt: Kompendium Arbeitsrecht und Sozialversicherung, 7. Aufl., Herne 2010

Handlungsbereich 3:
Personalplanung, -marketing und -controlling gestalten und umsetzen

Ehrmann, H.: Unternehmensplanung, 6. Aufl., Herne 2013
Klett/Pivernetz/Hauke: Controlling in kleinen und mittleren Unternehmen, Bd. 1 und 2, 4. Aufl., Herne/Berlin 2010
RKW-Handbuch: Personalplanung, 3. Aufl., Neuwied 1996
Ziegenbein, K.: Controlling, 10. Aufl., Herne 2012

Handlungsbereich 4:
Personal- und Organisationsentwicklung steuern

Crisand/Rahn: Psychologie der Persönlichkeit – Eine Einführung, 9. Aufl., Heidelberg 2010
Correll, W.: Menschen durchschauen und richtig behandeln, 8. Aufl., München 2010
Fuchs-Heinritz/Lautmann/Rammstedt/Wienold: Lexikon zur Soziologie, 5. Aufl., Wiesbaden 2011
Rahn, H. J.: Unternehmensführung, 8. Aufl., Herne 2012
Rahn, H. J.: Erfolgreiche Teamführung, 6. Aufl., Heidelberg 2010
REFA: Methodenlehre des Arbeitsstudiums, Bd. 1 - 6, 7. Aufl., München 1987
REFA: Methodenlehre der Planung und Steuerung, Bd. 1 - 5, 4. Aufl., München 1987
Seiwert/Gay: Das 1x1 der Persönlichkeit, 9. Aufl., Landsberg 2004
Stroebe, R. W.: Gezielte Verhaltensänderung – Anerkennung und Kritik, 4. Aufl., Heidelberg 2000
Stroebe, R. W.: Motivation durch Zielvereinbarung, 3. Aufl., Heidelberg 2010

Stichwortverzeichnis